한국의 신학자들 Ⅱ

편집: 안명준
편집자문위원: 노영상·이상규·이승구

한국의 신학자들 Ⅱ

초판 발행 | 2023년 7월 15일

편   집 | 안명준
편집자문위원 | 노영상·이상규·이승구

펴 낸 곳 | 아벨서원
등록번호 | 제98-3호(1998. 2. 24)
주   소 | 인천광역시 남동구 구월남로 118(인천 YMCA, 805호)
e-mail | abelbookhouse@gmail.com
전   화 | 032-424-1031
팩   스 | 02-6280-1793
ISBN | 979-11-972229-6-2

Printed in Korea ⓒ 2023 아벨서원

한국의 신학자들

Korean Theologians II

편집 안명준
편집자문위원 노영상 · 이상규 · 이승구

아벨서원
Abel Book House

한국의 신학자들을 위해 헌신과 후원을

아낌없이 주셨던 은혜에 감사를 드리며

Korean Theologians

길송(吉松) 이종윤 박사님

1940년~2023년

발간사

●● 오늘날 한국은 세계 속에서 다양한 분야에 크게 영향을 주고 있습니다. 이런 국가의 위상은 한국에 온 선교사들의 순교와 헌신으로 이루어진 결과가 그 기초를 세웠다고 확실하게 말할 수 있습니다. 그들의 노력으로 교회, 학교, 병원, 봉사기관, 그리고 농촌의 발전과 여성 교육을 통하여 오늘날 한국의 모습을 만든 것을 어느 누구도 부인하지 못할 것입니다. 이런 한국의 번영 속에서 한국교회와 신학교에서 헌신하셨던 한국의 신학자들을 살펴보는 것은 역사적 사명과 다음 세대들에게 큰 의미가 있습니다. 이 책은 한국 신학자들의 생애와 신학을 통하여 한국 교계의 신학을 드러내며, 21세기 세계 교회 속에서 중요한 위상을 가지고 있음을 확인할 수 있는 매우 좋은 기회가 될 것입니다. 이 책은 많은 신학자들과 그들의 제자들의 열정 속에서 값진 작품으로 탄생되었습니다. 그들의 수고와 땀방울이 아름다운 열매를 맺기를 기대합니다.

이 책의 목적은 한국 신학자들의 삶과 신학을 조명하여 역사적 기록과 후대를 위한 연구자료의 기초를 위하여 기획되었습니다.

Korean Theologians

2021년에 10월 15일에 출판된 〈한국의 신학자들 1〉의 후속작으로 한국교회의 다양한 교파의 신학자들과 그들의 신학을 후대에 알리는 것을 목적으로 합니다. 〈한국의 신학자들 2권〉은 수고하신 집필자들의 헌신이 아니면 출판될 수 없었습니다. 팬데믹 상황 속에서 모두가 어려운 시기에 땀을 흘려서 주셔서 이렇게 값진 한국교회의 신학자들의 삶을 조명하는 작업을 완성할 수 있었습니다.

바쁘신 가운데서도 모든 글을 읽으시고 귀한 추천사를 써 주신 은사이신 김명혁 교수님, 한국교회와 세계교회의 지도자이신 김상복 목사님, 한국신학에 큰 공헌을 하시며 부족한 사람에게 늘 조언을 주시는 기독교학술원 원장이신 김영한 박사님, 한국교회와 한국민족을 위하여 특별한 은사와 소명으로 지대한 업적을 남기신 민경배 박사님, 한국 신약신학 학계에 큰 공헌을 하셨고 유머로 여러 사람들을 웃음으로 이끌어주시는 은사이신 박형용 박사님, 한국교회의 연합과 세계화를 위하여 큰 공헌을 하신 국민문화재단 이사장이신 박종화 박사님, 코로나19로 힘든 상황에서도 추천의 글을 주

신 오정호 목사님, 제자훈련을 위해 헌신하시는 평택대광교회 배창돈 목사님, 〈한국의 신학자들 1권〉 출판시에 큰 후원을 주셨던 제56회 대신총회 전 총회장이신 소망교회 이정현 박사님, 그리고 금번 이 책을 출판함에 있어서 추천서와 후원을 하신 정효제 총장님, 저의 책 편집에 여러 편의 원고를 주셨던 나삼진 박사님, 언제나 따뜻한 배려를 주시는 박해경 박사님과 장훈태 박사님, 마지막으로 기고해 주신 한국개혁주의 설교연구원 원장이신 서창원 박사님께 감사를 드립니다. 고신대 명예교수이신 이상규 박사님, 한국외항선교회 상임회장이신 노영상박사님, 그리고 합동신대의 이승구 박사님께서 여러 책들의 출판에 편집위원으로 귀한 조언을 주신 점에 감사를 드립니다.

2023년 1월 18일 하늘 하나님께로 가신 고 이종윤 목사님의 사랑과 후원을 한국의 신학자들은 잘 기억합니다. 그가 추구한 성경적 교회와 한 교단 다체제를 희망하면서 그가 이 땅 위에 계실 때 많은 신학자들에 대하여 아낌없는 지원과 후원을 하셨던 사역을

돌아보며 다시 한번 감사하게 됩니다.

　　마지막으로 출판을 허락해 주시고 여러 차례 원고를 수정하는데 큰 수고를 하신 대신총회신학연구원의 원장 이종전 박사님께 감사를 드립니다. ●●

2023년 6월

편집인
평택대학교 명예교수
한국성서대 초빙교수

안명준

추천사

●● 한국교회의 귀중한 선배님들에 대한 사랑과 존경의 마음을 가지고 그분들의 삶과 사역에 대한 사랑과 존경의 글을 제자들로 하여금 쓰게 해서 출판하시는 안명준 목사님의 모습이 정말로 귀중하고 아름답게 보입니다. 사실, 지금 한국교회는 신앙의 선배님들에 대한 사랑과 존경의 마음을 잃어버리고 있다고 생각합니다. 그런데 히브리서 11장은 신앙의 선배님들에 대한 이야기를 아주 길게 나열한 다음 12장에 들어와서 "이러므로 믿음의 주요 또 온전케 하시는 이인 예수를 바라보자"라고 권면을 했지요.

안명준 목사님은 2020년 11월 20일에 "그리워지는 목회자들"이라는 제목의 책을 출판하면서 제자들로 하여금 21명의 목회자들의 삶과 사역에 대한 글을 쓰게 해서 소개했지요. 그런데 이번에는 제자들로 하여금 한국교회의 선배 신학자들의 삶과 사역에 대한 글을 쓰게 해서 "한국의 신학자들"이라는 제목의 책을 출판하려고 하시네요. 아주 귀중하고 필요한 일이라고 생각합니다. 〈한국의 신학자들 I〉에서 총신대학교의 안인섭 교수로 하여금 "실천적 신학자 송천 주도홍의 생애와 사상"이라는 제목의 글을 쓰게 했는

Korean Theologians

데, 그 글의 첫 부분을 간단하게 인용합니다.

"현대 사회는 100세 인생으로 가고 있으니 60대 중반에 대학에서 은퇴한 교수라 하더라도 그 원숙함과 경륜을 바탕으로 더 맹렬한 후반전의 학술적 활동이 기대된다. 그럼에도 아직 활동하고 있는 학자의 신학과 삶에 대해 기록하는 것은 주도홍 교수의 삶의 전반부를 정리하는 의미가 있으며 차후에 더 증보되어야 할 것이다. 주교수는 독일에 유학해서 신학 박사학위를 받았고, 독일과 미국에서 목회를 했으며, 평생을 백석대학에서 교수 사역을 했다. 그러나 필자는 네덜란드에서 공부를 했고 귀국한 처음부터 지금까지 총신대학교에서 가르치고 있다. 그렇지만 필자는 주교수와 같은 역사신학을 전공한 후배이며, 여러 학회에서 함께 활동해 왔기 때문에 누구보다 그의 학문의 의미와 깊이를 이해하고 있다고 할 수 있을 것이다. 게다가 2006년 기독교통일학회가 출범할 때부터 지금까지 매우 가까운 거리에서 시종일관 성경적 통일을 위한 학문적 길을 닦기 위해서 함께 섬겨오고 있기에 이 글을 쓸 용기를 낼 수 있었다. 아래에 기술된 내용 가운데 주도홍 교수의 생애와 사역과 저술에 대한 객관적

인 정보는 주도홍 교수로부터 받은 자료에 근거하며 이에 대한 의미의 분석과 신학적 평가는 필자의 몫이라고 할 수 있다."

　　이번에 출판되는 〈한국의 신학자들 Ⅱ〉이 오늘을 복잡하게 살아가는 젊은이들로 하여금 신앙의 선배님들을 바라보면서 올바른 목회와 신학의 방향과 내용을 제대로 배우게 되는 귀중한 기회가 되기를 바라며, 귀중한 사역을 하고 있는 안명준 목사님에게 감사와 격려의 박수를 보냅니다. ●●

2023년 6월

강변교회 원로목사
한국복음주의협의회 회장

김명혁

추천사

Korean Theologians

●● 『한국의 신학자들 Ⅱ』 출판을 환영하며 축하를 드린다.

한국에는 훌륭한 신학자들이 많이 있어 좋은 목회자와 선교사와 기독교 지도자들을 양성하는 데 크게 기여해 왔다. 뿐만 아니라 신학계에 다양한 연구가 이어져 폭넓은 한국신학의 세계화를 이루어 왔다.

한국의 현존 신학자들은 전 세계의 최고 신학기관에서 다양한 연구를 통해 학위를 받고 귀국하여 오랜 세월 한국의 신학교들과 한국교회를 성실하게 섬겨왔다.

한국의 신학계는 양적으로나 질적으로 세계적 수준에 이르러 건강한 신학을 후학들에게 전수하며 한국교회를 탄탄한 신학 위에 올려놓았다.

이번에 출판되는 『한국의 신학자들 Ⅱ』의 내용은 짧지도 너

무 길지도 않은 적절한 분량으로 현존 신학자들을 소개하고 있어 신학자 상호 간의 교류가 쉽게 이루어지고, 기독교계는 각자의 써클 밖의 귀한 신학자들을 쉽게 접할 수 있게 되어 한국 신학계와 교계의 값진 참고 자료가 될 것을 믿으며 크게 환영하는 바이다. ●●

2023년 6월

햇불트리니티신학대학원대학교 명예총장
할렐루야교회 원로목사

김상복

추천사

Korean Theologians

●● 『한국의 신학자들 Ⅱ』가 출판된 것에 대하여 환영하는 바이다. 『한국교회를 빛낸 칼빈주의자들』(킹덤북스, 2020)이란 편집서에서 빠진 신학자들을 이번에 선정하여 소개하도록 집필되었다. 이 편집서의 특징은 다음과 같이 말할 수 있다.

첫째, 초교파적이다. 장로교, 성결교, 감리교 등 교파에 구애받지 않고 지난번 편집서에 빠진 중요한 신학자들을 소개한 것은 의미가 크다.

둘째, 복음주의자들을 망라했다. 『한국교회를 빛낸 칼빈주의자들』편집서는 한국의 보수칼빈주의자들을 집대성하여 소개하였다. 장로교 대표 신학자들이 소개되었다. 이번 저서는 거기서 빠진 신학자들과 감리교와 성결교 신학자들까지 선정했는데, 한국에서는 복음주의자들이 많다는 것을 보여주고 있다.

셋째, 소개된 학자들은 신학대학에서 은퇴한 교수들과 60세 이상의 현직교수들이다. 그리고 본서에 소개된 교수들이 소속한 신학대학들은 장신대, 총신대, 감신대, 합신대, 고신대, 서울신대, 성

서대, 숭실대, 백석대, 한신대, 전주대, 안양대, 성결대, 영남신대, 대신대, 평택대 등이다.

    넷째, 필진들은 박사학위를 소유한 현직 신학대 교수들 내지 연구소장이다. 이들의 학문적 입장이 복음주의적이고 학문적인 신뢰성을 인정받고 있다.

    편집인 안명준 교수는 평택대에서 정년 은퇴한 조직신학자이고, 편집 자문위원들도 복음주의 신학자들로서 학계의 중진으로 훌륭한 평가를 받고 있는 학자들이다.

    오늘날 한국교회는 지구촌 북반구에서 138년 역사의 신흥교회로서 가장 복음주의적이고 활기차며, 6만 교회와 967만 명(2015년 기준, 통계청 발표)의 신자들을 갖고 있으며, 이러한 교회의 괄목한 성장에 힘입어 많은 신학교들이 설립되어 운영되고 있으며, 각 교단에서 많은 신학자들이 나오고 있다. 한국의 신학자들은 아시아의 모든 신학자들을 합한 것보다 많다고 한다. 그리고 한국의 중요 신학대학교수들은 유럽(독일, 영국, 네덜란드, 프랑스, 스

Korean Theologians

위스, 오스트리아 등)과 미국, 캐나다, 아프리카 남아공 등의 유수한 신학대학에서 공부하고 박사학위를 취득한 이들이다.

　　이 책에서 각 신학자들을 연구한 글들은 오늘날 한국선교 138년을 맞이하는 한국의 복음주의 신학의 다양성을 제시해 줄 것이다. 오늘날 한국교회는 장로교가 3/4이요, 나머지 1/4이 감리교, 성결교, 하나님의 성회, 그리스도의 교회 등 다른 개신교 교파이다. 이에 상응해 한국 신학자들도 장교신학자들이 분포도에 있어서 이에 상응하고 있다. 이 책은 장로교뿐 아니라, 감리교 및 성결교 원로 신학자들을 중심으로 소개해주고 있다.

　　오늘날 한국신학에 대한 연구에 있어서 이 책은 교단의 장벽을 넘어서 초교파적으로 복음주의적 현황을 알려주고 있다. 한국에서는 복음주의 신학자들의 모임으로 한국복음주의신학회, 한국개혁신학회, 장로회신학회, 웨슬리신학회 등이 있다. 한국기독교학회를 중심으로 훌륭한 진보주의 신학자들도 있다. 이들을 소개하는 작업이 필요하다. 한국교회에는 장로교신학자들만이 아니라 훌륭한 감리교 신학자들, 성결교신학자들, 침례교신학자들, 순복음신

학자들도 많이 있다. 이들을 소개하는 일은 앞으로 후학들이 해야 할 과제라고 생각한다. 이 책을 책임 편집한 안명준 교수와 편집위원들의 수고에 경의를 표하는 바이다 ●●

2023년 6월
우면산 기슭 서재에서

기독교학술원장
숭실대학교 명예교수
한국개혁신학회 초대원장

김영한

추천사

Korean Theologians

●● 『한국의 신학자들 Ⅱ』가 마무리되어 추천사를 쓰게 됨을 기쁘게 생각합니다. 한국교회가 여기까지 오게 된 것에는 많은 목회자들과 신학자들의 노력이 있었습니다. 물론 평신도들의 역할도 적지 않았습니다. 수 많은 사람들의 땀과 눈물로 오늘에 이른 것입니다. 그러나 세월이 지나면 그분들이 어떤 일을 하셨는지, 그리고 어떤 삶을 살았는지 점점 잊혀지게 마련입니다. 나중엔 교회의 건물들만 남고, 그 속에 어떤 믿음의 사람들이 있었다는 사실들은 세월에 묻혀지게 될 것입니다.

이런 아쉬운 일들이 일어나기 전, 우리는 이 땅에 살았던 믿음의 선진들의 이야기들을 모을 필요가 있으며, 이에 안명준 교수, 이상규 교수, 이승구 교수 그리고 저까지 힘을 모아 이런 일들을 계속하는 중입니다.

교회가 어떻게 발전하였고 선교가 어떻게 확장되었는지를 남기는 것도 중요하지만, 그 안에 어떤 사람들이 살았으며 어떤 생각

을 하였는지를 모으는 일은 더 중요한 것이라 생각합니다.

　이 책에 실리신 분들은 거의 다 은퇴하신 분들이십니다. 20년, 30년, 40년을 한국신학을 위해 노력해오신 분들의 이야기입니다. 한평생을 신학책들과 씨름하며 목회자들을 길러내기 위해 애쓰신 분들입니다. 어떤 때는 자신이 하는 일들이 정녕 보람된 일인가를 의심할 때도 있었겠지만, 그분들의 신학적인 고민들이 없었다면 오늘의 한국교회가 바로 서지 못하였을 것입니다.

　2권에 실린 분들의 면면을 보니, 한참 선배되신 분들도 계시고 저의 동료로서 함께 생활하여왔던 분들도 계십니다. 제가 보기에도 모두가 다 귀한 분들이십니다. 왕대일 교수님, 김도일 교수님, 이승구 교수님 등 저와 특별히 가까운 분들도 계셔서 이 책이 더욱 빛나 보입니다. 어떤 분들은 학교 선배님이시고, 또 다른 분들은 같은 학교에서 함께 교수직을 감당하였던 분들도 계십니다. 학회 심포지엄을 하며 진지하게 신학적 논의를 하였던 분들과의 추

Korean Theologians

억도 생각납니다.

　신학계가 넓은 것 같지만 한 다리 건너면 다 알만한 사이입니다. 그분들과 동시대에 호흡을 같이하며 살았던 일들이 주마등같이 뇌리를 스치고 지나갑니다. 우리가 함께 하였던 시기는 정말 한국교회의 전성기였다고 말할 수 있습니다. 모두가 바빼 다니면서 강의도 하고, 연구실에 앉아 책들도 만들고, 학생들을 상담도 하며 우리는 분주한 날들을 보낸 것 같습니다. 이런 일들이 잊혀지지 않고 더 나은 열매로 결실되길 바랍니다.

　이제 우리 모두는 한국교회가 주님의 은총 안에 새로운 면모를 갖추게 될 것을 기대하고 있습니다. 우리들이 사랑하였던 한국교회, 우리가 서로 정을 나누었던 선후배들의 이야기를 후대에 남기게 됨을 보람있게 생각함과 동시, 이 일을 위해 자신의 스승님, 아버님, 선배님의 삶과 신학을 이 책 속에 정리하여 주신 모든 필진들에게 환호하며 찬사를 보냅니다.

　　다시 한번 그 이야기들이 묻혀지지 않고 이 책 속에 생생하게 남겨지게 된 것을 기쁘게 생각하고 축하하면서 추천의 글을 갈음합니다. ●●

2023년 6월

한국외항선교회 상임회장
현, 총회한국교회연구원장

노영상

Korean Theologians

●● 역사는 과거의 실록이요, 미래의 계시록이요, 현재의 동력현상학입니다.

한국교회는 개신교 역사 140여 년 만에 세계 거대 교회로 우뚝 서 〈백성의 언약과 이방의 빛〉으로 치솟고 있습니다. 1888년에 벌써 우리 교회는 〈그 열매〉로 부강한 나라가 될 것이고 심지어 강대국이 될 것이라 전망하고 있었습니다. 최근에 이르러서는 1994년 영국의 유력지 〈만체스터 가디안〉지가 한국이 세계의 종말이 오기 전에 세계 기독교의 영도국이 될 것이라 예언하고 있었고, 2010년 8월 1일 자의 거대 주간지 〈뉴스위크〉는 한국이 로마제국 콘스탄틴 대제가 한 것과 같은 일을 금세기에 해낼 것이라 확언하고 있었습니다.

이 거대 한국교회의 기상과 그 실상을 현대 한국교회의 현장에서 대를 잇는 듯 대의를 관철하고, 우리가 다 겪고 동감하는 풍부한 가치를 신선하고도 고도의 차원에까지 승화시킨 30인 거인들

추천사

의 대본을 완곡한 각본으로 구상화하는 일련의 작업이 안명준 박사님의 편찬 편수 구상에 따라서 여기 전집 형식으로 간행되기에 이르렀습니다. 이 책에서 우리는 인물사를 보기 전에 한국교회 그 심원하고도 강력한 신앙과 그 실상을 보게 되는데, 그것이 바로 우리 교회의 대동족보 형식입니다.

이 책은 6.25전란의 참화와 피폐를 거쳐 솟아 오른 강력한 우리 한민족 현대교회의 완곡한 대본으로 그것이 우리 가슴에 그대로 얹어져, 그 고귀한 승전가로 우리들 가슴속에 압도하여 파도처럼 밀려오고 있는 우리 역사의 실록입니다. 이 책은 어떤 서평을 거치든지 빛나는 우리 현대사의 축쇄판, 바로 그것입니다. 이 책은 우리 가슴 속에 이식하여 양성하면 우리 스스로가 그 중심에 서 있는, 그런 구도를 가진 원판입니다.

저자들은 관련 자료들을 도처 광수보궐(廣搜補闕)하고, 이런 수작(秀作)으로 편성하여 간행한 것인데, 이는 한국 사료 편성사에

Korean Theologians

서도 한 규범을 이루는 명필들을 남겼습니다. 더구나 이 책은 근고 (近古) 현재 교회의 생생한 실상 그 현상을 간결과 재치로, 그 만한 거인들의 실록으로는 이만한 단편으로 완결한 묘미가 탁월하기 때문입니다. 대개 인물 전기는 의도하지 아니할지라도 과장할 가능성이 큰데 이를 글귀마다 경계하면서도, 아주 품위있게 조리된 문체로 시종한, 그런 탁월한 이 책의 수사법은 우리들에게 고도의 공감과 문필의 능(能)을 보여주고도 남음이 있습니다.

근현대 한국교회 거인들의 영원한 승리자들로서의 모습, 그 헌신적인 고귀한 생애, 그런 것이 언제나 우리 곁에 빛나고 살아있기 때문에 그 전기를 출간하는 것이, 청동(靑銅)이나 대리석으로 깎아 세우는 것 못지 않아 감격이 큽니다.

파노라마처럼 펼쳐진 전기 편집 간행 사역을 시종 총괄하신 우리 안명준 박사님과 편집자문위원 이상규, 노영상, 이승구 편집 위원님들에게 다들 고마워 이렇게 격한 심정으로 축하하고 환호의

찬사를 올려드립니다. 이제 우리는 그런 모습을 누구에게나 보여 줄 수 있는 나라를 만들어 냈구나, 하는 생각이 절절이 가슴에 메어오기 때문입니다. ●●

2023년 6월

연세대학교 명예교수

민경배

●● 『한국의 신학자들 Ⅱ』가 출간되었습니다. 한국교회와 신학교들을 섬기고 있는 신학자들이 갈수록 그 숫자가 늘고있다는 보고를 들을 때 마다 가슴이 벅차오릅니다. 여러 기준이 있겠지만 적어도 신학박사 학위를 취득한 신학자들의 숫자가 보수진보 진영을 총괄하여 2,000여 명을 넘어선다는 통계를 접하면서 놀라움이 앞섭니다. 신학이 기독교 전통에서 차지하는 중요성 때문만이 아니라, 선교를 받은 소위 피선교지 국가의 교회와 신학교 가운데서 이렇게도 많은 신학 전문인들이, 이토록 짧은 기간동안에 배출된 역사가 세계기독교회사에 걸쳐 없기 때문이기도 합니다.

신학전공 학자들의 학문적 위상과 가치에 관한 객관적인 평가는 추후 별도의 한국교회 신학사상사 연구자들의 과제로 넘겨 주더라도, 일단 이 책에 소개된 여러 신학자들의 경우만 살펴보더라도 추천자의 일원으로서 뿌듯함과 기쁨을 숨길 수가 없습니다. 이는 우선 양적 질적 교회성장과 거의 정비례하여 신학도 양적 질적 성장의 흐름에 동승하고 있다고 봅니다. 이 일을 위해서 수고와 열성을 가지고 책 출판에 참여한 모든 집필자들의 헌신에 경의를 표

추천사

합니다. 앞으로 계속해서 속편들이 나올 계획이라니 기대가 크고 감사한 일입니다.

한국을 가리켜 민주화와 산업화 강국, 새 시대의 문화예술과 과학기술의 강국, 의료와 건강의 강국, 그래서 새 시대의 선진강국이라 칭하는 데에 별로 이론의 여지가 없다고 봅니다. 이제 한 가지 더 추가할 영역이 있습니다. 교회와 신학의 강국입니다. 그리고 선진적 발전입니다. 그것이 우리 모두가 기독교 신앙의 입장에서, 세계 복음화와 인간화를 위해서, 궁극적으로는 "땅끝까지 이르러 주의 증인"으로 살고 섬기는 일, 곧 이 땅에 임하실 하나님 나라의 지평을 심화하고 확장하는 일을 위해서 부름받고 보냄받은 사명이라 확신하기 때문입니다. 이 책자도 이런 준비와 공헌의 하나라고 생각합니다.

바람이 있다면 그동안 우리 교회와 신학의 발전과정에 소위 "번역 신학"이 상당한 위치를 차지하고 있음이 사실이고, 또 보편적 신학 범주에 충실해야 한다는 과제도 있는 것이 주지의 사실이기에 수긍할 수 있습니다. 다만 한국교회가 실제의 신앙생활에서 독특하게 경험하고, 신실하게 고백하고, 세계 신학과 함께 고민하며, 나누고 싶은 "한국적이면서도 세계적인 신학", 곧 glocal theology의 성장과 심화발전도 심도있게 모색해야 할 시점에 이르렀다고 생각합니다. 이번의 제2집과 앞으로 발간 될 후속 작업에서도 좋은 결실이 계속해서 나오기를 기대해 봅니다.

　　우리들 교회와 신학을 이끌어 주신 에벤에셀 하나님께 감사드리며, 앞으로의 신학과 교회의 미래를 향한 길을 이끌어 주실 임마누엘 하나님께 간구의 기도를 드립니다.

　　하나님의 영광을 위하여!!! ●●

2023년 6월

경동교회 원로 목사
국민문화재단 이사장

박종화

●● 스페인계 미국인 철학자 산타야나(George Santayana: 1863~1952)는 "역사를 통해 배우지 않는 사람은 잘못을 재연하게 된다."는 명언을 남겼다. 인간은 역사적 존재이다. 아무도 역사를 초월해서 살 수는 없다. 그러기에 기독교인은 하나님께서 우리에게 허락하신 역사의 한 시점에서 우리의 삶을 성실하게 살아야 한다. 금번에 출판되는 "한국의 신학자들 Ⅱ"는 단순히 한 권의 책이 아니라 한 시대를 살면서 자신의 삶을 성실하게 산 한국의 신학자들이 남긴 이 시대의 역사적 기록이라고 할 수 있다.

하나님은 한국 백성을 사랑하셔서 성경을 정확무오한 하나님의 말씀으로 믿고 가르친 선교사들을 한국에 보내주셨다. 그래서 한국의 기독교는 세계 선교역사상 그 유례를 찾을 수 없을 만큼 크나큰 진보가 있어 왔다. 이는 모두 하나님의 인도요 섭리의 결과이다. 이 책에 수록된 많은 신학자들의 삶과 기여는 한국교회의 밑거름이요 자랑일 뿐만 아니라, 또한 하나님의 구속역사 진행의 한 페이지를 성실하게 채우는 역할을 하게 된다. 그러므로 우리는 이들의 삶을 본으로 삼고 하나님이 맡겨주신 사명을 감당하기 위해 옷

추천사

Korean Theologians

깃을 여미면서 다짐을 해야 한다.

　독자들은 그리스도의 교회를 위해 이들이 공헌한 부분을 생각하면서 진심으로 감사해야하고, 우리 스스로도 후학들에게 귀감이 되기 위해 우리에게 주어진 역사적 시간들을 성실하게 채워나가야 할 것이다. 우리는 항상 어제는 역사요, 내일은 신비인데, 오늘은 내일의 신비를 풍성하게 만들도록 하나님이 우리에게 주신 선물임을 명심해야 한다. 이 책에 수록된 학자들에게 감사의 말씀을 전하고, 이와 같은 귀한 책을 출간하기 위해 수고한 모든 집필자들에게 치하의 말을 드리고 싶다. ●●

2023년 6월

합동신학대학원대학교 명예총장

박형용

●● 『한국의 신학자들 I』에서 한국교회를 세우는 데 거목의 역할을 한 신학자들의 사역을 통해 오늘날 한국교회의 영적 기상도를 되짚어 볼 수 있는 시간이 되었다.

『한국의 신학자들 I』에 이어 『한국의 신학자들 II』에서도 한국교회를 세우는 데 크게 일조한 신학자들이라 마음에 울림이 크다. 신학이 바로 서지 못하면 바른 목회도 기대할 수 없기에 더더욱 '한국의 신학자들'이라는 책이 가지는 비중은 남다르다고 할 것이다.

모든 교파의 복음주의자들을 볼 수 있고, 세월이 지나면 잊혀질 수 있는 사역의 가치를 잘 정리하여 자신의 울타리를 벗어나 바르고 넓게 볼 수 있도록 길을 열어 주었기에 이 책의 출간이 더더욱 감사하고 다행한 일이라고 아니할 수 없다.

잘못된 신학과 이단 사상으로 하나님의 뜻을 오해 하도록 하는 시대이기에 『한국의 신학자들 II』는 현직 목회자들이나 새롭게 사역의 길에 들어 선 신학도들에게 올바른 방향을 제시해 주어 건강한 교회를 세우는데 큰 도움이 될 것이라고 기대한다.

지금까지 '영적 거장들의 기도', '영적 거장들의 설교', '한국

추천사

Korean Theologians

'교회 대학부 이야기', '한국교회를 빛낸 칼빈주의자들', '한국의 신학자들 I' 등 한국교회 목회자들에게 주옥같은 글을 선물하기 위해 심혈을 기울이시는 안명준 교수님께 감사와 존경의 마음을 표하며, 귀한 책을 허락해 주신 하나님께서 영광 받으시길 기도한다. ●●

2023년 6월

평택대광교회 목사
은보포럼 대표

배창돈

●● 역사의 주관자는 오직 하나님 아버지이십니다. 은혜로우신 하나님께서는 각 시대마다 주의 마음에 합한 일꾼들을 부르셔서 힘있게 사용하십니다. 다윗을 사용하신 주님께서는 그 원리를 오고 오는 세대에 적용하십니다.

폐하시고 다윗을 왕으로 세우시고 증언하여 이르시되 내가 이새의 아들 다윗을 만나니 내 마음에 맞는 사람이라 내 뜻을 다 이루리라 하시더니 하나님이 약속하신 대로 이 사람의 후손에서 이스라엘을 위하여 구주를 세우셨으니 곧 예수라

(사도행전 13장 22, 23절)

이 책에 수록되어 있는 신학자들은 우리 시대의 한국교회와 신학교의 축복의 선물이었습니다. 치열하고도 정갈하게 살아 온 삶의 궤적은 당대와 후대의 이정표가 됩니다.

신학이 바로 서면 교회가 본질을 붙잡게 됩니다. 신학이 오염되면 교회는 허울만 남게 됩니다. 성도를 성도답게 교회를 교회

추천사

Korean Theologians

답게 세우기 위하여 애쓰신 땀과 눈물을 은혜로우신 주님께서 위로하시고 자손대대로 복을 주시기를 기원합니다. 특히 신학자를 지망하는 젊은이들의 손에 이 책이 들려지게 될 때 새로운 용기와 통찰력이 임할 줄 압니다. ●●

2023년 6월

새로남교회 목사
미래목회포럼 대표
대한예수교장로회 합동(부총회장)

오정호

●● 하나님의 은혜가운데 2021년 1권에 이어 『한국의 신학자들 Ⅱ』가 연속 출간하게 되어 기쁜 마음을 감출수가 없습니다. 그동안 이 일을 위해 애쓰신 안명준 박사님을 비롯하여 이상규, 노영상, 이승구 편집위원 교수님들께도 감사의 마음과 함께 축하를 드립니다.

주지하는 바대로 1832년 칼 귀츨라프의 한국선교를 시작으로 1885년 언더우드와 아펜젤러의 교파형 선교를 통해 이 땅에 복음이 소개되고 기독교가 뿌리를 내리게 된지 2세기도 안된 짧은 기간에 한국교회는 비약적인 발전을 하게 되었습니다. 이제는 한국교회가 선교강국에 더해 신학강국이라고 말해도 틀리지 않을 정도로 그동안 많은 신학자들이 배출되어 교회의 양적 성장과 함께 신학적으로 높은 수준에 올라와 있습니다.

이런 시점에 이 책의 출간을 통해 한국신학자들을 정리하여 한국교회와 세간에 소개하고 알리는 일은 매우 의미있는 일입니다. '역사는 사료가 있는 것이라는 제한을 받는다'는 말과 같이 한

추천사

Korean Theologians

시대의 한국교회와 신학교육을 위해 헌신한 신학자들의 생애와 신학사상을 후학들이 정리하여 글로 남기는 작업의 중요성은 더 이상 애써 강조할 필요가 없습니다. 『한국의 신학자들』은 생존 인물에 대한 정리와 평가도 포함되어서 다소 서술의 한계가 있으나 훗날 한국신학사상사 정립에 있어서 매우 중요한 기초 자료로서 도움을 줄 것으로 사료됩니다.

이 책을 읽다보면 『한국의 신학자들Ⅱ』에 수록된 신학자 한 분 한 분 그들이 살아 온 지난 삶의 면면에서 그들에 대한 하나님의 각별하신 인도하심과 은혜, 그리고 소명에 대한 순종과 헌신을 읽을 수 있습니다. 특별히 신학을 공부하는 후학들에게 이 책은 앞서 걸어간 선배들의 신학 여정을 통한 값진 경험들을 제공해주고 새로운 통찰력을 가져다 줄 뿐 아니라 신앙의 도전과 감동을 줄 것으로 믿어 의심치 않습니다.

바라기는 이 책을 통하여 이 땅에 복음주의 신학의 지평이

더욱 넓어지고 하나님 나라가 확장되며, 포스트모던 시대에 한국교회의 역할과 사명이 새롭게 궁구되는 계기가 되기를 소망하며 기쁜 마음으로 모든 분들께 이 책을 추천합니다. ●●

2023년 6월

한국기독교한림원 원장
전, 성결대학교 총장

정상운

Korean Theologians

●● 한국의 신학자들 2집의 출간을 축하드립니다.

이 책을 출간하기 위하여 애쓰신 안명준 교수님과 여러분의 노고에 깊은 감사를 드리면서 출간을 축하드립니다. 사실 한 분야에서 두각을 드러내고 후학들에게 본이 되어서 이렇게 칭송을 받는 일은 매우 귀한 일이라 여겨집니다. 존경을 받는 학자들이나 그들을 기리는 제자들이 공히 훌륭하다는 생각을 해 봅니다. 우리가 신학교를 경영하고 신학을 가르치는 이유가 교회를 세우기 위함에 있고, 그 교회를 이끌어갈 지도자를 양성하는 일이라는 것을 가르쳐 온 저의 스승께서는 생전에 몇 개의 교회를 개척하시고 손수 목회하는 본을 보이기도 하셨던 것을 오늘도 교훈으로 삼습니다. 상아탑 안에만 존재하는 학문이 아니라, 교회를 통하여 신학 사상과 그 믿음의 표준을 전파해 온 것을 생각하면 학자들 스스로가 자랑스러워하셔도 된다는 생각을 갖습니다.

하지만 한국교회의 현실을 보면, 각각의 교회들은 성장하여 세계적으로 명성을 떨치는 교회도 생겼고, 선교에 큰 힘을 쏟는 교회들도 생겨서 하나님께 영광을 돌리고 있습니다만, 신학교는 점점

추천사

입학생이 줄어들고, 학교 현장은 매우 직업적으로 변해서 가르치는 일보다는 학생 충원과 취업을 위해서 노력해야만 하는 모습으로 변질 되는 듯하여 매우 안타깝습니다. 스승님을 존경의 대상 또는 흠모의 대상이 아니라 본인의 학점을 주는 선생님 정도로 생각하는 것이 아닌가 해서 매우 안타깝기도 합니다. 이러한 때에 이런 귀한 책을 출간하게 되었기에 더욱 축하드립니다.

    2021년에 한국의 신학자들 1집이 나오고 이어서 이제 2집이 나오게 되면서 등재된 학자들의 면면이 초교파적으로 망라되어 더욱 확장되었음을 알게 됩니다. 이미 별세하신 선배들도 계시지만 대부분이 아직은 현역으로 활동하고 계신 학자들이 많은 것을 보면서 이 분들의 가르침을 따르고 더욱 발전시켜 나갈 후학들의 발전을 기대합니다. 어떻게 보더라도 가장 어렵고 방대한 학문이 신학일진대, 이렇게 귀한 공부를 세계 각지에서 석학들에게서 배우고 그것들을 한국교회를 위해서 풀어내었던 한국 신학자들의 업적이 이제 한국을 넘어 세계로 뻗어나가는 계기가 이 책으로 인해서 만들어지면 좋겠다는 소망을 가져 봅니다.

신학계의 기라성같은 스승들의 삶을 더욱 빛내줄 후배들에게 이 책을 추천하면서 노고를 아끼지 않으신 안명준, 노영상, 이상규, 이승구 교수님들께 깊은 감사를 드립니다. ●●

2023년 6월
유나이티드 히스토리캠퍼스에서

한국개혁주의연구소 이사장
전, 대한신학대학원대학교 총장

정효제

차 례

편집인 안명준
편집자문위원 노영상, 이상규, 이승구

길송(吉松) 이종윤 박사님 ······ 4

발간사 안명준 ······ 6

추천사
김명혁 ······ 10   김상복 ······ 13
김영한 ······ 15   노영상 ······ 19
민경배 ······ 23   박종화 ······ 27
박형용 ······ 30   배창돈 ······ 32
오정호 ······ 34   정상운 ······ 36
정효제 ······ 39

- 권용근 박사의 생애와 신학   김세범 ······ 44
- 김경재 박사의 생애와 신학   정경일 ······ 76
- 김도일 박사의 생애와 신학   이진원 ······ 116
- 김병원 박사의 생애와 신학   나삼진 ······ 148
- 김성수 박사의 생애와 신학   나삼진 ······ 178
- 김영한 박사의 생애와 신학   정기철 ······ 214
- 김의원 박사의 생애와 신학   장동민 ······ 246

Korean Theologians

- 김현진 박사의 생애와 신학　유승도 ······ 300
- 김호식 박사의 생애와 신학　유정선 ······ 344
- 나삼진 박사의 생애와 신학　이기룡 ······ 368
- 목창균 박사의 생애와 신학　박창훈 ······ 400
- 박봉랑 박사의 생애와 신학　오영석 ······ 436
- 서문강 박사의 생애와 신학　서창원 ······ 464
- 서인선 박사의 생애와 신학　김영묵 ······ 490
- 송창근 박사의 생애와 신학　유윤종 ······ 526
- 신현광 박사의 생애와 신학　남윤경 ······ 560
- 왕대일 박사의 생애와 신학　안근조 ······ 600
- 이승구 박사의 생애와 신학　안명준 ······ 628
- 이은선 박사의 생애와 신학　조용석 ······ 724
- 이장식 박사의 생애와 신학　김영한 ······ 756
- 장훈태 박사의 생애와 신학　이현주 ······ 832
- 조병하 박사의 생애와 신학　차이탁 ······ 876
- 조기연 박사의 생애와 신학　오주영 ······ 908
- 최대해 박사의 생애와 신학　이필형 ······ 952
- 한태동 박사의 생애와 신학　박종현 ······ 978
- 현경식 박사의 생애와 신학　진혜영 ······ 1002

권용근 박사

권용근 박사의 생애와 신학

김세범_영남신학대학교 조교수

성결대학교 신학과 졸업
장로회신학대학교 대학원(M.A)
장로회신학대학교 신학대학원(M.Div.)
미국 Reformed Theological Seminary (M.C.E.)
계명대학교(Ph.D.)
미국 Princeton Theological Seminary (Visiting Professor)
캐나다 University of Toronto Knox College (Visiting Professor)
한국기독교교육학회 회장

대구 경북 대학원장 협의회 회장
경북노회 노회장
영남신학대학교 6대 총장
교단신학대학교 총장 협의회 회장
현, 전국신학대학협의회(KAATS) 회장
현, 영남신학대학교 8대 총장

들어가는 말

　권용근의 생각 속에는 늘 '교회'가 있다. 그가 늘 교회를 이야기 하는 것은 모태신앙으로 유아세례를 받고 성장한 이유도 있겠지만, 늘 교회로부터 받은 사랑과 그에 대한 부채의식이 있는 것 같다. 그는 어머니가 예수를 믿었던 덕분으로 유아세례를 받긴 했지만, 그가 처했던 주변 환경은 모두가 불신자들이었다. 안동 권씨 반촌마을에서 모두가 예수를 믿지 않는 상황 속에서의 신앙생활을 하는 것은 대소가(大小家) 안에서 제례와 맞물려 그는 늘 미운 오리 새끼였다. 그래서 어른들로부터 받은 칭찬과 격려는 일가친척들보다 교회의 장로님, 집사님으로부터 많이 받았다고 하니, 어린 시절의 경험 속에서 어머니 품속 같은 교회를 늘 생각하고 있는 것 같다.

　이런 생각은 그가 신학을 시작했을 때 학자의 길을 가기보다는 목회자가 되려고 생각을 했던 동기가 되었던 것 같다. 그래서 학부 때는 빨리 기본 공부만 마치고 목회로 나아가려고 했지만, 당시 성결대학교에서 강의 하셨던 신사훈 박사의 조언으로 공부할 마음을 가지고 그 기회를 더 가지게 되었다. 그가 대학원에서 기독교 교육과 상담을 택한 것도 목회현장에서 가장 유익한 것이 교육과 상담이라고 생각이 되어 전공으로 선택했다. 그래서 그의 관심은 부족한 인간들이 예수의 이름 안에 함께 모여서 어떻게 하면 아름답게 살 수 있을까? 하는 것이었다.

　그럼에도 불구하고 그에게 주어진 길은 교회가 아니었고 일찍부터 학교였다. 신학교를 졸업하던 27세에 오인탁 교수의 추천으로 장로회신학대학교에서 '기독교교육사상사' 과목을 가르치면서 대광고등학교에서 교목으로 봉사했다. 미천한 지식으로 어려운 과목을 강의하다 보니 어쩔 수 없이 공부를 할 수밖에 없었다. 이후 30세가 되던 해 영남신학대학교에 전임으로 부임하여 37년을 한 곳에서 가르쳤다. 이 기간 동안에 그는 본인이 원하는 자리보다는 학교가 필요로 하는 자리를 모두 오갔다. 이렇게 보면 그는 신학교를 졸업한 이후 원했던 교회보다 학교에서 평생 사역을 감당한 셈이다.

이런 이유로 그는 전공이 없다. 학과 안에는 전공 교수님이 한 사람만 있어서 기독교 교육의 전반적인 과목을 가르칠 수밖에 없었다. 본인이 관심을 가졌던 상담 과목은 여러 영역들 속에 지극히 작은 부분이었을 뿐이었다. 당시만 해도 학교에는 교수님들이 많지 않아 개설되는 과목에 따라서 강의를 넘나들다 보니 정작 본인이 생각하고 있는 분야는 크게 심화시키지 못했다. 그럼에도 그가 쓴 글들을 보면 항상 교회가 찾아가야 할 길을 논리보다는 깊은 직관으로 보고 문제를 풀어주고 있다.

이 글에서는 이러한 권용근의 학문 세계와 교육 사역, 그리고 교회와 관련된 활동의 이야기들을 서술하고자 한다. 이글의 서술은 본인이 학생으로서 교실에서 공부하며 들었던 이야기와 졸업한 후에는 늘 지근(至近)에서 일했기 때문에 평소에 강의실과 사역 현장에서 주고받은 이야기들을 듣고 그가 저술한 문헌들을 기반으로 하여 정리했다.

권용근의 생애와 활동

출생과 성장

그는 6.25 전쟁이 끝난 다음 해 전쟁의 마지막 형산강 전투가 있었던 경주 안강에서 태어났다. 전쟁의 상흔이 어느 지역보다 심한 곳이어서 환경적인 어려움을 피할 수가 없었다. 더욱이 돌 전에 부친이 갑작스러운 사고로 돌아가셨고, 윗대로부터 물려받은 재산도 많지 않았기 때문에 경제적으로도 매우 어려웠다. 주변에는 같은 성씨로 구성된 마을이어서 모두가 가까운 친척이었지만 각자가 살길이 바빴으므로 별 도움을 받질 못했다. 그럼에도 불구하고 이 어려움을 딛고 일어선 것은 그의 어머니 손혜옥 전도사님의 기도와 신앙교육 덕분이라고 한다.

일찍 남편을 여읜 그의 어머니는 3년 상을 마치고 성경고등학교에 가서 공부를 마치고 외아들 권용근을 키우면서 평생 목회를 했다. 살아갈 생계도 아들의 공부도 교회와 하나님 외에는 다른 방도가 없었기 때문에 누구보다 하나님께 많이 기도하고 교회 일에 충실했다. 그의 어머니가 개척했던 경주 안강의 단구교회는 시골에 위치하고 있지만 건강한 중형 교회로 성장하여 지역사회에 선한 영향력을 미치며 선교지를 돕고 있다. 단구교회에서 신앙생활을 하고 있는 당시 교인들은 전도사님에 대한 깊은 사랑을 지금도 회고하고 있다.

권용근은 어머니를 따라 교회를 중심으로 놀았고 교회 안에 장로님, 집사님들로부터 많은 사랑을 받았다. 그리고 그의 어머니는 아들이 태어날 때 하나님께 바치기로 서원을 했기 때문에 아들을 강하게 훈련 시켰다. 매일 아침 성경을 읽게 한 후 식사를 하게 했고, 유행가도 못 부르게 했을 뿐만 아니라 주일에는 물건도 못 사도록 했다. 순종적이었던 권용근은 심하다고 생각은 했어도 어머니 전도사님의 지도를 잘 따라주었고, 초등학교를 졸업한 후 미국 북 장로교 선교사인 프로보스트(Raymond Provost) 선교사님이 세운 경주 문화중학교에 입학했다.

문화중학교는 미션스쿨이었기 때문에 매일 아침 수업 전 간단한 예배를 드렸고, 매주 한 번씩 강당에서 전체 예배를 드렸다. 특히 권용근이 생활했던 기숙사에는 교목 목사님이 계셨기 때문에 매일 4시 30분이면 새벽 예배를 드렸다. 당시 기숙사에는 목회자 자녀들과 보육원에서 온 전쟁 고아들이 많이 있었기 때문에 서로가 극단적인 경험을 하면서 함께 배우는 시간이었다. 그는 가정형편이 어려웠지만 선교사님이 연결해 준 크렙스(Lucile Krebs)라는 미국의 한 신자로부터 등록금과 기숙사비를 지원받았다. 그 때문에 6년 동안 등록금 걱정을 하지 않고 장학금으로만 공부할 수 있었다고 한다. 이에 대해 권용근은 자신의 모교는 단순한 학교가 아니라 어머니와도 같았고 모교에 대한 자부심과 고마움을 늘 간직하고 있다.

어머니의 서원 기도에 따라 권용근은 목사가 되기로 생각하고 있었지만 고등학교 1학년 때 어머니가 교회를 개척한 후 예배당을 건축하기 위해 집을 팔아 헌금하는 일로 어머니와 심하게 충돌했다. 당시 권용근의 상식과 믿음으로는 이해가 되지 않은 일이었다. 그 후 권용근은 사관학교를 목표로 공부 했지만 합숙 공부하던 중, 사고로 실명의 위기에 처해 뜻을 이루지 못하고 결국은 어머니의 서원 기도대로 신학교에 입학하게 된다. 후일에 권용근은 종종 지난 날을 회고하면서 '어머니의 서원 기도가 아주 무섭고 대단하다'고 말했다.

신학수업과 교수로서 가르침

경제적인 이유로 본인 의사와는 달리 성결대학교에 입학을 했지만, 그곳에서 목회자로서 좋은 교육을 받았다고 회고한다. 특히 말씀과 기도에 대한 강조는 목회자가 되기 위한 기본적인 소양을 잘 키울 수가 있었다. 그럼에도 지적인 욕구는 충분히 채울 수 없었는데, 마침 서울대학교에서 강사로 오셨던 신사훈 박사를 만나서 신학에 대한 재미와 학문 세계에 눈을 뜨게 되었다. 처음 학부에 입학했을 때는 빨리 공부를 마치고 목회 길로 가려 했으나 신사훈 박사의 조언으로 2학년 말부터 공부에 대한 열정을 가지고 대입 준비하던 것 이상으로 학업에 몰두했다. 이 때에 읽었던 철학서들은 평생 공부하는데 밑거름이 되었고 특별히 실존주의에 흥미를 가지고 공부했던 내용들은 그의 사상적 뼈대를 형성하는데 큰 도움이 되었다.

대학원 진학을 앞두고 무엇을 전공할까를 고민하다가 상담과 기독교교육을 공부하기로 했다. 왜냐하면 이 분야가 실제 목회에서 교인들에게 구체적인 도움을 줄 수 있다고 생각했기 때문이다. 이에 전공을 정하고 장로회신학대학교 대학원에 진학했는데, 이때에 주선애 교수님으로부터 교회 현장에 대한 열정, 오인탁 교수님으로부터 독일 학문의 엄격성, 김태묵 교수님으로부터 인간이해의 깊이, 그리고 김형태 교수님으로부터 학문하는 방법과 태도를 배웠다. 결국 김형태 교수님을 지도교수로 하여 실존 심리상담과 롤로 메이에 대해서 처음 한국에 소개하는 논문을 썼다.[1] 이때 같은 교실에서 좋은 동역자들을 만나 함께 공부했는데, 한남대 교수였던 김광률 목사, 예장 총회장을 지낸 정영택 목사, 현 총회장인 류영모 목사 등이 같은 교실에서 형제처럼 지내면서 좋은 코이노니아를 이루었다.

신학대학원에 가서는 목회를 위한 공부를 하게 되었는데, 김이태 교수님의 강의를 통해 신학의 체계를 이해하는데 잊을 수 없는 강의였다. 신학대학원을 졸업할 때는 성서교수 방법론에 대한 논문을 제출했는데, 중요한 이유는 목회현장으로 들어가면 성경공부를 많이 감당해야 할 듯해서 목회를 준비하는 마음으로 정리했다고 한다. 이때에도 같은 교실에서 좋은 동역자들을 많이 만났는데 인도네시아 선교사로 갔다가 이제 고인이 된 서성민 목사와 전 호남신학대학 총장 노영상 목사, 서울 장신대 총장 문성모 목사가 모두 같은 교실에서 공부했다. 그는 대학원과 신대원을 다니면서 교수님으로부터도 많이 배웠지만 친구들로부터의 배움도 결코 적지 않았다고 한다. 대학원이나 신대원에서 만났던 친구들은 졸업한 후에도 지속적인 관계를 갖다가 후일 교단과 교계

---

[1] 권용근, 「롤로 메이의 실존분석에 나타난 인성에 관한 연구」 미간행 석사학위 논문 장로회신학대학교, 1979.

를 이끌어 가는 중요한 동역자들이 되어 함께 일하고 있다.

1984년 3월에 영남신학대학교에 부임하여 가르치던 중 학교가 배려하여 유학의 기회를 갖게 되었다. 유학을 간 학교는 미국 Reformed Theological Seminary다. 당시 그 신학교에는 Norman Haper 교수가 있었는데, 그는 개혁주의 신학에 기초를 두고 기독교교육 이론을 발전시킨 학자였다. 그리고 그 학교에는 M.A. in Family Therapy 과정이 유명하여 상담과 교육을 함께 배울 수 있는 환경이라고 생각이 되어 그 학교를 선택하게 됐다. 이후 보스톤으로 옮겨 박사과정을 밟으려고 했는데, 그때 한국의 신학교에서 교수 공석으로 인한 학생들의 요구가 너무 강했기 때문에 학교의 호출을 받고 귀국했다.

따라서 박사과정은 학교에서 보직을 감당하고 가르치면서 인근에 있는 계명대학교에서 공부하게 됐는데, 그곳에는 당시 김윤국 박사, 김희섭 박사, 최성찬 박사, 신유길 박사, 정권모 박사. 오우성 박사가 있었다. 이들은 모두 전공과 성격이 달라서 다양한 접근으로 신학과 교육에 대한 이해를 높이고 공부할 수 있었다. 특히 신유길은 폴 틸리히에 대한 이해가 깊어서 틸리히 방법론으로 사회와 정치 현실을 분석하여 한국의 현실을 보게 해 줬다. 그러나 학위 논문은 기독교 교육학을 전공한 최성찬 교수의 지도로 상담, 교육, 신학을 아우르는 폴 틸리히의 불안의 문제로 정리했다. 그가 쓴 '폴 틸리히의 불안 이해와 기독교교육적 적용'은 한국 교회교육에 중요한 암시를 주고 있는 논문이다.[2]

권용근은 배움과 가르침이 늘 함께 있었다. 당시만 해도 공부하는 사람들이 적어 석사학위만으로도 대학교수를 할 수 있었고, 그에 따라 연구와 교육이 함께 이루어질 수 있었다. 본인도 경북대학교에서 일반학을 전공하고 영남신학대학교 기독교교육학과에 들어갔기 때문에 교수

| 2 권용근, 「폴 틸리히의 불안이해와 기독교교육적 적용」 미간행 박사학위 논문 계명대학교, 1996.

님과 친밀한 관계를 맺으면서 자연스럽게 기독교 교육의 중요성과 가치를 알게 되었다. 학교 다닐 때 권용근 교수님의 강의는 학생들에게 많은 공감과 참여에 초점이 맞추어져 있었다. 필자가 신대원에서 교수님과 함께 '기독교교육학' 강의(team teaching)를 한 적이 있었다. 그때 교수님은 이미 거꾸로 수업(Flipped Learning)을 실행하고 있었다. 학생들로 하여금 미리 예습하도록 했고, 그 예습한 내용을 한 장으로 요약 정리하도록 해서, 수업시간이 시작되기 전에, 그날 배울 과제를 제출하도록 했다. 교수님은 이외에도 최근에 많이 대두되는 유대인들의 하브루타 방법을 사용하시면서 일방적인 강의식 수업을 피하시고 학생들이 많이 참여하는 수업을 진행해 나가셨다. 이러한 교수님의 영향 때문에 그 이후 필자도 하브루타에 더 큰 관심을 갖고 연구하게 되었다.[3] 그런 의미에서 교수님의 탁월한 교수법은 여타 다른 과목과는 다르게 수업이 진행되었다. 지금 생각해 보면 이미 오래전부터 교수님은 차별화된 탁월한 교수법를 사용하고 계신 것이다.

목회자와 행정가로서 활동

권용근은 그의 목회에 대한 관심 때문인지는 모르겠지만, 그는 전형적인 교수 모습과는 다르게 투영되어 왔다. 언제나 큰 형님처럼 어려운 문제도 쉽게 풀어가는 모습이 무척이나 호감을 주었다. 실제로 40대 초반 교회로부터 청빙을 받아서 사역지를 교회로 옮기려 했는데, 함께 있던 선배 교수님의 만류로 학교에 남게 되었다. 대신에 목회적인 열망이 사그라지지 않아 새누리교회를 개척하게 되었다. 새누리교회가 중대형교회로 성장하지 못했지만, 권용근은 교회를 개척함으로써 목회에

---
[3] 김세범, "대학강의 방법을 중심으로", 「하브루타」를 통한 교수방법의 변화 가능성에 관한 연구」, 영남신학대학교, 신학과 목회 제44집, 2015.

대해 집중적으로 배울 수 있는 기회를 갖게 되었다. 그는 말하기를 교회개척은 하나님의 인텐시브 코스(intensive course)로서 온갖 고생을 했지만 많이 배울 수 있었다고 한다. 이를 통해 그는 가르치는 내용이 이론 중심에서 더욱 현장 중심적으로 전환되었다고 한다. 그래서 학생들은 권용근의 가르침이 교회개척 이전과 이후로 구분해서 말할 수 있다고 한다. 그가 개척했던 새누리교회는 산속에 영성원 형태로 건축되어 운영되다가 6대 총장이 되었을 때 학교에 헌납하여 학생들의 소그룹 활동에 유익하게 사용되고 있다.

권용근은 교육자, 목회자 이기도 했지만 행정가로서 많은 활동으로 인정을 받았다. 그의 특징은 기존의 체제를 운영하는 것을 넘어 끊임없이 새로움을 추구하고 도전한다는 점이다. 그는 처음 영남신학대학교에 왔을 때도 부임한 이듬해에 기독교연구소를 설립하여(1985년) 복음과 교육이라고 하는 현장에 필요한 교육 전문잡지를 격월로 2000부 이상 출판하여 지역교회 교사들과 목회자들을 선도했으며, 연구소 사역이 어느 정도 안정권에 접어들자 후배 교수에게 책임을 맡겼다. 그리고 본인은 다시 기독교 상담연구소를 만들어서(1993년) 학생들을 교육하고 상담하다가 나중에 대학종합평가를 위해 학생생활연구소가 필요하다고 하여 학교가 원하는 대로 체제 변경을 해주었다. 이러한 성과들은 학교의 중요한 보직을 맡게 되는 계기가 되었고, 결국은 총장으로서 역할을 감당하게 되었다. 이러한 일련의 과정은 6대에 이어 8대 총장으로 2번씩이나 총장직을 수행하게 됨으로써 충분히 증명되고 있다.

뿐만 아니라 행정가로서 그의 면모는 학교를 넘어 학회와 노회, 일반 대학교 교수들과의 모임에서도 드러나고 있다. 먼저 그는 2003년에 기독교 교육학회장이 되어 2년 동안 봉사를 했다. 그가 학회장이 되면서 관심 가졌던 것은 크게 세 부분이었다. 첫째는 학술적인 것으로 기독교 교육학회 학술지인 '기독교교육 논총'이 학술진흥재단으로부터 인정을 받아 운영되는 것이었다. 당시 기독교교육논총은 학진등재지가 아니어서 학회소속 교수들이 승진을 위한 평가에 어려움이 있었기 때문이다. 둘째는 학교에서 가르치는 교수들의 이론과 학회의 연구들이 교회 현장과 거리가 있음을 보고 교회와 학회의 연결성을 강화하는 것이고, 셋째는 당시 노무현 정부가 추진했던 사학법이 일반 사학의 자율성을 크게 위협하는 것이었기 때문에 이에 대한 저지 운동이었다.

그는 회장이 되면서 학술지 학진 등록 전문팀을 구성하여 꼼꼼하게 학술지 관리를 했으며, 결실은 다음 학회장이었던 박문옥 회장 대에 가서 등재 학술지로서 결실을 맺게 되었다. 교회와 학회의 연대를 위해서 드루대학교(Drew University) 레너드 스윗(Leonard Sweet) 교수를 초청하여 서울 연동교회에서 전공 교수들과 대학원생들은 물론이고, 교회교육에 관심 있는 목회자들을 초청하여 세미나를 가진 것은 의미 있는 일이다. 사학법 개정 반대를 위해서도 성명서를 발표하고 사학법 반대에 적극적으로 나섬으로 시대적인 문제도 외면하지 않고 적극적으로 돌파해 나갔다.

대구-경북 지역에서는 그가 영남신학대학교 대학원장 보직을 감당하고 있을 때, 지역 대학 대학원장 협의회에서 회장직을 맡아서 학교들이 당면한 문제들을 함께 풀어갔다. 함께 참여하는 대학원장들이 속한 대학교들이 국립대학교와 종합대학교 였던 것을 감안하면 소규모 신학교 교수로서 불신자들로 구성되어 있는 대학원장 협의회 일을 끌어가기가 결코 쉬운 일이 아니다. 이는 각 대학들의 이해관계가 다르고 그들과 교제 하는데 목사로서 한계가 많음에도 불구하고 의견들을 잘 수렴하여 협의회를 원만하게 이끌어 갔다는 평이 크다.

그리고 그가 속해 있는 경북노회에서도 노회장 직을 맡아서 노회가 당면한 어려움들을 지혜와 뚝심으로 잘 감당했다. 특히 당시 노회가 고민하고 있던 애락원을 잘 지켜냈다. 당시 애락원은 전국 한센인 본부로부터 재산권이 위협받고 있었다. 이때 노회장으로서 당연직 이사로 들어가 온갖 회유와 협박에 굴하지 않고 정면승부를 통해서 애락원을 지켰다. 이에 대해선 애락원 안에 있는 원생들은 물론이고 노회의 모든 구성원들이 그런 강단(剛斷)이 어디서 오는지 궁금하다면서 칭찬했다. 뿐만 아니라 그의 임기 중 대한예수교장로회총회(90회 김태범 총회장, 2005년)를 대구 인터불고호텔에서 열렸을 때 준비위원장을 맡아서 성공적으로 치러냈다. 전국 교회에서 참여한 1500명의 총대들과 그 이상의 내빈들을 영남지역 전체 교회들의 후원을 받아 풍성하게 섬겼다.

　이러한 행정가로서 경험의 결과들은 자연스럽게 영남신학대학교 6대 총장으로서 책임을 맡게 했다. 대학의 총장 자리가 화려하게 보일지 모르나 내막에 들어가 보면 결코 쉬운 자리가 아니다. 모두가 자기주장이 강하고 논리가 분명해서 총괄하기가 결코 쉽지 않다. 그럼에도 불구하고 그 일을 잘 감당해 냈다. 임기 중에 뜻하지 않게 학내사태가 발생해 수 많은 위협과 곤경에 처한 상황을 당하면서도 끝까지 총장으로서 직무를 유기(遺棄)하지 않았다. 이러한 그의 족적(足跡)은 다시 교수로 돌아갔다가 은퇴 즈음에 8대 총장의 책임을 맡게 하였다. 이로써 한번 하기도 힘든 그 어려운 총장의 직무를 두 번씩이나 하게 됨으로써 교육행정가로서의 능력을 객관적으로 인정받은 것이다.

　때를 같이 하기라도 한 듯, 그는 영남신학대학교 8대 총장이 되고 난 후 곧바로 전국 신학대학협의회 회장과 책임을 맡게 되었다. 전국신학대학협의회는 국내의 41개 신학대학교 총장 및 교수들의 모임으로 한국의 신학교육을 이끌어가는 주도적 모임이라 할 수 있다. 이러한 신학지도자들의 모임에서 회장으로 책임을 맡게 됐다는 것은 그 동안의 행정력과 지도력을 널리 인정받는 매우 영광스러운 일이라 생각된다. 특히 지방에 있는 신학교에서 전국신학대학협의회 회장이 되어 한국의 신학교육을 선두에서 지휘해가는 모습은 행정가로서 그의 능력을 확인받은 것으로 괄목할 만하다.

권용근의 사상

권용근의 사상 발전은 크게 3단계로 발전해진 것으로 보인다. 첫째는 교육-심리적 관심으로 이루어진 단계, 둘째는 교육 신학적 단계, 셋째는 목회 신학적 단계로 이동하여 있음을 볼 수 있다. 그러나 그의 생각은 연차적으로 이동해 갔지만 그 근저에는 실존주의적 풍이 늘 있다. 이는 그가 대학 시절에 철학 서적을 탐독하면서 덴마크의 종교 사상가이며 실존주의 철학자인 키에르케고르에 심취해 있었던 영향으로 보인다.

교육-심리적 단계

권용근의 초기관심은 실존주의 교육학이었다. 그는 오토 볼노브(Otto F. Bollnow)[4] 와 루이스 쉐릴(L. J. Sherrill)[5] 같은 학자의 실존주의 주제들을 좋아했고 그와 관련된 책들이 그의 글에 많이 이용된다. 실제로 권용근은 석사 논문을 쉐릴에 관해 논문을 쓰려다가 이미 관련 논문들이 몇 편 있어서 롤로 메이(Roll May)[6]를 소개하게 된다. 당시만 해도 롤로 메이는 한국 상담학계에 거의 알려지지 않은 상황이어서 권용근의 '롤로 메이의 실존분석에 나타난 인성에 관한 연구'는 한국에 메이를 처음 소개한 논문으로서 의미가 크다고 할 수 있다. 당시 그의 저

---

4 독일의 철학자이자 교육학자로 실존 철학적 색채를 띤 철학적 인간학을 전개했다.
5 쉐릴은 만남의 기독교교육 뿐 만 아니라 인간의 불안이해와 극복을 위한 기독교교육에 관심을 가지고 연구한 학자이다.
6 미국의 실존주의 상담가이자 심리학자로서 그가 비록 인본주의 심리학에 관여는 했지만 그가 영향받은 것은 실존주의 철학이다.

서가 한국에는 거의 없는 상황이라 미국에 있는 자료를 찾기 위해 직접 연락하여 그의 사상을 연구했다는 것은 그만이 가지고 있는 특유의 학문적 열정으로 보여진다.

필자가 보기에도 그 열정으로 지금까지 지속적인 연구를 했다면 한국 상담학계에 커다란 발자취를 남기지 않았을까 하는 생각을 충분히 해보게 된다. 사실상 이 부분에 대해서는 권용근 자신도 많이 아쉬워하는 부분이다. 학문으로서는 상담학과 기독교교육은 엄연히 구분되어 있지만 교육적 행위로써 두 학문을 보면 유사하거나 겹치는 영역이 매우 크다. 그래서 그는 학위를 마치고 영남신학대학교의 기독교교육학과의 전임교수로 부임하고 난 뒤에 기독교교육의 온갖 과목을 다 가르치게 되었고 그러다 보니 순수 전공이 불투명해졌다고 한다. 심지어는 신약학 교수가 유학을 가고 난 사이에 그 뒷바라지를 감당하기 위해 헬라어까지 가르쳤다고 하니, 가히 학자로서 또 교수로서의 정체성 혼란을 겪을 수 밖에 없었을 것으로 보인다. 그러나 이런 이유로 신학 전반에 대한 폭 넓은 이해를 가지고 있는 것은 또 다른 장점이다.

한동안 권용근은 실존주의에 근거한 쉐릴과 롤로 메이를 오가면서 교육과 심층심리학을 연결하여 강의하는 것을 좋아했다. 특별히 하이데거의 존재분석 방법을 통해서 이해하는 롤로 메이의 통전적 심리분석은 종전의 행동주의 심리학이나 형태심리학이 가진 한계를 넘어서게 해서 목회상담의 새로운 지평을 열어주었다. 권용근은 롤로 메이가 열어놓은 방법론으로 상담의 영역에서 영적인 영역까지 확대하여 이해하려고 많은 시도를 했다. 이 부분은 나중에 영성학으로 발전시켜 책으로 집필한 바 있다.[7]

그렇게 함에도 불구하고 그는 실존주의 틀이 방향과 목적에 있어서는

| 7 권용근, 「영성과 기독교교육」, 기독한교, 2016.

매우 이상적이지만 실존주의가 가진 한계 때문에 방법의 구체성이 명확하지 않은 부분이 있다고 생각했다. 그래서 이 부분을 좀 더 연구를 했으면 하는 아쉬움을 가졌다. 만약 그가 한 분야에 천착(穿鑿)했더라면 실존주의에 근거한 상담과 교육의 기법들이 많이 나올 수 있었을 것으로 생각된다. 그리하여 한국 상담학계에 고유한 영역을 가지고 독보적으로 활동할 수 있었을 것으로 생각된다. 이즈음에 그가 지도하는 학과목과 감당했던 보직 때문이었는지 모르지만 신학교육에 대한 여러 논문들과 지도력 개발에 대한 연구들이 나왔음을 볼 수 있다.[8] 그 후 그의 글들은 점진적으로 상담과 교육을 넘어서서 모두를 아우르는 신학의 틀로 이해하려는 글들이 틈틈이 나오게 되었다.

교육신학적 단계

두 번째 단계는 그가 폴 틸리히[9]에 들어가면서 생긴 발전이다. 권용근이 폴 틸리히에 관심을 갖게 된 것은 쉐릴의 진술에 의한 것이 크다고 한다. 쉐릴은 그의 교육이론이 내용적인 것은 틸리히에 뿌리를 내리고 방법적인 것은 롤로 메이에게 두고 있다고 했다.[10] 아마 권용근은 이 부분을 근거로 해서 내용과 방법의 뿌리를 추적하여 연결고리를 찾고 싶었던 부분을 틸리히 신학에서 도움을 많이 받을 수 있다고 생각했던 것 같다. 그는 박사 학위논문 제목을 '폴 틸리히의 불안이해와 교육적 적용'으로 정하고 연구하여 평소 그의 생각을 담아냈다. 특히 그가 관심 두었던 인간 불안의 문제는 인간의 근원적인 문제이기 때문에 상

---

8 권용근, 「한국교회와 신학교육」, 영남신학대학교 출판부, 2015.
9 Paul J. Tillich는 독일의 신학자이자 루터교 목사였는데, 히틀러 정권을 피해 미국으로 이주하여 하버드대학교와 시카고대학교에 강의를 하면서 세계적인 영향을 미쳤다.
10 L. J. Sherrill, *The Gift of Power*, pp.105, 198.

담과 교육의 문제를 풀어가기에 중요한 열쇠가 되었던 것이다.

불안의 주제를 다루기 위해서 그는 키에르케고르와 프로이드(S. Freud), 롤로 메이를 탐색하면서 틸리히가 신학적으로 이해한 불안의 문제를 종합적으로 이해했다. 많은 철학 이론가들은 불안의 문제를 다양한 관점에서 연구하고 이해해왔다. 왜냐하면 불안의 문제가 인간의 근원적인 문제였기 때문에 다양한 각도로 보일 수밖에 없기 때문이다. 키에르케고르는 철학적 관점에서, 프로이드는 정신분석적으로, 롤로 메이는 실존분석적 입장에서 불안에 관한 대작들을 내어 놓았다. 이것을 기반으로 해서 틸리히는 신학적인 관점에서 불안을 정리해 놓았다. 틸리히가 쓴 존재에의 용기(courage to be)는 적은 분량의 책이지만 많은 내용을 담고 있는 책이다. 권용근은 이 책이 담고 있는 내용들을 다시 해석해 냄으로써 그의 독창성을 나타냈다.

그는 이 과정 속에서 쉐릴과 메이와 틸리히를 연결하는 고리를 정확하게 읽고 후반에 자신의 독창적인 교육이론을 시도하여 정리했다. 이 일 후에 권용근은 교육, 심리에서 이를 총괄하는 교육신학으로 넘어갔고 방법론에 있어서도 틸리히의 상호연관의 법칙(The Method of correlation)을 즐겨 사용했다. 이러한 그의 입장은 학교 채플 설교에서도 자주 사용되는 방법이기도 했다. 그의 설교의 도입은 단순히 사람들의 흥미나 관심을 갖도록 하기 위한 것이 아니다. 그의 설교 도입은 이 시대를 살아가는 사람들이 고민하고 있거나 고민할 수 밖에 없는 문제들을 시사 사건을 통해 청중들에게 화두로 던지고 그 문제에 대한 대답으로서 복음을 전하고 있다. 역시 메시지는 자신이 영향을 받은 신학자의 신학과 사상에 근거하여 드러나기 마련인 것 같다. 그런 이유로 그는 신학을 단순히 성경이나 교리의 테두리 안에 두질 않았다. 인간이 살아가는 제반의 모든 문제를 성경적인 관점으로 재 해석 하고 문제와 답을 찾아냄으로 신학의 지평을 확장 시키고 있다. 그에게 있어 신학의 소재는 성경과 교리를 넘어 역사와 문학, 심층심리와 예술에 이르기까지 다양한 영역에서 하나님의 숨결을 느끼려고 하고 있다.

교육목회 신학적 단계

그의 세 번째 단계는 교육목회 신학적 단계로의 이동인데, 성경과 기도에 새로운 관심을 갖고 전진하게 된 점이다. 심층 심리와 교육신학을 이야기하던 권용근은 기도와 말씀으로 다시 복귀하게 된다. 결국 교육이나 상담은 신학의 도움 없이는 그 영역을 확대해 갈 수 없는 한계에 대한 발견으로 다시 원점으로 돌아 온 경향이 크다고 볼 수 있다. 왜냐하면 모든 사람들이 추구하는 궁극성을 어떤 다른 학문에서 기대할 수가 없고 오직 기도와 성경을 통해서만이 얻을 수 있는 것이기 때문이다. 그는 이 문제에 대한 논리적 추구를 틸리히 신학을 기반으로 영성의 문제에 접근했다.

지금까지 여러 학자들에게서 역사적으로 심리적으로 이론적으로 영성에 관한 글들을 보았지만, 그는 영성의 문제를 근원적이면서 구체적인 방법론까지 개발하여 제시함으로써 한층 더 발전된 면을 보여주었다. 그가 쓴 '기독교 영성과 하나님의 체험'에서는 영성과 교육을 연결시키기도 했지만 불안과 누미노제 경험, 칼 융의 분석 방법을 통한 영성의 유형들을 구분해 주었으며 나중에 호흡을 통해 기도하는 방법들까지 찾아내어 주었다. 이를 위해서 그는 국선도 도장에 입문하여 훈련을 받으면서 승단을 하고 기도와 호흡을 연결시켜 가는 열정까지 보였다.

뿐만 아니라 그는 6대 총장을 마치고 일반 평교수로 돌아가서는 비교적 여유롭게 지내면서 클래식 기타 교실에 등록하여 취미 활동을 하였으며, 그가 좋아하는 운동을 즐기면서 휴식이 주는 안식과 쉼을 맛보며 여유로운 시간을 보냈다. 그러면서도 삶의 의미를 놓치지 않고 성경

연구에 천착했다. 여기에는 조병호 목사와 통 성경 사역을 함께 하면서 그 가치가 현저하게 드러났다. 그는 영남신학대학교 6대 총장 시절에 조병호 박사의 통 성경을 좋게 여겨 매학기 방학마다 학생들을 대상으로 통 성경 프로그램을 실시했다. 이로 인해 학생들은 성경에 대한 이해의 지평을 넓히고 중요성을 깨닫게 되었다. 권용근 자신도 6대 총장을 마치고 통 성경 사역을 함께하며 성경연구 시간을 가졌다.

 영성과 성경으로의 회귀는 지금까지 걸어온 길에서의 단절이 아니고 연장 선상에서 이루어진 것으로 보인다. 틸리히의 상호연관의 방법을 구체적으로 철저히 적용하는 과정에서 귀결 될 수 밖에 없는 당연한 결과로 보여진다. 이는 종래 심층심리학의 눈으로 인간 내면을 응시하면서 보여진 불안의 문제는 말씀과 기도를 떠나서는 해결될 수 없는 문제이기 때문이다. 그는 박사학위를 마치고 난 뒤에 '우리 어머니가 이야기하던 절대 신앙을 말하기 위해 이렇게 어려운 말들이 필요한가?' 라고 읊조린 적이 있다. 이러한 그의 입장은 여기저기에서 행한 설교문을 탐색해보면 분명히 드러난다. 그는 인간의 실존적 문제들을 다양한 방법으로 노출 시키고 이에 대한 해답은 성경 본문을 추적해가면서 찾아내려 했다.

 대표적으로 피카소의 게르니카 작품을 통해서 인간의 내면을 바라보고, 그 물음과 절규에 대한 대답으로 복음의 언어를 찾아낸다. 본문 선정도 어느 한 부분만이 아니라 창세기로부터 계시록에 이르기까지 전체를 아우르면서 답을 찾아냈다. 이러한 그의 설교의 가치는 현장에서 일어나는 여러가지 문제들도 노출시키지만 성경이 새롭게 살아나는 말씀의 위대성을 보여주기도 했다. 이러한 그의 변화는 틸리히가 말한 불안은 오직 절대자이신 하나님만이 극복할 수 있다는 틸리히의 명제를 확인하는 것이기도 하고, 신학을 하면서 하나님 앞에서 종으로 서길 원했던 권용근 자신의 결론으로도 보여진다.

신학적 공헌과 교훈

권용근의 신학적 사유와 그의 활동을 통해서 본 공헌은 크게 네 가지로 정리해 볼 수 있다.

첫째, 현장 중심의 실천 신학자이다. 그의 머릿속에는 '교회'라고 하는 그리스도의 몸이 들어 있다. 그에게서 현장이 없는 신학, 현장이 없는 이론은 상상할 수 없다. 기독교교육 역시 실천신학 영역에 속해 이론을 추구하지만, 그는 한 번도 현장을 염두에 두지 않고 기독교교육을 생각하지 않았다. 그는 '현장이 답이다'라고 생각하는 것 같다. 그는 학교와 교회와 가정이라는 현장에 서 있었다. 학교 현장에 있을 때, 특히 총장직을 수행하는 동안에도 강의실[11]이나 책상에 앉아 가르치고 연구만 하는 것이 아니다. 학교의 조경과 환경을 가꾸는 일에도 솔선수범하였다. 장갑을 끼고 손수 나서서 풀을 뽑고 나무를 심었다. 그저 남이 볼 때만 흉내만 내는 요식행위가 아니었다. 이런 본보기는 하루 정도, 한 번은 누구나 쉽게 할 수 있다. 그러나 그 일을 지속적으로 하는 것은 쉬운 일이 아니다.

권용근 마음속에 두 가지 마음이 있다고 보여진다. 하나는 공동체에 대한 마음이다. 그것은 학교를 구체적으로 사랑하는 마음이다. 학교를 진정으로 사랑하는 사람은 학교의 일부 만을 사랑하는 사람이 아니다. 학교 전체를 사랑하는 사람이다. 그는 그렇게 학교를 사랑했다. 그에게 있는 또 하나의 마음은 개인적인 것으로, '노동이 기도'라는 생각이다. 손수 흙을 만지며 삽을 들고 일을 한다. 일은 더 이상 일이 아니다. 기도이다. 그는 기도하고 있었다. 이러한 그의 사상은 과거 트라피스트

---

11 강의실이라는 말 자체가 이미 교수 방법을 제한하는 문구이다. 교실이나 수업실로 하는 것이 더 적합할 것이다.

수도원[12])에서의 경험 때문이 아닐까 생각해 본다.

둘째, 대학의 교수방법의 변화 가능성을 열어놓았다. 교수하면서 학생들에게 더 잘 가르쳐 보고 싶은 마음은 모든 교수의 바람일 것이다. 이것은 단순히 학생들로부터 좋은 평가를 받아보고 싶다는 것을 넘어 생동감 넘치는 수업을 하고, 또 신나는 수업을 해보고 싶다고 하는 것의 또 다른 표현일 것이다. 권용근은 과거 장로회신학대학에서 성서 교수법을 강의한 바 있고, 영남신대 학부와 신대원, 대학원에서 학생들에게 강의하면서 참여가 있는 교수 방법을 지향해 온 바 요즘 교육방법으로 자주 회자되고 있는 유대인의 하브루타식 수업과 거꾸로 수업 방식을 이미 실행하고 있었다고 보여진다. 이와 같은 교수 방법은 현재 일반대학을 포함하여 신학대학에서 이루어지고 있는 강의 중심의 교수법에 대한 새로운 대안으로 제시해도 좋을 참신한 시도이다.

사실상 지금까지 대학에서 사용되고 있는 강의 중심의 교수법에는 교수의 역량에 따라 천차만별의 교육효과가 이루어지고 있다. 어떤 한 가지 교수법이 모든 학습의 최대 공약수는 될 수는 없다. 그러나 분명한 것은, 학습효과를 극대화 하기 위한 방법으로 현재 대학에서 이루어지고 있는 강의 중심의 교수법에는 한계가 있다. 지금 대학은 변하고 있다. 또한 살기 위해서 변해야 한다. 그 변화의 물결 속에 하나가 교수방법이다. 권용근은 이러한 변화의 선두주자로서 앞서가고 있었다.

셋째, 실존적 내면세계를 통한 공감적 설교를 구사하였다. 그의 설교를 들어보면 목소리는 크지 않으며 곁에서 한 사람에게 이야기하듯 시작된다. 목소리의 색깔은 부드러우면서 깊이가 있다. 내용은 본문 말씀을 떠나지 않으면서 그 범위는 발끝에서 땅끝까지를 아우르고 있다. 설교의 방식을 보면 강요하거나 설득하려고 하지 않고 오히려 복음을 강

---

12 그는 종종 시간이 나면 국내에 있는 기도원이나 수도원을 즐겨 찾았고 토마스 머튼(Thomas Merton)이 수도했던 켄터키주의 트라피스트 겟세마네 수도원에서 가졌던 시간들을 귀하게 생각했다.

조하고 있는데, 강조할 때는 그 목소리가 커진다. 특히 그의 설교는 내면세계를 건드려주는 공감을 불러일으키는 내용으로 전개된다. 설교 속에 다양한 정보와 지식이 들어 있다. 그리고 현실에 뿌리를 박은 영성을 추구하면서 세상 속의 그리스도인으로 살아가는 것을 강조하고 있다. 특히 코로나 시기의 설교를 들어보면 세계와 하나님, 국가와 하나님, 세상과 그리스도인, 재난 속에서 그리스인이 나아갈 방향, 추구해야 할 가치를 확신하면서 구체적으로 제시해 준다.

이 모든 것들이 가능하게 이루어질 수 있었던 것은, 학부 시절부터 독서를 통해 역량을 키우고 평소에도 실존철학적인 사고와 훈련을 했기 때문이라고 보여진다. 그의 설교에는 고민과 고뇌가 담겨져 있다. 그의 탁월한 설교는 목회자적인 역량이 있음을 보여준다. 총장으로 있으면서 교회를 개척하여 설교를 하고, 교회들의 요청에 따른 헌신예배, 연합회[13] 주 강사로 설교할 기회를 많이 갖게 되는 것도 이와 같은 공감적 설교가 회중들과 성도들에게 큰 영향을 주고 있다는 증거가 될 것이다.

넷째, 목회자와 신학자를 길러내는 최고 경영자의 모델을 보여주었다. 권용근은 한 번도 하기 힘든 총장의 직무를 두 번씩이나 헌신적으로 감당해왔고 감당하고 있다.[14] 총장직이 멀리서 보면 명예롭게 보일 수도 있겠지만 가까이에서 보면 권한보다 책무가 더 많고 큰 것이다. 대내적으로는 입학생 충원문제부터, 조직운영, 이사회, 행정업무, 인사문제, 재정확보 및 운용하는 일, 교과과정 구성 및 운영, 신학 후보생들의 교육과 양육등 끝없는 업무들이 산적해 있다. 뿐만 아니라 대외적으로 지역교회와의 관계, 후원받는 일등 직 간접적으로 총장과 관여되어 있지 않는 일은 없다.

---

[13] 2021년 8월 15일 광복 76주년 기념 구국연합예배 (초교파, 대구 서문교회예배당)때 주 강사로 설교한 바 있다.
[14] 영남신학대학교 6대 총장(2011-2015), 영남신학대학교 8대 총장(2019-2023 현)

이러한 막중한 직무를 한 해만 해도 힘이 드는데 총장의 임기 4년을 두 번씩 감당하고 있다. 이것은 대기업을 경영하는 것보다 더 힘든 일이라고 생각된다. 이 외에 대한예수교장로회 경북노회 노회장(2004~2005), 대한예수교장로회 90회 총회 준비위원장(2005), 경북노회 목사회 회장(2007~2008), 대구·경북 대학원장협의회 회장(2005) 등을 역임함으로 명실상부한 조직의 최고 경영자로서의 자질과 탁월한 지도력을 인정받았다. 뿐만 아니라 2021년 현재 한국에 있는 초교파적인 신학대학의 총장으로 구성된 한국신학대학협의회(KAATS) 회장의 직무를 수행 중이다. 지금까지의 업무와 수행능력과 자질을 감안 해 본다면, 그는 탁월한 조직의 경영자요, 리더자요, 최고 지도자로서의 모델이 될 만한 자질을 갖추었다고 해도 과언이 아니다.

결 론

한 사람의 삶과 사상을 이해한다는 것은 처음부터 불가능한 일이다. 마치 장님이 코끼리를 만지는 것에 비유할 수 있다. 그 사람의 극히 적은 일부만을 알 뿐이다. 권용근에 대한 필자의 경우도 마찬가지다. 그럼에도 불구하고 함께 보냈던 시간과 그의 글을 통해 드러난 사실과 현상을 정리해 보았다. 지금 생각해 보면 그의 이미지는 다양하다. 어떤 직책이나 직업으로서 그의 모습이 아니라 인간 권용근의 모습을 보면, 부드럽고 차분하다. 따뜻하고 냉철하다. 때로는 세심하고 치밀하다. 그리고 고뇌하며 속이 깊다. 어릴 때 목회자의 집안에서 자라 목회자라는 길을 먼저 보았고, 그 후 목회자의 길을 생각했다. 그러나 하나님은 목회자의 길이 아니라 신학자의 길로 인도하셨다. 비교적 젊은 나이에 신학교에 와서 보니 불모지였다. 마치 개척교회을 시작할 때 상황이다.

이런 신학교에 기초를 놓고 기독교교육학과를 만들고, 교육자원부로부터 중등 2급 (종교)교사 자격증을 받을 수 있는 발판을 마련했다. 한 분야의 10년만 있어도 그 분야의 전문가라는 소리를 듣는데, 37년이라고 하는 긴 세월 속에 초지일관 교수로서 가르치는 일에 매진해 왔다.

 이것은 단순한 경력이나 업적이라기보다 사명자로서의 삶이라고 해야 할 것이다. 이러한 과정 속에서 정체성 혼란을 겪었다. 본인에게는 아픔과 상처였을 것이다. 그때 '이 길이 내 길이 아닌가 보다'라고 생각하여 신학자의 길을 접고 목회자의 길로 갈 수도 있었다. 그러나 그는 그 혼돈한 상황에서 학교를 떠나지 않고 묵묵히, 그리고 우직하게 문제를 붙잡고 씨름했다. 그리고 두 번에 걸쳐 총장의 길을 걸었고 지금도 걷고 있다. 그가 걸어온 길을 돌이켜 보면, 모든 것이 하나님의 은혜였다. 그 은혜 속에 수많은 만남이 있었고, 수많은 사람과 학교와 교회가 있다. 윤동주의 서시의 표현처럼, 그는 오늘도 '내게 주어진 길을 걸어가야겠다'고 생각하면서 가고있다.

경력

한국 기독교 교육학회 회원 (1983~2021)
영남신학대학교 교수 및 총장 (1884~2021)
예장 총회 교육부 커리큘럼 위원 (1997~2021)
경주문화학원 이사 (1998~2021)
한국 상담학회 회원 및 이사 (2002~2005)
한국 기독교 교육학회 이사 (2003~2021)
한국 기독교 교육학회 회장 역임 (2004~2006)
대한예수교장로회 경북노회 노회장 역임 (2004~2005)
대구·경북 대학원장협의회 회장 역임 (2005)
대한예수교장로회 90회 총회 준비위원장 역임 (2005)
경북노회 목사회 회장 (2007~2008)
영남신학대학교 6대 총장 (2011~2015)
교단신학대학교 총장협의회 회장 (2013~2015)
한국신학대학협의회(KAATS) 이사 (2013~2021)
예장 총회 교육부 커리큘럼연구위 위원장 (2018~2019)
영남신학대학교 8대 총장 (2019~2021 현)
한국신학대학협의회(KAATS) 회장 (2021)

연구 목록

● 박사학위 논문
"폴 틸리히의 불안 이해의 기독교 교육적 적용." Ph. D. 계명대학교, 1996년 6월

● 저서
실존분석적 인간이해, 장신대 출판부, 1984.
상담관계 문헌 목록집, 신원사, 1994.
기독교교육(上), 장로교출판사, 1995.
기독교교육(下), 장로교출판사, 1999.
교회 청소년 지도와 상담(편저) 영신대부설 학생생활연구소, 2000.
기독교 교육학 개론(공저), 기독한교, 2004.
기독교교육사(공저), 기독한교, 2007.
교육과정 이론 지침서(공저), 한국장로교출판사, 2014.
교육목회, 목회 매뉴얼(공저), 한국장로교출판사, 2015.
한국교회와 신학교육, 영남신대 출판부, 2015.
기독교 영성과 하나님 체험, 도서출판 카이로스, 2016.
영성과 기독교교육, 도서출판 기독한교, 2016.
청라언덕과 영남신학대학교, 영남신대 출판부, 2020.
폴 틸리히와 기독교교육 (근간 예정)

● 역서
40가지 교수-학습방법, 장로교 출판사, M. M. Leypoldt, 장로교 출판사, 1995.

● 연구 논문

공동체 문화형성을 위한 기독교교육의 이론과 실천, 「신학과 목회」, 1987.
위기 중에 있는 자를 위한 상담, 「신학과 목회」, 1989.
현대 기독교 교육론에 대한 사적고찰, 「신학과 목회」, 1990.
2천 년대를 향한 지방신학 교육의 진로, 「신학과 목회」, 1991.
틸리히의 인간이해와 기독교교육, 「신학과 목회」, 1992.
인간성 회복과 창조질서를 위한 기독교 교육의 방법, 「총회 교육자료 14집」, 장로회 출판사, 1992.
기독교 교육과 커뮤니케이션, 「신학과 목회」, 1993.
신학교육에 있어서 신입생 의식조사와 영적 지도방안, 「신학과 목회」, 1994.
틸리히의 불안이해와 교육적 적용, 「신학과 목회」, 1995.
틸리히신학에 있어서 자아성장원리와 그 방법에 관한 연구, 「신학과 목회」, 1996.
한국교회 지도력 모형 개발에 관한 연구, 「신학과 목회」, 1998.
고성 김형태의 기독교 교육사상, 「기독교 교육논총」, 1998.
인간의 아픔과 하나님의 고치심, 「총회 교육자료 20」, 1998.
가족 치료를 위한 체제적 접근에 대한 이해와 신학적 해석, 「신학과 목회」, 1999.
소망과 기독교 교육의 장, 「총회 교육자료 21」, 1999.
중년기 위기와 로고데라피의 적용, 「신학과 목회」, 2000.
한소망교회 목회지도력과 영성 및 교육목회, 「목회 교육 14집」, 2000.
교단 신학대학 안에서 특수 대학원 운영에 관한 연구, 「영신논단 1집」, 2000.
인간의 불안 경험과 종교적 성숙, 「기상논단 2집」, 2000.
생명회복을 위한 기독교 가정교육, 「신학과 목회」, 2001.
하나님의 나라 시민교육과 성령, 「신학과 목회」, 2001.
영남신학대학교 교육이념 분석 및 목적 해설, 「신학과 목회」, 2002.
지역교회들의 교육선교센터 설립 비젼과 실천과제, 「신학과 목회」, 2002.

하나님의 나라와 기독교 교육, 「영신논단 3집」, 2003.
초기 학습자를 위한 기독교 교육영역 해설, 「신학과 목회」, 2003.
디아스포라와 한국교회교육, 「신학과 목회」, 2003.
코리아 캐나다 청소년의 의식구조 조사 연구, 「캐나다 생명의 전화 연구 자료집」, 2004.
예장 통합 교단 안에서의 '교회 교육사' 제도 실시에 관한 소고, 「신학과 목회」, 2004.
서번트 리더십에 근거한 교사 지도력 모형 개발에 관한 연구, 「한국기독교 신학논총 37집」, 2004. 1.
기독교 교육의 생명론적 이해, 「신학과 목회」, 2005.
청소년 신앙발달 과정에 있어 하나님의 나라와 경건, 「총회 교육자료」, 2005.
KOREAN-CANADIAN 청소년들의 의식구조 조사연구, 「신학과 목회」, 2006.
한국기독교 교육학의 어제 오늘 그리고 내일, 「한국기독교 신학논총 50집」, 2007. 4.
중세 기독교교육에 관한 소고, 「신학과 목회」, 2007.
21세기 예장(통합) 신학교육에 있어 기독교 교육학 정체 모색에 관한 연구, 「21세기 한국교회교육의 전망 고용수 교수 은퇴 기념 논문집」, 2007.
다음세대 부흥을 위한 기독교교육의 장, 「총회 교육자료 29집」, 2007.
섬김을 위한 교육목회, 「총회 교육자료 30집」, 2008.
영남신학대학교 교양교육과정 개선을 위한 연구, 「신학과 목회」, 2008.
영성의 인간학적 이해, 「신학과 목회」, 2009.
기독교교육 서술을 위한 프롤로고메나, 「신학과 목회」, 2009.
인간의 영적 성장에 있어서 회심의 기독교교육적 의미, 「신학과 목회」, 2010.
칼 융의 정신유형론에서 본 영성유형의 분석, 「기독교 교육논총 26집」, 2011. 1.
그리스도인-세상의 소금과 빛을 위한 기독교교육의 장, 「총회 교육자료 33집」, 2011.
인간발달과 영적 지도, 「신학과 목회」, 2011.

기도하는 교육, 「계명신학 12집」, 2012.
거룩 체험에 있어 누미노제 경험에 관한 연구, 「신학과 목회」, 2012.
전문인 사역과 신학교육, 「신학과 목회」, 2013.
영남신학대학교의 정체성과 신학교육, 「신학과 목회」, 2014.
방언 현상에 대한 심층 심리적 연구, 「신학과 목회」, 2015.
영성적 삶을 위한 영적 지도와 훈련 방안, 「신학과 목회」, 2016.
폴 틸리히 신학에서 교육신학의 가능성 연구, 「신학과 목회」, 2017.
Spiritual Guidance through Bible Leading, 「기독교 교육논총 49집」, 2017. 3.
영성훈련에서 몸(호흡) 사용에 관한 연구, 「신학과 목회」, 2018.
복음을 통한 한국교회 정체성 회복과 개혁방안, 「신학과 목회」, 2019.
예수의 삼중직에 근거한 부모의 지도력 개발에 관한 연구, 「기독교 교육논총 58집」, 2019. 9.
청라언덕과 영남신학대학교, 「신학과 목회」, 2020.

총장실에서

전국신학대학협의회

성니콜라이교회 본네베르거 목사 명예신학박사 학위수여 후

2021학년도 영남신학대학교 춘계신앙사경회를 마치고

코로나 극복을 위한 대학총장 릴레이 격려운동

기독교교육학과 40주년 기념 종탑 건립 후

김세범 목사

경북대학교 사범대학 (B. A.)
경북대학교 교육대학원 (M. Ed.)
영남신학대학교 기독교교육학과 졸업
장로회신학대학 신학대학원(목회연구과정) 졸업
장로회신학대학 대학원 (M. A.)
장로회신학대학 목회전문대학원 (Th. D in Min.)
포항장성교회 교육목사
영남신학대학교 조교수

저서_창세기 이야기 (풀무불 출판사, 2017)
　　　출애굽기 이야기 (풀무불 출판사, 2017)
　　　계시록 이야기 (풀무불 출판사, 2018)
　　　마가복음 이야기 (풀무불 출판사, 2019)
　　　로마서 이야기 (풀무불 출판사, 2019)
　　　잠언 이야기 (풀무불 출판사, 2019)
　　　나눔과 적용이 있는 말씀 묵상 (풀무불 출판사, 2021)
　　　사도들 이야기 (출간예정)
　　　신명기 이야기 (출간예정)
　　　세상에 나쁜 질문은 없다 (출간예정)
공저_기독 학부모 희망기도 (예영 커뮤니케이션, 2013)
　　　기독 학부모 생기기도 (예영 커뮤니케이션, 2013)
　　　기독 학부모 열정기도 (예영 커뮤니케이션, 2013)
　　　기독 학부모 애통기도 (예영 커뮤니케이션, 2013).

김경재 박사

김경재 박사의 생애와 신학

정경일_성공회대 신학연구원 연구교수

광주 서중학교 졸업 (1956. 2), 광주고등학교 졸업 (1959. 2)
한국신학대학 입학/졸업 (1959. 3~1964. 9), 신학사
연세대학교 연합신학대학원 졸업 (1969), 신학석사
고려대학교 대학원 철학과 졸업 (1981), 동양철학 전공/문학석사
Univ. of Dubuque Theological Seminary 졸업 (1975), 신학석사 (S. T. M.)
Claremont Graduate School 종교학과에서 연구(박사과정 이수, 1985~1987)
Utrecht University (1994), 신학박사 (Th. D.)

이화여대, 숭실대, 서울대 종교학과, 샌프란시스코 신학교(한국 D. Min.) 강사
한국신학대학 신학과 전임교원으로 봉직 (1970. 5~2005. 8)
한신대학교 신학과 부교수(1977), 정교수(1983)로서 조직신학, 문화신학, 종교
  신학 강의
한신신학연구소 소장 (1999~2005. 8)
(재) 한국 크리스찬 아카데미(비상근) 원장 (2000. 5~004. 1)
(사) 장공 김재준 기념사업회 이사 (1999~2004, 2009~2018. 11)
(사) 함석헌 기념사업회 씨알사상 연구원장 역임
(사) 장공 김재준 기념사업회 이사장 역임 (2014. 3~2017. 3)
한신대학교 명예교수 (2006. 4. 11)

여는 말 : 우환의식(憂患意識)

"5가지 '아니오!' 신앙을 확립해야 산다.", "생태계 위기와 신학적 패러다임 전환", "종교와 영성, 사회적 치유", "생명, 평화, 정의의 사회, 생태, 우주적 영성 되새김", "인간과 생명", "함석헌과 틸리히 상호조명", "분열된 사회와 교회갱신", "우주·신·인간적 영성 : 왕양명과 바르트", "평화협정 체결과 미군 철수" …[1]

코로나19로 인해 모든 것이 정지하거나 위축되었던 2020년에 숨밭 김경재 목사가 발표한 글 또는 강연의 '일부'다. 팔순을 넘긴 원로 신학자가 젊은 학자 못지않은, 아니 웬만한 소장학자보다 더 왕성한 지적 활동의 결과물을 내어놓은 것은 시대를 걱정하는 그의 '우환의식' 때문이다. 김경재의 우환의식에는 인간과 자연의 고통을 차마 못 본 척할 수 없는 측은지심(惻隱之心)과 고통을 일으키는 체제와 종교를 향한 분노와 부끄러움의 수오지심(羞惡之心)이 담겨 있다.

지면의 제한이 있는 이 글에서 '김경재 신학'을 상세히 소개하는 것은 쉬운 일이 아니다. 우선은 지난 수십 년 동안 그가 내놓은 단행본이 수십 권이고 논문, 설교, 산문 등이 수백 편이기 때문이다. 또한 그리스도교 조직신학, 종교신학, 문화신학, 민중신학, 영성신학, 과학과 생태 사상, 심층심리학, 불교와 유교와 동학을 포함한 이웃종교 사상 연구 등, 그가 탐구해 온 영역이 다양하고 방대해서다. 하지만 위에서 언급한 글 제목들은 김경재가 그리스도인 신학자로서, 목회자로서 평생 붙들고 씨름해온 지적, 영적, 윤리적 화두들이 무엇인지 분명하게 보여준

| 1   숨밭 김경재의 신학 아카이브, http://soombat.org/article/article.html 참조.

다. 그것은 '생명', '평화', '정의'의 가치에 대한 일관된 관심과, 그 모든 관심을 지탱해주는 지반인 '영성'이다. 이 글의 한계이면서 최선은 김경재 신학의 지형을 전체적으로 조망할 수 있는 지도(地圖)와 그가 탐험한 신학의 주요 장소를 찾아가는 데 필요한 나침반을 제공하는 것이다.

'무등(無等)'과 '화엄(華嚴)'의 소명

> 나의 공부는 초등학교 5, 6학년 즈음, 여름밤 마당에 피워둔 모깃불 연기 냄새를 맡으면서 마당 복판에 놓여있었던 평상에 누워 총총한 밤하늘 별들을 보면서 시작되었다. 이 광활한 우주 속에서 사람이란 도대체 무엇일까?[2]

김경재는 일제강점 말기인 1940년 3월 6일 전라남도 광주에서 십 남매 중 다섯째로 태어났다. 초등학교 교사였던 아버지는 대가족을 부양하기 위해 국수공장을 운영하기도 하고 농사를 직접 짓기도 한 책임 있는 가장이며 생활인이었다. 가족의 농업 덕분에 자연과 가까이 지냈던 유년 시절을 김경재는 다음과 같이 회고한다. "흙과 바람과 구름, 그리고 흙냄새와 농부들의 건강한 땀 냄새와 노동의 신성성을 보고 자란 것은 나의 일생의 사고에 건강성을 부여한 매우 중요한 체험이 되었다." 이는 훗날 그의 철학적, 신학적, 종교학적 사고와 체험에 깊은 영향을 미친 "원초적 생명 체험—"이었다.[3]

소년 경재의 삶은 아름답고 안전하지만은 않았다. 그가 열한 살 때

---

[2] 김경재, 「나는 왜 공부를 하는가 : 한신대 신학과 교수 김경재」, 『한국일보』, 2005. 07. 18. https://hankookilbo.com/News/Read/200507180045299514

[3] 김경재, 『영과 진리 안에서』, 대한기독교서회, 1999, 232-233.

한국전쟁이 발발했고, 전쟁의 참화가 그의 가정을 덮쳤다. 국군 중위로 참전했던 맏형이 전쟁 발발 이듬해 전사한 것이다. 그 사실을 도저히 믿을 수 없었던 아버지가 직접 부대까지 가서 찾아온 아들의 유품은 "고장난 무전기" 하나였다. 비극은 거기서 끝나지 않았다. 순천으로 피난을 갔던 맏형의 아내와 두 아들이 미군 비행기의 폭격으로 몰살당한 것이다. 이런 생명파괴의 경험은 김경재의 생명신학과 평화신학의 고통스럽지만 필수적인 토양이 되었다.

전쟁 후 광주서중학교와 광주고등학교에 진학한 김경재는 질풍노도의 청소년 시절을 보낸다. 또래보다 내적으로 조숙했던 그는 인생의 근본 문제에 사로잡혔고, 친구들로부터 스스로를 소외시키며 생사(生死)와 영원의 문제를 사색했다. 교과서 대신 문학서와 철학서를 탐독했고, 틈만 나면 홀로 산과 들을 돌아다녔다. 김경재는 이때의 경험을 "거룩한 열병"으로 회고한다. 그렇게 사색과 고독의 시간을 보내던 그는 종교에 관심을 갖게 된다.

김경재의 종교적 배경은 그리스도교보다는 유교에 더 가까웠다. 그의 아버지는 젊은 시절에는 광주 양림교회에서 집사까지 하던 그리스도인이었지만, 중년 이후로는 교회 다니는 것을 그만두고 유학에 몰두했다. 이런 유교적 가풍에서 자란 김경재가 그리스도교로 개종한 것은, 그 자신의 회고에 따르면, "돌연변이 같은 사건"이며 하느님의 섭리와 은총이었다.

종교적 회심은 열여덟 살 때 요한복음서를 읽는 중에 일어났다. "너희가 나의 말에 머무르면, 참으로 나의 제자가 되고, 진리를 알게 될 것이요, 진리가 너희를 자유케 하리라."(요한복음서 8:31)라는 말씀을 읽고 갑자기 영적으로 눈을 뜨는 환희를 경험했다. 이때의 경험을 그는 다음과 같이 묘사한다. "진리로부터 오는 심령의 밝아짐, 나 자신의 심령의 부정함에 대한 절실한 느낌과 참회, 내적 마음의 평화와 환희, 마음속에서 솟구쳐 나오는 샘물 같은 찬양과 경배 감정들이 나를 사로잡았다."[4] 김경재가 '성서'를 매우 중시해온 것은 성서를 통해 "기독교에 입문"[5]했다는 그의 회심 경험과 무관하지 않을 것이다.

영적 체험은 일회적으로 끝나지 않았다. 성서를 읽다 회심을 경험한 김경재는 어린 시절부터 그에게 어머니 같은 산이었던 광주 무등산에 자주 올랐다. 무등산은 그에게 성전이요 기도처였을까. 그는 "산에 오르는 것이 곧 기도였다."고 한다. 김경재는 무등산에서 거룩함의 누미노제(Numinose) 체험을 한다. "멀리 아스라이 성냥갑처럼 작게 보이는 전라남도 도청건물을 보이시면서, 광주시에서 가장 크고 중요한 건축물보다 더 중요한 생명의 영적 건물, 쇠하지 않고 무너지지 않는 영적 건물, 복음 진리의 나라 건설에 네 생명을 봉헌하라는 말씀으로 다가왔다." 이때의 체험을 김경재는 "무등산 소명"이라고 표현한다.[6]

또 하나의 특별한 영적 체험은 비슷한 시기 지리산 자락 구례 화엄사 계곡에서 일어났다. 특별히 불교에 관심이 있어서 찾아간 것은 아니었고, 다만 고요하고 조용한 산을 찾아 그곳에 갔던 그는, 절 옆 계곡에 몸을 담그면서 죄가 씻기는 듯한 정결의 느낌을 갖게 되었다. 성령의 세례였다. 어린 그는 아직 의식하지 못했지만 '화엄' 계곡에서의 성령 체험은 선재동자(善財童子)처럼 구도의 마음으로 이웃 종교와 문화를 탐구하게 한 '화엄(華嚴)의 소명'이었을 것이 아닐까.

죽음에 대한 사색도 김경재를 종교의 세계로 인도한 중요한 체험이었다. 그는 광주 변두리 방림동 공동묘지의 무덤들 사이에 누워 자신의 몸이 죽은 후 백골이 되어가는 과정을 떠올리며 명상한다. 그때는 그것

---

[4] 김경재, 『영과 진리 안에서』, 대한기독교서회, 1999, 255.
[5] 김경재, 『아레오바고 법정에서 들려오는 저 소리 : 김경재 교수 정년퇴임 기념 논문집』, 삼인, 2005, 15.
[6] 김경재, 『영과 진리 안에서』, 257-258.

이 무엇인지 알지 못했지만, 불교 명상 수행의 하나인 '백골관(白骨觀)'을 통해 인간의 최종적 한계상황인 죽음을 사색했던 것이다.

이러한 일련의 영적 체험을 통해 김경재는 그리스도교 신학을 공부할 뜻을 품게 되었다. 부모는 김경재가 의대에 진학해 안락한 삶을 누리기를 바랐지만, 아들의 구도적 열정을 가로막을 수 없음을 알아차리고 그의 선택을 존중해 주었다. 김경재는 1958년에 세례를 받고, 이듬해 서울의 한국기독교장로회 한국신학대학에 입학하여 김재준, 김정준, 전경연, 박봉랑, 서남동, 문익환, 문동환, 이장식, 이우정, 안희국, 정하은 교수 등의 지도로 현대신학을 공부했다.

김경재는 한국신학대학을 졸업한 후, 연세대학교 연합신학대학원과 고려대학교 대학원 철학과에서 현대신학과 동양철학을 더 깊이 공부했다. 이어서 미국 듀뷰크대학교 신학대학원과 클레어몬트 대학원 종교학과에서 수학했으며, 네덜란드 유트레흐트대학교에서 철학박사 학위를 받았다. 학자로서는 1970년부터 2005년까지 35년 동안 모교인 한신대와 이화여대 등에서 조직신학과 문화신학을 가르쳤고, 한국조직신학회, 한국문화신학회, 한국민중신학회, 한국종교학회, 한국화이트헤드학회 등에서 회원으로 활동했다. 지금까지 30여 권의 단행본을 출간했고 수백 편의 논문을 썼다. 목회자로서는 1965년 광주 덕림교회 전도사를 시작으로, 1974년 한국기독교장로회 전남노회에서 목사 안수를 받은 후 한가교회, 은진교회에서 전도목사로, 경동교회에서 협동목사로 사역했다. 또한 크리스챤아카데미 원장으로 활동했고 장공 김재준 기념사업회, 함석헌기념사업회 이사도 역임했다. 학교 은퇴 후에는 삭개오작은교회에 전도목사로 함께하고 있다.

스승들의 어깨 위에서

"내가 더 멀리 보았다면 이는 거인들의 어깨 위에 서 있었기 때문이다." 아이작 뉴턴이 인용해 더 유명해진 경구다. 어떤 영역이든 학문한다는 것은 '무(無)'에서 시작하는 것이 아니라, 이전 학인들의 지적, 영적 성취의 어깨를 딛고 서 더 멀리 바라보는 것이다. 붓다, 플라톤, 공자, 예수와 같은 위대한 인류의 스승도 한때는 스승의 가르침을 받던 학생이요 제자였다.

김재준, 함석헌, 서남동, 유동식, 칼 바르트, 폴 틸리히, 라인홀드 니버, 리처드 니버, 떼이야르 샤르뎅, 알프레드 노스 화이트헤드, 디트리히 본회퍼, 멀치아 엘리아데, 루돌프 오토, 칼 구스타프 융, 존 힉, 한스 게오르크 가다머, 토마스 쿤, 노자, 혜능, 마명, 원효, 율곡, 수운 최제우, 해월 최시형 등, 모두 김경재가 그 어깨를 딛고 선 거인들의 이름이다. 김경재가 동서양의 스승들로부터 받은 영향은 그의 자전적 '이야기 신학'인 『영과 진리 안에서』에 잘 기술되어 있다. 여기서는 김경재의 신앙과 신학에 든든한 지반이 되어 준 세 사상가와의 만남을 이야기하고자 한다. 그가 평생을 지적, 영적으로 동행하며 탐구하고 대화한 김재준, 함석헌, 폴 틸리히다.

김경재가 세 사상가에 대해 쓴 논문이나 강연문은 세기 어려울 정도로 많고, 단행본으로는 김재준에 관해 쓴 『김재준 평전』과 『장공의 생활신앙 깊이 읽기』가 있고, 함석헌에 대해서는 『내게 오는 자 참으로 오라』가 있다. 폴 틸리히에 대한 단행본은 단일 사상가에 관한 책으로는 가장 많은데, 1979년의 『폴 틸리히 그 생애와 사상』, 1987년의 『폴 틸리히 신학연구』, 그리고 가장 최근인 2018년에 출간한 『틸리히 신학 되새김』이 있다.

한신대 신학생 시절부터 김경재의 신앙과 삶에 가장 큰 영향을 미친 사상가이며, 그가 동양적 의미에서 사부(師父)로 여기는 이는 장공 김재준이다. 김경재는 스승 김재준으로부터 그리스도 안에서 새사람이 되는 자유, 하나님의 나라와 현실 역사의 변증법적 변혁성의 관계, 그리고 아시아와 한국의 종교에 대한 해석학적 통찰을 배웠다.[7] 이러한 사상적 영향도 중요하지만, 김경재가 감사한 마음으로 회고하는 것은 무엇보다도 스승 김재준의 과묵하면서도 자상한 인품이다. 김경재는 "천지는 편애하지 않고, 자애롭지 않다. 그래서 도리어 만물을 덕으로써 편애 없이 키운다."라는 노자의 도덕경을 읽으며 스승 김재준을 떠올린다.[8]

종교사상가이면서 시인이요 사회운동가인 함석헌 또한 김경재의 신앙과 신학의 방향을 알려 준 큰 스승이다. 김경재는 함석헌으로부터 '역사적 실재'와 '씨알사상'을 통해 역사와 민중을 바라보는 눈을 얻었고, 노장사상과 예수의 산상수훈 그리고 간디의 비폭력 사상이 어우러진 '평화사상'을 배웠다.[9] 이와 함께, 주체적 체험과 사상을 머리만이 아니라 가슴으로도 표현하는 시심(詩心)도 배웠다. 김경재가 쓴 『내게 오는 자 참으로 오라 : 함석헌의 종교시 탐구』는 〈미완성〉, 〈대선언〉, 〈흰 손〉 등 함석헌의 종교시에 대한 신학적 사색을 담고 있다. 함석헌이 생전에 만든 잡지 『씨알의 소리』에 편집위원으로도 참여했던 김경재는 같은 잡지에 함석헌 사상을 현재화하는 글을 꾸준히 기고해 왔다.

김경재는 한국 신학계에서 몇 안 되는 폴 틸리히 연구의 권위자다. 소장 신학자 시절 그의 첫 단행본이 틸리히의 생애와 사상에 대한 것이

| 7 | 같은 책, 105-111.
| 8 | 김경재, 「도토리 속에서 상수리나무를 보는 교육자」,
http://www.changgong.or.kr/index.php/003-4/?mod=document&uid=824
| 9 | 『영과 진리 안에서』, 111-117.

었고, 원로 신학자로서 그의 최근 단행본이 틸리히의 『조직신학』에 대한 해석이라는 것은 그가 평생 틸리히를 탐구해 왔음을 의미한다. 틸리히가 그의 신앙과 신학에 그토록 크고 지속적인 영향을 미친 까닭을 김경재는 다음과 같이 말한다. "왜 하필 폴 틸리히인가? 돌연변이처럼 신학의 길에 들어선 나에게, 자기의 신학 하는 자리로서 틸리히가 말하는 '경계선상에 서서 신학 하기'가 친근감과 편안함을 주었기 때문이다."[10] 그가 틸리히에게서 배운 것은, 첫째, 신학의 태도와 방법에 있어서 '해석학적 과제'의 불가피성과 중요성, 둘째, '신율(神律, theonomy)문화론'으로 집약된 문화신학적 통찰, 셋째, '성례전의 신학' 또는 '상징신학'의 중요성, 넷째, 자연의 성례전적 기능과 '역사적 실재'의 의미, 다섯째, 생명과 성령의 신학, 여섯째, 셈족계 신앙과 불교의 유형적 특성의 차이다.[11] 틸리히가 김경재에게 미친 영향이 얼마나 크고 깊었냐면, 틸리히 신학이 자신의 "신학적 사고에 두뇌와 심장의 역할을 했다."[12]라고 고백할 정도였다.

여기서 중요한 것은 김경재는 '틸리히주의자(Tillichian)'가 아니라는 사실이다. 그에게 틸리히 신학은 중요하지만, 그것은 어디까지나 '김경재 신학'을 구성하는 일부이다. 또한 틸리히에 대한 김경재의 탐구는 일방적 수용이나 추종이 아닌 '주체적 대화'였다. 예를 들면, 틸리히가 십자가는 "사건이면서 상징"이지만 부활은 "상징이면서 사건"이라고 주장함으로써 부활의 상징적 성격에 더 비중을 두는 것을 김경재는 비판적으로 본다. 틸리히도 뉴턴-데카르트적 세계관과 칸트적 실천이성의 한계 안에 머물러 있었다는 것이다. 대신 김경재는 '열린 실재관' 또는 '다중실재관'을 수용하면서, 부활은 일상적 인간 경험의 사실적 '사건'은 아

---

10 김경재, 『틸리히 신학 되새김』, 여해와함께, 2018, 13.
11 같은 책, 137-148.
12 『영과 진리 안에서』, 137.

니지만 "인격적-영적 사건" 또는 "생명적, 현실적 사건"이라고 한다.[13] 이러한 주체적 대화가 틸리히와 김경재의 신학적 동행을 더욱 역동적으로 만들었다.

스승의 역할은 제자를 가르쳐서 따르게 하는 데서 그치지 않고 제자가 스스로의 길을 발견해 나아가게 하는 데 있다. 청출어람은 스승과 제자 모두의 덕목이다. 김경재는 은총 같고 선물 같은 좋은 스승들을 만나 지적, 영적, 윤리적 시야를 넓혔고, 그 자신 눈 밝은 좋은 스승이 되었다.

신학 방법 : 탈경계성

김경재의 신학적 관심은 다양하지만 그의 신학 방법에는 일관된 집중점이 있다. 현대 해석학의 방법이다. 김경재는 해석학의 발견과 탐구가 자신의 학문 도상에서 "획기적인 회심"[14]이라고 한다. 크게 보면 폴 틸리히의 '상관방법(method of correlation)'과 한스 게오르크 가다머의 '지평융합(fusion of horizon)'과 토마스 쿤의 '패러다임 전환(paradigm shifts)'이 김경재의 신학 방법에 영향을 미쳤다. 어떤 의미에서는, 서로 연관되어 있는 이 세 해석학적 방법이 김경재의 탈경계적 신학을 가능하게 했다고 할 수도 있을 것이다.

김경재의 신학 방법을 체계화한 연구서는 그가 한국의 이웃 종교와 대화하며 한국의 종교신학을 열정적으로 시도하고 있을 때 쓴 『해석학과 종교신학』(1994)이다. 이 책에서 김경재는 우선 틸리히의 '상관방법'을 심도 있게 설명한다. 흔히 틸리히의 상관방법을 '상황(situation)'이

---

13 『틸리히 신학 되새김』, 277-281.
14 『아레오바고 법정에서 들려오는 저 소리』, 27.

제기하는 질문에 그리스도교의 '메시지(kerygma)'로 답하는 것이라고 여기는데, 김경재는 그런 생각은 틸리히가 의미하는 '상관(correlation)'을 불철저하게 이해한 것이라고 한다. "상관의 방법이 의미하는 진정한 의미는 상황과 메시지가, 인간 실존과 신적 구원계시가, 외형적 형태성에서 보면 각각 서로 '질문과 대답의 구조' 안에서, 그리고 시간적으로는 선후관계 속에서 관계하는 것으로 보이지만, 내면적 역동성에서 보면 시간적으로는 동시적이요, 관계구조 면에서는 상호 침투, 상호 공속, 상호 의존 관계로서 작동하는 매우 변증법적 관계이다."[15] 상황과 메시지가 상호관계적으로 서로에게 영향을 미친다는 것이다.

가다머의 해석학적 방법을 김경재는 다음과 같이 설명한다. "가다머에 의하면 이해란 지평융합의 과정이고, 전통은 죽어 고여 있는 물탱크 속의 물 같은 것이 아니라 끊임없이 새로운 강물이 흘러들어오는 살아 있는 호수와 같다." 융합이란 상호적이다. 즉 서로 다른 지평은 "영향사적 의식"을 통해 서로 융합한다는 것이다. 김경재는 가다머의 지평융합 이론을 "오늘날 지구촌 시대에서, 종교 간의 심층적 대화 속에서 이루어지고 있는 인류 정신사의 창조적 변화를 설명해줄 수 있는 가장 적합한 해석학"이라고 평가한다.[16]

토마스 쿤은 "패러다임이란 하나의 수용된 모형, 또는 유형"으로서 "한 과학자 집단의 구성원이 공유하는 것"이라고 한다. 이는 하나의 패러다임이 절대적일 수도 영원할 수도 없다는 사실을 뜻한다. 오늘의 공유된 패러다임이 형성한 '정상과학(normal science)'이 새로운 패러다임에 의해 새로운 정상과학으로 대체된다는 것이다. 김경재는 패러다임 전환 이론을 신학에도 적용하여 신학의 공유된 패러다임에 따른 '정통신학'도 변화한다고 주장한다. 물론, 한스 큉이 지적하는 것처럼, '전

---

15 『김경재. 『해석학과 종교신학 : 복음과 한국종교와의 만남』, 한국신학연구소, 1994, 36.
16 같은 책, 64.

적 대체'가 일어나는 과학에서와 달리 신학에서는 과거의 패러다임을 비롯해 여러 패러다임이 공존할 수 있다. 아시아의 상황에서 중요한 것은 신학적 패러다임의 전환을 인정하는 것 자체가 서구적 선교신학의 패러다임의 절대성을 해체한다는 것이다.[17]

김경재의 방법론적 창의성은 서양의 해석학 이론인 상관방법, 지평융합, 패러다임 전환을 동양 종교문화의 맥락에 적용한 데 있다. 그는 『해석학과 종교신학』에서 한국 종교사 속에 나타난 종교 간 지평융합을 풍류도, 무교, 불교, 유교, 천도교를 중심으로 분석한다. 김경재는 한국사에서 각 시대와 문화를 주도하는 종교 패러다임은 변하지만, "한국인의 마음 안에서는 앞선 시대의 주도적 종교 안에서 경험한 진리 체험의 지평과 후대의 그것 사이에는 종교 간의 지평융합이 조금씩 이루어져 왔다"고 한다.[18] 이러한 해석학적 관점에서 보면, 한국의 종교문화에서 가장 늦게 등장한 그리스도교는 기존의 한국종교를 전적 대체하는 것이 아니라 전통 종교와 지평융합을 했다고 볼 수 있다. 변선환이 한국의 그리스도교는 '무교적 그리스도교', '불교적 그리스도교', '유교적 그리스도교' 세 가지가 있다고 한 것도 같은 맥락이다.

이처럼 상호 관계와 영향을 강조하는 현대 해석학의 방법은 김경재의 신학을 어느 한 학파나 계보에 갇히지 않게 했다. 예를 들면, 한국적 신학의 두 주요 계보인 '토착화신학'과 '민중신학'의 관계를 다룰 때도, 김경재는 민중신학의 사회정치적 관심을 중시하면서도 토착화신학의 종교문화적 관심 또한 놓치지 않는다. 그가 민중신학과 종교신학의 '길항성'과 '상보성'을 강조하는 것도 그의 해석학적 방법과 무관하지 않을 것이다.[19]

---

17 쿤의 패러다임 전환과 종교신학 방법에 대해서는 같은 책 77-94 참조.
18 같은 책, 110.
19 김경재, 「민중신학과 종교신학의 길항성과 보편성」, 『신학사상』 93(1996년 여름) 참조.

김경재는 소위 '보수신학'과 '진보신학'의 경계도 넘어선다. 예를 들면, 내재적 현대 사상 및 문화와 교감하는 틸리히의 궁극적 관심을 탐구하면서도 그의 초월적 하느님 체험과 성령 체험은 바르트의 궁극적 관심 또한 공유한다. 이는 신학적 방법 이전의 영적 체험에 근거한 것으로 보인다. 이에 더하여, 김경재가 관심을 갖는 융의 '대극의 일치', 화이트헤드의 '양극성', 그리고 원효의 '화쟁' 사상 등도 그의 탈경계적 신학을 위한 토양이 되어 준 것으로 보인다. 어떤 의미에서는 '방법'이 곧 '신학'이다. 해석학적 방법을 통해 김경재는 상호의존적이고 상호변혁적인 하느님·자연·인간의 생명세계를 체험하고 이해했다.

이름 없는 하느님 : 초월과 내재의 통전

그리스도교 신앙과 신학은 인간의 하느님 체험과 이해를 중심으로 한다. 그런데 '님'이라는 의존명사가 가리키듯, 그리스도인의 신 체험과 이해는 '인격적 신'의 존재와 활동을 전제한다. 하지만 동양의 실재론과도 대화해온 김경재는 하느님을 인격신으로만 보는 관점을 넘어서고자 한다. 그것은 하느님을 신인동형론적 인격신으로 보는 것과 다른 방식으로, 즉 비인격적 혹은 초인격적으로도 보고 체험할 수 있음을 의미한다.

김경재는 젊은 시절부터 탐구해 온 신론을 『이름 없는 하느님』(2002)에서 체계적으로 제시했다. 이 책은 부제 "유일신 신앙에 대한 김경재 교수의 본격 비판"이 말해주듯 그리스도교의 유일신 신앙과 신학에 대한 비판이지만, 역설적이게도, 유일신 신앙을 근본적으로 회복하려는 시도이기도 하다. 그는 이를 "철저 유일신 신앙"이라고 한다. 김경재는 유일신의 '유일'을 단순히 '하나'라는 숫자 개념으로 환원하는 것은 하나님을 "하나의 유한한 신적 존재"로 전락시키는 것이라고 비판한다.[20]

또한 유일신을 여러 신 중의 '최고신'으로 생각하는 것 역시 유일신 신앙에 대한 오해라고 주장한다. 그것은 하느님을 '다자 중의 일자'로 여기는 일신론(Henotheism)이라는 것이다.[21] 김경재는 유대교, 그리스도교, 이슬람의 신 체험과 이해를 폭넓게 비교 분석하면서 아브라함계 세 종교가 신앙하는 유일신은 수적 하나 또는 여러 신 중 한 최고신이 아니라 "절대 궁극적이고 유일하신 이"이며 "신비자 하느님"이라고 논증한다.[22]

김경재가 체험하고 이해하는 하느님은 무엇보다도 '궁극적 실재'다. 그것은 존 힉이 말한 것처럼, 유한한 인간이 종교문화적 조건에 따라 다르게 체험하고(experiencing-as) 여러 이름으로(God has many names) 다르게 표현하는 궁극적 실재이며, 틸리히가 말한 '하나님 너머 하나님(God above God)'이다. 여기서 중요한 것은 궁극적 실재를 인간의 언어로는 완전히 정의하고 표현할 수 없다는 사실이다. 김경재가 『이름 없는 하느님』의 제사(題詞)로 인용한 "도를 도라 말하면 그것은 항상 그러한 도가 아니다. 이름을 이름 지우면 그것은 항상 그러한 이름이 아니다."라는 노자의 『도덕경』 1장 첫 구절처럼, 유한한 인간이 찾을 수 있는 하느님에게 가장 가까운 표현은 '이름 없는 하느님'이다.

김경재의 신론에서 '이름 없는 하느님'이 신의 속성을 나타낸다면 신의 활동을 나타내는 것은 '범재신론(汎在神論, Panentheism)'이다. 범재신론은 우주만물과 신을 동일시하는 내재적 범신론(汎神論)과 초월적 유신론 모두를 극복하는 통전적 신론으로, 신(theos) 안에(en) 모든 것(pan)이 있다는 신론이다. 김경재의 범재신론은 유대-그리스도교 사상과 현대 과정사상 등 서양사상과 함께 동양종교 전통의 실재관에 뿌

---

20 김경재, 「이름 없는 하느님 : 유일신 신앙에 대한 김경재 교수의 본격 비판」, 삼인, 2002, 13.
21 같은 책, 22-29.
22 같은 책, 80.

리를 두고 있다. 동서양 사상과의 대화를 통해 아시아 신학자 김경재는 새로운 그리스도교 신론의 구성에 기여해 왔다.

김경재는 『이름 없는 하느님』에서도 한국종교 전통의 풍류도, 불교, 유교, 동학, 원불교의 신관 또는 실재관과 아브라함계 종교의 유일신 신앙과의 지평융합을 시도한다. 특히 김경재는 자신이 1970년대부터 탐구해 온 수운 최제우의 시천주(侍天主) 체험에 근거한 동학의 범재신론적 신관과 그리스도교의 신관은 서로 간에 이질성보다는 친화성이 더 많다고 주장한다.[23] 그는 동학의 신관이 현대 세계와 그리스도교에 유기체적 세계관, 몸의 중요성, 초월과 내재의 통전성과 같은 가치를 줄 수 있다고 한다.[24] 이처럼 동서양 신론 또는 실재론의 지평융합을 통해 김경재는 하느님의 '보편성'과 하느님 체험과 표현의 '특수성'을 모두 수용한다. 이는 그리스도교 유일신 신앙의 부정이 아니라 유일신 신앙을 그리스도교 바깥으로까지 확장한 것으로 평가할 수 있다. 『이름 없는 하느님』의 마지막 문장이 말해주듯, 김경재가 만난 하느님은 "만유 위에 계시고, 만유를 통일하시고, 만유 안에 계신 이"(에베소서 4:6)다.[25]

김경재가 활용하는 "등잔 모양은 다양하지만 비쳐나오는 불빛은 동일하다", "궁극적 실재로서 하느님은 많은 이름을 가진다", "일곱 가지 다양한 색깔이 모여 무지개를 이룬다", "산의 등정로는 다양하지만 호연지기는 서로 통한다."와 같은 비유적 명제들도 궁극적 실재인 이름 없는 하느님의 유일성과 보편성이 종교와 문화에 따라 다른 이름으로 특수하게 경험되고 이해되고 표현된다는 것을 의미한다. 여기서 김경재의 '신론'은 '종교다원론'과 만나게 된다.

---

[23] 김경재, "수운의 시천주 체험과 동학의 신관", 『동학연구』 4, 1999, 36–37.
[24] 같은 글, 40–41.
[25] 『이름 없는 하느님』, 258.

화이부동(和而不同)의 종교신학과 우애의 대화

이웃 종교에 진리와 구원이 있는가? 이 물음에 대한 그리스도교 신학의 기본 입장은 앨런 레이스가 대표적으로 유형화한 '배타주의(Exclusivism)', '포용주의(Inclusivism)', '다원주의(Pluralism)' 세 가지다. 종교신학자 폴 니터는 세 유형을 '대체(Replacement) 모델', '완성(Fulfillment) 모델', '상호(Mutuality) 모델'로 설명하고, 여기에 '수용(Acceptance) 모델'을 추가한다. 그리고 각각의 모델을 다시 세분한다. 예를 들면, 대체모델이어도 바르트와 같은 신학자의 '완전대체'와 WCC의 '부분대체'를 구분하는 식이다. 이러한 종교신학적 모델의 다양성은 이웃종교에 대한 그리스도교의 입장 자체가 '다원적'이라는 사실을 보여준다. 이러한 인식에 기초한 니터의 종교신학적 기여는 종교 간 대화만이 아니라 그리스도인 사이의 대화도 필요하다는 사실을 제시한 데 있다. 즉 그리스도교 종교신학의 네 모델 사이의 대화도 필요하다는 것이다.[26]

김경재의 종교신학적 특징은 그것이 세 유형이든 네 모델이든 어느 하나에 고정되지 않는다는 점이다. 물론 '구원의 길들'을 인정한다는 점에서 다원론적 종교신학의 입장을 취하지만, 그렇다고 해서 다른 종교신학적 입장에 무조건 배타적인 것은 아니다. 김경재의 종교신학은 종교의 경계를 넘는 하느님과 성령의 보편성을 주장하면서도 역사적 예수 그리스도의 특수성 또는 고유성을 강조한다는 점에서 유형 간, 모델 간 대화의 가능성을 보여준다. 이처럼 종교신학적 모델 사이의 상호관계성과 지평융합을 시도하는 김경재의 입장은 그의 종교적 바탕인 동양

| 26 폴 니터, 유정원 역, 『종교신학입문』, 분도출판사, 2008 참조.

종교 전통의 원융회통(圓融會通) 정신과 관련이 있어 보인다. 김경재의 종교신학은 서양 그리스도교의 개체적, 상충적 관점보다는 동양 종교의 관계적, 상보적 관점에 더 기초해 있는 것이다.

종교다원주의 또는 종교다원론은 혼합주의를 초래한다고 비난하는 이들도 있지만, 김경재의 관계적, 상보적 입장은 그의 '그리스도교' 신앙과 신학을 약화시키거나 변질시키지 않는다. 그는 그리스도교 전통에 대한 '전적 위탁(commitment)'이 이웃종교에 대한 '개방성(openness)'과 충돌하지 않는다고 본다. 오히려 이웃종교와의 열린 대화를 통해 그리스도교 신앙이 더 깊고 풍요로워진다고 한다. 김경재는 이를 일곱 색깔이 하나의 아름다운 무지개를 만들고 관현악단의 다양한 음색이 조화를 이루는 것과 같은 '화이부동(和而不同)'의 종교신학으로 설명한다.[27] 그리스도교의 고유한 색깔과 음색을 잃지 않으면서 인간과 자연의 안녕을 위해 이웃종교들과 대화하고 협력할 수 있다는 것이다.

'종교신학'과 '종교 간 대화'는 불가분의 관계지만, 신학적 이론이 반드시 실천적 대화로 연결되는 것은 아니다. 지도만 그릴 뿐 여행하지 않는 이론가도 있고, 여행만 할 뿐 지도를 남기지 않는 탐험가도 있는 것이다. 그런 점에서 김경재는 종교신학 이론과 종교 간 대화의 실천을 겸비한 신학자요 대화자다. 그가 열정을 다해 주로 탐구하며 대화해 온 이웃 종교는 한국종교 전통의 불교, 유교, 동학이다. 김경재는 불교의 실재관은 인연생기론(因緣生起論)으로 유교의 실재관은 생명론적 자연주의로 유형화하여 이해하면서 그리스도교의 실재관인 창조설과 비교한다. 이러한 실재관의 차이에서 '깨달음'을 강조하는 동양종교 전통과 '거듭남'을 강조하는 그리스도교 전통의 차이가 발생했다고 본다.[28] 동학에 대한 김경재의 관심은 신론과 역사참여 양면에서 중요하고 특별하

---

27 김경재, 「동서종교사상의 화합과 회통」, 『동서철학연구』 56호. 2010. 11.
28 같은 글, 11-17.

다. 그는 앞에서 언급한 것처럼 수운의 범재신론과 그리스도교 신론의 대화를 시도하는 한편, 민족의 수난기에 민중과 함께한 동학의 정신을 높이 평가한다.

김경재의 종교신학 및 종교 간 대화에서 흥미로운 것 중 하나는 유교에 대한 그의 특별한 관심이다. 유교 가풍에서 성장한 배경도 중요하지만, 그는 그것을 개인적 경험 이전에 한국인의 심성과 관련지어 사유한다. 필자와의 최근 대화에서 김경재는 그리스도교가 유교로부터 배워야 할 것 중 하나로 인간의 본성에 대한 긍정적 통찰을 이야기했다. 그리스도교 인간관이 인간의 '죄성(원죄)'을 지나치게 강조함으로써 '하느님의 형상(imago dei)'대로 지음 받은 인간의 근원적 선함과 신성을 불신하는 것과 달리, 유교는 인간의 선한 본성을 신뢰한다는 것이다. 김경재는 이와 같은 유교의 인간관은 '인간 긍정'과 '인간 격려'가 더욱 절실한 21세기에 그리스도교가 유교와 대화하며 더 깊이 배워야 할 바라고 한다.[29] 이처럼 차이를 통해 서로 배우는 것이 김경재가 말하는 종교 간 대화의 길항성과 상보성이다.

종교 간 대화는 '모든 종교'가 '모든 곳'에 있는 현대 다원세계의 기본 덕목이다. 하지만 엄밀한 의미에서 '종교 간' 대화는 없다. 믿음 체계 또는 관념과 제도로서의 종교는 대화하지 않는다. 대화의 주체는 어디까지나 종교인, 즉 '인간'이다. 종교 간 대화는 종교적 인간(homo religiosus) 사이에서 인격적으로 이루어져야 한다. 김경재도 "종교 간 이해와 협동은 이론적, 지식적 대화보다는 인격적 교류와 실천적 정행(正行)에 동참함으로써 증진된다."고 한다.[30] 그렇다면, 어떤 종교인의 대화여야 하는가? 김경재는 종교인 사이의 진정한 대화와 협력을 위해서는 세 가지가 전제되어야 한다고 본다. 첫째, '자기중심적 존

---

29 김경재. 정경일, "숨밭 김경재의 꿈, 대승 그리스도교", 『기독교사상』 749호, 2021년 5월.
30 『아레오바고 법정에서 들려오는 저 소리』, 345.

재자'(self-centered being)가 아니라 '실재 지향적 존재자'(Reality-oriented being)로 살아가는 것, 둘째, 일체의 집착, 독선, 두려움에서 벗어나 걸림이 없는 자유인(無碍人)이 되는 것, 셋째, 조건 없는 자비행(慈悲行), 인애(仁愛), 자기희생적 사랑을 실천하며 봉사를 기쁨으로 느끼며 사는 것이다.[31] 좋은 종교 간 대화의 조건은 좋은 종교인, 좋은 종교적 이웃이 되는 것이라는 말이다.

1996년 광신적 근본주의 그리스도인들이 서울 수유리 한신대 신학대학원과 이웃해 있던 화계사에 방화를 저질렀을 때, 당시 〈기독교와 대승불교의 만남〉이라는 제목의 세미나를 인도하고 있던 김경재는 20여 명의 신학생과 함께 화계사를 찾아가 사죄하며 위로금을 전하고 법당을 청소했다. 감동한 화계사 불자들은 그해 크리스마스에 "성탄을 축하합니다" 현수막을 걸었고, 이듬해 신학생들은 "축 부처님 오신 날" 현수막으로 화답했다.[32] 자기중심적 종교인들이 쌓은 벽을 실재중심적 종교인들이 허문 것이다.

'생명신학'과 '평화신학'

김경재의 아호는 '숨밭'(壽田)이다. 그는 숨밭은 '숨 쉬는 땅', '생명기운의 밭'이라는 뜻이라고 설명한다. 앞에서 언급한 것처럼, 땅과 가까이하며 자란 소년 김경재의 몸과 맘에 심긴 생태적 감수성이 그의 신학 인생 내내 함께해 생명신학으로 꽃피었다. 그의 생명 존중과 사랑은 기후위기의 전조이며 일부인 팬데믹 시대에 더욱 절절하다. 김경재는 코로나19 감염병의 전 지구적 확산을 생태계 위기로 규정하고, 창조주 하

---

31 「동서종교사상의 화합과 회통」, 8.
32 『영과 진리 안에서』, 388.

느님과 창조세계의 관계를 재성찰하는 신학적 패러다임의 전환을 촉구한다.33)

생명 현상이 다양하고 복합적인 것처럼 김경재의 생명신학도 여러 사유의 합류를 보여준다. 철학적 지류에서는 근대 계몽주의와 합리주의에 반기를 든 앙리 베르그송과 빌헬름 딜타이 등의 '생의 철학', 샤르댕의 '진화론적 실재관', 화이트헤드의 '과정철학', 장회익의 '온생명론' 등을 수용하고 있고, 신학적 지류에서는 히브리 '창조신앙', 슈바이처의 '생명 외경 사상', 파니카의 '우주-신-인간적 영성', 김재준의 '사회적-생태적 범우주적 영성', 함석헌의 '씨알사상' 등을 계승하고 있다. 종교적 지류에서는 그리스도의 경계를 넘어 불교의 '연기론', 유교 전통 중 율곡의 '기발이승설(氣發理乘說)', 수운의 '시천주' 사상 등과 창조적으로 만나고 있다. 서양과 동양의 관계적 세계관을 연결하여 생명 파괴를 극복하는 생명신학을 구성하고 있는 것이다.

산업성장문명이 지배하는 현대 세계에서 생명 파괴를 초래하는 것은 기후위기와 함께 전쟁 위기다. 20세기의 제국주의 침략, 양차 세계대전, 홀로코스트, 히로시마·나가사키 원자폭탄 투하, 한국전쟁, 베트남전쟁, 21세기의 9.11 테러, 이라크전쟁, IS와의 전쟁 등은 인간의 파괴력을 극대화, 극단화한 폭력의 세기적 사건들이다. 북한군과 미군에 의한 김경재의 비극적 가족사는 20세기의 가장 잔인한 전쟁 중 하나였던 한국전쟁의 축약이었다. 그가 반공이나 반미의 어느 한쪽에 치우치지 않고 반전의 길을 선택한 것은 전쟁과 국가폭력의 가장 큰 피해자는 민중이며 생명이라는 것을 직접 목격하고 경험했기 때문일 것이다. 그래서 김경재의 생명신학은 평화신학과 만날 수밖에 없다. 두 신학은 반생명의 현실, 즉 죽임의 문명을 거스르는 지점에서 합류하는 것이다.

| 33 김경재, "생태계 위기와 신학적 패러다임 전환", 「신학과 교회」 14호, 2020, 107-137 참조.

그리스도인으로서 김경재가 가장 괴로워하고 부끄러워하는 것은, 분단과 한국전쟁, 그리고 냉전의 시대를 지나면서 한국 그리스도교가 반공 이념을 신앙적, 신학적으로 정당화하며 형제 살인을 묵인했다는 사실이다. 그는 이를 한국교회의 '원죄'라고 표현한다.[34] 같은 맥락에서, 김경재는 한국이 베트남 전쟁에 참여할 때 비판의 목소리를 내지 못한 한국교회의 죄책을 고백해야 한다고 주장한다.

이처럼 김경재가 생명신학과 평화신학을 동시에 추구하게 된 데는 함석헌으로부터 받은 사상적 영향이 크다. 김경재는 함석헌의 씨알사상을 일이관지하는 중심사상은 '생명'이라고 보면서 씨알사상을 '생명철학'으로 해석한다.[35] 즉 함석헌의 씨알사상은 서양의 '생의 철학'이 인간중심의 주객구조를 넘어서지 못한 것과 달리 "우주 자체가 인간 생명 속에서, 인간 생명을 통하여, 인간 생명과 더불어 자기를 의식하고 있다는 것"을 자각하는 생명철학이라는 것이다.[36] 이와 함께 김경재는 함석헌의 생명철학은 "열강 식민주의의 타자에 대한 억압적 지배상황, 군국주의적 국가주의 광기가 생명을 완전히 몰인격화시키는 '문명 자살적인 광기의 경련시대'를 배경으로 한 정치사회적 '현실의 생활세계' 속에서 태어난 것"으로 평가하면서, 함석헌이 꿈꾼 '탈국가주의적 평화공동체'를 실현해 가자고 주장한다.[37] 20세기에 한국사회와 교회에 심긴 씨알사상이 김경재를 통해 21세기에 생명신학과 평화신학으로 싹트고 있는 것이다

---

34 「숨밭 김경재의 꿈, 대승 그리스도교」
35 김경재, "생명철학으로서 함석헌의 씨알사상", 『기독교사상』 606호, 2009년 6월, 188.
36 같은 글, 198.
37 김경재, "함석헌의 씨알사상에서 탈국가주의적 평화공동체",
http://ssialsori.net/bbs/board.php?bo_table=0402&wr_id=87

통전적 생활 영성

그동안 김경재가 출판한 단행본 중 단일 주제로 가장 큰 비중을 차지하는 것이 '영성'에 대한 책들이다. 그는 1985년에 『영성신학 서설』, 1988년에 『그리스도인의 영성훈련』, 1992년에 『종교다원 시대의 기독교 영성』, 그리고 1997년에 『그리스도교 신학과 영성』을 출판했다. 이 외에도 많은 논문과 설교를 통해 그리스도교 영성을 탐구하고 설파해왔다. 교리와 사상을 주로 연구하는 조직신학자면서도 수행 중심의 영성 연구에 적지 않은 시간과 공을 들인 것은 그만큼 영적 체험에 대한 그의 실존적 관심을 보여준다.

영성이란 무엇인가? 김경재는 영성은 "영이신 하느님과의 관계에서, 그리고 그 하느님의 창조물이며 드러남인 타존재자들, 곧 자연과 역사와 생명체들과의 관계성 속에서 발아하고 성장하고 성숙·완결된다."라고 한다. 그래서 영성은 "참다운 인간성의 그 본질적 모습에 대한 또 다른 이름일 뿐"이라고 한다. 그는 그리스도교 고유의 영성을 예수 그리스도의 빛에서 이해한다. 예수 그리스도는 "가장 온전한 영성적 인간"이라는 것이다. 따라서, 김경재에 따르면, "인간의 영성이란 인간성의 본래 모습이며, 인간성 속의 신성과 그리스도성이기도 하다."[38]

최근 논문 "종교와 영성, 그 사회적 치유"(2020)에서 김경재는 영성은 인간 품성의 세 현상인 지성, 감성, 덕성과 구별되어 더해지는 "인간 마음(정신)의 특수기능"이 아니라 모든 "인간 생명의 본래적 존재양태"로 이해해야 한다고 주장한다.[39] 영성은 누구나 본래적으로 갖고 있는 인간됨의 기초라는 것이다. 그러므로 김경재는 영성을 종교학적 명

---

[38] 김경재, 『그리스도인의 영성훈련』, 대한기독교서회, 1988, 93-94.
[39] 김경재, "종교와 영성, 그 사회적 치유", 『종교연구』 80:3(2020), 11.

제나 교의적 공식보다는 "참된 영성적 사람이 살아가는 삶의 스타일"로 서술하는 길을 택한다. 요약하면, 지혜롭고 자비롭게 살아가는 것, 삶 속에서 수행하는 것, 별나지 않은 소박함, 생태적으로 사는 것, 죽음을 기억하는 것 등이다. 한마디로 "삶과 수행이 일치되는 길"이 영성적 존재가 되어 살아가는 길이라는 것이다.[40]

김경재는 영성을 강조하지만, 그렇다고 해서 영성을 만병통치약처럼 절대화하지는 않는다. 그는 종교가 추구하는 영성이 개인의 내면 또는 내세에 대한 관심에 갇히는 것을 경계하면서 종교의 사회적 책임성과 공공성을 강조한다. 그가 오순절 성령운동을 한편으로는 높이 평가하면서도 다른 한편으로는 "성령의 사역을 교회 안에 가두어 놓음으로써 [……] 성령의 활동을 교회론 중심으로 제약하였다."[41]라고 비판하는 것도 그 때문이다. 또한 '십자군의 영성(spirituality of crusade)'을 추구하느라 '십자가의 영성(spirituality of crucifixion)'을 간과하는 것도 한국교회 영성의 병폐라고 지적한다.[42] 한국교회 영성의 물질주의적이고 정복주의적인 면을 비판하는 것이다.

사회적 관심과 책임성이 부족한 영성에 대한 김경재의 비판은 그리스도교 바깥으로도 향한다. 인간과 자연의 고통에 책임 있게 응답하며 참여하지 않을 경우 이웃 종교도 서슴없이 비판한다. 그가 깊은 애정으로 대화해온 불교도 그 점에서는 예외가 아니다. "고해에 있는 중생들에 대한 큰 슬픔과 그들의 고통을 건져주려는 애씀으로서의 보살행이 동반되지 않는 일체의 현학적 불교는 '역사적 종교의 유물로서 전통'의 답습

---

40 같은 글.
41 『아레오바고 법정에서 들려오는 저 소리』, 127.
42 김경재, "한국교회의 영성이해, 그 성찰과 해석학적 조명", 2010년 호남신학대학교 강연
http://soombat.org/wwwb/CrazyWWWBoard.cgi?db=article&mode=read&num=482&page=1&ftype=6&fval=&backdepth=1

에 불과하다."⁴³⁾ 불교가 전통적으로 추구해온 계정혜(戒定慧) 삼학(三學)의 통전적 균형과 조화를 상기시켜 주는 것이다.

이와 같은 김경재의 통전적 영성 이해는 여러 전거를 갖고 있지만, 젊은 시절부터 그의 신앙과 신학에 깊은 영향을 미쳤던 김재준의 사회적 영성에 뿌리를 두고 있다. 김재준은 그리스도교 신앙이 개인화, 사사화(私事化), 내면화되는 것을 우려하면서, 그리스도인의 영성은 교회 안에서의 '신앙생활'이 아니라 세상 속에서의 '생활신앙'이어야 한다고 주장했다.⁴⁴⁾ 신앙은 교회를 위해 있는 것이 아니라 세상을 위해 있다는 것이다. 그렇다면 영성은 '생활영성'이어야 하며 영적 수행의 장소도 교회와 성당과 절이 아닌 사회여야 할 것이다. 세상 바깥이 아닌 세상 한복판이 영성의 실현 장소인 것이다.

영성의 중심은 어디까지나 '수행'이다. 영성에 대한 이론도 어떻게 수행해야 할 것인가라는 실제적 필요에서 나온다. 실제 수행 없이 영성은 실현될 수 없다. 영성은 삶 속에서 '육화'하는 '성육신적 영성'이어야 하는 것이다. 수도자와 목회자로 살아가려는 이에게는 더욱 그렇다. 김경재는 『그리스도인의 영성훈련』에서 다음과 같이 말한다.

> 수도원과 신학교에 들어오는 자는 입구에 성령의 붓으로 써서 세워 놓은 육신의 눈으로 보이지 않는 팻말의 세 마디를 명심하고 걸려 넘어지지 않아야 한다. "누구든지 나를 따라오려거든, 자기를 부인하고, 제 십자가를 지고, 나를 따라 오너라."(마태복음서 16:24), "네가 완전한 사람이 되려고 하면, 가서 네 소유를 팔아서, 가난한 사람에게 주어라. [……] 그리고, 와서 나를 따라라." (마태복음서 19:21), "누구든지 나를 사랑하는 사람은 내 말을 지킬 것이다. 그리하면 내 아버

---

43 "동서종교사상의 화합과 회통", 13.
44 김경재, 『장공의 생활신앙 깊이 읽기』, 삼인, 2016, 12.

지께서 그 사람을 사랑하실 것이요, 내 아버지와 나는 그 사람에게로 가서 그 사람과 함께 살 것이다."(요한복음서 14:23) 자기부정, 소유 포기, 말씀준행, 이 세 가지가 준비완료되지 않고서는 비록 그의 몸이 수도원과 신학교 담장 안에 머물러 있을지라도 "하나님의 학교"라는 기관과 그 사람은 아직 아무런 관계도 없는 사람인 것이다.[45]

필자가 한신대 신학대학원 학생이었던 시절 한 그리스도교 수도원에서 열린 수련회에 참여했을 때, 당시 교수였던 김경재가 전체 학생 앞에서 명상 수행을 인도했다. 방석 위에 고요히 앉아 그리스도교 영성이 결여하거나 망각하고 있던 침묵의 차원을 경험하는 것은 낯설었고, 그래서 새로웠다. 김경재는 그리스도교적 의미의 실참(實參)을 보여준 것이다.

죽음 너머, 생명의 바다로

청소년 시절 공동묘지에서 '백골관'을 하며 죽음을 명상한 이후로, 죽음을 기억하라는 '메멘토 모리(Memento Mori)'는 종교를 연구하고 수행하는 김경재의 평생 화두였다. 고통과 함께 죽음은 인간을 종교적 구도의 길로 이끄는 근원적 한계상황이기 때문이다.

노년을 맞은 김경재는 죽음에 대한 그리스도교의 관점을 체계적으로 연구하여 쓴 『죽음과 부활 그리고 영생 : 기독교 생사관 깊이 읽기』(2015)를 출간했다. 이 책에서 그는 세속의 물질주의적 죽음관과 제도 종교의 이원론적 죽음관 모두를 지양한다. 그는 우선 한국 종교문화의 생사관과 그리스도교의 생사관을 비교하고, 그리스도교 경전과 사상에

| **45** 『그리스도인의 영성훈련』, 44.

나타난 죽음, 부활, 영생에 대한 이해를 체계적으로 제시한다. 그리고 죽음과 죽음 이후에 대한 그리스도인들의 의문에 대해 답한다. 예를 들면, "천국과 영원한 생명은 무엇인가?"라는 물음에 대해, "천국 혹은 신국은 하나님의 주권, 영광, 사랑이 온전하게 실현된 실재계"이며, "천국이 영생의 외면적 차원이라면, 영생은 천국의 내면적 차원"이라고 답한다.[46]

김경재에게 죽음은 그리스도교 생사학(生死學) 이론만이 아닌 삶의 실존적, 신앙적 화두다. 2020년 12월 필자와의 대화에서 김경재는 자신이 이해하는 – 혹은 바라는 – 죽음을 다음과 같은 비유로 풀어 이야기했다.

> 바다거북이 바닷가 모래밭에 알을 낳은 후 모래를 덮고 떠나갑니다. 수십 일이 지나, 태양 빛을 받은 모래의 열기에 점점 두꺼운 알의 표면이 얇은 막처럼 변하고, 마침내 새끼 거북이 안에서 알을 찢고 나와, 누가 가르쳐주지도 않았는데도 바다를 향해 줄달음질 칩니다. 나는 죽음이 그런 거라고 봅니다. 우리가 살아있는 동안에 죽음을 기억하며 사색하는 것은 우리의 생명을 둘러싸고 있는 두꺼운 알 껍질을 점점 얇게 만들어서, '속 생명'이 그것을 뚫고 나와 드넓은 바다로 달려갈 수 있게 하는 것입니다. 두꺼운 알 껍질이 뭡니까? 학력, 지식, 재산, 명예, 사회적 신분, 그런 것 아니겠어요? 그런 게 두꺼울수록 알을 깨고 나올 수가 없습니다. 잘못하면 썩은 알이 되어 버립니다. 알 껍질을 얇게 만들수록 그것을 뚫고 나오는 새 생명은 고통이 덜할 것입니다. 두꺼운 알 껍질의 안과 밖, 이승과 저승, 강 이쪽과 강 저쪽을 관통하는 유일한 것은 사랑입니다. 사랑! 그래서 사랑은 영원합니다. 예언도 사라지고, 방언도 그치고, 종교도 필요 없습니다. 마지막

| 46 김경재, 「죽음과 부활 그리고 영생 : 기독교 생사관 깊이 읽기」, 청년사, 2015, 191-193.

에 남는 것이 사랑입니다. 사랑하라! 그러면 너는 죽음을 두려워하지 않고 … (잠시 침묵) … 영생하리라! 이렇게 확신 있게 말할 수 있습니다. 인생을 쓰잘데기 없는 일로 허비하며 살았던 내가 마지막으로 하고 싶은 말은, 우리가 만나는 사람, 만나는 생명을 더 많이 사랑하면 좋겠다는 것입니다. 그 외의 다른 것은 중요하지 않습니다.47)

열여덟 살 김경재가 죽음의 한계상황을 직면하며 고통스럽게 물었던, 죽음을 극복하는 부활과 영생의 길은 무엇인가라는 질문에, 여든 넘은 지혜자 김경재가 답한다. 사랑이 길이다!

맺는말 : 울타리를 넘어서

김경재는 젊은 시절부터 '대승적 그리스도교'를 꿈꿔왔다.48) 대승적 그리스도교라는 표현은 '대승불교'를 연상시킨다. 불교에서 대승(大乘)과 소승(小乘)은 대조되는 개념이다. 중생의 고통과 구원에 무관심한 채 개인의 해탈만 추구하는 아라한(阿羅漢, arhat)을 수행의 이상으로 삼는 불교를 '작은 수레'를 뜻하는 소승이라고 하고, 고통받는 모든 생명을 구원의 땅에 이르게 하겠다는 자비로운 보살(菩薩, bodhisatva)을 지혜와 수행의 이상으로 삼는 불교를 '큰 수레'를 뜻하는 대승이라고 한 것이다. 하지만 김경재가 주창하는 대승적 그리스도교는 '불교적 그리스도교'가 아니라 '대승'이라는 말의 사전적 의미를 추구하는 그리스도교다. 즉 대승은 "부분적이거나 개인적인 것에 얽매이지 않고 전체를 생각하는 마음의 태도"49)로서, 불교에만 국한될 수 없다는 것이다. 이

---

47 「숨밭 김경재의 꿈, 대승 그리스도교」.
48 김경재, "대승 기독교와 민주사회주의", 『신학연구』 19, 1977. 12, 167-190. 참조.
49 김경재, 『울타리를 넘어서 : 대승적 그리스도인들의 삶과 노래』, 유토피아, 2005, 15.

처럼 전체를 생각하는 마음의 태도가 대승이라면, 성서의 예언자, 예수 그리스도, 초대교회 사도들, 교회사의 성인들이 모두 대승적 존재일 것이다.

김경재가 그의 책『울타리를 넘어서 : 대승적 그리스도인들의 삶과 노래』(2005)에서 대승적 그리스도인의 모델로 제시한 안창호, 이상재, 이승훈, 김약연, 조만식, 이동휘, 김재준, 문익환, 유영모, 함석헌도 "항상 부분이 아니라 전체를 생각했고, 개인만의 구원이 아니라 민족공동체의 구원을 생각했으며, 내세의 구원만을 목표로 하지 않고 현세와 내세를 아우르는 '큰 믿음'을 가지고 살아간 사람들이었다."50) 김경재가 평생토록 대승적 그리스도인의 모범을 보고 배우며 추구해온 대승적 그리스도교는 가장 보편적이며 통전적인 그리스도교라고 할 수 있을 것이다.

안타깝게도 대승적 그리스도교의 이상에 비추어 본 오늘의 한국 그리스도교는 여전히 소승적이다. 개인적으로든 집단적으로든 좁은 종파적 그리스도교의 울타리 안에 갇혀 그리스도인의 현세적, 내세적 낙원을 욕망하고 있기 때문이다. 오늘의 그리스도교는 틸리히적 의미에서 '경계선상'에 있다. 경계 앞에서 걸음을 멈추면 경계는 한계가 되고 울타리가 되고 '벽'이 된다. 하지만 경계 앞에서 용기 있게 앞으로 나아가면 경계는 새로운 존재, 새로운 세계를 향한 '문'이 된다. 김경재는 자신의 대승 그리스도교론을 '서설(序說)'이라고 겸손히 표현했다. 대승적 스승들의 어깨 위에서 인간과 자연과 하느님을 바라보며 김경재가 만든 신앙과 신학의 지도와 나침반을 들고 제도종교의 울타리를 넘어, 경계를 넘어 생명과 평화의 드넓은 세계를 여행하며 대승 그리스도교의 '본론(本論)'을 써가야 하는 것은 21세기 그리스도인의 과제일 것이다. 여행은 계속된다.

| 50 같은 글.

삶은 여행과 같으리라. 나는 어느 한 곳에 머무르고 싶지 않다. 사상적으로나, 신앙적으로나, 학문적으로나, 항상 길 위에서 걸으면서, 창조하시며 피조물을 당신의 그 큰 창조구원 사역에 동참토록 부르시는 하나님의 숨겨진 솜씨를 힐끗 힐끗 엿보면서 이 길을 계속 걸어갈 것이다.[51]

| 51 『영과 진리 안에서』, 399.

경력

● **학문 활동**

이화여대, 숭실대, 서울대 종교학과, 샌프란시스코신학교 (한국 D. Min.) 강사
한국신학대학 신학과 전임교원으로 봉직 (1970. 5~2005. 8)
한신대학교 신학과 부교수 (1977), 정교수 (1983)로서 조직신학, 문화신학, 종교신학 강의
한신신학연구소 소장 (1999~2005. 8)
(재) 한국 크리스찬 아카데미(비상근) 원장 (2000. 5~2004. 1)
(사) 장공 김재준 기념사업회 이사 (1999~2004, 2009~2018. 11)
(사) 함석헌 기념사업회 씨알사상 연구원장 역임
(사) 장공 김재준 기념사업회 이사장 역임 (2014. 3~2017. 3)
한신대학교 명예교수 (2006. 4. 11)

● **목회 활동**

광주덕림교회 전도사 (1965. 1~1966. 6)
한국기독교장로회 전남노회에서 목사안수를 받음 (1974. 4)
의정부시 한가교회(현 은평교회) 전도목사 (1975. 11~1977. 7)
서울노회 은진교회 전도목사 (1977. 9~1985. 6)
서울노회 경동교회 협동목사 (1992~1999. 7)
삭개오작은교회 전도목사 (2006. 1~2010. 12)

● **수상**

2004년 스승의 날, 교육공로 '대통령표창' 수상 (제146405호)
2005년 8월 31일 교육공로로 대한민국 '옥조근정훈장' 수상 (제31622호)

연구 목록

● 박사학위 논문

Christianity and the Encounter of Asian Religions
Ph. D. Dissertation, Utrecht University, 1994.

● 저서
▶ 단행본
『틸리히 신학 되새김』, 여해와함께, 2018.
『장공의 생활신앙 깊이 읽기』, 삼인, 2016.
『죽음과 부활 그리고 영생』, 청년사, 2015.
『내게 오는 자 참으로 오라』, 책보세, 2012.
『삭개오의 기쁨』, 한들출판사, 2011.
『아레오바고에서 들려오는 저소리』, 삼인, 2005.
『울타리를 넘어서: 대승적 그리스도인들의 삶과 노래』, 유토피아, 2005.
『이름 없는 하느님』, 삼인, 2002.
『김재준 평전 : 성육신 신앙과 대승기독교』, 삼인, 2001.
『영과 진리 안에서 : 숨밭 김경재의 이야기신학』, 대한기독교서회, 1999.
『그리스도교 신앙과 영성』, 한신대학교 출판부, 1997.
『문화신학 담론』, 대한기독교서회, 1997.
Christianity and the Encounter of Asian Religions, Boekencentrum
　　in Netherland, 1994.
『해석학과 종교신학 : 복음과 한국종교와의 만남』, 한국신학연구소, 1994.
『중심에 서 있는 생명나무』, 다산글방, 1994.
『항아리에 물을 채우라』, 다산글방, 1993.
『종교다원시대의 기독교 영성』, 다산글방, 1992.

『씨알들의 믿음과 삶』, 나눔사, 1990.
『그리스도인의 영성훈련』, 대한기독교서회, 1988.
『폴 틸리히 신학연구』, 대한기독교출판사, 1987.
『영성신학서설』, 대한기독교출판사, 1985.
『한국문화신학』, 한국신학연구소, 1983.
『하늘과 땅의 변증법』, 한신대학교 출판부, 1980.
『폴 틸리히 그 생애와 사상』, 대한기독교출판사, 1979.

▶ 주요 공저

『내게 찾아온 은총 : 깨달음을 통한 주체적 신앙』, 한국기독교연구소, 2012.
『무례한 복음 : 한국 기독교의 선교, 그 문제와 대안을 성찰한다』, 산책자, 2007.
『다시 그리워지는 함석헌 선생님』, 한길사, 2001.
『민족의 큰 사상가 함석헌 선생』, 한길사, 2001.
『안병무 평전』, 한국신학연구소, 1998.
『한국종교문화와 그리스도』, 한들, 1996.
『그리스도교와 문화』, 한신대학교 출판부, 1994.
『별세신학』, 쿰란출판사, 1999.
『최태용의 생애와 신학』, 한국신학연구소, 1995.
『종교다원주의와 종교윤리』, 집문당, 1994.
『동학혁명 100년사』 上, 동학혁명100주년기념사업회, 1994.
『예수·민중·민족』, 한국신학연구소, 1992.
『한국종교와 한국신학』, 한국신학연구소, 1992.
『종교 다원주의와 한국적 신학』, 한국신학연구소, 1992.
『과정철학과 과정신학』, 전망사, 1988.
『기독교와 문화』, 한신대학교 출판부, 1988.
『한국 민중신학의 조명』, 대화출판사, 1985.

● 논문

"생태계 위기와 신학적 패러다임 전환,"「신학과 교회」14(2020년 겨울), 107-137.

"우주·신·인간적 영성 : 왕양명과 바르트,"「기쁨과 희망」25(2020년 여름), 248-257.

"3.1운동과 한국종교간 협력,"「신학과 교회」11(2019년 여름), 113-144.

"한국교회의 종교다원론 논쟁,"「신학과 교회」10(2018년 겨울), 147-182.

"종교개혁과 사회변화,"「신학과 교회」(2017년 겨울), 217-256.

"한국교회 비주류 신앙운동,"「기독교사상」677(2015년 5월), 36-45.

"한국 진보신학의 오늘과 내일,"「신학과 교회」2(2014년 겨울), 111-144.

"기독교와 이웃 종교 간의 성숙한 만남과 대화는 가능할까?"「기독교사상」663(2014년 3월), 64-72.

"개신교회의 공교회적 가치와 공공성의 의미,"「기독교사상」649(2013년 1월), 16-25.

"동서종교사상의 화합과 회통,"「동서철학연구」56(2010), 5-21.

"함석헌 사관에서 '뜻으로 봄'의 해석학적 조명,"「함석헌 연구」창간호(2010년 4월).

"폴 틸리히의 철학적 신학과 불교,"「불교평론」40(2009년 가을).

"생명철학으로서 함석헌의 씨알사상,"「기독교사상」606(2009년 6월), 188-200.

"죽음과 영생 및 그 현존방식에 관하여,"「문화와신학」11:2(2008년), 9-29.

"선교신학의 근본적 변화와 한국교회,"「새길이야기」26(2007년 가을), 88-96.

"공공신학에 관한 한국개신교의 두 흐름 : 보수적 기독교의 사유화 신앙과 진보적 기독교의 참여의 신앙,"「공공철학」16(2006년), 417-447.

"김재준의 정치신학 : 신학적 원리와 사회 정치변혁론,"「신학사상」124(2004년 봄), 55-86.

"Paul Tillich의 문화신학 : '궁극적 관심'을 중심으로," 「문학과 종교」 8:2(2003년 겨울), 1-16.

"안병무의 '체현의 신학' : 그 화육론과 성령론," 「신학사상」 121(2003년 여름), 26-54.

"종교 간의 갈등과 종교폭력의 해소방안," 「한국여성신학」 50(2002년 가을), 31-43.

"벧엘과 욥바에서 보인 비전," 「들숨날숨」 (2002년 7월), 6-9.

"한국교회의 개혁자 세 인물의 재조명," 「기독교사상」 518(2002년 2월), 260-265.

"한국신학의 동향 : 한국신학의 태동과 흐름," 「기독교사상」 518(2002년 2월), 128-136.

"종교간의 갈등 현황과 그 해소 방안에 대한 연구-한국 개신교와 불교의 상호관계성을 중심으로." 「신학연구」 42(2001년 12월), 219-257.

"좌담 : 그리스도교와 이슬람의 대화," 「신학사상」 115(2001년 겨울), 3-18.

"종교다원 사회에서 한국기독교 선교문제," 「선교」 11(2001년 가을), 28-37.

"장공의 우주적 사랑의 공동체에 관하여," 「장공 탄신 100주년 기념문집 2」, (2001년)

"새천년 시대의 인간이해와 기독교신학," 「한국기독교신학논총」 19(2000년 10월), 7-33.

"동학농민혁명 과정에서 종교적 영향," 「동학연구」 9·10호(2001년 9월), 31-52.

"한국 오순절교회 성령운동의 신학적 평가," 「신학연구」 41(2000년 12월), 24-50.

"시민연대의 민권운동은 3.1정신의 부활이다," 「기독교사상」 495(2000년 3월), 2-13.

"기독교와 불교는 적대관계인가 협력관계인가?" 「기독교사상」 479(1988년 12월), 9-18.

"'신학사상'과 한국의 종교신학," 「신학사상」 100(1998년), 61-89.
"수운의 시천주 체험과 동학의 신관," 「동학연구」 4(1999년 2월), 23-43.
"생태적 사회윤리를 지향하여," 「사회이론」 16(1998년 12월), 74-93.
"성령의 모성성과 가정 생명력 회복," 「기독교사상」 473(1998년 5월), 20-27.
"죽재 서남동의 현재적 그리스도론," 「신학사상」 99(1997년), 199-214.
"새로운 자연신학을 지향하여," 「한신논문집」 14(1997년 10월), 5-34.
"우리 문화 전통과 예수 믿는 사람들," 「살림」 97(1997년), 32-46.
"부처님 오신 날에," 「기독교사상」 461(1997년 5월), 191-199.
"한국신학 수립을 위한 해석학," 「기독교사상」 1996년 9월호, 61-74
"한국사회의 종교적 갈등과 관용," 「기독교사상」 436(1995년 4월), 44-64.
"민중신학과 종교신학의 길항성과 상보성," 「신학사상」 93(1996년), 43-63.
"불교와 기독교의 죽음 이해에 대한 명상," 「신학연구」 37(1996년), 23-46.
"최태용의 주체적 조선인 교회론," 「신학사상」 88(1995년), 206-221.
"탈이념 시대와 새로운 문화 조류," 「기독교사상」 427(1994년 7월), 10-19.
"해석학과 종교신학," 「기독교사상」 425(1994년 5월), 190-196.
"씨알, 민중 그리고 여래장의 상호조명 : 서남동의 민중신학을 중심으로," 「신학사상」 86(1994년), 154-166.
"한국교회 얼마나 한국적인가," 「신학사상」 82(1993년), 129-146.
"종교다원론의 해석학적 조명," 「철학과 현실」 13(1992년), 50-66.
"종교다원론의 참 뜻을 밝힌다," 「기독교사상」 403(1992년 7월), 153-160
"한국문화신학 형성과 기독교사상," 「기독교사상」 400(1992년 4월), 35-48
"종교다원론과 그리스도 고백," 「기독교사상」 397(1992년 1월), 181-187
"두 이야기의 합류에서 생명의 바다로," 「신학사상」 73(1991년), 556-564.
"한국인의 위기의식과 종말사상," 「기독교사상」 386(1991년 2월), 75-85.
"함석헌 사관의 기독교적 요소," 「신학사상」 66(1989), 526-540.
"통일교 원리강론의 신학적 비판," 「기독교사상」, 362(1989년 2월), 27-42

"한국교회와 영성훈련,"「목회」153(1989년), 94-100.
"80년대 한국조직신학의 동향과 과제,"「신학사상」64(1989년), 172-196.
"과정 사상과 성리학의 이기설,"「기독교사상」356(1988년 8월), 108-119.
"한국인의 심성과 기독교의 영성,"「기독교사상」352(1988년 4월), 63-72.
"한국교회의 신학사상,"「신학사상」44(1984년), 5-34.
"신앙의 하나님과 신학의 하나님,"「기독교사상」346(1987년 10월), 14-21.
"종교적 상징의 본질과 기능,"「기독교사상」355(1986년 11월), 194-216.
"토마스 머튼의 영성신학,"「기독교사상」331(1986년 7월), 127-145.
"화이트헤드의 과정사상과 율곡의 이기론,"「신학사상」54(1986년), 523-551.
"한국 문화와 기독교 관계 비판 과제,"「기독교사상」318(1984년 12월), 35-49.
"죽재 서남동의 신학사상,"「신학사상」46(1984년), 487-513.
"역사 아픔 창조적 힘,"「기독교사상」303(1983년 9월), 73-82.
"하나님의 나라와 해방,"「기독교사상」282(1981년 12월), 49-57.
"떼이야르 드 샤르뎅,"「기독교사상」275(1981년 5월), 43-51.
"한국인의 하늘나라 관념,"「신학사상」32(1981년), 29-51.
"전환기에 선 한국기독교,"「신학사상」28(1980년), 18-28.
"복음의 문화적 정치적 토착화,"「기독교사상」1979년 9월호, 58-67.
"묵시문학자 희망 진화론자 희망,"「기독교사상」235(1978년 1월), 51-61.
"복음과 현실,"「기독교사상」230(1977년 8월), 72-87.
"신의 삼중적 동태양식,"「신학사상」18(1977년), 447-472.
"동학사상과 한국기독교,"「기독교사상」220(1976년 10월), 68-77.
"역사의 주체는 민중이다,"「기독교사상」213(1976년 3월) 77-86.
"민중의 신학과 한국기독교의 미래,"「기독교사상」211(1976년 1월), 33-41.
"한국문화사의 측면에서 본 궁긍적 관심의 성경과 한국 신탁의 과제,"「신학사상」4(1974년), 191-226.
"73년의 한국신학의 조류 : 교회, 신학, 인류,"「기독교사상」187(1973년 12

월), 60-67.

"창조론과 진화론의 대화," 「기독교사상」 155(1971년 4월), 106-117.

김경재 박사

정년퇴임 논문집 출판기념회 | 2005년 6월 10일

이장식 박사의
〈세계 교회사 이야기〉 출간회 | 2012년

혜암신학연구소 가을세미나에서 | 2022년

한신목요강좌

혜암신학연구소(소장 이장식 목사), 서울 한국기독교회관 2층 조에홀 | 2015년 12월 7일

혜암신학연구소 학술세미나에서

정경일 연구교수

숭실대 철학과 (B. A.)
한신대 신학대학원 (M. Div.)
서강대 대학원 종교학과 (M. A.)
Union Theological Seminary (Ph. D.)

저서_『사회적 영성』(공저)
  『고통의 시대, 자비를 생각한다』(공저)
  『민중신학, 고통의 시대를 읽다』(공저)
  『아픔 넘어 : 고통의 인문학』(공저)
  『신성한 목소리가 부른다』(역서)
  『붓다 없이 나는 그리스도인일 수 없었다』(공역)

김경재 박사의 생애와 신학 ◀ 115

김도일 박사

김도일 박사의 생애와 신학

이진원_한국교회다음세대전략연구소 소장

Biola University, 인문학 학사 (B. A.)
Biola University, 기독교교육학 석사 (M. A. C. E.)
Princeton Theological Seminary, 교역학 석사 (M. Div.)
Presbyterian School of Christian Education, 교육학 박사 (Ed. D.)

장로회신학대학교 기독교교육학 교수
가정교회마을연구소공동소장

들어가면서

김도일 교수는 장신대 기독교교육학과 교수이며 한국기독교교육학회 회장을 역임하였고, 가정교회마을연구소 공동소장으로 다음 세대를 믿음으로 세우고 이 땅 위에 하나님나라를 확장시키는 일에 헌신하고 있는 기독교교육 학자요, 목회자이다. 한국 신학자들의 삶 속에 역사하신 하나님 은혜의 발자취를 살펴보는 자리에서 함께 하는 따스하고 맑은 영성으로 실천적 기독교교육의 삶을 추구하며 살아가는 김도일 박사의 생애와 사상에 대한 글을 쓰게 되어 기쁨과 영광으로 생각한다.

필자는 장로회신학대학교에서 김도일 교수(이하 김도일)로부터 기독교교육학을 배우며, 기독교 평화교육 모형 연구에 관한 박사학위 논문 지도를 받았다. 대학 시절부터 존경하던 기독교교육의 거장 사라리틀의 직계 제자이신 김도일 교수님의 사사를 직접 받은 장로회신학대학교 Th. D.의 첫 박사 제자가 된 것은 하나님의 크신 은혜요, 필자에겐 크게 영광스러운 일이다. 필자가 곁에서 바라본 김도일은 기독교교육학에 대한 학문적 깊이 뿐만 아니라 실천적 학문으로서 다른 학문과 적극적으로 소통하고 대화하는 너비의 광활함을 가지고 있는 학자이다. 김도일은 이 시대를 살아가는 그리스도인들이 마을속에서 함께 경쟁하지 않고 살아가는 것을 배우고 동료들과 같이 어울리는 법을 터득해서, 다른 이들과 조화롭게 살아가도록 하는 기독교교육을 실천해야 한다고 말한다.

그는 시대의 변화와 함께 끊임없는 연구와 도전적인 안목으로 이론과 실천의 융합과 기독교교육학과 다른 학문과의 실천적 융복합을 통한 더불어 함께 하는 학문적 연구는 한국의 기독교교육학에 있어서 새로운 미래 시대를 향한 미래지향적이고 실천적인 학문으로의 지평을 넓히는 데 크게 공헌 하였다. 특별히 기독교교육의 역사적인 흐름과 사상을 정리하고 시대 속의 기독교교육적 함의를 구축하였을 뿐만 아니라, 한국의 기독교 인사들의 기독정신과 역사 속의 발자취에 따른 의미를 연구하고, 오늘날 기독교교육의 토착화에도 뜻깊은 발자국을 새긴 애국심 깊은 학자이다.

김도일 박사의 가정 배경

김도일은 1960년 2월 14일 서울에서 김경길 장로와 김윤희 권사의 삼 남매 중 장남으로 태어났다. 아버지 김경길 장로는 한국 전쟁과 분단의 아픈 역사 현장을 고스란히 겪어내시며 어려운 가운데 외롭고 힘든 시절을 보냈음에도 시대를 탓하지 않고, 호주 선교사님을 통해 신앙을 받아들이고 회심한 후에는 신실한 신앙인의 삶을 묵묵히 살아내신 분이셨다. 어머니 김윤희 권사는 북아현교회 장로님이셨던 외할아버지의 철두철미한 신앙을 본받으며 믿음의 가정에서 성장하신 분이셨다. 동생들이 어리고 어머니가 병약하셔서 어린 도일은 아주 어렸을 때부터 외조부모님 댁에서 외조부모님의 사랑을 받으며 자라게 되었다.

외할아버지는 믿는 사람은 과부와 가난한 사람들을 도와야 한다는 성경의 가르침에 순종하여 물질과 사랑으로 가난한 이들을 섬기는 데도 최선을 다하셨던 분이셨고, 어린 손주에게도 엄격하게 신앙생활을 가르쳐주셨다. 독실한 신앙인이셨던 할머니는 특별히 어린 도일을 깨워 새벽예배에 데리고 다니실 만큼 신실한 신앙인이셨다. 그가 청년기애 이르기까지 어려운 상황에 부딪혀도 믿음 안에서 흔들림 없이 자랄 수 있도록 많은 영향을 주신 분들도 어린 시절 많은 시간을 함께 생활했던 외조부모님이셨다.

아버지 김경길 장로는 신의주교원대학을 다니시다가 갑자기 교복을 입은 채로 학도병으로 징집되어 생사의 위기를 경험한 후 거제도 포로 수용소에 포로가 되셨다고 한다. 그곳 포로수용소 집회에서 오코열 호주 선교사님을 통해 신앙생활을 다시 시작할 수 있게 되었고, 포로들에게 준 기회에 믿음의 담대한 선택으로 대한민국에 남았다고 한다. 그리고 대한민국 육군에 자원입대하여 군 생활을 하고 제대 후 결혼하여 믿음의 가정을 이루셨다. 팬데믹의 상황인 2021년 아버지 김경길 장로는 4월 11일 91세로 새벽에 천국으로 떠나셨고, 어머니 김윤희 권사도 4월 14일 오후에 86세로 세상을 떠나셨다. 김도일은 62년 동안 해로 하고 같은해 같은달에 천국에 가신 부모의 생을 보며 믿음으로 걸어온 부모님은 평생의 삶을 통해 자녀들에게 신앙의 도를 가르쳐주신 독실하신 그리스도인이셨고, 마지막까지도 주변 사람들에게 아름다운 덕을 끼치신 부모님이셨다고 회고하였다.

김도일 박사의 생애

효제동 어린 시절부터 바이올라 대학시절

김도일은 아버지가 영등포에서 회사 동아염직에 다닐 실 때 영은교회 출석하셨기에 매우 젊은 시절의 박조준 목사님께 유아세례를 받았다. 그가 훗날 호남신학대학교 교수가 되었을 때, 부모님으로부터 자신에게 유아세례를 주신 분이 박조준 목사님이라는 말을 듣고 박 목사님을 학교에서 실시한 1997년 사경회에 강사로 모셔서 만났던 순간에 대한 추억을 이야기했다. 박 목사님은 유아세례를 주었던 아이가 성장해서 교수가 되어 자신을 초청한 것에 대해 무척 자랑스러워하신 목사님에게나 그에게 모두 감동적이고 특별한 시간이었다고 했다.

그는 초등학교 4학년까지 효제동의 외조부모님 댁에서 연동교회 주일학교 시절을 보냈고, 초등학교 5학년이 되어서야 돈암동의 부모님 댁에서 함께 살게 되면서 미암교회로 적을 옮기게 되었다. 청소년 시절은 수유제일교회에서 자랐는데, 그곳은 포로수용소에서 아버지와 함께 있으며 믿음의 결단을 하셨던 이현규 목사님이 개척하신 교회로, 선교적 도움을 요청받고 아버지가 그곳에서 신앙생활하시며 장로로 임직하시게 되신 교회였다.

한국에서의 학업은 서울 매원초등학교를 졸업하고 남대문중학교와 대일고등학교를 졸업한 후 숭실대학 산업공학과에 재학 중 가족들이 모두 미국으로 이민하게 되어 김도일은 학교를 휴학하고 군에 입대하게 되었다. 1881년 5월에 군입대 후 통신병으로 병역을 담당하고 육군병장으로 전역한 후 1983년 11월 가족들이 있는 미국으로 가게 되었다.

미국에서의 생활은 처음부터 녹록하지는 않았다. 산업공학과에 재학했던 경험을 살려 미국 바디샵(공업사)에 취직하여 일을 시작했지만, 일터의 사장님이 "당신이 할 수 있는 일은 무엇입니까?" 라는 거친 한마디는 마음 깊이 때리는 수치심과 아픔으로 크게 가슴을 울렸고, 그때부터 일뿐만 아니라 할 수 있는 일에 대한 탐구로 배움에 대한 열망을 갖고 공부에 정진하게 되었다고 한다. 낮에는 일하고 저녁에는 LA 씨티칼리지에서 열심히 공부한 결과 논술과 영어 실력의 진일보를 하게 되었고 이후 바이올라대학(Biola University)에 편입하여 그곳에서 인생의 학문인 기독교교육 과목과의 만남을 갖게 되었다. 그는 기독교교육을 공부하게 된 그 시절의 기억을 회상하면서 첫 시간부터 어찌나 흥미롭고 재미있는 학문이던지 기독교교육에 대한 특별한 관심을 갖게 되는 계기였다고 하였다.

스승 사라 P. 리틀(Sara P. Little)과 조우하다

김도일은 미국 나성영락교회(당시 김기영 목사 시무)에서 신앙생활을 하며 목회자로서의 소명을 받고 결단하게 된 후 동양선교교회 전도사 시절을 보내고, 이후 프린스톤신학교 신학대학원(Princeton Theological

Seminary)에서 교역학 석사(M. Div.)과정을 마쳤다. 이후 교육학 박사과정 위해 입학한 PSCE (Presbyterian School of Christian Education)에서 인생 스승이신 사라 리틀 교수와 조우하게 되었다. 교회의 교육적 사명을 성숙시킨 진실한 교사요, 기독교교육 학자인 사라 리틀 교수는 제자 김도일의 인생에 있어서도 잊지못할 진실한 스승이 되어주었다.

사라 리틀 교수는 학문의 정진에 있어서 무엇보다 많은 책을 읽고 연구하도록 끊임없이 독려하여 주었고, 기독교교육적 대화의 실천적 본으로 가르침을 주셨다. 기독교교육 관련 학회 참석을 위하여 멀리 출타하셨을 때에는 새로운 지역에서 새로운 도서들을 구해서 읽을 수 있도록 직접 사다주시기도 하시는 스승이었다. 한 번은 사라 리틀 교수가 학회에 참석 하여 개별 자유시간에 서점에서 새로운 책을 구해 들고 오는 모습을 본 함께 학회 참여한 가까운 지인이 "제자 도일을 위해 새로운 책을 또 사셨군요?"라고 웃으며 말했다는 일화는 참 스승의 면모를 보여주는 특별한 모습이 필자에게도 느껴졌다.

그는 박사 공부 시절 받은 여러 가지 은혜를 실천적으로 교회 커뮤니티에서 나누고 싶은 열망을 가지고 참길교회를 개척하여 공부와 목회를 병행하며, 뜨거운 목회의 간증과 목양의 시간을 보내게 되었다. 일과 공부를 병행하던 젊은 날의 뜨거운 도전과 시간을 알차게 사용하는 라이프 스타일이 평생 몸에 밴 습관이 되었다. 석·박사 과정을 하는 중에도 목회의 자리에서 실천적으로 섬기는 사역을 쉬지 않았고, 후에 교수가 되어서는 후학을 양성하는 교육 사역과 함께 여전히 달음질하는 열정으로 기독교교육의 책을 번역하고, 새롭게 연구하고 책으로 엮어내는 성실함을 이어왔다. 책을 손에서 놓지 않도록 오늘은 무슨 책을 읽고 무엇을 느꼈는지 늘 새롭게 물어주시던 사라 리틀 교수님의 가르침이 스스로에게도 메아리가 되어 호남신학대학교와 장로회신학대학교에서 교수로 가르치는 자리에 있으면서도 학생들에게 새로운 책과 학문적 연구의 새로운 지평을 열도록 실천적 도전을 주는 일에 열심을 다하였다.

워싱턴 D.C. 서울장로교회에서 1995년 목사 안수를 받았고, 1996년 6월에는 PSCE에서 교육학 박사학위(Ed. D.)를 취득하였다. 1997년 9월 1일 호남신학대학교 기독교육과 교수로 부임하면서 한국으로 돌아와 4년간 교편과 함께 기독교교육 관련 도서들을 출판하면서 연구에 힘을 썼다.

2001년 9월 장로회신학대학교 교수로 부임하게 되어 2021년 9월에 이르기까지 한국기독교교육의 기초적 토대를 세우고 학문적인 지평을 넓혀갔다. 학생과 동료와 동역자들과 함께 끊임없이 벗하고 연구하며 미래세대를 위해 실천적인 기독교교육의 징검다리를 놓는 일을 계속하고 있으며, 2025년 2월 말 정년 은퇴를 앞두고 있다. 스승에게 받은 사랑으로 만남을 소중히 여기며, 무엇보다 "사람에 대한 마음"이 중요하다고 말하는 그는 은퇴 후 후회 없는 삶을 위하여 부름이 있는 곳에서 봉사와 선교의 삶을 살아가는 것을 인생 제 2비전으로 삼고 선교적기독교교육의 실천의 장으로 가정, 교회, 마을 공동체를 잇는 플랫폼으로 하여 사역에 새로운 열정을 더하고 있다.

김도일 교수의 사상과 기독교교육의 학문적 공헌

토대 공헌 : 기독교교육사의 학문적 토대를 기경하고 체계화하였다

PSCE에서 교육학 박사학위(Ed. D.)를 취득하고 모국에 돌아온 김도일은 호남신학대학교에서 교편을 잡으며 무엇보다 먼저 기독교교육학의 학문적 역사를 정리하여 기독교교육사적인 학문적 토대 기경하는 일에 힘을 썼다. 그는 자신의 박사학위 논문을 중심으로 전통과 변혁, 그

리고 사회화와 의도적 가르침이라는 네 가지 요소가 기독교교육을 통해 어떻게 역사의 현장 속에서 이론과 실천적인 흐름을 나타내었는지를 기독교교육사적으로 정리하고, 교육과 신앙공동체의 딜레마와 선택 속에서 기독교교육이 역사적으로 어떻게 도전하며 응전했는가를 1998년 〈교육인가 신앙공동체인가?〉라는 책으로 정리하여 한국교회에 소개 하였다. 또한 기독교교육이론의 날카로운 분석을 통하여 20세기 초의 조지 알버트 코우의 이론을 통한 이슈와 전통과 변혁의 선택 속에서 성장한 20세기 중반 종교교육, 그리고 엘리스 넬슨과 존 웨스터호프의 사회화 접근 및 사라 리틀과 메리 보이스의 가르침을 통한 접근 등 이론들의 기독교교육사적 함의와 비판적 고찰을 체계적으로 정리하였다. 또한 이처럼 역사적으로 기독교교육 이론의 학문적 변화를 진단하며 21세기 종교교육을 위한 제안을 함으로써 한국교회의 기독교교육을 통한 질적인 성장과 교육적 목회를 추구하는 사역자, 목회자들과 기독교교육을 전공하는 학도들에게 새로운 시각의 지평을 열어 주는 데 기여하였다.

또한 2020년에 다시 〈현대 기독교교육의 흐름과 중심 사상〉이라는 제목으로 개정 출판하면서 우리가 당면한 문제들에 대한 시대적 상황에 대한 분석과 함께 현대 기독교교육 학자들인 아스머와 포스터, 그리고 해리스의 이론 분석을 통해 21세기에서 전통과 변혁, 가르침과 사회화를 재조명하여 포스트모던시대 기독교교육사의 학문적 토대를 다시 기경하는 작업으로 공헌하였다.

번역 공헌 : 기독교교육 이론과 중심 사상 이해를 위한 주요 원서를 번역하다

김도일은 기독교교육을 공부하는 학생들과 목회자들이 언어의 벽으로 인해 중요한 기독교교육 원서들의 이론과 사상들을 접할 수 있도록 중요한 기독교교육 원서들을 번역하는 일에 헌신하였다. 가장 먼저 시대 속에서 기독교교육적 의심의 질문을 학문적으로 성실하게 던졌던 모더니스트 호레이스 부쉬넬의 책을 번역하여 〈기독교적 양육〉이라는 제목의 책으로 엮어냈다. 또한 기독교교육 이론이 도그마에 대항할 수 있도록 끊임없는 연구와 도전으로 역사적 흐름에 중요한 기점이 된 20세기 초 미국 종교교육운동을 주도한 조지 앨버트 코우의 책을 〈종교교육 사회론〉으로 번역하였다. 이외에도 다양한 기독교교육의 중요한 사상을 알 수 있는 원서들을 번역하여 기독교교육사의 시대적 공헌을 세운 학자들의 이론적 가르침을 상세하게 담아내는 것을 통해 한국의 기독교교육을 사회, 과학, 신학과 연결시켜 체계적인 학문으로 자리매김 할 수 있도록 하고, 사상적, 철학적인 체계화를 이루는데 공헌을 하였다. 코우가 제안 한 것처럼 김도일은 기독교교육이 단순히 종교적 지식을 전달하는 것이 아니라, 새로운 창조를 위해 함께 일하고 비판적 성찰을 할 줄 아는 생각하는 그리스도인으로서 이 땅에서 발을 딛고 하나님의 나라시민으로서의 실천적 삶을 살아가도록 교육해야 한다고 하였다.

신학적 공헌 : 한국 신학자 140인 서울 선언(2008)에 기독교교육학자로서 함께 참여하다

복음이 전해진지 120년 되는 한국 기독교의 역사 속에서 각 시대마다 그 시대에 사회를 향한 신학자들과 목회자들의 시국에 대한 선언들이 있었다. 2008년 선포된 서울 선언은 이전의 시국 선언들이 시국의 대처방식들에 초점이 모아져서 선언되었었다면, 한국의 신학자 140인이 참석한 2008 서울 선언은 가장 핵심적 가치를 선포하는 것으로, 세계 열방의 교회들을 향해 신앙의 가장 근원적인 내용으로 함께 돌아갈 것을 외치는 선언이었다. 2008 서울 선언은 현대 포스트모더니즘의 변화와 격랑 속에서 상대화 되어져가는 위험으로부터 "오직 성경"의 개혁교회 정신을 가지고 성경의 가치와 권위를 바로 세우기 위한 선언이었다. 즉 이 선언은 '성경을 통한 재정향(ReOrientation)'으로서 단지 현재 일어나고 있는 한국의 기독교 현실에 대해서만 제한적으로 선언한 내용이 아니라, 21세기 파편화 되어가고 있는 시대적 상황 속에서 세계 기독교를 향한 우리의 선언으로서의 필요성을 담고 있는 것이었다. 상대주의적이고 다원주의적인 시각에서 기독교의 복음과 성경을 왜곡되게 바라보려고 하는 시대적 위험 속에서 한국의 신학자 140인이 함께 참여한 서울 선언은 한국 교회 뿐만아니라 세계 교회가 다시 성경으로 갱신되어야 함을 재확인하는 계기가 되었다. 김도일은 이렇게 중요한 서울 선언에 기독교교육학자로서 함께 참여하여 기독교교육학이 시대적, 공적 신학의 역할에 있어서 소외되지 않고 성경을 통한 재정향에 참여할 수 있도록 기여하는 데 공헌하였다.

연구 공헌: 기독교교육의 학문적 연구에 새로운 지평을 열다

김도일은 기독교교육사의 학문적 토대를 체계적으로 정리하고 많은 기독교사상의 핵심 원서들을 번역하여, 기독교교육의 학문적 연구의 확장에 기여하였을 뿐 아니라, 김도일 교수 자신도 기독교교육학자요 장로교 목사로서 끊임없는 기독교교육학 주제들에 대한 시대적 대화와 연구로 수 많은 저서와 논문들을 연구 집필하여 한국 기독교교육이 학문적으로 이론 뿐만 아니라, 실천적으로 전문화될 수 있도록 하는데 기여하였고, 기독교교육적 숙고의 과정을 통한 학습생태계 전환시대에 기독교교육 패러다임 전환에 대한 선교적 기독교교육의 연구로 기여를 하였다.

그는 기독교교육을 연구함에 있어 성경적 접근과 신학적 접근, 그리고 심리학적 이해와 역사적 이해 등의 심층적인 학제간의 대화를 시도

함으로 융합적이고 통전적인 온전성을 추구하는 기독교교육의 연구로 학문적인 지평을 넓히는 데 기여하였다. 또한 그는 기독교교육의 사상적 체계화와 다양한 주제들을 기독교교육학적인 시각에서 이론에서 실천까지 새로운 패러다임을 정립하는 학문적인 연구를 시도하였으며, 한 걸음 더 나아가서 기독교교육의 영성교육의 교육적 토대를 마련하고자 노력하였다. 기독교교육을 통한 영성교육의 목적, 교육과정 및 교수-학습, 교사 그리고 영성교육 등을 다루었으며, 조력자이자 산파인 교사가 학습자들로 하여금 하나님을 만나고 그분의 임재 안에서 성장할 수 있도록 훈련시키고, 돌보며, 함께 성숙시켜 나가는 기독교교육의 실천적 영역에 포함시켰다.

그는 이처럼 체계적인 학문적 연구와 실천적인 영성 훈련에 대한 탐구를 통하여 교육에서 하나님이 원하시는 맑은 영성과 맑은 가르침의 그리스도인으로서의 삶을 이야기하는 영성의 영역에 이르기까지 교육으로 확장되어야 함을 제안하고 저서와 논문들을 통해 끊임없이 삶과 영성의 영역까지 포함하는 기독교교육의 대화를 시도함으로써 기독교교육이 학문적으로 연구되어지는 실천적 영역의 범위를 확장하는 데도 공헌하였다.

김도일은 진정한 가르침과 배움을 통해 거룩한 변화를 추구하는 기독교교육을 수행하기 위해서는 올바른 정신, 성숙, 은혜, 영성, 인내의 길을 안내할 수 있는 하나님 나라 참 교육이 기독교교육자 스스로에게도 이루어질 때, 우리에게 맡겨주신 가르침의 기독교교육적 사명을 바르게 수행할 수 있다고 하였다.

발전적 공헌 : 신학교와 학회의 발전을 위해 협력하고 헌신하다

김도일은 2014년에는 직접 튜빙엔에 가서 1477년 설립된 튜빙엔대학교와 1901년 설립된 장로회신학대학교와의 MOU 체결식을 진행하였다. 튜빙엔대학교와 장신대는 협약식을 기점으로 하여 학문적인 연구와 학교 운영에 있어서 창의적인 일을 함께 만들어 나가기로 하였다. 그리고 두 학교는 거의 매년 학술대회를 개최하는 것을 통하여 실제적으로 상호간 학문적 교류와 발전이 이루어 질 수 있도록 함께 힘쓰고 있다.

또한 그는 2016년부터 2018까지 2년간 한국 기독교교육학회 출판기획위원장으로서의 임무를 감당하였다. 그 기간 동안에 출간된 책들은 학회 안의 회원 뿐만 아니라 학회 밖의 공동 저작들과 함께 기독교교육학이 시대적 요구에 응답하는 실천적 도서들로 〈교회교육 현장으로 나가다〉, 〈제4차 산업혁명시대의 기독교교육〉, 〈역사, 오늘로 걸어나오다〉, 〈대림절 묵상집: 주님을 기다리며〉, 〈참 스승〉, 〈사회적 신앙인의 발자취〉, 〈미래시대 미래세대 미래교육〉 등이었다. 출판기획위원장의 임무를 마치며 김도일은 열악한 출판문화의 상황에서도 의미 있는 기독교 교육 도서들을 출판할 수 있었던 것은 희생을 감수하면서 애써준 도서출판 기독한교의 김봉익 사장님과 동연의 김영호 사장님, 김요한 사장님의 협력이 있었기 때문이라는 인사를 잊지 않았다.

선교적 공헌 : 기독교교육학의 선교적 지평과 공적 실천의 장으로
마을목회를 제안하다

김도일은 '한 아이를 키우려면 온 마을이 필요하다'는 아프리카 속담처럼, 한 사람이 건강한 사회의 일원이 되려면 온 마을 사람들의 지원과 관심이 필요하다는 것을 기억해야 한다고 하였다. 그는 오늘날 사회 병리현상의 변화와 개선을 위하여 기독교교육은 학습생태계 전환의 시점에 있음을 명시하고, 그 대안으로 마을학교와 마을목회를 제시하였

다. 가정, 교회, 마을이 건강한 학습생태계를 이루어 모든 마을 사람들이 연결되어지고, 어린이와 어른이 상호연결되며, 서로 소통하고 상호 간에 연대하는 구조가 될 수 있도록 하는 마을교회가 마음의 구심점이 되어 실천하는 기독교교육이라고 한다. 이에 가정교회 마을 연구소 사역으로 실천적 도전을 시작한 그는 이론과 실천의 테오리아와 프락시스를 연결시키는 사역연계를 통하여 전세대와 소통하는 선교적 교회에 대한 큰그림을 그려가기 시작하였다. 이것은 "사람은 어떤 사람의 가르침으로 변하기보다는 자신이 속한 공동체에서 영향을 받아 변하게 된다"는 기독교교육의 역발상의 선교적 핵심으로, 가르침으로는 지식을 배우게 되지만 기독교교육은 배우는데 그치는 것이 아닌 익히는 삶에 이르기까지 진정한 변화를 체험하도록 하고, 특별한 감동을 통해 본받고 싶을 때 일어나게 되는 신비한 과정들을 종합적으로 경험하는 것까지 이르러야 한다고 보았다. 따라서 기독교교육이 실천적 소명의 장으로 여기는 분야가 교회나 가정에 국한되는 것이 아니라, 지역의 마을 공동체까지 확장되어야 함을 강조하였다.

  교회와 가정이 마을에서 진정한 봉사와 진정한 친교의 소명을 실천하며 함께 친교하고 친밀하게 삶을 나누는 장을 적극적으로 열어 간다면, 더불어 행복한 마을교육공동체를 구축하고 형성하는 데에 크게 기여할 수 있게 될 것이라고 보았다. 김도일은 한국교회 기독교교육의 장을 바라보는 목회자와 신학자들에게 "교회의 눈을 교회당 안으로 축소시키지 말고 마을로 눈을 돌려야 한다."고 하였다. 나아가 그는 기독교교육의 새로운 실천으로서의 선교적 교회론은 이 시대 하나님이 우리 교회에 주신 선물이라고 하였다. 선교적 교회론이 이론에 그치지 않고 생활 속에서, 삶 속에서 진정한 코이노니아로 실천될 때, 한국 개신교는 역사와 민족 앞에 자랑스러운 유산을 남기게 될 것을 소망한다고 하였다.[1]

| 1 위의 책, 167-168.

실천적 공헌 : 팬데믹 시대 사회적 약자와 함께 하는 "더 느리게, 더 열심히 사고하는 기독교교육"을 제안하다[2]

김도일은 기독교교육이 공리주의를 넘어 인류의 공영에 기여할 "깊은 실용주의적" 공헌을 하여야 한다고 했다. 현대 사회 세대 간의 갈등 문제에 대한 해법을 기독교교육에서 찾으면서 사회적 약자와 함께 하는 기독교교육을 제안하고, 세대간 갈등의 어려움 가운데 있는 노인들과 함께 하는 평화교육을 이야기했다.[3] 팬데믹시대를 야기시킨 코로나19 바이러스는 생태계를 파괴하고 착취하고 있는 인간의 탐욕으로 인해 야기된 인재로 인식하고, 기독교교육은 고통 가운데 있는 사회적 약자들과 함께하는 자리에서 어떻게 서로를 도와 생존할 수 있을지 모색하여야 한다고 했다. 김도일은 사회적 약자와 함께 하는 기독교교육을 위해 작은 것부터 실천하고자 하는 기독교 정신에 입각한 다섯 가지 방안을 제시하였다.

제안 1. 가정과 교회가 함께하는 기독교교육을 통해 예수님의 제자로서 세상의 건강한 시민으로 살도록 돕는다.
제안 2. 인류의 상호 책임성과 상호 의존성을 강화하는 아스머와 슈바이쳐 연구를 통한 공적 신앙의 계발을 제안한다.
제안 3. 폴 길스터의 담론을 분석하여 비판적 미디어 리터러시 교육에 대한 학습자의 분별력 증진을 도모한다.
제안 4. 기독교교육 생태계 복원을 위한 호모 사피엔스의 역할을 구약학자 강사문의 석의적 해석을 통한 새로운 시각으로 제안한다.

---

[2] 김도일. 사회적 약자와 함께 하는 기독교교육. 기독교교육논총(2020), 64, 51-79.
[3] 김도일. 노인과 함께 하는 평화교육 : 갈등을 넘어 평화로. 선교와 신학(2019), 49, 177-204.

제안 5. 사회적 약자의 친구로 살게 하는 크리스틴 폴의 우정신학의 분석적 적용과 파커 파머의 온전성을 추구하는 기독교교육적 정신을 제안한다.

약자와 함께 하는 기독교교육의 방안을 제시한 김도일은 비교적 어려움에 덜 노출된 신앙을 가진 기독인들이 사회적 배려와 관심이 필요한 이들과 어려움을 겪고 있는 이들의 형편을 살피면서 도움을 줄 수 있도록 하는 기독교교육적 실천이 절실하며, 함께 하는 삶을 위한 기독교교육적 시도는 시급하다고 했다.

또한 갈등이 도를 넘어선 분열 시대에 세대간의 위기 속에 있는 노인에게로 기독교교육의 시선이 함께 해야함을 이야기 했다. 그는 노인과 함께 하는 평화교육을 실천하기 위해 우리는 "더 느리게, 더 열심히 사고할 필요"가 있다고 제안했다. 나아가 더 깊은 실용성을 수행하는 기독교교육을 통하여 노인세대와 함께 하는 세대 간의 연대와 공존을 서로 고민하며 함께 평화하기를 추구할 때, 더불어 살만한 세상이 조금이나마 성취될 수 있을 것이라고 소망했다.

결 론

김도일은 나무를 심는 마음으로 사람을 심는[4] 기독교교육이 되는 것을 중요하게 여기며, 사람을 사람답게 살게 하는 기독교교육을 이야기 한다. 필자에게 김도일의 생애와 사상을 집필하며 그의 인생을 한마디로 표현해달라고 요청을 받는다면, 나무를 심는 마음으로 사람을 심는

---

4 김도일, 섹션 1 교육목회특강 : 미래세대를 위한 교육목회 3.0. Educational Ministry, 교육목회 (2015), 47(0), 30–37.

기독교교육을 실천하는 학자요 목회자라고 말하고 싶다. 김도일은 그의 글을 통해서 장 지오노(Jean Giono)의 〈나무를 심은 사람〉에 대해 이야기한 적이 있다. 수많은 생명들이 점점 죽어가는 세상 속에서도 좌절하지 않고 나중에 도토리 열매를 필요로 하는 누군가를 위해 나무를 묵묵하게 심는 한 사람의 이야기를 통해, 하나님이 지으신 모든 생태계는 하나로 연결되어 있다는 것을 통찰 할 수 있다고 하였다. 결국 기독교교육이란 배워야 할 피조물이 자신의 위치가 어디인지를 배워가고, 아는 것은 나누어가야 한다는 실천적 진리라는 것이다.

또한 이러한 기독교교육적 사상에 대한 깊은 통찰을 통해 생명과 평화의 가치를 담은 건강한 생태계를 회복할 수 있도록 하는 것이 미래시대를 살아가게 될 모든 미래세대를 위한 기독교교육을 수행하는 이들의 공통된 사명이라고 하였다. 부모님이 생애를 통해서 묵묵히 보여주셨던 것처럼, 그리고 참 스승의 모습으로 사라 리틀 교수님이 대화를 통해 지속적으로 기독교교육적 탐구와 사고를 가르쳐주셨던 것처럼, 김도일 교수도 미래세대를 위한 기독교교육에 대하여 직간접적인 기독교교육의 장에서의 대화를 통하여 기독교교육의 선교적 고집을 포기하지 않으며 나름의 노력을 기울인 다고 했다.

김도일의 생애를 통해 녹아나있는 기독교교육의 지향점은 가정과 교회와 마을이 코이노니아와 디아코니아로 함께 하는 마을 공동체를 이루고, 한 영혼 한 사람을 소중히 여기고 사회적 약자와 노인들을 외면하지 않으며, 우리의 희망인 미래세대가 올바른 기독교교육을 통하여 새롭게 일어나며 균형 있게 성장해 가는 것이다. 은퇴를 목전에 둔 오늘 그는 가정·교회·마을 연구소의 사역을 위해 헌신하고 있으며, 실천적이고 선교적인 기독교교육의 더불어 걷는 미래를 향해 오늘도 새로운 지평을 열어가는 따스한 대화를 시도하고 있다.

연구 목록

● 박사학위 논문

Kim, Douil. "Education or Living Religiously Together: Tensions Among Tradition, Transformation, Socialization, and Teaching in the Writings of Twentieth Century Religious Educators." Presbyterian School of Christian Education. Richmond, Virginia. U. S. A., 1996. (Passport Name Change as of Sep. 1997 to Doil Kim)

● 저서

김도일. 『교육인가 신앙공동체인가?』. 한국장로교출판사, 1998.
김도일. "기독교교육학이란 무엇인가?" 『신학이란 무엇인가』. 한국장로교출판사, 1998. 공저.
김도일. "통일과 신학교육." 『기독교와 한반도 평화정착』. 한들, 1998. 공저.
김도일. 『성장하는 부모 성장하는 자녀』. 광주 YMCA, 1998. 공저.
김도일. "기독교교육과 경제문제." 『기독교교육학 개론 (하)』. 한국장로교출판사, 1999. 공저.
김도일. "종교교육협회의 창립 배경과 취지, 그리고 그 이후에 나타난 지속-반동-수정의 역사" 『기독교교육 논총 4』. 한국장로교출판사, 1999. 공저.
김도일. "교회의 교육적 사명." 『교회란 무엇인가?』. 한국장로교출판사, 1999. 공저.
김도일. "토마스 그룹의 저술에 대한 인식론적 비평." 『21세기 기독교교육의 과제와 전망: 고용수 교수 회갑 기념 논문집』. 예영 커뮤니케이션, 2002. 공저.
김도일. "가르침의 본질: 권위 있는 가르침을 위한 탐구." 『장신논단』. 제 18 집. 장로회신학대학교출판부, 2002. 공저.

김도일. 『맑은 영성 맑은 가르침』. 쿰란출판사, 2003.

김도일. "기독교교육적 시각으로 본 곽선희목사의 목회와 설교사역." 『창의적 목회신학』. 계몽문화사, 2003. 공저.

김도일. 『21세기 동아시아의 변화와 기독교의 역할』. 장로회신학대학교출판부, 2003. 책임편집.

김도일. "교회의 교육적 사명." 『21세기 기독교교육 신학 이론 실천: 임창복 교수 회갑 기념 논문집』. 한국장로교출판사, 2004. 공저.

김도일. 『눈 감고 두 손 모아: 어린이를 위한 주기도문』. Das Vaterunser. Regine Schindler 저. Eric Battut 그림. 삼성당, 2004. 감수.

김도일. "교육 커뮤니케이션의 실제." 『기독교 커뮤니케이션』. 예영 커뮤니케이션, 2004. 공저.

김도일. "포스트모던시대의 기독교교육: 기독교교육이론의 흐름과 중심사상." 『포스트모던 시대의 기독교교육: 사 미자 교수 은퇴 기념 논문집』. 장로회신학대학교 기독교교육연구원, 2006. 공저.

김도일. "하워드 가드너의 다중지능이론과 학습자의 자리 찾아주기의 여정." 『앞서가는 가르침 깊어가는 배움』. 장로회신학대학교 교수학습개발원, 2006. 공저 및 발행.

김도일. "교육교역자의 정체성과 주체성." 『2007년 교회교육 설계를 위한 교회교육정책 자료집』. 장로회신학대학교 기독교교육연구원, 2006. 공저 및 발행.

김도일. "평화교육의 과제와 프로그램 개발을 위한 연구." 『평화와 기독교교육』. 장신대기독교교육원, 2007. 공저.

김도일. 『평화와 기독교교육』. 기독교학교협의회, 2007. 공저.

김도일. 『21세기한국교회교육의 과제와 전망』. 장로회신학대학교출판부, 2007. 공저.

김도일. 『하나님 나라와 다음세대를 위한 부흥』. 대한예수교 장로교 총회교육자원부, 2007. 공저.

김도일.『디모데전후서, 디도서』.두란노 아카데미, 2008. 공저.
김도일.『기독교 교육사』.도서출판 기독한교, 2008. 공저.
김도일.『21세기 한국교회교육의 과제와 전망』. 장로회신학대학교 기독교교육연구원, 2008. 공저.
김도일.『기독교 영성교육』. 동연출판사, 2009. 공저.
김도일.『기독교교육에 생기를 불어넣어주는 일곱 주제: 희망』. 장로회신학대학교 기독교교육연구원, 2009. 공저.
김도일.『온전성을 추구하는 기독교교육』. 장로회신학대학교 출판부, 2011.
김도일.『역사, 오늘로 걸어나오다』. 한국기독교교육학회, 2012. 공저. 책임편집.
김도일.『기독교교육의 새모델들: 공동체를 통한 기독교교육 모델』. 장로회신학대학교 기독 교교육연구원, 2012. 공저.
김도일.『조화로운 통일을 위한 기독교교육』.한국기독교교육학회, 2013.
김도일.『미래시대/미래세대/미래교육』.한국기독교교육학회, 2012, 공저. 책임편집
김도일.『오바댜 요나 미가(학습자용)』.장로회신학대학교 출판부, 2013, 공저.
김도일.『오바댜 요나 미가(인도자용)』.장로회신학대학교 출판부, 2013, 공저.
김도일.『맑은 영성 맑은 가르침』.쿰란출판사, 2013. 개정판.
김도일.『포스트모더니즘 시대의 기독교교육 학습 공동체』.요단출판사, 2014, 공저.
김도일.『풀어쓰는 신앙교육 이야기』. 새물결플러스 출판사, 2014, 공저. 책임편집
김도일.『참 스승: 인물로보는 한국기독교교육사상』. 새물결플러스 출판사, 2014, 공저. 책임편집
김도일.『미래세대에 생명력을 불어넣는 기독교교육』. 장신대 기독교교육연구원, 2014, 공저.
김도일.『다음세대에 생명을』. 장신대 기독교교육연구원, 2016, 공저.

김도일.『다음세대 신학과 목회』. "다음세대의 생명을 살리고 번성케하는 교회교육 모델 탐구." 장로회신학대학교 출판부, 2016, 공저.

김도일.『교회교육현장으로 나가다』. "도시교회의 미래교회 살리기 프로젝트." 동연, 2016, 공저.

김도일.『주님을 기다리며: 2016년 대림절 묵상집』. 2016. 공저. 책임편집

김도일.『사회적 신앙인의 발자취』. "죽었으나 살아서 말하는 이, 손양원." 동연, 2017, 공저. 책임편집.

김도일.『제4차 산업혁명시대의 교육목회』. "개관 및 용어해설: 제4차산업혁명시대의 교육목회." 동연, 2017, 공저. 책임편집.

김도일.『더불어 건강하고 행복한 생태계를 만들어가는 가정, 교회, 마을 교육공동체』. 동연, 2018,

김도일.『마을교회, 마을목회』. "마을사역의 땅끝, 실버세대를 주역으로." 한국장로교출판사, 2018, 공저.

김도일.『더불어 함께 하는 평화교육』. "노인과 함께 하는 평화교육: 갈등을 넘어 평화로." 동연, 2020, 공저. 책임편집.

김도일.『마을목회 개론』. 킹덤북스, 2020, 공저.

김도일.『현대기독교교육의 흐름과 중심사상』. 동연, 2020. 개정증보판(교육인가 신앙공동체인가 1998 초판, 흐름과 중심사상, 2010 개정판)

김도일.『코로나19를 넘어서는 기독교교육』. "지구 위기시대의 교회 환경교육." 동연, 2020, 공저.

김도일.『행복목회의 신학과 실천』. "행복한 마을 만들기 위한 공동체 교육." 쿰란, 2021, 공저.

김도일.『공적복음과 공공신학』. "공공신학과 디다케." 킹덤북스, 2021, 공저.

김도일.『전 세대와 소통하는 선교적 교회 교육』. 동연, 2022, 공저. 총론 및 책임편집.

김도일.『교회학교가 살아야 교회의 내일이 있다: 뉴노멀 시대의 기독교교육』. 동연, 2022, 공저. 책임집필.

● 역서

김도일. 『기독교교육을 위한 교육철학』. Philosophy of Education: Issues and Options. Michael L. Peterson. 한국장로교출판사, 1998.

김도일. 『창조적인 말씀을 통한 기독교교육』. Creative Words. Walter Brueggemann. 한들, 1999. 공역.

김도일. 『제자직과 시민직을 위한 기독교교육』. Education for Citizenship and Discipleship. 기독교교육학회전문연구도서(4). Mary Boys. ed. 한국장로교출판사, 1999.

김도일. 『생명을 위한 교육』. Educating for Life. Thomas Groome. 한국장로교출판사, 2001.

김도일. 『현대 성서주석: 빌립보서』. Interpretation: Philippians. 한국장로교출판사, 2001.

김도일. 『현대 성서주석: 디모데 전후서/디도서』. Interpretation: 1 & 2 Timothy &Titus. 한국장로교출판사, 2002.

김도일. 『지혜를 위한 교육』. Wise Teaching. Charles Melchurt. 한국장로교출판사, 2002. 공역.

김도일. 『권위 있는 가르침: 가르침의 권위를 세워주는 6가지 기둥』. By What Authority Do We Teach? Robert W. Pazmino. 도서출판 디모데, 2002. 공역.

김도일. 『가르침과 종교적 상상력』. Teaching &Religious Imagination. Maria Harris. 한국장로교출판사, 2003.

김도일. 『성경과 기독교교육』. The Bible in Christian Education. Iris Cully. 한국장로교출판사, 2004.

김도일. 『예수의 가르침에 나타난 방법과 메시지』. The Method and Message of Jesus' Teaching. Robert Stein. 한국장로교출판사, 2004.

김도일. 『기독교적 양육』. Christian Nurture. Horace Bushnell. 장로회신학대학교출판부, 2004.

김도일. 『발달주의적 시각으로 본 기독교적 양육』. Nurture that is Christian: Developmental Perspectives on Christian Education. Jim Wilhoit. ed. 쿰란출판사, 2005.

김도일. 『종교교육사회론』. Social Theory of Religious Education. George Albert Coe. 그루터기하우스, 2006.

김도일. 『기독교교육의 단서』. The Clue to Christian Education. Randolph Crump Miller. 솔로몬, 2011.

● 논문 및 학술기고

김도일. "A Study of the Relationship Between Motivation Factor Theories for Non-Religious Adult Education and Religious Participation of Korean Immigrants in the United States." 「신학이해」. 호남신학대학교, (1997)

김도일. "부르시는 하나님." 「복음과 교육」. 영남신학대학교 기독교교육연구소, (1998)

김도일. "A Hermeneutical Lesson from Robert McAfee Brown." 「신학이해」. 호남신학대학교, (1998)

김도일. "예배의 갱신: 교회교육 변혁의 실마리." 『1998 기독교교육대회: 21세기와 기독교교육, 반성과 전망』. 한국장로교출판사, (1998)

김도일. "An Epistemological Study of Thomas Groome." 「신학이해」. 호남신학대학교, (1999)

김도일. "소망을 여러 세대 가운데서 어떻게 시행할 수 있을까?" 「인류의 소망이신 예수 그리스도」. 한국장로교출판사, (1999)

김도일. "교육목회와 목회자 교육." 「교육목회」 가을호, (1999)

김도일. "A Historical Study of Modern Religious Education." 「신학이해」. (2000)

김도일. "생명과 평화의 정신을 추구하는 기독교교육을 위하여." 「교육목회」 겨울호, 2001.

김도일. "교회를 건강케 하는 은사계발." 「교회와 교육」 겨울호(160호), (2001)
김도일. "세계화와 교육의 과제." 「교회와 신학」 겨울호(47호), (2001)
김도일. "A Study of the Karl Barth's Hermeneutics and Its Implication to Christian Education." Korea Presbyterian Journal of Theology. (2003)
김도일. "하나님의 나라를 위한 장년들의 문화교육 내용과 방법." 「하나님의 나라와 문화」. 한국장로교출판사, (2004)
김도일. "Socialization Theory Revisited: A Critical Analysis of the Writings of C. Ellis Nelson and John Westerhoff III." Korea Presbyterian Journal of Theology, (2004)
김도일. "레너드 스윗의 귀 없는 리더 귀 있는 리더 서평." 「IVP Book News」. IVP, (2005)
김도일. "A Wholistic Christian Religious Education Approach to Postmodern Challenges through the Insights of Leonard Sweet's E.P.I.C. Model." Korean Presbyterian Journal of Theology. Presbyterian College and Theological Seminary, (2005)
김도일. "디지털시대의 기독교 영성교육." 「교회와 신학」 가을호 66권. (2006)
김도일. "문서선교를 감당하는 이들의 영성과 삶." 「성광」. 49권 554호, (2006)
김도일. "원활한 교수학습 과정을 위한 학습자의 자리 찾아주기의 여정: 하워드 가드너의 다중지능이론과 기독교교육학적 함의" 「교수학습에 관한연구보고서」. 장신대교수학습개발원 제2호, (2006. 9)
김도일. "2007년 교회교육, 이렇게 방향을 잡고 사명감을 갖고 수행하자." 『월간 교회성장』. 교회성장연구소, 12월호, (2006)
김도일. "The Continuing Legacy of Professor Joo, Sun-Ae: Her Life and Thoughts." Korean Presbyterian Journal of Theology. 2006.
김도일. "기독교가 민족정서에 미친 영향과 기독교교육적 과제." 「교회와 신학」 봄호, (2007)

김도일. "Retrospect and Prospect of Christian Education in Korea." Korea Presbyterian Journal of Theology. (2007)

김도일. "기독교가 민족정서에 미친 영향과 기독교교육적 과제"「교회와 신학」68호, (2008)

김도일. "부쉬넬의 양육론과 노스 포인트 커뮤니티 교회의 가정사역이 21세기 목회에 주는 통찰."「교육목회」30호, (2008)

김도일. "Searching for Clue: Past, Present, and Future of Christian Education." Korea Journal of Christian Studies. vol. 57, 2008: 203-231.

김도일 "마리아 해리스의 교육목회적 기독교교육론적 시각으로 본 엘름브룩 교회의 다양성 속에서 일치를 추구하는 사역에서 얻는 통찰."「교육목회」34호, (2008)

김도일. "Walking with Emerging Leaders through Mentoring: A Way of Mission for Life, from a Christian Education Perspective."「선교와 신학」22권, (2008. 8. 31): 255- 290.

김도일. "섬김을 위한 교육 내용."「사랑으로 섬기는 교회」. (서울: 한국장로교출판사, 2008): 356-370.

김도일. "파편화된 인간상을 통합하는 기독교교육."「기독교교육논총」21권. (2009. 6. 30):19-59.

김도일. "미래세대의 삶에 나타날 세가지 트렌드."「교육목회」36권. (2009. 7. 20): 100-107.

김도일. "하나님을 기쁘시게 하게 하는 삶을 위한 교육방법."「하나님을 기쁘시게 하는 삶」: 총회교육자원부 교육주제 자료집, (2009. 10. 1.) 31권. 329-346.

김도일. "인간성 회복을 추구하는 기독교 영성교육."「종교교육연구」(2010. 2): 1-21.

김도일. "시종일관 성령안에서 성령과 함께 교육하기."「기독교교육논총」(2010. 6): 491-518.

김도일. "A Search for Clues in the Perennial Tension Between Challenge and Response: Insights from Wuthnow, and Palmer." A Journal of Christian Education in Korea. vol.25, 2010: 39-59.

김도일. "항존주의 교육철학의 재조명과 기독교교육적 함의."「장신논단」39권. (2010. 12. 30): 379-407.

김도일. "한국기독교교육학회의 역사 기술에 관한 소고."「기독교교육논총」29권, (2012. 1. 10). : 1-27.

김도일. "복음주의 양심의 회복."「장신논총」제4집 2011년. (2012. 2. 28.): 400-415.

김도일. "조화로운 삶을 추구하는 기독교교육."「장신논단」44호. 장신대출판부. (2012. 7. 30)

김도일. "남북한 교과서 비교분석을 통한 통일교육 모색을 위한 연구."「장신논단」45권. (2013. 3. 4) 205-231.

김도일. "교육선교에 관한 연구-제주교육선교의 가능성을 모색하며."「기독교교육논총」34권, (2013. 6. 30): 1-30.

김도일. "미래세대로 하여금 창공을 미치도록 그리워하게 하라."「교육목회」. 대한예수교장로회 총회교육자원부 교육목회실천협의회 공동발행. 44호, (2014. 2. 5).

김도일. "남강 이승훈의 삶과 교육활동에 대한 기독교육적 고찰."「기독교교육논총」38권, (2014. 6. 30) : 55-84.

김도일. "미래 트렌드와 미래 교육목회의 실마리."「교육목회」. 대한예수교장로회 총회교육자원부 교육목회실천협의회 공동발행. 45호 (2014. 10. 1.).

김도일. "손양원의 삶으로 본 사회적 신앙에 대한 기독교교육적 고찰."「장신논단」, (2014. 12. 1): 333-360.

김도일. "가정과 교회의 유기적 관계 회복을 통한 신앙교육."「선교와 신학」. 36권, (2015. 6. 30): 11-45.

김도일. "화해와 신뢰 회복을 위한 기독교 평화교육."「주님 우리로 화해하게 하소서」. 대한예수교장로회총회교육자원부 편. 한국장로교출판사, 2015.

김도일. "역전학습을 통한 온전성 형성의 기독교교육적 가능성 탐구."「종교교육학연구」50권, (2016. 02. 28): 47-69.

김도일. "존엄한 죽음에 관한 기독교교육적 고찰."「교회와 신학」80집. (2016. 02. 28): 450-481.

김도일. "지역공동체로 나아가는 기독교교육."「기독교교육논총」47권. (2016. 9. 30): 51-93.

김도일. "가정, 교회, 마을의 생명망 조성을 통한 교육공동체 형성에 관한 연구."「선교와 신학」41호. (2017. 2): 223-248.

김도일. Jong Soo Park. "Who do you say I am?" Lenten Study for 2nd Generation Migrant Youth. ACME, (2015). 추천사.

김도일. "이 시대 위기상황에 대한 성육신적 응답."「기독교사상」. (2017. 10) 이향명의 〈생태시대의 기독교교육〉에 대한 서평: 208-212.

김도일. "미래가치, 융합의 가치를 지향하는 기독교교육."『2018 교육정책자료집』. (2017. 10. 16), 장로회신학대학교 기독교교육 연구소: 8-29.

김도일. "인공지능 시대를 '살아내기' 위한 미래 마인드와 책임적 리더십에 대한 고찰."「기독교교육논총」51집 (2017. 9. 30): 75-100.

김도일. "제4차 산업혁명 시대의 신학교육 방향." 전국신학대학협의회 KAATS Conference, 주제 학술 발표, (2017. 11. 10). 성공회대학교.

김도일. "더불어 행복한 삶을 위한 플랫폼-마을교육공동체."「장신논단」 (2017. 12. 30): 399-435.

김도일. "4차 산업혁명 시대의 호모 에두칸두스."「장신논단」, (2018. 12. 30): 247-276.

김도일. "마을목회, 마을학교에 관한 기독교교육적 고찰."「기독교교육논총」 59집, (2019. 9. 30):159-194.

김도일. "노인과 함께 하는 평화교육: 갈등을 넘어 평화로."「선교와 신학」 49집, (2019. 10): 177-204.

김도일. "지구 위기시대의 교회 환경교육."「기독교교육정보」62집, (2019. 9): 157-186. 공저.

가족들과 함께

말씀집회, 타코마중앙장로교회 | 2017년 5월 19일~21일

김도일 박사   김도일 박사

가정교회마을연구소 공동소장

미국 프린스턴신학교와의 상호 협력 장면 | 2015년 5월 9일

장신대학교 교수들과 함께

호남신학대학교 교수들과 함께

CTS 마을학교와 마을목회

저서 『현대 기독교교육의 흐름과 중심 사상』

이진원 박사

장로회신학대학교 학사 (B. A.)
장로회신학대학교 신학대학원 석사 (M. Div.)
장로회신학대학교 교육대학원 석사 (M. A. C. E.)
장로회신학대학교 일반대학원 박사 (Th. D.)

대한기독교교육협회 사무총장
장로회신학대학교 객원교수
서울여자대학교 초빙강의교수
숭실사이버대학교 강의교수
기독교방송국CTS 온텍트아카데미 교수
전, 서울시 다음세대교육협동조합 에듀엔지오 대표
전, 국제청소년자기도전포상제 포상담당관
전, 국가청소년자기도전포상제 중앙운영국 포상감독관
전, 대한예수교장로회 총회 교육자원부 실장

저서_고령사회의 기독교노인교육, 한국기독교교육학회, (2019) 공저
　　　동북아 평화와 신학 교재 연구 : 더불어 함께 하는 평화교육, 가정교회마을연구소, (2020) 공저
　　　『노년교재 말씀청춘』 시리즈 교재, 한국장로교출판사, (2017) 공저
논문_상상력 파라다임을 통한 유아 신앙교육의 모형 연구, (2004), 서울: 장신대 교육대학원
　　　파편화된 시대의 폭력성 극복을 위한 융복합적 기독교평화교육 모형 연구 (2017), 서울 : 장신대 일반대학원

김병원 박사

김병원 박사의 생애와 신학

나삼진_미국 Evangelia University 교수

한국성서신학교(현, 한국성서대학교) 졸업 (B. A.)
고려신학교(현, 고려신학대학원) 졸업 (M. Div.)
미국 Covenant Theological Seminary 졸업 (Th. M.)
미국 Bob Jones University 졸업 (Ph. D.)

부산 복음교회(현, 송도제일교회), 복음병원 원목
미국 United Methodist Church 기독교교육 및 청소년 목사
미국 Sturges Memorial Congregational Church 담임목사
미국 열린문장로교회, 대신동교회, 미국 코네티컷한인교회 담임목사
미국 Midwestern Baptist College 교수, 교무처장
고신대학 신학대학원 교수 및 학장 역임
고려신학대학원 교수 및 원장 역임
총회교육위원장 겸 총회교사대학 학장, 총회성경대학 학장
대한예수교장로회 총회 섭외위원장, 교육부장, 전도부장, 사회부장, 부산노회장
고신대학교 총장 역임
한국성서대학교 초빙교수 역임
현, 미국 열린문장로교회 협동목사

서 론

김병원 박사는 유학생들의 학문적 관심이 성경신학과 조직신학이 주를 이루던 시기에 실천신학을 전공한 한국교회 제1세대 실천신학자이다. 고려신학교 추천 장학생으로 미국 커버넌트신학교를 졸업한 그는 미국인 교회에서 목회하였고, 밥존스대학교에서 철학박사 학위를 받은 후 목회와 함께 미드웨스턴침례신학대학 교수로 있다가 1981년 8월에 귀국, 고신대학 신학대학원에서 가르침으로 학자의 길을 걸었다. 13년 8개월의 길지 않는 기간 동안 고신대학교에서 가르친 그는 고신대학장, 고려신학대학원장, 고신대 총장으로 10년간 행정을 맡아 봉사하면서, 친화적인 성격과 뛰어난 행정력으로 대학을 안정적으로 발전시켰다. 그는 실천신학자로서 목회학과 목회상담학 등 실천신학의 각 영역에서 여러 책을 저술하고 해당 분야에서 봉사했으며, 은퇴 후에는 평소 행정적인 봉사로 아쉽게 생각하던 연구와 저술에 집중해 3년 동안 다섯 권의 책을 낼 정도로 성실한 학자였다. 이 논문에서 한국교회의 1세대 실천신학자 김병원 박사의 생애와 사역을 돌아보고, 그의 학문적 세계

---

* 필 자는 김병원 박사가 학위를 마치고 고신대 신학대학원에 부임한 후 가르친 초기 제자로 목회학과 목회상담학을 배웠고, 스승과 제자뿐만 아니라 몇 차례 특별한 관계를 가졌다. 신학대학원 졸업 후 총회교육위원회 대표간사로서 부산성산교회 강도사로 일할 때, 담임목사가 부재한 상황에서 김병원 박사는 설교목사로서 반년 동안 주일예배와 오후예배 설교를 하였고, 연구자는 매일 새벽기도회와 수요기도회 설교를 하였다. 1994년부터 총회교육위원회(현재 총회교육원)의 위원장과 대표간사로 6년 동안 그의 리더십 아래에서 사역하며 매월 한 차례 실행위원회를 모여 업무를 논의하였고, 이런 관계로 고신대학교에서 그의 은퇴 기념논문집을 출간했을 때 제자로서 유일하게 "가까이에서 본 김병원 박사님"이라는 글을 올렸다. 은퇴 후 미국에 이주한 후 한국성서대 초빙교수로서 집중강의 차 서울에 오시면 식사를 모시고 지혜를 들을 수 있었고, 늘 새로 나온 책을 전해주며 사역을 격려해 주셨다. 박사학위 논문을 준비하며 미국에 머무는 동안 두 차례 장학금을 보내 격려해 주셨고, 연구자가 미국 서부로 이주한 후 동부에 계신 총장님을 두 차례 방문했는데, 늘 환대해 주셨다.

를 살펴 그가 한국실천신학계에 미친 공헌을 정리하고자 한다.

김병원 박사의 생애와 사역

성장과 신학 입문[1]

김병원 박사는 일제강점기의 엄혹하던 시절이었던 1935년 3월 30일 (음력 정월 초하루) 경남 함양군 지곡면 개평리에서 아버지 김성수와 어머니 유수남의 아들로 태어났다. 그의 고향은 복음 전파가 늦은 편이었던 서부 경남이었지만, 한국교회 선교 초기에 할아버지가 기독교 신앙을 받아들였고, 그의 신앙이 아버지를 거쳐 김병원에게 내려왔고, 형제들은 목사와 장로 및 안수집사 등 교회의 중직자로 봉사했다.

소년 김병원은 초등학교를 졸업한 후 부친의 뜻에 따라 서당에 다니며 천자문, 사자소학, 동몽선습을 배웠지만, 소학과 대학을 배우려던 때에 중학교에 가고 싶어 아버지에게 부탁했으나 강력하게 반대했고, 어머니가 아버지를 설득하여 6개월 재수 끝에 함양중학교를 거쳐 함양고등학교를 졸업하였는데, 그의 집이 읍내에서 많이 떨어져 있어 매일 왕복 40리를 걸어다니며 공부해야 했다. 그의 모교회는 1919년 설립된 개평교회로, 고신총회장 정순행 목사, 고려신학대학원장 허순길 박사 등 기독교 지도자들을 많이 배출한 유서깊은 교회이다.

1955년 고등학교를 졸업한 그는 무작정 상경, 한국성서신학교에 입학해 공부했다. 그는 '말은 태어나면 제주도로 보내고 사람은 서울로 보내야 한다'는 말만 생각하고 서울로 올라갔다고 했다.[2] 그는 한 해 후

---

1 병원 박사의 생애와 성장기는 "김병원 박사 연보"와 그의 회고기 "에벤에셀의 하나님"과 개인 인터뷰에 의존한다. 『김병원 박사 고희기념논문집』, 부산: 고신대학교 출판부, 2006, 20-61.
2 김병원, "에벤에셀의 하나님", 『김병원 박사 고희기념논문집』, 27.

부산 칼빈대학(고신대학교의 전신)에 전학했는데, 생애에 이 시기만큼 엄하고 철저한 경건 훈련을 받은 때가 없었다.³⁾ 칼빈대학의 원장은 한명동 목사였다. 이 시기에 그가 기도한 내용은 현모양처를 허락해 달라는 기도, 군 복무를 잘 하게 해 달라는 기도, 그리고 미국 유학을 가게 해 달라는 기도 등 세 가지였는데, 이 세 가지 기도에 대해 응답을 받았다고 했다. 세 학기를 마친 후 군에 입대해 카튜사(KATUSA)에서 근무하였는데, 그는 카튜사 복무 중 만난 레이 오웬(Ray Owen)과 돈 카스터너(Don Kastner)와 같은 군종 하사관들과 인간적으로 깊이 있는 사귐을 가져 제대 후에도 그 관계가 계속되었다. 레이 오웬은 미국으로 귀국한 후에 목사가 되어 목회할 때 자주 서신 연락을 했으며, 한국성서신학교에 복학하여 재학중에 매월 약간의 장학금을 보내 줘서 공부를 무난히 마칠 수 있었다. 한국성서대학교 총장 강우정 박사는 김병원 박사가 한국성서대 출신 중에서 가장 성공한 목회자요, 학자요, 교수라고 평했다.⁴⁾

그가 1961년 총회신학교에 입학하며 신학에 입문하였던 때는 1959년 장신과 총신이 나뉘어진 후 1960년 고신측과 승동측이 합동하면서 고려신학교와 총회신학교도 잠시 합동하였던 때였다. 그는 한국교회의 분열과 연합의 와중에서 신학교육을 받았고, 1962년 10월 고려신학교가 복교하면서 그도 고려신학교로 돌아가 제18회 졸업생이 되었다. 그는 총회신학교에서는 박형룡, 박윤선, 한철하, 명신홍, 최의원, 차남진 박사 등의 가르침을 받았고, 고려신학교 복교 후에는 미국 유학을 마치고 귀국해 교수로 가르치기 시작한 홍반식, 이근삼, 오병세 박사를 통해 구약학, 신약학, 성경신학, 조직신학 등을 체계적으로 배웠던 첫 졸업생이었다.

| 3 | 김병원, 위의 글, 27.
| 4 | 강우정, "추천사", 김병원, 『목회상담학』, 서울: 한국성서대학교 출판부, 2003.

유학 시절과 미국교회 목회

그는 1963년 12월에 고려신학교를 졸업하고 1965년 10월 16일 부산노회에서 목사 안수를 받아 복음교회(현 송도제일교회)를 담임하며 복음병원 원목으로 사역을 하던 중에, 생의 중대한 변곡점을 맞았다. 커버넌트신학교(Covenant Theological Seminary) 해리스(Laird Harris) 교수가 1965년 고려신학교에서 특강을 하였는데, 유학생을 추천하면 장학금을 주어 공부시키겠다고 약속하였고, 교수회는 그를 유학생으로 추천했기 때문이었다. 그는 1966년 6월 27일에 미국 유학을 떠나 커버넌트신학교에서 신학석사(Th. M.) 학위를 수여받은 후에 오웬이 시무하고 있었던 오클라호마주의 연합감리교회(Hugo United Methodist Church)에서 종교교육 및 청소년 목사로 사역했다. 그는 이처럼 한 번 맺은 관계를 소중히 여기고 잘 관리해, 미국교회를 알고 미국인들을 깊이 사귀었고, 미국인 교회를 담임하는 기초가 되었다.

그는 1971년에 디트로이트 근교 미시간주에 있는 Sturges Memorial Congregational Church의 담임목사로 부임해 10년 이상 목회하였다. 그는 목회를 시작한 3년 후 미국에 온 목적을 생각하여 박사과정 공부를 위해 교회에 사임하려 했지만, 교회에서 사임을 허락하지 않고 박사과정을 공부하도록 배려해 사례비와 혜택을 받으면서 공부할 수 있었다. 그가 박사 학위 공부를 위해 밥존스대학교(Bob Jones University)를 택한 이유는 한국에서 이 학교에서 공부를 마치고 귀국한 이들의 영향력 때문이었다. 세계적 부흥강사 Billy Graham을 비롯하여, 새문안교회에서 시무하다가 성서대학교를 설립한 강태국 박사, '죽으면 죽으리라'라는 책을 저술한 안의숙 여사 부부, 수원에서 목회하던 김장환 목사, 총신대 교수였던 차남진 박사 같은 이들이었다. 무엇보다 한국에 선교사로 와 성공적으로 선교사역을 하며 그와 친분이 있었던 Malcom Cummings으로부터 영향을 받았기 때문이었다.

그는 밥존스대학교에서 Marshall Neal, Wallace Lont, Walter Fremont 박사로부터 가르침을 받았고, 그는 James Bellis 박사의 지도로 *A Study of Relationship and Responsibility of Local Church to the Older Person*을 논문으로 제출해 1979년 철학박사 학위를 받았다. 그가 학위를 마친 후에 미국대학에서 가르치고자 하는 마음으로 목회를 병행하며 교회에서 멀지 않는 곳에 있는 Midwestern Baptist College 교수로 일하였고, 교무처장의 책임을 맡아 미국 대학의 행정도 경험하였다. 당시는 자녀들이 청소년 시기였기 때문에 바로 귀국할 수 없어 목회와 교수로 몇 년 더 봉사해야 했다.

교수 시절과 대학을 위한 봉사

김병원 박사는 1981년 8월, 16년 간의 미국 유학과 목회 생활을 마치고 고신대학교 교수로 부임했다. 아직 자녀들이 고등학교를 다니고 있었기 때문에 가족을 두고 귀국해야 했고, 어려운 여건에서 실천신학 분야를 가르쳤다. 그는 원만한 인격과 특유의 친화력으로 교수진, 이사회는 물론 교단적인 인정과 지지를 받았고, 귀국한 지 4년 만에 고신대학장으로 선임되어 행정책임자로 일했다. 그가 학장으로 있는 기간은 한국 대학가에서 학생들의 시위가 끊이지 않았던 때였지만 학장으로서 학사관리를 잘 하였고, 고신대학교가 이 기간에 기독교 대학에 대한 이상을 갖도록 방향을 제시했다. 그는 단과대학을 종합대학으로 승격시키기 위해 노력한 결과, 보건학과, 생물학과, 식품영양학과, 아동학과, 화학과, 수학과, 가정관리학과를 신설하였고, 자연과학동을 건축하였다. 학장 임기 후에 미국 열린문장로교회(1988~1989)와 부산 대신동교회

(1990~1994)에서 목회를 하기 위해 학교를 떠나기도 했다.

그는 1994년 3월에 신학대학원장으로 선임되면서 미국과 한국에서의 목회를 접고 다시 대학으로 돌아왔다. 원장으로 취임하는 그에게 주어진 과제가 적지 않았다. 1946년 고려신학교로 개교하여 1954년부터 40년 이상 자리 잡았던 송도캠퍼스를 의과대학과 고신의료원에 넘겨주고, 새로운 캠퍼스를 준비해 이전해야 하는 책임이 부여되었다. 이는 나날이 발전하는 의과대학과 고신의료원의 장소가 협소해짐으로 여유 공간을 확보해야 했고, 신학대학원으로서도 오랫동안 부산에 머물러 있어 교단적으로 수도권 진출에 대한 요구가 거세어지고 있었기 때문이었다. 이에 교육부와의 관계, 의과대학 및 고신의료원과의 관계, 신학대학원에서의 요구 등을 고려해 새로운 캠퍼스를 조성하는 것은 많은 인내가 필요한 일이었다. 교단적으로는 신학대학원을 서울이나 인근으로 이전하는 것이 목표였지만, 정부의 수도권 정비지침에 따라 천안까지만 허락되었다.

김병원 박사와 고려신학대학원은 대학과 신학대학원, 그리고 교단의 필요를 함께 고려해 천안 부지를 발견하고, 교육부의 위치 변경 계획 승인을 받아, 1996년 4월에 시공에 들어갔다. 그는 원장으로서 매주 공사현장을 둘러보고 관계자들을 격려하였는데, 강의동, 행정동, 강당, 도서관, 기숙사, 교수 사택까지 연건평 8,577평의 천안캠퍼스를 완공해 독립적인 교육환경을 마련할 수 있었다. 이 일은 교단적으로 신학교의 수도권 이전 건의가 시작된 후 27년 만에야 이루어진 것이었다.[5] 천안캠퍼스가 완공되어 1998년에 완전히 이전하였는데, 부산경남지역 교회에서 봉사하던 학생들이 주초에 천안에 올라와 주말까지 기숙사 생활을 해야 했지만, 신학대학원 학생들의 전원 기숙사 생활과 교수들까지

| 5 허순길, 『고려신학대학원 50년사』, 천안: 고려신학대학원, 1996, 258.

구내에서 생활함으로써 학생들의 학업과 생활과 영성 지도까지 가능하게 되어 고려신학대학원의 신학교육의 질을 크게 높이게 되었다. 천안캠퍼스의 조성과 신학대학원의 천안 이전은 그의 행정력을 한결 돋보이게 했다.

그는 천안캠퍼스 조성공사가 막바지에 이르던 때에 총장에 선임되어 1997년 2월 3일에는 고신대학교 총장에 취임하였다. 총장 취임 후 바로 한국에 IMF사태가 일어났고, 온 나라가 큰 어려움에 봉착했기 때문에 학교도 긴축정책을 썼지만, 교회의 협조와 지원이 그리 쉽지 않았다. 그러나 그는 총장으로서 고신대학교를 명실상부한 기독교 대학으로 발전시키는 일, 학교의 영적 분위기를 조성하고 학문적 탁월성을 촉진하는 일, 열악한 대학의 재무구조를 개선하는 일, 고신교단 산하 교회들과 깊은 유대관계를 맺는 일, 세계의 유수한 기독교 대학들과의 교류를 추진하는 일에 주안점을 두고 열심히 일했고,[6] 상당한 성과를 거두었다. 당시 고신대학교는 의과대학과 간호대학 등 모든 학생들의 입학 자격을 학습교인으로 제한해 교육부의 제재를 받고 있었는데, 그의 여러 노력으로 규제가 해제되어 대학이 기독교 신자만 받는 기준을 확립할 수 있었다. 그는 총장으로 재임하던 4년 동안 152건의 크고 작은 공사를 해야 했고, 단기부채를 해결하고도 많은 재정을 이관시켜 줄 수 있었다.[7]

한국과 미국에서의 목회

김병원 박사는 고려신학교를 졸업한 후 1965년 10월 부산노회에서 목사 임직을 받고, 당시 복음교회와 복음병원에서 원목으로 사역했다.

---

6 김병원, "고신대학교 제3대 총장 취임사", 『김병원 박사 고희기념논문집』, 53.
7 김병원, "에벤에셀의 하나님", 위의 책, 52.

미국 유학중에도 미국교회에서 교육과 유스그룹을 맡아 지도하였으며, 카버넌트신학교를 졸업한 후에는 미국인을 상대로 Sturges Memorial Congregational Church에서 10년 이상 담임목회를 했다. 그는 영어를 자유롭게 사용하며 쉬운 영어로 설교하여 백인들에게도 호응을 받았다. 그의 알찬 목회로 교회의 신임을 받아 담임목사가 3년이나 유학을 하도록 배려하고 경제적 필요를 채워주었다. 그는 1975년 1월에 밥존스대학교에 입학하면서 집을 떠나 기숙사에서 생활하며 공부하였고, 교회는 그를 배려해 학기중에는 임시 설교목사를 초빙하여 설교를 하게 하고, 방학이 되면 교회로 돌아가 목회했다. 당시 이 교회의 교인 수는 약 100명이었는데, 교회의 이런 배려는 교회가 그를 얼마나 신임하였는지를 잘 보여준다고 하겠다.

또 고신대학교 학장의 임기를 마치고 미국 열린문장로교회의 청빙을 받아 목회하였고, 이어 대신동교회의 청빙을 받아 목회하면서 1,200석 되는 교회당을 건축하는 성과를 나타냈다. 그가 교수로서 은퇴 후에도 예일대학교가 있는 뉴 헤이븐에 있는 코너티컷한인교회의 청빙을 받아 두 해 반 동안 담임목사로 사역했다. 그가 시무를 마치고 다시 교회를 떠날 때는 『소아시아 일곱교회』와 『목회상담학』 출판비를 지원할 정도로 교회의 지지와 사랑을 받았다. 2004년부터 열린문장로교회에서 협동목사로 시니어들을 가르치고 돌보면서 노년목회의 모범을 보이고 있다.

고신교단을 위한 봉사

김병원 박사는 대학이나 교회만 아니라 총회를 위해 여러 차례 귀한 봉사를 하였다. 대신동교회 목회시절 부산노회 노회장으로 선출되었고, 교수로 있을 때에도 매년 총회 총대로 선출되어 총회 교육부장, 사회부장, 전도부장, 섭외위원장 등으로 봉사하였다. 특히 고신총회 교육

전문기관인 총회교육위원장으로 6년 동안 직무상 교사통신대학과 성경통신대학 학장을 맡아 봉사하였다.[8] 그 기간 동안 교사통신대학과 성경통신대학은 프로그램을 혁신하였고, 그는 매월 정기적으로 업무 보고는 물론 행정과 재정 결재를 하였다. 필자는 총회교육위원회 대표간사로서 매월 한 차례 실행위원회의에 참여하여 그의 리더십을 가까이에서 배울 수 있었다.

은퇴 후 생활

김병원 박사는 2001년 1월 19일 총장 퇴임을 끝으로 고신대학교에서 은퇴하였는데, 교수로서 그리 오래 봉사한 것은 아니었다. 그는 오랫동안 대학에서 행정책임자로 봉사하면서 학문적으로 깊이 있는 연구 시간을 갖지 못했던 것을 아쉬워했다. 그는 컴퓨터가 일상화되기 전에 박사 학위를 마쳤고, 교수로 부임한 이후 행정책임자가 되면서는 비서가 있어 타이핑 등 업무 지원을 해 주었기 때문에 컴퓨터를 자유롭게 다룰 기회가 없었다. 그는 은퇴 후 동네의 컴퓨터학원을 다니며 컴퓨터를 배워 자유롭게 사용할 수 있었으며, 이러한 노력의 결과로 설교와 강의 준비는 물론 여러 저술이 가능하게 되었다.[9]

그는 은퇴 후 미국에서 목회를 하면서도 한국성서대학교 초빙교수로 5년간 집중강의를 하면서 『소아시아의 일곱교회』(2004), 『목회서신』(2004), 『기독교 지도자론』(2004), 『말뚝을 견고히 하라』(2005), 『구약에 예표 된 예수 그리스도』(2005) 등 각각 600면에 달하는 책을 다섯 권이나 출판할 정도로 연구에서 왕성한 열의를 보였다. 이것은 평소 꾸준한 연구를 정리한 것으로, 그의 학문적 성실성을 잘 보여주고 있다고

---

8 나삼진 외, 『대한예수교장로회(고신) 교회교육의 역사』, 서울: 생명의 양식, 2014.
9 김병원, "에벤에셀의 하나님", 『김병원 박사 고희기념 논문집』, 57.

할 수 있다.

김병원 박사는 대학에서 은퇴한 지 20년이 지난 지금 자녀들이 살고 있는 미국에서 은퇴 생활을 누리고 있다. 그는 자신이 담임목회를 한 바 있고, 지금은 사위 김용훈 목사가 담임하는 미국 열린문장로교회 협동목사로서 교회 은퇴 장로회 성경공부를 인도하면서, 주중에는 구성원들과 함께 등산이나 운동으로 교제를 나누고 있다. 또한 평소 책이나 신문과 잡지 등을 읽고 유익한 내용을 정리해 '김병원 인물 모음집'과 '김병원 상식 모음집'을 엮어 시니어들에게 제공하였는데, 40권 이상이 엮여졌다. 그는 언제나 어디서나 유쾌하고 적극적으로 성도들을 돌보고 있다.

김병원 박사의 신학적 특징들

실천신학은 목회학, 설교학, 예배학, 목회상담, 전도학, 교회행정학 등 목회의 전 분야를 포괄하는 신학의 한 분과 학문인데, 이에 대해 개략적으로 논문을 발표한 바 있다.[10] 김병원 박사는 실천신학자로서 해당 분야에 연구와 교수와 봉사에 꾸준한 노력을 기울였다. 대학 행정으로 인해 연구 여건이 되지 않는 가운데서도 그는 목회학이나 목회상담학 교과서를 비롯하여 여러 권의 책을 저술하고 다수의 논문을 발표했다. 그의 학문적 관심은 실천신학의 전 분야에 골고루 나타나고 있는데, 이 장에서는 실천신학 각 부문에서 어떤 저서와 논문을 발표하고 어떻게 사역하고, 또 어떻게 학계에 기여했는지 논의하고자 한다.

| 10 김병원, "실천신학의 종류에 관한 고찰과 사명", 「미스바」, 1984.

목회학

먼저, 김병원 박사의 학문은 교회와 밀접한 관계를 가지며 이론과 실천이 어우러진 실천신학이었다. 그는 신학교 교실에서 배우고 가르치는 학문이 아니라 오래고도 다양한 목회 경험에 기초한 것이어서, 그만큼 힘이 있었다.

실천신학자로서 그의 첫 저술은 『목회학』이었다.[11] 그가 귀국해 실천신학을 가르치기 시작했을 때는 한국교회 100주년을 맞이한 때였다. 한국개혁주의신행협회에서는 개혁주의 신학자들이 참여하는 신학 교재 출간 계획을 세웠고, '개혁주의 신학총서 편집위원회'는 그를 목회학 교재 집필자로 선정하였다. 당시는 평양신학교 교수와 교장을 지낸 곽안련(C. A. Clark) 박사의 『목회학』이 1925년 이후 무려 50년 이상 목회학 교재로 사용되던 때였다. 그 교재가 목회의 전반을 충실하게 취급해 한국교회 목회학의 전범이 되었지만, 1980년대 성장한 한국교회의 목회를 담아내기는 어려웠고, 1991년에 개정판이 출판된 후에도 교재로 사용되었지만, 한계가 있었다.

김병원 박사는 『목회학』 서문에서 "필자가 닦은 학문과 한국과 미국에서의 목회경험을 바탕으로 개혁주의 입장에서 집필하려고 노력하였다"고 했다. 그는 이 책에서 목회학이란, 목사직의 제론, 목회학의 역사, 목회자의 소명, 목회자의 자격, 목회직에 관한 견해, 목회자와 교인의 관계를 다룬 후 목회자와 예배, 설교, 기독교교육, 행정, 상담, 심방, 선교, 예식, 목회자와 윤리 등 목회자에게 필요한 전반적인 주제를 충실히 취급하였다. 당시는 귀국한 지 얼마 되지 않았고, 가족이 미국에 체류하

| 11 김병원, 『목회학』, 서울: 개혁주의신행협회, 1985.

고 있던 어려운 여건이었지만, 그동안의 연구를 정리해 목회학을 출간할 수 있었다. 당시만 해도 한국신학자들이 저술한 신학도서가 많지 않았고, 더구나 실천신학을 전공한 학자들이 손에 꼽힐 정도였다. 김병원 박사가 저술한 목회학은 1980년대 중반 이후 1990년대 말까지 여러 신학대학원에서 목회학 교재로 사용되면서 신학생들과 목회자들에게 목회의 방향을 제시하였고, 신학도들이 미래 목회를 준비하게 했다.

그는 그와 함께 바울의 목회학이라고 할 수 있는 디모데전서, 디모데후서, 디도서 세 권을 강해한 『목회서신』을 저술했다.[12] 이 책은 각 책의 서론에 이어 디모데전서 24편, 디모데후서 14편, 디도서 7편, 모두 45편의 강해가 실렸다. 이 강해는 단순한 강해 설교가 아니라, 20여 권 이상의 주석들을 참고하여 목회의 본질에 대한 분석과 함께 깊이 있게 주해하고 설교한 것이다. 이러한 시도는 실천신학 교수로서 특별한 의미있는 접근일 것이다. 그는 본문 강해에서 일일이 다른 번역본들과 대조나 학문적 성과를 반영하였으면서도, 다양한 역사적 사실에 근거한 예화들로 설교를 전달하고 있다. 중간에 설교와 연관된 다양한 참고자료들을 제시하여 독자들에게 유익을 주고 있다. 필자는 실천신학 교수 가운데 목회학 교과서라 할 수 있는 목회서신을 연구하여 강해서나 설교집을 낸 경우를 보지 못했다. 김병원 박사는 실천신학자로서 본업에 충실한 학자였고, 그의 목회학은 목회 현장과 목회자로서의 삶에서 나온 목회학이었다.

목회상담학

김병원 박사는 고려신학대학원 교수로서 목회상담을 가르치면서 책을 출간할 계획을 세우고 강의안을 충실히 준비했다. 그러나 교수로 재

| 12 김병원, 『목회서신』, 서울: CLC, 2004.

임할 때는 행정을 담당하느라 시간을 내기 어려웠고, 미국으로 이주하는 과정에서 목회상담학 강의 노트가 분실되었다. 그가 미국으로 이주한 후 2003년부터 몇 년 동안 한국성서대학교 초빙교수로 목회상담학을 가르쳤는데, 그 내용을 다시 정리하고 이전에 발표한 논문에 강의 내용을 반영하여 500면이 넘는 목회상담학을 출간하였다.[13]

그는 이 책에서 목회상담의 이론적 기초를 다룬 후, 1950년대부터 발달하기 시작한 목회상담의 역사적 발달과정을 정리했는데, 상담의 유형을 잘 구분하여 정신분석학적 접근을 한 프로이드, 융, 아들러부터 에릭슨에 이르기까지 다양한 학자들의 이론을 점평하여 독자들에게 도움이 되었다. 그는 프로이드와 로저스의 상담이론을 평가하는 논문을 발표했고,[14] 아담스의 권면적 상담, 크랩의 성경적 상담까지 다양한 현대심리학자들의 목회상담의 이론을 평가하고 있다.[15]

그는 이 책에서 목회상담의 종류로 가정 상담, 결혼 전 상담, 결혼 후 상담, 이혼과 재혼 상담, 질병 상담과 환자 심방, 연령층 상담, 집단 상담, 전화 상담에 이르기까지 다양한 사례들을 제시하며 실제적인 목회상담이 이루어지도록 했다. 또 특수상담에서는 걱정, 실망, 압박감, 의심, 고독감, 낙담, 우울, 탈진, 비애 등에 이르기까지 실제적인 문제들을 다루고 있다.

신학과 설교

김병원 박사는 목회학이나 설교학을 가르치는 교수에 머물지 않고 설

---

13 김병원, "서문", 『목회상담학』, 서울: 한국성서대학교 출판부, 2003.
14 김병원, "Freud 생애 및 이론에 대한 기독교적 평가", 「개혁주의 신학과 교회」, 4(1994); 김병원, "Rogers의 생애 및 이론에 대한 기독교적 평가", 「개혁주의 신학과 교회」, 5(1995).
15 김병원, 『목회상담학』, 161-354.

교를 좋아하고, 이를 즐기는 설교자였다. 그는 고려신학대학원 교수나 원장으로 있던 기간이나 고신대 총장으로 있으면서 여러 교회의 초청을 받았던 인기있는 설교자였다. 특히 학장이나 원장으로 있는 기간에는 담임목사가 이동한 교회들에서 몇 달씩 설교 목사로 봉사하는 경우가 많았다.

그의 대표적인 설교집은 『소아시아 일곱 교회』이다. 또 강연과 설교를 모아 『말뚝을 견고히 하라』도 펴냈다. 그는 설교와 강의의 차이를 언급하고 있는데, 설교는 지정의에 호소하여 청중들의 결단을 이끌어내는 것으로 이해하고 있다. 그는 "설교란 예수 그리스도를 통해서 인간을 화목시키는 것"이라고 규정하고, "설교자는 예수 그리스도를 통한 구원을 선포해야 한다"고 강조한다.[16]

그의 설교는 대체적으로 성경 본문에 기초를 두고 있다. 그의 설교는 한결같이 성경을 분해하고 강해하는 형식을 취하여, 성경에 충실한 설교를 하는 학자이다. 성경 분문에 충실하되, 설교의 근거를 성경에서 찾고자 노력하고 있다. 그의 설교는 주로 성경 본문을 분해하는 형식으로 구조가 짜여졌고, 내용에서는 역사적 사실이나 역사적 인물들에 대한 풍성한 예화 등 독자들이 흥미를 가질 다양한 요소를 '특주'라는 형식으로 필요한 자료들을 제시하여 설교에 흥미를 더하고 있다.

그는 설교와 신학이 결합된 신학연구서로 『구약에 예표된 예수 그리스도』를 펴내었는데, 그의 설교가 그리스도 중심적임을 잘 드러내고 있다. 그는 이 책은 서론에 이어 제1부에서 성부 하나님의 존재에 대한 이해와 속성 연구를, 제2부에서 예수 그리스도의 사역과 생애, 제3부에서 구약 각 책에 나타난 예수 그리스도를 다루었다. 그와 함께 모두 151개의 참고자료를 제시하여 그의 강해와 설교를 더욱 풍성하게 한다.

| 16 김병원, "서문", 『구약에 예표된 예수 그리스도』, 서울: CLC, 2005.

기독교교육

김병원 박사가 앞서 언급한 실천신학의 분류에 포함되지는 않았지만, 지난 세기에 기독교교육과 선교학은 실천신학과 깊은 연관을 가지고 연구되고 발전해 왔다. 그는 대학에서 가르치고 대학 행정을 담당하는 분주함에도 불구하고 총회가 맡긴 일을 성실하게 봉사하였다. 그는 신학대학원장과 대학 총장 시절인 1994년 9월부터 2000년 9월까지 6년 동안 대한예수교장로회(고신측) 총회교육위원장으로서 교재개발, 교사훈련, 교육행정, 평신도훈련, 교육대회 등 예장고신 교단의 종합적인 교육사업을 총괄하였다.[17] 그가 기독교교육 분야에 이렇게 봉사하던 때는 고신총회가 재정적인 여건이 여의치 않았지만, 고신대학장이나 고려신학대학원장을 교육위원장으로 파송하며 교단적으로 교육의 중요성을 인정하던 때였다.

그가 위원장으로 봉사하는 동안 총회교육위원회에서는 '생명의 양식' 제3차 교육과정이 개발되었고, 교사통신대학과 성경통신대학이 활성화되었으며, 이전보다 한층 발전된 교회교육 교육과정을 선보였다. 이 기간에 '교단교육 제2차 5개년 계획'(1995~2000)을 추진하였으며, 교단교육 정책서를 준비, 채택하였다.[18] 당시 교사통신대학의 교재로 개편, 출간하였던 '교회와 교육' 시리즈(전 12권)가 각 권이 5, 6쇄를 거듭할 정도로 한국교회에 널리 보급되었다. 「교회와 교육」을 정부 정기간행물로 등록해 교사와 교회교육 지도자들 사이에서 널리 읽히기도 했다. 1996년부터 시작된 교육목회 세미나가 이후 총회 교육대회로 발전되었

---

17 그 기간 동안 총회교육원의 교육 사역에 대해서는 이상규·나삼진 외, 『대한예수교장로회(고신)의 교회교육 역사』, "제6장 교회교육의 성숙(1990~1999): 1990년대의 교단교육"을 보라. 189-243.
18 이상규·나삼진 외, 『대한예수교장로회(고신)의 교회교육 역사』, 257 등.

는데, 그의 리더십이 큰 영향을 미쳤다.[19] 또한 고신교회의 큐티 사역을 위해 「복있는 사람」이 창간되었고, 총회적으로 교회교육 전문가 제도로 '교육사' 논의가 활발하게 이루어져 총회의 법규까지 정비되었다.

김병원 박사는 이러한 교단교육 사업이 잘 추진될 수 있도록 매월 실행위원회를 주관하였고, 총회교육위원회가 재정적으로 여유가 없었던 것을 알고 매월 지급되던 직무수행비까지 반납하면서 일선에서 일하는 간사들을 격려하였다.

교회행정과 리더십

실천신학에서 교회행정과 리더십 역시 중요한 주제이다. 목회는 목회자의 리더십에 기초를 두고 있고, 리더십을 통해 목회가 안정적으로 이루어지기 때문이다. 김병원 박사는 교회행정 분야에서는 신학대학원에서 '기독교 지도자론' 강의를 개설, 강의하면서 리더십 자료들을 모았고, 수년의 강의를 거쳐 『기독교 지도자론』이라는 리더십 책을 펴내었다.[20] 그는 이 책의 서문에서 "모든 일의 성패는 지도자의 지도력에 달려 있다"고 지적하고, 지도력은 선천적으로 타고난 사람의 전유물이 아니라 후천적으로 습득될 수 있다고 생각한다. 이것은 그의 리더십의 특질이기도 하다. 그는 평생을 꾸준하게 노력한 사람이고, 리더십을 개발함으로 탁월성을 드러낸 바 있다. 그는 "노력 없는 성공은 없다. 성공은 끊임없는 노력의 결과"라고 강조하는데, 그 자신이 꾸준한 노력으로 한국교회의 지도자가 되었으며, 대학의 구성원들을 원만하게 이끄는 화목의 리더십을 발휘한 지도자가 되었다.

그는 이 책에서 기독교 리더십 원리와 실천을 균형있게, 그리고 종합

---

19 이상규 · 나삼진 외, 『대한예수교장로회(고신)의 교회교육 역사』, 228.
20 김병원, 『기독교 지도자론』, 서울: 영문, 2004.

적으로 잘 기술하고 있다. 기독교 지도자론의 제이론, 관리, 지도력 및 통전성, 성경적 지도자상과 지도자로서 목사에게 주어진 칭호, 시편 23편과 요한복음 10장에 나타난 이상적인 기독교 지도자상, 기독교 지도자의 구비요건, 기독교 지도자의 목표, 교회사에 나타난 기독교 지도자의 유형별 분석, 기독교 지도자의 함정과 보상에 이르기까지 기독교 지도자론에 필요한 모든 것을 취급하고 있다. 마지막에는 느헤미야서를 중심한 성경적 기독교 지도자론을 전개하는데, 현대 리더십 이론을 섭렵하면서도 성경 중심의 지도자론을 도출하고 있다.

그가 펴낸 또 다른 책 『말뚝을 견고히 하라』는 다섯 편의 특강과 11편의 설교를 엮는 책이다.[21] 이 책에 포함된 특강은 나의 삶과 개혁주의 신학과 사상, 성경적 전도와 선교의 특성, 신구약에 나타난 전도와 선교의 사상, 마태복음 24장에 나타난 예수 그리스도의 재림의 징조, 성경에 기초한 유아교육의 중요성 등 다섯 편이다. 그는 "나의 삶과 개혁주의 신학과 사상"에서 한국교회 역사에 나타난 고신의 역사를 정리하고, 개혁주의 신앙의 정신과 생활의 순결을 강조하고 있다.

김병원 박사는 오늘날 교회에 침투하고 있는 다양한 모습을 경계하고 있는데, 잘못된 신학과 신앙사상에 대해 기복주의 신앙, 자유주의, 천주교, 종교다원주의, 포스트모더니즘, 번영의 신학, 물질주의, 적극적 사고 등 교회를 오염시키는 다양한 사상에 대해 언급하며 이를 경계하고 있다. 그리고 개혁주의 신학에 대해 역사적 기독교 신학과 신앙, 하나님 영광, 하나님의 주권, 하나님의 예정, 인간의 전적 타락, 하나님의 은혜, 생의 전체성, 정확무오한 성경관, 바른 신앙정신을 추구하기를 강조한다.[22] 그는 말뚝이 견고하지 않으면 장막터가 흔들린다는 것이다. 그의 모습에서 임종을 앞둔 여호수아가 하나님의 백성들의 미래

---

21 김병원, 『말뚝을 견고히 하라』, 서울: CLC, 2005.
22 김병원, 『말뚝을 견고히 하라』, 서울: CLC, 2005, 13-47.

를 걱정하며 신앙의 결단을 촉구하고 있는 모습을 볼 수 있다.

김병원 박사의 신학적 공헌

이제, 김병원 박사의 교수와 연구와 사역이 한국교회에 미친 실천신학적 공헌을 정리하고자 한다. 먼저, 김병원 박사는 성경신학이나 조직신학을 중시하던 시기에 실천신학을 전공한 첫 세대 실천신학자로 학계에 중요하게 기여했다. 앞서 살핀 것과 같이 그는 실천신학의 제반 분야에 강의와 저술은 물론, 인근 영역에서 직접적인 봉사를 한 실천신학자였다. 그가 대학에 부임하던 시기는 실천신학은 전문적인 연구로 학위를 받은 학자들이 아니라, 성공적인 목회를 해 존경받던 목회자들이 맡아 가르치고 있었다. 그래서 실천신학의 현장성은 뛰어났지만, 학문성에서는 한계가 있었다. 그런데 그는 실천신학을 전공한 학자로서, 또 다양하게 목회 현장을 경험한 학자로서 이론과 실천이 겸비된 실천신학 교수였다. 그는 그러한 경험을 바탕으로 목회학과 목회상담, 목회행정과 리더십 분야에서『목회학』,『목회상담학』,『기독교 지도자론』,『목회서신』등의 전문도서를 출간하고 다양한 논문을 발표했다. 특히『목회서신』강해서를 통해서 '설교로 엮는 바울의 목회학'을 잘 보여주고 있다. 특히 교회교육 분야에서도 총회 기구인 총회교육위원회 위원장을 6년간 역임하며 교단 교육을 직접 지휘해 고신측 교회교육이 한국교회의 교육을 주도적으로 이끌게 하는 기초를 놓았다.

둘째, 김병원 박사는 미국의 근본주의 신학의 대표격인 밥죤스대학교에서 박사 학위를 받았지만, 근본주의 입장에 갇히는 폐쇄적인 신학을 하지 않았고, 개혁주의 신학의 입장을 견지하면서도 시대의 흐름을 놓치지 않았다. 그는 "복음전도는 그리스도의 교회를 확장시킴으로써 인간 역사 전반에 걸친 모든 영역(every domain of human life)에 그리스도의 왕권을 인식시키는 역할을 하는 것"이라고 했다.[23] 그 영역을 과학과 기술, 교육과 문화 창달, 노동과 산업, 그리고 정치·경제의 모든 분야로 이해하고 있다. 그는 교회가 세속에 물들지 않고 교회의 정체성을 보존하려는 노력을 기울이면서도, 21세기 사회의 변화를 내다보며 열린 마음으로 교회와 교육의 미래를 논하였다. 그는 미래목회 전략으로 전문화된 팀 목회, 평신도 사역의 극대화, 멀티미디어 목회, 개교회주의를 극복하고 함께 일하는 목회, 통일을 준비하는 목회 등을 제시하는 것이 그 예다. 그는 미래교회의 교육전략으로 교회의 교육적 책임의 새로운 인식, 교육전문가의 양성, 헌신된 교사의 양성, 교육환경의 개선과 교육방법의 쇄신, 기독교 가치관 정립을 위한 노력, 실천적인 신앙훈련 등 여섯 가지를 제시하고 있다.[24]

셋째, 김병원 박사는 대학에서 가르치면서 그에게 주어진 역사적 소명을 외면하지 않고 성실하게 응답하며 대학의 발전을 위해 봉사하였다. 그는 13년 8개월 동안 교수로 있으면서 학장 3년, 신대원장 3년, 총장 4년 등 10년을 대학과 신학대학원의 행정 책임자로 봉사했다. 그가 학장으로 봉사하는 기간에는 한국 사회에서 학생운동이 활발하던 시기라 대학의 경영도 쉽지 않았다. 그가 총장으로 있었던 고신대학교는 대학과 신학대학원, 그리고 의과대학과 부속병원을 포괄하는 고신의료원의 삼각체제로 운영되던 시기였기 때문에 경영이 용이하지 않았다. 그러나 그는 원만한 인격과 리더십으로 전환기에 있던 대학을 잘 경영하였던 덕장이었다.

넷째, 김병원 박사는 마지막까지 자신에게 주어진 학문적 과제를 위해 힘썼던 인물이었다. 그는 고신대학교 총장으로, 또 고려신학대학원

---

[23] 김병원, "나의 삶과 개혁주의 신학과 사상", 『말뚝을 견고히 하라』, 42.
[24] 김병원, "21세기 한국교회 목회와 교육전략", 『2000 교육대회 자료집』, (2000): 21-37.

원장으로 행정책임자로서 분주한 일상 때문에 연구할 기회를 많이 잃었다. 교수 재임중에는 목회학을 출간하고, 교계의 정기간행물에서 요청받는 글을 쓰고 최소한의 논문을 발표하는 것 이상의 일은 무리였다. 그러나 그는 은퇴 후 그동안의 연구 결과를 정리하여 모두 여섯 권을 출간하였던 성실한 학자였다.

맺는 말

김병원 박사는 경제적으로 매우 어려웠던 시대에 성장했기 때문에, 그가 대학에 진학하는 것조차도 쉽지 않았지만, 신학교를 졸업한 후 미국 유학의 기회를 얻었다. 그는 유학중에 공부만 한 것이 아니라 미국인 교회에서 청소년 교육을 담당하고, 석사 학위를 받은 후에는 백인들을 대상으로 10년 이상 목회하였으며, 박사학위를 받은 후에는 수년 동안 미국 대학에서 가르쳤다. 고신대학교에 교수로 청빙받은 후 실천신학 분야에서 연구와 강의와 다양한 논문을 발표하고 관련 과목의 책을 저술했다. 단과대학 시절 고신대학장으로 봉사하였고, 신학대학원장으로 신학교육의 책임을 지기도 했으며, 마지막에는 고신대학교 총장으로 선임되어 의과대학과 부속병원을 포함한 다양한 구성원들을 이끌며 기독교 대학의 이상을 실천하는 일에 앞장섰다. 그는 회고록에서 그의 모든 삶과 사역의 과정에 대해 '에벤에셀의 하나님'을 고백하고 있다.

그는 "이 모든 것이 하나님의 은혜"라고 했는데, 이는 단순히 겸손한 표현이 아니라, 그의 인생과 사역이 '하나님의 은혜'였기 때문이다. 그의 유학도, 두 곳의 미국 교회에서의 목회도, 미국 대학에서의 교수 사역도, 귀국과 고려신학대학원에서의 교수 사역이나 행정 책임자로 일한 것도, 두 차례 미국과 한국의 교회에서 목회하고, 그 기간에 교회당 건축까지 한 것도 다 하나님의 은혜였던 것이 분명하다. 그의 교수 사역과 목회와 삶은 성실한 목회자와 학자의 전형이었다.

김병원 박사는 가정적으로도 하나님의 큰 은혜를 누리고 있다. 그는 1959년 1월 8일 초등학교에서 가르치던 주효진 교사와 결혼하여 슬하에 1남 2녀와 9명의 손자 손녀와 1명의 증손자를 두었다. 아들 김용우(John Kim)는 미시건 대학(University of Michigan)을 졸업하고 푸르덴셜보험회사(Prudential Insurance company)와 뉴욕보험회사(New York Life)의 최고경영자로 오랫동안 일했으며 58세로 은퇴하고, 현재는 Brewer Lane Venture 기업을 창업해 일하고 있다. 첫째 사위 맹영재(Paul Mang)는 Standford 대학을 거쳐 Harvard 대학에서 경제학 박사 학위를 받고 대학 교수로, 매킨지(McKinsey)회사에서 파트너로 일하다가 현재는 Guidewire회사에서 혁신팀의 총 책임자(Chief Innovation Officer)로 일하고 있으며, 둘째 사위 김용훈(Paul Kim) 목사는 Trinity School of Theology를 졸업하고 워싱턴 근교 Herdon 열린문장로교회에서 담임목사로 사역하고 있다. 미국의 5천 개에 달하는 한인교회들 가운데 탁월성을 드러내는 건강한 교회를 이루었고 재미 한인교회를 이끌어가는 지도자이다.

김병원 박사는 성실한 학자로서 주어진 직분에 충실했던 실천신학자였다. 그는 화목한 사람으로 대학과 교단에서 선한 영향력을 미쳤고, 또 가정을 잘 다스린 지도자로서, 노년에 은혜로 사는 인생의 전형으로서 하나님의 은혜를 누리고 있다.

📜 상훈

국민훈장 모란장

📑 연구 목록

● 학위 논문

"*The Presbyterian Conflicts in Korea with Special Reference to the Four Principle Group*" Th. M. Thesis. Covenant Theological Seminary, 1969.

"*A Study of the Relationship and Responsibility of Local Church to the Older Person*", Ph. D. Diss. Bob Jones University, 1979.

● 저서

『목회학』, 서울: 개혁주의 신행협회, 1985.
『목회상담학』, 서울: 한국성서대학교 출판부, 2003.
『기독교 지도자론』, 서울: 영문, 2004.
『소아시아 일곱교회』, 서울: 영문, 2004.
『목회서신』, 서울: CLC, 2004.
『구약에 예표된 예수 그리스도』, 서울: CLC, 2005.
『말뚝을 견고히 하라』, 서울: CLC, 2005.

● 논문

"사도행전에 나타난 성령운동", 「월간 고신」, 1981. 11.
"예배에 관한 성경적 고찰과 실제", 「고신대 논문집」 12(1984): 113-132
"실천신학의 반성과 전망", 「고려신학보」 6(1984): 5-10.
"목회자의 연구생활", 『이근삼 박사 화갑기념 논문집』, (1984): 51-64.
"Needs, Problems and Characteristics of the Aged People", 「고려신학보」 7(1984), 7-33.
"목회상담의 의의와 종류에 관한 고찰", 「고려신학보」 9(1984): 54-66.
"설교자가 바라본 이상적인 교회, 이상적 설교자", 「월간고신」 1984. 9.
"실천신학에의 초대: 목사직이란?", 「월간고신」 1984. 11.
"실천신학에의 초대: 성경에서 찾아 본 목자상", 「월간고신」 1984. 12.
"기독교 커뮤니케이션론 소고", 오병세 박사 화갑기념논문집 『성경과 개혁주의 신학』 (1986): 455-467.
"교사의 올바른 사명관", 「총회교육위원회보」 창간호(1984), 2-3.
"설교자가 바라는 이상적 교회", 「월간고신」 1984. 9.
"실천신학의 종류에 관한 고찰과 사명", 「미스바」 10, (1984): 33-41.
"예배에 대한 성경적 고찰과 실제", 「고신대 논문집」 12(1984): 113-132.
"목회상담에 있어서 성경적 방법론 연구에 관한 고찰", 「고신대 논문집」 13(1985): 25-52.
"실천신학에의 초대: 목회자와 윤리", 「월간고신」 1985. 1.
"신앙인과 노인: 노인층이 지닌 필요성과 특징들", 「월간고신」 1985. 2.
"실천신학에의 초대: 목회자와 행정", 「월간고신」 1985. 3.
"바른 신학 정립을 위한 신학적 요구", 「고려신학보」 12(1986), 6-8.
"건전한 여론과 개혁주의 보루가 되기를", 「월간고신」 1986. 7.
"실천신학: 목회자와 설교" 「월간고신」 「월간고신」 1997. 1.
"실천신학: 성경에서 찾아보는 설교의 역사", 「월간고신」 1987. 2.
"실천신학: 교회사에서 찾아보는 설교자", 「월간고신」 1987. 3.

"실천신학: 효과적인 설교의 필수요건",「월간고신」1987. 4.
"실천신학: 설교의 조직(1-3)",「월간고신」1987. 5-7.
"교회의 청지기-제직의 사명",「월간고신」1990. 2.
"올바른 예배학과 자세-신구약 성경에 나타난 예배의 본질적 의미",「월간고신」1990. 11.
"한국교회 직분 및 재정에 관한 제 문제점과 갱신 방안",「월간고신」1991. 10.
"구약의 안식일 제도: 창조사역의 완성을 기념",「월간고신」1992. 2.
"Freud 생애 및 이론에 대한 기독교적 평가",「개혁주의 신학과 교회」, 4(1994): 163-184.
"루터의 종교개혁",「월간고신」1994. 10.
"Rogers의 생애 및 이론에 대한 기독교적 평가",「개혁주의 신학과 교회」, 5(1995): 223-240.
"마음을 찢는 회개운동을",「월간고신」1995. 10.
"21세기 교회교육의 사명",『교육목회 세미나 자료집』, 1996. 3-7.
"개혁주의 신앙과 생활",「개혁주의 신학과 교회」, 6(1996): 4-8.
"교육을 세워야 미래가 있다",「교회와 교육」1997. 9: 13-18.
"주일학교 교육의 중요성",「월간고신」1997. 8: 18-23.
"기독교 대학의 이상과 현실", 김성수 편,『기독교 대학의 본질과 사명』, (1998):
"교육 공동체로서 역할을 회복하는 교회",「교회와 교육」1998. 12: 14-17.
"열린 예배에 대한 객관적 고찰",『열린 예배란 무엇인가?』(2000):
"목회자로서 주기철 목사",『제5회 소양 주기철 목사 기념 강좌』(2000): 7-33.
"성경적 선교의 특성",「교회와 교육」2000, 여름호. 17-26.
"21세기 한국교회 목회와 교육 전략",『2000 교육대회 자료집』, (2000): 21-37.
"회고기: 에벤에셀의 하나님",『김병원 박사 고희기념 논문집』, (2006): 25-61.

김병원 박사 부부

김병원 박사 자녀들

고신대총장 재임시 교무위원들과

고신대총장 취임식 | 1997년

김성수 교수, 이상규 교수와 생일 케익 커팅

김병원 박사 고희 기념 논문집 | 2006년

김병원 박사의 저서들

나삼진 박사

고신대학교 신학과, 신학대학원 (M. Div.)
미국 Talbot School of Theology, Biola University (M. A., MACE)
고신대학교 대학원 (Ph. D.)
미국 Fuller Theological Seminary (D. Min.)

대한예수교장로회(고신) 총회교육원장
한국복음주의기독교교육학회 회장
현, Evangelia University 교수, 교육연구원장, 출판국장
현, 오렌지카운티 샬롬교회 담임목사

저서_「NG를 잡아라: 21세기 청소년 사역 전략」
　　　「기독교 청소년 사역」
　　　「신앙교육의 핵심주제」
　　　「교회학교 프로그래밍」
　　　「하나님의 주권을 이 땅 위에: 학생신앙운동 역사」

김성수 박사

김성수 박사의 생애와 신학

나삼진_미국 Evangelia University 교수

경북대학교 사범대학 교육학과, 교육학사 (B. A.)
경북대학교 대학원 교육학과, 교육학석사, 교육철학 전공, 교육학석사 (M. A.)
남아공화국 포첸스트룸대학교 대학원 교육학과, 교육철학 전공, 철학박사 (Ph. D.)
고려신학대학원, 재미고려신학대학원 (M. Div.)
케냐 데이스타 대학교 (Daystar University) 명예교육학박사 (Honors Ed. D.)

고신대학교 기독교교육학과 교수
한국교육학회 부산지회 회장
기독교학문연구소 소장
기독교 사회책임 공동대표
대한예수교장로회(고신) 총회 교사대학 학장
생명의 양식 제4차 및 제5차 교육과정 개발위원장
기독교학문연구회 대표 간사
기독교대안교육협의회 상임대표
미국 도르트대학교(Dordt University) 교환 교수
새순드보라 장학회 이사
송산 박재석 문화 장학회 상임이사
고신대학교 부총장, 총장 역임
현, 미국 에반겔리아 대학교(Evangelia University) 총장

서 론

　김성수 박사는 경북대학교 사범대학 교육학과와 대학원에서 교육철학을 전공하고, 1977년에 고신대학교 기독교교육학과 교수로 임용되어 평생을 고신대학교와 함께했다. 그는 개혁주의 기독교 교육학을 정립하기 위해 노력하였고, 기독교 대학과 기독교 학문이론을 정립하였으며, 대학의 중요한 행정을 맡아 발전을 위해서도 많은 노력을 기울였다. 그는 4년간 부총장으로 대학 학사를 총괄하였고, 2005년 총장에 선임된 후 8년간 두 번의 총장 임기를 마치고 정년 퇴임하기까지 38년간 교수로 재직하면서 연구하고, 가르치며, 봉사했다. 대학에서 일반교육학을 전공한 그는 기독교 교육학과 교수로서 학생들을 가르치면서 신학과 기독교 교육을 접목시키기 위해 신학대학원 과정을 공부하며 신학적 소양을 닦았고, 남아공화국 포첵스트룸대학교(Potchefstroom University for Christian Higher Education)에 유학하여 개혁주의 교회의 문화와 신앙을 깊이 체득하면서 기독교 학문 분야에서 학문적인 성숙을 이루었다.

　그는 유학시절 개혁교회 성도들의 신앙과 생활, 기독교 학교, 그리고 기독교 대학의 정체성 확립에 대해 깊은 관심을 갖고 탐구한 후, 학위를 받고 귀국해서 고신대학교를 명실상부한 개혁주의 기독교 대학으로 세우는 데 앞장서서 노력하였다. 그는 기독교 세계관에 입각한 학문과 교육에 전력을 경주했고, 고신교단의 교사양성과 교재개발에 깊이 참여함으로써 기독교 교육철학자로서 기독교 교육의 실천에도 큰 성과를 얻었다.

　이 작은 글은 김성수 박사가 기독교 교육학자로서 평생을 두고 연구

| * 이 논문은 Evangelia University의 2021년 연구비 지원을 받아 작성되었습니다.

하고 가르치고 봉사한 학문적 여정을 살피고, 그의 사역과 학문세계를 분석하고 성과를 정리하는 것을 목적으로 한다.

김성수 박사의 생애와 사역

성장과 교육[1]

김성수 박사는 1949년 7월 2일 경북 경산군 진량면에서 김종만 목사와 배태연 사모 사이에서 장남으로 태어났다. 그의 부친은 과수원을 경영하다가 경북지방을 중심으로 부흥 운동을 일으킨 우태숙 전도사로부터 특별한 은혜와 소명을 받아 신학을 공부하고 경북지방에서 목회하였다.

그는 고신교단 교육의 발전을 위해 봉사하려는 뜻을 품고 1968년에 경북대학교 사범대학 교육학과에 입학하였다. 그의 부친은 자녀들에게 외국 유학의 비전을 어릴 때부터 심어주고 위해서 기도하였다. 부친은 김 교수가 어린 시절부터 기도하기를, 외국 유학 갈 수 있게 하시고, 박사 학위를 받게 해 주시고, 고려신학교 교수가 되게 해 달라고 매우 구체적인 기도를 하였으며, 이 모두를 응답받았음을 감사했다고 한다. 부친은 임종시에 자녀들에게 귀한 유산을 물려 주었다. "사랑하는 자녀들아! 믿음을 유산으로 받아라!". 그리고 "할렐루야! 할렐루야! 할렐루야! 나는 기도로 모든 것을 승리했다. 기도하자!"는 값진 유산이었다. 그는 스스로도 "세상에서 가장 값지고 귀한 유산을 물려 받았다"고 생각한다.

당시는 많은 목회자들이 장남은 하나님께 드려야 한다는 의식이 깊을 때여서, 그의 부모는 아들이 신학을 공부하여 목사가 되고, 신학교

---

[1] 성장과 교육 부분은 김성수 박사가 고신대 총장 지원서류로 작성한 이력서와 "자기소개서"(2009. 8.)와 개인 인터뷰에 의존한다.

교수가 되기를 바라며 기도했다. 그러나 목회자의 어려운 생활을 어릴 적부터 경험한 그는 아버지의 요청에 "앞으로 일반 대학의 교수가 되어 장로로서 교회를 잘 섬기겠습니다"고 대답하자, 동생 은수가 자신이 목사가 되겠다고 응답하여, 동생이 신학과 목회의 선배가 되었다.

그는 목회자의 딸 이경숙과 결혼을 하여 아들 광현 군과 딸 은혜 남매를 두고 있다. 그의 장인 이맹희 목사는 고려신학교를 졸업한 후 안동 운산교회를 비롯하여 많은 개척교회와 농촌교회를 돌보는 신실한 목회자였다. 그의 가정은 동생(호주 김은수 목사)을 비롯하여 여동생 남편(이스라엘 정현호 목사), 조카(오명재 목사), 장인(이맹희 목사), 그리고 동서(미국 신현국 목사) 등 모두 고신교단 소속 교회의 목사로 사역한 전형적인 고신교단 목회자 가정이다.

일반교육학 연구

김성수 박사의 학문세계의 출발은 그가 대학에서 교육학을 전공하는 데서 시작되었다. 그 계기는 고신교단 공군 군목으로 사역한 한학수 목사의 조언 때문이었다. 그는 처음에 영어영문학을 전공하여 영문학과 교수가 되기를 원했으나, 한학수 목사가 그의 부친에게 조언하기를 "우리 고신 교단에 교육학을 전공한 학자가 없기 때문에 교육학을 전공하면 고신교단 교육에 많은 공헌을 할 수 있다"고 조언해, 부친 김종만 목사의 권유에 따라 교육학과에 진학하였다.

당시 경북대학교 사범대학 교육학과는 국내에서 교육학 연구로 아주 명망이 높은 학과였다. 국내 최초로 지능개발 표준화 검사를 개발한 이상로 교수와 특수 교육학의 권위자 김학수 교수, 그리고 교육과정 분야에서 학문중심 교육과정을 국내에 최초로 소개한 이경섭 교수, 신진 학자 김경린 교수, 변창진 교수, 그리고 교육심리학 분야에 김봉소 교수,

교육사회학 분야에 이윤수 교수 등 쟁쟁한 학자들이 포진하고 있었다. 그는 이런 권위있는 교수들의 지도하에 교육학을 전공하였는데, 그의 관심은 교육사상사와 교육철학 분야였다. 그는 특히 실용주의 교육학자 존 듀이(John Dewy) 연구에 심취하였는데, 그가 대학원 입학 시에 국내에서 듀이 연구의 최고 권위자인 박봉목 교수가 부임함에 따라 김 교수는 그의 지도하에서 교육철학을 전공하여 교육학 석사 학위를 취득하였다.

그러나 그의 대학과 대학원 시절에는 신앙과 학문을 철저히 분리하여 신앙은 교회와 개인의 경건 생활 영역에 국한되는 것이고, 학문은 철저하게 인간의 냉철한 이성을 사용하여 객관적이고 가치중립적인 학문적 탐구를 해야 한다는 이원론적 입장을 견지하고 있었다. 박봉목 교수 역시 대구제일교회 장로였지만 학문과 신앙을 철저히 분리하는 학자였고, 그의 가르침을 받는 김 교수 역시 신앙은 어디까지나 사적인 영역에 속한 것이고, 학문은 과학적이며 객관적인 탐구영역에 속한다는 학문관을 가지고 연구에 전념하였다.

교수 임용과 학문적인 성숙

김성수는 석사 학위를 마친 후 군 입대를 하였고, 병역을 필한 때 1977년 고려신학대학에 기독교교육학과가 설치되면서 교수로 임용되었다. 조성국 교수의 지적과 같이, 당시 우리나라 신학대학의 여건에서 개혁주의 신학대학이나 대학원에서 기독교 교육학을 전공하여 목사이면서 기독교 교육학자가 된 교수를 구하는 일은 거의 불가능했다. 그래서 고신대학은 대학원 교육학과에서 학위를 취득한 기독교인 교육학자들을 임용하고 신학을 추가로 공부하게 하여, 기독교 교육을 연구하고 교육하는 학자들을 양성해 내고자 하였다.[2]

그가 고신대학교 기독교교육학과에서 가르치기 시작할 때, 그에게 학문적으로 많은 영향을 끼친 이는 이근삼 박사였다. 그의 칼빈주의 신학과 문화관은 일반교육학을 전공한 그에게 개혁주의 신학의 기초를 다지게 해 주었다. 당시 고신대학 교수회는 그가 대학에서 가르치면서 신학대학원에서 공부할 수 있도록 배려해 주었다. 그는 동료 김권호 교수와 함께 가르치면서 고려신학대학원에서 신학 공부를 하는 바쁜 시간을 보내었다. 그러나 유학을 다녀온 후 대학 내 여러 보직들을 맡으며 대학 내 역할이 커짐에 따라 신학교육 과정을 계속하기가 쉽지 않아 그 기간이 많이 지연되었고, 신대원 마지막 학기를 재미 고신총회 고려신학대학원에서 남은 과정을 마치고 1999년 4월에서야 졸업하고, 2001년 4월 17일에 재미고신총회 목사로 임직 받았다.

한국교회의 경우 미국과 호주, 네덜란드, 캐나다와 같은 나라에서 많은 성도들의 사랑과 물질적 후원으로 한국교회 지도자들이 양성될 수 있었는데, 그도 이러한 혜택을 받았다. 당시 고신대학은 기독교 대학에서 전문적인 교육을 받은 학자가 많지 않아 교수 충원에 어려움을 겪고 있었는데, 이근삼 박사가 1975년 남아공화국 포첼스트룸에서 열린 "세계 기독교 고등교육 국제회의"에 참여하면서 포첼스트룸대학교와 교류를 시작하였다. 이후 교수 요원 양성을 위해 양 대학이 적극 협력하기로 하였다. 두 대학의 이러한 교류를 통해 1980년대 초부터 1990년대 중반까지 많은 교수 요원들이 양성되었고, 고신대학의 교수진 확충에 크게 기여하였다.

고신대학교 기독교교육학과 선임 김용섭 교수와 김성수 교수가 이곳에서 박사학위를 받았고, 이후 조성국 교수도 같은 대학에서 학위를 받은 것을 고려하면, 포첼스트룸대학교의 교육과 철학이 고신대 기독교

| 2 조성국, "고신대학교 기독교교육(학)과의 역사적 발전양상(1948-2016), 「고신신학」 18, 295.

교육학과의 교육철학을 형성하였다고 해도 과언이 아니다. 이러한 도움과 받은 은혜는 그의 마음에 '한국교회는 복음에 빚진 교회'라는 생각을 깊이 각인시켜 주었고, 복음의 빚을 갚아야 한다는 그의 생각은 고신대학교 총장으로 재임시에 아프리카를 비롯하여 제3세계 여러 나라의 학생들을 초청하여 전액 장학금을 주며 현지 목회자 양성을 지원하는 사역에 전력을 경주하게 하였다. 이러한 복음의 빚을 갚는 사역은 그가 미국 에반겔리아대학교(Evangelia University) 총장으로 부임한 지금도 계속되고 있다.

고신대학교에서의 봉사

대학의 교수는 대학과 사회에서 연구와 교수와 봉사라는 삼대 역할을 수행하도록 요구받고 있다. 김성수는 성경적인 세계관에 기초하여 잘 가르치는 교수일 뿐만 아니라, 국내외 교육기관의 다양한 경험으로 행정적인 탁월함이 구비되어 있는 교수였다. 고신대학은 1980년대 중반 이후 의과대학, 간호대학 외에도 여러 과가 증과되었고, 1995년부터 고신대학교라는 종합대학교로 승격되면서 양적으로 확장되어가고 있었다. 이런 과정에서 그는 김병원 박사가 총장으로 재임하는 동안 4년간 부총장으로 봉사하면서 실질적인 대학 내 학사행정을 총괄하였다. 그 후 그가 총장으로 선임될 때는 이전과 달리 이사회가 총장 후보자들을 공개 모집하고 후보자들간에 상호 경쟁을 해야 했다. 그는 고신대학교 역사상 처음으로 전체 교직원들이 총장을 선출하는 소위 최초의 직선제 총장으로 선출되었다.

그는 2005년 10월 어려운 시기에 고신대학교 제6대 총장으로 취임하여 4년간 총장으로 봉사하고 2009년 9월 28일 이임식을 가졌다. 고신대학교는 1946년 고려신학교로 출발하였지만, 한국교회 각 교단이 설립하고 운영하는 기독교 대학과는 다른 특징을 가지고 있다. 고신대학교의 경우 영도 캠퍼스에 있는 신학대학과 각 단과대학뿐 아니라, 송도 캠퍼스에 의과대학, 간호대학, 부속병원이 있고, 천안캠퍼스에 신학대학원이 있으며, 이 기관들이 각각의 역사와 전통을 가지고 있었기 때문에 다양한 구성원을 하나로 묶어내는 리더십이 필요하였다. 그는 이러한 통합 리더십을 잘 발휘하였다. 그래서 퇴임한지 5개월만에 다시 이사회 만장일치로 총장으로 선임되어, 2010년 1월 25일 제7대 총장으로 취임하여 2014년까지 총장으로 봉사하였다. 그는 신학과 출신 교수들이 총장이 되던 관행에서 기독교교육학과 교수로서 일반대학 출신의 첫 총장이 되었고, 첫 번째 연임 총장이 되었다.

고신대학교에서 그의 봉사는 무엇보다도 기독교 세계관과 기독교 철학에 기초한 기독교 학문의 발전을 통해서 고신대학교를 개혁주의 기독교 대학으로 성장 발전시키는데 초점을 맞추었다. 이를 위해서 그는 자신의 폭 넓은 인적 네트워크를 통해 국 내외 수많은 저명한 학자들을 초청하여 다양한 특강과 세미나 개최를 주도해 나갔다. 그의 초청으로 장단기 특강과 세미나를 인도한 저명 학자들은 포쳅스트룸대학교 아네트 콤부링커(Annett Combrink) 총장을 비롯하여, 베니 밴드발트(Bennie Vander Walt) 박사, 기독교교육학자 요하네스 밴드발트(Johannes vander Walt) 박사, 도르트대학교 총장 칼 자일스트라(Carl Zylstra) 박사와 존 밴더스텔트 (John van der Stelt) 박사, 캐런 드몰(Karen DeMol) 박사, 선교학 분야의 대가 마이클 고힌(Michael Goheen) 박사, "창조-타락-구속"(Creation Regained)의 저자 앨버트 월터스(Albert Wolters) 박사, "기독교 세계관"(Universe Next Door)의 저자 제임스 사이어(James Sires) 박사, 기독교 철학 분야의 세계적 석학 니콜라스 월터스트로프(Nicholas Wolterstorff) 박사, 화란 자유대학교의 기독교 철학자 샌더 흐리피운(Sander Griffioen) 박사, "기독교 신앙과 전공과목"의 저자 캔 허만(Kenn Hermann) 박사, 호주의 기독교 교육학자 리챠드 에들린(Richard Edlin) 박사, 기독교 환경 분야의 대학자인 위스콘신대학교(Wisconsin University)의 칼빈 드윗(Calvin DeWitt) 박사 등 이루 열거하기 어려울 정도다.

이 많은 석학들을 초빙함에 있어서 가장 큰 문제는 숙박과 숙식 문제였다. 당시 학교의 열악한 재정 형편상 그는 이들 중 많은 분들을 자신의 아파트에 게스트룸을 제공하면서 장기간 강의를 할 경우는 한 달 이상을 모실 때도 있을 정도로 헌신했다. 그런데 이 게스트룸에 머문 분들은 한결같이 개혁주의 신학과 세계관에 권위있는 분들이니까, 고신대학교를 방문한 학자들 사이에는 김총장 아파트 게스트룸에 머물러야 개혁주의 정통성을 인정받는다는 이야기가 나올 정도였다.

이런 봉사 과정에서 그의 아내 이경숙 사모의 내조의 공이 지대했음은 말할 것도 없다. 한 가지 에피소드를 소개해 보면, 캔 허만 박사가 장기간 강의를 하는 동안 쉬는 시간에 마트에 함께 가서 시장을 보기도 했는데, 몇 주간 후에는 또 다른 외국 손님을 모시고 오니 마트 주인이 아주 이상한 눈으로 보더라는 웃지 못할 이야기도 들은 적이 있다. 김선조 장로 선교기념관을 건축하면서 게스트룸을 조성한 것도 학교의 학문적 발전과 기독교 대학의 정체성 확립을 위해 외국의 저명한 학자들을 모시려고 했던 그의 열정의 결과라 할 수 있다.

그는 서울대학교 교수직을 은퇴한 손봉호 박사에게 외국인 유학생들에게 시간을 내어 강의를 해 줄 것과, 대학 홍보를 위해서 특강이나 대담 등 언론에 등장할 때마다 고신대학교 석좌교수 직함을 사용해 달라는 것을 조건으로 석좌교수로 청빙하였고, 흔쾌히 허락을 받았다. 이로 인해 고신대학교 외국인 학생들은 손박사의 정규 강의와 다양한 특강을 들을 수 있는 기회를 가지게 되었고, 손박사는 지금도 고신대학 홍보를 위해 자신이 고신대학교 석좌교수임을 밝히고 있다. 김총장은 고신대학교의 기독교적 정체성과 선교지향적 비전을 천명하는 계기를 만들기 위해 이 분야에서 평생을 헌신한 웨슬리 웬트워스(Wesley Wentworth)와 필리핀 김자선 선교사에게 명예선교학 박사 학위를 수여하였는데,3) 이를 두고 손봉호 박사는 고신대학교 역사상 가장 잘한 일들 중 한 가지라고 평가하기도 하였다. 그는 또한 고신대학교와 한동대학교, 그리고 백석대학교가 함께 하는 기독교 고등교육 학술대회를 주도함으로 기독교 대학들이 함께 연합하여 기독교 세계관과 기독교 학문 활동을 개진할 수 있는 기틀을 놓기도 하였다.

대학 캠퍼스를 아름답게 조성하는 일 역시 그의 관심사였다. 총장으로 취임하면서 곧 바로 고 최일영 목사(대신동교회) 사모의 후원을 받아 전교생이 예배하는 침침한 강당 내부를 대대적으로 보수하고 의자 전체를 교체하여 밝은 분위기를 만들었고, 송산 박재석 문화광장 조성, 학생들의 보행로인 데크 공사, 화단 조성 등 영도 캠퍼스의 분위기를 완전히 바꾸어 작지만 아름다운 대학 캠퍼스를 조성하였다. 그는 8년의 총장 재임을 끝으로 고신대학교에서 38년간 봉사하고 은퇴하였는데, 고신대학교에서 정리한 그의 공적은 다음과 같다.4)

"김성수 총장은 2005년 10월 1일 제6대 총장으로 취임한 이후 2010년 1월 25일 제7대 총장으로 재선임되어 지난 8년간 고신대학교를 위해 헌신적으로 봉사하셨습니다. 김성수 총장은 개교 이후 첫 연임 총장으로 일하시면서 복음의 빚을 갚는 선교 중심대학, 소외된 이웃을 섬기는 사랑과 봉사를 실천하는 대학, 기독교 세계관에 기초한 학문 연구와 교육 등 기독교 대학의 핵심 3대 과제를 달성하고 임기 동안 아래와 같은 많은 공적을 남기셨습니다.

---

3 김자선 선교사의 선교사역은 김자선, 『그 왕을 위하여』, (서울: 중앙 m&b, 2007)에서 만날 수 있다.
4 "김성수 총장 공적", 부산: 고신대학교, 2014. 1. 23.

(1) 복음의 빚을 갚는 세계 선교 중심대학으로 발돋움하기 위해 세계 선교의 기반을 구축하였습니다. 임기 동안 각별한 관심과 사랑으로 외국인 유학생을 위한 목회학석사(M. Div.) 과정을 신설하고 아프리카와 중국, 동남아 등 우수한 인재를 유치하여 선교사와 목사, 청소년 지도자로 양성하여 자국으로 파송하였습니다. 그리고 매년 아프리카와 제3세계에 교직원과 학생들로 구성된 해외자원봉사단을 파견하였는데, 이것은 단순한 봉사의 수준을 넘어 선교지의 신학교육과 교회 건축, 지역개발 사업과 의료지원 시스템의 정착 등 다양한 선교 지원을 통해 세계 선교에 새로운 패러다임을 제시하였습니다.
(2) 소외된 이웃을 섬기는 사랑과 봉사를 실천하는 대학으로 아프리카와 제3세계 뿐만 아니라, 지역사회를 위해 그리스도의 사랑과 이웃 봉사를 실천하는 대학으로 자리매김하였습니다. 대외적으로 한민족복지재단과 '사랑의 쌀 나눔운동'을 펼쳐왔고, 한국기아대책기구와 협력하여 국내 처음으로 교내에 '행복나눔가게'를 개점하여 수익금 전액을 소외된 이웃에게 전달해 왔습니다. 지역사회를 위해 영도구 장애인복지관, 지역사회 서비스센터, 도박예방 치유센터, 영도구 건강가정 지원센터 등을 고신대학교가 위탁 운영토록 하여 지역사회 발전에 크게 기여하였습니다.
(3) 기독교 세계관에 기초한 학문 연구를 위해 '개혁주의 학술원'을 설립하여 개혁주의 신학을 연구하였고, 이를 통해 한국교회와 세계교회를 섬길 수 있는 발판을 마련하였습니다. 또 고신대학교를 위해 헌신했던 하도례 선교사를 기리기 위해 도서관을 '하도례 선교사 기념 문헌정보관'으로 명명하여 대학을 위해 헌신한 분들을 기리면서 학문 연구의 토대를 정립하였고, 고신대학교 설립에 기여하신 분들을 기념하기 위해 한상동 기념강좌, 이근삼 기념강좌를 개설하여 후학들에게 건학이념과 기독교 학문연구의 통찰력을 심어주었습니다. 또한 김선

조 장로의 선교 열정으로 외국인 유학생들의 학업과 선교 비전을 위해 '월드미션센터'를 건립하여 복음의 빚을 갚는 선교 정신을 고양하는 등 고신대학교 발전에 최선의 노력을 기울여 왔습니다. 그는 대학의 경쟁력 강화를 위해 국내 40개, 국외 43개의 기관 및 대학과의 교류협정을 통해 학문 교류뿐만 아니라 고신대학교가 지닌 신학과 교육 인프라를 제공하여 국제교류 협력에도 최선을 다하였습니다.

이러한 대학의 3대 비전을 중심으로 그는 고신대학교에 많은 변화를 추진하였습니다. 행정동과 신학동의 노후된 학교 시설의 리모델링, 제3강의동과 제4강의동 준공, 종합인력개발원과 교수학습지원센터의 설치, 그리고 국내 최초로 유비쿼터스 기숙사를 개관하여 외국인 학생들과 국내 학생들과의 교류를 가능하게 했고, 교내에 작은 지구촌을 형성하여 글로벌대학의 면모를 구축하였습니다.

특히 수년간 교내에 '크리스마스트리 페스티벌'을 개최하여 조선일보, 중앙일보, 동아일보 등 국내 주요 언론은 물론, KBS, MBC, SBS와 일본 NHK 뉴스를 통해서도 소개된 바 있고, 이를 통해 대학을 효과적으로 홍보하였으며, 지역사회에 새로운 크리스마스트리 축제 문화를 제시하였는데, 이는 현재 부산 남포동의 크리스마스 축제의 원동력이 되었습니다. 특히 최근에는 정부재정지원 대학 선정, 한국대학평가원의 대학인증 평가 획득(5년), 행복기숙사 건축 등 대학의 안정된 발전의 기틀을 마련하게 되었습니다.

김성수 총장은 임기 동안 "너희는 먼저 그의 나라와 그의 의를 구하라, 그리하면 이 모든 것을 너희에게 더 하시리라(마 6:33)"는 말씀을 바탕으로 고신대학교의 발전을 위해 전심전력을 다하셨습니다. 그 결과로 수많은 개인과 교회의 후원자들이 기도와 물질로 섬겨주셨고, 오늘에 이르기까지 고신대학교는 눈부신 발전을 거듭해 왔습니다."

총회를 위한 봉사

김성수 박사는 대학에서 연구하고 가르치는 일 외에도 기독교교육학과 교수로서 교단교육을 위해 많은 봉사를 하였다. 총회교육위원회가 1986년 교사통신대학을 설치하면서 교수로 참여하여 제1기에 『교회교육론』(1986~1997), 제2기에 『내일로 가는 교회교육』(1998~2007)을 저술하여 21년 동안 교수로서 통신대학 교재를 공급하고, 자주 지역순회 세미나 강사로서 가르쳤다. 2005년에는 총회교육위원회가 총회교육원으로 고신총회의 준이사회로 격상되면서 고신대학교를 대표하는 이사로 참여하였고, 이 시기부터 총회교사대학 학장으로 봉사하였다.[5]

그는 고신교단의 공식적인 교육과정 개발에도 두 차례 참여하였는데, '생명의 양식' 제4차 교육과정과 제5차 교육과정 개발 과정에서 위원장으로 교육과정 개발 실무진을 이끌면서 이론적 기초를 제공하였다. 그가 봉사하던 기간에 한국교회 각 교단 중에 대학의 교수들과 총회가 가장 밀접한 관계를 가지고 사역하는 모범을 보였다. 이러한 협력 체계로 교육학 이론에 기초한 실천성이 강화된 교재를 간행하게 되었으며, 고신총회교육원이 발행하는 교재가 한국교회에서 가장 우수한 교재로 평가받았고, 국민일보 '기독교교육 브랜드 대상'을 받았다.

은퇴 후에도 계속되는 하나님 나라의 소명

김성수 박사는 대학에서 다양한 보직을 맡아 봉사하였고, 특히 교무위원으로서 대학 운영에 깊이 참여하였기 때문에 대학 경영에 남다른

---

5 그가 고신교단 교육에 기여한 점은 이상규 · 나삼진 외, 『대한예수교장로회(고신) 교회교육 역사』 (서울: 생명의 양식, 2016) 곳곳에서 만날 수 있다.

은사와 경험을 가지고 있었다. 이를 배경으로 그는 선교지 곳곳에서 강의 요청을 받았으며, 그는 이러한 요청을 외면하지 않고 기꺼이 지원하며 선교지 사역을 보듬었다. 그는 고신대학교에서 은퇴한 후 가나, 시에라리온, 우간다, 탄자니아 등 아프리카 여러 나라와 중국, 동남아시아 지역 선교지 신학교나 교육기관 등 여러 곳에서 강의를 하였고, 아프리카 탄자니아 국제대학교와 우간다 쿠미대학교, 그리고 국내 몇몇 신학대학원 대학교에서 총장으로 초빙받았지만, 2019년 10월에 미국 에반겔리아대학교 제3대 총장으로 선임되어 다시 현역에서 일하고 있다. 그가 총장에 취임한 후 기독교 교육학 석/박사 과정과 선교학 석·박사 학위 과정을 개설하여 트랙스(TRACS)로부터 인가를 받았고, 이 대학교를 명실상부한 재미 고신총회 직영 신학교로 자리매김하였다. 뿐만 아니라, 북미신학교협의회(ATS)의 준회원교가 되도록 발전시켰으며, 2021년 가을 셀프 스터디 보고서를 제출하고 2022년 3월 실사를 거쳐 정회원교가 되어 미국 최고 수준으로 신학교육을 이끌어 가고 있다.

그는 이렇게 고신대학교 은퇴 후에도 다시 미국에서 에반겔리아대학교를 선교중심대학으로 발전시키고자 힘써 노력을 기울이고 있다. 선교지에 선교사를 파송하여 오랜 기간 언어와 현지 적응훈련을 거쳐서 봉사하는 방식보다는 현지 선교사가 책임자가 되어, 가나, 우간다, 남아공, 차드, 인도, 홍콩, 미얀마, 태국, 필리핀, 중국, 몽골, 한국, 북미 등 14개 나라에 신학교육 프로그램을 제공하여 효율적인 현지 지도자 양성을 위해 노력하고 있다.[6] 이러한 실험은 고신대학교 총장 시절 수년간 많은 성과를 거둔 바 있었는데, 이제 미국에서 에반겔리아대학교를 통해 권위있는 학위를 수여할 수 있고, 또 영어교육과정 제공이 가능하게 됨에 따라 이전과는 차원을 달리하는 제3세계 현지 기독교 지도

| 6 「EU선지동산」, 2021년 가을호, 7.

자를 양성하는 노력을 계속하고 있다.

김성수 박사의 학문 세계

김성수 박사는 그의 학문 여정 초기에는 일반 교육학 분야에서 교육철학을 전공하여 현대교육이론을 분석하고 비평하는 일에 관심을 가졌다. 그러나 포쳅스트룸대학교 유학과 미국 도르트대학교에서의 교환교수 시절에 개혁주의 세계관에 입각한 기독교 교육의 이론과 실제를 연구하고 경험한 후 귀국하여 개혁주의 기독교 교육학의 정립, 기독교 세계관 운동, 기독교 학교교육에 깊은 관심을 가지고 연구하고 가르쳤고, 이를 기반으로 한국교회에서 기독교 교육의 실천을 위해 노력하였다. 그가 보여 주고 있는 학문 세계를 다음과 같이 정리할 수 있다.

현대 교육 이론 비평

목회자의 가정에서 복음과 하나님 나라에 헌신된 신앙적인 분위기에서 성장하였고, 대학 시절 경북대학교 SFC를 창립하는 등, SFC 운동을 이끌었던 신실한 그리스도인 청년이었지만,[7] 1977년 고신대학 교수로 임용될 때까지도 개혁주의 세계관과 학문관을 소유하지 못한 청년 학자였다. 그는 교수 사역 초기에 계속해서 현대교육이론에 깊은 관심을 가지고 비평적인 논문을 다수 발표하였다. 특별히 그는 당시 교육학계에 큰 영향을 끼쳤던 진보주의 교육학자 존 듀이(John Dewey)의 교육사

---

7 「전국학신」 제21호(1971. 5. 15)에는 4월 16일 성남교회당에서 경북대 SFC가 창립되었으며, 김성수가 위원장에 선임되었다는 기사를 싣고 있다. 나삼진, "70년대 대학SFC 학원복음화운동의 시작과 전개" 「교회건설」 6(1991), 110.

상에 대한 논문들을 발표하였고,[8] 필립 H. 피닉스(Phillip H. Phenix)의 지식이론에 관한 연구, 이반 일리치(Ivan Illich), 에베르트 라이머(Everette Reimer), 존 홀트(John Holt), 폴 굳맨(Paul Goodman), 자유주의 교육운동의 선구자 니일(A. S. Neill) 등, 다양한 교육학자들의 이론을 학문적으로 평가하였다.[9] 이러한 탐구의 연장 선상에서 포쳅스트룸대학교의 박사 과정에서 반더 발트(Johannes vander Walt) 박사의 지도하에 현대 학교교육 이론을 개혁주의적 관점에서 분석하여 비평한 "현대 학교교육: 그 위기와 미래"(*Modern School: its Crisis and its Future*)라는 논문을 제출하여 철학박사 학위(Ph. D)를 받았다.

현대교육이론에 대한 이러한 비판은 그의 학문 여정 중기에 접어들면서 자연스럽게 기독교 교육학자들의 이론을 분석하고 정리하는 방향으로 진행되었다. 그는 당시 아동의 신앙 발달 과정에 상당한 영향력을 미쳤던 "제임스 파울러(James Fowler)의 신앙발달단계이론에 대한 고찰"(1987)을 통해 파울러의 사상을 기독교 세계관의 관점에서 분석한 논문과, "현대 기독교 교육학 연구의 동향에 대한 연구"(1990)를 발표하고, 현대 학습이론의 기독교적 입장에서 평가하기도 했다.[10] 그가 초기에 가졌던 학문적 관심에서 중기를 지나면서 개혁주의 신학에 근거하여 기독교 세계관의 중요성을 깨닫고, 이를 집중적으로 연구하며 가르치기 시작했다.

---

8 "실용주의적 세계관의 사상적 전통," 「파이데이아」 4(1985), 6-15. ; "듀이의 실용주의적 학교관에 대한 고찰", 「성경과 개혁주의 신학」, (1986), 468-489.; "듀이의 '학교와 사회' 연구", 「미스바」 14(1986), 86-105. ; "듀이의 '민주주의와 교육'에 대한 연구" 「고신대 논문집」 17(1989), 117-145.; "듀이의 '사고하는 방법'에 대한 연구", 「고신대 논문집」 19(1991), 63-80.
9 현대 학교교육 철학자들의 다양한 사상에 대한 탐구와 비평은 첨부된 김성수 교수의 저술목록을 참고하라.
10 "James W. Fowler의 신앙발달단계 이론에 대한 고찰", 「고신대 논문집」 15(1987), 321-340.; "현대 기독교교육학 연구의 동향에 관한 연구", 「고신대 논문집」 19(1990), 77-120.; "현대 학습이론의 기독교적 평가", 「고려신학보」 11(1985), 121-136.

개혁주의 교육학의 정립

김성수 박사는 포쳅스트룸대학교에서 박사학위를 받고, 이후 미국 아이오와(Iowa) 주 수 센터(Sioux Center)에 소재한 도르트대학교에서 연구 교수로 지내면서 개혁교회의 신학과 사상, 그리고 기독교 학교교육에 깊은 관심을 가지고 연구하였다. 이를 기반으로 그는 개혁주의 기독교 교육학을 정립하고 전수하는데 큰 관심을 가졌다. 그는 개혁주의 교육의 특성인 인간 삶의 모든 영역에서 하나님의 절대적인 주권과 그리스도께서 왕으로 통치하는 하나님의 나라, 그리고 샬롬(shalom)의 교육을 중시하며,[11] 창조-타락-구속의 포괄적이며, 보편적, 우주적 의미를 강조한다.[12] 그는 아동 및 청소년들에게 우주의 구조 속에 새겨져 있는 하나님의 계획과 질서, 신비로움, 곧 하나님의 지혜를 볼 수 있게 하며, 다른 한편으로는 창조 질서에 순응하고 사회와 문화의 각 영역에서 하나님께서 원하시는 바 창조 질서의 규범을 따라 하나님의 대리자로서 이 세상 속에서 문화변혁자로서의 사명을 수행할 수 있는 능력의 함양을 강조한다.[13]

그는 아브라함 카이퍼가 말한 바 "우리의 삶의 모든 영역에서 하나님께서 '이것은 내 것'(This is mine!)이라고 주장하지 않으시는 영역은 단 일 평방 인치도 존재하지 않는다"는 진술을 강조한다. 하나님의 절대적 주권과 하나님 나라에 대한 개혁주의 원리는 교회교육 뿐만 아니라 가정교육, 학교교육, 그리고 사회교육의 모든 영역이 그리스도의 통

---

11 그의 샬롬의 교육사상은 Nicholas Wolterstroff, *Education for Shalom*, Wm. B. Eardermans Publishing Co. 2004에 잘 나타나 있다. 월터스트로프에게 있어서 샬롬은 공의의 문제와 직결되어 있는데, 사회적 약자에 대한 깊은 관심을 그의 책 곳곳에서 만날 수 있다.
12 김성수, "개혁주의 교육의 특성과 과제", 「개혁주의 기독교교육학 연구」, 2011, 99-115.
13 김성수, "21세기 교회와 기독교 세계관 교육", 「교회와 교육」 1999 겨울호, 27-47.

치권 아래에서 운영되어야 한다는 것이다. 이것이 바로 우리가 기독교 학교교육과 기독교 대안교육에 관심을 가져야 할 이유이기도 하다. 학교는 언약의 자녀들을 가정, 학교, 교회, 정치, 과학, 예술 등 인간 삶의 모든 영역에서 오직 "그 왕을 위한"(For the King) 전담 사역자들로 준비시켜야 한다. 왜냐하면 그리스도께서 지금도 만유의 왕이시기 때문이며, 하나님 나라는 미래적이면서도 동시에 현재적(already, but not yet) 실재이기 때문이다.[14]

이렇게 그가 기독교 철학에서 토대로 삼았던 학자는 도예베르트(Herman Dooyeweerd)와 남아공화국의 스토커(H. G. Stoker) 박사였고, 기독교 교육학에서 특별한 관심을 가지고 가르쳤던 것은 월터스톨프(Nicholas Wolterstorft)의 정의와 평화 교육 사상이었다.[15] 그는 반 다이크(John Van Dyk)의 학습이론을 번역 출간하였고,[16] 교육과정과 교수 방법에서는 해로 반 브루멜런(Harro van Brummelen)의 책들을 소개하였다.[17] 그는 고신대 기독교교육연구소 소장으로 재임하는 동안 소책자 '기독교교육 연구시리즈'를 기획, 20여 권에 달하는 연구물들을 출판, 교수들의 연구 기회를 확대시키는 것은 물론 기독교교육의 학문성 제고에 앞장섰다.

개혁주의 기독교 교육과 세계관에 대한 관심

개혁주의 기독교 교육학에 대한 그의 관심은 고신대학교에 교수로 임

---

14 김성수, "개혁주의 교육의 특성과 과제", 「개혁주의 기독교교육학 연구」 제1집, 2011, 99.
15 조성국, "고신대학교 기독교교육(학)과의 역사적 발전양상(1946-2016)", 「고신신학」 제18호(2016), 302.
16 김성수 역, 『가르침은 예술이다』(John Van Dyk, The Craft of Christian Teaching, 2003), 서울: IVP, 2003.
17 "교실에서 하나님과 동행하십니까?"(서평) 「교회와 교육」, 2003 여름호, 112-122.

명된 초기부터 시작되었다. 그는 1977년도 고신대학교 기독교교육학과 교수로 임용된 첫해에 얀 바터링크(J. Waterlink)의 『기독교교육 원론』을 번역, 출간했는데,[18] 이 책은 우리나라에 개혁주의 관점에서 기독교 교육을 소개하는 첫 자료였다. 그는 개혁주의 신학과 세계관에 심취하였고, 헤르만 바빙크(Herman Bavinck)와 아브라함 카이퍼(Abraham Kuyper)의 연구에 관심을 가졌다.

개혁주의 기독교 교육학을 정립하려는 그의 학문적 열정은 기독교 세계관과 기독교 철학 연구에 몰입하게 되는 계기가 되었고, 이에 그는 기독교 세계관, 교육철학, 기독교 학교교육 영역에서 많은 글을 발표하였다. 그는 교수로서의 사역에서 가장 보람을 느낄 때를 "부족하지만 학생들이 저의 가르침을 통해서 세상을 보는 관점이 변화되고, 자신들의 삶을 통해서 이제는 그리스도께서 통치하시는 하나님의 나라 건설을 위해 헌신하겠다는 제자들의 결단과 고백을 들을 때"라고 강조하고 있다.[19] 그리고 수많은 교회를 방문하여 설교나 특강을 하였는데, 그리스도인 교사 모임에서 기독교 세계관을 강의할 때 보람을 느낀다고 말한다.

기독교 세계관 연구와 관련하여 그가 항상 강조하는 것은 기독교 세계관이 단순히 지식에만 머무는 관점주의(perspectivism)가 되어서는 안 된다는 것이다. 인간의 모든 삶이 사상에 뿌리를 두고 있기는 하지만, 그럼에도 불구하고 우리의 관점이 그에 일치하는 실천적 삶을 자동적으로 보장해 주는 것은 아니라는 것이다. 기독교 세계관은 내가 주님을 너무도 사랑하고 주님이 나에게 베풀어 주신 은혜와 사랑이 너무도 크기 때문에 그 은혜와 사랑에 감격한 우리가 이제 나는 어떻게 그분의 은혜와 사랑에 보답하는 삶을 일관되게 살아갈 수 있을까를 고민할 수

---

[18] J. Waterlink, *Basic Concept in Christian Padagogy*, 김성린 · 김성수 공역 『기독교교육원론』, 서울: 소망사, 1978.
[19] 호주 「크리스챤 리뷰」 김성수 박사와의 인터뷰(2005. 11. 9).

있을 때 우리의 삶을 인도해 주는 지도지침이 되는 것이 기독교 세계관이라는 것이다. 그래서 그는 메마른 기독교 지성운동을 아주 경계한다.

기독교 대학과 학문에 대한 관심

한국에서 기독교 대학은 주로 두 가지 형태로 발전해 왔다. 먼저는 한국에 기독교를 전수해 주었던 서구 여러 나라의 선교부가 설립한 학교 교육이 고등교육 형태로 발전한 경우로 연세대, 이화여대, 숭실대, 계명대 등을 예로 들 수 있다. 또 다른 한편에서는 각 교단에서 목회자 양성을 위해 설립되었던 신학교에 1970년대부터 기독교교육학과, 종교음악과 등 여러 교회와 관련한 학과가 개설되었고, 이후 종합대학교로 발전한 경우이다. 이 두 경우 모두 기독교 대학으로서 철학적 기초를 바탕으로 출발하고 발전된 것은 아니었다. 그러므로 학과 형성과 기독교 대학으로 발전되는 과정에서 기독교 대학에 대한 철학적인 논의가 필요했다.

그러한 환경에서 김성수 박사는 서구 기독교 대학의 철학과 세계관을 학문적으로 논의하고,[20] 한국적 상황에 적용할 수 있게 만들었다. 그래서 기독교 대학의 '교육 신조'(educational creed) 작성에 관한 논의까지 제시했다.[21] 그는 계속하여 "기독교 대학이란 무엇인가?"(1996), "고신대학교의 교육적 사명"이라는 글을 발표하였고, 이를 통해서 고신대학교가 기독교 대학으로 자리잡게 하는 데 이론적 기초를 제공했다.[22]

그는 기독교 대학에 대한 연구 연장 선상에서 기독교 학문에 깊은 관

---

20 김성수, "도르트대학과 포첍스트룸대학의 신학과 세계관", 「기독교 대학과 학문 자료집」, 254-272.
21 김성수, "기독교 교육과 학문의 실천을 위한 교육신조의 작성과 고백, 「고신대 논문집」 22(1995)
22 김성수, "기독교 대학이란 무엇인가", 고신대학교 설립 50주년 기념논문집 「기독교 대학과 학문에 대한 성경적 조망」, 1996. 21-26.

심을 가졌다. 기독교 학문을 위한 성경적 기초 위에서 기독교 세계관을 교육하기 위해 '학문과 삶', '기독교 대학과 학문'이라는 강좌를 개설하여 기독교 세계관의 관점에서 모든 전공과목을 탐구할 수 있도록 교육과정을 설계하였고, 이를 중진 교수들이 팀티칭으로 강의하도록 하였다. 그는 이를 위해『기독교 대학과 학문』이라는 교재를 편집하였다.[23] 그는 계속하여 "하나님 나라의 복음은 교회를 통해서 올바로 선포되어져야 하고, 이 복음은 동시에 기독교 대학을 통해서 정교화되어야 하며, 나아가 사회 모든 분야에서 실행되어져야만 한다. 이 가운데 어느 하나라도 적당한 균형을 잃게 되면, 우리는 삶과 역사에 대한 성경적 관점을 상실하게 된다"고 강조하였다. 기독교와 학문에 대한 그의 한결같은 관심은 학생들이 기독교 대학의 환경에서 공부하고 다양한 분야에 진출하여 자신들의 미래를 설계하게 하는데 기여하도록 만들었다.

교회교육에 대한 실천적인 관심과 사역

김성수 박사는 고신대 교수로 재직하면서 교회교육현장과 깊은 관계를 갖고 헌신하였다. 2005년 총회교육위원회가 총회교육원으로 승격할 때부터 이사로서, 그리고 교사대학 학장으로서, 또 교육과정 개발위원장으로 많은 봉사를 하였다. 그가 교육 실천 현장에 깊은 영향을 미친 것은 다음과 같은 몇 가지로 정리할 수 있다. 먼저, 교사대학의 교수와 학장으로 22년 동안 봉사한 일이다. 예장 고신측은 1986년 교사통신대학을 개설하여 교사 양성에 힘써 1만 명 이상의 교회학교 교사가 등록하였다. 그는 1986년 교사통신대학 개교 때부터 2008년까지 22년 동안 교수로 봉사하였고, 마지막 8년 동안 학장으로서 고신교단의 교

| 23 김성수 책임편집,『기독교 대학과 학문』, 부산: 고신대 출판부, 1995. 1–3.

사 교육에 기여하였다.²⁴⁾ 둘째, 교회학교가 사용하는 교육과정 개발에 기여하였다. 그는 그 과정에서 실무진들과 함께 논문을 발표하고, 토의를 이끄는 등 교육과정 개발에 크게 기여하였다. 셋째, 교단 교육의 방향을 제시하는 일에 큰 관심을 가졌다. 고신교단 총회교육원의 사역이 한국교회 대표적인 교육사역으로 자리 잡을 수 있도록 그는 총회교육대회에서 여러 차례 주제 강연을 맡아 교단 교육의 방향을 제시하였다.²⁵⁾ 그는 교육철학을 전공한 학자였지만, 이처럼 교회교육의 현장을 중시하였고, 교회를 방문하여 강의하고, 교회와 더불어 사역하고 실천하기 위해 힘썼다.

고신교회의 역사와 정신 연구

김성수 박사는 교회의 역사와 정신을 연구하는 일에도 관심을 갖고 노력하였다. 고신대학교에 설립자 한상동 목사의 신앙과 정신을 기리는 '한상동 기념 강좌'를 설치, "한상동 목사와 기독교교육"이라는 논문을 발표했으며, 부총장 시절에는 그의 제안으로 이근삼 강좌를 설치하였는데, "이근삼 박사와 기독교 고등교육"²⁶⁾과 "이근삼과 개혁주의 교회의 신앙교육"이라는 논문을 발표하였다. 또 고신교회의 탁월한 여성 지도자였던 "부흥 운동가 우태숙 선생" 논문을 발표했다. 그의 역사 의식은 에반겔리아대학교 총장으로 부임한 후에도 계속 이어지고 있는

---

24 그가 교사통신대학의 교수로 봉사하던 기간 동안 교단 교육의 발전 모습들은 이상규·강용원·나삼진, 『대한예수교장로회(고신) 교회교육 역사』(서울: 생명의 양식, 2016)에 잘 나타나 있다.
25 그는 2004년 교육대회에서 "개혁주의 교육의 특색"을, 2008년 교육대회에서 "새로운 시대, 새로운 교육"을, 2011년 교육대회에서는 저녁집회를 담당하였다.
26 김성수, "이근삼 박사와 기독교 고등교육", 제1회 이근삼 강좌 『이근삼의 생애와 개혁주의 사상』, 2008, 91-129.; 김성수, "이근삼과 개혁주의 교회의 신앙교육", 제2회 이근삼 강좌 『이근삼과 개혁주의 신학』, 2009, 7-26.

데, 『고신교회의 역사와 정신』을 기획, 에반겔리아대학교에서 출판하였다.[27] 이러한 그의 역사의식은 고신대학교 설립자의 신학과 신앙 정신을 기리는 일에 힘썼고, 에반겔리아대학교에서도 초대 총장 이근삼 박사의 신학과 정신을 계승하기 위해 이근삼 강좌를 다시 활성화시켰다.

김성수 박사의 학문적 공헌

앞선 여러 가지 논의에 기반하여 이제 그의 학문적 공헌을 간략히 정리해보고자 한다. 먼저, 김성수 박사는 한국교회에서 기독교교육학이 실천신학의 영역에서 독립된 분과로 발전하던 시기에 학문 활동을 시작한 청년학자로서, 한국에서 기독교 교육학의 학문적 발전과 함께 성장하였다. 한국 기독교 대학에서 기독교교육학과가 설치된 것은 숭실대(1960), 장신대(1965), 총신대(1977), 고신대(1977), 서울신대(1978), 참신대(1978), 감신대(1980), 한신대(1982) 등의 순으로 이어졌다.[28] 그는 고신대학이 1977년 기독교교육학과를 설치할 때부터 기독교교육학 교수로 임용을 받아 성장하고 봉사한 학자이다. 그는 자신의 학문 여정 초기에 일반교육학을 전공하였기 때문에 서구의 학자들의 책을 통해 기독교 교육학의 본질과 성격을 스스로 탐구해야 했었다. 고신대학에 부임할 당시부터 그의 관심은 "기독교 교육이란 도대체 무엇인가?" 곧 기독교 교육의 학문적 정체성을 어디서 찾아야 하는가 하는 문제였다. 이러한 탐구 과정에서 이루어진 일이 부임 첫 해에 얀 바트링크의 『기독교 교육학 원론』 번역이었다.[29] 그 후 포쳅스트룸대학교로 유학을 가서 성경적 세계관, 개혁주의 교육, 기독교 교육철학, 기독교 학교 교

---
27 김성수 외, 『고신교회의 역사와 정신』, Anaheim, CA: Evangelia University, 2021.
28 오인탁, 『한국기독교교육학 문헌목록(1945-2005)』, 서울: 한국기독교교육학회, 2008, 15-16.
29 기독교교육원론, 서울: 소망사. 1978.

육의 이론과 실제, 부모의 신앙 교육적 책임 등에 관한 관점들을 깊이 체득하였다. 그는 신앙과 학문의 통합에 지대한 관심을 갖고 연구하였을 뿐만 아니라, 사변적인 교육학 연구에 머물지 아니하고 기독교 교육 이론과 함께 기독교 교육의 실천을 강조하면서 실천에 앞장섰다.

둘째, 김성수는 개혁주의 기독교 교육학의 이론을 정립하는 데 크게 기여하였다. 그는 개혁주의 교육의 몇 가지 특성을 하나님의 주권과 하나님의 나라, 창조-타락-구속의 우주적 이해, 성별보다는 성화를 위한 교육, 언약 사상과 신자 부모의 교육적 권리와 책임, 마음을 구비시키는 교육, 펼쳐보임과 능력부여, 하나님의 말씀과 교리 교육의 강조 등 일곱 가지 특성을 제시하고 있다.[30] 이와 같은 그의 연구는 한국에서 개혁주의 기독교교육학의 이론 정립의 초석을 놓았다.

셋째, 김성수 박사는 한국 기독교 교육학계에서 기독교 학교와 기독교 대학, 기독교적 학문에 대한 깊은 연구를 통해 기독교 학문과 기독교 교육의 발전에 크게 기여하였을 뿐만 아니라, 기독교 학문 연구회의 대표 간사, 기독교 학술동역회의 이사로 수고했던 것은 그가 이 분야를 대표하는 학자로 자리매김을 하게 하였다.

넷째, 그는 고신교단의 교육전문기구인 총회교육원과 협력하여 교회학교 교육과정 개발에 중요한 역할을 하였다. 고신교단은 1966년부터 '생명의 양식' 교육과정을 개발하여 교회학교 교재로 사용해 왔는데, 초기의 호응과는 달리 뒤이은 개편이나 보완작업을 하지 못해 오랫동안 교회의 외면을 받아왔다. 그러던 중 제3차 교육과정 개발부터 교수들의 자문이 있었고, 제4차 교육과정개발부터 총회교육원과 고신대 기독교 교육학과가 깊은 관계를 맺고 협력했다. 그가 교육과정개발위원회 위원장을 맡아 이론과 실천이 융합된 교재를 제작하기 위해 노력했다. 총

---

30 김성수, "개혁주의 교육의 특성과 과제", 「개혁주의 기독교교육학 연구」 제1집, 고신대·총신대 기독교교육연구소, 2011, 99-115.

회교육원과 함께한 제5차 교육과정 '그랜드 스토리'(Grand Story)는 그가 정립한 기독교교육학 이론에 기초를 두고 있다. '그랜드 스토리'는 고신측 총회교육원이 '클릭 바이블' 시리즈에 이어 160만 부 이상 공급되면서 한국교회 교회학교의 대표 교재가 되었다.

맺는 말

김성수 박사는 1977년 고신대학 기독교교육학과의 교수로 임용을 받아 평생 고신대학교와 함께 한 고신의 제3세대 신학자 반열의 선두주자였다. 그는 개혁주의 기독교 교육학의 정립을 위해 기독교 세계관 교육이 뿌리내리게 하였고, 기독교 학문의 여러 영역에서 괄목할만한 연구업적을 남겼다. 특히 그는 고신교단 총회교육원과 오랫동안 협력하면서 교단 교육을 한국교회 최고 수준으로 올려놓는 일에 중요하게 기여했다. 그는 기독교 신앙과 학문의 통합이라는 관점에서 출발하여 기독교 대학의 정체성 확립에 깊은 관심을 갖고 탐구하였으며, 대학행정에도 깊이 참여하여 고신대학교를 기독교 대학으로 발전시키는 데 기여하였다.

그의 사역은 학문적인 측면에서나 실천적 사역 면에서나 일흔이 넘은 지금도 계속되고 있다. 그는 은퇴 후에도 아프리카와 중국, 필리핀을 비롯한 동남아 여러 나라의 선교지 지도자 양성을 위해 많은 노력을 해오고 있다. 그는 2019년 미국 에반겔리아대학교의 제3대 총장으로 선임되어 '복음의 빚을 갚아야 한다'는 선교적 열정을 가지고 이 학교를 선교지향적 신학교육기관으로 변모시키고 있다. 이제 미국 에반겔리아대학교 총장으로서 그의 역량이 더욱 새롭게 나타날 것으로 전망된다. 김성수 박사의 이러한 왕성한 제2기 사역은 65세에 정년 퇴임을 하고 이후 30년의 기간이 덤으로 주어지는 모든 교수들에게 은퇴 후 사역을 위한 하나의 모범적 모델이 될 수 있을 것이다.

연구 목록

● 학위 논문
"Philip H. Phenix의 지식론과 그에 따른 교육사상". 경북대학교 대학원 교육학석사(1974).

"*The Modern School: its Crisis and its Future*", Potchefstroom University for Christian Higher Education, Ph. D.(1984)

● 저서
『교회교육론』, 부산: 총회교육위원회, 1986.
『학문에 대한 기독교적 조망』, 대구: 기독교대학설립동역회, 1989.
『청장년교육의 중요성과 과제』 부산: 고신대 기독교교육연구소, 1995.
『내일로 가는 교회교육』, 서울: 영문, 1998.
『한상동 목사의 삶과 신학』, 부산: 고신대 출판부, 2006. (공저)
『기독교교육학 개론』, 서울: 생명의 양식, 2007. (공저).
『고신교회의 역사와 정신』, Anaheim, CA: Evangelia University/카리타스, 2021. (공저)

● 편저

『기독교 대학과 학문』, 부산: 고신대 출판부, 1995.(책임편집)
『기독교 대학과 학문 자료집(1)』, 부산: 고신대 출판부, 1995.
『기독교 대학의 본질과 사명』, 부산: 고신대 출판부, 1998.
『대학은 왜 존재해야 하는가?』, 부산: 고신대 출판부, 2000.

● 번역서

『기독교교육 원론』(J. Waterink, *Basic Concept in Christian Pedagogy*, 1978) 서울: 소망사, 1978.
『가르침은 예술이다』(John Van Dyk, *The Craft of Christian Teaching*, 2003), 서울: IVP, 2003.

● 학술논문

"Phillip H. Phenix의 지식이론에 관한 연구", 「고신대학보」 36(1978), 53-80.
"개혁주의 교육관", 「고신대 논문집」 6(1978), 85-103.
"70년대 고신교단의 성장: 교회교육적 측면", 「개혁신앙」 1979. 12, 28-31.
"분석철학과 교육", 「고신대 논문집」 8(1980), 97-114.
"교육철학의 성격", 「고신대 논문집」 9(1981), 111-120
"A Brief Resume about the Status of Christendom in Korea and the Possibilities for the Promotion of a Biblical Vision of Life, Orientation, Nr.32 (March, 1984), 37-45.
"A Critical Study on Deschooling Philosophy of Ivan Illich", 『이근삼박사 화갑기념논문집』, (1984).
"A. S. Neil의 교육사상", 「미스바」 10(1985), 65-89.
"파울로 프레이리의 의식화교육에 대한 비판적 연구", 「이데올로기 비판연구」 4(1985), 51-76.

"진보주의 운동 이후의 미국의 교육개혁 방향", 「고신대 논문집」 13(1985), 181-196.
"현대 학습이론의 기독교적 평가", 「고려신학보」 11(1985), 121-136.
"실용주의적 세계관의 사상적 전통", 「파이데이아」 4(1985), 6-15.
"듀이의 실용주의적 학교관에 대한 고찰", 「성경과 개혁주의 신학」 (1986). 468-489.
"포스만과 와인가르터너의 교육사상 고찰", 고신대 「이데올로기 비판연구」 5(1986), 89-97.
"현대 학교교육의 현실과 한국교회", 「미스바」 11(1986), 253-259.
"사회제도로서의 학교교육 비판사상 연구", 「고신대 논문집」 14(1986), 21-68.
"듀이의 '학교와 사회' 연구", 「미스바」 14(1986), 86-105.
"James W. Fowler의 신앙발달단계 이론에 대한 고찰", 「고신대 논문집」 15(1987), 321-340.
"맑스주의 교육사상에 대한 고찰", 고신대 「이데올로기비판연구」 6(1987).
"기독교학문의 역동성", 「미스바」 12(1987), 112-129.
"현대교육의 위기와 교회의 책임", 「월간목회」 141(1988. 5), 98-103.
"Phillip H. Phenix의 지식이론 연구", 「고신대 논문집」 16(1988), 213-242.
"듀이의 '민주주의와 교육'에 대한 연구", 「고신대 논문집」 17(1989), 117-145.
"대학의 기원과 사명", 고신대 「이데올로기비판연구」 11(1989), 36-46.
"현대 기독교교육학 연구의 동향에 관한 연구", 「고신대 논문집」 19(1990), 77-120.
"학교 및 학교교육에 대한 성경적 조망", 「통합연구」 (1991), 101-137.
"전담교사제의 의미와 그 필요성", 「교회교육」 60(1991), 49-59.
"듀이의 '사고하는 방법'에 대한 연구", 「고신대 논문집」 19(1991), 63-80.
"뉴에이지운동(New Age Movement)이란 무엇인가?", 고신대 「이데올로기 비판연구」 8(1991), 12-28.
"기독교 세계관과 신앙교육", 「브니엘신학 논문집」 (1992), 75-89.

"성경과 학문", 「기독교사상연구」 창간호(1992), 95-124.
"기독교 대학의 행정", 「미스바」 19(1993), 63-82
"이웃사랑을 실천하는 교회교육", 「교회와 교육」 7/8(1995), 12-19.
"점과 뉴에이지 운동", 「빛과 소금」 11(1995), 66-69
"개혁주의 교회교육의 기본원리", 「교회와 교육」 10(1994), 4-12.
"교사의 지도력 개발", 「교회와 교육」 12(1995), 15-19.
"개혁주의 교회의 자녀교육", 「교회와 교육」 12(1995), 54-58.
"기독교 교육과 학문의 실천을 위한 교육신조의 작성과 고백", 「고신대 논문집」 22(1995).
"기독교 대학이란 무엇인가", 『기독교 대학과 학문에 대한 성경적 조망』 (1996), 21-26.
"성경이 말하는 교육, 한국교회의 교회교육에 관하여", 「목회와 신학」 11 (1995), 162-167.
"문화변혁을 위한 교회교육," 「월간고신」 (1995. 11), 6-20.
"기독교 유아교육 원리", 「고신대 논문집」 23(1996), 55-70.
"교사의 자질과 역할", 「교회와 교육」, 1997 봄호, 23-31.
"학교에서의 2세 교육", 「월간고신」 (1997. 7), 24-29.
"교육하는 교회와 교회교육의 전문화", 「교회와 교육」 1997. 10, 13-18.
"종교적 근본 동인", 「고신대 논문집」 24(1998), 57-70.
"21세기 사회와 문화를 전망한다", 「교회와 교육」 1999 겨울호, 6-15.
"21세기 교회와 기독교 세계관 교육", 「교회와 교육」 1999 겨울호, 27-47.
"생명의 양식 제4차 교육과정의 특징과 방향", 「교회와 교육」 2000 가을호, 155-168.
"이원론의 근원과 역사적 발전 과정", 『한명동 박사 구순 기념 논문집』 (2000), 123-146.
"사회문화적인 현실과 열린 예배", 『열린 예배 무엇이 문제인가』 (2000), 23-45.

"21세기 사회변화와 교육", 「2001 교육대회 자료집」(2001), 62-68.
"뉴미디어로 인한 가치관의 변화", 「교회와 교육」 2001 가을호, 18-31.
"대중문화 속의 청소년 이해와 지도", 「교회와 교육」 2001 겨울호, 114-130.
"교육하는 교회와 교회교육의 전문화", 「교회와 교육」 2002 겨울호, 114-122
"개혁주의 기독교교육 원리와 과제", 「하나님의 주권과 은혜」(2002), 525-556.
"성경적 교육철학에서 성경적 교육목적이 나온다", 「교회와 교육」 2004 봄호, 26-37
"변화하는 사회와 교회교육적 대처", 「교회와 교육」 2004 겨울호, 40-49.
"변화하는 시대와 청소년 가치관 교육", 「고신신학」 8(2006), 129-149.
"기독교사의 소명과 과업", 「김병원 박사 고희기념 논문집」(2006), 161-182.
"개혁주의 교육의 특색", 「해외동포 신앙교육」 1(2008), 62-84.
"신앙과 학문", 「기독교교육 연구」 3(2008), 49-72.
"성경의 본질과 기독교적 가르침", 「교회와 교육」 2008 봄/여름호, 6-12.
"교회성장의 필수요건으로서 기독교 교육학적 접근", 「하나님 나라와 신학」(2008), 575-591.
"포스트모던시대의 기독교교육의 방향성", 「생명의 양식 교육과정 해설」(2009), 61-70.
"다음세대를 위한 교회교육의 지향점", 「교회와 교육」 2009 가을/겨울호, 82-97.
"개혁주의 교육의 특성과 과제", 「개혁주의 기독교 교육학 연구」 1(2011), 97-123.
"개혁주의 기독교 교육학의 본질과 전망", 「개혁주의 기독교 교육학 연구」 2(2012), 141-178.
"교육의 가치중립성 문제와 사회적 책무성", 「개혁주의 기독교 교육의 새로운 지평」(2012), 45-60.
"21세기 기독교 대학의 발전 방향", 「고신신학」 제15호(2013), 229-255.

김성수 박사 부부

설교중인 김성수 박사

가족 사진

교수 부임 첫해 오병세 학장과 선배 교수들(뒷줄 좌편 둘째) I 1978년

유학시절 케이프타운에서

유학시절 후원자 두프레시스 목사 부부와

총장 재임시절 대학 행사에서

총장 재임시절 유학생들과

저서 「내일로 가는 교회교육」

저서 「기독교교육학개론」 | 공저

나삼진 박사

고신대학교 신학과, 신학대학원 (M. Div.)
미국 Talbot School of Theology, Biola University (M. A., MACE)
고신대학교 대학원 (Ph. D.)
미국 Fuller Theological Seminary (D. Min.)

대한예수교장로회(고신) 총회교육원장
한국복음주의기독교교육학회 회장
현, Evangelia University 교수, 교육연구원장, 출판국장
현, 오렌지카운티 샬롬교회 담임목사

저서_「NG를 잡아라: 21세기 청소년 사역 전략」
   「기독교 청소년 사역」
   「신앙교육의 핵심주제」
   「교회학교 프로그래밍」
   「하나님의 주권을 이 땅 위에: 학생신앙운동 역사」

김영한 박사

김영한 박사의 생애와 신학

정기철_전, 호남신학대학교

서울대학교 문리과 대학 철학과 (B. A.)
하이델베르크대학교 (Ph. D.)
하이델베르크대학교 (Th. D.)
미국 프린스턴신학교 Visiting Scholar
영국 캠브리지대학교 신학부 Visiting Scholar
미국 예일대학교 신학부 Visiting Fellow
독일 복훔대학교 신학부 Visiting Scholar

한국복음주의협의회 신학위원장
한국개혁신학회 고문
한국해석학회장
한국기독교철학회 4대, 5대, 6대 회장
아시아 복음주의연맹 신학위원장
한국복음주의조직신학회 고문
샬롬나비(샬롬을 꿈꾸는 나비행동, 개혁주의 이론실천학회) 상임대표
숭실대 기독교학과 명예교수

저자의 생애와 사상에 대해 안계정 박사가 『한국교회를 빛 낸 칼빈주의자들』에서 잘 정리했기에 필자는 저자의 학문 세계를 살피고자 한다. 저자의 학문 세계도 두 가지 원칙을 따랐다. 즉 저자가 철학박사이면서 신학박사이기에 철학과 신학이 그의 사상에서 어떻게 전개되고 있는지, 또한 후기로 갈수록 신학 저술이 많아지는데, 여러 책 중에서 『나사렛 예수』를 택해서 읽었다. 첫 번째에 해당하는 『훗설과 나토르프』(Husserl und Natorp)은 철학박사 학위논문이고 『현상학과 신학』(Phänomenologie und Theologie)은 신학박사 학위논문이지만 『하이데거에서 리꾀르까지』는 현대 철학적 해석학과 신학적 해석학이 함께 다루어지고 있다. 이 작업들은 현상학에서 시작하여 결국 프랑스 기독교 철학자 폴 리꾀르(Paul Ricoeur)에게 안착하게 된다. 『비판과 확신』 편집자가 리꾀르에게 '자녀들에게 우선적으로 전달해야 할 가치가 있다면 그것이 무엇이라고 생각하십니까?' 묻자 "그것은 다름이 아니라 제 책의 제목이기도 한 것처럼 '비판'과 '확신'입니다"(6)라는 대답처럼 저자도 이성과 신앙을 철저하게 고수한다. 저자가 1996년에 직장암 2기 말 진단을 받고 병원에 계실 때 필자와 나눴던 대화 중 '학자이기 전에 신앙인이어야 한다. 구원받지 못한 학자는 학자의 생명력을 잃은 것이다'라는 취지의 말씀이 기억난다. 이 시기 이후로 십자가 신학이 강조되고, 필자는 저자의 신학의 핵심을 십자가 신학이라 소개했다. 필자는 그 차원에서 『나사렛 예수』도 읽었다. 안계정 박사의 "은혜(恩惠) 김영한(金英漢) 박사의 생애와 신학" 글 일부이다.

나는 인천 인하대 병원에 긴급 입원하여 수술받고 여태까지의 분주한 세상과는 완전 차단되면서 죽음의 현전을 체험하면서 이와 투쟁했다. 근 3주 동안 병원에 갇혀서 지냈는데, 그때 병원에 가지고 갔던 신학책은 이러한 생사를 가름하는 시기에 큰 도움이 되지 않았다. 그러나 성경은 하나님 말씀으로 나에게 새로운 힘을 주었다. 절망과 죽음의 현전에 직면하는 연단과 자기성찰의 시기를 보내게 하신 후 하나님은 새로운 기회를 주셨다. 지성적으로 교만한 내가 죽고 그리스도에게 복종하는 새로운 영성의 내가 탄생했다.

김영한 박사 은퇴기념논문집 『나와 함께하신 하나님의 은혜』에도 김영한 박사의 생애와 신학이 제자들을 중심으로 소개되어 있다. 저자의 학문 세계를 정리하면서 주의 깊게 다루고자 하는 개념이나 사상을 필자의 관점에서 부연 설명하기도 했다.

박사학위논문

철학박사

철학박사 학위논문 제목이 『훗설과 나토르프』(Husserl und Natorp)였는데, 논문 부제가 말해주듯이 훗설의 현상학과 나토르프의 신칸트주의 이론에서 철학의 최후정초 문제를 연구하였다. 철학박사 논문은 인식의 최종정초에 대한 현상학의 직관과 신칸트주의의 반성을 비교 연구했다. 훗설은 순수의식 속에서 원본 직관이 가능하다고 했지만, 나토르프는 원본 직관조차 반성에 의해 지각되어야 한다고 보았다. 훗설은 인식론적 절대주의에 빠졌고 노년에 와서야 삶의 세계 인식론으로 나가면서 인식의 최종정초의 이념을 무한한 과제로 받아들이는 신칸트주의 이념에 접근한다. 이 논문은 인식의 선험현상학적(훗설) 정당화와 초월 논리적(나토르프) 정당화의 초월적 인식 이론의 신학적 범위를 명확히 하고자 했다. 이런 모티브를 주신 분들에게 저자는 감사한다. "훗설 현상학의 신학적 문제 영역을 소개하고 신학적 문제에 대한 나의 인식을 일깨워준 마부르그 대학의 칼 라쇼우(Carl Ratschow), 그리고 나의 존경하는 신학 스승인 하이델베르그의 알브레히트 페터스(Albrecht Peters)는 나에게 기독교 조직신학 사상을 소개하고 종교개혁의 영향을 받은 철학적, 신학적 사고방식을 끝없이 이끌어주었다."[1]

저자는 제5장에서 현상학이 기독교 조직신학과 어떻게 연관되는지 탐구한다. "훗설과 나토르프의 초월 신학은 신이 초월적 사고의 산물이 아니라 순수 자아의 초월적 반영의 방법에서 절대자를 언급함으로써 그것에 완전히 초월하는 전체자라는 사실을 간과한다. 그렇기에 나토르프의 신비신학은 절대자를 믿어야 한다는 의미에서 무조건 긍정되어야 하는 초월적 범주라고 명명함으로써 초월적 신학을 포기한다. … 훗설의 신학은 초월적 의인화에 빠진다. 나토르프의 신학은 신비주의로 발전한다. 따라서 두 신학의 난제 해결책은 하나님의 말씀으로서의 계시의 신학이다."[2]

신학박사논문

신학박사 학위논문은 『현상학과 신학』(Phänomenologie und Theologie)으로 훗설의 선험 현상학의 사고가 현상학적 신학을 기초할 수 있는지 살피고 있다. 현상학적 신학으로 기독교의 교리를 잘 설명할 수 있는지 새로운 신학 방법론을 찾고자 한다. 그리하여 기독교 현상학을 신학의 방법론적 기초로 제시한다. 그러나 그 방법이 신학에서 제대로 작동하려면 현상학적 환원만으로는 안 되고 '신학적 환원(theologische Reduktion)'이 필요하다. 현상학적 환원은 의식으로의 환원이기에 그

---

1 Yung Han KIM, Husserl und Natorp, Seoul: Hyung Sul, 1982, I
2 KIM, Husserl und Natorp, 240.

것으로는 의식 밖의 실재하는 하나님을 인식할 수 없다. 사태 자체를 본질 직관하기 위해 현상학적 환원을 거친 것처럼, 사태 자체가 신학에서는 하나님이기에 하나님을 인식하기 위해서는 말씀과 성령을 매개로 해야 한다. 하나님을 인식하기 위해 말씀과 성령으로 환원해야 한다는 것이 바로 신학적 환원이다. 저자가 신학적 환원을 말한 이유는 하나님을 바로 인식하기 위해서는 "하나님의 말씀"[3]에 마음으로 진실하게 귀를 기울이는 인간 존재의 참여로 되돌아가도록 이끄는 어떤 절차가 필요하기 때문이다. 그것은 신적 현상으로 나타나는 모든 것, 즉 인간과 자연적 실재의 전체 안에서 신의 자기 계시로 나타나는 한에서 "현상학적"[4]이다.

저자는 훗설에게서 5가지 '신모델'을 통해 신학적 현상학이 가능한지 탐구한다. 현상학에서는 본질 직관하는 궁극 주체가 코기토적인 자아이지만, 그것은 철학자들이 비판하는 것처럼 삶의 세계나 타자, 그리고 신이 없는 절대적 유아론일 뿐이기 때문이다. 따라서 기독교 현상학은 삼위일체 하나님의 자기계시인 말씀을 해석하는 해석학으로 새 옷을 입어야 한다. 그것이 바로 현상학적 해석학이다. 이 문제를 처음 논한 사람은 바로 하이데거다. 하이데거도 저자처럼 『현상학과 신학』(Phänomenologie und Theologie)을 출간한다. 하이데거의 '현상학과 신학'의 관계 설정을 먼저 소개한 다음, 저자는 하이데거와는 다르게 어떻게 현상학이 신학과 연결될 수 있는지 살펴보자.

하이데거는 '현상학과 신학' 첫 강의를 1927년 5월에 했지만, 출판은 1969년에 했다. 책으로 출판할 때, 신학의 학문성을 주장하는 불트만

---

3 Yung-Han Kim, Phänomenologie und Theologie: Studien zur Fruchtbarmachung des transzendentalphänomenologischen Denkens für das christlich-dogmatische Denken. Frankfurt am Main, Bern, New York: Peter Lang, 1984, 101.
4 Kim, Phänomenologie und Theologie, 98.

이 "신약에서의 계시의 개념"과 같이 출판하자고 제안하나 하이데거는 완고하게 반대한다. 블로흐만(E. Blochmann)에게 보낸 1928년 8월 8일 편지에 따르면 하이데거는 "신학은 과학이 아니라고 개인적으로 확신하고 있었다."[5] 하이데거는 청년 시절에 바울과 어거스틴, 그리고 청년 루터를 연구한다. 이들 연구를 통해 하이데거는 초기 기독교인의 삶의 경험이야말로 현상학이 궁극에 파헤쳐야 할 탐구 주제라 보았다. 특히 데살로니가 서신을 통해 그 교회의 사실적 삶의 경험이 철학의 출발점이 된다고 이해한다. 하이데거는 사태 자체인 현사실적인 삶의 경험에 이르기 위해 어떻게 '형식적 지시(formale Anzeige)'가 가능한지 집중했다. 그는 아우구스티누스를 통해 신과의 관계 속에 있는 현사실적 삶은 완전히 계시된 것이 아니라 숨겨져 있음을 배운다. 이 사상은 루터의 『하이델베르크 논쟁』(1518년)에서 '숨어계신 하나님' 개념으로 나타난다. 쉴라이에르마허(Schleiermacher)가 말했듯이 신학은 역사적 현상으로서의 기독교가 아니다. 트뢸취(Troeltsch)가 염두에 두었던 것처럼 문화 현상으로서의 기독교도 아니다. 오히려 신학의 긍정성은 십자가에 못 박히신 하나님으로서 그리스도가 계시된 사건인 구체적인 역사에 기인한다. 존재 방식을 "믿음으로 믿는 것"(fides qua creditur)은 "믿음을 믿는 것"(fides quae creditur)을 발생케 한다. 즉 신앙의 행위는 신앙의 내용을 발생하게 한다. 물론 신학이 주장하는 믿음에 대한 지식은 특별한 종류의 지식이기에 하이데거는 그것을 인용 부호로 묶는다. 지식은 역사적 사건에 대한 이론적 지식이 아니라 믿음에 대한 지식이다. 그래서 하이데거는 "믿음은 십자가에 못 박히신 분과 함께 계시된, 즉 일어나고 있는 역사 안에 존재하는 것을 믿음으로 이해하는 것이다"[6]고 정의했다. 결과적으로 신학의 특정한 학문적 성격은 신학의

| 5 M Heidegger/E Blochmann, Briefwechsel 1918–1969, hg von JW Storck, 1989, 25.

특정한 실증성에서 유래한다.

저자는 하이데거와 같은 입장에서 "현상학과 신학"이라는 주제를 다룬 것이 아니다. 저자는 하이데거와는 달리 신학은 학문이라는 전제하에서 출발한다. 저자의 근본 관심은 현상학에서 신학의 방법론을 찾는 데 있었다. 저자의 시도에 현상학자들은 동의할까? 이에 대해 저자의 학위논문을 리뷰한 하트(James G. Hart)의 글을 인용한다.

"훗설 학자들의 공동체가 초월 현상학의 신학적 측면을 합의하기까지는 의심할 여지 없이 오랜 시간이 걸릴 것이다. 훗설 사상에서 이러한 측면을 토론하도록 촉발한 것 때문에, 그의 시도에 만족하지 않지만 우리는 그에게 감사해야 한다. 훗설은 의심할 여지없이 자신의 철학적 신학이 발전되지 않았다는 것을 처음으로 인정했을 것이지만, 그것이 이성과 인간성의 의미를 이해하는 것을 알려주는 한 그것은 분명히 부차적인 문제가 아니었다."[7]

『하이데거에서 리꾀르까지』

신학과 철학의 조우에 기초한 연구서인 『하이데거에서 리꾀르까지』를 쓴 의도가 무엇이냐는 필자의 서신 질의에 저자는 이렇게 답했다.

"『하이데거에서 리꾀르까지』는 개혁신앙에 적합한 철학적 사유를 모색하는 가운데 하이데거의 존재 중심 사유에서, 리꾀르의 텍스트(성경) 중심 사유에서, 철학적 사유의 기독교적 길을 발견하는 과정에서 나왔

---

[6] M. Heidegger, Heidegger Gesamtausgabe (GA 9) Wegmarken, Frankfurt a/M: Klostermann, 1978, 54.

[7] J.G. Hart, "Book Review: Yung-Han Kim, Phänomenologie und Theologie," Husserl Studies 5 (1): 81~88, (1988), 87.

어요. 훗설의 현상학은 의식분석에 치밀함을 보여주었으나 순수의식이 절대자가 되는 사유는 인간의 유한성, 오류, 죄성을 망각하는 범신론적 사유로 변질해요. 인간의 유한성을 강조하고 존재 사유를 제기한 하이데거는 현상학을 존재론으로 발전시켰으나, 텍스트 없는 횔더린의 존재 탐구로 나가면서 신비주의와 허무주의로 떨어졌어요. 이와는 달리 리꾀르는 성경 말씀으로서 텍스트를 강조하고 철학을 텍스트 해석학으로 전개한 것은 현대 철학의 흐름 속에서 보편성을 유지하면서도 기독교적 사유를 전개했다고 보고 사유적 안착을 발견했어요. 철학은 사유의 엄밀성 훈련과 우주. 역사. 인간. 의미 질문에 그칩니다. 해답이 없지요. 해답은 계시가 줍니다. 여기서 기독교 철학이 시작합니다. 철학은 신학(계시의 말씀과 성령의 조명) 안에서 사유할 때 비로소 해답 발견할 수 있어요."

[하이데거에서 리꾀르까지]가 처음 출간되었을 때 학계에 큰 반향이 일어났다. 1989년 열암기념사업회는 제8회 열암학술상 수상자로 저자를 선정한 이유를 『하이데거에서 리꾀르까지』가 신학적 해석학에 대한 광범하고 치밀한 규명을 통해 한국철학계 및 종교학계의 학문적 수준을 높이는데 기여한 것으로 평가해 수상자로 선정했다고 밝혔다. 연세대학교 박순영 교수는 [하이데거에서 리꾀르까지] 서평에서 "해석학에 관한 소개 서적과 연구 서적마저 거의 없는 우리 학계의 상황에 비추어 볼 때 김교수의 서적은 현상학적 해석학을 소개하는 일에 크게 이바지했다. 특히 실증적 과학주의와 형식적 논리주의가 철학의 중요한 과업 중의 하나인 구체적 삶의 세계를 도외시하는 분위기가 우세한 우리 시대에(훗설의 표현을 빌리면 실증주의는 철학적 머리를 잘라버렸다) 진정한 세계경험을 가능케 하는 해석학적 현상학적 계기가 보완되어야 함을 역설해 준다."[8] 박순영 교수의 서평대로 한국에 철학적·신학적 해석

학을 처음으로 소개한 책이다. 이 책은 저자가 밝힌 대로 저자의 사상적 편력의 부산물이다. 훗설은 철학을 현상학으로 제시했다. 철학은 실증주의적 과학주의 옷을 입고 있었다. 근대 이후로 자연 과학의 발전은 세계를 바꾸어 놓았다. 기차가 처음 운행했을 당시 서양에서는 내 시간을 빼앗아간 기차라고 고발한 웃지 못할 사건도 있었다. 오늘날 고도로 발달한 자연과학은 우리의 삶을 지배하고 있다. 그러한 시대에 철학은 '엄밀한 학'이어야 한다는 것이다. 철학적 사고의 출발이란 엄밀한 학인데, 무엇을 엄밀하게 기술해야 하는가? 자연과학자들은 몇천 개의 부품으로 만들어진 기차를 말하겠지만, 현상학자들은 그런 부품의 기계들만이 아닌 눈을 감고도 말할 수 있는 기차를 '사상자체(事象自體)'라 했지만, 그리스도인들에게는 눈에 보이지 않는 하나님을 어떻게 엄밀하게 기술할 것인가?

저자는 1971년 독일 하이델베르크에서 철학박사 논문을 쓰면서 현상학이 중시하는 '사상 자체'는 결국 실재하는 세계가 아니라 머릿속에 있는 관념일 뿐인지 아닌지 회의하게 되었다고 한다. "훗설의 현상학적 반성이 사상 자체를 의식의 현상에 국한시키고 있다는 회의에서 벗어날 수 없었다"(i)면서 사상(事象)이란 순수의식 내에서 드러나는 의식의 구조가 아니라, 우리 삶의 현실은 "우리의 의식을 초월해 있는 실재일 뿐 아니라, 선험적인 것으로 환원될 수 없는 다양성을 지니고 있지 아니한가?"(i) 그래서 저자는 "현상학의 새로운 길에 대한 성찰로 인도했고, 현대 철학과 현대 신학에 있어서 훗설의 현상학에서부터 출발하면서 사상 자체의 모색을 위해서 각기 현상학적 여정을 수행했던 현상학자들의 사색의 길을 연구하는 새로운 착상을"(i) 제시하고 있다.

철학의 분야에서 이런 작업은 이미 하이데거가 수행했고 하이데거의

| 8 박순영, "서평: 김영한 저, 『하이데거에서 리꾀르까지』, 『철학』 제28집 (1987) 211-218, 216.

제자인 가다머가 제시했다. 하이데거는 훗설의 제자이면서도 후설의 현상학에서 해석학으로 방향을 튼다. 훗설의 사상 자체는 죽음에 불안해하고 염려하는 인간 현존재여야 한다는 것이다. 그런데 철학은 이런 존재에 관심을 두지 않고 있다는 것이다. 그리하여 철학을 존재론으로 위치시킨다. 하이데거는 선험적 현상학을 존재론으로 대체하면서 선험적 자아보다는 세계대전 속에서 죽음을 불안해하는 사실적 삶을 탐구 대상으로 제시한다. 하이데거의 제자였던 가다머는 훗설이 사상 자체라고 한 것을 진리라고 보았고, 그런 진리는 하이데거처럼 인간의 사실적 삶을 언어를 통해 다가온다고 보았다. 언어는 사상 자체를 가져오지만, 우리는 언어 속에서 태어났기에 그 언어가 가지고 있는 의미나 이해를. 그리고 해석을 기반으로 서로 상호소통한다. 그런 상호 소통이나 의사소통은 자연과학처럼 객관적인 것보다 자신의 이해나 오해, 또는 해석에 기초하기에 그런 오해를 풀고 잘못 알고 있는 것을 끊임없이 바르게 이해하고 해석하는 과정이 필요하고, 그런 의미에서 가다머는 진리를 자연과학의 객관성이 아니라 해석학적인 순환 속에 있는 언어 속에(im Wort) 있다고 보았다. 이런 가다머의 입장에 대해 사회철학자인 하버마스(Jürgen Habermas)는 인간의 삶의 세계에는 언어만이 아닌 노동이나 권력 등도 중요한 세계라고 보았다. 하버마스는 언어가 담고 있는 진리란 의사소통을 통해 합의한 것이고, 합의하기 위해서는 서로 다른 많은 의견 차이를 극복할 수 있는 심층 해석학이 필요하다고 보았다. 그런 점에서 비판이론을 제시한다.

　이러한 철학의 흐름은 현대 독일 신학에 그대로 반영된다. 정기적으로 성경의 원전을 같이 읽던 불트만(Rudolf Bultmann)은 하이데거의 영향 때문에 죽음에 불안해하는 탐구 해야 할 현존재를 신앙적 실존의 모습이라고 보았다. 이런 그리스도인은 하나님을 믿는 존재이기에 하나님의 말씀인 로고스를 어떻게 이해하고 받아 들였는지가 중요하다고 보면서, 성경의 이야기는 신화일 뿐이라 생각하는 발달한 자연과학적 가치를 가지고 있는 사람들에게 성경의 이야기를 들려주기 위해서는 과학에 맞지 않는 이야기는 비신화화해야 한다고 주장한다.

그러나 불트만 학파에 속하는 에벨링(Gehard Ebeling)은 로고스를 과학에 맞추려는 불트만과는 달리 로고스는 새로운 존재이해를 열어주는 사건이라고 보았다. 바울의 서신에 따르면 사도들의 선포된 하나님의 말씀은 믿음을 일으키고 믿음은 말씀을 들음으로써 자란다. "그러므로 믿음은 들음에서 나며 들음은 그리스도의 말씀으로 말미암았느니라"(롬 10:17). 믿음은 말씀이 만든 것이다(creatura verbi).

판넨베르크(Wohlfart Pannenberg)는 그리스도의 부활을 중심으로 한 계시 형식으로서의 역사 개념을 포함하여 현대 신학에 많은 중요한 공헌을 했다. 그는 철학, 역사, 그리고 무엇보다도 자연과학과 비판적으로 상호 작용할 수 있는 엄격한 학문 분야로서의 신학을 옹호한다. 판넨베르크는는 독일 복음주의 교회의 동성애 승인에 대한 노골적인 비평가였으며, 동성애 행위를 승인하는 교회는 더 이상 참된 교회가 아니라고까지 말한다. 그는 레즈비언 활동가에게 훈장을 수여했다는 이유로 연방 공로훈장을 반환하기도 한다.

그의 신학적 인식론은 유비적 진리다. 이것은 슐링크(E. Schlink)의 영향으로 기술적인 진리가 아닌 예배의 송영학적 진리, 곧 하나님의 자기 계시에 대한 응답이다. 역사는 신의 자기 계시라는 헤겔의 역사주의 사상과 이스라엘의 역사, 특히 묵시 문학적 계시 사상을 결합하는 '보편사'(Universalgeschichte) 신학으로 등장한다. "그의 보편사 개념은 구약학자 폰 라드와 침머리의 구속사 개념과 가다머의 전승사 개념을 이어받고 있다. 그의 보편사 해석학은 헤겔 체계의 오류 – 인가사고의 유한성과 미래 개방성에 대한 간과 –를 가다머의 영향사적 사고를 이어받으면서 극복하고 있으며, 인간언어 전승에 국한된 가다머의 영향사 사고를 역사의 초월적 의미를 보장하는 신사고의 요청 아래서 신계시가 야기하는 포괄적인 보편사 사고로 확대시키고 있다"(iii).

정신과 자유가 계시되는 전개 과정으로서의 역사에 대한 헤겔의 개념은 "위에서 수직으로" 발생하는 계시에 대한 바르트의 개념과 결합된다. 판넨베르크는 역사 자체에 대한 헤겔적 이해를 신의 자기 계시로 받아들이지만, 그는 역사가 전개되고 있는 것에 대한 예언적 계시로서 그리스도의 부활을 강력하게 주장한다.

판넨베르크는 "예수: 신과 인간"(Jesus-God and Man)에서 '위에서 아래로'라는 바르트의 계시와는 다르게 '아래로부터'의 방법을 통해 나사렛 예수의 부활을 논증했다. 그는 역사를 정신과 자유가 계시되는 전개 과정으로 이해하는 헤겔에 기대 '계시로서의 역사'를 발전시켰다. 그는 전통적인 칼케도니아의 기독론인 인성과 신성이라는 두 본성론을 거부하고 부활에 비추어 그리스도의 인격을 보았다. 그리스도의 정체성에 대한 열쇠로서의 부활에 대한 이러한 초점은 판넨베르크로 하여금 빈 무덤이 아니라 초대 교회의 역사에서 부활하신 그리스도의 체험을 강조하면서 그 역사성을 옹호하도록 이끌었다. 이런 판넨베르크의 주장을 저자는『나사렛 예수』에서 이렇게 평가한다. "바르트 이래로 부활의 역사적 사건을 의문시한 신정통주의 신학의 분위기가 강한 유럽 신학의 분위기에서 판넨베르그가 역사적 예수의 부활 사건을 원역사적 사건(바르트)이나 실존적 사건(불트만)이 아닌 역사적 사건으로 간주한 것은 역사적 인식을 강조한 그의 보편사 신학적 사고에 기인해 있다"(제1권 331).

『나사렛 예수』

기독론을 집필한 계기를 물었다.

"기독론은 교의학적으로 다루기 전, 인격적으로 역사적 예수와 인격적 성령을 소개하기를 원했어요. 역사적 예수 집필은 『예수가 신화』(프리크. 갠디)라는 책이 2002년 동아일보에 의해 번역되어 교계가 어려웠을 때 이를 반박 하기 위한 변증의 글을 요청받아 '크리스천투데이'에 연재하다 대안 제시를 위해 쓴 글이 모아진 거예요. 나사렛 예수는 진정한 이해는 그에 대한 인격적 신앙에서 이루어진다는 거예요. 기독교 신앙의 핵심이 '나사렛 예수가 성육신하신 성자 하나님이시다'는 사실입니다. 이것은 철학과 종교와 문학을 넘어서는! 우주와 역사의 신비요 비밀이요 진리입니다. 이것을 밝히고자 『나사렛 예수』 제1권, 2권, 3권(내년 출간)을 쓴 거예요. 이것이 정통개혁신앙의 기독론의 핵심이예요."

저자는 나사렛 예수를 저술하는 배경을 밝히고 있다. 첫째로 21세기 들어 사이비 학자들이 제기한 도발적인 논의와 음모가 있었다. 영지주의 학자 디모시 프리크(Timothy Freke)와 피터 갠디(Peter Gandy)가 저술한 [예수는 신화다](The Jesus Mysteries, 2000)라는 책이 번역되면서 촉발된다. 이 책을 근간으로 2008년 7월 SBS에서 "신의 길, 인간의 길"이라는 다큐멘터리가 방영되었다. 이에 CBS와 CTS 기독교 TV 방송국과 국민일보를 비롯한 여러 곳에서 대담이나 논평을 싣다가 [크리스천 투데이] 인터넷 및 종이신문에 2008년 7월부터 연재한 글들이 책으로 출간되게 된다. 신학자는 기독교에 대한 도전에 변증하는 자여야 한다. 평시 저자는 "신의 길, 인간의 길," [예수는 신화다], [다빈치 코드] 등에 대하여 변증하는 글을 써오던 차였다. "여섯 차례에 걸친 비판의 글 연재를 마친 후에 대안을 제시해야 한다는 생각이 들었다. 이제는 '나사렛 예수의 역사성과 진실'에 대한 보다 구체적인 증거를 제시하는 것이 SBS다큐멘터리의 왜곡된 방영으로 상처를 입었거나 신앙에 혼란을 초래한 분들(특히 젊은이들)에게 치유가 된다는 생각이 들었다. 도마복음 등 영지주의 문서들이나 이에 의거하여 지어낸 허구적 소설 『다빈치 코드』에 나타난 왜곡된 예수상의 허구를 지적하고 역사적 예수의 진실을 밝히고자 시도하였다."(8)

교회사가 증거해 주듯이, '예수는 그리스도시다'는 신앙고백에 대한 많은 논쟁이 여전하다. 나사렛 예수와 신앙고백인 그리스도와의 관계가 핵심 논쟁거리다. '나사렛에서는 선한 자가 날 수 없다'는 역사성 문제 제기는 '예수는 메시야인가'라는 논쟁을 담고 있고, 동정녀 탄생에서부터 십자가와 부활한 예수는 그리스도가 아니라 제자들의 신앙고백에서 나온 것일 뿐이다는 식으로 전개되고 있다. 저자가 책 제목을 [나사렛 예수]로 잡은 이유를 알 수 있는 대목이 나온다. 나사렛 예수는 인격적으로 만날 수 있는 살아계신 삼위일체 하나님이시다는 것이다. "나사렛 예수는 오늘도 살아계시는 인격으로서 고고학적 유물로서 존재하시는 인물이 아니라 역사 안에서 그의 교회의 예배와 말씀의 증언을 통해서 오늘도 그분이 보내신 성령의 현존 안에서 그를 믿는 신자들의 마음과 신자 공동체의 사귐 안에서 인격적으로 다가오시는 살아계시는 하나님이시오, 그리스도이기기 때문이다."(9)

저자가 밝힌대로 신약학자가 아니기 때문에 신약학자의 입장에서 나사렛 예수를 쓰지 않았다. "저자는 전공분야가 신약학이 아니라 조직신학과 기독교 철학이기 때문에 이 주제에 관한 주도적인 성찰도 신약학적인 접근이 아니라 신구약 성경학자들의 연구 업적에 철저히 근거하며서도 현상학적이고 종교사적이며, 조직신학적 측면에서 접근한 것이다"(11). 뭐가 기독교 철학자, 특히 현상학자요 해석학자의 입장인지 궁금해 할 수 있는데, 저자는 그것을 이렇게 기술하고 있다. "본 저서에는 저자의 세계관적 전제가 나타나 있으며, 학문적인 관점에서 저자가 가진 역사적 예수에 대한 신앙이 표현되어 있다. 학문과 신앙은 분리된 것이 아니라 긴밀히 연관되어 있다."(14) 또한 저자는 한국 교계의 흐름을 잘 알고 있는지라 자유주의와 근본주의 신앙도 비판하고 있다. "자유주의적으로 성경에서 일탈한 이론과 신앙에 대한 비판에 그치지 않고, 단순히 맹목적이고 교권적으로 폐쇄된 근본주의 신앙에 대한 비판이기도 하다는 점을 밝히고"(10) 있다.

이 책에는 "저자의 세계관적인 전제가 나타나 있으며 학문적인 관점에서 저자가 가진 역사적 예수에 대한 신앙이 표현되어 있다. 학문과 신앙은 분리되는 것이 아니라 긴밀히 연결되어 있다"(14). 역사적 예수를 접근하는 학문적 방법론 중에 사복음서 저자들의 교회 중심적 세계관과 대립되는 도마복음의 영지주의 세계관이나 나그 함마디(Nag Hammadi) 문서를 거부할 뿐만 아니라, "역사적 비평을 시작한 19세기 자유주의 신학자들의 제1탐구와 20세기에 들어와 파산선고를 선언하고 20세기 중반에 이르기까지 역사적 예수에 관한 불가지론을 주장한 무탐구, 20세기 중반기에 이르러 역사적 예수의 재발견을 시도한 재탐구와 20세기 후반기에 이르러 시작한 역사적 예수를 유대교 전통에서 이해하기 시작한 제3의 탐구에 대한 흐름을 비판적으로 성찰한다"(13).

이 책은 3권으로 기획되었고, 현재 2권까지 출간되었다. 제1권은 개혁정통신앙에서 본 역사적 예수 논구와 방법론적 성찰이다. 제2권은 개혁정통신앙에서 나사렛 예수의 생애와 가르침을 담고 있다. 제1권이 역사적 예수를 탐구하는 방법론을 소개하는 데 집중했다면, 제2권은 예수의 생애와 가르침을 통해 역사적 예수와 신앙의 그리스도를 분리할 수 없음을 밝힌다. 무엇이 역사적 예수를 학문적으로 논구하는 방법인가?

저자에 의하면 개혁정통신앙인데, 그것을 저자는 이렇게 풀이하고 있다. "예수에 대하여 대중적이고 도발적인 논의와 음모설을 제기한 사이비 학자들의 역사적 예수에 대한 세계관적 전제에 대하여 비판적으로 논구하였다. 이들은 영지주의적 문서를 빌려서 정통교회의 예수를 왜곡하였다. … 19세기 라이미루스에서 "예수 세미나" 학자 펑크에 이르기까지 비평학자들은 역사적 예수에 대한 자기들의 이념을 투영시켜 자기들의 원하는 이념적 예수상을 만들어내었다. 저자가 시도하는 역사적 예수에 대한 복음주의적 입장(역사적 정통교회의 신앙에 충실한 사유)을 학문적으로 변증하고자 하였다"(17-18). "본 저서에는 나사렛 예수에 대한 저자의 신앙관이 나타나 있다. 역사적 예수에 대한 논구는 … 신앙하는 자의 현재적 삶 속에서 나사렛 예수 그리스도와의 인격적 관계 속에서 추구되어 간다는 것을 제시하고 있다"(20).

저자가 제시하는 역사적 예수 논구의 올바른 방법론은 무엇인가? 역사적 예수는 신앙에 근거한다. 그렇지 아니하면 역사적 회의주의를 극복할 수 없다. 역사 없는 신앙은 공중누각이기 때문이다. 역사적 예수를 학문의 대상으로만 삼을 때에는 결국 회의주의에 빠지고 만다. 역사적 예수는 학문적 도구의 대상이 아닌 신앙의 대상이어야 하기 때문이다. 이때의 신앙이란 성령의 인도함이 없이는 바르게 작동되지 않는다. 따라서 역사적 예수를 올바르게 논구하려면 역사와 신앙을 분리하지 말고 상호관계 속에서 고찰해야 한다. 역사적 예수와 신앙의 그리스도는 분리되어 접근 가능하나 상호적이지 않을 때는 부분적 타당성만을 주장할 수 있기 때문이다. 나사렛 예수라는 역사성이 없이 불트만 학파가 그리하였듯이 신앙의 그리스도만을 내세우는 것도 잘못이다. 그러면 우리가 나사렛 예수의 역사성에 접근할 수 있는 길이 무엇인가? 그것은 복음서 저자들의 기록이고 증언이다. 역사는 결코 당시 사회·정치적 관점, 또는 인류학적이고 문화사적 여러 요인들과 분리될 수는 없다. 그런 요소를 중시하는 여러 해석학 흐름들, 예를 들면 양식비평, 역사비평, 구조비평, 이야기 비평 등 여러 학문 방법론들은 무조건 배격할 것이 아니지만, 성령론적 성찰 안에서 긍정적으로 사용될 수 있다는 것이 저자의 생각이다.

독자인 우리는 책 제1권에서 가장 주의깊게 읽어야 할 관심사가 소위 '해석학적 실재론'이다. 제14장 해석학적 실재론으로서 성경적·성령론적 실재론(583쪽 이하)은 저자의 제안의 핵심을 담고 있다. 그것은 "예수 세미나"가 역사의 예수는 신앙의 그리스도와 분리된다는 잘못된 전제를 극복하게 한다. 해석학적 실재론이라 해서 그것을 역사적 실증주의로 오해해서는 안 된다. 해석학적 실재론은 성경 해석학에서 기인한다. 저자가 풀이한 실재론을 정리하자면, 이 용어는 독일의 튀빙엔 대학교 경건주의 신학자 아돌프 쾨벨러(Adolf Kö̈berle)가 제안한 것이다. 실재론이라는 용어도 소위 나이브한 실재론(naive realism)도 있기에 해석학적 실재론이라고 이해하면 된다. 해석학적이란 구체적인 해석 과정에서 철저하게 비판적인 해석 작업을 통해 원의미에 접근하려는 작업이다. "저자가 제안하는 해석학적인 실재론이란 모든 존재는 인간이 이해하는 한에 있어서 존재한다는 것이다"(603). 성경 실재론은 신앙의 지성이 성경을 읽고 이해하는 한에 있어서 해석학적 실재론의 입장을 견지한다. 그런 의미에서 철학적·신학적 해석학은 성령의 조명과 인도를 필요로 한다. "역사적 예수에 대한 해석학적 실재론이란 사복음서를 우리가 이해한 만큼 역사적 예수는 우리에게 역사적 실재로서 다가온다는 것이다. 이러한 이해는 중립적인 역사 실증적인 지식이 아니라, 신앙적 공감(fideic empathy)이 들어간 인격적인 지식을 말한다. 여기에는 역사적 예수를 베드로나 도마가 고백한 것처럼 "주," "하나님"이라는 인격적 만남을 전제하는 것이다. … 성경적 실재론은 해석학적 실재론으로서 성경의 저자들이 역사적 예수를 체험한 것에 대한 기록을 제자들의 체험으로서 해석학적으로 받아들이는 것이다"(604-605). 저자는 역사주의적 한계를 극복하기 위해 해석학적 실재론을 제시했다. 저자에게 성경은 역사로서의 성경이나 동시에 신앙으로서 성경으로 받아들이고 있기 때문이다. 이러한 해석학적 실재론은 근본주의적이나 비평주의적 자유주의를 거부하고, 성령의 인격적 인도를 포함하고 있다. 학문적인 경향이 강한 사람은 성령의 조명이나 인도를 거부한다. 그러나 저자는 학문을 중시하면서도 성령의 조명이 없이는 성경 말씀이 발생시키는 "인격적으로 다가와서 인격을 변화시키는 살아 움직이는 인격 변화의 사건"(613)이 일어나지 않기 때문에 해석학적 실재론을 강조한다. 그런 점에서 저자는 나사렛 예수를 인격적으로 만나는 삼위일체 하나님이라고 결론 내린다.

이제 저자가 강조한 '신앙적 공감'(fideic empathy)에 대한 필자의 부연이다. 공감 또는 동감을 영어로는 sympathy와 empathy를 쓰는데, 엄밀한 의미에서 이 둘은 구별해서 써야 한다. sympathy는 그리스어 sumpatheia에서 유래해 sum(함께)과 pathos(정열)가 합쳐진 말로, pathos는 passion의 의미를 담고 있다. passion은 십자가 수난을 뜻한다. 그리고 empathy는 그리스어 empatheia에서 유래해 en(~안에)과 pathos(느낌)가 합쳐진 말로, pathos는 느낌(feeling)이라는 의미가 많다. sympathy와 empathy는 모두 다른 사람의 감정에 어떻게 반응하는가와 아주 밀접하게 연관되어 있다. 그런데 sympathy는 예수의 십자가 고난에 동참하며, 더 나아가 같은 마음으로 살아감을 뜻하는 데서 알 수 있듯이 다른 사람의 고난을 함께 짊어짐을 뜻하고, empathy는 다른 사람의 감정을 내 것으로 느끼고 받아들이는 수동성을 함축하고 있다.

Passion은 그리스어 paskho라는 동사에서 유래한 말로, '당하다, 참고 견디다, 무엇인가에 지탱하다' 등의 수동적인 뜻이 들어 있다.

Passion이 pathos에서 유래하여 자기한테 미치는 어떤 작용을 감내하는 단순한 상태만이 아니라, 주체가 겪는 우발적인 사고·불행·사랑·증오 같은 감정도 포함한다. 예수의 수난은 십자가에서 죽은 고통을 당하는 수동성을 담고 있다. 신학에서는 예수가 자발적인 의지를 따라 자율적으로 죽은 것인지, 타율적인 죽음인지, 타율적인 죽음이라면 대적자들한테 당한 피살-유대인의 폭력(살전 1:13~16)인지, 권세자들의 무지(고전 2:8)-인지, 하나님의 구원사적인 섭리를 따른 자발적인 희생제물(빌 2:7~8)인지, 하나님의 뜻을 따른 불가피한 희생(갈 1:3~4)인지를 놓고 논란을 벌이고 있지만, 분명한 것은 그 단어가 수동태적인 고통이라는 점은 분명하다.

 필자가 이해하기로 신앙적 공감의 구체적인 사례가 바로 즉시 일어나 예루살렘으로 올라간 제자들의 행위(눅 24장)이다. 수동성이 받아들이는 것이지만 마음에서 받아들인 것을 능동적으로 행동하게 하는 긍정의 힘, 곧 '불이 타는 마음'으로 몸을 움직이게 되었다는 것이다. 어찌할 때 이런 능동적인 행동을 하게 했는가? 불이 타는 마음이 되었을 때이지만, 제자들이 마음이 뜨거운 것은 예수님께서 성경을 풀어주실 때이다. 즉 성경을 해석하고 이해시켜 주었을 때이다. 그런데 길을 가면서 이미 제자들은 마음이 뜨거움을 경험했다. 즉 예수가 성경을 풀어주실 때에 이미 마음이 뜨거워졌다. 그러나 그때 바로 예루살렘으로 돌아간 것이 아니었다. 저녁식사 때, 떡을 떼실 때 그들의 눈이 밝아져 그인줄 알아 보았다. 삼일 전에 예수와 최후의 성만찬을 나눴다. 부활하신 예수께서 최후의 성만찬의 행위를 그대로 하시면서 말씀하시자, 예수님께서 하셨던 말씀을 생각나게 하고 가르치시는 성령이 역사하여 그들의 눈이 떠져 그인 줄 알아보았고, 그때서야 길을 가면서 성경을 풀어주실 때 그의 마음이 뜨거웠음을 회상하고 있는 것이다. 이처럼 신앙적 공감이란 성령의 조명과 해석학자이신 예수님의 말씀을 풀어주심이 함께 작동하여 인격적인 만남을 가지게 함을 뜻한다.

필자는 교회에서 목회할 때에, 하나님에 대한 '압바' 호칭을 설교한 것 때문에 많은 어려움을 겪었다. 제30장 나사렛 예수와 하나님에 대한 '압바' 호칭을 관심을 가지고 읽었다. 지금도 어떤 모임이나 교회에서도 하나님을 '아빠'라 호칭하며 기도하는 경우를 만나지 못했다. 저자가 설명한대로, 이 호칭은 아빠의 사랑을 담고 있으며, 하나님과 새로운 인격 관계를 나타내는 것이라고 하는데도 말이다.

필자가 개인적으로 관심 가지고 읽은 부분은 제26장 나사렛 예수가 보여준 기도의 삶이다. 필자에게 가장 약점은 루터처럼 기도하는 사람이 되지 못한 것이다. 예수는 습관적으로 기도하셨다. 필자도 습관적으로 기도하려고 애쓰기 시작했으나 습관은 어려서부터 배워야 가능함을 알게 되었다. 저자가 '한적한 곳에서 기도'라고 한 것은 예수님께서 기도를 가르치실 때에 은밀한 중에 기도하라는 내용을 말한 것과도 일맥상통한다. 저자는 '기도의 은밀성과 내면성'을 설명하면서 '중언부언하지 말라'를 하나님은 우리의 중심을 보시기 때문이라 설명한 부분을 밑줄쳤다.

기도하면서 놓치면 안 되는 중요한 사항들도 언급했는데, 저자는 기도의 본질을 "하나님의 뜻을 알고 나의 뜻을 포기하고 하나님의 뜻에 순종하는 행위"(338)라 밝힌다. 예수님이 가르쳐 주신 기도의 속성 중 저자는 하나님께 간절히 구해야 할 것을 비유로써 가르치신 내용을 강조하면서, "비록 벗 됨으로 인하여서는 일어나서 주지 아니할지라도 그 간청함을 인하여 일어나 그 요구대로 주리라"(눅 11:8)의 간청하는 태도를 무속 신앙의 기도와는 달리 살아계신 하나님과 인격적으로 소통하는 것이어야 하는데, 그것은 바로 하나님의 뜻을 알고 그의 뜻에 나의 의지와 뜻을 복종시키는 것이라고 한다. 아쉬움이 있다면, 성령의 기도를 좀 더 자세하게 덧붙이지 않은 것이다.

필자는 저자의 신학 핵심을 무엇보다 십자가 신학에서 읽는다. 저자는 예수 죽음의 의미를 대속의 죽음이라 풀이하면서, 케노시스 사상을 늘 강조한다. 하나님의 자기 비우심을 발터 베야민처럼 신적 폭력으로 보거나, 신성 포기가 아니라, "세상에 대한 주권의 포기였으며, 모든 세상적 효용성을 포기한 것이다"(2권, 1178). 세상 권력을 가질 수 있을 때 스스로 포기할 수 있는 힘이라는 말이다. 예수의 죽음은 죽음을 죽인 하나님의 사건이다. 이 하나님의 사건이 나에게 발생해야 한다. 예수의 십자가의 죽음이 하나님을 위한 사건이듯이 나를 위한 사건이어야 한다. 부활이 죽음을 죽인 사건이라면, 나는 죽음을 죽인 하나님의 권능으로 살아야 한다. 그것이 바로 케노시스의 신앙 정신이다는 것이다.

비유로 가르치시는 예수에서 우리는 무엇을 읽어야 하는가? 저자는 [나사렛 예수]를 읽는 독자들에게 '예수는 누구인가?'라는 물음이 저자가 제2권에서 "주된 관심을 가지고 있었던 질문"이라면서 "이러한 사역을 하신 그분은 누구이며, 그분의 원천은 어디며, 그분의 삶과 가르침의 핵심은 무엇인가?"(10-11)에 관심두기를 원했다. 비유로 말씀하시는 예수가 19세기 자유주의자들처럼 "지상에서 윤리적 공동체를 이루는 모범적 교사로서의 도덕적 인물"에 불과하다면, "역동적 실재인 하나님 나라의 임박한 실재를 드러내는 종말론적 역동성"(547)이 간과되고 만다고 지적한다. 또한 비유를 예수 자신의 것이 아닌 초대 교회의 창작물로 보는 불트만 학파와 달리 예레미야스를 소개하면서 예수의 비유는 "다가오는 하나님 나라를 증거하고 있으며, 오늘날에도 신자들이 깨어서 경성하여 오시는 주님을 맞이할 준비, 종말론적 책임을 각성시키는 것으로"(549) 이해하고 있다.

저자는 비유의 본질을 하나님 나라의 인격적 화신(化身)인 예수와 그의 십자가의 신비를 지시하고 있다고 보았다. 악한 포도원의 농부 비유에서 보듯이 비유는 하나님 나라의 비밀을 감춤으로써 하나님 나라를 향하여 가는 길을 암시해 준다는 것이다. 비유의 은폐와 계시 속성을 주목하여 십자가의 길을 숨기지만, 하나님 나라의 실재이신 인격으로 자신을 계시하고 있다고 설명한다. "예수의 비유는 하나님 나라의 인격적 현존이신 예수를 구주로 믿고 그분을 따르는 제자직의 삶으로 우리를 인도한다. 예수의 비유가 말하는 것은 하나님 나라의 실재이다. 하나님 나라는 역사 전체에 구속의 전기를 가여온 가장 결정적인 실재로서 이를 받아들이는 우리의 실존과 삶과 역사를 변화시킨다"(552).

주목하여 읽게 되는 것은 '왜 예수님은 비유로 말씀하셨는가?'이다. 저자에 따르면 예수님께서 비유로 말씀하신 의도는 창세로부터 감추어진 하나님의 진리인 구속사적 섭리 때문이다. 하나님의 은혜와 선택의 섭리가 비유로 계시되거나 수수께끼로 은폐된다는 것이다. 여기까지는 저자의 의도가 쉽게 읽혀진다. 그런데 비유를 "세상의 기존 가치 체계를 전도시키는 혁명적 언어"(561)라 함은 무엇 때문인가? 다시 말하면, '오늘날 현대 그리스도인들에게 예수의 비유가 예수님께서 담으셨던 그런 세계를 담고 있는가?' 질문하고 있다. "하나님 나라 질서는 세상의 가치 질서에 혁명적 변화를 가져온다"(561)고 했는데, '실재로 그런 일이 일어나고 있는가?'라는 것이다.

경력

1971년~1974: 독일정부초청(DAAD, Deutscher Akademischer Austauscher Dienst)장학생.
1978년 3월~2012년 3월: 숭실대학교.
1980년 4월: 대한예수교 장로회(통합) 남노회 목사안수.
1982년~1998년: 기독교학술원 창립 및 부원장.
1986년~1989년, 1991년~2003년: 숭실대 한국기독교문화연구소장.
1978년~1981년, 1999년~2002년: 숭실대 교목실장.
1986년 4월~1996년 4월, 2004년 4월~2006년 4월: 한국 복음주의 신학회 학회지 「성경과 신학」, 편집위원.
1986년~1987년: 서울대 기독교 동문회장.
1989년~현재: 자유지성 300인회 이사.
1995년~현재: 서울대 총동창회 이사.
1994년~1998년: 한국 기독교총연합회 남북교회협력위원회위원.
1996년~1998년: 한국 기독교총연합회 통일정책위원회 총무.
1998년~현재: 기독교학술원 2대 원장.
1996년~2004년: 한국개혁신학회 창립 및 초대, 2대, 3대 회장.
1996년 4월~2000년 4월: 한국복음주의신학회 부회장.
1998년~2004년: 한국기독교철학회 창립 및 부회장.
1998년~2003년: 숭실대 기독교학대학원 설립, 초대, 2대, 3대 대학원장.
2000년 3월~현재: 서울대 기독교동문회 증경회장단 위원.
2000년~2002년: 한국복음주의신학회장.
2002년~현재: 한국복음주의협의회 신학위원장.
2004년~현재: 한국개혁신학회 고문.
2004년~2006년: 한국해석학회장.

2005년~2009년: 숭실대 기독교학대학원 제 5대, 6대 대학원장.
2006년 9월~현재: 한국해석학회 고문.
2006년~현재: 한국기독교철학회 제 4대, 5대, 6대 회장.
2008년~현재: 아시아 복음주의 연맹 신학위원장.
2009년~현재: 한국복음주의조직신학회 고문.
2010년 6월~현재: 샬롬나비(샬롬을 꿈꾸는 나비행동, 개혁주의 이론실천학회) 상임대표.
2012년 3월~현재: 숭실대 기독교학과 명예교수.

연구 목록

● 박사학위 논문

Husserl und Natorp. Studien zur Letztbegründung der Philosophie bei Husserls Phänomenologie und Natorps Neukantianisher Theorie. (phil. Diss. Heidelberg, 1974)

Phänomenologie und Theologie. Studien zur Fruchtbarmachung des Husserlschen transzendental-phänomenologischen Denkens zum christlich-dogmatischen Denken. (theol. Diss. Heidelberg, 1984)

● 저서

『기독교신앙개설』, 형설출판사, 1982, 1995(완전개정판).
『바르트에서 몰트만까지』, 대한기독교서회, 1982, 2001(20판).
『현대신학의 전망』, 대한기독교서회, 1984, 1992(5판).

『하이데거에서 리꾀르까지』, 박영사, 1987, 1994(4판).
『현대신학과 개혁신학』, 대학촌, 1990.
『평화통일과 한국기독교』, 풍만, 1990.
『한국기독교문화신학』, 성광문화사, 1992.
『개혁신학이란 무엇인가』, IVP, 1994.
『21세기와 개혁신학』, 한국장로교출판사, 1998.
제2권, 『포스트모더니즘과 개혁신학』.
제3권, 『개혁신학의 현대적 이해』.
『헬무트 틸리케』, 살림출판사, 2005년.
21세기 문화신학 시리즈 제1권, 『21세기 세계관과 개혁신앙』, 예영커뮤니케이션, 2006년.
21세기 문화신학 시리즈 제2권, 『21세기 문화변혁과 개혁신앙』, 예영커뮤니케이션, 2007년.
21세기 문화신학 시리즈 제3권, 『21세기 사이버 및 생명문화 개혁신앙』, 예영커뮤니케이션, 2007년.
21세기 문화신학 시리즈 제4권, 『21세기 한국기독교문화와 개혁신앙』, 예영커뮤니케이션, 2008년.
『포스트모던 시대의 세계관』, 숭실대 출판부, 2009년.
『기독교 세계관』, 기독교 세계관 시리즈 제1권, 숭실대 출판부, 2010년.
『안토니우스에서 베니딕트』, 정통 기독교 영성가 시리즈(1), 서울: 기독교학술원 출판사, 2011년.
『쉴라이에르마허에서 리꾀르까지』, 현대 철학적 해석학의 흐름, 숭실대 출판부, 2011년.
『개혁주의 평화통일신학－선진 사회적 자유민주통일론－』숭실대 출판부.
『영적분별: 개혁신학의 입장에서 본』, 킹덤북스, 2014.
『나세렛 예수: 개혁정통신앙에서 본』, 제1권, 킹덤북스, 2017.
『나세렛 예수: 개혁정통신앙에서 본』, 제2권, 킹덤북스, 2021.

제33차 한국복음주의조직신학회, 우측부터 안명준 박사, 한성기 박사, 한상화 박사, 김길성 박사, 권호덕 박사, 김영한 박사, 김윤태 박사, 박태수 박사, 장호광 박사 | 안양대학교, 2017년 4월 29일

샬롬나비 모임

월례 기도회 및 발표회, 좌측부터 오영석 박사, 김영재 박사, 차영배 박사, 김영한 박사, 이영엽 목사 | 한국교회백주년기념관, 2015년 6월 5일(금)

기독교 학술원(발표, 안명준 교수, 김영한 박사 우측) | 2019년 10월 11일

좌측부터 김재성 박사, 주도홍 박사, 김성봉 박사, 김영한 박사, 이종윤 박사, 장종현 박사, 김영선 박사, 최갑종 박사, 이상직 박사, 김진섭 박사, 안명준 박사 | 백석대학교, 2013년 10월 12일

한국개혁신학회, 좌측 두 번째 줄부터 안명준 박사, 이은선 박사, 오덕교 박사, 이동주 박사, 김영한 박사, 김성봉 박사 | 과천소망교회, 2019년 10월 19일

제26차 복음주의 조직신학회, 좌측부터 안명준 박사, 권문상 박사,
조봉근 박사 내외, 김영한 박사, 권호덕 박사 | 성결대학교, 2013년 5월 4일

이장식 박사와 함께

저서 『나사렛 예수』

숭실대학교 김영한 교수 회갑 기념 학술토론회 | 숭실대학교 벤처관, 2006년 10월 23일

정기철 교수

독일 보훔대학 철학박사(1993)
독일 보훔대학 신학박사(2002)
전, 호남신학대학교 교수

김의원 박사

김의원 박사의 생애와 신학

장동민_백석대학교 역사신학 교수

숭실대학교 철학과 (B. A.)
총신대학교 신학대학원 (이수)
웨스트민스터신학교 (M. Div.)
웨스트민스터신학교 (Th. M.)
뉴욕대학교 (Ph. D.)

뉴욕 중부교회 설립 및 시무
총신대학교 신학대학원 교무처장 역임
총신대학교 총장 역임
백석대학교 서울캠퍼스 부총장 역임

김의원 박사의 신학수업 여정

김의원 박사(이하 김의원)는 1949년 광주에서 5대 째 기독교 신앙을 이어온 가정에서 태어났다. 부친은 김의원을 목사로 길러내겠다는 서원을 하였고, 어린 김의원도 광주중앙교회에서 신앙생활을 하면서 목사의 꿈을 키웠다. 고등학생 시절 수련회에서 큰 은혜를 체험한 후 목회자가 되기로 주체적으로 결단하였다. 숭실대학교 철학과에 입학하여 신학을 준비하였는데, 특히 어학 공부를 열심히 하였다. 대학 졸업 후 총신연구원에서 한 학기 수학한 후, 1972년 미국 유학길에 올라 필라델피아 근교 웨스트민스터신학교(이하 웨스트민스터) 목회학 석사(M. Div.) 과정에 진학하였다. 그는 구약에 관심을 가졌고, 구약신학자 딜라드(Raymond B. Dillard)와 로벗슨(Palmer Robertson)으로부터 영향을 받았다. 목회학석사 과정을 마친 후 신학 석사(Th. M.) 과정에 진학하였고, "예레미야 31:31-34의 새 언약 연구"라는 논문으로 학위를 받았다.

웨스트민스터는 20세기 초 미국 근본주의-현대주의 논쟁의 산물로 1929년 설립된 신학교로서 김의원 신학사상의 골격이 형성된 학교다. 웨스트민스터를 설립한 메이첸(Grasham Machen)은 프린스턴신학교의 신약학 교수였는데, 프린스턴이 신학적 자유주의자들을 용인하는 데 반기를 들고, 동료 몇 사람과 함께 새로운 신학교와 교단을 만들었다. 웨스트민스터는 성경의 영감과 권위를 철저히 신봉함은 물론 개혁주의 신학의 전통에 충실한 학교였다. 그렇다고 해서 반(反)지성적 근본주의 노선을 취한 것은 아니었다.

웨스트민스터를 세운 신학자들은 학문적 토론을 통하여 자유주의 신학과 역사적 성서비평의 주장을 극복할 수 있다고 믿었다. 또 웨스트민스터는 '성경신학'(biblical theology)의 선두주자이기도 하였다. 성경신학이란 성경을 교리의 저장소로 생각하여 성경에서 교리를 찾아내려는 종래의 접근법에 반대하며, 점진적 구속사의 기록으로 성경을 이해하려는 새로운 성경 해석의 방식이다. 오순절 운동에 대하여서는 지성보다 감정을 우선시한다고 하여 경계하였고, 세대주의를 반대하면서 전통적 언약신학을 발전시켜 나갔다. 이러한 웨스트민스터의 장점에도 불구하고 단점도 있었는데, 학문성에 치중한 나머지 목회현장에 대한 가르침이 부족하였다. 김의원은 웨스트민스터에서의 5년 기간 동안 그 모든 가르침을 온전히 배우고 수용하였다. 웨스트민스터 목회학 과정 3년차에 평생의 반려자인 정신과 의사 아내 우영옥을 만나 결혼하였고 슬하에 두 딸을 두었다.

김의원은 웨스트민스터 신학석사 과정을 마치고 박사과정에 진학하기 원하였다. 그러나 당시 웨스트민스터는 박사과정이 개설되기 이전이었고, 미국 동부에서 적당한 다른 복음주의 신학교를 찾을 수 없었다. 김의원은 일반대학인 뉴욕대학교(New York University, 뉴욕 맨해튼 소재) "근동언어와 문학"(Near Eastern Languages and Literatures) 전공으로 진학하였다.(1977년) 이 학교에서 만난 교수는 주로 유대인 랍비들이었고 학생들도 랍비들이 다수였다. 김의원은 히브리 문헌과 셈족 문헌의 대가 바룩 레빈(Baruch Levine)이란 유대인 학자 문하에서 각종 셈족 언어를 섭렵하였다. 고대 헬라어, 아람어, 우가릿어, 아카드어, 기타 셈족 언어, 현대 히브리어 등을 공부하느라 수년의 세월을 보내었다. 김의원이 이렇게 여러 가지 고대 언어를 배운 이유는 자매 언어들의 어원과 용례들을 통하여 성경을 더 잘 해석하기 위함이었다. 구약 해석에서 유대교 랍비들과의 입장 차이로 곤란한 적도 많았으나, 교수들도 김의원의 구약의 기독교적 해석의 합리성을 인정하였다. 김의원은 1981년 "사해사본에 나타난 새 언약의 새로운 면

연구"라는 논문으로 박사학위(Ph. D.)를 취득하였다.

김의원은 뉴욕에서 공부만 한 것이 아니라 목회사역도 시작하였다. 코스워크를 마치고 두 가정을 위하여 성경공부를 인도하였는데, 이 모임이 발전하여 교회가 세워졌다. 뉴욕중부교회(현재 뉴욕센트럴처치)를 설립하여 담임하면서 목사안수를 받았다.(1980년) 한국 총회신학교에서 부름을 받기 전까지 4년 동안 목회사역을 감당하였다. 그는 신학교에서 배운 대로 설교하고 사역했지만, 실천목회가 이론과는 다르다는 것을 실감하였다. 신학공부와 목회사역 간의 괴리에 대한 김의원의 깊은 고민이 여기서 시작되었다.

김의원은 1984년 3월, 35세의 젊은 나이에 총신대학교 신학대학원(이하, 총신)의 구약학 교수로 부임하였다.[1] 당시 총신은 정치적으로 신학적으로 매우 힘든 시기를 지나고 있었다. 1970년대 내내 교권 다툼으로 교단이 조용할 날이 없다가, 마침내 내분이 격화되어 분열의 길을 걸었다. 1979년 합동보수 총회(개혁 측)가 갈라지면서 신학교도 나뉘어졌고, 1980년에는 합동신학교가 세워지고 합신 총회가 형성되었다. 특히 합동신학교의 분리는 총신에 큰 상처를 남겼는데, 이는 총신 개혁의 선두주자이던 박윤선을 비롯한 그와 동역하는 교수들이 대거 합신으로 옮겼기 때문이다.

신학교와 교단 내부의 신학적 노선 갈등도 심각하였다. 박형룡의 근본주의를 따르는 기존 세력과 변화를 원하는 교수들 사이에 신학적 차이가 있음이 드러났다. 1972년 박형룡이 총신 학장에서 물러나고 김희보가 학장으로 취임하였으나, 잡음이 끊이지 않았다. 1978년 박형룡이 소천한 이후에도 근본주의 세력은 김희보를 '신복음주의자'로 몰아 총회에서 끈질기게 문제 삼았다. 교육부로부터 신학대학원 석사과정

---

[1] 필자가 총신 신학대학원에 입학한 것도 김의원이 총신에 부임한 1984년이었고, 지금까지 사제지간의 인연을 맺고 있다.

(M.Div.)을 인준 받고(1980년), 양지캠퍼스로 확장 이전하는 등(1983년)의 발전도 있었으나, 학내 문제로 총신은 한 시도 조용할 날이 없었다. 교수들은 사명감을 가지고 학생을 가르치기보다, 교권에 줄 서기에 바빴고, 학생들도 정치적, 신학적 입장에 따라 동요하고 있었다.

총신에서 김의원이 담당한 과목들은 구약의 전 분야를 망라한다. 구약 전체를 관통하는 신학인 '구약신학'과 '구약사'(史)를 가르쳤을 뿐 아니라, 선택과목도 여럿 개설하였다. 박사과정에서 구약 언어를 전공하였지만, 총신에서 히브리어를 가르친 것을 제외하고는 아람어, 우가릿어, 아카드어, 서북 셈족어 등을 가르칠 기회는 없었다. 그가 중점적으로 가르친 과목은 '구약신학'이었는데, 웨스트민스터 은사인 팔머 로벗슨의 『계약신학과 그리스도』[2]를 손수 번역하여 교재로 삼았다. 웨스트민스터의 목회학석사(M.Div.) 과정에서 공부한 내용과 신학석사(Th.M.) 졸업논문 "예레미야 31:31-34의 새 언약 연구"를 풀어서 가르쳤다.[3] 또한 '구약사'는 그랜드래피즈 침례신학교 교수인 레온 우드(Leon J. Wood) 박사의 『이스라엘의 역사』라는 책을 번역하여 교재로 사용하였다.[4] 이 외에도 '신구약중간사'도 가르쳤는데, 이때는 박사학위 논문에서 다룬 쿰란공동체의 언약개념과 사해사본에 등장하는 '의(義)의 선생'(The Teacher of Righteousness) 등 1세기 근동의 역사적, 사상적 배경을 자세히 다루었다. 김의원은 강의와 더불어 구약신학 이해에 필요한 외국 서적들도 여러 권 번역하였다.[5] 강의의 부담에도 불구하고

---

2 팔머 로벗슨, 김의원 역, 『계약신학과 그리스도』 (서울: 기독교문서선교회, 1984)
3 필자도 그 강의를 수강한 제자 중 한 사람이었다. 팔머 로벗슨의 책을 거의 외우다시피 여러 차례 읽어서 익혔다. 그리스도 이전과 이후의 비연속성과 연속성, 예레미야가 예언한 새 언약의 완성으로서의 그리스도 사건, 이사야 4대 종의 노래에서의 종의 정체성 등이 지금도 기억난다.
4 레온 우드, 김의원 역, 『이스라엘의 역사』 (서울: CLC, 1985). 이 책의 원서 명은 *A Survey of Israel's History*, Grand Rapids: Zondervan, 1970 로서 1986년 증보판은 아직까지도 잘 팔리는 책이다.

거의 1년에 한 권씩 번역하였으니, 대단히 왕성한 학문적 활동을 펼쳤다.

구약학자로서 김의원의 주된 관심 분야 중 하나는 레위기이다. 총신대학교 총장으로 취임하기 직전인 1999년 레위기 8장의 아론 자손을 제사장으로 위임하는 예식에 관한 논문을 썼고, 2001년에는 레위기에 나타난 속죄제를 연구하였다.6) 총장직에서 퇴임한 후에도 레위기 연구를 지속하였고 마침내 기독교문서선교회(CLC)에서 출간한 복음주의 신학회 주석총서의 하나인『레위기 주석: 제사장 나라의 성결 설계도』 (2013년)로 결실을 맺었다. 또한 그는 창세기(2004년)와 사사기(2007년) 등의 주석을 저술하였다.7)

당시 은퇴를 앞두고 있던 김의원의 전임 김희보교수는 그의 학문적 재능과 열정을 높이 평가하였다. 보수적 성경관에 기초해 있으면서도 고대 근동의 고고학적 발견과 언어 연구 성과들을 성경해석에 도입하는 그의 방법론이 김희보 자신의 방법론과 비슷하여 동질감을 느끼기도 하였을 것이다. 성경의 다양성과 포괄성을 무시한 채 교리의 잣대로 성경신학을 난도질하는 근본주의적 신학 풍토를 극복할 대안을 김의원에게서 발견한 것이다. 김희보는 자신과 함께 '사당학파'를 만들 것을 제안하기도 하였다.

---

5 그가 번역한 책의 목록이다. 레이몬드 설버그,『신구약중간사』(서울: 기독교문서선교회, 1984); 토마스 맥코미스키,『계약신학과 약속』(서울: 기독교문서선교회, 1987); D. 스튜워트 외,『성경해석 방법론』(서울: 기독교문서선교회, 1987); 아더 핑크,『하나님의 언약』(서울: 기독교문서선교회, 1989); W. C. 카이저,『새롭게 본 구약』(서울: 도서출판바실래, 1989); G. 허버트 리빙스톤,『모세오경의 문화적 배경』(서울: 기독교문서선교회, 1990)

6 "제사장 위임식에 관한 연구,"「신학지남」66-3 (1999. 9); "레위기의 속죄제 연구,"「성경과 신학」30 (2001); "레위기의 속죄제사 '하타아트'(nxun) 연구,"「광신구약학 연구논문집」(2003), 최갑종박사 퇴임 기념논문집 편집위원회,『오직 성경으로: 최갑종박사 퇴임 기념논문집』(서울: UCN, 2017)에 재수록. 또한 정규남, "레위기의 속죄제 연구'에 대한 논평,"「성경과 신학」30 (2001) 참고.

7 김의원,『창세기 연구: 문예접근법에 따른 창세기 연구』(서울: CLC, 2004); 김의원, 민영진 공저,『사사기/룻기』(대한기독교서회 창립 100주년 기념 성서주석 7), (서울: 대한기독교서회, 2007); 김의원,『레위기 주석: 제사장 나라의 성결 설계도』(서울: CLC, 2013)

김의원의 강의에 대하여 많은 학생들이 열렬히 호응하였다. 당시 합신의 분열로 실력 있는 교수들이 많지 않은 총신에서 김의원의 부임은 가뭄의 단비와도 같았다. 매주 70분을 강의하는 필수 1학점을 0.5학점씩 쪼개어 두 학기를 강의하였지만, 많은 학생들이 그 강의를 듣고 만족하였다. 읽기과제와 시험에 기말 페이퍼까지 요구하였으나 이를 감수하였다. 강의가 너무 이론적이고 광범위하다고 불평하는 학생들도 없지는 않았지만 말이다.

김의원은 총신에서 연구와 강의만 한 것이 아니다. 같은 신앙을 가진 신학자들과의 대화와 연대에도 힘을 썼다. 2002년부터 2004년까지 두 해에 걸쳐 한국복음주의신학회의 회장을 역임하였다. 한국복음주의신학회는 복음주의 신학자들이 모이는 학회로서 진보적 신학자의 모임인 한국기독교학회와 더불어 한국의 양대 신학회의 하나다. 1981년 출범한 이래 매년 논문발표회를 가지고 있으며, 한국연구재단 등재지로「성경과 신학」이라는 논문집을 매년 2~3차례 발간한다.

또한 김의원은 한국개혁신학회의 창립멤버이며, 2001년부터 2003년까지 제2대 회장을 역임하기도 하였다. 한국개혁신학회는 종교개혁신학의 전통을 잇고 개혁신학의 발전을 도모하기 위하여 1996년 창립된 신학회다. 한국연구재단 등재지「한국개혁신학」을 1년 4회 발간하고 있다.

김의원은 구약신학 외에도 여러 방면에 관심을 기울였다. 당시 한국교회는 급격한 외형적 성장은 이루었지만, 그 크기에 비하여 책임을 감당하지 못하고 있었다. 반공주의와 산업화를 앞세웠던 박정희 정권이 무너지고 신군부가 권력을 장악하고 있던 때였다. 교회는 빈부의 차이와 노사의 갈등에 대하여서도 아무런 대답을 내놓지 못하였다. 당시 비등하던 민주화의 요구를 묵살하고 오히려 기득권을 비호하였다. 현실을 그저 죄악으로 가득한 '세상'이고, 그 세상으로부터 구원을 얻도록 하는 것이 기독교라고 생각하였다. 현실 참여나 개혁은 소수의 진보적 기독교인들의 몫이고, 대다수 교회는 교회와 세상, 신앙과 현실을 이원론적으로 보고 있었다.

교회가 현실 문제에 참여하여 목소리를 내는 것은 한참 후에나 이루어질 과제다. 우선 가능한 것은 학문적·문화적 접근이었다. 마침 미국에서 개혁주의자들을 중심으로 기독교세계관 이론에 근거하여 신앙과 학문의 통합(integration of faith and learning)하려는 운동이 활발하게 이루어졌다. 일반학문의 세계에 대하여서도 이해가 있던 젊은 김의원은, 이 운동의 중요성을 인식하고 바쁜 시간을 쪼개어 기독교세계관 운동에 뛰어들었다. 바로 기독교학문연구소(이하 기학연) 설립에 참여한 것이다. 김의원은 2001년 3월부터 2005년 3월까지 만 4년 동안 기독교학문연구소(이하 기학연)의 제2대 소장을 역임하였다. 기독교학문연구소는 기독교가 세상의 현실을 해석하고 참여할 학문적 토대를 마련하기 위하여, 학생선교단체인 '한국기독학생회'(IVF)와 자매 출판사인 IVP 간사들에 의하여 1981년 설립되었다. 소규모 연구회로 진행되다가, 2000년 조직이 확대·개편되면서 초대 소장으로 손봉호박사가 취임하였다. 김의원은 손박사의 뒤를 이어 소장으로 취임하여 적극적으로 활동하였다. 2009년 기학연이 기독교세계관학술동역회와 통합한 이후에도 부이사장으로 재직하다가 정년퇴임과 함께 사임하였다.

김의원은 신학생들에게 기독교세계관을 알리기 위하여 '기독교세계관과 신학'이라는 선택과목을 개설하였다. 자신이 서론을 한두 주차에 강의하고, 나머지는 기학연 소속 교수들을 초청하여 기독교와 일반학문을 통합적 시각으로 보는 법을 경험하도록 하였다. 총신대학교 학부에서도 신국원교수를 중심으로 기독교세계관 운동에 헌신한 교수들이 있었다. 신대원생들은 이 과목에 매우 긍정적인 반응을 보였다. 목회자 후보생들이 기독교세계관의 안목으로 현실을 바라보고 목회를 준비하도록 하기 위하여 반드시 필요한 과목이었다.

김의원이 남긴 신학적 유산에 대하여 정리하는 것이 이 글의 목적이다. 우선 그의 신학 방법론을 다루려 한다. 그는 자신이 서 있는 개혁주의 전통에 서 있으면서 끊임없이 변화하고 도전하는 신학세계와 대화하려 하였다는 점에서 진정한 의미의 신학자였다. 그가 처한 상황이 어떠하였으며, 어떤 상대역들과 맞서야 하였는지, 또한 그렇게 펼쳐진 신학의 내용이 무엇인지 살펴보고자 한다. 둘째, 김의원은 이론적 신학과 더불어 실천면에서도 탁월한 업적을 남겼다. 신학 이론과 목회현장의 괴리에 대하여 안타까워하면서, 이 괴리를 메꿀 수 있는 방법에 대하여 묻고 또 물었다. 마침내 신학이론과 목회 현장이 그 안에서 통합을 이루었다.

구약신학 방법론과 언약신학

한국복음주의신학회에서는 새천년을 맞이하는 기획 시리즈로, 한국 신학을 분야별로 회고하고 미래를 전망하는 주제로 학회를 열고, 그 결과물을 학회지 「성경과 신학」에 실었다. 김의원은 구약신학자를 대표하여 "레위기의 속죄제 연구"라는 긴 논문을 발표하였다.[8] 복음주의 구약신학이 나아가야 할 방향을 제시한 후, 이를 레위기 연구에 적용한 글이다. 김의원은 이 글에서 자신이 지금까지 사고하고 저술한 구약신학 방법론을 요약하면서, 향후 복음주의 신학이 이 길을 따를 것을 권고하였다.

---

8 김의원, "레위기의 속죄제 연구," 「성경과 신학」 30 (2001); 이 논문은 1991년 저술에서의 논의를 요약, 수정, 보완한 것이다. 김의원, "한국 구약신학의 진단," 김광채 등, 『개혁신학, 한국교회, 한국신학』 (서울: 도서출판 대학촌, 1991) 참고.

그는 자신의 구약신학 방법론을 크게 3가지로 구분하여 설명한다. 첫째, 사실과 의미, 역사와 계시를 이원론적으로 분리하지 말고 통합적으로 연구해야 한다. 둘째, 구약의 각권 배경에 있는 단편의 자료층을 연구할 것이 아니라, 우리가 가진 마지막 형태의 정경을 주된 텍스트로 삼아 그 문예적 의미를 밝히는데 주력해야 한다. 그러면서도 정경을 기록한 시대적 정황이나 인간 저자의 역사성을 배제하면 안 된다. 셋째, 구약 뿐 아니라 신약까지 점진적으로 발전하는 계시의 통일성과 다양성을 함께 연구해야 한다. 물론 이 세 가지 방법론의 근저에 성경이 하나님의 말씀이라는 전제가 있다. 보수적 신학자인 김의원은 성경이 성령의 영감으로 쓰여 진 하나님의 말씀으로서 삶과 신학의 유일한 권위라고 고백한다. 3가지 방법론을 하나씩 살펴보자.

역사와 계시의 통합

김의원은 "레위기의 속죄제 연구"에서 역사비평적 구약 연구를 비판함으로 자신의 논의를 시작한다. 모세오경을 야훼문서(J), 엘로힘문서(E), 신명기문서(D), 제사문서(P) 등으로 구분하여 각 자료의 발전을 탐구하는 비평주의 방법론으로는, 텍스트의 배후에 있는 자료들의 역사를 분석함으로 텍스트를 해체해 버리기 때문에, 성경이 전달하고자 하는 계시의 내용을 알 수 없다고 한다. 신정통주의 신학의 영향으로 텍스트의 역사와 별도로 그 배후에 신앙적 의미가 있음이 밝혀지기는 하였으나, 역사적 사실 연구와 신앙적·신학적 탐구는 결국 분리되고 말았다. 구약 연구가 성경 텍스트의 역사적 배경을 밝히는 역사비평적 연구와 역사와 무관하게 케리그마를 찾는 신학 연구로 나뉜 것이다.

간혹 이러한 이원론을 극복하기 위한 시도도 있었다. 예를 들어 폰라드의 경우, 양식비평의 방법으로 정경 이전의 단편들의 역사를 재구성하고 그 단편들에 스며 있는 신학을 찾으려 하였다. 하지만 그도 성경의 기록을 실제로 일어난 역사적 사건으로 받아들이지 않는다. 이런 방식은 성경의 가르침 자체를 발견하는 것이 아니라 신학자 자신의 전제를 성경 속에 집어넣는 결과를 가져오고 말았다. 즉 현재 일어날 수 없는 일은 과거에도 일어나지 않았다는 유추의 원리에 따라, 기적이나 부활과 같은 초자연적인 사건은 케리그마로 이해되고, 또 다시 인간의 실존적 체험의 고백으로 격하되었다.

김의원은 이러한 서구 신학의 흐름을 비판하면서 역사적 사실과 의미가 함께 가야 한다고 주장하였다.

> 기독교 신앙은 과거의 사건들과 밀접하게 연결되어 있기 때문에, 이 사건들이 전혀 일어나지 않았다든지, 혹은 성경적 설명과 아주 다른 사건이 일어났다든지 하게 되면, 기독교의 신앙과 삶, 그리고 예배는 모래 위에 지은 집이 되고 말 것이다…. 곧 성경에 기록된 역사적 사실을 제거한다면 구약신학은 붕괴되고 만다. 계시란 사실성 위에 세워질 때만이 그 계시가 신앙과 믿음의 기준이 되고 그렇지 않을 때에는 전혀 계시로서의 기능을 갖지 못한다.[9]

비평적 성경학자와 복음주의자의 근원적 차이는 바로 권위의 문제다. 비평주의자들은 성경의 역사적 권위를 인정하지 않고 다른 역사적 자료들을 우선시한다. 그러다 보니 성경을 포함한 모든 자료들의 진정성을 판단하는 최종 권위는 바로 신학자 자신에게 귀속되고 만다. 김의원은 다른 복음주의자들과 함께 비평주의자들을 방법을 비판하며, 성경의 권위를 앞에 놓고 다른 자료들을 성경의 빛에 비추어 판단해야 한다고 말한다.

| 9 위의 글, p. 36.

그러나 그렇다고 하여 김의원이 역사비평의 모든 결과물을 무시하지는 않는다. 그는 복음주의자들도 비평적 방법에 대하여 문을 열어 놓아야 한다고 주장한다. 성경의 권위를 우선하면서 역사비평의 결과물을 참고하는 것이다. 역사비평이 전제하고 있는 진화론이나 역사실증주의 등의 가설을 제거하고, 그 결과물로서의 정보를 사용할 수 있다. 이런 정보들은 성경 각 권의 진정성이나 자료, 목적, 저자, 배경 등을 이해하는 데 다소 유익하다. 역사비평적 방법은 성경을 주해하는 데 "예비적인 과업"을 담당할 수 있다.[10]

위와 같은 방법론은 김의원의 구약 주해와 강의에 그대로 나타난다. 앞서 언급한대로 그는 구약 성경 여러 권과 구약 전체를 관통하는 신학인 '구약신학'과 '구약사'(史)를 가르쳤다. 그가 번역하여 교재로 사용한 레온 우드(Leon J. Wood)의 『이스라엘의 역사』[11]는 성경의 초자연성을 인정하고, "메시지와 역사는 떨어질 수 없게 연결되어" 있음을 전제로 한 책이다. 족장시대부터 포로귀환까지 구약 이스라엘의 전 역사를 포괄하는데, 다른 자료가 아닌 성경 본문의 기술을 가장 중요한 원자료로 사용하고, 많은 고고학적 자료들을 보충적으로 이용하여 성경의 역사성을 보여주려 하였다.[12] 자료로서의 성경의 권위를 최우선에 두었을 뿐 아니라, 역사와 메시지, 사실과 케리그마가 분리되지 않는다.

김의원의 레위기 연구 논문과 저서도 같은 방법론을 사용하였다. 일단 레위기의 저자와 저작 연대를 특정하는데, 레위기(P 문서)를 포로

---

10 김의원, "한국 구약신학의 진단," 김광채 등, 『개혁신학, 한국교회, 한국신학』 (서울: 도서출판 대학촌, 1991), pp. 152–53.
11 레온 우드, 김의원 역, 『이스라엘의 역사』 (서울: CLC, 1985). 이 책의 원서 명은 A Survey of Israel's History, Grand Rapids: Zondervan, 1970 로서 1986년 증보판은 아직까지도 잘 팔리는 책이다.
12 위의 책, p. 18.

후기의 문서로, 혹은 기껏해야 요시야 시대 문서로 보는 비평주의자들의 견해에 반대한다. 성경에 명시된 것을 글자 그대로 받아들여 레위기가 모세의 저작이며, 광야시대 시내산에서 쓰여 진 것이라 전제한다. 그러나 그렇다고 해서 비평주의자들의 견해를 전혀 무시한다는 뜻은 아니다.[13] 또한 레위기 8장의 '제사장 위임식을 연구한 논문에서는, 문화인류학적 방법론으로 제의를 연구한 고먼(Frank Gorman)의 해석에 따라 제사장 위임식을 일종의 '통과의례'(rite of passage)로 보는 견해를 취하였다.[14] 역시 성경의 권위를 손상시키지 않으면서 비평주의를 수용함으로 성경을 보는 눈을 넓혀준 사례이다.

정경에 대한 문예적 접근

역사적 사실과 텍스트의 의미를 분리시킨다는 단점에 더하여, 역사비평의 또 다른 문제점은 성경 텍스트가 형성되기 이전 단계들에 집중함으로써 그 최종 형태를 중요하게 생각하지 않는다는 점이다. 텍스트들은 조각조각 분해될 뿐, 어떤 통일적인 주제나 신학을 찾기 어렵게 되었다. 이러한 문제점에 대하여 성서비평학 내부에서부터 반성이 일어나기 시작하였다. 1970년 이후 성경의 한 책을 단편의 모음으로 보는 대신 문학적 통일성을 가진 작품으로 보아야 한다는 문예적 접근법(literary approach)이 새롭게 유행하였다. 텍스트 배후를 캐는 대신 현존하는 텍스트에 집중하여, 그 언어적 특징과 구조 등을 분석하자는 것이다. 정경 텍스트의 주해를 중시하는 복음주의 진영 학자들도

---

[13] 김의원은 그의 주석을 저술하면서 주로 참고한 저자 4명을 언급하는데, J. E. Hartley, Baruch A. Levine, Jacob Milgrom, Mark F. Rooker 등이다. 이들 가운데 남침례신학교의 Rooker를 제외하고는 비평주의적 견해를 가진 학자들이다. 물론 김의원이 이들의 견해를 모두 받아들였다는 뜻은 아니겠지만 말이다.

[14] 김의원, "제사장 위임식에 관한 연구," 「신학지남」 66-3 (1999. 9), pp. 66-69.

문예적 접근법을 환영하였는데, 김의원도 그 중 한 사람이다. 김의원의 여러 강의를 수강하였던 필자도, 그가 문예비평의 일종인 정경비평(canonical interpretation)의 선구자인 예일대의 차일즈(Brevard S. Childs)를 호평하며 소개하였던 일을 기억한다.

물론 김의원은 문예비평의 단점에 대하여서도 잘 인지하고 있다.[15] 일반적으로 문학을 통한 소통은 저자-텍스트-독자 사이에 일어나는 역동이다. 역사비평이 저자에 중점을 두어 텍스트의 진정성을 연구하였다면, 문예비평은 텍스트 자체에 초점을 맞추는 것이다. 이러다 보니 텍스트와 저자를 분리하여 텍스트의 분석만을 통하여 의미를 찾아내려는 오류에 빠질 수 있다. 이 경우 저자나 저자가 처해 있던 역사적 정황은 논의에서 제외되며, 심지어 성경이 역사적으로 아무런 근거가 없는 허구적 문학작품이 되어버린다. 김의원은 문예비평이 지닌 장점들을 수용하면서, 이런 오류에 빠지지 않으려 노력하였다. 구약 저자와 텍스트를 분리시키지 않을 뿐 아니라, 더 나아가서 성경의 원저자인 하나님의 의도를 따라가야 한다고 주장한다.[16] 즉 문예적 방법이 전통적 주해 방법론을 대체하는 것이 아니라 보완하는 것이다.[17]

김의원은 창세기(2004년), 사사기(2007년), 레위기(2013년) 등의 구약 각권을 주석하면서[18] 문예적 방법을 광범위하게 사용하였다. 최초의 주석서인 창세기의 경우 "문예접근법에 따른 창세기 연구"라는 부제를 붙일 정도였다. 창세기 서론의 일부이다.

---

15 김의원, "레위기의 속죄제 연구," pp. 40-45, 또한 "성경신학과 문예적 접근," 「신학지남」 63-4 (1996. 12)도 보라.
16 김의원, "성경신학과 문예적 접근," p. 9.
17 저자-텍스트-독자 사이의 역동 중 김의원은 저자-텍스트의 관계가 단절되지 않도록 주의하였다. 그러나 텍스트-독자의 역동에 대하여는 언급하지 않는데, 이에 관하여서는 뒤에서 논의하려 한다.
18 김의원, 『창세기 연구: 문예접근법에 따른 창세기 연구』 (서울: CLC, 2004); 김의원, 민영진 공저, 『사사기/룻기』 (대한기독교서회 창립 100주년 기념 성서주석 7), (서울: 대한기독교서회, 2007); 김의원, 『레위기 주석: 제사장 나라의 성결 설계도』 (서울: CLC, 2013).

이와 같은 추세 속에서 필자는 문학 비평적 방법으로 창세기의 구조를 중심하여 연구하고자 한다. 왜냐하면 우리에게 주어진 최종적 본문의 의미를 정확하게 파악하는 가장 좋은 방법은 성경 자체의 문학적 구조와 통일성을 고찰하고, 창세기 저자가 본문을 현재 남아 있는 형태로 배열하고 기록한 의도와 목적을 이해할 때에만 가능할 것이기 때문이다.[19)]

모두 10번 등장하는 '톨레돗'(조손, 세대, 계보 등으로 번역되며, 창세기에서는 역사의 시작을 나타내는 구분점으로 사용된다.)을 기점으로 창세기를 10구분하여 해석의 기준으로 삼고, 작게는 각 톨레돗의 구조를 키워드 중심으로 분석한다.[20)] 그의 사사기 주석에서도 마찬가지로 문예적 방법을 사용한다. 사사기의 사건들마다 나타나는 패러다임의 변용·확장을 조사하고, 동심원 구도의 배열에 주목하였다.[21)]

계시의 유기적 발전

김의원 구약신학 방법론의 세 번째 특징은 구약에 드러난 다양한 계시가 구속사의 진행에 따라 유기적, 점진적으로 발전되었다는 것이다. 마치 씨앗에서 싹이 나고 큰 나무로 성장해 가는 것처럼, 하나님의 계시는 시대에 따라 양상을 달리하며 역동적이고 풍성하게 자라간다. 그러면서도 한 나무이기 때문에 구약의 각 권 안에, 또한 구약과 신약 사이에 통일성을 유지한다. 이런 관점으로 신학을 연구하는 방법론은 20세기 들어와서 비평주의와 복음주의 양 진영에서 공통적으로 유행하였는데, 이를 '성경신학'(Biblical Theology)라고 부른다. 개혁주의 성경

---
19 김의원, 『창세기 연구: 문예접근법에 따른 창세기 연구』, pp. 12–13.
20 창세기의 문예적 구조에 관하여는, 위의 책, pp. 22–33.
21 김의원, 민영진 공저, 『사사기/룻기』, pp. 19–20.

신학자 가운데 가장 뛰어난 성경신학자는 미국 프린스턴신학교의 게할 더스 보스(Geerhardus Vos)인데, 김의원은 웨스트민스터신학교에서 그의 신학을 마스터한 바 있다.[22]

김의원이 계시의 유기적 발전을 논할 때, 그는 세 종류의 신학을 상대하고 있다. 첫째는 자료비평, 양식사비평 등 역사비평의 관점에서 성경을 해석하는 진보적 구약학자들이다. 이들은 성경 이전의 여러 가지 기원과 전승을 가정함으로써 구약과 신약의 통일성은 물론 구약 안에서의 사상의 통일성이 없다고 한다. 김의원은 성경이 인간의 신앙고백이 아니라 성령의 영감으로 쓰여 진 문서라는 것을 전제함으로 당연히 성경 각권들의 통일성을 주장한다. 때로 구약의 사건과 말씀들이 서로 상충되는 것처럼 보여도, 이는 서로 다른 기원을 가지고 있기 때문이 아니라, 계시의 점진성과 다양성 때문이라는 것이다.

둘째, 상대역은 세대주의자(Dispensationalists)이다. 세대주의자들은 성경을 일곱 개의 세대로 구분하여 하나님의 계시가 각 시대마다 완전히 달리 나타났다고 주장한다. 하나님은 각 세대별로 구원의 방식을 제시하였으나 사람들이 이에 순종하지 않음으로 다음 세대에 새로운 방식으로 구원을 주려 하였다고 한다. 한국교회는 선교초기부터 세대주의의 영향 하에 있었다. 선교사들 가운데 상당수가 세대주의자들이었고, 또한 구한말과 일제강점기 고난의 시기를 거치면서, 역사에 대한 비관적인 전망과 종말에 있을 천년왕국에 대한 기대가 한국 신자들의 마음을 사로잡았다. 김의원이 가르치고 활동하던 1980년대 이후에도 한국교회 내 세대주의의 세력은 여전하였고, 성경의 극단적 문자적 해석, 종말에 대한 지나친 집착, 시한부 종말론 등 한국교회 내에 부정

---

22 보스 이후 성경신학은 큰 발전을 이루었을 뿐 아니라, 조직신학을 비롯한 여러 신학의 분야에 영향을 미쳤다. 한국에 소개된 저명한 성경신학자는 케빈 밴후저(Kevin Vanhoozer), 그레고리 비일(Gregory Beale), 메리디트 클라인(Meridith Kline), 헤르만 리더보스(Herman Ridderbos) 등이 있다.

적 영향을 미치고 있었다. 만일 세대주의자들의 성경해석을 받아들인 다면, '은혜시대'를 살고 있는 신약의 성도들에게 구약은 별 의미를 가지지 못할 것이다. 김의원은 그의 강의와 저술에서 항상 세대주의를 염두에 두면서 이를 반대하고 있었다.

셋째, 김의원은 교리주의(doctrinalism)로부터 성경신학의 지위를 확보하는 데 관심을 가지고 있었다. 김의원의 관심을 이해하려면 한국 장로교회 신학적 분쟁과 분열의 역사를 살펴보아야 한다. 한국에서 신학적 보수와 진보의 구분은 오랜 동안 성경관을 중심으로 이루어져 왔다. 한국장로교회 두 번째 분열(1953년)의 원인으로 알려진 박형룡과 김재준 논쟁의 핵심 쟁점도 성경의 영감과 권위였다. 사실 이들의 논쟁은 1920, 30년대 미국에서 일어났던 근본주의-현대주의 논쟁의 한국판이었다. 보수적 근본주의자들이 보기에 진화론과 성경비평은 모두 성경의 권위를 비판하는 것이었다. 이들로부터 성경의 초월성을 수호하는 것이 보수적 신학자의 주된 관심사일 수밖에 없었다. 이 논쟁은 미국의 신학교에서 유학한 신학자들에 의하여 해방 후 한국교회와 신학교에서 고스란히 재연되었다. 한국의 신학자들은 신생 한국교회에서 아직 제기되지도 않은 문제들을 놓고 치열하게 다투었고 결국 분열의 길을 걸었다.

이 과정에서 주된 역할을 담당한 신학자는 박형룡박사를 중심으로 한 조직신학자들이었다. 이들은 성경 자체를 연구하기보다는 성경에 관한 교리적 논의에 모든 것을 걸었다. 성경신학자들이 문헌 비평이나 고고학적 발견을 자신의 성경해석에 인용하려 하면, 자세히 살피지도 않고 이를 신신학(新神學)에 물들었다고 반대하고 정죄하기 일쑤였다. 성경의 풍성함이 조직신학의 칼날로 난도질당하고 있었던 것이다. 그 대표적인 예가 총회신학교 학장 김희보 교수를 '신복음주의자'로 몰아 여러 해 동안 총회에서 그의 신학을 문제 삼은 것이다. 김희보는 모세오경에 기록된 사건이나 율법 조항을 당시 근동의 문화적 배경으로 설명하곤 하였는데, 이를 자유주의, 문서설, 고등비평 등으로 규정한 것이다.

김의원이 총신대학교에 부임한 1984년은 이런 갈등이 다소 가라앉은 때였지만, 갈등의 불씨는 살아남아 언제든지 활활 타오를 수 있었다. 성경신학과 조직신학의 관계를 정리하지 않으면, 그가 추구하는 성경 계시의 다양성과 풍성함이 드러나지 못할 위험이 있다. 김의원은 성경신학과 조직신학의 관계를 둘러싼 문제점들에 정통하였으며 균형 잡힌 대답을 제시한다. 그에 따르면 조직신학과 성경신학은, 어느 한편이 다른 편을 정죄하는 것이 아니라, 상호보완적이어야 한다.

> ... 성경신학은 계시를 역동적인 과정으로 이해하여 역사적인 측면을 강조하고, 조직신학신학은 계시를 완성품으로 보고 성경진리의 논리적인 측면을 강조한다.... 성경신학은 역사 안에서 점진적으로 발전해 가는 계시에 초점을 맞추어 추상화시키려는 경향을 지닌 조직신학을 견제해야 하는데, 이는 조직신학이 주제별로 시간이 무시된 틀을 제시하여 개념을 항상 현재로 이해하려는 위험이 있기 때문이다.[23]

김의원은 이 세 부류의 신학자들을 상대하면서 자신의 성경신학을 개진한다. 성경의 계시는 역사비평학자들의 주장처럼 통일성 없는 고립된 내용들의 집합이 아니라, 한 분 하나님이 주신 말씀으로서 유기적으로 서로 연결되어 있다. 세대주의자들의 주장처럼 세대에 따라 단절된 계시가 주어진 것이 아니고, 구약과 신약 계시는 비연속성과 더불어 연속성이 있다. 교리주의자들의 주장처럼 성경이 역사적 발전과 무관한 추상적 명제들의 모임이 아니라, 풍성하고 역동적인 내용을 담고 있는 구속 역사의 산물이다.

| 23 김의원, "한국 구약신학의 진단," pp. 148. 강조는 필자.

그렇다면 구속사를 관통하는 성경의 중심 주제는 무엇인가? 성경이 하나님이 주신 말씀으로서 구속사의 발전에 따라 유기적으로 서로 연결되어 발전한 것이라면, 성경에 분명 중심 주제가 있을 것이다. 김의원은 서구의 여러 신학자들이 제시한 성경의 주제들을 소개한다. 하나님의 거룩성, 하나님의 주권, 약속, 하나님과 인간의 교제, 언약 등이 그것들이다. 김의원은 다수의 개혁신학자들의 주장과 같이, '언약' 개념을 구약과 신약을 관통하는 주제로 생각한다. 이에 대하여는 아래에서 자세히 설명하려 한다.

그러나 그는 어느 한 개념으로 성경 전체를 다 포괄할 수는 없다는 것을 잘 알고 있다. 구약의 여러 가지 사건과 언명과 신학적 개념들은 서로 영향을 주고받으면서 점진적으로 발전했기 때문이다. 목회자나 신학자 개인의 상황과 관점에 따라 어느 한 주제를 강조할 수 있지만, 그것만이 유일한 것이라 고집하면 안 된다. 자칫 자신의 생각을 절대화하고, 이를 '교리화'함으로 다른 이론을 억압할 위험이 있기 때문이다.[24] 다양한 관점으로 성경 전체를 보는 것이 가능하다는 열린 자세에 대하여 뒤에서 자세히 살피겠다.

언약신학(Covenant Theology)

김의원은 '언약' 개념이 구속사를 관통하는 가장 핵심적인 주제라고 생각한다. 하나님의 임재를 중시하는 성소(聖所)신학이나, 하나님의 주권을 강조하는 왕국신학도 중요하지만, 언약신학이 다른 것들을 포괄하는 중심 주제이다. 전체적으로 보아 김의원은 그의 웨스트민스터 스승 팔머 로벗슨의 언약신학을 따르고 있다. 신학교에서 가르칠 때 로벗슨의 『계약신학과 그리스도』[25]를 번역하여 이를 교재로 사용하였다. 이

---

[24] 위의 책, pp. 162-66.
[25] 팔머 로벗슨, 김의원 역, 『계약신학과 그리스도』 (서울: 기독교문서선교회, 1984).

글에서 언약신학의 모든 부분을 다 다루는 것은 불가능하고, 김의원의 언약신학의 특징과 공헌을 몇 가지로 생각해 보려 한다.

첫째, 김의원의 언약신학은 창조와 구속의 관계를 올바로 설정함으로 삶의 전 영역을 포괄하는 신학체계를 가능하게 하였다. 종교개혁 시대 이후 칼빈주의자들의 언약신학은 하나님의 주권적 은혜와 인간의 책임을 설명하기 위한 틀이었다. 웨스트민스터신앙고백서는 이를 위하여 행위언약과 은혜언약을 구분하였다. 아담과 맺은 행위언약이 폐기되고 하나님이 주권적으로 맺으신 은혜언약이 이를 대치하였지만, 은혜언약의 한 요소인 '율법'에 인간의 책임이라는 행위언약의 요소가 남아 있다. 은혜언약은 한편으로 하나님이 주권적으로 맺으신 일방적인 언약이면서, 다른 한편 인간의 책임을 방기하지 않는 쌍무적 언약이기도 하다.

김의원은 '행위언약'이나 '은혜언약'과 같은 전통적 용어를 사용하는 대신, '창조언약'과 '구속언약'이라는 용어를 사용한다. 종래의 행위언약이 단지 선악과를 먹지 말라는 소극적 약정에 국한되었다면, 김의원의 '창조언약'은 안식일, 결혼, 노동과 같은 일반적이며 적극적인 면도 포함한다. 예수 그리스도의 구속언약을 통하여 인간과 하나님과의 관계가 회복될 뿐 아니라, 창조의 영역에서도 회복이 일어난다. 김의원은 언약을 창조의 전 영역과 인간 삶의 전 영역으로 확장시킴으로써 한국교회의 고질적인 근본주의적 이원론을 극복하려 하였다. 그리스도인은 영적 영역과 세속적 영역, 지상명령과 문화명령, 영혼의 구원과 교회 밖의 영역에서 소명을 감당해야 한다.

구속언약의 중요성이 약화되는 것은 아니다. 창조세계의 변혁은 구속주 그리스도의 은혜에 의하여서 변화된 그리스도인에 의하여서만 가능하기 때문이다. 하나님 없는 안식일, 결혼, 노동은 구조는 그대로 남아 있지만 방향을 상실한 인간의 문화에 불과하다. 십자가와 부활이 세상에 새로운 변혁을 가져다주며, 그리스도인들이 하나님의 정의를 세워 나가는 변혁의 주인공이다.

둘째, 김의원은 '옛 언약'과 '새 언약'의 연속성과 불연속성을 밝힘으로써 한국교회에 만연한 세대주의의 성경이해를 비판하였다. 잘 알려진 바와 같이 세대주의자들은 하나님의 구원의 시대를 모두 일곱으로 구분하여 각 세대(dispensations)마다 서로 다른 구원의 방법을 제시하셨다고 믿는다. 김의원은 은사 로벗슨에 따라, '세대'가 아닌 '언약'의 역사가 성경을 읽는 뼈대라고 주장한다.[26] 다만 그 언약의 시대는 세대주의자들이 제시하는 일곱 세대와 매우 유사하다. 구속사의 흐름에 따라 하나님은 각각의 특징을 지닌 언약들을 맺었는데, 그 언약은 동일한 특징을 가지면서도 다양성을 보인다. 시작의 언약(아담), 보존의 언약(노아), 약속의 언약(아브라함), 율법의 언약(모세), 왕국의 언약(다윗), 완성의 언약(새 언약) 등으로 구분된다. 세대주의자들은 각 세대 별로 서로 다른 하나님의 구원 계획이 있다고 말하지만, 언약의 관점은 구약의 각 시대에 맺은 언약이 앞으로 오실 메시아를 희망하는 하는 상징이라고 한다.

세대주의자들을 비판하면서 구약성경을 '언약'이라는 주제로 읽으려는 김의원은 노력은, 그의 두 편의 논문 "예레미야 31:31-34에 나타난 새 언약의 새로운 면 연구"[27]에 잘 나타난다. 예레미야 본문에서 '새 언약'은 여러 가지 면에서 '옛 언약'과의 연속성을 가진다. 우선 옛 언약의 규정인 율법에서 주어진 것과 동일한 책무가 새 언약에서도 그대로 주어진다. 또한 옛 언약은 율법을 형식적으로 준수하고 새 언약은 마음으로 준수하는 것도 아니다. 옛 언약도 마음을 다하여 하나님을 사랑할

---

[26] 팔머 로벗슨, 김의원 역, 『계약신학과 그리스도』 (서울: 기독교문서선교회, 1984), 제11장을 보라.
[27] 김의원, "예레미야 31:31-34에 나타난 새 계약의 새로운 면 연구(I)," 「신학지남」 51-3 (1984. 9); 또한 예레미야 31:31-34에 나타난 새 언약의 새로운 면 연구(II)," 「신학지남」 51-4 (1984. 12) 참고.

것을 요구한다. 새 언약의 새로운 점은 새 마음을 주시겠다는 약속이다. 새 언약을 돌판이 아닌 마음 판에 새겨질 것이고, 하나님의 백성들은 순종하고자 하는 새로운 마음을 받게 될 것이다. 새 언약의 백성은 누구나 하나님을 알게 될 것이고 자발적으로 순종하게 될 것이다. 하나님은 이러한 새 언약 백성의 죄를 완전하게 용서하실 것이다.

셋째, 김의원의 언약신학은 고대근동학의 발전을 적절하게 이용하였다. 성경의 언약과 근동의 조약이 유사함을 발견한 사람은 코로섹(Viktor Korosec)이다. 그는 당대 히타이트 국제 조약 문서를 분석하여 이를 모세오경에 나타난 시내산 언약과 대비시켰다. 또한 조지 멘덴홀(Mendenhall)은 성경에 나오는 언약은 당시 근동의 종주-봉신 조약(Suzerain-Vassal treaties)과 유사한데, 쌍무적인 계약이 아니라, 전쟁에 승리한 종주가 봉신에게 일방적으로 은혜를 베푸는 형식임을 밝혔다. 그리고 개혁신학자 클라인(Meredith Kline)은 이를 신학적으로 정리하였다.[28]

히타이트 종주-봉신간 조약의 형식은 다음과 같은 여섯 개의 조항으로 구성되어 있다. 종주의 위엄과 권능을 밝히는 서두(Declaration of Lordship), 종주와 봉신 사이의 관계를 밝히는 나-너 형식의 역사적 서언(Historical Prologue), 봉신이 수행해야 할 구체적 의무조항인 규정들(Stipulations), 문서를 신전에 보관하며 정기적으로 낭독한다는 조항(Provisions), 조약의 증인으로서 신들을 호명(Testimony), 축복과 저주의 맹세 조항(Confirmation of Sanctions) 등이다. 그런데 시내산에서 하나님과 이스라엘 백성들이 맺은 조약은 위와 같은 여섯 형식으로 구성되어 있다.

고대근동학의 발견을 구약신학에 원용한 것은 중요한 함의를 가지고

---

[28] Meredith Kline, *The Structure of Biblical Authority*, (Eugene, OR: Wiph and Stock Publishers, 1989)

있다. 우선 성경이 허공에서 창작된 것이 아니라 역사와 깊은 연관을 가지고 있음이 드러났다. 그럼으로써 언약신학이 구체적인 역사성을 띠게 된 것이다. 종주-봉신 간의 조약은 구약의 언약이 하나님의 일방적이며 주권적인 사역인가, 아니면 쌍무 계약의 성격인가에 대하여 구체적인 그림을 보여준다.

김의원의 언약신학은 웨스트민스터 시절 형성되기 시작하였다. 그는 당시의 배움에 근거하여 논문을 저술함으로 그 사상을 심화시켰다. 총신에서의 "구약신학" 강의의 주된 내용도 언약신학이었다. 그의 구약신학 방법론의 총화였던 것이다. 김의원은 은퇴 후에도 선교지에서 강의할 때 주로 언약신학의 내용을 강의하고 있다.

원리와 현장[29]

김의원의 신학을 관통하는 아젠다는 크게 나누어 두 가지다. 하나는 구약성경을 구속사적으로 이해하는 성경신학이고, 다른 하나는 신학적 탐구에서 얻은 지식을 교회라는 현장에서 구현하는 것이다. 웨스트민스터 시절부터 이 두 가지 고민이 함께 있었는데, 학문과 사역이 원숙해지면서 점차 후자에 더 큰 관심을 가지게 된다. 원리와 현장의 관계에 대한 고민의 발자취를 함께 따라가 보자.

김의원의 학문적 여정에 대하여서는 앞에서 다룬 바 있다. 미국 웨스트민스터 목회학석사(M. Div.)와 신학석사(Th. M.) 과정에서 구약성서신학을 주로 연구하였고, 뉴욕대학교 "근동언어와 문학" 전공 박사과정

---

[29] 김의원의 현장 목회와 신학교육이 통합되어야 한다는 깨달음의 여정에 관하여는, 필자에게 보낸 전자메일(2019년 11월 4일, 2021년 9월 19일), 필자와의 면담(2021년 9월 17일), 그리고 그의 회고록 『언약과 교회』를 참고하였음을 밝혀둔다.

에서 셈족 언어를 익히는 데에 수년을 보내어야 했다. 그가 셈족 언어를 연구한 이유는 구약성경을 더 정확하게 이해하려는 일념에서였다. 한 단어의 어원을 알면 그 의미에 더 근접할 수 있을 것으로 생각하였다.

성경해석과 목회 현장

김의원의 기대와는 달리, 셈족 언어 용례에 기반을 둔 히브리어 어원을 연구하면 할수록, 단어의 의미가 명확히 드러나는 것이 아니었다. 한 단어의 어원을 둘러싼 수많은 학설이 있을 뿐 모두가 일치하는 객관적이며 정확한 의미에 도달하지 못한다. 한 단어의 역사적 변천 과정을 무시한 채 어원에서 의미를 찾으려는 노력이 오류에 빠질 수 있다는, 이른바 어원학적 오류(etymological fallacy)를 실감한 것이다.

많은 경우 문맥을 통하여 단의의 의미가 밝혀진다. 심지어 첨예하게 대립되는 해석에서는 신학적 전제에 따라 해석이 달라지는 경우도 많다. 한 단어의 의미를 알기 위하여 수많은 언어와 용례를 언급하지만, 이 중 어떤 것을 선택하느냐는 결국 신학적 전통에 따른다는 말이다. 예컨대 보수적 성향을 지닌 신학자는 전통적인 교리를 뒷받침하는 해석을 취하곤 한다. 새로운 발견이 있다 해도 본래 자신이 믿던 바를 뒤집는 일은 거의 발생하지 않는다. 이럴 것이면 무엇 때문에 그렇게 열심히 연구하느냐 하는 일종의 회의주의에 빠질 수밖에 없는 영역이다. 그러나 김의원은 이런 과정을 겪으면서 비평주의자들의 놀이터처럼 보이는 고대 근동학의 영역에서 전통적 신앙을 지키는 방법을 배우게 되었다. 객관적 엄밀성을 추구하는 비평주의자들도 결국 자신들의 신학적 전통에 영향을 받기는 매한가지라는 사실을 알고 자신감을 얻은 것이다. 또한 그들의 연구 결과를 부분적으로나마 받아들임으로써 기존 성경해석을 풍성하게 할 수도 있다.

김의원은 한 걸음 더 나아가 단어의 의미와 신학적 전통의 관계가 가지는 함의를 깊이 숙고하였다. 조직신학과 성경신학과 실천신학의 관계로 논의를 발전시킨다. 기존 조직신학의 틀이 성경신학의 발견을 통제할 수밖에 없고 또 그렇게 해야 마땅하다. 그러면서도 성경신학은 기존 조직신학의 주장을 검증하고 변증하고 확대시킬 수도 있다. 종래의 조직신학은 너무 좁은 성경해석의 틀에 갇혀 현대의 학문적 논의들을 담지 못하였다. 성경신학은 성경에 대하여 낮은 견해를 가진 비평주의자들이 장악한 분야로서, 복음주의자들이 지레 겁을 먹고 그들과 대화하기를 주저하였다. 그러나 기독교 전통과 아주 다른 랍비들의 성경해석을 경험한 김의원은 큰 두려움 없이 이 분야에 도전할 수 있었다. 비평주의자들 간에도 견해 차이가 너무 커서 어느 하나의 통일된 결론을 내리지 못하는 경우가 비일비재할 뿐 아니라, 전통적 성경관에 입각한 해석이 훨씬 더 합리적일 경우가 많다는 사실을 알기 때문이다.

　자 이제 실천신학의 차례다. 목회의 현장은 대단히 다층적이고 복합적인 인간의 삶이 펼쳐지는 곳이다. 조직신학에서 배운 교리를 가지고 설교하는 것이 아니라 성경을 텍스트로 하나님의 말씀을 전해야 하는 곳이다. 전통적 성경해석만 가지고 현대 세계의 복잡한 현상을 다 설명할 수도 없다. 성경이 현대의 모든 문제에 대한 답을 제시하는 것도 아니고, 성경이 중요하게 생각하는 문제들이 실제 현장목회에서는 그리 중요하지 않은 경우도 많다. 그러니 목회 현장이야말로 성경 내용과 해석의 풍성함과 창의성이 요구되는 곳이고, 또한 여러 가지 성경 해석 가운데서 선택해야 하는 곳이기도 하다. "개인적인 구약신학의 가능성"이 필요한 영역이다.

　구약신학은 하나님께서 사람들에게 성경을 통해 통일성과 다양성의 풍부한 내용으로 말씀하셨다는 믿음을 전제로 시작할 뿐이므로,

이 주제만이 정답이라고 말할 수 있는 틀이 있는 것이 아니다. 따라서 각자[현장의 목회자와 신학자]가 주제에 따라 생각하고 논리를 전개하는 방식은 성경이라는 공통점을 가지고 있을 뿐이지 다양할 수밖에 없다.30)

그렇다고 해서 학자들이나 목회자들마다 자기 소견에 옳은 대로 성경을 아무렇게나 해석하고 자신만의 틀을 만들자는 것은 아니다. 혹은 독자반응비평(Reader-Response Criticism)의 주장처럼 근거를 요구할 필요도 없이 다양한 해석들에 정당성을 부여하자는 것도 아니다. 김의원의 "개인적인 구약신학"은 분명한 성경관과 성경 텍스트에 근거한 몇 가지 인정된 해석들을 폭넓게 받아들이자는 것이다.

목회의 현장에서는 이런 일이 비일비재하게 일어난다. 예컨대 설교자는 한 단어나 문장에 대한 몇 가지의 가능한 해석이 있을 때, 이 중 하나를 취하여 설교할 수밖에 없다. 큰 틀에서 전통적 신학에서 벗어나지만 않는다면, 현장 목회자들에게 일정한 자유가 주어지는 것이다. 이를 다른 말로 바꾸어 말하자면, 현장 목회를 통하여 다양한 성경해석의 눈이 열리는 것이다.

김의원이 조직신학-성경신학-실천신학의 이런 관계를 깊이 깨닫게 된 것은 후일 그의 신학이 무르익었을 때의 일이고, 뉴욕대학교에서 공부하는 중에는 단지 셈족 언어를 공부하는 것이 실천 목회에 무슨 도움이 될 수 있을지를 회의하는 것뿐이었다.

학문에 대한 회의가 심화된 것은 뉴욕에서의 목회였다. 그는 박사과정을 마쳐갈 무렵 뉴욕중부교회를 개척하여 4년 동안 목양을 하였는데, 여기서 목회현장과 학문적 신학의 괴리가 크다는 것을 경험하였다. 웨

| 30 김의원, "한국 구약신학의 진단," pp. 148-49. 괄호 안의 내용은 필자가 첨가하였다.

스트민스터에서 배운 것을 목양에 적용하려 하였으나 쉬운 일이 아니었다. 대신 제자사역으로 사람이 변화되는 것을 체험한 것이다.[31] 당시 미국에서 인기를 얻던 제임스 케네디의 '전도폭발' 프로그램을 교회에 접목하여 효과를 보았다.

그는 웨스트민스터 은사인 구약학자 로벗슨(O. Palmer Robertson)과 한국의 사정을 잘 아는 선교학자 간하배(Harvie Conn)에게 신학과 현장의 괴리 문제를 토로한 적이 있다. 로벗슨은 웨스트민스터 신학교가 자유주의로부터 개혁주의 전통을 지키기 위한 학문적 변증에 중점을 두었을 뿐, "목양을 가르치지 않아 미안하다."고 대답하였다. 간하배는 "한국은 구약학자가 아닌, 현장을 아는 목회학 교수가 필요합니다. 구약학을 통해 공부하는 방법을 배웠으니, 이제라도 목회학을 공부하고 한국으로 가시오."라고 조언하였다고 한다. 김의원은 이 통찰력 있는 교수의 충언을 그 당시에는 잘 이해하지 못하였으나, 한국에서의 교수생활이 길어질수록 점점 깊이 깨닫게 되었다.

새로운 신학교육의 필요성

뉴욕에서의 학업과 4년간의 목양을 마치고 1984년 총신에 부임하면서, 김의원은 현장에 대한 관심을 일시적으로 중지할 수밖에 없었다. 교수로서 수업을 준비하고, 학문적 논문을 쓰는 일에 바빴기 때문이다. 앞서 언급한 것처럼, 총신의 전임 구약학 교수 김희보박사는 김의원의

---

31 김의원은 목회사역을 하면서도 항상 소수의 성도들을 모아 제자훈련을 시켰다. 뉴욕에 있을 때, 뉴욕주립대학 스토니브룩 학생 12명을 집으로 초청하여 말씀을 가르쳤다. 그때 양육된 사람들 가운데 목회자, 선교사, 평신도 지도자들이 많이 나왔다. 이들 가운데 중국 선교사로 파송된 이들도 있었는데, 그들을 통하여 중국 지도자 양성에 관여하게 되었다. 총신에 부임한 이후에도 신학생, 사업가, 용산 미군부대 영내에 있는 미군의 한인 배우자, 대학교수 등에게 성경을 가르쳤다. 그는 항상 신학을 가르친 것이 아니라 성경을 가르쳤다.

학문성에 감탄하여, 함께 '사당학파'를 만들 것을 제안하기까지 하였다. 그는 수업도 학구적 방향으로 이끌었다. 후일 그는 총신에서의 교수 사역 초창기를 회고하면서 한국 목회의 현장에 대한 이해가 부족한 채 서구적 교과과정과 학문을 도입한 것을 자책하였다.32)

서구에 유학한 교수들은 대체로 논리적이고 분석적인 서구식 교육방식을 신학대학원 교실로 옮겨왔다. 김의원도 마찬가지였다. 학생들은 논리를 따라가지 못하거나 지루해 하기 마련이고, 결국은 정답을 외우는 암기식 교육이 되고 만다. 당시 총신의 학생들은 학문적 수준이 그리 높지 않았고, 나이가 많은 만학도와 개척목회를 하고 있는 신학생, 성경학교를 졸업하고 안수 받은 후 총회에 가입하기 위한 편목, 다른 직업을 가진 야간학생 들이 포함되어 있었다. 그의 수업을 따라갈 수 있는 학생은 소수에 불과하였고, 어렵다고 불평을 하는 학생들도 있었다. 김의원은 당시 학생들로부터, "우리는 목회자가 되려고 왔지, 학자가 되려고 총신에 온 것이 아닙니다." 혹은 "그렇게 가르치면, 학생 중 아무도 구약을 설교하지 않을 것입니다."라는 항의를 들었다고 회고한다.

김의원은 그의 신학교 교수로서의 경력이 쌓여갈수록, 한편으로는 총신의 학문적 수준을 올려야 한다는 사명감도 자라나고 있었지만, 다른 한 편 신학교육의 목표가 이론을 습득하는 것이 아니라는 생각이 점점 깊어져 갔다. 특히 1990년대에 들어서 한국교회가 그 동안의 급격한 성

---

32 필자도 김의원으로부터 여러 차례 수업을 들었는데, 이론적으로 대단히 정교하고, 그가 요구하는 기말 페이퍼도 신학대학원생의 수준을 넘는 것이었다고 기억한다. 김의원은 1학년 과목으로 '구약사', '신구약중간사' 등의 과목을 가르쳤고, 2학년 '구약신학' 과목을 담당하였다. 당시 총신은 70분 수업을 받으면 1학점을 주었고, 100학점 정도를 이수해야 졸업할 수 있을 정도의 빡빡한 교과과정을 시행하였다. 일주일에 나흘 아침부터 저녁까지 꼬박 앉아서 여섯 학기 강의를 들어야 졸업할 수 있었다. 김의원은 '구약신학'이 1학점 70분으로는 불충분하다고 여겨, 한 학기에 0.5학점씩 (70분) 2학기를 수강하도록 하였다. 학생들의 원성이 높았지만 모두들 그 과목을 즐겨 들었던 것으로 기억한다.

장이 멈추고 하락 국면에 들어섰을 때, 많은 학자들은 그 원인과 해결 방안을 신학교육에서 찾고자 하였는데, 김의원도 그 가운데 한 사람이었다.

그는 1994년 신학대학원장의 보직을 맡으며 학생, 졸업생들과 대화하던 중 상당 수 졸업생들이 목회의 길을 걷지 않는 것을 알게 되었다. 교회를 개척하려는 학생들이 소수이고, 개척을 한 경우에도 열 교회 중 하나 정도 살아남을 뿐이다. 상가를 얻어 교회를 시작하긴 하는데, 3년 정도 지나면 보증금마저 날리고 교회 문을 닫는 일이 빈번해 졌다. 천막에 깃발만 꽂아도 교회가 된다던 전설의 70, 80년대는 지나갔다. 김의원은 세 학기에 걸쳐 '교회개척학'이란 선택과목을 개설하였다. 첫 두세 주차는 성경신학을 통하여 교회론을 정립하도록 가르쳤고,[33] 이후 십여 회 주차의 강좌에서는 총신 졸업생 중 개척하여 중소형교회로 성장시킨 사역자들을 불러 자신들의 경험을 나누게 하였다. 또 한 학기에 한두 차례 그들의 교회를 방문하여 현장을 눈으로 보게 하였다. 이 강의를 들은 많은 학생들이 교회를 개척하는 열매가 있었다.

김의원은 1990년 이후 몇 개의 논문을 통하여 이론과 현장의 관계에 대한 자신의 생각을 정립하였다. "신학교는 교단의 신학을 끌고 갈 선구자이다"(1991년), "총신의 신학은 성경적 원리를 현장 속에 꽃피워야 한다"(1995년), "새로운 교회관을 정립하자"(1996년), "교회내 여성의 기능과 성직의 자격"(1996년) 등이다. 그는 이 논문들을 통하여 한국교회가 나아가야 할 방향과 이에 따른 신학교육 변화의 필요성을 제시하였다. 한 마디로 새로운 시대를 맞아 새로운 교회론이 정립되어야 하며, 신학교육에서는 원리와 더불어 현장성이 강조되어야 한다는 내용이다. 자세한 내용에 대하여서는 뒤에서 다시 정리하도록 하겠다.

| 33 성경신학에 근거한 교회론에 관하여는 뒤에서 자세히 논할 것이다.

신학교 교과과정의 문제점

학문성과 현장성 둘 다를 추구하던 김의원에게 큰 변화를 가져다 사건들이 1997년에 일어났다. 오랜 만에 안식년을 얻어 텍사스를 방문하여 몇 개월 머물렀는데, 이때 그에게 "진짜 회심"이 일어났다. 김의원은 이 시기를 기점으로 신학자 육성보다는 성경에 기초한 목회자 혹은 성경교사 육성의 길로 본격적으로 들어서게 된다.

텍사스에서 두 가지 일을 경험하였는데, 그 하나는 댈러스신학교(Dallas Theological Seminary)에서 세 개의 강좌를 청강한 일이다. 장로교 계통의 신학교보다 학문적으로 낮다고 생각한 댈러스신학교였는데, 김의원은 강의를 들으면서 큰 충격을 받았다. 우선 교과내용이 성경 중심이었다는 점이다. 성경의 배경을 둘러싼 학문적 논의는 최소화하고 대신 성경 본문을 충실히 다루고, 기말 페이퍼로서 배운 텍스트를 설교나 성경공부 교안으로 작성하도록 하였다. 김의원은 과거 석사와 박사 과정에서 성경과목을 10과목 가까이 들었지만 모두 성경을 변증하는 학문적 논증에 관한 것들이었을 뿐, 성경 자체를 배운 것은 아니었다. 그가 교수로서 구약신학을 가르칠 때도 웨스트민스터에서 배운 대로 자유주의에 대한 변증이나 혹은 언약신학과 같은 신학적 내용을 다루었던 것을 반성하였다. 이후 그의 강의는 성경 본문 자체를 가르치는 것으로 바뀌었다. 또한 대다수 댈러스신학교 학생들이 신학자의 길이 아닌 목회자의 길을 꿈꾸고 있다는 점도, 우수한(?) 학생들이 목회가 아닌 학문의 길을 선택하는 총신과 대조되었다.

댈러스에서 경험한 또 한 가지는 '가정교회'를 표방하는 휴스턴서울교회였다. 담임 최영기목사는 가정교회라는 새로운 형태의 목회방식을 교회에 적용하여 큰 성장을 이룬 목사로서, 1990년대 중반 이후 미국 이민교회와 한국교회 알려지기 시작하였다. 그는 신약성경에서 묘사하는 교회의 모습을 현대에 그대로 재현하려 하였다. 신약성경의 초대교회들은 모두 성도들의 가정에서 모임을 가졌다. 성도들은 가족 같은 친밀한 교제를 나누었고, 각자의 은사를 통하여 서로를 섬겼다. 당시 한국교회는 큰 예배당을 선호하고, 가족 같은 친밀성보다 수직적 권위주의가 지배하였으며, 목사·장로와 같은 몇몇 사람들에게 의하여 교회가 운영되었다. 최영기목사에 따르면 이런 교회의 모습은 신약성경이 가르치는 진정한 교회의 모습에서 벗어난 것이다. 교회는 건물이 아니라 성도들의 모임이며, 모든 성도가 제사장으로 교회를 섬겨야 한다.

특히 최목사는 새로운 영혼을 전도하는 데 모든 관심을 기울였다. 가정에서 모이는 '목장'(牧場)으로 전도대상자(VIP)를 인도하여, 목자와 목녀(牧女)들이 이들을 성심껏 섬김으로 회심에 이르도록 하는 것이 교회의 본질적 사명이라고 강조하였다. 모든 신자들은 영적 부모로서 자녀를 낳을 때, 즉 비신자를 전도하여 회심하게 할 때, 진정한 성인(成人) 신자가 되는 것이다. 기존 성도들의 수평이동을 경계하며 자신의 교회에 받아들이지 않았다. 김의원은 최영기목사가 교회의 현장을 정확하게 이해하고 신약성경이 말하는 진정한 교회를 세우려는 목표를 가졌다고 호평하였다. 이후 김의원은 가정교회와 돈독한 관계를 가졌고, 이 새로운 형태의 교회를 변호하기를 주저하지 않았다.

안식년에서 귀국한 김의원은 당시 총신대학교와 미국 리폼드신학교(Reformed Theological Seminary)의 연합과정인 목회학박사과정에서 '목회학'을 가르쳤다. 비록 전공은 아니었지만, 교수들 가운데 개척목회를 해 본 사람이 그 한 사람이었기 때문에 그에게 맡겨졌다. 그도 마침 목회에 관하여 좀 더 깊이 공부하고 싶었던 터라 그 제안을 수락하였다. 목회학 관련 서적들을 섭렵하여 목회학 박사과정에서 가르치고 논문을 지도하였다. 목회현장을 분석하고 대안을 제시하도록 도왔는데, 이를 통하여 김의원 자신이 한국교회의 현장을 직간접적으로 경험하는 기회가 되었다.

1999년 김의원은 급작스럽게 총신대학교 총장으로 선출되어 5년 동안 대학의 행정을 맡게 되었다. 총장이 되어 학내외적 많은 업무와 사건들이 있었지만, 그 와중에도 신학교 교육과정에 대한 그의 관심은 그치지 않았다. 가장 중점적으로 관심을 두었던 일은 학부와 신대원의 교과과정을 연속성 있는 7년제 교과과정으로 바꾸려 한 것이다. 총신대학교 학부 졸업생의 다수가, 특히 신학과 졸업생 가운데 대다수가 신학대학원에 진학을 한다. 학부에서 신학을 공부하는데 신학대학원에서 또 같은 과목을 반복적으로 공부하는 것이 비효율적이었다. 또 역설적이게도, 신학대학원은 비(非) 신학전공 학부 졸업생도 함께 수업하기 때문에 학부과정보다 더 쉽게 가르쳐야 하였다. 또한 학부에서 신학을 전공한 사람은 인문사회학 지식이 부족하고 사회경험도 전무하여, 신학대학원 고학년이 되면서 일반대학 출신보다 뒤떨어지는 경우가 많았다. 그러니 학부에서는 신학을 중점적으로 가르치는 것보다 신학을 공부하기 위한 인문교양에 치중하자는 것이 7년제 교과과정의 핵심이었다. 좋은 의도에서 시작되었지만 여러 가지 난관으로 김의원 총장 재직 중에는 이루어지지 않았고, 이보다 10여 년 후 김영우 총장 때에 와서야 이루어졌다.

　김의원은 신학교 교과과정을 깊이 연구하면서 현행 교과과정의 문제점을 보게 되었다. 총장직을 마칠 때 쯤 합동교단을 넘어선 한국교회와 신학교 전체를 볼 수 있는 안목이 생기게 되었다. 이미 한국교회는 내리막길로 들어섰고, 곧 이어 위기를 맞게 될 것이었다. 문제는 신학교육이다. 현행 신학교육으로는 죽어가는 교회를 살리지 못할 것임을 깨닫게 되었다. 교회는 노령화되고 젊은이는 교회를 멀리하는 현실 속에서 신학교는 이를 인지하지 못하고 종래 서구 신학교를 뒤따라가고 있었다. 신학자들이 이론을 가르치지만 목회의 현장과 거리가 멀기 때문에 목회자들 사이에서는 신학교에서 배운 대로 목회하면 안 된다는 생각이 팽배하였다. 그의 비유에 따르자며, 마치 크루즈선 밑창에 구멍이 뚫려 물이 쏟아져 들어오는데, 갑판에 있는 큰 교회와 신학교는 멋진 음악의 선율에 취하여 평안을 구가하는 것과 같았다. 한국교회는 성장을 멈추고 점차 교세가 하락하는데, 신학대학원 졸업생들은 목양보다 사변적인 신학적 논의에 관심이 많고 개척목회를 준비하는 학생들은 극히 드물었다. 김의원은 기회가 있을 때마다 우리 국민의 80%가 비신자임을 강조하면서 이들에게 관심을 가질 것을 촉구하였다.

김의원은 총신대학교 총장직에서 물러난 얼마 후 백석대학교 대학원으로 자리를 옮겼다.(2007년 봄) 총신의 이전 총장들에 비하여 상대적으로 나이가 적어 총장 퇴임 후에도 정년까지 상당한 기간이 남아 있었는데, 총장을 역임한 사람이 총신에 남아 있는 것이 후임에게 부담이 될 수 있었다. 막역한 친구의 추천으로 백석대학교와 설립자 장종현 박사를 소개받게 되었다. 김의원은 총신에서 못 이룬 목회자 양성의 꿈을 백석에서 이룰 수 있을 것이라 믿고 백석대학교 대학원 부총장으로 부임하게 되었다.

그는 백석에 있는 7년 동안 신학대학원 교과과정 개편을 책임지고 진행하였다. 서구적 신학교육 교과과정을 목회자 양성이라는 신학대학원 본연의 목적에 맞도록 개정하는 과정이었다. 그는 목사의 사역이 군대의 장교나 의사가 되는 과정과 유사하다고 생각하여, 현장실습을 교과과정에 도입하기를 원하였다. 그러나 준비가 안 된 학생들을, 역시 준비가 안 된 교회들에 투입하여 인턴 과정을 밟게 하는 것은 현실적으로 무리한 일이 아닐 수 없었다. 최선의 방법은 3년 과정을 1년 반씩 둘로 나누어 첫 1년 반은 필수 과목을 중심으로 교육을 받고, 두 번째 1년 반은 사역의 방향에 맞추어 현장 중심의 교육을 받도록 하는 것이었다. 지금까지의 모든 학문적, 실천적 여정을 통하여 얻은 지혜를 쏟아 붓는 작업이었다. 그러나 여러 가지 제약들이 많이 있어서 그가 원하는 만큼의 개혁을 이루지는 못하고, 7년 재직 후 정년을 맞았다.

교회와 신학교육

그렇다면 김의원이 주장하는 교회관은 무엇이며, 또 신학교육은 어떤 변화를 가져야 하는가? 그가 총신대학교 신학대학원 원장이 되어 쓴 「신학지남」 권두언, "총신의 신학은 성경적 원리를 현장 속에 꽃피워 내어야 한다"(1995년)와 총장이 된 후의 "디지털시대 속의 교회의 역할"(2001년), 그리고 백석대학교 대학원 학사부총장으로 재직하던 시절의 "신학과 신학교육의 관계"(2011년)를 중심으로 그가 추구하는 교회관과 신학교육의 이념을 살펴보자.

일생을 신학교육에 헌신하였고 신학교육의 본질에 대하여 숙고한 김의원은 자신이 봉직하고 있는 총신의 역사적 의의를 두 가지로 정리하였다.[34] 하나는 자유주의 신학사조에 대항하여 전통적 개혁신학을 수호한 것이고, 두 번째는 그 신학을 교회의 현장에서 꽃피운 것이다. 선교 2세기를 맞이하면서 첫 번째의 과제는 놀라운 진전을 보였다. 즉 보수적 개혁주의 신학을 수호한 것은 물론 학문적으로도 뛰어난 업적을 이루었다. 일정한 학문적 수준을 지닌 교수들을 영입하였고, 고학력 학생들을 선발하여 학업에서 성취를 보이도록 지도하였다. 그러나 김의원에 따르면, 21세기 총신은 목회자와 교회 개척자를 양성하는 데는 실패의 길로 가고 있다. 김의원은 신학교의 핵심가치에 대하여 다음과 같이 정리하였다.

필자의 뇌리에 신학교란 '목사훈련학교'이다. 신학이란 상아탑 속의

---
[34] 다음의 논의는 김의원, "총신의 신학은 성경적 원리를 현장 속에 꽃피워야 한다." 「신학지남」 62-1 (1995. 3)을 요약한 것이다.

학문이 아니라 현장 속에서 피워내야 하는 꽃이다. 주경신학은 나무의 뿌리에 해당하고, 교회사와 조직신학은 나무의 줄기라면, 목양과 선교는 꽃과 열매이다. 현장에서 제대로 꽃 피우지 못한 신학은 신학이 아니다. 신학이 발전되었다(?)는 서구의 교회는 매년 수없이 쓰러지고 있다. 그렇다면 신학이 잘못된 것이 아닐까?[35]

김의원이 현장을 강조한다고 해서 원리를 무시하거나 타협하라는 말이 아니다. 신학교육에서 우선되어야 할 것은 성경적 원리를 깊이 이해하는 것이고, 현장을 익히는 것은 두 번째로 중요한 것이다. 예컨대 그는 진보적 신학자들이 주장하는 토착화신학을 비판하는데,[36] 토착화신학은 "신학적 원리를 변형하여 현장에 토착화 시키는" 오류를 범하고 있기 때문이다. 성경은 만고불변의 진리이며 인간의 고백이 아니기에, 성경에 깊이 뿌리를 내리면서 이를 현장에 적용하자는 것이다.[37]

김의원에 따르면, 문제는 신학 자체에 있는 것이 아니고 "신학을 전수하는 과정"에 있다. 신학교는 학문의 전당이 아니고 목회자 양성 기관이라는 사실을 잊은 것이다. "'성경적 원리'와 이 원리를 꽃피워야 할

---

[35] 김의원, 『언약과 교회』, pp. 58–59.
[36] 김의원의 원리와 현장의 관계를 잘 보여주는 사례가 있다. 바로 여성안수 문제다. 1994년 통합측 총회에서 여성안수 결의가 이루어지자 합동측에까지 여파가 미쳤다. 1990년대 내내 이 문제로 교단과 신학교에서 논쟁이 있었다. 김의원은 대다수의 합동측 목회자나 총신 교수들과 더불어 여성안수를 반대하였다. 여성이 성직을 맡을 수 없다는 것이 단지 '현장'의 요구의 문제가 아니라, 창조질서의 문제로서 성경이 이를 금지하기 때문이라고 주장한다. 후일 그가 백석대학교 신학대학원에서 가르칠 때, 백석교단에서도 여성안수 논쟁이 있었다. 교수들 중 다수는 여성안수를 성경이 금하는 것은 아니라 하여 이에 찬성하고, 소수는 반대하였는데, 김의원은 소수의 편에 섰다. 참고. 김의원, "교회내 여성의 기능과 성직의 자격," 「신학지남」 63-3 (1996. 9)
[37] 원리와 현장의 관계는 선교학에서 '상황화'(contextualization)의 문제다. 성경의 원리를 어느 정도 상황에 맞게 변형시켜야 하는지가 언제나 이슈로 떠오른다. 또한 우리가 '원리'로 전제하고 있던 교리나 윤리가 사실은 우리 문화에 맞도록 상황화된 것일 수도 있다. 좀 더 깊게는 성경이 역사 속에서 기록되었으므로 성경의 언명 자체가 상황의 제약을 받는다고 말할 수도 있다. 후일 김의원은 선교지에서의 상황화에 대하여서 상당히 열린 마음을 가지게 된다.

토양, 즉 '교회현장'이 함께 연구, 검토"되어야 하는데, 원리만 강조할 뿐 교회현장을 연구하지도 가르치지도 않았다. 신학교에서는 원리를 배워 자격증을 취득하고, 현장은 교회에서 파트 전도사로 일하면서 몸으로 익히도록 역할분담이 된 것이 현실이다. 신학교에서는 개혁주의를 공부하지만 교회에서는 오순절 목회를 배운다. 학교에서 배운 원리와 현장 사이에 깊은 괴리가 있다.

원리와 현장이 통합되기 위하여서 어떤 과정이 필요할까? 원리가 단순한 정보전달에 국한되고, 현장은 기술을 배우는 장소라고 한다면, 현재의 역할분담이 합리적인 것이고 이 둘의 통합은 별 의미가 없다. 중요한 것은 사람이다. 신학교 교수(敎授) 한 사람 안에 신학과 실천이 통합되어 있어야 한다. 성경이 가르치는 원리에 근거한 실천이어야 하고, 실천을 염두에 둔 신학이어야 한다. 원리와 실천이 한 인격 안에 통합되어야 한다.

이런 교수가 자신의 마음을 열어 가르치는 가운데 학생들의 인격이 형성(character formation)되는 것이다. 진정한 가르침은 마치 아비가 자식을 양육하듯, 예수님께서 제자들과 동고동락하셨던 것처럼, 교제를 통하여 나타나는 삶의 방식의 변화이다.[38] 스승은 제자를 섬기고 제자는 스승의 권위에 복종한다. 시간표에 명시된 가르침보다 숨겨진 교육과정을 통한 보이지 않는 영혼의 만남이 더욱 중요하다. 이렇게 말할 때, 김의원은 일종의 도제식 교육을 염두에 두고 있다. 현재 신학교 시스템에서는 이것이 불가능하기 때문에 현장학습을 가능하게 하는 여러 가지 대안들을 제시한다. 예컨대 신학대학원 3년 과정 중 1년을 쉬면서 현장학습을 하거나 선교지에서 단기사역의 경험을 쌓는 것 등이다.[39] 혹은 3년의 신대원 과정을 둘로 나누어 3학기는 실천을 전제로 한 이

---

38 김의원, "신학과 신학교육의 관계," 「백석신학저널」 21 (2011), p. 17.
39 앞의 글, p. 28-29.

론을 배우고, 3학기는 이론에 기초한 실천을 배우는 것도 대안이 될 수 있다.

변화하는 세상

김의원이 염두에 두고 있는 '현장'이 어떤 곳인지 좀 더 구체적으로 생각해 보자. 크게 나누어 두 가지다. 첫째 현장은 아직 예수님을 모르는 4천만 대한민국 영혼이다. 김의원은 신학교육이 현장과 괴리되어 있음을 간파한 1990년대 이후 줄곧 비신자를 위한 교회개척을 강조하였다. 교계에서 종교개혁 5백 주년 행사를 거창하게 기획하던 2019년, 그는 이렇게 주장한다.

> 종교개혁 500주년 행사에 루터, 칼빈이 살았다면 그들의 관점은 '교회개혁'이 아니라 '교회개척'이었을 것입니다. 루터, 칼빈 당시의 유럽은 기독교 토양이었습니다. 그들은 가톨릭이 변질되니, 교회개혁을 요구했습니다. 그러나 현금의 미국과 한국은 선교지가 되어갑니다. 이제 신학자는 교회개혁이 아니라 교회개척과 선교에 초점을 맞추어야 합니다.[40]

특히 2천 년대에 들어와서 교회개척은 더욱 어려워졌고 성공률은 1%대로 내려앉았다. 대형교회에서의 분립개척과 같은 든든한 지원군이 있는 경우 외에는 거의 불가능한 상태가 되었다. 이런 사실을 잘 알면서도 김의원은 이렇게 강조했다.

> 신학도들에게 80%에 이르는 불신영혼들에게 관심을 갖게 하여 교회개척으로 나아가게 해야 합니다. 지금도 늦지 않았습니다! 지난 2천

| 40 김의원, 필자에게 보낸 전자메일, 2021년 9월 19일.

년 간 교회개척이 쉬웠던 적은 한 번도 없었습니다. 성령님은 끊임없이 당신의 종들을 통해 교회를 개척하고 운영케 하였습니다. 최근 "내가 내 교회를 세운다"(마 16:18)는 말씀을 새롭게 깨닫습니다. 우리가 그분의 교회를 세우는 것이 아니지요. 그분이 우리를 통해 그의 교회를 세워나갑니다. 예수님의 말씀을 직접 들은 베드로가 같은 말을 합니다. "너희도 산 돌 같이 신령한 집으로 세워 진다."(벧전 2:5)[41]

오늘과 같은 현실에서 어떻게 교회를 개척하라는 말인가? 이 질문은 김의원의 두 번째 현장 이해로 우리를 안내한다. 두 번째 현장은 '디지털시대'로의 전환이다.[42] 그에 따르면 디지털시대는 단순한 기술적 혁신이 아닌 문명사적 변화다. 정보통신기술의 발전으로부터 시작하였지만, 세계화, 개방, 민주화, 다원화 등의 변화를 가져왔다. 사회 시스템과 의식에도 큰 변화가 있을 수밖에 없다. 김의원이 정리한 바에 따르면, 첫째, 정보 전달 체계가 과거 피라미드형에서 거미줄 형태로 바뀌면서 수직적이고 폐쇄적인 사회에서 수평적 개방사회로 변화하고 있다. 둘째, 멀티미디어와 통신기술의 발달로 쌍방 커뮤니케이션이 가능하게 되어, 기존의 상명하복식의 명령이나 가르침은 저항에 직면하게 되었다. 셋째, 과거 인쇄매체가 주요 소통의 수단이던 시대의 문자를 중심으로 한 의사소통으로부터 영상매체를 수단으로 한 이미지가 정보 전달의 주요 수단이 되었다.

수평적이며, 쌍방향적인 사회의 발달은 전통적 교회의 구조를 다시 생각하게 한다. 성직자와 평신도의 일방적 관계가 무너지고 있으며, 새로운 형태의 조직관리 시스템이 요구된다. 교회는 어떤 방향으로 발전

---

41 김의원, 위의 자료. 여기 '세워 진다'는 동사는 소위 신적 수동태로서 하나님께서 주체가 되어 교회를 세우신다는 의미다.
42 이하의 논의는, 김의원, "디지털시대 속의 교회의 역할," 「기독교교육정보」 5 (2002. 10)를 참고하였다.

되어야 하는가? 김의원에 따르면, 글자 그대로의 만인제사장론이 교회에서 구현되어야 한다. 하나님과 신자 사이에 중보자로서의 사제가 필요 없으며, 대신 모든 성도들이 하나님과 세상 사이에서 중보자 역할을 하는 제사장이다. 또한 교회 조직은 조직체(organization)로서의 교회에서 유기체(organism)로서의 교회로 전환되어야 한다. 목회자가 성도를 돌보는 수직적이며 관료주의적 구조가 아니라, 모든 성도가 그리스도의 지체로서 서로에게 속하여 서로를 돕는 구조이다. 목회자와 평신도가 두 그룹으로 나뉘어 두 개의 서로 다른 사역을 하는 것이 아니라, '한 백성'으로서 한 그리스도의 몸을 세워나가는 것이다.

모든 성도가 같은 지위에 있다면 목회자는 무슨 일을 해야 하는가 하는 질문이 생긴다. 김의원은 에베소서 4:11,12를 근거로 "성도를 온전케 하여 봉사의 일을 하게" 하는 사람이 목회자라고 정의한다. 목회자는 혼자서 말씀사역과 섬기는 일을 도맡아 하는 것이 아니라, 성도들이 이런 일을 할 수 있도록 훈련시키는 사람이다. 성도의 신앙인격을 형성하게 하여 봉사하는 사람이 되도록 그들을 돕는 자이다.

신약성경의 모범을 글자 그대로 급진적으로 따르는 교회를 이룰 수 있을까? 장로교회, 특히 한국의 장로교회는 수직적이며 일방적인 설교 중심의 교회인데, 교회의 형태를 바꾸는 것이 법적으로 정서적으로 가능한 일인가? 김의원은 '가정교회'에서 그 가능성을 보았다.

교회의 시스템 변화: 가정교회

앞서 언급한 바와 같이 김의원은 1997년 텍사스 주 댈러스의 휴스턴서울교회에서 '가정교회'를 경험하였다. 최영기목사가 주창한 가정교회는 교회를 하나님 자녀들의 가정으로 정의하면서 친밀성과 섬김을 강조한다. 교회는 건물이 아니라 성도의 모임이며, 목회자와 평신도의 관계는 수직적이 아니고, 모든 사람이 동등한 지위에서 은사에 따라 서로를 섬긴다. 그 친밀성과 섬김의 최종목표는 새로운 영혼(VIP)를 인도하여 회심하도록 하는 것이다. 김의원은 가정교회야말로 신약성경이 말하는 진정한 교회이며, 동시에 변화하는 현대사회에 적합한 교회라고 믿기에 이르렀다.

가정교회가 갖는 또 하나의 장점은 교회개척이 쉽다는 점이다. 일반적으로 개척을 계획하는 목회자들은 상가건물을 빌려서 교회를 오픈한 후 성장하면 자체 건물을 지어 입주한다. 이렇게 될 때 교회가 '세워졌다'고 말한다. 그러나 이는 교회를 건물로 정의한 데서 오는 잘못된 관행일 뿐이다. 한 영혼에 집중하기보다 건물을 유지하는 데 노력을 기울이게 된다. 또한 이 과정에서 과도한 경제적 부담으로 인하여 성도들이 떠나고 교회가 문 닫는 일이 빈번하게 발생한다. 그러나 가정에서 모임을 가지는 것으로 교회를 시작하기 때문에 초기 투자비용이 들지도 않는다. 가정교회들이 몇 개 정착되면 그 때에 가서 건물을 얻는 것을 고려하면 될 일이다.

김의원은 가정교회를 경험한 후 학생들에게 상가건물이 아닌 가정에서 목양을 시작하도록 권하였다. 가정교회를 위하여서는 목회자 자신이 비신자를 전도하여 양육하는 것부터 배워야 한다. 목회의 본질은 이미 세워진 교회에서 말씀으로 봉사하는 것이 아니라, 예수님의 명령처럼 비신자를 전도하며, 그들을 양육하여 재생산하는 전도자로 만드는 데서 찾아야 한다. 아이를 낳아 길러본 사람이 부모가 되는 것이지 유아교육을 배운다고 부모가 되는 것이 아닌 것과 같은 이치다.

여러 면에서 가정교회가 현대사회에 가장 바람직한 교회임에 틀림이 없는데, 한 가지 문제점이 있다. 바로 전통적 장로교회 제도와의 관계 문제이다. 기존 장로교회 목회자들은 여러 가지 이유로 가정교회에 대하여 저항을 가지고 있다. 그 중 가장 중요한 두 가지를 꼽으라면, 하나는 '교회'라는 명칭의 문제다. 기존 장로교회는 '구역'이나 '순모임,' '다락방'과 같은 교회 안의 소그룹은 인정하지만, 가정에서 모이는 소그룹을 '교회'라고 부르는 데서 저항감을 느낀다. 또한 모든 평신도가 평등하게 서로를 돌보는 교회를 추구하다 보면, 목사, 장로, 집사와 같은 기존 직분이 무시된다는 것이다. 가정교회의 주장대로, 정말로 가정교회가 신약의 교회를 구현한 것이라면, 현존하는 장로교회의 교회관과 직분관이 잘못된 것이리라. 실제로 가정교회 지도자 가운데는 급진적으로 장로교회의 제도를 완전히 폐지하고 가정교회로 나아가야 한다고 생각하는 사람들도 많다. 그러나 김의원은 이 문제를 전략적으로 접근한다. 이름 하여 "가정교회를 장로교화" 하는 것이다.[43]

마침 김의원이 속한 대한예수교장로회 총회 안에서 가정교회를 둘러싼 문제가 발생하였다. 2013년 9월 제98회 총회에서 가정교회의 이단성 여부에 관한 헌의안이 올라왔다. 총회는 신학위원회를 조직하여 연구할 것을 결의하였고, 신학위원회는 가정교회의 내용을 잘 아는 김의원에게 가정교회 문제에 관한 신학적 입장을 정리해 줄 것을 요청하였다. 김의원은 "개혁주의 안에서의 가정교회: '가정교회' 사역을 '장로교화'할 수 있는가?"라는 논문을 써서 제출하였다.

김의원은 가정교회를 둘러싼 각 교단(합신, 고신 등)의 연구발표문들과 한국과 미국에서의 가정교회에 관한 서적들을 철저히 조사·연구한 후 A4 용지 38면에 달하는 연구보고서를 작성하였다. 자료조사만 한 것이 아니라 휴스턴서울교회의 집회와 목장모임, 각종 훈련모임에 친히 참관하고 경험하였다. 김의원은 이 논문에서 가정교회가 영혼구원과 제자양육에 전력을 다하는 교회로서 기존 신자의 수평이동을 반대하

---

[43] 김의원, "개혁주의 안에서의 가정교회: '가정교회' 사역을 '장로교화'할 수 있는가?" 개혁주의신학회 발표문, 2015년 5월 18일. 이 논문은 개혁주의신학회에서 발표한 논문이면서, 동시에 대한예수교장로회 총회 신학위원회가 총회 내의 가정교회 문제를 해결하기 위하여 김의원에게 요청한 논문이다.

는 것을 극찬한다. 가정교회에서 남성 성도의 지위를 세워줌으로 한국 교회의 여성이 다수를 차지하는 다른 교회들에 비하여 남성의 숫자가 많은 것도 장점 중 하나다. 목장 모임과 주일예배가 연동되어 예배 때마다 VIP의 신앙 간증을 들음으로 살아 있는 예배가 될 수 있다. 한국 교회 안에 들어와 있는 "개인주의, 물질주의, 성장제일주의, 실용주의 등 세속주의의 여러 현상들을 깨트려낼 수 있을 뿐 아니라 한국사회의 복음화를 앞당길 수" 있을 것이라 진단하였다.

김의원은 합동 측 총회에서 가정교회에 관하여 질문한 몇 가지 문제에 대하여 대답하면서, 가정교회가 장로교회화(化)하는 것이 충분히 가능하다고 하였다. 첫째, 각 가정에서 주중에 모이는 '목장'을 '교회'라고 부를 수 있느냐는 질문이 있다. 김의원은 목장을 단순히 하나님의 부르심을 받은 신자들의 모임이라는 뜻에서 제유적(提喩的)으로 사용할 뿐 엄밀한 의미의 '교회'라고 부를 수는 없다고 한다. 그러므로 주중에 모이는 교회는 '교회'라는 명칭보다, '목장' 혹은 교회의 지도하에 있는 목장이라는 의미로 '교회목장'이라 부르는 것을 권한다.[44] 둘째, 가정교회에서 평신도인 목자/목녀에게 목사와 같은 지위를 부여함으로, 목사·장로·집사의 장로교회 체제를 무너뜨린다는 지적이 있다. 이에 대하여 김의원은 평신도 목자/목녀가 목사의 지도를 받기 때문에 아무 문제가 없으며, 목자 혹은 목녀라는 단어도 교회 내에서 통용되는 직분이기 때문에 큰 문제가 되지 않는다고 하였다. 또한 목장을 지도하는 사람을 집사로, 목장의 그룹인 '초원'을 지도하는 사람을 장로로 선출하는 것도, 장로교화의 한 방식이 될 수 있다고 제안한다.

대한예수교장로회 100회 총회(2015년)는 김의원의 입장을 받아들여 총회의 입장을 정리하였다. 즉 기존의 입장, 가정교회에 대하여 "총회

| **44** 김의원, 위의 글, p. 28.

산하 전국교회와 목회자는 주의해야 한다."에서 "당회장이 용어 사용을 잘 지도해 주기 바란다."로 결의문을 수정하였다.

성소(聖所)신학과 교회

김의원이 변화하는 세상 속에서 새로운 신학교육과 교회를 추구하는 것은 단순한 실용적 이유에서가 아니다. 그는 현재의 한국교회가 성경에서 말씀하는 진정한 교회의 본질로부터 멀어졌다고 판단한다. 형태의 문제가 아니라 성경적 원리의 문제다. 김의원이 가장 문제 삼는 것은 '교회'가 예배당 건물로 생각된다는 점이다.

> 한국교회에서 언젠가부터 예배당은 교회로, 심지어 성전으로까지 호칭이 승격(?)되어 갔다. 목회자들이 교회당 건축을 독려하기 위해 솔로몬의 성전 건축과 연계시키다보니, 많은 성도들의 의식 속에 교회당은 '성전'이라는 의미의 거룩한 공간으로 자리매김이 되었다. 대다수의 성도들은 '하나님의 성전'으로 여겨진 교회당을 전심전력으로 짓고 이를 유지하는 것만으로 자신들의 의무를 다한 것으로 간주한다. 문제는 이런 사고가 여기서 끝나지 않는 데 있다. 그들의 의식세계에서 "교회=건물"이 공식화되어 교회당은 성전으로, 목회자는 제사장으로, 예배는 제사로, 헌금은 제물로 바뀌어 간다.[45]

과거 예배당 건물을 지어놓으면 교인 숫자가 늘어나던 시기에는 비록 잘못된 인식이지만, 어느 정도 이해가능한 부분이 있었다. 그러나 부동산 가격이 폭등하여 건물을 지을 수 없게 된 지금은 교회=건물이라는 인식이 오히려 현실적으로도 교회 성장을 저해하는 요인이 되었다. 건물을 지을 돈이 없으면 교회 개척이 어렵게 된 것이다. 교회를 건물로

| 45 김의원, "성막, 성전 그리고 교회," 「백석신학저널」 17 (2009), p. 179-80.

인식하는 데서 오는 신앙적 문제는 두말 할 나위가 없다.

김의원은 이런 문제의식을 가지고 구약신학자답게 구약과 신약의 구속사에 나타난 '성소' 개념의 변천을 살핌으로 대답을 얻고자 한다. 교회를 교회되게 하고 하나님의 백성을 하나님의 백성 되게 하는 것은 바로 하나님의 임재다. 구약성경에서 하나님 임재의 상징은 솔로몬 성전보다 훨씬 이전으로 거슬러 올라간다. 김의원은 하나님의 임재의 상징으로서의 '성전'(聖殿) 개념의 발전을 중심으로 구약의 역사를 정리하였다.[46]

타락 이전 하나님이 임재하신 성소는 에덴동산을 중심으로 한 온 세상이었다. 하늘이 하나님의 보좌이고 땅이 그의 발등상이다. 그 중에서도 에덴동산은 하나님이 거하시는 성소의 원형이었고, 아담은 하나님 앞에서 먹고 마시는 제사장이었다. 아담의 타락 이후 하나님의 임재의 장소는 족장들이 세운 제단(祭壇)이었다. 그러나 족장이 단을 세워 제사할 때 하나님이 찾아오신 것이 아니고, 하나님이 찾아오셔서 만나 주신 곳에 단을 세웠다. 광야의 모세에게 하나님은 만남과 속죄의 장소로서 성막을 짓도록 하셨다. 동산-성소는 성막-성소로 변형되었다. 성막은 천상의 보좌를 형상화한 것으로, 그 특징은 한 군데 붙박여 있는 것이 아니라 하나님의 명령에 따라 이동한다는 점이다. 광야시대 성막은 다윗 언약의 표상으로 주어진 성전으로 대치되었다. 성전도 성막과 마찬가지로 하나님이 임재하는 곳이며 하나님과의 만남과 속죄의 장소였다. 영구적인 건물이 세워지긴 하였는데, 이는 장소의 영구성이 아니라 하나님 언약의 영원성을 상징하는 것이다. 이스라엘 백성들이 성전의 건물과 제도에 집착하여 하나님과의 만남이라는 본질을 잊어버렸을 때 하나님은 예레미야와 에스겔 선지자들 통하여 성전이 무너질 것을 말씀하셨고, 실제로 그렇게 되었다. 포로 후 제2성전을 건립하면서 예언자 학개는 보이는 성전이 아니라 더 위대한 실체가 임할 것을 예언하였다.

불완전한 구약의 성소는 장래 일의 그림자였다. 하나님의 임재로서의 성전의 실체는 육신을 입고 오신 예수 그리스도시다. 말씀이 육신이 되어 인간 세계에 장막을 치셨다. 예수님이 헐어버리고 다시 세운 성전은 건물이 아니라 부활하신 예수 그리스도이다. 손으로 지은 성전은 이제 그 의미를 다하였고, 진정한 하나님의 임재가 세상을 통치하신다. 이제 신자들은 영으로 그리스도와 교제하며, 그와 연합한 신자들이 성령이 거하는 성전이 되었다. 구약 시대 성전이 상징하던 것이 일차적으로 그리스도에게서, 그리고 이차적으로는 그와 연합한 성도의 교제, 바로 교회를 통하여 성취되었다. 마지막 때, 성전이 이 땅에 완성될 것이고, 그 때 온 우주는 하나님이 편만하게 임재하시는 성소가 될 것이다.

김의원은 성소를 중심으로 구약과 신약의 구속사를 요약하면서, 그 한 가운데 교회를 위치시킨다. 교회는 새 언약의 공동체로서 하나님께서 그들 가운데 임재하는 성도의 교제다. 교회는 마치 지어져 가는 성전처럼, 유대인과 이방인 성도들이 연합하여 하나님이 임재하실 처소가 되어 간다. 교회는 건물이 아니라 믿는 자들의 모임이고 성도의 교제다. 그리고 친밀한 성도의 교제를 상징하기라도 하듯, 신약의 교회는 가정에서 모인 가정교회였다. 과거 한 세대 한국교회가 교회를 건물 혹은 성전으로 생각하였던 것은 성장을 위한 하나의 전략이었을 뿐, 교회의 본질은 성도의 모임이고 성도들 자신이다. 종래 장로교회가 조직체(organization)로서의 교회를 강조하였다면, 이제 유기체(organism)로서의 교회가 실현되어야 할 때다. 김의원은 이러한 교회의 본질을 가장 잘 드러내는 교회가 가정교회라고 단언한다.

결 론

김의원은 2014년 백석대학교에서의 7년 부총장 직임을 끝으로 정년퇴임을 하였다. 그러나 그를 향한 하나님의 부르심이 끝난 것은 아니다. 퇴임 후의 그는 이전보다 더 왕성한 활동을 지속하고 있다. 오히려 한 학교에 매이지 않고 자유롭게 세계 곳곳을 다니며 봉사한다. 매년 봄과 가을 3개월씩 선교현장을 돌면서 학교 사역자들을 격려하고 그들의 필요를 채워주는 사역이다. 점차 체력이 허락하지 않아 온라인 강의로 전환할 것이다.

현재 그는 아이타(AETA, Alliance of Educators and Trainers in All-tribes)를 창설하여 대표직을 맡고 있다. 아이타는 신학사(Th. B.)와 목회학석사(M. Div.) 학위를 인준(accreditation)하는 기관으로서, 세계 각국에 선교사들이 세운 작은 신학교들을 업그레이드 시키는 사역을 한다. 학사운용에 미숙한 학교의 교과과정을 컨설팅하고, 수업을 보안해 주며, 졸업식도 거행한다. 이를 통하여 전 세계에 흩어진 한인 선교사들이 세운 40여개 신학교의 교육을 바꾸기 원한다. '신학'교육이 아닌 성경교육과 제자훈련, 현장과 이론이 하나 된 교육이다. 선교지에서 사역하다보니 사변적 신학이 아닌 현장의 필요를 채우기 위한 실천적 신학의 필요성이 더욱 긴요함을 알게 되었다. 앞으로 한국 선교사들이 현지에 세운 5백 개 신학교를 갱신하기 위한 비전을 가지고 있다.

세계 각국 선교지에서 사역하며 얻은 또 한 가지 유익이 있다. 상황과 문화가 한국과 다른 선교지를 다니며 교육을 하다 보니 상황의 중요성에 대한 이해가 더욱 넓어지게 된 것이다. 성경적 원리에 근거하여 상황을 설명하려는 태도는 변함이 없다. 그러면서도 상황화(contextualization) 신학에 대하여 이전보다 훨씬 열린 마음을 가지게 되었다. 개혁주의 신학에 기반을 두지 않은 교회에서도 하나님의 역사가 나타나면, 그는 조심스럽게 이를 수용하고 인정하는 자세를 가지게 되었다.

한국교회를 향한 마음도 절실하다. 한국교회는 짧은 기간 동안 한국교회의 양적 하락과 신뢰도 추락을 경험하였다. 김의원에 따르면 한국은 이제 기독교가 주도하는 사회가 아닌 피선교국으로 전락하였다. 4천만 이상의 비신자에게 복음을 전하고 거대한 고목이 된 것 같은 기성교회를 깨우기 위하여서는 새로운 형태의 교회를 개척하는 젊은 신학생들이 필요하다. 기존의 신학교육으로서는 이들을 양육하여 개척에 이르게 할 수 없다. 성경교육과 인턴십이 포함된 목양교육이 중심이 되지 않으면 미래가 없다. 그래서 3년의 교육을 마칠 때는 교회를 개척할 수 있는 소명감과 전략을 손에 쥐도록 해야 한다. 또한 이미 세워진 작은 교회들을 활성화시켜 그들로 하여금 새로운 운동을 일으키도록 도와야 한다.[47]

그는 힘써 외친다. "하나님은 살아 계시다! 성령님이 우리를 부르다! 아직도 늦지 않았다! 다시 해보자! 한국교회를 다시 살리자!"

---

[47] 김의원은 몇 년 째 작은 교회 연합을 돕고 있다. 화성 지역에 2백여 개의 작은 교회들이 사례를 발표하고 물질적으로 서로 돕고 있으며, 전주에서도 3백 여 교회가 개미목(개척미자립교회연합) 모임을 가지고 한국교회 샛강을 살리는 운동을 펼치고 있다.

참고 문헌

● 논문

김의원, "예레미야 31:31-34에 나타난 새 계약의 새로운 면 연구(I)," 「신학지남」 51-3 (1984. 9)

_____, "예레미야 31:31-34에 나타난 새 계약의 새로운 면 연구(II)," 「신학지남」 51-4 (1984. 12)

_____, "쿰란 새 계약 공동체의 입문세례 연구," 「신학지남」 53-4 (1986. 12)

_____, "구약의 영감과 난제: 신명기 12장의 중앙성소법 연구," 「성경과 신학」 9권 (1990)

_____, "한국 구약신학의 진단," 김광채 등, 『개혁신학, 한국교회, 한국신학』 (서울: 도서출판 대학촌, 1991)

_____, "신학교는 교단의 신학을 끌고 갈 선구자이다," 「성경과 신학」 10권 (1991)

_____, "모세언약에 나타난 이스라엘의 축복: 내 보물, 제사장 나라, 거룩한 민족 (출19:3-8)," 「신학지남」 61-4 (1994. 12)

_____, "총신의 신학은 성경적 원리를 현장 속에 꽃피워야 한다," 「신학지남」 62-1 (1995. 3)

_____, "새로운 교회관을 정립하자," 「신학지남」 63-2 (1996. 6)

_____, "교회내 여성의 기능과 성직의 자격," 「신학지남」 63-3 (1996. 9)

_____, "성경신학과 문예적 접근," 「신학지남」 63-4 (1996. 12)

_____, "김철현의 '성서신학의 본질'에 대한 논평," 「한국개혁신학」 1권 (1997)

_____, "선지서에 나타난 언약신학 연구," 「신학지남」 64-4 (1997. 12)

_____, "제사장 위임식에 관한 연구," 「신학지남」 66-3 (1999. 9)

_____, "이스라엘의 회복: 바벨론에서의 귀환," 「그말씀」 2000년 5월호

_____, "도시선교," 「신학지남」 67-4 (2000. 12)

_____, "지남적 역할을 다하라," 「신학지남」 68-2 (2001. 6)

_____, "개혁주의 신학자의 교회사 연구와 목회신학-『김의환 전집』 전5권," 「신학지남」 68-3 (2001. 9)

_____, "레위기의 속죄제 연구," 「성경과 신학」 30 (2001)

_____, "디지털시대 속의 교회의 역할," 「기독교교육정보」 5 (2002. 10)

_____, "레위기의 속죄제사 '하타아트'(חטאת) 연구," 「광신구약학 연구논문집」 (2003), 최갑종박사 퇴임 기념논문집 편집위원회, 『오직 성경으로: 최갑종박사 퇴임 기념논문집』 (서울: UCN, 2017)에 재수록

_____, "성경신학적 관점에서 본 안식일 개념," 「신학지남」 70-3 (2003. 9)

_____, "성막, 성전 그리고 교회," 「백석신학저널」 17 (2009)

_____, "신학과 신학교육의 관계," 「백석신학저널」 21 (2011)

_____, "본문 주해: 줄애굽기 19:3b-6," 「백석신학저널」 26 (2014)

● 저서 : 주석

『창세기 연구: 문예접근법에 따른 창세기 연구』 (서울: CLC, 2004)

『사사기/룻기』 (대한기독교서회 창립 100주년 기념 성서주석 7), (서울: 대한기독교서회, 2007)

『레위기 주석: 제사장 나라의 성결 설계도』 (서울: CLC, 2013)

● 역서 : 연도순

팔머 로벗슨, 『계약신학과 그리스도』 (서울: 기독교문서선교회, 1984)

레이몬드 설버그, 『신구약중간사』 (서울: 기독교문서선교회, 1984)

레온 J. 우드, 『이스라엘의 역사』 (서울: 기독교문서선교회, 1985)

토마스 맥코미스키, 『계약신학과 약속』 (서울: 기독교문서선교회, 1987)

D. 스투워트 외, 『성경해석 방법론』 (서울: 기독교문서선교회, 1987)

아더 핑크, 『하나님의 언약』 (서울: 기독교문서선교회, 1989)
W. C. 카이저, 『새롭게 본 구약』 (서울: 도서출판바실래, 1989)
G. 허버트 리빙스톤, 『모세오경의 문화적 배경』 (서울: 기독교문서선교회, 1990)
로디 브라운, 『WBC 주석 역대상』 (서울: 솔로몬, 2001)

숭실대학교 한국기독교문화연구소, 『Christianity and Other Religions in the 21st Century: Biblical Religion in the Pluralistic Environment of Ancient Israel』, 한국기독교 연구논총 11권, 1999), pp. 422-430.

숭실대학교 한국기독교문화연구소, 『2천년대를 바라보는 한국기독교』, 제2장 "이천년대를 향한 기독교 성경관 이해: 성경신학 관점에서 본 한국 기독교의 성경이해", 1990, pp. 43-81.

정년퇴임 감사예배 | 2014년 6월 9일

한국복음주의 신학회 회장 김의원 박사 | 2008년 5월 9일

조지아크리스찬대학교 명예총장 추대식 | 2017년

한국복음주의 구약학회에서

수원 아름다운교회

저서 『레위기 주석』

번역서 『이스라엘의 역사』

장동민 교수

서울대학교 철학과
총신대학교 신학대학원
미국 웨스트민스터 신학석사
미국 웨스트민스터 신학박사

백석대학교 교수 (역사신학)
백석대학교 교목부총장
남부전원교회 담임목사
백석대학교회(서울) 담임목사

저서_ "신학의 심포니"
　　　"대화로 풀어보는 한국교회사 1, 2"
　　　"포스트크리스텐덤 시대의 한국기독교"
　　　"광장과 골방"

김현진 박사

김현진 박사의 생애와 신학

유승도_호주 The Line Mission 대표

계명대학교 영문학 (B. A.)
총신대학교 신학대학원 교역학 (M. Div.)
총신대학교 대학원 교회사 (Th. M.)
미국 Bethany College of Missions, 선교훈련
네덜란드 Utrecht University 박사과정, 선교학
남아공 North-West University 신학부 선교학 (Ph. D.)

평택대학교 피어선신학전문대학원 선교학교수 역임
한국선교신학회 회장 역임
로잔연구교수회 총무 역임
한국공동체교회협의회(한공협) 회장 역임
전국신학교공동체모임(전신공연) 연합회 대표간사 역임
경북여상, 경일여고 교사 역임
현, 태안 사귐의 공동체 원장
현, 평택대학교 피어선 세계선교센터 원장
현, 총회세계선교회(GMS) 선교훈련원 강사

들어가는 말

김현진 박사는 한국교회에서 공동체 운동으로 독보적인 입지를 가지고 있다. 그는 1990년 신학생 때부터 한국교회의 공동체성 회복을 위한 운동을 해왔었고, 그의 대표적 저서인 『공동체 신학』을 통하여 많은 영향을 미쳤다. 현재는 충남 태안에서 '사귐의 공동체'를 설립하여 사역하고 있다.

김현진 박사와의 만남은 필자의 고등학교 시절부터 시작이 되었다. 당시 대학에서 선교합창단을 조직하여 지휘하며 선교사역을 열정적으로 전개하던 김 박사를 필자는 1978년 대학생선교회 고등부(H.C.C.C) 활동을 하는 중에 알게 되었다. 1989년 교사직의 사표를 내고 총신대학교 신학대학원 재학 중에 시작한 '전국신학생 공동체모임 연합회'(전신공연) 대표로서 공동체 운동을 전개하던 시절부터 지금까지 필자는 신학과 삶 가운데서 관계를 맺고 있다. 공동체의 삶을 사는 김현진 박사의 삶과 신학을 필자가 가까이서 보고 경험한 것을 토대로 그의 신학과 삶을 기술하고자 한다.

생 애

김현진 박사(1956~)는 선교에 총체적으로 헌신하셨던 고 김성규 목사(1926~2002)의 장남으로 태어나 어릴 때부터 교회 사택에서 생활하면서 교회와 함께 자란 한국교회 모태 신앙의 전형이었다.[1] 장로교 목

---

1 김현진 박사의 부친 김성규 목사의 삶과 사역에 대해서는 안명준 외, 『그리워지는 목회자들: 백향목처럼 아름다운 이야기』 (인천: 아벨서원, 2020), 327-43를 참고하라.

회자의 아들로 태어난 그는 어릴 때부터 교회 사택에서 생활하면서 교회와 함께 자랐다. 부친은 '기도의 성자'라고 별명이 붙을 만큼 훌륭한 목회자였지만 그의 부친이 목회하는 교회는 그다지 아름답지 않게 보였다고 한다. 어릴 때부터 교회라는 환경에서 자란 그가 늘 마음에 품은 질문은 "예수님이 세우시려고 한 그 교회는 어떠한 교회였을까?"였다. 즉 본질적인 교회에 대한 신학적인 질문을 던지고 있었던 것이다.[2]

가족 사진 | 상주제일교회 앞, 가운데 아기가 김 박사   김 박사의 부친: 고 김성규 목사

김현진 박사는 어린 시절 산 좋고, 물 좋고, 인심 좋은 시골 교회에서 자랄 때는 부족함 없이 유복하고 즐거운 환경에서 자랐다. 초등학교 3학년 때 부친이 교회를 개척하기 위하여 경북 상주에서 대구로 이주하면서 그의 생활은 생각하기도 싫은 우울한 그림으로 바뀌고 말았다. 다 찌그러져가는 2층을 빌린 다락방 예배당, 7명의 가족이 한 방에 살아야 하던 비좁은 전세방 생활, 삭막한 도시 인심, 아름다운 자연의 은혜를

---

2 김현진, "나와 공동체 운동: 30년의 역사," 「사랑의 일치」: 한국공동체교회협의회 계간지, 2015년 봄호, 8.

누리던 시골과 비교할 수 없는 잿빛의 시멘트 문화, 모든 것이 절망적인 환경이었다. 미래가 보이지 않는 빈궁하고 답답한 상황으로 인해 그의 신앙과 인격은 비뚤어지고 교회에 대한 반감이 일 수밖에 없었다. 그러한 반감은 고등학교를 졸업할 때까지 계속되었다. 고등부 때에는 고등부 임원도 했지만 예수님을 만나는 체험적인 산 신앙은 없었다.[3]

하나님을 만나는 결정적인 계기는 대학교 시절 한국대학생선교회(C. C. C) 활동에 참여하면서 이루어졌다. 구태의연한 교회 생활에 염증을 느끼고 있던 그에게 1977년 C. C. C. 여름 수련회시 김준곤 목사님의 구원의 초청에 대한 메시지는 그의 가슴을 마구 두들겼다. 저녁 집회가 끝난 뒤 미류나무 숲에서 "예수님 당신이 살아 계시다면 오늘 이 밤에 저에게 나타나 저를 만나 주시고 저를 위해 죽으신 주님이심을 확실히 믿게 하소서!"라며 밤이 새도록 간절히 기도하는 가운데 자신의 입에서 갑자기 '나 같은 죄인 살리신 그 은혜 놀라와'(Amazing Grace) 찬양이 터져 나오면서 예수님께서 자신의 죄를 위해 십자가를 지시고 갈보리 언덕에서 죽으신 사실을 믿을 수 있게 되었다.[4]

그 후 그의 대학 생활은 학업과 함께 복음 사역으로 바뀌었다. 자기 자신의 생의 모든 목표가 그리스도를 위한 것으로 바뀌게 되었다. 기회만 있으면 사영리 전도지를 들고 전도하는 삶은 신앙에 대해 회의적이던 그의 이전 모습과 전혀 다른 것이었다. 또한 대학시절 선교합창단을 조직하여 지휘하며 선교사역을 전개하였다. 구태의연한 기성 교회 생활에 답답함을 느끼고 있던 터에 학생 선교단체 활동은 여러 면에서 그에게 영적 신선함을 주었다. 그 후 여러 선교단체에서 활동하였으나 뭔가 2%의 부족함을 느끼게 되었다.[5]

3 김현진, "나의 신앙 고백서," 1996년 작성.
4 Ibid.
5 Ibid.

예수원 공동체와의 만남

김현진 박사가 '공동체'를 알게 된 것은 1980년 군에서 군종으로 근무할 때 「신앙계」 잡지에 연재된 대천덕 신부의 "산골짜기에서 온 편지"를 읽으면서였다. 강원도 태백 산골짜기에서 '예수원'이라는 믿음의 공동체에 대한 상당한 호기심이 군대 전역 후 가장 먼저 예수원을 찾게 하였다. 그는 거기서 자신이 늘 품고 있던 근원적인 질문이었던 "참된 교회란 어떤 것인가?"에 대한 답을 찾게 되었다. 강원도 예수원에서 공동체 생활훈련을 받으면서 "진정한 교회란 개념적 공동체가 아니라 실제적 공동체이다"라는 확신을 통해 오랫동안 갈구했던 해답을 공동체 생활의 실천적 장을 통하여 확실하게 얻게 되었다. 그는 서로 사랑하는 그리스도인들의 공동체가 바로 교회의 본질이며, 그것이 얼마나 강력한 복음 증거의 역사를 가져올 수 있는 지를 깨닫게 되었다.[6]

예수원에서 공동체훈련 받을 때 김현진 박사, 대천덕 신부 부부와 함께 | 1983년

그는 대천덕 신부와 함께 살면서 예수원 공동체라는 현장을 통하여 총체적인 복음을 체험적으로 배우면서 공동체 신학의 소중한 기조를 세웠다. 또한 예수원 공동체 수련을 통하여 세계에 초대교회와 같은 공동체 삶을 사는 기독교 공동체들이 상당 수 있다는 사실을 알게 되었다. 기독교 공동체가 교회의 본질이라면, 기독교 공동체는 전원지역만 아니라 도시에도 가능하며 다양한 형태로 이루어져야 한다는 전제 하에 그러한 공동체들을 모두 탐방해 보아야 하겠다는 생각을 가졌다.[7]

세계의 기독교공동체 탐방

김현진 박사는 예수원에서 공동체 훈련을 받은 이후 고등학교 교사로 6년간 근무하였다. 방학 기간을 이용해서 배낭여행을 통하여 직접 발로 뛰어서 자료들을 다 찾으며 유럽과 미주의 기독교공동체들을 하나 하나씩 탐방하였다. 결국 성령의 인도하심으로 한국에서 최초로 전 세계에 초대교회를 지금도 살아가는 15개의 공동체를 5년에 걸쳐 모두 탐방하게 되었다. 그때 탐방한 공동체들은 독일 기독교 마리아자매회, 프랑스 떼제공동체, 영국 포스트그린공동체, 영미의 브루더호프공동체, 미국의 베다니공동체, 스위스의 라브리공동체, 영국의 익투스공동체, 중국의 예수가정 등이었다.[8]

그동안 사도행전 2장의 초대교회 공동체에 대해서 많은 주석가들은 초대교회 공동체를 이 시대에 실현한다는 것은 시대착오적인 시도라고 매도하였다. 그러나 그 자신이 공동체를 탐방해 본 결과 초대교회 공동체는 지금도 가능하다는 것을 확인하는 계기가 되었다. 또한 기독교 공

| 6 | 김현진, "나와 공동체 운동," 8-9.
| 7 | Ibid., 9.
| 8 | Ibid.

동체가 교회의 본질이라면, 기독교 공동체는 전원지역만 아니라 도시에도 가능하며, 다양한 형태로 이루어져야 한다는 전제는 상기한 다양한 공동체 탐방을 통하여 사실로 확인이 되었다. 이 탐방은 그에게 이 시대의 초대교회 공동체를 경험하게 되는 매우 소중한 경험이 되었고, 신학과 실제에 대하여 총체적이고 균형 잡힌 시각을 가질 수 있게 하였다.9)

세계의 기독교공동체 탐방시 김 박사 | 독일, 1989년

세계의 기독교공동체 탐방 내용은 1992~93년 「빛과 소금」지(두란노)에 1년 반 동안 연재되어 독자들의 폭발적인 반응을 불러일으켰다. 그것은 탐방 자료들이 이 시대에 있어서 사도행전 2장의 초대교회 공동체의 실현 가능성을 실증해주는 최초의 실제적인 자료였기 때문이다. 브루더호프공동체(Bruderhof)의 경우는 김현진 박사가 한국에서 최초로 탐방하여 「빛과 소금」지에 소개한 이래로 한국인들이 현재까지 약 5만여명이 브루더호프공동체를 방문하였다. 이 세계의 기독교공동체 탐방의 경험은 김현진 박사의 책 『공동체 신학』을 쓸 수 있던 바탕이 되었고, 나중에는 박사논문의 1차 자료가 되었다. 세계의 기독교공동체 탐방은 그에게 있어서 공동체로서의 교회의 본질을 확인할 수 있는 소중한 기회가 되었다.10)

| 9 Ibid.
| 10 Ibid., 9-10.

신학교에서 공동체 운동

 군 전역 후 영어교사로서 학생들에게 복음을 전하며 행복한 시간을 보내면서 교사로 일을 한 지 6년이 되었을 때, 하나님께서 김 박사에게 신학교에 가라고 하셨지만 그는 이를 거부하였다. 그러자 갑자기 그의 아내 김현미 사모가 원인을 알 수 없는 병에 걸려 사경을 헤매게 되었다. 이 일을 계기로 그가 신학교에 가는 것이 하나님의 뜻인 줄 알게 되었고 순종하였을 때, 아내도 질병에서 기적적인 고침을 받았다.[11]

 김 박사는 1989년 교사직 사표를 내고 총신대학교 신학대학원에 진학하였다. 입학한지 한 달이 지났을 즈음에 기숙사 동료들에게 그는 자연히 공동체 탐방의 경험을 나누게 되었다. 교회의 본질이 공동체라는 것과 세계의 기독교공동체 사례들을 통하여 지금도 초대교회가 가능하다는 것, 그리고 교회의 공동체성이 회복되어야 한다는 내용을 접한 신대원생들은 뜨거운 반응을 보였다. 그 중에 관심이 있는 신학생들이 "공동체 삶이 진정한 교회의 본질이다"라고 격정적으로 토로하면서 함께 밤을 지새우며 토론했던 12명의 신학생들이 '총신 코이노니아'란 공동체 서클의 첫 멤버가 되었다.[12]

전국 순회강사

 김 박사는 총신신대원에서 처음으로 기독교 공동체에 대한 공개집회를 한 후 반응이 좋아서 신학교 안에서 총 7번 집회를 하게 되었다. 당시 교회사를 가르치던 심창섭교수는 기독교 공동체가 초대교회의 증거

---

11 Ibid., 10.
12 Ibid.

공동체 강연을 하는 김현진 박사 | 1994년

라면서 자신의 수업시간을 할애해 주면서 특강을 하도록 요청하였다. 그래서 대부분의 신학생들이 그의 공동체 강의를 듣게 되었고, 그 당시 접하기 쉽지 않은 내용이라 신학생들이 그를 자신들이 사역하던 교회의 각종 집회에 특강 강사로 초청하기 시작하였다. 그때부터 그의 별명은 '공동체 전도사'가 되었다.[13]

  1989년 5월부터 매주 전국 교회와 각종 선교단체에 초청을 받아 공동체 순회집회를 가지게 되었다. 이러한 집회 요청은 이후 약 5년 동안 계속 쇄도하였다. 거의 매주 초청을 받아 제주도부터 민통선에 있는 교회까지 가보지 않은 교회가 없었다. 개인 명함도 없었고, 집회 광고를 일절 낸 적이 없었는데, 전국에서 오는 열화 같은 공동체 집회 초청 현상은 온전히 ' 성령의 역사하심'이라는 것 외에는 달리 설명할 길이 없었다. 그 중에서 서울 온누리교회가 가장 많이 초청하여 집회를 가졌다. 1990년 어느 주일 온누리교회 하용조 목사는 오후 예배시간에 당시 신학생 전도사를 강사로 세워 공동체에 대해서 두 시간 동안 전교인들

| 13 Ibid.

을 대상으로 하여 마음껏 증거하라고 독려하였다고 한다.[14]

총신 코이노니아 모임

신학교의 문제는 그때나 지금이나 '학(學)'은 있지만 '삶'이 없다는 것이다. 신학은 교수들에게 배우지만, 서로 사랑하며 한 몸으로 살아가는 공동체 삶은 신학교에서 거의 배울 수 없다. 그래서 김 박사와 총신 코이노니아 지체들은 공동체 생활 훈련을 스스로 하기로 하였다. 신학교 기숙사 방 3개를 연이어 얻어서 멤버들 12명이 한 방에 4명씩 나누어 함께 공동체로 살았다.[15]

신학교 새벽기도 후에 멤버들은 공동체 방에 모여 경건의 시간(Q. T.)을 가지고 아침 식사 후 학교 수업을 했다. 수업을 마친 후 저녁 식사 시간을 반 쪼개어 매일 30분 동안 신학교와 한국 교회와 세계 선교를 위한 중보기도를 함께 드렸다. 저녁에는 학과 스터디와 공동체 스터디를 함께 하였다. 그리고 가난한 신학생들이었으나 각자의 재정을 공동으로 나누어 점심을 굶는 신학생들에게 식권을 제공하였고, 마을의 가난한 소년가장을 도왔다. 이렇게 1989년 4월부터 신학교 안에서 공동체생활 훈련을 하였다.[16]

전국 신학교공동체모임 연합회(전신공연)

김 박사가 총신에서 공동체에 대한 집회를 한 이래로 다른 신학교에서도 공동체 강의 요청이 들어와 타 신학교에서도 공동체 집회를 하면

---

14 Ibid.
15 Ibid., 11.
16 Ibid.

서 '코이노니아' 모임이 그 다음 학기부터는 장로회신학대학원과 서울신학대학교에서도 시작되었다. 나중에는 침신대, 감신대, 성결신대 등 11개 신학교에서 공동체모임이 만들어졌다. 그래서 각 신학교의 공동체 서클을 모아서 1990년 3월 1일 사랑방교회에서 '신학교와 교회의 공동체성 회복'이란 기치 하에 '전국신학교 공동체모임 연합회'(전신공연)을 결성하였고 김 박사는 초대회장으로 피선되었다.[17]

김 박사는 전신공연 결성의 필요성을 "한국의 문제는 한국교회의 문제이며, 한국교회의 문제는 신학교의 문제이다. 신학교의 문제는 신학은 가르치지만 서로 사랑하며 한 몸을 이루어 내는 공동체성의 부족함이다. 우리는 한국의 신학교 내에서 공동체를 이루어 한국교회와 사회를 하나님 나라의 공동체로 변혁시키고자 한다."라고 천명하였다: 이때 한국 '사랑의 집 짓기 운동'의 창시자인 고왕인 박사가 서울 을지로에 있는 고려빌딩의 사무실을 전신공연의 사무실로 내주어 긴요하게 사용하면서 전국적인 공동체 사역을 전개할 수 있었다.[18]

공동체 세미나

전국의 수많은 교회에 초청되어 집회를 인도하면서 수많은 목회자와 성도들의 초대교회 공동체에 대한 열망을 확인한 그는 전국의 개교회에서 일일이 집회할 것이 아니라 공동체에 뜻을 가진 분들을 다 모아서 함께 공동체 세미나를 하면 좋을 것이라는 생각이 들었다. 그래서 1990년 8월 22~24일에 서울 온누리교회에서 제1회 공동체 세미나를 시작하게 되었다.[19]

[17] Ibid.
[18] Ibid.
[19] Ibid.

제1회 공동체 세미나 | 온누리교회, 1990년

제5회 공동체 세미나시 통역하는 김현진 박사

제1회 공동체 세미나 주강사로는 예수원의 대천덕 신부, 이외에 무실출판사 고왕인 박사, 나용화 교수, 사랑방교회 정태일 목사, 떼제공동체 한국지부 형제들, 총신대원의 심창섭 교수, 그리고 김현진 박사가 강사로 나섰다. 첫 공동체 세미나는 가난한 신학생들이 모여 모든 것이 부족한 여건 가운데 있었으나, 성령의 도우심으로 대성공을 거두게 되었다. 제1회 공동체 세미나는 한국교회 안에 공동체운동을 공식적으로 전개하는 기폭제가 되었다.[20]

이후 1991년에 개최된 제2회 공동체 세미나는 미국 레바 플레이스공동체(Reba Place Fellowship)의 대표 버질 보트(Virgil Vogt) 목사를 주강사로 초청하여 가졌다. 이때 최일도 목사는 다일공동체가 추구하려는 전형을 레바 플레이스공동체에서 찾았다면서 "다일공동체는 한국의 레바 플레이스공동체이다"라고 감격해하기도 했다. 제3회 공동체 세미나에서는 한국의 거의 모든 기독교공동체들이 참여한 최대 규모의 세미나였다. 주강사단으로는 대천덕 신부, 김진홍 목사, 임영수 목사, 원경선 선생, 노영순 목사, 정태일 목사, 최일도 목사, 김현진 목사 등이 모여 한국교회의 공동체성 회복을 위하여 합력하였다.[21]

1994년 제5회 공동체 세미나는 미국의 베다니공동체(Bethany Fellowship)

20 Ibid., 12.
21 Ibid.

의 대표 헤롤드 브로크(Herold Brokke) 목사를 주강사로 집회를 가졌다. 이렇게 하여 공동체 세미나는 제11회까지 계속되어 한국 교회를 향한 공동체 운동의 구심적 역할을 감당해왔다.[22]

유럽 기독교공동체 탐방 프로젝트

그가 유럽과 미국에 있는 기독교 공동체를 탐방한 이래로 전신공연의 신학생들이 공동체 탐방하기를 원하였다. 그래서 1991년 총신 신대원 코이노니아 모임이 제1회 유럽 기독교공동체 탐방을 시작하게 되었다. 자신이 다녀왔던 유럽의 떼제공동체, 독일의 기독교 마리아자매회, 스위스의 라브리공동체, 영국의 브루더호프공동체 등을 연결하여 3주간 탐방이 시작되었다. 1992년에는 서울신대 공동체모임 지체들이, 1993년에는 장신대 공동체모임 지체들의 유럽 기독교공동체 탐방이 계속되었다. 이후로 계속된 공동체 현장 탐방은 신학생들에게 공동체적 교회 회복에 대한 엄청난 도전과 비전을 심어주게 되었다. 그 후로 한국교회 안에 유럽 기독교공동체를 탐방하는 수많은 팀들이 생겨나게 되었다.[23]

미국 베다니공동체 유학

김 박사는 1989년 신학교 입학 후부터 6년간 전신공연과 함께 쉴 새 없이 한국교회를 위한 공동체 사역에 매진한 후 안식년으로 미국 미니에폴리스에 있는 베다니공동체에서 공동체생활 훈련을 하게 되었다. 베다니공동체는 예수원 설립정신의 기반이 된 공동체 중에 하나로서 1983년 자신이 예수원에서 생활하였을 때 대천덕 신부가 그에게 특별히 애

---

22 Ibid.
23 Ibid., 12-13.

정을 가지고 소개해 준 공동체였다. 베다니공동체 안에는 베다니선교신학교(Bethany College of Missions, 현 Bethany Global University)가 있어서 학생으로 등록하여 선교훈련을 받으면서 공동체 생활도 경험할 수 있었다. 거기서 오전에는 신학과 선교학 공부, 오후에는 공동체에서 다양한 노동을 하면서 공동체의 영성, 조직, 유지, 운영, 공동체의 장점과 약점 등 여러 면에 대하여 현장 경험을 통한 실제적인 학습을 할 수 있었다. 특히 김 박사가 베다니공동체를 통한 세계선교에 대하여 훈련을 받을 수 있었던 것은 매우 유익한 일이었다고 한다.[24]

광명 사귐의 교회 사역

김 박사는 미국 베다니공동체 유학 후 귀국하여 경기도 광명에서 교회 개척사역을 하게 되었다. 광명에서 사역하게 된 것은 전신공연 사역 당시 한 멤버가 공동체 사역에 감명을 받아 자신의 부친을 설득하여 공동체 사역을 위하여 광명의 있는 땅을 그에게 기증하였다. 그러면서 자신의 고향 동네에 있는 연약한 교회를 목회해 달라고 요청해왔다. 사실 공동체를 지향하던 그로서는 기성교회를 목회할 생각은 없었으나 어렵고 연약한 교회를 돌보며 낮은 데로 임하는 것이 예수님의 정신이라고 생각하여 그 교회를 목회하게 되었다.[25]

김 박사가 처음 부임시 교회는 분열되어 장년 성도 8명정도 밖에 남아있지 않은 상태였고, 마을 회관 지하실에서 예배를 드리고 있는 형편이었다. 교회 이름을 '사귐의 교회'라고 하고, 지역 교회의 역할을 하면서 공동체 교회로서 사역해 나갔다. 애초에는 2년 정도만 섬기려고 했으나, 결국 그 교회에서 17년간 사역하게 되었다. 점차 교회가 성장해

[24] Ibid., 13.
[25] Ibid.

나가고 자체 예배당도 갖추면서 공동체 교회로서 사역하게 되었다. 이를 통하여 한국교회 저변의 실상을 알게 되고, 한국교회의 공동체성 회복을 위하여 섬길 수 있는 기회가 되었다.[26]

한국 공동체교회 협의회 창립

신학생들의 공동체성을 훈련하던 전신공연 멤버들이 신학교를 졸업하고 난 후에 현장 목회에 투입되어 사역에 열중하는 가운데 자연히 전신공연 사역의 동력은 떨어지게 되었다. 그리하여 전신공연 사역이 2000년대 초반에 접어들면서 중단되었다. 공동체 세미나는 2000년도 11회까지는 계속되었으나 그 후에는 중단되었다. 이후로 한국교회 안에 공동체 운동은 구심점을 가지지 못한 상태로 있었다.[27]

2007년에 들어와서 다시 한 번 공동체 연합운동의 필요성을 절감하게 되었다. 김 박사는 이를 위하여 2007년 첫 주에 금식하면서 주님의 뜻을 구하는 가운데 다시 공동체 운동을 일으키는 것에 대한 확신을 갖게 되었다. 예수원 벤 토레이 신부로부터 시작하여 전국의 주요 공동체 대표들을 차례로 직접 만나서 공동체 연합운동의 필요성을 설명하면서 공동체 세미나로 다시 모이자고 권고하였다. 그리하여 2007년 8월 예수원에서 12회 공동체 세미나가 개최되고 공동체 연합운동이 가동되기 시작하였고, 이후 매년 공동체 세미나가 재개되었다.[28]

이러한 공동체 연합운동의 재개 결과 2010년에 들어서 정식으로 한국의 기독교공동체들의 연합체 결성의 필요성이 수납되어, 2010년 4월 다일공동체에서 한국 공동체교회 협의회설립을 위한 발기위원회가 시

---

26 Ibid.
27 Ibid., 13-14.
28 Ibid., 14.

작되었다. 고문으로는 김진홍 목사, 정태일 목사, 최일도 목사 등 기독교 공동체 원로분들이 위촉되었고, 김현진 박사가 추진위원장을 맡게 되었다. 2010년 8월에 15회 공동체연합 수련회시 한공협 제1회 총회를 열어 김현진 박사가 1대 회장을 맡게 되었다. 이를 통하여 전국 50여개의 기독교 공동체와 공동체교회들이 연합하여 기독교공동체들의 연합 운동이 본격적으로 시작되었다.[29]

태안 사귐의 공동체 설립

예수원에서 공동체 생활을 하면서 김 박사는 평생 추구해야 할 공동체 삶에 대한 명확한 비전을 받았으며, 예수원 공동체훈련을 마친 이래로 그의 공동체 삶에 대한 기도는 결코 끊어지지 않았다. 그 응답으로 하나님께서 공동체 생활을 위한 땅을 매입할 수 있는 물질을 주셔서 2011년 충남 태안의 아름다운 땅 14,000평을 매입하게 되었다. 2012년 5월 성령강림절에 사귐의 공동체 개원예배를 드리고, 꿈에 그리던 공동체 생활을 시작하게 되었다. 1983년 예수원에서 공동체 비전을 받은 지 30여 년 만에 그 꿈이 이루어졌다. 공동체 비전을 위해 기도한 지 30년 만에 이루어진 것이다. 결코 포기하지 않고 주님이 주신 비전을 끝까지 붙잡고 지금까지 나아왔다.[30]

생활과 교육, 기도와 예배가 아름다운 펜션을 연상케 하는 두 동의 주택에서 진행되고 있으며, 농사활동은 주변의 땅에서 이뤄지고 있다. '태안 사귐의 공동체'에서 김현진 박사는 현재 공동체 생활을 하고 있다. 또 공동체 비전스쿨을 개교하여, 지금까지 매년 수 차례에 걸쳐 참석자들에게 공동체의 비전을 나누고 있다. 독일 진젠도르프 백작의 헤

| 29 Ibid.
| 30 Ibid., 15-16.

충남 태안 사귐의 공동체 전경

른후트공동체가 실천했던 것처럼 중보기도에 전념하는 교회를 세울 비전을 계획하고 있다.[31]

태안 사귐의 공동체는 한국과 열방을 위한 중보기도의 공동체, 하나님 사랑과 지체 사랑을 실현하는 사랑의 공동체, 고통 당하는 이웃과 함께하는 섬기는 공동체, 대안학교를 세워 미래의 지도자를 양성하는 교육공동체, 생명의 먹거리를 생산하는 농업 공동체, 지역과 세계선교에 헌신하는 선교 공동체의 사명을 가지고 오늘도 매진하고 있다.[32]

신 학

김 박사가 1996년 안식년차 유럽의 기독교공동체를 탐방했을 때, 당

---

31 노충헌, "'공동체적 삶' 실천적 비전에 주목한다," 「기독신문」, 2016년 7월 23일.
32 김현진, "나와 공동체 운동," 16.

은사 용흔엘 박사의 내한 강연을 통역하는 김 박사 | 2007년

시 네덜란드 자유대학에 유학중인 신현우 목사(현 총신대 신대원 교수)와 만나게 되었다. 신현우 목사는 김현진 박사가 그동안 연구하고 사역한 기독교공동체에 대하여 유럽에 와서 공부해 보면 좋겠다고 제안해 왔다. 1년 후 메노나이트의 창시자 메노 시몬즈(Menno Simons)가 공부했던 600여 년의 역사를 가진 네덜란드 위트레흐트대학교(Utrecht University) 신학부에 선교학 전공으로 박사과정(Ph. D. candidate)으로 입학하여 공부하였다. 박사과정에서 기독교 공동체에 대하여 심도 있는 연구를 수행할 수 있었다. 그러나 이 학교는 자유주의 신학의 영향권 하에 있었기에 논문에서 성령의 역사나 기적에 관한 초자연적 내용을 원활하게 써 나갈 수 없었다. 그래서 같은 화란 개혁주의 신학의 전통을 가진 남아공 노스웨스트대학교(North-West University, 구 포첩스트룸 대학교) 신학부로 옮겨서 선교학 박사학위(Ph. D.)를 취득하였다.[33]

| 33 Ibid., 14-15.

박사논문 제목은 '선교 공동체로서의 개신교 공동체'(Protestant Communities as Mission Communities; A Systematic and Historical Study)로서 '공동체와 선교'에 관한 주제를 다루었다. 즉 교회가 단순히 개념적인 공동체가 아니라 초대교회와 같은 진정한 사랑의 공동체를 이룰 때, 강력한 선교 사역이 이루어진다는 공동체 선교에 대한 성경적, 교회사적, 선교적, 실천적 연구이다. 그의 박사 논문은 20여 년간 김현진 목사의 공동체 사역과 연구를 모두 담은 결과물인 동시에 공동체의 관점에서 선교를 논한 세계 최초의 저작이다.[34]

1998년에 출판한 그의 저서 『공동체 신학』은 공동체적 교회 회복을 위한 공동체 신학을 조직신학적으로 체계화한 공동체에 대한 심도 높은 신학적 연구와 실제적인 경험의 열매이다. 2022년 현재 10쇄까지 인쇄되어 많은 분들이 꾸준히 읽는 스테이디 셀러(steady seller)가 되었다.[35] 김현진 박사는 한국교회에서 '공동체 신학자'로 통한다. 『공동체 신학』은 1장은 공동체 교회론, 2장은 공동체 운동의 교회사적 조명, 3장은 공동체적 성령론, 4장은 공동체 사회론, 5장은 공동체적 기독교 교육론, 6장은 공동체적 교회 회복의 실천과 모델, 7장은 코이노니아 신학으로 구성되어 있다. 김현진 박사의 공동체 신학을 살펴보자.

공동체 교회론

공동체의 기원을 흔히 초대교회 공동체로 보는 경향이 있다. 그러나 김현진 박사는 공동체의 기원을 삼위일체 하나님에 둔다. 그는 다음과 같이 말한다: "공동체는 하나님의 존재방식이다. 성부 하나님, 성자 하나님, 성령 하나님은 삼위로 사역하시면서 동시에 한 공동체로 존재하

---

34 Ibid., 15.
35 김현진, 『공동체신학』 (서울: 예영 커뮤니케이션, 1998).

김 박사의 대표 저서 『공동체 신학』

신다. 동시에 공동체는 사람의 존재방식이다. 삼위 하나님이 공동체이듯이 사람도 공동체로 존재하도록 만드셨다. 즉 하나님의 공동체적 존재의 특성이 사람에게도 투영된 것이다."36)

공동체는 교회의 본질이다. 교회의 본질을 "성도의 교통"(Communio Sanctorum)이라고 한다. 성도의 교통은 그리스도인들이 성령의 코이노니아로 하나 된 몸을 가리킨다. 교회의 본질은 온전한 코이노니아를 실천하는 공동체이다. 기독교 공동체에는 수도 공동체(monastic community), 생활 공동체(Christian intentional community), 공동체 교회(community church) 등 세 가지의 형태가 있다. 수도 공동체는 수도원 공동체를 의미하며, 생활 공동체란 초대교회의 공동체와 같이 공동생활, 재산공유, 검소한 삶을 살아가는 공동체이며, 공동체 교회란 기성교회이지만 교회의 공동체성을 보다 철저히 추구하는 교회를 말한다. 기독교 공동체의 이 세가지 형태는 모두 동등한 가치를 가진다.37) 교회의 본질이 공동체이지만 말로만 언급하는 개념적인 공동체가 아니라 '실제적 공동체'가 되어야 한다.

교회의 본질인 '공동체'는 막연히 관념적인 공동체가 아니라 초대교회 공동체처럼 성령의 역사로 예수 안에서 혈연을 뛰어 넘어 영적, 정신적인 교제와 함께 물질까지 온전히 나눌 수 있는 실제적인 공동체를 의미한다. 그러한 공동체가 되려면 초대교회처럼 성령의 세례를 받아 먼저 속사람이 변화되고, 그 결과 물질까지도 완전히 나눌 수 있는 수준까지 내려갈 수 있어야 한다. 원래 초대교회는 그러한 분명한 공동체

---

36 Ibid., 54.
37 Ibid., 405-413.

였다. 그러나 교회 내에 세속주의의 침투로 본래의 '코이노니아'가 퇴색되면서 교회 안에서 실제적인 공동체는 점차 사라지고 사랑의 공동체의 실체가 없는 명목적인 공동체만 남게 되었다.[38]

즉 온전한 공동체가 되려면 초대교회와 같이 성령의 역사로 물질을 완전히 나누는 공동생활의 공동체가 되던지, 혹은 지역교회 형태 안에서 공동체성을 분명히 구현하는 교회가 되어야 한다. 공동생활의 공동체가 되든, 혹은 지역교회 형태 안에서 공동체성을 분명히 구현하는 교회가 되던 간에, 모두 '철저히' 실천해야만 진정한 공동체가 될 수 있다. 중요한 것은 공동체의 형태보다 '실천의 철저성'이다.[39]

공동체성이란 성령의 역사로 교회 내에서 영적, 정신적 교제만 아니라 물질까지 나눌 수 있는 자원적인 교제가 회복되고, 교회 밖으로는 고통당하는 이웃의 필요를 채워 주고 그들과 더불어 함께 하는 삶이다.[40] 또한 그리스도를 전인적인 삶으로 증거하는 이러한 공동체, 혹은 공동체적 교회는 그 자체가 곧 선교적 삶이다.

초대교회 공동체의 연속성

일부 학자들은 초대교회를 현 세기에 구현하려고 하는 것은 시대착오적인 시도라고 말한다. 그러나 김현진 박사는 초대교회는 지금도 가능하다고 주장한다. 예루살렘 공동체의 공동체 삶은 성령 강림으로 인한 일시적인 현상이 아니다. 초대교회의 공동체를 회복하고자 하는 시도가 매 세기마다 일어나서 교회를 갱신해 왔다. 초대교회 공동체는 당대만 있었던 것이 아니라 매 세기마다 교회 역사에서 다양한 형태로 나타

---

[38] Ibid., 518.
[39] Ibid.
[40] Ibid.

공동체 비전학교에서 강의하는 김현진 박사

났다.⁴¹⁾

초대교회의 예루살렘 공동체의 유무상통하는 공동체의 형태는 지금도 가능하다. 현대에 와서도 예루살렘 공동체처럼 물질을 100퍼센트 유무상통을 하면서 공동생활을 하는 기독교 공동체들이 많이 있다. 제세례파 공동체인 후터형제회(Hutterian Brethren)와 브루더호프공동체(Bruderhof), 떼제공동체(Taize Community), 미국의 베다니공동체(Bethany Fellowship), 미국의 레바 플레이스공동체(Reba Place Fellowship), 중국의 예수가정 등은 사도행전의 초대교회의 예루살렘 공동체를 근거로 해서 형성되었다.⁴²⁾ 현대에 형성된 초대교회 공동체의 사례들을 연구하기 위해 김현진 박사는 현대의 기독교공동체 13개를 직접 탐방하여 초대교회와 같은 공동체가 현대에도 가능하다는 사실을 입증하였다.⁴³⁾

41 Ibid., 207.
42 Ibid., 106.

모든 교회가 공동체성을 추구하기 위하여 예루살렘공동체와 똑같은 교회의 형태를 가져야 한다는 말은 아니다. 코이노니아의 본질은 다양한 형태로 나타날 수 있다. 만약 우리들도 철저하게 실천하고자 한다면 성령의 동일한 역사로 예루살렘공동체와 같은 공동체를 이루는 것은 실제로 가능한 것이다.[44)]

공동체적 성령론

김현진 박사는 그동안의 성령론이 주로 성령의 역사가 개인의 성화나 능력을 받는 차원의 개인적인 성령론에 치중한 나머지 성령론이 교회론적인 차원으로 발전하지 못했음을 지적하고 공동체적 성령론을 제시하였다. 바람직한 성령론은 공동체를 이루는 성령의 코이노니아를 바탕으로 하는 공동체적 성령론이다.[45)]

종래의 성령론에서 주요 쟁점은 성령세례 논쟁이었다. 성령론의 논쟁

[43)] 김현진 박사의 현대에 형성된 초대교회 공동체에 대한 연구 사례들은 다음과 같다: "예수님을 가장으로 모신 공동체: 중국의 예수가정(1, 2)," 「목회와 신학」 11월, 12월호 (1999): 168-173, 188-193; "성령충만한 평신도의 몸: 하나님 백성의 공동체," 「빛과 소금」 11월호 (1992): 190-195; "버림받은 이들 위한 거리의 공동체: 미국 예수백성," 「빛과 소금」 10월호 (1992): 192-199; "초대교회로 살아가는 후터형제단 공동체," 「빛과 소금」 9월호 (1992):190-197; "살아있는 진리의 오두막: 라브리 공동체," 「빛과 소금」 7월호 (1992): 192-198; "천국의 향취 깃든 선교공동체: 독일 기독교 마리아 자매회," 「빛과 소금」 6월호 (1992): 194-199; "화해와 일치의 산 누룩: 프랑스 떼제 공동체," 「빛과 소금」 5월호 (1992): 130-139; "가톨릭과 개신교가 하나된 초교파 공동체: 미국 하나님 말씀의 공동체," 「빛과 소금」 3월호 (1992): 56-63; "평범한 사람들의 사랑과 치유의 둥지: 영국 포스트 그린 공동체," 「빛과 소금」 2월호 (1992): 60-65; "세계선교 위한 현대 속의 초대교회: 미국 베다니 공동체," 「빛과 소금」 1월호 (1992): 70-75; "성숙한 찬양과 예배하는 삶의 향기: 경축의 공동체," 「빛과 소금」 12월호 (1991): 183-189; "인류를 위한 봉사와 헌신의 공동체: 코이노니아 동역회," 「빛과 소금」 8월호 (1991): 122-127; "온 몸으로 복음 증거하는 공동체: 미국 레바 플레이스 공동체," 「빛과 소금」 3월호 (1991): 78-85.
[44)] 김현진, 「공동체 신학」, 103-104, 434-511.
[45)] 김현진, 「공동체 신학」, 248-54를 보라.

의 핵심은 항상 중생과 성령세례의 관계성 문제였다. 그동안 전통적 복음주의 신학은 성령세례를 중생과 성화를 위한 입문/회심의 과정으로 보았고, 오순절주의 신학은 성령세례를 봉사와 복음 증거를 위한 능력 부여라고 주장해 왔다. 전통적 복음주의 신학은 성령의 내주를 통한 중생과 성화에 치중했고, 오순절주의 신학은 성령을 통한 사역적 능력 부여를 강조해 왔다.

헬라어 원어로 성령의 '충만'은 성령의 내적 역사를 의미하는 플레레스($\pi\lambda\eta\rho\eta s\ \pi\nu\varepsilon\upsilon\mu\alpha\tau o s\ \alpha\gamma\iota o\upsilon$)와 성령의 외적 역사를 의미하는 플레테스($\pi\lambda\eta\tau\eta s\ \pi\nu\varepsilon\upsilon\mu\alpha\tau o s\ \alpha\gamma\iota o\upsilon$)로 표기된다. 이 용법을 통하여 성령세례에 대한 상이한 관점을 통합적 관점으로 바꿈으로써, 성령세례 논쟁의 문제를 해결해 나갈 수 있다.

성령의 내적 역사는 궁극적인 구원과 관계있고, 성령의 외적 역사는 사역을 위한 능력과 관계있다. 성령이 중생하게 하시는 내적 역사와 성령이 능력을 주시는 외적 역사는 모두 한 성령의 역사이다. 중생과 성령세례는 분리되지는 않으나 구분되는 역사이다. 중생은 성령이 구원을 주시는 내적 역사이고, 성령세례는 성령이 능력을 주시는 외적 역사이다. 성령세례란 거듭난 신자에게 봉사와 복음 증거를 위한 능력을 주는 최초의 외적 역사이다. 성령의 내적 역사와 외적 역사에 대한 바른 이해를 통하여 균형잡힌 성령의 역사를 온전히 이루어 나갈 수 있으며, 성령 신학의 바람직한 발전을 모색할 수 있다.[46]

성령의 역사에 관하여 사도 바울은 '성령의 코이노니아'라는 용어로 규명하였다. 성경에 나오는 코이노니아의 용례들을 분석해 보면, 성령의 코이노니아에는 수직적, 수평적, 대사회적 세 차원이 있다. 바울이 성령 사역의 본질을 코이노니아라고 한 이유는 '성령의 코이노니아' 라

| 46 김현진, "성령세례 논쟁과 그 해결점에 대한 연구," 「영산신학저널」 33 (2015): 37-70.

는 표현 안에 복음과 교회의 본질이 들어 있기 때문이었다.[47]

코이노니아의 수직적 차원은 성령을 통하여 성도가 예수와 하나님과 교제함으로서 중생, 성령 세례, 능력을 받고, 그리스도의 고난에 참여하는 단계로 나아간다. 성령으로 말미암아 생명, 회심, 조명, 인침, 성화, 능력, 열매 맺음의 역사도 모두 수직적 코이노니아의 차원에 해당하는 것으로 볼 수 있는 것이다. 코이노니아의 수평적 차원은 성령이 성도들을 서로 코이노니아 하게하여 그리스도인들이 서로 영적, 정신적, 물질적으로 교제하여 실제적인 공동체가 되게 하는 것이다. 코이노니아의 대사회적 차원은 성령이 성도들에게 역사하여 교회 울타리 밖의 고통당하는 비신자들에게도 자신의 것을 자원하여 나누고 섬기게 하는 것이다. 성령은 대사회적 코이노니아의 사역을 통하여 지역사회 구제와 선교 사역을 이루어 가는 것이다. 성령의 역사로 삼차원의 코이노니아를 이루는 공동체가 바로 교회이다. 교회의 본질은 삼차원의 코이노니아를 이루는 공동체이다. 결국 성령의 코이노니아의 목표는 온전한 하나 됨이다.[48]

그동안 성령론은 코이노니아의 개인적인 성화와 능력을 강조하는 수직적인 차원에 치중되어 있었다. 이러한 수직적, 개인적인 차원에 국한된 성령론의 초기적 단계를 벗어나서, 이제 성령론은 수평적, 대사회적 차원의 코이노니아의 역사를 실천하여 공동체적 성령론의 단계로 나아가야 한다. 그리하여 교회의 일치와 하나님 나라의 공동체를 확장하는 선교에 이바지하여 보다 발전적인 성령론이 되어야 한다.[49]

김현진 박사는 오순절 성령론과 개혁주의 성령론과 민중운동의 성령론에는 모두 긍정적인 면과 부정적인 문제점들이 있는데, 이 세 가지

---

[47] 코이노니아의 삼차원에 대해서는 김현진, 『공동체 신학』, 56-70를 보라.
[48] Ibid.
[49] 김현진, "성령의 코이노니아에 관한 신학적 의미 고찰," 『한국개혁신학』 42 (2014): 72-99.

흐름의 대립과 갈등의 문제점을 사도 바울이 정의한 것처럼 성령의 사역의 본질을 능력이 아니라 코이노니아란 관점으로 해결할 수 있다고 제시하였다.

성령의 삼차원의 코이노니아를 통한 성령론은 오순절주의, 개혁주의, 민중신학을 포함하는 진보주의의 성령론을 모두 포괄하고 균형잡힌 총체적 성령론이다. 성령세례와 은사를 강조하는 오순절주의 성령론은 수직적 코이노니아에 수용된다. 성령의 사역을 통한 중생과 성화를 강조하는 개혁주의 성령론은 수평적 코이노니아에 해당된다. 가난하고 억눌린 자의 해방에 중점을 둔 민중신학의 성령론은 대사회적 코이노니아와 연관된다. 성령 사역의 본질을 능력으로만 보지 않고 바울이 파악한 대로 코이노니아로 간주할 때, 분열된 성령론의 통합과 발전이 가능하다.

공동체 사회론: 희년과 공동체

김현진 박사는 구약의 희년이 공동체성을 내포하고 있으며, 대사회적인 코이노니아의 실천을 통한 사회변혁적인 요소를 가지고 있다고 천명하였다.[50] 희년에는 땅과 집과 몸에. '자유'가 주어짐으로 인해 사회적으로 토지반환, 부채탕감, 노예해방이 실행되며 구속, 평등, 회복, 공동체, 사회변혁을 지향하였다. 구약의 희년법은 과거에 폐기된 법이 아니라 예수 그리스도가 선포하신 자원의 희년을 통하여 지금도 성취되고 있다.

예수님이 선포하신 희년은 영적인 구속뿐 아니라 경제와 구조의 기반인 땅을 함께 회복시키는 전인적인 구속 사역이었다. 자원의 희년은 성

| 50 김현진, "희년의 선교적 의미와 실천에 대한 연구," 「한국실천신학」 71 (2020): 629-54.

평택대학교 신학대학원 해외유학생들과 함께 한 김현진 박사

령의 역사로 공동체성이 회복된 교회공동체를 통하여 이루어지며 그 원리는 코이노니아이다. 자원적 희년을 실행하는 초대교회 공동체의 원리는 지금도 계속되어야 할 복음의 본질이며 동시에 선교의 본질이다.[51]

예수님의 구속 사역은 영적 구원에만 치중되는 것이 아니라 영적, 육적, 사회적인 모든 문제를 포괄하는 '총체적인 구속'이었다. 희년의 총체성은 총체적 선교가 필요함을 보여준다. 그리스도인은 구속받은 희년 백성으로서 선교는 다른 사람들이 구속받도록 돕는 것이다.

현대에서도 토지단일세, 토지신탁, 해비타트(Habitat, 사랑의 집짓기 운동)와 같은 사역을 통해서 희년의 원리를 실천하고 있고, 교회 공동체성의 실천과 그리스도인들의 구속적 삶을 통하여 자원적 희년을 실현할 수 있다. 이러한 희년 운동이 함께 일어나 더불어 함께 사는 공동체 사회가 이루어질 때, 사람들의 심성이 더욱 부드러워져서 하나님의

| 51 김현진, 『공동체 신학』, 295-313를 보라.

사랑의 나라와 선교 운동은 이 땅에 더욱 효과적으로 이루어질 것이다. 희년은 선교의 기반이며, 오늘날 자원적 희년의 구현을 통한 총체적 선교가 요청되고 있다.

공동체와 선교

김현진 박사는 특히 선교학 분야에서 공동체 선교를 주창하여 제시하였다. 그는 종래의 선교의 문제점이 개인주의적 선교였음을 지적하고 그 해결 방안으로 구심적 선교와 원심적 선교가 통합된 방안인 '공동체 선교'를 제시하였다. 예수님은 두 종류의 선교 방식을 제시하였다.[52] 첫째로 "서로 사랑하라"는 새 계명을 통한 '구심적 선교' 방식이며, 둘째로는 "땅 끝까지 복음을 선포하라"는 대위임령에 따른 '원심적 선교' 방식이다.

구심적 선교(centripetal mission)

'구심력'이란 중심을 향하여 움직이는 힘을 말한다. 구심적 선교는 그리스도인의 신실하고 성숙한 삶을 통하여 사람을 끌어 당김으로써 사람을 얻는 선교 방식이다. 구심적 선교는 그리스도인들 주위에 있는 자들이 그리스도인들이 하나님을 예배하며 사는 삶에 대한 매력을 느껴 호기심을 갖도록 만드는 것이다(슥 8:23). 신약에서 예수님은 불신자들이 그리스도인들의 하나 된 사랑의 공동체를 보고 예수를 믿게 되는 구심적 선교를 말씀하셨다(요 13:34-35; 요 17:21).

선교는 사랑의 사역이다. 사랑 없는 선교는 단지 종교적인 활동일 뿐이다. 그러므로 사랑의 공동체를 실행하고 그리스도의 몸으로서 하나 됨과 일치를 이루는 것은 예수님의 현존을 세상에 나타내기 위한 통로이다. 이것이 구심적 선교에 대한 성경적 명제이다. 서로 사랑하는 새

| 52 김현진, "공동체와 선교: 균형 잡힌 선교 방식의 필요성," 「한국개혁신학」 39 (2013): 8-55.

계명의 실천이 바로 선교의 기반이다.

원심적 선교(centrifugal mission)

원심력은 밖으로 향하는 힘을 의미한다. 원심적 선교는 미전도 종족에게 직접 가서 복음을 전하는 타문화권 선교이다(마 28:19-20; 막 16:15; 롬 10:14-15). 선교는 말로 하는 증언, 곧 참되신 하나님이 누구신지, 그리고 하나님이 열방을 구원하기 위해 주 예수 그리스도를 통해 하신 일이 무엇인지 그 진리를 옹호하며 말하는 것을 포함한다. 아직 예수님이 주되심을 한 번도 들어보지 못한 사람들이 20억이나 되며, 현재 2,000여 개의 큰 민족들 속에 약 7,000여 개의 미전도 종족이 있다. 원심적 선교는 이러한 타문화권의 미전도 종족에게 가서 복음을 직접 선포해야하는 것이다.

균형잡힌 선교: 공동체 선교

지금까지 선교를 말할 때 가장 많이 인용된 성경 구절은 마태복음 28: 19-20 이었다. 그동안의 선교는 땅 끝까지 나가서 복음을 전하는 선교의 범위와 관련하여 주로 원심적 선교에 치중되었다. 선교를 주로 타문화권에 선교사를 파송하는 것으로 이해하였다. 종래에는 해외, 즉 타문화권에서 사역하는 선교사의 사역을 선교라고 간주하였다. 그러나 현대적 선교의 정의는 우리 지역을 포함하여 예수 그리스도의 복음을 모르거나 거부하는 어느 곳이든 다 선교지이며, 모든 그리스도인이 삶의 현장으로 보내심을 받은 선교사인 것으로 바뀌었다. 해외 선교사 파송에 치중하다 보니, 선교적인 삶의 훈련에는 미흡하였다. 즉 서로 사랑하여 그리스도의 한 몸을 이루는 공동체적 삶을 이루지 못하였다. 오늘날 삶의 현장에서부터 그리스도인들의 일치하고 서로 사랑하는 공동체적 삶을 통하여 복음을 증거하는 구심적 선교가 절실하다.

또한 한국교회의 타문화 선교는 공동체 팀을 선교지에 파송하여 작은 공동체 삶으로 선교지의 사람들에게 영향을 주는 구심적 선교가 아니라, 선교사를 개인 혹은 가족 단위로 파송하여 시행하는 개인적 선교의 형태가 대다수였기에 선교에 한계가 많았다. 또한 한국 선교사들은 선교현장에서 서로 연합하고 협력하는 공동체성이 특히 부족해서, 한국 선교사 사역에 가장 큰 걸림돌이 선교사들의 갈등과 분열이라고 지적되고 있는 상황이다. 한국교회의 선교는 공동체 선교를 훈련하여 국내선교와 타문화권 선교에 있어서 더욱 본질적인 선교를 확충해나가야 할 필요가 있다.[53]

공동체 선교의 4단계는 다음과 같다: 첫째 단계는 공동체 생활을 통하여 많은 사람들에게 온전한 그리스도의 사랑을 나타내어 많은 이들을 그리스도께로 이끈다. 둘째 단계는 사랑의 공동체 생활을 통하여 그들을 성숙한 그리스도인으로 훈련시켜 선교사로 파송하는 단계이다. 셋째 단계는 선교사를 파송할 때에 개인 단위로 보내는 것이 아니라, 작은 공동체 팀으로 선교지에 파송하여 현지에서 공동체 생활을 하면서 그들의 한 몸된 아름다운 생활로 원주민들에게 복음을 증거 하는 것이다. 마지막 단계는 이 팀들이 선교사역을 마치면 다시 공동체로 돌아와서 그들의 실제적인 경험을 통하여 후진을 양성하는 과정이다. 공동체 생활은 그 자체가 흡인력 있는 선교의 장이며 동시에 효과적인 선교훈련의 장이며 선교사 파송기관이다.

그러므로 균형잡힌 선교는 타문화권에 나가서 복음을 전하는 원심적 선교만 아니라, 서로 사랑하라는 새 계명에 근거하여 삶의 현장에서 구심적 선교도 실행하는 것이다. 선교의 가장 바람직한 방식은 구심적, 원심적 선교가 통합된 방식이라고 할 수 있다. 이는 '오는 구조'

| 53 Ibid., 50.

한국선교신학회 회장으로 학회를 인도하는 김 박사 | 2022년

와 '가는 구조'(come structure and go structure)의 통합이며 동시에 '그리스도인의 현존'과 '그리스도인의 선포'(Christian presence and Christian proclamation)의 통합인 것이다. 가장 바람직하고 균형잡힌 선교는 새 계명 (New Commandment)을 실천하는 구심적 선교와 대위임령(Great Commission)을 수행하는 원심적 선교의 조화이다. 이를 '공동체 선교(Community Mission)'라고 한다.

공동체 선교는 지금까지 선교학에서 제대로 다뤄지지 않았다. 세계선교학계에 공동체 선교방식을 처음으로 제시한 것은 김현진 박사의 공헌이다. 그는 공동체 선교의 역사적 모델로 5~7세기의 '켈트 수도공동체'와 18세기에 진젠도르프 백작이 설립한 독일의 '헤른후트공동체'를 전문적으로 연구하였다.[54] 그는 헤른후트공동체가 세웠던 미국의 베들레헴공동체(Bethlehem community)와 남아공의 마므레공동체(Mamre

---

[54] 김현진, "켈트 수도공동체의 선교 연구," 「대학과 선교」 45 (2020): 219–53.
김현진, "독일 헤른후트 공동체의 선교 연구," 「한국선교신학」 56 (2019): 213–52.

community)의 유적지를 직접 탐방하여 선교공동체의 실제를 연구한 바 있다.

온전한 복음

김현진 박사는 온전한 복음 연구를 통해서 교회 개혁의 바람직한 방향성을 제시하였다.55) '온전한 복음'(Whole Gospel)이란 복음의 한 부분만 편중하여 강조하는 것이 아니라, 복음의 전체 내용들을 모두 균형 있게 수용하여 실행하는 것을 말한다.

김현진 박사는 특히 복음의 공동체적인 차원을 강조한다. 복음은 구원 받은 그리스도인들이 한 공동체가 될 수 있다는 점을 포함한다. 이 점은 사도 바울이 에베소서 2장에서 강조한 복음이다. 그는 현대 개신교의 문제가 너무나 개인주의적인 복음을 강조하고 있다고 지적한다. 즉 개인이 예수 믿어 구원받고, 개인이 성령의 능력을 받아 사역의 풍성한 결실을 맺고, 개인이 천국 가서 많은 상급을 받아 누린다는 지극히 개인주의적 복음을 강조한다. 이 문제를 개선하기 위해 개신교는 '복음의 공동체적인 차원'을 더욱 강조하고, 또한 개신교의 개인주의적 성경해석에서 벗어나서 공동체적 성경해석을 지향해야 한다고 역설한다. 김 박사는 다음과 같이 온전한 복음을 설명한다:

복음(福音)이란 말은 '좋은 소식'(Good News)이란 뜻이다. 그러면 그 좋은 소식의 내용은 무엇인가? 흔히 복음을 단순히 "예수님이 우리 죄를 사하기 위하여 대신 십자가에 죽으시고 부활하신 것을 믿으면 구원 받는 것"이라고 말한다. 이것이 옳은 진술이기는 하지만, 성경 전체를 통해서 복음의 내용에는 다음과 같이 더욱 포괄적인 차원이 있다.
(1) 복음은 하나님께서 우리를 심히 불쌍히 여기셔서 자신의 외아들 예

| 55 김현진, "온전한 복음과 온전한 교회개혁의 방향성," 「복음과 신학」 42 (2018): 13–61.

수님을 우리를 위한 대속물로 이 땅에 보내신 좋은 소식이다. 복음의 출발점은 하나님이시다(요 3:16).

(2) 복음은 예수님의 삶과 십자가에서의 대속적 죽음, 그리고 부활을 통하여 인류를 구원하고 하나님 나라를 확장하는 좋은 소식이다(고전 15:1-4).

(3) 복음은 성령이 모든 그리스도인들에 안에 개별적으로 들어오셔서 동행하시고, 성령의 능력을 주셔서 전인을 회복케 하는 좋은 소식이다(요 14:16, 고전 12:8-11).

(4) 복음은 구속받은 그리스도인들이 하나님의 한 가족이 되는 것이다. 즉 예수 그리스도와 성령을 통하여 분열된 인류가 한 공동체로 회복되는 좋은 소식이다.(엡 2:13-18).

(5) 복음은 윤리적 변화와 정의를 위한 메시지이다. 복음을 받은 자는 선을 행하는 변화된 삶을 살아가며, 가난한 자를 위하여 섬기는 정의를 추구한다는 좋은 소식이다(마 5:16; 눅 4:18-19).

(6) 복음은 영혼 구원만 아니라 죄와 악에 의해 황폐화된 '창조세계의 모든 차원'을 회복하시는 하나님의 영광스러운 좋은 소식이다(롬 1:16).

(7) 복음은 반드시 '선포'되어야 할 메시지이다. 복음은 모든 나라, 모든 족속에게 전파되어야 할 하나님의 희망의 메시지로서 좋은 소식이다 (막 16:15; 롬 10:14-15).

그러므로 복음을 단지 "예수님이 우리 죄를 위하여 대신 십자가에 죽으시고 부활하신 것을 믿으면 구원받는 것"이라고만 말한다면, 그것은 복음을 단편적으로 이해하는 것이다. 복음은 구원 받은 자들이 한 공동체가 될 수 있다는 좋은 소식도 포함한다.

나아가서 복음은 예수 그리스도의 구원만 아니라, 하나님의 사랑, 성령의 능력, 실제적 공동체, 사회 정의, 세계 선교를 다 포함하는 것이다. 이것을 '온전한 복음' 혹은 '총체적 복음'이라고 한다. 이 온전한 복음의 내용이 우리의 온전한 신앙과 교회 개혁과 선교의 올바른 방향성이다.

복음에는 우리를 향한 하나님의 긍휼과 사랑, 예수님의 자발적인 순종과 대속적 희생, 신자들 속에 성령의 내주하심과 성령의 능력을 주심, 그리스도의 한 몸으로서의 실제적 공동체 삶, 윤리적 변화와 가난한 자를 위하여 섬기는 정의, 모든 창조 세계의 구속, 세상을 구원하는 열방 선교사로서의 지위가 다 포함되어 있다.

그러므로 성경적인 온전한 복음의 요소는 하나님의 말씀, 성령의 능력, 공동체, 정의, 선교로도 표현할 수 있다. 온전한 복음에 비추어 종합적으로 진단해 볼 때, 한국교회는 하나님의 말씀에 대한 기초는 건강한 편이나 말씀의 실천에는 부족하다. 성령의 역사는 중생과 성화를 강조하는 성령의 내적 역사에 치우쳐 있는 가운데 성령의 능력은 미약하다. 공동체에 관해서는 교회가 실제적인 공동체가 아니라 개념적인 공동체의 상태에 머물러 있다. 가난한 자와 함께하는 사회 정의를 추구하

평택대학교 피어선신학전문대학원 교수진들과 함께 한 김현진 박사, 중앙

는 사역 역시 매우 취약한 단계이다. 선교는 원심적 선교인 해외선교는 강점을 보이나 사랑의 공동체를 통한 구심적 선교는 미미한 상태이다.

교회 개혁은 '복음의 근본'으로 돌아가는 운동이었다. 복음의 근본은 복음의 전체적 내용을 균형 있게 수용하여 실천하는 것을 말한다. 세계와 한국의 교회도 복음의 전체적인 내용인 말씀, 성령의 능력, 사랑의 공동체, 사회 정의, 선교를 통합하는 '온전한 복음'의 근본으로 다시 돌아갈 때 비로소 '온전한 교회 개혁'을 이룰 수 있다.

코이노니아의 신학

김현진 박사의 신학은 코이노니아의 신학으로 정리될 수 있다. 그 내용은 다음과 같다.[56]

(1) 공동체 신학은 '코이노니아의 신학'(a theology of koinonia)이다. 코이노니아의 신학은 '일치의 신학'이다. 일치는 먼저 하나님과 일치이다. 공동체 신학의 기본적인 기조는 그리스도인들이 서로 교제함으로써 하나님과 사람과의 수직적 관계뿐만 아니라, 그 기반 위에서 사람과 사람 사이에서 온전한 공동체를 이루는 수평적인 교제를 상대적으로 강조하는 데에 있다. 온전한 공동체를 이루기 위해서 수평적인 교제가 필수적이기는 하지만, 성경의 보다 기본 사상은 하나님께서 우리와 함께 거하셔서 교제하시기를 원하시는 수직적 코이노니아이다.

(2) 코이노니아의 신학은 '교회 갱신의 신학'(a theology of church renewal)이다. 코이노니아는 교회의 본질이 무엇인가를 보여주어 교회를 교회되게 하며, 교회의 본질을 회복시켜 주는 '회복의 신학'이다. 공동체로서의 교회를 강조하는 것은 조직체적 교회를 부정하는

| 56 김현진, 『공동체 신학』, 517-24를 보라.

것이 아니라, 교회의 유기체성을 회복하고자 하는 것이며 제도적 교회가 온전한 공동체로서의 교회로 회복되기를 원하는 것이다.

(3) 코이노니아의 신학은 '철저한 제자도'(a radical discipleship)의 신학이다. 산상수훈의 철저한 제자도는 좁은 문으로 가는 길이다. 가장 복음적인 것은 가장 급진적인 것이고, 가장 급진적인 것은 가장 복음적인 것이다. 산상수훈은 제자도의 핵심이다. 산상수훈은 개인적으로 지킬 수 있는 것이 아니라 공동체를 통해서 실천이 가능한 제자도이다. 공동체 생활은 철저한 제자도의 삶을 계속 유지하고 보편생활 속에서 끊임없이 확대해 나가는 그리스도인의 삶의 양식이다.

(4) 코이노니아는 '균형잡힌 성령론'(a balanced pneumatology)을 가능하게 해준다. 코이노니아는 교파간의 성령론에 대한 이견을 넘어서 서로 대화를 가능케 해주는 징검다리이다. 초대 교회를 이루는 입력의 단계는 성령의 능력이었지만 그 출력은 성령의 공동체였다. 사도행전의 성령의 능력과 성령의 공동체는 지금도 계속 나타나고 있다. 성령의 능력과 성령의 공동체는 함께 가야한다. 코이노니아는 개인적인 성령론에서 벗어나 '공동체적 성령론'을 지향한다.

(5) 코이노니아는 '하나님나라 운동의 주제어'(a keyword of the kingdom of God)'이다. 교회는 사회의 주체이며 구속사는 세속사의 중심이다. 코이노니아는 하나님 나라 운동의 실제적인 실천 방법이다.

(6) 코이노니아 신학은 '관계의 신학'(a theology of relation)이다. 코이노니아는 조직보다 관계를, 일보다 사람을 중시하는 관계의 신학이다. 그러므로 가장 바람직한 기독교 교육은 공동체적 삶의 관계와 공동체적 환경 속에서 이루어질 때 가능하다.

(7) 코이노니아의 신학은 사변적 신학이 아니라 '실천의 신학'(a theology of practice)이다. 공동체 신학은 머리를 복잡하게 하는 또 하나의 새로운 아카데미즘의 이론이 결코 아니라 실천의 결과에서 나온 것이며,

평택대학교 교수연구실에서

또 우리도 그대로 실천할 수 있는 실천지향적 신학이다.
(8) 온전한 코이노니아를 실천하는 삶은 그리스도를 증거하는데 있어서 가장 '효과적인 선교구조'(an effective mission structure)중에 하나이다. 선교는 우리를 구원하시기 위해서 십자가에서 대속의 죽음을 죽으신 그리스도의 사랑을 전하는 것이다. 선교는 사랑의 사역이다. 공동체는 성숙한 그리스도인을 만들고 성숙한 그리스도인은 많은 열매를 맺게 된다. 지체 사랑은 공동체적 삶을 통하여 체득된다. 지체를 섬기고, 소유욕을 버리고 주님과 지체에게 순종하는 헌신의 공동체 생활은 철저한 제자도를 연마하는 제자 훈련의 장이며, 성령의 열매를 맺는 장이다. 이러한 공동체 삶은 곧 선교사가 갖추어야 할 가장 중요한 덕목이며 선교의 교과목이다. 공동체는 교회의 본질이면서 동시에 선교구조이다. 공동체는 효과적인 선교의 장이다.

코이노니아는 이렇듯 복음의 총체적인 의미와 영역을 모두 포함하고 있다. 코이노니아는 본질적 복음의 표현이다. 김현진 박사는 '코이노니아 신학'(a theology of koinonia)이라고 부른다. 그는 코이노니아 신학을 통하여 교회가 온전한 성령의 공동체'로 회복되어야 한다고 강조

하였다.57)

김현진 박사는 공동체는 교회와 복음의 본질이며, 동시에 선교의 본질이라는 공동체 신학을 한국교회 앞에 제시하였다.

공 헌

김현진 박사는 세계적인 선교운동가 아더 피어선(Arthur T. Pierson) 박사가 설립한 평택대학교 신학부에서 교수로 임용되어 선교학을 가르쳤다. 평택대학교에서 공동체 신학, 공동체와 선교, 선교적 교회론, 피어선의 복음주의 선교론 등을 가르치면서 한국 신학계에서 공동체 신학과 공동체 선교론의 기초를 놓았다.58)

김현진 박사는 1989년 신학교에서 공동체 사역을 전개한 이래로 공동체에 관한 6권의 책을 썼다: 『성령의 공동체』, 『세계의 예수 공동체』 (역), 『공동체 관계훈련』(편역), 『세계의 기독교공동체 탐방』, 『공동체 신학』, 『공동체와 선교』. 이 책들은 1990~2000년대에 걸쳐서 전문적인 공동체 신학서나 자료가 부족할 때에 시대적 필요를 위해 김현진 박사가 쓴 저작이다. 특히 『공동체 신학』은 여러 기독교 공동체와 신학교에서 공동체에 대하여 교과서와 같이 사용되어 왔다. 공동체에 대한 명확한 신학적 정립을 위한 문서 사역을 통하여 한국교회에 성경적 공동체 운동을 불러일으킨 것이다.59)

김현진 박사는 또한 2012년부터 '공동체 비전스쿨'(Koinonia Vision

---

57 Ibid., 524.
58 김현진, "나와 공동체 운동," 15. 특히 아더 피어선의 선교론에 대해서는 김현진, "아더 T. 피어선의 선교 신학과 사역," 「피어선신학논단」 4 (2014): 100-133; 김현진, "아더 T. 피어선과 한경직의 총체적 선교에 대한 비교 연구," 「피어선신학논단」 7 (2015): 53-88를 보라.
59 김현진, "나와 공동체 운동," 15.

School)을 열어서 목회자, 선교사, 평신도들을 대상으로 공동체신학 강의와 공동체 훈련을 25기까지 실시하고 있다. 그동안 태안 사귐의 공동체에서 3박 4일 숙박 프로그램으로 진행하다가 코로나19 이후엔 비대면으로 운영하고 있다.

공동체 비전스쿨의 내용은 공동체란 무엇인가, 공동체 교회론, 공동체 운동의 교회사적 조명, 공동체 성령론, 공동체 사회론, 공동체와 선교, 세계의 기독교공동체의 현장 영상 시청, 공동체를 어떻게 실천할 것인가 등이다. 김현진 박사는 이러한 공동체 사역을 통하여 교회의 본질과 선교의 본질에 갈증을 느낀 많은 목회자와 선교사들과 평신도들을 돕고 있다.

김현진 박사는 한국교회에서 공동체 신학을 최초로 이론적으로 정립했을 뿐만 아니라, 충남 태안에서 공동체 삶을 몸소 실천하고 있다. 이러한 점에서 평생에 걸쳐 추구한 그의 신학과 실천은 한국 교회의 본질 회복과 선교의 갱신을 위해서 소중한 공헌이라고 할 수 있다.

김현진 박사 부부

연구 목록

● 박사학위 논문

"Protestant Communities as Mission Communities: A Systematic and Historical Study." Ph. D. Dissertation, North-West University.

● 저서

『영적 거장들의 기도』(공저). 서울: 홀리 북클럽, 2021.
『피어선의 사람들』(공저). 서울: 퍼플, 2021.
『한국교회를 빛낸 칼빈주의자들』(공저). 서울: 킹덤북스, 2020.
『그리워지는 목회자들』(공저). 인천: 아벨서원, 2020.
『피어선 설교선집』(공역). 평택: 평택대학교 출판부, 2019.
『다민족 복음화는 에클레시아 공동체의 회복으로』(공저). 서울: 가리온, 2018.
『공동체 신학』. 서울: 예영 커뮤니케이션, 1998.
『공동체 관계훈련』(편저). 서울: 도서출판 무실, 1994.
『세계의 기독교공동체 탐방』. 서울: 전신공연 출판부, 1993.
『성령의 공동체』. 서울: 전신공연 출판부, 1991.
『세계의 예수 공동체』(역). 서울: 도서출판 무실, 1990.

● 논문

"공동체로서의 교회의 본질과 대안적 공동체의 유형 연구."「신학과 상황」6 (2022): 67-82.
"희년의 선교적 의미와 실천에 대한 연구."「한국실천신학」71 (2020): 629-54.
"켈트 수도공동체의 선교 연구."「대학과 선교」45 (2020): 219-53.
"독일 헤른후트 공동체의 선교 연구."「한국선교신학」56 (2019): 213-52.

"The Restoration of The Whole Gospel and the Contemporary Reformation." *Asian Missions Advance* 58 (January 2018): 2-8.
"런던 익투스 공동체의 총체적 선교 연구." 「한국선교신학」 49 (2018): 221-56.
"온전한 복음과 온전한 교회개혁의 방향성." 「복음과 선교」 42 (2018): 13-61.
"아더 T. 피어선과 한경직의 총체적 선교에 대한 비교 연구." 「피어선신학논단」 7 (2015): 53-88.
"성령세례 논쟁과 그 해결점에 대한 연구." 「영산신학저널」 33 (2015): 37-70.
"16세기 재세례파의 선교 연구." 「한국선교신학」 37 (2014): 107-39.
"아더 T. 피어선의 선교 신학과 사역." 「피어선신학논단」 4 (2014): 100-33.
"성령의 코이노니아에 관한 신학적 의미 고찰." 「한국개혁신학」 42 (2014): 72-99.
"공동체와 선교: 균형 잡힌 선교 방식의 필요성." 「한국개혁신학」 39 (2013): 8-55.

● 기고문

"초대교회를 살아가는 공동체: 브루더호프." 「목회와 신학」 8월호 (2014).
"기독교 생활공동체 운동의 역사와 전망." 「신앙세계」 1월호 (2012): 54-59.
"공동체성 회복은 교회가 지향할 방향성입니다." 「목회와 신학」 10월호 (2009): 88-95.
"온전한 복음의 공동체." 「목회와 신학」 10월호 (2009): 96-107.
"사회선교를 다시 생각한다: 공동체 선교의 필요성." 「복음과 상황」 207 (2008).
"하나님 나라의 회복을 위한 전략: 공동체." 「CCC 편지」 380. 10월호 (2006): 6-7.
"교회 공동체와 하나님 나라를 이루는 기독교세계관 운동." 「기독교대학」 178, 179 (2001).
"예수님을 가장으로 모신 공동체: 중국의 예수가정." 「목회와 신학」 11, 12월호 (1999): 168-73, 188-93.

"공동체적인 교회의 회복." 「기독교사상」 484 (1998): 29-53.
"산골짜기에서 온 편지 5." 「통합연구」 34 (1998): 55-57.
"초대교회의 공동체를 지향하는 사랑방교회." 「복음과 상황」 1월호 (1995): 56-62.
"교회 갱신을 위한 공동체 운동: 다일 공동체교회." 「복음과 상황」 11월호 (1994): 59-64.
"더불어 살기 위해 힘쓰는 송학 공동체." 「복음과 상황」 6월, 7월호 (1994): 46-57, 48-52.
"세속에 물들지 않는 경건의 도장: 동광원." 「복음과 상황」 4월호 (1994): 68-73.
"여린 손길로 섬김을 펴는 수도공동체: 한국 디아코니아 자매회." 「복음과 상황」 2월호 (1994): 72-76.
"참된 코이노니아를 빚는 곳: 예수원." 「복음과 상황」 1월호 (1994): 72-76.
"공동체는 교회와 복음의 본질." 「빛과 소금」 12월호 (1992): 191-98.
"성령충만한 평신도의 몸: 하나님 백성의 공동체." 「빛과 소금」 11월호 (1992): 190-95.
"버림받은 이들 위한 거리의 공동체: 미국 예수백성." 「빛과 소금」 10월호 (1992): 192-99.
"초대교회로 살아가는 후터형제단 공동체." 「빛과 소금」 9월호 (1992):190-197.
"살아있는 진리의 오두막: 라브리 공동체." 「빛과 소금」 7월호 (1992): 192-198.
"천국의 향취 깃든 선교공동체: 독일 기독교 마리아 자매회." 「빛과 소금」 6월호 (1992): 194-99.
"화해와 일치의 산 누룩: 프랑스 떼제 공동체." 「빛과 소금」 5월호 (1992): 130-39.
"가톨릭과 개신교가 하나된 초교파 공동체: 미국 하나님 말씀의 공동체."

「빛과 소금」 3월호 (1992): 56-63.

"평범한 사람들의 사랑과 치유의 둥지: 영국 포스트 그린 공동체." 「빛과 소금」 2월호 (1992): 60-65.

"세계선교 위한 현대 속의 초대교회: 미국 베다니 공동체." 「빛과 소금」 1월호 (1992): 70-75.

"성숙한 찬양과 예배하는 삶의 향기: 미국 경축의 공동체." 「빛과 소금」 12월호 (1991): 183-89.

"인류를 위한 봉사와 헌신의 공동체: 미국 코이노니아 동역회." 「빛과 소금」 8월호 (1991): 122-27.

"온 몸으로 복음 증거하는 공동체: 미국 레바 플레이스 공동체." 「빛과 소금」 3월호 (1991): 78-85.

"공동체적인 교회 회복의 대안." 「빛과 소금」 3월호 (1991): 62-65.

유승도 목사

총신대학교 신학대학원 (M. Div.)
한남대학교 학제 신학대학원 (M. A.)
호주 가정 상담대학교 (AIFC)
호주 알파크루시스대학교 (M. Th., Ph. D.)
The Line Mission 대표
호주 Alphacrucis University College 교수

김호식 박사

김호식 박사의 생애와 신학

유정선_한국성서대학교 조직신학 교수

성서신학교
San Francisco Baptist Seminary (B. D.)
Baptist Theological Seminary (Th. M.)
Dallas Theological Seminary (Th. D. in Systematic Theology)
Florida International University (B. A. in Politics)
New School University(M. A. in Politics)
New School University(Ph. D. cand. in Politics)
American University, Washington College of Law (J. D.)

한국성서신학교 학생과장 (1970~1972)
Baptist University of America 대학원장 (1972~1974)
Baptist College and School of Theology 부교수 (1974~78)
Washington Baptist College & Seminary 교수 및 학장 (1978~1996)
한국성서대학 학장, 총장, 대학원장, 초빙교수 (1996~2011)
IVY College 교수 (2012~2014)
성서대학교회 담임목사 (2006~2011)

생 애

　김호식은 1935년 7월 20일 충남 예산 신례원리에서 아버지 김상용과 어머니 이만년의 3남 중 막내로 출생하였다. 모태신앙이었던 그는 성결교에서 신앙생활을 하며 덕산 신례원에서 유년기를 보내었다. 이후 부평 수도사업소에서 근무하던 형님 댁에서 생활하며 중학교를 졸업한 후, 서울로 상경하여 1949년 균명고등학교에 입학한 그는 치과에서 보조 일을 하면서 의사의 꿈을 갖게 되었다. 그러나 가정형편상 의대에 진학할 수 없는 상황을 깨달은 김호식은 수학 기간 동안 전액 장학금을 수여한다는 신문 광고를 보고 '성서신학교'에 지원하기로 결심하고 1954년 사회사업학과에 입학하였다. 1957년 3월 육군 보병으로 입대한 그는 1959년 11월 전역하자마자 1960년 3월 복학하여 1961년 6회로 졸업을 하였다.

　김호식은 졸업과 동시에 정치학을 공부하기 위하여 미국 유학을 준비하였으나 본 대학의 설립자로부터 신학을 권유받으면서 미국 유학 길에 올랐다. 1962년 설립자의 장녀 강은정과 결혼한 그는 곧 샌프란시스코침례신학대학(San Francisco Baptist Seminary)에 입학하여 학부 과정을 다시 하였다. 그는 학문의 길에 들어서면서 학사 학위를 정식으로 받는 것이 하나님 앞에서 정당하다고 생각하였기 때문이었다. 1965년 샌프란시스코침례대학에서 신학사 학위(B. D.)를 정식으로 취득한 그는 샌프란시스코침례신학 대학원(Baptist Theological Seminary)에 진학하여 1967년 '성서적 입장에서 본 노동의 신성'이라는 논문으로 신학석사 학위(Th. M.)를 받았다. 곧 이어 그는 달라스 신학대학원(Dallas Theological Seminary)에 입학하여 1970년 "THE

DOCTRINE OF THE TRINITY IN CONTEMPORARY AMERICAN THEOLOGY(현, 미국신학에 나타난 삼위일체론)"[1])으로 신학박사 학위(Th. D.)를 취득하였다. 1972년 그는 다시 플로리다국제대학교(Florida International University)에 입학하여 꿈꾸어 왔던 정치학을 공부하기 시작하였고(B. A.) 1977년에는 뉴욕 뉴스쿨 연구대학원(New School University)에서 정치학 석사(M. A.)와 박사과정을 마쳤다(Ph. D. cand. in Politics). 신학에 이어 정치학을 공부한 그는 1978년에는 아메리칸대학(American University, Washington College of Law)에 입학하여 다시 법학을 공부하기 시작하여 1981년에는 "U. S. Immigration Law(미국 이민법 고찰)"[2]로 법학 박사 학위(J. D.)를 받는 등 신학과 정치학에 이어 법학까지 공부함으로써 학문의 지경을 넓혀갔다.

신학뿐 아니라 정치학, 법학으로까지 학문의 지평을 넓혀 가면서도 김호식은 꾸준하게 하나님의 말씀을 가르치는 사역을 게을리 하지 않았다. 1970년 모교에서 교수 사역을 시작한 김호식은 1972년 미국으로 다시 건너가 1974년까지 미국 침례대학교(Baptist University of America)에서 대학원장직을 수행하면서 조직신학을 강의하였으며 1974년부터 1978년까지는 미국 성서침례대학교(Baptist College and School of Theology)에서 부교수로 조직신학을 강의하였다. 자신의 학문적 증진은 물론 가르치는 일을 평생의 사명으로 생각한 그는 1978년 워싱턴침례신학대학교(Washington Baptist College & Seminary)를 설립함과 동시에 학장직을 수행하면서 교수 사역을 감당하였다.

---

[1] David Ho-Sik Kim, "THE DOCTRINE OF THE TRINITY IN CONTEMPORARY AMERICAN THEOLOGY," (Th.M. Dissertation, Dallas Theological Seminary, 1970).
[2] David Ho-Sik Kim, "U.S. Immigration Law"(J.D. Dissertation, American University, Washington College of Law, 1981).

1996년 6월 한국성서대학의 학장이며 매제였던 강희정 학장의 소천으로 장인의 다시 부름을 받은 그는 아내와 함께 귀국하여 1996년 8월 한국성서신학교 학장으로 취임하였다. 설립자 강태국과 그의 아들 강희정에 이어 3대 학장으로 취임한 그는 학력인정교였던 본 대학을 4년제 종합대학교로 승격시키고자 헌신하였다. 1997년 4년제 종합대학교로 교육부 인가를 받게 됨에 따라 김호식은 초대 총장으로 취임한 후 본 대학의 설립 이념인 밀알정신을 계승하여 4년제 종합대학교로서의 교육 정책 및 기틀을 수립하였다. 총장 재임 시절인 1997년 김호식은 갈보리 교회 박조준 목사와 할렐루야교회 김상복 목사와 연합하여 한국독립교회 선교단체 연합회(KAICAM) 설립을 추진하면서 "부회장"[3]을 역임하기도 하였으며, 1999년 7월에는 김대중 대통령으로부터 민주평화통일자문회의 자문위원으로 위촉되기도 하였다.

일반대학원 및 신학대학원이 대학에 이어 교육부 인가를 취득하게 되자 그는 2000년 3월 본 대학교의 일반대학원 및 신학대학원 원장으로 취임하여 2009년 12월까지 대학원장직을 수행하였다. 대학원장 재임 시절 그는 사회복지대학원과 보육대학원 역시 교육부 인가를 추진하였다. 그의 이러한 헌신으로 본 대학은 일반대학원 및 특수대학원을 모두 구비한 4년제 종합대학교로 발전하여 오늘에 이르게 되었다. 그는 본 대학의 마지막 학장으로, 초대 총장으로, 그리고 대학원장으로 그 직책을 수행하면서도 학부 학생들과 대학원생들에게 본 대학의 신학적 정체성은 물론 그리스도인의 사회적 책무를 일깨우기 위하여 그의 폭넓은 학문을 신학과 접목하여 교수하는 일에 최선을 다하였다. 2007년 그는 평생 헌신적으로 내조하던 아내가 병을 얻게 되자 2010년 1월 대

---

3 http://home.kaicam.org/www.contents.asp?id=sub01_02&ext=/service/history.asp (2022. 5. 15. 접속).

학원장직을 사임하고 아내를 돌보며 교수 사역에만 전념하였으나 2012년 아내의 치료를 위하여 미국으로 영구 귀국하였다. 미국에 돌아가서도 그는 아이비 크리스천 칼리지(IVY Christian College) 교수로 재직하면서 교수 사역을 계속하였다. 그러던 중 2016년 본 대학의 요청에 의하여 일시 귀국하여 신학대학원에서 조직신학 교과목을 강의하면서 "성서대학의 산 증인"[4]으로서 신학적 정체성을 가르쳤으나, 자신의 건강상의 문제로 다시 미국으로 돌아가 치료를 받던 중 2021년 11월 18일 하나님의 부르심을 받아 86세의 일기로 하나님 품에 안기어 영원한 안식에 들어갔다.

학업과 교수 사역을 병행하던 김호식은 목회 사역도 충실하게 감당했다. 1970년 잠시 귀국한 그는 본 대학의 설립자가 창립한 '중앙성서교회'에서 부목사로 헌신하였다. 1972년 7월 다시 미국으로 돌아간 그는 마이애미에서 '마이애미 한인교회'를 개척하여 장년주일학교를 활성화하면서 교육에 매진하였다. 1975년 5월 학업을 위하여 맨하탄(Manhattan)으로 이사하게 된 그는 '맨하탄 한인침례교회(Manhattan Korean Baptist Church)'를 개척하여 1978년 5월까지 담임목사로 섬겼다. 1978년에는 '워싱턴 침례신학대학'을 설립하고 학장직을 수행하면서 1981년에 '콜럼비아 한인 침례교회(Colombia Korean Baptist Church)'를 개척하여 1990년까지 담임목사로 하나님을 섬기면서 장년주일학교 교육에 심혈을 기울였다.

이렇게 김호식은 부목사로, 담임목사로, 또는 개척교회 담임목사로서 때와 장소를 불문하고 행정과 교수 사역은 물론 목회 사역까지 어느 한 영역도 소홀히 하거나 게을리 하지 않고 하나님의 말씀을 선포하며 하

| 4 https://stor.bible.ac.kr/kokkos/2016/3 (2021. 10. 5. 접속)

나님과 교회를 섬겼다.

1996년 갑작스럽게 귀국하여 한국성서대학의 학장을 역임하게 된 김호식은 극동방송국의 '성서의 종교'라는 시간을 통하여 방송 선교도 시작하였으며, 2006년에는 '성서대학교회' 담임목사로 취임하여 초교파 독립교회로서의 개교회의 사명과 방향성을 제시하면서 기관교회의 기틀을 마련하는 등 2012년 미국으로 다시 들어가기 전까지 목회자로서의 사명을 감당하였다.

그는 학자로서 많은 저술을 통해 후학들과 교회에 많은 영향을 끼쳤다. 그는 1971년 5월에 창간된 「성별」지에 급변하는 신학상황을 분석하여 자유주의 신학의 출현을 경계하는 글들을 1972년 1월까지 연재하였다. 또한 1985년에는 『종말론』을 처음으로 출판하였고, 1992년에는 칼 헨리(Carl F. H. Henry, 1913~2003) 의 *Toward a Recovery of Christian Belief*를 『현대사조와 신앙회복』이란 이름으로 번역하여 출판하였다. 1995년에는 『사탄, 그는 아직도 건재하다』를 출판하였으며, 1997년에는 기독론을 『그리스도론 상』, 『그리스도론 하』두 권으로 출판하였다. 1998년에는 전도서를 강해한 『영혼의 일기장』과 요나서를 강해한 『자신의 성공을 저주한 사나이』, 그리고 『욥기강해』를 출판하여 인간론의 기초를 다졌다. 같은 해, 그는 성도의 신앙생활에 필수 지침서 역할을 하는 『신령한 신앙생활』과 『계속되는 그리스도의 사역: 성령론』을 출판함으로써 조직신학 체계를 한 분야씩 소개하기 시작하였으며, 『악령론: 타락한 천사』, 『천사론: 하나님의 사역자』를 출판함으로써 성경에 언급된 영계론을 마무리하였다. 2001년에는 『기독교 철학: 변증론』을, 2002년에는 『성서론』을 저술하였다. 2003년부터 2008년 까지 그는 본 대학 학부생들의 신앙교육을 위한 교재인 『세계문명과 자아1: 신앙의 입문』과 『세계문명과 자아2: 신앙의 성숙』, 『세계문명과 성경1: 구약성경』, 『세계문명과 성경2: 신약성경』, 그리고 『세계문명과 기독교: 기독교 신학1』을 출판하였다. 계속된 그의 연구 결과로 2009년에는 『개신교 신학의 특성』을, 2011년에는 고린도전서에 기반한 『기독교윤리』를 저술하여 출판하였다. 2012년부터 2016년까지 그는 『인간론』, 『조직신학 신론』, 『조직신학 기독론』, 『조직신학 성령론』을 저술하였는데, 이는 본 대학의 신학적 정체성 정립을 위하여 추진된 본 대학의 정책연구사업의 일환이었다. 특히 『조직신학 신론』에는 『성서론』이 함께 수록되어 있으며, 『조직신학 기독론』에는 『성서적 종말론』이 후반부에 수록되어 있으며, 『조직신학 성령론』에는 『교회론』이 함께 수록되어 있다. 이에 대하여 김호식은 신론은 성서에 기초하고 있기 때문이며, 종말론은 예수 그리스도의 재림에 기초하고 있기 때문이며, 교회론은 예수 그리스도의 계속된 사역인 성령의 사역에 기초하고 있기 때문이라고 그 이유를 설명하고 있다.

신학사상

김호식은 자신을 "평생을 개신교인으로 신앙생활을 해왔고, 신학자라는 자부심을 가지고 신학교육을 한 사람"[5]이라고 스스로를 평가하였다. 개신교 신학자로서 평생 신학교육에 힘썼던 이유에 대하여 "모든 신학적 이론은 기독교 윤리, 신앙생활의 원리로 교회를 통한 신앙공동체의 생활 및 운영원리로 사용되어야 한다"[6]고 고백하는 그에게 신학은 언제나 그리스도인의 삶 속에서 실천되어야 하는 행동강령이었다. 이러한 신념하에 김호식은 신·구약 성서를 기반으로 그의 조직신학 체계

---

5 김호식, 『성서론』 (안양: 도서출판 갈릴리, 2002), 7.
6 김호식, "권두언", 『일립논총』 5 (1997): 6.

를 수립하고 이를 가르치는 교육에 전념하였다.

신학사상의 근본은 성서이다.

그의 신학적 사상의 근본은 성서에 있다. 그는 성서론 연구는 교단이나 신학의 유형을 초월하여 아주 중요한 분야라고 강조하고 있다. "객관적으로 문자화된 하나님의 계시"[7]라는 성서론 이해의 전제를 가지고 있는 그는 성경의 영감성과 무오성을 강조하였다. 영감의 범위에 있어서 "성경에 사용된 단어 전체, 그리고 성경 전체(창 1:11-계 22:21)가 전부 영감되었다"는 축자완전영감설(Verbal Plenary Inspiration Theology)을 수용하는 그는 성령의 조명하시는 사역을 절대적으로 강조한다. 그러나 영감의 방법에 있어서는 일반적으로 "보수주의와 개혁주의가 지지"하는 유기적 영감설(Organic inspiration)을 전면적으로 수용하지 않는다. 유기적 영감설에 대하여 하나님이 성경작가들을 미리 선택하셔서 임신, 출생을 주관하였다는 점에 이의를 제기하며 이를 수용하지 않는다. 그는 베드로후서 1장 21절에 근거하여 성령께서 성경 작가들을 출생할 때부터 선택한 것이 아니라, 인간이 지닌 시·공간적 한계성과 이해의 한계성 등을 감안하여 "타락한 인간의 이성으로는 정상적인 이해력이나 표현력을 발휘 할 수 없는 문제점을 지닌 성경 작가들로 하여금, 그들이 받은 주관적 계시를 객관적인 문자로 기록할 수 있도록 인도하였다"[8]고 설명한다. 오직 성경을 슬로건으로 시작된 종교개혁으로 출발한 개신교 신학에 있어 성서는 가장 큰 특징이라고 강조하는 김호식의 신학 근간은 그 무엇보다 성서론에 기초하고 있다. 오늘날 변질되고 있는 개신교 신학 양상을 개탄하는 그는 "개신교로서의 원

| 7 김호식, 「성서론」, 15.
| 8 김호식, 「성서론」, 175.

래의 본질을 유지하고 존속되기 위해서는 성경의 무오설을 재확인하여 받아들여야 한다"9)고 역설하면서 급변하는 문명에 휩쓸려 변질되어 가는 기독교 신학과 교리를 성경으로 돌아가 재정리하여 갱신하여야 할 것을 강조하였다.

신학사상의 틀은 삼위일체 하나님 절대 주권주의이다.

그의 신학사상의 틀은 삼위일체론에 집중되어 있는데, 이는 1960년 대 미국 신학계에서의 삼위일체론의 경향을 다루고 있는 그의 박사학위 논문 "The Doctrine Of The Trinity In Contemporary American Theology"을 통해서도 알 수 있다. 그는 인류 문명이 발달하면서 "다양한 형태의 무신론이 등장"10)함에 따라 하나님의 존재가 점차 부인되고 있다고 지적하는 김호식은 일반계시와 함께 특별계시를 통하여 하나님의 존재하심을 알 수 있다고 강조하였다. 하나님의 창조사역에 있어서 로마교회가 주장하는 유로부터의 창조를 철저히 반대하는 그는 무로부터의 창조를 강조하였다. 신론을 다룸에 있어서 그는 천사론, 사탄론, 악령론을 단권으로 출판할 정도로 영적인 존재들에 관심을 기울이고 있다. 영적인 존재인 천사 창조와 관련하여 그는 "천사들에 관한 이론은 성경에 기록된 말씀을 문자적으로 해석할 때만 가능한 이론"11)이라고 덧붙였다. 특히 영계의 존재 중에 사탄도 하나님이 창조하셨는가에 대하여 김호식은 사탄은 천사가 타락함으로써 된 것이지 하나님이 사탄을 창조한 것은 아니라고 설명하면서 에스겔 28장 12-19절과 이사야 14장 12-15절을 "삼중어법을 적용"하여 해석하였다. 그가 이렇듯 영적인 존

---

9 김호식, 『성서론』, 185.
10 김호식, 『조직신학 신론』 (서울: 한국성서대학교출판부, 2014), 141.
11 김호식, 『천사론: 하나님의 사역자』, 240.

재들에 관심을 가지는 이유는 그리스도의 증인으로 살아가야 하는 그리스도인을 방해하는 존재이기 때문이다. 또한 신론에 있어서 논란의 여지를 가지고 있는 예정에 대하여 이는 "시간적 개념이 아니고 논리적인 개념"12)이라고 설명하는 김호식은 에베소서 1장 4-5절과 요한복음 6장 44절에 근거하여 타락한 인간의 구원은 하나님의 절대 주권적인 계획이라고 함으로써 "타락 전 예정설"13)을 지지하는 존 칼빈(John Calvin, 1509~1564)과 견해를 같이 한다.

신학사상의 핵심은 예수 그리스도의 완성된 십자가의 역사로 복음이다

예수에 대한 그의 이해는 구원의 근거를 마련하신 예수 그리스도의 대속의 죽으심과 육체적 부활, 그리고 승천에 집중함으로써 기독교의 핵심은 하나님의 아들이신 예수 그리스도의 복음에 있음을 분명히 하였다. 따라서 김호식은 기독론을 시작하면서 가장 먼저 선재하신 "제2의 하나님"14)이셨음을 소개하면서 "도성인신(성육신)"15)을 다룬다. 그는 성육신하신 예수 그리스도는 완전한 신성과 완전한 인성이 하나의 품성으로 영원토록 연합되었다는 "양성합일론(hypostatic Union)"을 전적으로 수용함에 따라 예수 그리스도의 "불가범죄성(Impeccability)"을 더불어 강조하였다. 그의 신학사상의 핵심이며 기독교의 핵심인 예수 그리스도의 죽으심에 대한 여러 견해들이 신학계에 대두되고 있는 것에 대하여 그의 죽으심은 첫째 인간의 죄로 야기된 육체적 죽음의 문제를 해결하시기 위한 "속죄하시는 사역"이며, 둘째 죄의 성품으로 야

---

12 김호식, 『조직신학 신론』, 242.
13 Milllard J. Erickson, *Christian Theology*. 2nd ed. (MI: Baker Books, 2003), 928.
14 김호식, 『조직신학 기독론』, (서울: 한국성서대학교출판부, 2015), 21-26.
15 김호식, 『조직신학 기독론』, 27.

기된 인간의 영적 죽음의 문제에 대한 해결하시기 위한 "화목하게 하시는 사역"이며, 셋째 본질적 죄인으로 출생하는 인간의 문제를 해결하기 위하여 공의로우신 하나님의 진노를 "만족하게 하시는 사역"이라고 구체적으로 설명하면서 예수 그리스도의 죽으심은 대속의 십자가이며 "완성된 그리스도의 십자가의 역사(Finished Work of Jesus Christ)"[16]로 이것이 바로 구원의 복음이라고 강조하였다. 따라서 기독교의 복음은 예수 그리스도의 죽으심뿐 아니라 육체적 부활과 승천이 반드시 강조되어야 한다고 그는 역설하였다. 특히 대속의 죽으심은 예수 그리스도의 무죄성이 전제되어야 한다고 주장하는 그는 한국 신학계에서는 크게 거론되지 않고 있는 예수님의 재판과정을 상세하게 다루고 있다. 재판 과정에 대한 분석은 법학을 공부하였던 그의 폭넓은 학문적 배경에 근거하고 있음을 알 수 있다. 따라서 타락한 인류는 죄에서 구원하신 이 예수를 믿음으로 영접함으로써 구원을 받을 수 있게 되었다고 강조하였다. 즉 "구원은 믿음으로 은혜로 이루어지는데, 믿음의 실체는 희생제물이 되신 그리스도요(히 11:1), 은혜의 본질은 그리스도의 사역의 핵심적인 진리"(갈 3:15-29)로, 이것이 바로 복음이며 기독교의 핵심이라고 강조하면서 사도행전 15장 9절과 11절, 에베소서 2장 8-9절에 근거하여 죄로부터의 구원은 오직 하나님이 주시는 은혜와 믿음이라고 강조하였다. 더 나아가 구원을 적용하는 분은 성령이라고 강조하는 김호식은 성령의 기원에 대하여 요한복음 15장 26절을 존재론적 삼위일체에 근거하여 해석함으로써 이중발출을 지지하였다. 현대 신학계에서 가장 문제가 되고 있는 성령의 품성성에 대하여 그는 성령의 품성성을 강조함으로써 "성령을 하나님의 능력 혹은 위력에 불과하다"[17]고 주장하는 현대 학자들의 주장은 비성서적이라고 단호히 배격하였다. 그는 요한

---

16 김호식, 『개신교신학의 특성』, 43.
17 김호식, 『성령론: 계속되는 그리스도의 사역』, 41.

복음 15장 26절 "… 진리의 성령이 오실 때에 그가 나를 증거하실 것"에 근거하여 성령은 예수 그리스도를 증거하기 위하여 오셨다고 강조함으로써 성령의 사역은 부활승천하신 그리스도께서 교회를 통하여 계속 하시는 사역이라고 규정하였다. 특히 그는 구원의 필요성을 깨닫게 하는 "죄를 책망하시는 성령의 사역"(요 16:8-11)에 근거하여 구원은 인간의 행위가 아닌 오직 성령 단독의 역사로 이루어진다고 하는 "단일론(Monergism)"을 지지하였다. 또한 성령의 은사는 그리스도의 몸된 지체에게 주신 기능이라고 강조하는 그는 초자연적 능력으로 은사를 간주하는 오순절 은사주의를 비 성서적이라고 비판하였다.

신학 사상의 특징은 초교파 독립교회주의이다

교회에 대한 김호식의 신학적 이해의 전제는 마태복음 16장 18절 "이 반석 위에 내 교회를 세우리라", 즉 예수님의 직접적인 예언의 말씀에 있다. 18절에 언급된 "반석"의 성이 여성임을 강조하는 그는 교회의 기초는 예수 그리스도이지 베드로의 신앙고백이 아님을 분명히 하면서 교회는 오순절 성령강림으로 시작되었다고 주장하였다. 교회를 구약 시대에는 볼 수 없었던 새로운 기구인 영적인 유기체로 보는 그는 "교회는 하나님께서 유대인도 아니고 헬라인도 아닌 새로운 제3의 인종"[18]이라고 주장하였다. 그러하기에 그는 마태복음 13장과 14장에 언급되고 있는 예수님의 일곱 개의 비유는 "장차 건설된 그리스도의 교회에 관한 예언적 교훈"[19]으로 해석하였다. 따라서 교회는 "유대교의 연장체도 아니고 부분적인 변형체가 아니라, 하나님의 섭리 중 새로운 실체"[20]라

[18] 김호식, 『조직신학 성령론』, 179.
[19] 김호식, 『성서론』, 144-49.
[20] 김호식, 『개신교 신학의 특성』, 91.

고 함으로써 교회를 "이스라엘의 영적 후계자"[21]로 보는 개혁주의와는 생각을 달리한다. 그는 사도행전 15장에 언급되어 있는 예루살렘교회나 안디옥교회에 성령께서 개별적으로 역사하셨음에 근거하여 "지방교회의 독립성"[22]을 주장하였다. "15세기 이후 민족 단위 국가군이 형성되면서 종교개혁도 이에 편승하여 지역분할에 의해 분립하여 형성되었다"[23]고 교단의 발생을 분석하는 그는 교단제도에 대하여 "정권과 때로는 협력관계에 있었던 반면 때로는 상호견제 작용도 하였고 때로는 경쟁관계에서 분규를 야기하기도 했다"[24]고 그 폐단을 지적하였다. 교단교회의 총회장 및 당회장 한 사람에 의해 교회에 관련된 모든 문제들이 결정되는 것은 독재요, 성령의 뜻에 어긋나는 교회 운영방법이라고 지적하는 그는 독립교회주의를 주장하였다. 따라서 개 교회는 성령의 침례하시는 역사에 의해 "하나의 생명으로 연합된 영적 유기체이므로 공동목표에 의해 활동하여야 하는 독특한 조직체"[25]이므로 그 운영은 "영적 기능"[26]인 성령의 은사에 의해, 하나님의 말씀과 성령의 인도하시는 역사에 따라 효과적으로 이루어져야 한다고 지적하였다. 따라서 선교사 파송이나 신학교육문제 등은 교단과 교파에 구애받지 말고 "연합회"[27]를 구성하여 해결해 나가야 할 것을 제안하였다.

---

[21] 김영한, 『21세기와 개혁신학Ⅰ-21세기와 개혁사상』, 358.
[22] 김호식, 『개신교 신학의 특성』, 91.
[23] 김호식, 『개신교 신학의 특성』, 85.
[24] 김호식, 『개신교 신학의 특성』, 85.
[25] 김호식, 『조직신학 성령론』, 188.
[26] 김호식, 『조직신학 성령론』, 188.
[27] 김호식, 『개신교 신학의 특성』, 95.

신학사상의 특징은 예수 그리스도의 재림과 연관된 세대주의적 전 천년설주의이다

성서 종말론은 "예수 그리스도의 재림에 관한 이론"[28]이라고 설명하는 김호식은 개인의 죽음 이후 영혼의 문제를 다루는 개인 종말론과 인류 종말을 다루는 일반 종말론을 모두 다루고 있다. 그는 개인 종말론을 다루면서 누가복음 16장 19-31절에 근거할 때, 구원은 현실에서 해결되어야 하는 문제라고 주장함으로써 구원의 긴박성과 복음 전도의 당위성을 강조하였다. 그리고 육체와 영혼이 분리되어 죽음을 맞이한 그리스도인의 영혼은 "비마석 심판"[29]의 자리에 서서 면류관을 상급으로 받는다고 설명하였다. 일반 종말론을 다룸에 있어 김호식은 문법적, 역사적 해석방법을 일관되게 취하면서 종말론 체계를 수립하였다. 즉 성경에 언급된 마지막 때에 일어날 일들을 기록하고 있는 휴거와 대환난, 어린 양의 혼례를 다루고 있으며, 요한계시록을 중심으로 최후에 있을 아마겟돈 전쟁과 천년왕국, 백보좌 심판과 신천신지를 그대로 수용한다.

일반 종말론에 대한 그의 입장은 아브라함 언약(창 12:-22:-)에 근거한 세대주의적 전천년설이다. 특히 다니엘서 9장 27절에 근거하여 대환난을 7년이라고 해석하는 그는 "칠년 대환난은 그리스도의 재림을 위해 준비하는 기간"[30]이며, 이 환난의 때는 아마겟돈 전쟁으로 이어지며 "그리스도의 지상 재림으로 종결된다"[31]고 설명하였다. 종말론 논쟁으로까지 이어지는 천년왕국(메시아 왕국)에 관하여 그는 "천

---

[28] 김호식, 「조직신학 기독론」, 385.
[29] Charles C. Ryrie, *Dispensationalism Today*, 158.
[30] 김호식, 「기독론」, 449.
[31] 김호식, 「기독론」, 452.

년왕국이란 시간적 개념이라기보다는 예수 그리스도의 통치를 의미하는 기독론적 술어로 이해하는 것이 옳다"32)고 주장하였다. 그는 "예수 그리스도의 재림으로 메시아 왕국은 시작 된다"33)고 하는 전 천년설(premillennialism)을 지지하면서 무천년설이나 후천년설은 "성경의 분명한 강조점들을 사람의 생각에 의해 영적으로 해석함으로 성경의 교훈을 변질시켰다"34)고 비평하였다.

신학사상의 성격은 개신교 보수정통주의이다

스스로를 개신교 보수정통주의 신학자라고 정의하는 김호식은 보수정통주의란 "교파적인 특색이 있는 의미의 정통신학이 아니라 성경을 하나님의 문자화된 계시로 믿고 그 말씀에서 신앙의 원리를 발전하며 생활의 지침을 찾으려는 신앙"35)이라고 규정하면서 그 내용은 예수 그리스도의 "복음 사상"36)이라고 강조하였다. 그는 고등비평의 발전과 더불어 신학계에 등장한 다양한 현대신학을 분석하고 소개하는 일에 관심을 가졌다. 헤럴드 오켄카(Harold Ockenga, 1905~1985)에 의해 주도된 신 복음주의, 칼 바르트(Karl Barth, 1886~1968)로 대표되는 신 정통주, 그리고 "죄렌 키에르케고르(Soren Kierkegaard, 1813~1855)와 폴 틸리히(Paul Tillich, 1886~1965)에 의해 대표되는 실존주의 등을 다루면서, 이러한 현대신학들은 기독교의 진리를 가감 삭제하여 세상 문명과 타협점을 찾으려 했던 측면에서는 분명한 과오라고 지적하면서

---

32 김호식, 「기독론」, 455.
33 김호식, 「기독론」, 457.
34 김호식, 「기독론」, 461.
35 김호식, "현대신학개관." 「성별」 (1971, 5): 38-42.
36 김호식, "현대신학개요II: 정통신학," 「성별」 (1971.6), 39.

신학의 정통성에 대한 판단기준은 고린도전서 1장 18절 "십자가의 도가 멸망하는 자들에게는 미련한 것이요 구원을 받는 우리에게는 하나님의 능력이라"에 근거하여 복음을 바로 전하는 것에 있다고 강조하였다.

결 론

김호식은 한국 신학계에는 별로 알려지지 않은 학자이다. 그러나 김호식은 신학자로서 그의 신학적 지평을 법학과 정치학으로 넓혀 나간 진정한 학자였다고 할 수 있다. 미국에서 조직신학 교수로 목회자로 주의 부르심을 감당하였던 그는 한국으로 돌아와 한국성서대학을 4년제 종합대학교로 자리매김 하는데 기여하면서 성서신학교의 마지막 학장으로, 한국성서대학교의 초대 총장과 대학원장으로 학교의 기틀을 수립한 교육 행정가로서 본 대학의 교육적 기반과 신앙적, 신학적 기틀을 정립하였다. 그는 본 대학의 설립자 강태국의 뜻을 이어 받아 '밀알정신'의 이념 하에 한반도 복음화의 역군이 복음 전도자를 양성하기 위해 조직신학을 연구하고 가르치는 교수로, 그리고 방송을 통하여 하나님의 말씀을 선포하는 방송선교사로 하나님께 아낌없이 헌신하였다. 그는 "내가 너희에게 분부한 모든 것을 가르쳐 지키게 하라 …"(마 28:20)는 예수의 명령을 실천하기 위하여 성서에 근거한 신학 체계를 수립하여 30여권의 저서를 남긴 저술가였다. 더 나아가 그는 교회 현장에서 장년주일학교를 활성화하여 성도들을 양육하고 가르침으로써 신학이 학문에 머물러 있지 않도록 성서에 근거한 보수신학을 신앙으로 승화시키고자 실천하였던 진정한 목회자였다.

경력

● 학력

1952년　균명고등학교 졸업
1961년　성서신학교 졸업
1965년　San Francisco Baptist Seminary (B. D.)
1967년　Baptist Theological Seminary (Th. M.)
1970년　Dallas Theological Seminary (Th. D. in Systematic Theology)
　　　　"THE DOCTRINE OF THE TRINITY IN CONTEMPORARY AMERICAN THEOLOGY"
1974년　Florida International University (B. A. in Politics)
1975년　New School University (M. A. in Politics)
1978년　New School University (Ph. D. cand. in Politics)
1981년　American University, Washington College of Law (J. D.)
　　　　"U. S. Immigration Law"

● 교수 경력

한국성서신학교 학생과장 (1970~1972)
Baptist University of America 대학원장 (1972~1974)
Baptist College and School of Theology 부교수 (1974~1978)
Washington Baptist College & Seminary 교수 및 학장 (1978~1996)
한국성서대학 학장 (1996~1997)
한국성서대학교 총장 (1997~1999)
한국성서대학교 대학원장 (2000~2009)
한국성서대학교 초빙교수 (2010~2011)
VY College 교수 (2012~2014)

● 목회 경력

중앙성서교회 부목사 (1970~1972)

Miami Korean Baptist Church개척 및 담임목사 (1972~1975)

Manhattan Korean Baptist Church 개척 및 담임목사 (1975~1978)

Colombia Korean Baptist Church 개척 및 담임목사 (1978~1996)

성서대학교회 담임목사 (2006~2011)

연구 목록

● 박사학위 논문

"The Doctrine of The Trinity In Contemporary American Theology." Th. D. Dissertation, Dallas Theological Seminary, 1970.

● 저서

『조직신학: 성령론』. 서울 : 한국성서대학교출판부, 2016.

『조직신학: 기독론』. 서울 : 한국성서대학교출판부, 2015.

『조직신학: 신론』. 서울 : 한국성서대학교출판부, 2014.

『인간론』. 서울 : 한국성서대학교출판부, 2012.

『기독교 윤리』. 서울 : 한국성서대학교출판부, 2011.

『세계문명과 기독교 신학1: 기독교신학』. 서울 : 한국성서대학교출판부, 2008.

『개신교 신학의 특성』. 서울: 에쎈에스미디어 , 2007.

『세계문명과 성경 2: 신약성경』. 서울 : 한국성서대학교출판부, 2006.

『세계문명과 성경 1: 구약성경』. 서울 : 한국성서대학교출판부, 2005.

『세계문명과 자아 2: 신앙의 성장』. 서울 : 한국성서대학교출판부, 2003.

『세계문명과 자아 1: 신앙의 본질』. 서울 : 한국성서대학교출판부, 2003.

『성서론』. 안양 : 도서출판 갈릴리, 2002.

『기독교 철학 변증론』. 서울 : 기독교문서선교회, 2001.
『신령한 신앙생활』. 서울 : 한글, 1998.
『계속되는 그리스도의 사역 성령론』. 서울 : 한글, 1998.
『천사론: 하나님의 사역자』. 서울 : 한글, 1998.
『악령론: 타락한 천사』. 서울 : 한글, 1998.
『요나서 강해: 자신의 성공을 저주한 사나이』. 서울 : 한글, 1998.
『전도서강해: 영혼의 일기장』. 서울 : 한글, 1998.
『욥기 강해』. 서울 : 한글, 1998.
『그리스도론 상』. 서울 : 요단출판사, 1997.
『그리스도론 하』. 서울 : 요단출판사, 1997.
『사탄, 그는 아직도 건재하다』. 서울 : 요단출판사, 1995.
『종말론』. 서울 : 기독교문서선교회, 1985.
『성서와 생활』. 서울 : 한국기독교출판사, 1980.

● 기고문

"권두언". 「일립논총」5 (1997): 5-6.
"현대신학개요Ⅷ: 세속주의". 「성별」(1972.1): 65-68.
"현대신학개요Ⅶ: 실존주의". 「성별」(1971.12): 61-64.
"현대신학개요Ⅵ: 실존주의". 「성별」(1971.11): 38-41.
"현대신학개요Ⅴ: 실존주의". 「성별」(1971.10): 38-43.
"현대신학개요Ⅳ: 신정통주의". 「성별」(1971.9): 38-46.
"현대신학개요Ⅲ: 신복음주의". 「성별」(1971.7 · 8): 38-42.
"현대신학개요Ⅱ: 정통신학". 「성별」(1971.6): 38-42.
"현대신학개관". 「성별」(1971.5): 38-42 외 다수

● 역서

Henry, Carl F. H. *Toward a Recovery of Christian Belief*. 김호식 역.
 『현대사조와 신앙회복』. 서울: 기독교문사, 1992.

김호식 박사(워싱턴 침례신학대학 전 학장)

국제성경연구원 8월 특강 | 애난데일 소재 펠리스 식당 연회실

아이비크리스찬 칼리지 제3회 졸업식 및 학위수여식 | 2013년 6월 15일

한국성서대학교 초대 총장이자 조직신학자 김호식 박사

저서 『성서론』

필자인 유정선 박사(좌 김승호교수, 맨 우측 박태수 교수)와 한국성서대학교 학생들

유정선 교수

성신여자대학교 독문학 (B. A.)
한국성서대학교 일반대학원 신학과 (M. A.)
한국성서대학교 신학대학원 (M. Div.)
한국성서대학교 일반대학원 조직신학 (Ph. D.)
한국성서대학교 조직신학 교수
한국복음주의 조직신학회 부회장

저서_보혜사 성령 (2010)
논문_선교적 측면에 나타난 허드슨 테일러와 일립 강태국의 기도 연구 (2022)
　　　김호식의 종말론 연구 (2022)
　　　이단의 실상과 교회의 대응 (2018)
　　　성령론적 관점에서 본 일립 강태국의 구원관 연구 (2017) 외 다수

나삼진 박사

나삼진 박사의 생애와 신학

이기룡_예장 고신 총회교육원장

고신대학 신학과, 고신대학 신학대학원 (M. Div.)
미국 Talbot School of Theology, Biola University (M. A./MACE)
고신대학교 대학원 교육학박사 (Ph. D.)
미국 Fuller Theological Seminary (D. Min.)

고신대학교, 고려신학대학원, 아세아연합신학대학교 대학원 외래교수
한국복음주의기독교교육학회 회장
대한예수교장로회 총회교육원 원장, 남서울노회장, 재미총회 서부노회장
도서출판 생명의 양식 대표, 계간 「교회와 교육」 편집인 겸 발행인
서울영동교회 교육목사, 협동목사
한국기독교목회자협의회 홍보출판위원장
재미한인예수교장로회 총회교육위원장
현재, 미국 Evangelia University 교수, 교육연구원장
　　　미국 Joyful Educational Ministries 원장
　　　오렌지카운티 샬롬교회 담임목사
　　　고신역사 아카이브 대표

서 론

나삼진은 1985년 10월부터 2014년 3월까지 예장 고신총회 총회교육원에서 28년 6개월 동안 사역을 하였다.[1] 그는 총회교육원장으로 한국복음주의신학회, 한국기독교교육학회, 한국복음주의기독교교육학회 정회원으로 활동하였다. 달리 말하면, 그는 기독교교육학의 학문적 이론과 현장에 바탕을 둔 실천적 교육학자이다. 또한 지나온 한국교회의 역사를 기억하고 기록하는 역사가이며, 시를 통해 세상과 소통하는 시인이기도 하다.

일제강점기 신사참배 반대운동과 해방 후 교회쇄신운동의 열매인 대한예수교장로회(고신) 총회는 1952년 총로회가 발회하면서 공식적으로 출발하였지만, 1960년대 승동측과 합동과 환원이라는 어려운 상황을 겪기도 했다. 그러나 그 가운데서도 총회교육원은 의미 있는 진전을 보였다. 1964년 제14회 총회에서 조직한 교과과정 심의위원회가 중심이 되어 교단교육의 이념과 목적을 제정하고, 단계별 교육목표를 설정했다. 이때 어린이들을 위한 '생명의 양식' 교육과정과 성인들을 위한 '진리의 말씀' 교육과정을 수립하였다. 안타깝게도 1970년대에 교단 내 분쟁을 겪으면서 총회의 인적, 물적 재원을 소진하였고, 교육에 투자하지 못함으로써 교단 교육은 큰 어려움에 처하게 되었다. 1970년대에 총회교육이 긴 동면기에 접어든 것이다.

그러다가 1982년 총회교육위원회가 설치된 이후 새로운 움직임이 일어났다. 전담 간사제도 도입이었다. 전담 간사가 세워지면서 총회교육은 정상화되기 시작했고, 1980년대 중반 이후부터 총회교육은 비약적

---

1 그의 교육사역 회고록은 '나삼진 박사의 교단교육 역사 이야기: 교회와 함께 교육과 함께'라는 주제로 「교회와 교육」 2011년 봄호부터 2013년 겨울호까지 12회에 걸쳐 연재된 바, 이를 참고하라.

으로 발전하였다.[2]

　최해일 목사, 심군식 목사가 초기 간사를 맡았던 이래, 첫 전담간사로 송길원 강도사가 선임되었고, 나삼진이 1985년 신대원 졸업을 앞두고 총회교육위원회 4대 간사로 일하기 시작하였다. 그들의 준비로 주일학교 교사통신대학이 개교되었는데, 그의 책임하에 기독교교육 잡지 「교회교육」이 창간되어 훗날 「교회와 교육」으로 발전했으며, '생명의 양식' 제2차 교육과정이 개발되었다. 나삼진은 1987년부터 총회교육위원회 대표간사로서 교재개발, 교사통신대학 개교와 육성, 각종 교육사업을 지휘하였고, 1989년에는 평신도 지도자를 위한 성경통신대학을 개교시켰다. 1992년 장년부 성경공부 교재를 개편하여 「코람데오 성경연구 시리즈」를 출간하였다. 1992년 안식년으로 도미하여 Biola University에서 기독교교육과 청소년 사역을 연구하여 각각 석사 학위를 받고 1994년에 귀국하였다. 그 무렵 '생명의 양식' 제3차 교육과정을 개발하였다. 1999년에는 말씀묵상운동의 일환으로 격월간 묵상지인 「복있는 사람」을 창간하였고, 체계적인 교회교육을 위해 '총회교육대회'를 신설하였다. 2000년대에 들어서는 해외 디아스포라 교회를 위한 매년 해외동포 신앙교육을 위한 정책협의회를 개최하였다. 2001년에는 어린이 묵상지인 「어린이 복있는 사람」을 창간하였다. 2004년에는 생명의 양식 제4차 교육과정(중고등부)인 「클릭 바이블」을 개발하였다.

　이후 총회교육위원회 설치 20주년(2002년)을 맞이하여 교단교육의 미래를 위한 세미나를 갖고, 미래에 보다 독립적이고 전문적인 교회교육을 위해 기구를 총회교육원으로 승격하기로 결의하였다. 제54회 총회의 결의를 거쳐 총회교육원이 출범하여, 초대 원장으로 나삼진 박사가 선임되었다. 2008년 생명의 양식 제5차 교육과정인 「그랜드 스토리」를 개발하였다.

| 2　이상규 외, 「대한예수교장로회(고신) 교회교육 역사」, (서울: 생명의 양식, 2016), 339-340.

한국교회와 기독교교육학계에서 나삼진은 줄곧 고신총회를 대표하는 실천적인 기독교교육 전문가로 인정받아 왔다. 그는 유치부, 초등부를 중심으로 한 주일학교 교육뿐만 아니라 청소년, 청장년에 이르기까지 교회교육에 필요한 평생교육과정을 개발하고 이를 정착시키는 일에 뛰어난 업적을 남겼다. 뿐만 아니라 한국교회 다른 교단의 교육전문가들과 더불어 한국교회 교회학교 및 교사교육에 중요한 기틀을 세웠다.

그는 학문적으로도 한국기독교교육학회 초대 교회교육 분과장(2008~2011), 한국복음주의 기독교교육학회 총무와 부회장(2008~2011)을 거쳐 회장(2011~2012), 「복음과 교육」 편집위원과 출판위원장(2008~2014) 등으로 봉사하였다. 그는 한국기독교교육학회나 한국복음주의기독교교육학회에 현장의 생각과 경험을 나눔으로써, 연구실에서 학문에 만 머물 수 있는 기독교교육학자들을 보완하는 역할을 적지 않게 했다. 그는 총회교육원 사역을 마치고 미국으로 이주(2014년)한 후 기독교교육의 발전에 기여한 공로로 2016년 한국복음주의기독교교육학회가 수여하는 제5회 기독교교육자상을 수상하였다. 2018년에는 총회장의 공로패를 받았는데, 이는 그가 받은 네 번째 총회장상이었다.

이 글에서 필자는 나삼진 박사의 생애와 교육사상에 초점을 맞추어 그의 기독교교육 및 실천을 살펴보고, 이를 통해 한국교회 교회교육이 나아갈 방향을 제시해 보고자 한다.

나삼진 박사의 생애와 수학

성장과 교육

나삼진은 경남 합천에서 태어나 초등학교 시절을 보내고 줄곧 부산에서 성장하였다. 고등학교 2학년 때 학생신앙운동(SFC) 하기수양회에서 예수 그리스도를 인격적으로 영접하고 목사가 되기로 작정하였다. 그의 회고에 의하면 고등학생 시절에 교회와 학교SFC에 참여하면서 신앙을 다졌고, 부산시고교SFC연합회 임원으로서 수련회와 다양한 행사들을 준비하며 리더십을 키울 수 있었다.

그는 고려신학대학에 입학해 교양과 신학을 공부하고 신학대학원에 진학, 신학적인 기본소양을 닦았다. 그는 대학 시절에는 부산지방SFC 위원장과 전국SFC 서기로 봉사하며 신앙훈련을 받았다. 그가 입학하였던 고려신학대학은 신학과만 있던 특수대학이었는데, 오늘의 신학대학원에 해당하는 신학본과 학생들과 한 기숙사에서, 또 옆 교실에서 공부하였다. 당시 거의 수도원적인 고려신학대학에서의 다소 폐쇄적일 수 있었던 대학생활에서 신앙 형성과 폭넓은 관계 형성은 SFC에서 받은 훈련과 교제가 기반이 되었다고 할 수 있다.[3] 그는 SFC운동으로 다양한 학생들을 만날 수 있었고, 당시 SFC지도자들이었던 손봉호, 이만열 교수와 김만우 목사 등의 영향을 받았으며, 그의 의식이 깨어나고 폭넓어진 계기가 되었다.

그는 대학 2학년을 마치고 군입대를 했는데, 3년 동안 공병대에 근무하면서 신학생으로서는 쉽지 않은 경험을 많이 하였고, 이는 더욱 단단한 생각을 가지는 기회가 되었으며, 작은자들에 대한 관심을 갖고 실천적인 목회자가 되려는 다짐을 했다. 그가 군복무 후 복교했을 때, 대학에 기독교교육과가 생겨 기독교교육 과목을 선택하여 공부하였다. 이것이 그가 신학을 전공하였지만 기독교교육학적 소양을 갖는 계기가 되었다.

그가 기독교교육과정 과목을 공부하며 작성한 '생명의 양식 교육과정의 분석과 평가'가 신학대학원「고려신학보」현상 공모에서 우수논문으로 선정되었고, 그것이 계기가 되어 생명의 양식 제2차 교육과정을 개

| 3   나삼진, 미간행 회고기 "오직 은혜로 걸어온 길"(2022), 2-3.

발할 때, 교육현장 전문가로서 공청회에 참여하여 논문을 발표하였다. 이것이 그가 고신교단의 교단교육과 공식적으로 처음 관계를 맺는 기회였다.[4]

고등학교 시절부터 문학소년이었던 그는 다른 학교의 기독학생들과 함께 '알돌문학회'를 결성하여 대표로 활동하였고, 두 차례 작품집을 발간하였다. 대학에 들어가서는 「고신대신문」 기자, 학예지 「미스바」 편집, 그리고 「SFC월보」 편집장을 맡았으며, 신학대학원에서도 「고려신학보」 편집장을 맡아 봉사하는 등 오랫동안 편집과 출판과 깊은 연관을 맺었다. 그가 대학과 대학원 시절에 이미 다양한 편집과 출판 경험을 갖고 두 권의 편저를 내었는데, 교육이 출판과 깊은 관계를 가지고 있기 때문에 그러한 경험과 준비가 교단교육에 효과적으로 사용되는 결과를 가져왔다.

총회교육원과의 만남과 사역

나삼진이 고신대학 신학대학원 졸업을 앞두고 1985년 10월에 간사로 선임되면서 교단교육과 직접적인 연관을 맺었고, 그는 전 생애를 교단교육 사역에 헌신했다. 1970년대 고신교단에서는 내적인 갈등으로 교육분야에 투자하지 못해 원성을 받고 있었는데, 총회와 지교회들이 협력하는 간사제도를 도입해서 '생명의 양식' 교육과정 개편과 주일학교 교사통신대학 개교를 준비하게 했다. 교회가 간사의 생활비를 지급하며 주 4일을 총회교육위원회에서 봉사하는 형태의 제도였지만, 간사들과 힘을 다해 사역하였다.

나삼진은 총회교육위원회 간사로 일한 지 2년 만에 대표간사 송길원 목사의 이직으로 대표간사가 되었고, 교사통신대학 개교, 생명의 양식

| 4 나삼진, "교회와 함께 교육과 함께 1", 「교회와 교육」 2011년 봄호, 159.

교재 개편, 성경통신대학 개교 등의 교육사업을 지휘하면서 큰 성과를 거두었다. 이러한 교육사역의 성공과 교단적인 호응은 총회교육위원회가 재정적인 자립기반을 갖추게 했고, 전임간사 제도를 정착시키는 일에 기여했으며, 그의 리더십의 성장과 고신 교회들의 장기적인 교육 발전이 가능하게 했다.

그는 총회교육위원회 대표간사로 재직하면서 위원장 이근삼 고신대 총장의 적극적인 지원으로 미국 Biola University에서 기독교교육과 청소년 사역을 전공으로 공부했다. 그는 탈봇신학대학원에서 Michael Anthony, Shelly Cunningham, Richard Leyda 교수로부터 기독교교육학을 배웠고, Ken Garland 등으로부터 청소년 사역을 공부하였다. 그는 탈봇신학대학원에서 기독교교육학 이론과 실제가 어우러진 미국 복음주의 기독교교육학계의 학문과 다양한 사역을 직접 경험할 수 있었다.

그는 첫 유학 기간에 찰스 스윈돌 목사가 목회하는 First Evangelical Free Church of Fullerton의 정회원이 되어 미국 복음주의교회권 교회의 목회와 교회교육을 경험할 수 있었다. 17년 사역을 마치고 달라스 신학교 총장으로 전임하는 과정을 곁에서 지켜보며 사람을 소중히 여기는 것을 보았다. 그는 로스엔젤레스 지역의 활발한 주일학교 연합운동과 교사교육 프로그램(GLASS Convention, 현 CMTA) 등에 참여하였고, National Youthworkers Convention, 북미기독교교육학교수학회에 참가하고 참가기를 「교회와 교육」에 기고하였다.

나삼진은 학문으로만 흐를 수 있는 기독교교육학 경향을 고려하여 교회와 교육 현장을 놓치지 않으려 힘썼다. 그가 미국 유학을 마치고 귀국할 때는 총회 회관이 건축되어 신학대학원에 있던 총회교육위원회도 서울로 이전했는데, 이후부터 서울영동교회 교육목사로, 또 협동목사로 만 20년을 사역한 것도 그러한 노력의 일환이었다. 그는 중등부 학생들을 직접 담당하면서 교육목사로서 각급 교육기관을 총괄했다. 그가 교육 현장을 놓치지 않으려 노력한 것은 꾸준히 실천적인 기독교교육학 저서들을 출간한 것과 맥을 같이한다고 하겠다. 그는 유학을 마친 후 탈봇신학대학원에서 청소년사역 석사과정에서 공부한 것을 정리하여 『NG를 잡아라: 21세기 청소년사역 전략』을 저술했는데, 미국 청소년사역 학위과정의 연구 결과가 반영된 국내 첫 저작으로 평가받는다.

그는 2000년 한국기독교교육학회에서 논찬을 맡은 것이 기회가 되어 한국기독교교육학회와 한국복음주의기독교교육학회 활동에 적극 참여하였고, 꾸준히 학자들과 교류하면서 기독교교육학 이론과 실천의 접목에 관심을 가지면서, 기독교교육학의 현장성 신장에 많은 노력을 기울였다. 그는 기관목사였지만 한국과 미국의 두 노회에서 노회장으로 봉사할 수 있었던 것은 평소 교회와 함께하려는 그의 노력을 동료 목회자들이 인정한 결과일 것이다.

그는 2001년 고신대학교 기독교교육학 박사 과정이 설치되면서 첫 학생으로 입학해 사역으로 밀렸던 학위과정을 계속했다. 그는 2002년 두 번째 연구년을 얻어 탈봇에서 박사학위 논문을 준비했고, 고신대학교 대학원 기독교교육과에서 "제임스 파울러(James W. Fowler III)의 신앙발달이론과 교육목회적 적용에 관한 연구"로 교육학박사 학위를 취득하였다. 그는 오랫동안 「교사의 벗」, 「교육교회」, 「교회와 교육」 등의 교육전문지와 「성경과 신학」, 「복음과 교육」, 「기독교교육논총」 등 학회지에 현장성 깊은 논문들을 다수 발표하였다.[5]

고신교단은 2005년 총회교육위원회 설치 20주년을 기해 교단교육의 전문성과 독자성을 확보하기 위해 총회교육원을 출범시키면서 초대 원장으로 시무하였고, 3회 연임하였다. 그 과정에서 풀러신학교에서 교회

---

5 한국기독교교육학회에서는 기독교교육학계의 학문적 업적을 두 차례 정리했는데, 오인탁, 『한국기독교교육학 관계문헌 목록(1945~2005)』(2008)에 33편, 임창호 편, 『한국기독교교육학 관계문헌 목록(2006~2018)』(2020)에 17편의 논문목록이 개제되어 있다.

행정으로 목회학박사 학위를 수여했고, 이후 "한국교회 교단교육의 정책과 수행 비교연구" 등 관련된 다수의 논문을 발표했다. 그는 한국기독교교육학계에서 실천적인 기독교교육학자로 자리매김하게 되었고, 이후 고신대학교, 고려신학대학원, 아세아연합신학대학원 등에서 강의를 하며 그의 교육철학과 사역 경험들을 후진들과 공유하였다.

새로운 시작

나삼진은 2014년 3월말, 28년 6개월의 사역을 마치고 평생 쉬지 않고 달려오던 고신교단 총회교육원을 떠났다. 이는 고신교단은 물론 한국교회 기독교교육계에 참 불행한 일이었다. 그는 미국으로 이주하여 오렌지카운티샬롬교회를 설립해 목회하면서, Joyful Educational Ministries를 설립해 원장으로서 교회교육과 교육목회 등의 분야에서 연구를 계속하며, 미국서부지역 한인교회들의 교육 사역을 지원하고 있다. 또 고신교단 재미한인예수교장로회가 설립한 Evangelia University 교수로서 교육연구원장과 출판국장을 담당하고 있다. 재미한인예수교장로회 총회교육위원장으로서 해외한인교회의 교육 사역을 이끌고 있다. 그가 총회교육원에서 처음 사역할 때만큼이나 척박한 해외한인교회와 교육을 위해 새로운 땅을 갈고 있는 것이다. 그가 시련 끝에 미국으로 떠났지만, 교수 정년이 지났지만 은퇴가 없는 현장에서 여전히 현역으로서 연구와 교수를 활기차게 계속하고 있다.

나삼진은 청소년 시절 시 공부와 습작으로 꼬마 시인이었지만, 군복무 후 본격적인 학문 연구를 위해 문단을 떠났다고 했다.[6] 그러나 시인 심군식 목사가 별세하면서 매년 여름성경학교 주제시를 쓰는 일이 과업이 되어 시공부를 다시 시작하면서 10년 동안 여름성경학교 주제시

| 6 나삼진, 미간행 회고기 "오직 은혜로 걸어온 길"(2022), 4.

를 썼고, 그 사이에 교권(교육)을 침해하려는 교회 권력의 위협과 정치적인 갈등 속에서 깊은 시련을 경험하면서 시공부를 다시 시작, 2014년 「창조문예」 신인작품상으로 등단했다. 등단 첫해에 출간한 첫 시집 『생각의 그물』이 세종도서 문학나눔(옛 문화부 우수도서)에 선정되는 쾌거를 이루었다. 이후 제2시집 『배와 강물』을 상재하였고, 에세이 『샬롬을 꿈꾸다』를 발간하면서 시인의 위치를 확보하였으며, 지금도 「중앙일보」 '이 아침에'를 비롯하여 「고려문학」, 「미주문학」, 「외지」, 「에피포도 문예」 등에 꾸준히 작품활동을 하고 있다.

기독교교육 중요 사상과 실천

나삼진은 앞서 생애와 수학에서 살핀 바와 같이 사역과 학문을 병행하며 평생 한결같이 실천적 기독교교육학자의 길을 개척해왔다. 이제 그가 강조한 사상과 중요한 사역을 정리해보고자 한다. 그의 기독교교육 실천과 그에 따른 학문 세계는 다른 학자와 다른 그만이 가지는 독특성이 있다. 그것은 총회 산하 교육기관의 대표로서 그가 평생 사역하며 연구하고, 또 기관을 가꾸어 한국교회에서 특별한 기관으로 성장시켰고, 그 다양하고도 풍성한 사역의 열매를 보여주었기 때문이다. 그는 단순히 대학이나 연구소가 아닌 총회 조직 안에서 교회와 주일학교 현장을 중심으로 사역을 해 왔고, 현장의 필요를 공급하기 위해 꾸준히 노력해왔기 때문이다. 그의 기독교교육 사상과 실천을 아래와 같이 다섯 가지 키워드로 정리할 수 있다.

개혁주의 신학에 기반을 둔 실제적 교육

나삼진의 첫 번째 사상적 특징은 개혁주의 신앙과 신학에 기반을 두면서도 현실에 뿌리를 내리고 있다는 것이다. 그는 이론만 강조하는 피상적인 교육이 아닌, 이론과 실천이 통합된 삶의 변화를 일으키는 교육을 강조하였다.[7] 그는 고신총회의 교육이념인 '개혁주의 정신에 입각하여 웨스트민스터 표준서들을 따라 하나님을 사랑하고 이웃을 사랑하는 그리스도인을 양성하는 것'을 목표로 모든 사역을 진행했다. 그가 중점적으로 펼친 사역의 중심은 현장에 뿌리 둔 교회교육이었다. 그는 교회교육의 전문가답게 교사교육의 중요성을 인식하고 그 적용을 위해 노력하였다. 교사교육이 열악하던 시절에 간사 임용과 함께 교사통신대학 개교 실무를 맡게 되었고, 2년(1986~1987년) 교사양성총서 시리즈(전 16권)을 개발하고, 매년 4회(개강, 기말) 교사교육 세미나를 기획하고 진행하였다. 나아가 1990년대 시대의 변화에 따라 교사교육의 변화가 필요할 때 이를 세 차례 혁신했다.

그는 미국 복음주의권 기독교교육학계를 이끌고 있는 탈봇신학대학원에서 유학하면서 Evangelical Training Association에서 Graduate Teacher Diploma를 취득했고, 북미기독교교육학교수협의회(NAPCE)와 Great Los Angeles Sunday School Association(GMTA), Youth Specialties의 National Youth Worker's Convention에 참여하면서 미국 복음주의권 교회의 교사훈련 프로그램을 파악하고, 총회교사대학 과정인 Church NEXT 교사대학(2008~2009년)을 주도적으로 개발하며 업그레이드 시켰다. 이러한 교사교육은 지금까지 1만 9천 명의 교사

---

[7] 이것이 그의 중요한 학문적, 사역적 관심이었는데, 첨부된 나삼진 박사의 연구목록에는 기독교교육학의 이론과 실천이 융합된 논문들을 많이 볼 수 있다.

가 훈련을 받았고 여전히 현장에서 사용되고 있다. 또한 교사대학 프로그램과 함께 교회학교 교사들이 최신 교회교육을 접할 수 있는 계간 잡지인 「교회교육」을 창간하고 지속적으로 발행하여 교회학교 지도자와 교사들이 기독교교육의 이론과 실제를 배우게 했다.

뿐만 아니라 그는 평신도 지도자를 위한 프로그램인 성경통신대학 과정도 개발하였다(1989~1990년). 2년 동안 개혁주의 신학적 관점으로 신구약 성경 전체를 살펴보도록 개발된 성경통신대학 과정은 시대의 변화에 맞추어 두 차례 개편된 이후 지금은 바이블 키 성경대학(2007~2008년)이 되었다. 이러한 체계적인 성경교육은 교회 내 평신도 지도자 훈련의 새로운 장을 열었고, 그 결과 지금까지 1만 3천 명이 훈련을 받았고 지금도 계속되고 있다. 이처럼 나삼진의 기독교교육의 핵심은 개혁주의 신학에 기반을 둔 실천적인 기독교교육에 관심이었다. 이는 그가 집필한 다양한 저서들과 논문들을 통해서도 잘 알 수 있다.[8]

교회 미래에 기반을 둔 다음세대 교육

나삼진은 교회교육의 전문가로 교육사역에 힘을 쏟으며, 특히 교회 다음세대 교육에 관심을 두었다. 그가 총회교육원에 재직하는 동안 '생명의 양식' 교육과정을 네 차례 전면적으로 개편하였다(1987~89년 제2차 교육과정, 1993~95년 제3차 교육과정, 2004~5년 제4차 교육과정, 2008~10년 제5차 교육과정). 특별히 2004년 생명의 양식 제4차 교육과정인 '클릭 바이블'과 2008년 생명의 양식 제5차 교육과정인 '그랜드 스토리'는 각각 150만 부 이상 출간된 한국교회의 대표적인 중고등부

---

8 「주일학교 교육활동」(1987), 「성경학교 교육론」(1991), 「NG를 잡아라: 21세기 청소년 사역 전략」(1997), 「성경의 핵심주제」(2005), 「기독교 청소년 사역」(2005), 「교회학교 프로그래밍」(2008) 등 기독교교육과 한국교회사 관계 연구서 저술 14권, 학술논문 120편 이상, 15권의 공저와 편저가 있다.

와 유초등부 교재가 되었다. 총회교육원이 오랫동안 축적된 교재개발 경험이 한국교회 대표 교재로 발돋움하게 한 것이었다. '클릭 바이블'의 경우 개혁주의 신앙을 기초로 하면서도 현대 문화와 청소년들의 감각에 관심을 두었고, 청소년들의 삶과 신앙을 깊이 터치해 주어 지금까지도 초교파적으로 사용되고 있다. '클릭 바이블' 시리즈는 기독교 포털인 갓피플닷컴(godpeople.com)과 CGNTV 등에서 최우수 청소년 교재로 선정되었고, 2008년 기독교보 10대 뉴스 '베스트 오브 베스트'로 선정되기도 했다.

이러한 눈부신 사역은 나삼진이 동역하는 연구원들의 성장을 격려하고, 함께 성장하며 동역하는 시스템을 만들었기 때문에 가능하였고, 교회 미래에 기반을 둔 다음세대 교육에 강조점을 두었기 때문에 가능했던 일이다. 다른 총회가 15년 정도의 주기로 교육과정을 개발하는 것과는 달리, 그는 시대의 변화에 맞게 8, 9년에 걸쳐 빠르게 개발하였다. 또 이는 총회교육원이 고신대 기독교교육과와 교회와 함께 산학 협동으로 이루어낸 결과물이기도 하다. 그는 이를 통해 2013년 국민일보가 주최하는 기독교교육 브랜드 대상에서 그의 '총회교육원 교육목회' 프로그램이 대상을 수상하였다.

1999년에는 한국교회에서 유일하게 총회가 운영하는 묵상집인 「복있는 사람」을 발간하도록 기획하였다. 그는 청소년, 청년을 대상으로 묵상집을 출간하고 있던 SFC와 연합하여 전 세대가 동일한 본문으로 매일 하나님 말씀을 묵상할 수 있도록 기획하였다. 이를 통해 유치부 아이에서부터 유초등부, 중고등부, 대학청년부, 장노년에 이르기까지 가정에서 온 가족이 함께 말씀을 나누도록 하였다. 이러한 고신총회의 다음세대 교육은 한국교회 교회교육 사역에 좋은 사례가 되고 있다.

효율적인 교육행정에 기반을 둔 체계적 교육

나삼진은 기독교교육 학자요, 현장 전문가일 뿐만 아니라 교육행정의 전문가였다. 그는 총회교육원 간사로 출발하여 대표간사와 총회교육원장으로 일하면서 총회교육원을 한국교회의 대표적인 교육기관으로 성장시켰다. 이는 그의 한결같은 신실함과 체계적인 교육행정에 기반을 둔 그의 철학이 있었기에 가능한 것이었다.

1980년대 이전까지 한국교회 각 교단은 교회교육이 행정적으로 체계화되지 못한 형편이었다. 나삼진은 1989년에 "교단교육 진흥계획"을 수립, 제39회 총회에 제출하였다. 교단교육진흥 중장기 계획이란 매 5년마다 교단교육을 평가하고 새로운 5년을 준비하는 것으로, 이러한 중장기 계획을 통해 교회와 교육 현실을 바르게 분석하고 미래를 준비하도록 하였다.[9]

또한 총회교사대학과 총회성경대학 운영에서 효율적인 행정체계를 세워 신입생과 졸업생의 지속적인 관리를 통해 학사 운영이 잘 이루어지도록 하였다. 이러한 그의 총회행정과 교육행정에 관한 학적인 연구는 "한국교회 교단교육의 정책과 수행 비교연구"를 통해서도 잘 알 수가 있다.

그는 또 인재를 양성하는 일에 관심을 가져 총회교육원의 인적 역량을 튼실하게 가꾸었다. 그가 총회교육원에서 봉사하면서 위원장이던 고신대 총장 이근삼 박사의 지원으로 유학의 기회를 얻었고, 귀국 후에는 두 명의 간사에게 전액 장학금을 지급해 미국 유학을 할 수 있게 함으로 인재를 양성했다. 이같은 장학 지원은 한국교회 총회 차원에서는

---

[9] 이러한 계획은 세 차례 교단교육 진흥계획(1989~1994, 1994~1999, 2000~2004)과 두 차례 교단교육 발전계획(2004~2009, 2009~2014)이 그의 책임하에 이루어져 교단교육의 발전 계기가 되었다.

유래가 없는 일이었다. 이러한 일은 이후에 3년 이상 사역한 연구원들을 국내 대학에서 연구할 기회를 제공하는 것으로 바뀌었다. 그러한 인재 양성 프로그램으로 연구원들이 연세대, 한양대, 숙명여대, 단국대 등 여러 국내 대학원 석사과정을 마치게 하였고, 연구원들의 교육적 역량을 강화하여 학문적, 사역적 진전을 이루었다. 오늘날 총회교육원 연구원 출신 목회자들이 고신교단에서 선호도가 높고, 각기 목회에서도 상당한 성과를 얻고 있는 것은 이렇게 총회교육원에서 인재를 소중히 여기고 함께 성장하는 그의 리더십과 깊은 연관이 있다고 할 것이다.

교회역사에 기반을 둔 실증적 연구

나삼진은 역사에 기반을 둔 실증적 연구도 함께 진행한 교회사학자이기도하다. 그는 역사를 공부하고 교사가 되기를 바랐지만 목회자가 되고자 신학의 길로 들어섰고, 이상규 교수의 영향으로 한국교회 역사에 깊은 관심을 가졌다.[10] 그는 총회교육원, 전국학생신앙운동, 전국주일학교연합회 등의 교단 중요기관의 역사서를 공동저작으로 출판하였으며, 고신교회의 경북지방 모체교회인 서문로교회 역사와 고려신학교와 복음병원과 같은 구내에 있는 송도제일교회 역사를 저술했다. 고신교회 창설기의 중요 인물들에 대한 생애와 사역, 공헌에 관한 논문도 다수 발표하였다.[11] 그가 역사를 중요하게 여기는 이유는 올바른 역사인식에 기초하지 않고서는 바른 교육이 이루어질 수 없다는 확신 때문이다. 특별히 고신교단은 한국교회의 역사적 경험에서 출발한 특성을

---

10 나삼진, 미간행 회고기 "오직 은혜로 걸어온 길"(2022), 4. 그는 대학 시절 이근삼 교수와 이상규 교수에게 크게 영향을 받았다고 증언한다. 그는 대학시절 고신대교회사연구회를 만들어 동료들과 각 도서관을 돌며 자료를 수집해 『한국교회사 관계문헌 목록(1918~1981)』을 첫 편저로 펴냈으며, 신학대학원 재학중에는 학술지 「고려신학보」 편집장과 역사신학회장을 역임했다.

가지고 있는데, 그의 개인적인 관심이 교육과 역사를 통합하려는 노력으로 나타나, 총회교육원 사역에서 고신교회의 역사와 정신을 전국화하고 세계화하며, 대중화하고 현대화하는 것을 중요한 관심으로 삼았다.[12] 나삼진은 여러 신문과 잡지에 교회 역사의 실증적 연구를 계속해서 발표하고 있다. 대표적인 것으로 고신교회 60주년을 기념하여 「기독교보」에서 1년 4개월간 '나의 애장문헌'을 55회(2011. 9~2012. 12) 연재하였고, 지금은 고신교회 70주년을 맞아 다큐 '고신교회 70년 역사 산책'을 기독교보에 연재 중이며(2021. 11~2022. 12), '고신교단 70년사' 역사 집필위원으로도 참여했다. 고려신학대학원 고신역사 연구소 전문위원으로도 봉사하였다.

나삼진은 고신교회 역사와 교육과 관련된 수 백점의 희귀 서책과 문서를 수집했는데, 소셜 미디어 서비스인 FaceBook에 '고신역사 아카이브'를 운영하고 있다. 현재까지 한국교회, 고신교회, 고려신학교, SFC, 교회교육, KPM, 재미총회 등의 주제로 구분하여 주 1~2회씩 사료를 공개, 그 시대적 배경을 제시하고, 오늘에 얻는 통찰을 제시하고 있다.[13]

교회 연합을 기반으로 한 교회교육 운동

나삼진에게 교회 연합 사역도 사역의 기본 방향 가운데 하나였다. 그

---

11 그는 「전국주일학교연합회 30년사」(1997), 「하나님의 주권을 이 땅 위에: 학생신앙운동사」(2013), 「대한예수교장로회 교회교육의 역사」(1952~2012)(2016), 「서문로교회 60년사」(2012), 「송도제일교회 50년사」(2012) 등을 단독 혹은 공동으로 저술하였다. 인물연구로는 한상동 목사의 신사참배 반대운동과 해방 후 교회쇄신운동을 비롯하여, 고신교회 지도자들인 한부선, 박윤선, 송상석, 이약신, 한명동, 장기려, 이근삼, 김병원, 김성수 등에 대한 인물 연구 논문을 발표했다. 이에 대해서는 연구목록을 참고하라.
12 나삼진, "고신교회 교육 60년: 고신정신의 현대화, 대중화, 세계화", 「제8회 해외동포 목회와 교육 정책 협의회 자료집」, 2012. 68-81.
13 https://www.facebook.com/groups/224022498833725

는 한국 복음주의 기독교교육학계의 좋은 연결고리 역할을 하였다. 총회교사대학 과정인 Church Next 교육과정 개발은 고신대학과 고려신학대학원 교수와 교단 내 실무자들이 중심이었지만, 한국교회의 대표적인 교사교육 교재로 기획하면서 총신대학교 한춘기 교수, 서울신학대학 박종석 교수를 필진에 참여시켰는데, 한국교회 기독교교육계에서 처음 있는 일이었다.

그는 총회교육원장 재임시절에 한국교회 각 교단 교육부 총무 혹은 교육원장들과 정기적인 만남을 통해 한국교회 미래를 준비하는 일에 협력했는데, 기독교한국침례회 교회진흥원장 안병창 박사, 기독교성결교회 교육국장 유윤종 목사, 예장 통합측 교육지원부 총무 김치성 목사 등이 뜻을 함께하는 동료였다. 그들은 서로 경쟁자일 수 있었지만 사역을 위해 긴밀히 협력했는데, 한국교회 연합운동의 우수사례라 할 수 있다. 2000년대 이후 고신교회의 교재 '클릭 바이블', '그랜드 스토리' 등이 최우수 교재로 평가받으면서 각 교단에서도 교재개발에 대한 반성과 새로운 노력이 더해져 각 교단 교재의 질적인 성숙이 이루어졌다.

그는 또한 옥한흠 목사가 이끌었던 한국기독교목회자협의회 연합운동에 참여했고, 초대 홍보출판위원장으로 8년을 봉사했다. 나아가 해외의 한인 교회들과 연합하는 사역에도 최선을 다하였다. 그 결과로 해외 디아스포라 교회를 위한 목회와 교육정책 협의회가 해외 한인 교회들의 교육을 지원하고 있고, 지금도 매년 운영되고 있다.[14] 각 해외총회에 말씀 묵상 사역과 관련된 지부를 설치하여 지속적으로 교류 및 지원을 하였다.

또한 그는 총회선교부(KPM)와 연계하여 선교지에 있는 선교사의 평신도 지도자 양성 사역을 지원하기도 하였다. '바이블 키 성경대학' 과

---

14 이에 대해서는 『해외동포 신앙교육: 해외동포 신앙교육 정책협의회 자료집』(서울: 생명의 양식, 2008)과 이후 매년 발간된 자료집을 통해 알 수 있다.

정을 중국어로 번역하여 중국 신학교 및 가정교회 지도자 양성을 위해 지원한 것은 대표적인 활동이다. 그가 사역을 떠난 후 동남아시아권 선교지를 중심으로 생명의 양식 제5차 교육과정이었던 「그랜드 스토리」를 번역하여 사용하도록 한 것은 그러한 사역의 연장이라고 할 것이다. 이처럼 나삼진은 총회와 지역을 넘어 교회 연합에 기반을 둔 교회교육 운동을 펼쳤다. 이는 교회교육이 한 교단의 전투만 아니라 한국교회 전체의 전선임을 알았기 때문이었다.[15]

맺는 말

앞에서 살펴본 바대로 나삼진은 기독교육학자로서 현장 전문가, 행정 전문가, 교회역사가이다. 그의 사역의 중요한 사상은 개혁주의 사상이다. 그는 기독교교육의 이론과 실천의 융합을 강조하는 학자였으며, 다음세대를 세우는 일에 최선을 다하는 교회학교 교사였다. 그리고 먼 미래를 바라보는 안목을 가지고 체계적인 행정에 기반을 둔 교육을 지향하였고, 무엇보다 역사에 기반을 둔 실증적인 연구자로 계속해서 풍성한 연구 결과를 내고 있다.

나삼진은 기독교교육학자로서 기독교교육과 교회교육 현장에 필요한 많은 책과 논문을 남겼다. 무엇보다 오랜 시간 동안 한 기관에서 책임자로 일하면서 교육기관의 전문성과 독립성을 체계적으로 세웠을 뿐만 아니라, 한국교회에 모본이 되는 교육기관을 이루었다. 그리고 현장에 필요한 프로그램과 교재를 개발하고 이를 정착시킴에 많은 사역의 열매를 남겼다. 이러한 사역의 결과로 나삼진은 한국교회 안에서, 특별히 교회교육 분야에서 자신만의 특별한 사역과 위치를 확보했다고 할 수 있다.

| 15 나삼진, 미간행 회고기 "오직 은혜로 걸어온 길"(2022), 12.

수상·연구과제

한국기독교출판문화상 최우수상 (2010)
국민일보 기독교교육 브랜드 대상 (2014)
「창조문예」 신인작품상 (2014)
『생각의 그물』 세종도서 문학나눔 우수도서 선정 (2015)
한국복음주의기독교교육학회 기독교육자상 (2016)
대한예수교장로회(고신) 총회장 공로패 (2018), 총회장상(3회)

연구 목록

● 박사학위 논문

제임스 파울러(James W. Fowler III)의 신앙발달이론과 교육목회적 적용에 관한 연구. 고신대학교 대학원 교육학박사(Ph. D.) (2004).
Renewal of Denomination Administration, with Special Reference to the Presbyterian Church in Korea(Kosin). Fuller Theological Seminary(D. Min.) (2010).

● 저서

『주일학교 교육활동』. 부산: 총회교육위원회. 1987.
『하나님 사랑 이웃 사랑』. 부산: 총회교육위원회. 1988.
『성경학교 교육론』. 부산: 총회교육위원회. 1991.
『청소년의 신앙과 생활』. 부산: 총회교육위원회. 1991.

『NG를 잡아라: 21세기 청소년 사역 전략』. 서울: 도서출판 영문. 1997.
『신앙교육의 핵심주제』. 서울: 생명의 양식. 2005.
『기독교 청소년 사역 전략』. 서울: 생명의 양식. 2005.
『교회학교 프로그래밍』. 서울: 생명의 양식. 2008.
『서문로교회 60년사』. 대구: 서문로교회. 2012.
『송도제일교회 50년사』. 부산: 송도제일교회. 2014.
『생각의 그물』(시집). 서울: 시와 시학. 2014.
『즐거운 노래』(창작시 음반). 서울: 전국주일학교연합회. 2014.
『배와 강물』(시집). 서울: 시와 시학. 2017.
『샬롬을 꿈꾸다』(에세이). 서울: 창조문예사. 2018.

● 공저·편저

『한국교회사 관계 문헌 목록(1918~1981)』. 부산: 양문출판사. 1982.
『학생신앙운동의 이념과 실제』. 부산: 전국학생신앙운동. 1983.
『2000년대를 향한 교단교육』. 부산: 총회교육위원회. 1990.
『학생신앙운동 40년 사료 1』. 서울: 전국학생신앙운동. 1991.
『학생신앙운동 40년 사료 2』. 서울: 전국학생신앙운동. 1992.
『전국주일학교연합회 30년사』. 서울: 전국주일학교연합회. 1997.
『심군식 목사와 교단교육』. 서울: 총회교육위원회. 2001.
『생명과 희망의 축제』. 서울: 하이패밀리. 2005.
『기독교교육학개론』. 서울: 생명의 양식. 2007.
『생명의 양식 제5차 교육과정 해설』. 서울: 대한예수교장로회 총회출판국. 2009.
『한명동 목사와 개혁주의 교회 건설』. 서울: 생명의 양식. 2011.
『하나님의 주권을 이 땅 위에: 학생신앙운동사』. 서울: SFC. 2013.
『대한예수교장로회(고신) 교회교육사』. 서울: 생명의 양식. 2014.
『고신교회의 역사와 정신』. 부산: EU Press/카리타스. 2021.

● 학술논문

"한국교회사 연구의 최근 동향".「고신대학보」69(1982. 9. 25).
"사회학적 성서해석을 말함".「고신대학보」82(1983. 10. 13).
"생명의 양식 교육과정의 분석과 평가".「고려신학보」제6호(1983): 63-89.
"교단교육의 발자취 (1-2)".「교회교육」4호(1986. 3): 5-7; 6호(1986. 5): 20-24.
"고신 신학연구의 현황과 과제".「고신대학보」107(1986. 4. 22).
"여름성경학교의 개교 준비".「교회교육」14호(1987. 4): 13-15.
"교사통신대학 개교의 전후".「교회교육」15호(1987. 5): 4-8.
"여름성경학교의 평가와 사후관리".「교회교육」17호(1987. 7): 14-17.
"건강한 자아상의 형성을 위하여".「교회교육」25(1988. 5): 10-14.
"기독청년과 생활문화".「교사의 벗」(1989. 6): 115-118.
"성경공부 교재와 문제점 진단".「교사의 벗」(1989. 9): 136-139.
"선교단체 프로그램과 그 도입 문제".「교사의 벗」(1989. 10): 136-139.
"여름성경학교 이후의 신앙관리".「월간고신」106(1990. 7): 94-97.
"교단교육 현황과 과제".『2000년대를 향한 교단교육』(1990), 65-68.
"1970년대 대학 SFC의 학원복음화운동의 시작과 전개".「교회건설」제6호 (1991): 102-112.
"개교회 교육위원회의 운영".「교회교육」80호(1993. 1): 4-10.
"급변하는 세계에서의 교회교육".「교회교육」101호(1994. 10): 23-32.
"교회교육 전문화를 위한 교육사 제도 도입 문제".「교회와 교육」(1995. 6): 20-25.
"미국교회 교육의 다양성과 전문성".「교회와 교육」(1995. 10): 60-64.
"반목회의 비전과 효율적인 학급운영".「교회와 교육」(1995. 12): 20-30.
"위기에 선 교회와 교육".「교사의 벗」(1995. 12): 55-59.
"전문성을 추구하는 교회교육".「교사의 벗」(1996. 1): 51-55.
"교육위원회를 통한 교회교육 행정의 갱신".「교사의 벗」(1996. 2): 49-54.

"청소년 사역의 현실과 과제". 「교사의 벗」(1996. 3): 47-51.
"교회 청소년 사역의 현실과 과제". 「교회와 교육」(1996. 3): 45-51.
"교사와 부모의 협력을 통한 교회교육". 「교사의 벗」(1996. 5): 59-63.
"교사를 세워야 교육이 산다". 「교사의 벗」(1996. 6): 46-49.
"성경학교와 수련회, 이렇게 준비하라". 「월간고신」(1996. 7): 14-19.
"살아있는 성경공부가 되어야 한다". 「교사의 벗」(1996. 7/8): 50-55.
"기독교교육의 영역이 확대되어야 한다". 「교사의 벗」(1996. 9): 51-55.
"교사를 위한 복음서의 역사와 배경". 「교회와 교육」(1997. 6): 28-34.
"지향하는 목표가 불분명한 교회교육". 「교사의 벗」(1996. 10): 51-55.
"21세기를 준비하는 교회교육". 「교사의 벗」(1996. 11): 52-56.
"교육사 제도의 역사적 발전과 한국교회에서의 적용". 「교회와 교육」(1997. 10): 19-24.
"주교연합 30년의 반성과 기대". 「월간고신」(1997. 8): 24-29.
"교육하는 교회를 지향하며". 「교회와 교육」(1997. 9): 26-30.
"청소년 사역의 열 가지 기초". 「교회와 교육」(1998. 1): 104-108.
"열악한 교육환경, 낙후된 교육방법". 「교회와 교육」(1998. 4): 18-21.
"미국에서의 교육사 제도". 「교사의 벗」(1998. 5): 38-43.
"기독교 문화와 현대문화". 「교회와 교육」(1998. 10): 14-17.
"급변하는 현대문화와 교회교육". 「교회와 교육」(1999. 2): 14-18.
"청소년을 새롭게 하는 열 가지 방법". 「교회와 교육」(1999, 봄): 86-97.
"교회와 교육 150호의 발자취와 교회교육적 노력". 「교회와 교육」(1999. 봄): 15-28.
"교사의 영성계발의 방향". 「교육교회」 272호(1999. 9): 6-11.
"목적이 이끌어 가는 여름성경학교와 캠프". 「교회와 교육」 151호(1999 여름호): 63-66.
"교회교육에서의 공동체성 회복". 「교회와 교육」 151호(1999 여름호): 108-116.
"학교교육 환경의 변화와 교회교육적 대응". 「교회와 교육」(1999, 겨울): 48-57.

"한춘기 교수의 '총체적 사역으로서의 교육목회'". 「기독교교육논총」 6(2000. 6): 191-194.

"청소년 사역 현장 리포트". 「교회와 교육」 154호(2000 봄호): 79-89.

"한국교회 성공적인 청소년 사역을 위해". 「신앙세계」 (2000. 8): 68-71.

"교회교육 컨설팅의 영역-교육목표, 교육계획, 교육인프라". 「교회와 교육」 (2000 가을): 57-68.

"건강하고 역동적인 청소년사역을 위해". 「2000교육대회 자료집」(2000): 133-136.

"생명의 양식 교육과정(1-3차) 개발의 역사와 개요". 「교회와 교육」(2000, 가을): 144-154.

"학생 리더의 역할과 선발과 훈련". 「교회와 교육」(2000 겨울/2001. 봄): 66-74.

"소암 심군식 목사님과 교단교육". 「교회와 교육」(2000 겨울/2001. 봄): 126-138.

"위기에 처한 여름성경학교와 수련회". 「교회와 교육」(2001. 여름): 6-11.

"James Fowler의 신앙발달이론의 평가와 교회교육에의 적용". 「교회와 교육」(2001, 가을): 126-140.

"카테키즘 교육의 역사적 발전과정과 한국교회에서의 적용". 이근삼 박사 사역 50주년 기념논집 『하나님의 주권과 은혜』, 2002, 629-658.

"한국교회 교육의 갱신을 위하여". 「교회와 교육」 165호(2003 봄호): 6-16.

"북미주 기독교교육학 교수 컨퍼런스 참가기". 「교회와 교육」 168호(2003 겨울호): 130-136.

"노년기의 신앙발달과 교육". 「교회와 교육」 170호(2004, 여름): 29-38.

"교육공동체로서의 가정과 그 교육적 역할 증진 방안". 「복음과 교육」 2(2005): 188-210.

"새가족 목회를 위한 교회의 관심과 노력". 「교회와 교육」 173호(2005 봄/여름호): 6-13.

"제임스 파울러의 신앙발달이론과 교육목회 적용에 관한 연구". 「기독교교육

연구」제2집(2007): 59-93;「교회와 교육」174호(2005 가을호): 118-132.
"평신도 사역의 개발과 새로운 방향".「교회와 교육」175호(2005 겨울호): 34-51.
"꿈과 열정의 사람 평양과기대 설립총장 김진경 박사".「교회와 교육」175호 (2005 겨울호): 6-20.
"제임스 파울러의 신앙발달이론의 배경".「복음과 교육」제3집(2006): 39-89.
"미국 에반젤리아대 총장 이근삼 박사(인터뷰)".「교회와 교육」179호(2006 겨울호): 6-19.
"한국교회와 미국교회의 교사 리더십".「교회와 교육」180호(2007 봄호): 35-43.
"개교 60주년 고신대학교 김성수 총장(인터뷰)".「교회와 교육」180호(2007 봄호): 6-20.
"성경을 어떻게 공부할 것인가?".「교회와 교육」183호(2008 봄/여름호): 92-100;
"기독교교육의 최근 동향과 목회".「해외동포 신앙교육」(2008): 176-183.
"기독교교육 지도자의 역할과 자기관리".「해외동포 신앙교육」(2008): 323-334.
"해외 한인교회의 목회와 교육".「해외동포 신앙교육」(2008): 20-27.
"고신교회 교육정책의 발전과정과 교단교육 발전계획(2009-2024)".『총회 교육정책서 (2009-2014)』: 101-113.
"교육목회와 교회학교의 프로그래밍".「복음과 교육」제5호(2009): 184-204.
"생명의 양식 제5차 교육과정의 방향".「교회와 교육」186호(2009 봄/여름호): 17-37.
"교육목회의 관점에서 본 교회학교 운영의 실제".「교회와 교육」187호(2009 가을/겨울호): 146-159.
"교단 교육의 이념과 목적 해설".『생명의 양식 제5차 교육과정 해설』. (2009): 11-24.

"고신교회 교회교육의 발자취". 『생명의 양식 제5차 교육과정 해설』. 2009: 25-36.

"생명의 양식 교육과정 개발사". 『생명의 양식 제5차 교육과정 해설』. 2009: 37-57.

"심군식 목사와 기독교교육". 「교회와 교육」 190호(2010): 138-147.

"복음과 상황이 함께하는 복음주의 기독교교육의 모색". 「성경과 신학」 59권 (2011): 167-198.

"교사통신대학 25년의 어제, 오늘, 내일". 「교회와 교육」 191호(2011 봄호): 96-115.

"나삼진 박사의 교단교육 역사 이야기(1-12)". 「교회와 교육」 191호(2011 봄호)-202호(2013 겨울호).

"한명동 목사와 부산남교회와 고신교회". 『한명동 목사와 개혁주의 교회건설』. 2011: 153-162.

"한명동 목사와 학생신앙운동". 『한명동 목사와 개혁주의 교회건설』. 2011: 163-175.

"위기에 선 교회학교, 교육을 새롭게". 「교회와 교육」 195호(2012). 47-56.

"한국교회 교단교육의 정책과 수행 비교연구". 「기독교교육논총」 제32집 (2012. 11): 199-235.

"한국 기독교교육의 동향과 과제". 「기독교교육연구」 제5집(2012): 47-82.

"위기에 선 교회학교, 교육을 새롭게". 「교회와 교육」 195호(2012 봄호): 47-56.

"고신교회 60년: 고신정신의 현대화, 대중화, 세계화". 『제8회 해외동포 목회와 교육정책협의회 자료집』(2012): 68-81.

"대한예수교장로회(고신) 교육의 역사(1952~2012)". 고신총회 설립 60주년 기념 교육논문집 『개혁주의 기독교교육의 새로운 지평』. 서울: 생명의 양식, 2012, 15-43.

"지역교회 평신도 사역 개발전략". 「기독교교육연구」 제6집(2013): 61-104.

"부산경남지방에서의 학생신앙운동: SFC의 태동기 역사(1946-1952)에 관한 연구(1, 2)". 「부·경교회사 연구」 42(2013. 3): 7-28; 43(2013. 5): 20-46.

"SFC의 아버지 한명동 목사". 「개혁신앙」 2(2013 여름호): 6-11.

"교육목회로의 패러다임 쉬프트". 「교육목회세미나 자료집」(2013): 16-39.

"YFC 창설자 한부선 선교사와 우리". 「개혁신앙」 3(2013 가을호): 8-13.

"SFC의 신학적 기초를 놓은 박윤선 목사". 「개혁신앙」 4(2013 겨울호): 138-143.

"대한예수교장로회(고신) 주일학교 교육과정 개발에 관한 연구". 「복음과 교육」 제13호(2013. 6): 141-176.

"한국에서의 신학대학원 기독교교육 교과 분석과 교회교육 전문가 양성 과제". 「기독교교육논총」 제36호(2013. 12): 169-193.

"SFC의 신앙의 아버지 한상동 목사". 「개혁신앙」 5(2014 봄호): 104-109.

"한국교회 다음세대 양육의 진단과 나아갈 방향". 「교회성장」 2호(2014): 59-69.

"한국교회 기독교교육 지도자 양성방안과 교육사 제도". 「성경과 신학」 제71권(2014): 169-193.

"해외동포 목회와 교육정책협의회 10년의 역사와 과제". 「제10회 해외동포 목회와 교육정책협의회 자료집」(2014): 53-75.

"교단 평신도 교육의 현재와 과제". 「목회와 신학」(2016. 9): 60-64.

"재미한인예수교장로회(고신) 교회교육 현황과 과제". 「제13회 해외동포 목회와 교육정책협의회 자료집」(2017): 31-48.

"박윤선이 고신교회와 초기 SFC에 미친 영향". 이상규 교수 은퇴기념문집 『한국교회와 개혁신학』(2018): 552-569.

"우리들의 '방문객' 모신희 선교사". 이상규 편. 『사랑해요, 세실리』(2018): 85-95.

"지역사회와 함께하는 목회와 교회교육". 「제14회 해외동포 목회와 교회정책협의회 자료집」(2018): 34-44.

"심군식 목사의 생애와 교회교육 사역". 윤춘식 편. 『현대인의 천로역정』. 서

울: 영문(2020): 129-141.

"심군식 목사가 고신교회와 한국교회에 미친 영향". 「고려문학」 23(2020): 32-42.

"이근삼 박사의 학문적 세계와 공헌". 『고신교회의 역사와 정신』(2021): 163-194.

"한부선 선교사의 생애와 신학과 해방 후 초기(1946~1960) 선교사역". 『고신교회의 역사와 정신』(2021): 139-162.

"송상석 목사의 사역과 공헌에 관한 서지학적 분석". 이상규 편. 『송상석과 그의 시대』, 서울: 한국교회와역사연구소(2021): 224-263.

"한상동 목사의 기도". 안명준 편. 『영적 거장들의 기도』. 서울: 도서출판 기쁜날(2021): 613-625.

"김병원 박사의 생애와 신학". 안명준 편. 『한국의 신학자들 II』. 인천: 아벨서원(2023): 148-177.

"김성수 박사의 생애와 신학". 안명준 편. 『한국의 신학자들 II』. 인천: 아벨서원(2023): 178-213.

나삼진 박사의 저서와 편저·공저서

가족들

한국복음주의기독교교육학회 기독교교육자상 수상 | 2016년

나미애 사모와 함께

초기 간사들과 홍반식 박사, 심군식 목사 I 1986년

동경성서대학 졸업식 | 1994년

총회교육위원회 대표간사 시절, 연구원들과 함께 | 1997년

한상동 목사 소천 40주년 기념강좌 | 2016년 1월 25일

빅토리아 폭포에서 나삼진 박사 | 2008년

이기룡 박사

고신대학교 신학과, 신학대학원 졸업 (B. A., M. Div.)
에스라성경대학원대학교 졸업 (Th. M.)
연세대학교 교육대학원 졸업 (Ed. M.)
고신대학교 일반대학원 졸업 (Ph. D.)
현, 대한예수교장로회 총회교육원장
현, 고신대학교 기독교교육과 겸임교수

목창균 박사

목창균 박사의 생애와 신학

박창훈_서울신학대학교 교수

성결대학교 신학과 (1970)
숭실대학교 철학과 (1972)
고려대학교 대학원 철학과 (1976)
미국 페이스신학대학원 (1979)
미국 드류대학교 대학원 박사과정 입학 (1980)
드류대학교 대학원 철학석사 (1983)
드류대학교 대학원 철학박사 (1986)

서울신학대학교 14~15대 총장 (2004~2010)
전국 신학대학협의회 기획위원 (1993~1994)
한국기독교총연합회 이단 사이비대책위원회 연구위원 (1999)
기성 총회 이단 사이비대책위원회 연구위원 (1999~2002)
숭실철학회 회장
기독교대학교 총장 기도회 회장
전국 신학대학 총장협의회 회장
복음주의 신학대학 총장협의회 회장
듀크대학교 신학대학원 연구교수 (1995~1996)
연변과학기술대학 명예교수
미국 아주사퍼시픽대학교 초빙교수 (2011)

서 론

목창균 박사는 강원도 원주에서 태어나 한국전쟁 당시에 아버지를 잃는 아픔을 겪었으나, 어머니와 함께 신앙의 힘으로 성장하여, 철학과 신학을 공부하고 서울신학대학교의 교수로서, 그리고 총장의 직무를 담당한 신학자이다. 그의 신학은 슐라이어마허에 대한 탐구로 시작하여 복음주의 신학에 대한 연구를 거쳐 성숙하고, 성결교회의 신학을 밝히는 것으로 열매를 맺었다. 이런 그의 신학은 한국 신학의 대중화에 기여하였으며, 한국복음주의와 한국성결교회신학의 정체성 확립에 공헌하였고, 궁극적으로 그의 주제였던 성결의 삶을 실천적으로 보여주었다.

목창균 박사는 후학들에게 성실한 학자이며, 자상한 교육자이자, 무엇보다도 겸손한 지도자로서 깊은 인상을 남겼다. 한 걸음 한 걸음 하나님과 동행하는 삶에는 하나님의 보상이 분명히 따른다는[1] 믿음으로 자신의 신앙과 신학을 일관된 방향으로 걸어왔으니, 후학들에게 늘 기도하며 하나님의 말씀을 그대로 지키려는 체험적인 신앙은 웨슬리안 복음주의 성결신학이 늘 간직해야 할 결정적인 요소임을 몸소 보여주었다.

목창균 박사의 생애

성장과 신학공부[2]

목창균 박사는 1948년 10월 16일 강원도 원주시 귀래면 운남리에서 부친 목영구와 모친 홍정희의 아들로 태어났다. 그는 깊은 산골, 전기

| 1 목창균, 『젖과 꿀이 흐르는 땅: 설교로 푼 성지순례』 (서울: 종로서적성서출판, 2001), 57-66.

도 자동차도 들어오지 않는 외진 마을에서 유년시절을 보냈다. 그가 만 2세가 되기도 전인 1950년 한국전쟁이 일어났고, 이때 중학교 선생님이었던 부친을 잃었다. 그래서 모친은 아들을 데리고 부친의 고향으로 이사하여 생계를 위해 농사를 지어야 했다. 집안이 너무나 가난하여 어린 시절 자주 산에서 땔감으로 쓸 나무를 모아야 했는데, 지금도 그의 왼쪽 정강이에는 나무를 하다가 상처를 입은 낫 자국이 큰 흉터로 남아 있다.

그의 가정을 하나님께로 인도한 사람은 감리교 목사의 딸이었던 같은 마을의 여집사님이었다. 그녀가 모친에게 예수를 믿으라고 적극적으로 전도하였고, 그녀의 정성에 감동하여 모친은 고개를 몇 개씩이나 넘어야 갈 수 있는 면 소재지의 교회에 어린 목창균의 손을 붙잡고 열심히 출석하게 되었다. 그때가 1957년, 9세 초등학생이었던 그가 출석했던 교회는 귀래성결교회(이길용 담임목사)였다. 그날부터 모자에게는 하나님만이 유일한 희망이 되었다. 더욱이 모친은 사역자로서의 소명을 받아 중학교에 다니던 목창균을 외갓집에 맡기고, 서울로 올라와 성결교신학교에 입학하였고, 졸업한 후에 전도사의 사역을 시작했다.

목창균은 1964년에 체부동교회에서 정승일 목사의 집례로 학습을 받았고, 1965년에 같은 교회에서 황경찬 목사의 집례로 세례를 받았다. 그러나 목창균은 대학입시에 실패하여 깊은 실의에 빠지게 되었다. 이때 모친이 "예수님을 잘 믿고 하나님을 의지해야 우리에게 희망이 있다"라는 간곡한 권유로 1966년 성결교신학교에 입학하였고 1970년에 졸업하였다. 졸업 당시의 동기생들로는 한기총 대표회장을 지낸 이용규 목사, 전 성결대학교 총장 성기호 박사, 그리고 교단 목사고시위원

2 목창균, "새벽기도로 꿈을 이룬 산골소년, 목 총장님!" 『새벽기도하는 CEO』 (서울: 강같은 평화, 2010), 155-173과 박문수, "목창균: 교단의 신학적 정체성 확립에 기여한 복음주의 신학자," 『한국성결교회 빛낸 별들』 (부천: 서울신학대학교 출판부, 2016), 815-824의 내용을 요약하여 정리하였음.

장과 목회신학연구원 원장을 지낸 조관행 목사 등이 있다. 그는 20대 초반 신학교를 졸업하였지만, 당시 교단헌법에 따라 목사안수를 받으려면 전도사로 10년을 더 사역해야만 했다. 그때 더 공부한 다음에 목회할 계획을 세우고, 그는 숭실대학교 철학과에 편입하였다.

그가 철학과로 진학한 것은 철학 공부가 생각의 폭을 넓히는 데 도움을 주고, 그러면 자연히 신학 공부에도 큰 도움이 되리라 여겼기 때문이었다. 사실, 철학은 신학교 시절부터 자신에게 가장 취약한 과목이었다. 스스로 암기력은 뛰어나지만 이해력이 부족하다고 여겼던 그는, 이런 약점을 보완하여 폭넓은 사고력을 기르려고 철학과를 선택했다. 실제로 그는 숭실대학교에서 인격적으로 훌륭한 스승들을 만났다. 평생 교수직의 모델로 삼게 된 조요한 총장님, 탁월한 달변가이자 저술가인 안병욱 교수님, 첫 학기에 데카르트 철학 강의를 통해 깊은 감명을 주었던 최명관 교수님에게 큰 영향을 받았다. 대학 시절 읽은 책 가운데 가장 영향을 준 책은 프랑스 철학자 데카르트가 쓴 『방법서설』이었다. 데카르트는 이 책에서 학문에서 진리를 찾기 위한 방법의 주요한 규칙들과 이 방법들로부터 끌어낸 도덕 규칙들을 제시하였다. 그 가운데 하나가 "처음 선택한 길을 끝까지 가라"는 것이었다. 이 명제는 그에게 평생 지침이 되었다.

그는 숭실대를 졸업한 후 고려대학교 대학원 철학과에 진학하여 서양철학을 전공하고, 동양철학을 부전공으로 택하여 계속 공부하였다. 특히 대학원 수업은 그가 평생을 학자로서 성실하고 견실하게 학문 활동을 하게 되는 기초를 다지는 준비 기간이었다. 그는 박사과정 학생들과 함께 수강했던 원서강독을 통해 독해력을 쌓았고, 이것이 이후에 문교부 유학시험과 박사과정(Drew) 어학시험 합격에 큰 도움이 되었다. 특히, 신일철 교수님의 해박한 지식을 통해 많은 배움을 얻은 강의는 철학 전체를 공부하는 것이 왜 필요한가를 절실히 깨닫게 한 시간이었다.

대학원을 마친 후, 그는 꿈에도 그리던 농촌 목회자가 되기 위해, 동기 목사가 시무하고 있는 강원도의 시골교회에 전도사로 지원을 하였다. 사실 신학대학 시절부터 교회 청년들과 함께 농촌교회에서 여름성경학교를 인도하고 전도 활동을 계속해 오던 터였다. 그러나 교회는 그의 지원을 받아들이지 않았고, 결국 그는 미국으로의 유학을 준비하게 되었다.

미국 유학 시절: 페이스신학교[3]

미국 비자발급을 몇 차례 거절당한 후에, 하나님의 은혜로 1977년 10월 29세의 나이로 유학길에 오를 수 있었다. 가난한 전도사의 아들이었던 그가 손에 단돈 1,400달러를 들고 미국유학길에 오른 것은 그야말로 "희망을 향한 행진"이었다. 서울에서 미국 동부로 가는 한국 비행기가 없어서 미국 비행기를 타야 했는데, 아직 영어회화에 능숙하지 못하던 때라 미국인 승무원이 "Coke or Seven-Up?"이라고 물었을 때, 무슨 말인지 몰라서 내내 오렌지 주스만 시켜 마셔야 했다. 그래서 그가 유학 생활을 잘 마치고 돌아올 수 있었던 것은 전적으로 하나님의 도우심과 어머니의 간절한 기도, 그리고 처음 선택한 길은 포기하지 않고 끝까지 걸었던 끈기 때문이라고 간증한다.

그가 미국에서 처음 공부한 곳은 필라델피아 근교, 엘킨스 파크에 위치한 페이스(Faith)신학교였다. 부호의 저택이었던 웅장한 건물, 대리석으로 치장된 화려한 내부, 5백여 종의 유럽산 수목으로 가꾼 아름다운 캠퍼스 등 그야말로 한 폭의 그림 같은 학교였다. 페이스신학교는 웨스트민스터신학교가 자유주의 신학으로 변질되고 있다고 반발하여

---

[3] 목창균, 「동막 목창균 교수 정년퇴임 기념문집: 한 걸음 한 걸음이 정상에 이르게 한다」 (부천: 서울신학대학교 출판부, 2013), 13-14.

나온, 일단의 교수들이 세운 학교였다. 신학은 극보수적이었으며 신근본주의 운동을 주도한 맥킨타이어 박사가 총장이었다. 이 학교 출신으로는 안양대학교 설립자인 고 김치선 박사, 횃불트리니티신학대학교의 총장 김상복 목사, 합동신학대학교 김명혁 박사, 성결대학교 총장 성기호 목사 등이 있다.

페이스신학교에서 목창균은 신약성서 전공으로 입학하여, 헬라어, 원전강독, 70인역, 사해사본 등을 공부했다. 근본주의 운동의 본산지에서 배운 보수 복음주의 신앙은 후일 현대신학을 공부하게 된 그에게 신앙의 버팀목이 되었다. 또 에파트 박사, 포셋 박사의 인품을 통해 청교도 신앙인의 참모습을 발견하게 된 것도 큰 수확이었다.

그는 석사과정을 공부하던 필라델피아에서 경제적인 어려움을 해결하고자 주말이면 잡화점에서 점원으로 일을 했다. 성실하게 일을 했기에 그를 만난 손님들은 항상 물건을 구매했고, 이에 가게주인은 석사과정을 마치면 박사과정에 진학하지 말고 자신과 함께 장사하자고 제안하기도 했다. 사실 가게가 있던 지역은 우범지역이었지만, 주인의 배려로 방학 기간에는 2층에서 지내면서 방세를 절약할 수 있었다. 그러나 밤만 되면 낡은 건물들 주변에 흑인들이 모여들고, 커다란 소음으로 오고 가는 오토바이 폭주족들로 인해 잠을 이룰 수도 없었기에 그는 휴지로 양 귀를 틀어막고 잠을 청하곤 했다. 그 상황에서도 힘들고 어렵거나 신세를 한탄한 적이 없이 오히려 공부에 대한 소망, 학문에 대한 희망이 그를 사로잡고 있어서 항상 마음에는 즐거움과 기쁨이 넘쳤다.

페이스신학교에서의 학업은 미완성으로 끝났다. 그가 1979년 신학석사 과정을 수료하고 논문을 쓸 무렵, 여름방학을 이용하여 일시 귀국하여 결혼하려고 학교 당국에 그동안 취득한 학점을 고려해 석사학위를 달라고 특별청원을 했다. 미국 비자를 받기가 어려워 다시 올 수 없을지 모르니, 그간 취득한 학점을 고려해 학위를 달라는 내용이었다. 교수회의는 그의 청원을 받아들여 목회학 석사학위(M.Div.)를 수여했다. 그러나 귀국하여 결혼한 후, 다시 미국에서 공부를 계속하려고 비자를 신청했으나 거절을 당했다. 그래서 그는 편지로 미국 신학교에 도움을 청했지만 이미 학위를 받았으므로 도울 길이 없다는 답변을 받게 되었다. 서둘러 그는 방향을 바꾸어 드류대학교(Drew University) 박사과정에 지원한 후 한 달 만에 입학허가서를 받았다. 그런데 이번에도 역시 미국 비자가 문제였다.

미국 유학 시절: 드류대학교[4]

그해 12월 성탄절을 앞두고 그는 오산리 기도원으로 향했다. 그는 기도하며 매 집회에 참석하던 어느 날 창세기 50장 20절의 말씀을 통해 응답을 받았다. 부원장인 박설자 전도사님이 "고난은 축복의 씨앗"이라는 말씀을 하셨는데, 그때 답답하던 마음에 기쁨과 확신이 임하는 체험을 하였다. 그리고 실제로 1980년 1월에 미국 비자를 받았다. 그가 한 학기 동안 마음고생을 심하게 하였지만, 하나님은 그에게 소중한 신앙체험과 함께 박사과정에 진학할 수 있도록 길을 열어주셨다.

드류대학교는 뉴욕시에서 서남쪽으로 50km 떨어진 뉴저지주 매디슨에 있는 대학교이다. 1866년 미국 감리교 총회가 세운 최초의 대학원 수준의 학교로서 본래 신학대학으로 출발하였다. 대학 도서관은 최고의 현대식 시설에 수십만 권의 장서를 보유하고, 감리교 고문서 및 역사센터(General Commission on Archives and History)는 세계에서 가장 많은 감리교에 관한 자료를 소장하고 있으며 감리교와 웨슬리 연구의 보고로서 손색이 없을 정도였다. 드류대학교의 신학 및 종교학부 교수들로는 루터 연구가이며 대학원장인 톤슨, 복음주의 조직신학자인

---

[4] 목창균, 『동막 목창균 교수 정년퇴임 기념문집: 한 걸음 한 걸음이 정상에 이르게 한다』, 14-18.

오든, 네덜란드 출신의 현대신학자 드용, 기독교윤리학자인 롱과 오글트리 박사 등 세계적인 석학들이 있었다. 그리고 드류대학 출신의 한국인으로는 정일형, 신사훈, 김용옥, 박순경 박사 등과 감신대 김득중, 광신대 정규남, 성결대 성기호, 호서대 강일구 총장을 비롯하여 각 대학에서 활동하고 있는 30여 명의 교수가 있다.

드류대학교에서 공부할 때도 경제적인 어려움은 계속되어, 후에 호서대학교 총장이 된 강일구 박사의 소개로 학교 관리과에서 청소하는 일자리를 얻었다. 방학 때는 아침 7시부터, 학기 중에는 수업이 끝난 후 매일 밤 4시간씩 일을 했다. 심지어 그는 "패치 테스트"라는 화장품 생체실험 대상이 되기도 했다. 그리고 아내는 파출부를 하거나 세탁소에서 삯바느질 해야 했다. 그러나 그의 유학 생활은 하나님께서 허락하신 은혜의 기간이었다. 그 기간은 무력한 자신을 발견하고 하나님만 의지하고 바라보는 광야 생활이었다. 그래서 그는 귀국한 이후로 어려운 일이 닥칠 때면 늘 유학 생활을 회상하곤 하였다.

유학 시절 목창균은 아침이면 학교 숲속의 한 나무를 정해 놓고 그 아래서 기도를 하곤 했다. 그리고 밤이면 야구장 선수 대기실에서 소리를 내어 기도했다. 이렇게 열심히 기도하던 시절을 돌아보면 그에게 잊을 수 없는 에피소드가 있다. 하루는 밤에 열심히 기도하고 있는데 갑자기 눈앞이 환해지는 것이었다. 그래서 더 열심히 소리를 지르며 기도를 했다. 그런데 어떤 음성이 들리는 듯했다. 그 음성은 점점 더 뚜렷해졌다. 그래서 그는 "이것이 영음이구나" 하면서 조용히 귀를 기울여 묵상기도를 했다. 그런데 가만히 들으니, 그 소리는 사람들이 대화하는 소리였다. 이상해서 눈을 떠보니 학교 순찰차의 전조등이 그를 비추고 있었고, 경비 한 명이 다가와 "Are you all right?"라고 묻는 것이었다. 밤중에 운동장 한가운데서 소리 지르며 기도하는 소리를 듣고 그들이 달려온 것이었다.

그는 드류대학교에서 6년을 공부했는데, 특히 큰 영향을 준 교수는 커트니(Courtney) 박사였다. 첫 학기에 그의 "리꾀르 세미나"를 수강했다. 그는 리꾀르라는 이름도 생소하고 강의 내용은 너무 어려워 이해할 수 없었다. 다음 학기에는 "헤겔 세미나"를 수강했는데『정신현상학』을 강독하는 과목이었다. 그 내용이 너무 어렵고, 제출할 연구보고서의 분량을 채우기에도 벅찼다. 그래서 제출한 보고서를 다 읽은 교수님이 적지 않은 우려를 표했으나, 그는 실망하지 않고 오히려 그를 지도교수로 선택했다. 세 번째 학기에 수강한 "종교철학" 과목은 비교적 이해할 만했으며, 수업시간에 발표한 발제문에 대해 학생들로부터 호평을 받았다. 그리고 무엇보다도 커트니 교수님의 연구실이 밤늦게까지 불이 켜져 있었던 기억은 목창균 박사에게 지금까지도 도전이 되고 있다.

드류대학교에서의 연구주제는 한국에서처럼 슐라이에르마허의 종교론에 대한 것이었다. 그의 지도교수는 라이언 박사였는데, 어렵기로 소문난 그의 강의 시간에 "슐라이에르마허의 신론"이란 과제물을 제출해 A학점을 받았고, 좀 더 발전시키면 훌륭한 논문이 될 것이라는 평을 들었다. 그런데도 라이언 교수는 막상 그의 논문주제가 독창성이 없어 통과시키기 힘들겠다고 하였다. 그래서 다른 교수님들에게 자문했다. 뉴저지주립대학의 스트리트만 박사는 논문이 가능하다고 하였고, 슐라이에르마허 연구의 세계적 권위자인 미시건대학교의 타이스 박사는 수십 페이지에 달하는 참고문헌과 함께 논문 방향에 대해 자세한 지침을 보내주었다. 결국 두 분의 조언으로 박사학위 논문을 진행할 수 있었다.

그가 드류대학교에서 종합시험을 통과하여 논문준비를 할 무렵, 한국에서 교단총회장이셨던 정진경 목사님과 총무 이봉성 목사님이 전도사로 사역하던 뉴욕한빛교회를 방문하게 되었다. 정 목사님은 유학생이던 그에게 특별한 관심을 보이며 서울신학대학교에서 학생들을 가르칠 생각이 없느냐고 물었다. 1년이 지난 뒤 다시 오셨던 정 목사님은 자신이 서울신대 이사장이 되었다며 서울신대 교수로 올 것을 요청하셨고, 장학금으로 1,000불을 주었다.

신촌교회 고 정진경 원로목사와의 만남은 인생의 전환점이 되었다. 필라델피아에서 석사과정을 이수할 때 주말이면 고속도로로 2시간 거리에 있는 뉴욕 퀸즈한인교회에서 전도사로 사역하였다. 뉴저지주의 드류대학교 박사과정에 진학한 후에도 퀸즈한인교회를 섬겼다. 그런데 그 인근에 있는 뉴욕한빛교회에서 전도사로 오라는 연락이 왔다. 그때 담임목사인 정승일 목사님은 그가 고등학교 시절을 보낸 체부동교회 목사님이었다. 인간적으로나 경제적으로나 생각하면 교회를 옮기는 것은 무모한 일이었지만, 믿음으로 결단을 내렸다. 결국, 뉴욕한빛교회로 옮긴 것이 계기가 되어, 1985년 유학 생활 기간에 미주성결교회 총회에서 목사안수를 받았다.

1986년 4월 마지막 주 금요일 오후, 논문심사위원장인 라이언 교수님의 전화를 받았다. 1장을 읽어보니 제대로 되었다고 하며 5월에 졸업하라는 것이었다. 드디어 구두시험을 거쳐 5월 17일 졸업식에서 박사학위를 받게 되었다.

서울신학대학교 사역[5]

한국으로 돌아온 목창균 박사는 1986년부터 조직신학 교수로 임용되어 정년 퇴임에 이르기까지, "종교철학개론," "조직신학," "현대신학의 흐름," "복음주의신학 세미나," "종말론 연구," "성결교회의 신학" 등 다양한 과목을 통해, 목회 후보생들을 키우고 후배 목회자들의 연장교육 그리고 제자들을 양육하는 데 최선을 다했다.

그는 서울신학대학교에서 후학 교육과 함께, 여러 보직을 맡아 헌

| 5 목창균, 「동막 목창균 교수 정년퇴임 기념문집: 한 걸음 한 걸음이 정상에 이르게 한다」, 47-52.

신하였는데, 특히 학교와 교단의 요청에 따라 14대, 15대 총장을 연임(2004~2010)하면서, 학교의 교과과정을 신학자를 위한 커리큘럼이 아니라, 성결교회의 목회자를 위한 과정, 즉 교회를 위한 교과과정으로 변화시켰다. 그리하여 사역전공제, 목회실습을 강화하였고, "부흥회의 이론과 실제"라는 과목을 개설하여 학생들이 부흥전통에 긍지를 갖고 이어갈 수 있도록 독려하였다.

총장으로서의 사역을 가까이에서 지켜본 사람들은 모두가 하나같이 그가 학교의 재정구조를 튼튼하게 만들었다는데 동일한 평가를 한다. 해외 명문대학들이 기금을 통해 재정구조를 개선하는 것에 착안하여, 그는 총장으로 재임하는 기간 등록금에 대한 의존율을 낮추고 발전기금을 안정적으로 적립하려고 하였다. 이를 위해 재정을 투명하게 운영하여, 꼭 필요한 일을 선택하여 투자하였는데, 특히 노후한 기숙사를 비롯한 교육환경 개선과 우수교수를 확보하는 일에 집중하였다. 재정운영의 투명함과 함께 경영에서의 선택과 집중은 실제로 대학발전기금이 크게 증대한 것으로 나타나서, 재임 기간 250억 이상의 발전기금과 토지(30억 상당)를 확보하였고, 이를 토대로 후임 총장이 100주년 기념관을 건축할 수 있었다.

총장으로 재임하는 기간 서울신학대학교의 교직원 모두 자기발전을 이루도록 자극하기 위하여, 목창균 박사는 교수업적 평가와 직원 근무평가를 도입하였는데, 이를 통해 학교의 경쟁력을 높이는 데 기여하였다. 평가제도는 교수에게나 직원 모두에게 도전이 되는 행정제도였다. 그러나 이를 통해 교수는 교육과 연구, 그리고 봉사 영역에서 객관적인 평가를 받아 그 결과에 따라 승봉과 승진을 할 수 있게 되었다. 처음에 강성노조가 지배적이던 직원들과의 관계도 원만히 만들어 건강한 직장문화를 정착시켰으며, 직원들이 서로를 격려하며 일할 수 있는 분위기를 만들었다. 교수와 직원들에 대한 평가제도를 통해 학교의 구성원 모두가 주인의식을 갖고 자기계발과 학교발전을 동시에 추구할 수 있게 되었으며, 결국 학교의 위상을 한국의 교계와 신학계에서 제고하게 만들었을 뿐만 아니라, 해외 교단 및 복음주의 명문대학교와의 관계를 확대함으로 국제적인 역량을 증대하는 데 기여하였다.

그 외에도 듀크대학교 연구교수, 아주사퍼시픽대학교 초빙교수, 연변과학기술대학교 명예교수, 기독교대학교 총장기도회 회장, 전국신학대학협의회 회장, 복음주의신학대학협의회 회장 등을 역임하면서, 한국의 교계와 세계 신학계에 뚜렷한 업적을 남겼다.

필자는 개인적으로 목창균 박사가 듀크대학교에서 연구교수로 있을 때, 같은 학교에서 석사과정을 공부하면서 가까이에서 지켜볼 수 있었는데, 그의 신학뿐만 아니라, 철저한 신앙과 화목한 가정을 늘 존경하며 감사하게 되었다. 필자의 어렵고 힘든 유학 시절에 늘 기도와 격려를 통해 긍정적인 미래를 생각하며 견딜 수 있게 해 주었고, 본인과 가족을 위해서는 한 푼이라도 아끼기 위해 먼 곳에서 장을 보면서도 제자의 가정에 출산, 졸업 등의 애경사에는 꼭 격려금을 말없이 전해 주었던 도움의 손길을 결코 잊을 수가 없다. 그리고 어디를 가든 운전을 시작할 때면 운전대를 붙잡고 기도를 한 후 시동을 거는 모습을 보면서, 그가 진정으로 예수 그리스도와 동행하는 분이라는 사실을 깨닫게 되었다. 그리고 연구년이 끝나고 귀국하면서 자신이 직접 구매한 차를 제자가 사용하라고 아무런 대가 없이 조용히 남기고 가는 자상함을 지닌 뒷모습이 아름다운 신앙인이었다. 1986년 귀국한 후 지금까지 그는 중앙성결교회의 협동목사로 조용히 섬기고 있다.

멘토와 저술 활동[6]

영향력 있는 지도자는 훌륭한 멘토가 있다. 목창균 박사에게 감명과 영향을 준 사람은 김응조 목사와 황성택 목사인데, 그들로부터는 철저한 성서적 신앙을 배웠고, 학문의 스승으로는 숭실대학교 총장 조요한 교수인데, 그를 통해서는 학문에 대한 성실한 태도를 배웠다. 그러나 무엇보다도 그에게 가장 큰 영향을 주는 것은 성경이다. 성경은 신학연구에 항상 즐거움으로 전념할 수 있게 하는 원동력이며, 마음을 깨끗하게 하고 영혼을 맑게 하는 원천이다. 그는 로마서 8장 28절, "우리가 알거니와 하나님을 사랑하는 자 곧 그 뜻대로 부르심을 입은 자들에게는 모든 것이 합력하여 선을 이루느니라"라는 말씀을 늘 되새기며 살았다.

목창균 박사에게 평생 잊지 못할 한 마디의 금언은 출신 고등학교의 언덕길에 걸린 현수막에 "걷는 자만이 앞으로 갈 수 있다"라는 말이다. 그것은 절대로 중도에 포기하지 말고 성실하게 노력하라는 말이었다. 대학 시절의 탁월한 문장가인 안병욱 교수가 "성실을 인생의 지팡이로 삼고, 양심을 생의 등불로 간직하고 살아간다"라는 말을 들으며 인생을 성실하게 살 것을 굳게 다짐하였다. 여기에서 성실이란 덕목에서 파생된 인생의 덕목이 있다면 진실(眞實)과 진성(眞誠)이다. 그의 두 딸 이름도 바로 여기서 왔다.

| 6 목창균, 『동막 목창균 교수 정년퇴임 기념문집: 한 걸음 한 걸음이 정상에 이르게 한다』, 19–21.

목창균 박사의 신학적·사상적 특징

목창균 박사가 평생 추구해 온 학문적 관심은 한 인물이나 특정 주제에 집중하기보다 오히려 여러 주제로 이동했다. 종교철학으로부터 시작하여 슐라이어마허, 현대신학, 종말론, 복음주의 신학으로 이어져 결국은 성결교회 신학에 이르고 있다. 특히 그는 소수의 신학적 엘리트를 대상으로 하여 저술 활동을 하기보다는 다수의 젊은 신학도나 목회자를 대상으로 신학의 대중화에 기여하려고 했다. 따라서 그의 저술 활동의 특징은 이해하기 어려운 내용을 잘 소화하여 이를 명료하고 알기 쉽게 객관적으로 진술하려고 한 것이다. 1995년에 출판된 『현대신학논쟁』이 지금까지 37쇄나 인쇄될 정도로 독자들의 호응을 얻고 있는 것도 그 때문이다.

철학을 출발로[7]

1966년에 신학교에 입학하여 1986년에 학위과정을 마친 목창균 박사는 수학 기간 가운데 상당 부분을 철학 공부에 할애하였다. 실상 철학은 신학교 재학 시절 그의 가장 취약한 과목 가운데 하나였다. 신학교를 졸업하고 이런 약점을 보완하여 폭넓은 사고력을 기르려고 숭실대학교 철학과에 편입하였고, 그곳에서 인격적으로 훌륭한 교수님들을 만난 것이 그에게는 행운이었다. 고려대학교 대학원 수학은 그에게 학문 활동의 기초를 다지는 탁월한 준비 기간이었다. 드류대학교 박사과정에 입학해서도 철학 공부는 멈추지 않았다. 매 학기 종교철학 과목을 수강하는 한편, 학부 철학과 과목을 이수하기도 했고, 찰스 커트니 교

| 7 목창균, 『동막 목창균 교수 정년퇴임 기념문집: 한 걸음 한 걸음이 정상에 이르게 한다』, 25-26.

수님으로부터 종교철학은 물론, 철학적 해석학, 헤겔의 정신현상학 등을 배웠다. 그가 교수 초년병 시절 가장 많이 가르친 과목도 "철학개론"과 "종교철학"이었다. 특히 종교철학은 서울신학대학교뿐만 아니라 다른 대학에 출강하여 가르친 과목이기도 하다. 반면, 종교철학에 관한 글을 전혀 집필하지 못한 것이 아쉬운 점으로 남아있다.

"슐라이어마허" 연구[8]

목창균 박사의 고려대학교 석사학위 논문은 "슐라이에르마허의 종교론 연구"였고, 드류 대학교 박사학위 논문은 "슐라이에르마허의 신론의 발전"이었다. 전자가 슐라이어마허의 초기 대표작인 『종교론』을 주목한 것이라면, 후자는 그의 후기 대표작 『신앙론』을 근거로 한 것이었다. 이렇듯 석·박사 학위 논문 모두 슐라이어마허가 연구의 주제였다. 이로 인해 그를 슐라이어마허 전문가로 여기는 사람이 적지 않다. 보수적인 신앙의 소유자요 복음주의 신학을 지향하고 있는 그가 현대 자유주의 신학의 아버지로 일컬어지고 있는 슐라이어마허를 전공한 것은 어떤 면에서 모순처럼 보이기도 한다. 그 때문에 슐라이어마허를 좋아하거나, 아니면 비판하기 위해 공부한 것 아니냐는 질문을 받기도 했다. 그렇지만 목창균 박사가 슐라이어마허에 관심을 두게 된 것은 그를 좋아한다거나 그의 신학에 공감하기 때문은 전혀 아니었다.[9] 학부 철학과 재학 시절, 서울 태평로에 있던 컨골디아 서점 한쪽 서가에 진열된 세일품목 중에 그의 독일어판 『종교론』을 우연히 발견하고 구매하면서부터였다.

---

8 목창균, 『동막 목창균 교수 정년퇴임 기념문집: 한 걸음 한 걸음이 정상에 이르게 한다』, 28.
9 목창균, 『슐라이에르마허의 신학사상』 (서울: 한국신학연구소, 1991), 13: 목창균 박사가 슐라이어마허에 대한 관심을 가진 것은 자유주의 신학의 시조인 슐라이어마허의 신학사상을 정확히 이해하고 분석하여, 그 장점과 결점을 지적하고 그의 신학을 극복하는 길을 모색하려는 적극적인 태도에서 나온 것이다.

당시만 해도 원서를 구하기 어려웠던 시절이었고, 독일어 원서는 더욱 그러했다. 따라서 그는 『종교론』이 어떤 내용인지도 모르면서, 단지 원서 욕심에 그것을 구매했다. 그후 대학원에 진학하여 그 책을 혼자 읽고 이해하고 연구하여 쓴 것이 "슐라이에르마허의 종교론 연구"다. 이 논문은 교수들로부터 좋은 평가를 받았으며, 후일 출판하게 된 『슐라이에르마허의 신학사상』에 수록되었다.

슐라이어마허의 신학을 배우게 된 것은 드류대학교 라이언(Ryan) 교수의 "슐라이어마허 세미나"를 수강하면서였다. 학생들 사이에서 "헤겔 세미나"와 더불어 어렵기로 소문난 그 과목에서 그는 "슐라이에르마허의 신론"이란 과제물을 제출해 A학점과 함께 좀 더 발전시키면 좋은 논문이 될 것이라는 평을 받았다. 그렇지만 그 A학점과 교수님의 호평은 그에게는 고행의 시작이었다. 왜냐하면 슐라이어마허의 『신앙론』 초판(1821~22)에서 재판 출판(1830~31)에 이르는 10년 동안의 신학 발전을 연구하는 데 3년 반이라는 젊음을 투자해야 했기 때문이다. 라이언 교수님은 "슐라이어마허는 거대한 늪과 같아서 젊은 신학도들이 한 번 빠지면 나오지를 못한다"는 리처드 니버의 말을 인용하며, 그에게 슐라이어마허에 매달리지 말고 다른 것을 공부해 보라고 개인적으로 충고하셨다. 그리고 교수 자신도 슐라이어마허 연구를 접고 루터 연구로 관심을 돌렸다. 한편 라이언 교수는 학위논문 구술시험에서 그에게 한국에 돌아가면 슐라이어마허에 관한 입문서를 한 권 쓰라고 권했다. 1986년 유학을 마치고 귀국하여 몇 년간 집중적으로 연구하여 내놓은 것이 그의 첫 번째 책인 『슐라이에르마허의 신학사상』(1991)이다. 그것은 슐라이어마허에 관한 그의 연구의 총결산이었다. 그 후 그는 슐라이어마허에 대한 관심을 접고 현대신학으로 그 지평을 넓혀 나갔다. 『슐라이에르마허의 신학사상』은 그의 저서 가운데 가장 학문성을 지닌 것이라고 말할 수 있다.

「목회와 신학」 저술 활동[10]

슐라이어마허에 관한 연구 논문은 주로 교내 논문집이나 「기독교사상」, 「신학사상」 등을 통해 발표했다. 특히 「기독교사상」지는 목창균 박사에게 여러 분야의 원고를 청탁했으며, 매달 원고지 60매 분량의 글을 연재해 줄 수 있는지, 의향을 타진하기도 했다. 그렇지만 당시 그는 매주 20시간 이상 강의해야 하는 처지였기 때문에, 그런 긴 글을 연재하는 것은 무리였다. 따라서 아쉽지만, 그 제의를 사양해야 했다.

1989년 두란노서원에서 창간한 「목회와 신학」지는 창간 다음 달부터 그에게 원고를 청탁한 이래 거의 두세 달에 한 번꼴로 원고를 요청했다. 현대신학, 이단 · 사이비 문제, 종말론 등이 주요 주제였다. 1993년 3월호부터 신학논쟁을 주제로 한 연재를 요청했을 때는 망설임 없이 그 제의를 수용했다. 「기독교사상」지 연재를 사양했던 것에 대한 아쉬움이 있었기 때문이다. 신학논쟁 연재는 매달 원고를 써야 하는 부담이 있지만, 글의 주제를 그가 선택할 수 있는 것이 장점이었다. 세 번째 원고부터는 현대신학을 논쟁 중심으로 개괄하기로 했다. 그의 현대신학 강의 자료를 중심으로 그 주제에 관한 자료를 수집하여 3주 동안 읽고 한 주간에 걸쳐 원고를 쓰는 일을 반복했다. 당시 그는 학교에서도 신학대학원장이나 교무처장, 또는 총장직무대행직을 맡고 있어서 여간 분주한 것이 아니었지만, 신학논쟁에 관한 연재는 3년 이상 계속했다. 그렇게 집필하여 연재한 것을 모은 것이 『현대신학논쟁』(1995)과 『종말론논쟁』(1998)이었다. 『현대신학논쟁』은 지금도 매년 1,000권 이상 팔리고 있고, 『종말론논쟁』은 1쇄 3,000권이 한 달 만에 다 팔리기도 했다.

애당초 종말론은 그에게 생소한 주제였다. 그렇지만 「목회와 신학」이

| 10 목창균, 『동막 목창균 교수 정년퇴임 기념문집: 한 걸음 한 걸음이 정상에 이르게 한다』, 28-29.

그에게 종말에 관한 글을 청탁하면서 관심을 두게 되었으며, 1992년 시한부종말론의 열풍과 맞물려 많은 글을 썼고, 일 년에 근 40주에 걸쳐 전국 교회의 초청을 받아 종말론에 관한 설교나 특강을 하기도 했다. 더불어 성결교회가 주창하는 사중복음의 하나인 "재림론"에도 관심을 두게 되었다. 「목회와 신학」지는 그의 40대의 집필 활동을 왕성하게 전개할 수 있는 장을 마련해 준 동시에, 그의 저서 『현대신학논쟁』과 『종말론논쟁』의 산실이었다.

복음주의와 복음주의 신학[11]

목창균 박사는 보수적 복음주의 신앙 분위기 속에서 성장해 근본주의 성향의 학교에서 기초 신학을 공부했다. 계속된 철학 공부와 미국 드류대학교의 박사과정은 학문의 폭을 넓히고 사고의 유연성을 가져다주었다. 따라서 그는 보수적 신앙과 온건한 복음주의 신학 위에 서 있다. 학문의 주제로서 복음주의에 관심을 두게 된 것은 1995년 듀크대학교에서 연구교수로 있으면서 오스번(Osburn) 교수의 "복음주의 신학 세미나"를 청강하면서부터였다. 그는 그 세미나를 통해 복음주의 신학에 대한 많은 깨달음을 얻었다. 그 후 귀국하여 복음주의 신학에 관한 연구를 계속하며 이에 관한 저술을 하는 한편, 신학대학원에서 복음주의 신학 세미나를 개설하여 학생들에게 복음주의 신앙과 신학이 무엇인지를 가르쳤다.

2005년에 나온 『현대복음주의』는 그동안 관심을 기울여 온 복음주의에 대한 연구의 결실인 동시에, 그의 신학적 탐구의 지향점을 알리는 선언서였다. 이 『현대복음주의』는 『현대신학논쟁』과 짝을 이룬다. 이 둘을 합하면 개신교 신학사의 요약본이 된다. 문화관광부는 『현대복음주

| 11 목창균, 『동막 목창균 교수 정년퇴임 기념문집: 한 걸음 한 걸음이 정상에 이르게 한다』, 29-30.

의』를 2006년도 우수 학술도서 가운데 하나로 선정하여 그 학술적 가치를 인정하였다.

성결교회 교리와 신학[12]

폴 틸리히(Paul Tillich)가 "신학자에게 있어 교파는 일종의 운명"이라고 한 것은 목창균 박사를 두고 한 말 같다. 초등학교 시절, 어머니 손에 이끌려 고개를 몇 개나 넘으며 걸어 다니던 시골 장터의 교회가 성결교회였다. 당시 그 교회는 면 소재지에 있는 유일한 교회였다. 그러기에 그에게 "왜 성결교회를 다녔느냐?"는 물음은 "왜 교회를 다녔느냐?"는 물음과 다를 바가 없다. 어머니가 은혜를 받고, 신학을 하시겠다며 중학교에 다니던 그를 외갓집에 맡겨 놓고, 서울로 가서 입학한 학교 역시 성결교신학교였다. 그 후 진학 문제로 고심하던 그에게 "예수님을 잘 믿고, 하나님을 의지해야 우리에게 희망이 있다"라면서 어머니가 간곡히 권한 것이 신학이었다.

두 번에 걸친 서울신학대학교 총장직 직무 기간은 그의 학문 활동의 휴식기였다. 그 후 연구년은 행정으로 혼미해진 그의 정신을 맑게 하고 초심으로 돌아갈 수 있게 한 수행의 기간이었다. 거의 매일 같이 캘리포니아 아주사(Azusa) 산 정상의 능선 길을 걸으며 그는 학문의 여로를 생각했다. 그리고 결론을 얻은 것이 그의 운명과도 같은 성결교회신학 연구였다. 2012년 대한기독교서회에서 나온 『성결교회 교리와 신학』은 총장직을 물러난 후 집필한 글들을 포함하여, 20여 년에 걸쳐 성결교회와 웨슬리에 관하여 발표한 것을 하나의 표제 아래 함께 엮은 것이다. 표제가 "성결교회 교리와 신학"이지만, 그렇다고 성결교회 교리나 신학 전체를 다룬 것은 아니다. 독립된 글들을 한데 모으면서, 그것을 집약

| 12 목창균, 『동막 목창균 교수 정년퇴임 기념문집: 한 걸음 한 걸음이 정상에 이르게 한다』, 30.

하는 표현을 찾다 보니, 그렇게 붙인 것이다. 따라서 이 책은 성결교회 신학 연구의 끝이나 완성이 아니라 오히려 시작을 알리는 소리라고 해야 적절할 것이다.

정년을 맞이해 교단에서 물러났지만, 목창균 박사의 학문적 열정은 멈추지 않았다. 그는 2016년 『이단논쟁』을 출판했는데, 이는 자신이 평생 가르쳐온 정통교리가 발전하게 된 배경과 이유를 제대로 설명해야 할 필요성을 느꼈기 때문이었다. 시기마다 교회가 정통교리를 정립해야 했던 배경으로 이단들의 도전을 제대로 설명한다면, 정통교리를 더 쉽고 더 친근하게 이해할 수 있을 것이기 때문이었다. 또 목회 현장이 끊임없이 교리적인 문제가 일어나는 곳임을 목도 했기 때문이었다. 실제로 많은 이단이 교회에 심각한 폐해를 일으키기에 그가 교단의 이단사이비대책위원회 전문위원으로 활동하면서, 그리고 한국기독교총연합회의 이단사이비대책위원회 연구위원으로 활동하면서 얻은 경험과 연구 성과를 내놓은 것이다. 『이단논쟁』을 통해, 그는 이단이 교회 역사에서 반복적으로 모양을 달리하며 나타나고 있음을 지적하면서, 교인들이 이단의 정체성을 파악하여 더는 미혹되지 않도록 하려는 교회를 향한 애정을 표현하고 있다.

목창균 박사의 신학적 공헌과 교훈

목창균 박사의 학문적 관심과 업적은 종교철학으로부터 슐라이에르마허, 현대신학, 복음주의 신학을 거쳐 성결교회 신학에 이르고 있다. 그의 신학적 공헌과 교훈은 크게 3가지로 요약할 수 있을 것이다.

첫째, 목창균 박사는 한국 신학의 대중화에 기여하였다. 그의 저술 활동은 소수의 신학적 엘리트를 대상으로 하기보다는 다수의 젊은 신학도와 목회자를 대상으로 하였다. 그런 점에서 경건주의의 영향을 받은 존 웨슬리가 제시한 "평범한 사람들에게 평범한 진리를"이라는 복음주의 전통을 제대로 실천해 냈다. 요즘 신학계에서는 업적평가에 적응하느라, 대중적인 글보다는 전문적인 학술지에 실릴 글들만을 씀으로 심사위원 3명만이 읽는 글이 되거나 한정된 분량에 따른 호흡이 짧은 논문만을 쓰게 되어, 정작 독자들이 읽을 대중적인 책을 쓰지 못하는 이들이 많은데, 바로 그 점에서 그의 학문적 기여가 남다르다. 그의 저서를 읽은 사람들은 읽기 쉽고, 그래서 쉽게 이해되는 책을 쓴다고 입을 모은다. 다시 말해 그에게 어려운 신학적 내용을 쉽게 풀어내는 탁월한 능력이 있다는 점을 지적한다. 따라서 그의 책은 두고두고 읽을 가치가 있고 그만큼 훌륭한 교과서로서 역할을 한다.[13] 또 그의 대중적 글쓰기는 단지 그 내용을 정확하게 파악하여 전하는 능력을 보여준 것만이 아니라, 현재 교회가 당면하고 있는 문제에 깊이 천착하고 있는 그의 진지한 신학함에서 나오는 것이다. 한국 교회가 시한부종말론으로 혼란을 겪을 때 쓴『종말론 논쟁』,[14] 한국 교회에 복음주의의 기원과 특징에 대하여 제자백가의 상태에 있을 때 나온『현대복음주의』, 한국성결교회가 그 신학적 기원과 정체성에 대한 논쟁 가운데 있을 때 집필한『성결교회 교리와 신학』, 그리고 최근 4차 산업혁명 이후 교회의 지속가능성에 도전받고 있을 때 번역한『디지 미션』등은 그가 교회가 처한 상황을 늘 예의주시하고 성경적 대안을 제시함으로, 교회를 위한 신학을 하고 있음을 드러낸 것이다.

둘째, 목창균 박사는 한국복음주의와 한국성결교회신학의 정체성 확

---

[13] 이신건, "목창균 박사의 신학적 특징과 공헌," (목창균 교수 정년기념 감사예배 및 기념문집 발간 봉정식 글모음, 2014년 2월 17일), 18.
[14] 정인교, "실천신학에서 본 동막 목창균 박사의 조직신학," (목창균 교수 정년기념 감사예배 및 기념문집 발간 봉정식 글모음, 2014년 2월 17일), 21.

립에 기여하였다. 그의 학문적 여정에서 보여주는 바와 같이 철학함을 통해 신학은 게토화된 영역이 아니라, 일반학문과 늘 대화하는 열린 공간에 있어야 함을 보여주었는데, 특히 복음주의의 자리는 바로 교리적이든, 체험적이든, 상황적이든 세상 안에서 성경의 진리로 살아가고자 하는 그리스도인들의 삶의 궤적을 추적하는 것이라는 점을 분명히 하며, 그의 신학의 정체성으로 규정하였다. 그런 점에서 그의 신학은 종교개혁 이후, 복음주의가 세계사적인 관점에서 한국교회와 어떤 관련성이 있는지 밝혀주었고, 더 나아가 한국 교회의 신앙적·신학적 뿌리가 바로 복음주의에 있음을 드러나게 하였다. 그리고 구체적으로 그가 속한 교단과 관련하여, 한국성결교회가 복음주의, 특히 "웨슬리안 복음주의 사중복음"이라는 체험적 복음주의에 근거함을 자신 있게 밝혀주었다.[15] 그런 점에서 복음주의라는 단어가 자의적으로나 폐쇄적으로 사용되는 것을 교정하여, 각 교단의 전통에서 한국 교회 전체가 복음주의를 함께 공유하고 있다는 고백을 할 수 있도록 만들어, 한국 교회의 신앙과 신학의 발전에 기여한 것이다.

셋째, 목창균 박사는 자신의 신학연구의 주제인 성결의 삶을 실천적으로 보여준 인물이다. 그런 점에서 그의 신학적 기여는 그의 전공인 조직신학의 울타리를 넘어 실천신학의 영역에 닿아있다고 할 수 있으며, 그만큼 실용적이라고 할 수 있다. 그가 교수로 재직하면서 총장의 직무를 두 차례 감당할 때, 학교행정을 통해 그의 신학적 목표가 드러나도록 하였다. 성결교회 정체성을 학생들에게 전할 과목을 개발하고, 또한 복음주의를 가르칠 교수를 임용하며, 목회실습과 사역전공제를 통해 학생들이 목회의 전문가가 되도록 격려하였고, "부흥회의 이론과 실제"와 "현대목회강좌" 등을 통해 전문 목회자들과 특수 사역자들

---

15 박명수, "목창균 교수와 한국성결교회의 신학," (목창균 교수 정년기념 감사예배 및 기념문집 발간 봉정식 글모음, 2014년 2월 17일), 9.

에게서 도전을 받도록 만들어서, 학생들이 실력 있고 영성 깊은 사역자가 되도록 그 길을 놓았다. 더 나아가, 그의 신학은 학교 운영에 그대로 반영되어서, 학교의 재정마련과 운영계획, 교직원들에 대한 대우와 평가, 학생들과 신앙적 관계 등에서 늘 인격적인 관계를 그 중심에 놓았다. 그만큼 그는 신학을 연구실이나 강단에서만 공부하고 가르친 것이 아니라, 그의 삶을 통하여 늘 성결의 삶의 "문자 그대로" 지키려고 하였다. 그런 의미에서 그의 신학은 그 누구보다 보수적이고, 그래서 더욱 실천적이었다.

목창균 박사가 후학들에게 주는 교훈

목창균 박사는 성실한 학자이며 자상한 교육자이자, 무엇보다도 겸손한 지도자이다. 그가 원주의 깡촌에서 태어나 학문의 길에 들어서서 지금까지 한 번도 손에서 책을 놓거나 게으름을 피운 적이 없으며, 언제고 누구에게나 배우려는 모습으로 살았다는 점을 어렵지 않게 알 수 있다. 그리하여 자신의 전공인 종교철학과 조직신학, 그리고 복음주의와 성결신학에서 뚜렷한 학문적 업적을 남겼다. 또한, 그를 기억하는 많은 후배와 제자들은 그의 자상한 마음을 잊지 못한다. 대개의 학자가 무심하게 지나칠 학생들의 어려운 사정을 살펴서, 드러나지 않게 도움을 준 일들이 후에 은혜를 입은 사람들의 입을 통해서 알려진 경우가 많기 때문이다. 자신과 가정을 위해서는 한 푼이라도 아끼지만, 어려운 이들을 만나면 가지고 있는 것을 내어주기를 반복했다. 그리고 무엇보다도, 그는 겸손하고 소탈한 지도자다. 대학교의 총장으로 연임을 하였기에 가는 곳에서 자신을 알아보고 앞자리나 높은 자리로 청할 텐데도, 애써 사람들 사이에 앉아 자신을 드러내지 않으려는 모습을 늘 보여주었다.

지금도 시간만 나면 고향인 원주로 내려가, 땅을 일구는 작고 소박한 농사짓기를 가장 즐거워한다. 그의 이러한 성실하고, 자상하며, 겸손한 삶 자체가 성결의 길로 묵묵히, 그러나 분명하게 걷고 있는 신앙인임을 보여주고 있다.

경력

서울신학대학교 조교수 대우 (1986~1987)
서울신학대학교 조교수 (1987~1991)
서울신학대학교 부교수 (1991~1996)
서울신학대학교 교수 대우 (1996~1997)
서울신학대학교 교수 (1997~현재)
서울신학대학교 도서관장 (1988~1989)
서울신학대학교 신학과장 (1989~1992)
서울신학대학교 신학대학원장 (1992~1993)
서울신학대학교 교무처장 (1993~1995)
서울신학대학교 총장 직무대리 (1994~1995)
서울신학대학교 대학원장 (1995)
서울신학대학교 목회대학원장 (1996~1997)
서울신학대학교 신학대학원장 (1997~2002)
서울신학대학교 신학전문대학원장 (2001~2004)
서울신학대학교 14~15대 총장 (2004~2010)
전국 신학대학협의회 기획위원 (1993~1994)
한국기독교총연합회 이단 사이비대책위원회 연구위원 (1999)

기성 총회 이단 사이비대책위원회 연구위원 (1999~2002)
숭실철학회 회장
기독교대학교 총장 기도회 회장
전국신학대학 총장협의회 회장
복음주의 신학대학 총장협의회 회장
듀크대학교 신학대학원 연구교수 (1995~1996)
연변과학기술대학 명예교수
미국 아주사퍼시픽대학교 초빙교수 (2011)

연구 목록

● 학위 논문

"슐라이에르마허의 종교론 연구, 문학석사(M.A.) 고려대학교 대학원, 1975년 2월.

"The Development of Schleiermacher's Doctrine of God," (Ph. D.), Drew University, 1986.

● 저서

『슐라이에르마허의 신학사상』 천안: 한국신학연구소, 1991.
『현대신학논쟁』 서울: 두란노, 1995.
『종말론논쟁』 서울: 두란노, 1998.
『젖과 꿀이 흐르는 땅』 서울: 종로서적성서출판, 2001.
『현대 복음주의』 서울: 황금부엉이, 2005.
『나사렛에서 선한 것이 나겠느냐』 부천: 서울신학대학교 출판부, 2006.
『새 힘을 얻으리니』 부천: 서울신학대학교 출판부, 2009.
『성결교회 교리와 신학』 서울: 대한기독교서회, 2012.

『동막 목창균 교수 정년퇴임 기념문집: 한 걸음 한 걸음이 정상에 이르게 한다』 부처: 서울신학대학교 출판부, 2013.
『이단논쟁』 서울: 두란노서원, 2016.

● 연구 논문

"신학과 경험: 웨슬레와 슐라이에르마허를 중심으로," 「기독교사상」 통권 제344호, 1987년 8월호: 119-137.

"슐라이에르마허 사상의 발전: 그 서론적 고찰, 「허원, 이경선생 화갑기념 논문집」 1987년: 245-268, 한국기독교학회 제15차 공동 학술 발표회에서 발표(10월 23일).

"슐라이에르마허의 해석학", 「신학사상」 61, 1988년 여름: 493~512. "슐라이에르마허의 보편해석학," 「성경과 신학」 6권 서울: 임마누엘출판사, 1988: 131-153.

"슐라이에르마허의 종교관," 「신학과 선교」 제13집(1988. 10. 20): 183-202.

"슐라이에르마허와 현대신학," 「신학과 선교」 제14집(1989): 279-305.

"신학과 철학: 슐라이에르마허의 「신앙론」을 중심으로," 「기독교사상」 통권 제361호, 1989년 1월호: 137-155.

"크리스마스의 의미: 슐라이에르마허의 『크리스마스 이브』를 중심으로," 「기독교사상」 통권 제372호, 1989년 12월호: 123-137.

"슐라이에르마허의 신관: 신과 세계의 관계성을 중심으로," 「신학사상」 68, 1990년 봄: 235-264.

"슐라이에르마허의 속죄론," 「신학과 선교」 제15집(1990): 5-23.

"슐라이에르마허의 그리스도론," 「서울신학대학교 교수논총」 제2집(1991): 81-98.

"화이트 헤드와 과정신학." 「서울신학대학교 교수논총」 제3집(1992): 49-68.

"초기 기독교에 미친 영지주의 영향" 「신학과 선교」 제18집(1994): 93-109.

"리출의 생애와 사상." 「신학과 선교」 제17집(1993): 101-119.

"바르트와 브룬너." 「서울신학대학교 교수논총」 제4집(1993): 25-40.

"슐라이에르마허의 감정의 신학,「현대신학 개관」(1994): 7-411

"김기동 계열의 귀신론과 질병관,"「한국기독교와 사이비이단운동」숭실대학교 출판부(1995): 245-270.

"그리스도의 재림과 천년왕국,"「신학과 선교」제19집(1995): 151-173.

"바르트와 보편 구원론,"「사색」12집 숭실대학교 철학과 1996: 294-308.

"성결교회의 재림론,"『신덕교회 창립 70주년 기념 학술논문집』서울: 일정, 1997: 5-72.

"지옥의 본질,"「신학과 선교」제22집(1997): 99-116.

"어거스틴의 종말론,"「서울신학대학교 교수논총」제8집(1997): 55-72.

"블렉스톤과 왓슨의 재림론 비교 연구,"「신학과 선교」제23집(1998): 45-61.

"포스트모더니즘과 포스트모던신학,"「서울신학대학교 교수논총」제9집(1998): 111-136.

"성결교회 재림론의 발전,「신학과 선교」제24집(1999. 7): 5-32.

"사중복음 기원에 대한 연구,"「서울신학대학교 교수논총」제10집(1999): 139-158.

"복음주의란 무엇인가."「성결교회와 신학」제3호(1999년 봄): 11-30.

"복음주의와 성경,「신학과 선교」제25집(2000): 171-193.

"위기에 처한 복음주의,"「서울신학대학교 교수논총」제11집(2000): 189-204.

"영성의 복음주의적 이해."「성결교회와 신학」제5호(2001 봄): 10-31.

"현대 구미신학의 특징과 21세기 신학,「기독교학술원 포럼」제3호(2001. 6. 15): 75-94.

"근본주의와 복음주의,"「신학과 선교」제26집(2001): 79-105.

"가계 저주론에 대한 신학적 검토,"『현대 교회와 교육』서울: 예영커뮤니케이션, 2001: 348-370.

"복음주의와 청교도운동,"「서울신학대학교 교수논총」제12집 (2002): 173-197.

"복음주의와 성령운동, 제2회 전국신학자 학술세미나, 2002.

"복음주의와 신정통주의,"「신학과 선교」제27집(2002), 83-102.
"서울신학대학교의 학문적 유산과 과제,"『21세기와 서울신학대학교』부천: 서울신학대학교 출판부 (2002): 216-239.
"현대 복음주의와 성서 영감론,"「성결교회와 신학」제8호(2002 가을): 10-25.
"김응조 목사의 신학사상,"『이명직·김응조 목사 생애와 신학사상』서울: 바울서원. 2002: 202-227.
"복음주의 신학의 최근 동향,「신학과 선교」제28집(2003): 25-46.
"복음주의와 경건주의,"「서울신학대학교 교수논총」제14집(2003): 167-189.
"성결교회 교리의 신학적 토대,"「신학과 선교」제29집(2004): 119-136.
"현대신학의 쟁점과 전망"『기독교학의 과제와 전망』한중식, 한석환 공편, 서울: 숭실대학교 출판부(2004): 163-185.
"복음주의와 종교적 경험,「신학과 선교」제30집(2004): 47-63.
"복음주의와 종교개혁,"「서울신학대학교 교수논총」제15집(2004): 23-41.
"복음주의와 종교다원주의,"『바른 신학, 균형 목회』서울: 대한기독교서회 (2006): 159-180.
"사도적 교부의 종말론,"「신학과 선교」제33집(2007): 59-82.
"성결교회의 신학,"「기독교학술원포럼」제7호(2008. 5. 30): 81-97
"A. B. Simpson의 생애와 사상,"「성결교회와 신학」제25호(2011 봄): 135-167.
"존 웨슬리와 성결,"「성결교회와 신학」제26호(2011 가을): 99-135.
"웨슬리와 그리스도의 속죄,"「성결교회와 신학」제27호(2012 봄): 151-180.
"한국성결교회의 역사적 기원에 관한 재고,"「성결교회와 신학」제30호(2013 봄): 143-162.
"미국 신유운동의 태동과 성결운동," 성결대학교 성결신학연구소 국내학술세미나 발표, 2013. 9. 10.
"삼위일체 논쟁"『조용목 목사 고희기념논문집』2014.
"어거스틴과 펠라기우스,"『아드 폰테스: 강일구총장 고희기념논문집』2015.
"성결교회 전통적 예정론,"「성결교회와 신학」제40호(2018년 가을): 144-168.

"황성택 목사의 재림신앙," 「성결교회와 신학」 제42호(2019년 가을): 141-160.
"가톨릭교회와 프로테스탄트교회 무엇이 다른가," 『천주교와 개신교 무엇이 다른가』 서울: 킹덤북스, 2019.
"왜 종교개혁 3대 논문인가," 『이 시대 대학총장에게 길을 묻다』 서울: 킹덤북스, 2019.
"이중 예정과 예지 예정," 『강에서 바다로: 김양재 목사 회갑기념논문집』 2021.

● 일반 논문

"미국의 급진신학과 한국 신학의 접맥," 「목회와 신학」 1989년 8월호.
"슈베르트 오그덴의 신학사상," 「기독교사상」 1989년 6월호.
"슐라이에르마허와 종교교육," 「기독교와 교육」 1989.
"토마스 오든," 「월간 목회」 통권 153호 1989년 5월호: 136-142.
"이단의 종말론과 그 비판," 「목회와 신학」 1990년 4월호.
"무속신앙의 영향과 한국교회의 마귀론," 「목회와 신학」 1990년 10월호.
"성결교회와 웨슬리 신학," 「화해」 5집, 1987년 11월호.
"슐라이에르마허의 창조와 보존론," 「신학현장」 1990년 제2호: 11-27.
"이초석 목사, 무엇이 문제인가," 「목회와 신학」 1991년 3월호.
"자유주의 신학의 태동," 「목회와 신학」 1991년 7월호.
"종교다원주의와 가톨릭교회," 「목회와 신학」 1991년 8월호.
"시한부 종말론의 위협과 대책," 「목회와 신학」 1992년 1월호.
"현대 신학의 종말론 동향," 「목회와 신학」 1992년 2월호.
"생태학적 신학과 창조신학," 「목회와 신학」 1992년 8월호.
"영지주의와 초기 기독교," 「목회와 신학」 1993년 2월호.
"아리우스와 아다나시우스," 「목회와 신학」 1993년 3월호.
"해방신학 논쟁," 「목회와 신학」 1993년 4월호.
"자연신학논쟁," 「목회와 신학」 1993년 5월호.
"비신화화 논쟁," 「목회와 신학」 1993년 6월호.
"범신론 논쟁," 「목회와 신학」 1993년 7월호.

"세속화신학 논쟁,"「목회와 신학」1993년 8, 10월호.
"과정신학 논쟁,「목회와 신학」1994년 1월호,
"인간론 논쟁,"「목회와 신학」1994년 2월호.
"근본주의 논쟁,"「목회와 신학」1994년 3월호.
"세대주의 논쟁,"「목회와 신학」1994년 4월호.
"역사비평적 신학 논쟁,"「목회와 신학」1994년 5월호.
"키에르케고르의 역설의 신학,"「목회와 신학」1994년 6월호.
"칭의와 화해론 논쟁,"「목회와 신학」1994년 7월호.
"기독교 절대성 논쟁,"「목회와 신학」1994년 8월호.
"급진신학 논쟁,"「목회와 신학」1994년 10월호.
"희망의 신학 논쟁,"「목회와 신학」1994년 12월호.
"틸리히신학 논쟁,"「목회와 신학」1993년 11월호.
"과정신학: 사상적 배경,"「목회와 신학」1993년 12월호.
"여성신학 논쟁,"「목회와 신학」1995년 1월호.
"천년왕국 논쟁 1,"「목회와 신학」1995년 2월호.
"천년왕국 논쟁 2,"「목회와 신학」1995년 3월호.
"휴거와 대 환란 1,"「목회와 신학」1995년 5월호.
"휴거와 대 환란 2,"「목회와 신학」1995년 6월호.
"요한 웨슬레의 종말론 1,"「목회와 신학」1995년 7월호.
"요한 웨슬레의 종말론 2,"「목회와 신학」1995년 8월호.
"중간상태 1,"「목회와 신학」1995년 9월호.
"중간상태 2,"「목회와 신학」1995년 10월호.
"육체적 죽음 1,"「목회와 신학」1995년 11월호.
"중간상태 2,"「목회와 신학」1995년 10월호.
"바르트는 보편구원론자인가,"「목회와 신학」1996년 1월호.
"세대주의 종말론,"「목회와 신학」1996년 2월호.
"오리겐의 종말론 1,"「목회와 신학」1996년 3월호.
"오리겐의 종말론 2,"「목회와 신학」1996년 4월호.

"이명직 저서에 나타난 신학사상," 『이명직 목사 전집』 14권(교리편 해제), 2012.
"현대 종말론의 흐름," 「목회와 신학」 2019년 1월호.
"통일교," 「목회와 신학」 2019년 3월호.

유년시절

주일학교 시기 | 귀래교회, 1958년 11월 30일

총장취임 후 가족과 함께

숭실대학교 재학시 안병욱교수와 함께

학위 받은 후 은사 커트니(Charles Courtney)와 라이언(Michael Ryan) 교수님과 함께

정년퇴임 감사예배

제5회 대학총장포럼 '한국교회 위기와 교회 개혁' 개최

저서 『성결교회 교리와 신학』

박창훈 교수

서울대학교 인문대학 철학과 (B. A.)
서울신학대학교 신학대학원 (M. Div.)
미국 듀크대학교(Duke) 신학대학원 (Th. M.)
미국 드류대학교(Drew) 대학원 (M. Phil., Ph. D.)

전, 온양성결교회 담임목사
현, 서울신학대학교 교수 (교회사)

저서_『존 웨슬리, 역사비평으로 읽기』 (서울: 대한기독교서회, 2007).
   『존 웨슬리, 사회비평으로 읽기』 (서울: 대한기독교서회, 2014).
   『기독교대한성결교회 여교역자회 80년사: 1934~2014』
      (서울: 여교역자회전국연합회 역사편찬위원회, 2014).
역서_케네스 콜린스, 『진정한 그리스도인: 존 웨슬리의 생애』
      (부천: 서울신학대학교 출판부, 2009).
   유진 드 페이, 『오리게네스의 영성: 그의 생애와 사상』 (서울: 누멘, 2010).
   디아메이드 맥클로흐, 『3천년 기독교역사 I』 (서울: CLC, 2013).
   도널드 데이튼, 『사중복음과 복음주의』 (부천: 서울신학대학교 출판부, 2020).

박봉랑 박사

박봉랑 박사의 생애와 신학

오영석_한신대학교 명예교수

도쿄(東京) 신학대학교
한국신학대학교
애즈베리신학교
하버드대 신학대학원 박사

서 론

　박 교수님은 평양의 추자도에서 농사를 짓는 상당히 부유한 장로님의 아들로 태어나셔서 교회의 젖을 먹고 교회의 품 안에서 믿음으로 자라나셨다. 그래서 성서의 놀라운 세계와 기독교적인 문화는 그의 머리와 살과 피와 뼛속에 깊이 박혔고, 경건과 거룩은 그의 생애와 신학사상에 결정적인 영향을 주었다. 교수님은 일찍이 숭실중학교 시절에 하나님의 소명을 받으셨고, 수많은 사람들의 마음을 움직이는 부흥 전도자가 되기를 원하였다. 그런데 그의 고백대로 하나님께서 그의 삶의 과정에 개입하셔서 그분을 신학자로서 세우셨고, 그가 복음의 진리를 깊이 탐구하여 증언하고 천명하는 학자의 길을 가도록 하셨다.

　그는 일생동안 종교개혁적·복음적인 신학사상의 진리광맥들을 철저히 연구하시고 천명하셔서, 한신대학교, 연세대학교와 강남대학교에서 가르치셨다. 교수님은 또한 유럽과 미국의 현대 주류신학사상들을 깊이 폭넓게 연구하셔서 학문적인 많은 저서들을 출판하신 탁출한 신학자이다. 교수님은 동시에 여러 대학들의 채플실에서와 여러 교회들의 강단에서 주옥같은 설교를 통하여 복음의 능력과 진리를 천명하신 훌륭한 설교자였다.

　박 교수님은 학문에서는 아주 엄격하셨으나, 동시에 매우 온유, 겸손하셨다. 그래서 교수님은 진로에 대하여 갈등하고 고뇌하는 많은 학생들과 신자들을 잘 받아주셨고, 상담해주시고, 그들이 믿음과 희망 안에서 용기 있게 걸어 갈수 있도록 훌륭한 멘토 역할을 잘 해주셨다. 교수님은 70세가 넘어서 『로마서』를 다 외우셨고, "성서는 과연 하나님의 말씀이라고" 증언하시곤 하셨다. 박 교수님은 하나님의 말씀의 능력에 사로잡힌 말씀의 신학자였고, 희망의 신학자였다.

생애와 학자의 길

박 교수님은 처음부터 학자가 되겠다고 생각하시지 않았고, 복음의 능력을 전파하여 많은 사람을 구원하는 부흥 전도자가 되기를 원하였다. 그러나 그는 하나님의 뜻에 따라서 신학자의 학자의 길을 걸었다. 그는 "내가 나 된 것은 나의 성취가 아니라, 하나님의 구체적인 간섭의 사실이고, 측량할 수 없는 큰 은혜라는 사실이다. 신학자로서 나의 삶은 놀라움이요, 신비일 뿐이다."고 한 것은 마치 바울 사도의 고백과 같다.

박 교수님이 경험한 어린 시절의 환경은 기독교적인 분위이기였다. 그가 살았던 평양과 고향에 일찍 복음이 들어왔으므로 그의 마을과 공동체의 지도적인 인사들은 대부분 기독교인이었고, 교회는 마을의 정신적 삶의 중심이 되었다. 새로운 교육운동이 일어났고 여자들도 해방되었고, 젊은 사람들이 교회에 다니는 것을 자랑스럽게 여겼다. 이러한 사회적인 환경이 그에게 결정적인 영향을 주었다는 것이다. 그러한 영향으로 박 교수님은 자연을 정복하기 보다는 자연에 대한 사랑과 자연과의 조화를 좋아하게 되었고, 특권의식과 전통적인 권위를 거부하고 모두가 평등하고 민주적인 요소들과 평화롭게 사는 세상을 희망하게 되었고, 이상적인 요소들이 마음에 자리를 잡게 되었다.

박 교수님의 부친께서 주일 오후에 당회를 하는 동안 술 취한 젊은 청년이 어느 장로님과 시비를 하려고 교회에 와서 하나님을 모욕하고 행패를 부렸다. 박 장로님은 그와 관계가 없었지만, 그를 달래서 보내려고 하자, 그가 박 장로님께 달려들어서 박 장로님을 실신시키고 도망갔다. 그 일로 박 교수님의 아버지는 일주일 앓으시다가 소천하셨다고 한다. 그 청년의 아버지가 앓고 누워계신 박 장로님을 찾아와서 눈물을 흘리면서 박 장로님의 손을 붙들고 아들의 죄를 용서하여 주시라고 백배사죄할 때, 박 장로님은 그 청년을 미워하지 않고 너그럽게 용서해주었고, 그 청년은 지서에서 풀려나왔다고 한다.

박 교수님은 젊었을 때, 원수를 용서한 아버지의 죽음이 그의 살 속에 가시가 되었다고 한다. 그에 대한 용서냐 복수냐의 갈등의 고통은 젊은 그에게 심각했다. 이 갈등의 극복이 그에게 가장 큰 문제가 되었다. 1960년 이후 한국과 세계적인 지평에서 본회퍼의 '타자'를 위한 삶, 제자직의 신학, 희망의 신학, 십자가의 신학, 해방의 신학이 활발히 논의되었다. 박 교수님처럼 부드럽고 조용한 신학자가 이 날카롭고 혁명적인 신학적인 논의의 핵심을 집중적으로 파악하고 논의를 활발하게 할 수 있었고, 이와 관련한 많은 논문들과 저서들을 집필하게 된 것은 위의 경험이 크게 영향을 주었다는 것이다. 그 열매가 박 교수님이 수년 동안 심혈을 기울려 연구하여 한국의 신학계에서 처음으로 출판한 본회의 연구서『기독교의 비종교화』이다. (1976년, 580쪽)

박 교수님은 한국의 혹독한 군사독재시절 한국교회들과 지도자들이 군사독재의 횡포에 대하여 침묵하고 방관하고, 때로는 동조하는 것을 보고 견딜 수 없는 아픔을 겪었다. 소수의 양심세력들이 군사독재에 저항하고 수난을 당하고 있었다. 박 교수님은 독재에 저항하고 의식을 지닌 청년대학생들이 대형화되고 화려해진 교회당에 불을 지르고 돌팔매질을 하지 않을지 몰라서 고뇌하였다. 박 교수님의 신학적인 실존도 질식할 정도였기 때문에 새로운 탈출구를 추구하였다고 하였다. 그러한 숨 막히는 상황에서 박 교수님은 본회퍼의『옥중서신』을 접한 후에 복음에서 흘러나오는 신선한 자유의 숨결을 느낄 수 있었다. 본회퍼의 신학사상은 종교개혁적이고 변혁적인 성격을 내장하고 있다. 본회퍼가 감옥에서 보고 경험한 세계는 고도로 발달된 기술 기계화시대였다. 사회의 모든 면에서 자율화가 극대화되는 사회였다. 정교하게 관료화된 비인간적인 사회였다. 이러한 사회는 저 높이 계신 하나님이라는 '가설'

을 필요하지 않는다. 하나님 없이, 모든 것은 인간의 기술과 지식과 힘으로 얼마든지 통제할 수 있고, 만들어갈 수 있다고 여긴다.

이러한 사회는 비종교적인 사회이다. 여기서 예수의 제자로서 부름 받았다는 것은 무슨 의미가 있는가? 기독교는 현실과 무관한 초월의 세계를 지향하고, 삶이 어려울 때만 도움을 구하는 신을 추구하기 위해서 종교인가? 이러한 비종교적인 세계에서 하나님은 어디에 있는가? 신앙생활은 어려울 때, 신의 도움을 구하는 삶의 변두리에서 이뤄지는가? 성경적인 신앙은 건강하고 성공하고 승리할 때, 즉 삶의 복판에는 불필요한 것인가? 오히려 하나님을 찾고 기도하는 신앙은 삶의 변두리가 아니라 삶의 복판에서 이뤄지는 것이 아닌가? 삶의 실패와 변두리에서만 하나님을 찾는 것은 종교가 아닌가? 그러나 성서적인 신앙은 삶의 복판에서 하나님을 찾고 감사하고 찬양하는 것이 아닌가?

고도로 자율적인 기술사회에서 신자들의 사명은 무엇이고, 교회의 선교적인 사명은 무엇인가? 본회퍼는 기독교는 종교처럼 삶의 변두리에서 임시방편적으로 신의 도움을 구하는 종교가 아니라, 삶의 한복판에서 십자가에 달린 그리스도를 증거하고 그의 부활의 승리를 증언하는 예수 제자직을 실행하는 신앙의 공동체이다. 본회퍼는 이 문제를 옥중 서신에서 매우 단편적으로 다루었다. 본회퍼는 히틀러를 암살하려는 사람들의 조직에 가담하였으므로 그는 체포되고 처형되었다. 그래서 그의 신학은 세계의 신학계에 놀라운 충격파를 일으켰다. 잠자던 신학자들의 의식들을 일깨웠다. 특히 히틀러의 치하에서 히틀러를 지지한 독일 민족교회들과 신학자들이 받은 충격은 놀라웠다. 그래서 독일의 깨어있는 신학자들과 미국의 신학자들은 본회퍼의 신학을 집중적으로 연구하게 되었다. 여기에 한국 신학계도 부분적으로 동참하고 그의 옥중서신을 다루었다. 그러나 그의 신학사상 전체를 연구하여 한국 신학계와 교계를 일깨우는 본격적인 연구 활동은 일어나지 않았다. 여기서 박 교수님은 자신의 신학적인 실존문제와 함께 한국 신학계와 교계의 탈출구를 위하여 본회퍼의 신학을 철저히 연구하셨다. 그는 세계적인 학자들의 연구들을 참고하고, 그것들을 비판적으로 논의하면서 본인이 집중적으로 연구한 열매가 위에서 말한 『기독교의 비종교화』였다.

이 저서는 당시 군사독재 정권의 가시가 되었다. 운동권에서는 이 저서를 많이 참조해서 반정부적인 운동에 박차를 가하는 자료가 되었기 때문이었다. 그래서 이 저서 때문에 박 교수님이 당시의 한국신학대학의 학장직을 맡지 못하게 되었다. 한국신학대학의 이사들이 고심 끝에 박 교수님을 학장으로 선임하고 문교부에 학장승인을 하려고 하였다. 문교부에서는 박 교수님의 학장직 승인을 완강히 거부하였다. 그 이유는 박 교수님의 성격은 아주 온유하지만, 그의 저서 『기독교의 비종교화』의 내용은 너무 과격하기 때문이다. 그래서 운동권들이 그 책을 참조하여 반정부운동에 박차를 가하고 있지 않는가? 만일에 이사들이 계속하여 박 교수님을 학장으로 추대하고자 한다면, 문교부는 그의 교수직을 완전히 박탈하겠다고 협박을 하였다.

이러한 박 교수님은 언제 목사가 되는 소명을 받았는가?

박 교수님은 숭실중학교 재학생 시절 신앙수련회에서 선교사 '크레인'의 설교에 큰 감동을 받고 사죄의 은총을 경험했는데, 그때 천지가 새로워졌다고 한다. 그의 신앙이 깨어나고, 지성이 눈을 뜨고, 삶의 변화가 일어났고, 새것에 대한 기대가 충만해졌다. 그는 새벽마다 교회에 가서 기도하면서 '나는 누구인가? 나는 무엇을 할 것인가?'를 하나님께 묻고 그 자신을 하나님께 바치고, 하나님의 종이 되고, 목사가 되기로 결심했다는 것이다. 그는 큰 내적인 변화를 경험하면서 베드로처럼 하루에 3천명을 회개시키는 능력 있는 부흥 전도자기 되려고, 기도하면서 하나님의 능력을 절실하게 간구하였다.

그 후 박 교수님은 한국의 여러 문학작품들과 『레 미제라블』, 셰익스피어의 비극들을 비롯하여 세계문학작품들을 섭렵하였고, 형이상학과 철학 사상들에 대한 관심이 고조되었다. 그는 평양신학교를 진학하고자 열망하였으나, 신사참배문제로 폐쇄되어 신학교를 갈 수 없어서 심히 낙망하였다. 그러나 그는 일본에 대학교가 많이 있고, 신학교가 있다는 말을 듣고, 그의 마음에 향학열과 소명의 불이 타올랐다. 그는 이미 결혼했기 때문에 아내가 있었고, 독자였으므로, 어머니가 그를 일본으로 유학을 보낼 수 없다고 완강히 반대했으나, 그의 마음에 타오르는 향학의 불길과 신학에 대한 갈망을 아무도 억누를 수 없었다.

결국 박 교수님은 일본신학교에 입학하여 그리스의 철학들과 다양한 서양철학사상들과 형이상학과 자연과학, 논리학을 배웠고, 독일어를 배워서 원전을 읽었다. 그의 사고가 깊어지고 넓어지고 높아졌다. 폭넓은 지식을 지닌 종교학 교수의 강의들과 괴테의 파우스트의 강의는 그를 미치게 했다고 했다. 그의 신학생활은 놀라움의 연속이었다. 그는 희랍어를 배우고 원전 강독에 참여하였다. 희랍어로 신약을 읽을 수 있었던 그의 기쁨은 충만했다. 신학생 박봉랑은 여기에서 학문의 영광과 권위를 느낄 수 있었고, 그도 신학자로서 활동하면서 그러한 학자가 되려고 각고의 노력을 다했다.

그는 일본신학교에서 그의 신학사상의 중추로서 자리 잡은 칼 바르트 신학과 만났다. 당시 그 신학교에서 바르트의 신학을 말하는 것은 신학도의 자랑이었고, 거의 모든 교수들이 바르트의 신학에 매료되었다는 것이다. 학생들은 독일에다 바르트의 저서들을 주문하여 읽었다. 그는 장로교의 기본 교회를 철저히 공부하였고 웨스트민스터를 외웠고 성서의 중요한 구절들을 거의 외웠다. 그는 신학과 신앙은 반대되는 것이 아니라 신학은 신앙의 안내자이고, 신앙의 내용을 조명해주고 신앙의 바탕을 굳게 세워주는 것을 확인했다. 그는 신학은 신앙의 내용을 지적으로 정리해주고 신앙을 든든한 토대 위에 세워주고 신앙을 강하게 해준 것을 배웠고 깨달았다. 신학의 이러한 기능은 박봉랑 학생으로 하여금 신학에 대한 놀라운 관심을 가지게 했다. 그래서 박봉랑 신학생은 어거스틴의 『고백록』과 『신국』, 루터, 칼빈, 바르트의 『교의학 개요』, 포사이스의 저서들을 탐독하였고 파스칼의 『팡세』와 토마스 아 켐퍼스의 『그리스도를 본받아』를 반복하여 읽었다. 루터의 『그리스도인의 자유』는 10여 번 이상 읽었다고 한다. 거기에서 그는 복음의 자유를 호흡하였다.

그의 신학의 길은 순탄한 꽃길이 아니었다. 한국의 역사가 수난의 역사였듯이 그의 신학의 길도 험준하였다. 그는 험한 가시밭길을 믿음과 기도와 인내로써 걷고, 또 넘어갈 수 있었다. 예컨대 그는 일제강점기에 신학생으로서 독립운동과 사상문제와 연결되어서 일제의 감옥에 9개월 동안 수감되었다. 독자가 구속되자 그의 어머님은 충격으로 한쪽 눈이 실명되었다. 건강히 매우 연약했던 그는 이 시기가 몸과 영혼과 정신이 풀무불 속에서 연단을 받은 시기라고 해석하였다. 석방된 후 그는 학문에 대한 끝없는 갈망을 채우기 위하여 어렵기 그지없는 칸트의 『순수이성 비판』과 『실천이성 비판』을 독일어 원문으로 독파했다. 이로써 그는 높은 지성과 비판적인 사고를 할 수 있는 학자의 길을 닦았다. 그는 "이 경험은 내게 어떤 책이라도 읽어낼 수 있다는 용기를 주었고, 학문에 대한 태도와 비판력을 중요시하는 데 큰 역할을 하였다."고 했다.

신학교를 졸업하고 고등학교에서 독일어 교사로 일하면서도 그의 마음은 늘 목회로 향하였다. 그래서 그는 본연의 사명을 수행하지 못하여 늘 불안하였다. 마침, 친구 목사가 그를 전주에 있는 한 교회로 소개했다. 그는 너무나 기뻐서 그 사실을 당시 신학교 교장이었던 송창근 박사에게 알리고, 목회지로 떠나기 위해 인사를 드리려고 방문하였다.

박 교수의 말을 들은 후에 송창근 박사가 말하였다고 한다. 목사들은 많이 있지만, 한국교회와 신학을 이끌 전문적인 신학자들은 너무나 희귀하다. 그러니 박 군은 종교개혁자들의 신학과 칼 바르트의 신학을 충분히 연구해서 한국의 신학계와 교회를 인도할 신학자가 되기를 희망한다고 했다는 것이다. 박 교수는 목회를 하려고 하였으나, 스승 송창근 교장의 간곡한 설득을 반대할 수 없어서 그렇게 하겠다고 했다고 한다.

박 교수는 이렇게 증언하셨다. "목회냐, 신학자냐의 갈림길에서 하나님은 송 박사님을 통해서 나를 신학자의 길로 인도해주셨다. 오랜 시간이 지나서 나는 그렇게 믿게 되었다. 우리가 하나님의 섭리를 고백할 수 있을까? 하나님의 섭리로서 너무나 극적이기도 하였다."

한국신학대학에서 전임강사로 재직하시다가 박 교수님은 1952년에 애즈베리신학대학에서 장학금을 받아 유학길에 올랐다. 박 교수님에 의하면 애즈베리신학대학은 요한 웨슬리의 신학사상과 정신에 따라서 복음선교의 역군 양성하기 위하여 영국의 선교사 애즈버리가 세웠다. 그 신학대학은 교리적으로 웨슬리의 '완전성결'과 성서의 축자-전체 영감설을 내세웠고, 복음 선교에 역점을 두었다.

박 교수님은 2년 동안 이 신학교의 경건한 분위기와 영적인 교제에 만족하셨다고 한다. 그는 2년 동안의 신학연구는 부족하다고 판단하고 더 깊고 넓은 학문을 하기 위하여 다른 신학대학들에서 연구할 수 있는 길을 모색하다가 하나님의 도움으로 하버드대학에서 특별장학금을 받았다. 그는 여기에서 유명한 폴 틸리히의 신학강의를 2년 동안 들었다. 그는 틸리히 교수의 신학방법론, 그리스도론, 존재론적 신학과 신론의 강의를 들으면서 그의 놀랍고 해박한 신학지식, 철학지식과 사회학적인 지식에 감탄했다. 어떻게 당신은 그러한 놀라운 학문과 지식을 갖게 되었는가에 대한 학생의 질문에 틸리히 교수는 다음과 같이 대답했다고 했다. "나는 평생 동안 진리에 대한 관심과 열정이 식은 적이 없다." 그것이 그로 하여금 그러한 지성적인 세계로 인도하는 계기가 되었다고 한다.

박 교수님은 하버드대학 교수들의 학문의 세계에 매료되었다. 하버드대학에서만 아니라, 한신대학에서 신학자로서 신학을 연구하고, 강의하고, 복음의 진리를 인식하고, 깨닫고 천명하는 과제는 그에게 놀라움의 연속이었다. 박 교수님은 세계적으로 저명한 칼 바르트의 신학자인 폴 레만(Paul Lehmann) 교수의 지도를 받으면서 칼 바르트의 성서 영감론"을 연구하여 박사학위를 받았다. 그가 "칼 바르트의 성서 영감론을 박사학위 논문으로 선정한 이유는 한국교회는 성서 영감론의 신학적인 문제로 분열되었기 때문이다. 그는 이 연구 논문을 통하여 한국교회의 비극적인 분열과 갈등을 학문적인 차원에서 극복하고 해결하고자 하는 깊은 충정을 가졌다. 그가 칼 바르트의 성서 영감론을 연구 주제로 선정한 이유는 칼 바르트가 종교개혁자들의 성서 영감론만 아니라, 초대 교부들의 영감론들과 정통주의자들의 영감론들을 가장 충실하게 연구하고, 그것들을 창조적으로 대화하고, 해석하고, 비판하여 새 시대의 신학과 교회가 나아갈 길을 제시해 주고 있다고 인식하였기 때문이다. 이에 대한 연구가 그의 저서『신학의 해방』(842쪽)이라는 저서에 잘 서술되어있다.

박 교수님은 박사학위를 받고 6년 동안의 미국 유학생활을 마치고 1958년에 귀국하였다. 그에게 있어서 유학생활은 그의 학문적인 시야를 세계적으로 넓혀주었다. 그는 일본과 미국의 유학생활에서 학문의 자유와 기쁨과 아름다움을 경험하였고, 사람을 구원하고 해방하는 복음의 능력을 다양한 차원에서 체험하고, 복음 진리의 깊고 넓은 광맥에 접하였고, 그것을 자신의 실존적인 신학자의 삶과 학문에서 적용하여 수많은 저서들과 강연과 설교들을 통하여 천명하였다.

박 교수님은 1958년에 귀국하셔서 1984년 은퇴할 때까지 평생 동안 한신대학에서 종교개혁적인-복음적인 신학자로서 봉직하셨고, 은퇴한 후에도 강의와 집필을 계속하다가 그의 성격과 같이 따스하고 화창한 봄날 2001년 4월 25일에 하나님의 부르심을 받으셨다.

신학의 특징

기독교의 영성은 뿌리 없이 움직이는 종교적인 흥분이나 황홀한 심미적인 감정이 아니다. 그것은 사람의 판단력과 정신을 현혹시키는 신기루와 같은 것이 아니다. 그것은 엄격하게 성서가 증언하는 삼위일체 하나님의 계시 사건과 말씀 안에 확고부동한 뿌리를 내리고 있다. 기독교 신학은 성서를 근거한 역사적인 교부들의 가르침과 개혁자들의 신학사상에 뿌리를 내린다. 그러나 그것은 과거 회귀적이거나 과거 지향적이 아니라, 미래 지향적인 지평을 지닌다. 기독교 신학은 역사적인 교회의 탁월한 교부들과 개혁자들의 신학을 참고하고, 그들의 목소리를 경청하면서도 급변하는 오늘과 미래의 상황을 고려하여, 성서적인 케리그마를 급변하는 시대에 창조적으로 해석하고, 적용하여 시대변혁적인 방향을 취한다.

이와 관련에서 박봉랑 교수님의 신학은 확고하게 어거스틴의 신학과 종교개혁자들의 사상에 깊이 뿌리를 내리고 있다. 그가 쓴 어거스틴의 은총의 신학과 루터와 칼빈에 관한 유수한 논문들이 그것을 반영하고 있다. 그는 어려서부터 교회의 젖을 먹고 자랐고 교회의 품안에서 성장하였으므로, 그의 신학적인 사고와 의지는 성서의 놀라운 현실성에 깊은 영향을 받았고, 교회에 대한 사랑은 놀랍다. 신학은 철저히 교회를 위한 학문이다. 그것은 교회가 저질은 과오가 있더라도 건덕상 교회를 두둔한다는 것이 아니라, 교회가 성서가 증언하는 하나님의 말씀과 진리를 제대로 인식하고, 가르치고, 선포하는지를 비판적으로 검증하고 교회의 선포와 가르침을 교정하여 바로 세우는 확문이라는 의미다. 그런 점에서 하나님 말씀의 진리를 탐구하는 신학자는 교회와 사회에 대하여 예언자적이고 사도적인 시각을 갖게 된다.

박 교수님의 모든 저서들은 이 방향을 지향하고 있다. 그의 저서들과 논문들은 철저히 성령의 역사에 의하여 역동적인 능력을 발하는 성서의 근본 메시지에 충실하고, 종교개혁자들의 신학사상에 본질적으로 연결되어 있다.

박 교수님에게서 신학의 장소는 대학의 아카데미즘에 있지 않고, 신학은 훈고학이나 학문을 위한 학문이 아니라, 하나님의 백성이 그의 말씀을 듣고, 깨닫고, 순종하고, 실천하려고 모이는 교회이다. 교회는 하나님의 말씀을 듣고, 깨닫고, 순종하는 그의 백성들의 모임이다. 이 공동체의 건강성과 활성화와 선교를 위하여 신학이 필요한 것이다. 그러므로 신학과 교회와 성서와 행동과 순종은 밀접한 관계를 갖는다. 박 교수님에 의하면, 설교는 성서의 메시지나 유명한 교부들의 말을 객관적으로 전달하거나 서술하는 것이 아니라, 설교자 자신의 실존적인 증언이어야 한다. 그것은 증언자인 설교자가 실제로 그 자신의 살과 피로써 체험한 성서의 메시지를 증언하야 한다는 것이다. 이러한 설교자는 스스로 될 수 없고 성령의 역사를 통하여 새롭게 태어나야 한다. 성령이 임한 사람은 새롭게 태어나기 때문이다.

이와 관련하여 그는 성령강림절의 설교에서 다음과 같이 증언했다.
"오순절에 성령의 임재를 경험한 사람들은 인간적으로 보잘 것 없었다. 그러나 그들에게 새로운 사건이 일어났습니다. 성령으로 새롭게 난 사람, 성령께서 그들 안에서 일하고 있는 사람들입니다. 정말 놀라운 사람들입니다. 그들 스스로도 세상에서 이해되지 않는 기적의 사람들이었습니다. 그들의 용기, 그들의 능력, 그들의 존재는 그들 자신의 것이 아니라 하늘에서 성령의 능력에서 왔기 때문입니다."

하나님의 말씀은 성령의 역사와 임재를 통하여 영혼을 새롭게 하고 약한 자를 강하게 하고 확신을 줍니다. 죽은 자에게 희망을 줍니다. 물을 포도주로 만드는 그 변화가 예수의 적은 무리 사이에서 일어나는 것입니다. "강력한 변화를 일으킨 성령의 힘은 두려워하는 제자들에게 오순절에 폭발되었습니다. 이제 그들은 '불같은' 사나이들이 되었습니다. 그들 몸 전체에 불이 붙고 있었습니다. 그들의 말은 불같았습니다. 예수 그리스도는 십자가에서 죽은 것으로 끝나지 않았습니다. 예수님은 부활하셔서 그의 제자들 속에서 살아있었습니다."

이러한 성령의 능력은 예수 그리스도의 십자가의 죽음 앞에서 떨면서 도망갔던 해골 같았던 제자들 안으로 들어가서 그들을 부활시켰습니다. 부활하신 예수 그리스도는 오만하였던 사울을 무너뜨리고, 겸손한 바울로 변화시켰습니다. "성령은 오늘의 바빌로니아, 로마제국을 무너뜨리고, 오늘의 아합 왕, 헤롯의 왕국도 무너뜨릴 것입니다. 성령의 능력은 예수 그리스도의 영과 하나님의 영으로서 역사의 모든 악을 무너뜨리고 예수 그리스도의 나라, 사랑과 의의 새로운 나라를 세울 것입니다."

박 교수님은 오늘의 한국교회는 성령을 따라가지 않는 교회로 보고 비판합니다. "부끄러운 교회는 성령을 따라가지 않는 교회입니다. 그런 교회는 에스겔 예언자가 본 해골을 따라가는 교회입니다. 해골 무더기가 되어가는 교회입니다. 이 세상이 악해지는 것보다 더 무서운 것은 그리스도의 교회가 '해골 무더기로 되어가는 것입니다." 박 교수님의 성령의 신학에 기초한 이 설교는 오순절을 소망하는 기도로 끝을 맺는다.

"오순절이여 오소서! 성령과 말씀을 통해서 에스겔 해골을 일으킨 것처럼 해골과 같은 우리와 우리의 교회를 일으켜주소서!"

오순절을 부르짖는 박 교수님의 이러한 설교는 대형교회의 목사들의 성적인 타락과 비리와 부패타락으로 인하여 한국교회의 신뢰도가 땅에 떨어지고 영적인 권위가 무너지는 한국교회를 다시 소생시키고자 하는 열렬한 사랑의 외침이고, 교회의 갱신을 부르짖는 예언적인 경종이 아닐 수 없다.

박 교수님의 신학 방법론

박 교수님은 『교의학 방법론 (I, II)』이라는 방대한 두 권의 저서를 출판하셨다. 박 교수님에 의하면 입장 없는 교의학은 없다. 교의학은 방법론적 이론이다. '방법론적'이란 것은 일정한 관점과 출발점에서 일정한 인식의 길을 따라서 질서 있게 진행하는 것을 의미한다. 박 교수님은 복음적 교의학을 전개하려고 한다. 복음적 교의학에서는 하나님의 말씀, 복음, 은혜 사건, 계시가 교의학의 확고한 출발점이 된다. 이 주제의 일정한 인식의 길을 따라서 인간의 상황, 해석학, 철학, 자연, 역사적 경험을 인식하고 해석한다. 양자를 상관관계에서 다루는 것이 아니라, 교의학의 주제가 후자를 규정하고, 제한하고, 해명하고, 변혁하는 역할을 한다. 신학의 텍스트와 표준은 상황, 자연, 역사가 아니라, 성서이다. 인간의 상황과 질문, 인간의 전이해와 시대의 문제와 철학이의 요구와 질문으로 성서를 해석하거나 규정하는 것이 아니다. 오히려 성서를 표준으로써, 그리고 역대의 교부들과 개혁자들이 밝힌 신학적인 언어와 사상과 그 후에 복음적인 신학자들이 천명한 사상들을 참고하면서 상황, 질문, 자연과 시대의 요구를 규정하고, 해석하고, 대답하는 학문적인 노력이 복음적인 교의학이다.

박 교수님의 이러한 신학 방법론은 감리교신학대학교 윤성범 교수와의 단군신화 논쟁에서 분명히 제시되었다. 윤 교수님에 의하면 단군신화에 나오는 환인, 환웅, 환검은 '세 인격의 한 하나님'은 기독교의 삼위일체 교의의 형식과 결과가 된다. 그는 단군신화가 동방교회의 삼위일체 교의에서 4~5세기에 왔을 것이라고 추론한다. 그래서 윤 교수님은 단군신화가 기독교 하나님의 흔적, 삼위일체 교의를 인식하는 연결점, 흔적, 전이해가 될 수 있다고 주장했다. 단군신화를 보고 그분은 아주 기뻐한다고 했다.

이에 대하여 박 교수님은 그분의 신학적인 방법론에 입각하여 윤 교수님의 신학적인 입장을 분명히 반대하는 신학적인 주장을 펼쳤다. 개국시조의 유래와 출생에 관한 신화에서 종교적인 교훈과 전제를 찾는 것은 비교종교학과 인류학-종교학의 과제이다. 모든 신화와 설화는 인간의 자기이해와 종교성의 표현이다. 더구나 단군신화에서 삼위일체 하나님의 흔적을 찾고, 삼위일체론 인식과의 불가결한 연결점과 전 이해를 찾는 것은 신학의 근본원칙을 벗어난다고 비판했다.

삼위일체 하나님의 교의를 성서를 떠나서 자연이나 다른 종교들이나, 단군신화들에서 유사한 흔적을 찾아서 삼위일체와의 연결점을 찾고, 이해하고, 해명하려는 시도는 우주와 만물을 창조하시고, 초월하시고, 운영하시고, 완성하실 삼위일체 하나님의 존재와 활동과는 전혀 무관하다. 그러한 흔적들은 삼위일체 하나님의 근거도, 증명도 아니고 단지 인간의 자기 이해이다. 삼위일체 하나님을 나타내는 유일한 자료는 성서뿐이다. 성서가 증언한대로 하나님이 자신을 창조자 하나님으로서, 화해자 하나님으로서, 성령 하나님으로서 계시했다. 성서를 떠나서 삼위일체 하나님을 전혀 알 수 없다는 것이 박 교수님의 입장이다. 그래서 박 교수님은 단군신화는 기독교의 하나님의 흔적이나, 인식의 연결점이나, 수용형식이 될 수 없고, 기독교 계시의 유일한 자료는 성서뿐이라고 주장하셨다.

박 교수님의 이러한 입장이 텍스트의 신학이다. 이 입장은 니버(R. Niebuhr)가 일찍 주창한 문화를 변혁시키는 기독교(그리스도교적인 복음)적인 입장과 같다. 니버는 역사적인 기독교가 철학, 종교와 문화와 관계에 대한 예들을 말한다. 그것들은 문화를 초월한 그리스도, 문화에 종속된 그리스도, 문화를 변혁하는 그리스도(복음), 문화와 병존하는 그리스도(복음), 문화를 반대하는 그리스도(복음)들과 같은 7개 형태들이다. 그는 복음에 가장 합당한 형식은 문화를 변화시키는 그리스도(복음)이다. 이러한 예는 오는 날 기독교와 다른 종교들과의 대화에도 적용될 수 있다.

위르겐 몰트만이(J. MIoltmann) 현대 신학자들 중에서 박 교수님의 이러한 교의학 방법론을 가장 분명하게 표현하고 있다. 그는 상황의 질문에 따라서 신학을 전개하는 방식을 카멜리온 적이라고 표현한다. 카멜리온은 몸의 색깔을 주변 환경의 색깔에 맞추어서 수시로 바꾼다. 몰트만은 상황의 질문에 맞게 텍스트(성서)에서 대답하는 신학을 콘텍스트(context)의 신학이라고 부른다. 그것이 카멜리온적인 신학이다. 이 신학에는 신학의 정체성이 없고, 시류에 따라서 텍스트는 자주 바뀐다. 몰트만은 텍스트의 신학을 주장한다.

박 교수님에 의하면 신학은 성서를 인식하고, 이해하고, 해석하는 것만 아니라, 하나님의 말씀들 듣고 실천하는 신앙의 복종, 윤리적인 행동이 병행하는 것을 밝혀야 한다. 신학에서 하나님의 부르심에 대한 믿음의 응답과 실천, 즉 설교와 윤리를 함께 다루지 않으면, 실천과 윤리가 없는 신학은 현실과 역사를 무시하는 영지주의적인 해석학이 된다. 교회는 신자들이 그리스도의 뒤를 따라가는 실천을 통하여 사람들이 복음을 믿을 수 있게 해야 한다. 그것은 교회가 선한 사마리아 사람이 되는 것이다. 그것이 교회를 신회하게 하는 것이다. 교회와 목사들이 선포하고 가르치는 것과 매우 다르게 살고 행동하고 있기 때문에 교회와 목사들이 사람들의 조소의 대상이 되고 불신을 받는다.

칼빈의 『기독교 강요』와 칼 바르트의 『교회 교의학』에서도 하나님의 말씀에 대한 해석에서 반드시 믿음의 응답으로써 순종과 윤리가 함께 다루어진다. 본회퍼의 말대로 "믿는 자는 순종하고 순종하는 자가 믿는다." 여기서 로마서와 야곱보서는 믿음과 행위(순종)를 같이 보고 있다. 로마서는 기독교적인 근본신앙의 진리를 모두 다루면서 윤리가 항상 함께 다루어진다.

박 교수님의 성서이해

박 교수님은 '교의학의 표준으로서 성서'라는 방대한 글에서(교의학 방법론 Ⅱ, 313-477) 수많은 신학자들의 사상들과 그들의 저서들과 대화하고 비판적으로 대결하면서 그가 인식하고 깨달은 성서의 권위와 성서 영감설, 성서의 해석들을 취급한다.

그에 의하면 성서는 그리스도교의 신앙과 생활의 유일한 표준이 되고, 그리스도교 계시의 유일한 근거이다. 모든 신학적인 논의들과 신앙의 진리에 대한 해명과 증거와 신앙의 이야기는 '성서'에 기록된 것에 의존하고 있으므로 성서가 없어지면, 그리스도교의 모든 것은 없어진다. 또한 성서의 '권위'는 어떤 경우에도 보장되어야 한다. 성서의 권위가 약화되면 그리스도교의 생명 자체가 약화된다. 성서는 모든 해석 이전에 있어야 하고, 성서의 권위문제는 고도로 신중하게 신학적으로 논의 되어야 한다는 것이다.

성서는 무엇인가? 성서는 하나님의 행동하는 말씀, 하나님의 계시의 역사적인 사건의 증언이다. 성서는 과거에 일어난 하나님의 역사적인 행동의 기록이다. 그것이 과거에 유일회적으로 일어났으나, 그것은 오늘과 내일에도 영원히 인간과 역사를 지배하고, 새롭게 규정하고, 새롭게 변화시키는 사건으로서 영원한 효력을 갖는다. 교회는 성서 안에 기록된 계시의 증언을, 기록된 하나님의 말씀을 선포하는 위임을 수행한다. 교회는 이 하나님의 말씀을 성령의 능력으로 선포함으로써 예수 그리스도 안에서 구원의 역사를 이룩하신 하나님 앞에서 청중들은 믿음과 회개와, 사죄, 구원과 변화와 신생의 사건을 경험하고 깨닫는다. 이 사건이 일어남으로 과거에 유일회적으로 일어난 하나님의 행동적인 말씀이 지금, 여기서 나에 대한 혹은 나를 위한 하나님의 행동으로 일어난다. 이것이 성서가 가진 권위이다. 그래서 교회는 성서를 영감 된 책으로 불렀다. 성령의 영감에 의하여 성서는 하나님의 역사적인 계시활동을 기록한 책이고, 생명과 구원의 역사가 일어나는 책이 된다.

그러나 박 교수님은 성서의 문자적인 기계적인 영감설을 인정하지 않는다. 성서 자체가 객관적으로 하나님의 말씀과 동일하지 않는다, 성서가 '하나님의 말씀이다'는 주장은 사건으로 일어나야 한다. 그것은 그때에 성서의 기자들에게 말씀한 영이 이 텍스트를 통하여 오늘도 말씀하시는 것을 의미한다. 여기서 '이다'는 성서가 객관적으로 하나님의 말씀이라는 것이 아니고, 성령의 역사를 통하여 하나님의 말씀이 되어야 한다는 것을 의미한다. 박 교수님의 이 주장은 칼빈이 『기독교강요』에서 성서와 성령의 관계에 대하여 주장한 것과 동일하다. 칼빈에 의하면 성령은 성서의 문장들과 문구들과 단어들을 통하여 지금 하늘에서 말씀하시듯이 말씀하신다. 그래서 성령의 역사를 떠나서 성서가 하나님의 말씀이라고 말할 수 없다. 동시에 성서를 떠나서 성령을 말할 수 없다, 성서와 하나님의 말씀은 본질적으로 불가불리의 내적인 관계를 가진다.

박 교수님에 의하면 성서 밖에서는 어디서도 이 하나님의 말씀, 계시의 증언을 듣거나 찾을 수 없고, 성령의 인격과 역사를 말할 수 없다.

그래서 성서가 하나님의 계시의 유일한 자료이고, 교회가 성서를 66권의 카논으로 결정하게 되었다. 교회가 이런 결단을 내리기 전에 예수 그리스도를 통한 하나님의 구원의 활동과 성령의 활동이 교회를 세웠고, 성령이 교회 안에서 활동하여 교회로 하여금 그러한 결단을 하도록 인도하였다. 교회가 성서의 카논을 결정한 내용은 예수 그리스도의 삶과 가르침과 십자가의 죽음과 부활과 성취된 하나님이 구원의 역사와 그 말씀이고, 교회는 성령의 능력 안에서 그것을 온 세상에 널리 전하기 위한 위탁을 지닌다.

박 교수님의 성서해석

유형학적 해석

박 교수님은 그리스도교의 신학전통에서 발생한 다양한 성서해석들 중에서 유형론적인 해석과 신학적 주석방법을 선택하신다. 유형론적인 해석은 본문의 역사적인 가치가 존중되고 해석되는 해석이다. 본문의 역사적인 평가가 본문해석의 근본 전제가 된다. 유형들(Typoi)은 구약의 인물들, 제도들, 사건들에서 하나님이 세우신 신약의 구원 역사에 일치하는 실재의 모형들(models)이나 예표들(Pre-representations)을 보는 것이다. 베드로전서 3:21절에서 구약은 실재들의 예표들(ante-types)라고 한다. 구약의 방주는 신약의 세례를 미리 보여주는 표상이다. 로마서 5:12절 이하에서 아담과 그리스도를 비교한다. 여기서는 유사성을 보여주는 것이 아니고, 대조를 보여준다.

구약의 역사는 이스라엘의 역사에서 하나님의 구원 행동을 보여준다. 구약의 유형학적 해석은 그 중심에서 하나님의 존재와 행동이 연속성과 목적을 강조한다. 그것은 역사를 통한 구원의 실현, 궁극적인 성취를 향해있다. 유형학은 구약과 신약에서 계시된 인간에 대한, 하나님의 관계의 불변성을 지시한다. 유형학적 해석은 구약에서 신약의 그리스도 사건의 예표를 본다. 구약의 유형학적 해석의 가장 탁월한 구약학자 폰 라트(von Rad)에 의하면, 유형학적 해석은 구약에서 신약의 그리스도 사건의 예표를 본다. 이 해석은 그리스도 안에서 자신을 계시한, 같은 하나님이 그의 발자국을 구약의 계약의 백성들의 역사에 남겼다는 신앙에 일치한다. 그것은 구약에서는 예언자들을 통해서 조상들에게, 신약에는 그리스도를 통하여 우리에게(히 1:1) 관계한다는 신앙에 일치한다. 구약의 모든 유형들에서 신약에서 그리스도와 관계의 그림자를 본다. 유형학적 해석은 구약과 신약의 공동일치를 본다. 그 해석은 성서의 주제를 그리스도로 보고 구원사로 본다. 구약은 그리스도의 증언이라는 것이다. 구약에서 하나님의 구원의 행동과 심판들에서 우리는 이미 '그리스도-사건'을 알아낼 수 있을 것이라는 것이다.

폰라드에 의하면 루터가 유형학적 해석의 신기원을 이루었고, 칼빈은 주석에서 구약의 유형학적 해석의 전통을 창조했다. 그 해석은 개혁신학자인 코케이우스에서 절정에 이른다는 것이다. 본회퍼도 시편 연구에서 유형학적 해석을 따른다. 이러한 관점에서 박 교수님은 성서해석은 유형학적인 해석이다.

신학적인 주석

박 교수님의 성서해석은 "성서가 성서를 해석한다는 종교개혁의 원리에 일치하는 해석하는 신학적인 주석이다. 무엇보다 본문이 본래적으로 전달하고자 하는 것을 이해하는 것이 중요하다. 성서해석의 과제는 성서의 본문이 스스로 말하게 한다. 이것이 박 교수님이 의미하는 신학적인 주석이다. 신학적인 주석에서 본문이 성서의 주석과 신학보다 우위에 있어야 한다. 그러므로 본문 주석에서 다양성이 존재하고, 어제의 신학적 주석에 새로운 통찰을 주고, 그것을 새롭게 표현할 새로운 단어를 요청한다.

신학적인 주석은 본문에 주석자의 생각이나 선이해를 집어넣는 것이 아니라(eisgese), 본문에서 새로운 의미를 끄집어내서(exegese) 오늘의 말로 표현하는 것이다. 신학적 노력과 주석은 본문에 봉사한다. 성서에는 인간의 모든 사고를 휩쓸어가는 저항할 수 없는 강물이 흐르고 있다. 그 강물은 인간이 마음에서 생각하지 못했고, 눈으로 본적도 없고, 귀로 듣지도 못했던 놀랍고 신선 한강물이다. 주석자는 그 강물을 타고 흘러가야 한다. 그 강물이 그리스도교를 그리스도교 되게 하기 때문이다. 주석자는 본문을 뚫고 들어가서 하나님의 말씀인 그 강물을 만나야 한다. 그것은 그 본문에서 말씀하시는 하나님의 말씀과 만나야 한다.

그러나 이 신학적인 주석은 문자적인 해석과 구별된다. 신학적인 주석은 성서의 역사비판을 받는다. 역사비판의 목적은 성서의 다양성, 본문의 역사적 배경과 사상적인 배경을 밝히는 것이다. 역사비판은 성서 주석에서 예비단계이고, 성서의 통일성이나 성서의 특수성을 부정하면 안 된다.

신학적 주석은 구약과 신약의 통일성을 전제로 하는 유형학적인 해석을 받아들인다. 그래서 박 교수님의 설교들은 철저히 이러한 신학주석의 근거에서 작성된다.

결 론

소련의 저항 작가로서 가장 기독교적인 신앙의 빛에서 작품 활동을 해온 솔제니친은 "위대한 작가는 그 나라에서 또 하나의 위대한 국가를 형성한다."고 했다. 위대한 신학자는 그의 증언과 저술들과 강연들과 설교들을 통하여 교회를 예수 그리스도의 몸으로 형성하는데 결정적인 기여를 한다. 탁월한 신학자와 목사는 그가 살고 있는 악한 시대의 흐름을 거슬러서 예언자들과 사도들의 증언과 정신에 입각하여 정의롭고 새로운 역사를 창조하려고 투신한다. 우리는 그러한 사실을 개혁자들의 삶과 증언에서 발견할 수 있다.

고화 박봉랑 교수님의 신학의 깊고 넓은 내용과 방향, 그분의 경건하고 거룩한 삶과 저서들은 그분의 제자들에게 깊은 영향과 감동을 주었다. 그의 저서들은 개혁신학의 광맥을 꿰뚫고 있는 보고와 같다. 한국의 학문적 신학역사가 짧기 때문에 신학생들과 목회자들의 신학적인 사고가 깊지 못할 수밖에 없다. 신학생들과 목회자들이 진지하게 박 교수님의 저서들을 공부한다면, 신학적으로 사고하는 방법을 배울 수 있다. 그 저서들은 개혁자들의 신학사상만 아니라, 유럽과 미국에서 논의된 가장 본격적인 신학사상들의 흐름을 훤히 깨닫게 될 것이다. 그러면 신학함의 아름다움과 기쁨과 소명을 새롭게 느낄 수 있을 것이다. 박 교수님의 『신학의 해방』(1991, 842쪽)은 성서 영감론에 대한 역사적인 논쟁들과 한국교회에서 발생했던 성서 영감론의 문제들을 자세하게 다루었다. 성서의 본질과 영감론의 성격을 이해하려면, 이 저서를 참조하면 보수나 진보를 떠나서 귀중한 깨달음을 얻을 것이다.

특히, 신학을 공부하려고 소명을 받은 분들은 그의 『교의학 방법론 I』, (1986, 581쪽)에서 "신학을 공부하려는 이들에게"를 참조하면, 신학도들은 영적으로, 실존적으로 어떻게 해야 할 것인가를 성찰하고, 깨닫고 일어설 수 있을 것이다.

연구 목록

● 박사학위 논문

Karl Barth's Doctrine of Inspiration of the Holy Scriptures. With Special Referfence to the Evangelical Churches in Korea. 1959(Harvad Uni).

● 저서

『기독교의 비종교화』, 본회퍼 연구, 범문사, 1975.
『신의 세속화』, 대한기독교출판사, 1983.
『교의학 방법론(I)』, 대한기독교출판사, 1986.
『교의학 방법론(II)』, 대한기독교출판사, 1987.
『신학의 해방』, 대한기독교출판사, 1991.
『종말론적 신학』, 대한기독교출판사, 2001.

● 논문

폴 틸리히의 말씀의 개념과 그 비판, 「기독교사상」, 1958.
칼 바르트의 성서영감론, 「사상계」, 1958.
어거스틴의 은총론, 「기독교사상」, 1959.
자유주의 신학과 그 비판, 「기독교사상」, 1960.
교회혁신의 기초, 「기독교사상」, 1960.
칼 바르트의 하나님 말씀의 개념, 「신학연구」(한신대출판, 1960).
크리스챤의 자유, 「기독교사상」.
몰트만과 희망의 신학, 「신학연구」, 1973.
희망의 신학과 희망의 철학, 「신학연구」, 1977.
예수 그리스도와 인간해방, 「현대와 신학」, 1977.

고난 받는 하나님, 「기독교사상」, 1978.
성령의 신학적 이해, 「기독교사상」, 1978.
부활의 현대적 이해-고난과 부활, 「기독교사상」, 1980.
칼빈의 신학에서 그리스도인의 생활, 「신학연구」, 1983. 외 다수

● 역서

Luther, M. 『그리스도인의 자유』, 한길사, 1949.
Erdman, C. R. 『고린도전서 강해』, 대학기독교서회, 1953.
Barth, K. 『성서 안의 해로운 세계』, 향린사, 1964.
Dentan, Rovert. 『열왕기상·하』, 『역대상·하』, 대한기독교서회, 1967.
Moltmann, J. 『희망의 신학』, 대한기독교서회, 1982.
Cullamann, O. 『그리스도와 시간』, 종로서적, 1985. 외 다수

장준하 선생 졸업식,
오른쪽부터 장준하, 송창근, 박봉랑 l 한국신학대학

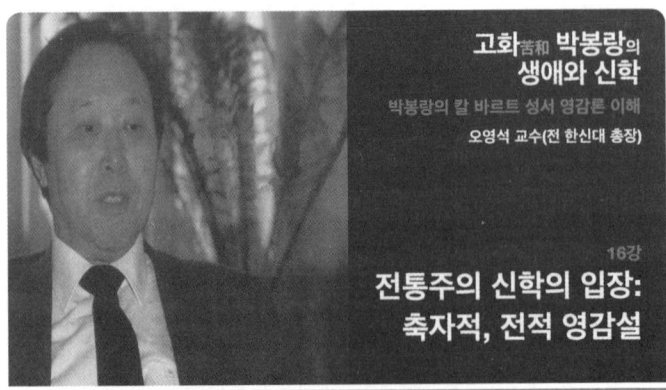

오영석 박사의 고화 박봉랑 박사의 생애와 신학 강의

박봉랑 교수 15주기 추모문집
『목회자의 마지막 증언』

저서 『신학의 해방』

오영석 교수

한신대학교 신학과 졸업
한신대학교 대학원 졸업
스위스 바젤대학교 신학박사

한신대학교 명예교수
한국기독교장로회

서문강 박사

서문강 박사의 생애와 신학

서창원_전, 총신대 신대원 교회사 교수

충남 금산고등학교 (1967)
고려대학교 신문방송학과 (1971)
총신대학교 신학연구원(현, 신대원 전신) (1976)
Reformed Theological Seminary 목회학 박사 (D. Min) (2007)

안암제일교회 부목사 (1978~1987)
중심교회 담임목사 (1987~2020)
중심교회 원로목사 및 중심교회 말씀선교사(Youtube 말씀 사역)
평양노회장 역임 (2006. 4~2007. 4)
'한국 개혁주의 설교연구원(Korean Institute of Reformed Preaching)'
　연구실행전문위원(세미나 강사, 기고, 번역) (1992~현재)
칼빈대학교 전임대우로 출강(1988~현재)
칼빈신학교 전임강사로 출강 (1988~현재)
RTS Korean D. Min 논문지도교수 (2008~2011)
Global Reformed Seminary 객원교수 (2013~2022)
계약신학대학원대학교 강사 및 초빙교수 (2017. 3~2020)

시작하는 말

한 사람이 다른 한 사람을 평가하거나 판단하는 일은 결코 쉬운 일이 아니다. 그런 일의 완전은 오직 하나님께만 속한다. 그러면서도 하나님께서 사랑하시어 당신의 이름과 영광을 위하여 택하시고, 구원하시고, 구별하여 존귀하게 쓰신 사람들을 주목하여 천거하는 일은 의미 있고, 하나님의 나라를 위하여 복된 일이다. 성령께서 성경으로 그 점을 확인해 주셨다. 로마서 16장에서 사도 바울은 복음을 위하여 자기와 동역하며 주님을 섬긴 신실한 일꾼들을 천거하면서, 그들의 경건과 헌신을 통해 드러난 하나님의 영광을 보게 하였다. "내가 겐그레아교회의 일꾼으로 있는 우리 자매 뵈뵈를 너희에게 추천하노니 … 너희는 그리스도 예수 안에서 나의 동역자들인 브리스가와 아굴라에게 문안하라 그들은 내 목숨을 위하여 자기들의 목까지도 내놓았나니 나뿐 아니라 이방인의 모든 교회도 그들에게 감사하느니라."(롬 16:1-4)

안명준 박사가 주도하여 '한국인 신학자' 편람 프로젝트를 진행하는 것이야 말로 단순한 인명사전(人名事典)의 수준을 넘는 가치를 지닌 것도 그 때문일 것이다. 필자도 그런 차원에서 이 일에 동참하게 된 것을 기쁘고 감사하게 생각하며, 한국교회의 영적, 질적 성장에 크게 기여를 하고 있는 서문강 목사를 소개하려 한다.

본 론

서문강 목사와 필자와의 만남

 필자가 주님의 은혜로 1990년에 영국유학을 마치고 돌아올 때, 필자는 한국교회를 위해 섬길 한 거룩한 소명을 주님께서 주셨다고 생각하고 있었다. 그것은 영국에서 배운 개혁주의를 한국교회의 강단에 적용하는 일에 대한 '거룩한 부담'이었다. 필자는 주님의 인도로 영국에서 신학 공부를 하면서 이미 알고 있었지만, '나의 개혁주의'가 얼마나 부실한가를 깨달았고 수정, 보안해 가면서 '진정한 개혁주의자로' 심화되었다. 청교도 개혁주의 신학과 신앙으로 무장한 많은 개혁주의 신학자들과 목회자들을 만나면서 나를 길러준 한국교회를 어떻게 섬길 것인지를 깊이 고민하였다. 믿음의 선조들이 물려준 개혁주의 정로에서 멀리 벗어나 있는 한국교회 강단의 현실을 바라보면서 '큰 부담'을 안고 개혁주의 신학과 신앙 실천을 위해 땀 흘리는 것이 주님이 내게 주신 소명이라고 확신하였다.

 그런데 그 '소명'은 혼자 할 수 있는 것이 아니고, '동일 가치개념을 공유한 신실한 동역자'가 필요하였다. 당시 만 7년 동안 한국교회를 떠나있었으니, 한국교회를 섬기는 현직 사역자들과의 친근한 교제권에서 벗어나 있었다. 결국 '나와 소명을 공유할 동역자'를 구하는 일이 쉽지 않은 일이었다. 그런데, 하나님이 이 일을 위하여 이미 예비해 놓으신 이들이 있었다. 그중에 내가 영국에서 배운 개혁주의 신학을 강단에 그대로 적용한 20세기 최고의 강해 설교자 로이드 존스 목사님의 '로마서 연속 강해서'들과 '목사와 설교'를 번역한 나보다 7년 연배이신 서문강 목사님이었다. 영국에서 돌아온 지 얼마 지나지 않아 영국의 진리의 깃발사에서 출간한 책들을 번역하여 소개한 CLC 출판사를 통하여 서문강 목사님의 연락처를 알게 되었고 전화를 걸었다. 그 전화가 목사님과의 처음 교류였다. 필자는 나와 같은 종씨인 줄 알고 더 반갑게 교제를 시작했는데, 알고 보니 성이 독특한 '서문'이고 성함이 '강'인 외자였다. 아마 지금도 상당수의 독자는 서문강 목사님을 서씨 성을 가진 유명 인사로 알고 있을지 모르겠다.

그때부터 시작된 교류가 지금까지 30여 년이 넘게 이어오게 하신 주님의 은혜를 찬미하는 바이다. 서문강 목사는 1992년 필자와 함께 '한국개혁주의설교연구원' 설립 멤버가 되어 지금까지 필자와 함께 한국교회의 강단을 하나님 계시의 말씀으로 채우려는 일에 동역하게 되었다. 당시, 지금은 소천하신 윤두혁 목사와 고 한제호 목사가 필자의 보호자가 되었다. 한제호 목사는 '한국개혁주의설교연구원'의 초대 원장으로 5년간 섬기셨고, 옥인교회 담임이셨고 원로 목사가 되셨던 고 김영철 목사께서 수년 동안 이사장으로 충성되게 섬기셨다. 필자를 통하여 일하신 주님의 일을 말하려면, 목양 사역과 신학대학의 교수 사역과 한국개혁주의설교연구원 사역을 들 수 있다. 그 세 가지 일에 서문강 목사는 필자에게 주신 주님의 큰 선물 중 하나로 늘 기억하고 있다. 아마 서문강 목사도 필자를 향하여 그런 생각을 하고 계신 것으로 알고 있다. 서문강 목사는 필자의 세 가지 영역의 사역에 있어서 격려도 하시고, 조언도 하시고, 지금까지 함께 동역하는 수고를 아끼지 않으심에 깊이 감사드린다. 필자가 2020년 2월에 서문강 목사의 중심교회 목회 사역 은퇴와 중심교회 원로 추대식에서 순서를 맡았다. 그때 서문강 목사를 통하여 일하시고, 필자와 동역하게 하신 주님의 은혜가 생각나 눈시울을 붉히기도 하였다. 그런 차원에서 몇 가지 요점으로 서문강 목사를 묘사하여 볼까 한다.

그의 회심

그는 인삼으로 유명한 충남 금산 출신으로 1949년에 불신 가정에서 태어나서 자랐다. 금산고등학교를 졸업하고 당 년에 고려대학교 신문방송학과에 합격하여 서울에 유학하게 된다. 그때가 1967년이었고, 그가 신문방송학과를 택한 것은 장차 방송국 아나운서가 되려는 꿈을 이루려 함이었다. 그가 어릴 적부터 늘 꿈꾸던 그 일에 있어서 롤 모델은 아나운서로서 최고의 명성을 떨치던 임택근이었다. 당시 그의 집안은 부요하였다. 그의 말에 의하면, 대학에 입학하자마자 부친께서 학교 앞 제기동에 40여 평의 단독주택을 구입하여 동생들과 함께 생활하게 하셨다. 부친께서는 인삼 농사의 전문가로 1960년대에 금산군에서 주목받을 만큼 부를 이루었다. 서문강 목사의 말에 의하면, 주님께서 훗날 서문 목사 부친의 회심을 위하여 그 부요를 다 거두어 가셨다고 한다.

초등학교 4학년 때 조모의 회갑잔치 | 1958년

그가 대학 3학년이 되던 1969년 2월에 그가 마음에 두고 있던 고향의 한 자매와 교제를 하고 싶은 마음에 편지를 보냈다. 당시 우편 시스템으로는 편지가 수신인에게 도착하는데 3일이 걸렸다. 그러니 수신자가 편지를 받고 바로 답장을 써서 보낸다 해도 7일이 소요되었다. 그런데 한 달이 넘어도 없었던 답장이 어느날 그 자매에게서 왔다. 한 달 반이 지나던 4월 중순이었다. 그 편지 내용의 핵심은 "예수께서 길이요, 영생의 주시라. 사람들이 고향 노래를 부를 때면 우는데, 그것은 진정한 본향을 찾으려는 갈망이라. 그 본향은 바로 예수님 안에 있다."는 것이었다. 그 편지가 그에게 두 가지로 다가왔다.

하나는 그 자매의 확신이 참으로 꺾을 수 없는 도도한 권위를 가진 것이었고, 다른 하나는 그의 편에서 'no!'라 하면 그 교제는 분명하게 끊어질 것이라는 위협적인 것이었다. 그래서 '나는 잘 모르니 인도해 보시라'는 내용의 답장을 신속하게 보냈다. 그런 후 그 자매로부터 보내오는 편지들은 온통 성경 말씀과 목사님에게 들은 설교 내용으로 채워져 있었다. 서문강이라는 고려대학교 대학생 청년이 인문학적 지식과 지혜를 총동원하여 만들어 보낸 편지 내용에 대하여는 일체 'no comment'였으며, '오직 성경'이었다. 그렇게 2개월여 동안 여러 통의 편지가 오갔다. 그는 비로소 결단을 내려야겠다고 생각하였다. '이 자매와 나의 관점은 근본적으로 너무 차이가 난다. 이런 상태를 계속 유지하면서 교제가 이어지는 것은 무의미하다. 둘 중 하나를 택할 때가 되었다. 내 관점을 고집하기 위하여 이 자매와의 교제를 그만두든지, 아니면 그 자매와 교제를 이어가려면 그 자매와 같은 믿음에 자신을 맡기든지 해야 한다.' 그가 결단을 내리는 데 많은 시간이 걸리지 않았다. '내 것을 고집할 만큼 내 것이 그 자매의 것보다 더 높아 보이지 않는다. 그런데 내 것을 지키겠다고 그 자매와의 교제를 끊는다는 것은 무의미하다.' 그래서 '나도 귀하와 같이 교회에 출석할 테니 인도해 달라'는 내용의 편지

고려대학교 재학생 시절(좌측에서 두 번째) | 1967년

를 보냈다. 그 편지를 받은 그 자매는 즉시 '합동 찬송가(당시의 찬송가 명)과 함께 성경'을 그에게 보내왔다. 그리고 그는 그 성경과 찬송가를 들고 난생처음으로 자기 집에서 가장 가까운 교회, 안암제일교회를 출석하기 시작했다. 그때가 1969년 6월 말 경이었다. 며칠 후에 미국의 아폴로 13호가 달에 착륙했다. 그가 안암제일교회에 처음 출석하여 들은 첫 설교(이제는 고인이 된 장덕호 목사의 설교)가 그를 사로잡았고, 그 후 교회의 공적 예배는 다 참석하는 열성을 가지게 되었다. 그가 교회에 출석한지 한 달이 못되어 예수님을 자기 개인의 구주로 믿는 '대회심의 사건'이 그에게 일어났다. 그리고 그해 10월에 성도교회에 시무하던 고 김성환 목사의 로마서 사경회를 통하여 복음에 대한 체계적인 학습을 하게 되었다.

복음에로의 소명 인식

이듬해인 1970년 1월 그는 방학 때 고향 면 소재지의 오래된 교회에서 열리는 부흥사경회에 참석하여 큰 은혜를 받고 복음의 소명을 인식하게 되었다. 그의 심경의 변화를 접한 부친은 청천벽력과 같은 '사태'를 맞아 크게 당황했다. 부친과 숙부의 위협과 회유가 있었으나, 그의 소명을 잠재울 수는 없었다. 부친이 '군 입대 지원서'를 그 몰래 제출하여 1971년 2월 초, 대학 졸업 직전에 그는 군에 입대했다. 그리고 첫 휴가 때에 부모님들은 그를 결혼하게 했다. 그의 결혼 상대는 바로 그 자매였다. 부모님들이 믿음은 가지지 않았으나 그 자매를 며느릿감으로는 쾌히 인정하였다. 결혼하면 목사가 되겠다는 마음을 지워버릴 것이라는 계산으로 서둘러 결혼을 시키신 것이다. 그 결혼은 도리어 그의 복음에 대한 소명에 더 불을 붙이는 것이었다. 그녀는 천생연분으로 돕는 배필이 되도록 창세 전에 택하여 예비하신 김용분 여사였다.

그리하여 만기 제대 후 여전히 안암제일교회를 출석하며 1974년 3월에 총신대학 신대원에 입학하였다. 믿음이 없으셨던 부친께서는 예쁜 손자를 보아서 '신학대학에 다니는 데 필요한 지원만 하고 그 이상의 상속은 없다'는 조처 아래 학비와 생활비를 지원해 주셨다. 신대원 재학 시부터 안암제일교회 교육전도사로 섬기다가 1978년 목사로 장립를 받고, 안암제일교회의 부목사로 복음 사역의 장도에 오르게 되었다.

그 이전에 큰 누이동생이 권순직 목사(영성교회 원로목사)의 사모가 되었다. 이는 서문강 목사의 가문이 성령님의 인도하심 속에서 믿음의 가문으로 이미 변해가고 있었음을 보여준다. 그의 형제자매가 8명이나 되었는데, 한 둘을 제외하고 다 믿음을 가지게 되고 교회의 선한 일꾼들로 섬기고 있다. 부모님들도 서문 목사가 목사 장립 받은 후에 믿음을 가지고 신실한 성도로서의 길을 걸으시다가 소천하셨다.

　주님의 은혜 안에서, 그의 회심과 복음 사역자로서의 길에서 김용분 사모의 역할은 심히 큰 것이었다. 김용분 사모는 복음의 은혜와 진리만 아는 분이며, 세상적인 이야기를 들어도 뭐든 영적 적용이 탁월한 경건한 여인이다. 필자의 아내도 김 사모님과의 만남을 가장 기뻐하며, 그녀는 보배로운 여인이시며 지금도 하나님 진리의 말씀을 사모하는 일에 남다른 열정을 깊이 지니신 분이하고 한다. 한 사람의 신앙인으로서 존경받으며 칭찬들을 만한 복된 여인을 아내로 맞이하게 하신 하나님의 섭리는 서문강 목사님의 집필과 번역 및 설교사역을 통해서 풍성히 드러나고 있다.

로이드 존스 목사와의 만남

　복음 사역자로서의 서문 목사를 말하기 위하여 로이드 존스(D. M. Martyn Lloyd-Jones) 목사와의 만남을 말하지 않을 수 없다. 왜냐하면 그의 사역 전체에 걸쳐 로이드 존스 목사의 영향은 막대하고, 그 영향이 그 개인에 한정되지 않고 한국의 교회 전체와 연관되기 때문이다.

　물론 '그가 로이드 존스를 만났다'는 것은 직접 그를 대면하였다는 것을 의미하는 것은 아니다. 그의 책을 통하여 그의 관점과 사상을 접하고, 그것이 그에게 왕적 영향력을 행사하였다는 말이다. 누구든지 어느 책을 읽고 감동을 받아 어느 정도 영향을 받을 수 있다. 그러나 로이드 존스의 책이 서문강 목사의 믿음과 영적인 행로에 미친 영향과 감동은 가히 전인적이었다. 목사로서 그의 말씀 사역과 섬김의 모든 장에서 로이드 존스 목사의 외침은 하나님께서 친히 서문 목사에게 하시는 말씀 그 자체였다고 해도 과언이 아닐 정도다.

　그가 로이드 존스 목사의 책을 처음 접한 것은 신대원 1학년 때였다.

「로마서 강해」 출판 기념회 | 1976년

로이드 존스 목사가 한국교회에 처음 소개된 것은 문창수 목사가 번역한 그의 「산상설교(Studies in the Sermon on the Mount)」를 통해서다. 서문 목사가 사당동의 총신대학신대원 1학년 때 그 책을 만나 읽었는데, 그의 말대로 '그 책이 그를 녹여 버렸다.' 그 책이 그에게 복음의 영광과 그 능력에 대한 정돈된 시각을 가지게 하는 효시였다. 그는 늘 말하였다. "그 책은 내가 이미 받은 구원의 은혜와 영광의 실체를 꿰뚫고 있었다. 은혜는 받았으나 아직은 그 은혜가 마치 엉켜진 실타래 같은 형국으로 느껴졌는데, 그 책은 그 엉켜진 실타래를 풀어 말끔하게 정돈해 주었다. 나는 그 책을 통하여 하나님의 말씀인 성경의 실체와 그 영광과 능력을 보았고, 그것이 내가 개인의 영성만 아니라 내 말씀 사역의 길이 무엇인지에 대하여 눈을 뜨게 해주었다."

그는 2년 뒤인 신대원 3학년이 되는 1976년 2월부터 로이드 존스의 「로마서 강해(Romans)」 시리즈 제1권(롬 3:20-4:25에 대한 강해)을 번역하기 시작하여 같은 해 11월에 CLC를 통하여 최초의 로마서 강해를 번역 출판하였다. 그 시리즈는 총 14권으로 된 것인데, 로마서 1:1-14:17까지의 내용으로, 로이드 존스 목사가 1955년부터 1968년까지 총 13년간 매주 금요일 밤에 웨스트민스터 채플에서 강해한 내용이다(그 기간 동안 부활절 휴가철이나 여름 휴가철에는 쉬었음). 1968년은 로이드 존스 목사가 지병으로 인하여 사임한 해다. 그래서 로마서 16장까지를 강해하지 못하고 로마서 14:17에서 멈춘 것이다. 실로 그 책은 20세기 전 세계 주 예수 그리스도의 몸된 교회를 붙들어 주신 성령 하나님의 검이었음을 누가 부인하랴. 2001년에 발행된 「로마서 강해」 마지막 14권의 서문에서 이안 머레이(Iain Murray) 목사는 "얼마 전에 이 책의 판매량이 100만권을 넘어섰다"고 밝혔다. 서문 목사는 2005년, 그러니까 제1권을 번역한 1976년부터 29년 만에 「로마서 강해」 시리즈 전 14권을 완역했다. 그렇게 긴 기간이 걸린 것은 그 책의 영어 원서를 출판한 Banner of Truth Trust 사가 그 시리즈를 25년에 걸쳐 출간하였기 때문이다. 완역 출간을 기념하여 2005년 11월에 CLC에서 마련한 기념예배에 필자도 미국 그린빌신학대 총장 Joseph Pipa 박사와 함께 축사와 격려사 순서를 맡아 참석하였다. 전국에서 250여 명의 목사들과 중심교회 성도 50여 명이 참석한 예배에 하나님께서 큰 은혜를 주신 일을 지금도 기억한다. 그날 필자는 스코틀랜드의 이안 머레이 목사가 보낸 메시지를 전달하였다. "이제 한국교회가 세계 두 번째로 이 귀한 시리즈를 다 읽을 수 있게 하신 주님을 찬미하며 감사한다. 그 첫 번째 나라는 브라질이다." 한국교회와 성도들을 사랑하시는 주님의 큰 사랑의 증표라고 본다.

보편교회를 섬긴 서문 목사

　로이드 존스 목사의 책들을 통하여 서문 목사는 개혁주의 신앙과 신학의 체계를 학습하였다. 그가 영국이나 미국에서 유학하지 않았으나 대신 그의 책들을 통하여 그로부터 개인 사사(師事)를 받은 셈이다. 마치 설교의 황태자로 불린 찰스 스펄전 목사나 20세기 최고의 강해 설교자인 로이드 존스를 성령께서 정통 개혁주의 신학 유산을 통해서 사사해 주신 것처럼, 서문강 목사도 한국교회를 위하여 그렇게 준비시키신 것이었다. 특히 로이드 존스 목사가 제도적인 신학교를 졸업하지 않고도 누구 못지않게 개혁주의 신학을 교회사의 고전들(칼빈과 존 오웬을 비롯한 청교도 설교자들과 조나단 에드워즈나 조지 휫필드나 스펄전과 라일의 책들 등)을 학습하면서 성령의 기름 부으심을 힘입어 하나님의 말씀으로서의 성경을 배웠다. 그는 배운 대로 확신하고, 그것을 목회, 특히 설교 사역에 그대로 적용하는 거룩한 담대함을 성령 안에서 실천하였다.

　서문 목사는 바로 그 로이드 존스 목사가 '먹고 먹은 대로 내놓은 설교'의 양식을 배웠고, 그가 먹은 영적 고전들을 알게 되어 한국교회에 소개하는 소명에 사로잡혀 목회 사역과 함께 번역에 헌신했다. 지금까지 그가 번역한 개혁주의 책들이 총 87권이다. 그의 저서 6권도 있다. 그 책들을 통하여 주님께서 교단과 교파를 초월하여 한국교회 사역자들과 성도들에게 주신 은혜는 매우 크다고 필자는 확신한다. 그러니 서문 목사가 지역 교회인 서울 은평구 녹번동에 있는 중심교회를 목양하면서도 여전히 한국교회와 세계에 흩어져 있는 많은 교회를 섬기게 하신 우리 주님의 섭리를 높이 찬미하는 바이다.

중심교회 목회 사역

그는 1987년 5월, 그러니까 모 교회인 안암제일교회(장성춘 목사 담임)에서 부목사로 8년 반 동안 섬겨 오던 때에 중심교회 담임목사로 청빙을 받았다. 많은 유혹을 뿌리치고 작은, 그러나 주님이 임재하심을 맛보는 주님의 큰 그 교회를 33년간 목양하였다. 합동측 교단의 헌법이 정한 바에 따라 정년이 되어 2020년 2월에 원로 목사로 추대되었고, 이제 전국구로, 또 세계 곳곳에서 말씀 선교사로 헌신하고 계신다.

그 교회 설립 11주년을 맞을 때 담임목사로 부임했는데 그가 그 교회의 7번째 담임목사다. 대단히 복잡하고 힘든 교회였다는 의미이다. 그런데 서문 목사가 은퇴할 때, 그 교회는 화평하고 견실한 주님의 교회로 세워져 21년간 서문 목사를 보필하며, 부목사로 섬겨 오던 김태선 목사를 후임 담임목사로 청빙하였다. 이 일에 대하여 서문 목사는 늘

중심교회 강단에서 설교하는 모습

강조한다. 자신은 한량없이 부족하기 때문에 초창기 그 교회를 피하여 달아나려고 애를 썼는데, 이렇게 주님께서 오직 은혜로 붙으시어 여기까지 오게 하셨다고 했다. 그는 은퇴하면서 교회에 "저를 원로 목사로 추대해 주시어 감사한데 거기다 선교사 로 파송해 달라"고 요청하여 은퇴 시에 말씀 선교사 파송식을 가졌다.

서문 목사는 해당 노회로부터도 선교사 인정을 받고 유튜브 말씀 사역을 통하여 '중심교회 말씀 선교사'로 섬기고 있다. 〈서문강 목사 Always the Gospel〉이 그의 채널이다. 서문 목사는 이 사역을 위하여 촬영과 편집과 한글과 영문 자막에 자원봉사로 헌신하는 동역자들을 붙여 주셨다. 그리고 그 영문 자막은 구글(Google)의 AI가 세계로 자동변환 하여 세계 각국어 자막으로 시청할 수 있게 해준다. 서문 목사의 말에 의하면, 동영상 편집할 때 지정한 세계 주요 32개국 언어 자막으로 시청할 수 있다. 브라질이나 다른 여러 나라에서 시청하고 댓글도 올린다고 한다. 현재 〈로마서 강해 60강〉, 〈구원의 단계(서정) 20강〉 〈요한계시록 강해 41강〉, 〈영생이란 무엇인가 30강〉. 그리고 중심교회 목회 시에 설교하였던 동영상 등 175여 개의 동영상이 방영되고 있다.

필자는 중심교회가 강해설교 중심 목회 사역의 정당성과 능력을 보여주신 성령님의 역사의 한 실례라고 생각한다. 그래서 총신대학교 신학대학원에서 교수할 때나 목회자 세미나 강사로 섬길 때, 늘 한국에서 최고의 강해 설교자로 중심교회의 서문 목사를 소개하며 그의 주옥같은 강해 설교를 주목하라고 하였다.

서문 목사는 은퇴식 예배 때, 그 교회 성도들에게 주님 안에서 두 가지의 감사를 하였다. "저같이 연약한 사람을 참아 인내하여 주신 성도님들에게 감사합니다. 제게 주님께서 주신 은사를 따라 문서와 신학교 강의 사역을 통하여 보편교회를 섬기게 하신 주님의 일을 이해하고 후원하신 여러분에게 감사합니다. 제가 목회하는 동안에 여러분 중에 제 그런 일에 시간 쓰는 일에 대하여 불만을 표하신 적이 한 분도 없었습니다."

서문 목사는 목양 일선에서 은퇴 후에 원로 목사의 권위자로서가 아닌 한 성도의 위치에서 중심교회의 각종 공 예배에 성실하게 참여하여 하나님께 예배하고 담임목사님을 통하여 주시는 말씀의 은혜를 받고 있다. 중심교회 담임 목사나 성도들도 그 일을 아주 기쁘고 복된 일로 여기고 있다. 많은 교회가 원로와 후임 목사 사이에 갈등을 노출하고 교회 분쟁으로 이어지곤 하는데, 중심교회는 지금까지 화평하고 은혜롭고, 그 밑에서 잘 훈련된 김태선 목사의 지도하에 든든히 서 가고 있음이 참으로 감사하다.

한편 중심교회에서 사역, 칼빈신학교에서 교수사역, 및 번역사역은 그의 건강을 약화시킨 요인이 되기도 했다. 2003년 10월 말경에 심근경색으로 쓰러지게 되었을 때, 하나님의 크신 섭리 가운데서 조기에 발견하게 되어 기적적으로 잘 치료가 되었다. 그 이후로 탁구를 치며 육체의 건강을 위해 단련하시게 됨으로 지금까지 건강한 모습으로 왕성한 활동을 하고 있음은 주님의 교회에 주신 커다란 은총이다. 그의 탁구 실력은 아마추어로서 수준급이라고 주변에서 말한다.

서문강 목사님은 고려대학교 출신이고 많은 번역을 하신 분이지만, 영어회화는 엉망이었다. 그러나 한국 개혁주의 설교연구원 활동을 같이 하시면서 영어회화에 도전을 받으시고 언제나 예리한 질문들을 가장 먼저 던지시며 후배들을 격려했다. 처음엔 떠듬떠듬 영어로 질문하셨으나, 지금은 월등히 향상되어 영어 스피치만 아니라 영어로 로마서 강해 유튜브 방송까지 하시는 걸출한 능력을 지니셨다. 또 미국 리폼드신학교에서 2007년도 6월에 설교학으로 목회학 박사까지 취득하시는 열정과 성도들의 뜨거운 사랑과 협력, 무엇보다 김용분 사모님의 절대적 지지와 헌신이 오늘의 서문강 목사를 만들었다고 본다.

나가는 말

하나님 아버지의 뜻을 따라 주님의 몸 된 교회의 일꾼으로 세움을 받아 섬기는 이들을 통하여 오늘도 당신의 이름과 나라와 뜻을 위하여 역사하시는 성령 하나님의 영광을 찬미하지 않을 수 없다. 주님의 일꾼 중에 본성적으로 주님 마음에 합한 사람은 없다. 그럼에도 불구하고 택하시고 사랑하시는 종들을 세우시어 당신의 이름을 나타내시며, 그 나라를 이루시는 성삼위 하나님의 영광을 높이고 찬미하지 않을 수 없다.

설교자요, 학자요, 집필가요, 자상한 아버지요, 할아버지요, 속뜻 깊으신 훌륭한 남편이시며, 무엇보다 주님의 신실한 복음의 일군으로 서문강 목사를 택하시고, 구원하시고, 주님의 몸 된 교회를 섬기게 하시어 영광을 받으시는 성 삼위일체 하나님께 감사와 찬미를 돌린다. 아멘.

목회학 박사 학위 취득 기념 | 2007년

연구 목록

● 박사학위 논문

'강해설교의 회중반응과 그에 대한 목회적 대응:중심교회를 중심으로'
(CONGREGATIONAL RESPONSE TO EXPOSITORY PREACHING AND ITS PASTORAL COUNTERMEASURE : A CASE STUDY OF JOONGSHIM CHURCH

● 저서

『내가 다시 말하노니 기뻐하라』(빌립보서 강해)(1992. 서울 : 청교도신앙사)
『요한계시록 그 궁극적 승리의 보장』(요한계시록 강해)(2013. 서울 : 청교도신앙사)
『신앙의 초석』(2002. 서울 : 청교도신앙사)
『사도가 자랑하는 복음의 진수, 로마서 상·하』(2019. 서울 : 청교도신앙사)
『설교표절, 그 정죄의 기준은 무엇인가』('진리의 깃발'〈2001년 8월호〉)
'진리의 깃발' 전문 번역위원으로 다수의 글 번역

● 역서 : 전체 86권

※ 1976년 11월 Lloyd Jones의 『로마서 강해 1권』을 필두로 2022. 12. 31. 현재까지 번역한 책

Lloyd-Jones, 『로마서 강해 시리즈』 전 14권, 『에베소서 강해 시리즈』 전 8권 중 4권, 『목사와 설교(Preaching & Preachers)』, 『시대의 표적(Knowing the Times)』, 『청교도 신앙 ; 그 기원과 계승(The Puritans : Their origin and Successors)』, 『인간 조건(Human Condition and Doctor Himself)』, 『부흥(The Revival)』, 『믿음의 시련(Faith on Trial)』, 『인간의 곤경과 하나님의 능력(Flight of Man and Power of God)』, 『영

원 전에 계획된 성도의 구원(*Saved In Eternity*)』, 『세상에서의 안전(*Safe in The World*)』, 『매일의 묵상(*First Book of Daily Readings*)』(엠마오 간) (총 28권).

James I. Packer, 『하나님을 아는 지식(*Knowing God*)』

John Calvin, 『욥과 하나님(*God of Job*)』, 『미가서 강해(*Sermons on Micha*)』(총 2권)

John Owen, 『영의 생각, 육신의 생각(*Spiritual Mindedness*)』, 『그리스도의 영광(*The Glory of Christ*)』, 『죄 죽이기(*Mortification of Sin*)』, 『사망을 죽인 죽으심(*The Death of Death*)』(총 4권).

John Flavel, 『은혜의 방식(*Method of Grace*)』

Thomas Boston, 『고통 속에 감추인 은혜의 경륜(*Crook in the Lot*)』

George Whitefield, 『조지 휫필드 대표 설교 시리즈(*Sermons on Important Subjects*)』 전 5권 중 3권 (총 3권)

William Law, 『경건한 삶을 위하여(*Serious Call to a Devout and Holy Life*)』

Phillips Brooks, 『필립스 부룩스의 설교학 특강(*On Preaching*)』

William Sprague, 『참된 영적 부흥(*Lectures on Revival*)』

William G. T. Shedd, 『사망의 잠깨어 거듭나게 하는 말씀(*Sermons to the Natural Man*)』

Friedrich Krummacher, 『고난 받는 그리스도(*Suffering Saviour*)』

Jonathan Edwards, 『신앙과 정서(*The Religious Affections*)』, 『고린도전서 13장, 사랑(*Charity and Its Fruits*)』, 『그리스도를 아는 지식(*Knowing Christ*)』(총 3권)

C. H. Spurgeon, 『예수님의 이적 비유 강해 시리즈(*Parables and Miracles of Jesus*)』 전 10권, 『하나님의 약속(*The Promise of God*)』, 『스펄전 마태복음 설교(*Sermons on Gospel of Matthew*)』, 『스펄전 요한복음 설교(*Sermons on Gospel of John*)』 (총 13권)

John Angell James, 『간절 목회(*Earnest Ministry*)』, 『구원을 열망하는 자

들을 위하여(*An Anxious Enquire*)』(총 2권)

Arthur W. Pink, 『다윗의 생애 시리즈(*Life of David*)』전 3권, 『믿음의 깊은 샘 히브리서 시리즈(*An Exposition of Hebrews*)』전 6권, 『인간의 전적 타락(*Total Depravity of Man*)』, 『바울의 기도 연구 (*Gleanings from Paul*)』(총 11권)

J. Montgomery Boice, 『요한복음 강해 시리즈(*The Gospel of John*)』(총 5권)

Iain H. Murray, 『로이드 존스의 초기 40년(*David Martyn Lloyd - Jones : The first Forty Years*)

F. F. Bruce, 『요한복음 주석(*An Exposition of John's Gospel*)』

John Bengel, 『벵겔의 요한복음 주석(*Bengel's New Testament Commentary*)』, 『로마서 주석(*Bengel's New Testament Commentary*)』(총 2권)

Leon Morris, 『빌립보서 주석(*New International Commentary : Philippians*)』

F. C. Grosheide, 『고린도전서 주석(*New International Commentary : 1 Corinthians*)』

Charles Bridges, 『말씀 사모하여 헐떡이는 사람(*An Exposition of Psalm 119*)』

사랑하는 손주 서문서명의 해군사관학교 입학기념 | 2023년

미국 잭슨에 있는 리폼드신학교 도서관에서

아내와 함께

중심교회의 중심에는 항상 하나님의 말씀이 있다

요한계시록 강의

제11회 장로교의 날 기념 학술포럼 | 2019년 6월 4일

로이드 존스의 『목사와 설교』 번역

한국개혁주의 설교연구원에서

「로마서」 출판

예수비전교회에서

서창원 교수

총신대학교 신학과 졸업 (Eq. B. A)
총신대학교 신학대학원 목회학 석사과정 수료
런던신학교 졸업
에든버러신학교(구 프리처치 성경대학) 졸업 (Dip. Th)
에든버러대학교 신학대학원 (New College, M. Th)
웨스터민스터신학대학원대학교 졸업 (Ph. D)

총신대학교 신학대학원 강사 및 겸임교수 역임 (1991~2013)
한국개혁주의 설교연구원 총무 역임 (1992~1997)
한국개혁주의 설교연구원 원장 (1998~현재)
총신대학교 신학대학원 교수 (2014~현재)
왕십리교회 강도사, 천우교회 부목사 역임 (1990~1993)
주사랑교회(구 신장교회) 담임목사 (1994~1997. 4)
삼양교회 담임목사 (1997. 5~2013. 6)
꽃동산교회 협동목사 (2015~2017. 7)
고창성북교회 담임목사 (2017. 8~2019.12)
격월간 진리의 깃발 편집장 (1993~현재)

서인선 박사

서인선 박사의 생애와 신학

김영묵_(예성) 신림제일교회 담임

경기공업고등전문학교(기계과) 1969
성결교신학교(현, 성결대학교) 1977
서울신학대학대학원(성서신학전공, M. A.) 1979
미국, Trinity Evangelical Divinity School(M. Div., cum laude) 1986
미국, Lutheran School of Theology at Chicago(Th. M.) 1988
미국, Lutheran School of Theology at Chicago(Ph. D.) 1993

(예성) 강서교회(서울) 협동목사 (1998. 3~2012. 2)
한국성서연구소 소장 (2002. 5~현재)
한국복음주의신약학회 회장 (2004. 4~2006. 4)
성결대학교 교목실장 (2004. 3~2005. 2)
성결대학교 신학전문대학원, 신학대학원 원장 (2007. 3~2008. 2)
안양 생명의 전화 이사 (2007. 4~현재)
(예성) 신촌아름다운교회(서울) 협동목사 (2012. 3~2017. 8)
(예성) 참빛누리교회(안양) 협동목사 (2017. 9~현재)
한국신약학회 감사 (2013. 4~2014. 4)

서 론

　신학자 목창균 박사(1948~)는 서인선 박사(이하 '서인선'으로 표기)에 대해 평하면서 "성서학자로서 웨슬리안적 성서해석과 현대의 성경해석에서 중요한 화두로 떠오르고 있는 성서에 대한 신학적 해석의 문제까지 다루며, 성결교회 성서해석의 학문적 좌표를 제시하려고 한 학자"라고 소개한 바 있다.[1] 이처럼 서인선은 학문적으로 취약한 수준에 머물고 있던 성결교회(예성)의 성서해석을 한 단계 끌어올리려고 노력한 학자이다. 그는 2002년 성결대학교 신구약 교수들이 주축을 이룬 한국성서연구소 개설을 위하여 주도적인 역할을 했고, 일 년에 두 차례씩 전국 목회자 및 신학생들에게 성서의 학문적 깊이를 맛 볼 수 있도록 연구의 결과물을 세미나 등을 통해 제공하곤 했다.
　그는 신학대학 교수이지만 목회자 마인드를 잃지 않았다. 그의 성품은 온유하고 겸손했다. 항상 인격적으로 제자들을 대해주었으며 기도해주는 경건한 목회자이자 신실한 그리스도인이었다. 중국 신해혁명 후 임시 대총통을 역임했던 쑨원(孫文, 1866~1925)은 "행하기는 쉽고 알기는 어렵다(行易知難)"고 했다.[2] 보통 우리는 '알기는 쉬워도 행하기는 어렵다'고 생각하지만, 쑨원은 오히려 그 역(逆)을 말한 것으로 바르게 안 사람은 바르게 행할 수밖에 없다고 한 것이다. 서인선은 신학자로서뿐 아니라 한 사람의 그리스도신자로서 참된 행함을 보였다. 그러기에

1　서인선, 《성결교회는 성경을 어떻게 읽는가?》(안양: 도서출판 잠언, 2008) 추천의 글 중에서. 목창균 박사는 강원도 원주 출신으로 미국 Drew University에서 신학박사 학위를 받았고, 서울신학대학교에서 교수로 재직하였으며, 같은 대학교 14대, 15대 총장을 역임했다.
2　쑨원(孫文)은 그의 《심리건설(心理建設)》의 지행총론(知行總論)에서 "실로 우주 내에서 진리가 실현되기 위해서는 이러한 행이지난의 법칙이 실제적인 일 속에서 시행되어야 하고, 심성(心性) 내에서도 베풀어져야 하며, 세상의 모든 일에서 그렇게 되어야 한다."라고 했다.

그의 후학들은 그를 기꺼이 따를 수 있었고 그와의 만남을 즐거워했다.

현재까지 서인선에 대한 연구는 전무하다. 이 논문은 그의 생애를 통하여 형성된 신학적 배경을 살펴보고,[3] 그의 저술 및 교수자료들을 통하여 성서신학자로서의 신학적 공헌 및 특징적 사상을 살펴봄으로써 서인선 연구의 초석을 놓는데 그 목적이 있다. 이제 그의 신앙입문, 신학공부, 미국유학, 교수사역, 공헌, 그리고 성취하려는 일들과, 이 모든 것을 통해 나타난 그의 신앙적 학문적 정신 등을 살펴보고자 한다.

서인선의 생애

출생과 성장

서인선(徐仁善, 1949~)은 아버지 서영준(徐榮俊, 1926~2013)과 어머니 윤경분(尹慶分, 1931~) 사이에 3남 2녀 중 장남으로 당시 경기도 김포군 계양면 장기리(현, 김포시 장기동) 외가댁에서 태어났다. 초등학교(당시, 국민학교) 교편생활을 하시는 아버지의 전근으로 인해 어린 시절 자주 이사를 해야만 했다. 초등학교를 네 번(계동, 계양, 주안, 논현) 옮기고 나서야 졸업을 했다. 한 곳에서의 정착은 힘든 상황이었다.

집안은 기독교 신앙의 집안이 아니었다. 1950~60년대 한국사회의 일반적인 유교적, 무속적 분위기 속에 있었고, 특정 종교는 없었다. 불신앙 가정의 대부분의 부모들은 자녀들이 교회 나가는 것을 반대하거나 단속을 하는 상황이었지만, 서인선의 부모는 그렇지 않았다. 그런 면에서 자유로웠다. 그 덕분에 초등학교 1학년쯤에는 부모님이 외할머니를

---

3   필자는 서인선 박사와 두 차례의 인터뷰를 가졌고, 이를 바탕으로 그의 생애와 신앙 역정을 기술해 나갈 것이다. 두 차례의 인터뷰는 각각 2021년 4월 21일과 5월 14일에 신림제일교회(서울시 관악구 소재, 예수교대한성결교회) 목양실에서 이루어졌다.

모시고 살던 김포 장기리의 한 천주교인 가정에서 아이들을 모아 천주교 교리를 가르칠 때 인도를 받아 배울 수 있었다. 아무 것도 이해하지 못하던 때였지만, 이것이 기독교와의 최초 접촉이었다. 초등학교 5, 6학년 때에는 인천 논현동에 있는 감리교회에 출석하여 주일학교에 다니기도 했다.

서인선이 중학교에 들어가면서부터 정착 생활이 가능해졌다. 가정은 부평으로 이사하게 되었고, 자녀의 교육을 생각했던 부친은 전근할 때 가족을 두고 혼자 가셨다. 이때까지 10대의 서인선은 친구들을 따라 이곳저곳 교회를 틈틈이 다니고는 했다. 부평에 거주하면서 인천중학교, 서울의 경기공업고등전문학교(약칭, 경기공전)를 졸업하고(1969년 2월),[4] 한국전력주식회사(약칭, 한전)에 입사하여 부산화력발전소에서 사회생활을 시작하였다. 이 기간 어느 시점에선가 부친은 교편을 내려 놓고, 가정이 인천 부평동에서 십정동으로 이사한다.

중생의 경험을 통한 신앙 입문과 교회 생활

서인선이 본격적으로 신앙을 갖게 된 것은 고등학교(경기공전) 2학년 때이다. 중학교 동창의 권유에 의하여 다니기 시작한 곳이 부평남부교회였다.[5] 1965년 5월 22일(토요일) 저녁에, 이 날은 그의 인생에서 '전환점과 같은 날'이 되었는데, 당시 많은 학생회 모임이 그랬듯이 교회

---

4 경기공업고등전문학교는 1963년에 신설된 5년제 학교로서 고등학교 3년과 대학 2년의 과정을 한꺼번에 진행할 수 있는 학교였다. 가정 형편 상 4년제 대학에 진학하기 어려운 학생들에게 인기였고, 성적이 상위권이라야 입학할 수 있는 곳이기도 했다. 현재로는 서울과학기술대학교 속에 통합되었다.
5 이 교회는 예수교대한성결교회 소속으로 박수일 전도사에 의해 1962년 9월 16일에 창립되었으며, 1965년 5월 서인선이 출석하기 시작했을 때에도 박수일 전도사가 목회자였다. 현재 담임은 위성섭 목사이며, 교회는 여전히 개척 당시의 장소에 위치한다.

에서 전도를 위한 친목회가 있었고, 그 자리에 초대를 받았던 것이다.[6] 친목회가 파하고 작별 인사를 나눌 때 담임 전도사 사모님이 얼굴에 웃음을 잔뜩 머금고 친절하게도 "내일 교회 나오세요."라고 인사했다. 마침 다음날은 교수님과 약속이 있으니, 다음 주부터 나오겠다고 약속하고 그대로 실천에 옮겼다.

그 해 여름 서인선은 서울 삼각산의 심령대부흥회에서 설교 말씀을 통해 예수 그리스도를 인격적으로 만나며 회심을 경험했다. 여름방학이 되자 학생회 부장선생인 황경환 전도사가 삼각산 기도원 집회에 가자고 권유하여 따라가게 되었는데, 원래는 삼각산 특별기도원을 찾아가기로 했으나 길을 잘못 들어 제일기도원에 당도했다. 마침 그곳에서도 심령대부흥성회가 진행되고 있었고, 그는 매시간 차남진 목사님 등 강사 목사님들이 선포하는 말씀을 듣고 은혜를 경험했다. 신기하게도 강사 목사님들의 설교 말씀이 그의 귀에 쏙쏙 들어왔고, 선포되는 말씀을 따라 그 자리에서 회개하고, 믿고, 영접하고, 신앙을 고백하게 되었다.[7] 그는 이때가 자신이 중생을 체험한 때라고 증언한다. 이 중생의 경험 이후 그는 믿음에 조금도 흔들림 없이 평생 신앙생활을 계속했다.

이 경험을 통해 일어난 변화는 두 가지였다. 이루 말할 수 없이 솟는 기쁨과 성경에 대한 열망이 그것이었다. 온 천지 만물이 하나님을 찬양하는 듯한 기쁨을 누리게 되고, 또 이와 함께 성경에 대한 강한 갈망이 생겨났다. 이때부터 성경을 읽는 것이 그토록 재미가 있음을 절절히 느

---

6 서인선은 친목회 광경이 아주 소박했다고 회상한다. 준비된 다과는 쌀 튀긴 것과 보리차가 전부였고, 이 다과를 가운데 두고 작은 방에 빙 둘러 앉아 이야기를 나누며 재미있는 게임들을 했다.

7 그는 당시 선포된 말씀이 고전적이며 전형적인 복음전도 말씀(메시지)이었다고 회상한다. 우리는 죄인이라는 것, 죄는 회개해야 한다는 것, 예수님께서 십자가에서 속죄의 길을 열어놓으셨다는 것, 회개하면 용서하신다는 것, 예수님을 주와 구주로 영접해야 한다는 것, 영접하면 구원받아 하나님의 자녀가 된다는 것, 그리고 예수님께서 재림하신다는 것 등이 주제였으며, 이 말씀을 듣고 그는 회개하고, 예수님을 영접하고, 주님을 고백하게 되었다고 한다. 2021년 4월 21일의 인터뷰.

끼고, 성경을 진심으로 대하기 시작했다. 그리고 교회생활, 영적성장, 신앙이해에 대한 욕구가 강했다. 그는 주일학교 교사, 청년회 회장, 학생회 부장, 집사 등의 직분을 감당하며 교회생활에 충실하고, 깊은 신앙인으로 자랐다. 이 과정에서 여러 모양의 자리에서 그리스도인들과 신앙·성경·교리 토론을 즐겼고, 사경회나 부흥회를 통하여 말씀과 통성기도 등을 배웠고, 또 통신을 통하여 가톨릭교리강좌, 루터교성경공부, 엠마오성경공부 등을 섭렵하고, 신앙·신학 서적들을 탐독하였다.[8]

부르심, 서원, 동생의 연탄가스중독 사건과 기도의 응답

중학교 동창 중 홍은파가 있는데, 부평감리교회 담임목사의 아들이었다.[9] 중·고등학교 시절, 그는 자기 교회에서 진행하는 부흥회에 서인선을 초대 하곤 했고, 은혜를 갈망하던 그는 기꺼이 초대에 응했다. 한번은 집회 중 안수기도 때 주어진 대언(방언 및 통역)을 통해 "사랑하는 아들아, 너를 피로 값 주고 사셨으니, 네 몸을 주께 드리라."하는 말을 들었다고 한다. 그는 이를 하나님께서 자기를 목사가 되라고 부르시는 말씀으로 이해를 했다. 한 참 피 끓는 10대 후반의 청소년인 그는 당장이라도 경기공전을 중퇴하고 신학교에 들어가고 싶은 충동을 크게 느꼈다. 하지만 실행에 옮기지는 못했다. 신앙적으로 따르던 하명수 권사님에게 신앙 상담을 하곤 했는데,[10] 네 몸을 주께 드리라는 말을 꼭 목사가 되라는 것으로 생각할 필요는 없다는 조언을 듣기도 한다. 또 냉

---

8 신학 공부를 시작하기 전에, 성결교신학교 재학 중인 교회 전도사님의 권유로 신학교 수업시간에 김의환 박사의 특강을 청강한 적도 있다고 한다.
9 홍은파는 후에 목사가 되어 아버지의 뒤를 이어 부평감리교회 담임목사로 교회를 크게 부흥시켰다. 그 교회 출신으로 성결대학교 신학과에 입학하여 수학한 학생이 꽤 된다.
10 하명수 권사는 서울 신촌성결교회(기성) 권사로서 종종 부평남부교회에 강사로 초청받아 간증과 부흥회를 인도하시곤 하는 분이었다.

정하게 보면 여건상 당장 학교를 중퇴하고 신학교에 갈 형편도 못 되었다. 그러나 속에서는 신학을 하고 싶다는 열망이 끊임없이 일어났고, 또 기도 중에 신학을 하겠노라는 서원을 하기도 했다.

서인선은 한전에 입사하여 부산화력발전소를 거쳐 인천화력발전소에서 직장생활을 하는 가운데 교회생활은 여전하였으나, 어느덧 주의 종으로 부르심에 대한 헌신의 열정은 시들해지고 있었다. 이때 그를 일깨운 사건이 일어났다. 동생의 연탄가스중독 사건이었다. 서인선이 국방의 의무를 수행하던 차에,[11] 1973년 2월 경, 경기공전 기계과 4학년에 재학 중인 동생이 겨울방학을 맞아 친구들과 함께 성남으로 실습을 나갔다 연탄가스에 중독되어 생명이 위독하다는 연락을 받은 것이다. 같은 학교 친구 3명이 함께 자취했는데, 한 명은 발견 당시 사망한 상태였고, 동생과 또 한명의 친구도 아주 위독한 상황이었다고 한다. 연락을 받은 가족들이 허겁지겁 찾아간 성남의 동네 병원에서 두 사람은 의식이 없는 상태에서 용접용 산소통에서 산소를 공급받아 겨우 생명을 유지하며 호흡하고 있었다. 통금이 가까운 시간이었지만 부랴부랴 택시를 잡아타고 한양대학교병원 응급실로 달려갔다. 응급실에 들어서자마자 의사들은 기도삽관을 통해 산소를 공급하며 치료를 시작했다. 그 후 고압산소기 등 할 수 있는 모든 치료를 받았으나 차도가 없었다. 의식은 쉽게 돌아오지 않았고, 몸은 강직되어 있고, 담당의사는 포기하라고 권고할 정도였다.

믿음이 있는 서인선과 가족들은 포기할 수 없었다. 친척들과 친구들, 목사님 및 교인들의 기도와 위로가 큰 힘이 되었다. 경제적으로 넉넉지

---

11 그는 1972년 5월13일부터 1973년 5월12일까지 1년을 방위병으로 복무한다. 북한의 AN-2기 침투를 감시, 방어하는 고사포부대에서였다. 6주간 기본훈련을 마친 후 부대에 배치되어, 1일 8시간씩 365일(6주간 기본훈련기간 포함) 복무였다. 하루 출근하여 24시간 근무하고 귀가하면 48시간(2일)의 자유가 생겼다. 서인선은 이 시간을 이용하여, 한 친구의 형이 사용한 박창환 역편, 《신약성서 희랍어 교본》(1962)을 빌려 헬라어를 자습하였다고 한다.

않았으나, 가정의 재정을 최대한 동원하여 병원비를 대고 하나님께 열심히 간구하였다. 그 와중에 치료비를 제대로 대지 못한 다른 친구는 숨을 거두었다. 서인선은 동생의 회복을 위해 하나님께 더욱 더 간절히 간청할 수밖에 없었다. 시간 나는 대로 부평남부교회(당시 위광필 목사 시무) 지하 기도실에 내려가 철야하며 기도에 힘썼다. 매일 올라갈 수 없어 일주일에 몇 번 올라가 보면 동생은 거의 식물인간 수준이었다. 몸은 점점 더 뻣뻣해져 갔고 안구는 고정되어 있었다. 의사도 더 이상 가망이 없다고 선언할 만큼 상태는 심각해졌다. 그러나 포기할 수는 없었다. 그렇게 3주가 다 되었을 때, 그날 밤에 서인선은 교회 기도실에서 철야하며 기도하기를 "동생을 살려주시면 신학교에 가겠습니다."라고 다시 서원기도를 드렸다. 새벽녘에 잠이 들었는데, 꿈에 붉고 환한 모습으로 하명수 권사가 나타나 "아들아, 안심하라. 네 기도가 상달되었다"고 하는 말을 전해주었다.

날이 밝자마자 서인선과 가족들은 병원으로 달려갔다. 병원에서는 그날 아침부터 동생의 의식이 돌아오기 시작했다고 알려준다. 의식이 돌아왔으니 병원 응급실에서 더 이상 할 것이 없으니 퇴원하라고 한다. 동생은 그때부터 빠르게 원기를 회복하기 시작하여 이틀 뒤에 퇴원하고 이후 집에 돌아와 원기 회복을 위해 부평의 한 병원에 다시 입원하여 생활에 복귀할 정도가 될 때까지 간호하였다. 마침내 동생은 복학, 졸업, 취업, 결혼 등 정상적인 생활을 하게 되었다.

서인선은 이제 하나님의 부르심에 응답하겠다고 서원한 것을 실행했다. 1973년 5월 제대 후 지체하지 않고 1974년 3월에 성결교신학교(현 성결대학교 전신, 서울 종로구 행촌동 소재) 신학과 2학년에 편입하여 신학의 길을 걷기 시작했다. 한전에 복직하여 근무하면서 3년 간 주경야독으로 신학을 공부한 것이다. 인천과 서울을 밤낮 오가는 힘든 날들이었지만, 감사가 넘치는 시간이었다.

신학공부, 목회, 유학, 그리고 교수생활

신학공부와 목회

서인선은 성결교신학교 재학 시절, 예성 교단의 신실한 목회자이자 교수들 및 외부의 훌륭한 강사들을 통해 성경, 신학 등 많은 것을 배웠다. 특히 출강하던 서울대학교 종교학과 교수 신사훈 박사(申四勳, 1911~1998)에게 깊은 인상을 받았다.[12] 그의 해박한 성서원어, 독일어 등 현대 외국어, 성경 지식들과 철저한 복음적 신학은 서인선을 매료시켰다. 또한 복음에 대한 뜨거운 열정 및 이단들, 특히 통일교로부터 복음의 진리를 지켜내고자 투쟁하는 모습은 젊은 신학생에게 큰 충격을 안겼다.

서인선은 신학교에 입학기 전 스스로 헬라어를 공부하기도 하고, 신학 영어 원서들을 닥치는 대로 읽기도 하고, 또 3년의 신학과정을 마쳤으나, 목회를 시작하기 전 공부를 더해야겠다는 생각이 들어 1977년 2월 신학교를 졸업한 후, 직장(한전)에 사표를 내고, 서울신학대학원에 입학하여 성서신학(M. A.)을 전공했다. 그해 4월에 곽영순(郭英順, 1952~)과 결혼했다.[13] 서울신학대학원에서 수학하는 동안 공부에 어느 정도 전념하면서 서인선은 보다 넓은 학문의 세계에 눈을 돌릴 수 있었다.

서울신학대학원을 졸업하게 될 즈음 1978년 이른 겨울에 서인선은

---

12 신사훈(申四勳), 교수이자 목사는 정통신학과 복음으로 무장된 사람이었고, 통일교와의 이단 논쟁에 앞장서서 복음을 지켜냈고, 이로 인해 통일교 신자들로부터 똥물테러를 당할 만큼 투철하게 복음을 지켜냈던 분이다.

13 곽영순 사모는 조치원성결교회(기성, 당시 담임목사 송인구)에서 신앙생활을 하다 서울에 올라와 은천성결교회(기성)를 다니던 시절이었다. 후에 그녀는 남편 미국 유학 8개월쯤 후에(1985년 5월) 자녀들과 함께 합류하여 유학생활에 경제적으로 뒷바라지('가내장학금' 공급)를 했다. 남편 귀국 후 10년을 더 미국에 체류하다 2005년 2월 말에 귀국했다. 귀국 후 신학을 공부하고 목사 안수를 받고 나름대로의 사역을 하고 있다.

담임전도사로서 첫 목회 사역을 시작했다. 조치원성결교회(기성) 송인구 목사의 호출로 영당교회(기성)에 담임전도사로 부임하여 약 3년 6개월 동안 목회자로 사역하던 중 1981년 5월 13일 기독교대한성결교회 제36회 총회(장소: 신촌성결교회)에서 목사안수를 받았다. 목회하는 동안 오산리 기도원에서의 3주간 금식기도는 큰 영적 경험이었다. 그리고 틈틈이 목회에 필요한 훈련에 참여하기도 한다. 그 중 하나는 전도폭발훈련으로,[14] 다른 6명의 목사들과 함께 1981년 10월 미국 텍사스 주 캐롤톤의 제일감리교회에서 국제 전도폭발임상훈련을 받고 귀국한 것이다. 그러나 전도훈련 자료 등이 아직 우리말로 번역되지 않은 상태였고, 영당교회에서는 실시할 여건이 되지 못하였지만, 서울 영동성결교회 이창규 목사가 전도폭발훈련을 시작했을 때, 자료를 번역해주는 일을 도왔다. 이듬해 2~3월에 싱가포르 학개연구원에서 1개월 간 리더십 훈련 과정을 밟고 돌아온 일이 있는데, 그 동안 이창규 목사는 이만신 목사님께 전도폭발훈련을 소개하고 서인선 목사를 추천해놓았다.

서인선은 1982년 4월 중앙성결교회 부목사로 부임하여 교구, 전도훈련 및 새 신자 담당 목사로 사역하게 되었다. 교구사역은 큰 무리가 없었던 반면, 전도폭발 훈련은 기 신자 재훈련에 효과가 있었으나,[15] 전도의 열매로 인한 새 신자 확보는 기대에 미치지 못했던 것으로 보인다. 미국산 전도폭발의 한국 이식 초기에 겪는 어려움은 단시일에 극복하기가 쉽지 않았던 모양이다.

---

14 당시 미국 제임스 케네디 목사(Rev. Dr. James D. Kennedy)의 전도폭발(Evangelism Explosion III) 훈련이 왕성하게 발전하며 전 세계로 사역을 확장하고 있었는데, 1981년에 전도폭발국제담당부 총재인 버디 게인스 목사(Rev. Buddy Gaines)가 한국을 방문하여 전도폭발을 소개했다. 기독교대한성결교회 총회회관에서 세미나가 있었고, 이어서 현지에 가서 훈련받을 목회자들을 모집했다.
15 미국 유학을 위해 출국하는 공항에 배웅하러 나오신 권사님 한 분의 간증을 잊을 수 없다고 한다. "전도폭발 복음제시를 통하여 하나님의 은혜를 얻으려고 일하는 것이 아니라 하나님의 은혜를 받았기 때문에 일한다는 것을 절실하게 깨달았습니다."

미국 유학과 교수 생활
트리니티복음주의신학교(TEDS)

서인선은 1984년 9월에 드디어 미국 유학길에 올랐다.[16] 일리노이 주 디어필드에 있는 트리니티복음주의신학교(Trinity Evangelical Divinity School, 약칭 TEDS)로 유학을 떠날 때에는 M. Div. 과정 정도를 마치고 돌아오겠다는 막연한 생각이었지 박사학위를 받고 교수가 되어야겠다고 생각했던 것은 아니었다고 한다. 트리니티(TEDS)에서의 첫 학기(Quarter) 성적이 학교에서 볼 때 만족스러웠기 때문에 한국에서의 석사(M. A.)과정 학점을 전부 인정받은 결과 2년(여름학기 포함 7학기)에 M. Div. 과정을 마칠 수 있었다. 이 기간은 그로서 경험할 수 있는 최상의 신학교, 도서관, 그리고 일류 교수진과 함께 오로지 공부에만 전념할 수 있는 가장 행복하고, 진정으로 많은 것을 배운 시간이었다. 공부하는 동안 미국에서 접하게 된 세계적 교육시설과 교수진에 매료된 그는 이왕지사 온 김에 박사학위까지 마쳐야겠다는 결심을 굳히게 되었다. 그에게 있어 성경 해석과 복음주의적인 학문적 관점과 기초는 사실 트리니티에서 더욱 확고하게 다져졌다고 할 수 있다.

이 M. Div. 과정을 통해 서인선은 최고의 교수들을 통해 학문적으로 얼마든지 복음주의 신학과 성경에 대한 복음주의적 해석이 가능함을 보았다. 트리니티는 하나님의 말씀으로서 성경의 무오와 권위를 받아들이며, 그들의 가르침과 삶을 통해 성경의 권위에 대한 기본적인 자세를 보여준다. 서인선은 세계적인 복음주의 성서학자들인 칼슨(D. A. Carson), 오스본(Grant Osborne), 무(Douglas Moo), 맥나이트(Scot

---

[16] 당시 미국 유학 비자 받기가 쉽지 않았는데, 그는 미국 방문 및 귀국 기록이 있어 수월하게 비자를 받았다고 한다. 미국 유학은 이미 한전을 다닐 때부터 그의 가슴에 품고 있던 꿈이었다. 그는 여러 모양으로 꾸준히 영어를 배웠고, 한전에 근무할 때나 목회할 때에도 스스로 영어 공부에 소홀함이 없었다.

McKnight), 그루뎀(Wayne Grudem) 등을 통해 신약을 배웠다.[17] 또한 트리니티는 세계선교와 복음전파에 대한 열정이 강한 학교이며, 최고의 복음주의적 학문 성취를 추구하되, 교회를 위한 신학 형성에 관심을 두어 학문과 동시에 목회현장을 중요시했다. 수업 또한 현장목회와 학문적 통합 속에서 이루어졌다. 자연스럽게 참된 교수는 목회 현장경험이 동반되어야 한다는 사실도 새삼 깨닫게 된다.

시카고루터란신학교(LSTC)

트리니티에는 아직 박사과정이 개설되지 않고 1년 후로 예정되어 있어기 때문에 서인선은 M.Div. 과정을 마치고 시카고루터란신학교 (Lutheran School of Theology at Chicago, 약칭 LSTC)에서 박사학위 과정을 이수하기 시작했다.[18] 때는 1986년 가을학기였다. 그 과정은 신학석사(Th. M.)와 박사(Ph. D.) 학위 통합과정이며, 규정된 기간은 7년이었다. 그가 성서신학을 선택한 것은 중생 이후 일관된 관심사인 성경을 잘 알고 싶은 순수한 열정에서였다. 성서신학 중 신약신학을 택한 것은 신약성경이 특별히 귀한 은혜로 다가왔기 때문이다. 서인선의 지

---

17 그는 트리니티에서 과정 중에 다른 분야는 최소한의 이수로 만족하고, 최대한 신구약 성경 과목을 이수했다고 한다. 개괄적이기는 하지만 신구약 성경 전체를 배울 수 있었다.
18 LSTC는 미국복음주의루터교회(Evangelical Lutheran Church in America, 약칭 ELCA) 산하 신학교 중 하나로, 박사과정이 개설되어 있다. LSTC는 기본적으로 "예수 그리스도의 좋은 소식을 증언하는데 전념한다." 박사과정을 통해서는 지구촌 공동체 교회 지도자들과 신학자들을 양성한다. 입학원서를 내고 담당 교수들과 면접을 할 때, 서인선은 다음과 같은 취지로 질문을 던졌다고 한다. "저는 루터교도가 아니고, 학교는 루터교계통의 신학교다. 루터교 신학이 나의 학문에 어떤 영향을 행사할 것인가?" 면접위원은 다음과 같은 취지로 답했다고 한다. "특별한 영향을 행사하지 않는다. 자신의 신학적 입장에서 자유롭게 학문을 할 수 있다. 걱정하지 말고 학문에 집중하면 된다." 교단 산하의 신학교이지만 학문의 자유와 개방성이 허용되는 학풍임을 서인선은 공부하는 과정 중에 더욱 실감하게 된다. 신학적으로 LSTC는 TEDS와 같은 복음주의 노선의 학교는 아니다. 성서해석에 있어 어느 정도 개방적이며 비평적인 입장을 수용하기는 하지만 극단적인 관점을 취하지 않는다. 신학을 함에 있어서 항상 교회를 생각한다.

도교수는 처음에 댕커 박사(Frederick W. Danker, 1920~2012)였다. 그는 세계적인 주요 고전학자이자 그리스어사전편찬자 중 한 사람으로, LSTC에는 1983년부터 1988년까지 재직했다.[19] 은퇴한 댕커의 후임으로 로즈(Dr. David M. Rhoads, 1941~) 교수가 취임하고 서인선의 새 지도교수가 되었다. 그는 서사분석을 통해 복음서의 새로운 읽기를 개척한《이야기로서의 마가》(*Mark as Story*) 저자이며, 성경 암송 및 구연(口演, Oral Performance), 그리고 서사비평(Narrative Criticism)의 개척 및 발전에 천착한 사람이다. 당시 LSTC의 신약교수로는 댕커와 로즈 외에도 린스(Wilhelm Linss)와 크렌츠(Edgar Krentz)가 있었다.

서인선은 2, 3년의 코스워크 후 자격시험을 통과하고 박사학위논문 계획서를 작성했다. 방법론으로 고전수사학에 근거한 수사비평을 취하고, 주제로 고린도전서 15장에 대한 수사학적 분석을 택했다. 수사학을 학교에서 배운 적은 없으나, 논문계획서를 작성하는 과정에서 숱한 책을 통해 스스로 수사학을 공부하며 방법론으로 수사비평을 취하게 되는데,[20] 당시 유행하던 수사학적 신약연구의 영향 탓임을 부인할 수 없을

---

[19] 두 가지 일화가 있다. 초기에 댕커 교수가 서인선을 자기 연구실로 부르더니 헬라어 신약성경을 주며 읽고 해석해보라 하고, 들으시고는 "음, 헬라어 구조는 잘 파악하고 있군."이라고 하셨단다. 또 하나는 그의 고린도전서 세미나를 수강할 때 텀페이퍼 작성에 시간이 많이 필요해 학기 후반 중 두 번(=두 주) 정도 무단결석을 했다고 한다. 그 후 어느 날 점심시간에 메일박스를 체크하는데 댕커 교수가 앞에 나타나셨다. 서인선을 보고 씩 웃으시며 "두 번이나 빠졌으니, 네 학점은 기껏해야 B가 최고다."라고 하셨단다. 그러나 너그럽게도 A를 주셨다. 댕커는 은퇴 후 12년간 바우어의 영어판 헬라어 사전(BAGD)의 개정, 편찬 작업에 전념하였고, 그 결실이 *Greek-English Lexicon of the New Testament and Other Early Christian Literature*(Third Edition [BDAG], 2000년)이다. 이 3판에는 그가 수집한 20%이상의 새로운 재료가 첨가되었다고 한다.
[20] 지도교수 로즈는 너그럽게도 여러 경로를 통해 수사학에 접할 수 있는 기회를 제공하였는바, 시카고 지역을 방문한 캘리포니아 버클리의 Pacific School of Religion 신약학교수인 윌너(Wilhelm H. Wuellner, 1927-2004)를 만나 논문계획서를 토론할 수 있는 기회를 마련해주고, 또 인근 에반스톤의 Garrett-Evangelical Theological Seminary의 밥 쥬이트(Robert Jewett, 1933-2020) 교수의 로마서 강의를 청강하며 수사학적 분석을 접할 수 있도록 소개해주기도 했다.

것이다. 그러나 보다 긍정적인 측면에서 수사학적 분석을 하려면 성경 본문을 더 면밀하게 드려다 볼 수밖에 없을 터인데, 수사비평은 아주 훌륭한 석의 도구가 될 수 있으리라는 생각이 컸다고 한다. 고린도전서 15장을 택하여 기독교의 핵심인 (죽은 자의) 부활을 사도가 어떻게 설득해 나가는지 연구했다. 그는 예수의 부활에 대해 논쟁하지 않고 전제하는 자세를 취했다. 그의 논문은 학문적인 작업일 뿐 아니라, 신앙을 고백하고 확인하는 작업이기도 했다.[21]

성결대학교 교수 생활

서인선은 1993년에 드디어 7년의 박사학위(Ph. D.) 과정을 마쳤다. 그는 그 사이에 1989년경부터 서남침례대학교(SBU, 미주리 주 볼리바 소재) 시카고캠퍼스(한국인을 위한 분교)에서 강의도 하고, 또 1990년 3월부터 1994년 9월까지 디렉터(학감)로 섬기기도 했다. 서인선 박사는 1994년 9월에 성결대학교에서 한 학기 시간강사로 신약신학을 강의하고, 1995년 3월부터 전임교수로 임용되어 2015년 2월까지 20년간 신약 교수로 봉직했다. 그는 교수로서 현실적으로 연구보다 교육에 더 많은 시간을 할애할 수밖에 없었다. 학부, 석사, 박사 과정에서 두루두루 여

---

21 신서인선의 LSTC에서의 공부는 보다 폭 넓고 다양하게 이루어졌다. 그는 코스워크 과정 중 인근의 CTU(Catholic Theological Union), CTS(Chicago Theological Seminary), 그리고 시카고대학 교신학대학원(Divinity School of the University of Chicago, 약칭 DSUC) 등에서 적게는 한 과목, 많게는 세 과목까지 수강하기도 했다. 특히 DSUC에서의 두 과목 이수는 LSTC가 박사과정 학생들에게 부과한 의무였다. 서인선은 이때 베츠(Hans Dieter Betz, 1931–) 교수의 산상수훈세미나와 사도행전세미나를 통해 더욱 깊고 폭넓고 다양한 학문에 접할 수 있었다. 독일태생의 저명한 세계적 학자인 그는 이미 바울의 갈라디아서 연구에 각별한 영향을 끼친 바 있다. 그의 "The Literary Composition and Function of Paul's Letter to the Galatians," *NTS* 21 (1975) 353–79는 그리스–로마 수사학을 사용하여 최초로 신약성서 한 부분을 수사학적으로 분석한 것이고, 그의 *Galatians: A Commentary on Paul's Letter to the Churches in Galatia*(Hermeia; Philadelphia: Fortress, 1979)는 발견(Invention)과 배열(Arrangement)에 관하여 그리스–로마 수사학을 사용하여 서신을 전체적으로 분석하고 해석한 최초의 주석이다.

러 과목(예를 들면, 헬라어, 복음서, 바울서신, 바울신학개론, 성경해석학, 석의방법론, 신약개론, 신약신학, 로마서 세미나, 최근의 신약학 동향 등)을 가르쳤다. 이 기간 동안 교내에서 목회학과장, 한국성서연구소 소장, 교목실장, 성결신학대학원 및 신학전문대학원 원장으로 섬기고, 대외적으로 한국복음주의신약학회장을 역임하기도 했다. 정년퇴임 후에는 3년간 신대원에서 강의하면서 교과목 외에 신대원생을 위한 헬라어 공부반을 운영하면서 석의세미나 등을 개최하기도 한다.

저서와 학문적 공헌, 그의 신학사상

학위논문

서인선의 박사학위 논문 제목은 "Paul's Rhetoric in 1 Corinthians 15: An Analysis(고린도전서 15장에 나타난 바울의 수사: 한 분석)"이다. 논문은 서론, 1장 수사학과 수사비평, 2장 고전, 그리스-로마 수사학 이론들의 개요, 3장 고린도전서 15장에 대한 수사학적 분석, 그리고 4장 결론으로 구성된다. 서론은 문제 제기, 연구 목적 및 방법론, 명제 및 연구 계획을 서술했다. 1장은 서론, 어느 수사학: 옛 것 혹은 새 것?, 펠레만의 신수사학, 고전수사학: 우리의 선택, 신약 연구에 고전수사학을 사용함의 정당성, 고린도전서에 대한 수사학적 연구들, 우리의 방법론: 고전수사학 비평, 그리고 요약 및 결론을 제시했다. 2장은 서론, 수사의 종류, 수사술의 부분: 발견, 배열, 문체, 그리고 요약으로 고전수사학의 개요를 정리했다. 3장은 서론, 몇 가지 예비적 고찰, 고린도전서 15장의 수사학적 장르, 발견, 배열, 문체, 그리고 요약으로 논문의 핵심부분이다. 4장은 연구의 결과들을 요약하고 "고전수사학의 이론을 활용한 고린도전서 15장에 대한 우리의 수사학적 분석은 다시 사시고, 살아계시는 주를 믿는 모든 신자들의 궁극적 소망인 죽은 자의 부활에 관하여 바울이 말하는 것을 매우 주의 깊게 들을 수 있게 한다."(289쪽)고 천명한다.

이 논문은 예수 그리스도의 부활에 대한 논의가 아니었다. 오히려 예수 그리스도의 부활을 역사적 사건으로 전제하고, 죽은 자의 부활이 있다고 주장하는 바울의 수사법을 분석한 것이다. 논문의 명제는 "고린도전서 15장에서 바울은 역사적 사실이자 죽은 자의 부활의 한 예인 예수의 부활에 기초하여 미래에 있을 죽은 자의 부활의 확실성을 확증한다."(5쪽)는 것이다. 논문은 바울이 이것을 수사학적으로 어떻게 제시했는지 분석한다. 그리고 고린도전서 15장은 심의수사(Deliberative rhetoric)로 이해함이 가장 좋다고 논증하며, 동시에 배열과 관련하여 고린도전서 15장에 대한 가장 상세한 개요 중 하나를 제공한다. 이 논문은 물론 고린도전서 전체나 고린도전서 15장에 대한 최초의 수사학적 연구라든지 유일한 연구는 아니다. 이 논문의 특색 있는 점은 고린도전서 15장에 대한 가장 포괄적이며 상세한 고전수사학적 분석을 제공한다는데 있다.

이 논문은 대체로 호평을 받았으며,[22] 책으로 출판되었다. 즉, Insawn Saw, *Paul's Rhetoric in 1 Corinthians 15: An Analysis Utilizing the Theories of Classical Rhetoric*(Lewiston/Queenston/Lampeter: Mellen Biblical Press, 1995)이다.[23] 이 책은 다시 2014년에 《고전수사학과 고린도전서 15장》으로 번역 출판되었는데, 굳이 말

---

22 서인선, 《고전수사학과 고린도전서 15장》(안양: 도서출판 한국성서연구, 2014), 299-304. 그는 그의 논문에 대한 부정과 긍정의 평가가 모두 자신에게는 뿌듯함으로 다가온다고 고백했다. 학문의 대가들이 서로의 논문과 책에 오르내리며 평가될 수 있다는 것 자체가 성서학도로서 누릴 수 있는 큰 기쁨이라고 여겼다. 2021년 5월 14일의 인터뷰.

하자면 한국어 개정증보판이라 할 수 있다. 이 국역의 특징은 영문판에 없던 에필로그를 덧붙여 그 이후의 발전, 그에 대한 평가나 서평, 그리고 새로운 논의를 포함시켰으며, 원서의 난삽한 각주를 단순화하고 가능한 한 본문에 삽입하기도 하고, 또 국문 서적이나 논문, 역서를 추가하고, 영문판 이후의 영문 자료도 찾아내어 참고문헌을 업데이트한 것이다.

저서 및 역서

《성결교회는 성경을 어떻게 읽는가?》(2008년)

이는 서인선의 대표작이라 할 수 있는 것으로 3부 및 부록으로 구성되었다. 1부 "성결교회는 어떻게 성경을 읽었는가?"는 성결교회('예성')의 스승 되시는 이명직 목사, 김응조 목사, 그리고 조두만 목사의 성서 이해와 해석을 연구하고, 성결교회의 성서 이해와 해석의 특징 및 과제를 제시하였다. 성결교회('예성')는 1980년대까지 "오직 성경만으로"의 신앙정신으로 무장하고, 보수적이며 복음주의적인 성경관을 견지하고, 성경에 대한 학문적, 비평적, 분석적 조사를 도외시하고, 성경을 있는 그대로 받아들이며 해석하고, 석의 작업보다 영해에 힘쓰고, 사중복음(중생, 성결, 신유, 재림)을 성경해석의 요체로 삼아왔다. 2부 "성결교회는 어떻게 성경을 읽으려고 하는가?"는 1부의 연구 결과를 바탕으로 성결교회에서 더욱 튼실하게 확립해야 할 성서 이해와 해석 작업의 방향과 목표를 제시하였다. 즉, 성결교회의 성서론을 재확인하고 다듬는

---

23 Raymond E. Brown, *An Introduction to the New Testament* (ABRL; New York, 1997)은 '22장 고린도전서'에서 '편지 본론의 제4부(15:1–58)' 단락에 대하여 "여기서 바울은 예수의 부활에 관하여 복음을 묘사하고 다음에 그것으로부터 그리스도인들의 부활에 대한 함의를 끌어낸다."고 하면서 각주 41번(524쪽 n. 41)으로 서인선(I. Saw)의 책을 딱 하나 소개한다.

일, 영해와 교의적(증빙본문적) 성경 해석과 사용을 뛰어 넘어 성서 석의의 진작과 성서 주석 방법론을 확립하는 일, 복음주의적인 웨슬리안 성서 해석 방법론을 확립하는 일, 그리고 성결교회의 신앙과 예성의 특징을 담아내고 표현할 수 있는 성서신학을 수립하고 산출 하는 일 등을 제시하였다. 3부는 사중복음 중 성결과 신유에 대한 석의적 고찰을 담고 있다. 그리고 부록의 "신약을 어떻게 볼 것인가?"는 이러한 논의를 종합적으로 검토한 것이다. "신약을 보는 안목은 여러 각도에서 정의할 수 있는데, 저는 먼저 우리 신앙의 선배, 선생, 또는 스승들이 성경을 어떻게 보았는지 살펴보고, 다음으로 성경을 학문적으로 다루는 입장에서, 성경을 전체로 보는 성서신학 방법론적 관점에서, 성경의 다양성과 통일성의 시각에서, 그리고 성경을 우리의 신학적 유산 혹은 전통의 입장에서 보는 것에 대하여 차례로 말씀을 드렸습니다."(387-88쪽) 결국 이 책은 복음주의적 성서학의 발전에 맞추어 성결교회('예성')를 위하여 본격적인 성서 이해와 해석 작업의 설계도를 그려놓은 것이라 할 수 있다.

《신약의 문을 여는 마음》(2009년)

이는 학부생 및 신대원 초년생들을 위해 저술한 신약입문서이다. 복음서 부분은 원래 2003년에 《복음서 입문》으로 출판된 것인데, 합본하여 나머지 부분과 함께 출판한 것이다. 이는 초년 신학도들이 신약성서의 문을 열고 들어가 살펴보며 신약을 이해하도록 돕고 안내하는 책이라 할 수 있다. 좋은 신약개론 번역서들은 학적으로 수준이 높으나 신학초년생들이 이해하기는 쉽지 않은 문제가 있다. 이 책은 되도록 쉽게 써서 학문적으로 이해하기 어려운 점 등을 쉽게 이해하도록 보완해 줄 수 있다. 1장. 신약이란 무엇인가?, 2장. 신약성서의 세계, 3장. 복음서와 예수, 4장. 사도행전과 초기 기독교, 5장. 바울과 그의 편지들, 6장.

히브리서와 일반서신, 그리고 7장. 요한계시록으로 구성되었다. 처음 세 장에서는 신약이라는 책, 신학의 분류에서 차지하는 신약의 위치, 신약을 읽는 법, 신약과 구약의 관계, 그리스-로마 세계, 유대 세계, 복음서라는 책, 복음서 서론, 복음서 접근방법. 역사적 예수의 문제, 나사렛 예수라는 분 소개, 그의 가르침, 사도행전 서론, 원시기독교의출현, 사도행전의 연설들, 사도행전 읽는 방식 등을 소개한다. 나머지 넉 장에서는 각 서신이나 성경의 전통적인 개론적 문제들, 즉 저자, 연대, 수신자, 목적, 개요, 신학 등을 간단하게 다룬다. 개론 문제에 있어 전통적인 입장에 선다. 이 책은 나중에 소개하는 역서 《신약성서의 형성》과 함께 읽으면 신약을 이해하는데 큰 도움을 얻을 수 있다.

《신약에 나타난 부활: 무덤에서 영광까지》(1995년)

이 책은 해리스(Murray J. Harris)의 *From Grave to Glory: Resurrection in the New Testament*(1990)의 제1부("신약에서의 부활")을 번역한 것이다. 원서의 제2부는 해리스를 비판하는 가이슬러(Norman L. Geisler)에게 응답하는 가운데 1부의 내용을 상당히 반복하고 있기에 번역하지 않았다. 이는 서인선의 첫 번째 공식적인 번역 작품인데, 학위 논문의 소재인 고린도전서 15장을 연상하며 택한 것이다. 이 책은 크게 '그리스도 이전의 부활', '그리스도의 부활', 그리고 '그리스도 이후의 부활' 등 세 부분으로 구성된다. 세 번째 부분은 기독교적 부활관의 독특한 점과 결론도 담는다. 이 책은 "복음주의적 시각에서 부활에 관한 성경적 가르침을 가장 철저하게, 또 학적으로 다룬" 것이라는 평가를 받는데, 예수의 부활은 "입증할 수 있는 역사"라는 것과, "부활하신 상태에서 예수는 비물질적인 양식이나 물질적인 양식으로 표현될 수 있는 '신령한 몸'을 소유하셨다"라는 입장을 취한다. 즉 예수는 부활을 통하여 비물질적인 몸으로 변형한 것이 아니라, 마음대로 물질화 하거나 비물질화 할 수 있는 신령한 몸을 얻었다는 것이다. 부활하신 예수는 영원히 살아계시며, 죽음의 정복자이시며, 또 만민의 심판자이심을 보여주고, 이 부활하신 예수에 대하여 우리는 경건한 경외, 겸손한 경배, 그리고 단순한 믿음으로 응답함이 적절하다고 결론을 맺는다.

《신약성서의 형성》(2004년)

이 책은 팻지아(Arthur G. Patzia)의 *The Making of the New Testament*(1995)를 번역한 것으로, 총 일곱 장으로 구성되는데, 신약의 문헌 세계(제1장), 복음서(제2장), 바울 문헌(제3장), 그 밖의 신약 문헌(제4장), 정경의 기준(제5장), 신약 사본들의 쓰기, 복사, 및 전수(제6장), 그리고 본문의 이문들 및 본문비평의 실제(제7장)를 다룬다. 이 책은 신약개론은 아니지만 신약 저술들의 기원과 본질을 포괄적으로 이해하는데 많은 도움을 준다. 본문의 의미를 설명하는 책은 아니고, 일차적으로 신약에 관하여 제기되는 여러 질문에 대답을 하는 것이다. 부차적으로 여러 신약 분과의 통찰들을 결합하기도 한다. 따라서 이 책은 관련된 신약학문을 요약해줌으로써 비전문가들, 혹은 신학 초년생들이 이 분야들을 이해하기 시작하며 더 깊은 연구의 길로 들어설 수 있도록 인도한다.

성서를 연구·교육하는 정신 및 신학적 공헌

성경무오 입장을 취하고, "한 책의 사람"이 되게 하소서 정신

감리교회의 창시자 존 웨슬리(John Wesley)는 '한 책의 사람이 되게 하소서'(*Homo unius libri*, A Man of One Book)'라고 다짐했다.[24] 이는 성경만으로 충분하다는 신앙의 고백일 것이다. 성결교회는 이러한 정신을 이어받았다. 서인선 또한 그렇다. 그는 성경 무오를 믿고,[25] 성

서의 절대적인 권위를 인정하며, 오직 성경이 말하는 진리만이 우리에게 구원의 길을 보여줄 수 있음을 믿는다. 그는 성경을 하나님의 말씀으로 믿는 높은 성경관을 견지하고, 성경을 사랑하고, 또 성경을 가장 중요한 신학교육의 교과서로 삼았다. 동시에 성경 해석에 있어 복음주의 안에서 다양성이 있을 수 있음을 인정한다. 이는 그가 넓고 다양한 학계에서 자유롭게 공부하면서 자연스럽게 익힌 자세로 보인다.

서인선은 복음주의 성서신학계의 도전과 과제에 대하여, "학문적으로 성서학/계를 지배해오고 있는 … 실은 가치중립적이지 못하며, 전제들이 배제되지 않으며 철저하게 객관적이지도 못한, '편향된' 비평적 방법론들에 기초한 '비평적 정통'(critical orthodoxy)에 함몰되지 않고, 그것을 학문적으로 극복하며 … 독자적으로 복음주의에 입각한 성서신학을 수립하는 일"이라고 제안하며, 복음주의 성서신학(신약신학)은 "종교 개혁자들의 성서신학 하는 정신(*sola scriptura, tota scriptura*)을 이어받고, 계몽주의 영향의 역사적 비평주의를 극복하고, 하나님 말씀으로서의 성서를 순전히 역사적으로만 접근할 것이 아니라, 신학적으로 접근하고 해석해야 한다."고 주장한다.[26]

---

24 Basil Miller, *John Wesley*, 김지홍 역, 《탁월한 영적지도자 존 웨슬리》 (서울: 기독신문사, 2000), 179: "나는 날아가는 화살처럼, 삶을 통과해 지나가는 시간의 창조물이다. 나는 하나님으로부터 비롯된, 그래서 다시 하나님에게로 되돌아가는 영혼이다. 하나님은 은혜로우셔서 나에게 길을 가르쳐주신다. 그분은 그것을 책으로 기록해 놓으셨다. 아, 그 책을 나에게 주소서! 아무런 대가도 없이 하나님의 책을 나에게 주셨다! 난 그것을 가졌다. 여기에는 풍족한 지혜가 있다. 나를 '한 책의 사람'이 되게 하라. 이제 나는 인간의 분주한 길에서 멀리 벗어나 있다. 나는 홀로 앉아 있다. 오직 하나님만이 여기 계시다. 하나님의 현존 가운데 나는 그 분의 책을 열어 그 책을 읽는다."
25 성경에 대한 권위 논쟁으로는 불오(不誤, Infallibility)와 무오(無誤, Inerrancy)가 있다. 불오는 '신앙에 관하여는 오류가 없지만, 과학 역사적 기술에서는 오류가 있을 수 있다.'는 주장이며, 무오는 '성경이 주장하는 진리는 모두 오류가 없다'는 주장이다. 자세한 논의를 위해, 서인선, 《성결교회는 성경을 어떻게 읽는가?》, 150-158을 참고하라.
26 서인선, "21세기를 위한 복음주의 신약성서신학의 과제: 서론적 고찰", 「성경과 신학」 28(2000), 50-51.

성결교회(예성)의 성서신학 확립을 위해 노력한 성결인

서인선은 성결교회(예성)에서 성결교신학교 출신으로 성서신학 박사학위를 취득한 첫 번째 인물이다. 그만큼 그에게는 성결교회의 성서신학 확립에 대한 거룩한 부담감이 있었다. 그는 먼저 성결교회의 중요한 교리인 사중복음(四重福音)의 성서신학적 배경의 바탕을 마련하기 위해 애썼다. 사중복음이 성서신학의 입장에서 볼 때 9가지 부분에서 고려해야 할 부분이 있음을 지적하며, 특히 성결과 신유의 성서신학적 고찰을 제안하기도 했다.[27]

특히 그는 학생들에게 성경석의에 대한 중요성을 강조했고, 웨슬리안적 성경읽기의 중요성을 주장했다. 신약성경 이해의 기초가 되는 헬라어공부에 집중하도록 독려했으며, 은퇴 후에도 대학원생들에게 따로 헬라어를 3년 동안이나 가르칠 만큼 열정을 보였다. 이러한 가르침에 도전을 받은 제자들은 각자의 목회현장에서 원어연구를 통한 설교에 집중했고 귀한 열매들을 맺었다.[28] 서인선의 성경석의에 대한 열정의 결실은 그의 디모데전서와 디도서주석이라는 열매로 드러난다.[29] 그는 성결교회(예성)의 성서신학의 기반이 견고해지고 성장해 가기를 간절히 염원하며 노력을 기울였다. 다만 교수로서 제안한 성결교회성서읽기의 설계도에 따른 작품을 많이 내지 못한 아쉬움이 크다고 고백한다.

수사학적 성서연구를 도입한 학자

논문이 나온 지 20여년이나 지나 서인선은 자신의 박사학위 논문을 국역으로 출판했다. 굳이 국역을 낼 필요가 있는지에 이론이 있을 수

---

27 서인선, 《성결교회는 성경을 어떻게 읽는가?》, 254-351.
28 한국교회가 주목하고 있는 서울 신촌아름다운교회 이규 목사는 이러한 영향으로 매 설교시간을 성도들과 함께 원어를 살펴보며 진행하고 있다.
29 《바울이 디도에게 보낸 편지 바로 읽기》(서울: 도서출판 솔로몬, 2012)와 《디모데전서》(서울신학대학교 개교100주년기념 성서주석; 부천: 서울신학대학교, 2014)가 그것이다.

있을 것이다. 그러나 이것이 서인선의 한국의 신학을 위한 마음이다. 서인선은 한국에서 고전수사학을 배울 기회를 누리지 못했고, 미국에서도 그런 기회는 없었다. 비교적 최근에는 외국 학자들의 수사학 관련 책들이 다수 번역되고 국내 학자들의 저술도 얼마간 있기는 하지만, 한국 신약학계에 수사학을 통한 연구가 그렇게 많다고 할 수 없는 실정이다. 신학도들의 서양고전에 대한 연구는 일천하고, 또 고전수사학에 대한 연구는 더욱 빈약한 것이 사실일 터인데, 이 부족한 부분을 조금이나마 보충하려는 시도에서 번역 출판을 하게 된 것이라고 한다. 이는 서인선의 의미 있는 공헌이라 할 수 있다. 서인선의 논문은 수사학 불모지였던 한국 신약학계에 성서본문에 대한 수사비평적인 연구를 소개한 것만으로도 그 가치를 인정받을 만하다.[30]

가식이 없는 신앙인으로, 후학을 사랑한 학자

필자에게 있어서 서인선 교수는 참스승이다. 진심으로 믿고 따를 수 있는 참스승으로 여전히 존재하고 계셔서 참으로 감사하다. 그는 솔직하고 가식이 없는 신앙인이다. 거드름을 피우거나 권위주의적인 모습을 찾기 어렵다. 필자와의 인터뷰에서 서인선 교수는 학위과정에서 겪은 영적 목마름에 대해 나누었다. 영적으로 건조하기 짝이 없는 학문적 논문에 왜 그토록 많은 시간을 쏟아 부어야 하는지에 대한 갈등과 회의, 그리고 마무리를 지을 수 있을 것인가에 대한 불안감으로 인해 한 동안 탈진을 경험하기도 했다고 한다. 너무 힘들어 거기서 그만 포기해버리고 싶은 유혹도 느꼈지만, 특히 가족(아내)의 격려에 힘입어 포기하지 못하고 끝내 마무리할 수 있게 되었다고 토로했다. 이것이 필자가 경험한 서인선 교수의 인간됨 중 한 면이기도 하다. 그는 자신을 포장하려

---

[30] 그는 국내에서 수사학 연구 및 발전에 많은 영향을 끼치지 못한 것에 대해 항상 아쉬움을 가지고 있지만, 성서본문에 대한 수사학적 연구의 석사학위 논문을 여러 편 지도하기도 했다.

하지 않는다. 진솔하게 드러내고 진솔하게 대한다. 항상 신실했지만 자신의 연약함을 인정하는 것을 부끄러워하지 않았다.

서인선 교수는 고등학교 때, 인격적인 회심을 경험 한 후 변함없이 그리스도를 신실하게 따랐다.[31] 한국 대학의 사정이 거의 다 그랬었지만 온전히 학문연구에 집중할 수 없는 환경 속에서도, 교육에 힘쓰는 한편, 끊임없이 연구하는 학자였다. 하나님을 향한 진실한 사랑은 이웃을 사랑함으로 드러나는데, 서인선의 후학 사랑은 그가 신학에 입문하는 신학도들을 위해 펴낸 책을 통해서도 알 수 있다. 그는 《신약의 이해》(2001년)를 공동 집필하여 신학을 시작하는 학생들에게 친절한 안내서를 제시하고, 또 《복음서입문》(2003년)을 출판하였으며, 이것을 확대하여 2009년에는 《신약의 문을 여는 마음》이라는 신약입문서를 내놓음으로써 신학생들이 신학에 들어설 수 있는 길라잡이를 제공했다. 필자가 이 교재를 통하여 후학들을 가르칠 때도 큰 도움을 받아 쉽고 바르게 신학의 입문을 소개할 수 있었다. 다른 어떤 책들에 비해 이 책들은 쉽게 쓰여 졌다. 그리고 다양한 이슈들을 다루고 있으며, 개론서로서의 역할을 충실히 해 낸다. 그가 후학들을 아끼는 마음이 아니었다면, 이러한 수고를 하지 않았을 것이다.

결 론

필자에게는 서인선 교수에 대한 감동적인 일화가 하나 있다. 박사과정을 일대일로 공부하면서 여러 번 여러 부분에서 질문을 던졌을 때,

---

31 필자가 박사과정 중 서인선 교수의 연구실에서 수업을 할 때 영어사전을 하나 보았는데, 거기에 '주님 사랑해요'라는 글귀가 쓰인 것을 보았다. 이 글귀가 궁금하여 물었을 때 '주님을 위한 공부를 하자. 주님을 사랑하는 마음으로 공부하자'는 생각으로 새겨 넣었다고 알려주었다. 필자는 그때 서인선 교수가 진심으로 주님을 사랑하며 그를 따르길 원하는 분이셨음을 다시 느낄 수 있었다.

막힘없이 풀어내시는 모습을 보며, 그의 진정한 실력을 볼 수 있었다. 대학원에서 여러 학생들을 대상으로 행했던 강의의 모습과는 사뭇 다른 모습에 감탄했던 일이다. 당시 학생들 사이에서는 교수님의 강의도 좋지만, 일대일로 만나서 진솔하게 질문할 때 풀어 주시는 그 실력을 경험하면 교수님의 학자로서의 능력을 보게 될 것이라는 소문이 있었는데, 이것이 헛된 소문이 아니었음을 느끼는 기간이었다. 그만큼 그는 한 사람에게 소홀하지 않았으며, 아낌없이 그의 모든 것을 내어주는 마르지 않는 샘이었다.

서인선은 수사학을 한국 신약학계에 소개하며 그 기초를 놓았다. 특히 성서비평 가운데 수사학적 비평의 발전이 미천한 상황가운데서 그의 수사학적 성서비평은 성경해석의 또 하나의 도구를 제시해 주었다.

그는 또한 성결교회를 소중히 여긴 학자였다. 그가 가장 애착을 갖는 저서 가운데 하나가 《성결교회는 성경을 어떻게 읽는가?》라고 서슴없이 말할 만큼 성결교회의 성경해석 및 연구의 발전을 위해 끝까지 노력했다. 그는 성경을 최고의 가치로 두었으며, "나로 하여금 한 책의 사람이 되게 하라"는 웨슬리의 외침을 가슴에 새기며 살았다. 서인선 박사는 성결교회(예성)와 성결대학교가 발전하는 과정에서 작지만 꼭 필요한 역할을 하였다. 정규 박사학위 소지자로서 성결대학교 신학대학원을 개설하는 창립멤버 중 하나였으며, 학문적 성경연구를 백안시하기까지 하는 분위기가 남아 있는 교단 상황에서 학문적 성경연구를 고양하기 위해 노력을 아끼지 않았다. 그는 성경대로 살아 내기 위해 오늘도 몸부림치는 학자 이전의 한 그리스도인이다.

경력

한국전력주식회사근무(부산화력발전소, 인천화력발전소) (1969. 2~1977. 2)
군복무(육군) (1972. 5. 13~1973. 5. 12)
(기성) 영당교회 담임전도사/목사 (1978. 12~1982. 4)
목사안수(제37회 기독교대한성결교회 총회) (1981. 5. 13)
미국, 국제전도폭발임상훈련 수료(Certificate) (1981. 10)
싱가포르, Haggai Institute 리더십훈련 과정수료(Certificate) (1982. 3)
(기성) 중앙성결교회(서울) 부목사 (1982. 4~1984. 9)
미국, SBU Chicago Campus 디렉터 (1990. 3~1994. 6)
성결대학교 교수(신약학) (1995. 3~2015. 2)
성결대학교 목회학과장 (1998. 4~1999. 2)
(예성) 강서교회(서울) 협동목사 (1998. 3~2012. 2)
한국성서연구소 소장 (2002. 5~현재)
한국복음주의신약학회 회장 (2004. 4~2006. 4)
성결대학교 교목실장 (2004. 3~2005. 2)
성결대학교 신학전문대학원, 신학대학원 원장 (2007. 3~2008. 2)
안양 생명의 전화 이사 (2007. 4~현재)
(예성) 신촌아름다운교회(서울) 협동목사 (2012. 3~2017. 8)
(예성) 참빛누리교회(안양) 협동목사 (2017. 9~현재)
한국신약학회 감사 (2013. 4~2014. 4)

연구 목록

● 학위 논문
▶ 박사

"Paul's Rhetoric in 1 Corinthians 15: An Analysis" (Ph, D., Lutheran School of Theology at Chicago, 1993).

▶ 석사

"요한문헌으로 본 구원론 연구: 복음서와 제1서신을 중심으로" (M. A., 서울신학대학대학원, 1978. 12).

● 저서

Paul's Rhetoric in 1 Corinthians 15: An Analysis Utilizing the Theories of Classical Rhetoric(New York: Mellen Biblical Press, 1995). 박사학위 논문 출판.

『알기 쉬운 신약의 이해』. 공저. 안양: 성결대학교출판부, 2001.

『복음서 입문』. 서울: 기독교문서선교회, 2003.

『성결교회의 성서이해와 해석』. 안양: 성결대학교출판부, 2004.

『성경종합시험문제집』. 편저. 안양: 성결대학교신학대학원, 2008.

『성결교회는 성경을 어떻게 읽는가?』. 안양: 도서출판 잠언, 2008.

『신약의 문을 여는 마음: 신약입문』. 파주: (주)한국학술정보, 2009.

『서인선 교수 회갑기념 논문집』. 편저. 안양: 기념논문집편찬위원회, 2009.

『바울이 디도에게 보낸 편지 바로 읽기』. 서울: 도서출판 솔로몬, 2012.

『현대인과 성경』. 공저. 안양: 성결대학교출판부, 2013.

『디모데전서』. 서울신학대학교 개교100주년기념 성서주석. 부천: 서울신학대학교, 2014.

『고전 수사학과 고린도전서 15장』. 안양: 도서출판 한국성서연구, 2014

● 역서

Murray J. Harris. 『신약에 나타난 부활』. 서울: 기독교문서선교회, 1995.
J. Harold Greenlee. 『성결에의 초대』. 서울: 도서출판 솔로몬, 1996.
John H. Dobson. 『신약 헬라어 교본』. 서울: 도서출판 은성, 1997.
Charles W. Carter, eds. 『현대 웨슬리 신학 II』. 공역. 서울: 대한기독교서회, 1999.
Arthur G. Patzia. 『신약성서의 형성』. 서울: 기독교문서선교회, 2004.
Mark L. Bailey, Tom Constable. 『신약성경의 탐험』. 공역. 서울: 기독교문서선교회, 2007.

● 논문

"A Classical-Rhetorical Analysis of 1 Corinthians 15", 「성결대학교 교수논문집」 24(1995), 173-85.
"마가복음 14:32-42(겟세마네 장면)의 한 연구", 「믿음으로 일하며: 광영 한강수 장로 명예 신학박사 취득 팔순 기념 문집」 (안양: 성결대학교, 1996), 362-75.
"수사비평이란 무엇인가?: 신약성서와 수사비평", 「신약논단」 2 (1996), 191-214.
"고린도전서 8:6에 대한 연구: 창조신학과 관련하여", 「성결신학연구」 1 (1996), 237-47.
"An Exegetical Investigation of Luke 6:20-26: The Beatitudes According to Luke", 「성결신학연구」 2 (1997), 161-73.
"An Exegetical Investigation of Galatians 2:1-10", 「성결대학교 교수논문집」 26 (1997), 119-30.
"이명직 목사의 성서해석", 「성결교회와 신학」 2 (1998), 106-34.
"첨단 기술사회와 '역사적 예수'", 「한국개혁신학」 4 (1998), 233-64.
"신약에서 본 성결교회와 세대주의", 「성결교회와 세대주의: 성결대학교 개교 37주년 기념세미나 논문집」(1999), 133-50.

"A Quest of the Messianic Self-Consciousness of Jesus", 「성결대학교 교수논문집: 신학·자연과학편」 28 (1999), 105-15.

"An Exegetical Study of Hebrews 6:4-6", 「성결신학연구」 4 (1999), 103-13.

"신약성서에 나타난 성화 개념", 「신약논단」 6 (2000), 295-320.

"21세기를 위한 복음주의 신약성서신학의 과제: 서론적 고찰", 「성경과 신학」 28 (2000), 48-79.

"신약에서 말하는 '가르침'과 '교육': 새천년 성결교회의 교육을 위하여", 「성결한 신앙과 신학: 은천 성기호 박사 60회 생신 기념논문집」(안양: 성결대학교, 2000), 315-39.

"생명 복제 논쟁에 대한 신약성서적 근거", 「성결신학연구」 5 (2000), 101-11.

"The Roman Imperial Cult and the Apocalypse 13", 「성결대학교 교수논문집: 신학편」 29 (2000), 113-27.

"부활체의 본질은 무엇인가?", 「신약논단」 8/1 (2001), 149-74.

"The Relationship Between Husband and Wife in the New Testament", 「성결신학연구」 6 (2001), 129-40.

"Paul's Opponents in 2 Corinthians", 「성결대학교 교수논문집: 신학·자연과학편」 30 (2001), 121-35.

"An Exegesis of Romans 10:1-13", 「성결신학연구」 7 (2002), 107-19.

"A Study on the Word 'Firstborn'(prwto,tokoj) in the New Testament", 「성결대학교 교수논문집: 신학·자연과학편」 31 (2002), 121-33.

"A Study of Romans 10:8-10: With Special Reference to the Formula KyriosIesous", 「성결대학교 교수논문집: 신학·자연과학편」 32 (2003), 111-23.

"The Message of the Cross Reminded: An Exegetical Study of 1 Cor. 1:18-25", 「성결신학연구」 8 (2003) 79-92.

"신약성서의 통일성과 다양성: 복음주의 시각에서", 「한국복음주의신약학연구」 3 (2004), 9-48.

"Unity and Diversity in the New Testament: An Evangelical Perspective", 「Bible & Theology」 35 (2004), 186-223.

"영암 김응조 목사의 성서해석", 「한국개혁신학」 15 (2004), 300-26.

"신약성경에서의 치유", 「기독교문화연구」 2 (2005), 75-117.

"종교 다원주의 논쟁에 있어 예수의 유일성: 신약성서의 관점에서", 「한국개혁신학」 18 (2005), 93-129.

"바울의 편지들에 나타난 기도에 대하여", 「성결신학연구」 12 (2005), 133-68.

"예성 100주년과 신약신학", 「성결신학연구」 13 (2006), 127-208.

"한국 신학교육, 이대로 좋은가?: 신약신학 과목의 교육 방법론과 커리큘럼을 중심으로", 「성경과 신학」 40 (2006), 41-73.

"신약윤리: '그리스도의 법'을 성취하라", 「성결신학연구」 15 (2007), 65-88.

"로마서, 어떻게 읽을 것인가?", 「성결신학연구」 16 (2007), 99-116.

"이신칭의", 「성서마당」 17 (2008, 여름), 62-74.

"'중생'에 대한 성서신학적 조명", 「성결신학연구」 17 (2008), 49-71.

"신약(성경)을 어떻게 읽을 것인가?", 「성결신학연구」 18 (2008), 57-78.

"한국교회 성장과 성경연구", 「성결신학연구」 19 (2009), 49-64.

"부활에 대한 성경적 가르침", 「성결신학연구」 20 (2009), 41-62.

"고린도전서 6:1-11에 대한 석의적 연구: 그리스도인들 가운데 일어난 법정소송", 「성결신학연구」 21 (2011), 25-52.

"골로새서의 저작권에 대하여", 「성결신학연구」 22 (2011), 25-45.

"이신칭의와 선행에 대하여: 갈라디아서 및 목회서신을 중심으로", 「성결신학연구」 23 (2011), 79-108.

"골로새서 헬라어 본문의 한글 번역들에 대한 비교 연구", 「성결신학연구」 24 (2012), 27-54.

"골로새 '이단'에 대하여", 「성결신학연구」 25 (2013), 63-91.

● 기타

"시간의 선용", 「성결대학보」, 제○○○호 (1996. 4. 22), 3면(교수칼럼).
"신약강해: 데살로니가 전후서", 「활천」 통권 566-577호(2001. 1-12), 12회 연재.
"신약강해: 디도서", 「활천」 통권 578-589호 (2002. 1-12), 11회 연재.
"봄의 단상", 「성결대학보」 제267호 (2007.4.20), 6면(교수칼럼)
"예성의 신학적 정체성", 「성결신문」 제192호 (2007. 11. 19), 10면(논단).
"오늘의 신학 동향: 신약학", 「기독교신문」 제1911호 (2008. 1. 6), 21면.
"성결대학교 총장 선출방식을 위한 제언", 「성결신문」 제213호 (2008. 10. 16), 9면(긴급제언).
"성결교회는 성경을 어떻게 읽는가?", 「성결신문」 제221호 (2009.2.19), 10면(논단).
"사순절 성경 묵상: 예수 그리스도의 시험 1 (마태복음 4:1-4)", 「들소리신문」 제1323호 (2009. 3. 21), ○○면.
"사순절 성경 묵상: 예수 그리스도의 시험 2 (마태복음 4:5-7)", 「들소리신문」 제1324호 (2009. 3. 28), ○○면.
"사순절 성경 묵상: 예수 그리스도의 시험 3 (마태복음 4:8-11)", 「들소리신문」 제1325호 (2009. 4. 4), ○○면.
"부활 묵상: 예수 그리스도의 부활 반대에 대한 반박", 「들소리신문」 제1326호 (2009. 4. 11), 12면.
"성경적 복음과 기독교로의 부름", 「성결신문」 제358호 (2014. 11. 19), 11면(논단).

예성 강서교회에서 청와대 경내 방문 중
사모님과 함께 | 2010년

성결대 헬라어 수업 중 | 1995년 1학기

에베소에서 | 2018년 2월

학회에서

성결대 신대원 바울서신 종강 후 | 2017년 2학기

성결신학대학원 졸업여행 | 이스라엘·요르단·터키, 2018년 1월 29일~2018년 2월 9일

필자 김영묵 박사와 함께

김영묵 박사

성결대학교 기독교교육학과
성결대학교 신학대학원 목회학 석사 (M. Div.)
성결대학교 신학전문대학원 신학석사 (Th. M.) 신약신학
성결대학교 신학전문대학원 신학박사 (Th. D.) 신약신학

예수교대한성결교회 필그림교회 개척 (2005~2019)
예수교대한성결교회 신림제일교회 담임 (2019~현재)

학위논문_"고린도교회의 문제 해결을 통해 본 바울의 교회론 – 고린도전서를 중심으로", 성결대학교 신학전문대학원, 2014.
"A study in Paul's Ecclesiology from His Responses to the Corinthian Problems – With Special Reference to 1Corinthians"

송창근 박사

송창근 박사의 생애와 신학

유윤종_평택대학교 피어선신학전문대학원장

피어선성경학원(현, 평택대학교) (1919)
일본, 청산학원 신학부 (1926)
미국, 샌프란시스코신학대학원, 프린스턴신학대학원 수학 (1926~1928)
미국, 웨스턴신학대학원 (1930, 신학석사)
미국, 아일리프신학대학원 (1931, 신학박사)

남대문교회 조사 (1919~1920)
독립운동 창가 사건으로 징역형 (1920)
동경, 조선기독청년회(YMCA) 이사 (1923~1926)
평양, 산정현교회 담임목사 (1932~1936)
부산, 성빈학사 운영 (1936~1937)
수양동우회 사건으로 투옥 (1937~1938)
조선신학교 설립준비 (1939~1940)
김천, 황금정교회 담임목사 (1940~1945)
조선신학원 신약 및 목회신학 교수 (1945~1950)
조선신학원 제4대 원장 (1946~1949)
인민군에 의한 납북 (1950)

서 론

  만우 송창근은 1898년 함경북도 경흥군에서 출생하여 1950년 북한 인민군에 의하여 납북될 때까지 52년을 살았다. 납북 이후의 상황은 잘 알려지지 않았다. 납북 당시 이미 병약한 상태였던 송창근은 납북 후에 곧 사망하였다고 전해진다. 추락해가던 조선 왕조 말기에 한반도의 주변부 지역에서 태어나 12세에 경술국치를 경험하였고, 인생의 황금 시기를 일본 제국주의가 팽창하고, 절정을 맞이하고 몰락했던 시대를 살았다. 식민지 조선인 기독교인으로 남다른 민족정신을 품고 큰 배움의 열망을 가졌던 그는 선교사들이 지배하던 조선에서의 신학교육에 한계를 느꼈다. 1919년 피어선기념성경학원을 졸업하고 3.1 운동 및 독립운동 관련 창가 인쇄 및 배부 사건으로 수감생활을 한 후 본격적인 신학의 세계를 탐구하고자 일본으로 유학을 갔다. 일본의 고베신학교를 거쳐 자유로운 분위기의 청산학원 신학부를 졸업하였다. 이어 미국으로 건너가 대학원 과정을 공부하였다. 샌프란시스코, 프린스턴신학대학원을 거쳐 웨스턴신학대학원에서 석사과정을 마치고, 덴버의 아일리프신학대학원에서 신약학으로 박사학위를 받았다. 1916년 피어선성경학원 입학부터 1931년 박사학위를 받기까지 15년 동안 사역을 위한 신학의 세계를 심도 있게 탐구하였다. 당시 최고의 학위와 인품을 가졌던 실력자였지만, 당시의 주류였던 평양신학교를 나오지 않아 주류 장로교의 주변부를 맴돌았다.

  1932년 평양의 산정현교회에 부임하여 목회를 시작했지만, 약 4년 뒤 목회 현장에서 갈등이 일어나자 미련 없이 사임하고, 부산으로 가서 평소 그가 원했던 빈민들을 위한 사역에 몰두하였다. 1936년 4월 성빈학사를 세워 운영하였지만 오래 가지 못하였다. 1937년 10월 독립운동가들이 연루되고 투옥되었던 수양동우회(도산 안창호가 만든 단체) 사건으로 그는 다시 투옥되어 고문을 받아 몸이 만신창이가 된 뒤 재판을 받고 무죄로 풀려난다. 일제의 감시하에 제대로 활동할 수 없었다. 일제의 광기는 극에 달하여 탄압은 점차 심해졌다. 신사참배를 강요하자 평양신학교는 문을 닫았다. 이에 조선교회의 목회자 양성이 단절될 수 있다는 위기를 느꼈던 송창근은 '조선신학교' 설립을 계획하고 준비하였다. 일제는 송창근이 나서서 하는 모든 일을 막았다. 따라서 북간도 용정에 교사로 있던 후배인 김재준을 불러 실질적인 업무를 맡도록 하였다. 1940년 그는 김천의 황금정교회의 목사로 갔다. 김천에서도 그에 대한 일제의 감시와 탄압은 지속되었다. 이 기간 김정준, 공덕귀, 정대위 등 그의 제자들을 불러 사역을 맡겼다. 일제는 송창근이라는 거물을 이용해 이리저리 데리고 다니면서 강연을 맡겼고, 조선 기독교의 책임 있는 자리에 앉혔다. 그것은 영광의 자리가 아니라 굴욕의 자리였다. 송창근은 치욕적인 심정을 견디며 그 기나긴 어둠의 역사를 통과하였다. 1945년 8월, 일제는 마침내 패망하였다.

 1945년 해방이 된 후 송창근은 서울로 올라와 조선신학원의 신약학 및 목회학 교수를 맡았다. 1946년 송창근은 조선신학원 4대 원장으로 근무했으며, 정규대학과정으로 승격시켰다. 당시 한국 유일의 정규 대학과정 신학교가 되었다. 이후 조선신학교는 총회신학교로 점차로 조직을 갖추어 나갔다. 1947년 송창근은 두 가지 문제에 직면하게 되었다. 첫째 신학생 51명이 총회에 낸 진정서 사건이다. 세 명의 교수가 자유주의 신신학을 강의한다는 것이다. 송창근, 김재준, 정대위 교수를 지목하였다. 김재준 교수의 고등비평학 강의가 주된 공격의 대상이었다. 원장으로 있던 송창근은 총회가 갈라지지 않도록 원만한 해결을 위해 애썼다. 총회는 이들의 제명을 결정하였다. 그러나 당시 조선신학원 이사회는 송창근의 의견을 존중하여 총회의 결정을 따르지 않았다. 문제는 덮인 채 봉합되었다. 송창근이 납북된 후 1953년 제38회 총회에서 김재준, 서고도 목사는 결국 제명되고 장로교는 갈라지게 되었다. 송창근을 아는 역사가들은 송창근이 있었다면 한국 장로교가 분열되지 않았을 것이라며 송창근의 부재를 안타까워하였다. 자유롭고도 휴머니즘적인 송창근의 지도력이 포용적이었음을 간접적으로 알 수 있다. 둘째, 친일시비였다. 마지못해 일제의 강요 때문에 맡았던 자리로 인하여 출옥 성도들이 제기한 친일시비가 벌어졌다. 송창근은 충격을 받고 자신감을 잃고 위축되었다. 마침 미국의 밥존스대학의 초청장을 받은 뒤 미국으로 가서 조선신학원을 위한 모금 활동을 하다가 뇌출혈로 쓰러지고 말았다. 겨우 몸을 추슬러 1950년 3월 서울로 돌아왔다. 6.25가 터졌고, 조선신학원을 지키고자 남아 있었던 송창근은 납북되었다.

그는 13세가 되던 1911년에 6년 연상의 김재권과 결혼하여 2남 3녀를 두었다. 장녀 한나, 장남 윤규, 차남 승규, 차녀 옥순, 삼녀 시온 중 한나, 윤규, 승규는 별세하였고, 옥순과 시온은 미국에 살고 있다.

송창근의 생애와 사역

송창근 삶과 신앙과 신학의 뿌리

연해주와 북만주로 가는 길목에 있었던 함경북도 경흥군 웅기면 웅상동은 송씨와 안씨로 구성되었는데, 정확한 때를 알 수는 없지만 일찍부터 기독교를 받아들였다. 독립운동을 위해 수많은 사람이 오고 가던 길목에 위치해 민족의 울분을 체감할 수 있던 곳이었다. 송창근은 기독교와 민족정신이 강하게 결합 되어 있던 토양에서 성장하였다. 그가 다녔던 몽새교회에는 김관식, 채필근이 목회했던 곳이었다. 쾌활하고 진취적인 성격의 송창근은 어릴 때부터 목사가 되겠다는 결심을 하였다. 아버지 송시택은 목사가 되겠다는 아들을 못마땅하게 여기고 신학문보다는 농사를 권하였다. 송창근은 가난한 농사꾼의 집안의 5남매 중 장남이었지만 어릴 때부터 큰 뜻을 가졌다. 종숙이었던 송시명은 송창근의 총명함을 알아보고 신학문을 위해 북간도 행을 권유하였다. 하지만 송시택은 장남 송창근이 만 12세가 되었을 때 6살 연상의 김재원과 결혼을 시켰다.

하지만 송창근은 공부가 미치도록 하고 싶어 북간도로 야반도주하였다. 북간도의 명동촌에서 명동소학교를 졸업한 후 명동중학교로 진학하였다. 활달하고 의협심이 강했던 송창근은 중국인 악덕 고리업자가 부채를 감당할 수 없었던 조선인의 아내를 빼앗자 격분하여 그 중국인 집을 찾아가 조선인의 아내를 빼내어 주고 도망쳤다.

그는 소양자(현재의 연길시 근처로 명동촌과는 40km 떨어짐)에 위치했던 광성중학교(소양자 중학교로도 불림)에 입학하였다. 독립군 학교로 불리었던 광성중학교에서 송창근은 이동휘(1873~1935)를 만났다. 이동휘는 1897년 서울의 무관학교를 졸업하고, 1907년 헤이그 밀사 파송 사건 및 강화 봉기의 배후 및 주동자로 체포된 후 풀려났다. 그 후 민족의 미래가 기독교와 교육에 달려있음을 깨닫고 기독교 신앙에 근거한 민족교육에 투신하였다. 강화도 지역에서 72개의 학교를 설립했다. 그러나 일제의 탄압으로 1913년 북간도로 망명한 후 약 1년간 교육에 힘쓴다. 그 후 1918년에 한인사회당을 만들었고, 1919년 11월에는 임시정부 국무총리가 되었다.

송창근이 이동휘를 만난 것은 이동휘가 광성중학교 교장으로 있었던 1913~14년 무렵이었다. 이동휘는 총명했던 소년 송창근을 매우 아껴 심부름꾼으로 데리고 다녔다. 송창근은 이동휘의 영향을 강하게 받았다. 광성중학교의 재정이 어렵게 되자 이동휘는 궁여지책으로 송창근을 데리고 산골로 피신하며 이동휘가 마적에 납치되었다는 소문을 퍼트렸다. 교포들이 속량금을 가지고 오면 그것으로 재정적인 위기를 극복하려는 생각이었다. 그러나 그 계책도 소용없게 되자 이동휘는 시냇가 바위에 앉아 "이 민족, 이 백성을 어찌할꼬"라고 통곡하였다. 할 수 없이 이동휘는 시베리아로 떠나게 되었다. 함께 따라나서려 했던 송창근에게 "너는 본국에 가서 목사가 되라"고 권면하면서 돌려보냈다.[1)

이동휘에게 받았던 감화는 이후 전개된 송창근의 삶에 결정적인 영향을 미치게 되었다. 송창근의 삶은 민족의 선각자였던 이동휘의 "이 민족, 이 백성을 어찌할꼬"라는 통곡에 대한 응답이었다. 송창근의 삶을 이끌었던 '민족교회, 민족목회, 민족신학'이라는 삶의 이정표는 그가 태어났던 고향의 지리적 특수성, 기독교 신앙의 울타리, 그의 삶에 결정적인 영향을 미쳤던 이동휘에 의해 세워졌다.[2)

송창근의 인간적 특징

송창근 삶의 공간적 요람은 함경북도 경흥이라는 조선반도의 경계인 외딴곳이었고, 시간적 요람은 일제의 식민통치기였다. 뜻을 가진 자로 그 뜻을 펼치면서 살아가기에는 매우 어려웠다. 그 가운데서도 송창근은 자신의 역할을 다하기 위해 열과 성을 다하였다. 그는 배우는 것을 좋아하였다. 일찍부터 개화사상을 받아들인 환경 탓에 매우 진취적이었다. 그는 자신이 처하였던 상황을 탓하기보다는 그 상황을 극복하기 위해 노력하였다. 자신이 뜻하는 독립적 삶을 위해 평생을 나그네로 사는 삶을 마다하지 않았다. 12세의 어린 나이에도 배움에 대한 열망이

---

1 유윤종, "송창근: '이 민족, 이 백성을 어찌할꼬?'에 대한 응답으로서의 신앙과 삶," 『피어선의 사람들』(퍼플, 2021), 207-208.
2 유윤종, "송창근," 208.

커서 갓 결혼한 신부를 홀로 두고 야반도주하여 북간도의 여러 지역을 떠돌면서 교육을 받았다. 12세에 고향을 떠났다가 17세 무렵 고향으로 돌아와 잠시 머물다가 목사가 되고자 서울로 갔다. 서울에서 피어선 성경학원을 졸업하고, 남대문교회의 조사(전도사) 및 YMCA에서 활동 하다가 다시 일본으로 갔다. 일본과 한국을 오가다가 일본에서의 유학을 마치고 더 큰 경험을 위해 미국으로 유학을 가서 박사학위를 마치고 귀국하였다. 피어선성경학원에서 미국에서 박사학위를 받기까지 신학 공부에 총 15년을 보냈다.

박사학위를 취득한 후 귀국하여 평양의 산정현교회에서 4년을 목회하다가 사임하고 부산으로 갔다. 부산에서 성빈학사를 세웠지만 수양동우회 사건으로 그만둘 수밖에 없었다. 다시 서울에 올라와 조선신학교 설립을 추진했지만, 일제의 감시 아래 있던 송창근은 빠질 수밖에 없었다. 그 후 김천의 황금정교회에서 약 4년간 목회 활동을 하였다. 해방 후 다시 서울에 와서 조선신학교 교수를 맡았지만, 한국전쟁 후 납북되었다.

12세에 학업을 위해 야반도주부터 1950년 납북될 때까지 총 40년 동안 송창근의 삶의 궤적은 철저히 나그네였다. 그는 한 곳에 5년 이상을 머문 적이 거의 없었다. 그의 삶을 시공간으로 추적하면 다음과 같다. 북간도(5년), 서울(7년), 일본(4년), 미국(5년), 평양(4년), 부산(1년 반), 서울(2년), 김천(4년), 서울(5년). 북간도에서도 여기저기 떠돌아다녔고, 목사가 되기 위해 올라온 서울에서 7년 동안 살았지만 동가숙서가식이었다. 감옥생활도 6개월 치렀다. 일본에서는 동경, 고베 등을 떠돌아다녔다. 미국에서는 샌프란시스코, 프린스턴, 피츠버그, 덴버 등으로 다녔다. 어느 곳을 가더라도 송창근은 인간적으로 잘 화합하고 적응하였다.

송창근의 삶 주위에는 사람들이 항상 몰려들었다. 그와 한경직과의 일화는 잘 알려져 있다. 송창근은 한경직을 프린스턴에서 만났다. 둘은 친구가 되어 서로 뜻이 맞아 아르바이트도 같이하였다. 그러나 후에 한경직은 폐결핵이 걸렸다가 회복은 되었지만, 귀국할 정도로 건강하지는 않았다. 그때 송창근은 덴버에서 박사과정을 공부하고 있었다. 송창근은 한경직을 덴버로 초대해 반년 가까이 직접 돌보아 주었고, 회복 후 한경직은 귀국할 수 있었다. 송창근이 납북된 후 한경직은 미국으로 갈 때마다 바쁜 일정을 쪼개어 송창근의 막내딸 시온을 방문하여 챙겼다. 주위 사람들이 그럴 필요가 있느냐고 의아해하면 한경직은 반대의 경우였다면 송 목사는 자기보다 10배는 더 했을 거라고 대답하였다.[3] 송창근은 동향 출신의 김재준을 기독교의 세계로 안내하고 평생을 동지로 지냈다. 미국 유학 중 아르바이트로 마련했던 비용을 김재준을 위해 선뜻 내놓았고, 웨스턴신학교로 간 뒤에도 더 좋은 조건으로 김재준이 올 수 있도록 도와주었다. 한국전쟁이 두 사람을 갈라놓을 때까지 두 사람은 끈끈한 동역자로 함께하였다. 송창근의 제자 사랑은 유명하다. 이장식, 김정준, 공덕귀, 정대위 등이 어려울 때 끌어주어 극복할 수 있도록 도와주었다. 그는 다정다감하고 따뜻하고 휴머니즘적이었으나 원칙을 지키는 엄격함을 보여주기도 하였다. 이에 대해 박한진은 송창근을 '높으면서도 낮고, 불이면서도 물, 때리는 방망이면서 어루만지는 손길, 그는 6척 미만의 체구에 온 천하를 소유하신 분'으로 불렀다.[4]

송창근의 인간적 특징 가운데 가장 큰 덕목은 기독교적 신학과 신앙을 실천해내는 삶이었다. 그는 자신의 원칙과 현실 사이에 갈등이 발생할 때, 자신에게 유리한 것을 취하기보다는 공동체의 유익에 우선하는 희생적 삶을 보여주었다. 산정현교회를 목회하면서 교회신축의 자금

3 송우혜, 『벽도 밀면 문이 된다: 송창근 평전』(서울: 생각 나눔, 2008), 236.
4 박한진, "불이면서도 물이신 분," 『만우 송창근 전집 II: 만우 송창근 목사에 대한 연구논문 및 회상집』(서울: 한국 기독교장로회 신학연구소, 2000), 381.

문제로 자신과 당회 사이에 갈등이 발생했을 때, 구차하게 버티기보다는 과감하게 사임하였다. 목회자로서 갖추어야 할 윤리성을 송창근은 잘 보여주었다. 그 후 부산으로 내려가 성빈학사를 세워 가난하고 어려운 사람들을 돕는 일을 실천하였다. 그가 동경하였던 성 프란시스코의 삶을 실천하였다. 그러나 수양동우회 사건으로 그마저도 중단되고 말았다. 성빈 학사 운영 당시 송창근은 거제도에 있던 전정율 장로를 만나게 되었다. 송창근 목사를 존경하였던 전정율 장로와 그 동생은 후에 송창근의 요청에 거제도 옥포의 땅 50만 평을 무상으로 기증해, 1947년 조선신학원이 대학과정의 조선신학교로 승격하는 데 큰 도움을 주었다.

송창근의 실천적 삶의 기저에는 '조선 민족'이 깔려있다. 그는 1920년, 1937년 두 번에 걸쳐 독립운동을 하다가 고문을 당하고 실형을 선고받고 징역을 살았다. 신앙과 신학이 민족과 연결되어 있음을 송창근은 삶으로 보여주었다. 평양신학교가 문을 닫게 되었을 때, 송창근의 조선인을 위한 신학교육의 단절을 막아야겠다고 생각하였다. 그의 꿈은 조선 민족을 위한 조선 신학교육의 독립이었다. 그는 선교사 중심이었던 신학교육마저 끊어지게 되자, 조선인에 의한 조선인을 위한 신학교육에의 꿈을 실현하고자 하였다. 일제의 감시하에 있었던 송창근은 그의 이름으로는 나설 수가 없었다. 그리하여 시작된 것이 조선신학원이었고, 조선신학교를 거쳐, 한신대학교가 되었다.

송창근과 이동휘, 성 프란시스, YMCA

사람은 시대나 환경의 영향을 받는다. 많은 영향 가운데 가장 큰 것은 사람을 통하여 이루어진다. 앞에서 이야기한 대로 송창근은 한반도의 끝자락인 함경북도 경흥군의 산골에서 태어나 어린 시절을 보내면서 조선인이라는 민족정신의 영향 아래 있었다. 그 가운데서도 중학교 시절 북간도에서 만났던 민족 지도자 이동휘(1873~1935) 선생으로부터 가장 큰 영향을 받았다. 그는 기독교에 입교한 후 애국 계몽운동을 통해 독립을 이루고자 했다. 북간도에서 연해주로 간 후 1917년 러시아 혁명이 성공하자 도움을 받고 사회주의자가 된다. 사회주의자로서 이동휘는 조선 독립에 대해 다음과 같이 설파하였다.

"이천만 동포는 다 최후의 일인(一人)이 필사(畢死)하기까지 최후의 일인(一人)의 혈점(血點)이 필적(畢滴)하기까지 독립을 필성(必成)코야 말 줄로 확신하노라."5)

이동휘는 임시정부 국무총리에 올랐지만, 이승만과 갈등을 빚은 후 사회주의자로서 조선의 혁명과 독립을 꿈꾸다 사망하였다. 송창근이 이동휘를 만난 것은 사회주의자로서의 활동 이전의 일이다. 따라서 송창근이 영향을 받은 시기는 이동휘가 교육을 통한 기독교 애국 계몽운동을 할 때였다. 그러므로 송창근이 이동휘로부터 받은 사상은 '기독교를 통한 민족 계몽운동'이었다고 볼 수 있다. 이동휘는 송창근에게 목사가 되라고 충고하였고, 송창근은 그 충고를 받아들여 목사가 되고자 하였다. 15세 무렵 이동휘를 비롯한 기독교 민족주의자로부터 형성되었던 송창근의 사상은 그의 평생의 이정표가 되었다.

송창근이 가장 존경했던 인물은 이탈리아 출신의 걸식승으로 알려진 성 프란시스(St. Francis, 1182~1226)였다. 이탈리아의 아씨시 출신의 프란시스는 집을 비롯하여 일체의 소유를 거부하고 매일 양식을 구걸하여 얻었고, 친절, 자비, 자연과의 사랑을 노래하며 탐욕에 물들어 타락했던 그 시대의 교회와 거스르는 삶을 살았다. 송창근은 성 프란시스의 사진을 책상 위에 걸어놓고 그를 닮으려 애썼다. 그는 성 프란시스에

| 5 혁신공보, 1919년 12월 25일.

대하여 두 편의 글을 남겼다. 첫째, 성 프란시스의 걸작인 '태양의 노래'를 번역하여 『청년』 6권 7호(1926년 9월)에 실었다. 번역의 서문에서 그는 성 프란시스를 "천년, 만년이 지나더라도 사라질 것 같지 않을 향기가 떠도는 성빈(聖貧)의 꽃"으로 불렀다.[6] 비슷한 시기에 그는 『진생』 2권 1호(1926년 9월)에 "아싸시의 걸식승 성 프란시스 정령 앞에 합장"이라는 글을 발표하였다. 이 글에는 송창근이 성 프란시스의 삶을 얼마나 사랑하고 동경하였는지 잘 드러나 있다. 그는 성 프란시스를 "더럽고 헤진 옷에 굵은 노끈으로 허리를 묶고 벗은 발로 대지를 밟고 다니시면서 아무것도 바라지 않는 노동, 사랑, 겸허, 순종, 봉사, 성빈을 노래하며 말씀하시는 이"로 평가하였다.[7] 그리고 성 프란시스의 실천을 '무저항의 사랑, 몹쓸 승려들이 교권으로 당신을 압박하고 민중을 못살게 구는 가운데서도 대담하게 큰 소리로 부르짖음, 세상의 모든 것보다 예수를 더 사랑한 사람'으로 설명했다. 송창근은 자신이 성 프란시스로부터 받은 영향에 대해 다음과 같이 말하였다. "아씨시성에 곱게 피어있는 성빈의 꽃씨 하나가 바람에 날리어 메마른 땅 같은 내 맘에 떨어졌사오니, 당신의 아버지 예수 그리스도께서 내리시는 비와 이슬을 받아 움이 돋고 곱게 자라 다행히 아름다운 꽃이 피거든, 그 꽃을 당신의 정령 앞에 바치겠습니다."[8]

송창근의 삶을 구성하는 가장 중요한 가치 중의 하나는 '성빈 사상'이다. '거룩한 가난'을 추구하고 몸소 실천하고자 애썼던 직접적인 이유는 성 프란시스로부터 받은 영향 때문이었다. 1936년 평양 산정현교회를 사임한 후 부산으로 내려가 성빈학사를 세우고 가난한 이웃을 위한 보건, 교육, 성경강좌, 문고 및 단행본 발간 등을 시도하였다. 스스로 성

---

6 만우 송창근 목사 기념사업회, 『만우 송창근 전집Ⅰ』(서울: 한국기독교장로회 출판사, 1998), 187.
7 만우 송창근 목사 기념사업회, 『만우 송창근 전집Ⅰ』, 201.
8 만우 송창근 목사 기념사업회, 『만우 송창근 전집Ⅰ』.

빈 생활을 시도하였다. 자신의 급여의 절반 이상을 나누어주었고 찾아오는 거지를 빈손으로 돌려보내지 아니하였다. 하지만 1년도 못가 일제에 의하여 붙잡히고, 고문받고, 투옥되는 시련으로 인하여 그만두게 되었지만, 그의 뜻과 의지는 언제 어느 곳에서든지 연약한 자를 보살피고 돕는 모습으로 드러났다. 성빈에 대한 그의 이상은 그의 바탕에 깔린 산상수훈의 영적 체득에서 찾는다.

> 오늘에 슬퍼할 줄 아는 사람만이 천국을 찾게 되나니, 슬픔은 인간으로 하여금 새 세상을 바라보게 하는 관문이요, 인생의 색채요, 인생을 갖는 정서를 알리는 음이외다. 참 슬퍼하는 심령에서만 거짓이 없는 인생의 전폭을 볼 수 있는 것입니다.[9]

송창근은 피어선성경학원 시절 YMCA에 처음으로 발을 들여놓았다. 피어선성경학원과 YMCA와의 관계는 특별하다. 피어선성경학원의 설립자인 피어선은 1910년 한국을 방문하였고, 1911년 숨을 거두면서 한국에 성경학원을 세워달라는 유언을 남겼다. 그 결과 1912년 피어선성경학원이 세워졌고, 현재 평택대학교로 이어져 오고 있다. 피어선은 뉴욕 YMCA의 창립회원이었고, YMCA 운동에 적극적이었다. 서울 YMCA와 동경의 한인 YMCA는 피어선이 필라델피아의 베다니교회에 목회할 당시(1883~1889) 장로이자 백화점의 왕으로 알려진 와나메이커(John Wanamaker)의 후원으로 각각 1903, 1906년 설립되었다. 피어선성경학원은 미국 선교사들에 의하여 운영되었고, YMCA와 밀접한 관계를 유지하였다. 송창근이 입학할 당시에 YMCA는 이상재, 윤치호, 현홍택을 비롯한 민족의 선각자들에 의하여 활발하게 운영되었

---

9 송창근, "슬퍼할 줄 모르는 사람," 『성빈』 제1권 3호(1937, 6월호). 송우혜, 『벽도 밀면 문이 된다』, 306에서 재인용.

다. 피어선성경학원 시절, 고향을 떠나 홀로 서울에 와 있었던 송창근은 YMCA를 가정처럼 의지하였고, YMCA를 통하여 이상재, 윤치호와 같은 민족의 선각자들과 교류할 수 있는 기회를 가졌다. YMCA 활동을 통하여 송창근은 자신의 재능과 인품을 증명하고 인적 네트워크를 넓힐 수 있었다. 그러므로 피어선성경학원 졸업 후에 남대문교회의 조사(전도사)가 될 수 있었다. 그의 생애 첫 논설도 YMCA의 월간잡지인 『청년』을 통하여 발표되었다(1921년 5월호). 일본 유학 당시에도 동경 조선 YMCA 활동을 활발하게 하였다. 그는 동경 조선 YMCA 성서 연구반을 지도하였고 이사로 활동하였다(1923~1926년). 조선에 들어온 후 YMCA 출판사인 창문사가 발간하는 월간잡지 『신생명』의 기자가 되었다. 창문사를 통하여 『바울과 그의 신앙』을 출간하였다(1923).

송창근은 YMCA 활동을 통하여 서울과 동경에서의 고독한 삶을 이겨내고 자신의 능력을 드러낼 수 있었고, 인적인 네트워크를 형성할 수 있었다. 한국교회와 관련된 젊은 송창근의 글은 YMCA가 발간한 잡지인 『청년』 1권 3호(1921년 5월)에서 시작하여 『신생명』 1호(1923년 7월), 4호(1923년 10월), 6호(1923년 12월), 7호(1924년 1월), 9호(1924년 3월)로 이어진다. 감추어져 있던 송창근의 생각과 문필력은 YMCA에서의 출판 활동을 통하여 다듬어졌다고 볼 수 있다. 청년 송창근의 고민은 '조선교회의 발전, 조선 기독교의 장래와 신앙, 사회문제와 예수, 그리스도가 온 목적, 자기 건축과 기독교, 자기에게로 돌아가자' 등이다. 식민지 시대를 살아가는 기독교 청년으로서 송창근은 조선 민족과 기독교와의 관계를 고민하고, 그것의 해결을 위해 애썼다고 볼 수 있다.

송창근 연구

민경배는 송창근을 분석하면서 요시야 스트롱(J. Strong, 1847~1916)의 이론에 따른 신앙지리학을 활용한다. 송창근을 서북 교권층의 관점에서 '남북 절충의 안전판' 혹은 '남북 완충의 역할'로 규정하였다. 소외된 지역 출신이었으나 거기에 갇히지 않고 포용적인 신앙과 지도력을 보인 것에 대한 평가이다. 그는 송창근을 한국교회의 일치라는 민족 단위의 교회 형태로 끌고 가고자 한 자국이 보인다고 평가하였다.[10]

만우 송창근에 관한 자료는 크게 세 가지로 분류할 수 있다. 첫째, 송창근이 남긴 글이다. 송창근이 남긴 글은 그리 많지 않다. 그는 YMCA 활동을 하면서 『청년』, 『신생명』, 『사명』 등의 잡지에 글을 기고하였다. 박사학위를 마친 후 그는 『신학지남』에 주로 글을 기고하였다. 학위논문을 포함한 그가 남긴 글은 『송창근 전집 I』에 대부분 수록되어 있다.[11] 그 외에 『기독신보』와 『성빈』에 발표된 몇 편의 글이 『만우 송창근의 신앙과 신학 세계』에 수록되어 있다.[12] 이 외에 『바울과 그의 신앙』이라는 책을 번역 출판하였다.[13] 1924년 영어소설 『오버디힐』을 번역 출판하였다.

둘째, 송창근의 삶에 대한 전기, 동시대인들의 증언 등이 있다. 송창근의 전기는 1978년 주태익의 『만우 송창근』이 처음으로 나왔다.[14] 그 후 송창근에 관한 연구가 이어져 새로운 사실들이 드러나게 되었고, 송창근에 대한 본격적인 전기가 나왔다. 2008년 송우혜의 『벽도 밀면 문

---

10 민경배, "송창근의 신학과 한국교회," 『만우 송창근 전집 II』, 207-225.
11 만우 송창근 목사 기념사업회, 『만우 송창근 전집 I』.
12 김경재 (편), 『만우 송창근의 신앙과 신학세계: 서울 성남교회 창립 70주년 기념 만우 송창근박사 연구 논문집』(서울: 경건과 신학 연구소, 2015).
13 송창근, 『바울과 그의 신학』, (서울: 창문사, 1923).
14 만우 송창근 선생 기념사업회, 『만우 송창근』(도서출판 선경, 1978).

이 된다: 송창근 평전』이 그것이다.[15] 송창근은 김재준을 기독교의 세계로 안내하고 평생을 동지로 함께 하였다. 따라서 김재준은 그의 자서전 『범용기』에 송창근을 많이 언급하였다.[16] 아울러 『만우 회상기』라는 책도 남겼다.[17] 송창근의 제자인 김정준, 조선출, 이장식, 강원용, 박한진 등도 송창근에 관한 일화들을 남겼다.

셋째, 송창근에 관한 연구 논문이나 저서 등이다. 송창근의 신학을 처음으로 학문적으로 조명한 사람은 유동식이다. 유동식은 송창근의 신학을 '기독교 사회윤리'에 있다고 보았다. 하지만 송창근은 사회적 관심을 가졌으나, 예수를 따라 영혼 구원에 궁극적 목적이 있음을 간파하면서 자기 건축이 궁극적 출발점이었다고 평가하였다. 유동식은 송창근을 냉철한 학자가 아니라 뜨거운 신앙인이자 생활자였다고 평가하였다.[18] 위에서 언급한 대로, 민경배는 송창근의 신학을 '길과 에큐메네의 신학, 복음주의의 경건주의'로 요약 평가하였다.[19] 그 후 조선신학원의 전통하에 있는 기독교장로회와 한신대학교의 교수를 중심으로 송창근에 관한 심화연구가 본격화되었다. 주재용은 "만우 송창근의 삶과 사상"이라는 논문을 발표하였다. 그는 송창근의 삶을 '신앙과 신학 형성을 위한 출애굽의 삶(1898~1931)과 생활신앙, 행동하는 신학적 삶(1932~1950)'으로 구분한 뒤, 그의 삶의 바탕을 '다정다감한 인간성'으로 평가하였다. 아울러 그의 신학을 '성빈, 말씀, 기독교 윤리, 민중, 민족교회, 실천적 목회'로 구분하여 평가하였다.[20] 최성일은 선교적 교회

---

15 송우혜, 『벽도 밀면 문이 된다』.
16 김재준의 『범용기』는 이미 6권으로 출판되었으나, 현재 해설판으로 교보문고의 출판사인 '퍼플'에서 재출간 중이다.
17 김재준, 『만우 회상기』(서울: 한신대출판부, 1985).
18 유동식, 『한국신학의 광맥』 (서울: 전망사, 1982), 106–115.
19 민경배, "송창근의 신학과 한국교회," 220–24.
20 주재용, "만우 송창근의 삶과 사상," 『신학연구』 40 (1999), 181–236.

론의 관점에서 송창근의 삶과 신학을 조명하였다. 그는 송창근의 생애를 '민족독립 운동가, 문필가, 신학 실천가'로 평가하고, 그의 신학을 소와 같은 신앙으로 신학적 실천을 강조한 '황소의 신학'으로 불렀다. 최성일은 선교적 교회론의 관점에서 교회의 사회화를 실천한 자로 보았다.[21] 송창근을 주제로 한 대표적인 저서는 『만우 송창근의 신앙과 신학 세계』이다.[22] 이 책은 송순일, 김경재, 이덕주, 주재용, 지인성, 류장현, 최성일, 이형기등이 '송창근의 신학 세계'를 집중적으로 조명하였다. 송창근을 주제로 한 석사 학위 논문이 몇 편 나오다가,[23] 2019년 박사학위 논문이 나왔다. 김교민은 그의 학위 논문에서 송창근의 삶과 신학을 '민족목회'의 관점에서 조명하였다.[24]

지금까지 송창근에 관한 삶과 신학적 조명의 글들을 종합해보면 다음과 같이 정리할 수 있다. 첫째, 그의 신앙의 바탕이 되는 따뜻하고 다정한 휴머니즘적인 인간애에 관한 것이다. 따뜻하면서도 헌신적이고 열정적이면서도 의로움을 추구하고, 포용적인 성품 탓에 대적들을 품어 안으면서도 일을 이루어내었다는 평가이다. 그러므로 그를 알고 있는 동료와 제자들은 그를 흠모하고, 그의 부재를 안타까워하며 기리고 있다.[25]

둘째, 송창근은 현재 기독교장로회와 한신대학교의 설립과 형성의 초석을 놓은 인물이자 목회자로서의 조명이다. 송창근은 선교사 중심의 신앙과 교육에서 탈피하여 조선인에 의한 신학 교육과 교회의 설계도를 그리고 그 기반을 조성한 목회자였다. 일제 치하에서 조선신학원 설립

21 최성일, "만우 송창근의 선교적 교회론," 『신학연구』 60 (2012), 97-137.
22 경건과 신학 연구소, 『만우 송창근의 신앙과 신학세계』, 87-483.
23 김정길, "만우 송창근의 신앙과 삶,"(연세대학교 석사학위 논문, 1992); 임채진, "'기장신학' 형성에 관한 연구: 송창근과 김재준을 중심으로,"(감신대학교 석사학위 논문, 2012).
24 김교민, "만우 송창근 목사의 민족목회에 관한 연구,"(한신대학교 박사학위 논문, 2019).
25 휴머니즘적 측면에서의 조명은 한경직, 강원용, 박한진, 김삼수, 박윤옥, 한봉심, 공덕귀, 김영수, 김태묵, 조향록, 박봉랑, 박요수아, 조선출, 최문환 등에 의하여 이루어졌다. 만우 송창근 목사 기념사업회, 『만우 송창근 전집 II』, 357-480.

을 시작하여 해방 후, 한국에서 처음으로 대학 정규과정의 조선신학교로 승격시켰다. 그 과정에서 송창근의 리더십은 결정적인 역할을 하였다. 그 외에도 평양 산정현교회 담임목사, 성빈학사 설립과 운영, 김천 황금정교회 담임목사, 성 바울 전도교회 설립 등 송창근은 목회자로서의 사명을 놓지 않았다.[26]

셋째, 일제 치하에서 가장 영향력이 있었던 목회자 송창근의 신학 사상에 관한 조명이다. 그의 신학 사상은 매우 통전적이며 포용적이었다. 그의 신앙의 근원은 그리스도와의 연합을 통한 체험적이라는 면에서 바울과 성 프란시스에 접목되어있다. 예수 그리스도에 관한 본질을 꿰뚫고 있어서 예수 그리스도의 십자가 사건과 부활에 대한 감동과 철저한 고백 위에 모든 신학을 쌓았다. 하지만 시대의 흐름과 세상에 매우 유연하게 대처함으로써 극단적 선택을 피하고 자신을 희생하여서라도 전체의 유익으로 안내하였던 신학자였다. 그의 주요 신학 사상은 바울의 구원론, 성빈 영성, 경건주의, 민족교회, 사회윤리, 에큐메니즘 등으로 분류할 수 있다.[27]

송창근의 신학

민족교회론

송창근의 기독교 이해의 바탕에는 일제 식민지 아래의 '조선 민족'이라는 정체성이 깔려있다. 그는 기독교 신앙으로 조선 민족의 미래를 설

---

[26] 신학교육의 토대를 놓고 실천적 목회자로서의 삶을 비춘 연구는 서정민, 강원하, 조남수, 배태덕, 전상칠, 주재용, 강원룡, 김임순, 이장식 등에 의하여 이루어졌다. 만우 송창근 목사 기념사업회, 『만우 송창근 전집 II』, 255-355.

[27] 송창근의 신학사상에 대한 조명은 민경배, 유동식, 송순일, 김경재, 이덕주, 류장현, 주재용, 최성일 등이 있다. 『만우 송창근 전집 II』과 『만우 송창근의 신앙과 신학세계』을 보라.

계하고 그 방향으로 가려고 하였다. 그것은 페르시아제국의 식민지 상태에 있었던 포로 후기 유다 공동체의 방향과 흡사하다. 포로 후기 유다 공동체는 정치적 자율성이 배제된 채 성전을 중심으로 한 종교 공동체를 통한 정체성 유지에 집중하였다. 송창근도 일제의 식민지 통치하에 있었던 '조선 민족'의 생존과 정체성에 대하여 깊이 고민하였다. 그는 일제 치하에서 1920년 독립운동에 관련한 창가를 배포한 사건에 연루되어 징역 6개월 형을 살았고, 1937년 수양동우회 사건으로 투옥된 후 보석 상태에서 재판을 받고 2심에서 2년 형을 받았으나, 3심에서 전원 무죄 판결로 풀려났다. 송창근의 삶의 근저에는 강한 저항감을 가지고 있었다고 짐작할 수 있으나, 글로 강하게 저항한 기록은 남아 있지 않다. 하지만 그의 마음속에는 기독교적 이상을 품고, 한반도와 조선 민족에 대입시켜 민족의 운명을 헤쳐나가려 했음을 알 수 있다. 송창근은 23세였던 1921년, YMCA에서 발간하던 『청년』을 통하여 이상적인 민족교회를 꿈꾸며 극복해야 할 문제들에 대한 최초의 논설 "교회를 발전시키려면 우리는 어찌할까"를 쓰면서 자신의 신앙과 신학 세계에 입문하였다.[28] 이 글에는 민족교회를 꿈꾸었던 그의 이상이 잘 드러나 있다. 그는 이 이정표에 따라서 그의 삶을 살았을 뿐만 아니라, 조선교회와 신앙의 방향을 제시하였다고 평가할 수 있다.

1921년 그는 기독교가 들어온 지 불과 30년에 불과 하지만 조선반도 방방곡곡에 그리스도의 이름을 찬송하지 않는 곳이 없으며, 교회가 3000여 개, 30만 교인에 교역자가 2800여명, 선교사를 포함하면 3000명이나 되며, 수많은 교육기관과 병원 설립 등의 눈부신 성장에 감사함으로 시작하였다.

그러나 미래는 낙관적일 수가 없다면서 긴급한 문제에 대한 해결책

---

[28] 송창근, "교회를 발전시키려면 우리는 어떻게 해야 할 것인가," 『청년』 1권 3호(1921년 5월), 만우 송창근 목사 기념사업회, 『만우 송창근 전집 I』, 15-19.

을 6가지로 제시하였다. 첫째, '사회적으로 변하라'이다. 진보되고 발전된 시대의 흐름에 맞게 사회화된 기독교를 외쳤다. 그는 물질계와 심령계를 분리하지 말고 물질사회를 심령사회에 복종시켜 속히 지상에 천국을 건설해야 한다고 역설하였다. 둘째, '노소충돌의 뿌리를 제거하라'이다. 노인이 청년들을 후원해 주기를 바라면서, 청년들은 온유하고 겸손한 마음으로 노인에게 물어보면서 희망과 이상을 실현해야 한다고 주장하였다. 셋째, '교역자를 양성하라'이다. 그는 사회적으로 모범이 되는 지적, 영적 자격을 구비한 교역자가 없다고 한탄하였다. 뜻이 있고 재주가 뛰어난 청년, 신앙이 독실한 청년, 유망한 청년을 시설이 완전한 외국에 유학하게 하여 사회가 갈망하는 교역자를 양성해야 한다고 제안하였다. 송창근은 자신이 이 길을 선택하고 걸었다. 넷째, '신학교육방침을 개선하라'이다. 그는 시대가 요구하는 교역자가 되려면. 성서 강해와 신학연구를 중심에 두고 철학, 정치, 자연과학, 문학, 예술, 현대사조도 섭렵해야 한다고 하며 보편적 인문학에 소양을 둔 교역자 양성을 부르짖었다. 그것을 위해서는 수업연한을 늘이고, 교사 양성을 제대로 해야 한다고 처방하였다. 다섯째, '경제력을 충실하게 하라'이다. 송창근은 재력이 있는 곳에 권력이 따른다는 사실을 직시하고, 조선에 교회와 학교와 병원이 있지만, 모두 선교사의 힘을 빌린 상태이고, 조선인들은 그냥 양육되고 따라가기만 한다고 안타까워하였다. 따라서 경제력의 충실이 절실하며, 그것을 위해 직업의 신성함을 가르치고, 실업을 장려하고 과학을 권장해야 한다고 주장하였다. 여섯째, '기독교의 학문을 일으키라'이다. 송창근은 당시 조선교회에 학문적 바탕이 되는 학술지나 잡지가 매우 빈약함을 지적하며, 대도시를 중심으로 기독교 서적, 잡지, 신문 등을 발간하고, 열람소를 설치하여 조선 예수교가 학문적으로 부흥할 수 있어야 한다고 설파하였다.

송창근은 조선교회의 상황에 대하여 외형적 모습은 그럴듯하지만, 실상은 선교사의 절대적 영향 아래 있음을 뼈아프게 지적하며 조선교회의 독립을 주장하였다. 정치적으로는 일본의 식민지 상태이지만, 신앙적으로는 미국 선교사의 강한 영향력 아래 자율적 능력을 상실하고 있음을 직시하였다. 따라서 교회, 교역자, 기독교 학문, 경제력을 키워야 자주성을 갖춘 조선 민족에 의한 예수교가 될 수 있다고 주장하였다. 청년 송창근의 주장은 자주적 독립을 위한 조선 예수교의 설계도였으며, 이 설계도에 따라 송창근은 자신이 해야 할 바를 결정하고, 그대로 실천에 옮겼다.

기록상 남아 있는 송창근의 마지막 설교는 '민족의 지대한 요구와 교회의 진정한 사명'이다. 이 글에서 송창근은 순수한 복음이 아닌 민족적 심리를 이용하면서 갈팡질팡하는 교계를 비판하면서 다음과 같이 말한다.

> … 복음을 거역하는 내 민족보다 진정 복음을 사랑하고, 진정 복음에서 사는 남의 민족이 더욱 귀하고 아름답다고 여긴다. 그렇기 때문에 오늘 조선 교회의 지도자들은 오직 하나님께로 위탁받은 한 가지 복음으로써 민족의 요구에 향응하는 것이 민족에 대한 교회의 봉사인 것이요, 이것이 진정한 교회의 사명인 것을 알아야 한다.[29]

성빈신학

성 프란시스에 영향을 받아 형성되었던 송창근의 성빈신학은 평양 산정현교회를 사임하고 자신이 원했던 성빈학사의 설립을 통한 도시 빈민 목회에서 실천되었다. 송창근의 성빈신학은 단순히 '거룩한 가난'을 주장하고 실천하는 일에 머무르지 않는다. 송창근의 성빈신학의 근거는 신앙 속에 내재된 생명의 신선함, 새로움을 추구함에 있다. 그는 "신앙

| 29 송창근, "민족의 지대한 요구와 교회의 진정한 사명," 조선신학보 5(1948), 『만우 송창근 전집』, 111.

이란 산 물건이요 죽은 물건이 아니기 때문에, 새 맛이 있고 새 힘이 있고 새 표현이 있다"고 주장한다. 그는 신앙에 대해 다음과 같이 말한다.

> 신앙이란 지극히 간단하게 말하자면, 예수 그리스도의 십자가를 통하여 우리의 영에 창조된 위대한 사실을 일컫는 것이니, 즉 그리스도만이 우리 신앙의 창조자요, 그리스도만이 우리 신앙의 절대적 대상이란 말입니다. 우리 신앙의 창조자요, 절대적 대상인 그리스도는 영원히 살아 계시기 때문에 우리의 신앙도 언제든지 살아 있어서 새로워야 한다는 것을 강조하는 것입니다 … 말하자면 기독교 신앙은 사람에게 속한 것이 아니고 하나님께 속한 것입니다.[30]

송창근이 말하는 성빈신학은 영성의 최정점에 해당하는 하나님 체험의 의지적 표현이다. 송창근에게 있어서 신앙은 창조주 하나님과 영원히 살아계시는 그리스도에 대한 고백과 결단이었다. 하나님 체험의 표현은 예수 그리스도의 십자가에 감격하고, 그 인격에 감격할 때 가능하다고 보았다. 그것은 그리스도와의 신비적 연합을 통하여 인격적인 교제 속에 이루어진다. 송창근은 개인이나 민족이나 감격성을 떠나서는 아무것도 이룰 수 없다고 주장한다. 송창근의 심장에는 십자가에 대한 감격이 샘솟는 창조적 생명을 키우려는 열망이 끓고 있었다. 그것은 초월적 영성이라고 볼 수 있다. 성 프란시스의 영성도 유사하다. 십자가에 대한 감격으로 인하여 슬픔도, 기쁨도, 성빈도, 조롱과 천대받음도 완전히 일관된 것이며, 무슨 일을 하든지 세상적 기준의 이해타산을 초월하는 순수하고 고귀한 열정의 표현이 성빈사상으로 드러난 것이다.

송창근의 성빈신학은 실천적 신앙으로 안내하는 길잡이만이 아니다. 남에게 보이기 위한 포장은 더더욱 아니다. 그것은 그의 뜨거운 내면에

---

[30] 송창근, "조선교인의 신앙을 논함으로 성서적 신앙에 이르고자 함," 「신학지남」 16.2(1934), 75.

서 용솟음쳐 오른 십자가 사건에 대한 감격의 표현이었고, 세상적 기준에 얽매였던 자신을 제자리로 돌려놓은 신앙의 뿌리였던 셈이다. 송창근에게 있어서 성빈신학은 단순한 사회사업이나 실천적 삶이 아니라 영과 육의 통일체로서의 인간이 그리스도의 사랑과 희생의 정신으로 삶의 현장 속에서 구현하는 통전적 영성의 표현이었다.[31]

바울신학

송창근의 주요 관심 중의 하나는 바울에게 있다. 그가 그의 이름으로 처음 출판한 책은 『바울과 그의 신앙』이다. 번역 편집한 책으로 1923년 창문사를 통해 나왔다. 이 책은 크게 '바울의 인물, 바울과 성서, 바울의 신앙'이라는 세 편의 큰 주제 아래 여러 편의 소주제를 다루고 있다. 바울에 관한 전기, 바울서신에 대한 특징, 바울 신앙의 근거와 복음 등 바울에 관한 종합적이며 체계적인 소개를 담고 있다. 송창근은 바울의 삶을 매주 중요하게 다루었다. 부활하신 예수를 만나기 전 바울은 유대인 가운데 지식인 중의 지식인이었지만, 예수를 만난 이후 바울은 최고의 지성인에서 나락으로 떨어지고 말았다. 그를 보호하고 지켜주었던 유대 사회로부터 추방당하고 위험과 조소, 냉대와 혹평과 죽음이라는 선물을 받았다. 그는 모든 것을 상실하고 아무것도 가지지 않았다. 그는 예수를 위하여 모든 것을 버렸고 죽음까지 초월하였음에 주목하였다.[32] 바울은 이 세상의 지위, 재산, 명성, 성공에는 전혀 관심이 없었고, 그리스도의 재림과 그 이후의 일에 주된 관심이 있었다고 지적하였다.[33]

바울에 관한 송창근의 관심은 그의 박사학위 논문에서 절정을 이룬

---

31 지인성, "성빈신학과 만우 송창근," 『만우 송창근의 신앙과 신학세계』, 283.
32 송창근, "진리를 말하는 사도," 『만우 송창근 전집Ⅰ』, 129–130.
33 송창근, "너의 빵을 물 위에 던지라," 『만우 송창근 전집Ⅰ』, 123.

다. 논문의 제목은 "유대사상에 근거해서 본 바울의 믿음으로 인한 구원사상"이다. 서문에서 송창근은 "이 논문은 학술적인 논문이 아니라 나의 내적 신앙과 확신을 솔직히 고백하는 것"이고 서술하였다. 논문의 목적은 '교회, 기독교, 세상을 계속 변화하는 살아 있는 유기체로 보고, 그것에 부합하는 바울의 구원론을 탐구하는 것'이었다. 왜냐하면 기독교에서의 구원론은 시대적 흐름에 따라 달라졌기 때문이다. 8장으로 된 이 논문의 결론은 '8장 그리스도와의 영적 연합으로서의 구원'에 나타난다. "그리스도와 영적 연합으로서의 구원은 바울에게 있어 형이상학적 진실도, 상징적 표상도 아니다. 그것은 문자 그대로 사실이며 위대한 영적 진리이며, 모든 것의 핵심이다"라며 바울에 대한 역사비평적 해석과 거리를 둔다. 송창근은 바울신학의 그리스도와의 영적 연합을 성령의 역사라고 주장한다. 그러므로 바울은 모든 그리스도인이 그리스도의 죽으심과 부활을 경험하고 새사람이 되어야 한다고 주장할 수 있었다.[34]

송창근의 바울 이해는 예수 그리스도에 관한 송창근의 삶이자 신앙고백이었다. "이 영원한 영과의 연합 안에 우리의 영원한 구원 복음이 놓여있다."[35] 송창근의 기본적인 신학은 칼빈의 개혁주의적 전통하에 있다. 그러나 송창근은 형식적인 정통파에 대하여 '밥 빌어먹는 영업적 정통파, 형식주의자, 바리새주의자'라고 꼬집기도 하였다.[36]

1945년 12월 2일 송창근은 동자동 천리교 조선본부 자리에서 '성바울

---

[34] 송창근, "유대사상에 근거해서 본 바울의 믿음으로 인한 구원사상," 『만우 송창근 전집Ⅰ』, 286.
[35] 송창근, "유대사상에 근거해서 본 바울의 믿음으로 인한 구원사상," 『만우 송창근 전집Ⅰ』, 291. 지나친 신비주의로 인하여 이단으로 몰리게 된 이용도와 송창근은 매우 각별한 사이였다. 이용도가 장로교와 감리교로부터 비판을 받기 전까지 송창근은 이용도 측 사람들에 대하여 "세상이 저들을 비방하고 미워칠지라도 하나님의 사랑을 도맡아 놓고 받는 저들임을 분명히 믿습니다"라고 긍정적으로 평가한다. 민경배, "송창근의 신학과 한국교회," 214. 이것은 이용도의 그리스도와의 영적 연합이라는 주장이 송창근이 이해하는 바울신학과 어느 정도 닿아있기 때문이라고 볼 수 있다. 하지만 송창근은 극단적 신비주의자를 '영혼의 방랑자'라고 불렀다.
[36] 송창근, "조선교인의 신앙을 논함," 『만우 송창근 전집Ⅰ』, 79.

전도교회'를 시작하였다. 18명으로 시작했으나, 2년 안에 700명이 모이는 교회로 성장하였다. 1년 뒤 교회 이름은 성남교회로 바뀌었으나 바울에 대한 송창근의 관심을 알 수 있다.

에큐메니즘

송창근은 정형화된 틀에 갇힌 '… 주의자'가 되기를 거부하였다. 그는 당시 조선 교회에 대한 신앙을 논하면서 다음과 같이 비판하였다.

> 조선교회를 살펴보면 나는 정통파요, 나는 신비주의파요, 나는 경건파라고 서로들 내세우니, 과연 얼마만한 내용과 확신을 갖고 있는지는 모르겠으나, 다 나만이 옳고, 바로 믿고, 남들은 모조리 가치 없는 것으로 여기는 것은 경망스러운 판단과 무례한 태도에 기인하는 것이 아닌가 합니다.[37]

송창근은 형식적 정통주의, 극단적 신비주의, 형식적 경건주의, 사회주의에 대해 부정적이다. 송창근이 추구했던 조선교회의 방향은 개인적 신앙체험과 삶의 변화를 통해 전도와 사회적 문제에 관심을 가지고 개량해 나가는 것이었다. 민경배는 송창근의 폭넓은 신학적 행보에 관하여 '에큐메네의 신학'을 언급한 적이 없지만, 송창근의 행보는 궁극적으로 교회가 중심에 있었으며, 교회가 가야 할 길을 끊임없이 탐색하고 올바른 길을 찾아 갈 수 있도록 안내했던 지도(地圖), 역사의 사자 역할이었다고 평가하였다.[38]

---

[37] 송창근, "조선교인의 신앙을 논함," 76–77.
[38] 민경배, "송창근의 신학과 한국교회," 221.

기독교 윤리

송창근은 회심한 기독교인이 어떠한 삶을 살아야 하는가를 가장 중요하게 보았고 그 문제에 궁극적 관심을 가졌다. 따라서 자연스럽게 기독교 윤리 문제를 다루었다. 그는 기독교인이 윤리적 생활을 가능하게 하는 것은 예수 그리스도의 속죄적 신앙이라고 주장하며, 그것이 바울의 새창조라고 지적하였다. 즉 그것은 나의 의지로 이루어질 수 있는 선이 아니라고 보았다. 기독교를 떠나서 제기된 윤리적인 해법인 유물주의, 공리주의, 실용주의, 신의 율법, 인류애 등으로는 완전한 윤리에 이를 수 없다고 주장하였다. 종교적인 전제를 가진 도덕만이 최고 이상을 실현할 가능성이 있다고 보았다. 따라서 '윤리적 종교만이 참된 종교요, 종교적 윤리만이 참된 윤리'라고 선언하였다. 송창근이 주장하는 윤리의 출발점은 예수 그리스도이다. 예수 그리스도의 은혜에 접붙여지고 절대 죄인임을 고백하는 것이 윤리의 기초라고 보았다.[39]

신학적 공헌 혹은 교훈들

송창근의 인물됨과 신학적 유산은 매우 포괄적이며 총체적이다. 그 이유는 그가 이론형 학자가 아니라, 그가 공부했던 신학을 식민지 아래 있던 조선교회의 상황에 적용시키려 했던 실천적 목회자였기 때문이다. 그러므로 그의 신학적 공헌은 크게 세 가지로 나눌 수 있다.

첫째, 송창근은 신학적, 인간적 갈등을 포용하고 큰 흐름으로 안내했던 지혜자였고 지도자였다. 시대가 혼탁하고 어려울수록 극단주의자,

[39] 송창근, "기독교 윤리문제," 『만우 송창근 전집』, 52-61.

기이한 주장을 신봉하고 혹세우민하며, 자기 이익을 취하려는 자, 자기반성보다는 남 탓을 하거나, 외세에 의지하려는 자 등 다양한 주장들이 나오기 마련이다. 송창근은 전적 부패를 주장하는 바울의 전통하에 말씀의 신학 전통하에, 교회 중심의 신학적 토대 위에 진보적 자유주의 및 사회개혁을 주창하였다. 영성과 지성, 형식과 내용, 보수와 진보의 이분법적 틀에 갇히지 않았다. 아울러 그는 인품에 있어서 유머스럽고, 인정이 많고, 헌신적으로 남 돌보기를 좋아하였다. 그러므로 해방 후 조선신학교 시절 '신학생 51명의 진정서 사건'으로 한국 장로교회가 분열의 위기에 직면하였을 때, 그는 유연한 입장을 취하면서 교회 분열을 방지하고 무마시켰다.[40] 송창근이 납북된 후 1953년 한국 장로교회는 분열되고 말았다. 이때 많은 사람은 송창근의 부재를 안타까워하였다. 그것은 포용적이며 존경할만한 인품과 폭넓은 신학적 포용성을 지닌 지도자에 대한 그리움이다. 오늘 우리에게도 여전한 그리움이다.

둘째, 민족 교회론이다. 송창근의 주된 관심은 조선교회에 있었다. 조선 민족을 위한 조선교회의 역할이 그의 주된 목회적 관심사였다. 일찍부터 민족의식이 강했던 관북 출신에다, 이동휘를 비롯한 많은 민족주의자와의 교류를 통하여 송창근은 조선교회를 통한 민족의 운명을 개척해나가는 꿈을 설계하였다. 하지만 1934년 중년의 송창근이 맞이하였던 조선교회의 현실은 참담하였다. 그가 중년에 목도하였던 조선교회는 위기신학, 민족종교를 부르짖으면서 막연한 국제주의에의 호소, 사회복음주의의 제창 등 갈팡질팡하고 있었다. 원칙 없이 마구잡이식으로 타협하고 선악에 대한 의식, 즉 진리의식이 약하고 방황하고 있었다. 그리하여 조선교회는 민족의 관심사에서 벗어나 있었다. 교회가 민족의 안내자 역할을 제대로 못하고 있다고 비판하였다.[41] 1941년 만주를 방문하

---

40 송우혜, 『벽도 밀면 문이 된다』, 382-393.
41 송창근, "조선 기독교의 위기," 『만우 송창근 전집 I』, 145-154.

여 이기병 목사를 만나 나눈 이야기에서 다음과 같이 말하였다.

> 이제 우리 교회는 서양 선교사들에게 의지할 수도 없이 되고, 의지해서는 안될 시기에 왔어요. 우리 나름대로의 신학을 수립하고, 우리의 정신과 피가 엉킨 교회 초석을 세워야지요. … 다음의 올 때를 위하여 우리도 똑똑한 목회자들을 가져야 합니다. 우리 민족의 지도자는 결국 교회 목회자가 되어야 하고 그럴 수 있는 때가 올시다.42)

태평양전쟁으로 인하여 미국 선교사들이 모두 추방되었던 시기, 송창근이 『청년』 1권 3호(1921년 5월)를 통해 발표하였던 한국교회를 위한 송창근의 설계도가 빛을 발할 때가 되었다고 판단하였다.

1945년 막상 해방이라는 정치적 독립이 된 후, 조선교회는 민족-정치-사업 사이에 방향을 상실한 채 이리저리 떠돌아다니고 있었다. 국가나 민족을 하나님의 보좌에 모시고, 그리스도 이상의 존엄과 경의를 표하려는 현실을 비판하면서 송창근은 민족교회가 나가야 할 방향과 길을 선명하게 제시하였다. 그것은 그리스도의 명령과 신앙생활에서 민족의 종교적 요구를 만족시켜 주는 것이다. 하지만 송창근은 민족을 위한 진정한 길은 민족의 요구에 교회가 맞추어가는 것이 아니라, 복음의 능력을 믿고 민족에게 복음을 전하는 것이라고 선포하였다. "일체의 우상을 버리고 오직 하나님께만 돌려야 할 영광을 하나님께 돌리는 것이 민족에게 대한 교회의 절대 사명이다."43)

셋째, 송창근은 조선교회를 위한 훌륭한 조선인 목회자 양성의 비전을 품고 그 초석을 놓았다. 신사참배 문제로 1938년 선교사에 의하여 운영되었던 평양신학교가 폐교되었다. 그렇다고 조선교회를 위한 목회

---

42 주재용, "만우 송창근의 삶과 사상," 『만우 송창근 전집 II』, 195.
43 송창근, "민족의 지대한 요구와 교회의 진정한 사명," 『만우 송창근 전집 I 』, 110.

자 양성을 그만둘 수 없다는 판단하에 조선인에 의한 신학교육을 표방하며 설립되었다. 조선인 송창근의 신학적 구상과 조선인 김대현 장로의 후원으로 이루어졌다는 면에서 신학적, 경제적 독립을 표방한 신학교육을 이루어냈다. 일제의 통제하에 강습소같이 초라한 '조선신학원'으로 시작하였지만, 소망과 포부는 웅장하였다. 조선신학원은 일제 치하에서 함께 수난의 세월을 버티다가 해방을 맞이하게 되었다. 해방 후 조선장로교회는 선교사 중심의 보수적인 측과 조선교회의 독립을 주장하는 조선신학교 측이 서로 갈등 관계 속에 있었다. 언제든지 폭발할 수 있는 갈등 속에서도 송창근의 리더십이 빛을 발하여 봉합되었다. 하지만 6.25사변이 일어났고, 송창근이 납북되었다. 양측의 분리는 자연스런 귀결이었다.

결 론

송창근이 사라진 후 한국교회와 한국 신학은 갈등을 되풀이하면서 수만 갈래로 갈라지고 말았다. 송창근이 그토록 원했던 훌륭한 신학교육의 실패로 인한 참된 사역자를 길러내지 못했기 때문이라고 볼 수 있다. 2021년의 한국교회는 위기 가운데 있다. 추락을 앞두고 절벽 위에 서 있는 상황이다. 위기의 양상은 다양하지만 위기의 본질은 어느 시대에나 크게 다르지 않다. 희미해가는 교회 지도자의 도덕적 판단력, 선한 의지의 약화, 자기 욕망에의 관대함과 세속적 가치와의 손쉬운 타협 등은 왜 우리가 송창근을 기억하고, 소환하고, 그리워하는 것인지, 그 이유를 설명해준다.

참고문헌

김경재(편), 『만우 송창근의 신앙과 신학세계: 서울 성남교회 창립 70주년 기념 만우 송창근 박사 연구 논문집』, 서울: 경건과 신학 연구소, 2015.
김교민, "만우 송창근 목사의 민족목회에 관한 연구," 한신대학교 박사학위 논문, 2019.
김교민, "만우 송창근 목사의 '민족 목회' 형성과 배경에 관한 연구(1898-1920)," 『신학사상』 187(2019), 313-340.
만우 송창근 선생 기념사업회, 『만우 송창근』, 서울: 선경도서출판사, 1978.
만우 송창근 목사 기념사업회, 『송창근 전집 I: 유고집』, 서울: 한국기독교장로회 출판사, 1998.
만우 송창근 목사 기념사업회, 『만우 송창근 전집 II: 만우 송창근 목사에 대한 연구논문 및 회상집』, 서울: 한국기독교장로회 신학연구소, 2000.
서정민, 『교회와 민족을 사랑한 사람들』, 서울: 기독교문사, 1990.
송순열, "만우 송창근의 박사학위 논문 유대 사상에 근거해서 본 바울의 믿음으로 인한 구원사상에 대한 현대적 해석," 신학연구 67 (2015), 67-92.
송우혜, 『벽도 밀면 문이 된다: 송창근 평전』, 서울: 생각나눔, 2008.
이장식, "고 만우 송창근 박사의 생애와 신앙사상-〈만우 송창근〉 서평 논문," 『신학연구』 20(1979), 17-40.
전 철, "만우 송창근의 교회론 연구," 『신학연구』 67 (2015), 119-143.
조상열, "피어선 정신과 평택대학교," 유윤종 외, 『성경과 세계』(평택: 평택대 출판부, 2016), 149-170.
주재용, "만우 송창근의 삶과 사상," 『신학연구』 40 (1999), 181-236.
최성일, "만우 송창근의 선교적 교회론," 『신학연구』 60 (2012), 97-137.

앞줄 가족들 김재권 사모와 막내딸 송시온
| 평양산정현교회, 1932년

김재권 사모

송창근 목사와 김재준 목사(왼쪽) | 1949년

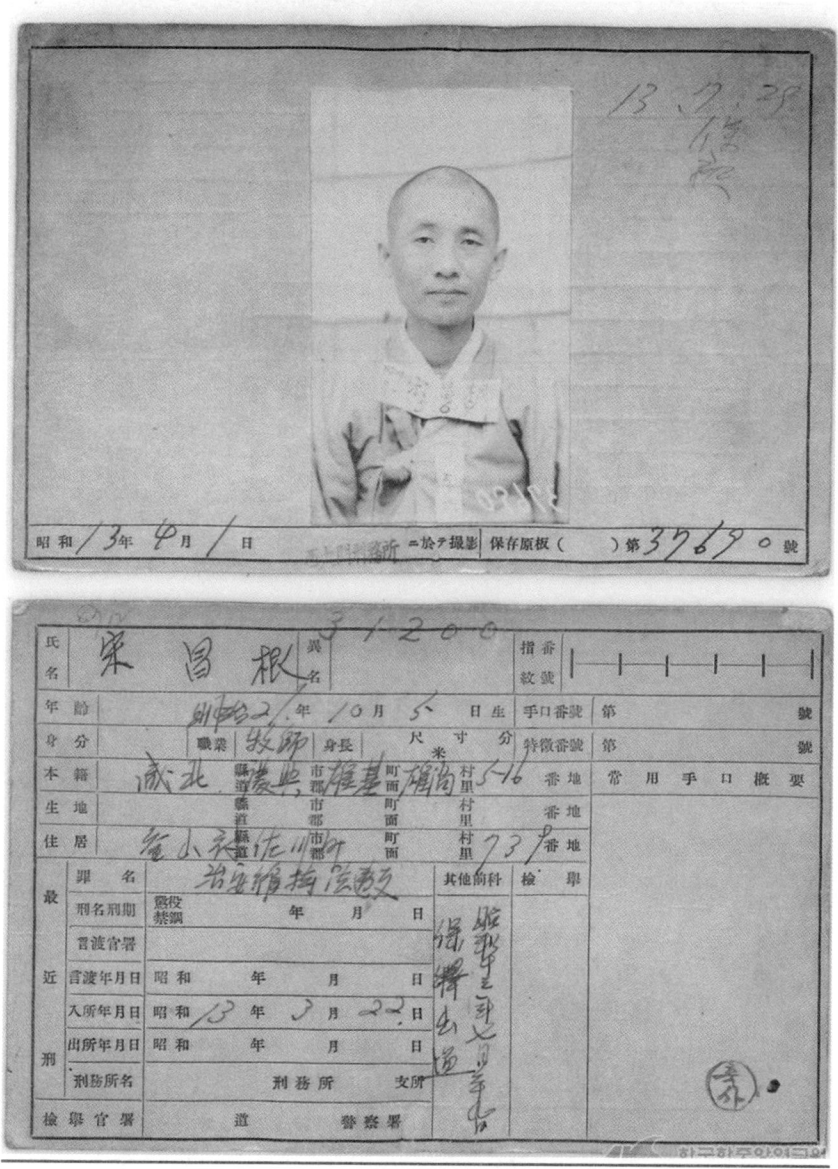

일제 주요감시대상 인물카드, 송창근

김경재 박사의 만우 신학 강의 | 한신목요강좌

만우기념홀 개관기념 특강 | 한신대학교 신학대학원, 2021년 10월 5일

송창근 목사가 설립한 서울성남교회,
근현대 원형보존 건축물 | 국민일보

유윤종 교수

경북대학교 영문과 (B. A.)
연세대학교 신학과 (B. Th.)
Yale University Divinity School (M. Div.)
Cornell University (Ph. D.)

현, 평택대학교 피어선신학전문대학원장, 구약신학 교수
현, 한국 구약학회 부회장

저서_『마음으로 읽는 소예언서』(킹덤북스, 2011)
　　『민수기』(대한기독교서회, 2014)
　　『구약주해 1, 2』(킹덤북스, 2020)

역서_『어떻게 지혜서를 읽을 것인가』(IVP, 2001)
　　『내가 올때까지 완수하라』(B&A, 2004)
　　『사회학으로 읽는 구약성서』(킹덤북스, 2011)

신현광 박사

신현광 박사의 생애와 신학

남윤경_새중앙교회 유아부 교육전도사

총신대학교, 문학사(B. A.), 기독교교육 (1980. 2)
총신대학교 대학원, 문학석사(M. A.), 기독교교육 (1985. 2)
총신대학교 신학대학원, 목회학석사(M. Div. Equiv.), 신학 (1986. 2)
총신대학교 대학원, 신학석사(Th. M.), 실천신학 (1989. 8)
총신대학교 대학원 신학박사(Ph. D.), 실천신학 (1997. 2)

대한예수교장로회총회(총회) 교육국 집필간사 (1985~1987. 2)
대한신학교(현, 안양대학교) 기독교교육과 교수임용 (1987. 3. 1)
대신대학(현, 안양대학교) 기독교교육과 학과장 (1989. 3~1992. 2)
〈생수〉,〈대신문화〉 지도교수 (1989~1991)
대학신문사 주간 (1991~1992)
Calvin 대학The Henry Meeter Center for Calvin Studies Faculty Research
 Fellowship (1993(6주))
미국, Emory 대학 Candler School of Theology Visiting Scholar (2003. 1~2004. 2)
안양대학교 교목실장 (2005. 2~2007. 2)
안양대학교 신학대학장[4] (2008. 3~2010. 2)
한국복음주의실천신학회 회장 (2010. 5~2011. 5)
한국복음주의실천신학회 학회지 〈복음과 실천신학〉 발행인 (2010. 5~현재)
안양대학교 신학대학원장 (2012. 10~2014. 7)
전국기독교대학교 대학원장협의회 회장 (2012. 10~2014)
한국실천신학회 교회교육분과 회장 (2014~2019)
안양대학교 학생지원처장 (2017. 7~2018. 2)
안양대학교 교목실장 (2018. 2~2020. 8)

글을 시작하며

상천(常泉) 신현광 박사는 총신대학교 학부에서 시작하여 문학석사, 목회학석사, 신학석사, 신학박사 모두 기독교교육과 실천신학을 전공한 기독교교육학자이자 실천신학자이다. 신 박사는 1987년 봄, 대한신학교(현, 안양대학교) 기독교교육과에 교수로 임용되어 학부와 대학원 및 신대원에서 학생들을 가르치며 다음 세대를 책임질 기독교교육자를 양성하는 사명을 감당하고 있다. 또한 그는 교목실장, 신학대학장, 신학연구소장, 학생지원처장, 신학대학원장을 역임하며 교수 활동뿐 아니라, 대학의 기독교적 정체성을 확립하고 개혁신학의 진용을 지켜나가는 데 앞장서 왔다. 그의 연구는 기독교교육의 학문적 이론을 정립하고, 한국교회 성장을 위한 방법으로서 교육목회를 제시하였다는 점에서 교단과 학회에 큰 시사점을 주었다. 먼저 신 박사의 출생과 성장을 살피고, 이어 그의 연구와 신학사상에 대해서 다루도록 하겠다.

상천의 출생과 연구 활동

출생과 성장

상천은 정유년(丁酉年) 8월 23일 장절공 신숭겸(壯節公 申崇謙)의 후손인 신의균(申義均)과 김순교(金順嬌)의 막내로 경상북도 예천군 호명면 내신동 지후리 502번지에서 태어났다. 지금의 지명으로는 호명면 내신 2리로, 동네에서 부르는 이름은 아직도 '못뒤'(池後)이다. 옛날부터 동네 앞에 큰 못이 있어 그렇게 불렸다. 그 지역은 논과 밭이 있고 5

일장이 서는 전형적인 시골 마을이었다. 상천은 유년 시절 그곳에서 자랐는데, 초등학교 3학년 1학기까지 동네의 친구들과 즐겁게 지내면서 학창시절을 보냈다. 그는 어린 시절을 농촌에서 보냈던 것을 하나님의 큰 은혜로 생각하고 있다. 그는 어린 시절 들로 산으로 냇가로 뛰어다니며 하나님의 창조세계를 좀 더 깊이 느끼면서 살 수 있었던 것에 대해 감사한다고 한다. 또한 그 후에 서울로 올라와 공부하게 되고, 교회를 알고 예수님을 만나게 된 것을 더욱 큰 은혜로 여기고 있다.

상천의 부모님은 일찍 결혼하여 자녀를 낳고 기르면서 열심히 일하여 논밭을 사서 일구며 풍요로운 생활을 이루어 갔다. 그분들은 자녀의 교육에 관심을 가지고, 어른에 대한 공경과 예의를 강조하면서, 동시에 근검하고 절약하는 것과 약속을 지키는 것을 삶의 중요한 덕목으로 가르치셨다. 상천의 기억으로는 부모님께서 무엇을 결정하거나 구입하는 것에는 심사숙고하셨지만, 학교에 내는 공납금은 철저히 준비하여 한 번도 미루신 적이 없었다고 한다. 이런 점에서 볼 때 상천의 부모님은 교육을 중요하게 생각했다고 여겨진다.

부친은 상천이 초등학교 1학년 초에 지병으로 세상을 떠났다. 의원이 집에 상주하며 돌보기도 하였지만 다 허사였다. 상천은 부친의 상여가 나가는 날 동네 사람들의 모습을 유심히 관찰하였다고 한다. 부친의 상여가 멀리 떠나 모퉁이를 돌아서 보이지 않게 되는 시점에서, 그 광경을 지켜보던 가족들이 다시 통곡을 하던 기억이 상천에게는 선명하다고 한다. 그 일은 상천에게 인생에 대해 깊이 생각하게 하는 계기가 되었다. 그 주제는 어쩌면 모든 사람이 마주쳐야 하는 문제이기도 했다. '인생은 어디로부터 와서 어디로 가는 것인가?' 하는 문제이다. 죽음의 문제는 당시 상천에게는 이해하기 어려웠다. 왜 죽어야 하는가? 인생이 만물의 영장이라고 하는데, 사람보다 더 오래 사는 생물들이 존재하는 것은 또 무엇인가? 상천이 그런 주제를 자꾸 질문하니 어른들은 "너는 얼마나 오래 살고 싶으냐?"고 물었다고 한다. 그래서 상천은 "난 2만년은 살아야 하겠어요." 라고 대답했다고 한다. 대답은 그런 식으로 했는데, 그것은 죽기 싫다는 표현이었고, 죽음은 어떻게 하든지 극복되어야 할 과제로 생각했다고 한다.

상천은 십여 년 전에 미국에 거주하시던 은사이신 송산(松山) 김득룡 박사님이 모국에 오셨을 때, 서울 방배동에서 식사 대접을 위해 만난 적이 있었다고 한다. 그때 그분은 85세가 넘으셨는데, 상천이 "교수님, 건강하시니 백수를 하셔야지요."라고 하였는데, 김 교수님이 상천에게 "신 목사, 모세가 몇 살을 살았는가?" "예. 모세는 120살을 살았지요." "그래. 그게 인생의 수명이야. 인생의 수명은 120세야." "아아, 그렇군요." 오래 살고 싶은 것은 인지상정인가보다. 김 박사님은 구순을 지나고 몇 해 후에 하늘나라로 가셨다고 한다.

상천은 시골에서 살던 어린 시절 세상에 대하여 많은 의문을 가지고 있었다. 그래서 하루는 형에게 그 의문들에 대해 질문하였다고 한다. "이 세상은 어떻게 생겨난 것인가요?" "조물주가 만든 것이지." "조물주가 뭐예요?" "세상을 만든 이라는 말이지." "그럼, 조물주가 세상을 만들기 전의 상태는 어떤 것인가요?" "흑암이겠지?" "아무 것도 만들지 않았는데 흑암은 왜 있는 것인가요?" "에이, 진공이라고 해야 되겠네." "진공의 의미가 무엇인가요?" "진공의 의미? 뭐 아무것도 없고 텅 빈 상태라고나 할까?" "그럼, 그 상태는 왜 있게 된 것인가요?" "야아, 모르겠다. 선생님한테 가서 물어 봐." 상천은 그 이후 그 의문에 대해 아무에게도 묻지를 않고 속으로만 의문을 품고 있었는데, 그 이유는 아무도 속 시원한 대답을 해 줄 수 없을 거라고 생각했기 때문이었다고 한다.

상천은 2학년이 되었을 때, 선생님으로부터 수업 시간에 석가모니가 인생의 근본 문제인 죽음의 문제를 비롯한 여러 가지 문제로 고민하다가 진리를 터득하려고 출가하였다고 하는 말을 듣고 신선한 충격을 받앉다고 한다. '아, 나 말고도 나와 같은 고민을 한 사람이 있었구나.' 석가모니의 고민은 큰 공감을 불러 일으켰지만, 그의 수행방식은 상천의 생각에 바람직해 보이지는 않았었다고 한다. 어린 상천의 생각에도 '결혼한 사람이 가정을 버리고 수행만을 한다는 것은 또 다른 문제를 만드는 것이 아닌가?' 하는 생각이 들었다고 한다. 어쨌든 죽음의 문제는 그에게 잠복되어 있었던 문제였다.

앞서 언급한 대로 상천은 인생의 의문을 간직한 채 지내다가 초등학교 3학년 1학기를 마치고 큰형의 권유로 서울로 전학을 하게 되었다. 새로 전학하는 학교에 첫 등교하는 날, 상천은 이상한 상황을 목도했다. 학교 정문에는 5, 6학년들이 주번을 서고 있었는데, 상천이 정문으로 들어가려는 순간 상천의 뒤에서 주번으로 생각되는 한 학생이 "야아, 교장 온다. 교장 와." 상천은 매우 당황하였고 어이가 없었다. '이게 무슨 소리인가. 젊은 선생님도 아니고 연로하신 교장 선생님이 출근하시는데, 적어도 "얘들아, 지금 교장 선생님께서 오고 계시니 잘 준비하자." 정도로는 말해야 되는 것이 아닌가.' 상천이 목도한 서울 아이들의 첫 인상은 거의 이해하기 힘든 수준이었다고 한다. 교실에서 담임이신 여선생님이 전학 온 상천을 소개하시고 수업이 시작되었다. 다음 날 국어 시간에 학생들이 돌아가며 책을 읽는데, 상천이 지명되어 목소리를 가다듬고 책을 읽으니 학생들이 다 웃었다. 그들은 상천의 사투리 음정이 우스웠던 모양이었다. 그래서 상천은 멋쩍고 쑥스러웠다고 한다. 또 선생님께서 중요 단어에 밑줄을 치라고 하시면서 단어를 표준말로 읽어주는데, 말투가 익숙하지 않고 소리도 나직해서 밑줄을 긋지 못하고 어리둥절하니, 옆의 친구가 도와주었다고 한다. 며칠 후 국어시험을 보았는데, 90점은 넘었지만 실망하여 안색이 안 좋았는데, 선생님이 시골에서 전학 와서 첫 시험인데 잘 본 것이라고 격려해 주셨다고 한다. 시간이 좀 흐른 다음에 친구들의 권유로 집 근처에 있는 개혁주의 노선의 교회, 당시 김정곤 목사님이 시무하시는 합동측 교회인 목동교회에 다니게 되었는데, 처음에는 어색하였으나 교회의 사람들이 친절하였고, 교회에서 가르치는 말씀도 유익하다고 생각하였다고 한다. 그런데 아쉬운 점은 가르침의 내용은 매우 유익하고 좋았으나, 이적과 관련하여서는 받아들이기가 무척 어려웠다고 한다. 왜 본인들도 믿을 수 없는 일을 남에게 믿도록 강요하는지, 정말 본인들도 믿고 그렇게 말하는 것인지 강한 의심이 들었다고 한다. 믿는 사람들이라면, 물론 믿지 않은 사람들에게 있어서도 마찬가지이지만, 진실해야 하는데 그 점이 결여된 것이 참으로 아쉬운 일이라고 생각되었다고 한다. 상천은 믿지 않는 사람들에게는 이 점을 이야기 하면서 아쉬움을 토로했지만, 그러나 믿는 사람들과 그러한 메시지를 전하는 사람들에게는 속으로만 생각하고 그들이 민망해 할까봐 질문하지 않은 채로 시간이 흘러갔다. 그런데 시간이 지나갈수록, 메시지의 내용을 더 깊이 알아가게 되면서 서서히 복음을 이해하게 되었는데, 이는 하나님의 전적인 은혜요 성령의 인도하심이었다고 한다.

　상천은 시간이 흐르면서 개혁신학에 입각한 교회에 첫발을 내딛게 된 것을 하나님의 큰 은혜로 생각하게 되었다고 한다. 당시 목사님이 유창하게 설교한 것은 아니었지만, 성경 이외의 이야기로 시간을 낭비하지 않는 모범적인 설교자인 것이 감사하였고, 시간을 들여 설교를 준비하시며 「신학지남」을 자세히 읽으시고 논문의 문제점들이 있을 때, 지적하시는 것에 많은 감동을 받았으며 도움이 되었다고 한다. 상천은 초등학교 6학년부터 주일학교뿐만 아니라 장년예배에 꼭 참석하여 예배하였는데, 주일학교의 예배와 교육도 좋았지만 그래도 장년예배에 참여하여 설교를 들어야 신앙의 성장이 있을 수 있다고 생각하였다고 한다. 그 어간에 교회 성도들 가운데 목사님의 설교가 좀 길다고 하는 사람들이 있었는데, 상천은 그 사람들이 어떻게 설교를 길다 짧다 논하는

지 이해가 되지 않았으며, 그 사람들은 참 신앙이 어리다고 생각하였다고 한다. 상천은 대학교 1학년까지 그 교회를 다녔으며, 그 다음 해에는 신성교회로 이명하여 전도사로서 사역을 하게 되었다고 한다.

상천은 성경에 대해 이해하게 되니 인생의 죽음의 문제도 알게 되고, 사람보다 더 수명이 긴 피조물들도 이유 없이 미워하지 않게 되었으며, 오히려 인간의 죄로 인해 모든 피조물이 고통 가운데 있다는 것을 깨닫게 되어 다른 피조물에 대하여 미안한 마음을 갖게 되었다고 한다. 기독교 신앙은 상천의 마음 깊숙이 내재해 있던 모든 근원적인 문제에 대한 해답이었다.

상천이 고등학교 3학년 때에 큰형이 군에서 장교로 복무하는 중에 병을 얻어 순직하게 되어 큰 슬픔을 느꼈고, 짧은 인생 가운데 삶의 참된 가치가 무엇인지를 더 깊이 생각하게 되는 계기가 되었으며, 신학을 공부하고자 하는 하나의 동기가 되었다고 한다. 그 큰형과 작은형이 동생들의 학업을 돕고자 자원하여 월남에 파병되어 수고하고 돌아왔다고 한다. 두 형들은 백마부대에서 종군하게 되어 함께 같은 지역에서 복무하게 된 기간이 있었다고 한다. 작은형은 포병으로 부대원들이 전선으로 작전을 나갈 때, 후방에서 엄호로 혹은 상대 진영에 포를 쏘는 경우가 많았는데, 큰형이 전투에 참여한 날에는 포 사격 전에 계산을 두 번씩이나 하게 되더라고 하는 이 이야기를 듣고 상천은 피가 물보다 진하다는 말이 참 말인 것 같다는 생각을 하게 되었다고 한다.

그 후로 상천의 큰형은 몸을 돌아보지 않는 무리한 생활로 병을 얻게 되고 순직하여 동작동 국립현충원에 안장되었다. 누님은 동생이 죽자 "동생은 예수님과 같은 나이를 살았구나!" 하면서 아쉬워 하셨다. 상천도 큰형을 생각하면 아쉬움이 많다고 한다. 큰형은 가족보다도 남을 더 챙기는 사람이었다고 한다. 부하들이 행군하다가 쓰러지면 자신도 건강하지 않은데, 그 부하의 군장까지 메고 무리하게 행군하여 몸에 무리가 되었으며, 월남에서 귀국하기 직전 부사관 중 한 명이 우울한 표정으로 한숨을 쉬고 있는 것을 발견하고는 그 이유를 물으니, 고국에 돌아갈 박스를 준비하지 못했다고 하는 말을 듣고, "그런 것을 가지고 뭐 그리 낙담하느냐" 하면서 자신의 것을 주고 가지고 가라고 하기도 하였다고 한다. 나무로 된 큰 박스는 귀국하는 거의 모든 병사들이 준비하여 가지고 귀국하는 것으로, 그 부사관은 무슨 연유가 있어 준비를 하지 못하였는데, 형은 장교였기 때문에 부하들이 알아서 챙겨놓았다. 그 박스 안에는 TV며 미군들의 C-래이션을 비롯한 당시에 귀한 물품들이 가득 담겨 있던 것을 작은형이 귀국할 때 보았는지라 그 후 큰형이 귀국할 때는 장교라 더 큰 기대를 했는데, 박스가 보이질 않아 상천이 왜 박스는 없느냐고 했더니 큰형이 그 이유를 설명하는데, 장교답고 부하를 사랑하는 인품에 내심 존경하는 마음도 있었으나 아쉬움도 컸다고 한다.

한번은 큰형이 귀국한 후 얼마 지나지 않아 큰형과 작은형, 그리고 모친이 함께 버스를 타고 어디를 가는 중에 야쿠르트 장사가 올라와 큰형이 한 박스를 샀는데, 큰형이 차 안에 노인들에게 다 나누어 주었다고 한다. 작은형이 "어머님 것은 어디 있느냐"고 하니 큰형은 "다 나누어 주었다"고 말하자 다시 작은형이 "어머님 것은 하나 드려야 하지 않느냐"고 했더니, "어머님은 같이 계시니 다시 사 드릴 수 있지만 저 노인들은 다시 사드릴 기회가 없지 않느냐"고 했다는 이야기를 듣고 상천은 먼저의 일화처럼 두 가지 마음이 동시에 들었다고 한다. '아, 큰형은 목사가 되었어야 하는데' 하고 생각했다고 한다. 사실 상천이 몇 번 큰형이 살고 있는 곳을 찾아가 보았는데, 군인이라 자주 옮겨 다녀서 주소를 적어 찾아가면 특이한 경험을 하게 되었는데, 주소 근처에 가면 누구를 찾느냐고 할 때 형의 이름을 이야기하면 사람들이 반색을 하면서 거의 집까지 데려다 주면서 형을 좋으신 분이라고 칭찬하였다고 한다.

그래서 상천은 '아, 형은 남에게 아주 잘 하면서 살았구나.' 하고 생각했다고 한다.

사실 상천의 집에서 큰형이 가장 먼저 예수님을 믿었는데, 처음에 집안의 분위기를 생각해서 가족들에게 적극적으로 전도하지는 않았다고 한다. 나중에 상천의 큰형은 돌아가시기 1년 전부터 야간신학교를 다니다가 몸이 많이 나빠져서 그만 두었다고 한다. 건강이 회복되었다면 목사님이 되었을 것이라고 한다.

상천의 작은형도 월남에서 어려운 상황을 만나 죽음의 고비에 이르렀으나, 예수님을 만나는 기적적인 체험을 하였다고 한다. 전장에서 심하게 앓아눕게 되었고, 동료들도 죽을 줄 알고 포기하여 몇 주간이 지났는데, 비몽사몽간에 십자가에 달리신 주님이 내려오셔서 형을 만져 주셨는데 시원함을 느꼈다고 한다. 또 한 차례 그와 같은 일이 반복되고 나서 힘을 얻고 회복되는 놀라운 경험을 하였는데, 본인이 화가라면 예수님의 그 모습을 그대로 그릴 수 있겠다고 하였다고 한다. 그리하여 월남에서 체험을 하고 고국에 돌아와 신앙생활을 열심히 하였다고 한다. 큰형이 하늘나라에 간 다음 해에 상천은 신학대학에 그의 작은형은 신학대학원에 입학하게 되었고, 형제는 신학의 길을 가게 되었으며 다 목사가 되었다. 상천의 형은 교회를 개척하였고 선교에 힘을 쏟았으며, 지금은 원로목사로 섬기고 있다.

상천은 대학원을 졸업하던 해에 교수님의 소개로 사모님을 만나 결혼하였으며, 결혼 전 아들을 낳으면 주의 종으로 드리고 딸을 낳으면 의학을 공부시켜서 선교사님에게 시집을 보내어 선교를 돕도록 하자고 의견의 일치를 보았다고 한다. 서원한 대로 상천에게는 아들이 둘 있는데, 그들은 지금 모두 목사가 되었고 계속하여 신학을 연구하고 있다. 아들들이 어릴 때 매일 성경 한 구절을 외우고 하루 중에 언제든지 잠자리에 들기 전까지 확인을 받도록 하였는데, 아이들이 큰 문제가 없을 경우는 쉽게 한 구절을 외우고 확인을 받았다고 한다. 그러나 어떤 날, 혹은 연이어 며칠 성경 구절을 잘 못 외우고 조사나 관형어가 계속 틀리는 경우에는 틀림없이 학교생활이나 개인생활에 있어 문제가 발견되었다고 한다. 그런 경우에 조금만 살피면 문제를 확인할 수 있게 되었다고 한다. 성경 암송은 신앙생활의 리트머스 시험지였다. 특히 어린 시절의 성경 구절 암송은 신앙교육과 더불어 암기력 향상은 물론 기독교세계관 형성을 위해 매우 중요한 교육방식 중 하나로, 상천은 이 방식을 모든 가정에 추천하고 싶다고 밝힌 바 있다.

상천은 가족들과 함께 1993년에 미국 칼빈신학교에 가서 Henry Meeter Center for Calvin Studies에서 research fellow로 두 달간 연구하는 가운데, 아이들이 여기에서 공부하면 좋겠다는 생각이 들었다고 한다. 2003년 안식년에는 13개월간 가족들과 함께 Emory 대학의 Candler School of Theology에서 Visiting Scholar로서 연구하였다. 이 기간에 아이들이 J2 비자로 미국 공립학교에서 중학생과 고등학생으로서 공부하게 되었고, 한국에 돌아와 6개월간 공부하였다고 한다. 큰 아이 진학 문제도 있고 해서 가족회의를 통해 아이들의 의견을 들으니 저들이 둘 다 미국에서 공부하기를 원하여 이번에는 사모님이 F1으로 미국에 가고 아들들이 F2로 공부하게 되었는데, 사모님이 입학한 학교는 미국 교단신학교로 등록금이 매우 저렴한 신학교라고 한다. 자녀들은 큰 아들이 Texas at Austin에서 철학을 공부하고 한국에 돌아와 신대원에서 공부하였고, 안수를 받은 후 지금은 미시간의 Calvin Theological Seminary의 박사과정에 있으며, 작은 아들은 Wisconsin at Madison에서 철학을 공부하고 한국에 돌아와 공군장교로 복무를 마치고 신대원에서 공부하고 안수를 받은 다음, 지금은 미시간의 Puritan Reformed Theological Seminary에서 공부하고 있다.

상천은 대학과 대학원을 졸업하고 총회 집필간사로 사역하였으며,

1987년 봄부터 안양대학교의 전신인 대한신학교에 교수로 임용되어 오늘에 이르게 되었다. 그는 교수활동과 더불어 은평교회, 서현교회, 총신대학교회, 승동교회, 연정교회, 산본성삼교회, 계산교회 등에서 교육목사와 협동목사로 사역하기도 하였다.

상천의 관심 분야와 신학사상

기독교교육과 상담에 대한 연구

상천의 초기 연구들을 살펴보면 상담에 대한 연구가 많은 자리를 차지한다는 것을 알 수 있다. 기본적으로 기독교교육에 대한 학문적 사유를 바탕으로 제자화의 구체적인 방법으로서 상담을 제시한 것으로 볼 수 있다. 그는 "Gary R. Collins의 제자화 상담에 관한 연구"에서 이렇게 밝히고 있다. "예수께서는 단순히 학생을 가르칠 목적으로 세상에 오신 것이 아니라, 자기를 따르는 제자들을 만들기 위하여 세상에 오셨다는 것을 강조한다. 그리하여 콜린스는 제자가 되고 제자 삼는 일이 모든 그리스도인의 의무라고 한다면, 분명히 다른 사람을 제자화 하는 일은 기독교 상담의 일부 내지 상담의 주요목표가 되어야 마땅할 것이라고 보고 있다." 상천은 Collins의 이 주장에 동의한다.[1]

기독교교육에서 가르친다는 것은 단순히 지식적인 영역이 아닌 전 인격적으로 그리스도의 제자가 된다는 것이고, 그러한 제자화를 위해서는 상담이 필요하다고 주장하는 것이다. 상천은 "오늘날 기독교 상담학 분야에서 심히 우려 되는 것은 기독교 상담을 성경의 차원에서가 아니라 심리학이나 행동과학의 차원에서 이해하고 적용한다는 점"이라고

| 1 "Gary R. Collins의 상담에 관한 소고", 245.

지적한다.2)

상천은 아담스(Jay E. Adams)가 "권면적 상담의 목적은 바울 사도가 디모데전서 1장 5절에 말한 '사랑'이다. 즉 경계의 목적은 청결한 마음과 선한 양심과 거짓 없는 믿음에서 나오는 사랑"이라고 하였다는 점을 강조한다.3) 현대의 생활은 더욱 복잡해지고 있으며, 과학기술의 범람은 많은 이점과 함께 우리에게 인간소외를 가져다주고 있다. 급격히 변화하며 첨단화되어가는 세류(世流)에서 현대인은 더욱 긴장과 스트레스로 시달리고 있다. 이들에게 좋은 상담자가 되어주어야 할 책임이 목회자들에게 있다는 것이다.

상담에 임하는 목회자는 피상담자의 감정(emotions)과 사고(thought)와 행동(behavior), 이 세 가지 모두에 초점을 맞추어야 한다. 콜린스는 성경을 살펴볼 때 감정과 생각과 행동이 모두 중요하게 다루어지고 있다는 사실을 지적하고 있다. 인간의 문제는 무엇으로 기인되었든지 그 문제의 해결은 전인적으로 해결하여야 한다.

그리스도인의 본이 되시는 예수님은 도움이 필요한 사람들과 그룹으로, 혹은 개인적으로 만나 이야기를 나누시는데 많은 시간을 보내셨다. 고통 받는 자들의 요구에 민감했던 바울은 "우리 강한 자가 마땅히 연약한 자의 약점을 담당하고 자기를 기쁘게 하지 아니할 것이라"(롬15:1)고 썼다. 아마도 바울은 여기에서 의심과 두려움을 가졌던 자들에 관해서 썼을 것이다. 때로 상담이 시간낭비인 것처럼 느껴질지도 모르겠지만, 그것은 중요하고 필요하며, 또한 성경에서 확인된 사역의 한 부분임에 틀림없다. 그래서 목회자들이 상담훈련을 잘 받고 성실히 상담하면 신자들은 교회를 떠나지 않고, 또 신앙도 성장하여 봉사와 전도에도 열매를 거둘 것이라고 지적한다.

2 『교육목회와 교회성장』, 355.
3 『교육목회와 교회성장』, 360.

상천은 실제적으로 목회자들과 크리스천 상담자들을 돕기 위해 개혁신학 입장에 선 연구의 필요성을 절감하여 그의 학문 활동 초기에 다양한 상담에 대한 연구를 진행하였으며, 관련된 논문을 꾸준히 발표하여 개혁주의 입장에서 상담을 제시하였다.

기독교교육의 이론적 기초 확립

상천은 개혁주의 기독교교육자로서 기독교교육의 이론적 기초를 확립하기 위해 기독교교육의 목적, 교육철학, 성경적·신학적·철학적 토대에 대한 연구를 지속해왔다. "기독교교육의 목적에 관한 연구"에서 기독교교육 지도자의 가장 중요한 임무 중 하나는 기독교교육에 관계하는 사람들이 기독교 세계관과 가치관을 확고히 정립하고 그들이 분명한 교육목적 의식을 갖도록 지도하는 일이라고 하였다. 즉, 기독교교육자는 교육적 기술보다도 세계관과 가치관의 정립이 우선적으로 필요하다는 뜻인데, 이러한 자신의 주장과 같이 그는 먼저 기독교교육의 기초를 세우는 연구를 전개해 나갔다.

대표적으로 "기독교교육의 성경적 토대에 관한 연구", "기독교교육의 신학적 근거에 관한 연구", "기독교교육의 철학적 토대에 관한 연구"가 있으며 "기독교교육 목적에 관한 연구" 등이 있다. 위의 연구들 중 기독교교육의 성경적 토대, 신학적 근거, 철학적 토대를 살펴보며 기독교교육 이론을 소개하고자 한다.

첫째로, 기독교교육의 성경적 토대이다. 상천은 기독교교육이 진정으로 기독교교육이 되기 위해서는 성경적 토대 위에 세워져야 하며, 성경을 실재에 대한 하나님의 계시로 이해할 때만 가능하다는 개혁주의적 입장에서 출발한다.

다음으로 기독교교육의 신학적 근거이다. 상천이 기독교교육의 신학적 근거를 연구한 것은 기독교교육의 신학적 근거가 세속교육과 다른 차이점을 보여줌에도 불구하고 오늘날 기독교교육이 실제로는 신학적 근거에 확고히 서 있지 못한 상황에 있다고 파악했기 때문이다. 개혁주의 입장에서 기독교교육의 신학적 근거로 계시, 삼위일체 하나님, 하나님의 형상으로 창조된 인간 이해, 언약신학, 만인 제사장직의 교리 등을 제시하며 교육신학과 사상을 전개해 나갔다.

마지막으로 기독교교육의 철학적 토대이다. 그의 "기독교교육의 철학적 토대에 관한 연구"에서는 기독교교육의 특성을 하나님의 계시의 산물, 기독교 세계관의 산물로 보았다. 또한 기독교교육의 철학과 직접적으로 연관된 형이상학의 우주론, 신론, 인간론, 존재론을 다루면서 철학적 기반을 살핀다. 또한 세속적 교육철학인 자연주의, 실용주의, 인문주의에서 교육의 핵심인 하나님이 빠져있음을 지적한다. 거기서 그치지 않고 기독교교육은 다른 교육체계의 실패를 지적하는 것 이상의 일을 해야 함을 강조한다. 그 대안으로서 성경중심적인 방법을 제시하면서 기독교교육을 위한 신본주의 세계관 정립이 필요함을 주장한다.

상천은 위와 같이 개혁주의 입장에서 기독교교육의 성경적, 신학적, 철학적 토대를 연구함으로써 성경과 신학, 그리고 기독교철학이 기독교교육의 원천이요, 유래가 되며 여기서부터 기독교교육의 새로운 시도를 개발하기 위한 원천을 발견할 수 있다고 밝힘으로써 기독교교육의 이론적 기초를 확립하였다. 다음 항에서는 상천이 교육과 목회의 기초로 강조하는 핵심적인 부분인 '교육과 목회를 위한 신학'을 좀 더 자세히 소개하고자 한다.

교육과 목회를 위한 신학적 기초

하나님의 교육

기독교교육을 논함에 있어 하나님의 사역을 우선적으로 말하지 않을 수 없다. 교사가 최선으로 일을 한다는 것은 정원사의 경우와 너무나 흡사하다. 정원사 자신이 할 수 있는 모든 노력을 경주한다고 하더라도 씨앗이나 식물을 자라나게는 할 수 없다. 오직 하나님 이외에는 어느 누구도 한 톨의 씨앗도 자라나게 하지 못한다. 바울이 고린도 교인들에게 "나는 심었고 아볼로는 물을 주었으되 오직 하나님은 자라나게 하셨나니 그런즉 심는 이나 물주는 이는 아무 것도 아니로되 오직 자라나게 하시는 하나님뿐이니라"(고전3:6-7)고 썼듯이 목회자는 하나님과 함께 일하는 자이다. 목회자가 할 수 있는 일이란 하나님께서 홀로 행하시는 그 일을 이루실 수 있도록 그분의 도구가 되는 일이다.

하나님은 계시를 통하여 자신을 알리셨다. 사실 목회와 교육은 하나님의 계시(啓示)에 기초한다. 우주를 창조하신 하나님께서는 모든 진리와 실재의 근원이시다. 그러므로 진정한 교육은 하나님의 진리가 무엇인지 알리고 배우는 과정이다. 성경이 기독교교육에 있어 왜 근본적인 것이냐 하는 물음에 대한 최종적인 한 가지 이유는 성경은 인간과 사회를 거듭나게 하는 고유한 능력을 가진 진리를 함유하고 있다는 점이다. 그러므로 "모든 성경은 하나님의 감동으로 된 것으로 교훈과 책망과 바르게 함과 의로 교육하기에 유익한"(딤후 3:16) 책이다. 성령으로 더불어 성경의 진리는 진리를 수납하고, 그것을 믿는 자의 심령에 선한 영향을 미친다.

교육자로서 하나님은 우주와 만물과 그 가운데 인간을 창조하셨다. 하나님은 엿새 동안 천지만물을 창조하시고 마지막에 하나님의 형상으로 인간을 창조하셨다. 결국 창조는 하나님의 계시의 또 다른 면으로, 창조의 세계를 통하여 하나님은 그 백성을 가르치시고 훈련시키신다는 점을 생각해 볼 수 있다. 창조주 하나님에 대한 지식은 두 가지의 근거에 의한다. 자연계시와 특별계시이다. 하나님은 창조와 말씀을 기초로 성령을 통해 우리를 가르쳐 주신다. 성경에는 하나님을 교사로서 생각하는 개념이 있다. 욥도 묻기를 "하나님은 그 권능으로 큰일을 행하시나니 누가 그같이 교훈을 베풀겠느냐"(욥 36:22)고 하였다. 이와 같이 성경의 기자들이 하나님을 교사로 생각한 것은 그들이 하나님께로부터 배웠기 때문이다.

예수 그리스도의 교육

예수 그리스도는 왜 친히 성육신하셔서 인간을 가르치셨는가? 칼빈은 분명하게 최초의 인간 시조가 타락한 이후 중보자를 떠난 하나님에 대한 지식은 구원에 하등 도움이 되지 못한 것이었다고 분명히 말한다(롬 1:16, 고전 1:24). 그 이유는 "영생은 곧 유일하신 참 하나님과 그의 보내신 자 예수를 아는 것"(요 7:3)이기 때문이라고 한다. 즉 하나님께서 그리스도 안에서 우리에게 나타나시지 않는다면, 우리가 하나님을 아는 지식만으로는 구원을 받을 수가 없다는 것이다. 이처럼 칼빈은 하나님의 성육신에 대해 하나님과 완전히 격리된 인간을 위해서 하나님의 위엄이 인간에게 강림하지 않는 한 인간은 버려진 상태에 있을 수밖에 없으므로 성자가 임마누엘하심, 즉 하나님이 우리와 함께 계심이 필요했다고 한다.

예수님의 독특하심은 그의 가르침과 밀접하게 관련되어 있다. 어떤 다른 사람이 같은 가르침을 전달하였다면, 그 말은 권위가 없었을 것이다. 더욱이 예수님은 높은 교육적 이상을 세워놓고 완전하게 그것을 성취하였던 유일한 선생이시다. 그는 사람들이 원수를 사랑해야 한다(마

5:44)는 외형적으로 불가능하게 보이는 명령을 주시고 가르치신 경우에 있어서도, 그를 십자가에 못 박고 있던 사람들의 잘못에 대해 용서를 구함으로써 그것을 실천하는 방법을 보여주셨다.

예수님은 그의 메시지에 대한 교육만 하신 것이 아니라, 또한 소그룹의 제자들을 가르치고 훈련시키는 데 그 사역의 많은 부분을 헌신하셨다. 그리고 그의 제자들로 하여금 다른 사람들을 가르치도록 보내셨으며, 이와 같은 일은 그가 오신 목적이 최종적으로 실현되기까지 계속하셨다.

예수님은 그의 공생애를 가르침이나 복음의 선포로 시작하셨지만 얼마간의 따르는 자들이 생기게 되면 그는 선포의 방법에서 교육의 방법으로 사역의 방법을 전환하셨다. 예수님의 사역 기간 중 중기와 말기는 설교보다도 주로 가르치는 일에 더 많은 부분을 할애하셨다. 그의 가르침의 대부분은 하나님의 나라의 성격과 법도, 그리고 그 나라와 자신과의 관계를 가르치셨다. 예수님께서도 자신을 교사로 간주하셨다. 그가 자신을 그렇게 말씀하셨고 다른 사람들이 자신을 그렇게 칭하는 것을 허용하셨으며, 일반적으로 사람들에게 교사로서 인식되었다.

예수님의 교수방법은 사람들의 생활경험을 토대로 출발하여 그 삶에 도움을 주고, 그 삶을 이해하도록 하기 위해 성경에로 관점을 돌리셨다. 그는 이차적이고 부수적인 문제가 아니라, 영적인 삶에 스며있는 핵심적인 문제들을 다루셨다. 그는 먼저 이 세상과 관련된 삶을 보여주시고 그 후에는 삶의 경험 가운데서 하나님의 진리를 적용시키셨다. 예수님은 그에게 가르침을 받는 자에게 그와 관련된 진리를 보여주시고 "가서 너도 이와 같이 하라"고 말씀하셨다.

예수님은 그의 지상사역을 완성하신 후 승천하시기 직전에 그의 제자들에게 교육의 사명을 주셨다. "그러므로 너희는 가서 모든 족속으로 제자를 삼아 아버지와 아들과 성령의 이름으로 세례를 주고 내가 너희에게 분부한 모든 것을 가르쳐 지키게 하라 내가 세상 끝날까지 너희와 항상 함께 있으리라"(마 28:19-20). 이처럼 예수님은 이중적 교육과제를 주셨다. 즉 사람들로 하여금 하나님과 교제하도록 하기 위해 가르칠 것과, 또한 그 교제에 이르는 하나님의 방법들을 가르칠 것을 사명으로 주신 것이다.

성령의 사역

예수께서 하나님의 가르침의 사역(God's work of teaching)을 교회에게 맡기셨을 때에 "보라 내가 세상 끝날까지 너희와 항상 함께 있으리라"고 하셨다. 예수님은 승천하시기 전에 그의 제자들에게 자신이 성령을 보내실 것과 자신이 보내는 성령의 사역이 어떤 것이 될 것인가를 말씀하셨다(요 16:7-15).

성령은 우리들의 동기와 소망을 엄밀히 찾아서 도와주시는 하나님이시다. 머레이(Andrew Murray)는 이렇게 말한다. "성령과 그리스도의 말은 이해를 위한 것뿐만 아니라, 생명 전체에 중요한 의미를 가지고 있다. 우리들은 그리스도의 영과 그리스도의 말씀을 생각하고 있으므로 자연히 교육에 관련시키고, 그런 것을 지적 사항과 결부하여 버린다. 그러나 그것들은 사고나 감정보다 더욱 깊은 생명을 위해서도 중요한 의미를 가지고 있다. …… 성령은 지성 속에서가 아니고 생명 속에 계신다. 성령이 그 역사를 하시는 것은 우리들의 지식 속에서가 아니고 있는 그대로의 우리들의 존재 전체 속에서이다. 여러 가지 하나님의 진리에 대한 명확한 이해와 새로운 통찰을 성령을 떠나서 구하거나 기대하지 않도록 하자. …… 성령의 가르침은 말과 사고에 의한 것이 아니고 능력에 의해서 시작된다."(The Spirit of Christ: Thoughts on the Indwelling of the Holy Spirit in the Believer and the Church, 101-102). 상천은 머레이의 강조를 의미 있게 생각한다. 그리스도가 보내주신 성령은 우리들의 생명이 되어서 하나님의 말씀을 받아 그것을 생활 속에 들어가게 하며, 말씀을 우리들 속에서 진리와 힘이 있게 하는 것이다.

바울은 다음과 같이 말하였다. "이를 위하여 나도 내 속에서 능력으로 역사하시는 이의 역사를 따라 힘을 다하여 수고하노라"(골 1:29). 바울의 고백대로 중요한 것은 우리들을 통해서 일하시는 성령의 역사이다. 성령의 능력을 떠나 있다면, 목회자들은 하나님 앞에 무릎을 꿇고 기도하며 자진해서 성령에 복종하고, 자기중심적인 생활에서 떠나 성령의 인도와 능력을 받아들이는 마음의 준비를 하는 일이 우선되어야 한다. 기독교교육이란 거룩하신 교사이신 하나님의 성령이 어떻게 역사하시는가를 발견하고 하나님과 함께 역사하는 일이다.

그러므로 교육자들과 목회자들은 성령이 자신을 인도하고, 자신을 통하여 역사하셔서 인간들에게 하나님의 진리를 가르치는 데 있어서 더욱더 완전하게 만들어 주실 것을 신뢰하여야 한다.

교육과 목회의 대상으로서의 인간

교육과 목회는 목양의 관점에서 교육자와 목회자가 하는 모든 교역을 말한다. 이 교육과 목회는 예수님의 십자가에 의한 구속을 감사하게 하고, 주님의 모범과 가르침을 따라 살아가게 하며, 성령 안에서 계속적으로 임재하시는 주님에 의해 인도되는 삶을 살아가도록 하는 것을 중심적인 과제로 삼는다. 그러므로 인간에 대한 올바른 이해를 갖지 않고서는 진정한 교육과 목회사역을 수행할 수 없게 된다.

인간은 하나님의 모든 피조물 중에 참된 의미로서 유일한 교육의 대상자이다. 사람은 어릴 때뿐만 아니라 평생을 통해서, 곧 그의 전 생애가 교육을 받는 과정이다. 물론 동물이나 식물도 어느 정도 훈련과정을 통해서 약간의 발전이나 개선이 있을 수 있으나 교육의 대상자라고는 할 수 없다. 교육자와 목회자가 교육과 목회의 대상인 인간에 대해 가져야 할 지식은 다음의 몇 가지다.

첫째, 인간은 하나님으로부터 지음 받은 존재이다. 성경은 인간이 하나님으로부터 그의 형상으로 지음 받은 창조된 인간임을 가르친다. 사람은 하나님께서 창조하신 피조물 가운데 최고의 존재이다. 사람은 하나님의 형상으로 지음을 받았다. 하나님께서는 사람을 짐승과 다름없이 흙으로 만드셨으나 하나님의 형상(image)대로, 하나님의 모양(likeness)을 따라 지으시고(창 1:26, 27), 생기를 코에 불어넣으셨다고 말씀하신다. 그의 이성과 양심, 사고와 의지, 그의 필요성과 성벽들은 비물질적인 본질, 즉 영원성에 근거한다. 그러므로 사람은 하나님과 사귀며 하나님을 닮은 자로, 하나님의 대리자로서 하나님의 문화적 명령을 수행하는 삶을 영위할 때 동물과는 다른, 사람의 삶을 살게 되는 것이다.

둘째, 하나님의 피조물인 사람이 불순종하여 범죄함으로 타락하였다는 사실이다. 이 타락으로 사람은 자신이 가지고 있던 하나님의 형상으로서의 참 지식과 의와 거룩을 잃어버렸다. 그 결과 부패하여 하나님을 두려워하는 마음은 없어지고, 악한 자리에 빠져 비참한 인생이 되어 버렸으며, 영원한 저주와 멸망을 받게 되었다. 그런데 유감스럽게도 인간은 선천적으로 선하다는 사실을 강조하는 것이 오늘날 종교교육의 일반적인 추세이다. 그러나 인간은 하나님에게서 떠나버린 타락한 존재임을 알아야 한다. 따라서 교육이 내용과 방법에 있어서 완전하다 할지라도, 그것 자체만으로는 인간 본성에 자리 잡고 있는 악을 근절시킬 수 없다. 따라서 인간은 구원이 필요한 존재이다.

셋째, 이 비참한 인생에게 하나님께서는 그의 자비하심으로써 보여주신 것들을 배워 알 수 있도록 지적 요소를 남겨 주셨다. 자신이 버림받은 상태에서도 스스로의 구원을 제외하고서 다소의 가능성을 바라고 나갈 수 있도록 하나님께서 작정하셨다. 더욱이 이 비참한 인생에게 하나님께서 독생자를 보내셔서 희생제물이 되게 하심으로 사람이 예수 그리스도 안에서 의롭다 하심을 얻게 되는 것이다. 사람에게는 근본적으로 선이 없고 또한 선을 행할 수도 없으나, 예수 그리스도 안에서 의롭다 하심을 얻는 길이 생겨졌으며, 하나님의 양자로서 영광스런 소망을 지니게 되었다.

인간이 믿음으로 말미암아 새 사람을 입게 될 때, 그는 하나님의 뜻을 따라 참된 의와 거룩으로 창조되고(엡 4:24) 그를 창조하신 자의 형상을 좇아 지식에까지 새롭게 된다(골 3:10). 이리하여 다시 하나님의 성품에 참여하는 자가 된다(벧후 1:4). 이 구원론적 근거가 궁극적인 해답이라는 점이 중요하다. 그리스도를 통한 새로운 존재에로의 회복의 길, 즉 구원의 길을 열어 주신 것이다. 그러므로 기독교적 인간 이해는 창조와 타락과 구속의 전망에서 이해해야 한다.

교회에 대한 관심과 문제제기

상천은 기독교교육의 장(場)인 가정, 교회, 학교 모두 관심이 있었으나, 그 중에서도 교회에 큰 관심이 있었다. 그는 기독교교육자 이전에 한 사람의 성도로서, 목회자로서 늘 교회에 대해 고민하였다. 그의 연구 논문 "교회는 어떻게 교회다워질 수 있는가?"의 첫머리에서 그의 교회에 대한 사랑과 고민을 엿볼 수 있다. "하나님께서 원하시는 교회의 모습은 어떠한 것일까? 그리고 그러한 교회의 모습은 어떻게 이루어갈 수 있을까?"[4]

이 논문이 나온 1997년 당시는 선교 100주년을 지나가면서 기독교인 천만에 이른 때였다. 당시는 한국교회가 양적으로 성공했다고 평가되

| 4 "교회는 어떻게 교회다워질 수 있는가?" 「신학연구」 제6집(1997), 165.

던 시기였음에도 불구하고 상천은 교회의 성장을 겉모습에서 판단하지 않았다. 그는 다음과 같이 당시 한국교회의 문제점을 지적하였다. "그러나 문제는 교회의 질적인 면과 그리스도인의 인격적인 양육의 상태는 그 보편적인 수준에 이르지 못하고 아직도 실현되지 않은 상태에 있다고 하겠다. 왜냐하면 한국교회는 양적 성장의 방향으로만 질주한 나머지 신앙의 질적 성숙은 간과되었고, 질적 성숙의 주체적인 기능인 교육조차도 양적 성장의 수단으로만 취급되어 왔기 때문이다."[5]

상천은 모두가 한국교회의 양적 성장의 기쁨에 고취되어 있을 때, 질적으로 성장하지 못한 한국교회의 어린아이 같은 모습을 지적하고, 미래를 준비하기 위해서는 새로운 성장 방법론이 필요하다고 강력하게 요청하였다.

또한 "한국교회 성장에 나타난 문제점"을 1, 2부로 나누어 연구하였는데, 여기서 그는 한국교회 성장의 문제점으로 교회성장을 양적으로만 이해하는 목회관의 문제, 기복신앙 혹은 번영신학으로 대체된 복음의 변질, 개교회주의에 따른 성장의 불균형 문제 등을 지적하였고, 목회방법상의 문제들로서 기복주의적인 설교, 예배의 형식과 내용, 잘못 이해된 은사중심의 목회, 목회자와 평신도의 관계의 정립의 부적절성, 그리스도인의 신앙양태와 의식문제, 주일학교교육의 실제에 있어 교회교육의 문제점 등을 지적하였다.

그가 이러한 한국교회의 성장에 나타난 문제점을 연구하고 발표한 것은 비난하고 고발하려는 목적이 아닌 누구보다 주님의 몸 된 교회를 사랑하는 마음에서 비롯된 것이라는 것에는 이견이 없을 것이다. 실제로 그는 문제점을 지적하는 연구에서 끝나지 않고 한국교회의 초기, 일제 강점기, 해방이후 한국교회의 100주년 기간의 성장에 관해 여러 해에

| 5 "교회는 어떻게 교회다워질 수 있는가?", 166.

걸쳐 연구함으로써 진정한 교회 성장이란 무엇인지 역사를 통해 살펴보았다. 또한 한국교회의 새로운 성장의 방향으로서 신현광 박사의 주요 사상인 교육목회라는 개념을 이끌어 내었다.

핵심 주장인 교육목회에 대한 연구

기독교교육자이자 실천신학자로서 상천의 가장 대표적인 사상은 바로 교육목회라고 할 수 있다. 그는 『교육목회와 교회성장』, 『복음주의 목회학』, 『복음주의 교회성장학』, 『21세기 목회학총론』과 같은 저서 뿐 아니라, 교육목회에 대한 수많은 논문들을 통해 그의 핵심사상인 교육목회를 전개시켜 나갔다. 뿐만 아니라 기독교교육의 이론적 기초나 교회를 다룬 논문에서도 늘 목회의 교육적 차원을 강조하였으며, 교회와 성도를 온전케 세우도록 목회하는 교육목회의 개념을 강조하였다. 또한 "교육목회의 신학적 근거에 관한 연구"에서는 "교육에 기초하지 않는 목회, 교육의 도움을 통하지 않는 목회는 현재와 미래를 가진 목회라고 할 수 없다"[6]라고 강력하게 주장하기도 하였다.

이제 그의 교육목회에 대한 연구를 살펴보기 전에, 먼저 그가 하나님 말씀의 이해와 깨달음이 성령의 도움이 아니고서는 불가능하지만, 인간은 최선을 다해 성령의 역사가 하나님의 뜻대로 이루어지도록 수고할 책임을 가지고 있다는 개혁주의적 입장에서 연구를 발전시키고 있음을 인지해야한다. 그는 이 책임을 '목회적 책임'과 '교육적 책임'으로 표현하였는데, 이에 따른 상천의 교육목회의 정의는 다음과 같다. "교육목회는 목회의 다양한 차원들을 교육적 견지에서 이해하고 성도와 교회의 성숙을 도모하는 목회철학이요, 그 실천이다."[7]

---

6 "교회는 어떻게 교회다워질 수 있는가?", 166.
7 『교육목회와 교회성장』, 87.

이러한 정의 하에 교육목회의 신학적 근거로서 삼위 하나님께서 계시의 내용을 교육의 방편으로 우리에게 전해주심을 들었고, 신구약 성경의 배경 연구를 통한 교육목회의 당위성 및 필요성을 강조하였다. 이러한 신학적, 성경적 근거에 기초하고, 또한 앞서 제기한 한국교회의 문제점들에 대해서 한국교회를 양적인 성장에서 질적인 성숙으로 이끌어 줄 새로운 목회관을 바로 교육적인 차원의 목회, 교육목회로 제시하였던 것이다.

물론 교육목회라는 개념이 특별하거나 새로운 개념은 아닐 수 있다. 그러나 상천 신현광 박사의 연구는 교육목회를 단순히 개념이나 철학적인 차원에서만 이루어진 것이 아니라, 실제적으로 그것을 적용시키는 데까지 이루어졌다는데 한국교회와 기독교교육에 있어 큰 의미가 있다. 상천은 "교육목회의 성경적 배경에 관한 연구"의 마지막에서 다음과 같이 말하였다. "이제 모든 목회자들은 목회를 교육적 관점에서 이해하는 눈이 필요하다. 설교도 교육적 관점에서 이해할 뿐 아니라 예배와 선교도, 상담과 성경공부도, 그리고 목회의 모든 부분도 다 교육적인 관점에서 이해할 필요가 있다."[8]

위에서 주장한 바와 같이 그는 교육목회를 설교, 세례, 유아세례와 교육, 성찬, 성경교육, 신앙문답교육, 주일학교 교육, 평신도 교육, 교육행정, 선교교육, 가정교육, 상담 등 목회의 전반적인 부분에 있어 적용하여 연구하는 작업들을 이루었다. 실천하는 신학인 실천신학자로서 단순히 개념을 설명하고 중요성만 전하는 연구가 아닌 실제 현장에서 적용 가능한 실질적인 연구야 말로 그가 교육목회를 통해 이루고자 하는 진정한 교회의 성장의 발판이 되어준 연구의 성과라고 할 수 있겠다.

| 8 "교육목회의 성경적 배경 관한 연구", 「복음주의실천신학논총」 제2권 (2001), 115.

성경과 종교학에 대한 깊은 이해

상천은 기독교교육자이자 실천신학자지만 성경과 종교학에 대한 깊은 이해가 있었다. 성경에 대한 남다른 연구는 그의 저서인 『창세기, 살아 숨쉬다』와 『출애굽기, No Turning Back』을 통해 나타난다. 이 두 권의 책에서 그는 구약을 전공하지는 않았으나 구약신학에 대한 역사적·신학적 통찰, 또한 이 내용을 복음의 진리로 조명하는 뛰어난 해석 능력을 보여준다. 심도 있고 신학적인 내용임에도 불구하고, 이해하기 쉽고 은혜롭게 쓴 것은 상천의 특별한 은사라고 할 수 있을 것이다. 특별히 두 번째 성경신학 책인 『출애굽기, No Turning Back』은 첫 번째 성경신학 책이었던 『창세기, 살아 숨쉬다』를 접한 독자들의 지지로 나왔을 정도로 두 권 모두 성경신학의 학문적 전문성과 가슴을 뜨겁게 하는 은혜가 담긴 책이라고 할 수 있다.

창세기에 대해서 상천은 "이 책의 제목을 『창세기, 살아 숨쉬다』 라고 한 것은 온 우주 만물을 창조하시고 주관하시는 하나님은 세초(世初)만이 아니라 현재에도, 그리고 장래에도 동일하게 역사하고 계신다는 점을 무한히 강조하고 싶어서입니다. 이 글을 쓰는 동안 아브라함과 이삭과 야곱, 그리고 요셉이 살았던 당시의 현장에 마음으로 함께 하면서 그들과 동행하신 하나님의 숨결을 생생히 느낄 수 있었던 귀한 감격을 독자 여러분들과 함께 나누고 싶습니다. 창세기에 나타나신 창조주 하나님은 지금도 살아계셔서 동일하게 역사하시는 전능하신 우리의 하나님이십니다." 라고 밝히고 있다.

그리고 출애굽기에 대해서도 "이 책의 제목을 『출애굽기, No Turning Back』이라고 명명(命名)한 것은 이스라엘 백성이 애굽으로 되돌아가서는 안 되고 가나안을 향해 전진해야 하듯이, 우리도 과거의 죄된 옛 습관으로 되돌아가지 말고 천성을 향해 나아가야 하기 때문입니다. 출애굽은 실제로 있었던 역사적 사건이며, 하나님의 구속사역임을 알게 되었습니다. 구약에 그리스도에 대한 상징과 예언이 많지만, 특히 성막은 예수 그리스도에 대한 예표요 그림자입니다. 언약궤와 속죄소를 통하여 우리 죄를 대속하신 십자가를 보았으며, 성막을 통해서 구약의 백성들도 우리와 마찬가지로 은혜로 구원을 얻었다는 사실을 깨닫게 되었습니다. 하나님은 성막을 통해 백성들과 함께 하셨으며, 예수 그리스도의 성육신을 통해서 그의 백성에게 모습을 드러내셨습니다."라고 밝히고 있다. 상천은 이 두 책을 통해 성경의 중요한 두 모티브인 창조와 구원에 대한 이해가 깊어지기를 바라고 있다.

그리고 『그리스도인이 보는 세계종교』는 종교에 대한 이해와 더불어 제목 그대로 그리스도인으로서 타종교를 어떻게 이해할 지를 밝히고 유일한 참 종교인 기독교에 대한 분명한 인식을 강조하고 있다. 상천은 기독교교육과에서 종교교사 양성을 위해 오랫동안 종교학을 가르친 만큼 종교학에도 관심이 많았다. 단순한 관심이 아닌 학문적으로도 정립하여 『그리스도인이 보는 세계종교』라는 저서를 집필하였으며, 이 책을 통해 다양한 종교에 대한 그의 이해를 볼 수 있다. 단순히 각 종교에 대한 특징만을 기술한 것이 아니라, 그리스도인으로서 타종교를 어떻게 봐야할지 신학적인 고민이 함께 담긴 저서로 종교교사 양성과정에서 중요한 교재로 사용되고 있다. 특히 이 책의 머리말에서는 참된 종교의 의미를 명료하게 밝혀주고 있다. 다음의 문단들은 상천의 말을 그대로 옮긴 것이다.

"하나님께서 사람에게 영원을 사모하는 마음을 주셨기 때문에 신지식은 인간의 마음속에 깊숙이 자리 잡고 있다. 지상의 어느 곳에서나 인간의 종교성을 보여주는 의식들이 발견된다는 선교사들과 인류학자들의 보고 역시 인간은 종교적인 존재임을 증명한다. 그렇지만 종교를 비교 연구하는 사람들에게 그 많은 종교들을 어떠한 기준으로 받아들이고 해석할 것인가 하는 문제는 간단하지 않다. 종교를 올바르게 이해하기 위해서는 종교의 현상과 의식들을 객관적으로 관찰하며 그 배경문화를 파악하는 것이 필요하다.

종교에는 참 종교와 거짓 종교가 있다. 말씀에 근거하여 성령의 인도 하심을 받지 못한다면, 우리는 유일하신 하나님을 왜곡할 수밖에 없으며 종교에 대해서도 잘못된 관념을 갖게 될 것이다. 세상의 종교들이 일반적으로 가지고 있는 다소의 세속적인 선을 인정한다고 하여도, 하나님을 알지 못하는 상태에서 주장하는 거짓된 진리로 인하여 많은 사람들을 참 진리의 길에서 점점 더 멀어지게 하고 있음을 간과하지 말아야 한다. 종교를 연구하는 모든 이들이 예수 그리스도를 통한 구원의 길, 생명의 길을 명확히 제시하는 기독교의 진리를 따르기를 바라마지 않는다."

상천의 신학사상과 관련된 에피소드

상천으로부터 들은 이야기 중 두 가지만 언급해 보고자 한다. 그 하나는 8년여 전에 대학의 구조개편과 관련해서 복합 융합을 고려하여 개편한다고 하면서 신학대학을 인문예술대학 안의 신학부로 격하시키는 발상을 안으로 제시한 적이 있었다. 아무 생각이 없던 학교의 기획자들이 어이없는 계획안을 제시하였고, 그 안을 따라야 당국으로부터 좋은 평가를 받을 수 있다는 것이었다. 이 계획은 차근차근 준비되었고 최종에는 학과장 이상 학교의 전 간부가 모여 최종 결론을 짓는 회의가 있었다. 거의 계획된 안으로 굳어져 가는 상황이었다. 상천은 신학대학의 다른 두 학과장과 함께 참석하였는데, 회의가 깊어져갈 때 손을 들어 강력하게 어필하였다고 한다. "당신들은 우리 안양대학교가 신학대학의 뿌리로부터 시작된 것을 알고 있지 않은가? 복합이니 융합이니 다

좋다. 그러나 신학이 복합이나 융합의 대상이라고 생각하는가? 연세대학교도 신학과 하나로 신과대학을 운영하고 있으며, 동국대학은 불교학과 하나로 불교대학을 운영하고 있는데, 평가 나오는 위원들이 왜 신학을 융복합에 포함시키지 아니 하였느냐고 시비할 자가 있으리라고 생각하는가? 여러분들이여! 어떤 대통령도 군소신학교 하나 정리하지 못했는데, 신학대학을 그리 우습게보지 마세요! 학교의 근간도 알지 못하면서!" 상천의 일갈에 분위기가 숙연해지고 부총장이 당황하여 앞에 나서서 "신학대학 안에서 신학과와 기독교문화학과 통합하는 것만 협조해 주십시오."하고 물러서게 되었다. 이렇게 해서 신학대학은 인문예술대학의 신학부가 되지 않고 신학대학으로 독립하여 존속하게 되었다.

또 하나의 다른 에피소드는 월요일 아침 교직원 예배 후에 생긴 일이었다. 예배 후 차를 나누며 잠시 담소를 나누는 가운데 Y총장이 홍해를 이야기 하면서 "홍해(얌 수프)9)는 홍해가 아니고 갈대밭으로 봐야 한다."는 식으로 이야기를 해서 어처구니가 없었다고 한다. 그래서 교목실장을 맡고 있던 상천은 신학 교수들만 있는 자리면 그냥 지나치려고 했으나 일반 교수들과 신앙이 어린 사람들도 있는데, 가만히 있어서는 안 될 것으로 여겨, 바로 반박을 하였다고 한다. "갈대밭이라면 더 큰 이적이지요. 이스라엘 백성은 무사히 지나왔는데 애굽 군대와 병거는 그 얕은 물에 다 빠져 죽었으니!" "뭔가 이적이 있긴 있었겠지." "무슨 이적이 있었겠어요. 성경에 나온 그대로의 이적이지요. 쉬운 걸 일부러 어렵게 볼 필요가 없지요." 총장은 바쁜 척 자리를 떠나갔다. 그 후 교목들과 함께 한 교목회의에서 상천은 분명하게 언급하였다. "우리 학교

---

9 홍해(얌 수프)라는 단어에서 '수프'라는 말의 뜻은 '해초'(sea weed, rush)와 '갈대'(reed) 두 가지 뜻이 있는데, 본문에서는 해초가 무성한 깊은 바다를 의미하는 것으로 보아야만 합니다. 아마도 해초 가운데 붉은 색을 띤 해초가 많아 홍해라는 이름이 붙여진 것으로 보입니다. 『출애굽기, No Turning Back』, 131.

는 성경적인 개혁주의에 입각한 학교입니다. 우리 학교에서는 이사장이건 이사건, 총장이건, 교목이건, 신학교수이건, 그 누구든 간에 성경에 계시되어 있는 말씀에 빗나간 다른 소리를 하고 싶으면 학교를 떠나야 합니다." "여기에 이의가 있는 분이 있습니까?" 그리고 회의가 계속되었다. 그 후 한 달쯤 지나서 이상한 소문이 돌기 시작했다. 교목실장이 총장은 학교에서 나가야 한다고 했다는 것이다. 모 인사가 총장에게 "교목실장이 당신은 학교에서 나가야 할 사람이라고 했다던데 …" 하고 말하였다는 것이다. 그런 연유로 총장과 대면의 시간을 가지게 되었는데, 상천은 총장에게 '총장은 학교에서 나가야 한다'는 말을 한 적이 없고, 위에 언급된 기본적인 멘트를 있었던 그대로 이야기함으로 대화를 마치고 오해를 풀게 되었다고 한다. 어쨌든 비성경적인 말을 하지 않으면 될 일이다.

나가는 말

나는 상천 신현광 박사를 신학자, 혹은 연구자가 아닌 스승으로 기억해 보려한다. 안양대학교 기독교교육과 학부 시절부터 약 15년간 교수님을 섬기며 많은 기독교교육의 가르침을 받았고, 또한 동시에 교수님의 삶을 통해 그리스도인으로서 제자의 삶이 어떠한 것인가를 배울 수 있었다.

학생들에 대해 관심을 가지시고 늘 배려해 주시고 기도해 주시는 모습 속에서 많은 학생들은 제자가 아닌 아들처럼, 딸처럼 생각해 주시는 교수님의 마음을 느낄 수 있었다고 고백한다. 또한 작은 일에 흔들리지 않고 하나님의 뜻이 가장 최우선이 되는 삶을 사시는 모습을 가까이에서 볼 수 있었다. 늘 부드럽고 겸손한 모습이셨던 교수님께서 학교가 하나님의 뜻과 반대로 가고 신학대학이 어려움에 처한 상황 가운데서는 침묵하지 않으시고 맞서 싸우셨으며, 하나님의 뜻을 지키려는 담대한 모습 속에서 도전을 받을 수 있었다. 상천은 고봉 김치선 박사의 개혁신학을 건학이념으로 삼은 학교의 정상화를 위해 노력해 오셨다.

그리고 내가 알고 있는 일은 학교의 건학이념수호를 위한 정오기도회를 3년간 방학도 없이 계속 이어오고 있는데, 상천은 이 일에도 앞장서고 계신다. 또한 교수님은 가족으로부터 물려받은 유산을 본인을 위해 사용하지 않으시고 아프리카 오지에서 복음을 전하는 선교사님께 전액 선교헌금을 하시는 모습을 보며, 말씀과 신앙의 삶이 일치하는 참된 그리스도인의 모습을 엿볼 수 있었다. 아마 이러한 삶과 신앙이 일치된 교수님의 모습을 통해 훌륭하게 장성한 두 아들이 모두 교수님과 같은 목회자의 길을 걷게 된 것이 아닌가 생각된다.

이와 같이 기독교교육자이자 실천신학자인 상천 신현광 교수님의 학문적 업적뿐 아니라, 교회를 향한 사랑과 하나님의 충실한 청지기이자 사명자로서의 삶이 후학들에게 기억되며 무엇보다 하나님 앞에서 칭찬받으리라 믿어 의심치 않는다.(*)

연구 목록

● 박사학위 논문

교육을 통한 목회와 교회성장에 관한 연구: 한국교회 성장의 새로운 방안으로서의 교육목회적 의의(총신대학교 대학원 신학박사 Ph. D. 1996)

● 저서

『하나님의 언약과 생활 I』 서울 : 대한예수교장로회출판부, 1986.
『하나님의 언약과 생활 II』 서울 : 대한예수교장로회출판부, 1987.
『교육목회와 교회성장』 서울 : 민영사, 1997;2005;2016.
『말씀·믿음·삶 I』 서울 : 대한예수교장로회출판부, 1998.
『말씀·믿음·삶 II』 서울 : 대한예수교장로회출판부, 1999.
『말씀·믿음·삶 III』 서울 : 대한예수교장로회출판부, 2000.
『창세기, 살아 숨쉬다』 서울 : 민영사, 2009.
『그리스도인이 보는 세계종교』 서울 : 민영사, 2011.
『출애굽기, No Turning Back』 서울 : 민영사, 2013.

● 공저

『복음주의 설교학』 서울 : CLC, 2003.
『21세기 실천신학개론』 서울 : CLC, 2006.
『복음주의 목회학』 서울 : CLC, 2009.
『복음주의 교회성장학』 서울 : CLC, 2012.
『21세기 목회학총론』 서울 : 대서, 2019.

● 번역서

Kuiper, R. B. 『하나님 중심의 복음전도』 서울 : 민영사, 1988; 2000; 2005; 2016.
Byrne, Herbert W. 『기독교교육학총론』 서울 : 민영사, 1988; 2005; 2016.
Anthony, Michael J. 『복음주의기독교교육학사전』 서울 : CLC, 2010.(공역 및 책임감수)

● 논문

"Gary R. Collins의 제자화 상담에 관한 연구". 석사학위(M. A.) 논문. 총신대학교 대학원. 1984.

"교회청소년과 전도생활". 「교사의 벗」(1988. 11), 105-17.
"한국교회내의 Shamanism적 요소에 관한 비판적 연구". 석사학위(Th. M.) 논문. 총신대학교 대학원. 1989.
"기독교교육목적에 관한 연구". 「신학연구논문집」1989. 제9집. 159-221.
"기독교상담의 심리학적 기저". 「대신연구논문집」1990. 제10집. 403-435.
"생명의 윤리: 성경적 관점에서". 「대신연구논문집」1991. 제11집. 607-631.
"상담과 제자훈련의 상관성 연구". 「대신대논문집」1991. 제1집. 421-448.
"Clyde M. Narramore와 Jay E. Adams의 상담이론 비교연구". 「대신대논문집」1992. 제2집. 231-255.
"Van Til과 Edward J. Carnell의 변증방법론의 비교". 「대신대논문집」1993. 제3집. 131-144.
"인간화를 위한 기독교교육에 대한 우리의 이해". 「신학연구」 안양대. 1995. 제3집. 93-114.
"초기 한국교회의 사경회를 통한 신앙교육에 관한 연구". 「신학연구」1996. 제4집. 607-631.
"한국교회의 부흥회에 관한 소고". 「신학연구」1997. 제5집. 165-184.
"교회는 어떻게 교회다워질 수 있는가?". 「신학연구」1997. 제6집. 165-184.
"예전의 교육목회적 의미". 「신학지평」 안양대. 1998. 제7집. 1-41.
"Gary R. Collins의 상담에 관한 소고". 「신학지평」1998. 제9집. 219-246.
"성만찬의 이해와 신앙교육 관련성에 관한 소고". 「신학지평」1999. 제10집. 91-118.
"교부시대의 교육에 관한 소고". 「신학지평」1999. 제11집. 149-184.
"새 천년을 위한 복음주의적 목회의 대안으로서의 교육목회". 「성경과 신학」 2000. 제28권. 179-201.
"신앙공동체 교육의 적용에 관한 소고". 「신학지평」2000. 제12집. 149-190.
"성경적·실천적 입장에서 본 인간생명의 존엄에 관한 고찰". 「한국개혁신학회 논문집」2000. 제7집. 383-414.

"어린이 예배 갱신에 관한 연구". 「신학지평」 2000. 제13집. 237-258.
"교육목회의 성경적 배경 관한 연구". 「실천신학논총」 2001. 제2권. 91-118.
"교육목회의 신학적 근거에 관한 연구". 「개혁신학논문집」 2001. 제10권. 274-288.
"신앙교육 방법으로서의 가정예배에 관한 소고". 「신학지평」 2001. 제14집. 36-56.
"종교개혁과 칼빈의 교육". 「신학지평」 2002. 제15집. 55-73.
"청소년과 신앙문답교육". 「복음주의실천신학논총」 2002. 제3권. 151-168.
"교육목회와 선교교육". 「복음주의실천신학논총」 2002. 제4권. 167-181.
"교육목회와 가정교육에 대한 고찰". 「신학지평」 2003. 제16집. 50-65.
"교회성장의 성경적 배경". 「복음주의실천신학논총」 2004. 제7권. 165-194.
"Calvin의 교육사상과 교육활동에 관한 연구". 「복음과 실천」 2004. 제8권. 147-168.
"평신도 훈련에 관한 소고". 2004. 「신학지평」 제17집. 5-26.
"교육목회의 이론제기와 과제에 대한 연구". 「복음과 실천」 2005. 제9권. 250-274.
"한국교회 성장에 나타난 문제점(1)". 「복음과 실천」 2005. 제10권. 301-330.
"한국교회 성장에 나타난 문제점(2)". 「복음과 실천」 2005. 제11권. 320-354.
"교회 교육행정의 개선에 관한 연구". 「복음과 실천」 2006. 제12권, 246-263.
"초기 한국교회 성장에 관한 연구". 「복음과 실천신학」. 2007. 제13권, 193-213.
"일제시대 한국교회성장에 관한 연구". 「복음과 실천신학」. 2007. 제14권, 148-168.
"교육목회를 위한 상담에 관한 연구". 「신학지평」 2007. 제20집, 5-22.
"해방 이후 한국교회 100주년 기간의 한국교회성장에 관한 연구". 「복음과 실천신학」 2008. 제16권. 154-173.
"신앙교육 관점에서의 교회이해". 「신학지평」 2008. 제21권, 33-60.
"한구석밝히기와 평신도 사역에 대한 고찰". 「한구석밝히기논문집」. 2008.

27-50.

"신앙교육의 주요 요소로서의 성찬에 관한 고찰". 「복음과 실천신학」 2009. 제19권, 148-177.

"칼빈주의 입장에서의 성례와 신앙교육의 이해". 「신학지평」 2009. 제22집, 7-36.

"한국교회 복음전도 방향에 관한 연구". 「복음과 실천신학」 2009. 제20권, 134-57.

"코메니우스의 교육신학사상에 관한 연구". 「복음과 실천신학」 2011. 제23권, 9-41.

"코메니우스의 교수방법론에 관한 연구". 「신학과 실천」 2011. 제28호, 651-681.

"한국교회 복음전도 지평에 관한 연구". 「신학지평」 2011. 제24집, 37-60.

"기독교교육의 입장에서 보는 교회성장". 「복음과 실천신학」 2012. 제25권, 9-33.

"교육목회에 있어 교사의 자질과 역할에 관한 연구". 「신학과 실천」 2012. 제32호, 477-512.

"A Research on Biblical Foundations for Christian Education". Theology and Praxis. 2012. Vol.33, 447-475.

"기독교교육의 성경적 토대에 관한 연구". 「신학과 실천」 2013. 제34호, 361-390.

"청소년의 신앙문답교육에 관한 연구". 「신학과 실천」 2013. 제35호, 355-378.

"기독교교육의 신학적 근거에 관한 연구". 「복음과 실천신학」 2013. 제27권, 479-511.

한국교회 초기 사경회와 신앙교육". 「신학과 실천」 2013. 제36호, 180-213.

"A Research on Historical Foundations for Christian Education". Theology and Praxis. 2013. Vol. 37, 441-474.

"교육목회에 있어서 목사의 역할에 관한 연구". 「신학과 실천」 2014. 제42

호. 607-637.

"기독교교육의 철학적 토대에 관한 연구". 「신학과 실천」 2014. 제38호, 513-541.

"Letty M. Russell의 교육론에 대한 연구". 「신학과 실천」 제2014. 39호, 329-354.

"A Research on the Ministry of Holy Spirit in Teaching and Learning". Theology and Praxis. 2014. Vol. 40, 225-265.

"기독교교육철학: 기독교교육의 철학적 기초". 「신학지평」 2014. 제27집, 246-263.

"교육목회에 있어서 목사의 역할에 관한 연구". 「신학과 실천」 2014. 제42호, 607-637.

"기독교교육에 있어 교육목적에 관한 연구". 「신학과 실천」 2015. 제44호, 329-358.

"교육목회와 가정의 신앙교육에 대한 고찰". 「신학과 실천」 2015. 제47호, 31-62.

"기독교교육과 선교의 관계성에 대한 연구". 「신학과 실천」 2016. 제49호, 289-312.

"A Research on Psychological Foundations for Christian Education". Theology and Praxis. 2017. Vol. 55, 359-391.

"A Research on Theological Foundations for Christian Education". Theology and Praxis. 2019. Vol. 65, 213-242.

"A Research on Aims and Objectives of Christian Education". Theology and Praxis. 2020. Vol. 70, 273-297.

"경교의 당(唐) 전래와 토착화에 대한 고찰". 「신학과 실천」. 2021. 제77호, 533-566.

"A Research on the Correlation between the Bible and Christian Education". 2022. Vol. 80. 193-223.

신현광 박사 가족

질문하는 신현광 박사 | 한국개혁신학회, 과천소망교회 (사진: 안명준 교수)

좌장의 신현광 박사 | 2016년 5월 7일

연구실에서 | 안명준 교수 촬영

신현광 박사의 가르침을 받은 임동출 목사, 남윤경 사모 | 안양대학교 기독교교육과와 신학대학원에서

저서 『그리스도인이 보는 세계종교』,
『출애굽기』, 『교육 목회와 교회 성장』

남윤경 전도사

안양대학교 기독교교육과 (B. A.)
안양대학교 신학대학원 (M. Div.)
안양대학교 일반대학원 기독교교육 (Ph. D. Cand.)
새중앙교회 유아부 교육전도사

왕대일 박사

왕대일 박사의 생애와 신학

안근조_호서대학교 교수

감리교신학대학교
감리교신학대학교 대학원
미국, Claremont Graduate University (M. A.)
미국, Claremont Graduate University (Ph. D.)

감리교신학대학교 교수 (1990~2019)
수동감리교회 담임목사 (1981~1984)
새바람커뮤니티교회 대표목사 (2003~2012)
하늘빛감리교회 담임목사 (2020~현재)

대한성서공회 성경원문연구소 연구위원 (1998~2010)
한국구약학회 회장 (2006~2010)
한국신학교육연구원 원장 (2008~2012)
한국기독교학회 회장 (2019~2021)

들어가며 : 교회로 간 신학자

왕대일은 만남의 신학자이다. 그의 평생 성경과 현실의 만남을 힘써 왔다. 그의 노력은 신학교 현장에서 교회의 설교강단을 위한 구약해석학으로 이어지더니, 급기야 2019년 감리교신학대학교 정년퇴직 직후 서울 강서구에 위치한 하늘빛교회의 청빙으로 목회자가 되었다. 교수사역 내내 교회를 사랑하고 목회현장의 제자들을 돌보다가 결국 교회로 간 신학자가 된 것이다. 그의 '만남' 유전자는 구약학 연구에도 배태되어 있었다. 역사비평적 학문방법론으로 훈련받았음에도 그의 박사논문의 양식비평 연구(Form-Critical Study)[1]로 촉발된 히브리 문학양식에 대한 연구는 구조주의 비평과 수사학적 비평으로까지 나아간다. 통시적 연구의 역사비평과 공시적 연구의 문학비평이 그의 성서주석학에서 만나고 있는 것이다.[2] 왕대일 성서해석학 평생의 역작인 '기독교 경학으로서의 성서해석'[3]은 비평이전의 성서해석과 비평이후의 성서해석의 만남을 여실히 보여준다. 그의 구약신학의 내용도 구속사 중심의 구원신학이 보편적 역사의 창조신학에 수렴되고 있는 것을 확인할 수 있다.[4] 자칫 신앙공동체 내의 편향된 구속교리로 흐르기 쉬운 신학담론을 전반적인 삶의 영역을 포괄하는 균형 잡힌 성서신학과 신앙영성의 장으로 인도하고 있다.[5] 성경과 현실의 만남을 위한 그의 삶의 여정이 학문

---

1 Tai Il Wang, *Leviticus 11-15: A Form-Critical Study* (Ph. D. dissertation, Claremont Graduate School, 1991).
2 왕대일, 『구약주석 새로보기』 (서울: 감신대성서학연구소, 2005), 175-212.
3 왕대일, 『기독교 경학(經學)과 한국인을 위한 성경해석: 경학으로서의 성서해석』 (서울: 대한기독교서회, 2012).
4 왕대일, 『구약신학』 (서울: 대한기독교서회, 2015); 왕대일, 『구약신학』 (서울: 감신대성서학연구소, 2002, 2003, 2010).

과 영성의 만남으로 승화되어 현재까지도 목회현장에서 치열하게 진행되고 있다.

이 글에서는 만남의 신학자인 왕대일의 삶과 신학을 소개하고자 한다. 우선, 간략하게 지금까지의 삶의 족적을 되새겨 봄으로써 무엇이 그의 만남과 소통의 DNA를 생성시켰는가를 살필 것이다. 이후 신학적 특징들을 다루게 될 텐데, 다음의 총 세 부분으로 나누어 소개할 것이다. ① 교회와 연결된 성서학, ② 시대현실에 응답하는 신학, ③ 한국적 구약학, 끝으로, 한국 뿐만 아니라 세계적으로 끼친 왕대일의 신학적 공헌을 조명할 것이다. 제자를 늘 도반(道伴)으로 칭하는 것도 과분한데 스승의 생애와 사상을 정리할 기회가 주어짐에 감사하다. 이제 담담히 그의 신학적 세계를 살피고자 한다.

생애 : 목회자로, 신학자로

왕대일은 1954년 3월 8일 부친 왕남수(王南洙) 씨와 모친 김오례(金五禮)씨의 3남 1녀 중 장남으로 서울 마포구 신공덕동에서 출생하였다. 미션스쿨인 대광중고등학교 시절 예수 그리스도를 영접했다. 고등학교 3학년 시절 교목실 주관 여름캠프에서 목회자로 부르시는 강한 소명을 받고 감리교신학대학교로 진학했다. 학사와 석사과정을 순차적으로 마친 직후 1979년 기독교대한감리회 중앙연회 남양주지방 성산교회 담임전도사로 목회의 첫발을 떼었다. 1981년에는 같은 지방 수동교회에 담임목사로 취임하여 4년 동안 충실히 목회현장을 경험했다. 그러나 남다른 성서학적 열정과 재능은 그의 발걸음을 도미 유학의 길로

---

5 왕대일, 『삶에서 그리스도가 빛나게 하십시오』(서울: KMC, 2008); 왕대일, 『녹색의 눈으로 읽는 성서』(공저) (서울: 대한기독교서회, 2002); 『구약성서와 성(性)』(서울: 감신대성서연구소, 2000).

인도했다. 1984년부터 1990년까지 미국 클레어몬트대학교(Claremont Graduate University)에서 롤프 크니림(Rolf P. Knierim)의 지도를 받아 M. A.와 Ph. D. 프로그램을 밟았다. 롤프 크니림 교수는 1962년에 독일 하이델베르크 대학에서 폰 라드(G. von Rad)의 사사로 신학박사 학위를 받고 모교에서 교수로 재직하다가 1966년에 클레어몬트 대학의 교수직을 수락하였다. 20세기말 양식비평 연구의 대가로서, 터커(Gene M. Tucker) 교수와 더불어 Forms of the Old Testament Literature (FOTL) 시리즈의 주편집자로 활약한 크니림 교수의 지도는 왕대일에게 정통적 역사비평연구의 엄격한 훈련의 장을 열어주었다. 마침내 1991년 1월, Leviticus 11-15: A Form-Critical Study 제하의 논문으로 Ph. D. 학위를 취득하게 되었다. 당시 감리교신학대학교의 학장이었던 변선환 박사는 탁월한 학생이었던 왕대일을 기다리고 있었고, 1990년 가을 클레어몬트에서 구술시험(Oral Exit Examination)이 통과되자마자 교수로 임용하였다. 이렇게 목회자로 시작한 그의 여정이 신학자로, 교육자로 모교에 서는 새로운 단계를 맞게 되었다.

그러나 그는 신학의 과정에서 목회의 끈을 놓은 적이 없었다. 유학을 준비하던 1984년에도 서울연회 동대문지방 청량리교회에서 교육부목사로 실천적 성서교육을 젊은 세대들에게 베풀었고, 미유학기간 내내 학업으로 빠듯한 시간을 쪼개 포모나교회(Pomona Valley Korean United Methodist Church)에서 교육목사로 교회현장에서 봉사했다. 이윽고, 그의 목회적 관심과 교회에 대한 사랑은 신학자요 교수로 재직하던 시기였던 2003년 1월 "새바람커뮤니티교회"라는 초교파 교회를 개척하기에 이른다. 기존의 단독목회의 형식을 깨고 4명의 교단 신학대학교의 교수들(감리교신학대학교, 장로회신학대학교, 한신대학교교수, 서울신학대학교)이 공동목회의 형식을 띤 새로운 패러다임의 목회를 시작하게 된 것이다. 하나의 대안적 목회형식으로 굳어갈 무렵 "새

바람" 교회는 생각지 못한 암초를 만나게 된다. 당시 감리교신학대학교 총장에 입후보한 그는 반대진영의 교수들에게 감리교 목사가 다른 교파 (?)의 교회를 불법적으로 목회하고 있다는 억울한 누명 가운데 공격을 받는 일이 발생했다. 결국 대표목사로 봉사하고 있었던 그는 교회 창립 10주년 기념을 6개월여 정도 남긴 시점에서 중도하차하고 말았다. 이 사건은 어찌 보면 평안하게 지낼 수 있었던 한 신학교 교수가 실천적 목회현장에 대한 애정으로 인해 자연스레 닿을 수 있었던 총장직에서 탈락하게 된 안타까운 형편을 반영한다. 그 과정에서 겪어야 했던 고통과 희생을 명증적으로 시사하는 장면이다. 그만큼 왕대일은 목회자로, 신학자로 동시에 살고자 하였다. 그의 교회 사랑이 하늘에 닿았을까, 그는 교수 정년퇴직 후 서울 강서동지방 하늘빛교회에서 담임목회자로 섬기게 되었다.

신학자로서의 그의 족적은 성서학계에 파문을 일으키는 그의 저서들과 신기원을 이루는 논문들, 그리고 수많은 강연과 방송을 통해 알려진 바이다. 좀 더 체계적인 신학적 특징들과 공헌들은 이어지는 지면들을 통해 밝혀질 것이다. 이곳에서는 그가 한국구약학회 활동을 통해 보여준 봉사들을 소개하는 것으로 만족하려 한다. 무엇보다도 그는 한국구약학회 총무로, 그리고 회장으로 다른 이들 보다 2배의 수고를 감당했다. 통상 2년으로 끝나는 임원의 임기를 총무 2회 4년(1998~2002), 회장 2회 4년(2006~2010)의 기간 동안 한국구약학계 발전을 위해 불철주야 힘썼다. 특히, 회장으로 봉직하는 기간 동안, 2008년 7월 아시아성서학회(Society of Asian Biblical Studies) 창립학술대회 준비 위원장으로 SABS의 정착을 이끌어냈고, 2008년 12월 한국구약학자들이 진보와 보수로 나뉘어 있는 한국구약학회와 한국복음주의 구약학회의 양대 학계를 아우르는 공동학회를 서울 온누리교회 비전홀에서 일구어냈다. 뿐만 아니라 2010년 5월에 한국구약학회 희년기념 국제학술대회를 "지구화 시대의 구약성서"라는 제목으로 굵직한 세계적 학자들(Robert Coote, Terence E. Fretheim, Archie Lee)을 초대하여 성대하게 치렀다. 한국신학의 국제화를 위한 이러한 노력은 2016년 7월 세계성서학회국제대회, 서울대회(SBL Internation Meeting Seoul Conference)를 준비위원장으로 개최함으로써 빛을 보게 되었다. 이외에도 현재의 한국구약학회 홈페이지를 2009년부터 구축했고, 2009년 12월에는 학자들과 목회자를 초청하여 교제를 나누는 "송년의 밤"을 시작함으로써 이후 매년 한해를 보내며 구약신학자들과 초교파 목회자들이 함께 만나 성서읽기의 교회현장 적용을 토의하는 송년학술대회의 기원을 이루도록 하였다. 그의 신학자로서의 끝없는 봉사는 마침내 2019년 10월에 12개의 회원학회, 3000명의 신학자가 속해 있는 한국기독교학회 회장으로 선임되기에 이르렀다. 2021년 10월 현재, 왕대일은 한국의 모든 신학자들의 대표로 학회 창립 50주년 기념대회를 준비하고 있다. 그는 평생 이렇게 목회자로, 신학자로 달리고 있다.

신학 I : 교회와 연결된 성서학

왕대일의 삶을 통해 간략히 살펴본 바, 신학과 교회의 만남을 위한 그의 평생의 여정은 전도서 11장 6절의 말씀을 연상케 한다: "너는 아침에 씨를 뿌리고 저녁에도 손을 놓지 말라 이것이 잘 될는지, 저것이 잘 될는지, 혹 둘이 다 잘 될는지 알지 못함이니라"(한글개역개정). 그의 목회를 위한 씨 뿌림과 신학을 위한 부단한 노력은 진정 둘 다 잘 되는 삶으로 열매 맺고 있다. 이렇게 "둘 다 힘쓰는" 왕대일의 만남의 신학은 학자로서의 입문 초기로부터 발견된다. 그의 첫 번째 저서인 『신앙공동체를 위한 구약성서 이해』[6]는 말 그대로 교회를 위한 구약성경 소개서였다. 1990년대 기존 학자들의 "구약개론서"는 역사비평의 복잡하고 난해한 내용을 전달함으로써 오히려 구약성경에 다가가려 하는 신학도들을 성경으로부터 멀어지게 하는 경향을 지니고 있었다. 그러나 왕대일은 성서학을 '쉽게' 설명하고 성경을 '밝게' 풀이하려는[7] 새로운 노력을 기울였다. 이는 클레어몬트 신학수업 시절 정경비평(Canonical Criticism)의 대가인 샌더스(James. A. Sanders)의 가르침을 잇는 정경공동체에 대한 연구의 발로이며, 궁극적으로 교회의 신앙공동체를 위해 봉사하는 실천적 성서학의 기초를 다지는 작업이었다. 3년 후 두 번째로 출판된 그의 저서인『새로운 구약주석: 이론과 실제』[8]는 6년에 걸친 신학교 강의의 결과물로써 신학도들과 설교자들로 하여금 성서주석에 더욱 쉽게 다가갈 수 있도록 돕는 유익한 안내서이다. 특별히 성서본문(text)에 대하여 더 이상 과거의 역사적 기록물이기 보다는, 긴밀하게 구성된 문학적 결합체로(texture), 더 나아가서는 하나의 독립된 유기체로서의 본문구성체(textuality) 라는 이해를 새롭게 해주었다. 이와 같은 성서해석의 근본적 관점의 변화는 성서해석학 작업을 기존의 본문비평과 자료비평의 가설제시와 전승사와 편집비평의 과정으로 다루는 학문적 논쟁의 장으로부터 하나님의 계시를 담고 있는 정경적(canonical) 문학구성체와 주석자가 만나는 교류와 발견의 장으로 새롭게 변화시켰다. 새로운 본문접근의 실제적 결과물로 1998년에 신명기에 대한 다음의 주석서가 편찬되었다:『다시 듣는 토라 : 설교를 위한 신명기 연구』(서울: 한국성서학연구소, 1998). 이 책에서도 왕대일의 번뜩이는 통찰이 발현된 것은 신명기를 단순히 원신명기(신 12-26장)

---

6 왕대일,『신앙공동체를 위한 구약성서 이해』(서울: 성서연구사, 1993).
7 왕대일 엮음,『좀 쉽게 말해 주시오: 본문비평과 성서번역 - 민영진 박사 제1권』(서울: 대한기독교서회, 2000); 왕대일 엮음,『말씀의 뜻 밝혀 주시오: 주석과 성서번역 - 민영진 박사 제2권』(서울: 대한기독교서회, 2000).
8 왕대일,『새로운 구약주석: 이론과 실제』(서울: 성서연구사, 1996).

에 기초한 신명기 법전으로 보는 것이 아니라 "다시 듣는 토라" 곧 새로운 가르침으로 해석학적 관점을 맞추고 있다는 점이다. "다시 듣는"이라는 것은 신명기서의 역사성을 부각시키는 것이요, "토라"라는 것은 율법뿐만이 아닌 복음서로 읽는다는 신학적 의도성이다. 거기에 교회를 위한, 곧 "설교를 위한" 신명기 연구라는 실천적 성서학의 방향성을 분명히 밝히고 있다. 왕대일의 설교자를 위한 성서학의 관심은 감리교 신학대학교의 설교학자인 이성민과 더불어 성서학과 설교학의 만남이라는 공동저작으로 구현되었다: 『구약설교 패러다임: 구약학자의 설교 이해, 설교학자의 구약해석』(서울: 감신대성서학연구소, 2002).

성서신학자로서 교회에 대한 끊임없는 사랑은 구약성서를 통해서 보는 목회학으로,[9] 성경과 삶의 만남으로,[10] 창조신앙의 영성으로[11] 계속되는 그의 학문적 여정에서 반복되고 깊어진다. 특히, 2009년 대한기독교서회 「기독교사상」 53권 1월호부터 12월호까지 편찬된 "구약의 샘에서 긷는 영성" 시리즈는 구약성서신학의 학문적 결과가 오늘날 교회 성도들의 영성에 어떻게 이어질 수 있는가에 대한 왕대일의 전형적인 만남의 영성을 드러내 준다. 예를 들어, "만물은 하나님의 말씀입니다"는[12] 말씀으로 창조된 창세기의 신학이 여전히 오늘날의 성도들이 살고 있는 세상임을 깨우쳐준다. 삶 자체에서 경험되는 말씀 영성으로 성도들을 안내하고 있는 것이다. "주일이 우리를 지킵니다"[13]는 안식의 개념에 대한 성서적 이해를 통해서 하나님 창조의 완성과 평강의 질서가

---

9 왕대일, 『목회자의 실패, 목회자의 성공: 구약성서에서 배우는 오늘의 목회』 (서울: 대한기독교서회, 2000).
10 왕대일, 『삶에서 그리스도가 빛나게 하십시오』 (서울: KMC, 2008).
11 왕대일, 『창조신앙의 복음, 창조신앙의 영성 : 창세기 1–11장의 물음 · 부름 · 푸름』 (서울: 대한기독교서회, 2016).
12 왕대일, "만물은 하나님의 말씀입니다." 「기독교사상」 53-1 (2009), 130–140.
13 왕대일, "주일이 우리를 지킵니다." 「기독교사상」 53-3 (2009), 114–124.

우리의 삶에 가장 본질적인 내용임을 교훈한다. 무엇보다도, "영성은 하나님 안에 둥지를 트는 일입니다"[14]에서 왕대일의 성서학은 구약과 신약을 통틀어 근본적인 기독교 영성을 어떻게 통합하고 있는지를 보여주고 있다. 성서 전체를 관통하는 하나님은 우리의 모든 삶의 환경이요, 모든 관계성이요, 벌써부터 나를 두르고 있는 은혜라는 것이다.

왕대일의 신학이 성서학과 교회의 만남을 지향하기에 현실과 사회에 동떨어진 신학으로 속단해서는 안 된다. 왜냐하면 그의 교회에 대한 관심은 동시에 교회를 둘러싼 세상의 문제와도 늘 연결되어 있기 때문이다. 다음에서는 왕대일 신학의 응답의 특징, 즉 성서학이 어떻게 현실의 문제와 도전에 대답하고 조응하는가를 살펴보려 한다.

신학 II: 시대현실에 응답하는 신학

왕대일의 응답의 신학은 2000년이 열리기 전 10년의 기간 동안 사람들을 현혹시킨 종말론 문제들에 적극 대처하는 것으로 시작되었다. 특히 이장림이 이끈 다미선교회의 시한부종말론은 1992년 10월 28일에 휴거가 일어나고 1999년에 지구종말이 올 것이라고 예언하였다. 많은 기독교인들이 이에 미혹되어 가족과 직장을 버리는 사태가 발생했다. 1994년에 출판된 『묵시문학연구: 구약성서 묵시문학 다니엘서의 재해석』[15]은 성경이 말해주는 종말론의 의미를 성서신학적 관점에서 시의적절하게 대답하는 왕대일의 신학적 특징을 보여주기에 충분하였다. 묵시의 기원을 예언전승에 두고 있었던 기존의 폴 핸슨(Paul D. Hanson)과 달리 지혜전승의 영향에 더욱 비중을 두고 종말론은 미래에 대한 예

---

14 왕대일, "영성은 하나님 안에 둥지를 트는 일입니다," 「기독교사상」 54-10 (2009), 112-122.
15 왕대일, 『묵시문학연구: 구약성서 묵시문학 다니엘서의 재해석』 (서울: 대한기독교서회, 1994).

언적 묵시이기 보다는 현실을 사는 분별력과 지혜로운 실천임을 강조한다. 인간역사의 현실적 한계를 지적하면서 "인간의 역사가 하늘나라를 초래하거나 유도하지 못한다. 하늘나라가 도래하므로 이 땅 위에 인간역사가 그 목적을 달성하게 된다"16)고 말한다. 이러한 하나님의 주권적 다스림에 대한 믿음 가운데 고난의 현실에서도 성실함을 잃지 않는 삶의 태도를 강조하고 있다.17) 파루시아의 대망이 현재의 하나님의 임재와 연결된다. 다니엘서의 역사적 과정에 대한 단계적 묘사는 "혼돈의 세계에서 질서 찾기"이다. 이같이 왕대일에게 성서신학의 메시지는 하나같이 현실의 삶을 위한 적절한 응답이요 지혜이다.

그의 응답의 신학은 특히 오경의 각 책에 대한 주석연구에서 율법이 실천적 메시지로 전환되는 길을 제시함으로써 더욱 빛을 발한다. 1996년부터 성실하게 출간되었던 『21세기 설교가이드』 주석 시리즈18)는 단순한 목회적 관심의 메시지 도출뿐만 아니라, 시대 변화에 따른 성서적 문제해결과 대안제시의 신학적 대화의 장을 열어주고 있다. 초기에 싣지 못했던 출애굽기 주석이 최근에 출간되었는데,19) 그의 주석과 강해가 현실의 삶에서 고민하는 성도들에 한층 더 가깝게 다가서고 있음을 보여준다. 과거의 성막은 오늘의 임마누엘이 되고 이스라엘 백성들에게 들렸던 말씀은 기독성도들의 복음이 된다. 출애굽시대의 법과 내러티브가 오늘의 광야를 사는 믿음의 사람들에게 여전히 유효한 것으로서 도전을 주며, 실질적 진리의 길을 제시해주고 있는 것이다. 구약학자로

---

16 왕대일, 『묵시문학과 종말론』 (서울: 대한기독교서회, 2004; 개정판), 356.
17 Ibid., 362.
18 왕대일, 『21세기 설교가이드 : 창세기 I』 (서울: 성서연구사, 1996); 『21세기 설교가이드 : 민수기』 (서울: 성서연구사, 1997); 『21세기 설교가이드 : 신명기』 (서울: 성서연구사, 1997); 『21세기 설교가이드 : 레위기』 (서울: 성서연구사, 1998).
19 왕대일, 『엑소도스, 하나님의 성소를 이루기까지 : 왕대일의 출애굽기 강해』 (서울: KMC, 2015); 『성막이 된 하늘성전: 성막의 정음(正音) 회막의 복음(福音)』 (서울: 대한기독교서회, 2019).

서의 신학적 응답 제시는 궁극적으로 창조신학적 차원에서 보편적이고 통합적인 면모를 드러낸다. 2016년에 출간된 『창조신앙의 복음, 창조신앙의 영성: 창세기 1-11장의 물음·부름·푸름』[20]은 구약신학의 흐름을 기존의 구속사 중심에서 창조신학 중심으로 옮겨놓는 의미 깊은 신학적 전환을 가져다 주었다. 21세기에 들어 다양한 문제들의 거센 도전을 더 이상 고립된 교회의 구원교리의 관점으로 대처할 수 없음을 갈파하고 창조신학의 지평으로 기독자의 신앙의 세계를 확장하고 있다. 기독교신앙의 하나님 고백은 죄인을 구원하신 하나님임과 동시에 세상을 창조하신 하나님임을 선포하고 있다는 것이다. 전통적 교리신앙이 오늘의 복잡다단한 IT 기술의 진화와 제4차 산업혁명의 변화, AI 혁명, 온갖 SNS 소통과 메타버스(Metaverse)의 가공세계에 상응하는 신학적 응답을 하는 것은 한계가 있다. 대안으로서, 왕대일은 창조신앙에서 신학적 적응과 구원의 길을 새롭게 제시한다. 다석 유영모의 말을 빌려 '물음·불음·풀음'의 과정을 창조신앙의 토론에 적용시키면서 새롭게 묻고, 불리고, 풀어서 마침내 말씀을 통해 창조세계 그대로의 색깔에 합치하려고 시도한다.[21] 거기에 부름이 있고 거기에 신학적 푸른 대안이 자리한다는 것이다. 정경에 충실한 성서연구와 상황에 예민한 그의 성서신학이 어떻게 교회 공동체의 성경이 거세게 몰아치는 현실의 파고를 넘어서서 오늘의 신앙적 삶의 본을 제공할 수 있는지를 실증하고 있다.

왕대일의 응답의 신학은 종말론과 창조론의 정통신학적 주제들에 그치지 않는다. 때마다 첨예화되는 사회적 이슈들, 즉 생태계신학,[22] 페미니즘,[23] 통일문제,[24] 탈식민주의,[25] 새로운 인간론[26] 등의 다양한 분

---

20 왕대일, 『창조신앙의 복음, 창조신앙의 영성 : 창세기 1-11장의 물음 · 부름 · 푸름』 (서울: 대한기독교서회, 2016).
21 Ibid., 6.
22 왕대일 공저, 『녹색의 눈으로 읽는 성서』 (서울: 대한기독교서회, 2002).

야들을 섭렵한다. 그만큼 왕대일의 신학은 진공과 교리가 아닌 현실과 사회에 기반 한 "도전과 응전"의 신학을 실천하고 있다. 그러나 그의 신학적 여정은 변화무상한 사회적 쟁점들에 분산되지 않는다. 도리어 진득이 진리의 한 우물을 파내려 간다. 그러한 그의 평생의 과업이 한국적 성서학이라는 열매를 맺게 된다. 다음의 장에서 그가 말하는 경학으로서의 성서학에 귀 기울임으로써 그의 신학적 정수를 맛보려 한다.

신학 Ⅲ : 한국적 성서학으로서의 경학

왕대일의 성서신학의 여정은 1991년 박사학위 취득부터 2019년 교수 정년퇴직까지 크게 세 단계로 나뉜다.
(1) 1991년~2000년 – 신앙공동체를 향한 구약학적 방법론과 새로운 구약성서신학 모색기
(2) 2000년~2010년 – 교회를 위한 성서학과 시대상황에 응답하는 성서신학의 발전기
(3) 2011년~2019년 – 한국적 성서학 수립과 실천적 방법론 적응기

각 단계는 새로운 성서학적 방법론의 실험과 그에 따른 통합적 구약성서신학 논의가 변화와 발전을 이끌었다. 먼저, 방법론적으로는 양식비평적 연구에서 문예비평적 연구로의 변화가 두드러진다. 학위논문 자체가 레위기 11~15장에 대한 양식비평적 읽기이었음에도 불구하

---

23 왕대일 엮음, 『구약성서와 성(性)』 (서울: 감신대성서연구소, 2000).
24 왕대일 엮음, 『통일맞이 성서연구(1)』 (서울: 기독교대한감리회 서부연회출판부, 1999).
25 왕대일, "아시아신학의 성서이해와 구약신학적 반성 – R. S. Sugirtharajah의 '탈식민지적 성서비평을 중심으로'," 『한국기독교신학논총』 13 (1996), 65-104.
26 왕대일, "유발 하라리의 『사피엔스』와 『호모 데우스』의 인간이해에 대한 해석학적 진단– 호모 사피엔스, 호모 데우스, 호모 렐리기오수스," Canon & Culture 12-1 (2018), 235-255.

고 도리어 문학형식에 대한 그의 깊은 연구가 히브리 본문의 문학적 구조의 패턴과 독특성을 발견케 하였고, 그로부터 문예비평과 수사학적 비평으로 해석학적 방향성을 옮기는 전기를 맞는다. 더군다나, 교회를 위한 신학적 성향은 역사비평적 연구에서 문예비평적 연구로의 방법론적 전이의 촉매제 역할을 하였다. 그러나, 감리교신학대학교의 토착화 신학의 풍토와 한국교회의 성경에 대한 경전적 읽기의 신앙적 뿌리는 문예비평과 정경비평이라는 기존의 해석방법론에 머물게 하지 않았다. 역사비평이든 문예비평이든 여전히 서구의 신학자들에 의한 방법론이요 이질적 문화의 한계가 있기에 끊임없이 한국적 방법론을 고민하게 하였다. 이에 대한 구체적 문제제기가 바로 2011년 감리교신학대학교 교내학술지에 투고된 "경학(經學)과 역사비평" 제하의 논문이었다.[27] 성서비평학의 근원으로서의 역사비평을 반성하고, 오늘의 성서읽기를 위한 성서비평이전의 해석에 대한 근본적 문제제기를 한 것이다. 그리고는 다음 해에 『기독교 경학(經學)과 한국인을 위한 성경해석: 경학으로서의 성서해석』[28]을 출판하게 된다. 서구적 비평해석학에 굴레를 벗어나지 못하고 있는 한국의 성서학적 상황에 큰 파문을 일으키는 저작이었다.

왕대일의 "경학으로서의 성서해석"을 살피기 전에 그의 성서학 여정에서 방법론적 고민과 더불어 또 다른 축을 이루는 구약신학의 담론을 살펴보는 것이 그의 신학적 세계를 이해하는 데 도움이 될 것이다. 일찍이 왕대일은 교수로 활동한지 12년 만에 구약성서의 전체적인 주제를 체계적으로 다루고 있는 『구약신학』[29]을 출간하였다. 본격적인 성

---

27 왕대일, "경학(經學)과 역사비평," 「신학과 세계」 72 (2011), 7-32.
28 왕대일, 『기독교 경학(經學)과 한국인을 위한 성경해석: 경학으로서의 성서해석』 (서울: 대한기독교서회, 2012).
29 왕대일, 『구약신학』 (서울: 감신대성서학연구소, 2002).

서학의 시원이 되는 1787년 가블러(Johann Philipp Gabler)로부터 2000년대까지의 구약성서신학의 방법론과 중심사상들을 꼼꼼하게 정리하고 분석하면서 21세기 구약성서신학의 가능성과 주제들을 "언약공동체읽기"라는 새로운 학문적 토론으로 구약사상을 엮어간 저작이다. 왕대일은 20세기까지의 구약성서신학의 경향을 크게 두 가지 중에 하나로 평가하였다. 즉, 주석신학의 관점에서 체계적이고 통일된 발전을 이루지 못했거나(H. Gese, P. Trible, W. Zimmerli, G. Fohrer), 아니면 과도한 해석학으로 너무 완벽한 자신의 체계를 구축한 경우이다 (W. Brueggemann, J. Levenson, P. Hanson). 왕대일은 차분히 성서의 의미의 진리성, 정당성을 조직적이고 논리적으로 연구하는 작업이 요청됨을 강조하면서 21세기의 성서신학은 주석학과 해석학을 연결시킨 결과물이어야 함을 제안하였다. 이후 그의 구약신학 토의는 세 차례의 증보와 개정의 과정을 거친다.[30] 그러한 과정 가운데 지속되는 신학적 과제는 구약성서가 말하는 야웨와 세상, 야웨와 이스라엘과의 관계를 토론하는 것으로서 그 중심에는 다음의 두 가지 질문이 놓여있다: (1) 야웨 하나님과 세상이 어떤 모습으로 관련되어 있는가?, (2) 야웨 하나님이 누구와 또는 무엇과 어떤 관계를 맺고 있는가?, 전자는 관계의 "질적인 양상"을 묻는 질문으로서 "정의와 공평 속에 우주를 다스리시는" 하나님에 수렴되며, 후자는 "양적인 범위"에 관계되는 물음으로서 온 창조세계와 연관을 맺는 하나님을 상정한다. 여기까지는 "하나님의 정의로운 통치와 온 세계와의 관련성"을 묻는 지도교수인 크니림의 문제제기가 다분히 드러난다. 그러나 왕대일은 한 발 더 나아가 구약신학의 패러다임의 전이를 역설한다. 그것은 시간의 문제(구속사 신학)에서 공간의 문제(생태계 신학)로 전환하는 것이며, 역사의 문제에서 창

---

30 왕대일, 『구약신학』 개정판 (서울: 감신대성서학연구소, 2003); 『구약신학』 개정증보3판 (서울: 감신대성서학연구소, 2010); 『구약신학 (개정판)』 (서울: 대한기독교서회, 2015).

조 문제로의 근본적 확장이며, 구원을 받는 문제(교리)에서 구원을 사는 문제(영성)로의 변화이다. 출애굽 해방이라는 역사적 구원사건 한가운데에서 왕대일은 세상을 창조하신 하나님이 이스라엘 공동체를 창조하고 있음을 본다.[31] 그 하나님이 이스라엘 생활(장막) 속에 임재하시고 동행함으로써 이스라엘 백성의 역사 속에 예배가 자리할 때, 그것이 창조의 궁극적 목적임을 밝힌다.[32]

왕대일은 이러한 구약의 주제들을 도출하기 위해 구약신학 해석방법론을 오랫동안 고민해 왔었다. 첫 번째로, 역사비평적 통시적 해석에서 문예비평적 공시적 해석으로의 길을 모색한 『새로운 구약주석: 이론과 실제』[33]가 1996년에 출판되었다. 이어서 교회공동체에 부합하는 공시적 해석을 위한 문예비평적 연구가 치열하게 진행된 『구약주석 새로보기』[34]가 10년 후 저술되었다. 또 동시에 성서해석의 연구결과를 교회강당에 적용하려는 시도로서 앞서 언급한 바 설교학자와의 『구약설교 패러다임: 구약학자의 설교이해, 설교학자의 구약해석』[35]이라는 실천적 해석학 입문서를 공동 저작하는 노력을 기울였다. 두 개의 중요한 논문도 발표되는데, 하나는 성서해석학의 패러다임의 전환을 알리는 방법론적 틀에 대한 것이요,[36] 또 다른 하나는 아시아적 성서해석을 위한 동양의 종교적 심성과 경전성의 내용을[37] 제1회 아시아성서학회(SABS)에서 발표한 논문이었다. 마침내, 2012년 왕대일의 한국적 성

---

[31] 왕대일, 『구약신학』 개정판 (서울: 감신대성서학연구소, 2003), 169.
[32] 왕대일, 『구약신학』, 172.
[33] 왕대일, 『새로운 구약주석: 이론과 실제』(서울: 성서연구사, 1996).
[34] 왕대일, 『구약주석 새로보기』 (서울: 성서학연구소, 2005).
[35] 왕대일, 이성민, 『구약설교 패러다임: 구약학자의 설교이해, 설교학자의 구약해석』 (서울: 감신대성서학연구소, 2002).
[36] 왕대일, "성서해석학과 그 패러다임의 전환," 「신학과 세계」 66 (2009), 7-34.
[37] 왕대일, "아시아적 서경해석과 그 적용 2: 경전의 재발견-성경을 연주하라," 「기독교사상」 52 (2008), 212-227.

서학은 "경학으로서의 성서 해석"이라는 제목으로 한국 구약학계에 발표되기에 이른 것이다. 만남의 신학자 답게 그의 한국적 성서학은 여전히 세 가지 측면에서의 만남의 산물이다. 첫째, 그가 훈련받아 왔던 영미계통의 과학적이고 역사비평적인 방법론적 틀이 한국 고유의 동양적인 종합적이고 반복적인 경전 읽기와 만난 것이다. 둘째, 비평 이전의 랍비들과 교부들의 성경읽기가 비평 이후 학자들의 성서해석과 만난 것이다. 셋째, 가장 큰 의미의 만남으로서 성서 본문을 읽는 성경해석자 자신에게 눈을 돌리게 하여 성서본문과 해석자 사이의 만남에 주목하게 하고 있다는 사실이다.

총 12장 350쪽으로 구성된 저작은 네 부분으로 나뉜다. 우선 1장의 "여는 글"에서는 본서의 저작동기가 개진되어 있다. 다음으로 2장에서 5장은 일반적 성서해석학적 논의를 각각의 범주와 관련하여 한국적 경전학(2장), 교부들의 해석(3장), 유대인들의 미드라쉬(4장), 역사비평(5장)과의 관계성에서 설명하고 있다. 셋째 부분은 6장에서 9장으로 한국적 성서해석학의 가능성을 구체적으로 타진하고 있다. 한국인의 구약학(6장), 김정준의 구약해석(7장), 유영모의 성서해석(8장), 초기 한국교회의 경전적 해석사(9장) 등 통찰력 있는 글들을 접하게 된다. 끝으로 10장에서 12장은 왕대일 교수의 본격적인 "기독교 경학"을 위한 방법론이 소개되고 있다. 넓이의 해석에서 깊이의 해석으로(10장), 말씀을 종교적으로 읽기(11장), 경학으로서의 성서해석(12장) 등이 그 내용을 이룬다.[38] 그의 기독교 경학의 요체는 다음의 다섯 가지이다. ① 독자지향적 읽기, ② 반복 읽기, ③ 말씀 살기, ④ 자기 부인, ⑤ 사람 만들기.[39] 이 저작의 가장 큰 공헌은 이미 1장 "여는 글, 왜 경학인가?"에

---

[38] 안근조, "왕대일 『기독교 경학(經學)과 한국인을 위한 성경해석-경학으로서의 성서 해석』 서평", 230.
[39] 안근조, 235-238.

밝혀져 있다. 이제까지의 성서해석학이 성경을 인문(人文)으로 읽게 했다면, 경학적 읽기는 하늘말씀으로 곧 천문(天文)으로 읽게 한다는 것이다. 인간의 논리적 사유에 그치는 해석학적 결과가 아닌 초월적 실재로부터 계시된 하늘의 음성을 듣는 것, 그것이 성서신학과 해석학의 궁극적 목적임을 분명히 해주고 있다. 더 나아가 그 말씀대로 "살아내는" 습관 곧 렉티오 디비나(Lectio Divina)의 말씀영성 까지 이어지는 성경의 영적 읽기와 삶의 실현은 왕대일의 교회 공동체를 향한 목회자적인 신학자의 외침을 다시 한 번 확인케 해준다.

공헌 : 불영과불행(不盈科不行)의 학문성과 영성

만남은 비우고 채우는 과정이다. 교회와 신학이 만나고, 역사와 문학이 만나고, 전통과 이성이 만나고, 학문과 영성이 만나는 것은 왕대일의 신학이요 삶의 요체였다. 그는 한 저술에서 노아의 영성을 가리켜 유수지위물야(流水之爲物也) 불영과불행(不盈科不行)이라는 맹자의 글을 인용한 바 있다.[40] "흐르는 물은 웅덩이를 채우지 않고는 앞으로 나아가지 않는다" 라는 말이다. 노아가 그 시대의 남은 자로서 오랜 세월 명령에 따라 방주를 짓고 동시대의 사람들을 일깨웠다는 것이다. 그 과정에서 낮은 곳을 향했을 것이며, 걸림돌을 만나면 돌아갔을 것이며, 웅덩이를 만나면 채워 나갔을 노아의 영성을 상기하고 있다.[41] 교회에 대한 사랑이 신학자의 자리에서 목회자의 상황으로 내려와 연구하게 하고 가르치게 했다. 그 신학자의 겸손이 오늘날 신학대학교 후배 교수

---

[40] 왕대일, "흐르는 물은 웅덩이를 채우지 않고는 앞으로 나아가지 않습니다," 「기독교사상」 53-9 (2009), 116-126.
[41] 왕대일, 125-126.

들의 귀감이 된다. 역사비평이라는 분석방법론적 훈련이 최고치에 이르렀을 때, 문예비평이라는 문학적 통합방법론으로 자연스레 흘러감으로써 교회현장과 잇닿는 성경해석학을 가능케 하였다. 비평적 성서학이 강당을 지키는 설교자들에게 방해물로 부각되는 순간 부드럽게 돌아감으로 비평이전의 경전적 성서읽기의 새로운 길을 터주었다. 그의 학문의 그릇이 차고 흘러넘치게 되자 비로소 말씀영성의 지평이 촉촉하게 적셔지게 되었다.

"불영과불행"의 학문성의 공헌은 다음의 세 가지이다. 첫째, 기독교회의 신학자가 걸어야 할 학문적 유연성이다. 학자들의 자기 논리 중심의 학문적 고집과 신학교 교수의 교리 위주의 편향된 교조주의적 주장이 아니라, 학문적 철저성을 통해 교회를 위한 신학 본연의 근본과 만나는 일을 왕대일의 성서학은 성취하고 있다. 구약성서 본문에 대한 경전적 읽기가 교회 성도들의 신앙적 묵상과 연결되도록 그의 경전적 성서학은 프로그램화 되어 있기 때문이다. 단순한 비평 이전의 읽기나 영성적 주석이 아닌 것은 여전히 인간의 상황과 역사적 배경에 대한 성서학적 곱씹음의 결과로써 말씀과 교회가 만나도록 이끌고 있다.

둘째, 현실을 사는 신학자의 치열한 고민과 적응을 드러내는 학문적 예민성이다. 종교와 신앙 공동체의 이슈에 그치는 것이 아니라, 사회와 세계가 아파하고 중시하는 문제로까지 관심의 영역이 넓은 것이 왕대일 신학의 특징이다. 에스겔의 비전에서 성소에서 흘러나오는 물이 커다란 하수를 이루듯이 좁은 울타리 안에 갇혀 있는 것이 아니라, 교회 밖 사회와 한국 너머 세계, 그리고 우주적인 하나님의 창조세계의 주제로 그의 신학적 테두리는 확장된다. 그만큼 현실의 문제를 예민하게 포착하고 고민하며 말씀을 통해 혜안적 대안을 열어가는 예언자적 신학의 세계를 구축해 온 것이다.

셋째, 차가운 학문세계의 방법론에 머문 것이 아니라, 적용가능하고 지속가능한 한국인의 종교적 심성과 경전성에 맞닿는 신학의 문화화에 기여한 바가 크다. 기존의 서구적 역사비평은 몇몇 성서 전문가들에게만 이해되고 통용되는 제한된 성서학 방법론이었다. 신학은 특별한 학문 훈련을 받은 자들의 전유물이었다. 그러나 왕대일 신학의 문화적 적응력은 '말놀음'에 그쳤던 신학논의를 한국인의 동양적 심성과 정서에 호소하는 경학적 읽기의 실천적 성서학으로 탈바꿈 시키는 능력이 있었다. 경전에 대한 반복적 읽기를 통한 "말씀 살기"를 한국교회의 현장에 제시함으로써 실질적인 말씀문화의 말씀영성의 삶을 선도해주고 있는 것이다.

위의 세 가지 신학적 공헌 즉, 목회를 위한 신학, 예언자로서의 신학, 문화화의 신학은 사실 말 그대로 왕대일의 "불영과불행," 곧 채움과 돌아감과 넘침의 삶의 산물이다. 그의 이러한 학문성은 그의 인생여정과 닮아 있다. 신학교 초년생으로 채움이 있었을 때 처음 목회자의 길로 나갔고, 인생의 미래라는 문제들을 만났을 때 목회적 직진 보다는 학문 연구의 돌아감의 길을 택했고, 연구와 교수가 넘치게 되었을 때 새로운 목회지로 나서게 되었다. 건너 뜀 없이 성실하고 꾸준하게 걸어온 신학과 목회의 길, 바로 왕대일의 "불영과불행"의 영성을 여실히 드러내주고 있다.

나오며 : 큰 이름

감리교신학대학교 신학대학원에 처음 입학하여 교수님들의 이름을 찾아보다가 놀란 기억이 있다. "왕대일"! 설마하고 한자까지 찾아보았는데 다름 아닌 크고, 크고, 또 큰 이름이었다. 과연 그렇게 지금까지의 족적은 한국 구약학계의 거두요, 기독교 목회자 말씀영성의 귀감이요,

학문과 영성을 크게 하나로 아우르는 데 타의 추종을 불허하는 삶을 드러내고 있는 점에서 이름과 존재의 관련성에 대한 반박의 여지가 없다. 그러나 그는 늘 후배 교수들과 제자 목회자들과 호흡을 같이 하며 힘써 섬기려 한다. 부족한 제자로서 이제 막 미국유학의 길을 오르려던 필자에게 우동을 사주면서 하신 말씀이 기억난다. "청출어람"(靑出於藍)! 그리고 필자는 그 이후에도, 유학을 마치고 돌아왔을 때, 교수가 되었을 때, 한 학기에 한 번씩 방문할 때 마다 이 말씀을 반복하신다. 부끄럽게도 말이다. 그래서 그 큰 이름이 더 크게 느껴진다. 나뿐만이 아니라 지금도 신학하고, 지금도 목회하고 있는 우리 모두에게.

연구 목록

● 박사학위 논문

"Leviticus 11-15: A Form-Critical Study," (Ph. D.) Claremont Graduate University, 1991.

● 저서

『신앙공동체를 위한 구약성서 이해』, 서울: 성서연구사, 1993.
『묵시문학연구: 구약성서 묵시문학 다니엘서의 재해석』, 서울: 대한기독교서회, 1994.
『아브라함의 믿음, 아브라함의 실수-이야기로 쓴 창세기 주석』, 서울: 종로서적, 1995.
『새로운 구약주석: 이론과 실제』, 서울: 성서연구사, 1996.
『21세기 설교가이드 : 창세기 I』, 서울: 성서연구사, 1996.
『21세기 설교가이드 : 민수기』, 서울: 성서연구사, 1997.

『21세기 설교가이드 : 신명기』, 서울: 성서연구사, 1997.

『21세기 설교가이드 : 다니엘』, 서울: 성서연구사, 1998.

『21세기 설교가이드 : 레위기』, 서울: 성서연구사, 1998.

『다시 듣는 토라 : 설교를 위한 신명기 연구』, 서울: 한국성서학연구소, 1998.

『통일맞이 성서연구(1) 』, 서울: 기독교대한감리회 서부연회출판부, 1999(편집서).

『목회자의 실패, 목회자의 성공: 구약성서에서 배우는 오늘의 목회』, 서울: 대한기독교서회, 2000.

『좀 쉽게 말해 주시오: 본문비평과 성서 번역-민영진 박사 회갑 기념; 제1권』, 서울: 대한기독교서회, 2000(편집서).

『말씀의 뜻 밝혀 주시오: 주석과 성서 번역-민영진 박사 회갑 기념; 제2권』, 서울: 대한기독교서회, 2000(편집서).

『구약성서와 성(性)』, 서울: 감신대성서연구소, 2000(편집서).

『구약성서, 읽기와 해석하기』, 서울: 감신대성서학연구소, 2001(편집서).

『구약설교 패러다임: 구약학자의 설교이해, 설교학자의 구약해석』, 서울: 감신대성서학연구소, 2002(공저).

『녹색의 눈으로 읽는 성서』, 서울: 대한기독교서회, 2002(공저).

『구약신학』, 서울: 감신대성서학연구소, 2002(초판).

『구약신학』, 서울: 감신대성서학연구소, 2003(개정판).

『구약성서 이해 열마당』, 서울: 새길, 2003.

『묵시문학과 종말론 : 다니엘의 묵시록, 새롭게 읽기』, 서울 : 대한기독교서회, 2004.

『구약성서개론-한국인을 위한 최신연구』, 서울: 대한기독교서회, 2004(공저).

『구약주석 새로보기』, 서울: 성서학연구소, 2005.

『민수기: 대한기독교서회 창립 100주년 기념 주석 04』, 서울: 대한기독교서회, 2007.

『삶에서 그리스도가 빛나게 하십시오』, 서울: KMC, 2008.

『구약신학』, 서울: 감신대성서학연구소, 2010(개정증보 3판).
『신학교육, 그 패러다임의 전환-지식교육에서 영성 함양으로』, 서울: 한국신학교육연구원, 2010(편집서).
『왕대일 교수의 신명기 강의 : 신명기, 약속의 땅으로 가는 길』, 서울: 대한기독교서회, 2011.
『기독교 경학(經學)과 한국인을 위한 성경해석: 경학으로서의 성서해석』, 서울: 대한기독교서회, 2012.
『시편사색, 시편 한 권으로 읽기: 토라로 토다를』, 서울: 대한기독교서회, 2013.
『전도자의 질문, 전도서의 해답 : 왕대일의 전도서 강해설교』, 서울 : KMC, 2014.
『구약신학』, 서울 : 대한기독교서회, 2015(개정판).
『엑소도스, 하나님의 성소를 이루기까지 : 왕대일의 출애굽기 강해』, 서울 : KMC, 2015.
『창조신앙의 복음, 창조신앙의 영성 : 창세기 1-11장의 물음·부름·푸름』, 서울: 대한기독교서회, 2016.
『구약성경의 종말론: '그 날'을 향한 소망』, 서울 : 한국성서학연구소, 2017.
『새로 읽는 구약성경』, 서울 : CMI, 2018.
『성막이 된 하늘성전: 성막의 정음(正音) 회막의 복음(福音), 출애굽기 25-31장의 주석과 강해』, 서울 : 대한기독교서회, 2019.
『구약과 웨슬리』, 서울: kmc. 2019.
TAI-IL WANG, "Scripture-logy and Scriptural Performance in Canonical Criticism and the Theistic Confucian Thought," WON W. LEE, ed., The Oxford Handbook of THE BIBLE IN KOREA. Oxford: Oxford University Press, 2022, 53-66.

구약학자 왕대일 교수의 강의실

아내 이경숙 목사님과 함께

아내와 함께

교수 정년퇴임 감사예배 후 제자들과 함께

지도교수 Rolf P. Knierim 박사님과 함께

드바림 아카데미 여름강좌 | 2019년

한국기독교학회 제48차 정기학술대회 | 2019년 11월 1일

한국기독교학회 24대 신임 회장 왕대일 박사

저서 『구약신학』

안근조 교수

연세대학교 철학과 졸업 (B. A.)
감리교신학대학교 신학대학원 (Th. M.)
Wesley Theological Seminary (M. Div.)
Emory University (Th. M.)
Boston University (Ph. D.)

호서대학교 교수 (2008~현재)
저서_『하나님의 지혜초청과 욥의 응답』, 서울: 킹덤북스, 2012.
　　　『히브리 지혜전승의 변천과 기독교의 기원』, 서울: 동연, 2016.
　　　『지혜말씀으로 읽는 욥기』, 서울: 감은사, 2020(개정증보판).
　　　『연세신학백주년기념 성경주석: 잠언』, 서울: 대한기독교서회, 2020.

이승구 박사

이승구 박사의 생애와 신학

안명준_평택대학교 명예교수, 한국성서대 초빙교수

총신대학교 기독교 교육과 (B. A. 1982)
서울대학교 대학원 윤리교육 전공 (M. Ed. 1984)
합동신학대학원대학교 목회학석사 (M. Div. equiv. 1987)
영국, 세인트앤드류스대학교(The University of St. Andrews 신학부 (M. Phil. 1985)
영국, 세인트앤드류스대학교(The University of St. Andrews 신학부 (Ph. D. 1990)
미국, Yale University Divinity School, Research Fellow (1990~1992. 1)

웨스트민스터신학대학원대학교 조직신학 교수 (1992. 1~1999. 2)
국제신학대학원대학교 조직신학 교수 (1999. 3~2009. 2)
합동신학대학원대학교 조직신학 교수 (2009. 3~현재)
칼빈신학교(Calvin College) 칼빈연구소 방문 교수 (Visiting Scholar, 2000년 여름)
암스테르담 자유대학교(Vrije Universiteit) 방문 교수 (Visiting Scholar, 2006년 가을학기)
한국복음주의조직신학회 회장 역임 (2000~2002)
한국성경신학회 부회장 (1997~현재)
International Journal of Reformed Theology, Asian Editor (2006~Present)
한국복음주의신학회 회장 (2020~2022)
한국장로교신학회 회장 (2016~2018)
한국개혁신학회 회장 (2018~2020)
바이어하우스학회 이사 및 실행총무 (2018년~현재)

서 론

성암(聖岩) 이승구(Seung-Goo Lee, 李承九, 1959년 2월 1일~) 박사는 2022년 현재 합동신학대학원대학교에서 조직신학을 가르치고 있다. 정통 개혁신학에 뿌리두고 성경을 따라 성경신학적 조직신학을 추구하는 개혁신학자로서 2011년 성경과 신학분야에서 가장 영향력있는 학자로 선정되었으며[1] 2020년부터 2022년까지 한국복음주의신학회 회장을 역임하였다. 그의 주도적인 역할을 통하여 한국장로교신학회, 한국성경신학회, 한국키에르케고어학회, 그리고 피터 바이어하우스학회가 창립되었다.

최근 독소 조항이 포함된 차별금지법의 입법에 반대를 위한 신학교수 517명의 서명받고 기자회견을 하는데 희생적인 리더십을 발휘하였다.[2] 그는 조직신학의 여러 주제와 관련된 수 많은 논문들을 발표하였고, 성경신학과 개혁신학에 관련된 많은 학술신학서적들을 번역하였으며, 외국의 여러 학자들의 강의를 통역하였고, 현재 Brill 출판사에 나오는 세계개혁신학회 학회지 Journal of Reformed Theology의 자문위원(Advisory Board)이다. 학술 업적이 풍부한 신학자로서 교회를 섬기는 목회자로, 그리고 국내 여러 학회들의 헌신적 활동가로서 그의 생애와 신학을 조명하는 것은 1990년 이후 그의 신학적 활동을 통하여 한국신학의 내용과 흐름을 분석하고 이해하는데 큰 도움이 되며, 후학들을 위하여 그의 신학을 소개하는 것은 중요한 의미있는 작업으로 판단된다.[3]

1 한국교회 명강사 17개 분야 237명 선정, 기독교타임즈, 2011. 8. 24. 이승구(Seung-Goo Lee, 李承九, 1959년 2월 1일~)에 대한 자세하고 전체적인 소개를 위하여 한국위키피디아 백과사전 참고.
2 "전국신학대교수 517명, "독소 조항 포함된 차별금지법 입법 반대"에 한 목소리(1)", http://www.reformed.or.kr/news/articleView.html?idxno=1613, 개혁타임즈, 2022. 6. 4.

생애와 학문적 훈련

그는 아버지 이정훈과 어머니 조숙자 부부의 외아들로 1959년 2월 1일 서울 종로에서 태어났다. 그의 부모님은 황해도 분으로 서울 종로로 이사를 하였다. 부친은 늦게 교회를 다녔는데 어머니와 비교하면 장수하지 못하였다. 그가 유치원에 다니던 때 그의 할아버지와 할머니는 교회를 다녔다고 한다. 그의 모친은 후에 신앙생활을 하였고 서울 원남교회 권사로서 신앙과 인품에서 존경받는 분이었다. 90세가 가까울 때까지 친히 혼자서 교회를 다닐 정도의 신앙인이며, 교수들이 찾아가면 친자식처럼 따뜻하게 맞이 하시고, 현재도 생존해 계신다.

그는 초등학교 1학년 때 12월의 어느 주일날 아침에 밖에 놀러 나갔는데, 마침 그때 친구 하나가 자기 누나와 여동생이 어딜 가는 중이었다. 어디를 가느냐고 물으니, 교회를 가는데 예배당에 함께 가자고 말하자 그도 간다고 대답하였다. 그래서 먼저 어머니한테 허락을 받을려고 말씀을 드리니 식사는 하고 가라고 하셨다고 한다. 아침 식사를 한 후에 그날 조금 늦게 서울 종로구에 있는 원남교회를 가게 되었다.[4] 그때부터 한번도 빠지지 않고 교회를 출석하게 되었다고 한다.[5] 3학년 중순 즈음에 어머니가 부흥회에 참석하신 후에 출석하였고, 연말에는 교회에서 시상을 할 때 개근상을 받았는데, 의식하지 못하고 다녔으나 개

---

3 40년 전부터 필자는 그와 함께한 신학의 동지로서 성암에 대한 그의 신학적 유산을 소중히 여기고 현재 학술적 자료들과 다양한 데이터를 수집하고 있다.

4 이승구 교수 인터뷰, 솔리데오글로리아교회, 2018년 6월 20일, http://sdgchurch.kr/leeseungu-interview/. 인터뷰를 하신 SDG개혁신앙연구회 대표이신 김병혁 목사님께서 인터뷰 본문을 신속하게 보내주셔서 글을 정확하고 쉽게 쓰게 되어 감사를 표합니다.

5 https://www.youtube.com/watch?v=hUGhfSWnLvs, 2022-07-03 마 26:46-56, 언약교회 이승구 목사.

근상을 받는 사람이 많지 않았다고 한다. 그렇게 자연스럽게 예수님을 구주로 믿게 되었다고 한다. 그 당시 전도도 열심히 했다. 한번은 믿지 않는 친구들을 교회로 인도하려고 예쁜 카드에 성경말씀을 써서 친구 책가방 속에 슬쩍 넣은 후에 자신이 넣은 것을 부인하며 시치미를 떼기도 했다고 한다.[6]

중학교 2학년 때 교회의 고등부를 지도하던 남서울교회에서 은퇴한 이철 목사님이 중고등부 수련회에서 여러 특강을 하였다고 한다. 치과의 사인 교사로부터는 진화론에 대한 특강을 통하여 잘못된 것들도 배우고 유익했다고 한다. 특별히 이철 목사의 웨슬리에 대한 특강도 듣고 홀리 클럽에 도전을 받아서 그 모델로 학교에서 예배 모임도 만들고 학생신앙 운동을 열심히 했다고 한다. 당시 정훈택 교수님이 총신대학교 1학년 학생이었는데, 그로부터 웨스트민스터 신앙고백서를 배웠다고 한다.[7]

고등부 시절 어느 전도사 서재에서 아브라함 카이퍼의 칼빈주의를 빌려서 읽었고, 박형룡 박사의 조직신학 서론을 열심히 노트 필기하면서 읽었다고 한다. 당시 신앙생활을 열심히 하던 학생들은 칼빈을 좋아하였고, 교회 사역자들이 개혁주의를 가르쳐 주었다고 한다. 이처럼 그는 개혁파교회의 신앙의 분위기에서 자라게 되었다고 한다.[8]

그는 중학교 때 벌써 꿈이 목사가 되는 것이었는데, 자연스럽게 마음에서 그 일을 해야 된다고 생각하였다. 그의 꿈이 실현되어 지금도 합동신학대학원대학교의 조직신학 교수이지만, 1997년 서울 언약교회를 개척하여 그곳에서 목회자로서 설교를 지금도 매주 하고 있다. 그는 여러 책도 읽고, 교회의 지도자들의 설교와 특강을 열심히 들으면서 신앙

3 이승구 교수 인터뷰, 솔리데오글로리아교회, 2018년 6월 20일, http://sdgchurch.kr/leeseungu-interview/.
7 이승구 교수 인터뷰, 솔리데오글로리아교회.
8 이승구 교수 인터뷰, 솔리데오글로리아교회.

적으로, 신학적으로 성장하게 되었다. 이런 그의 지적인 성숙은 고등학교 때부터 나타났는데, 한번은 교회에 특강 강사로 온 서울대학교의 종교학과 교수였던 신사훈 박사가 키에르케고르가 누구인가? 라고 학생들에게 질문을 하였는데, 그가 주저함 없이 실존주의 철학자라 대답하였더니, 신사훈 박사가 매우 놀라면서 서울대학교 학생들도 잘 알지 못하는데 고등학생이 대답하니 칭찬을 받았다고 한다.

그는 중학교 때의 꿈을 따라서 목회자가 되겠다고 결심한 후에 총신대학교에 입학하여 기독교 교육학을 전공하면서 꾸준히 신학책을 읽으면서 최낙재 교수와 손봉호 박사와 같은 분들에게 영향을 받았다. 1970년대 손 박사가 총신대에서 강의를 할 때 당시 많은 학생들이 있었는데, 그중에 황영철 박사, 양용이 교수, 고 이정석 박사 등은 손 박사로부터 인정받은 제자들이라고 한다. 양 교수는 논문을 영어로 썼다고 한다. 황영철은 영국에서 공부하였고, 이정석은 화란 자유대학교에서 공부하였다. 그는 손 박사의 영향으로 1982년에 학부를 졸업 한 후에 서울대학교에 있는 손봉호 박사에게 배우고자 서울대학교 윤리교육학과에 갔다.

그러나 당시 영문과 출신인 손 박사는 철학과로 채용이 되지않았다. 철학과 교수들의 텃세로 사범대학 사회교육과 교수가 되었다고 한다. 그는 사회철학 및 시민윤리, 사회윤리학 그리고 시민교육 분야의 강의를 하였다. 당시 김재성, 김경진도 공부하였다고 한다. 당시 성암은 손 박사로부터는 2학년 때 인식론을 배우고 다른 교수들에게 국제정세에 대한 과목과 이 세상에서 어떻게 이데오르기가 이해되는지에 대한 것들을 배울 수 있었다고 한다. 대학원에서 논문 지도교수는 홍치모 교수의 대학동기인 정세구 교수였다. 정세구 교수는 미국서 공부하였는데 사회과교육(social studies) 분야에서 가치에 대한 전공자였다. 성암은 대학원 논문으로 1984년 "일상 윤리학파의 윤리설의 가치 교육적 함의"라는 논문으로 석사학위를 받았다. 3분의 심사위원들은 지도교수인 정세구 교수, 시카코 대학교 출신의 학과장이었던 윤리교육학의 교수와 이온죽 교수(김경동 교수 부인) 국제 정치학과 교수였다. 그러나 궁극적인 관심사가 이런 학문이 아니라서 큰 도움은 되지 못했다고 한다.[9]

합동신학대학원 대학교에 입학하여 당시 박윤선 박사와 최낙재 교수를 비롯하여 개혁신학과 성경신학을 철저하게 배우게 되었다. 1987년 합신에서 신복윤 박사의 지도로 "반틸 사상에서 합리성에 관한 연구"를 썼다.[10] 이 글은 2007년 살림출판사에서 발행한 '코넬리우스 반틸'을 쓰는 데 큰 도움이 되었을 것이다.

합동신학대학원대학교를 졸업하고 영국 유학길을 오르게 되었다. 유학을 가게 된 배경은 당시 대학원을 졸업하면 군대를 가는 대신 석사 장교 과정을 밟으면 문제가 해결되는 제도가 있었지만 그가 졸업할 때쯤 그 제도가 사라지게 되었다고 한다. 그런데 병무청에서 그 문제를 해결하는 방법은 유학을 다녀오면 된다고 하여 석사 장교의 복무를 일찍 끝내기 위하여 유학을 결정하였다고 한다.[11] 유학생활을 하는 동안 장학금 혜택을 받게되었다. 세인트앤드류스대학교에서 받기가 매우 까다로운 ORS(oversea research studentship)와 University Research Studentship을 받았고 횃불선교회 장학금과 남포교회 장학금을 받았기 때문에 어머님까지 영국으로 모시고 학문연구에 집중할 수 있었다.

스코트랜드의 세인트앤드류스대학교에서는 대프네 햄슨(Margaret Daphne Hampson) 박사의 지도하에 1985년 "The Relation of Karl Barth's Understanding of Revelation to that of Søren Kierkegaard"로 석사학위를 받았다. 석사논문이 워낙 뛰어나서 박사논문으로 인정

---

9 이승구 교수와 인터뷰, 주제: 서울대학교 대학원 공부시절, 2022년 7월 9일.
10 이승구 교수와 인터뷰, 주제: 합동신학대학원대학교 공부시절, 2022년 7월 9일.
11 이승구 교수 인터뷰, 솔리데오글로리아교회.

받을 정도로 칭찬을 받았다. 그는 처음에는 키에르케고르의 계시에 관해 논문을 쓰려고 했지만, 결국은 키에르케고르와 칼 바르트의 계시이해 비교 연구로 썼다. 석사 논문을 쓸 때에 지도교수인 햄슨 박사가 잘 도와주었다고 한다. 석사논문과 관련하여 흥미로운 이야기는 햄슨 지도교수가 알려주기를 에딘버러대학교의 외부 심사 교수 Allan Lewis 박사가 와서 논문을 보고 이거 왜 박사학위 논문으로 안 냈느냐고 하면서, 이 정도면 자기 밑에서 박사논문를 잘 할 수 있겠다고 생각하여 자기가 있는 에딘버러대학교로 보내면 박사 지도하겠다고 말했다고 한다. 세인트앤드류스대학교에 있는 동안에 그는 일부러 B. A. 과정의 과목들을 듣고 어떻게 강의하는지를 많이 배웠다고 한다. 부담없이 이런 수강과목들 들었던 것은 그의 학문의 세계를 넓고 깊게 만들었을 것이다. 더군다나 이런 과목들을 청강만하고 논문만 쓰는 것이 감사했다고 말한다.[12] 그는 "The Relationship between the Ethical Sphere and Christianity in the Thought of S. Kierkegaard."라는 주제로 1990년 Ph. D. 학위를 받았다. 대학교 시절부터 박사학위까지 그는 학업성적도 월등하였는데, 그의 대학교과 대학원의 모든 성적표가 거의 A라고 알려져 있다.

1990년 박사학위를 마치고 미국 Yale University의 Divinity School에서 포스트 닥 연구(Post-doctoral Research as a Research Fellow, 1990~1992)를 2년간을 하면서 그동안 자신의 학문적 훈련을 정리하고 한국교회와 신학활동을 위하여 준비를 한 후에 고국으로 돌아왔다.

그의 첫 번째 중요한 신학 작업은 영국 유학시에 영국의 저명한 신학자들과 신학 주제에 대하여 인터뷰를 하고서 후에『현대 영국 신학자들과의 대담』(엠마오, 1992)을 출판한 것이다.[13] 이런 종류의 책은 영어뿐

---

12 이승구 교수와 인터뷰, 주제: 세인트앤드류스대학교 공부시절, 2022년 7월 9일.
13 이승구,『현대 영국 신학자들과의 대담』(서울: 엠마오, 1992).

만 아니라 신학적 성숙함이 있어야 가능한 작업인데, 그는 영어가 매우 뛰어나서 외국의 신학지식을 신속히 이해하게 되었고, 대학생 시절부터 번역을 한 것이 약 30권 정도의 신학전문서적들로 한국교회와 신학자들에게 큰 도움을 주었다. 또한 한국에 방문한 영·미권의 신학대학교의 유명한 교수들의 통역을 많이 하였다. 평택대학교 명예교수인 안명준 박사와 함께 IRTI(International Reformed Theological Institute) 대회가 열리는 인도네시아, 프랑스 악쌍 프로방스(Aixen Province)와 같은 장소에서 열리는 국제대회에 자주 참석하여 웨스턴신학교의 세계적인 칼빈학자 존 헤셀링크 주니어(Ira John Hesselink Jr.), 네덜란드 자유대학교의 브람 판 더 베크(Bram van de Beek), 프리토리아대학교의 콘라드 요한네스 베스마르(Conrad Johannes Wethmar), 웨스트민스터신학교의 윌리엄 에드거(William Edgar)와 같은 세계적인 신학자들과 교제를 하였고, 논문을 발표하고, 학회 출판사에서 박사학위논문과 학술논문들을 출판하였다. 지금은 Brill 출판사에 나오는 세계개혁신학회 학회지 Journal of Reformed Theology의 자문위원(Advisory Board)으로 활동을 하고 있다.

한국에 귀국하여 웨스트민스터신학대학원대학교에서(1992. 3. 1~1999. 2. 28) 처음으로 교수사역을 시작하고, 그 학교가 오늘날의 발전된 모습이 되도록 수고하였다. 두 번째는 국제신학대학원대학교(1999. 3~2009. 2. 28)에서 조직신학 부교수와 정교수를 하면서 학교발전과 여러 신진학자들의 학문적 활동을 많이 도왔다. 2009년 3월 1일 부터는 모교인 합동신학대학원대학교에서 조직신학 부교수로 청빙되었다. 후에 정교수로 승진되었고 2013년부터 학교보직으로 도서관장, 목회대학원장, 학생처장, 연구처장, HTR 편집인, 그리고 박사원장을 역임하였다. 2000년 여름에 미국 Calvin College 칼빈연구소 방문 교수(Visiting Scholar), 2006년 가을학기에는 네덜란드 자유대학교(Vrije Universiteit) 신학부 방문 교수(Visiting Scholar), 2010년 여름에는 미국 St. Olaf College 방문 교수(Visiting Scholar), 2019년 가을부터 2020년 봄까지는 미국 Philadelphia에 있는 Westminster Theological Seminary에서 방문 학자(Visiting Scholar)를 하였다.

개혁신학의 형성

학회활동

그는 대학시절부터 게할더스 보스, 헤르만 바빙크와 같은 세계적으로 유명한 신학자들의 책을 번역하면서 해외 유명 신학자들의 학문을 일찍 수렴하였기에, 그의 신학적 학술성의 깊이와 폭을 빠르게 발전시켜 후에 한국의 대표적인 조직신학자가 되었을 뿐만 아니라, 그의 학문성은 데이비드 F. 웰스의 기독론 책의 감사의 글에서, 로버트 레땀(Robert Letham) 교수와 같은 외국의 신학자들의 책에서도 그의 학술적인 주장의 글들이 인용이 되고 있다.14) 그는 신학연구와 더불어서 신학회 활동에 적극적으로 헌신하였다. 1997년 8월 28일 한국성경신학회 발족모임을 갖고 10월 29일에 창립하였다. 그리고 여러 학회의 회장으로 봉사하였는데, 한국복음주의조직신학회 회장, 한국키에르케고어학회 회장, 한국장로교신학회 회장을 역임하였고, 한국개혁신학회 회장, 그리고

---

14 Robert Letham, *Systematic Theology* (Weaton, IL: Crossway, 2019), 146. 그는 이 책이 21세기의 포스트모던 상황 속에서 성경에 충실한 기독교의 정통적 가르침을 더 잘 설명하며, 성경적이며 개혁파적인 신학자의 진술들을 보여준다고 한다. 20세기에 바빙크, 벌코프 등의 정리와 비교하면서 21세기에도 성경에 충실하면서 기독교의 정통적 가르침을 더 잘 설명하려고 하는 신학자의 노력을 보게 된다고 추천한다. 이승구, "레땀 교수님의 『조직신학』을 추천하면서", 『합신은 말한다』, [Vol. 36-2], 2021-06-15, http://htsn.kr/?page_id=4559&wr_id=620.

한국복음주의신학회 회장을 역임하였다. 2005년 10월 1일 한국복음주의신학회 제8회 신학자 우수상 수상자가 되었는데, 두 권의 저서 '사도신경'(SFC출판부)과 '인간복제, 그 위험한 도전'(예영커뮤니케이션)이 학술적으로 인정을 받았다.[15] 2013년 10월 12일에는 요한 칼빈탄생 500주년기념사업회에서 올해의 신학자로 선정되었다. 세계개혁신학회를 비롯한 해외에서 열린 국제학회에서도 여러 차례 논문을 발표하여 원서로 출판되었고, 수많은 영어 통역으로 신학생들에게 큰 도움을 주었다.

가족으로는 영어교사를 하고 은퇴한 한 아내 김현숙과 아들 영우와 딸 지혜를 두고 있다. 주변의 어려운 제자들을 도와주고 목회지를 후원하며, 함께 활동하는 어려운 신학자들을 도와주고 성경적 가치와 세계관에 근거하여 한국교회와 한국사회를 위하여 여러 단체에서 활동하고 있다. 주변의 여러 사람들에게 사역과 인품에서 존경을 받는 신학자로 평가를 받고 있다.

개혁신학 형성

그는 종교개혁 정신을 이어 받는 것이 개혁신학이며, 종교개혁은 예수를 믿되 성경대로 믿는 것이라고 한다. 개혁신앙이란 우리의 믿는 바를 성경이 말하는 방향으로 가는 것이라고 한다. 그러므로 사람들에게 하나님을 보여주는 사랑을 실천해야 하는 것이 개혁신앙이라고 한다.

이런 신학적 전통 위에서 성경을 따라서, 그리고 칼빈(John Calvin)을 따라서 신학을 세워가는 오직 성경에 충실한 개혁신학자이다. 그의 신학사상은 박윤선 박사의 성경적 정통주의 신학과 미국의 코닐리어스 반틸(Cornelius Van Til)의 신학사상에 깊은 뿌리를 가지고 있다.

신학방법론에 있어서는 게할더스 보스(Geerhardus Johannes Vos)

| 15 "복음주의신학 국제학술대회 폐막", 기독신문(http://www.kidok.com), 2005. 10. 11.

의 신학을 따라서 성경중심적-성경신학적 조직신학을 추구한다. 이런 방법은 미국 웨스트민스터신학교의 존 머레이(John Murray) 박사에 의해서 앞서 제시되었다. 특별히 말씀의 강조와 더불어 성령론적 신학을 추구하고 있는 신학자이다. 정통주의적 개혁주의에 가장 충실하면서도 다양한 현대인들을 잘 설득하는 개혁주의 조직신학자 데이비드 F. 웰스(David F. Wells)의 영향도 받았으며, 조직신학자 제임스 패커(James I. Packer)에 대한 존경과 그의 개혁신학적 영향도 나타낸다. 자신이 따르는 개혁신학과 관련된 저서로는 '21세기 개혁신학의 방향', '전환기의 개혁신학', '개혁신학 탐구', '톰 라이트에 대한 개혁신학적 반응'에서 그가 추구하는 개혁신학의 정체성을 보여준다. 그의 신학에 큰 영향을 준 대표적인 신학자들을 살펴 본다면, 그의 신학적 특징들을 좀 더 잘 이해하는데 도움이 될 것이다.

정암(正岩) 박윤선(Park Yun-Sun)의 영향

그는 정암(正岩)으로부터 영적, 신학적, 신앙적, 그리고 목회적 요소에서 큰 감동과 영향을 받았다. 정암의 모든 신앙적, 신학적 영향은 그의 설교에서, 주석작업에서, 개혁신학적 사고에서, 강의에서, 정암의 추천사에서,[16] 그리고 정암에 대한 생애와 신학을[17] 집필한 점에서 분명하고 충실하게 나타난다.

---

[16] 반틸의 책 *The Reformed Pastor and Modern Thought*『개혁신학과 현대사상』을 번역 할때 추천사를 1984년 3월에 박윤선 박사가 직접 썼다. 또한 Vos의 The Self-disclosure of Jesus,『예수의 자기계시』(서울: 엠마오, 1987. 개정역. 서울: 그 나라 출판사, 2014) 번역책에도 추천사를 썼다.

[17] 정암 박윤선 박사의 생애와 신학(2020)에서 그의 하나님의 주권사상, 성경 중심주의, 그리고 교회 중심주의, 그리고 일반은총에 근거한 개혁주의 문화관에서 영향을 보여준다. 이승구, "정암 박윤선 박사의 생애와 신학,"『한국 교회를 빛낸 칼빈주의자들』, 안명준 편집 (서울: 킹덤북스, 2020), 607-651.

그는 학생시절부터 그의 은사 박윤선 박사로부터 받은 영향들에 대하여 2009년 정암신학강좌를 기다리며 제자로서 스승에 대한 영향과 존경을 3가지로 나타내었다. 먼저 자신이 박 목사님의 설교와 강의를 듣는다는 것은 우리에게 매우 큰 영적인 축복이요 기쁨(a spiritual treat)이었다고 고백한다.[18]

첫 번째는 하나님의 말씀으로써 성경의 권위와 해석에 영향을 받았다고 한다. 박 목사님의 설교는 우리를 하나님 앞에 세웠고, 성경을 하나님의 말씀으로 귀하에 여기면서 그 교훈을 받는다는 것이 무엇인지를 아주 분명하게 해 주었다고 한다. 성경을 정확 무오한 하나님의 말씀으로 받아들인다는 것이 무엇인지를 실질적으로 가르쳐 주셨다고 한다. 정암이 성경 본문을 어떻게 설명하여 주실까 하는 것이 당시 학생들의 관심이었다고 한다. 당신의 삶과 인격의 무게가 실린 스승의 설교는 항상 성경의 뜻을 더 밝혀 주셨고, 성경의 가르침을 우리에게 클로우즈업(close-up)해 주었다고 한다.

변증학과 관련하여 정암이 항상 "성경이 자증하시는 하나님"을 강조하는 것을 배웠다. 특히 반틸의 관점에서 시도하는 변증학 강의에서 자주 강조하셨고, 그 분을 위한 변증을 하셨다고 한다. 정암은 철저하게 하나님의 계시인 성경에 의존하여 생각하는 일을 계시의존사색(啓示依存思索)[19]이라고 표현하였다.[20] 칼빈주의 사상 체계는 하나님을 절대주권자인 인격적 신으로 믿기에 계시의존사색을 한다고 한다. 이 사고는 반틸(Cornelius Van Til)과 바빙크(Herman H. Bavinck)의 이론을 소화해서 표현한 말이라고 한다. 정암의 이런 성경중심주의는 평생 그

---

18 이승구, "정암(正岩) 박윤선 목사님을 기리면서", 이승구 교수의 개혁신학과 우리사회이야기. https://blog.daum.net/wminb/13718731.
19 정승원, "박윤선 박사의 변증학 고찰 : '계시의존사색'(啓示依存思索) 개념을 중심으로", 神學正論 제22권 제2호 통권43집 (2004): 339-378.
20 이승구, 「코넬리우스 반틸: 개혁파 변증학의 선구자」, 231.

에게 성경주석의 사명을 주었다고 한다. 그에게 배운 모든 제자들에게 가장 큰 영향이었다고 한다.[21]

두 번째는 성경에 충실한 개혁신학을 배워서 개혁파적으로 목회할 것에 도전 받았다고 한다. 일사각오의 정신과 지사충성의 자세를 강조하시며 정직을 실천하는 신학의 길도 강조하셨다고 한다. 제자들이 죽기까지 공부하기를 간절히 바라셨고, 학문과 경건이 하나로 되어 하나님 앞에서 훈련받는 신학도로서 개혁신학이 가르치는 대로 교회를 변화시킬 것을 기대하고 목회훈련을 하셨다고 한다. 기도를 강조한 정암은 제자들이 성령님의 감화로 목회할 것을 배웠다고 한다. "성령님의 감화 없이 목회하라는 것은 목사에게는 가장 큰 욕이다"라고 하신 말씀도 강하게 기억이 난다고 한다. 개혁신학의 강조를 따라서 말씀과 성령님을 늘 연관시키면서 제시하였다고 한다. 성령님께 충성하는 것은 바로 하나님 말씀에 충실하는 것임을 아주 분명히 해 주셨다고 한다. 정암의 가르침에 의하면 개혁신학에서 성령론이 약하다든지 부족한 것이 있다든지 하는 말은 있을 수 없는 말이라고 한다. 항상 성령님께 온전히 충성할 것을 가르치시는 스승은 언제나 성경에 충실하였다고 한다. 이런 성령님의 강조는 제자로서 성암(聖岩)의 성경적 조직신학을 강조하는 그의 신학적, 목회적 활동에서 잘 나타나고 있다. 정암을 따라서 개혁신학의 정신를 배운 그는 성경이 가르치는 전체 교회의 모습을 깨닫게 되었다고 한다. 개혁신학을 가진 교역자들의 목회적 자세에서도 영향을 받았다고 한다. 정암은 "진실함"과 "교역은 하나님의 일을 수종드는 것이라는 것" 등이 강조하였는데, 따라서 교만이라는 것은 그리스도인과 특히 교역자에게는 있을 수 없는 것임을 아주 자명하게 만드셨다고 한다.

마지막으로 그는 수업 시간이나 설교에서 스승으로부터 하나님을 경

| 21 이승구, "정암 박윤선 박사의 생애와 신학," 644.

외하는 법을 배웠다. 정암은 항상 하나님을 언급하실 때 확신에 찬 목소리 "당신님"이라고 지칭하였다. 기도 중에서나 설교에서나 강의에서도 성부, 성자, 성령 하나님을 지칭하실 때 독특하게 사용되던 그의 독특한 표현법이었다고 한다. 이 존칭은 정암이 하나님에 대한 경외를 잘 나타나는 단어였다. "우리들로 하여금 당신님의 뜻을 잘 배워 알게 하옵시고, 당신님의 나라 백성 역할을 잘 감당하게 하여 주옵소서." 하나님께 이렇게 기도하며, 그 기도와 심지어 말버릇까지도 우리에게 나타나기를 원하는 모습에 감동을 받았다고 한다.[22] 이렇듯 정암 박윤선 박사는 제자인 성암 이승구 박사에게 신학적 목회적 첫 스승이었다. 정암은 그의 신학자 여정에서 표준이요, 영혼의 생수를 먹여주는 아버지와 같은 분이었다.

게할더스 J. 보스(Geerhardus Johannes Vos)의 영향

보스(1862년 3월 14일~1949년 8월 13일)는 현재까지 성암의 성경적, 신학적 사고의 형성에 절대적인 영향을 준 개혁신학자로 존중하고 있다. 보스를 통하여 성경을 이해하는 근본적 사고를 접하면서 그의 성경신학을 배우려는 열정이 일찍이 시작되었다. 보스에 향한 이런 충실한 마음이 아마도 그에게 한국성경신학회를 태동하게 하였을 것이다. 보스의 성경신학의 중요성을 깨닫고 그가 처음으로 학부 4학년 마지막 학기부터 보스의 책을 번역하기 시작했는데, 성경신학적 사고에 충실한 신약학자 최낙재 교수가 간접적으로 보스의 신학사상에 영향을 주었다고 한다.

특히 보스는 그에게 특별계시의 역사를 바라보게 눈을 뜨게 한 학자로서 성경 전체를 잘 해석할 수 있는 틀을 배웠다고 한다. 보스의 시각

| 22 이승구, "정암(正岩) 박윤선 목사님을 기리면서".

으로 보면 칼빈은 성경을 flat(평면적으로)하게 이해하는데, 바로 이런 보스의 시각은 칼빈에게 배운 것으로 그것을 더 구체화하여 자신의 성경신학을 발전시킨 것으로 주장한다.[23] 성경신학에 대한 영향은 그가 보스의 성경신학을 1985년에 번역 출판에서 나타나고,[24] 보스가 주장하는 특별계시의 역사(History of special revelation)로써 성경신학과 계시의 점진성(progressiveness of special revelation)에서 큰 도전을 받게되었다.[25] 성암은 교수가 된 후에 그의 개혁신학적, 성경신학적 조직신학의 작업에서 분명하게 제시한다. 특별히 그는 주장한 '성경신학적 사유'라는 개념은 보스의 특별계시의 역사를 강조하는 성경신학에서 가져온다. 이것은 하나님께서 주신 특별계시가 어떤 역사적 과정을 가지고 우리에게 주어졌는지를 탐구하는 학문인데, 그것을 탐구하는 것도 오직 성경을 통해서만 할 수 있다고 주장한다. 성암은 말하기를 대개 보수적인 신앙인은 성경을 하나님의 말씀으로 여기며 존중하기 때문에 성경으로부터 가르침을 받아 살려고 하지만, 성경을 존중한다는 사람들이 성경을 하나님의 계시로 여기면서 그 내용에는 신경 쓰지만, 그러나 그 계시가 주어진 방식에는 별 신경 쓰지 않기 때문에 의도하지 않게 성경을 무시간적으로 쉽게 다룬다고 한다. 바로 여기서 성경을 그대로 믿는다고 하는 우리들의 문제들 중 하나가 나타나는데, 이를 극복하는 것이 바로 "성경신학적 사유"라고 주장한다.[26]

그는 성경신학의 작업을 시도 할 때 무엇보다 먼저 해야 하는 것은 주어진 본문의 계시가 과연 어떤 "계시의 시기"에 주어진 것인지를 잘 생

---

[23] 이승구 교수 인터뷰, 솔리데오글로리아교회.
[24] Geerhardus Vos, *Biblical Theology*. 『성경신학』 번역 이승구 (서울: 기독교문서선교회, 1985. 개정역, 2000. 2쇄, 2011. 3쇄. 2013).
[25] 이승구, 역자 후기, 보스, 『성경신학』 443-444.
[26] 이승구, "성경신학적 사유의 개발을 요청하면서", 이승구 교수의 개혁신학과 우리사회이야기 https://blog.daum.net/wminb/13719347. 참고로 〈합신은 말한다〉, 2021년 9월호.

각하는 것이라고 한다. 이 말을 무엇보다도 후대의 계시를 이 앞 시대에 집어넣어 생각하면 안 된다는 것이다. 오직 주어진 계시의 시기 안에서 하나님께서 주신 의도를 잘 찾은 다음에 그 다음 계시가 이 계시와 어떻게 연관되는 지를 생각하는 것이 순서라고 한다. 그런 후에 계시가 종국적으로 밝게 드러나 신약 시대의 밝히 드러난 계시와 과연 어떤 관계를 지니는 지를 찾을 수 있다고 한다. 여기에 바른 모형론(typology)이 있을 수 있는 가능성도 있다고 한다. 이때 성경 자체에 그런 시사가 있는 것을 연결시켜야지 전혀 관계가 없는 것을 그저 같은 단어가 있다든지, 같은 색이 사용되었다든지 하는 것 때문에 연결시키는 것은 결국 성경을 무시간적으로 취급하는 오류에 빠지는 것이라고 한다.[27] 이런 그의 성경신학적 사유의 작업과 토론은 한국성경신학회에서 구약과 신약학자들을 중심으로 시도되고 있다. 2018년 한국성경신학회 20주년을 맞이하여 학회지「교회와 문화」의 특집호의 주제가 "21세기 성경신학의 방향: 게할더스 보스를 기념하며"를 발행했는데, 그는 권두언에서 보스가 추구했던 성경적인 입장에서 성경신학의 확장과 발전을 기대하고 있다. 그는 말하기를 박윤선 박사는 보스를 우리나라에 잘 소개시켰고, 이런 성경신학적 작업을 최낙재 교수, 박형용 교수, 한재호 교수, 그리고 김성수 교수등에 의하여 활동과 열매를 맺었다고 평가한다.[28]

마지막으로 그에게 끼친 보스의 중요한 영향은 하나님 나라 사상이다. 보스는 성경이 말하는 하나님 나라를 매우 잘 설명한 개혁신학자라고 평가한다.[29] 그는 성경이 말하는 사상의 핵심에는 역시 하나님 나라가 있는데, 참으로 교회를 위한 신학(theologia pro ecclesia)은 성경이

---

[27] 이승구, "성경신학적 사유의 개발을 요청하면서".
[28] 이승구, "성경적 성경신학과 그런 신학 하기", 권두언, 「교회와 문화」 제 40호 겨울 (2018): 5-8.
[29] 이승구, "성경적인 하나님 나라 개념에 충실한 신학 작업을 지향하면서" 이글은 〈한국개혁신학〉 66 (2020): 12-21에 실렸다. https://blog.daum.net/wminb/13719329?fbclid=IwAR0xPGYoufUkXoVM5t2NJPQwWot4AXAMv-BylqZxcnSziH0QIZASTVIQ8rQ.

말하는 하나님 나라 개념에 충실한 신학이라고 한다.

코넬리우스 반틸(Cornelius Van Til)의 영향

개혁파 변증학자 반틸(Cornelius Van Til, 1895년 5월 3일~1987년 4월 17일)에 대하여 신학교의 스승들로부터 영향을 받았고, 번역과 논문과 책을 쓰면서 반틸 사상을 섭력하고 진정한 성경적인 개혁파 신학자로서 증거하고 있다.

프린스턴신학교에서 보스에게 영향을 받은 반틸을 그는 대학교 1학년 때 접하였다.[30] 그 후에 현대의 다양한 신학사조의 흐름을 살펴보면서 반틸 사상의 중요성을 깨닫고, 한국교회에 소개하기 위하여 반틸의 책 『개혁신앙과 현대사상』(The Reformed Pastor & Modern Thought)을 합동신학대학원 시절인 1984년에 번역 출판하였는데, 추천사는 반틸의 제자요 그의 전제주의 변증학에 영향을 받은 박윤선 박사가 썼다.[31] 추천의 말에서 박윤선 박사는 변증학자 반틸을 개혁신학의 대변자로 보면서 성경과 반대되는 인본주의적 사상 체계들을 예리하게 분석하고 비판하는 동시에 가장 성경적인 전제주의적(presuppositionalism) 방법(성경 전체를 진리로 받고 사색을 출발하는 방법)을 적극 추천하고 있다.[32] 번역을 마친 1983년 성탄 전야에 쓴 역자 후기를 보면, 그가 반틸의 사상이 이 시대에 얼마나 소중한지를 이해하고 반틸과 같은 신학 작업에 정진할 것을 언급하고 있다. 개혁주의 변증학자 반틸은 현대주의(Modernism), 혹은 신 개신교(Neo-Protestantism, New

---

30 이승구, 『코넬리우스 반틸: 개혁파 변증학의 선구자』, (서울: 살림, 2007, 2012), 8.
31 Cornelius Van Til, *The Reformed Pastor and Modern Thought*, 『개혁신앙과 현대사상』, 이승구 역 (서울: 엠마오, 1984. 개정역. 서울: SFC, 2009).
32 Cornelius Van Til, *The Reformed Pastor and Modern Thought*, 『개혁신앙과 현대사상』, 이승구 역 (서울: 엠마오, 1984. 개정역. 서울: SFC, 2009).

Protestantism)는 전통적인 역사적 개신교와 같은 것으로 보지 않는다. 이런 신 개신교는 하나님을 우리의 현상계와 직접적으로 접촉하지 못하게 만들었고, 인간처럼 조건화되고 상대화시켰다고 강하게 비판한다. 이런 맥락에서 역자인 성암은 개혁신앙(Reformed Faith)의 소중함을 반틸과 같은 선구자와 함께 지속적인 탐구를 하자고 외친다.[33]

이런 그의 반틸의 소중함에 의미있는 바람은 합동신학대학원대학교 학생시절 조직신학회 모임에서 부회장과 회장을 지낸 다음 졸업 논문에 결과로 나타나는데, 신복윤 박사의 지도로 "반틸 사상에서 합리성에 관한 연구"를 썼다. 이 논문은 반틸 사상에서 합리성, 혹은 합리적인 것이 무엇인지 분명하게 알게 된다면, 참다운 기독교적 인식론을 제시하는 데 큰 도움이 된다는 것이다. 그는 이 연구를 통하여 반틸은 합리성이란 궁극적인 어떤 보편적인 원리를 따르거나, 인간 정신의 궁극성과 자율성 개념을 본질로 하는 것이 아니라고 한다. 오히려 하나님은 절대 합리성(absolute rationality)으로서 합리성의 원천(original)이라고 보았다. 하나님의 형상을 가진 인간은 파생적인, 유비적인 합리성을 소유하고, 하나님의 지식과 체계, 그리고 논리와는 유비적인 관계이며, 질적인 차이가 있다고 한다. 구속함을 입은 인간의 지식, 체계, 논리, 그리고 이성은 원칙상 참될 수가 있지만, 창조주와는 차이를 전제로 가진다고 한다. 이런 주장은 현대 인식론의 합리성 개념에 강한 도전을 준다고 한다.[34]

그는 반틸을 개혁파 변증학의 선구자로 본다. 보스의 성경신학 작업

---

33 이승구, 역자 후기, 『개혁신앙과 현대사상』, 313-317.
34 이승구, 『개혁신학에의 한 탐구』 (서울: 1995, 웨스트민스터출판부), 제 10장, 217-256. 이승구, "Cornelius Van Til에서의 합리성에 관한 연구" (M. Div., 합동신학교: 1987). 지도교수는 신복윤 박사로 주로 반틸의 영어원문을 가지고 연구를 하였다. 논문검색을 위하여 http://www.hapdong-lib.ac.kr/thesis/T1600123.pdf.

에 토대를 둔 반틸은 스스로 말한 것처럼 루이스 벌코프, 헤르만 바빙크, 아브라함 카이퍼와 같은 이전 개혁파 신학자들에게 영향을 입었다고 한다.[35] 이런 계보를 따라서 반틸을 개혁주의 변증학을 정립한 학자로서 존중하였고, 반틸의 전제주의적 변증에 영향을 받았다.[36] 반틸의 이 방법은 가장 성경에 충실한 신학을 형성했다고 본다.[37] 반틸의 이 방법은 기독교 믿음이 이성적 사고를 위한 유일한 기초라고 믿는 것이며, 전제주의는 먼저 성경은 하나님의 계시이며, 다른 세계관들의 결함을 드러내려고 시도한다고 한다. 반틸에 의하면 인간은 전제를 떠나서는 인간 경험에 대해 이해할 수 없으며, 비 그리스도인은 이성적으로 중립적인 추론을 할 수 없다고 주장한다고 한다. 이 방법은 그렉 반센에 의해서 대중화되었다고 한다. 이런 흐름속에서 칼빈을 따르던 개혁 신학은 게할더스 보스에 이어 반틸에서, 그리고 박윤선 박사로 이어지면서 자신도 신학적 영향을 받았으며, 그 연장선상에 자신의 정체성이 있다고 한다. 그는 반틸을 하나님의 말씀을 섬기는 자(VDM : Verbum Dei Minister)로, 또 철저하게 하나님의 말씀에 따라서 하나님을 변증한 개혁파 변증학자로 존중한다. 비록 박윤선 박사에 의해 계시의존사색이는 용어가 만들어졌지만, 더 많은 한국 신학자들이 우리시대에 소중한 가치를 지닌 개혁파 신학자 반틸의 사상이 좀더 연구되어 확장되기를 기대하고 있다.[38]

---

35 Cornelius Van Til, *Introduction to Systematic Theology*, 『조직신학 서론』, 이승구 역 (서울: CLC, 1995). 강웅산과 공역한 개정역 (서울: 크리스챤, 2009). 6.
36 Cornelius Van Til, *The Reformed Pastor and Modern Thought*, 『개혁신앙과 현대사상』, 이승구 역 (서울: 엠마오, 1984. 개정역. 서울: SFC, 2009).
37 이승구, 『코넬리우스 반틸: 개혁파 변증학의 선구자』, 9.
38 이승구, 『코넬리우스 반틸: 개혁파 변증학의 선구자』, 9.230-232.

데이비드 F. 웰스(David Falconer Wells)의 영향

그는 현존하는 신학자들 가운데서 정통 개혁주의에 가장 충실하면서도 다양한 현대인들을 잘 설득하는 신학자의 한 사람으로 웰스(David Falconer Wells, 1939년 5월 11일~)를 거론한다. 이런 그의 신학적 영향은 웰스의 〈기독론〉(The Person of Christ)을 2008년에 번역한 것에서 나타난다. 웰스는 1992년 한국어 번역판 서문에서 직접 이승구 박사에 대한 경애와 감사를 표하고 미국과 한국 사이의 문학적, 신학적 교류가 점증하고, 특별히 장래 한국으로부터 미국에 미치는 영향이 점증하기를 희망한다고 격려하고 있다.[39]

이 책의 역자 후기에서 그리스도의 인격은 그의 사역과 분리하여 이해 할 수 없고, 기독론은 다른 부분과 분리하여 이해 할 수 없다는 점에서 개혁주의 조직신학의 입장을 잘 드러낸 책으로 평가한다.[40] 칼케돈 신조에 대해서도 성경적이며 정통 개혁주의 신학에 매우 충실한 것으로 해석하고 있다고 한다. 또한 신약의 종말론을 정확히 진술하고 그 종말론의 터 위에서 기독론을 보여주었고, 그것이 조직신학의 다른 분과도 적용될 수 있는 구조라고 제시한 것을 높이 평가하고 있다.[41]

2020년 한국복음주의조직신학회 학회지 조직신학연구에 데이비드 웰스의 "현대 문화 분석에 대한 한 논의"라는 논문을 발표하고, 이것을 정리하고 보완하여 2021년에는 『데이비드 웰스와 함께하는 하루』[42]라는 소책자를 출판하여 그에 대한 존경과 신학적 영향을 보여주었다. 이

---

39 데이비드 F. 웰즈, "한국어판에 붙이는 서문," 『기독론』(서울: 부흥과 개혁사, 2015), 5-6.
40 David Wells, The Person of Christ. 데이비드 F. 웰스, 『그리스도는 누구신가?』. 이승구 역 (서울: 엠마오, 1992. 개정역. 토라, 2008. 재개정역), 『기독론』(서울: 부흥과 개혁사, 2015), 377.
41 웰스, 『기독론』, 378.
42 이승구, 『데이비드 웰스와 함께하는 하루』(서울: 말씀과 언약, 2021).

책은 현대 사회와 포스트모던 사회에 대한 분석과 그 안에 있는 현대 교회와 현대복음주의에 대한 분석과 도전을 검토하고 있다. 또한 이 책에서 데이비드 웰스를 이 시대에 가장 중요한 종교개혁적 신학자로 말한다.[43] 저자는 웰스 교수와 같은 문화적 변증을 제대로 하는 크리스천들이 많이 배출되기를 희망하고 있다. 이런 점에서 웰스는 반틸과 더불어서 그의 신학의 안내자로 볼 수 있다. 그는 웰스를 복음주의를 진정한 복음주의로 만드는 작업을 하는 분으로 평가하면서 그 뒤로는 호튼이 개혁신학자로 이어가고 있다고 말한다.[44]

제임스 패커(James I. Packer)

존 오웬으로부터 영향을 가장 많이 받은 것을 스스로 언급한 패커를 정통파 개혁신학 입장에서 모든 문제를 어떻게 생각해야 하는지를 곳곳에서 잘 제시한 개혁신학자로 평가한다.[45] 성경과 권위와 무오를 주장한 패커는[46] 그의 초기 작품에서 성경을 사랑하고 매우 중요시 하는데, 성경 외의 어떤 것도 우리 시대의 계시라고 하지 않고, 이 성경에 근거해서 참으로 하나님을 알고 삼위일체 하나님과 깊이 교제하게 하려고 애쓴 학자라고 한다. 또한 살아계신 하나님과 함께 살아갈 수 있도록 이끄는 것이 그의 삶의 목적이라고 한다.[47] 이런 패커의 성경관은 성암에게 큰 영향을 주어서 그로 하여금 성경적 관점에서 신학 작업을 하는

---

43 이승구, 『데이비드 웰스와 함께하는 하루』, 33.
44 이승구 교수 인터뷰, 솔리데오글로리아교회.
45 이승구 교수 "제임스 패커 교수를 추모하며, 크리스천투데이, 2020. 7. 22, https://www.christiantoday.co.kr/news/333270.
46 J. I. Packer, 『자유 권위 성경』, 이승구 역 (서울: 엠마오, 1985).
47 그의 최초의 책인 『근본주의와 하나님의 말씀 (J. I. Packer, Fundamentalism and the Word of God(London: IVP, 1958), 옥한흠 역)』, 『근본주의와 성경의 권위(서울: 한국개혁주의신행협회, 1973)』, 그리고 『복음전도와 하나님의 주권(Evangelism and the Sovereignty of God(London:

데 확신을 가지게 하였다.

또한 패커는 특별히 신론과 구원론에 있어 개혁신학을 잘 보여주는 신학자로서 십자가에서 그리스도께서 우리를 대신하여 형벌을 받으셨음을 강조하고, 하나님의 주권과 인간의 책임을 동시에 강조하며, 신학의 모든 측면에서 개혁신학의 강조점을 잘 드러냈다고 한다. 그는 1996년 패커의 공저 『그리스도인 안에 계신 성령』를 번역하면서 그의 성령론에 대한 주장을 섭렵하였으며,48) 또한 패커의 책 Life in the Spirit (London: Hodder & Stoughton, 1996)와 Truth & Power: The Place of Scripture in the Christian Life(Wheaton, Ill.: H. Shaw Publishers, 1996)에서 성령님을 성경이 가르치는 대로 배우고, 그런 삶을 실제적으로 잘 제시 했다고 평가한다. 패커는 성공회 소속이지만 교회의 직제, 동성애 문제에서 좀 더 성경적인 방향으로 개혁하려고 노력했던 신학자로 존중을 표했다.

그는 이 시대의 대표적인 개혁신학자라고 말했다. 20세기와 21세기 초까지 활동한 하나님의 신실한 신학자 패커처럼 우리들도 성경을 존중하고 하나님의 말씀의 권위를 옹호하면서,49) 성경적인 입장과 하나님의 뜻을 지켜낼 것을 강조한다.

Inter-Varsity Fellowship, 1961))』에서부터 이런 그의 관점이 잘 나타난다고 한다. 이승구 교수 "제임스 패커 교수를 추모하며", 크리스천투데이.
48 Stibbs, A. M. and J. I. Packer, *The Spirit within You* (Grand Rapids: Baker Book House, 1967). 『그리스도인 안에 계신 성령』, 역 이승구 (서울: 웨스트민스터 출판부, 1996).
49 성경의 권위를 강조한 그는 1978년에 미국의 복음주의자들과 함께 성경의 무오성에 대한 시카고 선언에 서명하고, 같이 선언서를 발표했으며, 그 의미를 설명하는 저서로 Freedom, Authority and Scripture(Leicester: Inter-Varsity Press, 1982), 이승구 역, 『자유, 권위, 성경』(서울: 엠마오, 1983). 그는 성경을 무오한 하나님의 말씀으로 존중과 하나님 말씀의 권위를 옹호 글 William Roach and Norman Geisler, "Misinterpreting J. I. Packer on Inerrancy and Hermeneutics," https://defendinginerrancy.com/misinterpreting-j-i-packer-on-inerrancy-and-hermeneutic.

신학의 특징

성암은 성경에 근거한 체계를 통하여 성경신학적 조직신학을 지향하는 개혁신학자이다. 또한 종교개혁적 칼빈신학의 전통에 뿌리를 둔 개혁신학자이다. 이런 그의 뿌리를 통하여 그의 신학의 특징들이 형성되었다.

그는 기독교의 모든 기본 개념은 '성경에서 무엇이라고 말해 주는가를 배워야' 하고, 우리 공동체에서 구현될 수 있도록 힘써 나가야 한다고 한다.[50] 이런 그의 성경중심적 사상은 성경관에서부터 시작하여 종말론과 기독교 세계관, 기독교 문화관, 그리고 신학교육과 목회현장에 걸쳐서 총체적으로 분명하게 나타난다. 이런 그의 성경 강조 사상은 그의 책 『하이델베르크 요리문답 강해시리즈 1』 초판 서문에서 밝힌 것처럼 요리문답을 설명하는 해설서로서 이 책을 쓰기보다는 그 문답들이 다루고 있는 주제들이 근거하고 있는 성경의 내용을 전포괄적으로 강해하려는 시도에서, 그리고 자신이 성경 본문과 성경적 주제에 대한 해석에 언제나 관심의 초점이 있다고 말하는데서 나타난다.[51] 그의 신학을 간단하게 표현한다면 성경적, 성경신학적, 개혁신학적 사유의 신학으로 말할 수 있을 것이다.

성경관

정확무오한 하나님의 말씀으로서 성경을 의존하는 사상은 그의 신학 전체의 근원적인 뿌리이다. 그는 성경을 살아있는 하나님의 말씀으로

---

[50] 이승구, 『교회란 무엇인가?』, 16.
[51] 이승구, 『하이델베르크 요리문답 강해시리즈 1』 (서울: 나눔과섬김, 2011), 11.

신학의 기초이며, 우리의 삶의 모든 것들의 표준이 되어야 한다고 강조한다. 칼빈과 같이 성경은 신학의 원리로 주장하며, 성경을 따라 신학을 전개할 것을 확고하게 말한다. 칼빈의 성경관에 관한 연구에서 칼빈은 하나님 이외에는 성경에 버금가는 권위는 없다고 보며, 문자 그대로 하나님의 말씀이기에 성경을 존중해야 한다고 주장한다. 그리고 하나님의 말씀으로 우리의 교리 문제, 삶과 예배에서 실제로 어떻게 높이고 있는지를 드러내야 한다고 한다.[52] 칼빈 처럼 모든 교의의 말을 하나님의 말씀인 성경에서 찾아야 하며, 성경이 가는 곳까지 가고 성경이 서는 곳에 서야 한다고 한다.[53]

또한 성경의 모든 주장들은 삶의 모든 영역에서 실천되어야 하고, 성경이 믿는 대로 믿어야 한다고 한다. 우리가 믿는다고 하는 것 가운데서 성경대로 믿지 않는 것을 고쳐야 하고, 성경이 가르치는 바른 것을 더 열심히 드러내야 할 것을 말한다. 예를 들면 예배를 제사라고 보는 점은 잘못된 것으로 고쳐야 한다고 한다. 성경이 말하는 대로 예배하라고 한다. 예배를 제사로 보던 중세적 이해를 극복한 것이 종교개혁이라면, 우리 안에 남아 있는 제사적 관념과 용어들을 제거하라고 한다.[54] 제단이라는 용어, 제물이라는 용어, 일천번제 등 그런 것과 관련된 기복주의적 요소들이 다 청산되고 성경이 가르치는 방식대로만 진리 안에서, 그리고 영 안에서 하는 예배의 회복이 요구된다고 한다.[55]

모든 것을 성경적으로 개혁하는 것과 관련하여 말씀을 다루는 설교자는 성경의 의미를 바르게 찾아서 전달하는 자라고 한다. 그 말씀을

---

52 이승구, "칼빈과 성경의 권위", 『칼빈신학 2009』, 안명준 편집 (서울: 성광문화사, 2009), 15.
53 이승구, "칼빈과 성경의 권위", 25.
54 이승구, "개혁주의 신학자가 바라본 성경적인 예배 개혁", 『목회와 신학』 276 (2012년 6월): 157-63.
55 이승구, "성경적 교회 위한 신학에 더 집중해야 한다," http://www.kidok.com/news/articleView.html?idxno=204535, 기독신문, 2019. 12. 10.

주신 하나님의 의도를 잘 드러내고 찾아야 한다고 한다. 이 일에 실패한 설교자와 교회는 참 설교자도, 참 교회도 아니며, 우리가 일을 제대로 하려면 가장 우선해야 할 일이 성경의 의미를 바로 찾는 일이라고 한다.[56] 그가 따르는 칼빈주의 신학자 워필드는 성경은 정확무오한 하나님의 영감된 말씀임을 확실히 믿고, 이를 성경의 내증과 여러 외증에 근거하여 드러내려고 노력한 성경의 가르침에 충실한 변증가라고 존중한다. 특별히 신학적 문제에 대해서 철저한 성경주해에 근거하여 신학 작업을 한 점을 높이 평가한다.[57]

조직신학자로서 그는 바른 조직신학은 항상 성경에 철저히 근거해야 하는데, 성경주해는 모든 신학함의 기초이기 때문이라고 한다.[58] 존 머레이는 조직신학이 주해에서 멀어지면 반드시 생명력이 없어지고, 그 사명을 다하지 못하게 되는 것이라고 한다. 그 이유는 주해가 조직신학을 하나님의 말씀과 직접적으로 관련하게 하며, 그 말씀으로부터 오는 능력을 부여해 주기 때문이라고 한다. 그러므로 바른 조직신학의 방법은 성경을 바르게 주해하여 그 결과를 가지고 신학화하는 것이라고 한다.[59]

신 론

그의 신론에 대한 학문적 훈련은 학술서적의 번역을 통하여 정통 개혁신학이 정립되었다고 판단된다. 그는 합동신학교 1학년 때 신론 과목

---

56 이승구, "성경적 교회 위한 신학에 더 집중해야 한다".
57 이승구, [종교개혁기념논문] "벤자민 B. 워필드의 개혁신학적 특징," RN 리폼드뉴스, 2021. 11. 13, http://www.reformednews.co.kr/9847
58 이승구, 『개혁신학에의 한 탐구』 (서울: 웨스트민스터출판부, 1995), 7.
59 이승구, 『성경신학과 조직신학』 (서울: SFC, 2018), 24-25. 여기서 그는 주해의 과정을 드러내는 조직신학자로 John Murray, Anthony Hoekema를, 주해의 결과를 사용하는 조직신학자로 Louis Berkhof, Wayne Grudem를 말한다. 인터넷 보기, 이승구, "성경신학과 조직신학", 2008. 3. 25, https://calvary-church.tistory.com/14280326.

을 수강하면서 개인적으로 바빙크의 책 *The Doctrine of God*(1951년, 1977년 윌리암 핸드릭슨 영어 번역) 읽었는데, 그때 출판사에서 번역요청이 왔다. 1987년 12월에 쓴 역자 후기에 보면 화란어 원문번역이 아니라서 원뜻이 곡해될 위험성으로 망설이었지만, 바빙크의 글이 소개되는 것이 필요하다고 판단되어 신학의 전문영역에 속한 『개혁주의 신론』을 번역하였다. 이런 번역을 통하여 하나님의 속성과 삼위일체, 그리고 하나님의 경륜에 대한 영향을 받게 되었을 것이다. 그럼에도 불구하고 그는 좋은 교의학은 항상 성경적이기에 바빙크도 그런 노력을 시도했지만, 성경구절을 사용하는 것이 항상 적절했는지에 대해서는 바른 신학적 사유를 통하여 작업할 것을 독자들에게 요청하고 있다.[60]

1998년 『하이델베르크 요리문답 강해 시리즈 1』에서 삼위일체 하나님에 대한 바른 이해와 만물의 창조주 하나님에 대한 해석과 섭리에 대한 설명에서 그의 신학적 관점을 보여준다.[61] 2004년 사도신경에 대한 책에서도 참되고 영원하신 한 하나님, 삼위일체에 대한 바른이해, 그리고 전능하신 하나님과 섭리를 다룬다.[62] 삼위일체에 대해서는 하나님은 오직 한 하나님이 계시데, 그는 이 세상에 그 어떤 것과도 유비되지 않으시는 아주 독특한 존재 방식을 가지셔서 그 한 하나님이 성부, 성자, 성령 삼위로 존재하신다고 한다. 성부, 성자, 성령은 그 존재와 영광과 권세에 있어서 동등하시며, 동일 본질을 가지고 계시어서 한 하나님으로 계시는 것이라고 한다. 또한 본질적 존재에 있어서 각 위간에는 종속적인 면이 없고, 위격적 엄위에 차이가 전혀 없다고 한다.[63] 성부와 성자

---

60 Herman Bavinck, *The Doctrine of God*, 『개혁주의 신론』, 이승구 역 (서울: 기독교문서선교회, 1988). 이승구, 역자 후기, 585-587.
61 이승구, 『하이델베르크 요리문답 강해 시리즈 1』 (서울: 여수룬, 1998). 개정판 (서울: 나눔과 섬김, 2011).
62 이승구, 『사도신경』. 서울: SFC, 2004. 개정판, 2005, 재개정판, 2009.
63 이승구, 『사도신경』, 23.

와 성령도 성경 말씀에 따라서 표현을 그대로 써야 한다고 한다. 하나님은 창조주이시다. 따라서 세상 창조를 단지 믿는 것을 넘어서 창조 사실을 자기 자신과 연관시켜서 생각하고 그 일에 자신의 존재를 던져 넣어야 하는데, 바로 창조주 하나님이 그리스도로 인하여 나의 하나님과 아버지라는 것이다.[64] 이런 그의 삼위일체론의 개념은 전통적 개혁신학의 입장과 같다고 볼수 있다.

창조에 대해서 믿는다고 할 때, 기본적으로 다음과 같은 의미를 담고 있다고 한다. ① 삼위일체 하나님께서 천지와 그 안에 있는 모든 것들을 무로부터 창조하셨다. ② 말씀으로 창조하셨다. 이것을 설명하면서 대부분의 교부들과 개혁자들은 성자를 통해서 이 세상을 창조하셨다고 한다. ③ 하나님께서는 모든 피조물들에게 결국에는 창조주를 섬기게 하기 위해서, 그 존재와 형태와 외관과 다양한 기능들을 부여해 주셨다. ④ 섭리와 연결시키면서 하나님께서는 이렇게 창조하신 모든 것들을 그의 영원하신 섭리와 무한한 능력으로 유지시키시며 통치하셔서, 인간들을 위해 있게 하시며, 다시 그 인간들이 하나님을 섬길 수 있도록 하신다. ⑤ 앞서 언급한 4가지를 성경이 말하고 있는 대로 받아들이는 것이 참으로 창조를 믿는 것이고, 성경이 말하는 대로 이를 받아들이지 않는 것은 참된 의미에서 창조를 받아들이지 않는 것이라고 말한다.

위의 내용을 받아들이는 사람들은 과연 무엇을 믿고 주장하는 것인지를 다음과 같이 해석한다.

첫째로, 이런 의미의 창조를 참으로 받아들이는 사람들이라면, 하나님의 창조 이전에는 오직 하나님께서만이 존재하셨다고 단언해야 한다고 한다. 둘째로, 이미 삼위일체 하나님의 창조에 대해서 말했지만,

---

[64] 이승구, 『사도신경』, 25-26

창조사역에서의 성자와 성령 하나님의 역사하심을 분명히 해야 한다고 한다. 셋째로, 이 세상 모든 것들은 결국 창조주이신 삼위일체 하나님을 섬기게 하기 위해서 피조된 것임을 분명히 해야 하고, 궁극적 목적이 하나님이시다라는 것이다. 넷째로, 창조된 것들을 하나님께서 섭리하신다는 것을 인정해야 기독교적 창조론을 제대로 이해하는 것이라고 한다. 창조만 하고 자연법칙을 주장하는 이신론(理神論, deism), 즉 자연신론(自然神論)은 기독교적인 창조론을 받아들인 것이 아니라고 한다. 또한 섭리가 창조의 과정이라고 하면서도 최초에 하나님께서 창조하신 어떤 과정이 있지 않았다고 하는 것도 기독교적인 창조론은 아니라고 설명한다.

그의 섭리론에 대한 견해는 2004년 폴 헬름의 『하나님의 섭리』(Paul Helm, The Providence of God)를 번역한 후 책의 뒷면 역자 후기에서 저자에 대한 평가 속에서 나타난다. 먼저 이 책이 하나님의 섭리에 대한 매우 중요한 기여를 한 것으로 존중하면서도, 특별히 직접 폴 헬름에게 편지를 하여 하나님의 '무시간적 영원성'에 대한 자신의 견해를 피력하고 있다. 그가 이 책을 번역하면서, 그리고 이전 그가 읽은 책 헬름의 『영원하신 하나님』(Eternal God)에서도 나타나는 것인데, 하나님은 영원하시며 사람이나 시간에 영향을 받지 않는다는 점에서는 개혁신학의 입장과 같지만, 폴 헬름은 하나님을 온전히 이해하기 위한 의도로 하나님의 영원은 시간과 상관이 없다고 한다. 이것은 마치 하나님은 전혀 시간 안에 들어오실 수 없으신 듯한 표현을 사용하여 하나님의 무시간적 영원성을 강조하는데 반하여, 성암는 하나님은 시간에 들어와도 문제가 없다고 본다.[65] 이런 견해를 피력할 수 있는 것은 비록 헬름이 바르트를 비판하는 학자임에도 불구하고, 그는 칼 바르트는 하나님은

---

[65] 이승구, 역자후기, 277-283. Paul Helm, *The Providence of God*, 『하나님의 섭리』 (서울: IVP, 2004). 또한 2022년 8월 6일 이승구 박사와 전화 인터뷰로 확인된 내용임을 밝힌다.

시간 안에 들어오지 못한다고 한 점을 들어낸 것이라고 볼 수 있다. 이 것과 관련하여 역사와 계시의 관계에 대하여 초기 바르트는 계시는 순간에 발생하는데, 이 순간은 영원한 순간이고 무시간적 순간으로, 키에르케고르로부터 순간이라는 용어를 빌려 사용하지만 의미는 벗어나서 계시 이해가 다르다고 비판한다. 결국 바르트는 순간은 시간에 속하지 않는 영원한 순간으로 그가 순간을 영원화(eternalization) 한 것으로 본다.[66] 성암의 섭리에 대한 이해는 영원한 하나님이 우리의 시간 속에 들어오셔서 섭리를 통하여 역사하심을 강조하는 것으로 볼 수 있다.

이 세상의 모든 것은 그저 우연히 되는 것이라고 믿었던 에피쿠로스 학파(the Epicureans)를 그는 거절한다. 섭리를 올바로 이해하는 것을 호기심에 의한 탐구가 아니라 모든 겸손과 경건으로 받아드리는 것이며, 비록 우리가 잘 이해되지 않은 상황에서도 모든 것에 대한 하나님의 바르고 공정한 판단을 존중하며 높이는 것이라고 한다. 말씀의 한계 내에서 하나님의 섭리에 대해서 생각하면, 섭리 교리야말로 우리에게 말할 수 없는 위로를 주는 교리라고 한다. 왜냐하면 말씀의 한계 내에서 생각하면 이 세상의 그 어떤 것도 우연히 일어나는 것이 아니라는 것을 알 수 있기 때문이라며, 예수 그리스도의 구속 덕분에 우리의 아버지 되시는 은혜로우신 하늘 아버지의 관리하심과 돌보심에 의해 이 모든 일이 일어나는 것이라고 우리는 하나님의 섭리를 고백하게 된다고 한다.[67]

---

[66] 이승구, "초기 바르트의 순간 이해를 통해 본 초기 바르트의 계시관에 대한 한 이해,"「조직신학 연구」3 (2003): 95-123.
[67] 이승구, "섭리 교리야말로 우리에게 말할 수 없는 위로 줘", 기독일보 2021. 2. 3, https://www.christiandaily.co.kr/news/100151#share.

인간론

인간론에 대한 그의 이해는 1984년에 번역한 나이젤 리의 책 『성경에서 본 인간』에서 저자의 신학적인 견해를 같이하는 것을 볼수 있다. 이 책은 인간의 기원과 하나님의 형상, 그리고 죄의 본질을 개혁신학의 관점에서 보여주고 있다. 특별히 역자 서문에서 진화론의 실체와 오류를 오직 하나님의 계시의 빛이 비추어지게 되었을 때 진리를 알게 된다고 말한다.[68]

창세기 1, 2장은 인간의 기원 말하는데, 창세기 1:27 "하나님이 자기 형상 곧 하나님의 형상대로 사람을 창조하시되 남자와 여자를 창조하시고", 창세기 2장 7절 "여호와 하나님이 흙으로 사람을 지으시고 생기를 그 코에 불어 넣으시니 사람이 생령이 된지라." 이 말씀대로, 사람은 하나님께서 창조하셨다고 주장한다. 즉 인간의 기원은 우연(by chance)이 아니라, 하나님이 아담의 창조 때부터라고 한다. 그런데 언제인지를 성경이 말하지 않는다고 한다. 인간 창조 연대와 관련하여 아이랜드 어셔 감독의 주장 B.C. 4004년의 오류를 지적한다.[69]

원죄에 대하여 아담의 범죄로 인해 모든 사람이 갖고 태어나는 죄책과 부패성을 가리킨다고 한다. 웨스트민스터 신앙고백 6:3, "그들은 모든 인류의 뿌리이었으므로, 그들로부터 일반적 출생법으로 태어나는 모든 후손들에게 이 죄책이 전가(轉嫁)되었고, 죄로 인한 그 동일한 죽음과 부패성이 전달되었다."는 것을 강조한다.[70]

죄의 책임에 대한 논의에서 섭리와 관련한 그의 해석은 매우 흥미롭

[68] 나이젤 리, 『성경에서 본 인간』, 이승구 역 (서울: 도서출판 토라, 2006), 5.
[69] 이승구, 조직신학 인간론 강의안, 출처 https://blog.daum.net/donghaimul0030/1764.
[70] 이승구, 조직신학 인간론 강의안, 출처 https://blog.daum.net/donghaimul0030/1764.

다. 그는 섭리에 대한 잘못된 태도에 대해서 지적하는데, 먼저 죄를 하나님의 섭리로 보며 하나님의 사랑과 좋은 관점으로 보는 신학적 주장을 반대한다.[71] 하나님은 죄를 만든 분, 즉 죄의 조성자'(the author of sin)가 아니라고 한다. 모든 것이 하나님의 섭리 가운데 있기 때문에 하나님이 죄를 만든 분이라고 주장해서도 안 된다고 한다. 하나님은 죄를 비롯한 모든 것을 다 만드신 분임을 강조해야만 하나님의 주권을 분명히 할 수 있다고 하면서 결정론이나 운명론과 비슷한 입장을 주장해서도 안된다고 한다. 타락도 결국은 인간을 구원하는 선한 결과를 낳았으니, 그것이 적극적인 의미를 지닌 것으로 타락이 결과적으로 좋은 것이었다는 함의를 말하는 소위 하이퍼 칼빈주의자(Hyper-Calvinism)들이 여기에 속한다고 한다. 죄를 하나님의 사랑으로 강조하면서 악을 긍정적으로 보는 열린 유신론(Open theism), 혹은 개방된 유신론을 반대한다. 그는 "타락한 우리의 삶 자체는 그야말로 닫힌 세계(closed world)라고 한다. 오직 하나님에게만 이 세상의 문제를 해결하고 열려질 가능성이 있다고 한다. 우리는 모든 것을 다 설명할 수 없어도 하나님은 이런 죄와 악들의 생성자가 아니시며, 이런 죄와 악들을 조성하신 분이 아니라고 한다. 물론 이 모든 것이 다 하나님 통제하에 있음이 분명하지만, 우리는 하나님께서 이런 악들을 선으로 변하게 하시는 것을 믿어야 하며, 생각도 겸손하게 하고, 겸손하게 하나님을 의존해 사는 것이 하나님을 믿는 것이며, 그것만이 우리 인간들이 살 길이라고 했다.

---

71 이승구 교수 "하나님이 죄와 악도 만드셨을까?" 기독일보, 2020. 11. 6.https://www.christiandaily.co.kr/news/96654#share#share.

기독론

그가 번역한 책 레온 모리스의 『그리스도의 십자가』의 역자 서문에서, 데이비드 웰스가 한국어 번역판 출판을 직접 감사하는 내용의 서문으로 시작하는 『기독론』의 역자 후기에서, 그리고 여러 편의 논문들에서 자신의 기독론을 보여준다. 특별히 언론에 발표된 여러 글에서는 그리스도의 신성(참된 하나님)과 인성(참 사람)의 관계를 성경적으로 해석한 칼케돈 신조를 따른다고 주장한다. 예수 그리스도는 하나님이시며 인간이신 우리의 구주라고 한다.

그는 예수 그리스도는 하나님이며 인간이라는 칼케돈신조를 따르는데, 이런 그의 견해는 데이비드 웰스의 『기독론』을 번역한 책 뒤에 나오는 역자 후기에서 분명하게 나타난다. 웰스는 칼케돈 정의에 충실하고 그 배후에 있는 신약 본문에 충실하게 기독론을 신학화 한 것을 긍정적으로 평가한다. 특히 성경에 묘사된 예수 그리스도와 역사적 예수를 동일시 한다는 점에서 잘못된 현대 신학의 기독론에 중요한 변증적 작업으로 도전을 준다고 한다.[72]

그는 말하기를 영원하신 성자의 인격이 인성(人性, human nature)을 취하여 들이신 일이니, 그 결과 신성(神性)과 인성(人性)이 신성의 한 인격 안에서 "나뉘어질 수 없게 연합된"(inseparably united and joined together) 것이라고 한다.[73] 중요한 것은 신성과 인성이라는 서로 상반되어 보이는 양성(兩性, two natures)이 "한 인격 안에서 연합되어 있다"(united in a single person)는 사실이다. 이것이 성육신의

---

72) 이승구, "역자 후기", 기독론, 데이비드 F. 웰스 (서울: 토라, 2008), 378.
73) 이승구, 칼케돈 정의와 그리스도의 양성, 복음과도시, 2021. 6. 29, https://www.tgckorea.org/bbs/board.php?bo_table=articles&wr_id=1269&wr_1=%EC%8B%A0%ED%95%99&wr_2=%EA%B5%90%EB%A6%AC+%28Doctrines%29.

결과라고 한다.[74]

그는 칼케돈신조가 말하는 기독론의 정의가 성경에 충실하였고 개혁파도 그것에 집중했다고 판단한다. 기독론에 대한 역사적 관점에서 칼케돈 정의(the Chalcedonian Definition)는 성경의 가르침을 잘 따라가려는 노력의 일환이었고, 이렇게 하여 기독교의 정통적 교의가 선언되고, 모든 교회가 예수님의 인격에 대해서는 이를 기준으로 판단하게 되었다고 한다. "이제 성육신 하신 그리스도께서는 그의 전능한 능력으로 죽음을 정복하기 위해서 참 하나님이셨으며(true God in order to conquer death by his power), 몸의 연약성을 갖고 우리들을 위해 죽으실 수 있기 위해서 참 사람(truly human that he might die for us in the weakness of his flesh)이 되신 것임을 확신하며, 그 신성과 그 인성의 독특성이 계속 유지되고 있음을 분명히 말해야 한다"고 주장한다.[75] 그리스도 우리의 구주라는 것을 분명히 천명해야 한다고 주장한다. 영원부터 계신 하나님의 아들이 성육신하여 이 땅에 오셔서 나사렛 예수로 사시고, 십자가에 달려 죽으셔서 하나님의 구속 사역을 이루셨고, 그리고 부활하고 승천하셔서 '하늘'에 계시다가(행 3:21) 다시 오셔서 구속을 온전히 이루실 하나님이시라고 한다. 성자 하나님은 인간의 몸만을 취하신 것이 아니라, 참된 인간의 영혼도 취하셔서 참 사람이 되셨기에, 그러므로 신성을 가지신 한 사람이 있게 된 것인데, 오직 나사렛 예수만이 그런 분이시며, 오직 그만이 신인(the God-man)이시다라고 선언한다. 그래서 이 신인을 인정하고 그 앞에 있을 때만 기독교인이 되는 것이라고 주장한다.[76]

---

74 이승구, "성경에 충실하려던 칼케돈 정의 이해하고 따라가야", 2021. 7. 1, 기독일보 https://www.christiandaily.co.kr/news/105244#share#share.

75 이승구, "성경에 충실하려던 칼케돈 정의 이해하고 따라가야".

76 이승구, "오늘도 주님은 '너희는 나를 누구라 하느냐' 질문해", 기독일보, 2021. 6. 7, https://www.christiandaily.co.kr/news/104482.

구원론

먼저 구원론(Soteriology)이란 성령께서 그리스도의 속죄 사역을 하나님의 택하신 자들에게 적용하시는 과정을 보여주는 것으로 본다. 그런데 구원론은 성령의 사역론이라고 한다. 구원에 관한 진리는 구원의 필요성과 방법과 결과 등의 주제들을 포함하며, 이 주제들은 하나님의 복음 전체의 요약이라고 한다. 구원론에 관하여 주요 성경들로 로마서에서는 믿음, 칭의, 양자, 성화, 그리고 영화를, 갈라디아서는 칭의를, 요한복음과 요한일서에서는 중생, 양자, 그리고 성화를, 에베소서와 야고보서는 성화를 보여준다고 한다.[77]

구원은 인간의 생각과 결단에 관계없이 창세전이 무조건적으로 선택하신 것으로 하나님이 계획하셨고 하나님이 이루시는 것이라고 한다. 타락한 이성에 부합한 입장을 가진 항론파는 궁극적으로 사람의 결정에 의하여 구원을 받는다는 견해는 성경의 가르침과 맞지 않는다고 비판한다.[78]

구원은 어떻게 오는가? 사람의 구원은 사람에게 있지 아니하고, 오직 하나님의 긍휼과 은혜에서 나온다고 한다. 그러면 하나님의 은혜란 무엇인가? 하나님의 은혜란 하나님께서 사람에게 값없이 베푸시는 호의와 사랑이라고 한다. 그런데 모든 사람에게 자연적 혜택을 베푸시는 일반은혜로 구원받는 것이 아니라 특별은혜를 통하여 구원을 받는다고 한다. 하나님의 특별 은혜란 하나님께서 택한 자들에게 내리시는 구원의 은혜이다. 사람의 구원을 위해서 베푸시는 은혜는 성령의 활동이다. 우

---

[77] 이승구, 조직신학 구원론 강의안, 미간행물, 2011. 7. 2, https://blog.daum.net/donghaimul0030/1763.

[78] 이승구, 구원은 궁극적으로 인간의 선택에 달려 있나요? 아니면 하나님의 택함에 달려 있나요? 2021. 3. 17, https://www.youtube.com/watch?v=zcnU0KIFXY0

리는 하나님의 은혜로 구원을 얻었다고 하며, 증거되는 성경 구절로 에베소서 2:8, 9, "너희가 그 은혜를 인하여 믿음으로 말미암아 구원을 얻었나니 이것이 너희에게서 난 것이 아니요 하나님의 선물이라. 행위에서 난 것이 아니니 이는 누구든지 자랑치 못하게 함이니라."를 제시한다. 하나님께서 만세 전에 죄인들 중의 일부를 선택하신 것이 하나님의 은혜요, 예수 그리스도의 십자가 대속 사역이 하나님의 은혜요, 성령께서 택자들을 불러서 그리스도께서 이루신 구속(救贖)을 적용하는 것이 하나님의 은혜라고 한다. 따라서 성도들의 구원의 전 과정은 성령의 활동이며, 구원론은 성령의 사역론이라고 한다.[79] 결국 구원은 인간의 노력이 아닌 하나님의 전적인 은혜인 것을 주장하고 있다.

영생이란 무엇인가에 대해서는 하나님의 생명에 참여하는 것으로 말한다. 하나님과 생명적 관계가 계속되는 것이고, 중생해서 시작되는 것이라고 한다. 죽은 후에는 영혼이 하나님과 교제를 누리는 것이라고 한다. 그러나 몸이 없기에 온전하지 않다고 한다. 새 하늘과 새 땅에서는 몸과 영혼 전체가 삼위 하나님과 교제하는 것이라고 말한다. 이것이 영생을 참으로 온전히 누리는 것이라고 한다. 그러나 주의할 점은 우리는 피조물이기 때문에 온전히 하나님만을 의존해서 영생을 가지는 것이라고 한다.[80]

구원과 관련하여 그는 영생의 현재적 의미를 강조하는데, 요한복음 5:24에서 우리는 영생을 얻었다고 한다. 영생의 현재적 의미 강조가 요한복음의 큰 특징이라고 한다.[81] 영생이란 하나님의 생명이 우리에게 주어지는 것이라고 한다. 예수 그리스도와 신비한 하나 됨을 가지고 있

---

[79] 이승구, 조직신학 구원론 강의안.
[80] 이승구, "영생이란 무엇인가요?" 2021. 6. 25, https://www.youtube.com/watch?v=HWZ8YAgMpk0.
[81] 이승구, 영생의 현재적 의미란 무엇인가요? 신앙질문 Ep.72, 2021. 6. 29, https://www.youtube.com/watch?v=l3vg6SclafU.

는 것이다. 첫째로 예수를 참으로 믿는자는 예수를 통해서 영생을 확신해야 한다고 한다. 요한복음 5:24에서 우리는 정죄가 없다고 한다. 예수님이 대신 정죄를 받으셨기에, 우리는 심판을 받지만 정죄에 이르지 않는다고 한다. 우리는 이미 사망에서 생명으로 옮겨진 자라는 것을 확신하고 살아야 되는데, 이것이 영생의 첫 번째 의미라고 한다. 또한 하나님과 교제하는 구체적인 삶의 특징이 있는데, 그것은 삼위 하나님께 의존하는 생각이 깊어지고, 우리 삶의 모든 문제를 하나님과 의논하면서 살고, 주님의 원하는 뜻을 찾고, 기도로 교제하는 것이, 곧 영생을 누리면서 사는 삶이라고 한다.[82]

교회론

그의 신학 작품 가운데 현재까지 교회론과 관련된 저서가 가장 많이 출판되었다. 『교회론 강설: 교회란 무엇인가?』(서울: 여수룬, 1996, 2020), 『성령의 위로와 교회』(서울: 이레, 2001), 『기독교 세계관으로 바라보는 21세기 한국 사회와 교회』(서울: SFC, 2005), 『한국교회가 나아 갈 길』(서울: SFC, 2007), 『교회, 그 그리운 이름』(서울: 말씀과 언약, 2021) 등이 있다. 번역서는 G. C.Berkouwer의 *The Church*를 나용화 교수와 공역한 『개혁주의 교회론』(서울: 기독교문서선교회, 2008)이 있다. 그리고 학술논문을 비롯한 다양한 기독교 매체에 많은 기고를 하였다.

교회론과 관련된 이런 왕성한 저술 활동은 아마도 그가 초등학교 시절부터 다녔던 교회에 대한 그의 존중과 사랑의 관심을 학문적 글과 목회현장에서 명료하게 나타난 것으로 보인다. 그의 교회론은 개혁신학

| [82] 영생의 현재적 의미란 무엇인가요?

의 전통에서 기술되었지만, 특별히 그의 교회론의 특징은 종말론과 밀접하게 연결되어있다. 단지 모이는 조직체로서 교회가 아닌 하나님의 백성들의 종말론적 공동체라는 것을 강조한다. 이것은 그의 중요한 신학사상이며, 특히 한국교회가 좀더 주시해야 할 관점이다. 그는 오늘날 한국교회가 교회를 하나님의 나라의 공동체에서 이해할 것을 주장한다. 참된 교회는 우리 주 예수 그리스도께서 이 땅 위에 이루시고, 그의 재림으로 극치에 이르게 하실 하나님의 나라를 이 땅 위에 가장 강력하게 증시하는 하나님 나라의 공동체요, 종말론적 공동체라고 한다. 먼저는 그가 교회는 공동체라고 할 때 그것은 천국복음과 관련되어 있는 것이다. 하나님 나라의 백성으로 사는 공동체라고 한다. 교회를 규정할 때 그의 책『교회란 무엇인가? 하나님 나라 증시를 위한 종말론적 공동체와 그 백성들의 자태』을 주목할 필요가 있다. 여기서 책의 부제가 하나님 나라를 증명하여 보여주는 하나님 나라의 공동체라고 하였는데, 그것이 바로 교회라고 한다.

> 교회는 우리 주 예수 그리스도께서 이 땅 위에 이루시고, 그의 재림으로 극치에 이르게 하실 하나님의 나라를 이 땅 위에서 가장 강력하게 증시(證示)하는 하나님 나라의 공동체요, 종말론적 공동체입니다.[83]

하나님 나라를 증시하는 하나님 나라의 공동체, 그것이 바로 교회라고 한다. 천국을 증언하는 것은 천국 복음을 전하라는 것인데, 개인적으로 예수님을 믿는 것으로 끝나는 것이 아니라고 한다. 반드시 공동체의 일원이 되어서 살아야만 된다고 한다. 모든 사람은 공동체의 일원이 되어서 살아야 한다. 공동체의 증인이 되어 살아야 하고, 공동체의 성

---

83 이승구, 『교회란 무엇인가? 하나님 나라 증시를 위한 종말론적 공동체와 그 백성들의 자태』 (서울: 말씀과언약, 2020), 8.

원역할을 해야 한다고 한다. 한 사람 한 사람은 공동체의 지체 역할을 하는 것이다. 그래서 지체 의식이 가장 중요하다고 한다. 지체와 공동체 관계에서 본질적 공동체가 앞선다. 우리는 그 공동체를 위하여 있는 것이다. 하나님과 공동체와 그리스도는 지체를 전혀 무시하지 않는다고 한다. 우리는 한분 그리스도를 위해 있는 것이면서 동시에 한 사람 한 사람을 위해서 있는 것이다. 한 사람 한 사람은 전부다 우리 공동체를 위한 것이 나타나도록 살아야 한다고 한다.[84]

그는 교회를 구속함을 받은 하나님의 백성들이며, 교회는 그리스도의 몸이라고 정의한다. 몸의 머리는 그리스도라고 한다.[85] 교회는 구속받은 하나님의 백성들이라고 모든 책에서 말한다. 그것을 분명히 해야 한다. 고린도전서 1장 2절에서 고린도교회를 말하는데 "고린도에 있는 하나님의 교회 곧 그리스도 예수 안에서 거룩하여지고 성도라 부르심을 받은 자들"이 교회인 것이다. 영어로 교회(church, κυριακόν, 그리스도에 속한 건물이라는 뜻으로 사용되기에)에 간다가 가능하지만, 성경이 말하는 교회라는 의미는 구속받은 하나님의 백성이 교회이기 때문에 '교회에 간다'라는 용어를 '교회가 모인다'고 써야 한다고 주장한다. '교회가 주일에 이곳에 모인다'라고 말한다. 그래서 우리의 정체성을 분명하게 한 그 토대 위에서, 이제 교회가 어떻게 모여야 하는가를 제시해 주어야 한다고 한다. 그래서 교회는 구속받은 하나님의 백성들이다.[86]

그의 저서 『교회, 그 그리운 이름』에서 참 교회는 하나님 나라로서의 속성을 제대로 드러내야 한다고 주장하면서, 그는 공동체의 예배, 공동체의 교제, 교육, 교회 정치와 행정, 전도 등의 표지를 통해 각각 교회

---

[84] 이승구, "변화된 상황 속에서 교회론의 위기를 말하다" 복음과 도시 & 개혁된실천사 (서울: 더은 혜교회, 2022). https://www.youtube.com/watch?v=_9u2nFvxhzw.
[85] 이승구, 교회의 직원들(1), 본문 엡 4:10-16, 합동신학대학원대학교 경건회설교, 2021. 8. 31, https://www.hapdong.ac.kr:446/bbs/board.php?bo_table=e06&wr_id=1046.
[86] 이승구, "변화된 상황 속에서 교회론의 위기를 말하다".

가 하나님이 주신 사명을 다하는 건강한 교회가 되어야 함을 피력한다. 말씀과 성찬이라는 두 가지의 교회의 표지가 있어야 한다고 한다.[87] 교회는 하나이며, 교회는 보편적이며, 누구든지 회원이 될수 있다고 한다. 교회는 그리스도 안에 있는, 하나님 앞에 구별된 거룩성을 가지고 있으며, 교회는 직원을 가지고 있다고 한다. 흥미롭게도 교회와 신학의 관계에 대하여 교회는 신학자들과 그들의 활동을 도와야 하며, 이 의식이 가장 많이 강조되어야 할 것이라고 한다. 신학은 교회를 위하여 있다고 주장한다.

종말론

그의 종말론에 대한 신학적 관심은 그가 조오지 래드의 책 『마지막에 될 일들』(George Eldon Ladd, The Last Things)을[88] 1984년에 출판하면서 시작되었다. 조지 래드의 성경 해석의 문제점을 지적하면서 앤서니 후크마의 『개혁주의 종말론』 책을 권면한다.[89] 종말론의 핵심으로 하나님 나라에 대한 논문 "종말 신학의 프롤레고메나-하나님 나라 신학을 지향하여-"을 1993년에 발표하였다.[90] 그 논문에서 신약성경적 의미의 종말 개념은 우리의 신학이 전체적으로 종말론적 신학(eschatological theology)이 되어야 하고, 내용 면에서 우리의 신학이 전체적으로 하나님 나라 신학(Kingdom theology)이 되어야 함을

---

87 『교회, 그 그리운 이름』.
88 George Eldon Ladd, *The Last Things*, 『마지막에 될 일들』, 이승구 역 (서울: 엠마오, 1984. 개정역. 서울: 이레서원, 2000). 재개정역으로 『조지 래드의 종말론 강의』 (서울: 이레서원, 2017).
89 이승구, "종말 신학의 프롤레고메나-하나님 나라 신학을 지향하여," 『성경과 신학』 13 (1993): 193-225.
90 이승구, "종말 신학의 프롤레고메나-하나님 나라 신학을 지향하여," 『성경과 신학』 13 (1993): 193-225.

주장한다.91) 또한 이 주제와 관련하여 한국의 대표적인 2명의 신학자인 박형룡과 박윤선의 천년왕국에 대한 이해와 평가를 보여주는 논문을 2020년 발표하였다. 두 학자 모두 휴거를 주장하는 세대주의를 비판하고 역사적 전천년설, 혹은 천년기 전설을 주장한다고 한다. 그러나 무천년설의 해석에 대해서도 열린 모습을 보여준다고 한다.92)

그리고 최근 종말론에 대한 신학적 성숙을 보여주는 작은 소책자『성경적 종말론과 하나님 백성의 삶』이 출판되었다.93) 이 책은 2개의 강좌를 모은 것으로 마태복음 24장을 해석하여 시대의 징조와 마지막에 될 일들과 성경에서 말하는 '종말'과 천년왕국이 무엇인가를 성경신학적 접근을 통하여 해설하고 있다.

『위로받은 성도의 삶』하이델베르크 요리문답 강해 3』94)을 필자가 서평한 내용 가운데 종말론적인 삶과 관련된 부분을 정리하여 소개한다. 주님의 뜻을 이루고 살기 위해서 그는 우리가 하나님의 나라에 참여하고 살고 있음을 직시해야 한다고 한다. 먼저 하나님의 나라는 "이미"와 "아직 아니"의 구조를 가지고 있다고 한다. 그는 진정으로 주님을 믿는 이들은 지금 여기서도 "이미" 그리스도 예수 안에서 우리에게 임하여 온 하나님 나라에 참여하고 있다는 것이다. 성도는 "이미" 그리스도와 함께 십자가에 못 박혔고, 그리스도와 함께 일으킴을 받는 것이라고 한다. 옛사람으로는 죽은 이들이고 "이미" 새사람을 입었다고 한다. 그리스도인들은 하늘 영광에 "이미" 참여하고 있으나, 그 온전한 영광이 나타나지 아니하였다는 것은 여기에 "아직 아니"의 요소가 있다고 한다. 부활과 영화는 아직 발생하지 않은 것이라고 한다. 따라서 그리스도인

---

91 이승구, "종말 신학의 프롤레고메나—하나님 나라 신학을 지향하여," 196.
92 이승구, "죽산과 정암의 천년왕국 이해,"「신학정론」제38권 2호 (2020. 12): 471-501.
93 이승구,『성경적 종말론과 하나님 백성의 삶』(서울: 말씀과 언약, 2022).
94 이승구,『위로받은 성도의 삶』하이델베르크 요리문답 강해 3 (서울: 나눔과 섬김, 2015, 2016. 개정판. 서울: 말씀과 언약, 2020).

들은 "이미"와 "아직 아니"의 긴장 가운데 이 땅에서 성령님을 따라 하나님의 법으로, 성령님의 능력으로, 성령님의 인도하심으로, 그리고 하나님의 원하시는 뜻을 위해 살아갈 수 있다고 한다. 이런 삶을 살아가는 성도들은 하나님의 법을 성취하며, 믿음으로 살아가며, 그리고 하나님의 영광을 위해 살아가야 할 것을 말한다.[95]

결 론

이 글에서는 성암이 초등학교 1학년부터 교회를 다니기 시작하여 후에 신학자가 되어 활동한 그의 신학적 특징을 살펴보았다. 참으로 그는 교회, 신학교, 신학회를 위하여 하나님이 보내주신 성경적 개혁신학을 추구하는 소중한 신학자이다. 그는 성경적 개혁신학을 탐구하는 신학자로서 많은 저술과 번역, 그리고 학술활동과 강연을 통하여 우리시대의 신학자의 모범이 되고 있다. 그는 학문적인 가치의 중요성만 추구하는 신학자가 아니라, 우리가 하나님 나라의 백성으로 마땅히 배우고 실천해야 할 것들을 보여주는 성경에 사로잡힌 하나님의 말씀의 종으로서 개혁신학자이다. 그는 교회론에 관한 여러 편의 저서를 통하여 교회를 사랑하고 교회를 위한 신학자이며, 올바른 성경적 신학을 통하여 올바른 목회의 모범을 보이는 말씀의 종으로서 목회자이다. 이런 그의 활동에서 바른 성경적 신학의 온전함을 이루기 위한 그의 개혁신학적 성경신학적 접근은 다음 세대에 소중한 가치를 전달해 주는 귀중한 유산이다. 혼란스런 시대에 이성이나 과학이 아닌 오직 성경에 충실한 신학자의 모습을 보여주고 있다. 그가 연구한 모든 것들을 탐구하여 진정한

---

[95] 안명준, 서평 하이델베르크 요리문답 강해 시리즈, 「월드뷰」 제 28권 9호 (통권 183호), (2015): 44.

가치를 지닌 성경적 개혁신학의 내용과 방법들을 찾아내는 일은 매우 의미 있는 일로 지속적인 연구와 평가를 기다리게 한다.

연구 목록

● 학위 논문

The University of St. Andrews(영국) 신학부 졸업 (M. Phil., 1985), 조직신학 전공. "The Relation of Karl Barth's Understanding of Revelation to that of Søren Kierkegaard"

The University of St. Andrews(영국) 신학부 졸업 (Ph. D., 1990), 조직신학 전공. "The Relation of Christianity to the Ethical Sphere in the Thought of Søren Kierkegaard"

● 저서

『현대 영국 신학자들과의 대담』(대담 및 편집). 서울: 엠마오, 1992.
『개혁신학에의 한 탐구』. 서울: 웨스트민스터 출판부, 1995. 개정판, 2004.
『교회론 강설: 교회란 무엇인가?』. 서울: 여수룬, 1996. 개정판, 2002. 재개정판. 서울: 나눔과 섬김, 2012. 5쇄, 2018. 개정판, 서울: 말씀과 언약, 2020.
Barth and Kierkegaard. Seoul: Westminster Theological Press, 1996.
『진정한 기독교적 위로』. 서울: 여수룬, 1998. 개정판, 서울: 나눔과 섬김, 2013, 2015. 재개정판. 서울: 말씀과 언약, 2022.
『개혁신학탐구』. 서울: 도서출판 하나, 1999. 개정판, 수원: 합신대학원 출판부, 2012.
『성령의 위로와 교회』. 서울: 이레, 2001. 개정판, 2005. 개정 2판, 2009.
『인간 복제, 그 위험한 도전』. 서울: 예영, 2003. 개정판, 2006.
『기독교 세계관이란 무엇인가?』. 서울: SFC, 2003. 재개정판, 2014.

『사도신경』. 서울: SFC, 2004. 개정판, 2005, 재개정판, 2009.

『기독교 세계관으로 바라보는 21세기 한국 사회와 교회』. 서울: SFC, 2005. 개정판. 서울: CCP, 2018.

『21세기 개혁신학의 방향』. 서울: SFC, 2005, 2008. 개정판. 서울: CCP, 2018.

Kierkegaard on Becoming and Being a Christian. Zoetermeer: Meinema, 2006.

『코넬리우스 반틸: 개혁파 변증학의 선구자』. 서울: 살림, 2007, 2012.

『한국 교회가 나아 갈 길』. 서울: SFC, 2007. 개정판. 서울: CCP, 2018.

『전환기의 개혁신학』. 서울: 이레서원, 2008. 2판, 2016.

『광장의 신학』. 수원: 합신대학원 출판부, 2010. 2판, 2010.

『우리 사회 속의 기독교』 서울: 나눔과 섬김, 2010. 2판, 2012. 개정판, 『거짓과 분별』. 서울: 예책, 2014.

『톰 라이트에 대한 개혁신학적 반응』. 수원: 합신대학원 출판부, 2013. 2판, 2013.

『우리 이웃의 신학들』. 서울: 나눔과 섬김, 2014. 2판, 2015.

『위로받은 성도의 삶』. 하이델베르크 요리문답 강해 3. 서울: 나눔과 섬김, 2015, 2016. 개정판, 서울: 말씀과 언약, 2020.

『묵상과 기도, 생각과 실천』. 서울: 나눔과 섬김, 2015.

『성경신학과 조직신학』. 서울: SFC, 2018.

『하나님께 아룁니다: 감사의 최고 표현인 기도』 하이델베르크 요리문답 강해 4. 서울: 말씀과 언약, 2020.

『교회, 그 그리운 이름』. 서울: 말씀과 언약, 2021.

『데이비드 웰스와 함께 하는 하루』. 서울: 말씀과 언약, 2021.

『성경적 종말론과 하나님 백성의 삶』. 서울: 말씀과 언약, 2022.

『1세기 야고보 오늘을 말한다』. 서울: 말씀과 언약, 2022.

● 역서

Lee, Francis Nigel. *The Origin and Destiny of Man*. 『성경에서 본 인간』.

서울: 엠마오, 1984. 개정역. 도서출판 토라, 2006.

Ladd, George Eldon. *The Last Things*. 『마지막에 될 일들』. 서울: 엠마오, 1984. 개정역. 서울: 이레서원, 2000. 재개정역. 『조지 래드의 종말론 강의』. 서울: 이레서원, 2017.

Harper, Norman E. *Makes Disciples!* 『그리스도의 제자 만드는 기독교 교육』. 서울: 엠마오, 1985. 개정역. 도서출판 토라, 2005.

Van Til, Cornelius. *The Reformed Pastor and Modern Thought*. 『개혁 신앙과 현대사상』. 서울: 엠마오, 1984. 개정역. 서울: SFC, 2009.

Holmes, Arthur. *The Contours of a Word View*. 『기독교 세계관』. 서울: 엠마오, 1985. 개정역. 서울: 솔로몬, 2017.

Webber, Robert E. *The Secular Saints*. 『기독교 문화관』. 서울: 엠마오, 1985. 개정역. 서울: 토라, 2008.

Packer, J. I. 『자유 권위 성경』. 서울: 엠마오, 1985.

Vos, Geerhardus. *Biblical Theology*. 『성경신학』. 서울: 기독교문서선교회(CLC), 1985. 개정역, 2000. 2쇄, 2011. 3쇄, 2013.

Bloesch, Donald. *The Ground of Certainty*. 『신학서론』. 서울: 엠마오, 1986.

Morris, Leon. *The Cross of the New Testament*. 『신약의 십자가』. 서울: CLC, 1987.

Vos, G. *The Self-disclosure of Jesus*. 『예수의 자기계시』. 서울: 엠마오, 1987. 개정역, 서울: 그 나라 출판사, 2014.

Vos, G. 『바울의 종말론』. 오광만과 공역. 서울: 엠마오, 1988.

Bavinck, Herman. *The Doctrine of God*. 『개혁주의 신론』. 서울: 기독교문서선교회(CLC), 1988.

Bockmuel, Klaus. 『복음주의 사회 윤리』. 서울: 엠마오, 1988.

Yandell, K. E. *Christianity and Philosophy*. 『기독교와 철학』. 서울: 엠마오, 1988. 개정역. 서울: 이컴비즈니스, 2007.

Reymond, Robert. 『개혁주의 변증학』. 서울: CLC, 1989.

Noll, Mark and David Wells. (Eds.) 『포스트모던 시대의 기독교 신학과 신앙』. 서울: 엠마오, 1992.

Wells, David. *The Person of Christ*. 『그리스도는 누구신가?』. 서울: 엠마오, 1992. 개정역. 토라, 2008. 재개정역. 서울: 부흥과 개혁사, 2015.

Van Til, Cornelius. *Introduction to Systematic Theology*. 『개혁주의 신학 서론』. 서울: CLC, 1995. 강웅산과의 개정역. 서울: 크리스챤, 2009.

Stibbs, A. M. and J. I. Packer. *The Spirit within You*. Grand Rapids: Baker Book House, 1967. 『그리스도인 안에 계신 성령』. 서울: 웨스트민스터 출반부, 1996.

Clark, Kelly J. *The Return to Reason*. 『이성에로의 복귀』. 서울: 엠마오, 1998.

Philips, Timothy R. and Dennis L. Ockolm. (Eds.) *Four Views on Pluralism*. 『다원주의 논쟁』. 서울: 기독교문서선교회(CLC), 2000.

Melanchthon, Philip. *Loci Communes*. 『신학총론(최종판)』. 세계기독교고전 39. 고양: 크리스챤다이제스트, 2000.

Helm, Paul. *The Providence of God*. 『하나님의 섭리』. 서울: IVP, 2004.

Klooster, Fred H. *A Mighty Comfort*. 『하나님의 강력한 위로』. 프레드 H. 끌로스터. 개정역. 도서출판 토라, 2004. 개정, 서울: 나눔과 섬김, 2014. 재개정역. 서울: 개혁, 2021.

Morris, Leon. *The Cross of Jesus*. 조호영과 공역. 『그리스도의 십자가』 서울: 토라, 2007. 개정역. 서울: 바이블리더스, 2007.

Berkouwer, G. C. *The Church*. 나용화와 공역. 『개혁주의 교회론』. 서울: 기독교문서선교회, 2008.

Hesselink, John. *Calvin's First Catechism: A Commentary*. Kentucky: Westminster/John Knox Press, 1997. 조호영과 공역. 『칼빈의 제1차 신앙교육서: 그 본문과 신학적 해설』. 서울: CLC, 2019.

Shelderhuis, Herman. *Death*. 『우리는 항상 죽음을 향해 가고 있다』. 수원: 합신대학원 출판부, 2019.

● 공저

박상은 엮음. 『생명의료윤리』. 서울: 한국누가회 문서출판부, 1997.
차영배 외. 『삼위일체론과 성령론』. 서울: 태백사, 1999.
『신학과 경건: 백산 이진태 박사 칠순기념 논총』. 광신대학교 출판부, 2002.
『칼빈의 신학과 한국교회의 과제: 신복윤 명예총장 은퇴기념 논문집』. 수원: 합동신학대학원 출판부, 2002.
키에르케고어학회 편. 『다시 읽는 키에르케고어』. 서울: 철학과 현실사, 2003.
은퇴기념 논총 출판위원회 편. 『복음주의와 한국교회: 남양 김명혁 박사 교수 은퇴기념 논총』. 수원: 합동신학대학원 출판부, 2004.
손봉호 외. 『하나님을 사랑한 철학자 9인』. 서울: IVP, 2005.
키에르케고어학회 편. 『키에르케고어에게 배운다』. 서울: 철학과 현실사, 2005.
안명준 외. 『한국교회의 문제점과 극복 방안』. 서울: 이컴비즈넷, 2006.
E. A. J. G. Van der Borght. (Ed.) *Religion Without Ulterior Motive*. Leiden & Boston, Brill, 2006.
『21세기 한국개혁신학의 방향』. 은혜 김영한 교수 회갑기념 논문집 간행위원회 편. 서울: 선학사, 2006.
은퇴기념 논총 출판 위원회 편. 『한국교회의 신학 인식과 실천: 유강 김영재 박사 은퇴기념 논총』. 수원: 합동신학대학교 출판부, 2006.
『생명공학 시대의 생명 주권, 생명 사랑』. 서울: 생명의 말씀사, 2006.
『줄기세포 연구와 난치병 치료』. 부산: 생명을 사랑하는 과학자들의 모임, 2006.
안명준 편. 『한국교회의 문제점과 극복 방안』. 서울: 이컴비즈넷, 2006.
『하나님 나라를 위한 성경신학』. 황창기 박사 정년 퇴임기념 논문집. 서울: 선학사, 2007.

고신대학교 개혁주의 학술원 편. 『칼빈과 성경』. 개혁주의 신학과 신앙 총서 2. 부산: 고신대학교 개혁주의 학술원, 2008.

이장로 편. 『하나님 나라 리더쉽』. 서울: 생명의 말씀사, 2008.

안명준 편. 『칼빈신학 2009』. 서울: 성광문화사, 2009.

전광식 엮음. 『칼빈과 21세기』. 서울: 부흥과 개혁사. 2009.

길자연, 강웅산 편. 『찰스 핫지의 신학』. 서울: 솔로몬, 2009.

은퇴기념 논총 출판위원회 편. 『주는 영이시라: 성산 박형용 박사 은퇴기념 논총』. 수원: 합신대학원 출판부, 2009.

Eduardus Van der Borght (Ed.). *The Unity of the Church: A Theological State of the Art and Beyond*. Leiden and Boston: E. J. Brill, 2010.

『바른 신학과 교회 갱신』. 서울: 길송 이종윤 목사 고희 기념논문집 간행위원회, 2010.

요한 칼빈 탄생 500주년 기념사업회 편. 『칼빈의 성경해석과 신학』. 서울: SFC, 2011.

『김인환 교수 정년퇴임기념논총』 서울: 총신대학교, 2011.

『나와 함께 하신 하나님의 은혜: 김영한 박사 은퇴기념 논문집』. 은퇴기념 논문집 간행위원회 편. 서울: 미션앤컬쳐, 2012.

김성봉 외 4인. 『WCC, 참된 교회 연합 운동인가?』 수원: 영음사, 2012.

키에르케고어학회 편. 『키에르케고어, 미학과 실존』. 한국 키에르케고어 연구 3. 서울: 킹덤북스, 2014.

웨슬리 신학연구소 편. 『관계 속에 계신 삼위일체 하나님』. 서울: 아바서원, 2015.

정창균 외. 『합신 채플 1~6』 수원: 합동신학대학원대학교 출판부, 2014~2018.

박성은 외 6인. 『하나님 밖에 모르는 사람 박윤선』 서울: 국민일보, 2016.

김병훈 편. 『행위로 구원?: 바울에 관한 새 관점을 비평하다』, 175-214. 수

원: 합신대학원출판부, 2017.

종교개혁 500주년기념 공동학술대회 준비위원회 편. 『종교개혁 500주년기념 논총』 1~7권. 서울: 나눔사, 2018.

신원하 외. 『성령을 설교하다: 박영돈 교수 은퇴기념 설교집』. 천안: 고려신학대학원, 2018.

강경림 외 10인. 『한권으로 읽는 츠빙글리의 신학』, 247-267. 서울: 세움북스, 2019.

안명준 외. 『한국교회를 빛낸 칼빈주의자들』. 서울: 킹덤북스, 2019.

안명준 외 17인. 『전염병과 마주한 기독교』, 22-30. 서울: 도서출판 다함, 2020.

『가난하나 부요케: 조병수 박사 은퇴기념논총집』. 서울: 가르침, 2020.

안명준 외 45인. 『교회 통찰』, 216-24. 서울: 세움북스, 2020.

명재진 외 6인. 『코로나 바이러스와 교회 셧다운』 서울: 개혁된 실천사. 2020.

이상원 교수 은퇴 논총 편집위원회 편. 『사람보다 하나님께 순종하는 것이 마땅하니라: 이상원 교수 정년퇴임기념 논총』. 서울: 솔로몬, 2021.

노영상 외 3인 편집. 『코로나19 팬데믹 시대의 말씀 선포』. 서울: 성광문화사, 2021.

안명준 편집. 『영적 거장들의 기도』. 서울: 홀리 북 클럽, 2022.

안명준 편집. 『한국교회 대학부 이야기』. 서울: 세움북스, 2022.

김병훈 편집. 『그리스도의 순종과 의의 전가』. 수원: 합신대학원출판부, 2022.

● 논문

▶ 1992년~1999년

"개혁신학의 독특성", 189-237. 『개혁신학: 라보도 박사 60회 생신기념 논문집』. 서울: 웨스트민스터신학원, 1992.

"Cornelius Van Til 사상에서의 '합리성'에 관한 연구". 「개혁신학」 (1994). (이 두 논문은 다른 11편의 글들과 함께 『개혁신학에의 한 탐구』 [서울: 웨스트민스터 출판부, 1995]에 수록되었음을 밝힙니다.)

"The Antithesis between the Religious View of Ethics and the Rationalistic View of Ethics in *Fear and Trembling.*" In *International Kierkegaard Commentary.* Vol. 6: *Fear and Trembling and Repitition*, 101-26. Edited by Robert L. Perkins. Macon, Georgia: Mercer University Press, 1993.

"복음주의와 성경". 「복음과 상황」 (1992년 9월호).

"종말신학의 프로레고메나". 「성경과 신학」 13 (1993): 193-225.

"포이뜨리스 교수의 〈모세 율법에 나타난 그리스도의 그림자". 「월간 목회」 1993년 5월호, 311-18과 1993년 6월호, 403-11.

"포스트모던 시대에 정통주의 기독교의 추구, 데이비드 웰스에 대한 서평 논문". 「개혁신학」 9 (1994): 195-204.

"판넨베르크 신학에 대한 개혁주의적 질문". 「한국개혁신학」 1 (1997): 317-28.

"복음주의 입장에서의 20세기 신학에 대한 평가" (스탠리 그렌츠와 로저 올슨의 「21세기 신학」에 대한 서평 논문). 「목회와 신학」 1997년 5월호, 250.

"기독교 배타주의의 강력한 변증을 칭송하며" (로날드 내쉬에 대한 서평 논문). 「교회와 문화」 1 (1998년 6월): 82-97.

"현대 상황에서의 개혁파 교회론의 제시를 칭송하며" (에드문드 클라우니의 「교회」 서평 논문). 「교회와 문화」 창간호 (1998).

"칼빈의 「기독교 강요」 저술 동기를 통해 살펴 본 신학의 과제". 「개혁신학」 10 (1998): 77-108.

"21세기에 대한 기독교적 대응의 한 준비" (통합윤리학회의 「21세기의 도전과 기독교 문화」에 대한 서평 논문). 「신앙과 학문」 3/3 (1998년 가을호): 167-75.

"과연 하나님 나라의 관점에서 본 교회론인가? 김균진의 교회론에 대한 서평 논문". 「개혁신학」 10 (1998): 257-78.

"성령의 인도하심과 성도의 삶". 「월간 목회」=「총신대보」 2223호 (1998년

12월 7일): 2-3.

"존재론적 삼위일체와 경륜적 삼위일체의 관계". 한국개혁신학회 정기 논문 발표회 (1998년 11월) 발제=「한국개혁신학」 3 (1999).

"헨드리쿠스 베르코프의 삼위일체에 대한 이해와 그 문제점". 차영배 외. 『삼위일체론과 성령론』. 서울: 태백사, 1999.

＊이상 14편의 논문은 다른 글들과 함께 『개혁신학탐구』 [서울: 도서출판 하나, 1999]에 수록되었음을 밝힙니다.

▶ 1998년～2005년

"생명의 시작에 대한 신학적 논의". 성산생명윤리연구소 설립 1주년기념 세미나, 1998년 12월. ＝ "생명의 기원에 대한 신학적 논의". 박상은 엮음. 『생명의료윤리』. 서울: 한국 누가회 문서 출판부, 1997.

"배아복제에 대한 신학적 고찰". 한국기독교의사회 세미나: "배아복제와 생명윤리", 2002. 5. 18.

"성경적 관점에서 본 인간 배아복제 연구". 「통합 연구」 45 (2005): 74-96.

＊이상의 3편의 논문들은 다른 글들을 합하여 『인간복제, 그 위험한 도전』. 서울: 예영, 2003. 개정판, 2006로 출간되었음을 밝힙니다.

"기독교 세계관이란 무엇인가?". 「신앙과 학문」 (1999)

"중생과 중생자의 세계관". 「신앙과 학문」 (1999)

"기독교 세계관의 기본 틀로서 하나님과 창조". 「신앙과 학문」 4/2 (통권 14호) (1999년 6월).

"성경적인 하나님 나라[천국] 개념". 「교회와 문화」 4 (2000년 2월): 122-59.

"하나님 나라 증시를 위한 직업과 직업 활동". 장로교신학대학원 특강. 「교회와 문화」 6 (2001년 2월): 81-105.

"기독교 세계관에 대한 요구와 기독교 세계관의 요구". 2003년. 기독교 세계관 세미나 ("기세 비판에 대한 논의", 기독교 학문 연구소, 2003. 「신앙과 학문」 8/2 (통권 26호, 2003년 12월).

＊이상의 논문들은 다른 글들과 함께 『기독교 세계관이란 무엇인가?』. 서울: SFC,

2004로 다시 발표되었음을 밝힙니다.

"그리스도인의 이상적인 교회생활". 「신앙과 학문」 3/2 (통권 10호) (1998년 6월).

"그리스도와 제자도에 대한 키에르케고르의 이해". 「국제신학」 창간호 (1999): 222-62.

"그리스도인의 삶의 방식: 로마서 12장을 중심으로". 〈프로에클레시아신학회〉 발제문.

"기독교 학교와 기독교 학교의 정신". 박은조 편. 『하나님이 기뻐하는 학교』. 서울: 예영, 1999.

"오늘날에도 과연 사도들과 선지자들이 존재하는가?" (와그너 등의 〈목사와 예언자〉에 대한 서평 논문) 「현대종교」

"한국교회의 근원적 문제와 그 극복 방안" 한국복음주의조직신학회 학술심포지움, 2004년 5월 29일, 평택대학교에서 발제. =「조직신학 연구」 5 (2004).
  * 이상의 논문은 다른 글들과 함께 『기독교 세계관으로 바라보는 21세기 한국 사회와 교회』. 서울: SFC, 2005에 다시 발표되었음을 밝힙니다.

"21세기 개혁신학의 새로운 패러다임". 「한국개혁신학」 8 (2000): 82-105.

"칼빈의 신앙 이해". 2000년 8월 17일 Henry Meeter Center, Calvin Theological Seminary. =「국제신학」 2 (2000): 163-91.

"칼빈의 예정론에 대한 한 고찰". 한국복음주의조직신학회 1차 논문 발표회 발제 논문, 2000년 9월 7일, 성결대학교. 「조직신학연구」 1 (2000).

"조직신학에서 본 청교도 사상". 한국개혁주의설교연구원 세미나 발제문. = 「교회와 문화」 12 (2004년 2월): 156-87.

"장로교 정치제도와 장로교적 목회의 특징". 「장로교회와 신학」 1 (2004년 3월): 87-118.

"성경신학과 조직신학". 한국성경신학회 5차 논문 발표회 (2000년 2월 14일) 발제문. 「교회와 문화」 5 (2000년 8월): 53-82.

"요셉 기사의 구속사적인 의의". 한국성경신학회 10차 논문 발표회 (2002년

8월 19일, 서울 교회) 발제문. 「교회와 문화」 10 (2003년 2월): 55-115

"사도행전에 나타난 사도적 교회의 삶과 조직". 〈프로에클레시아신학회〉 발제문.

"리델보스의 신학: 하나님 나라와 교회". 한국성경신학회 발제문, 2001년 2월 12일, 사랑의 교회. 「교회와 문화」 7 (2001년 8월): 105-34.

"성경신학적 설교와 오늘날의 성경 해석들". 한국성경신학회 15차 논문 발표회 (2005년 2월 21일, 신반포중앙교회 예배당) 발제문. 「교회와 문화」 15 (2005년 8월): 99-143.

"세계신학계에 대한 한국복음주의신학의 요청: 사도적, 성경적, 종말신학에의 요청". 한국복음주의신학회 37차 논문 발표회, 2001년 4월 27일, 서울신학대학교. 「성경과 신학」 30 (2001년 가을): 124-50.

"21세기 한국 사회 속에서 장로교회의 의의". 〈한국장로교신학회〉 1차 발표회 (2002년 11월 25일, 한국교회백주년기념관) 발제 논문 =「교회와 문화」 11 (2003년 8월): 155-91.

"다문화 교육에 대한 기독교적 접근". 한국기독교유아교육학회의 〈다문화 교육에 대한 기독교적 접근〉 심포지움 주제 발제문, 2003년 9월 26일, 육영회관. =「국제신학」 5 (2003): 132-67.

"통일문제에 대한 그리스도인의 태도와 기독교적인 준비". 광신대학교 통일문제 세미나 주제 발제문, 2003년 10월 23일. 「국제신학」 6 (2004): 65-105.

"정보 통신 사회에 대한 한국교회의 대응". 한국컴퓨터선교회 IT세대를 위한 교회 사역 세미나, 2004년 6월 17일, 영락교회. =「신앙과 학문」 9/2 (통권 28) (2004년 12월).

＊이상의 논문들은 다른 글들과 함께 『21세기 개혁신학의 방향』. 서울: SFC, 2005로 다시 발표되었음을 밝힙니다.

"20세기 후반 북미 개혁신학의 동향: 안토니 후크마의 신학의 특성과 그 기여를 중심으로". 「신학지평」 8 (1998년 여름, 가을호): 191-227.

"게할더스 보스의 성경신학적 설교를 위한 성경신학적 원리". 「교회와 문화」

3 (1999).

"성격적, 개혁파적 그리스도의 사역 이해를 지향하며"(Letham, Robert. *The Work of Christ*. Leicester: IMP, 1993에 대한 서평 논문).「국제신학」1 (1999): 265-79.

"게할더스 보스의 성경신학적 설교를 위한 성경신학적 원리".「교회와 문화」3 (1999).

"로버트 레이몬드의 정통파 장로교신학".「국제신학」3 (2001): 157-290.

"리쳐드 린츠의 구속사적 조직신학의 프로그램".「신학과 경건: 백산 이진태 박사 칠순기념 논총」. 광신대학교 출판부, 2002.

"코넬리우스 반틸: 신학과 변증학을 통해 철저함을 추구한 기독교 철학자".『하나님을 사랑한 철학자 9인』. (서울: IVP, 2005), 67-90.

"에드문드 클라우니의 개혁파적 교회론". 한국성경신학회 제 17차 논문발표회 (2006년 2월 21일, 신반포중앙교회 예배당) 발제=「교회와 문화」17 (2006년 8월): 105-31.

"그레엄 골즈워디의 성경적 설교에의 요청", 619-49.『하나님 나라를 위한 성경 신학』. 황창기 박사 정년퇴임기념 논문집. 서울: 선학사, 2007.

"도날드 맥클라우드(Donald MacLeod)의 개혁파 정통주의적 그리스도의 위격 이해".「교회와 문화」18 (2007년 2월): 79-123.

* 이상의 논문은 다른 글들과 함께『전환기의 개혁신학』. 서울: 이레서원, 2008로 다시 발표되었음을 밝힙니다.

▶ 2001년

"한국교회의 성숙한 개혁주의 조직신학의 발전을 기대하면서" (김광열 교수의『그리스도 안에 있는 구원과 성화』에 대한 서평 논문).「교회와 문화」6 (2001.02): 106-15.

"키에르케고르의 기독교적 진리 이해와 그의 실존적 고백".「신앙과 학문」6/1 (통권 21호, 2001년 06월).

"종교 다원주의의 종교 철학적 논의 방식과 그 문제점: 존 힉의 종교 철학적 논의와 기독교". 「신앙과 학문」 6/2 (통권 22호, 2001년 12월).

▶ 2002년
"그리스도의 부활과 그 의미". 「국제신학」 4 (2002): 197-233.

▶ 2003년
계시와 역사의 관계에 대한 초기 바르트의 이해-『로마서 주석』 제2판을 중심으로, 조직신학연구, 2권 (2003): 111-143.
초기 바르트의 순간 이해를 통해 본 초기 바르트의 계시관에 대한 한 이해, 「조직신학연구」 3 (2003): 95-123.
"기독교 학문의 의의". 「진리와 학문의 세계」 8 (2003년 5월): 7-12.
"[철학적 단편]에 대한 신학적 읽기의 한 시도". 「백석저널」 3 (2003 봄): 135-68.
"A Christian Answer to the World of Violence." In *Christian Faith and Violence*. Vol. 2. *Studies in Reformed Theology* 11 (2003): 202-26. (Eds.) Dirk van Keulen and Martien E. Brinkman. Zoetermeer: Meinema, 2003.

▶ 2004년~2005년
"헌상에 대한 성경신학적 이해". 한국성경신학회 제 13차 논문 발표회 (2004년 2월 23일, 신반포중앙교회 예배당) 발제 논문=「교회와 문화」 13 (2004년 8월): 55-82.
"장로교회의 예배 이해와 장로교 예배모범의 전통". 「장로교회와 신학」 2 (2005년 3월): 107-42.
"오늘날 한국교회의 문제점들과 그 극복 방향", 117-42. 『한국교회의 문제점과 극복 방향』. 서울: 이컴 비즈넷, 2005.
"영성 개념의 문제점과 성경적 경건의 길". 남서울교회 기념식 발제문.=「국제신학」 7 (2005): 59-88.

"우리가 지향하는 건강한 교회는 과연 어떤 교회인가?" 건강교회운동 주제 발제문.

"기독교적 문화 변혁론". 숭실대학교 기독교학대학원 학술지 발표 논문.

* 이상의 논문들은 다른 글들과 함께 『한국교회가 나아 갈 길』. 서울: SFC, 2007로 묶여 다시 발표되었음을 밝힙니다.

▶ 2005년

"합리주의적 윤리와 신앙의 윤리의 관계-『두려움과 떨림』에 나타난 아브라함의 시련을 중심으로". 한국키에르케고어학회 발제 논문. =『키에르케고어에게 배운다』 (2005.02): 126-88.

"교회에서의 여성 사역의 문제에 대한 한 고찰". 「교회와 문화」 14 (2005년 2월): 47-58.

"진정한 기독교적 기도와 그 함의". 「교회와 문화」 14 (2005년 2월): 9-28.

▶ 2006년

"키에르케고어의 『사랑의 역사』에 나타난 '사랑의 윤리'". 「신앙과 학문」 11/1 (통권 31호, 2006년 6월). (57번 논문의 한글 번역판).

"위기 속에서 복음주의자들은 과연 어떻게 해야 하는가?-프란시스 쉐퍼의 복음주의자들이 참으로 복음주의적이 되어야 한다는 도전을 중심으로". 「국제신학」 8 (2006): 35-61.

"오늘날 한국교회의 문제점들과 그 극복방안", 119-42. 안명준 외. 『한국 교회의 문제점과 극복 방안』. 서울: 이컴비즈넷, 2006.

"A Proposal for a Apostolic, Biblical, Eschatological Theology." E. A. J. G. Van der Borght. (Ed.) *Religion Without Ulterior Motive*, 159-78. Leiden & Boston, Brill, 2006. ("세계신학계에 대한 한국복음주의신학의 요청: 사도적, 성경적, 종말신학에의 요청" 논문의 영어역)

"성전환자들에 대한 기독교적 고찰". 『21세기 한국 개혁신학의 방향』, 817-33.

은혜 김영한 교수 회갑기념 논문집 간행위원회 편. 서울: 선학사, 2006.
"사형제도에 대한 기독교의 견해". 은퇴기념 논총 출판위원회 편.『한국교회의 신학 인식과 실천: 유강 김영재 박사 은퇴기념 논총』. 수원: 합동신학대학교 출판부, 2006.

▶ 2007년
"개혁파 정통신학에 대한 멀러 테제에 대한 교의학적 성찰".「성경과 신학」 43 (2007): 71-110.
"스코틀란드 신앙고백서 (1560)의 독특성".「장로교회와 신학」 4 (2007): 123-62.
"Becoming a self in Religiousness A in contrast to Becoming a Self in Religiousness B"-A Paper Presented at Kierkegaard in Asia Conference, Melbourne, Australia, summer 2005, published in *Kierkegaard Studies*, Japan, 2007, available at: http://www.kierkegaard.jp/2005/lee.html.
"A Social Function of *Coram Deo* in the Thought of S. Kierkegaard." *Journal of Reformed Theology* 1/2 (2007): 153-76.
"그리스도의 부활과 성령 강림".「헤르메니아 투데이」 40 (2007년 가을호): 65-76.
"Kierkegaard's Understanding of a Genuine Christian." *Acta Kierkegaardiana* vol. 3: *Kierkegaard and Christianity* (2007):183-96.

▶ 2008년
"이성과 계시 문제에 대한 찰스 핫지(1797-1878)의 견해".「교회와 문화」 20 (2008년 2월): 188-231.=길자연, 강웅산 편.『찰스 핫지의 신학』. 서울: 솔로몬, 2009, 51-94.
"한국 정치문화의 발전과 한국교회의 역할".「장로교회와 신학」 5 (2008년 3월): 248-70.

"챠일즈의 정경적 성경신학과 개혁파 성경신학". 한국성경신학회 제 21차 논문 발표회 (2008년 2월 18일, 신반포중앙교회) 발제 논문.「교회와 문화」21 (2008년 8월).

"성경적 신학 교육과 목회자 수급 문제에 대한 한 논의". 한국장로교신학회 13차 학술발표회. 2008. 9. 6. =「장로교회와 신학」7 (2010): 139-61.

"다니엘 7장의 '인자 같은 이'와 '성민'(聖民)의 관계에 대한 한 이해". *Pro Ecclesia* 14 (2008년 가을): 138-74.

"칼빈과 성경의 권위", 35-61. 고신대학교 개혁주의 학술원 편.『칼빈과 성경』. 개혁주의 신학과 신앙 총서 2. 부산: 고신대학교 개혁주의 학술원, 2008.

"공적 신학에 대한 개혁파적인 한 접근".「한국개혁신학」24 (2008년 10월): 229-62.

"정정숙 교수의 개혁신학에 대한 한 고찰".「神學指南」75/4, 통권 297호 (2008년 겨울): 6-27.

"성육신의 기독교교육적 함의".「국제신학」10 (2008): 101-28.

"Christian Identity in the Korean Context." In Eduardus Van der Borght. (Ed.). *Christian Identity*, 373-92. SRT 16. Leiden and Boston: Brill, 2008.

"하나님 나라란 무엇인가?" 이장로 편.『하나님 나라 리더쉽』. 서울: 생명의 말씀사, 2008.

▶ 2009년

Seung-Goo Lee, "Pluralisme religieux et christianisme: Avec une reference speciale a l'interpretation du pluralisme religieux de John Hick." *La Revue Reformee* (Marseille) 249-60/1-2 (249) (January, 2009): 87-103. ("영성 개념의 문제점과 성경적 경건의 길" 논문의 불어판)

"정암의 개혁파적 교회론에 대한 한 고찰".「한국개혁신학」25 (2009): 118-51.

"The Relationship Between the Ontological Trinity and the Economic Trinity." *Journal of Reformed Theology* 3/1 (2009). ("성령의 인도하심과 성도의 삶" 논문의 영문판).

"칼빈의 창조 이해". 복음주의조직신학회 논문발표회, 2009년 5월 23일=「조직신학연구」 12 (2009): 46-61.

"에베소서의 교회론". Pro Ecclesia 15 (2009년 봄): 240-70. =『주는 영이시라: 성산 박형용 박사 은퇴기념 논총』 (수원: 합신대학원 출판부, 2009), 364-98.

"Calvin's Understanding of the *Imago Dei* and that of the Later Reformed Theologians: A Development?" at the 10th IRTI Conference at Aix-en-Provence, France, 6-12 July, 2009.

"하나님 형상에 대한 칼빈의 이해와 그 한계". 칼빈 탄생 500주년기념 논문발표회 2009. 6. 22. 『칼빈의 성경해석과 신학』 (서울: SFC, 2011), 337-58에 수록됨.

"한국장로교회 정체성 회복과 일치를 위한 현실적 제안". 장로교회 연합과 일치를 위한 지도자 초청 간담회, 서울교회, 2009. 7. 17.

"Edward J. Young의 영감(靈感) 이해와 그 주해적 함의". 「교회와 문화」 23 (2009): 9-50.

"유아 세례에 대한 장로교회의 이해". 「장로교회와 신학」 6 (2009): 33-46.

〈논평〉 "신국원 교수의 '칼빈주의와 공공의 신학: 다원주의 사회 내의 개혁주의 사회문화 철학적 비판'에 대한 논평". 개혁신학회 2009년 가을 학술대회, 2009년 10월 10일 (토) 10:00~16:00, 총신대학교 종합관, 「학술발표집; "왜 이 시대에 칼빈이 필요한가?": 342-44.

"다문화 교육에 대한 기독교적 접근: 기독교 다문화 교육의 가능성과 시도". 제14회 총신 유아교육 학술회 주제 발표, 주제: 다문화 시대 유아 교육의 기독교적 조망, 2009년 10월 31일 (토) 9:00~오후 4:00, 총신대학교 제1종합관 2층 세미나실, 학술대회 자료집, 9-34.

"해외 교회의 임직자 선출, 교육, 사역 분담의 사례".「목회와 신학」245 (2009년 11월호): 66-77.

"생명에 관한 종말론적 접근".「신학정론」27/2 (2009년 11월): 217-44.

"칼빈과 신앙생활", 197-223. 전광식 엮음.『칼빈과 21세기』. 서울: 부흥과 개혁사. 2009.

▶ 2010년

"다양한 예언운동의 근본적 문제점".「교회와 문화」24 (2010): 251-75.

"죽어가는 환자를 어떻게 이해해야 하는가? 신학적, 윤리적 관점에서".「한국개혁신학」27 (2010): 351-83.

"A Biblical Theological Hermeneutics, the Pure Preaching of the Word of God, and the Unity of the Church." In *The Unity of the Church: A Theological State of the Art and Beyond*, 105-10. Leiden and Boston: Brill, 2010.

"N. T. Wright 신학의 기여와 문제점".「교회와 문화」25 (2010년 여름): 7-44.

"Peter Enns에 대한 논의". 합동신학대학원대학교 교수연구발표회, 2010. 5. 26. ="영감과 성육신 개념 연결의 의의와 문제점".「한국개혁신학」28 (2010): 225-53.

"에스겔서에 나타난 천사들에 대한 묘사".「조직신학 연구」13 (2010 봄, 여름): 116-38.

"영성문제에 대한 기독교 세계관적 접근".「신학정론」28/1 (2010년 6월): 67-102.

〈발제〉"동성애 문제에 대한 정통파 기독교의 견해". 동성애차별금지법 입법반대를 위한 포럼, 2010년 10월 29일, 국회의사당 귀빈국제회의실, 자료집, 106-21.

"사회적 삼위일체론의 위험성과 가능성".「신학정론」28/2 (2010. 11): 408-

30.
"개혁주의 생명신학과 이단 문제". 「생명과 말씀」 2 (한국개혁주의생명학회 학술지, 2010): 59-102.
"Becoming a self in Religiousness A in contrast to Becoming a Self in Religiousness B." *Kierkegaard Studies*, No. 8, Supplementtary Volume (International Conference Issue), 2010 (Kierkegaard Society, Japan, 2010): 57-97. ("Becoming a self in Religiousness A in contrast to Becoming a Self in Religiousness B" 논문의 인쇄본).

▶ 2011년

"추모를 위한 가정예배 모범안 제시를 위한 신학적 한 논의". 「교회와 문화」 26 (2011 봄): 119-65.
"역사적 예수 탐구에 대한 N. T. Wright의 공헌과 문제점". 한국성경신학회 27차 정기 논문 발표회, 2011. 2. 14(월) 신반포중앙교회, 발제문, 51-79 =「교회와 문화」 27 (2011 여름): 101-60.
〈논평〉 "최승락 교수님의 주제 발표에 대한 논평". 한국복음주의신학회, 2011년 4월 23일, 서울신학대학교.
〈발제〉 "생명에 대한 종말론적 접근". 제12회 생명윤리 세미나, 2011년 4월 28일(목) 오후 7시-9시, 「생명공학시대, 그리스도인의 생명관」 (서울: 사랑의교회 생명윤리 선교부, 2011), 3-23.
"한국교회의 연합 문제에 대한 교의학적인 한 성찰: 교회 연합의 예들을 통해 살펴 본 한국교회 연합에 대한 제언". 「성경과 신학」 57 (2011년 4월): 21-48.
"관상기도의 문제점". 「신학정론」 29/1 (2011년 여름): 121-55.
〈발제〉 "나실인제도의 의미와 그 신약적 적용". 프로-에클레시아신학회 20차 학회 논문 발제, 2011년 6월 21일(화) 신반포중앙교회, 발제문, 「민수기와 성도의 법도」, 72-84=「한국개혁신학」 31 (2011): 162-89.

"삼위일체 하나님과 예배". 『칼빈과 예배』, 고신대학교 개혁주의학술원 편, 개혁주의 신학과 신앙 총서 5 (부산: 개혁주의 학술원, 2011): 9-35=『김인환 교수 정년퇴임기념논총』(서울: 총신대학교, 2011. 5. 26): 318-42.

"Teaching Us Differences: Climacus' Lesson for Comparative Philosophy." *Acta Kierkegaardiana* 5: *Kierkegaard: East and West* (2011): 19-31.

"교회에서의 여성 사역 문제에 대한 한 고찰: 디모데전서 2:9-15에 대한 성경신학적 논의". 한국성경신학회 28차 정기 논문발표회 발제, 2011년 8월 22일 (월) 오후 2시-6시, 신반포중앙교회, 「목회서신에 대한 주해와 설교」 (한국성경신학회, 2011): 27-47=「교회와 문화」 28 (2012 겨울): 53-94.

"Henri Nouwen에 대한 개혁신학적 성찰". 「신학정론」 29/2 (2011년 가을): 567-98.

▶ 2012년

"워필드 신학의 개혁신학적 특성". 한국성경신학회 29차 정기 논문발표회 발제, 2012년 2월 20일 (월) 오후 2시~6시, 신반포중앙교회, 「벤자민 B. 워필드의 신학과 성경해석」 (한국성경신학회, 2012): 43-59.=「교회와 문화」 29 (2012년 8월): 77-110.

"개혁주의 신학자가 바라본 성경적인 예배 개혁". 「목회와 신학」 276 (2012년 6월): 157-63.

"칭의에 대한 야고보의 가르침과 바울의 가르침의 관계 (1)". 「신학정론」 30/1 (2012년 6월): 141-65.

"그러면 이제 우리는 어떻게 살 것인가? 기독교적 삶의 구조". Pro Ecclesia 11/2 (2012): 325-34.

"성경적 에큐메니즘을 지향하면서". 「기독교 학술원 포럼」 9 (2012. 10. 22): 40-48.

"예수교장로회 한국총회 100주년과 한국장로교 신학의 과제". 「장로교회와 신학」 9 (2012): 96-121.

"칭의에 대한 야고보의 가르침과 바울의 가르침의 관계 (2)". 「신학정론」 30/2 (2012년 11월): 631-658.
"WCC신학의 연장선상에 있는 부산총회". 김성봉 외 4인. 『WCC, 참된 교회 연합운동인가?』, 10-48. 수원: 영음사, 2012.

▶ 2013년

"존 스토트에 대한 신학적 논의 시론". 「교회와 문화」 30 (2013. 2. 18): 247-65.
"N. T. Wright의 방법론과 그 문제점". 「교회와 문화」 30 (2013. 2. 18): 211-46.
〈발제〉"헤르만 바빙크의 언약 사상". 한국성경신학회 31차 정기논문발표회: 헤르만 바빙크의 신학과 성경 주해. 2013년 2월 18일(월), 신반포중앙교회, 발제 논문집, 5-25. =「교회와 문화」 31 (2013년 8월): 9-49.
〈발제〉"종교개혁이 문화에 미친 영향: Johann Sebastian Bach를 중심으로". 종교개혁 500주년기념사업회 제3차 학술대회, 2013년 3월 16일(토) 서울교회 예배당=「신학정론」(2013년 11월)
"부활을 부인하는 4 가지 유형". 「목회와 신학」 285 (2013년 3월호): 110-15.
"로마가톨릭교회의 의화 이해와 개신교의 칭의 이해의 차이". 「한국선교」 (*Korea Missions Quarterly*) 12/3 (2013 봄호): 21-29.
"헤르만 바빙크의 삼위일체론". 「장로교회와 신학」 10호 (2013): 114-44.
"스코틀란드교회의 제2치리서(1578)에 나타난 장로교회의 모습". 「신학정론」 31/2 (2013): 188-24.

▶ 2014년

"요한복음의 성령론". 「교회와 문화」 32 (2014년 겨울): 123-42.
〈발제〉"카이퍼는 우리에게 무엇을 의미하는가?" 한국성경신학회 제33차 정기논문발표회, 2014년 2월 10일(월), 신반포중앙교회, 발제 자료집, 35-48.146.

"아브라함 카이퍼의 생애를 통해서 배우는 교훈". 「교회와 문화」 33 (2014년 여름): 119-46.

"하이델베르크 요리문답의 강함과 부드러움". 「장로교회와 신학」 11 (2014): 20-47.

"기도에 대한 정암의 개혁파적인 가르침". 「신학정론」 32/1 (2014): 11-58.

"성육신과 성육신에 대한 성경적 교육". 「한국개혁신학」 42 (2014): 100-123.

"키에르케고어가 말하는 절망과 절망의 현상학". 「한국 키에르케고어 연구」 3: 『키에르케고어, 미학과 실존』 (2014): 259-87.

"L'《imago dein》 vue par Calvin et par les theologiens reformes qui ont suivi." *Contre vents et marees* (Interpretation, 2014): 161-85. ("Calvin's Understanding of the *Imago Dei* and that of the Later Reformed Theologians: A Development?" 논문의 불어판).

"요나단 에드워즈의 정통적, 관계적 삼위일체론". 「신학정론」 32/1 (2014): 294-324.

"*Coram Deo* in the Theology of Calvin (1)." *Hapshin Theological Review* 3 (2014): 69-96.

▶ 2015년

"조직신학과 기독교교육학". 「교회와 문화」 34 (2015년 3월): 135-59.

"제임스 던의 칭의와 구원 이해에 대한 비판적 고찰". 「신학 정론」 33/1 (2015): 70-108. =『행위로 구원?: 바울에 관한 새 관점을 비평하다』 (수원: 합신대학원출판부, 2017), 175-214.

"정암 박윤선 목사의 생애와 그의 칼빈주의 사상". 「갱신과 부흥」 16 (2015년 7월 31일): 295-331.

"요한 낙스와 〈제 1 치리서〉". 「교회와 문화」 35 (2015년 8월): 91-108.

"우리에게 아브라함 카이퍼는 무엇을 의미하는가?" 「장로교회와 신학」 12 (2015): 160-83.

〈발제 논문〉 "벨직신앙고백서의 교회론". 한국장로교신학회 논문 발표회, 2015년 11월 21일, 잠실중앙교회=「신학정론」 33/2 (2015): 150-212.

〈발제〉 "개혁교회의 은혜의 방도로서의 하나님의 말씀". 개혁주의 연대 논문 발표회, 2015년 11월 23일, 총신대학교 제1종합관 2층 세미나실. 「개혁주의 설교의 회복」, 35-67. 서울: 한국개혁주의 연대, 2015.="은혜의 방도로서의 말씀". 「성경과 신학」 80 (2016): 73-102.

"한국장로교회 갱신과 연합을 위한 한국장로교 헌법 초안을 위한 논의". 「교회와 문화」 37 (2015년 8월): 167-223.

"The *Coram Deo* Idea in Calvin's Theology." *Hapshin Theological Review* 4 (December 2015): 77-112.

"강단 십자가 부착 금지, 그 신학적 의미". 「목회와 신학」 318 (2015년 12월호): 16-63.

▶ 2016년

"동성애자들에 대한 전도와 목회적 돌봄". 「교회와 문화」 36 (2016년 2월): 159-82.

"Calvin and Later Reformed Theologians on the Image of God." *Unio cum Christo* 2/1 (Aril, 2016): 135-47. ("하나님 형상에 대한 칼빈의 이해와 그 한계" 논문의 영어판)
http://uniocc.org/archive/calvin-and-later-reformed-theologians-on-the-image-of-god

"하나님의 비공유적 속성에 대한 헤르만 바빙크의 이해". 「신학정론」 34/1 (2016년 6월): 255-88.

"칼빈의 신론: 일관성을 지닌 실천적 하나님 이해". 「신학정론」 34/2 (2016년 11월): 258-84.

"예배에 있어서 '연속적 읽기와 설교". 「개혁논총」 40 (2016년 12월): 137-65.

▶ 2017년

"기도란 무엇인가?" 「교회와 문화」 38 (2017년 2월): 136-50.

"벨직신앙고백서의 삼위일체론". 「장로교회와 신학」 13 (2017): 99-110.

"이신칭의 교리의 현대적 적실성". 「신학정론」 35/1 (2017): 139-90.

"우리의 근본적 간구: '아버지의 이름이 거룩히 여김을 받으시오며.'" 「교회와 문화」 39 (2017): 117-33.

"'나라가 임하옵시며'라는 간구의 일차적 의미". 「신학정론」 35/2 (2017년 12월): 339-80.

"Toward a Reformed Way of Corporate Worship." *Hapshin Theological Review* 6 (December, 2017): 91-116.

▶ 2018년

"21세기 한국교회의 정황과 종교개혁", 201-15. 『종교개혁과 오늘의 교회 개혁』. 서울: 나눔사, 2018.

"이스라엘의 회복은 과연 예언의 증표가 실현되는 것인가?" 「교회와 문화」 40 (2018): 167-89.

"하나님 나라의 현재성과 우리들의 기도". 「신학정론」 36/1 (2018년 6월): 297-331.

"야고보서에 나타난 교회 공동체와 하나님의 말씀을 들음과 믿음과 행함의 상관관계". 「교회와 문화」 41 (2018): 44-69.

"'하나님 나라가 임하옵시며'라는 간구의 실천적 의미". 「진리의 깃발」 152 (2018년 8월): 30-46.

"부활에 대한 어거스틴의 이해를 통해 본 플라톤주의의 극복". 「신학정론」 36/2 (2018년 12월): 253-81.

"The Meaning and Significance of the Infralapsarian Expressions of the Canons of Dort." *Hapshin Theological Review* 7 (2018): 77-98.

▶ 2019년

"개혁파교회에 대한 츠빙글리의 기여". 『한권으로 읽는 츠빙글리의 신학』, 147-67. 서울: 세움북스, 2019.

"사도신경의 개신교적 의미". 『장로교회와 신학』 15 (2019): 110-33.

"퀴어신학의 주장과 그 문제점들". 『성경과 신학』 89 (2019): 27-56.

〈발제〉 "죽은 자들의 영혼은 어떻게 되는가?: 중간상태에 대한 성경적 신학적 이해". 제 54회 한국기독교학술원 공개 세미나, 2019년 5월 20일(월) 오후 2시~5시, 한국교회100주년기념관 소강당, 이상웅, 김은수, 김의창 교수와 함께 발제.

"교회의 속성들과 교회의 표지들의 관계성". 『신학정론』 37/1 (2019년 6월): 401-34.

"고린도전서에 나타난 성찬 제정사의 의미: 고린도전서 11:17-34의 맥락과 그 의미". 『교회와 문화』 43 (2019년 여름): 99-156.

"'선교적 교회' 운동에 대한 신학적 성찰". 『목회와 신학』 363 (2019년 9월): 134-38.

"하나님의 뜻을 구하는 그리스도인의 삶과 태도". 『신학정론』 37/2 (2019년 12월): 231-70. 2019년 12월 11일 발간. ISSN 1229-0599.

▶ 2020년

"하나님 나라 논의에 대한 톰 라이트의 기여와 문제점". 『목회와 신학』 375 (2020년 2월호): 148-53.

"도르트 결정문의 타락후 선택설적 표현의 의의". 『신학정론』 38/1 (2020년 6월): 233-62. ("The Meaning and Significance of the Infralapsarian Expressions of the Canons of Dort." 논문의 번역본). ISSN 1229-0599

"데이비드 웰스가 말하는 현대복음주의운동의 문제점들과 개혁 방안". 『교회와 문화』 44 (2020년 여름): 109-46. ISSN 1598-4730.

"개혁자들의 칭의론의 일치성". 『가난하나 부요케: 조병수 박사 은퇴기념 논총집』 (서울: 가르침, 2020), 415-36. 2020년 8월 31일 발행. ISBN 979-11-968579-2-9.

"데이비드 웰스의 현대문화 분석에 대한 한 논의". 「조직신학연구」 35 (2020년 8월 30일): 26-64. ISSN 1738-4508.

"성적 지향에 대한 신학적 이해와 차별금지법". 「기독교사상」 743 (2020년 11월호): 43-52. 2020년 11월 1일 발간. ISSN 1227-3503.

"The Promises and Dangers of Public Theology." UNIO CUM CHRISTO 6/2 (2020): 133-45.

"코로나19 이후 상황에서의 성경적 교회의 모습과 성경적 목회". 「장로교회와 신학」 16 (2020): 107-26. 2020년 12월 10일 발간. ISSN 2005-9647.

"죽산과 정암의 천년왕국 이해". 「신학정론」 38/2 (2020년 12월): 471-501. ISSN 1229-0599. 2020년 12월 15일 발간.

"The Relationship between Heinrich Bullinger and John Calvin." Hapshin Theological Review 8 (2020): 109-48. ISSN 2383-8507.

▶ 2021년

"죄 용서를 위한 간구의 의미". 『사람보다 하나님께 순종하는 것이 마땅하니라: 이상원 교수 정년퇴임기념논총』, 327-58. 이상원 교수 은퇴 논총 편집위원회 편. 서울: 솔로몬 2021. ISBN 978-89-8255-588-6.

"고전적 언약신학적 이해와 스티븐 웰럼의 침례교적 언약 이해." 「교회와 문화」 45 (2021년 3월): 146-66. ISSN 1598-4730.

"그리스도의 순종에 대한 개혁파 정통신학자들의 고전적 견해". 「신학정론」 39/1 (2021년 6월): 209-40. ISSN 1229-0599

"최근에는 그리스도의 능동적 순종을 부인하는 것이 대세인가?" 한국장로교신학회 발제 논문, 2021년 3월 20일, 총신대학교. 「장로교회와 신학」 17 (2022)에 게재.

"헤르만 바빙크의 칭의 이해와 그 함의". 한국개혁신학회 2021년 봄 논문발표회 발제 논문, 2021년 5월 29일, 안양대학교. =「신학정론」 39/2 (2021년 11월): 209-40. ISSN 1229-0599

"'새로운 피조물'의 의미: 고린도후서 5:17의 맥락에서". 한국성경신학회 2021년 봄 발표회 발제 논문, 2021. 2. 17. 신반포중앙교회. =「교회와 문화」 46 (2021년 8월 31일): 49-97. ISSN 1598-4730.

"죽은 자들의 영혼은 어떻게 되는가?: 중간상태에 대한 성경적 신학적 이해"「기독교학술원 포럼」 12 (2021): 7-41. (184번 발제한 논문의 인쇄본).

"요한계시록의 교회론: 요한계시록 1-3장을 중심으로".「목회와 신학」 386 (2021년 8월호): 150-55.

"발락과 발람, 그리고 이스라엘의 하나님: 민수기 22-25장을 중심으로". 한국 성경신학회 제 47차 정기논문 발표회, 2021년 8월 19일 (목) 오후 2~6시, 발제집, 45-76. =「교회와 문화」 47 (2022년 3월 1일): 49-97. ISSN 1598-4730.

"정통주의적 성경관에 따른 영감(靈感)과 무오성(無誤性) 이해: 특히 B. B. 워필드와 E. J. 영을 중심으로". 한국창조과학회 40주년기념 학술발표회, 2021년 8월 28일. 기원에 대한 학술지인 *Origin Research Journal* 1/1 (October 2021): 72-97에 게재됨. ISSN 2799-5550

"세계복음주의연맹(WEA)을 어떻게 볼 것인가?" 김성태, 박용규, 이한수 공저.『WEA와의 교류단절은 신근본주의 분리주의의 길』, 171-86. 서울: 가리온, 2021.

"혐오에 대한 종교개혁자들의 태도".「목회와 신학」 388 (2021년 10월):146-50. 9771227 361007 10

"워필드 신학의 개혁신학적 특성". 총신대학교 신학대학원 종교개혁 기념 강좌에서 발제, 2021년 10월 26일.

"생태 위기에 대한 기독교 윤리적 반응". 기독교학술원 월례발표회, 2021년 11월 5일 (금) 오후 3시~6시, 횃불회관.

"복음주의와 개혁주의". 한국장로교신학회 발제 논문, 2021년 12월 12일 오전 10시~오후 1시, Online 학회. 박용규, 이은선 교수와 함께 발제. 「장로교회와 신학」 17 (2022)에 게재.

"Who is the Real Abraham Kuyper?" *Hapshin Theological Review* 9 (2021): 9-37. ISSN 2383-8507.

▶ 2022년

"쇠얀 키에르케고어의 기도". 안명준 편집. 『영적 거장들의 기도』, 397-407. 서울: 홀리 북 클럽, 2022.

"위에 있는 예루살렘"과 "약속의 자녀들": 갈라디아서 4:21-5:1에 나타난 바울의 보충 논증". 한국성경신학회 48차 논문발표회 발제문, 2022년 2월 14일, 신반포중앙교회. 「교회와 문화」 48 (2022년 8월 19일). ISSN 1598-4730.

"하인리히 불링거와 요한 칼빈의 관계". 제503주년 츠빙글리 종교개혁기념 학술대회, 2022년 1월 22일 (토): 10:00~17:00, 남서울교회, 신 교육관 A실, 발제문, 111-37.

"청년 사역 되돌아보기". 『한국교회 대학부 이야기』 (서울: 세움 북스, 2022), 295-314.

"마포삼열(Samuel A. Moffett)의 신학과 그 의미". 제1회 선교사 검토 세미나, 한국개혁주의연구소, 유나이티드문화재단, 2022. 3. 25. 발제문.

"개혁파 신앙고백서에 나타난 그리스도의 능동적 순종", 김병훈 편, 『그리스도의 순종과 의의 전가』 (수원: 합신대학원출판부, 2022), 325-44.

● 근자의 짧은 글들

▶ 2000년

"예수님을 최고 경영자로 제시하는 일들과 관련하여". 〈이승구 교수의 개혁신학과 우리 사회 이야기〉 2000. 10. 9.

"주일(주의 날)과 다른 주님의 날들의 관계". 〈이승구 교수의 개혁신학과 우리 사회 이야기〉 2000. 10. 16.

"이 시점에서 우리의 혀와 말". 〈이승구 교수의 개혁신학과 우리 사회 이야기〉 2000. 10. 19.

"우리들의 관심은 어디에 있는가?" 〈이승구 교수의 개혁신학과 우리 사회 이야기〉 우리사회와 기독교 2000. 12. 2.

"생명과학 보건안전 윤리법" 시안에 대해서. 〈이승구 교수의 개혁신학과 우리 사회 이야기〉 2000. 12. 12.

"우리 시대의 환상(?)에 대해서". 〈이승구 교수의 개혁신학과 우리 사회 이야기〉 2000. 12. 26.

"한 해를 보내면서". 〈이승구 교수의 개혁신학과 우리 사회 이야기〉 2000. 12. 30.

▶ 2001년

"2001년 한 해를, 그리고 한 세기를 맞으면서". 〈이승구 교수의 개혁신학과 우리 사회 이야기〉 2001. 1. 1.

"역사 왜곡 문제 앞에서 역사의식 가지기". 〈이승구 교수의 개혁신학과 우리 사회 이야기〉 2001. 3. 5.

"우리들의 교육 현실에 대해(1): 신학적, 궁극적 고찰". 〈이승구 교수의 개혁신학과 우리 사회 이야기〉 2001. 3. 8.

"우리들의 교육 현실에 대해(2): 입시 문제와 그리스도인". 〈이승구 교수의 개혁신학과 우리 사회 이야기〉 2000. 11. 24.

"목회적 질문들에 대한 한 답변". 〈이승구 교수의 개혁신학과 우리 사회 이야기〉 2001. 4. 8.

"베르나르 베르베르의 『천사들의 제국』에 대해". 〈이승구 교수의 개혁신학과 우리 사회 이야기〉 2001. 4. 8.

"부활 주일에". 〈이승구 교수의 개혁신학과 우리 사회 이야기〉 2001. 4. 14.

"우주의 시작에 관하여". 〈이승구 교수의 개혁신학과 우리 사회 이야기〉 2001. 4. 17.

"공중전화 옹호론". 〈이승구 교수의 개혁신학과 우리 사회 이야기〉 2001. 5. 2.

"지하철 역의 문화 예찬". 〈이승구 교수의 개혁신학과 우리 사회 이야기〉 2001. 5. 17.

"생명윤리 기본법안에 대해서". 〈이승구 교수의 개혁신학과 우리 사회 이야기〉 2001. 5. 21.

"책임지는 사회, 많은 논의를 할 수 있는 사회를 향하여". 〈이승구 교수의 개혁신학과 우리 사회 이야기〉 2001. 6. 5.

"물과 관련한 인간의 무력함에 관하여". 〈이승구 교수의 개혁신학과 우리 사회 이야기〉 2001. 6. 9.

"비가 무서운 사람들". 〈이승구 교수의 개혁신학과 우리 사회 이야기〉 2001. 7. 31.

"트랜스젠더에 대한 질문에 대하여". 〈이승구 교수의 개혁신학과 우리 사회 이야기〉 2001. 8. 11.

"예배와 삶에 대해서". 〈이승구 교수의 개혁신학과 우리 사회 이야기〉 2001. 9. 24.

"시점(때)의 중요성". 〈이승구 교수의 개혁신학과 우리 사회 이야기〉 2001. 9. 26.

"미국에서 일어난 큰 사건들을 보면서". 〈이승구 교수의 개혁신학과 우리 사회 이야기〉 2001. 9. 28.

"중추절을 보내면서". 〈이승구 교수의 개혁신학과 우리 사회 이야기〉 2001. 10. 4.

▶ 2002년

"생명윤리 및 안전에 관한 법률안"에 대한 의견 제시. 〈이승구 교수의 개혁신학과 우리 사회 이야기〉 2002. 10. 7.

▶ 2003년

"기독교 학문의 의의". 〈이승구 교수의 개혁신학과 우리 사회 이야기〉 2003. 6. 7.

(설교문) "네 사랑하는 독자 이삭을 드리라"(본문 창세기 22: 1-19). 〈이승구 교수의 개혁신학과 우리 사회 이야기〉 2003. 12. 31.

▶ 2004년

"한국사회 속의 종교 다원주의적 분위기를 경계하면서". 〈이승구 교수의 개혁신학과 우리 사회 이야기〉 2004. 5. 25.

"한국교회 목회자 수급 문제에 대한 한 제언". 〈이승구 교수의 개혁신학과 우리 사회 이야기〉 2004. 6. 24.

"구원의 확신과 구원에 대한 의혹에 대하여". 〈이승구 교수의 개혁신학과 우리 사회 이야기〉 2004. 11. 18.

▶ 2005년

"이번 부활 주일에도 주일의 참 의미를 새길 수 있기를". 〈이승구 교수의 개혁신학과 우리 사회 이야기〉 2005. 3. 26.

"참으로 위대한 유산은?" 〈이승구 교수의 개혁신학과 우리 사회 이야기〉 2005. 4. 15.

"조금만 더 부드럽게 말하는 방법을 찾기에 애쓰는 이들". 〈이승구 교수의 개혁신학과 우리 사회 이야기〉 2005. 4. 16.

"에드문드 클라우니 교수의 소천 소식을 접하고서". 〈이승구 교수의 개혁신학과 우리 사회 이야기〉 2005. 4. 16.

"오늘의 상황 속에서 천주교회를 보면서". 〈이승구 교수의 개혁신학과 우리 사회 이야기〉 2005. 4. 22.

"석탄일에 대해서 그리스도인은 어떻게 생각해야 하는가?" 〈이승구 교수의 개혁신학과 우리 사회 이야기〉에 재수록. 2005. 5. 4

"배아줄기세포 연구에 대하여". 〈이승구 교수의 개혁신학과 우리 사회 이야기〉. 2005. 6. 4.

"오늘 우리의 상황에서 동물복제 연구와 인간 배아복제 연구의 문제점을 직시해야". 2005년 8월 5일자 〈국민일보〉. 〈이승구 교수의 개혁신학과 우리 사회 이야기〉에 재수록. 2005. 8. 6.

"성경과 현실 모두를 중시하는 성경 독자들로서의 그리스도인". 〈이승구 교수의 개혁신학과 우리 사회 이야기〉 신학이야기. 2005. 8. 25.

"영화 〈아일랜드〉를 보고서". 〈이승구 교수의 개혁신학과 우리 사회 이야기〉 2005. 9. 3.

"에덴동산과 새 하늘과 새 땅의 차이에 대하여". 〈이승구 교수의 개혁신학과 우리 사회 이야기〉 신학이야기. 2005. 9. 3.

"사형 제도에 대하여." 〈이승구 교수의 개혁신학과 우리 사회 이야기〉에 재수록. 2005. 9. 7.

▶ 2006년

"교회의 참 모습을 회복해야". 〈신앙세계〉 4월호. 〈이승구 교수의 개혁신학과 우리 사회 이야기〉에 재수록. 우리사회와 기독교. 2006. 3. 9.

"'나를 위한 하나님의 놀라운 계획'에 대한 바른 이해를 위하여". 〈빛과 소금〉 4월호. 〈이승구 교수의 개혁신학과 우리 사회 이야기〉에 재수록. 신학이야기. 2006. 3. 14.

"목사 임직에 대한 근본적 태도에 대하여". 〈기독교 연합 신문〉 (2006년) 〈이승구 교수의 개혁신학과 우리 사회 이야기〉에 재수록. 신학이야기. 2006. 5. 5.

"성전환자의 호적상 성별 정정을 허용한 대법원의 판결에 대해서". 〈이승구 교수의 개혁신학과 우리 사회 이야기〉에 재수록. 우리사회와 기독교. 2006. 6. 25.

"질병에 대한 기독교적 이해". 〈빛과 소금〉 2006년. 〈이승구 교수의 개혁신학과 우리 사회 이야기〉에 재수록. 신학이야기. 2006. 7. 8.
"쉐퍼의 도전(1)". 〈목회와 신학〉 2006년 9월호. 〈이승구 교수의 개혁신학과 우리 사회 이야기〉에 재수록. 신학이야기. 2006. 7. 25.

▶ 2007년

"2007년을 시작하면서". 〈이승구 교수의 개혁신학과 우리 사회 이야기〉. 우리사회와 기독교. 2007. 1. 1.
"청교도 신앙에 있어서 부의 신학적 의미". 〈월간 프리칭〉 3월호. 〈이승구 교수의 개혁신학과 우리 사회 이야기〉에 재수록. 신학이야기. 2007. 1. 6.
"타락한 인생의 헛된 삶 한 가운데서 우리는 어떻게 해야 하는가?" 〈교회와 문화〉 18권 권두언. 〈이승구 교수의 개혁신학과 우리 사회 이야기〉에 재수록. 신학이야기. 2007. 1. 12.
"에베소서가 말하는 '충만'의 의미에 대한 한 이해". 〈이승구 교수의 개혁신학과 우리 사회 이야기〉에 재수록. 신학이야기. 2007. 1. 22.
"2007년 기독교학문연구소 신년 예배 기도문". 〈이승구 교수의 개혁신학과 우리 사회 이야기〉에 재수록. 우리사회와 기독교. 2007. 1. 30.
"자살과 자살하는 사람들에 대한 그리스도인의 생각은?" 〈빛과 소금〉 3월호. 〈이승구 교수의 개혁신학과 우리 사회 이야기〉에 재수록. 우리사회와 기독교. 2007. 3. 4.
"기독교 언론의 사명과 역할". 〈이승구 교수의 개혁신학과 우리 사회 이야기〉에 재수록. 우리사회와 기독교. 2007. 4. 10.
"믿지 않아도 구원받을 수 있는지요"에 대한 답변. 〈국민일보〉 미션면의 Q & A. 〈이승구 교수의 개혁신학과 우리 사회 이야기〉에 재수록. 신앙적 질문들과 대답. 2007. 9. 26.
"새로운 직분의 가능성이 있는지요?" 〈국민일보〉 Q&A에 실린 답변. 〈이승구 교수의 개혁신학과 우리 사회 이야기〉에 재수록. 신앙적 질문들과 대답. 2007. 10. 15.

▶ 2008년

"21세기 한국사회 속에서 사도행전을 어떻게 읽을 것인가?" 〈교회와 문화〉 제20호의 권두언. 〈이승구 교수의 개혁신학과 우리 사회 이야기〉에 재수록. 2008. 2. 15.

"반(反) 기독교적인 사회 속에 있는 그리스도인의 존재와 삶". 〈이승구 교수의 개혁신학과 우리 사회 이야기〉 2008. 7. 23.

"현대교회와 교리 설교의 회복". 〈이승구 교수의 개혁신학과 우리 사회 이야기〉 2008. 7. 23.

▶ 2009년

"진정한 의미의 기독교 생명운동은 어떻게 이루어 질 수 있을까?" 〈이승구 교수의 개혁신학과 우리 사회 이야기〉 중 〈우리 사회와 기독교〉 2009. 1. 22.

"강호순 사건을 보면서 그리스도인은 어떤 생각을 해야 하는가?(1)" 〈이승구 교수의 개혁신학과 우리 사회 이야기〉 중 〈우리 사회와 기독교〉 2009. 2. 6.

"강호순 사건과 그리스도인(2): 사형제 문제와 관련하여". 〈이승구 교수의 개혁신학과 우리 사회 이야기〉 중 〈우리 사회와 기독교〉 2009. 2. 20.

"강호순 사건과 그리스도인(3)". 〈이승구 교수의 개혁신학과 우리 사회 이야기〉 중 〈우리 사회와 기독교〉 2009. 2. 25.

"우리가 당면한 경제위기의 근원적 이유에 대한 한 생각". 〈합동소식〉 2009년 3월호. 〈이승구 교수의 개혁신학과 우리 사회 이야기〉 중 〈우리 사회와 기독교〉에 재수록. 2009. 3. 14.

"배아줄기세포 연구계획에 대한 국가 생명윤리위원회의 허락에 대하여". 〈이승구 교수의 개혁신학과 우리 사회 이야기〉 2009. 5. 2.

"소위 존엄사를 허용한 대법원 전원 합의체의 21일자 판결에 대하여". 〈이승구 교수의 개혁신학과 우리 사회 이야기〉 2009. 5. 23.

"한국장로교회 정체성 회복과 일치를 위한 현실적 제안". 2009년 7월 17일에 서울교회에서 열린 〈장로교 지도자 간담회〉에서 발제한 발제문. 〈이승구 교수의 개혁신학과 우리 사회 이야기〉에 재수록. 2009. 7. 18.
"에드워드 J. 영의 성경 주해적 접근과 신학하는 태도를 적극 추천하면서". 〈교회와 문화〉 23호의 권두언. 〈이승구 교수의 개혁신학과 우리 사회 이야기〉 2009. 8. 1.
"Henri Nouwen, 그는 우리에게 무슨 의미가 있을까?" 〈이승구 교수의 개혁신학과 우리 사회 이야기〉 2009. 9. 7.
"정암(正岩) 박윤선 목사님을 기리면서". 〈이승구 교수의 개혁신학과 우리 사회 이야기〉 2009. 9. 13
"우리 시대에 요구되는 기독교 리더십". 〈신앙세계〉 11월호. 〈이승구 교수의 개혁신학과 우리 사회 이야기〉 중 〈우리 사회와 기독교〉에 재수록. 2009. 11. 6.

▶ 2010년

"불같은 시험에 직면해서도 신실하게 주를 섬기는 교회". 〈교회와 문화〉 제24호에 붙인 권두언. 〈이승구 교수의 개혁신학과 우리 사회 이야기〉 중 〈신학이야기〉에 재수록. 2010. 1. 9.
(서평) "성경적 종말론을 촉구하며". 〈현대종교〉에 기고한 서평문. 〈이승구 교수의 개혁신학과 우리 사회 이야기〉 중 〈신학이야기〉에 재수록. 2010. 3. 10.
"생명의 존귀성, 어떻게 가르칠 것인가?" 〈신앙세계〉 501 (April 2010): 62-64. 〈이승구 교수의 개혁신학과 우리 사회 이야기〉 중 〈우리 사회와 기독교〉에 재수록. 2010. 3. 22.
"부활주일을 맞으면서". 〈이승구 교수의 개혁신학과 우리 사회 이야기〉 중 〈신학이야기〉 2010. 3. 29.
"시대에 유행하는 종말론에서 성경적 종말론으로 관심을 돌려야". 〈이승구 교수의 개혁신학과 우리 사회 이야기〉 중 〈우리 사회와 기독교〉 2010. 4. 2.
"부활, 왜 우리 모두의 소망인가?" 〈장깨〉 63호 (2010 4월): 8-17. 〈이승구 교수의 개혁신학과 우리 사회 이야기〉 중 〈신학이야기〉에 재수록. 2010. 4. 19.

(설교문) "우리가 해야 하는 애통은 무엇인가?" 〈이승구 교수의 개혁신학과 우리 사회 이야기〉 중 〈교회와 설교〉 2010. 5. 9.

(설교문) "심령이 가난한자는?" 〈이승구 교수의 개혁신학과 우리 사회 이야기〉 교회와 설교. 2010. 5. 1.

(설교문) "온유한 자? 〈이승구 교수의 개혁신학과 우리 사회 이야기〉 교회와 설교2010. 5. 15.

(설교문) "마음이 청결한 자". 〈이승구 교수의 개혁신학과 우리 사회 이야기〉 2010. 6. 2.

(설교문) "화평케 하는 자는". 〈이승구 교수의 개혁신학과 우리 사회 이야기〉 2010. 6. 9.

"우리 사회의 특권층의 비리와 관련한 생각(1)". 〈이승구 교수의 개혁신학과 우리 사회 이야기〉 2010. 10. 7.

"특권층의 비리 문제와 관련하여 (2)". 〈이승구 교수의 개혁신학과 우리 사회 이야기〉 2010. 11. 15.

"차별금지법에 왜 동성애에 대한 내용이 들어가서는 안 되는가?" 〈신앙세계〉 2010년 12월호. 〈이승구 교수의 개혁신학과 우리 사회 이야기〉에 재수록. 2010. 11. 16.

"공적 신학과 성시화운동". 춘천에서 성시화운동에 힘쓰시는 분들과의 지상 인터뷰 내용. 2010. 11. 19.

"내가 사랑하는 칼빈의 글들". 〈목회와 신학〉 2010년 12월호 "나의 고전 사랑". 〈이승구 교수의 개혁신학과 우리 사회 이야기〉에 재수록. 2010. 11. 23.

"성탄절에 대해서". 〈개혁신보〉 2010년 12월. 〈이승구 교수의 개혁신학과 우리 사회 이야기〉에 재수록. 2010. 12. 23.

▶ 2011년

"성경에 대해서 과연 어떤 태도를 취해야 하는가?" 〈이승구 교수의 개혁신학과 우리 사회 이야기〉. 2011. 2. 2.

"성경이 중심적으로 말하는 것은 무엇입니까?" 〈이승구 교수의 개혁신학과 우리 사회 이야기〉. 2011. 2. 3.

"바른 예배는 과연 어떤 예배인가?" 〈이승구 교수의 개혁신학과 우리 사회 이야기〉. 2011. 2. 25.

"예배의 규정적 원리". 〈이승구 교수의 개혁신학과 우리 사회 이야기〉. 2011. 2. 28.

"예언기도를 받으러 가도 되는지요?"에 대한 대답. 월간 고신 6월호. 〈이승구 교수의 개혁신학과 우리 사회 이야기〉에 재수록. 2011. 4. 25.

"이슬람 채권(스쿠크)법에 대한 논쟁을 어떻게 볼 것인가?" 〈합신은 말한다〉 2011년. 〈이승구 교수의 개혁신학과 우리 사회 이야기〉에 재수록. 2011. 5. 3.

"신사도운동 등 다양한 예언운동의 근본적 문제점". 〈이승구 교수의 개혁신학과 우리 사회 이야기〉 2011. 7. 15.

"존 스토트 목사님을 아쉬워하며". 〈이승구 교수의 개혁신학과 우리 사회 이야기〉 2011. 7. 29.

"영국 장로교회의 아버지 Thomas Cartwright (c. 1535-1603)". 〈합신은 말한다〉 2011년 8월호. 〈이승구 교수의 개혁신학과 우리 사회 이야기〉에 재수록. 2011. 8. 11.

"우리에게 아브라함 카이퍼는 무엇을 의미하는가?(1)" 〈이승구 교수의 개혁신학과 우리 사회 이야기〉 2011. 8. 7.

"우리에게 아브라함 카이퍼는 무엇을 의미하는가?(2)" 〈이승구 교수의 개혁신학과 우리 사회 이야기〉 2011. 10. 22.

"우리는 왜 날마다 울며 기도하는 교회가 되어야 하는가?" 〈기독교 개혁신보〉 2011년 11월 29일자. 〈이승구 교수의 개혁신학과 우리 사회 이야기〉에 재수록. 2011. 12. 6.

"A.D.와 B.C.라는 용어". 〈이승구 교수의 개혁신학과 우리 사회 이야기〉 2012. 1. 8.

"교회는 바른 신앙고백 위에 서 있어야 한다". 〈교회개혁신보〉 2012년. 〈이승구 교수의 개혁신학과 우리 사회 이야기〉에 재수록. 2012. 1. 18.
"교회교육, 기독교 세계관과 만나다: 기독교 세계관에 입각한 교회 교육을 위하여".〈월간 고신〉(2011년 12월).〈이승구 교수의 개혁신학과 우리 사회 이야기〉에 재수록. 2012. 1. 20.

▶ 2012년

"하나님께서 의도하신 참된 혼인의 빛에서".〈이승구 교수의 개혁신학과 우리 사회 이야기〉에 재수록. 2012. 5. 18.
"성공주의를 넘어서는 교회".〈신앙세계〉 2012년 6월호.〈이승구 교수의 개혁신학과 우리 사회 이야기〉에 재수록. 2012. 6. 4.
"소위 성직자들의 독특한 옷 입을 것을 제안하는 것에 대한 한 의견".〈이승구 교수의 개혁신학과 우리 사회 이야기〉에 재수록. 2012. 7. 18.
"개혁주의 정치관".〈합신은 말한다〉 8월호.〈이승구 교수의 개혁신학과 우리 사회 이야기〉에 재수록. 2012. 9. 1.
"자살, 그 심각한 문제".〈기독교 개혁신보〉.〈이승구 교수의 개혁신학과 우리 사회 이야기〉에 재수록. 2012. 9. 20.
"종교개혁은 왜 일어났는가?"〈기독교 연합신문〉 1175 (2012년 10월 14일자): 7면.〈이승구 교수의 개혁신학과 우리 사회 이야기〉에 재수록.
"그리스도인의 성경적 정치 참여 방식에 대한 한 논의".〈이승구 교수의 개혁신학과 우리 사회 이야기〉. 2012. 11. 17.
"정류(靜流) 이상근 박사님의 신앙과 신학을 기리면서".〈한국개혁신학〉 36 (2012) 권두언.〈이승구 교수의 개혁신학과 우리 사회 이야기〉에 재수록.
"베리칩에 대한 기독교적 관점".〈목회와 신학〉 2012,〈이승구 교수의 개혁신학과 우리 사회 이야기〉에 재수록. 2013. 2. 5.
〈서평〉"제자 형성에 대한 하나님의 전략을 상식적으로 제시하다": 마이클 호튼의〈위대한 사명〉에 대한 서평.「목회와 신학」282 (2012년 12월): 218-21.

▶ 2013년

"성경에 나타난 생명신학: 생명 존중에 대한 성경적 관점". 〈신앙세계〉 536 (2013년 3월호): 42-45. 〈이승구 교수의 개혁신학과 우리 사회 이야기〉에 재수록.

"소위 〈24시간 릴레이 기도〉를 어떻게 볼 것인가?" 〈국민일보〉. 〈이승구 교수의 개혁신학과 우리 사회 이야기〉에 재수록. 2013. 4. 17.

"바울에 관한 새 관점에 대한 정통신학적인 신약교수의 평가를 높이 사면서". 〈합신은 말한다〉 2013년 11월호에 실린 서평. 〈이승구 교수의 개혁신학과 우리 사회 이야기〉에 재수록.

▶ 2014년

"목회자 이중직에 대해서 어떻게 생각해야 하는가?" 〈목회와 신학〉 298 (2014년 4월): 75-76. 〈이승구 교수의 개혁신학과 우리 사회 이야기〉에 재수록.

"영화 〈노아〉를 보고서", 〈미래 한국〉 369 (2014년 3월 31일호): 65-67 〈이승구 교수의 개혁신학과 우리 사회 이야기〉에 재수록. 2014. 4. 8.

"누가 한국 교회의 허브 역할을 어떻게 할 수 있을까?" 〈신앙세계〉 556 (Nov., 2014): 46-49. 〈이승구 교수의 개혁신학과 우리 사회 이야기〉에 재수록.

▶ 2015년

"한국 그리스도인들의 바른 신앙 정체성 회복을 위하여". 〈신앙세계〉 (2015년 3월). 〈이승구 교수의 개혁신학과 우리 사회 이야기〉에 재수록.

"성경을 통해서 보는 여인들의 즐거운 삶". 「라일락」. 22 (2015년 가을호). 〈이승구 교수의 개혁신학과 우리 사회 이야기〉에 재수록.

"목회자들이 조직신학 분야 도서들을 어떻게 읽을 것인가?" 〈목회와 신학〉 317 (2015년 11월): 84-85. 〈이승구 교수의 개혁신학과 우리 사회 이야기〉에 재수록.

▶ 2016년

"신년 '말씀 뽑기'에 대하여". 〈이승구 교수의 개혁신학과 우리 사회 이야기〉 2016. 1. 9.

"이세돌과 알파고의 대국을 보면서". 〈이승구 교수의 개혁신학과 우리 사회 이야기〉에 재수록. 2016. 3. 15.

"사순절에 대해서" 〈합신은 말한다〉 (2016년 3월). 〈이승구 교수의 개혁신학과 우리 사회 이야기〉에 재수록.

"〈성지순례〉라는 용어를 사용하도 될까요?" 〈합신은 말한다〉, 〈이승구 교수의 개혁신학과 우리 사회 이야기〉에 재수록. 2016. 3. 28.

"동성애에 대해서 성서는 무엇을 말하는가?" 〈기독교 사상〉 (2016년 8월): 12-19. 〈이승구 교수의 개혁신학과 우리 사회 이야기〉에 재수록. 2016. 8. 6.

"복잡한 현실 가운데서 그리스도인은?" 〈기독교보〉, 〈이승구 교수의 개혁신학과 우리 사회 이야기〉에 재수록. 2016. 11. 28.

"성탄과 성탄 즈음에 우리는 무엇을 어떻게 가르칠 것인가?", 〈이승구 교수의 개혁신학과 우리 사회 이야기〉 2016. 12. 19.

"한국교회 안에 들어온 물질주의와 성공주의". 〈목회와 신학〉 2016년 10월호. 〈이승구 교수의 개혁신학과 우리 사회 이야기〉에 재수록.

▶ 2017년

"한국교회는 지속가능한 개혁의 DNA를 지녔는가?" 「신앙세계」 2017년도 신년호. 〈이승구 교수의 개혁신학과 우리 사회 이야기〉에 재수록.

"그리스도인의 정치의식과 정치 행위", 2017년 4월 19일자 〈기독교 개혁신보〉. 〈이승구 교수의 개혁신학과 우리 사회 이야기〉에 재수록.

"세습에 대해서 우리는 어떤 생각을 해야 할까?" 〈이승구 교수의 개혁신학과 우리 사회 이야기〉에 재수록. 2017. 11. 22.

"신학은 과연 전문적으로 신학 공부를 하는 분들의 전유물인가?" 〈개혁신보〉 2017년, 〈이승구 교수의 개혁신학과 우리 사회 이야기〉에 재수록.

2018. 2. 24.

▶ 2018년

"장로교회의 위기와 그 회복을 위하여: 2018년 3월에 오늘의 한국교회를 생각하면서". 〈기독교 개혁신문〉. 〈이승구 교수의 개혁신학과 우리 사회 이야기〉에 재수록. 2018. 3. 16.

"'성경적 성경신학'과 그런 신학하기". 「교회와 문화」 40 (2018년 3월): 5-8.

"미투운동으로 본 우리 사회윤리의식과 젠더문화". 〈신앙세계〉 594호 (2018년 4월호). 〈이승구 교수의 개혁신학과 우리 사회 이야기〉에 재수록. 2018. 3. 17.

"도르트회의 결정문의 의미(1): 전적 타락!, 그것은 과연 무슨 뜻인가?" 〈기독신문〉, 〈이승구 교수의 개혁신학과 우리 사회 이야기〉에 재수록. 2018. 8. 26.

"분단 한국에서의 양심적 병역거부, 그것은 왜 문제인가?" 〈신앙세계〉 2018년 8/9월호, 〈이승구 교수의 개혁신학과 우리 사회 이야기〉에 재수록.

"야고보가 우리에게 전하는 말에 충실하기". 「교회와 문화」 41 (2018년 8월): 5-8.

"도르트대회 400주년을 기념하면서". 「한국개혁신학」 59 (2018년 8월): 4-9.

"교회의 교회됨을 위하여". 2018년 9월 1일자 신문, 〈이승구 교수의 개혁신학과 우리 사회 이야기〉에 재수록.

"개혁신학에 대한 지속적 탐구를 위한 「한국개혁신학」". 「한국개혁신학」 60 (2018): 4-7.

논문의 축소판. "트럼프의 예루살렘 수도 발언 이면의 신학사상". 「목회와 신학」 344 (2018년 2월): 178-83.

▶ 2019년

"기독교 윤리로 본 유전자 편집". 「신앙세계」 612 (2019년 2월호): 36-39. ISSN 1975-8243. 〈이승구 교수의 개혁신학과 우리 사회 이야기〉에 재수록.

"한국사회와 교회를 위한 신학을 위하여". 「한국개혁신학」 61 (2019년 2월):

26-29.

"낙태죄에 대해 헌법 불일치라고 선언한 헌법 재판소의 판단 앞에서". 〈우리사회와 기독교〉 2019. 4. 17. 〈이승구 교수의 개혁신학과 우리 사회 이야기〉에 재수록.

"근자의 윤리적 도전에 대하여 반응하는 신학적 과제".「한국개혁신학」62 (2019) 권두언. 〈이승구 교수의 개혁신학과 우리 사회 이야기〉에 재수록.

"복음주의와 개혁파신학".「합신은 말한다」2019년 6월. 〈이승구 교수의 개혁신학과 우리 사회 이야기〉에 재수록.

"고린도교회와 한국교회".「교회와 문화」43 (2019년 8월): 5-9. ISSN 1598-4730.

▶ 2020년

"'코로나19' 바이러스 사태 속에서 교회는?" TGC Korea Articles, 2020년 2월 17일.

"이때, 참된 영적 기도가 절실한 때", TGC Korea Articles, 2020. 3. 8.

"코로나19 속의 교회와 국가", TGC Korea Articles, 2020년 3월 13일. 〈이승구 교수의 개혁신학과 우리 사회 이야기〉에 재수록.

"삼위일체 하나님을 믿습니까?" TGC Korea Articles, 2020. 4. 22. 〈이승구 교수의 개혁신학과 우리 사회 이야기〉에 재수록.

"예수 그리스도의 신성을 참으로 믿습니까?" TGC Korea Articles, 2020. 5. 19. 〈이승구 교수의 개혁신학과 우리 사회 이야기〉에 재수록.

"교회를 위한 신학으로서 성경적 하나님 나라 개념에 충실한 신학 작업을 지향하면서",「한국개혁신학」66 (2020): 12-21. ISSN 1229-1099 2020년 5월 31일 발행.

"성령님의 신성을 믿습니까?" TGC Korea Articles, 2020. 6. 25. 〈이승구 교수의 개혁신학과 우리 사회 이야기〉에 재수록.

"국가의 교회에 대한 염려, 간섭?"「기독교보」1405호 (2020년 7월 18일자),

4쪽. 〈이승구 교수의 개혁신학과 우리 사회 이야기〉에 재수록.

"제임스 패커(1926~2020)의 소천 소식을 들으면서". TGC Korea Articles, 2020년 7월 20일. 〈이승구 교수의 개혁신학과 우리 사회 이야기〉에 재수록.

"펜데믹 상황을 넘어선 신앙". 「신앙세계」 618 (2020년 7월호): 34-37. ISSN 1975-8243. 〈이승구 교수의 개혁신학과 우리 사회 이야기〉에 재수록.

"하나님의 섭리를 믿습니까?" TGC Korea Articles, 2020. 9. 27. 〈이승구 교수의 개혁신학과 우리 사회 이야기〉에 재수록.

"8.15와 우리들". 2020년 8월 15일. 〈이승구 교수의 개혁신학과 우리 사회 이야기〉.

"욥기를 어떻게 이해하고 설교해야 하는가?" 「교회와 문화」 44 (2020년 8월): 5-10. 2020년 8월 17일 발간. ISSN 1598-4730.

"기독교 신념과 포괄적 차별금지법 논란", TGC Korea Articles, 2020. 8. 19.

"창조를 믿습니까?" TGC Korea Articles, 2020. 8. 31. 〈이승구 교수의 개혁신학과 우리 사회 이야기〉에 재수록.

"섭리 아래 사는 성도들의 올바른 태도", TGC Korea Articles, 2020. 11. 1. 〈이승구 교수의 개혁신학과 우리 사회 이야기〉에 재수록.

"우리 시대에 가장 필요한 '분별력'" TGC Korea Articles, 2020. 11. 24. 〈이승구 교수의 개혁신학과 우리 사회 이야기〉에 재수록.

"온라인 예배에 대한 신학적 검토", 『코로나 바이러스와 교회 셧다운』 (서울: 개혁된 실천사. 2020), 137-51.

"교회의 예배 방식에 대한 결정과 이를 위한 고려 사항", 『코로나 바이러스와 교회 셧다운』 (서울: 개혁된 실천사. 2020), 153-60.

"하나님께서 사람을 창조하신 것을 믿습니까?" TGC Korea Articles, 2020. 12. 27. 〈이승구 교수의 개혁신학과 우리 사회 이야기〉에 재수록.

▶ 2021년

"근원인 성경의 빛에서 본 인간과 공동체". 「세계관」 247 (2021년 1월호):

24-27. ISSN 2234-3865.

"도르트대회가 열리기까지와 도르트회의 과정". 「월간 고신 생명나무」 (2021년 1월호): 48-53.

"'교회 질서'라는 용어의 역사적 배경과 그 의미". 「월간 고신 생명나무」 (2021년 2월호): 34-39.

"섭리에 대한 바른 이해의 유익: 섭리를 바로 이해하는 것은 우리에게 참된 위안과 안식을 준다". TGC Korea Articles, 2021. 2. 3. 〈이승구 교수의 개혁신학과 우리 사회 이야기〉에 재수록.

"반(反) 기독교 문화 확산 앞에선 우리의 과제". 「신앙세계」 623 (2021년 1, 2월호): 36-39. ISSN 1975-8243. 〈이승구 교수의 개혁신학과 우리 사회 이야기〉에 재수록.

"목사는 어떻게 세워지는가?" 「월간 고신 생명나무」 (2021년 3월호): 34-39.

"지금까지 이어져 온 최초의 죄와 그 결과". TGC Korea Articles, 2021. 2. 20. 〈이승구 교수의 개혁신학과 우리 사회 이야기〉에 재수록.

"한국교회는 지금, 이슈와 진단: 10년 만에 다시 불거진 인터콥 선교회 논란". 「목회와 신학」 381 (2021년 3월호): 172-75.

"사유리가 쏘아 올린 작은 공: 비혼출산 문제에 대하여". 「합신은 말한다」 2021년 3월호. 〈이승구 교수의 개혁신학과 우리 사회 이야기〉에 재수록.

"목회자들의 생활에 대한 지지". 「월간 고신 생명나무」 (2021년 4월호): 36-41.

"느헤미야시대와 그의 사역, 그리고 우리들의 교회와 우리들의 사역". 「교회와 문화」 45 (2021년 겨울호): 5-12. ISSN 1598-4730.

"타락한 우리들이 어떻게 하나님을 믿게 되었습니까?" TGC Korea Articles, 2021. 3. 31. 〈이승구 교수의 개혁신학과 우리 사회 이야기〉에 재수록.

"성경적 직분을 회복한 개혁파교회의 직분 제도". 「월간 고신 생명나무」 (2021년 5월호): 24-29.

"죄인을 위해 하나님이 하신 일". TGC Korea Articles, 2021. 4. 25. 〈이승

구 교수의 개혁신학과 우리 사회 이야기〉에 재수록.

"장로직의 회복을 확고히 한 도르트교회 질서". 「월간 고신 생명나무」 (2021년 6월호):

"기독교와 성육신의 신비". TGC Korea Articles, 2021. 6. 4.

"집사직의 회복을 확고히 한 도르트 교회질서". 「월간 고신 생명나무」 (2021년 7월호): 43-47.

"직분 임기제의 정착". 「월간 고신 생명나무」 (2021년 8월호): 51-55.

"신사도운동에 대한 신학적 평가". 「현대종교」 547 (2021년 7/8월호): 54-58.

"통치자와 교회의 관계?" 「월간 고신 생명나무」 (2021년 9월호): 55-59.

"교회 회의체들의 기본적 성격". 「월간 고신 생명나무」 (2021년 10월호): 56-61.

"성경신학적 사유의 개발을 요청하면서". 「합신은 말한다」 2021년 9월호. 〈이승구 교수의 개혁신학과 우리 사회 이야기〉 (Daum Blog)에 재수록.

"권두언: 고린도교회에 보낸 두 번째 편지, 그 위로와 주장". 「교회와 문화」 46 (2021년 8월 31일): 5-11. ISSN 1598-4730.

"교회 회의체의 교회 회의체로서의 필요조건들". 「월간 고신 생명나무」 (2021년 11월호): 58-62.

"교회의 회의체들(1): 당회와 집사회". 「월간 고신 생명나무」 (2021년 12월호): 41-45.

Editorial: "'The Three Great Calvinists,' the Puritans and the Korean Church," *Hapshin Theological Review* 9 (2021): 5-8.

▶ 2022년

"교회의 회의체들(2): 시찰회와 시찰". 「월간 고신 생명나무」 (2022년 1월호): 25-29.

"예수 그리스도 안에서 하나님이 하신 것은 무엇인가?" 〈월드뷰〉 259 (2022년 1월호): 104-108. ISSN 2234-3865.

"류현모, 강애리의 〈기독교 세계관 바로 세우기〉에 대한 서평". 〈월드뷰〉 259 (2022년 1월호): 168-69.

"교회의 회의체들(3): 노회와 대회". 「월간 고신 생명나무」 (2022년 2월호): 15-19.

"십자가와 속죄(1)". 〈월드뷰〉 260 (2022년 2월호): 104-108. ISSN 2234-3865.

〈권두언〉 "민수기 묵상: 약속의 부분적 성취와 계속되는 희망을 가지고 사는 일". 「교회와 문화」 47 (2022년 3월): ISSN 1598-4730.

"교리에 대한 강조: 교리를 가르치는 직분의 중요성". 「월간 고신 생명나무」 (2022년 3월호): 14-19.

"십자가와 속죄(2)". 〈월드뷰〉 261 (2022년 3월호): 104-108. ISSN 2234-3865.

"이 복잡한 세상 속에서 개혁자들을 다시 생각해 봅니다". 「현대종교」 2022년 4월 29일.

"'기독교 신앙'이란 무엇인가?(1)" 〈월드뷰〉 262 (2022년 4월호): 102-106. ISSN 2234-3865.

"유아세례와 세례에 대한 바른 이해". 「월간 고신 생명나무」 (2022년 4월호): 22-27.

"'기독교 신앙'이란 무엇인가?(2): '그러나 신앙이 우리를 의롭게 하는 것은 아니다'", 〈월드뷰〉 263 (2022년 5월호): 94-98. ISSN 2234-3865.

"우크라이나 전쟁을 생각하면서". 「합신은 말한다」 2022년 5월호. 〈이승구 교수의 개혁신학과 우리 사회 이야기〉에 재수록. 한국기독교연합회관, 종교개혁500주년기념사업회 모임 후

가족들과 함께

어머님과 함께

주제 발표 | 서울교회

이단을 해지한 한국기독교총연합회 비판 | 서울 신반포중앙교회, 2013년 9월 7일

교수들과 함께 | 중앙루터교회, 2016년 5월 4일

제79차 한국복음주의신학회 | 합동신학대학원대학교

안명준 교수와 베스마르 교수 | Aix-en-Provence, 2009년 7월 8일

한국개혁신학회 | 연동교회, 2012년 10월 13일

안명준 박사, 이승구 박사, 최윤배 박사, 김영선 박사, 김은수 박사, 윤상문 대표 l
한국기독교연합회관, 종교개혁500주년기념사업회 모임 후

이종윤 목사 내외, 이흥순 장로, 오정수 장로 l 종교개혁500주년기념사업회 후원회

이은선 박사, 주도홍 박사, 소기천 박사, 김성봉 박사, 정일웅 박사,
김영한 박사, 권호덕 박사, 이승구 박사, 안명준 박사, 한국개혁신학회 임원들

한국복음주의조직신학회 | 과천소망교회, 2018년 11월 17일

저서들

저서들

안명준 교수

중앙대학교
합동신학대학원대학교
Reformed Theological Seminary (Th. M.)
Westminster Theological Seminary (Th. M.)
Universiteit van Pretoria (Ph. D.)

현, 평택대학교 명예교수, 한국성서대학교 초빙교수
전, 한국복음주의조직신학회 회장
전, 한국장로교신학회 회장
현, 한국개혁신학회 자문위원

저서_『칼빈의 성경해석학』, CLC, 1997.
　　　『안명준 교수의 신학자료 CD』, 도서출판기쁜날, 2003.
　　　『칼빈자료 CD』, 도서출판기쁜날, 2003.
　　　『칼빈해석학과 신학의 유산』, CLC, 2009.

공저_『한국교회를 빛낸 칼빈주의자들』, 킹덤북스, 2020.
　　　『전염병과 마주한 기독교』, 다함, 2020.
　　　『교회통찰: 코로나 뉴노멀 언택트 시대 교회로 살아가기』, 세움북스, 2020.
　　　『그리워지는 목회자들: 백향목처럼 아름다운 이야기』, 아벨서원, 2020.
　　　『한국의 신학자들 I』, 아벨서원, 2021.
　　　『영적 거장들의 기도』, 홀리북클럽, 2021

이은선 박사

이은선 박사의 생애와 신학

조용석_안양대학교 HK 연구교수

서울대학교 사범대학 역사교육과
서울대학교 교육대학원 역사교육과
총신대학교 신학대학원 (M. div.)
총신대학교 대학원 (Th. M., Ph. D.)
예일대학교 Visiting Scholar

구로중학교, 구로고등학교, 용산공업고등학교 역사 교사로 재직
안양대학교 신학과 역사신학 교수
안양대학교 교목실장
안양대학교 신학대학원장
한국개혁신학회 회장

1958년 충남 부여에서 태어난 이은선 교수는 1973년 여의도에서 개최되었던 빌리 그래함 전도집회에서 처음으로 복음을 접했다. 당시 그는 서울시 동작구 대방동에 소재한 성남고등학교 2학년이었다. 친구의 권유에 이끌려, 학교 수업을 마친 후, 한강 건너 여의도에서 개최되었던 전도집회에 참석했다. 그때 그는 일어나서 손을 가슴에 얹고 예수님을 구주로 영접하는 기도를 드렸다. 바로 그때부터 그의 천로역정은 시작되었다.

유신독재 반대 시위가 한창이던 1975년 봄, 서울대학교가 종로5가에서 관악캠퍼스로 옮겼던 첫 해 이은선 교수는 서울대학교 사범대학 역사교육과 75학번으로 입학했다. 그는 데모가 한창이었던 그 시절을 기억한다. 교정에 탱크가 주둔해 있었던 그 시절을 기억하면, 혼돈 그 자체였다. 대학교 1학년을 그렇게 보내며 가치관의 혼란을 경험했다. 대학교 1학년 마친 후, 2학년을 준비하던 중, 친했던 고등학교 후배의 졸업을 축하해 주고자 모교 졸업식에 가게 되었다. 그때 그는 고등학교 1학년 때 한 반이었던 친구 제정호(포항공대 신소재공학과 교수)를 우연히 만났다. 그 친구는 그에게 요즘에 뭐하냐고 물어보면서, 그에게 교회에 함께 가자고 권유했다. 그래서 그는 친구가 다니는 교회에 가게 되었다. 교회에 가서 예배를 드리게 되었는데, 목사님께서 강단에서 선포하시는 "예수님이 죄를 용서하시고, 부활하셨다"는 말씀은 거의 귓가에 들리지 않았다. 그런데 목사님이 언젠가 강단에서 미국 달러 지폐를 보여주며, "We trust God!"라고 썼기 때문에 잘 산다고 하신 말씀이 귓가에 인상적으로 들렸다. 하나님을 믿으면, 미국처럼 잘 살게 된다는 뜻으로 말씀하신 것 같은 느낌이 들었다. 그때 그는 화가 나서, 스스로에게 이렇게 질문했다. "우리는 매일같이 데모하며 사회는 혼란스러운데, 왜 이렇게 힘들게 살고 있는가? 미국은 땅이 넓어서 잘 사는 것이 아닌가? 하나님이 정말 위대하시다면, 진정으로 우리가 하나님을 믿는다면, 왜 우리는 가난하고 힘든가?" "우리나라 돈에도 하나님을 믿는다고 쓰면 잘 살 것이 아닌가?" 아무리 생각해도 화만 나고 도저히 이해할 수 없어서, 더 이상 교회로 발걸음을 옮길 수 없었다.

그러던 중 대학교 2학년 때, 그의 자취방 옆집에 살고 있는 한 소년의 권유로 구로순복음교회 부흥회에 참석하게 되었다. 그 소년은 중학생이었던 것으로 기억된다. 그때 그는 하나님의 구원의 은혜를 맛보게 되었다. 그 날 저녁예배 때 자연스럽게 가슴 깊은 곳으로부터 예수님을 영접했다고 고백했다. 그 교회가 순복음교회인지도 몰랐다. 집 앞에 있어서 옆집 소년의 손에 이끌려 간 것 뿐이었다. 무슨 열성이 붙었는지, 영접한 후부터 새벽기도를 시작하게 되었다. 하나님의 은혜에 갈급하는 심령이 되어 기도의 은혜를 받게 된 것이다. 산기도를 하러 한얼산 기도원에도 자주 가서 하나님께 부르짖었다.

대학원 진학을 계획했으나, 대학교 4학년 때 갑자기 어머니의 소천으로 인하여, 교사발령을 받지 않으면 경제적으로 버틸 수가 없어서, 교사 생활을 받을 수밖에 없었다. 1979년에 서울대학교를 졸업하고 발령받은 첫 부임지는 구로중학교였다. 구로중학교에서 국사를 가르치면서, 서울대학교 교육대학원에서 역사교육전공으로 공부했다. 그때 이은선 교수의 신실한 모습을 목격했던 주변 지인들은 그에게 신학을 공부하여 목회자가 될 것을 권유했다. 그 또한 하나님의 음성을 듣고 신학을 해야할지 결단하고자 일주일간 밤 12시부터 1시까지 기도하기로 했다. 기도하는 동안 풍성한 하나님의 은혜를 체험하고 신학을 하기로 결정을 했다. 그 후 논문학기만 남겨놓고, 군복무를 했다.

제대 후에 복직을 하고 서울대학교 교육대학원에 논문을 제출하고 졸업한 후, 1985년 총신대학교 신학대학원에 들어갔다. 신대원 입학을 결정한 후에 중요한 문제에 직면했다. 그것은 바로 경제적인 문제였다. 교사로 근무하는 상황에서 신대원을 진학하려면 직장을 그만두어야 할 텐데 학비와 생활비를 해결하기가 쉽지 않았다. 그래서 장신대학교 신대원을 갈 것인지, 아니면 총신대학교 신대원을 갈 것인지 고민했다. 장신대학교에서 장학금을 받을 수 있는 기회가 더 있었지만, 총신대학교 신학대학원 야간과정이 있다는 사실을 알고, 총신대학교로 진학을 결정했다. 주간에는 학교에서 교사로서 가르치고, 야간에 총신대학교로 신학을 공부하러 갔다.

1988년도에 총신대학교 신학대학원을 졸업하고 대학원 과정 역사신학 전공에 진학했다. 대학원에서 좀 더 깊이 있는 연구를 하고자 당시 석학으로서 존경을 받고 계시던 홍치모 교수님의 지도 아래 교회사 공부를 본격적으로 시작했다. 그때 구로고등학교에서 용산공업고등학교로 학교를 옮겼다. 1990년도에 석사과정을 졸업하고 박사과정에 진학했다. 마침 그때 총신대 신대원을 다니시며 당시 대한신학교(안양대학교 전신) 교수이셨던 김경신 교수의 추천을 받아, 1990년도 후반에 대한신학교 신학과 강사로 왔다. 1991년에 안양대학교가 정규대학이 되면서, 3월에 교수로 임용되었다. 그가 안양대학교에 부임한 이후, 전국 최초로 전국교직원노동조합이 결성되었던 구로고등학교에서 근무했던 경력으로 인하여, 임용 당시 구로고등학교 교장, 교감, 교무주임을 통하여 신원조회가 이루어졌다는 후일담도 들었다.

개혁파신학의 뿌리를 찾아서

대한예수교장로회 합동측과 합신측이 갈라지면서, 그가 재학했던 1985년에 총신대학에는 정교수들이 많지 않았다. 미국에 유학가신 분들이 잠깐식 나와서 한 학기씩 가르치는 분위기였다. 그때까지는 교단이라는 것에 대하여 알지 못하고, 야간에 학교에 가서 공부만 했다. 나중에 역사를 공부하면서 총신대학교와 합동신학대학원대학교가 분열되었던 역사를 알게 되었다. 그는 대학시절 역사를 공부했기 때문에 전공분야를 살려서 교회사를 공부해야겠다고 결심했다. 그가 앞으로의 길을 모색하기 위하여 찾아뵀던 홍치모 교수님이 그에게 선물해 주신 책을 읽고, 앞으로의 신학연구의 방향을 정하게 되었다. 그 책은 롤란드 베인튼(Roland H. Bainton)의 『16세기 종교개혁』(*The Reformation of the Sixteenth Century*)이었다. 녹스가 혁명을 통하여 종교개혁을 했다고 써 있는 구절을 읽고 큰 감명을 받았다. 박정희 대통령 이후에 전두환 대통령이 취임했는데, 군부독재가 계속되면서 기독교는 정부에 아부한다는 비판을 받고 있었다. 그는 존 녹스와 같이 혁명을 했던 종교개혁자가 있다는 사실을 알게 되면서, 기독교에 대하여 제대로 알아야 겠다는 생각을 하게 되었다. 개혁파신학에 대하여 많이 알기 때문에 녹스의 신학에 매료된 것이 아니었다. 개혁파신학에 대해서는 제대로 알지 못했다.

서울대학교 교육대학원을 마치고 이후에 신학을 하려고 결심했기 때문에, 신학을 준비하는 의미에서 교육대학원 석사학위 논문을 녹스의 저항사상에 대하여 썼다. 서울대학교 라종일 교수님이 지도교수로서 그의 논문을 지도해 주셨다. 이후 총신대학 대학원 석사과정에 진학하게 되면서, 장로교회의 본질을 이해하기 위하여 칼빈에 대하여 깊이있는 공부를 하게 되었다. 석사논문으로는 칼빈의 경제사상에 대한 논문을 쓰게 되었다. 칼빈의 사상이 자본주의 발전과 어떤 관계가 있는가에 대하여 논증했다. 그 다음으로는 박사학위논문으로 칼빈의 정치사상에 대하여 써서 1996년에 박사학위를 받았다. 당시 우리나라의 자료가 없어서 논문을 준비하기게 매우 어려웠는데, 하나님의 은혜로 미국 칼빈신학교에 다녀올 수 있었다. 칼빈신학교에서는 교수연구계획 지원서를 내어 그 계획이 추천되면 6주 동안 논문 준비를 할 수 있도록 배려해 주었다. 1992년에 다녀왔다. 지금처럼 스캐너가 없었기 때문에 열심히 도서관에서 복사했던 기억이 난다. 그때 개혁파신학에 대하여 비로소 알게 되었다. 당시 그의 중요한 신학적 질문은 칼빈이 정교분리를 주장했는가에 관한 것이었다. 그는 칼빈이 정교구분을 했지만, 정교분리를 한 것이 아니라고 이해했다. 교회와 국가가 하나님의 주권 아래 있기 때문에 동시에 개혁해야 한다. 이것은 우리 나라 사람들에게도 생소했던 개념이었다. 정교분리에 익숙했기 때문이다. 그는 박사학위논문에서 양자 간의 관계를 통합적으로 생각해야 한다고 주장했다. 종교개혁시기에 정교분리를 주장한 그룹은 개혁파가 아니라, 재세례파였다.

그는 칼빈에 이어 개혁파 정통주의 역사에 대하여 연구하며, 칼빈주의 역사에 대한 총체적 연구에 심혈을 기울였다. 칼빈과 개혁파 정통주의와의 관계에 대하여 주목했다. 우리 나라에서는 이와 같은 그의 신학적 질문에 대하여 대답할 수 있는 신학자들을 찾지 못했다. 그러던 중 그는 안식년을 보내면서, 우연한 기회에 리차드 멀러(Richard A. Muller)의 *The Unaccommodated Calvin: Studies in the Formation of a Theological Tradition*을 읽게 되었다. 그는 그 책에서 기가 막힌 설명을 읽게 되었다. 개혁파 정통주의자들이 칼빈의 신학을 왜곡시킨 장본인이라는 칼 바르트의 주장이 잘못된 것이라는 주장이었다. 바르트는 칼빈은 인문주의자로서 기독론과 하나님의 은혜를 강조하는데, 개혁파 정통주의자들은 예정론과 신론을 중심으로 스콜라주의적 경향까지 갖추며 칼빈주의를 구성해 나갔다고 주장하였다. 그러나 멀러는 칼빈과 정통주의는 성경과 하나님을 신학의 근본원리로 삼는 점에서는 동일하고, 신학방법론에서 인문주의에서 스콜라주의로 바뀌었을 뿐이라고 주장하였다. 개혁파 정통주의의 칼빈 이해를 비판하고 본래적인 칼빈의 신학을 복원했다고 주장하는 바르트의 주장을 비판하는 리차드 멀러의 책은 그에게 새롭게 다가왔다. 만일 바르트가 칼빈과 정통주의를 불연속적으로 해석하지 않았다면, 그러한 왜곡을 바로 잡으려는 칼빈 연구의 르네상스는 오지 않았을 것이다. 멀러의 연구 결과로 방법론에서는 불연속성이 있지만, 칼빈의 신학이 자연스럽게 발전해서 개혁파 정통주의가 되었다는 전통적인 견해가 회복되게 되었다. 그는 2002년 그가 감명받았던 리차드 멀러의 책을『종교개혁 후 개혁주의 교의학』(이레서원)이라는 제목으로 번역, 출판했다. 그는 멀러의 책을 번역하면서, 칼빈과 개혁파 정통주의에 대한 이해를 심화시켰다.

결과적으로 칼빈의 본래적 신학을 복원하고자 했던 칼빈 르네상스가 바르트를 통하여 온 것이다. 그의 연구에 자극을 받은 보수주의자들은 칼빈과 개혁파 정통주의자들을 연결하는데 집중했다. 그들은 연속성을 증명하면서, 바르트를 비판했다. 그렇게 상황이 전개되면서 역설적으로 칼빈을 연구하지 않을 수 없었던 것이다. 칼빈과 청교도, 화란의 정통주의의 내용적인 연속성을 찾는데 전념했던 것이다. 19세기 독일의 학자들이 개혁파의 중심교리로 예정론을 부각시켰지만, 멀러는 예정론을 개혁파 신학의 원리라고 말한 사람은 없다는 사실을 강조하였다. 19세기 독일 신학자들이 특히 루터파와 개혁파를 대립시키면서, 이신칭의와 대립된 예정론을 중심교리로 부각시킨 것이지, 개혁파 신학자들은 그것을 신학의 원리로 삼지 않았다. 칼빈의 신학을 예정론을 통해서 전체적으로 체계화시킬 수 없다. 칼빈은 하나의 중심교리를 주장하지 않고, 로마 가톨릭교회와 논쟁하는 과정 속에서 중요한 프로테스탄트의 신학적 원리를 천명한 것이다. 그러므로 칼빈과 정통주의의 연속성이 존재한다. 이들은 오직 성경의 원리와 함께 성령의 조명을 통한 하나님의 계시 이해를 통해서 신학을 체계화시키는 신학적 원리의 동일성이 존재한다. 방법론이 달라진 것이라고 파악한다. 칼빈과 개혁파 정통주의 연구에 이어 그는 개혁교회의 아버지로 추앙받는 스위스 종교개혁자 츠빙글리를 연구하면서, 개혁파신학의 역사 연구에 심혈을 기울였다. 아울러 종교개혁전통으로부터 연유하는 현대 복음주의운동에 대하여 연구하면서, 개혁파신학의 역사연구를 총체적으로 집대성했다. 그는 개혁파신학의 미래와 관련하여 16세기 개혁파신학과 현대문화의 접촉점을 찾지 않은 채, 과거의 개혁파신학을 고수하는 것은 바람직하지 않다고 조언한다. 하나님의 절대주권과 섭리를 고백하면서, 성경의 복음의 진리를 현대문화와 창조적으로 매개시키는 창조적인 신학의 눈이 필요하다. 그는 이것을 포용적 개혁파신학이라고 정의한다.

섭리론적 역사인식
: 하나님 섭리의 눈으로 한국현대사와 교회사를 통섭하다

이은선 교수는 신학을 해야겠다고 결심하기 이전에, 서울대학교 역사교육과를 다니면서, 이후에 한국사 전공교수가 되기를 희망하여, 한국사 공부에 매진하였다. 특히 그는 한국현대사에 깊은 관심을 가지고 있었다. 하나님의 부르심을 받고 신학을 하게 되었지만, 청년 역사학도의

학문적 열망은 사라지지 않았으며, 오히려 교회사 연구를 통하여 깊이 있게 승화되었다. 그는 하나님의 구원의 역사와 한국현대사가 통섭하는 중요한 지점들을 발견하게 되었다. 세속사의 전개 속에서 발견되는 구속사적 맥락을 증언하기 시작하였다.

그는 박명수 교수가 책임 연구자로서 한국연구재단의 지원을 받아 추진했던 연구프로젝트에 합류하면서, 한국현대사 속에서 기독교가 한국의 근대화를 위하여 기여했던 부분에 대하여 집중적으로 연구하기 시작했다. 이 연구프로젝트는 박명수 교수가 금성출판사의 2008년 역사교과서에서 기독교에 대하여 악의적으로 기술한 부분을 우연하게 발견하게 되면서 시작되었다. 그는 악의적으로 왜곡된 한국 기독교의 역사를 정정해야 한다고 생각하고, 이 과업을 위하여 박명수 교수가 추진했던 연구 프로젝트에 합류했다. 금성출판사의 역사교과서가 악의적으로 기술한 한국의 기독교에 대한 내용은 다음과 같다: "한국의 기독교가 복음주의를 지나치게 믿어서 일본 제국주의 침략의 앞잡이가 되었다".

일반 역사와 교회사를 전공했던 그에게 있어서 이 연구 프로젝트는 매우 적합한 것이었다. 그때 박명수 교수는 그에게 다음과 같이 말했다고 한다. "이은선 교수님, 교수님께서 역사 선생님을 한 10년 넘게 했으니까 바로 이 일을 위하여 태어난 것 아니겠습니까?" 박명수 교수와의 연구 프로젝트의 핵심주제는 다음과 같았다: ① 한국의 기독교가 들어와서 한국의 근대화를 위하여 끼친 영향에 대하여. ② 한국의 기독교를 서술하기 위한 역사관을 어떻게 정립할 것인가. ③ 한국 기독교의 역사를 올바로 서술하기 위하여 민족사관의 문제를 극복해야 한다. 그는 다음과 같이 말한다.

"과거 금성교과서의 경우에 같이 개신교에 대한 부정적인 부분이 서술될 수 있으므로, 개신교의 근대문물 유입에 대한 긍정적인 역할과 함께 근대화에 기여한 내용들이 정확하게 서술되도록 해야 할 것이다. 한국의 오늘의 사회를 이해하는데 개신교가 한 역할은 너무나 중요하다. 오늘의 한국사회를 형성하고 발전시키는데 분명한 기여를 한 개신교에 관련된 서술이 2007 개정교육과정의 국사교과서에 정확하게 반영되도록 세심과 노력과 주의를 기울여야 하겠다. 개신교는 개항 이후에 한국사회가 근대사회로 발전하는 과정에서 교육과 의료를 중심으로 근대화에 기여하였고, 여기서 교육받은 사람들이 다양한 방면에서 애국계몽운동을 중심으로 한 다양한 민족운동을 전개할 뿐만 아니라, 남녀평등, 조혼풍습 폐지, 한글 보급, 건전한 근로 의식의 형성 등 근대적인 의식 형성에 기여하였다. 이러한 개신교의 다양한 공헌들이 서술되어 중학교 학생들이 개신교의 역사적인 공헌과 역할을 올바르게 이해하도록 해야 하겠다."[1]

그의 연구는 해방공간 속에서 좌파의 인민민주주의와 우파의 자유민주주의의 대립구도 속에서 기독교인들이 자유민주주의 세력의 주체라는 사실을 증명하기 위한 것으로서, 한국의 자유민주주의를 위한 기독교의 기여를 기술하면서도 공과 과를 철저하게 구별했다. 이승만 대통령의 업적에도 불구하고, 독재로 가게 되면서 씻지 못할 오점을 남겼다는 사실을 강조한다. 그는 1980년대 이후 한국사회 내에서 좌파적 성향을 가진 사람들이 많아 지면서, 이승만 대통령을 대통령이라 부르지 않는 모습에 안타까움을 느꼈다. 그들에게 있어서 이승만 대통령 정부는 태어나지 말아야 할 정부였다. 이러한 역사인식은 해방 전후사의 인식에 잘 나와 있다. 그들은 이승만 대통령을 민족분단의 원흉이며, 친일

---

[1] 이은선, "한국 중학교 국사교과서에 나타난 개신교 서술분석과 개선방향", 『역사신학논총』, 2009. 12, 222.

파를 등용해서 미국을 등에 업고 나라를 분단시키는 사람이라고 비판했다. 그러나 오늘날 대한민국이 자유민주주의 국가가 된 것에 대하여, 이승만 대통령의 업적으로 정당하게 평가받아야 한다.

그가 서울대학교 역사교육과에 입학했을 때는 식민사관를 대치하는 민족사관이 대두했던 시기였다. 식민사관은 일제시대에 일본이 한국에 심어준 것이다. 식민사관에 의하면, 한국은 고조선부터 조선시대까지 노예제도가 있는 나라로서 발전하지 못하고 정체되었으며, 중국에 조공을 바치는 사대주의가 주류여서 자주적이지 못하고 당쟁을 통해 서로 분쟁하며 통합을 이루지 못한 나라다. 따라서 일본의 통치가 미개한 한국의 발전을 위하여 기여했다. 박정희 대통령이 이것을 극복할 수 있는 것을 만들어야 한다고 생각한다. 그것은 바로 민족사관이었다. 예를 들어, 김용섭의 내재적 발전론이 대표적인 사례이다. 내재적 발전론에 의하면, 조선후기부터 자본주의의 맹아가 발견되고 있으며, 사색당쟁이라는 것은 나쁜 것이 아니라 현대 정당정치와 유사한 것이다. 그런데 민족사관은 외부에서 도입된 것에 대하여 편견을 가지고 바라본다. 기독교 또한 외부에서 들어온 것이기 때문에 바람직한 것이 아니다. 결과적으로 외부에서 들어온 것은 나쁜 것이다. 기독교는 제국주의 침략의 앞잡이다. 식민사관을 극복하기 위하여 민족사관은 의미가 있었지만, 기독교를 비롯해서 외세적인 것들을 부정적으로 바라보는데 문제가 있었다. 그는 한국사회에서 일반 역사를 연구하는 사람들이 기독교의 역사를 인정하지 않는 것에 대하여 안타깝게 생각한다. 그는 이렇게 말한다.

"대한민국은 민주공화국이라는 말이 어떻게 생겨났는가? 바로 기독교의 영향이다. 신익희나 조봉암, 중국의 신해혁명에서 나왔다고 주장하는 사람들이 있지만, 그것은 아니다. 용어상으로도 어디에도 민주공화국이라는 말은 없다. 결국 그 말을 쓰는 나라는 미국이었다.

미국을 본받아서 공화국을 만들어야 한다. 안창호가 1905년도에 공립협회를 만들면서 그런 이야기를 했다. 이승만 대통령도 1904년에 쓴 독립정신이라는 책에 민주공화국 용어를 쓰고 있다. 선교사들의 책을 읽었던 것이다. 이미 서재필을 통해서 배웠다. 그 사람들이 미국에 가서 공부하면서 배웠던 것이다. 그 사람들이 임시정부를 만들었다. 미합중국 헌법을 따라서 우리도 민주공화국을 만든다. 우리 나라에 민주공화국이라는 민주주의 제도가 들어오는데, 이미 교회에서 선거를 통하여 경험해 보았지만, 그 용어 자체는 미국에서 들어왔으며, 그것을 위하여 기독교인들이 절대적으로 역할을 했던 것이다."

그는 확신한다. 하나님께서 역사를 이끌어가신다. 사람들이 만들어가는 것으로 보이는 듯한 역사의 배후에 하나님이 계신다. 그에게 있어서 한국현대사와 교회사의 통섭적 연구는 하나님의 섭리의 손길을 증언하기 위한 것으로서, 구체적으로 말하자면, 기독교가 한국의 근대화를 위하여 결정적인 기여를 했다는 역사적 사실을 증언하는 것이다. 그는 지난 날의 한국 기독교의 역사를 반추하면서, 앞으로 한국 사회 내에서 기독교의 역할에 대하여 다음과 같이 제안한다.

"과거에는 기독교가 사회보다 앞서가는 사상이었지만, 어느 순간을 지나가면 과거에 매여서 새로운 것을 받아들이기가 쉽지 않다. 지금도 우리나라가 이데올로기로 분열되어 있는데, 이것을 기독교가 어떻게 극복할 것인가. 목사님들도 너무나도 진보와 보수가 분열되어 있어서, 과연 어떻게 같이 갈 수 있을 것인가? 극복의 문제가 기독교의 가장 당면한 문제이다. 과거에 매여 있으면 더 이상 새로운 것을 받아들일 수 없다. 한국의 기독교는 새로운 것을 향하여 나아가야 한다."

과거에는 교회가 한국에서 가장 앞서가는 단체였다. 학생들이 문학의 밤도 개최하고, 교회에서 문화적 욕구를 충족시킬 수 있었다. 절과 성당이 하지 못한 일을 교회가 했다. 개신교야말로 현대문화와 밀착되어 있는 곳이다. 이제는 다른 곳에서 그와 같은 즐거움을 주고 있어서 문제이다. 16세기 개혁주의라는 틀만 가지고 이것을 그대로 한국에 접목시키는 것은 바람직하지 않다. 한국의 문화 속에서 한국 사람들과 할 수 있는 접촉점을 창조적으로 찾아야 한다.

기독교에 대한 문명교류사적 인식
: 안양대학교 신학연구소 HK+(인문한국) 사업 유치 (연구주제: 동서교류문헌 연구)

이은선 교수는 2019년 안양대학교 신학연구소 HK+ 사업단장으로서, "동서교류문헌 연구"라는 연구주제로 한국연구재단 HK+(인문한국플러스) 사업을 유치하는 쾌거를 이루었다. 그는 안양대학교 설립자인 김치선 목사님께서 구약성경 연구와 고고학을 연결하여 연구했던 학제간 연구의 전통을 안양대학교 신학연구소가 HK+ 사업을 통하여 계승하는 것이라고 강조한다. 그는 다음과 같이 말한다.

> "그는 『오경의 모세저작권』이라는 박사학위 논문과 『구약사기』에서 고고학적 발굴 자료들을 성경해석에 접목시키는 학제간 연구를 하였다. 이러한 연구는 안양대학교 신학연구소의 동서문명교류라는 인문한국플러스 사업으로 계승 발전되었다."[2]

개혁파신학의 뿌리를 찾고, 한국현대사 속에서 기독교의 한국근대화

---
[2] "김치선의 총회신학교에서의 교육활동과 안양대학교 설립의 의의", 『한국개혁신학』, 2020. 8. 56.

를 위한 기여를 증언하는 것이 신앙고백적 차원의 섭리론적 역사인식의 확장판이라면, 이것이 더 확장되어 기독교에 대한 문명교류사적 인식으로 귀결된다. 그는 기본적으로 헬레니즘과 헤브라이즘이 만나는 초대교회가 중세를 거쳐서 어떻게 동방에까지 왔는가에 대하여, 그 다음으로 중국 명청대 기독교의 전파를 통한 동서문명교류의 역사와 한국으로 개신교가 들어오면서 한국의 서구 근대문명 수용과정에 대한 심화된 연구를 하기를 원한다. 그 가운데 하나님께서 인류역사를 주관하시는 섭리의 손길을 찾아서 증언하는 것이 바로 교회사가의 임무라고 이해한다. 이를 위하여 문명교류사적 관점에서 기독교를 이해하는 것이 필요하다. 서구 근대문명의 도입과 기독교와의 관계를 규명하는 작업은 이와 밀접하게 관련되어 있다. 그는 안양대학교 신학연구소 HK+ 사업단을 이끌면서, 국내 최초로 아직까지 소개되지 않았던 초대교회의 선교 역사를 발굴하여 소개하면서, 이것을 문명교류사적 관점에서 재조명했다. "코스마스의 『기독교 지형학』에 나타난 동서 문명 교류에 대한 이해"(『한국교회사학회지』 54, 2019. 12), "코스마스의 『기독교 지형학』에 나타난 기독교 확산에 대한 인식과 타프로바네"(『영산신학저널』 52, 2020.6), "아프리카 악숨 왕조의 기독교 수용과 로마제국-인도양의 무역로의 역할"(『역사신학논총』 36, 2020. 6), "6세기 전반기 힘야르 왕국과 악숨 왕국 간의 전쟁과 기독교"(『영산신학저널』 54, 2020. 12), "소코트라의 1~6세기 동서문명교류에서의 위치와 기독교 수용"(『한국교회사학회지』 60, 2021. 12).

문명교류사적 관점에서 우리가 구한말 이후 어떻게 서구의 근대문명을 수용하여 근대화를 성취했는가에 대하여 연구하는 것이 중요하다. 이것은 한국의 기독교에 대하여 부정적으로 바라보는 민족사관의 극복을 위하여 결정적으로 기여할 수 있다. 더 나아가 문명교류사적 관점에서 기독교를 이해하는 것은 '전통'이라는 미명 아래 견지하고 있는 기독교에 대한 배타적인 관점을 극복할 수 있다. 한국의 전통문화 및 사상을 강조하는 사람들은 기독교를 대단히 외세적으로 바라보면 배타적인 자세를 견지하고 있다. 예를 들자면, 황석영의 『손님』이라는 소설은 공산주의와 기독교는 외부의 손님으로서 나라를 어지럽히는 존재로 묘사하고 있다. 그는 과거에는 기독교가 시대를 앞서 갔지만, 지금은 그렇게 하지 못하니, 점점 더 기독교에 대하여 배타적인 입장을 가지게 되는 사람들이 많아지는 것이라고 평가한다.

참된 경건의 신학자

4남 2녀 중 차남으로 태어난 이은선 교수는 집안에서 어머니 다음으로 기독교 신앙을 접하고 가족들을 전도했다. 어머니가 먼저 교회를 다니셨다. 어머니는 젊어서부터 건강이 안 좋으셨다. 동네에서 방물장수를 하시던 아주머니를 통해 어머니가 예수님을 구주로 영접하면서 치유를 체험하였다. 그 후에 그가 예수님을 영접했고, 나머지 가족을 전도했다. 그는 구로순복음교회에서 새벽기도로 본격적인 신앙생활을 시작했다. 그때부터 시작한 새벽기도는 지금까지 쉬지 않고 하고 있다. 새벽 4시 반에 일어나서 먼저 기도하고 말씀을 깊이 묵상하면서 하루의 시작을 연다. 새벽기도는 그의 삶의 생명력의 원천이다. 그는 새벽기도의 영성으로 하루하루를 살아간다. 새벽에 주님께 기도하며 마음에 소망을 심는다. 새벽기도를 통하여 삶의 허무함을 이겨내고, 참된 삶의 의미를 깨달으며, 하루 동안 살아갈 수 있는 영육 간의 강건함을 얻는다. 그의 새벽기도의 영성은 그의 왕성한 저술활동과 강연을 통하여, 그리고 학생들과 동료신학자 및 교수님과의 넉넉한 관계 속에서 빛을 발한다.

그의 삶은 청교도적인 검소함과 순박함이 깊이 베어 있으며, 그의 기도는 성령의 불이 임하여 혀를 움직여주시는 성령의 충만함의 증거이다. 그는 하나님 말씀대로 살기를 간절히 원하며, 뜨거운 기도의 능력으로 진리를 선포하기를 원한다. 그에게 있어서 교회와 사회는 구분되지 않는다. 하나님의 절대주권이 통치하시는 삶의 영역으로서 하나님의 귀한 피조물인 인간은 항상 감사함으로 삶을 영위하여, 최종적으로 하나님께 영광을 돌려야 한다. 그는 말씀과 기도의 영성으로 신학이라는 학문의 영역에서 신학과 신앙의 일치의 모범을 보여주고 있다. 그는 모든 현대신학의 조류를 객관적으로 이해할 수 있으면서도, 복음의 진리의 입장에서 명확하게 판단할 수 있는 경건한 신앙의 눈을 가지고 있다. 이것이 바로 그가 추구하는 신학의 근본원리이다.

그는 개혁파 신학자로서, 폐쇄적인 개혁파신학을 추구하지 않는다. 현대사회의 문제에 적극적으로 대응하며, 문화와 복음이 창조적으로 만나는 신앙의 다이나믹스를 모색한다. 그는 결코 책상에 앉아서 개혁파신학을 연구하지 않는다. 새벽에 무릎 꿇고 간절하게 말씀을 묵상하며 하나님의 뜻을 구하며, 성령의 역사를 통하여 기도의 능력을 주어지는 경건의 삶이 없는 개혁파신학의 연구는 무의미할 뿐이다.

이은선 교수는 박원순 목사님께서 목회하셨던 서울남교회에서 오후예배에 설교하면서 참된 신학의 과제는 바로 교회를 바로 세우기 위한 것이라는 사실을 몸소 체험하며, 최선을 다해 청년부 목회를 했다. 그 후 김대인 목사님이 목회하셨던 목동제일교회에서 웨스트민스터 소요리문답과 하이델베르크 교리문답을 강의하면서, 교회와 신학의 괴리를 극복하기 위한 신학자의 임무에 대하여 뼈저리게 체험했다. 돌이켜 보면 하나님께서 그를 부르신 곳은 학교와 교회의 교육현장이었다. 그는 교회라는 선교의 현장 속에서 하나님의 절대주권을 전적으로 신뢰하며 하나님의 말씀을 선포했으며, 중학교, 고등학교에서 국사 선생님으로, 안양대학교에서는 역사신학 전공교수로서, 하나님의 영광을 위하여 최선의 삶을 살았다. 그에게 있어서 교회와 세상은 하나님의 절대주권 안에서 전혀 구분되지 않았으며, 다르지만 결국은 하나이다! 앞으로도 그의 삶은 하나님의 영광을 향하여, 하나님께서 온전하게 통치하시는 교회와 세상을 섬기며 전진할 것이다. Soli Deo Gloria

연구 목록

● 연구업적

John Knox의 정치사상, 석사학위논문, 서울대 교육대학원, 1985. 12.
스코틀랜드 장로교회 내의 감독제와 장로제, 석사학위논문, 총신대 신학대학원, 1988. 12.
John Calvin의 사회 경제 사상, 석사학위논문, 총신대 신학대학원, 1990. 12.
칼빈의 율법관, 「기독교사학연구」 2, 1995. 10.
칼빈의 신학적 정치윤리에 관한 연구, 박사학위논문, 총신대학교, 1996. 8.
John Calvin's Exegesis of the Old Testament, 「기독교사학연구」 3, 1997. 6.
칼빈의 성령론, 「한국개혁신학」 2, 1997. 10.
칼빈과 성경의 권위, 「기독교사학연구」 4, 1997. 12.
칼빈과 칼빈주의 논쟁, 「논문집」 2, 안양대학교 신학대학원, 1997. 12.
칼빈의 제네바교회 개혁 활동, 「신학연구」 4, 1996. 12.
칼빈의 제네바아카데미 설립과 교양교육, 「신학연구」 5, 1997. 12.
조일우 사상과 기독교 소명사상, 「한구석밝히기」, 안양대학교 조일우연구소, 1997. 12.
칼빈의 국가관, 「칼빈신학해설」, 한국칼빈학회, 1998. 3.
기독교인의 변혁과 사회적 책임에 대한 칼빈의 견해, 「한국교회사학회지」 7, 1998. 12.
어거스틴의 영성과 성화, 「성경과 신학」 23, 1998. 12.
칼빈의 예배개혁과 교회의 21세기 예배의 갱신, 「성경과 신학」 24, 1998. 12.
베자의 예정론, 「신학지평」 8, 1998. 12.
17세기 개혁주의 신학, 「한국교회사학회지」 8, 1999. 10.
장키우스의 신학사상, 「역사신학논총」 1, 1999. 11.

프란시스 튜레틴의 성경관,「신학지평」11, 1999. 12.
칼빈과 청교도의 경제윤리,「한국개혁신학」6, 1999. 12.
제네바아카데미와 개혁파 정통주의,「한국개혁신학」7, 2000. 3.
소우물(Saumur) 학파의 형성과 합리주의적 성향,「한국개혁신학」8, 2000. 10.
스위스 일치신조와 개혁파 스콜라주의,「한국교회사학회지」9, 2000. 10.
튜레틴의 "변증신학강요"의 신학 방법론,「역사신학논총」2, 2000. 12.
고봉 김치선 목사의 국가관,「신학지평」15, 2000. 12.
루돌프 아그리콜라의 변증론 발견론 연구,「한국교회사학회지」11, 2002. 1.
종교개혁과 스콜라주의의 관계에 대한 연구 현황에 대한 서론,「신학지평」, 2002. 8.
칼뱅 사상에서 인문주의와 스콜라주의의 관계,「한국개혁신학」12, 2002. 12.
멜랑히톤의 Loci Communes 초판의 신학방법론,「역사신학논총」4, 2002.12
멜랑히톤의 Loci Communes 초판에서 율법과 복음의 관계,「신학지평」16, 2003. 12.
한국교회사의 관점에서 본 한국교회와 정치 참여,「한국개혁신학」13, 2003. 4.
칼빈의 신학적 정치윤리,「역사신학논총」5, 2003. 6.
멜랑히톤의 Loci Communes 초판에서 권위 문제,「한국개혁신학」14, 2003. 10.
멜랑히톤의 Loci Communes 초판의 주의주의 비판과 감정의 관계,「한국교회사학회지」13, 2003. 10.
윌리암 오캄의 신학사상에서 하나님의 절대적인 능력과 규정된 능력,「한국교회사학지」15, 2004. 10.
한국교회의 성찬과 축도,「조직신학연구」5, 2004. 11.
멜랑히톤의 성경해석학,「신학지평」17, 2005. 1.
종교다원주의와 전개와 개혁주의의 대응, 안양대학교 논문집, 2005. 2.
멜랑히톤의 수사학적 성경해석학,「한국교회사학회지」16, 2005. 4.
기독교강요 2권 12~14장의 구조에 대한 새로운 이해,「역사신학논총」8,

2005. 12.
기독교강요 초판에서 종교와 경건의 관계, 「역사신학논총」 10, 2006. 1.
칼빈의 경건과 학문, 「신학지평」 18, 2006. 1.
멜랑히톤의 수사학과 로마서 주석-에라스무스와 비교를 중심으로, 「수사학」 5, 2006. 9.
피터 롬바르드의 신학방법론, 「한국교회사학회지」 19, 2006. 9.
김치선 목사의 회개론, 「신학지평」 19, 2006. 12.
피터 롬바르드의 신론, 「역사신학논총」 11, 2006. 6.
스위스 일치신조의 작성배경과 신학적 의의, 「역사신학논총」 12, 2006. 12.
한국교회와 사회에 필요한 지도자를 육성한 윌리엄 베어드, 「역사행전」, 2007. 7.
초기 한국교회의 성경 번역과 부흥, 「신학지평」 19, 2007. 12.
한국교회와 정치, 「장로교회와 신학」 5, 2008. 3.
최초로 순교한 개신교 선교사 토마스, 「역사행전」, 2008. 4.
토마스 아퀴나스의 삼위일체론의 방법론, 「한국교회사학회지」 23, 2008. 11.
토마스 아퀴나스의 삼위일체론, 「신학지평」 20, 2008. 12.
세계교회협의회의 조직과 신학 : 복음주의 관점에서의 비판, 「성결교회와 신학」 21, 2009. 2
세속화시대의 기독교 영성: 관상기도에 대한 비판적 고찰을 중심으로, 「성경과 신학」 49, 2009. 4.
정암 박윤선 목사의 개혁신앙의 재평가, 「한국개혁신학」 25, 2009. 4.
한국 근현대사 검인정 교과서의 기독교 관련 서술 분석과 대책, 「한국교회사학회지」 24, 2009. 5.
칼빈의 교회론과 직제의 상호관련성, 「신학지평」 21, 2009. 10.
칼빈의 교회와 국가와의 다중적 관계, 「역사신학논총」 17, 2009. 10.
한국복음주의 신학의 최근 동향, 「성결교회와 신학」 22, 2009. 12.
칼빈의 정치사상, 칼빈, 그 후 500년, 한국칼빈학회, 2009. 12.
한국 중학교 국사교과서에 나타난 개신교 서술분석과 개선방향, 「역사신학논총」18, 2009. 12.

칼빈의 제네바 개혁활동에서 교회와 국가의 관계, 「개혁논총」13, 2010. 3.

한국근대화와 기독교, 「성결교회와 신학」23, 2010. 6.

세계교회협의회의 탄생과 역사, 「역사신학논총」19, 2010. 7.

칼빈의 목자로서의 목사 이해, 「개혁논총」15, 2010. 9.

"바울에 대한 새 관점"의 이신칭의 이해에 대한 비판, 「한국개혁신학」28, 2010. 10.

김치선 목사의 개혁파 부흥운동, 「신학지평」23, 2010. 11.

교목실 운영개선을 통한 명문화 방안 연구, 교내정책연구보고서, 안양대학교, 2010. 12.

정부의 민족종교 및 민속문화정책 현황과 기독교계의 대응, 「성결교회와 신학」24, 2010. 12.

1980년대 이후 세계교회협의회의 선교선언문에 나타난 하나님의 선교와 복음전파, 개종강요, 그리고 타종교와의 관계에 대한 분석, 「개혁논총」16, 2010. 12.

은혜의 수단인 기도로서의 시편 찬송에 대한 칼빈의 이해, 「개혁논총」18, 2011. 6.

기독교 사립학교에 대한 정부의 공공정책, 「한국교회사학회지」29, 2011. 10.

한국의 다종교, 다문화 상황 속에서 기독교 복음의 의미: 종교편향 논란의 극복을 중심으로, 「성경과 신학」59, 2011. 10

칼빈의 하나님의 형상론 이해, 「한국개혁신학」32, 2011.11

신학대학 활성화 방안 연구, 교내 연구보고서, 안양대학교, 2011.12.

안양대학교 대학원 발전방안 연구, 안양대학교 교내보고서, 2011.12.

칼빈의 하나님의 형상에 대한 이해, 「한국개혁신학」33, 2012. 2.

남양지방의 복음전파와 근대교육과 애국계몽운동, 「한국교회사학회지」31, 2012. 4.

한경직의 민족복음화운동, 「장신논단」44, 2012. 7.

이창회 목사의 애국계몽운동과 독립운동, 「한국교회사학회지」 32, 2012. 8.
한국장로교회가 한국문화에 끼친 영향, 「장로교회와 신학」 9, 2012. 9.
미군정과 대한민국의 건국시 기독교인들의 교육에 끼친 영향과 공헌, 「성경과 신학」 64, 2012. 10.
한국장로교회와 ICCC, 「신학지평」 25, 2012. 12.
개화세력과 토착세력의 만남을 통한 남양감리교회의 설립, 「신학논단」 70, 2012. 12.
아우구스티누스의 De Doctrina Christiana의 저술목적, 「성경과 신학」 66, 2013. 4.
대한자강회 남양지회의 애국계몽운동, 「성경과 신학」 68, 2013. 10.
웨스트민스터 신앙고백서의 구원론: 구원서정을 중심으로, 「한국개혁신학」 40, 2013. 11.
하와이 최초의 독립운동 단체 신민회의 조직과 영향, 「신학연구」 63, 2013. 12.
아우구스티누스의 삼위일체론 1-4권에 나타난 유사론자들에 대한 비판 논리, 「신학논단」 74, 2013. 12.
남양군에서 기독교 전파를 통한 여성교육과 여성의식변화와 애국계몽운동, 「성경과 신학」 70, 2014. 4.
밀턴의 결혼, 이혼, 그리고 젠더, 「한국교회사학회지」 38, 2014. 8.
구약학자로서의 김치선 목사, 「신학지평」 27, 2014. 12.
토착화 과정으로서 추도식 발전 과정, 「한국개혁신학」 45, 2015. 2.
아우구스티누스의 삼위일체론의 12-14권에서 지식과 지혜의 관계, 「신학논단」 79, 2015. 3.
프란시스 튜레틴의 예정론 연구, 「한국개혁신학」 46, 2015. 5.
언더우드 선교사의 선교사역 - 그의 에큐메니즘을 중심으로, 「역사신학논총」 28, 2015. 6.
요한 낙스와 정치와 교회의 관계, 「교회와 문화」 35, 2015. 8.
기독교문화재 보존의 가치성, 「신학지평」 28, 2015. 12.

한국교회 예배 이대로 좋은가? 개혁주의 관점에서의 분석과 대안모색, 「생명과 말씀」 15, 2016. 4.
3.1운동과 임시정부와의 관계, 「성결교회와 신학」 35, 2016. 6.
한국장로교단들의 웨스트민스터 신앙고백서와 대소요리문답의 수용, 「한국개혁신학」 51, 2016. 8.
1920년대까지 R. J. 토마스 선교사의 사역에 대한 인식 형성과정 고찰-그의 순교담론을 중심으로, 「장신논단」 48-4, 2016. 12.
대한독립촉성국민회와 기독교, 「한국교회사학회지」 46, 2017. 5.
대한독립촉성국민회와 기독교 지도자들, 「성결교회와 신학」 37, 2017. 7.
대한독립촉성국민회 지방조직과 기독교, 「한국개혁신학」 55, 2017. 8.
제헌국회와 기독교 국회의원, 「한국교회사학회지」 47, 2017. 9.
통합학과 신규교육과정 수립 및 성과분석 연구, 교내정책연구, 안양대학교, 2017. 12.
루터의 오직 믿음과 성화의 관계, 「신학지평」 30, 2017. 12.
독립촉성중앙협의회 지방 조직과 선전총본부의 활동, 「한국개혁신학」 57, 2018. 2.
이승만의 남선 순행과 정읍 발언의 의미 분석, 「한국정치외교사논총」 39-2, 2018. 2.
이승만의 남선 순행과 대한독립촉성국민회 지방 조직 확산과 기독교, 「성경과 신학」 86, 2018. 4.
6.25전쟁과 WCC와 한국교회, 「한국개혁신학」 58, 2018. 5.
6.25전쟁과 미국 복음주의와 한국교회, 「영산신학저널」 44, 2018. 6.
칼빈의 칭의와 성화의 관계에 대한 개핀(Gaffin)과 페스코(Fesko) 논쟁, 「한국개혁신학」 58, 2018. 11.
녹스와 스코틀랜드 종교개혁, 「신학지평」 31, 2018. 12.
종교개혁전통과 복음주의 운동, 「역사신학논총」 33, 2018. 12.
1970년대 한미 관계와 민족복음화 운동의 상관관계, 「영산신학저널」 47,

2019. 3.
해방 후 전주 스테이션과 장로교회들이 전주 발전에 미친 영향, 「한국교회사학회지」 52, 2019. 5.
케직 사경회의 신학적 배경과 성화론, 「역사신학논총」 34, 2019. 6.
츠빙글리(Huldrych Zwingli)의 예술 이해, 「한국개혁신학」 63, 2019. 8.
김의환의 복음주의적 개혁주의 신학, 「신학지평」 32, 2019. 12.
코스마스의 「기독교 지형학」에 나타난 동서문명 교류에 대한 이해, 「한국교회사학회지」 54, 2019. 12.
해방 후 인천 내리교회의 우익과 좌익의 국가수립 활동, 「영산신학저널」 50, 2019. 12.
강홍모 장로와 전주 영생학원의 설립과 운영의 역사적 의의, 「한국교회사학회지」 55, 2020. 5.
코스마스의 「기독교 지형학」에 나타난 기독교 확산에 대한 인식과 타프로바네, 「영산신학저널」 52, 2020. 6.
아프리카 악숨 왕조의 기독교 수용과 로마제국-인도양의 무역로의 역할, 「역사신학논총」 36, 2020. 6.
김치선의 총회신학교에서의 교육활동과 안양대학교 설립의 의의, 「한국개혁신학」 67, 2020. 8.
김치선 목사의 에스겔 분석, 「신학지평」 33, 2020. 12.
6세기 전반기 힘야르 왕국과 악숨 왕국 간의 전쟁과 기독교, 「영산신학저널」 54, 2020. 12.
해방 후 한국기독교인들의 토착적인 사회복지 형성 연구, 「역사신학논총」 37, 2020. 12.
5~6세기 하부 누비아(Low Nubia) 지역에서 노바디아 왕국 등장과 기독교 수용, 「한국교회사학회지」 58, 2021. 5.
한국교회의 아브라함 카이퍼 신학사상 수용과 연구, 「한국개혁신학」 71, 2021. 8.

한국교회의 아프리카 선교사역과 한국문화의 국제화, 「역사신학논총」 39, 2021. 12.

소코트라의 1~6세기 동서문명교류에서의 위치와 기독교 수용, 「한국교회사학회지」 60, 2021.12.

● 역서

『스코틀랜드 교회사』, 한국로고스연구원, 1991.
『미국장로교회 논쟁』, 아가페문화사, 1992.
『속사도교부들』, 기독교문서선교회, 1994.
『개혁자들의 신학』, 요단출판사, 1994.
『주제별 교회사 (상)』, 요나 출판사, 1995.
『주제별 교회사 (하)』, 요나 출판사, 1995.
『신학의 역사』, 기독교문서선교회, 1996.
『칼빈의 신학적 정치윤리』, 기독교문서선교회, 1997.
『영국의 복음주의』, 한들출판사, 1998.
『종교개혁후 개혁주의 교의학 - 신학서론』, 이레서원, 2002.
『16세기 맥락에서 본 진정한 칼뱅 신학』, 나눔과 섬김, 2003.
『기독교 강요』, 지식을 만드는 지식, 2010.
『멜란히톤과 부처』, 두란아카데미, 2011.

● 저서

『신학을 배우려는 젊은이들에게』, 도서출판 노바, 2008.
『교회가 내 안에』, 도서출판 노바, 2008.
『기도가 내 안에』, 도서출판 노바, 2008.
『성경이 내 안에』, 도서출판 노바, 2008.
『칼빈과 한국교회』(공여기, 이은선, 박용규, 문병호), 생명의 말씀사, 2009.
『칼빈 신학 개요 Ⅱ』(이은선외 12명), 두란노 아카데미, 2009.

『오경(五經)과 모세』, 개혁주의출판사, 2011.
『종교개혁자들 이야기』, 지민 시흥, 2013.
『청교도 입문』, 지민 시흥, 2014.
『초대교부들 이야기』, 도서출판 지민, 2019.
『중세신학자들 이야기』, 도서출판 지민, 2021.

● 편서
『남양감리교회 115년사』, 한올문학사, 2012.

이은선 교수는 조경숙 사모와 1983년도 12월에 결혼했다. 1986년, 88년, 90년에 세 딸을 하나님의 선물로 받았다. 세 딸의 이름은 효주, 원주, 은빛이다.

이은선 교수

제14회 영익기념강좌에서 이은선 교수(가운데)가 발제하고 있다. | 서울신대, 2010년 4월 7일

기독교학술원 | 온누리교회, 2023년 1월 20일

한국기독교한림원 | 은혜와진리교회, 2022년 11월 25일

한국신학회 | 2014년 11월 3일

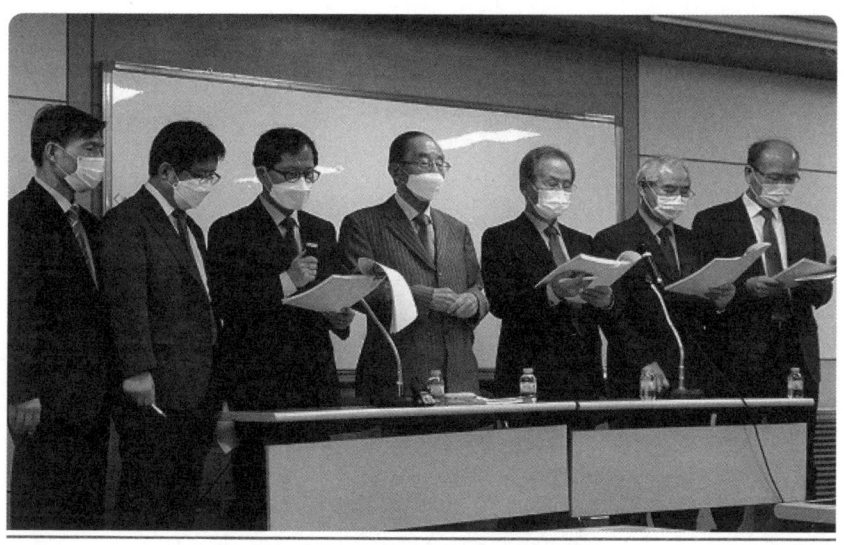

WEA와 교류촉구 | 한국기독교100주년기념관

한국기독교학교연맹의 공동학술세미나 | 서울YMCA·한국교회사학연구원, 2014년 12월 16일

종교개혁신학 공동학술대회 | 새문안교회 언더우드 기념관, 2014년 11월 15일

저서 「종교개혁자들 이야기」

조용석 교수

독일 보쿰(Bochum)대학교 신학박사 (Dr. Theol.)
안양대학교 HK 연구교수

이장식 박사

이장식 박사의 생애와 신학

김영한_기독교학술원장, 숭실대학교 명예교수

한신대학교
캐나다 퀸즈신학대학교
뉴욕 유니언신학교 신학석사
아퀴나스신학대교 신학박사

한신대학교 교수
아프리카 케냐장로교신학대 교수, 선교사
혜암신학연구소 소장

머리말

혜암 선생은 한국 신학자들 가운데는 가장 장수한 신학자요, 100세에 이르기까지 학문적 연구와 활동을 하시고 계시며, 그의 신학은 진보와 보수를 포용하는 신학으로서 한국교회와 신학에 대화의 처소를 만드는 신학이라고 말할 수 있다. 그의 신학은 보수와 진보 사이에 대화의 공간을 마련한 교량의 신학이라고 말할 수 있다. 그는 엄청난 신학적 저술을 하였고, 제1세대의 신학자로서 후학들에게 신학의 기초를 교과서로 제공하면서 한국신학의 교과서적 기초를 마련하신 분이라고 말할 수 있다.[1]

혜암의 학문적 길은 1기(1947년 조선신학교 입학~1957년 뉴욕 유니온신학교 석사 취득), 2기(1958년 수유리 한신대 캠퍼스 교수~1971년 예일대 신학부 및 아퀴나스신학교 박사 취득), 3기(1972년 대구 계명대 교수 및 교목~현재)로 나눈다. 그가 피력하는 바에 의하면 1기는 알기 위하여 배우는 길, 2기는 가르치기 위하여 배우는 길, 3기는 배우는 길은 끝없는 길이었다.[2]

혜암은 1947년 조선신학교에 입학하여 송창근, 김재준 목사 영향아래 3년간 수학(修學)하고 "어거스틴의 시간과 영원"이라는 졸업논문을 써서 논문상을 받았다.[3] 혜암은 처음부터 종교개혁사상의 원조인 어거스틴 사상에 깊은 영향을 받은 것을 알 수 있다. 이러한 신학적 경향이

---

1 혜암은 세계교회사와 아세아교회사, 한국교회사, 기독교신학사상사, 고대교회사, 기독교 사관의 문제, 연구 방법론, 어거스틴, 주기철, 본회퍼 연구의 교회사 인물론, 정통주의 합리주의 등 교회사를 중심으로 깊고 넓은 신학 연구활동의 초석을 놓았다.
2 이장식, "나의 신학의 순례" in; 『아담아 너는 무엇을 생각하느냐』, 글마당, 2007, 228, 234, 240.
3 이장식, "나의 신학의 순례" in; 『아담아 너는 무엇을 생각하느냐』, 글마당, 2007, 229.

그의 신학사상의 방향을 특징지우지 않았나 생각된다. 혜암은 뉴욕의 유니온신학교에서 신학석사학위 논문 "청교도의 자연법"을 썼다.[4]

혜암은 1957년 유니온신학교에서 석사학위를 받고 귀국해서 1958년부터 수유리 한신대학에서 10년간 교회사 강의를 하였다. 1968년에 유니온신학교 연구교수로 1년간 연구하였다. 1969년 가을에 아퀴나스신학원 박사과정에 입학하여, 미국 가톨릭교회 1910년대 대주교 존 아일랜드 사상 연구로 1971년에 박사학위를 받았다.[5]

그는 귀국해서 1972년부터 계명대학교에서 4년 동안 교수 및 교목으로 있다가 다시 한신대학으로 복귀하여 가르치다가 1986년 정년 은퇴까지 가르쳤다. 은퇴 후에도 대학원 강의와 연구에 집중하여 『기독교사관과 역사』라는 저서를 내었다.

1992년 아프리카로 떠나 교원(敎員)의 부재로 어려움을 겪던 동부 아프리카 케냐 PCEA(Presbyterian Church of East Africa) 산하 장로교신학교에서 교육 선교사로 14년간 봉사하고 귀국하였다. 혜암은 2014년 진보신학과 보수신학 간의 상호동격적 대화를 표방하는 혜암연구소를 설립하여 2020년까지 초대 소장으로 봉직하면서 「신학과 교회」라는 신학지를 정기적(여름, 겨울)으로 출간하였다. 혜암은 교권이나 총학장 직책 등 명예에 큰 욕심이 없었다.[6] 그는 기장 교단과 한신대학교가 낳은 학자들 가운데 연구에 가장 헌신한 학자로서 교회사 분야에

---

4 이장식, "나의 신학의 순례" in; 『아담아 너는 무엇을 생각하느냐』, 글마당, 2007, 233.
5 이장식, "나의 신학의 순례" in; 『아담아 너는 무엇을 생각하느냐』, 글마당, 2007, 240.
6 혜암은 제1회 한신 졸업생 교수로서 한신대학교 교수, 계명대학교 교수, 예일대학교 신과대학 연구교수, 영국 맨체스터대학교 신과대학 명예 객원교수, 케냐 동아프리카 장로교신학대학 교수, 혜암연구소 창립 초대 소장 등을 두루 역임하며 교육 및 연구활동을 이어갔다.

서 큰 연구업적을 쌓았다.[7]

　필자는 이 논문에서 혜암이 만년(晩年)에 신학적 수상 글을 모아 발표한 저서 『아담아 너는 무엇을 생각하느냐』(2007)와 『교회의 본질과 교회개혁』(1988)을 중심으로 그의 신학사상을 분석하기로 한다. 특히 그의 신학적 수상에 나타나 글들을 보면, 교회사적 사실에 대한 통찰과 해석을 넘어서서 여러 가지 주제에 대한 자신의 신학적 견해가 나타나 있다. 『아담아 너는 무엇을 생각하느냐』 서문에서 혜암은 다음같이 피력한다: "신학논문과 저술만을 일삼아 왔던 사람이 만년에 크리스찬 신문의 요청을 받아서 한 해 동안 매주 한편의 에세이를 쓴 것과 그 밖의 몇 가지를 모은 것이 한 권의 책이 되었습니다. 대부분의 글은 때때로 사회적으로나 교회적으로 이슈가 된 문제들에 대한 논편과 소감 같은 것입니다."[8] 그의 신학적 수상 글들에서는 사회적으로나 교회적으로 이슈가 된 여러 문제들에 대한 그 자신의 신학적 견해가 표명되어 있음으로 그의 신학사상이 잘 드러나 있는 것으로 보인다. 필자는 그의 신학사상을 나타내는 12가지 항목을 여기에 소개해 보았다. 이 논문에서 필자는 가급적 혜암 자신의 글을 최대한 많이 인용하고자 하였고, 그의 사상이 그대로 전달되고자 노력하였다.

7　혜암은 『기독교 사상사』(Ⅰ, Ⅱ권, Ⅲ권(공저)), 『현대교회학』, 『기독교 신조사 상·하』, 『기독교 사관의 역사』, 『기독교와 국가』, 『아시아 고대 기독교사』, 『젊은 어거스틴』, 『교부 오리게네스』, 『평신도는 누구인가?』, 『프로테스탄트 신앙원리』, 『존재하는 것과 사는 것』, 『교회의 본질과 교회개혁』, 『기독교사관과 역사』, 그리고 90세에 출간한 『세계 교회사 이야기』 외 다수의 책을 집필했다. 100세를 맞은 올해에는 그의 기념문집 출간도 앞두고 있다.
14　이장식, "머리말" in; 『아담아 너는 무엇을 생각하느냐』, 글마당, 2007, 3.

종교개혁적 사상

2016년 3월 28일 안암동 혜암신학연구소에서 열린 종교개혁500주년 기념강좌에서 혜암은 '종교개혁의 역사신학, 인문학적 연구'를 주제로 한 발표에서 "중세 종교개혁은 교회의 부패와 십자군 운동의 영향으로 촉발됐다"고 피력했다.

혜암은 교회의 부패로 인한 개혁운동에 관하여 말한다: "교황은 그리스도의 대리자로 인식 되면서 성서의 최종 해석권을 가졌고, 교리와 신조를 제정할 수 있었기 때문에 당시 신학자들에게는 학문적 결론을 낼 수 있는 권한이 없었다"고 설명했다. 또 "성직자들 역시 사도전승사상에 따라 높은 지위를 가졌으며, 은혜의 유일한 매개자로서 신도들의 삶에 개입하는 특권을 누렸다." "반면 평신도들은 성서에 무지했고, 피동적이었으며 금욕적 삶을 살았다"고 설명했다. 혜암은 "로마가톨릭에는 공로를 세워야 구원을 받는다는 인식이 강해 신자들은 큰 부담을 안고 살았고, 자연히 내세를 소망하게 됐다." "이에 개혁운동들이 시작됐고 평신도인 왈도는 신학적 개혁, 위클리프는 교황무오설 부정, 교권과 왕권의 분리, 토지개혁 등을 시도했으며, 얀 후스도 성서의 개방 등을 주장했다"고 설명했다.[9]

혜암은 또 십자군운동이 종교개혁이 일어나는 데 영향을 미쳤다고 주장했다. 그는 "100년 이상 지속된 십자군운동을 통해 동서교역과 동방 희랍 문명이 서양에 도입됐다." "당시 종교 중심의 폐쇄적 문화를 가지

---

9 이장식, "십자군 전쟁, 종교개혁에 영향…" 혜암신학연구소 강좌에서 이장식 박사 주장, 이사야 기자 입력 : 2016. 03. 29. 15:02 [출처] 국민일보
[원본링크] http://news.kmib.co.kr/article/view.asp?arcid=0010487601&code=61221111&cp=zu

고 있던 서방에 동방의 인문주의적 사상과 철학 등이 유입됐고, 이는 예술과 문화, 그리고 종교에 이르기까지 서방사회 전반에 다양한 영향을 미쳤다"고 설명했다. 이어 "이런 풍조는 교회에도 영향을 미쳐 에라스무스가 라틴어 성서를 헬라어로 번역하는 등 새로운 경건운동을 태동하게 했고, 결국 루터와 츠빙글리, 칼빈 등으로 이어지는 종교개혁이 일어났다"고 설명했다.10)

혜암은 "종교개혁과 성서의 권위"라는 글에서 종교개혁을 다음같이 정의한다: "16세기 종교개혁으로 재발견된 진리는 믿음으로 의로움을 받는 의인교리와 구원은 은혜로 받는다는 것과 성서를 최고의 권위로 삼는 것이었다."11) 혜암은 종교개혁 전통이 강조하는 성전(聖典)으로서의 성경의 권위를 높이고 있다. 혜암은 "성서의 문자적 무오성이나 축자 영감설이 성서의 본연의 권위를 왜곡시키지 말라" 주장한다.12) 여기서 혜암은 종교개혁의 "오로지 성경"(sola scriptura)이라는 사상을 성서의 문자적 무오성이나 축자 영감설에 집착하기 보다는 성경이 인류의 삶, 행위, 목적, 역사의 종말과 구원의 성취를 가르치는 성전(聖典)이라고 파악하고자 한다. 이런 의미에서 혜암은 종교개혁을 인생과 역사의 의미, 목적, 구원의 길을 제시한 운동으로 인문학적, 신학적으로 파악하고 있다.

혜암은 "나의 신학의 순례" 글에서 1986년 한신대학교에서 정년퇴임 후에 서울의 여러 대학원에서 어거스틴 신학사상을 강의하였고, 기독교

---

10 이장식, "십자군 전쟁, 종교개혁에 영향…" 혜암신학연구소 강좌서 이장식 박사 주장, 이사야 기자 입력 : 2016. 03. 29. 15:02 [출처] 국민일보
[원본링크] http://news.kmib.co.kr/article/view.asp?arcid=0010487601&code=61221111&cp=zu
11 이장식, "종교개혁과 성서의 권위," in; 『아담아 너는 무엇을 생각하느냐』, 글마당, 2007, 83.
12 이장식, "종교개혁과 성서의 권위," in; 『아담아 너는 무엇을 생각하느냐』, 글마당, 2007, 88.

역사관을 연구하면서 『기독교사관의 역사』라는 저서를 1992년에 출판하였다고 피력하면서, 민중사관은 역사의 주권이 하나님이 아니라 인간에게 있다고 보는 세속적인 인문주의 사관이며, 하나님이 역사의 주인이요 주권자라고 보는 신학적 사관이 아니라고 비판하고 있다: "역사의 의미와 발전에 대한 기독교적 이해가 없으면 쉽사리 세속사관에 물들게 되는데, 18세기 이후 인문주의 사관이 팽배한 오늘날 역사의 주권이나 주가 하나님이 아니고 인간이라든가, 또는 민중이라는 사상도 교계에서 요란하게 들렸는데, 그것은 신학사상이 아니고, 인문주의 사상이라고 나는 생각한다. 옛날에는 제왕들이 역사의 주인이며 주권자라고 인식되었고, 근래에는 민중이 그것을 장악한다고 부르짖고 있는데, 그것은 다 신학적 사관이 아니다."[13] 여기서 혜암은 자신이 하나님이 역사의 주인이요 주권자라고 강조한 종교개혁 사상가의 계열에 속한 자임을 밝히고 있다.

혜암은 「신학과 교회」 제12호 특집 "역사와 종말론"의 권두 칼럼(2019년)에서 "주여 어서 오소서"라는 글에서 다음같이 루터와 칼빈의 종교개혁은 중세의 제도적 교회가 베일로 가린 초대교회가 증거한 하나님 나라를 투명하게 한 운동이었다고 규정하고 있다: "16세기 종교개혁자 루터와 칼빈은 하나님 나라를 중세의 지상(地上)의 제도적 교회가 베일(veil)로 하나님 나라를 가로막아 불투명하게 하였다고 생각했다. 그리하여 하나님 나라가 투명하게 보이게 설교한 초대교회 시대의 운동이 되었다. 그러나 사도 바울이 경고한 대로 프로테스탄트교회 안에서 그동안 하나님 나라가 여기에, 또는 저기에 왔다고 설교한 사람들이 있어서 신자들을 오도하고 교회를 분열시킨 일이 있었고, 한국교회도 예외가 아니었다."[14]

---

[13] 이장식, "나의 신학의 순례" in; 『아담아 너는 무엇을 생각하느냐』, 글마당, 2007, 246.
[14] 이장식, "주여 어서 오소서" (권두 칼럼), in: 「신학과 교회」 제12호, 2019년 겨울, 7.

혜암은 한국교회 부흥 100주년을 맞이하여 쓴 그의 글(2007년) "다시 뜨거워지겠다는데"에서도 한국교회의 내면적, 외면적 회개운동이 필요하다고 역설하고 있다: "이대로는 안 된다는 것이 한국교회 신도들의 중의(衆意)이다. 교회 목회자들과 지도자들과 평신도들의 전인적인 부활 경험의 운동이 필요하다. 방언운동이나 신유운동이나 다 좋다. 이런 내향적 운동과 진지한 설교운동으로 한국교회의 내적 변화와 회개를 가져오는 뜨거운 운동이 돼야 한다."15) 혜암은 한국교회는 다가오는 하나님 나라를 대망하는 종말론적 신앙 속에서 끝임없는 자기 개혁을 해야함을 천명하고 있다. 이런 의미에서 혜암의 신학사상은 종교개혁 사상과 정신을 신봉하고 있다. 여기서 그는 종교개혁 전통을 진지하게 받아들이는 개혁신학자임이 드러나고 있다.

성경 무오설 보다는 성전(聖典)으로서의 성경 권위를 높이는 사상

성전(聖典)으로서의 성서

혜암은 "종교개혁과 성서의 권위"라는 글에서 성경의 권위를 명료히 언급하고 있다: "성서는 과학이 아닌 종교의 경건이어서 우주 만상에 대한 종교적 신비감과 영적 시각은 자연과학적 관찰과 실험과는 다르다. 성서의 문자적 무오성이나 축자영감설이 성서의 본연의 권위를 왜곡시키지 말고, 성서에서 인생의 의미와 삶의 목적과 행위의 가치와 역사의 종말과 구원의 성취를 바로 가르치는 성전(聖典)으로서 권위를 높여야 할 것이다."16) 여기서 혜암은 성경에 관하여 세 가지를 언급하고 있다.

---

15 이장식, "다시 뜨거워지겠다는데" in; 『아담아 너는 무엇을 생각하느냐』, 글마당, 2007, 175.
16 이장식, "종교개혁과 성서의 권위," in; 『아담아 너는 무엇을 생각하느냐』, 글마당, 2007, 87-88.

첫째, "성서는 과학이 아닌 종교의 경건"이다. 성경은 "우주 만상에 대한 종교적 신비감과 영적 시각"을 제시해주는 책이다. 그러므로 성경의 시각은 종교적 신비감이나 영적 시각으로서 "자연과학적 관찰과 실험과는 다르다."고 피력하고 있다. 혜암은 성경은 자연과학과는 다르다는 성경의 영적 차원을 강조하고 있다.

둘째, 성경의 권위는 "인생의 의미와 삶의 목적과 행위의 가치와 역사의 종말과 구원의 성취를 바로 가르치는 성전(聖典)으로서 권위"이다. 혜암은 성경이 지니는 인문학적, 신학적 의미의 차원을 말하고 있다.

셋째, 성경의 문자적 무오성과 축자적 영감설 논쟁에 머물러서는 안 된다. 혜암은 성경의 권위지킴에 있어서 문자적 무오성과 축자영감설에 집착하는 것에 반대한다. 혜암은 보수주의자들이 성경의 문자적 무오와 축자영감설을 인정하지 않는다고 신정통주의자들과 중도적 복음주의자들을 비판한 논쟁을 소모적 논쟁이라고 지적하고 있다.

성서적 협착주의 반대

혜암은 지나친 성경적 협착주의에 반대한다. 협착주의에 대하여 그는 16세기 종교개혁 시에는 "성서의 권위에 눌려서 자연과학 사상과 연구가 저지를 당하여 발달할 수 없게 되었다"고 지적한다.[17] 혜암은 지리학, 천문학과 관련한 새 과학의 이론을 경청하지 않고 교회내적 개혁에 몰두한 종교개혁자들의 협착한 성경주의 사상을 지적한다: "종교개혁자들은 지리학이나 천문학에 관련되는 새로운 학설에 귀를 기울이지 않고 초대교회들과 중세교회의 주장을 그대로 수용하였고, 또 새 과학적 학설을 의도적으로 반격할 생각을 하지 않고 오로지 가톨릭교회의 신학

| [17] 이장식, "종교개혁과 성서의 권위," in; 『아담아 너는 무엇을 생각하느냐』, 글마당, 2007, 87.

과 교리와 제도 등등의 교회 대내적인 문제를 가지고 개혁을 위하여 투쟁하였다."[18]

17세기~18세기에는 계몽주의의 발전으로 자연과학이 성경의 권위에 반격을 가했다. 19세기와 20세기에는 자연과학과 교회의 싸움이 격렬하였으나 승부없는 싸움이 되었다. 이에 대하여 로마가톨릭교회는 "현대사회의 과학과 문화의 발전과 보조를 맞추어 왔다." 그리하여 가톨릭교회의 입장은 "현대 자연과학과 기독교와의 엔 카운트(encounter, 대결)을 통하여 성서의 본연의 권위와 가치가 재발견되어서 성서를 과학의 교본이나 지리학이나 물리학의 참고서로 간주하지 않게 되었다."[19] 혜암은 교회사가로서 교회와 과학의 역사를 보면, 성경의 권위를 문자적 무오성이나 축자영감설에 집착하게 되었을 때, 과학의 발전에 방해가 되었다고 지적한다.

성서주의의 제한된 의미: 성서라는 전거(典據) 해석에 따른 개신교 다양한 교파들의 출현

혜암은 저서『교회의 본질과 교회개혁』(1988)의 제1장 "성서와 교회학"에서 종교개혁자들이 주장한 성서주의를 수용하면서 성서가 기독교 신앙의 규범이며, 교회개혁운동은 성서로 되돌아가는 운동임을 천명한다: "성서가 기독교의 종교적 제도, 생활과 교훈의 규범임에는 틀림없다. 그러므로 역대의 교회개혁운동은 다 성서로 되돌아간다는 생각을 앞세웠다."[20] 그러므로 혜암은 성서주의는 종교의식이나 제도에 있어서 성서의 원리를 적용한다는 제한한 의미에서 사용되어야 하지 일반

---

18 이장식, "종교개혁과 성서의 권위," in;『아담아 너는 무엇을 생각하느냐』, 글마당, 2007, 87.
19 이장식, "종교개혁과 성서의 권위," in;『아담아 너는 무엇을 생각하느냐』, 글마당, 2007, 87.
20 이장식,『교회의 본질과 교회개혁』, 대한기독교출판사, 1988, 7.

적인 문화와 풍습을 도외시하는 것이 아니라는 것을 천명한다: "그러나 성서에로의 환원주의, 또는 복귀주의는 언제나 제한된 의미로만 성립될 수 있는 말이었다. 그러한 의미에서 성서주의라는 말도 이해되어야 할 것이다… 제도적 및 종교문화적 발전은 불가피한 것인데, 다만 그 발전이 성서적 진리를 훼손시키지 않는 한 허용되어야 할 것이다."[21]

혜암은 저서『교회의 본질과 교회개혁』(1988)에서 기독교 역사에 있어서 로마가톨릭교회에서의 분리만이 아니라, 후대 개신교 교파의 다양한 출현도 신앙의 규범이 되는 성서라는 전거(典據) 해석의 차이에 따라 이루어진 것으로 해석한다: "후대의 교회들이 교회제도와 교회의식 등을 개혁할 때, 또 교리를 제정하거나 개혁할 때, 성서를 전거로 삼았는데, 어떤 것은 성서해석의 정오(正誤)문제로 신학적 논의 거리가 되었었다. 성서를 전거로 삼는 것은 좋으나 자파 교회의 기존, 또는 전승된 제도를 정당화 하기 위하여 성서를 사용할 경우에는 성서해석의 문제가 뒤 따른다."[22] 따라서 혜암은 성경원리를 신앙과 삶에 적용한다는 성서주의 용어는 해석자의 전통과 문화(감독제, 장로회, 회중제 등)를 고려하는 제한된 의미에서 이해되어야한다고 주장한다. 이러한 주장은 혜암이 개혁신학자로서 "오로지 성경" 사상을 신봉하면서도 중도적 신학자임을 시사해준다.

중도적 복음주의 신학

혜암은 종교개혁전통을 진지하게 받아들이며 성경원리를 적용하는

---

21 이장식, 『교회의 본질과 교회개혁』, 대한기독교출판사, 1988, 7.
22 이장식, 『교회의 본질과 교회개혁』, 대한기독교출판사, 1988, 7.

데 있어서 교회친화적인 중도적 입장을 취하고 있다. 그는 해방 이후 한국 개신교 신학 평가에 대하여 중도적 복음주의 신학의 입장을 취하고 있다.

경건주의, 복음주의, 성서주의로서의 한국교회 풍토

혜암은 "나의 신학의 순례"라는 글에서 송창근의 목회적 열정과 김재준의 신정통주의 열정에 감동하였다고 쓰고 있다: "동자동 시절의 조선신학교의 신학공부는 …에 나는 감동하였고, 정통주의라는 보수주의 신학의 오류와 약점을 시정하려는 김재준 목사의 신학적 열정에 나는 감동하였다… 나는 이 학교의 신학경향에 이의가 없이 동조하게 된 것이다."[23]

혜암은 1985년 「기독교 사상」 2월호에 기고한 그의 글 "한국교회의 형태와 교회개혁"에서 다음같이 한국교회의 풍토가 보수주의든, 진보주의든, 성서주의적이고, 복음주의적이었다고 천명한다: "한국 개신교 안에서는 보수파가 경건주의와 복음주의와 성서주의를 독점한 양 자처하고 있었지만, 개신교의 다른 모든 신학도 성서주의이며 복음주의였고, 또 한국의 개신교의 다른 모든 신학도 성서주의이며 복음주의였다."[24] "보수신학자들의 신학이고 보수나 자유파나 간에 한국교인들의 체질은 경건주의적이고 복음주의적이며, 성서주의적이라고 말할 수 있다."[25]

---

[23] 이장식, "나의 신학의 순례" in; 『아담아 너는 무엇을 생각하느냐』, 글마당, 2007, 228-229.
[24] 이장식, "교회의 본질과 교회개혁", 「기독교 사상」 1985년 2월호, 그리고 『교회의 본질과 교회개혁』, 서울: 대한 기독교서회, 1988. 164.
[25] 이장식, "교회의 본질과 교회개혁", 「기독교 사상」 1985년 2월호, 그리고 『교회의 본질과 교회개혁』, 서울: 대한 기독교서회, 1988. 164.

혜암은 초창기 한국교회의 신학자들이 보수든 진보든, 그 체질은 경건주의적이고, 복음주의적이고, 성서주의적이었다고 보고 있다. 한국교회의 교회분열은 보수주의자들이 이러한 경건주의, 복음주의, 성서주의를 자신들의 특허인양 독점했다는데 있다고 본다. 특히 성서의 권위 보장에 있어서 보수주의가 문자적 무오성까지 인정되어야 한다는데 문제가 있었다고 지적하고 있다. 그런데, 이에 대해서는 종교개혁자들도 차이가 있었다고 지적한다: "이것은 종교개혁자들의 신학의 유산이지만 성서 무오성의 이론은 개혁자들 사이에 있어서도 차이가 있었다." 그런데, 한국보수주의는 "로마가톨릭교회처럼 교리를 교회가 관장하였던 교리주의적 교권의 전철을 밟았다"[26]고 지적한다.

근본주의 신학 및 신정통주의 비판

혜암은 근본주의 신학은 독선적이었다고 비판한다: "한국개신교는 … 한때 소위 정통주의 신학과 신앙의 열성이 지나쳐서 신신학파를 축자영감설로 무기 삼아 이단으로 몰아쳤다. 오늘도 그 무기가 가용(可用)한가?"[27] "칼 바르트의 신정통주의 신학이 계시와 화해의 신학을 강조했음에도 불구하고, 그것을 신신학이라고 배격한 사람들끼리 '복음주의' 신학 문제를 가지고 서로 열을 올리면서 싸웠다."[28] 혜암은 신정통주의자들은 선교지역의 문화를 인정하지 않고, 문화 영역을 잿더미로 만들어 버렸다고 비판한다: "반면에 초기 바르트주의자들은 성서적 특수 계시를 강조한다면서 선교지역의 재래 문화는 잿더미로 변해서 완전

---

[26] 이장식, "교회의 본질과 교회개혁", 「기독교 사상」 1985년 2월호; 『교회의 본질과 교회개혁』, 서울: 대한 기독교서회, 1988. 164.
[27] 이장식, "신학적 회심" in; 『아담아 너는 무엇을 생각하느냐』, 글마당, 2007, 81.
[28] 이장식, "신학적 회심" in; 『아담아 너는 무엇을 생각하느냐』, 글마당, 2007, 80.

히 말살되어야 한다면서 열기를 뿜었다. 복음은 문화를 필요하지 않는 다는 말이다."29)

혜암은 조신신학교의 신학이 칼빈주의를 보다 더 깊이 넓게 이해하기를 바라는 의견을 표명하였다: "그러나 교단이 크게 둘로 갈라지고, 또 더 많이 갈라진 후에 이르러 나는 신학을 좀 더 넓게 배우고 알게 되면서 지난 날에 정통보수주의를 비판한 조선신학교 측의 필진들이 좀더 칼빈의 신학을 깊게 더 넓게 계몽적이고 선도적인 논조를 전개했더라면 좋았을 것이었다고 생각하게 되었다." 또한 혜암은 한국 보수주의자들이 칼빈신학의 폭 넓은 이해에 이르지 못한 것에 대해 지적하고 있다: "즉 한국의 보수주의자들은 칼빈신학의 단편적이고 일면적인 이해를 고집하였기 때문이다. 성서영감론의 축자영감설만 하더라도 칼빈 자신이 성서의 문자적 오류를 지적한 것들을 들어서 상대방을 비판했어야만 될 것인데 말이다."30)

혜암은 1966년 그의 『기독교 사상사』 제2권에서 칼빈의 성서주석에 대해서 칼빈이 어원적 해석을 하면서도 역사적 비평을 등한히 하지 않았다고 사례적으로 제시하고 있다. 예컨데 칼빈은 사도행전 7장 16절(아브라함이 세겜 하몰에게서 구입한 세겜의 가족 묘지에 족장들(야곱 등)의 시신이 이장되었다)에서 스데반의 증언은 창세기 50장 13절(헷족속 에브론에게서 구입)과 여호수아 24장 32절(야곱이 세겜의 아비 하몰에게서 구입한 땅)의 기록과 상충한 것을 지적했다.31)

---

29 이장식, "신학적 회심" in; 『아담아 너는 무엇을 생각하느냐』, 글마당, 2007, 80.
30 이장식, "나의 신학의 순례" in; 『아담아 너는 무엇을 생각하느냐』, 글마당, 2007, 229.
31 이장식, 『기독교 사상사』(제2권), 대한기독교서회, 1966, 142-143.

혜암은 1985년 「기독교사상」 2월호에 기고한 그의 글 "한국교회의 형태와 교회개혁"에서 다음같이 보수신학의 지나친 문자주의 성경관은 종교개혁정신에서 빗나가고 있다고 천명한다: "보수파측은 오히려 성서를 교리의 교본 같이 간주하고 있고, 그리고 성서의 문자적 무오를 무리하게 주장하는 바람에 경건주의적 시원적 특징인 구원의 확증을 개인의 신앙체험에서 보다는 교리체계에서 찾으려 한 것이다. 이것이 한국 보수주의 신학의 자기 모순이었다."32) 여기서 혜암은 성경을 문자적 무오 및 교리의 교본으로 보는 보수주의 신학의 교리주의적 성향을 지적하면서 칼빈의 내면적 신앙 정신에 따라서 성경 영감에 대한 교리보다는 내면적 확증체험을 더 강조하고 있다.

자유주의 신학은 무골(無滑)신학이라고 비판

혜암은 자유주의 신학은 무골신학이라고 본다: "반면에 신신학파는 상대편을 도그마티스트, 즉 교리주의자라고 비난했는데, 교리없는 무골 또는 연골 신도가 되고 싶었던가?"33) 혜암은 자유주의 신학은 기독교 삼위일체를 단군신화와 일치시키고, 기독교 영성은 풍유도 영성과 일치시키면서 혼합주의 신학을 만들었다고 지적한다: "한편으로 복음을 토착화해야 한다는 이론을 과도하게 밀고 간 사람들 중에는 단군신화와 삼위일체 교리를 양립시키려했고, 신선도(神仙圖)의 삼교(三敎)의 풍류가 그리스도교의 영성과 일치한다는 이론을 폈다."34) 여기서 혜암은 단군신화와 삼위일체 교리를 양립시키려는 시도를 윤성범의 시도로 보고

---

32 이장식, "한국교회의 형태와 교회개혁", 「기독교 사상」 1985년 2월호; 「교회의 본질과 교회개혁」, 서울: 대한 기독교서회, 1988. 164.
33 이장식, "신학적 회심" in; 「아담아 너는 무엇을 생각하느냐」, 글마당, 2007. 80.
34 이장식, "신학적 회심" in; 「아담아 너는 무엇을 생각하느냐」, 글마당, 2007. 80.

있으며, 신선도 삼교라는 유교, 불교, 도교의 풍류도를 기독교 영성과 일치시키려는 시도를 유동식의 시도로 본다. 혜암은 이러한 윤성범의 시도나 유동식의 시도는 혼합주의라고 비판적으로 평가하고 있다.

혜암은 1985년 「기독교 사상」 2월호에 기고한 그의 글 "한국교회의 형태와 교회개혁"에서 다음같이 자유주의 신학의 종교경험 내지, 사회 교훈적인 성경관은 종교개혁정신에서 빗나가고 있다고 지적한다: "반면에 자유로운 분위기를 가진 한국의 자유주의 신학자들 중에는 성서를 교리의 교본으로 보지 않는 것은 사실이지만, 구원의 확신과 체험의 객관적 보증으로도 간주하지 않으며, 또 예수 그리스도의 생애와 업적까지도 하나의 종교경험과 업적의 사례로 본 사람도 있었고, 신앙을 체험이나 생활의 문제로서가 아니고, 지식의 문제로 보는 주지주의의 경향을 띠고 있었고, 성서의 교훈을 사회적 교훈으로만 해석하려고도 하였다. 이러한 신학에 대해서 한국교회는 체질적으로 거부반응을 보일 것이 분명하다."35) 혜암은 자유주의 신학이 성경을 교리나 신앙과 구원의 보증으로 보지 않으며, 예수 그리스도의 생애와 업적을 하나의 종교경험 내지 지식의 문제, 사회적 교훈으로 봄으로써 한국교회의 복음주의 체질에 맞지 않으며 거부된다고 지적한다.

민중신학은 해방신학의 아류(亞流)라고 비판

혜암은 해방신학은 공산주의 정권의 정치를 대변한다고 본다: "남미의 해방신학이 공산주의의 사회경제 이론을 빌려서 빈민층을 반공으로

---

35 이장식, "한국교회의 형태와 교회개혁", 「기독교 사상」 1985년 2월호; 『교회의 본질과 교회개혁』, 서울: 대한 기독교서회, 1988, 164.
36 이장식, "신학적 회심" in; 『아담아 너는 무엇을 생각하느냐』, 글마당, 2007, 81-82.

부터 해방시키려고 하였는데, 오늘날 남미에서 득세하는 좌익 공산주의 정권의 정치가 그 신학운동의 귀결이 될 것인가?"37) 그런데 혜암은 해방신학의 한국버전인 민중신학은 서양신학을 대변할만한 위치에 있지 못하다고 본다: "한국의 해방신학격인 민중신학자들이 이제 서양교회 신학은 폐기하게 되었다고 외쳤는데, 민중신학이 서양 전통신학을 대신할만한 힘이 있어서 해본 소리였던가?" 혜암은 민중신학이 남미의 해방신학의 아류라고 보며, 공산주의의 사회경제 이론을 빌려서 빈민층 해방을 시도하려고 하며, 전통서구신학을 폐기한다면서도 이를 대체할 신학이 되지 못한 것으로 보고 있다.

온건한 중도적 복음주의 신학: 종교개혁적 지성과 신앙의 균형

혜암은 지성과 신앙을 겸비한 신학을 추구한다. 혜암은 그의 글 "신학적 회심"에서 기독교 신학의 시조가 되는 바울신학 형성에는 다메섹 계시사건 체험에 앞서 유대교 교리에 대한 신앙적 회의를 거친 "신학적 회심"의 사건이 있었음을 지적하고 있다.

혜암은 바울의 신학이 다메섹 체험 전에 유대교 전통에 대한 신학적 회의(懷疑) 시기가 있었음을 지적하고 있다: "그가 예수 그리스도를 구주로 섬기게 된 사연에는 신학적 회심이 있었다. 그의 회심을 다메섹 도상에서 일어난 초자연적 극적 사건으로만 단순하게 생각할 수 없다. 그는 예수의 신도들을 박해하면서 품게된 일종의 지적(知的), 곧 신학적 회의(懷疑)를 가지고 숙고하면서 예루살렘에서 다메섹까지의 약 2주간의 보도 여행을 하였을 것이다."38)

---

37 이장식, "신학적 회심" in; 『아담아 너는 무엇을 생각하느냐』, 글마당, 2007, 82.
38 이장식, "신학적 회심" in; 『아담아 너는 무엇을 생각하느냐』, 글마당, 2007, 79.

혜암은 사울이 가졌던 신학적 회의(懷疑)란 당시 유대민족에 공통적으로 제기된 예언자들이 예언한 "메시아가 도래할 그날의 현상과 메시야 신분과 사역"에 관한 질문이었을 것으로 본다: "사울이 예수의 신도들을 박해하면서, 특히 스데반이 돌에 맞아 죽어가면서 증언한 말을 듣고, 혹시 오신다는 메시아가 예수가 아닐까하는 지적 회의(懷疑)가 생겼을지 모른다."[39] 혜암은 특히 스데반의 순교 시에 그가 감독관으로 지켜본 스데반이 환상 속에서 예수를 "하나님 우편에 계시는 분," "인자"라고 부른 증언은 충격을 주었을 것으로 본다: "스데반의 증언은 예언자들이 말한 오실 메시야의 위엄과 명칭을 담은 것이었다. 즉 예수 그리스도를 '하늘의 하나님 우편에서 계시는 분'이며 '인자'라고 불렀던 것이다. 스데반은 환상 가운데서 그러한 예수 그리스도를 현재 보면서 말하였던 것이다. 아무튼 스데반의 환상적 증언이 사울에게 충격적이었을 것이다."[40] 혜암은 사울이 그리스도인을 박해하기 위하여 예수님 제자들의 설교와 신자들의 말들을 수집하였을 것이다고 본다.

혜암은 베드로의 오순절 설교도 바울에게 지적 회의(懷疑)를 야기시켰을 것으로 본다: 옛 선지자의 그날을 베드로는 마지막 날로 해석하면서 바로 예수가 오셔서 죽으시고 부활한 승천 하신 때라고 말한 것이다: "그때에 대한 베드로의 해석과 지적은 사울에게 의문을 던졌을 것이다. 과연 그런가?"[41] 제자들에게 나타난 예수 부활의 증언도 다메섹으로 향하던 사울에게 심각한 지적 회의를 품게 했을 것이다: "예수의 무리들이 예수가 부활해서 제자들과 사람들에게 나타났다는 말을 듣고 있는 것을 사울이 들었을 때, 과거의 자기의 지식에 대한 회의가 생겼을 것이다."

39 이장식, "신학적 회심" in; 『아담아 너는 무엇을 생각하느냐』, 글마당, 2007, 79.
40 이장식, "신학적 회심" in; 『아담아 너는 무엇을 생각하느냐』, 글마당, 2007, 79-80.
41 이장식, "신학적 회심" in; 『아담아 너는 무엇을 생각하느냐』, 글마당, 2007, 80.

혜암은 이러한 지적 회의(懷疑)의 과정 속에서 사울은 다메섹 도상에서 예수를 만났을 때 항복하였다고 본다. "심각한 지적 회의(懷疑)를 품고 그리스도인들을 박해하려고 다메섹으로 가던 사울의 마음은 착잡하였을 것인데, 이때 하나님이 사울을 부르셨고, 그가 두 말 못하고 항복한 까닭은 그러한 회의(懷疑)를 가지고 고민하던 때였기 때문일 것이다."42) 혜암은 하나님 선교시대에 요청되는 신학이란 지성과 신앙을 겸비하는 중도(中道)의 신학임을 제시한다: "열성은 있어도 지식이 없거나, 지식은 있어도 회의해 보지 못하는 사람들에게는 사울의 다메섹 도상의 극적인 회심이 있어야 할 것이다."43)

혜암은 그의 글 "전통과 이성"에서도 전통(헤라도시스, heradosis)을 음미하여, 가치 있는 것을 넘겨 받고 새로운 가치를 부여하는 신앙과 이성의 균형을 강조하고 있다: "기독교의 전통 개념은 기계적으로 절로 내려오는 옛 것이 아니고, 사람과 사람 사이에서, 또 시대와 시대 사이에서 물려주고 물려받은 것을 다시 한번 음미하여, 가치 있는 것을 넘겨주고 넘겨 받은 것을 의미한다." "이성은 언제나 자연적이고 현실적인 가치를 추구하고 사색은 현실의 제약을 비약한다. 그러나 과거의 현실을 이성이 인정하고 사색이 과거를 현재로 비약적으로 연결시켜 주도록 신앙이 중간 역할을 할 때에 종교의 전통은 단순한 옛 것이 아니고 새 가치와 의미를 부여하는 것이 될 것이다."44) 이러한 혜암의 신학사유의 특징은 전통을 인정하고 가치있는 것을 계승하고, 그것을 음미하여 현재적으로 새로운 가치와 의미를 부여하는 사유로서 중도적이며 균형잡힌 사유라고 말할 수 있다. 내용적으로 말하자면 중도적, 복음주의

---

42 이장식, "신학적 회심" in; 『아담아 너는 무엇을 생각하느냐』, 글마당, 2007, 80.
43 이장식, "신학적 회심" in; 『아담아 너는 무엇을 생각하느냐』, 글마당, 2007, 82.
44 이장식, "전통과 이성" in; 『아담아 너는 무엇을 생각하느냐』, 글마당, 2007, 190.

적 개혁신학일고 말할 수 있을 것이다.

중도적인 칼빈 이해:
인문주의자요 하나님 주권사상가로 칼빈 이해

혜암은 저서 『교회의 본질과 교회개혁』(1988)의 제10장 "칼빈의 종교개혁과 한국교회"에서 한국교회에서 신봉되는 칼빈주의가 칼빈 자신의 사상과는 소격(疏隔)된 것을 지적하면서 역사신학자로서 보수와 진보를 떠나서 칼빈 자신의 사상을 밝히고자 한다: "오늘날에도 칼빈과 신학과 운동을 그대로 보수하고 있다고 자부하는 교회와 사람들이 있는데, 그것은 칼빈 자신의 것이라기 보다는 후생의 어떤 특정 교파와 그 교파의 신학을 두고 말할 때가 많다 … 그러나 필자는 … 보수와 자유 어느 편을 염두에 두고 비교할 생각은 없고 한국의 장로교 전반에 걸쳐서 성찰해보고자 한다."[45] 혜암은 칼빈의 신학과 칼빈주의를 구별한다. 칼빈신학은 칼빈 자신의 신학인데 반해서 칼빈주의는 칼빈 사상을 계승한 자들의 사상이다. 1618년 도르트 신경, 1675년 스위스(제2헬베틱) 신앙고백 등이 정통보수적인 칼빈주의라고 보고, 진보적인 칼빈주의는 오늘날 통용되는 특정학파는 없다고 본다. 혜암은 칼빈신학을 네 가지 요점으로 지적하면서 한국교회 칼빈주의에 대한 자신의 견해를 제시한다.

칼빈은 가톨릭 교권에 대하여 신앙과 학문의 양심을 존중했다

혜암은 칼빈은 가톨릭의 교권에 대항하여 신앙과 학문의 자유를 강조

[45] 이장식, "10. 칼빈의 종교개혁과 한국교회" in: 『교회의 본질과 교회개혁』, 대한기독교출판사, 1988, 127-8.

하였다고 천명한다: "칼빈은 로마가톨릭교회의 교권의 신학적 통제를 배격하였다. 즉 기존 신조나 교리의 무조건적 지지와 성서해석에 대한 교권적 간섭을 배격하였다. 그 대신 신앙과 학문적 자유를 살린 것이다."[46] 혜암은 한국의 보수적 정통주의자들이 칼빈의 신학적 양심을 제대로 이어받지 못했고, 칼빈이 반대한 스콜라주의적 신학태도에 갇혔다고 비판한다: "한국의 장로교회는 칼빈의 이러한 신학적 양심을 바로 이어 받지 못한 채 60년을 보냈고, 해방 후에는 이 문제로 분열이 되었고, 오늘도 한국장로교회 교단들 가운데는 칼빈이 반대한 스콜라주의적 신학태도를 견지하는 사람들이 있다. 이것은 칼빈보다는 16세기 말에서 17세기에 일어난 신교 스콜라주의라고 불린 소위 정통주의를 따르는 칼빈주의 신학이다."[47] 혜암의 칼빈 이해는 보수주의 교회의 이해와는 다르나 진보적 교회의 온건한 이해를 제시해주고 있다.

『기독교 강요』와 방대한 주석들에 나타난 칼빈 사상은 다양하다

혜암은 칼빈신학을 예정 교리나 하나님 주권 등 어느 특정 교리를 일관된 신학으로 간주하는 해석은 칼빈신학 사상의 다양성을 간과하는 것으로 본다: "한국의 장로교인들은 칼빈의 신학을 거의 완벽한 것으로 혹은 수미일관된 완전한 신학으로 생각하며, 어떤 특정 교리(이를테면 예정, 하나님의 주권 등등)으로 일관되고 조직된 신학으로 생각하고 있다. 이것은 칼빈의 신학을 잘 모른다는 고백이다. 이러한 인식 부족을 바탕으로 하는 칼빈주의 자랑과 신학적 교만을 일삼기도 한다."[48] 혜

---

[46] 이장식, "10. 칼빈의 종교개혁과 한국교회" in: 『교회의 본질과 교회개혁』, 대한기독교출판사, 1988, 128.
[47] 이장식, "10. 칼빈의 종교개혁과 한국교회" in: 『교회의 본질과 교회개혁』, 대한기독교출판사, 1988, 129.

암은 칼빈이 신론 이외 다양한 신학적 주제를 『기독교 강요』만이 아니라 성서주석에서 다루었다고 천명한다. 그러므로 혜암은 칼빈의 신학을 수미일관한 체계로서 단순화시키는 것을 경계한다: "『기독교 강요』는 신론 이외의 주요 신학 주제들을 성서 말씀을 인용해서 가능한 데까지 설명하는 것이지, 이론을 가지고 스콜라주의자처럼 정확하게 진리를 증명하려 들지 않는다. 따라서 그 책에서 칼빈은 역설적인 진리와 인간의 이성의 힘으로 다 설명할 수 없는 것은 그대로 보류시켜 두고 있다. 더구나 칼빈의 신학은 그의 방대한 성서주석과 많은 논문들에도 들어 있으므로 『기독교 강요』만으로써 그의 신학을 다 안다고 할 수 없다. 요컨대 그의 신학을 너무 단순시 하지 말아야 한다."[49]

칼빈은 받아쓰기 이념과 문자적 오류 수용: 문자주의 넘어선 역사적 비평 허용

혜암은 칼빈은 신학적 방법으로 중세의 철학적 이론적 방법이 아니라, 대조의 방법, 변증의 방법을 사용하였다고 본다: "칼빈의 신학적 방법의 바른 이해가 없으면 그의 신학 자체를 오해하게 된다. 그는 중세의 철학적, 이론적인 방법론을 버리고 대조의 법칙을 쓴다. 즉 어떤 복잡한 사상의 설명에 있어서는 그 사상이 암시하는 반대 사상이 실질적인 것이라는 것을 말하는 방법이다. 이처럼 칼빈의 신학 사상 가운데는 이념과 실체가 형식상으로 변증법적으로 연결되어 있다."[50] 변증법적 설명의 예가 그의 성경 영감론이다.

[48] 이장식, "10. 칼빈의 종교개혁과 한국교회" in: 『교회의 본질과 교회개혁』, 대한기독교출판사, 1988, 128.
[49] 이장식, "10. 칼빈의 종교개혁과 한국교회" in: 『교회의 본질과 교회개혁』, 대한기독교출판사, 1988, 129.
[50] 이장식, "10. 칼빈의 종교개혁과 한국교회" in: 『교회의 본질과 교회개혁』, 대한기독교출판사, 1988, 129.

칼빈은 한편으로는 받아쓰기를 말하면서 성경의 영감론을 주장하였다: "칼빈은 성서가 하나님의 영감으로 쓰였다는 바울의 말을 주석하면서(딤후 3:16) 성령의 말씀을 '받아 썼다'고 하였고, 베드로전서 1장 11절의 주석에서도 '옛 예언자들이 그리스도의 말씀을 받아 썼다'고 하였다."[51] 혜암은 이러한 칼빈의 견해를 문자적 무오로 해석하는 정통보수주의자들도 한국교회에 있다고 본다: "그리하여 성서는 성령이 불러주고 사람이 받아 썼으므로 축자적으로 성서는 무오라고 주장하는 칼빈주의자들이 생겼다."[52]

혜암은 칼빈이 받아쓰기(dictation) 이념과는 대조적으로 문자적 오류를 성서주석에 있어서 여러 예증을 들어 인정했다고 본다: "칼빈은 이 받아쓰기 이념과는 대조적으로 … 성서 안에서 문자적 오류들을 여러 가지 모양으로 예증하면서 인간의 불완전성에 기인하는 성서의 문자적 오류를 시인한다… 칼빈은 다른 완곡한 표현으로써 말하기를 인간이 더 정교하고 완전한 말과 책과 교훈을 얻으려는 오류를 흔하게 범한다고 말하였다(요한 3:13 주석). 요컨대 칼빈의 받아쓰기 라는 표현은 영감이라는 이념을 강조하는 것이고, 실질적으로는 성서의 문자적 오류를 인정하는 것이다. 이러한 그의 논법을 솔직하게 인정하지 않고 성서 권위 이념에만 집착하면 칼빈의 신학 사상이 아닌 다른 것을 말하게 된다."[53] 혜암은 여기서 칼빈이 한편으로는 성경의 영감설을 받아들이면서도 주석에 있어서 문자적 오류(필사적 오류)를 인정하면서 주석을 하였다고 천명하고 있다.

---

[51] 이장식, "10. 칼빈의 종교개혁과 한국교회" in: 『교회의 본질과 교회개혁』, 대한기독교출판사, 1988, 129.
[52] 이장식, "10. 칼빈의 종교개혁과 한국교회" in: 『교회의 본질과 교회개혁』, 대한기독교출판사, 1988, 129-130.
[53] 이장식, "10. 칼빈의 종교개혁과 한국교회" in: 『교회의 본질과 교회개혁』, 대한기독교출판사, 1988, 130.

혜암은 그래서 한국교회가 성경 해석에 있어서 지나친 문자주의에 머물지 말고 영감설에 입각해 이를 넘어서야 한다고 주장한다: "한국장로교회의 분열의 한 원인이 이 영감론에서 생긴 것은 주지의 사실이지만, 신학적인 차원 밖에서도 한국의 장로교회 안에는 성서 문자주의가 우세한 것 같다. 즉 성서를 소박한 문자주의적으로 이해하며, 특별히 구약의 유대교 율법의 문자적 준수를 교회에 강요하고 있다. 그리하여 구약의 유대교 율법의 문자적 준수를 교회에 강요하고 있다. 그리하여 교인들에게 율법주의적인 짐을 무겁게 지우는 폐단이 근래 더욱 심해 간다."54) 필자의 견해에 의하면 한국보수장로교회가 성경을 문자주의적으로 해석하는 것은 아니다. 보수 장로교회는 유기적으로 완전 영감을 받아들이나, 문자적 해석에 기초하여 필요시 우화적, 은유적 해석으로 나아가는 것을 인정하고 있다.

칼빈은 예정의 신비와 하나님의 주권을 찬양한 신학자

혜암은 칼빈신학은 다양한 주제를 지니고 있기 때문에 교리주의적이거나 스코라주의적으로 아니라, 예정과 주권을 지니신 하나님에 대한 예배와 순종의 태도에서 이해되어야 한다고 천명한다: "신론이 여타의 모든 주제들을 설명해주는 것이 아니다. 또 하나님의 영광이 그의 모든 신학적 이론의 기조라고 해서, 그의 예정만이 아니고 버림받은 자의 예정도 그의 영광이라고 생각하는 단순한 이해와 사고는 관념주의적 그릇된 한 폐단이다. 비록 버림받을 자의 예정도 하나님 영광을 드러내는 것이라는 말이 있다고 하더라도 칼빈은 예정의 신비와 하나님 주권 영광을 말하려한 것을 알아야 한다."55) "칼빈의 신학에서 신론이 중심적

---

54 이장식, "10. 칼빈의 종교개혁과 한국교회" in: 『교회의 본질과 교회개혁』, 대한기독교출판사, 1988, 130.

이라기 보다 하나님에 대한 존경심이 그의 신학 전체의 기조를 이루며, 그의 신(神)경건(敬虔)은 스콜라적인, 혹은 교리주의적 신론에서 나온 것이 아니라, 오직 하나님에 대한 예배와 순종에서 생긴 것이었다."56) 이러한 혜암의 칼빈신학 이해는 하나님의 주권에 대한 인격 신앙과 예정의 신비에 대한 감격을 강조하는 보수장로교회와 신학자들의 생각과 일치하고 있다. 이러한 혜암의 칼빈신학 이해는 보수와 진보를 중재하는 중도적인 이해라고 생각된다.

인간론:
인간은 실수함으로 자기인식하는 존재

인류학자들의 인류 분류

혜암은 인간 이해에 있어서 인류학자들의 발달과정에 따른 인류 분류를 소개한다.

호모 니드(Homo nid)는 두발로 서서 걸어 다니면서 먹을 것을 위해 사냥하며 단순한 사회생활을 하던 시기의 인류이다.

호모 하빌리스(Homo habilis)는 필요한 도구를 발명한 시기의 사람들이다.

호모 에렉투스(Homo erectus)는 불을 발견한 시기의 사람들이다.

호모 사피엔스(Homo sapiens)는 언어를 만들어서 사용한 시기의 사람들이다.

---

55 이장식, "10. 칼빈의 종교개혁과 한국교회" in: 『교회의 본질과 교회개혁』, 대한기독교출판사, 1988, 131.
56 이장식, "10. 칼빈의 종교개혁과 한국교회" in: 『교회의 본질과 교회개혁』, 대한기독교출판사, 1988, 131.

호모 코기타스(Homo cogitas)는 마지막 발달 단계의 인간으로 사고하는 사람들이다.

소크라테스는 "너 자신을 알라"라고 "인간의 내면과 존재 전체를 알아야 한다"고 가르쳤다.

창세기 3장에 나타난 인간 모습: 개혁신학의 인간론

혜암은 그의 글 "아담아 너는 무엇을 생각하느냐"에서 구약성경을 인간 과오, 하나님의 징벌, 인간 반성의 기록으로 본다: "아담의 잘못된 생각이 그의 후손들에게 유전되어 간 역사가 바로 구약성경의 기록이다. 이 책은 인간의 과오와 하나님의 징벌과 인간의 반성의 기록이다."[57]

혜암은 신학자로서 창세기 3장에 기록된 에덴동산에서 금단의 열매를 따먹고 숲 속에 숨어 있는 아담과 하와를 찾으시며 던진 하나님의 질문 "아담아 네가 어디 있느냐?"를 인간 이해의 근본 질문으로 해석한다: "어디에 있느냐?라는 말은 장소를 두고 하는 말이지만, 하나님이 그 두 사람이 숨어 있는 장소를 몰라서 물으신 것으로 생각할 수 없고, 아담이 무엇을 생각하는 지, 즉 금단의 열매를 따 먹은 것을 어떻게 생각하는 지를 알고 싶어하는 질문, 곧 '아담아 너는 무엇을 생각하고 있느냐?'는 질문이었다."[58]

아담은 금지된 과일을 따먹고 어떻게 변명할지를 짜내려고 하였을 것이다. 그러나 혜암은 "하나님께서 바라셨던 것은 그들이 진정으로 뉘우치고 용서를 받아야 된다는 생각을 가지고 계셨을 것이다"고 해석한다.[59] 성경 저자는 인간 조상이 "하나님에게 잘못을 시인하고 용서를

---

57 이장식, "아담아 너는 무엇을 생각하느냐" in; 『아담아 너는 무엇을 생각하느냐』, 글마당, 2007, 16.
58 이장식, "아담아 너는 무엇을 생각하느냐" in; 『아담아 너는 무엇을 생각하느냐』, 글마당, 2007, 15.

빌지 않고" "잘못을 남에게 전가시키나 변명할 기회만 찾고 있었기 때문에 에덴동산에서 추방되었고 낙원을 잃었다"고 말하고 있다.

혜암은 창세기 3장 인간타락의 이야기에서 그의 독특한 개혁신학적 인간론을 제시한다: 인간은 과오를 범함으로 자신을 인식하고 하나님을 알게 되었다: "아담의 최초의 자아 발견, 또는 자아 인식은 죄를 범하고 있었을 때였다. 그리고 바로 이때, 그는 자기를 만드시고 낙원을 주셨던 하나님을 알게 되었다. 즉 아담은 죄를 짓고 타락한 자기 발견과 함께 하나님을 알게 되었고, 자기와 하나님은 다르다는 것을 알게되었다."[60]

성 어거스틴의 인간과오론

혜암은 성 어거스틴이 인간 과오론을 주장했다고 해석한다: "성 어거스틴이 '나는 과오를 저지른다. 그러므로 하나님이 계신다'고 한 말의 뜻이 이해된다. 인간실존의 정직한 자아인식으로 하나님이 계시는 것을 알게된다는 말이다."[61] 혜암은 어거스틴이 "나는 생각한다. 그러므로 나는 존재한다"고 말하면서 "자기 영혼과 하나님 만을 알기 원하며 사랑한다"고 기독교적 인간론의 기초를 제시했다고 본다. 그러나 혜암은 근세 철학자 데카르트는 어거스틴의 말, "나는 생각한다. 그러므로 나는 존재한다"를 인본주의적으로 해석하여 회의(懷疑)가 중심된 세속주의적인 인간관의 길을 열었다고 본다: "그(필자 주: 데카르트)는 종교나 문화 등등의 온갖 외적인 전통을 회의를 통해서 가장 확실한 것은 자기가 생각한다는 것이라고 말하였다."[62]

---

[59] 이장식, "아담아 너는 무엇을 생각하느냐" in; 『아담아 너는 무엇을 생각하느냐』, 글마당, 2007, 15.
[60] 이장식, "아담아 너는 무엇을 생각하느냐" in; 『아담아 너는 무엇을 생각하느냐』, 글마당, 2007, 16.
[61] 이장식, "아담아 너는 무엇을 생각하느냐" in; 『아담아 너는 무엇을 생각하느냐』, 글마당, 2007, 16.

혜암은 오늘날 인류가 생존하기 위해서는 자기의 과오(過誤)를 깨닫고 하나님을 바로 아는 길로 가야 한다고 천명한다: "이제 인류는 생각을 바꿔서 자기의 과오를 깨닫고, 하나님을 바로 알아야만 살아 남는 길이 있다는 것을 알아야 한다. 지금 한국교계 지도자들이 회개운동을 부르짖고 대대적인 회개집회를 교계신문에 광고하고 있다. 이것도 좋지만 교계신문이 지상에서 과오가 무엇이었다는 것을 인식하고 알릴 필요가 있다. 왜냐하면 하나님은 그들이 무엇을 생각하고 있는 지를 알고 싶어 하시기 때문이다."[63]

몸의 죽음은 새 삶의 관문

혜암은 "수목장 문화" 제목의 글에서 불교나 도교의 수목장이란 "죽음을 보고 슬픔도 없고, 아쉬움도 없는 장례"라고 평가한다. 이에 반해서 기독교에서 "몸의 죽음은 새 삶으로 들어가는 관문과 같은 것이다. 예수 그리스도는 그를 믿고 따르는 사람을 그 하늘의 처소로 가는 길을 인도하시겠다고 약속했다."[64] "인간의 몸 또는 존재는 보잘 것 없지만 죽어서 흙으로 돌아가면 새 몸을 입게 해서 하나님이 계시는 곳에 가서 살 수 있다."[65]고 피력한다. 혜암은 죄인인 인간은 몸은 죽으나, 죽은 후에는 예수 그리스도의 대속(代贖)으로 새 몸을 입어 하나님과 함께 영원히 살게 된다는 기독교 인간론을 피력하고 있다.

---

62 이장식, "아담아 너는 무엇을 생각하느냐" in; 『아담아 너는 무엇을 생각하느냐』, 글마당, 2007, 17.
63 이장식, "아담아 너는 무엇을 생각하느냐" in; 『아담아 너는 무엇을 생각하느냐』, 글마당, 2007, 18.
64 이장식, "수목장 문화" in; 『아담아 너는 무엇을 생각하느냐』, 글마당, 2007, 200.
65 이장식, "수목장 문화" in; 『아담아 너는 무엇을 생각하느냐』, 글마당, 2007, 199.

마음의 종교로서의 기독교 부흥론

혜암은 그의 글 "마음의 종교"에서 기독교를 종교적 핵심에서 "마음의 종교"라고 특징지우며, 구약 종교(율법)와 신약 종교(복음)는 별개의 종교가 아니라, 마음의 종교를 가르치는 점에서 서로 상통한다고 본다. 여기서 혜암은 교회의 부흥이란 외면적인 감정의 고조가 아니라, 마음에서 우러나오는 것으로 회개에서 비롯된다고 천명한다.

마음의 종교로서의 기독교

혜암은 유대교는 율법 종교라고 하지만, 그 중심에서 보면 마음을 중요시하는 종교라고 해석한다: "구약의 이스라엘 민족 종교의 중심이 율법인양 생각하기 쉽지만, 그렇지 않고 마음이다. 족장시대의 하나님 엘로힘은 족장들의 마음과 믿음을 지켜보셨다. 그래서 아브라함이 율법적인 행함이 아니라, 믿음으로 의롭다는 인정을 받았다."[66] 혜암은 모세가 준 율법도 마음과 믿음으로 하나님을 섬기는 행위세칙이었다고 본다. 그래서 구약성경과 신약성경은 믿음과 마음의 종교라는 점에서 서로 상통한다고 해석한다: "그러다가 모세 때에 와서 야훼 하나님이 율법을 주셨는데, 그것은 마음과 믿음의 종교의 시행세칙이었다. 그리하여 구약성경과 신약성경에는 율법이라는 말보다 마음이라는 말이 훨씬 더 많이 쓰이고 있다. 즉 구약종교는 율법 종교가 아니고 마음의 종교, 믿음의 종교였음을 미가서 6장 8절이 명쾌하게 말하고 있다."[67]

---

[66] 이장식, "마음의 종교" in; 『아담아 너는 무엇을 생각하느냐』, 글마당, 2007, 185.
[67] 이장식, "마음의 종교" in; 『아담아 너는 무엇을 생각하느냐』, 글마당, 2007, 185.

예수의 종교도 마음의 종교라고 천명한다: "하나님은 사람의 마음의 비밀을 아신다(시 44:21). 예수 그리스도의 종교는 마음의 종교이다. 그래서 예수가 그의 운동의 헌장으로서 선포한 것이 산상설교의 여덟 가지 항목인데, 그것은 행동의 세칙이 아니고 전부가 사람 마음의 종교의 헌장이다." 혜암은 산상설교를 하나님 사랑과 이웃 사랑으로 나눈다: "그 헌장을 크게 두 가지로 나누면, 하나는 하나님을 볼 수 있는 맑은 마음이고, 다른 하나는 이웃 사랑을 생각하는 마음이다. 그리고 그가 택한 십자가 죽음은 하나님의 심정의 제사이다."[68] 혜암이 구약과 신약의 종교를 마음의 종교로 보고, 이것이 구약과 신약을 토대로 하는 기독교의 핵심으로 보면서 기독교를 마음의 종교로 본 것은 신학적 대가요 영성신학자의 면모를 보여주는 혜암의 위대한 통찰이다.

"갈라진 교회"로 오명을 남긴 한국교회의 세계적 수치(羞恥)

혜암은 이 글에서 오늘날 외형적으로 성장한 한국교회 지도자들이 신자들의 영적 빈곤과 고뇌를 몰라주고 외면적으로 발전한다면 된다고 생각하고 있다고 본다. 이는 그 마음 중심에서 하나님의 마음과 연결되지 않음에서 연유된다고 혜암은 지적하고 있다: "아직도 한국교회 지도자들의 마음의 중심이 하나님의 마음 고리와 연결되지 않고, 그리고 그들이 거느리는 신도들의 영적 빈곤과 고뇌를 몰라주고 교회의 외형적 발전만 이룩하면 된다고 생각하고 있는 성 싶다. 다분히 세상적인 흐름에 아직도 마음을 쏟는 듯하다."[69]

한국교회가 서로 사랑하지 못했으므로 하나님도 바로 사랑하지 않았

---

68 이장식, "마음의 종교" in; 『아담아 너는 무엇을 생각하느냐』, 글마당, 2007, 185.
69 이장식, "마음의 종교" in; 『아담아 너는 무엇을 생각하느냐』, 글마당, 2007, 186.

으므로 이웃을 제대로 사랑하지 못하는 결과가 생겼다고 지적한다: "교회가 분열되기 시작한 때부터 교회 지도자들이 서로 상심된 일이 많아서 찢기었다."70) "하나님을 바로 사랑하지 않았음으로 이웃을 사랑할 수 없는 결과가 생겨서 서로 싸우고 갈라지고 세상 법정에 고발도 하는 것이다."71) 그래서 한국교회는 "갈라진 교회"라는 세계적 수치에 직면하고 있다." 혜암은 "한국교회는 싸우고 갈라진 교회라는 세계적인 오염을 씻어 버려야 한다"고 천명하고 있다.72)

교회 부흥의 길은 마음의 회개

혜암은 1907년 한국교회의 대부흥운동의 시발점은 1903년 원산에서 일어난 하디 선교사의 마음에서 우러나오는 회개 사건이었다고 지적하고 있다: "1백년 전 한국교회의 부흥운동의 폭발력은 선교사 하디 목사가 자기의 자존심을 버리고 잘못을 뉘우치고, 한국인 신도들을 붙들고 눈물을 흘리고 서양 선교사로서의 자신의 오만(傲慢)을 뉘우침으로써 신자들의 마음을 돌이킨데서 시작되었던 것이다."73) 하디로부터 시작된 회개운동은 1907년 길선주의 회개로 이어졌다고 해석한다: "길선주 장로도 자기의 죄를 뉘우치고 회개한 것이 그 운동을 가열시켜 놓았던 것이다."74)

혜암은 이러한 전례(前例)에 비추어 한국교회의 부흥의 길은 교계, 교단 지도자들, 장로들이 먼저 잘못을 뉘우치고 마음에서 우러나오는

---

70 이장식, "마음의 종교" in; 『아담아 너는 무엇을 생각하느냐』, 글마당, 2007, 187.
71 이장식, "마음의 종교" in; 『아담아 너는 무엇을 생각하느냐』, 글마당, 2007, 187.
72 이장식, "마음의 종교" in; 『아담아 너는 무엇을 생각하느냐』, 글마당, 2007, 187.
73 이장식, "마음의 종교" in; 『아담아 너는 무엇을 생각하느냐』, 글마당, 2007, 186.
74 이장식, "마음의 종교" in; 『아담아 너는 무엇을 생각하느냐』, 글마당, 2007, 186.

회개운동이 일어나 한국교회가 새로 태어나야 한다고 천명한다: "이러한 전례들을 생각하면, 오늘 한국교회가 새로운 부흥을 성사시키려 할 때, 선결문제는 한국교회의 모든 목회자들과 교단 교계 지도자들과 적어도 장로급의 신자들이 먼저 마음을 돌이켜서 지난 날의 죄를 뉘우치고 목사와 장로들 사이에서, 교계 기관들의 지도자들 사이에서, 서로 잘못을 뉘우치고 회개해야 한국교회의 부흥이 가능하며, 단순한 부흥이 아니고 한국교회가 새로 태어나는 일이 생길 것이다."[75]

종교다원주의, 민중신학 아닌 삼위일체 신학

종교다원주의는 다신 신앙에 근거

혜암은 그의 글 "뿌리를 찾아서"에서 종교다원주의 신학이 아니라, 삼위일체 하나님 신학이 기독교 신앙의 뿌리요, 이것이 세계화된 시대에 오늘날 현대인들이 가져야 할 신앙인 것을 역설하고 있다. 기독교 신앙의 뿌리는 다신(多神)신앙이 아니라 삼위일체 하나님 신앙이라는 것이다.

혜암은 오늘날 하나님을 떠나 정신적 고향을 상실한 현대인의 영적 방황을 유다서 12장 13절을 인용하면서 다음같이 묘사하고 있다: "오늘날은 사람들이 하나님 없이도 잘 살아 갈 수 있다고 생각하고 있지만, 모든 것이 불확실한 세상에서 정신적으로 방황하고 도덕적으로 타락해 나가는 것을 보면, 그들은 바람에 밀려 다니는 구름과 같고 열매 없이 죽어서 뿌리 뽑힌 나무와 같고, 그리고 수치를 거품처럼 뿜어 올리는 거친 바다 물결과 같고, 길 잃고 떠도는 별들인 듯하다."[76] 혜암은 오늘

| 75 이장식, "마음의 종교" in;「아담아 너는 무엇을 생각하느냐」, 글마당, 2007, 186.

날 현대인들이 탕자처럼 만유의 뿌리 되신 하나님을 떠나서 다신(多神)을 믿으면서 그것이 우주와 만물의 뿌리라고 가르치고 있는 종교다원주의가 득세하고 있다고 지적하고 있다: "이러한 인간은 만유의 뿌리가 되는 하나님으로부터 멀리 떠나서 탕자와 같이 살아 간다. 우주와 만물의 기원과 뿌리를 오래전부터 신화나 전설 같은 것을 가지고 가르쳐서 우주의 기원이나 생명의 뿌리를 다양하게 설명한 다신 종교시대를 만들었다."77)

종교다원주의 신학은 기독교 유일신 사상을 근본적으로 흔듦

다신(多神)종교시대에 권력자들은 신들을 자기의 권력 정당화를 위하여 이용하였다. 이집트 왕 아크나르는 자신을 신격화하여서 숭배를 받았다. 희랍철학은 고대 희랍신화를 허황한 가르침으로 척결하였다. 그러나 희랍철학은 우주의 기원이나 뿌리를 찾아서 믿게 하는 것이 아니라 지식 추구의 사변에 끝났다.

이에 반해서 혜암은 기독교에서는 만물의 기원과 뿌리는 한 분 하나님이라는 "유일신 신앙"을 토대로 2세기의 마르키온의 이(二)신론과 아리우스의 삼(三)신론을 이단으로 정죄하였다고 천명한다: "기독교에서 하나님의 창조신앙은 만물의 기원과 뿌리가 하나님 한 분 만이라는 강력한 유일신 신앙의 토대이다. 그런데 2세기의 이원론자 마르키온은 구약의 율법적 정의의 하나님과 예수 그리스도의 사랑의 하나님을 구별해서 이신(二神)을 말하게 되자, 교부들이 그를 이단으로 정죄하고 하나님의 뿌리를 살렸다. 그런데 아리우스가 성부 성자의 신적 본질의 차이

---

76 이장식, "뿌리를 찾아서" in; 『아담아 너는 무엇을 생각하느냐』, 글마당, 2007, 23.
77 이장식, "뿌리를 찾아서" in; 『아담아 너는 무엇을 생각하느냐』, 글마당, 2007, 23.

와 구별을 말함으로써 두 뿌리를 말하는 것이 되었고, 성령이 만일 다른 또 하나의 뿌리가 되면 삼신(三神)의 세 뿌리가 되는 것이었다."[78] 혜암은 종교다원주의 신학은 기독교의 뿌리에 기인한 삼위일체 신학이 아니라고 비판한다: "특히 종교다원주의 신학은 신앙의 뿌리와 함께 인생관과 세계관과 역사관까지 흔드는 것이다."[79]

상황신학으로서 민중신학은 기독교 신앙의 뿌리를 흔드는 잡종신학

혜암은 사회변동과 물질문명의 발달에 따라 기독교가 처한 상황이 달라지면서 상황에 따른 신학들이 생겨났다고 설명한다. 그것들은 "예를 들면, 세속화 신학, 하나님 죽음의 신학, 폭력의 신학, 해방신학, 고통의 신학, 민중신학, 여성신학, 흑인 신학, 문화신학 등"이라고 본다. 혜암은 이러한 신학은 뿌리에 근거한 바른 신학이 아니고 잡종신학이라고 비판한다: "이러한 신학은 기독교의 구원과 소망에 관한 체계적인 이론을 가진 온전한 혹은 믿을만한 신학이 아니고 잡종신학이다."[80]

혜암은 그가 속한 기장교단과 한신대학에 영향을 가진 민중신학에 대하여 분명한 비판의 입장을 취하고 있다: "이러한 잡종신학이 한 교단의 교단신학이 될 수 없다. 민중신학을 신학이 아니라고 말한 사람은 이러한 의미에서 말하였다고 생각된다. 한국의 민중신학 창시자들이 성경이 신앙의 텍스트북(교본)이 아니고 참고서로 생각했거나, 민중을 그리스도로 간주했다면, 그것은 기독교 신앙의 뿌리를 흔드는 것이다."[81]

---

[78] 이장식, "뿌리를 찾아서" in;『아담아 너는 무엇을 생각하느냐』, 글마당, 2007, 24.
[79] 이장식, "뿌리를 찾아서" in;『아담아 너는 무엇을 생각하느냐』, 글마당, 2007, 26.
[80] 이장식, "뿌리를 찾아서" in;『아담아 너는 무엇을 생각하느냐』, 글마당, 2007, 26.
[81] 이장식, "뿌리를 찾아서" in;『아담아 너는 무엇을 생각하느냐』, 글마당, 2007, 26

혜암은 민중신학의 공헌이란 예언자의 소리였고, 복음 설명의 소리지 예수 그리스도의 복음의 소리는 아니었다고 본다: "광야와 같이 거친 역사현장 일각에서 세례요한의 외침처럼 들리는 소리들이 때때로 힘차게 들릴 때가 있었지만, 그 소리는 예수 그리스도의 복음의 소리는 아니었고, 복음을 설명하려는 소리였다."[82]

삼위일체 유일신신학

혜암은 교부들이 콘스탄티노플 공의회에서 이원론자인 마르키온과 삼신론자인 아리우스의 다신관을 정죄하고, 하나의 신성(神性)의 뿌리를 가진 삼위일체 하나님론을 정립하였다고 설명한다: "콘스탄티노플 공의회에서 삼위일체 교리, 즉 성부, 성자, 성령이 동일한 신성으로서 하나의 뿌리임을 고백하였다… 신학이라 하면, 이 하나의 뿌리에 근거하여 삼위일체 하나님과 인간 구원과 세계종말까지 체계 있게 가르치는 것이 되어야 할 것이다."[83]

혜암은 종교개혁 이후로 여러 교파와 학파가 생겨나 신론에 대하여 다양한 신조와 교리와 신학이 나와서, 특히 평신도들에게 많은 혼란을 야기시켰다고 지적한다. 한국장로교회도 가장 많이 여러 교단으로 갈라져서 30년 이상 평신도들은 하나님론에 관하여 갈피를 잡지 못했다고 설명한다. 그런데 이제 평신도들이 교권주의자들의 오도(誤導)를 각성하고, 기독교 신앙의 뿌리인 삼위일체 하나님 신앙을 인식하게 되었다고 설명한다: "이제는 평신도들은 신학자들과 목회자들과 교권주의자들이 한 때 오도하였다고 생각하고, 뿌리를 그들 나름대로 찾아갔다. 교파들의 신학이나 교리나 교권을 넘어서 그리스도의 교회는 하나의 뿌

---

[82] 이장식, "뿌리를 찾아서" in; 『아담아 너는 무엇을 생각하느냐』, 글마당, 2007, 26.
[83] 이장식, "뿌리를 찾아서" in; 『아담아 너는 무엇을 생각하느냐』, 글마당, 2007, 24.

리, 하나의 믿음과 세례와 소망을 가진 것을 알게된 것이다. 즉 주도 하나이고 하나님도 한 분이다라는 기본 신앙을 인식하게 된 것이다."[84]

혜암은 "보수주의도 진보주의도 아닌 것이"란 글에서 기독교는 보수주의도, 진보주의도 아닌 삼위일체 하나님을 믿는 신앙 안에서 인간을 섬기는 종교라고 천명한다: "기독교도 현세에 있어서 사람을 위해서 섬기는 종교이다. 그러나 그 방법은 자본주의도, 공산주의도 아니다. … 기독교는 정치적으로 진보주의니, 보수주의니 할 것이 못된다. 왜냐하면 인간을 위하는 방법이 다르기 때문이다. 기독교가 보수주의라면 기득권의 현상유지를 고집하는 정치적 보수주의와는 달리, 인간 현상을 유지시켜서 온 세상의 부를 주고도 바꿀 수 없는 인간의 생명과 가치를 보존시켜 주려고 하기 때문이다. 그리고 기독교는 정치적으로 진보주의도 아니다. 기독교는 보수주의나 진보주의가 말하는 발전이나 발달에 희생되지 말아야할 인간 본성과 인간관계의 본연의 윤리와 선천적 도덕심을 보수(保守)하는 일에 헌신하여 인간 형상의 올바른 발현(發現)을 도모한다."[85] 혜암의 기독교는 하나님 섬김 안에서 인간을 섬기는 종교다. 혜암이 기독교를 보수주의나 진보주의라는 이데올로기를 넘어서 하나님 섬김 안에서 인간을 섬기는 종교라고 보는 것은 기독교의 본질을 바르게 천명한 것이라고 할 수 있다.

---

84 이장식, "뿌리를 찾아서" in;『아담아 너는 무엇을 생각하느냐』, 글마당, 2007, 25.
85 이장식, "그리스도인의 나라사랑" in;『아담아 너는 무엇을 생각하느냐』, 글마당, 2007, 157.

기독교 민족주의

그리스도인의 나라 사랑의 신학적 근거

혜암은 그의 글 "그리스도인의 나라 사랑"에서 역사신학자로서 사도 바울의 말 "내가 그리스도에게서 끊어지는 한이 있어도"(롬 9;3, "나의 형제 곧 골육의 친척을 위하여 내 자신이 저주를 받아 그리스도에게서 끊어질찌라도 원하는 바로다")를 인용하면서 "그리스도인의 나라 사랑"을 천명한다. 혜암은 나라 사랑의 신학적 근거로서 창조 신앙, 기독론적 신앙, 민족 신앙을 제시한다.

창조 신앙

첫째, 창조 신앙이다. 혜암은 피력한다: "국가의 영구적인 실체는 동족과 땅이며, 따라서 나라 사랑은 이 두 실재, 동족과 땅을 사랑하는 것을 말한다."[86] 혜암은 단군이 한반도 땅을 차지하고 우리 민족에게 유산으로 주었으나, 우리는 단군에게 숭배하지 않는다고 말한다: "우리가 살고 있는 한반도 땅은 이스라엘인들이 꿀과 젖이 흐른다고 말한 팔레스틴 땅보다 더 크고, 기름지고, 강우량도 더 많고, 기후도 일정하고, 사시사철의 변화에 따라 산물도 다양해서 정말 살기 좋은 땅이지만, 우리는 이 땅에 대하여 조상 단군에게 감사하다는 말이나 생각을 하지 않는다."[87] 혜암은 단군은 우리의 조상일 뿐이지 우리를 지으신 자가 아니라고 말한다: "그는 이 땅을 우리가 살도록 정해 주었지만, 이 땅을 지으신 창조주가 아니기 때문이다."[88]

---

[86] 이장식, "그리스도인의 나라사랑" in; 『아담아 너는 무엇을 생각하느냐』, 글마당, 2007, 47.
[87] 이장식, "그리스도인의 나라사랑" in; 『아담아 너는 무엇을 생각하느냐』, 글마당, 2007, 48.

혜암은 시편 104편에 근거하여 자연계에는 경건과 영감이 깃드는 곳이라고 창조신앙을 다음같이 표현한다: "하늘은 그의 보좌이며, 땅은 그의 발등상처럼 생각하였고, 하나님의 권위와 위엄이 그 속에 감춰져 있어서 창조 세계 안의 빛은 그의 옷자락이며, 하늘은 그가 거하시는 천막이며, 구름은 그의 타시는 병거이며, 바람은 그의 날개이며, 번갯불은 그의 시종 같다."[89] 그런데 우리 조상들은 정령(精靈)숭배 신앙으로 "큰 바위와 고목나무에도 신이 있다고 생각하여 그 앞에 깨끗한 음식을 차려 놓고 복을 빌었다." 혜암은 세속화로 정령숭배가 깨뜨려지자 자연숭배가 자연파괴와 훼손과 오염으로 바뀌었다고 지적하고 있다: "현대화 되어서 그 바위와 고목나무를 두려워하지 않고, 그 앞에 온갖 쓰레기를 버리고 있다. 그리고 큰 나무도 베어 버리고 큰 바위도 깨어 버리는데, 이렇게 해서 자연이 파괴되고 훼손되어 폭우가 한번 쏟아지면 홍수가 되어 집과 논밭을 쓸어가 버렸고, 버려진 쓰레기들은 물길을 막아서 강물이 범람해 마을까지 휩쓸고 갔다."[90]

혜암은 우리 민족에게 나라 사랑으로 기독교의 창조신앙이 필요하다고 강조한다: "그리스도인은 창조신앙으로 자연을 숭배하는 것이 아니고, 하나님이 창조하셔서 주신 선물을 생각 없이 파괴하고 훼손하거나 남용하지 않는다. 한국교회는 '삼천리 반도 금수강산 하나님 주신 동산'을 찬양하고 추수한 것을 하나님께 바쳤다."[91]

기독론적 신앙

둘째, 기독론적 신앙이다. 혜암은 피력한다: "사도 바울은 자기가 그

---

[88] 이장식, "그리스도인의 나라사랑" in; 『아담아 너는 무엇을 생각하느냐』, 글마당, 2007, 48.
[89] 이장식, "그리스도인의 나라사랑" in; 『아담아 너는 무엇을 생각하느냐』, 글마당, 2007, 48.
[90] 이장식, "그리스도인의 나라사랑" in; 『아담아 너는 무엇을 생각하느냐』, 글마당, 2007, 49.
[91] 이장식, "그리스도인의 나라사랑" in; 『아담아 너는 무엇을 생각하느냐』, 글마당, 2007, 49.

리스도에게서 끊어져서 저주를 받는 일이 있어도 자기 동족 이스라엘과는 끊어 질 수 없다고 말했는데, 이 말은 그가 예수 그리스도 안에서 자기 동족을 사랑하겠다는 말이다."92)

혜암은 창조신앙을 그리스도 신앙과 연결시킨다: "예수 그리스도는 하나님 아버지와 함께 우주 만물을 지으신 분이며, 동시에 외아들이어서 그 만물의 상속자이시다." 여기서 혜암은 바울의 로마서 8장 17절을 가져온다: "그런데 바울은 우리 그리스도인들을 하나님의 자녀들이라고 부르고, 예수 그리스도와 함께 그 만물의 공동 상속자라고 말한다."93) 혜암은 바울이 말하는 상속권은 정치적 지배의 상속권이 아니라, 하나님 나라의 상속권이라고 해석한다: "바울이 여기서 말하는 상속권은 나라의 정치적 지배권의 상속을 말하는 것이 아니었다… 예수님도 이스라엘 백성의 정치적, 주권적 회복에 아무 관심이 없었으나, 바울과 마찬가지로 자기 동족을 사랑해서 구원하려고 하였다. 이것이 그의 하나님 나라 운동이었고, 그것은 자기 백성이 하나님과 이웃을 사랑하는 새 민족 공동체가 되게 하는 것이었다."94) 예수님도 유대인으로서 자기 민족이 하나님을 사랑하는 민족 공동체가 되기 원하셨기 때문에 예수에 대한 신앙은 바로 창조신앙과 연결되며, 그리스도인은 애국자가 되어야 한다. 혜암은 창조신앙은 국토 사랑으로 연결되며, 민족을 사랑하신 예수 그리스도 신앙과 연결된다고 본다.

민족 신앙

셋째, 민족 신앙이다. 혜암은 19세기 말 조선의 일본 예속화의 상황을 기술하면서 민족 신앙을 강조한다: "나라의 19세기 말 기독교 선교

---

92 이장식, "그리스도인의 나라사랑" in; 『아담아 너는 무엇을 생각하느냐』, 글마당, 2007, 47.
93 이장식, "그리스도인의 나라사랑" in; 『아담아 너는 무엇을 생각하느냐』, 글마당, 2007, 49.
94 이장식, "그리스도인의 나라사랑" in; 『아담아 너는 무엇을 생각하느냐』, 글마당, 2007, 49-50.

가 시작되었을 때, 우리나라도 국운이 기울어져 가다가 결국 일본의 지배하에 들어갔고, 일본이 우리 땅에서 주인 노릇하게 되었다."[95] 조선조 말 한국 개신교의 애국운동은 민족운동이자 동시에 하나님 나라의 상속권자운동이었다고 본다 : "일본인은 우리나라의 상속자가 아니고 약탈자였다. 이때 한국교회는 그리스도인이 우리나라의 주인 노릇 해야 한다고 생각하고, 선교와 함께 여러 가지 많은 민족운동을 전개했다. 이것은 창조주 하나님의 상속권 운동이었다. 상속자는 주인이 된다. 하나님이 지어주신 우리 땅과 동족을 지키는 주인 노릇을 말하는 것이다."[96] 혜암은 일제 강점기 기독교 신앙은 애국운동으로 민족운동이었고, 하나님 나라 상속운동이었다고 해석하고 있다. 이는 초창기 기독교에 대한 혜암의 올바른 해석이다.

독립운동과 애국운동은 창조신앙과 연결

혜암은 민족 신앙과 독립운동을 연결시키고, 이를 창조신앙과 연결시키고 있다. 하나님이 주신 나라의 땅과 주권을 지키는 것은 창조자의 뜻이기 때문에 기독교인은 이러한 하나님의 뜻을 이행하는 것이다. 그러므로 독립운동과 애국운동은 창조신앙과 연결되며, 그리스도 신앙과 연결된다. 혜암은 일제 하에서 한국 기독교가 기독교 신앙을 독립 운동과 연결시키고, 고난과 박해를 받았다고 해석한다 : "일제 36년 동안 한국 민족운동은 곧 애국과 애족의 독립운동이었는데, 다른 어느 종교나 사회단체보다 한국교회와 그리스도인들이 이 땅의 주인의식을 가지고 가장 돋보이고 효과적인 운동들을 전개했고, 따라서 일본 정권의 미움과 박해도 가장 많이 받고 고난을 받았다."[97] 혜암은 한국기독교는 민

---

95 이장식, "그리스도인의 나라사랑" in; 『아담아 너는 무엇을 생각하느냐』, 글마당, 2007, 50.
96 이장식, "그리스도인의 나라사랑" in; 『아담아 너는 무엇을 생각하느냐』, 글마당, 2007, 50.

족의식을 고양하였고, 개화운동을 주도하였다고 해석한다: "고종 황제의 국상(國喪)을 맞아 그리스도인들은 조가를 지어서 교회에서 부르고 태극기 조기(弔旗) 게양을 집집마다 하고 매우 슬퍼했었다. 우리 민족교육은 우리가 해야 한다는 생각으로 초등학교와 남녀 중등학교를 많이 세워서 애국 사상을 키워주는 동시에 서양문화를 가르쳐서 개화운동을 주도하였다."[98]

혜암은 한국기독교의 개화운동은 농촌운동, 문맹퇴치운동, 문서출판운동, 여성교육운동, 대중운동이라고 피력한다: "우리 청년들을 위하여 YMCA와 YWCA를 조직하여 농촌운동과 문맹퇴치운동을 벌렸고, 우리 청소년들을 위해서는 소년 척후단이 조직되었는데, 보이스카우트 운동과 함께 제2세 국민을 키웠고, 1890년에 설립된 대한기독교서회는 문서출판운동의 개척자가 되어서 기독교 문서와 일반 계몽문서를 많이 출판했고, 여성 교육과 여성운동을 위해서 1924년에 태화여자회관이 설립되었고, 현대식 병원과 의술로 우리 동족을 치료하였다. 또 이때 교회 밖에서는 있을 수 없는 민족적인 대중운동으로서는 전국 주일학교 연맹의 연차적인 전국대회의(1922)와 대중적인 부흥운동이 민족의식을 자극하는 것이었다."[99] 혜암은 당시 조선이라는 나라가 일제에 의하여 국제사회에 은폐되고 있었는데, 기독교가 조선이라는 나라의 존재를 국제사회에 알렸다고 해석하였다: "일본이 조선민족의 국제적 진출과 활동을 막아서 조선민족의 존재가 국제사회에서 잊혀져 갔었는데, 이때 우리 민족의 존재와 비운을 국제사회에 알리는 길은 한국교회를 통해서 만이 가능했다. 그것은 한국교회가 세계적인 기독교대회에 대표

---

[97] 이장식, "그리스도인의 나라사랑" in; 『아담아 너는 무엇을 생각하느냐』, 글마당, 2007, 50.
[98] 이장식, "그리스도인의 나라사랑" in; 『아담아 너는 무엇을 생각하느냐』, 글마당, 2007, 50.
[99] 이장식, "그리스도인의 나라사랑" in; 『아담아 너는 무엇을 생각하느냐』, 글마당, 2007, 51.

들을 파송하는 일이었다. 1922년 세계YMCA대회, 세계중일학교연맹대회, 또는 국제선교협의회대회 등에서 한국과 한국교회를 알리는 역할을 했다."100)

혜암은 한국기독교는 일제하에서 창조신앙과 그리스도 신앙을 가지고 민족을 구하기 위하여 독립운동에 참여하여 많은 고통을 받았다고 말한다: "바울이 말하기를 그리스도와 공동 상속자가 되려면, 그와 함께 고난을 받아야 한다고 말했다. 한국의 교회와 신도들은 어느 다른 종교단체나 사회단체보다 우리 동족과 땅을 위해 보다 큰 고난을 받았다."101) 혜암은 역사가로서 한국기독교가 일제 하의 독립운동에 참가하여 당한 고난의 실례를 다음같이 열거한다: "1912년 소위 105인 민족 지도자 사건을 비롯하여 기독교 민족운동 단체인 신간회, 극우회(劇友會), 흥사단 및 농우회 등의 기독교 민족운동 단체 회원들과, 그리고 3.1독립운동 때의 희생자들과 고난을 받은 사람들과 마지막으로는 신사참배 반대문제로 갇히고, 매맞고, 그리고 죽임을 당한 사람들과 그 밖에 고난받은 목회자들과 신도들은 모두 그리스도의 고난에 동참한 사람들이었다."102) 혜암은 초기 한국기독교인들은 창조신앙, 그리스도 신앙, 민족사랑을 연결하여 독립운동에 참여하였다고 해석한다. 그리하여 한국기독교는 민족주의와 결합하여 일제에 의하여 국가적인 소망을 상실한 조선 국민들에게 독립의 소망을 불어넣어주었다고 본다.

그리스도인의 고난: 대속하는 희생의 고난

혜암은 기독교 신앙을 민족에 대한 애국적 독립과 고난과 연결시키는

---

100 이장식, "그리스도인의 나라사랑" in; 『아담아 너는 무엇을 생각하느냐』, 글마당, 2007, 51.
101 이장식, "그리스도인의 나라사랑" in; 『아담아 너는 무엇을 생각하느냐』, 글마당, 2007, 51-52.
102 이장식, "그리스도인의 나라사랑" in; 『아담아 너는 무엇을 생각하느냐』, 글마당, 2007, 52.

기독교 애국주의를 역설한다: "이들(필자 주(註): 민족지도자들과 목회자들)은 모두 도살장으로 끌려가는 어린양처럼 굴욕을 당하였고, 고문을 당하였으나 입을 열지 않았고, 유죄판결을 받고, 징역을 살거나 처형되었다(사 53:70). 그런데, 이 사람들의 고난은 그들의 허물 때문이 아니었고, 오직 우리 백성의 죄와 허물 때문이었다."[103]

여기서 혜암은 죄의 개념을 정치신학자들의 정의와는 달리 복음주의적으로 해석하고 있다: "36년간 우리 민족이 일본인에게 굴욕을 당한 것은 이조 말년의 한반도 주변의 강대국 사이의 정치적 역학관계 때문이거나, 일본의 군사력 때문이라고만 말할 수 없고, 구한말의 쇄국정책으로 2천 명 이상의 죄 없는 천주교 신도들을 무참하게 죽이고 박해하면서 하나님의 경륜을 거역한 죄의 벌이었다. 그 죄의 속량을 위해서 일본인 정치 아래서 그리스도인들이 대신 굴욕과 고문과 죽임을 당한 것이었다. 그들의 고난은 의로운 고난이며 대속하는 희생의 고난이었다. 그리하여 하나님은 한국 그리스도인들의 희생의 고난을 보시고 우리 민족이 값없이 팔려 갔으므로 돈 내지 않고 속량되어서(사 52:3) 피 흘리지 않고 해방을 얻게하셔서, 그 대신 우리 민족과 땅을 유린(蹂躪)한 일본인은 불과 유황이 태우는 바람을 대가로 받았다"(시 11:6).[104]

혜암은 결론적으로 한국기독교는 창조신앙과 그리스도 신앙을 가지고 조국을 위하여 고난을 함께 받아야 한다고 주장한다: "한국의 그리스도인들이 만물의 창조자의 아들 예수 그리스도와 공동 상속자가 되어서 우리 땅과 동족의 공동체를 위한 주인의식을 가지고 우리 땅과 동족의 보존을 위해서 일하려면, 반드시 우리 동족과 우리 땅이 받는 고난

---

103 이장식, "그리스도인의 나라사랑" in; 『아담아 너는 무엇을 생각하느냐』, 글마당, 2007, 52.
104 이장식, "그리스도인의 나라사랑" in; 『아담아 너는 무엇을 생각하느냐』, 글마당, 2007, 52-53.

을 같이 받아야 한다."¹⁰⁵⁾

혜암은 우리나라가 해방된 지 반세기가 지나는 동안 남북으로, 그리고 좌우익으로 갈라져서 서로 미워하고, 싸우고, 살해하였고, 한국전쟁으로 유엔군까지 우리 땅에서 피를 흘리게 하였다고 피력한다. 그리하여 구한말처럼 우리 민족이 세계에서 욕을 먹고, 열방 중에 조소와 조롱거리가 우리 민족의 얼굴을 덮게 되었다고 혜암은 지적하면서 하나님의 정의와 의로운 심판의 도래와 희망을 전해야 한다는 말로 끝을 맺는다: "그러나 우리는 다시 한번 하나님의 정의가 발동해서 죄 없는 많은 사람들과 그리스도인들이 당한 온갖 고난과 죽임을 속량하시는 의로운 심판이 있으리라는 희망을 우리 민족에게 전해야 할 것이다."¹⁰⁶⁾

한국교회의 양적 발전에 따른 영성 약화, 내적 회개운동 요청

혜암은 그의 글 "다시 뜨거워지겠다는 데"(2007)에서 한국의 산업화에 따른 한국교회의 양적 성장과 물질적 풍요로 인한 한국교회의 영적 변화를 지적하며 사회변혁운동을 촉구한다. 혜암은 한국교회가 한국정부의 산업화 정책에 따라 외면적으로 크게 확장되었다고 서술한다: "교회는 성령을 받아 방언과 신유와 신기로서 교인수가 늘어났고, 그리고 교회헌금이 불어나는대로 교회자본을 만들어, 많은 대소 교회당을 세우게 되었고, 이제는 교회 안으로는 내수 또 밖으로는 선교에 쓸 수 있는 돈이 넉넉하게 되었다. 그리고 수적으로 많아진 교회를 위하여 목회자들의 양산이 필요하여 신학교가 우후죽순처럼 많이 설립된 것은 마치 산업사회가 고도의 지식과 기술을 배운 인력의 공급을 위하여 대학이

---

105 이장식, "그리스도인의 나라사랑" in; 『아담아 너는 무엇을 생각하느냐』, 글마당, 2007, 51.
106 이장식, "그리스도인의 나라사랑" in; 『아담아 너는 무엇을 생각하느냐』, 글마당, 2007, 53.

많이 설립된 것과 같다. 그리고 신학교들이 대학, 또는 대학교로 승격하여 교수들도 거의 다 박사학위를 가진 사람들이게 되었다."[107]

그러나 혜암은 한국교회의 양적 팽창에 따른 인성 교육 소홀, 신학지식 과잉, 영성 지도 소홀, 목회자 양산, 교회의 비대에 따른 질적 저하와 내적 결핍, 교회의 세속화, 사회적 위상 저하를 지적하고 있다: "그러나 일반 대학이 지식과 기술본위의 교육에 기울어져서 인간 교육 또는 인성 교육이 소홀히 되었듯이, 신학대학들과 신학지식은 발전시켰으나 영성 지도가 소홀하였다. 그리고 양산된 졸업생들의 취업난이 생겨서 목사와 전도사도 실직자들이 많다. 다시 뜨거워지겠다면 뜨거운 열기를 어디에 쏟을 것인가?… 해방 후의 교회부흥운동은 그 열기를 가지고 교회당을 크게 짓고 교역자들의 봉급을 후하게 주면서 교회 자체의 비대를 도모하였다. 그리하여 해방 전의 교회 부흥의 결과와는 다른 결과가 되어 교회와 교인들이 세속화되었고, 영적이기 보다 물질적인 장점이 많아 교회의 질적 저하를 가져오게 되었고, 사회적인 위상 또한 저하되었다"[108]

혜암은 한국교회가 교회부흥 백주년을 계기로 다시 한번 내적 변화와 회개를 가져오는 뜨거운 부흥운동이 일어나야 할 것을 촉구하고 있다: "아무튼 2007년을 계기로 하여 한국교회가 다시 부흥해야 한다면 이제는 종전과 다르게 부흥해야 하는데, 그것은 부활이 되어서 한국교회가 모든 자마다 자랑과 분열과 타락과 부패와 가식을 다 죽이고 다시 태어나는, 즉 죽고 다시 살아나는 영적 경험을 체험하는 운동이 되어야 할 것이다."[109] 혜암은 이 길은 내면의 길로서 산업화의 역기능으로 생긴

---

107 이장식, "다시 뜨거워지겠다는데" in; 『아담아 너는 무엇을 생각하느냐』, 글마당, 2007, 174.
108 이장식, "다시 뜨거워지겠다는데" in; 『아담아 너는 무엇을 생각하느냐』, 글마당, 2007, 174.

온갖 사회악과 사회적 비참에 대결하는 것으로 한국교회가 한국사회의 고난에 동참하는 길이라고 본다.

친미 자유민주주의 사상

혜암은 그의 글 "아론의 지팡이"에서 좌와 우, 진보와 보수, 중도라는 두 가지 다른 역사 해석에 있어서 우리가 체험한 36년 간의 일제의 역사와 해방 이후의 남북 분단의 역사는 단지 "기억하는 과거가 아니고 체험으로 살아 있는 과거사"로서 "잊어버리라고 강요당해도 잊어 버릴 수 없고 왜곡하려해도 할 수 없는"110) 것이라고 피력한다.

지나간 이스라엘 역사 해석의 기준으로서 혜암은 두 가지 역사적 유산을 들고 있다. 언약궤 안에 있었던 아론의 지팡이, 율법의 두 돌판, 만나를 담은 항아리였다. 이것들은 이스라엘 역사 해석의 생생한 증거였다: "그 두 돌판은 절대 변할 수 없는 신앙과 행위의 법칙이었고, 아론의 지팡이 꽃은 그 백성을 구원해 내신 하나님의 권능과 기적에 대해 아직도 생생하게 살아 있는 기억, 곧 체험의 역사를 상징하는 것이었다. 세월이 갈수록 망각하기 위한 이 과거사를 잊지 말라고 예언자들마다 외쳤던 것이다."111)

우리나라의 두 가지 체험의 역사: 미국과 자유민주주의

혜암은 우리나라의 두 가지 망각할 수 없는 체험의 역사가 있는데,

109 이장식, "다시 뜨거워지겠다는데" in; 『아담아 너는 무엇을 생각하느냐』, 글마당, 2007, 175.
110 이장식, "아론의 지팡이" in; 『아담아 너는 무엇을 생각하느냐』, 글마당, 2007, 44.
111 이장식, "아론의 지팡이" in; 『아담아 너는 무엇을 생각하느냐』, 글마당, 2007, 44.

그것은 일본을 패망시킨 미국과 공산주의를 막아낸 자유민주주의라고 본다: "우파측 역사 체험에 따르면 한반도를 일본 지배에서 해방시킨 나라는 소련이나 공산주의가 아니고, 일본을 패망시킨 미국이며 자유민주주의다. 종교적으로 말하면 기독교 정치 세력이지 무신론 공산주의가 아니었다."[112]

무신론 공산주의가 아니라 기독교 정치세력이 우리나라를 북한의 침략에서 지켜주었고, 미국 유학시켜서 지적 자원을 보유하게 해주었다: "또 해방 직후의 우리 민족의 가난과 질병 문제가 미국의 정부와 민간과 교회의 물적 원조로 위기를 모면했고, 북한의 침략을 저지해주어서, 나라를 존립시켜 주었고, 계속 국방의 책임을 져 주어서 남한의 산업화를 이루었고, 셀 수 없는 많은 젊은 이들이 미국에 가서 돈 없이 공부해서 남한의 지적 자원을 보유케 하였다."[113]

혜암은 한국사회 안에 있는 반미친북 어용지식인의 가식과 위선과 역사 왜곡을 들추어내고 있다: "문제는 남한에서 살았고, 미국유학도 다녀오고, 자기들 자녀들도 미국으로 보내서 거저 공부하고 돌아온 사람들이 오히려 반미운동 한다든지, 우리의 체험이 왜곡되었으니 바로 잡으라느니, 6.25가 북침이라느니, 맥아더 동상을 허물라느니 하면서 목소리를 높이고 있다는 것이다." 그리고 또한 혜암은 한국의 신학자와 목사와 기독교인 가운데 북한의 주체사상을 찬양하면서 그것을 학문과 사상의 자유라고 말하는 자들이 있다고 비판하고 있다: "그리고 북한에서 살아 본 일도 없는 남한의 사회과학자들과 신학자들과 목사, 또는 평신도들 중에도 북한 공산주의의 어용철학인 주체사상을 찬양하고 소

---

[112] 이장식, "아론의 지팡이" in; 『아담아 너는 무엇을 생각하느냐』, 글마당, 2007, 44.
[113] 이장식, "아론의 지팡이" in; 『아담아 너는 무엇을 생각하느냐』, 글마당, 2007, 44-45.

개하면서 그것을 학문의 자유나 사상의 자유라고 말한다는 것이다. 그러나 학문이란 것은 어떤 주제를 계속 연구하면서 비판과 시정의 과정을 통하여 그 주체를 발전시키는 작업인데, 그런 작업 없이 찬양만 하고 지지하는 것은 어용학자이다."114)

좌 편향의 국가적 위기

혜암은 오늘날 정권을 잡은 운동권 386세대가 일방적으로 우리 사회를 좌편향으로 밀고 나가는 것은 국가적 위기라고 피력하고 있다: "필자가 대학에서 가르치고 있던 동안 가장 학원 데모가 심했을 시절의 학생들은 군정타도에만 몰두하여 흑백논리만을 알 뿐, 다양한 학설을 비평하고 선택하는 학문적 지성을 모르는 사람들이었다. 그 시절의 출신들 소위 386세대가 정권을 잡고 있는 현 정권의 정치와 행정은 그들의 지성의 연출일 것이다. 지금 남한은 분명히 국가위기에 놓인 듯하다. 현 정부의 남북화해와 통일지향적인 정책이 한미동맹을 약화시킨다든지, 또는 햇볕 정책이 무효냐 반대로 유효냐 하는 논쟁과 갈등과 마찰이 한반도의 앞날을 불안하게 만든다."115)

혜암은 결론으로 예레미아 23장 11-15절을 인용한다: "여호와의 말씀이니라 선지자와 제사장이 다 사악한지라 내가 내 집에서도 그들의 악을 발견하였노라(11절) 그러므로 그들의 길이 그들에게 어두운 가운데 미끄러운 곳과 같이 되고 그들이 밀어냄을 당하여 그 길에 엎드러질 것이라 그들을 벌하는 해에 내가 그들에게 재앙을 내리리라. 여호와의 말씀이니라(12절) 내가 사마리아 선지자들 가운데 우매함을 보았나니

| 114 이장식, "아론의 지팡이" in; 『아담아 너는 무엇을 생각하느냐』, 글마당, 2007, 45.
| 115 이장식, "아론의 지팡이" in; 『아담아 너는 무엇을 생각하느냐』, 글마당, 2007, 45.

그들은 바알을 의지하고 예언하여 내 백성 이스라엘을 그릇되게 하였고 (13절) 내가 예루살렘 선지자들 가운데도 가증한 일을 보았나니 그들은 간음을 행하며 거짓을 말하며 악을 행하는 자의 손을 강하게 하여 사람으로 그 악에서 돌이킴이 없게 하였은즉 그들은 다 내 앞에서 소돔과 다름이 없고 그 주민은 고모라와 다름이 없느니라(14절) 그러므로 만군의 여호와께서 선지자에 대하여 이와 같이 말씀하시니라 보라 내가 그들에게 쑥을 먹이며 독한 물을 마시게 하리니 이는 사악이 예루살렘 선지자들로부터 나와서 온 땅에 퍼짐이라 하시니라"(렘 23:11-15).

혜암은 위의 예레미야의 예언을 오늘날 한반도 상황에 다음같이 적용하여 해석한다: "옛날 그(필자 주: 예레미야)가 말한 것이 오늘 남한이나 북한을 경고하는 말이 아닐까? 사마리아(북한을 가정하여)의 예언자들이 바알(북한의 신적 존재)의 이름으로 예언한 사람들도 있었고, 남한의 제사장들도 있었고, 하나님의 성전 안에서는 악행을 저지르는 일을 하고 있다. 우리는 하나님의 정의로운 심판을 믿는다. 하나님은 하늘에서 내려다 보시고 계신다는 경고이다."[116]

혜암은 하나님의 구원하신 능력의 상징인 아론의 지팡이에서 핀 꽃에 대한 기억이 우리에게 남아 있는 것 같이 역사 가운데서 레닌, 스탈린, 후세인을 비롯하여 동구권의 독재자들에 대하여 이미 이루어졌듯이 북한의 세습 독재에 대한 하나님의 심판이 반드시 시행될 것을 피력하고 있다: "비록 지난 20세기에서 지구상에서 사람의 피를 가장 많이 흘렸던 폭군과 독재자들의 동상이 우리의 눈앞에서 허물어졌는데, 소련의 레닌과 스탈린, 그리고 이라크의 후세인의 동상들이다. 그러나 북한의 김일성의 높은 동상만은 아직 남아 있다. 지난 백년 동안 하나님이 우

---

[116] 이장식, "아론의 지팡이" in; 『아담아 너는 무엇을 생각하느냐』, 글마당, 2007, 46.

리 민족을 구원하신 능력과 기적 상징인 아론의 지팡이에 핀 꽃은 우리의 기억 속에서 아직 피어있다."117)

북핵에 대한 안일한 좌파적 대처

혜암은 그의 글 "살구나무 가지와 물끓는 불가마 솥"(2007년)에서 북방 바벨론의 침입(侵入)을 앞두고 예레미아가 본 하나님의 묵시를 해석하면서 북한의 핵실험에 대처하는 한국 국민의 안일한 태도에 관하여 비판적인 견해를 표현하고 있다. 북한이 핵실험하고 성공했다는 소식에 대하여 국민들은 놀라지 않고 잠잠하다. 국민들은 생각하기를 북한 정권이 설마 한국에 대하여 핵공격을 하겠느냐는 것이다. 그리고 미국이 북한의 핵시설을 포격하면 중국과 러시아와 일본까지 피해를 입게 되므로 중국과 러시아가 북한 핵시설을 없애려고 노력할 것으로 본다는 것이다. 그렇다면 북한 핵 위협은 주로 남한이 입을 수밖에 없다.

혜암은 북한 핵 실험 이후 한국의 기독교계 반응은 크게 두 가지라고 지적한다. 하나는 북핵으로 야기된 국내외 위기의식과 너무 동떨어진 두 가지 태도이다: "첫째는 한국의 강단에서 교인들과 국민의 경각심을 일으키는 메시지가 약하거나 아니면 정곡을 벗어나고 있고, 그보다 더 개탄할 것은 남북문제와 정치문제를 언론에서 다루는 기독교 지식인들 중에는 북한의 핵이 남한의 안보를 보장하는 우산처럼, 또는 한반도의 평화와 남북통일의 지름길인냥 주장하는 것이다."118) 보수측은 북핵의 위협에 대하여 전혀 무관심하여 하나님에게 맡겨두면 된다고 보고, 진

---

117 이장식, "아론의 지팡이" in;『아담아 너는 무엇을 생각하느냐』, 글마당, 2007, 46.
118 이장식, "살구나무 가지와 물끓는 불가마 솥," in;『아담아 너는 무엇을 생각하느냐』, 글마당, 2007, 176-179.

보측은 북한 핵이 남한의 안보 우산, 또는 한반도 통일의 지름길이라고 보는 전혀 상반된 태도를 보이고 있다고 본다.

예레미아 선지자의 경고는 오늘날 한반도 상황에 연결된다

혜암은 예레미아가 하나님과의 대화에서 살구나무에 아직 꽃이 피지 않고 있는 가지를 보았고, 북쪽에서 물이 끓어 뜨거운 물이 넘쳐 오르는 불가마 솥을 말하면서 바벨론의 무력침공이 임박한 것을 알리고 있다고 제시한다. 혜암은 예레미아가 두 환상을 연결시키면서 하나님의 사자(使者)로서 국가와 종교의 지도자들에게 다가올 하나님의 역사적 섭리를 일깨워주고 있다. 예레미아의 메시지는 유대의 관리들과 제사장들에게 회개를 촉구하였다: "대비하는 방법으로서 그가 제시한 것은 어떤 정책이나 무기 생산과 증강이나 선제공격하는 군사수단이 아니고, 모든 국민의 철저한 회개로써 하나님의 자비와 도움을 받게 하려는 것이었다."[119] 예레미아는 당시 제사장들이 하나님을 최우선으로 섬기지 않고 우상적인 것에 정신을 쏟아 왔고, 예언자들도 다른 신의 이름으로 예언하고 있었고, 재판관들도 하나님의 정의를 두려워하지 않고 불의한 재판을 했으며, 통치자들이 하나님과 맞서서 교만을 부리고 하나님을 두려워하지 않는다고 경고하였다. 혜암은 예레미아가 당시에 본 환상이 오늘날 한반도의 상황에 연결된다고 본다.

한국교회의 지도자들의 탈선과 회개의 촉구

혜암은 평양 대부흥운동 이후 한국교회 지도자들과 정치 지도자들의 타락 (신사참배, 공산정권에 굴복, 정치지도자의 무신론)을 지적한다:

---

[119] 이장식, "살구나무 가지와 물끓는 불가마 솥," in; 『아담아 너는 무엇을 생각하느냐』, 글마당, 2007, 178.

"금년(필자 주: 2007년)이 한국의 부흥운동의 첫 수확의 백주년이 되는 해이다. 평양지방을 한국 개신교 선교의 가장 큰 열매로 생각하고 자랑했었는데, 일본 정부가 평양교회를 먼저 먹어 버리고 신사참배를 시켰다가 결국 패망하였는데, 해방 후에는 공산주의 정권이 그 평양교회를 먼저 먹어버려서 평양은 바알 신인 공산주의자들의 본거지가 되었고, 그리고 남한 정부의 실권자들 중에는 무신론자들이 많다."[120]

혜암은 이어서 해방 이후 한국교회 지도자들이 세속주의, 좌익사상에 물들었고, 물욕과 쾌락에 물든 일반 대중들의 우상숭배와 타락을 지적하고 회개를 촉구하고 있다: "반면에 남한 교회는 해방 후에 교회가 자유와 번영을 누려 오는 가운데, 목사들과 교계 지도자들이 하나님을 최우선으로 생각지 않고 다른 것들에 정신과 힘을 쏟았다. 또 교계 지식인들 중에는 진보와 민주와 자유를 표방하면서 좌익사상에 물든 친북적인 예언자들이 많아졌다. 국민대중은 물질적으로 쾌락에 도취하여 무신론자들이 되어 버려서 돈을 우상화하고 있다."[121]

바람직한 대통령 상

혜암은 2007년 대통령 선거를 앞두고 국민들이 희망하는 대통령 상(像)을 다음같이 3가지(국민의 소리 경청하는 자, 출세욕이 없는 자, 국민화합 도출자)로 제시했다:

"첫째, 국민의 중의든 총의든, 국민의 소리를 듣고 겸허하게 통치하

---

[120] 이장식, "살구나무 가지와 물끓는 불가마 솥," in: 『아담아 너는 무엇을 생각하느냐』, 글마당, 2007, 178.
[121] 이장식, "살구나무 가지와 물끓는 불가마 솥," in: 『아담아 너는 무엇을 생각하느냐』, 글마당, 2007, 178–179.

는 사람.

둘째, 기본적인, 혹은 자연적인 덕성이 있어서 개인적인 명예욕이나 출세욕이 없는 사람,

셋째, 국론분열을 해소시킬만한 고답적인 경건과 이념을 가진 사람, 그래서 국민화합을 도출할 수 있는 사람, 그리고 국가의 전반적인 발전과 균형잡힌 사회를 창출할 수 있는 실력을 가진 사람이다."[122]

2017년 5월 이후 문재인 정부 들어와서 그는 "여태까지 가보지 못한 나라"로 나라를 끌고 가면서 지난 70여년 앞서 간 정부의 성과를 무효화하는 일방적인 적폐청산, 소득증대 성장 정책, 급속한 탈원전 정책, 주 52시간제 근무제, 종북주의 저자세 대북정책, 격미 반일 친중 외교정책, 지지층과 반지지층으로 국민 분열, 국가세금 퍼주기 포퓰리즘 정책, 국가채무증가 등으로 실정(失政)을 거듭하고 있다는 평가를 받고 있다. 이러한 문 정부가 2020년 4월 15일 총선에 정치사상 유래없는 여당(더불어 민주당)이 국회의원 180석(야당 미래통합당 104석)을 차지하면서 한편으로는 사전투표 조작 부정선거 논란이 있는 가운데, 다른 편으로는 절대 의석을 가진 정부 여당이 앞으로 우리나라를 좌편향적 전체주의 사회로 끌고 나가지나 않을까 하는 많은 우려가 야기되고 있는 실정이다. 혜암이 제시한 지혜로운 바람직한 대통령상이 어느 시기보다 요청되는 때다.

---

[122] 이장식, "새 대통령에 뽑혀야 할 사람은" in; 『아담아 너는 무엇을 생각하느냐』, 글마당, 2007, 171.

올바른 과거청산은 하나님의 심판에 맡김

가인을 죽이지 말라고 하신 하나님의 뜻

혜암은 그의 글 "가인을 죽이지 말라"에서 과거사 청산은 사람이 하는 것이 아니라, 심판자이신 하나님께 맡기라고 피력하고 있다. 혜암은 역사해석의 방법으로 두 가지, 실증주의 해석과 관념론적 해석을 소개하고 있다. 실증주의 해석은 지나간 객관적 사실을 사건 발생의 충분한 원인으로 보는 방법이고, 관념론적 해석은 사건 배후에 있는 행위자의 심층적 이유를 밝혀내는 것이다. 이 두 가지 방법에 있어서 인간은 어느 것도 온전한 해석을 할 수 없다. 가인과 아벨의 제사에 관한 하나님의 열납과 거부 이야기에 대하여 일반적으로 가인의 농산물, 아벨의 축산물의 차이로 설명하거나, 또는 가인과 아벨의 믿음과 정성으로 차이로 설명하고자 한다.

그러나 혜암에 의하면 창세기 저자는 이 두 가지에 대하여 아무런 암시도 제시하지 않는다. 혜암은 이 이야기를 "사건을 처리하시는 하나님의 역사관리"[123]로 해석하고자 한다: "가인과 아벨의 사건을 실증주의적으로 풀기는 어렵다." 성경적 역사해석은 "어떤 심각한 사건이 발생해서 인간 사회에 커다란 위기가 왔을 때, 하나님은 그 위기를 처리하여 새로운 질서로 전환시킨다."[124] 혜암은 그 좋은 예로서 나면서부터 소경된 자의 불행이 본인의 죄 아니면 부모의 죄로 돌리려던 바리새인의 질문에 대하여 예수님이 이는 "하나님의 영광"을 위한 것이라는 대

| 123 이장식, "가인을 죽이지 말라" in; 『아담아 너는 무엇을 생각하느냐』, 글마당, 2007, 33.
| 124 이장식, "가인을 죽이지 말라" in; 『아담아 너는 무엇을 생각하느냐』, 글마당, 2007, 33.

답을 주시는 것을 제시한다. 혜암은 신학적 해결을 제시한다: "가인이나 아벨처럼 사람들이 자유의지를 가지고 어떤 행위를 할 수 있고 거기에 대한 하나님의 선호가 있겠지만, 하나님께서 하시는 선하신 결단의 이유는 사람들이 알 수 없다. 철학적 신학에서는 하나님을 우주의 모든 운동과 사건의 제일 원인으로 설명하지만, 그것은 추리해 본 것이고 선악 간에 모든 사건을 하나님께 책임 돌리려는 것은 아니다."[125] 인간이 하는 판단과 행위는 상대적이고 오류가 있기 때문이다: "사람들이 서로의 행위를 가지고 비교도 해보고 다투기도 하다가 서로를 해치는 일도 생기는 세상에서 인간들이 영위하는 일에는 절대 선도 없고 절대 악도 없고 다 상대적인 가치를 가지고 있다. 그러나 거기에 대한 현실적인 심판이 내리기도 하지만, 세월과 시대가 바뀌면 한 때의 심판을 오판으로 둔갑하기도 한다."[126]

그러므로 하나님은 가인에 대하여 사람들이 심판을 하지말라고 명하신 것이다: "가인을 죽이지 말라." 하나님은 아우를 죽인 살인자 가인을 아무도 죽이지 말라고 하시고, 죽이는 자는 가인보다 더 무서운 벌을 받을 것이라고 살생금지를 명령하고 계신다. 혜암은 하나님의 신학적 판단을 다음같이 설명하고 있다: "그러므로 사람들이 서로 원수 맺거나 죽여 없애 버리려는 악심과 보복심을 가져서는 안된다. 살인자라 할지라도 살려두고 포용하는 것이 우리가 사는 세상을 살만한 곳으로 유지하는 것이다."[127] 여기서 혜암은 하나님은 역사 속에서 인간의 자유로운 행위를 고려하시고, 그에 대해 책임을 물으신다는 개혁신학적 역사관을 표명하고 있다.

---

125 이장식, "가인을 죽이지 말라" in; 『아담아 너는 무엇을 생각하느냐』, 글마당, 2007, 33-34.
126 이장식, "가인을 죽이지 말라" in; 『아담아 너는 무엇을 생각하느냐』, 글마당, 2007, 34.
127 이장식, "가인을 죽이지 말라" in; 『아담아 너는 무엇을 생각하느냐』, 글마당, 2007, 34.

성경적 과거사 바로잡기: 역사 심판은 하나님께 맡기라.

혜암에 의하면 역사 심판은 하나님께 맡겨야 하는 이유는 인간들의 생각들은 시대사조에 따라, 그리고 판단자의 입장에 따라 다를 수 있기 때문이다: "이러한 것(필자 주: 시대 사조에 따라 판단이 다르게 나옴)이 사람들이 과거사를 바로 잡는 일에는 있을 수 있는 어려움이다. 후대의 사람들이 이러한 일을 시도할 수 있겠지만, 이미 흙으로 돌아간 그 두 사람이 계속 자기가 옳았다고 주장하거나, 또는 자기가 억울하다고 생각할지 모르나 자기들을 위하여 변호하거나 화풀이 해주기를 바라지 않을 수도 있다. 가인을 재심해서 중벌을 주어야 한다고 주장하는 사람은 가인을 다시 정죄하고 죽이는 것이다."[128]

혜암은 유럽의 교회사를 보면 인간의 어리석음의 과오가 드러난다고 그 예들을 제시한다. 중세 말기 로마 교황청은 영국의 종교개혁자 존 위크리프가 성경을 영어로 번역한 사건에 대하여 이단으로 정죄하였고, 그가 죽어 묻힌 훨씬 후에 그가 생전에 이단자의 화형을 받지 않았다고 그의 무덤을 파내어 그 유골을 불 태우고 교회법대로 화형하였다. 이에 반해서 천주교 권력자들이 이단으로 정죄된 종교개혁자 루터의 무덤을 파헤쳐 그 유골을 화형하자고 주장했을 때, 신성로마제국 황제 칼 5세는 자기는 이미 죽은 사람의 무덤을 파헤쳐서 다시 죽일 생각은 없다고 거절하였다.

혜암은 이것은 한국교회 과거사 청산에도 적용될 수 있다고 본다. 한국교회 목회자들 가운데는 일제시대 박해와 가난 가운데서 교회를 지

| 128 이장식, "가인을 죽이지 말라" in; 『아담아 너는 무엇을 생각하느냐』, 글마당, 2007, 34-35.

키고 교회의 위상을 보존하기 위해서 고난당한 목회자들 가운데 부득히 해서 일본정부에 조금 협력했다는 이유로 친일파로 몰려서 조사위원들의 조사를 받은 적이 있다. 그리고 어떤 목회자는 일제시대 박해를 받다가 해방이 되어 6.25 전쟁 때 이북으로 납치되어 순교한 사람도 있는데 이러한 사람들까지 친일파로 몰려고 하는 일이 생기고 있다. 이에 대하여 혜암은 다음같이 피력한다: "이러한 사람들을 정죄하는 일은 그만두고 해방 후 한국교회를 사분오열시키고 부패시킨 목회자들을 골라내는 것이 더 시급한 것 같다."[129]

혜암은 이러한 인간 중심의 역사 청산에 대하여 그 오류와 사회분열에 대하여 경고한다: "아무튼 한국의 정계나 교계에서 오늘 우리 시대보다 박해와 고난이 훨씬 많았던 때, 국가 건설과 교회성장을 위해 악전고투한 선배들의 행적을 재심하는 역사 바로 잡기란 일에 기염을 통하는 사람들이 있으나, 자신들의 실책과 과오를 은폐하지 못할 것이다."[130] 혜암은 인간의 역사란 스스로 많은 과오와 시행착오를 지니고 있다고 본다: "인류 역사는 직선이든 곡선이든, 또는 포물선이든 간에 선을 그으며 종말을 향해 진행하고 있고, 그 선상에는 수많은 정권과 세력들이 과거사의 무덤 속으로 들어갔다."[131] 인간의 정권들과 세력들은 과오를 통하여 역사에 많은 오류와 분열의 위기를 가져다 주었다고 본다. 혜암은 "역사 심판석에 앉아 과거사를 당돌하게 심판하는 사람들은" 유대의 바리새인처럼 모세의 자리에 앉아 독선적으로 남을 판단하는 자들이며, 예수님은 이들을 질책하셨다고 논한다. 혜암은 "우리는 모세가 이스라엘 자손들에게 장차 없어질 것의 결국을 주목하지 못하게 하려고

---

129 이장식, "가인을 죽이지 말라" in; 『아담아 너는 무엇을 생각하느냐』, 글마당, 2007, 36.
130 이장식, "가인을 죽이지 말라" in; 『아담아 너는 무엇을 생각하느냐』, 글마당, 2007, 36.
131 이장식, "가인을 죽이지 말라" in; 『아담아 너는 무엇을 생각하느냐』, 글마당, 2007, 36.

수건을 그 얼굴에 쓴 것 같이 아니하노라"(고후 3:13)는 사도 바울의 교훈을 받아야 한다고 천명한다.

혜암은 "성직자와 의의 면류관"(2015)이라는 제목의 칼럼에서 다음같이 한국 개신교가 사회적 신뢰성을 갖기 위해 공정성을 실천해야 할 것을 천명하고 있다: "오늘날 한국 개신교 안에는 성직자나 일반 신자들이 각자의 교직에 어긋난 성품을 가지고 사역을 하거나 생활하고 있기 때문에 개신교의 사회적 위상이 격하되고 있다. 물욕, 성욕, 명예욕, 권력욕 등의 종이 되어 신성한 신분을 상실하여 자격이 없다는 평가를 받게 된 것이다. '의의 면류관'은 공정한 재판관의 공정한 재판을 통과해야 얻게 될 것이다."[132]

그러므로 혜암은 역사 바로 잡기에 있어서 인간 스스로 심판하려 하지 말고 하나님의 위대한 심판에 맡기기를 제안한다. 그에 의하면 하나님만이 그의 위대한 경륜으로 인간 역사를 초월하여 역사를 후진 시키지 않고 발전의 방향으로 이끌어 주시기 때문이다: "그것들(필자 주: 수많은 정권들과 세력들)이 만든 수많은 위기가 인간의 지혜와 힘을 능가한 하나님의 역사 개입으로 새로운 현실이 출현됨으로 인류 역사의 희망이 이어져 왔다. 하나님은 인류 역사가 후진하는 것을 원치 않으시고 그의 목적 방향으로 섭리하신다. 하나님의 역사 섭리는 일반 역사가들이 말하는 역사 발전의 비결과는 다르다. 그들은 인과율 같은 역사 발전의 법칙을 말하지만, 역사 발전은 그것으로 설명하기에는 너무 신비하다. 하나님은 인간의 역사를 초월하여 계시지만, 그 역사에 다이나믹하게 관계, 또는 개입하셔서 역사의 변화와 진로를 주관하신다."[133]

---

132 [이장식 칼럼] 성직자와 의의 면류관, 이장식·한신대 명예교수, 베리타스 입력 2015. 02. 17. 07:38.
133 이장식, "가인을 죽이지 말라" in;「아담아 너는 무엇을 생각하느냐」, 글마당, 2007. 36.

혜암은 그렇다고 헤겔의 역사의 변증법 발전을 시인하는 것이 아니라 인간 판단을 너머서 있는 하나님 섭리의 신비를 받아들이는 자세가 필요하다고 말한다: "하나님은 인류의 역사에는 언제나 가인과 아벨이 대변하는 선과 악의 상충하는 세력이 있는 것을 아시고 섭리하실 때 때로는 하나님이 악도 만든다고 인간이 착각할 수도 있고(사 45:7), 바로 왕의 마음을 완고하게 만드셨다고 생각할 수 있을 것이다." 결론으로 혜암은 역사의 의미는 역사 종말에 가서야 완전히 밝혀 질 것이라고 신학자로서 신본주의적 역사관을 피력한다: "하나님의 역사 주관은 신비이며, 그 신비는 역사의 종점에 가서 완전히 밝혀질 것으로 믿는다."[134] 여기서 혜암은 하나님의 주권을 인정하는 개혁신학의 입장을 드러내고 있다.

성경적 이상사회론:
정치적 시온주의나 정치적 하나님 나라 운동 거부

혜암은 그의 글 "유토피아는 어디에"에서 영국의 사상가 토마스 모어(Thomas Moore)의 유토피아 사상을 소개하면서 역사 속에서 그의 사상을 이 지상에서 실현하고자 했던 좌파정치적 유토피아를 비판한다.

모어는 중세 헨리 8세 치하 35세에 『유토피아』란 저서를 내었다. 모어는 런던 부시장을 거쳐 영국 대법관의 법률고문으로 지내다 영국교회를 로마 교황청으로부터 이탈 시킨 헨리 8세의 결정을 반대하다가 1535년 단두대에서 처형당한 사상가였다. 모어는 이 저서에서 영국사회의 모든 사회악의 원인을 사유재산 제도로 보고 "사유재산 제도 없이 모든 사람이 하루 6시간 정도 일하고 생산물을 똑같이 분배하여, 범죄

| 134 이장식, "가인을 죽이지 말라" in; 『아담아 너는 무엇을 생각하느냐』, 글마당, 2007, 37.

가 없으며, 어떠한 도둑질도 없는 세상이 되어야 한다"고 주장했다. 모어는 기독교 신앙을 가지고 인간 사회에 대한 사랑과 희망을 토로한 휴머니스트였다. 모어가 그린 유토피아는 이 세상에 어디에도 존재하지 않는 곳(no place)이었다. 그는 그의 책 마지막을 다음 기도문으로 끝낸다: "하나님, 내게 고통 없는 죽음을 허락하시고 나를 당신에게로 데려가 주십시오. 나를 일찍 데려 가실 것인지 늦게 데려 가실 것인지는 당신의 뜻에 달려 있습니다. 그러나 만일 당신의 뜻에 거슬리지 않는 일이라면 당신에게서 멀리 떨어져 있는 이곳 지상에서 가장 즐거운 생활을 하며 오래 사는 것 보다는 차라리 가장 고통스러운 죽음으로 빨리 당신에게로 가기를 원합니다."[135]

혜암은 구약의 예언자 이사야와 신약의 사도 요한이 토마스 모어처럼 이상향을 꿈꾸고 제시했다가 순교한 이상향 선구자들이라고 설명한다. 예언자 이사야는 이사야서 11장 1~10절에 이상향(메시아 왕국)을 예언했다: "장차 이상적인 왕이 와서 정의롭고 평화롭게 사회를 세워서 공의로운 재판으로 사악하고 잔인한 자들이 멸절되고, 자연도 축복을 받아서 어린 아이, 양과 그리고 표범 등과 같은 맹수들도 서로 해치지 않고 함께 사는 거룩한 산, 곧 이상향 시온을 꿈꾸었다."[136] 이사야는 앞으로 있을 앗수르의 침략을 예견하고 포로로 흩어져 사는 이스라엘 백성들이 돌아와서 정의와 평화의 나라를 세우는 꿈을 꾸었다. 혜암은 구약 외경 '이사야의 승천'에 의거하여 이사야가 "그의 방백들과 백성의 죄를 규탄하다가 미움을 사서 므낫세 왕 때 광야로 쫓겨나가 유리방황하다가 체포되어서 나무톱으로 그 몸이 두 동강이 나서 죽었다"고 설명한다.[137]

135 이장식, "유토피아는 어디에" in; 『아담아 너는 무엇을 생각하느냐』, 글마당, 2007, 28.
136 이장식, "유토피아는 어디에" in; 『아담아 너는 무엇을 생각하느냐』, 글마당, 2007, 28.
137 이장식, "유토피아는 어디에" in; 『아담아 너는 무엇을 생각하느냐』, 글마당, 2007, 28-29.

혜암은 계시록 21장에 의거해서 사도 요한이 본 하나님 나라 왕국의 도래를 소개하고 있다. 사도 요한은 예루살렘 교회가 도미티안 황제의 무서운 박해 아래서 복음을 전하면서 에베소로 피신하여 선교하다가 유배(流配)생활 온 밧모섬에서 새 하늘과 새 땅을 환상으로 보았다. 그는 새 하늘과 새 땅에서 살아보지 못하고 밧모섬에서 순교하였다. 혜암은 사도 요한이 본 유토피아는 "지상이 아닌 하늘 위의 저편에 있는 나라"라고 설명한다.[138]

혜암은 성 어거스틴, 중세 로마가톨릭교회, 요야킴 피오레(Joachim of Fiore), 공산주의운동의 유토피아 사상을 소개한다. 성 어거스틴은 기독교 시대에서 살면서 『하나님의 도성』(Civitas Dei)이라는 저서에서 이 세상은 끝날까지 선과 악의 두 세력이 마주쳐서 대결하는 곳이라고 말함으로써 지상에서 이상적인 하나님 나라가 이루어진다고 기대하지 않았다. 어거스틴은 "지상에서 하나님의 뜻이 온전하게 이루어지는 하나님 나라의 실체나 전권적인 대행자는 있을 수 없고, 지상의 교회는 그러한 자격과 힘이 있다고 생각하지 않았다."[139] 이런 의미에서 혜암은 어거스틴이 세상의 역사가 바로 하나님의 계시라고 보지 않았고, 지상의 교회가 바로 하나님의 나라와 동일하지 않다고 해석한다. 필자는 혜암의 어거스틴 해석에 동의한다.[140]

혜암은 중세 로마가톨릭교회가 강력한 교황청의 권력과 그것을 뒷받침하는 준엄한 교회법과 성직제도를 가지고 스스로 로마교회가 하나님 나라의 지상적 실체라고 자부했다고 본다. 이러한 중세교회의 전성 시

138 이장식, "유토피아는 어디에" in;『아담아 너는 무엇을 생각하느냐』, 글마당, 2007, 29.
139 이장식, "유토피아는 어디에" in;『아담아 너는 무엇을 생각하느냐』, 글마당, 2007, 30.
140 이장식, "유토피아는 어디에" in;『아담아 너는 무엇을 생각하느냐』, 글마당, 2007, 30.+

기에 수도사 요아킴 폰 피오레(Joachim of Fiore)는 이러한 로마가톨릭교회의 입장을 거부하였다. 그는 이러한 제도적인 교회 시대는 지나가고 1260년 이후에는 성령의 시대가 올 것이며, 이 시대에 성령이 주관하는 영적 교회, 신자 개인의 영성과 자유와 고백으로 신앙을 함양하여 하나님과 교통하는 이상적 교회의 도래를 예견하였다. 이러한 그의 영적 비전 때문에 정지를 받았고, 그는 이단자로 처형되었다.

혜암은 19세기에 나타난 마르크스 레닌을 중심으로 하는 공산주의 운동을 소개한다. 이 운동은 "토마스 모어의 이상(理想) 일부를 취하여 공산당 선언문을 작성하여 사유재산제도를 부인하고 계급과 계급의 대립 대신에 개개인이 자유로운 발전을 이룩할 수 있게 하는 공산주의 연합사회"를 주창하였다. 이 사회는 "무산자 대중의 단일 계급사회와 노동자 단일 계급사회를 지향한다. 이러한 이상적인 사회는 역사의 발전이나 진화 도상에서 저절로 오도록 기다릴 수 없다. 공산당은 폭력으로 그것이 올 수 있도록 혁명수단을 써야한다고 주장하였다. 이 혁명 과정에 불응하는 사람들 수백만 명을 처단시킴으로 공산당 혁명은 피의 혁명이 되었다. 그러나 피의 숙청으로 희생된 사람들은 영원한 무신론의 유토피아를 꿈꾸고 희망한 사람들이 아니었고, 다만 노동의 노예가 되어 개인의 자유로운 발전을 희생당한 사람들이라고 혜암은 본다.[141]

혜암은 유토피아를 추구한 사상가들은 이 지상에서 이룰 수 없는 사회를 꿈꾼 자들로서 현실의 권력과 조직에 대해 비판하지 않을 수 없었으므로, 이들은 기득권 권력으로부터 미움을 받아 처형될 수 밖에 없었다고 본다. 혜암은 유토피아 사상의 아이러니를 말한다. 아이러니란 이

| 141 이장식, "유토피아는 어디에" in; 『아담아 너는 무엇을 생각하느냐』, 글마당, 2007, 31.

사상 때문에 이 사상을 주창한 자와 추종자들이 애매히 희생당함이다: "유토피아! 아무래도 그런 곳이 없는 곳을 꿈꾸고 바랐던 사람들은 현실을 비판하지 않을 수 없었으므로 기성 세력의 미움으로 죽어갔고, 반면에 아무데도 없는 이상사회와 시대를 잘못 꿈꾼 사람들의 무모한 폭력 행위 때문에 애매하게 죽어간 사람들이 무수히 많았다. 이것이 유토피아 사상의 아이러니이다."[142] 혜암은 유토피아란 어원적 뜻 처럼 이 세상에는 없는 처소다. 이 지상에는 유토피아는 없다. 혜암은 예수님의 종말론적 교훈을 인용한다: "예수께서 경고하시기를 '하나님 나라가 '여기 있다, 저기 있다 하는 사람들을 조심하라'고 하셨다. 어떤 왕국이나 종교단체도 나라를 세우거나 대행할 수 없다. '내 나라는 하늘에 있다'고 하신 예수님의 말씀은 난세와 암흑세상에서 더욱 귀담아 들을 말씀이다."[143] 혜암은 하나님 나라야 말로 유토피아이며, 이 유토피아는 정치적 시온주의나, 정치적 하나님 나라 운동과 동일시 될 수 없다고 피력한다.

포고 없는 전쟁으로서 종말론적 심판

혜암은 이 세상에 대한 종말론적 심판을 언급하고 있다. 몰트만은 종말론을 보편 구속이 수행되는 소망의 종말론으로 해석하고 있으나, 혜암은 성경이 말하는 바 따라 포고 없는 전쟁으로서 종말론적 심판을 언급하고 있다.

선전포고 없는 침략과 전쟁의 실례로 이스라엘 역사에서 기원전 9세기 유대 4째 왕 여호사밧 통치 시절 시리아의 기습을 든다. 기습침공

---

[142] 이장식, "유토피아는 어디에" in;『아담아 너는 무엇을 생각하느냐』, 글마당, 2007, 31.
[143] 이장식, "유토피아는 어디에" in;『아담아 너는 무엇을 생각하느냐』, 글마당, 2007, 31.

이유는 시리아군의 비밀리에 이루어진 군사 작전이 빈번히 유대나라에 새어 나갔는데, 그 비밀을 알아낸 자가 선지자 엘리사라는 것을 알아내고 그를 체포하기 위한 것이었다. 당시 엘리사는 도단성에 있었는데, 시리아는 기마부대와 병거부대와 수많은 군대를 밤 중에 파송하여 도단성을 포위하였다(왕하 6:11-17). 혜암은 중세의 밀턴이 그의 작품 실낙원 11편에서 이 사건을 "포고 없는 전쟁"이라는 용어를 가져와 이를 역사에 대한 하나님의 종말론적 간섭으로 사용하고 있다. 엘리사는 "하나님에게 적군의 눈을 어둡게 해달라고" 기도하여, 이들의 눈을 멀게 하여 사마리아로 데리고 가서 이들의 눈을 뜨게 한 후에, 이들을 후히 대접하고 시리아로 돌려보냈다는 이야기다. 엘리사는 시리아의 극심한 미움으로 "포고 없는 기습"을 당했으나, 엘리사는 이를 선으로 대해주었다는 것이다.

혜암은 밀턴이 창세기 3장 실낙원에서 해석한 하나님의 계명을 위반하여 선악과를 따먹은 아담과 하와에 대한 포고 없는 징벌을 예로 든다: "아담과 하와가 선악과를 따먹고 하나님이 무서워서 숨어 있었을 때 하나님이 그들을 발견하시고, 에덴동산 동쪽 바깥으로 추방하시고, 그들을 포위할 그룹들(군대)을 세우시고, 빙빙도는 불칼을 두시어, 아담과 하와가 다시는 동산의 생명나무에 가까이 가지 못하게 막으셨다는 이야기이다"(창 3:24).[144]

혜암은 이스라엘 역사 속에서 하나님이 행하신 포고 없는 전쟁은 "자기의 명령을 거역한 반역한 인간을 징벌하시기 위한 것이었다."[145]고 본다. 혜암은 이스라엘 역사에 행하신 포고 없는 전쟁의 예를 든다: 그

---

144 이장식, "포고없는 전쟁" in; 『아담아 너는 무엇을 생각하느냐』, 글마당, 2007, 20.
145 이장식, "포고없는 전쟁" in; 『아담아 너는 무엇을 생각하느냐』, 글마당, 2007, 20.

것은 에돔 왕손 하닷이 솔로몬을 공격(왕상 11장), 바벨론 왕 느브갓네살은 유다왕 여호야긴 및 시드기야를 침략(역하 36장)했는데, 이는 유대 왕의 우상숭배와 하나님 말씀을 거역한 것에 대한 하나님의 응징이었다: "이렇게 하나님은 자기의 정의를 세우기 위해서 어떤 개인이나 나라를 시켜 포고 없는 전쟁으로 자기를 거역하는 왕이나 나라를 치셨다. 하나님은 역사의 주관자와 심판자였다."[146]

예수님도 자신의 말씀과 권고를 거절한 유대인들에게 하나님의 포고 없는 전쟁으로 심판받을 날이 올 것으로 예언하셨다: "지붕 위에 있는 자는 내려가지도 말고 집에 있는 무엇을 가지러 들어가지도 말며(15절) 밭에 있는 자는 겉옷을 가지러 뒤로 돌이키지 말지어다(16절) 그 날에는 아이 밴 자들과 젖먹이는 자들에게 화가 있으리로다"(막 13:15-17). 혜암은 예루살렘에 임할 포고 없는 전쟁에 대한 예수님의 예언은 A.D. 70년 로마 총독 디투스의 예루살렘 정복으로 이루어진 것을 설명한다: "A.D. 70년 로마 총독 디투스가 예루살렘성을 선전 포고 없이 포위하였고, 유대인들은 하나가 되어 석달동안 항쟁하였다. 성안에 있는 식량이 바닥이 났을 때, 군인들이 직접 식량을 구하러 집집마다 수색하여 숨긴 식량을 약탈해갔고, 어린아이가 손에 쥐고 있던 빵조각 마저 빼앗아 심지어 그 아이를 식량을 숨긴 자라고 하고 땅바닥에 내동댕이 쳤다. 결국 예루살렘성과 성전은 완전히 함락되고 파괴되었다. 이때 예수님의 말씀을 기억한 그리스도인들은 일찍 펠레라는 도시로 피난을 가서 화를 면했다."[147]

혜암은 예루살렘의 함락을 앞으로 다가올 이 세상에 대한 하나님의

---

[146] 이장식, "포고없는 전쟁" in; 『아담아 너는 무엇을 생각하느냐』, 글마당, 2007, 20.
[147] 이장식, "포고없는 전쟁" in; 『아담아 너는 무엇을 생각하느냐』, 글마당, 2007, 21.

예고 없는 종말적 심판의 예로 해석한다 : "예수님의 예언은 불원간 유대인들의 성전과 성곽과 도시가 파괴되고, 그 백성이 흩어질 것을 예언하신 것도 되지만, 죄악이 가득찬 이 세상을 최후적으로 징계하실 '대심판의 날' 곧 '세상의 종말은 하나님이 포고 없이 치고 오실 것'을 예언하신 것이다. 이 날은 아무도 모르게 도적처럼 올 것이므로, 이 날을 대비하기 위하여 깨어 있고, 준비하라는 말씀을 열 처녀의 등불 비유로 말씀하셨다. 즉 언제 하나님의 전쟁이 시작되든지 등불의 기름을 채워주듯이 늘 믿음의 준비를 하라고 가르치셨다."148)

혜암은 이 세상의 종말이 노아시대의 홍수 심판이었다면, 오늘날 현대인들의 악행과 불법의 행위가 노아시대의 사람들의 행위들과 다름이 없으니, 하나님의 불심판이 언제 올지 모를 것을 경고하고 있다: "노아 때의 대홍수 사건도 하나님의 포고 없는 전쟁 행위였는데, 오늘 이 시대의 세상 사람들이 노아 때의 인류처럼 악행이 극심하고, 살과 피를 지니고 땅 위에서 사는 모든 사람들의 삶이 속속들이 썩어 있고, 무법천지가 되어서 하나님이 사람을 지으신 것을 스스로 후회하실 정도이니, 언제 하나님의 포고 없는 전쟁으로 이 세상이 불바다가 될지 모른다."149) 혜암은 "옛 세상을 용서하지 아니하시고 오직 의를 전파하는 노아와 그 일곱 식구를 보존하시고 경건하지 아니한 자들의 세상에 홍수를 내리셨으며"(벧후 2:5)를 인용하고 있다.

혜암은 사도 베드로가 말하는 "예고 없는 종말"을 인용한다: "먼저 이것을 알지니 말세에 조롱하는 자들이 와서 자기의 정욕을 따라 행하며 조롱하여(3절) 이르되 주께서 강림하신다는 약속이 어디 있느냐 조상

---

148 이장식, "포고없는 전쟁" in;『아담아 너는 무엇을 생각하느냐』, 글마당, 2007, 21.
149 이장식, "포고없는 전쟁" in;『아담아 너는 무엇을 생각하느냐』, 글마당, 2007, 22.

들이 잔 후로부터 만물이 처음 창조될 때와 같이 그냥 있다 하니"(벧후 3:3-4). 혜암은 또 사도 베드로의 소돔 고모라 같은 불과 유황에 의한 세상의 멸망을 예로 들고 있다: "그러나 주의 날이 도둑 같이 오리니 그 날에는 하늘이 큰 소리로 떠나가고 물질이 뜨거운 불에 풀어지고 땅과 그 중에 있는 모든 일이 드러나리로다(10절). 이 모든 것이 이렇게 풀어지리니 너희가 어떠한 사람이 되어야 마땅하냐 거룩한 행실과 경건함으로(11절) 하나님의 날이 임하기를 바라보고 간절히 사모하라. 그 날에 하늘이 불에 타서 풀어지고 물질이 뜨거운 불에 녹아지려니와(12절) 우리는 그의 약속대로 의가 있는 곳인 새 하늘과 새 땅을 바라보도다"(벧후 3:10-13). 이러한 예고 없는 성경적 종말 사상이 세상에 대한 혜암의 종말론적 사상으로 보인다.

혜암은 "종말론적 현상들"이라는 제목의 글에서도 오늘날 미국과 러시아 등 강대국이 우주방위사령부를 설치하여 우주에 인공위성, 미사일, 핵폭탄을 서로 요격하여 공중에서 파괴 시키면서 불과 연기를 뿜을 우주 전쟁을 준비하고 있는데, 이것은 성경이 말하는 세계 종말을 우의적으로나 가상적으로가 아니라 가시적으로 보여주고 있다고 설명한다: "앞으로 있을 더 무서운 전쟁은 공중 (우주)에 기지를 두고 유성처럼 우주 공간을 날면서 싸우는 미사일 전쟁, 또는 인공위성들의 싸움이다." 150) "이제 우리는 성경에서 말씀하는 공중의 하늘의 세력이나 권력이란 것을 우의적(알레고리)으로나, 가상적으로만 해석할 수 없는 세대에 살고 있다."151) "더욱이 인간이 만든 공중과 지상의 온갖 무서운 화력으로 지구가 종말로 치닫고 있다."152) 혜암은 그런 후에 새 하늘과 새 땅이 이

---

150 이장식, "종말론적 현상들" in; 『아담아 너는 무엇을 생각하느냐』, 글마당, 2007, 196
151 이장식, "종말론적 현상들" in; 『아담아 너는 무엇을 생각하느냐』, 글마당, 2007, 197.
152 이장식, "종말론적 현상들" in; 『아담아 너는 무엇을 생각하느냐』, 글마당, 2007, 197.

루어질 것을 약속하고 있다고 해석한다.

혜암은 신학과 교회 제12호 특집 "역사와 종말론"의 권두 칼럼(2019년)에서 "주여 어서 오소서"라는 글 마지막에서 다음같이 역사적 종말론의 입장을 피력하고 있다: "하나님 나라 운동은 종말론 신앙과 운동이지만, 이것은 사람이 세상에서 받은 온갖 고난과 고통을 회피하거나 벗어버리기보다는, 오히려 그 모든 것을 견뎌내고 일생의 사명을 다하다가 이 세상을 떠나면서 사후의 일은 하나님에게 맡기는 신앙이다. 그러므로 우리는 예수의 복음을 세상 끝날까지 계속 전하면서 '주여 어서 오소서'라고 기도해야 할 것이다."153) 혜암은 역사 종말과 관련하여 종말을 회피하는 휴거신앙이 아니라, 고난과 고통을 견뎌내고 세상 끝날까지 복음을 전하면서 "마라나타" 기도하면서 하나님 나라를 대망하는 종말론적 신앙을 표명하고 있다.

맺음말

혜암은 자신의 100세 기념회고집에서 자신의 100세 인생을 아래와 같이 짤막하게 회고하고 있다: "하나님이 내가 백세가 되도록 만족할 만큼 오래 살게 하셨는데(시 91:16), 그 긴 세월의 전반부를 회고하고 싶다. 실로 그 세월은 먹구름과 폭풍우가 몰아친 밤과 같은 것이었지만, 나를 구원하여 주신 하나님의 그 크신 은혜를 생각하면, 그 세월이 값진 것이었다. 그때 하나님이 나를 옛 욥에게처럼 등불로써 내 머리 위를 비추시고 인도해 주셔서 내가 어둠 속을 활보할 수 있었고(욥 29:2,3) 시편의 옛 시인에게처럼 가을비로 내 삶의 샘을 가득 채워 주

| 153 이장식, "주여 어서 오소서" (권두 칼럼), in: 「신학과 교회」 제12호, 2019년 겨울, 7.

셨고(시 84:6), 또 은혜의 이슬로 때때로 나에게 생기를 불어 넣어 주셨다(잠 19:12). 그리고 종당에는 나의 부르짖은 기도를 들으시고, 하나님은 내가 바란 항구로 인도하여 주셨다(시 107:23~30)."154)

이상의 글에서 혜암은 개혁신학자요, 중도적 복음주의 사상을 가진 교육자요, 그의 신학사상은 교회친화적이고 종교개혁정신에 입각하여 교회를 개혁하고자 한 개혁지향적, 종말론을 특징으로 하는 사상을 가지고 있다. 혜암은 자신을 설교하는 목사보다는 "가르치는 목사로 한평생 보낸 것"은 "자신의 뜻보다는 하나님의 섭리에 따른 일로 알고 감사할 뿐이다"고 피력하였다.155) 혜암은 자신의 신학의 순례를 회상하면서 다음같이 피력한다: "나의 정신은 연구하고 저술하는데 더 많이 쏠려 있었다." 그럴 수 있었던 것도 세상 사람의 탓이 아니라 "섭리자는 나를 버리지 않고 이끄신 것이었다"156)고 고백하고 있다. 혜암은 그의 신학 사상과 삶에 있어서 만우(晚雨) 송창근의 "성빈"(聖貧), 교회중심, 순교적 신앙157)과 장공(長空) 김재준의 "정직성, 진리애, 정신적 자유, 교회의 덕"158)을 이어 받고 있다.

---

154 베리타스, 한국교회 최초 100세 신학자의 탄생. 교회사가 혜암 이장식 박사 17일 백세 생일 맞아 김진한 기자 (jhkim@veritas.kr), 입력 Apr 17, 2020. 09:56 AM KST
155 이장식, "나의 신학의 순례" in; 『아담아 너는 무엇을 생각하느냐』, 글마당, 2007, 228.
156 이장식, "나의 신학의 순례" in; 『아담아 너는 무엇을 생각하느냐』, 글마당, 2007, 242.
157 이장식, "순교자 만우(晚雨) 송창근 박사를 추모하여" in; 『아담아 너는 무엇을 생각하느냐』, 글마당, 2007, 216-220. 혜암은 송창근 목사에 대하여 다음같이 회고하고 있다: 조선신학교 학장이었던 송창근 목사는 생전에 신학교 예배시간에 학생들에게 "내가 죽거든 내 시체를 신학교 정문에 묻고 그 위를 밟고 다녀주기 바란다"고 말씀했다. 송창근 목사는 교부 오리게네스와 성 어거스틴의 순교를 찬양하는 글을 썼고, '죽음은 안식이다'고 말씀했다. 6.25사변시 납북되어 북한의 중강진에 도달했을 때, 북한 기독교연맹의 김창준 목사가 납북자들을 환영하러 왔을 때 송창근 목사가 그를 보고 '이 배신자여 물러가라'고 호통쳤다.("순교자 만우(晚雨) 송창근 박사를 추모하여."("순교자 만우(晚雨) 송창근 박사를 추모하여," 218, 220)
158 이장식, "유한과 무상. 장공 김재준 목사를 회고하며" in; 『아담아 너는 무엇을 생각하느냐』, 글마

혜암은 그의 노년에, 특히 혜암 신학연구소를 통하여 보수와 진보 신학자들이 대화하고 상호 소통하는 대화의 공간을 마련했다. 이런 배경에는 그의 신학사상이 보수와 진보를 다리놓은 중도적인 복음주의 신학이라고 필자는 생각한다.

참고문헌

이장식, "주여 어서 오소서"(권두 칼럼), in ; 「신학과 교회」 제12호, 2019년 겨울, 5-7.
베리타스, 한국교회 최초 100세 신학자의 탄생. 교회사가 혜암 이장식 박사 17일 백세 생일 맞아
김진한 기자 (jhkim@veritas.kr), 입력 Apr 17, 2020. 09:56 AM KST
이장식, "머리말" in ; 『아담아 너는 무엇을 생각하느냐』, 글마당, 2007.
이장식, "십자군 전쟁, 종교개혁에 영향 …" 혜암신학연구소 강좌서 이장식 박사 주장, 이사야 기자 입력 : 2016. 03. 29. 15:02 [출처] 국민일보 [원본링크] http://news.kmib.co.kr/article/view.asp?arcid=0010487601&code=61221111&cp=zu
이장식, "종교개혁과 성서의 권위" in ; 『아담아 너는 무엇을 생각하느냐』, 글마당, 2007.

> 당, 2007, 221-227. 혜암은 장공 김재준 목사에 대하여 다음같이 회고하고 있다: "원수를 미워하지 않았다. 높고 넓은 하늘 같은 마음이었다." "그를 힘들게 하고 괴롭혔던 한국교계 인사들이나 그를 해롭게 한 정치세력들에 대해서 악담한 마디 하시지 않았다. 사람들이 장공을 존경은 하겠지만 닮기는 어려울 것이다." "장공은 일평생 동안 청빈한 생활을 하셨고, 신학교에서나 교회에서나 장(長)자리를 탐내지 않으셨다."("유한과 무상. 장공 김재준 목사를 회고하며," 225, 226)

이장식, "신학적 회심" in ; 『아담아 너는 무엇을 생각하느냐』, 글마당, 2007.

이장식, "그리스도인의 나라사랑" in ; 『아담아 너는 무엇을 생각하느냐』, 글마당, 2007.

이장식, "아론의 지팡이" in ; 『아담아 너는 무엇을 생각하느냐』, 글마당, 2007.

이장식, "가인을 죽이지 말라" in ; 『아담아 너는 무엇을 생각하느냐』, 글마당, 2007.

이장식, "유토피아는 어디에" in ; 『아담아 너는 무엇을 생각하느냐』, 글마당, 2007.

이장식, "뿌리를 찾아서" in ; 『아담아 너는 무엇을 생각하느냐』, 글마당, 2007, 23-26.

이장식, "포고없는 전쟁" in ; 『아담아 너는 무엇을 생각하느냐』, 글마당, 2007, 19-22.

이장식, "나의 신학의 순례-나의 학문의 역정-" in ; 『아담아 너는 무엇을 생각하느냐』, 글마당, 2007, 228-247.

이장식, 『기독교 사상사』(제2권), 대한기독교서회, 1966.

이장식, "한국교회의 형태와 교회개혁", 「기독교 사상」 1985년 2월호.

이장식, 『교회의 본질과 교회개혁』, 서울: 대한 기독교서회, 1988.

이장식, "보수주의도 진보주의도 아닌 것이" in ; 『아담아 너는 무엇을 생각하느냐』, 글마당, 2007, 155-157.

이장식, "그리스도인의 나라사랑" in ; 『아담아 너는 무엇을 생각하느냐』, 글마당, 2007, 47-63.

이장식, "새 대통령에 뽑혀야 할 사람은" in ; 『아담아 너는 무엇을 생각하느냐』, 글마당, 2007, 169-171.

이장식, "다시 뜨거워지겠다는데. 부흥이 부활로" in ; 『아담아 너는 무엇을 생각하느냐』, 글마당, 2007, 172-175.

이장식, "마음의 종교" in ; 『아담아 너는 무엇을 생각하느냐』, 글마당, 2007,

184-187.

이장식, "전통과 이성" in ; 『아담아 너는 무엇을 생각하느냐』, 글마당, 2007, 188-190.

이장식, "순교자 만우(晩雨) 송창근 박사를 추모하여" in ; 『아담아 너는 무엇을 생각하느냐』, 글마당, 2007, 216-220.

이장식, "유한과 무상. 장공 김재준 목사를 회고하며" in ; 『아담아 너는 무엇을 생각하느냐』, 글마당, 2007, 221-227.

이장식, "수목장 문화" in ; 『아담아 너는 무엇을 생각하느냐』, 글마당, 2007, 198-200.

이장식, "종말론적 현상들" in ; 『아담아 너는 무엇을 생각하느냐』, 글마당, 2007, 195-197.

[이장식 칼럼] 성직자와 의의 면류관, 이장식 · 한신대 명예교수, 베리타스 입력 2015. 02. 17. 07:38

조선신학대학 학부 1회 졸업생 기념사진, 뒷줄 오른쪽에서 세 번째가 이장식 교수 l 1950년 4월 6일

사모님과 함께

연구하는 이장식 박사

혜암신학연구소 발표 후에

김영한 박사와 함께

제5회 혜암신학연구소 공개강연회 | 2017년

저널 『신학과 교회』 I
혜암신학연구소 발행

김영한 교수

서울대학교 문리과대학 철학과 (B. A. 문학사), 1971년
하이델베르크대학교 (Ph. D. 철학박사), 1974년
하이델베르크대학교 (Th. D. 신학박사), 1984년
미국, 프린스턴신학교 Visiting Scholar, 1984년~1985년
영국, 캠브리지대학교 신학부 Visiting Scholar, 1990년~1991년
미국, 예일대학교 신학부 Visiting Fellow, 1991년~1992년
독일, 복훔대학교 신학부 Visiting Scholar, 2004년 3월~2004년 8월
미국, 프린스턴신학교 Visiting Scholar, 2004년 9월~2005년 2월

저서_『바르트에서 몰트만까지』(대한기독교서회, 1982, 2001(20판))
『현대신학의 전망』(대한기독교서회, 1984, 1992(5판))
『하이데거에서 리꾀르까지』(박영사, 1987, 1994(4판))
『현대신학과 개혁신학』(대학촌, 1990)
『영적분별: 개혁신학의 입장에서 본』, 킹덤북스, 2014.
『나세렛 예수: 개혁정통신앙에서 본』, 제1권, 킹덤북스, 2017.
『나세렛 예수: 개혁정통신앙에서 본』, 제2권, 킹덤북스, 2021.

장훈태 박사

장훈태 박사의 생애와 신학

이현주_기독교연합신문사 편집국장

안양대학교 (구, 대한신학교 신학과)
한국방송통신대학교 법학과
한양대학교 교육대학원 (교육심리학, Ed. M)
총회신학교 신학원 (현, 백석대학교 신학대학원)
아세아연합신학대학교 대학원 (Th. M)
아세아연합신학대학교 대학원 (신학과 선교학전공, Ph. D)

백석대학교 교수 (1992~2021)
대한예수교장로회 신현교회 담임 (1982~1991)
한국복음주의선교신학회 회장 (2009)
「복음과 선교」 편집위원장 (2005~2019)
한국복음주의신학회 총무 (2012~2014)
한국칼빈학회 총무 (2019~2022)
현, 한국칼빈학회 부회장
현, 아프리카미래협회 이사장
현, 아프리카미래학회 회장

시작하는 말

선교학의 목표는 복음의 씨앗을 뿌리고 그 열매를 확인하는 데 있다. 그런 점에서 선교학은 현장성과 현재성을 가장 중요하게 여긴다. 하지만 현장을 탐사하고 분석한 연구 논문은 좀처럼 찾아보기 힘들다. 선교학자들이 이론 중심의 문헌연구에 치중한 까닭이다.

현장연구의 불모지와 같은 한국 선교학계에서 장훈태 박사는 선교학 교수로 사역한 30년 동안 약 20여 권의 저서(역서 포함)와 100편이 넘는 연구 논문을 발표했다. 선교학 박사학위를 취득한 이후 연간 평균 7편의 논문을 발표하며 학계에 공헌했는데, 그의 가장 큰 공헌은 현장 탐사를 기반으로 한 질적 연구다.

1999년 처음으로 이집트를 방문한 이후 백석대학교에서 정년퇴임한 2021년까지 수십 회에 걸쳐 선교현장을 방문했고, 그중에서도 아프리카 대륙만 총 34차례 방문하면서 국제지역학회에서조차 희귀하게 여겨지는 북부와 서부 아프리카에 대한 상당한 연구 성과를 거두며, 선교학자들 중 유일하게 '제3세대 아프리카 전문 학자'로 이름을 올려놓았다. 선교신학과 이슬람 연구, 중동정치, 난민 문제 등은 말할 것도 없고, 아프리카 부족에 대한 탐구와 민간신앙, 빈곤, 전쟁, 문화를 다룬 포괄적인 질적 연구는 신학과 선교학은 물론이고 아프리카 학자들의 연구를 넘어서는 놀라운 성과로 평가된다.

장훈태 박사의 생애[1]

혜산(惠山) 장훈태 박사는 1955년 7월 충청남도 부여에서 아버지 장황현과 어머니 홍일례 사이 3남 5녀 중 장남으로 태어났다. 전쟁의 상처가 고스란히 남아있는 1950년대 상황이 그리 녹록지는 않았다. 장훈태의 어린 시절 역시 마찬가지였다. 8남매 중 맏이로 태어난 그는 부모의 기대와 동생들에 대한 책임을 막중하게 느끼고 있었다. 그런 그가 부모와 형제들에게 준 가장 큰 선물은 '복음'이다. 하나님을 모르던 불신 가정, 그곳에 찾아온 하나님은 어린 장훈태의 손을 잡았다. 장남의 첫 믿음은 온 가족을 서서히 복음으로 물들였다. 혜산(惠山)이라는 그의 호는 '은혜의 큰 산'이라는 뜻이다. 그의 일생에 하나님의 은혜가 켜켜이 쌓여 큰 산을 이루었다는 고백에서 하나님을 향한 감사를 느낄 수 있다.

그가 어린 시절을 보낸 고향 부여군 현암리에는 교회가 없었다. 장훈태가 처음 교회를 가본 것은 아주 어린 시절 막내 고모를 따라 7km나 되는 먼 길을 걸어 나가서였다. 그러다가 그가 중학교에 들어갈 무렵 마을 인근에 한국기독교장로회 교회가 처음 생겼다. 중학교 3학년 때부터 주일학교 교사로 헌신했고, 고등학교 3학년 때는 친구를 따라 면 소재지의 순복음교회 부흥회에 참석하며 성령 충만한 기도생활에 몰입했다.

세계적인 설교자를 꿈꾸다

1973년, 세상을 향한 야망으로 가득했던 평범한 소년이 주의 종이 되겠다는 결심을 하게 된 일생일대의 사건이 발생한다. 바로 한국교회사

---

[1] 장훈태 박사의 생애에 대한 내용은 필자가 인터뷰를 통해 정리한 것이다. 인터뷰 날짜: 2022년 1월 13일.

에 한 획을 그은 '빌리 그레함 한국전도대회'다. 1973년 5월 30일부터 6월 3일까지 여의도 광장에서 열린 전도대회에는 매일 50여만 명의 군중이 운집했고, 총 닷새간 연인원 320만 명이 동원된 대한민국 역사상 최대 규모의 전도집회다. 당시 빌리 그레이엄 목사의 설교는 예수와 십자가, 영혼구원에 초점을 맞춘 전형적인 '전도설교'였다.[2] 빌리 그레이엄 목사의 메시지를 통해서 주님을 영접한 결신자가 서울에서만 37,365명에 이를 정도로 엄청난 열기였다. 당시 고등학교 3학년이었던 장훈태는 전도대회를 보면서 '설교자'로 살겠다는 꿈을 꾸게 되었다. 그의 믿음을 곁에서 지켜본 친구들과 선생님들이 "신학교에 가라"고 권유했을 정도다. 그때 붙은 별명은 '목사'였다.

주변의 권유에 따라 1974년 대한신학교에 입학한 장훈태는 히브리서 10장 35-39절 말씀을 통해 사명을 확신했다.

"그러므로 너희 담대함을 버리지 말라 이것이 큰 상을 얻게 하느니라 너희에게 인내가 필요함은 너희가 하나님의 뜻을 행한 후에 약속하신 것을 받기 위함이라 잠시 잠깐 후면 오실 이가 오시리니 지체하지 아니하시리라 나의 의인은 믿음으로 말미암아 살리라 또한 뒤로 물러가면 내 마음이 그를 기뻐하지 아니하리라 하셨느니라 우리는 뒤로 물러가 멸망할 자가 아니요 오직 영혼을 구원함에 이르는 믿음을 가진 자니라."

세계적인 설교자, 세계적인 부흥사가 되겠다고 다짐한 후 그는 새벽기도를 하루도 거르지 않았고, 새벽기도가 끝나면 서울시청 뒤편에 있는 코리아헤럴드 영어학원으로 달려가 영어공부에 매진했다. 신학교

---

2 하도균, "박정희 시대의 교회 전도활동(1961년 5월~1979년 10월)-대중전도집회를 중심으로-," 「성결교회와 신학」 25 (2011): 101.

수업을 마치고 나서도 국립중앙도서관에서 공부하는 성실한 청년이었다. 매주 금요일 저녁에는 청계산 기도모임에 참석했고, 시간이 날 때마다 어린이전도협회 전도활동과 집회에 참석하여 어린 영혼 구원에 열정을 쏟았다. 땅끝을 찾아가는 복음선교도 신학교 시절 시작했는데, 월드미션선교회에서 낙후된 농촌을 찾아다니는 '거지선교'는 평생 선교학자로 살아온 그의 삶에 귀중한 자양분이 되었다.

1976년 강남제일교회에서 교육전도사로 사역을 시작했고, 1980년 한국대학생선교회 CCC에서 만난 노명희 사모와 결혼했다. 그리고 1982년, 그는 인생에서 또 한 번의 전환점을 맞이한다. 부산 고신대학교에서 열린 나사렛형제들 하계수련회에서 성령을 체험하고 '개척'을 결심하게 된 것이다. 신혼집 전세금을 뽑아 서울시 강서구 화곡본동에 교회를 개척하였다. 교회 이름은 "하나님이 현현하신다"(창 26:23-24)는 뜻의 '신현교회'로 정했다. 1982년 10월, 아내와 함께 개척예배를 드렸다. 첫 딸이 태어난지 얼마 안 됐을 때였다. 개척 후 전도에 열정을 기울인 결과 1년 만에 재적 150명, 출석 120명의 교회로 부흥했다. 매일 거리 전도에 나섰고 많은 사람들을 만났다. 구두 굽이 석 달도 되지 않아 닳아 없어질 정도였다. 설교 준비를 위해 매주 금요일에는 삼각산 기도원을 찾았다.

그의 목회에는 특별한 점이 있었다. 양육에 대한 개념이 없던 시대였지만 목사 장훈태는 주일 저녁마다 성도들에게 '귀납적 성경강해'를 가르치며 일대일 제자양육에 나선 것이다. 성경공부와 기도학교로 성도들의 신앙 양육에 집중했고, A3 크기의 주보에는 설교를 실어 전도지로 활용했다. 개척 이듬해인 1983년 1월 15일 예장 대신 서울동노회에서 목사안수를 받았고, 총회 총대로 선교부, 교육부, 고시부 등에서 활동했다.

신학자의 새로운 길

그가 목회자에서 신학자로 새로운 길을 걷게 된 것은 개척 후 10년 만의 일이다. 대한신학교 은사인 김준삼 박사가 1991년 그에게 방배동 총신(백석대학교 전신) 교수직을 제안했다. 그 사이 그는 한국방송통신대학교 2학년에 편입하여 법학 학사를, 한양대학교 교육대학원에서「기독청소년의 신앙수준과 도덕적 행동」에 대한 연구논문으로 교육심리학 석사학위를 받았다. 방통대에 편입해 법학을 전공한 것은 성도들의 생활법률에 답하기 위해서였다. 교육심리 역시 성도들의 상담을 위해서였다. 법학 전공 당시 배운 법인류학과 교육심리학을 전공하면서 배운 인류학은 훗날 선교학 연구의 토대가 됐다.

개척 후 10년간 섬겨온 신현교회를 떠나 1992년 1월 3일 방배동 총회신학교 교수 임명장을 받은 후 신조학 강의를 맡았다. 본격적인 교수 사역이 시작된 것이다.

방배동 총회신학교는 지금의 백석대학교 전신이다. 1976년 하은(河恩) 장종현 박사가 설립한 백석대학교는 학교법인 총신학원을 시작으로 1994년 3월 1일 교육부로부터 기독신학대학 승격인가를 받아 천안에 캠퍼스를 마련하고 신학과, 선교학과, 아동복지학과, 종교음악과 등 4개 학과에 200명의 신입생을 받아 개교했다. 1996년부터 천안대학교로 교명을 변경하여 종합대학교로 도약할 발판을 마련하였으며, 2005년 6월, 교육부로부터 '백석대학교'로 교명 변경을 승인받아 14개 학부, 1개 학과, 8개의 대학원을 운영하며 오늘에 이르고 있다.

장훈태 박사의 생애에서 백석대학교의 천안캠퍼스 시대 개막은 매우 중요한 변곡점이다. 신조학을 가르치던 신학교수에서 선교학자로 학문의 방향을 바꾼 결정적인 계기가 되었기 때문이다.

천안 기독대학교 개교를 앞두고 설립자 장종현 박사는 천안에 신학과와 목회학과, 아동복지학과, 종교음악과 등 4개 학과를 개설하겠다는 뜻을 밝혔다. 그 이야기를 들은 장훈태 교수는 '선교학과' 설치를 제안했다. 하지만 학교 측에서는 "선교 전공자가 없다"며 난색을 표했다. 그때 장훈태 교수는 "제가 선교학을 책임지겠다"고 말하고 곧바로 아세아연합신학대학교 선교학 석사 과정에 입학했다. 1994년의 일이다. 당시 아세아연합신학대학교에는 설립자 한철하 박사를 비롯해 전호진, 나일선, 안영권, 김상복, 유광웅, 김기홍 박사 등 1세대 학자들이 대거 포진해 있었다.

석사과정을 마치고 박사과정에 진학한 그는 1998년 천안대학교에서 '수단 기독교와 이슬람의 정착요인 연구'라는 주제의 연구 계획을 수립하여 한국학술진흥재단으로부터 1,600만 원의 연구비를 지원받게 된다. 논문 작성을 위해 1999년 1월 북아프리카 이집트를 방문한 것이 탐사전문가로 그를 변화시키는 첫걸음이 될 줄은 꿈에도 몰랐다. 장훈태는 그곳에서 약 한 달간 머물며 논문을 위한 자료를 수집했다. 그리고 수단으로 이동해 기독교와 이슬람의 정착에 관한 자료수집과 인터뷰를 마친 후 2월 말 귀국했다.

2001년 여름에는 북아프리카 모로코로 향했다. 그곳에서 2개월간 체류하며 베르베르족에 대한 연구를 진행했다. 국내 선교학 연구에서 처음으로 아프리카 현장을 담아낸 질적 연구 논문이 탄생하는 순간이었다. 장훈태는 「마그레브 지역의 무슬림 선교를 위한 기독교교회의 상황화에 관한 연구」로 아세아연합신학대학교 대학원에서 박사학위를 취득하며 본격적인 선교학자의 길을 걷게 된다. 그는 박사논문에서 모로코, 알제리, 튀니지, 리비아, 모리타니아 등 마그레브 5개국에 대한 연구를 진행함으로써 북아프리카 이슬람 문화를 통찰하고 이슬람 지역에서 사역하는 교회들을 찾아내 이슬람 선교의 가능성을 확인했다.[3]

선교학과 개설에 공헌한 장훈태 박사는 천안 캠퍼스 설립 준비위원으로 활동하며 백석대학교 천안 시대를 함께 열어갔다. 교학과장(1994~1995), 도서과장(1996~1998)을 역임했으며, 1994년 선교학과 개설 후 선교학과장, 선교학 주임교수, 신학부장, 기독교학부장 등 주요 보직을 두루 거쳤다. 2005년부터 2008년까지는 학생처장으로 섬기며 천안대학교에서 백석대학교로 교명을 변경하는 데 일조했다. 백석대학교는 1996년부터 천안대학교라는 교명을 사용하다가 2006년 지금의 백석대학교로 교명을 변경했다. 당시 일부 학생들은 교명 변경에 항의하며 반대 입장을 밝히기도 했다. 이때 학생처장이던 장훈태가 학생들과 수시로 소통하며 학내분규 없이 원만한 교명 변경에 이르도록 설득한 사실은 잘 알려지지 않은 일화다. 선교문화원장, 백석정신아카데미 사무본부장과 실천본부장, 백석대학교 역사관장 겸 기독교박물관장을 역임하며 학교 발전에 기여했다. 기독교박물관장으로 일할 때는 다양한 기독교 고전과 유물을 확보하기 위해 노력했다. 시편 기록물, 고전성경 등의 기증 유치 성과를 이뤄냈으며, 백석학원과 백석총회의 신학정체성인 '개혁주의생명신학' 선언 준비와 1, 2회 포럼을 주도적으로 준비하며 개혁주의생명신학 발전에도 공헌했다.

장훈태 박사는 한국칼빈학회, 개혁주의생명신학회, 한국복음주의선교신학회, 한국복음주의신학회, 중동학회, 한국아프리카학회, 아프리카미래학회 등 폭넓은 학술 활동으로 학문의 궤적을 넓혀갔다. 장훈태 박사는 대한신학교 스승인 최순직, 김준삼 박사에게서 역사적 개혁주의신학과 장로교신학의 정체성을 정립했고, 백석학원 설립자 장종현 박사를 통해 신학의 사변화를 반성하고 개혁주의신학에 예수 그리스도의 살아 있는 생명력을 강조한 개혁주의생명신학에 몰입하게 됐으며,

3 장훈태, "마그레브 지역의 무슬림 선교를 위한 기독교교회의 상황화에 관한 연구," 「기독신학저널」,3 (2002): 223.

아세아연합신학대학교 대학원 은사인 한철하 박사를 통해서는 기독교 강요를 통한 경건과 신학을 좀 더 깊이 있게 습득하였다. 또한 선교학의 멘토 전호진, 안영권, 정흥호, 조직신학자 유광웅, 역사신학자 김기홍 박사의 영향을 받아 선교학자로 새로운 출발을 시작할 수 있었다.

장훈태 박사의 학회 활동과 업적

장훈태 박사는 복음주의 선교학자다. 선교는 반드시 하나님 중심적이어야 하며 선교의 시작과 끝은 하나님의 구속을 목적으로 실행되어야 한다. 자유주의신학의 세속화와 이를 통한 영적 개념의 약화를 우려한 장훈태 박사는 선교의 근거는 성경에 있고, '하나님을 향하여' 가는 명확한 신앙의 목표를 적용해야 한다고 강조한다. 구원을 확신하는 자들이 구원의 기쁜 소식을 전하여 죄인을 구원에 이르도록 한다는 점에서 신학과 선교의 목표는 같다. 그렇기 때문에 자신과 같은 신학자는 물론이고, 모든 교회와 성도가 선교에 대한 책임을 가지고 있으며, 이 모든 것이 '복음주의적 관점'에서 실행되어야 한다고 주장한다. 이러한 그의 신학사상은 복음주의선교학회의 주요 구성원으로 한국복음주의 선교신학의 발전에 큰 족적을 남긴다.

한국복음주의선교신학회 발전과 공헌

장훈태 박사는 한국복음주의선교신학회의 재조직과 학회지의 등재지 승격에 핵심 역할을 감당해왔다. 1994년 선교학 석사과정(Th. M)으로 만난 스승 전호진 박사의 요청에 따라 한국복음주의선교신학회의 실무행정을 맡게 되었고, 아세아연합신학대학교 박사과정에 입학한 조귀삼 박사

와 함께 전호진 박사의 지도를 따라 학회 복원에 힘을 쏟기 시작했다.[4]

한국복음주의선교신학회의 발전 과정에서 장훈태 박사의 공로를 살펴보자. 동 학회는 "1984년 11월 복음주의적 선교신학과 교회성장을 연구하며 한국교회에 선교의 방향을 제시하기 위한" 목적으로 창설되었다.[5] 탈교회화된 에큐메니칼 운동으로 성경적 선교가 훼손됨을 우려하면서 '교회를 교회되게' 하는 선교, 복음중심의 선교신학 정립을 학회 창립의 목적으로 선포했다.[6] 학회 초대회장은 곽선희였고, 전호진 박사는 편집인을 맡아 1985년 10월 30일 「복음선교」를 발간했다. 1981년 7월 설립된 한국복음주의신학회가 1983년 「성경과 신학」을 창간하였고, 하위 분과학회들이 1990년대 후반에 들어서야 분과학술지를 발행한 것과 비교하면, 한국복음주의선교신학회가 1985년에 「복음선교」를 발행한 것은 상당히 빠른 행보였다. 전호진 박사는 1985년에 두 차례 학술지를 발행한 것으로 기억하고 있었지만 안타깝게도 창간호만 남아있다.[7]

한국복음주의선교신학회는 곽선희 초대 회장 이후 2대 회장에 임흥빈 교수, 3대 회장에 전재옥 교수를 추대하였으나, 곧 학회 활동이 중단되고 말았다. 「복음선교」 역시 창간 첫 해인 1985년 이후 13년간 발행이 중단되었다.

학회의 재창립과 학술지 재창간을 위해서 선교학에 애정을 가진 신진 학자들이 뛰어들었다. 1996년 한국복음주의선교신학회 설립 멤버인 전호진 박사와 그의 제자 조귀삼, 장훈태가 주축이 되어서 조직을 재정비하고, 1997년 한국복음주의선교신학회를 재창립했다. 초대회장에는 전호진 박사가 추대됐다. 장훈태 박사는 학회 회계로 활동하며 학회와 학

---

4 소윤정, "한국 복음주의 선교신학 발전사로 본 장훈태 박사," 「복음과 선교」 54 (2021): 166.
5 곽선희, "복음선교 서문," 「한국복음주의선교신학회 논문집 제1권 복음선교」 (1985): 5.
6 장훈태, "한국복음주의선교신학회 역사와 미래," 「복음과 선교」 45 (2019): 86.
7 장훈태, "한국복음주의선교신학회 역사와 미래," 91.

술지 발행에 힘을 쏟았다. 1998년 7월에 「선교신학」이라는 이름으로 학술지를 재창간했으며, 3호까지 발행하다가 4호부터는 현재의 학회지인 「복음과 선교」로 제호를 바꾸어 지금까지 명맥을 이어오고 있다.[8]

1997년 재창립된 학회의 역사가 순탄하게 흐르지 못한 점은 장훈태 박사가 두고두고 아쉬워하는 부분이다. 순수한 복음주의 선교신학 연구에 매진하였다면 좋았겠지만, 그 내면에는 학자들의 보이지 않는 명예욕과 교단 이기주의가 도사리고 있었다. 2000년대 초에는 학회가 두 개로 나뉘는 일까지 발생했는데, 장훈태 박사는 이를 '참사'[9]라고 표현하기도 했다. 그는 당시 사건에 대하여 "초기 선교학 교수와 목회자들이 '연합'과 '협력'이란 목적을 갖고 학회가 창설되었던 정신을 살리지 못한 것에 대한 아쉬움이 많다"[10]고 회고했다. 하나님 나라 복음전파를 최우선으로 하는 '선교'가, 소위 선교를 전공한 교수와 목사들의 이기심으로 하나 되지 못하고 분열하는 모습을 보인 것 자체가 부끄러운 일이기 때문이다.

학회를 다시 발전시키기 위해 중요한 것은 학문적 성취의 장을 마련하고 '선교'라는 대위임에 순복하는 일이었다. 장훈태 박사는 선교학이 신학의 한 분과 취급을 받는 것이 아니라, 모든 신학의 최상위에 있는 포괄적 융합학문으로 가치를 상향시켜야 한다는 책임감을 가지고 있었다. 이러한 학문적 책임감은 「복음과 선교」의 발전에 혼신의 힘을 쏟는 결과로 이어졌다. 장훈태, 조귀삼, 안희열, 이훈구, 손동신 박사는 「복음과 선교」를 한국연구재단 학술등재지로 만들기 위해 밤낮으로 수고했다. 노력에 힘입어 「복음과 선교」는 2009년 학술지 평가에서 한국연구재단 등재후보지가 되었다. 장훈태 박사와 당시 학회 총무로 수고한 백석대학교 손동신 박사, 그리고 암 투병 중에도 학술지 평가를 위해 헌

---

8 장훈태, "한국복음주의선교신학회 역사와 미래," 93.
9 장훈태, "한국복음주의선교신학회 역사와 미래," 92.
10 장훈태, "한국복음주의선교신학회 역사와 미래," 92.

신했던 고 박재형 간사의 노력은 한국복음주의선교신학회의 역사에 잘 기록되어 있다.11) 장훈태 박사는 2009년부터 「복음과 선교」 편집위원장으로 헌신하며 후보지로 선정된 지 4년 만인 2013년 한국연구재단 신규 등재지로 승격을 이루어냈다. 2011년부터 「복음과 선교」 편집장으로 수고한 아세아연합신학대학교 소윤정 박사는 등재지 승격에 대하여 다음과 같이 평가했다.

"이는 학회 증경회장단들의 후원과 헌신이 바탕이 되어졌을 뿐만 아니라, 편집위원장 장훈태 박사의 무조건적 헌신이 있었기 때문이다. 장훈태 박사는 학술지 출판비를 충당하기 위하여 외부강의에서 받은 강사 사례비를 받자마자 학회 통장으로 입금하였다. 이는 매년 연말 회계보고에 따르면 매년 500만원 이상 헌신하였음을 확인할 수 있다."12)

장훈태 박사는 「복음과 선교」가 복음주의권을 대표하는 학술지로 완전히 자리를 잡은 2019년까지 편집위원장으로 섬겼으며, 임기 중인 2016년에는 미국신학도서관협회(ATLA, American Theological Library Association)의 종교분야 데이터베이스 색인 학술지로 선정되는 성과도 거두었다. 장훈태 박사는 한국연구재단 등재지인 「복음과 선교」의 가치에 대하여 "선교사, 선교단체장과 목회자 및 선교학 교수는 물론 신학계열의 다른 분야 학문영역에도 많은 영향을 미치고 있을 뿐 아니라, 선교신학, 성경적 선교학, 선교인류학, 지역학, 국제정치학을 비롯하여 선교교육과 일반학문과의 융합학문으로서 좋은 평가를 받고 있다"13)고 분석했다. 이상과 같이 한국복음주의선교신학회의 안정과 발전, 등재학술지 선정 등의 공로를 세운 장훈태 박사는 2008년 동 학

| 11 소윤정, "한국 복음주의 선교신학 발전사로 본 장훈태 박사, 170.
| 12 소윤정, "한국 복음주의 선교신학 발전사로 본 장훈태 박사,"171.
| 13 장훈태, "한국복음주의선교신학회 역사와 미래," 94.

회가 수여하는 한국선교신학자상 1호 수상자로 뽑혔고, 2014년에는 우수중견연구자상 1대 수상자로 선정되었다.

개혁주의생명신학의 선교적 확장

장훈태 박사가 1992년부터 2021년 정년퇴임까지 30년을 몸담은 백석대학교는 설립자 장종현 박사가 주창한 '개혁주의생명신학'을 바탕으로 모든 교육과 연구가 이루어지는 곳이다. 장훈태 박사 역시 2009년 개혁주의생명신학회 창립에 주도적으로 참여하였는데, 개혁주의생명신학회는 백석에서 시작된 개혁주의생명신학을 한국교회 전체가 공유하는 신학으로 외연을 확장하기 위하여 세워진 초교파 학회의 성격을 지닌다. 장훈태 박사는 2010년 개혁주의생명신학회 학술지 「생명과 말씀」 창간을 위해 편집위원회를 구성하고 학회지가 한국연구재단의 등재지가 되기까지 오랜 시간 헌신했다. 「생명과 말씀」이 등재지가 되기까지 함께한 맹미영 간사, 행정적으로 함께 협력한 김남일 박사의 수고도 잊을 수 없다. 이는 이미 「복음과 선교」를 등재지로 발전시킨 장훈태 박사의 경험이 뒷받침된 것으로 「생명과 말씀」이 2018년 한국연구재단 신규등재후보지를 거쳐 2년 만인 2020년 11월 등재지로 승격한 성과에서 그의 노고를 결코 배제할 수 없다.

정년퇴임을 앞둔 2021년 장훈태 박사는 개혁주의생명신학 포럼에서 "개혁주의생명신학의 세계화"를 주제로 발표를 하게 된다. 이 논문을 통하여 장훈태 박사는 속사도 교부시대부터 중세신학, 16세기 종교개혁, 17~18세기 경건주의와 18~19세기 자유주의, 20세기와 21세기 현대신학의 흐름을 교회사적으로 고찰하면서 신학의 사변화 현상을 진단하고, 성경적 관점에서 말씀 중심의 신학을 회복하는 것이 곧 개혁주의생명신학의 세계화의 길임을 주장하였다.

선교학자인 장훈태 박사가 개혁주의생명신학 연구에 몰두한 이유는 개혁주의생명신학이 복음선교를 통하여 인류를 구원한다는 궁극적 목적을 내포하고 있기 때문이다. 개혁주의생명신학을 선교적 관점으로 바라본 장훈태 박사는 "21세기 교회를 살리는 신학, 생명을 살리는 신학으로 개혁주의생명신학이 태동한 것은 전 세계의 모빌리티 현상과 한국사회의 다문화 현실, 이주민과 난민의 선교, 이주로 형성된 이중문화 환경 등을 성경적 관점에서 성경 말씀 중심의 회복과 신학의 회복, 일터와 교회사역 현장, 그리고 선교현장에 복음의 생명력, 기도성령운동을 이루어 가자는데 그 목적이 있다"[14]고 정의하였다. 그는 "개혁주의생명신학의 목표는 모든 교회 공동체 일원에게 선교 정신을 심어주어야 한다"는 데 있다면서 모든 교회가 복음 전파자로서 선교적 삶을 살아야 함을 주장하였다.[15]

개혁주의생명신학은 개혁교회가 추구하는 가장 근원적인 신학에 가깝다고 할 수 있다. 16세기 종교개혁자들이 외친 '오직 성경(Sola Scriptura)', '오직 예수(Solus Christus)', '오직 은혜(Sola Gratia)', '오직 믿음(Sola Fide)', '오직 하나님께 영광(Soli Deo Gloria)'이라는 5가지 신앙원리가 모든 교회와 그리스도인들의 삶에서 드러나야 한다는 것이 개혁주의생명신학의 핵심이다. 이 5가지 신앙원리는 16세기에 체계화된 개혁주의신학의 근본이기도 하다. 하지만 개혁주의신학은 수많은 신학자들을 통하여 연구에 연구를 거듭하면서 하나님의 말씀인 성경을 인간의 이성과 철학으로 접근하게 되었고, 인간이 신학의 주체가 되고 학문적 지식으로만 끝을 맺는 어리석음을 범하게 되었다. 이에 대한 안타까움은 신학교 설립자이자 운영자인 장종현 박사의 처절한 외침으로 세상에 표출되었다. 장종현 박사가 2003년 10월 백석대학교에서 열린 한국복음주의

---

14 장훈태. "개혁주의생명신학의 세계화." 「생명과 말씀」 31-3 (2021): 43.
15 장훈태. "개혁주의생명신학의 세계화." 46.

신학회 제2차 국제학술대회 폐회예배 설교에서 약 300여 명의 신학자들을 향해 "신학은 학문이 아니다"라고 주장하는 충격적인 사건으로 이어지게 된 것이다.16) 신학자들이 성경을 단순히 학문적 대상으로 인식하면서 하나님의 말씀을 쪼개고 나누며 비평하거나 학문적인 성과에 급급한 나머지, 성경을 통하여 말씀하시고자 하는 하나님의 뜻을 영적으로 깨닫지 못하는 한계가 이미 신학계 안에서 심화되고 있었다. 장종현 박사는 창조주 하나님의 피조물인 인간이 어떻게 하나님을 연구의 대상으로 삼아 거룩한 영이신 하나님을 분석하고 평가할 수 있는지 되물었고,17) 신학의 사변화를 반성하면서 성경의 가르침에 순종하고, 예수 그리스도의 영적 생명을 회복하고자 하는 신앙운동으로서 개혁주의생명신학을 주창하게 되었다.18)

장훈태 박사는 2010년 백석전진대회에서 선포된 개혁주의생명신학 선언문이 선교적 함의를 담고 있다고 판단하고 이듬해인 2011년 "'2010 개혁주의생명신학 선언문'의 선교적 의미"라는 제목의 논문을 발표한다.

여기서 장훈태 박사는 "영이요 생명이신 하나님의 말씀에 의해 모든 육적인 것들과 악한 것들을 개혁하면서 영적인 사람, 생명의 사람으로 사는 것"19)이라는 개혁주의생명신학의 선언 속에서 선교신학의 중심구조를 찾아낸다. 십자가와 부활, 예수 그리스도의 승천과 재림을 전하는 것이 바로 '선교'이며, 이는 신학과 신앙, 신학교와 교회, 신학자와 목회자, 목회자와 성도 모두에게 적용되는 대위임령이라는 것이다.

그는 개혁주의생명신학과 선교를 연구하며 "'2010 개혁주의생명신학 선언문'의 선교적 의미,"「생명과 말씀」 4(2011): 45-84; "개혁주의생

---

16 장훈태, "'2010 개혁주의생명신학 선언문'의 선교적 의미,"「생명과 말씀」4 (2011): 72.
17 장종현,『교회를 살리는 신학』(서울: UCN, 2014), 40.
18 장종현,『백석학원의 설립정신』(천안: 백석정신아카데미, 2019), 17.
19 장훈태, "'2010 개혁주의생명신학 선언문'의 선교적 의미,"「생명과 말씀」4 (2011): 72.

명신학과 기도의 신학," 「생명과 말씀」 23-1 (2019): 261-294; "개혁주의생명신학 관점에서 현대 선교 모색," 「생명과 말씀」 26-1 (2020): 99-135; "개혁주의생명신학 관점에서의 교회학교 선교교육을 통한 신앙운동," 「복음과 선교」 28 (2014): 331-376; "한국교회의 선교과제를 위한 개혁주의생명신학의 적용," 「복음과 선교」 26 (2014): 75-112; "개혁주의생명신학의 세계화," 「생명과 말씀」 31-3 (2021): 11-66; "회개와 용서운동을 기초로 한 청소년 선교와 목회," 「생명과 말씀」 11(2015): 182-216; "장종현 박사의 신앙과 신학 탐색," 「생명과 말씀」 12(2015):141-171 등 다양한 결과물을 발표했다.

장훈태 박사의 학문 연구의 특이성과 공헌점

독일의 신학자 마르틴 퀼러(Martin Kähler, 1835~1912)가 주장한 "선교는 신학의 어머니"라는 말은 선교학에서 많이 인용된다. 복음이 전해지는 과정, 즉 선교의 현장에서 신학이 발전했기 때문이다. 선교학은 조직신학, 역사신학, 성경신학 등 전반적인 신학분야와 연결되어 있을 뿐만 아니라, 선교사가 속한 상황에서 복음과 선포의 영역을 포괄한다는 점에서 실천신학과 맞닿아 있으며, '연결성(Connectivity)'과 '현장성(Field Orientation)'은 선교학의 가장 주된 특징이라고 할 수 있다.[20]

문제는 선교학의 특성상 '현장성'이 매우 중요하게 여겨지면서도 대다수의 연구가 '문헌연구'에 그치고 있다는 점이다. 최근 들어 선교학 연구방법론의 다각화 목소리가 높아지고 현장 중심 연구와 사회과학(정치학, 경제학, 심리학, 문화인류학, 언론학, 역사학, 언어학 등)과의 융

---

20 배아론/이현철, "선교학 영역의 연구 방법론 확장을 위한 근거이론의 적용," 「개혁논총」 58 (2021): 172-173.

합이 강조되며 질적 연구의 근거이론들이 제안되는 상황이다.

이와 같이 척박한 상황에서 장훈태 박사가 쏟아낸 현장 중심의 질적 연구는 선교학, 지역학, 아프리카학, 정치학, 경제학, 선교교육학, 민족지학, 문화인류학 등 다양한 방면에서 1차 자료로 활용되는 귀중한 연구 성과라고 할 수 있다. 장훈태 박사의 발표 논문 가운데 서부 아프리카를 주제로 한 두 편의 논문은 피인용 회수가 11건에 달한다. 선교신학과 지역학 관련 논문만 100여 편 넘게 발표한 장훈태 박사는 연구자의 연구성과를 지표화한 H지수에서 신학분야 최고 점수를 받기도 했다.[21]

이러한 학문적 노력은 그를 소개하는 수식어로 입증된다. 목사, 신학자, 선교학자, 선교전략가, 지역학(지정학) 연구자, 탐사전문가, 아프리카학자 등 셀 수 없는 수식어가 그의 이름 앞에 붙는다. 다양한 수식어가 붙는다는 것은 그만큼 연구의 폭이 크고, 삶의 지평이 넓다는 뜻이다. 책상에 앉아 문헌연구에 집중하는 대개의 학자들과 달리 그의 걸음은 늘 현장을 향해 있었다.

1992년, 목회자에서 교수로 사역의 대상과 방향이 완전히 바뀌었지만 그는 매일 성경을 읽고 QT노트를 썼으며, 초청받은 교회가 있든지 없든지 목사로서 매주 설교를 준비했다. 그가 하루에 성경을 읽는 시간은 평균 2~3시간이다. 새벽 4시에 잠에서 깨면 성경을 읽고 QT를 하며 하루를 시작하고 잠자리에 들기 전 성경읽기로 하루를 마무리한다. 이러한 습관으로 매년 3회 이상 성경통독을 한다. 그가 성경읽기를 게을리하지 않는 이유는 학자의 삶을 풍성하게 하기 위해서다.

"사명을 가진 자는 성경을 떠나서는 안 되며, 성경 속에서 반짝이는 아이디어를 얻는다. 새롭게 연구할 주제를 정하고 탐사를 떠날 나라를 선정하고 나면 곧바로 비행기 표를 끊고 현장으로 나설 채비를 한다"는

| 21 소윤정, "한국 복음주의 선교신학 발전사로 본 장훈태 박사," 180.

고백에서 '성경 중심 신학자'이자 '현장 전문 선교학자'로서 장훈태를 발견할 수 있다.

소윤정은 장훈태에 대하여 "일반 인문학연구의 개척자"[22]라고 표현하였는데, 2015년부터 한국아프리카학회 회원으로 활동하면서 아프리카 학자들보다 더 많은 현장 논문을 남긴 연구 성과가 이를 뒷받침한다.

사실 선교학자들의 주된 활동은 선교신학 정립과 더불어 선교현장에 대한 문화인류학적 접근, 선교전략 수립 등이다. 그런데 문제는 선행연구자의 문헌연구에 천착한 나머지 현실성 있는 선교전략 마련에 큰 공헌을 하지 못하고 있다는 점이다. 효과적인 선교를 위해서는 선교사가 파송될 현장에 대한 정확한 정보(사회, 역사, 문화, 지리)를 파악하여야 하고 이를 전제로 전략을 세워야 한다. 이미 마케팅 분야에서 적극 활용하는 민족지(民族誌) 연구는 '현재성'을 매우 중요시한다. 특정 지역의 과거 역사와 전통을 연구하는 것이 아니라, 지금 발견되는 현장의 문화와 세계관을 현지인의 관점에서 기술하는 것이 민족지 연구의 핵심이라고 할 수 있다.

제3세대 아프리카학자 칭호를 얻다

장훈태 박사의 현장연구는 선교학자인 그를 지역학 연구자이자 제3세대 아프리카학자로 변화시켰다. 장훈태 박사는 백석대학교 재학생 25명과 NOW라는 선교단체를 만들어 1995년 필리핀 앙겔리시티로 단기선교에 나서면서 현장 탐사를 시작했다. 제자들에게 선교지의 현황과 이해를 돕고자 하는 스승의 열정이었다. 이후 1999년 한국학술진흥재단의 연구비 지원을 받아 이집트와 수단을 다녀온 것이 본격적인 탐사 연구의 계기가 되었다. 아프리카에 처음 방문한 이후 코로나19 확

| 22 소윤정, "한국 복음주의 선교신학 발전사로 본 장훈태 박사," 172.

산으로 나라 간 이동이 어려워진 지난 2020년까지 약 20여 년 동안 총 34차례 선교현장을 방문하였고, 중국과 몽골, 러시아, 파키스탄과 방글라데시를 비롯하여 불어권 아프리카와 아프리카의 이슬람에 관한 현장 탐사 연구를 책으로 묶은 것까지 포함하면 총 11권이다.

그가 발행한 선교여행기는 『북서 아프리카 선교 여행기』(2004), 『북경에서 티벳까지』(2005), 『이슬람 선교여행: 파키스탄 편』(2005), 『북경에서 내몽고까지』(2006), 『우루무치에서 카스까지』(2007), 『선교여행기: 방글라데시 편』(2007), 『상트페테르부르크에서 와인잔을 깨다』(2008), 『우즈베키스탄에 가다』(2009), 『스리랑카에서 희망을 보다』(2010), 『생명을 살리는 땅 코트디부아르』(2017), 『서부 아프리카 통으로 읽기』(2018) 등이다.

장훈태 박사는 탐사를 통해 선교사와 선교학자의 가교역할을 감당해 왔다. 선교사들에게 부족한 신학적 소양을 채워주고 체계적인 리서치로 탐사 결과물을 남김으로써 선교현장 이해와 전략 수립에 힘을 쏟았다. 학자들에게는 최근 정보가 담긴 현장 보고서를 연구논문으로 제공함으로써 문헌연구 의존에서 벗어나 현장에 대한 이해를 높이는 효과를 가져왔다.

실제로 장훈태 박사는 2017년 〈CBS〉와 가진 인터뷰에서 "전혀 접하지 않았던 종족들을 제가 연구해서 발표함으로 인해서 그분들을 어떻게 선교하고 접근방식을 알아야 하는지 하나의 방안을 제시하니까…〈중략〉… 본인들이 미처 10년, 15년, 20년씩 있으면서도 기록하지 못했던 부분들을 제가 밝혀줌으로 인해서 자료화되는 경우가 있다"[23]고 하며 장기 선교사들에게 도움을 준 사실을 밝히기도 했다. 2018년 〈국민일보〉와 가진 인터뷰에서는 "학자가 다종족 다문화를 지닌 아프리카 선교 현지를

| 23 CBS 주말교계뉴스, 2017년 5월 26일 방송.

찾아가서 학문적으로 정리하고 보고서를 만들어야 후배들이 시행착오를 줄일 수 있다고 본다. 이 같은 정리 작업은 아프리카 선교의 성패를 가르는 일이며 선교사역에 있어 굉장히 중요하다"[24]고 밝힌 바 있다.

아프리카학계에서 그를 바라보는 시각은 훨씬 우호적이다. 아프리카 지역학 연구에 매진한 학자들을 시기별로 구분하면 3세대로 나눌 수 있는데, 한국아프리카학회에서 공식적으로 활동하는 60명 가운데 선교학 분야에서는 장훈태 박사가 유일하며, 학자들의 연구에 의해 제3세대 학자로 분류되어 지역 연구에 관한 공헌을 인정받고 있다.[25] 특히 아프리카 지역 연구가 스와힐리어 연구를 기반으로 하는 동부아프리카와 남아공의 정치, 경제를 다루는 남부아프리카의 비중이 큰 탓에 관련 학계에서조차 우리나라와 연관성이 많은 북부 및 서부아프리카(불어권 아프리카)에 대한 연구 부족을 호소하고 있다.[26]

「한국아프리카학회지」와 「아프리카학연구」, 두 전문 학술지를 토대로 지역별 연구현황을 조사한 자료에 따르면 2000년부터 2014년까지 15년간 아프리카 연구논문은 총 454건이다.[27] 그중에서 아프리카 전체를 주제로 다룬 논문이 152편, 동부지역이 144편, 남부지역이 88편이다. 연구 부족을 호소한 서부와 북부는 각각 64건과 6건에 불과했다.[28] 서부와 북부 아프리카 지역을 모두 합친 논문이 70건밖에 되지 않았다.

하지만 장훈태 박사는 열악하기로 소문난 서부와 북부 아프리카를 탐사하며 상당한 연구 실적을 남겼다. "부르키나파소공화국 보보디올라시의 전래 '메기 신화'에 나타난 공동체사회의 결정론적 정체성"(2018), "튀니지 타제르카 지역의 정주민과 이주민 사회의 다양성과 갈등에 대

---

24 국민일보, 2018년 10월 30일자.
25 황규득, "한국의 아프리카 지역연구," 「한국아프리카학회지」,47 (2016): 166.
26 황규득, "한국의 아프리카 지역연구," 170.
27 황규득, "한국의 아프리카 지역연구," 171.
28 황규득, "한국의 아프리카 지역연구," 171.

한 함의"(2020), "서부 아프리카 민간신앙과 이슬람"(2015), "가나공화국 아딘크라 상징주의(Adinkra Symbolism)에 나타난 신념체계 문화이해와 선교 모색"(2017), "니제르공화국의 흑마술에 대한 사회·문화적 정체성 변혁을 위한 선교"(2017), "서부 아프리카 코트디부아르 두에꾸에지역 궤에레족과 이주민의 문화적 집단갈등과 분쟁상황에서의 선교"(2017), "르완다공화국(Republic of Rwanda) 사회·문화 이해와 복음 선교 방안"(2012), "니제르공화국 구르마체족의 통과의례 노래에 나타난 관계적 특성과 공동체사회 고찰"(2018), "서부 아프리카 토고공화국 낭가부지역 선교를 위한 까비예족 문화의 가치체계 연구"(2016), "서부 아프리카 토고공화국 꼬따마꾸 지역 땀뻬르마족의 문화적 다양성과 선교"(2016), "모리타니아이슬람공화국 문화의 다양성"(2016), "서부 아프리카 코트디부아르 한인 디아스포라의 역할과 선교: 아비쟝 한인교회를 중심으로"(2015), "코트디부아르 기독교와 이슬람 정착요인"(2015), "북아프리카 튀니지 제르바섬의 다인종 공동체의 종교문화적 특성에 관한 고찰"(2020), "서부아프리카 코트디부아르공화국 야오부 마을의 전통적 샤머니즘 문화 상황에서의 선교전략"(2016), "말리공화국 도곤족 조각상의 의미와 상징에 관한 세계관적 접근"(2020), "마그레브 地域의 무슬림 宣敎를 위한 基督敎敎會의 狀況化에 관한 硏究"(2002), "말리공화국 젠네 그랜드 모스크 중심의 종교·문화적 정체성"(2020), "부르키나파소공화국 티에포족의 전통 노래에 나타난 신과의 소통·문화 정체성 고찰을 통한 선교"(2018), "니제르공화국의 사하라 난민의 이동 정치적 투쟁과 선교적 대응"(2020), "튀니지 시민혁명 10주년 이후 국민들의 의식변화에 대한 고찰"(2021), "말리공화국 도곤(Dogon)족 사회에서 전통적 상속체계의 사회적 기능 고찰"(2021) 등 북서 아프리카 지역에 관한 연구 논문만 21개에 달한다. 아프리카학자들이 2000년부터 2014년까지 15년간 내놓은 북서아프리카 연구 실적은 70편에 불과했지만, 장훈태 박사는 본격적인 아프리카 탐사 이후 2012년부터 2021년까지 약 9년간 20편의 논문을 홀로 쏟아냈다. 아프리카 전체를 다룬 논문 "COVID-19와 아프리카의 동향"(2021), "아프리카 사회통합의 저해 요인에 대한 함의-아프리카 과거, 현재, 미래에 대한 고찰"(2019), "아프리카 경제와 사회·문화적 현상 고찰"(2019), "아프리카 빈곤과 난민 선교"(2019)까지 포괄하면 아프리카 관련 논문은 총 25편에 이른다.

또한 그가 방문한 나라만 해도 가나공화국, 니제르, 말리공화국, 모리타니아이슬람공화국, 베냉공화국, 부르키나파소공화국, 수단, 이집트, 에티오피아, 코트디부아르, 토고공화국, 튀니지 등 12개 나라다. 한 나라 안에서도 수많은 부족이 공존하고 각기 다른 문화와 전통, 종교를 향유하고 있는 아프리카 지역의 특성상 이름도 기억하기 어려운 다양한 부족에 대한 탐구와 민간신앙, 빈곤문제, 전쟁, 문화를 포괄적으로 다룬 그의 연구방법은 아프리카학자들의 문헌연구 한계를 훌쩍 뛰어넘는 성과다.

아프리카 연구를 계기로 장훈태 박사가 관심을 갖게 된 분야가 또 있다. 바로 난민이다. 불어권에 속한 북서아프리카 방문을 위해서는 프랑스를 경유해야 한다. 프랑스 파리는 아프리카로 가는 관문이다. 프랑스 한인교회들이 아프리카 선교에 관심을 갖는 이유이기도 하다. 파리를 경유하며 현지 교회와 교류를 시작하게 된 장훈태 박사는 파리제일교회 김요한 목사와 함께 불어권이슬람권아프리카선교회, 파리-북아프리카선교회, 불어권서부아프리카선교회, 중동유럽난민협회 등의 활동에 참여하며 학문 영역을 확장했다. 프랑스 파리에서 유럽으로 유입된 중동과 아프리카 난민에 대한 학술토론을 진행하면서 한국까지 들어온 난민 문제 대처에 경각심을 심어주기도 했다. 그는 "프랑스 이주민의 갈등해결과 선교전략 모색: 마르세유 지역을 중심으로"(2014), "세계 난민 문제와 선교"(2016), "아프리카 빈곤과 난민선교"(2019), "니제르공화국의 사하라 난민의 이동: 정치적 투쟁과 선교적 대응"(2020) 등의 난민문제 연구논문을 발표했다.

장훈태 박사는 2019년 '아프리카미래학회'와 '아프리카미래협회'를 설립하고 지속적인 아프리카 연구와 지원사역을 시작했다. 정년퇴임 후에 아프리카 지원 및 연구 계획은 더욱 구체화 되었는데, 2021년 천안에 마련한 아프리카미래협회 사무실에서 아프리카 선교사 교육을 진행하고 있으며, 아프리카 난민의 이동과 문화적 충돌, 난민 구호 계획 등 다방면으로 사역을 확장하고 있다.

선교의 지평을 넓히는 선교학 연구

탐사 중심의 지역연구가 활성화되지 못하는 것은 하루 이상 비행기로 이동하는 접근성의 문제, 열악한 현지 상황, 그리고 고비용의 경비 부담 등 복합적인 이유가 있다. 대다수의 학자들이 학기를 마치고 난 후 방학기간 중에 재충전의 시간을 갖지만, 장훈태 박사는 사진기와 녹음기, 노트북을 들고 자비량으로 비용을 충당하며 선교지 탐사를 진행해왔다.

아프리카 탐사가 얼마나 열악하고 힘든지는 그의 여행기에 잘 묘사되어 있다. 에티오피아 아디스아바바를 방문했을 당시 그는 벼룩과 빈대를 견뎌내야 했고, 매일 옷을 붉게 물들이는 흙먼지를 털어내야 했다. 해발 2,800미터에서는 고산병 때문에 고전하기도 했다. 그만큼 탐사가 쉽지 않은 이질적인 환경이다.

2015년부터 서아프리카 탐사에 집중한 장훈태 박사는 토고를 3회 방문하였고, 연이어 코트디부아르와 부르키나파소 등을 찾아갔다. 에티오피아에서 그를 괴롭혔던 빈대나 벼룩은 목숨을 위협할만한 요소는 아니었다. 하지만 서아프리카 국가에서는 세 번이나 말라리아에 걸려 고

생하였고 우간다에서는 교통사고로 생명의 위험을 겪기도 했다. 접근 금지구역 탐사도 서슴지 않았는데, 말리공화국 탐사 중에 "안전을 지켜달라"며 열흘간 금식기도를 한 후 하루에 1,200km 거리를 다녀온 것은 하나님께서 순간순간을 지켜주신 기적적인 일로 회상하고 있다. 내전과 테러, 전염병, 강도와 같은 위험은 아프리카에 늘 잠재되어 있는 불안요소다. 긴장을 늦출 수 없는 상황 속에서 아프리카 탐사를 진행해야 했기에 귀국 후 그의 몸은 항상 만신창이가 되어 있었다. 긴장이 풀리면서 몰려오는 육신의 아픔은 개강을 준비해야 할 교수에게 사실 치명적인 고통이기도 했다. 한 번은 아프리카 탐사를 마치고 돌아와 심한 탈진을 겪으며 위장병까지 앓기도 했다. 편안한 관광으로도 평생에 한 번 방문하기 힘든 아프리카를 매년 여름과 겨울, 방학마다 빠지지 않고 방문한 그의 열정은 누구도 따라가기 어렵다.

장훈태 박사의 현장 탐사에는 학자로서의 책임감을 넘어 '선교사'로 동역하겠다는 선교적 책임감이 더 크게 깔려 있다. 그의 선교 모델은 사도 바울이다. 다음의 논문에서 장훈태는 선교학자의 책임을 이렇게 설명한다.

> 복음 신앙의 교육 선교는 바울의 사역 가운데 특징적인 사역이었다. 바울의 선교목표는 한 영혼을 향한 전도와 마을 전도에만 그치지 않고 다음 세대를 위한 교육 선교에도 힘을 썼는데, 특히 두란노서원에서 2년 동안 집중적인 교육 선교에 임했다(행 19:9-10). 결과적으로 복음 신앙에 근거한 교육 선교는 '하나님의 복음을 가르쳐 지키게 하는 것'이다. 예수 그리스도와 바울이 행한 선교사역의 핵심은 이론신학 일변도의 방어적인 교육과정을 통해서가 아니라, 행동적이고 현상학적·공격적인 교육과정을 통하여 선교사역의 본질을 이루어갔다.[29]

| 29 장훈태, "선교신학 방법론 구축의 필요성과 방안," 505.

한국의 선교학 교육이 신학일변도의 방어적인 교육과정에 있음은 부인하기 어렵다. 그러나 장훈태는 행동적이고 현상학적인, 공격적 교육을 위해 선교현장을 매년 방문해왔다. 그는 학계에 밝혀지지 않은 선교지의 현재를 민족지(民族誌, ethnography)로 분석하고 정리해나갔다. 그의 연구는 선교신학, 종교학, 민족지학, 지정학, 문화인류학 등 다양한 형태의 논문으로 발표됐다. 문헌연구 위주의 선교학계에 사회과학 중심의 질적 연구 논문을 풍성하게 만날 수 있게 된 것은 전적으로 장훈태 박사의 공로라고 해도 과언이 아니다.

2021년도에 발행된 선교 관련 학술지 3곳에 게재된 연구방법론을 분석한 한 연구에 따르면 같은 시기에 발행된 논문 25편 가운데 사회과학 중심 논문은 단 2편에 불과했다.[30] 그마저도 데이터 중심의 양적 논문이었고, 현장 중심의 질적 연구 결과물은 찾아보기 힘들었다. 선교학 연구는 현장이 중심이 되어야 함에도 불구하고 대다수의 학자들이 이론 중심의 연구에만 몰두해왔다. 선교학 연구는 선교전략 수립에 도움을 주어야 한다. 하지만 대다수의 선교학자들이 현장과 괴리된 연구를 해왔고, 선교전략 수립에 활용할 만한 연구 결과를 내놓지 못한 것이 사실이다.

선교의 최종 목적을 달성하기 위해서는 복음을 전파해야 할 지역과 현지인들이 사는 '삶의 현장'으로 들어가야 한다. 고정관념 없이 현지인들을 이해하고 그들의 삶을 철저히 분석하는 것은 선교전략 수립의 토대가 된다. 사회과학 연구방법의 하나인 근거이론은 '현장에 기초한 이론 도출'을 핵심 가치로 여긴다.[31] 그런 점에서 장훈태 박사의 사회과학 중심의 질적 연구는 근거이론에 충실한 연구라고 할 수 있다. 그는 "학계에 밝혀지지 않은 종족과 그들의 전통과 관습·종교를 찾아 선교적 관

---

30 배아론·이현철, "선교학 영역의 연구 방법론 확장을 위한 근거이론의 적용," 177.
31 배아론·이현철, "선교학 영역의 연구 방법론 확장을 위한 근거이론의 적용," 184.

점에서 교회 설립 장소를 찾아내고, 그 속에서 전통신앙(애니미즘 & 정령신앙)과 경쟁력을 갖기 위해서는 마을의 종족, 추장과 주술사에 대한 심도 있는 통찰이 필요하다는 사실을 알았다"[32]고 자신의 연구방식을 소개한 바 있다.

장훈태 박사의 탐사는 매우 적극적이고 현지 친화적이다. 부족탐사를 진행할 때 그는 마을의 추장을 가장 먼저 만난다. 마을의 우두머리인 추장과의 만남으로 호감을 얻게 되면 부족민의 인터뷰는 한결 수월해진다. 탐사기간 중 현지인과 우정, 신뢰를 쌓는 것을 그는 매우 중요하게 생각한다. 추장 인터뷰 후에는 마을의 전통과 역사, 그리고 종교에 대해 잘 아는 행정가와 인터뷰를 진행하고, 다시 부족민 여럿을 복수로 인터뷰하여 연구의 신뢰를 확보한다. 또 다른 부족마을로 이동하면 이전에 탐사한 마을에 대한 정보를 추가로 확인하며 사실관계를 점검하는 철저한 검증을 기했다. 그는 엄청난 시간과 자원, 투자가 필요하지만 지정학적 분석과 논의, 부족의 전통과 관습, 현지인의 세계관과 가치체계 분석은 선교에 꼭 선행되어야 한다고 주장했다.[33]

이와 같은 장훈태 박사의 탐사 방법은 선교전략 수립을 위한 탐사보고의 교과서와도 같다. 선교학에서 종족 집단 프로파일 작성방식은 문헌의 활용이 아닌 '많은 인터뷰와 대화'에 중점을 두기 때문이다.[34] 문헌의 활용은 사전 조사에 불과하다. 급변하는 시대에 선교현장의 문화와 사상도 빠르게 바뀌어 가기 때문에 지난 시간에 묶인 문헌연구는 정답이 될 수 없다. 선교학 연구가 시의성(時宜性)에 영향을 받는 것도 이러한 이유다.

장훈태 박사는 선교학자들이 이론에 치우친다면 선교전략도 과거에

---

32 장훈태, "세계선교와 지정학," 「복음과 선교」 54 (2021): 341.
33 장훈태, "선교신학 방법론 구축의 필요성과 방안," 507.
34 John Mark Terry & J. D. Payne, 「선교 전략 총론」 (서울: 기독교문서선교회, 2015), 285.

머물 수밖에 없다는 말로 선교학 연구의 현장성에 초점을 맞춰왔다. 그의 이러한 강조는 문헌연구를 통한 이론의 확장만으로는 선교학과 선교 자체를 발전시킬 수 없다는 판단에 기인한 것으로 보인다. 직접 가보지 않고는 알 수 없는 타문화권에 대한 관심, 살아있는 현장에 대한 기록이 담긴 연구 이론들이 쏟아져 나올 때, 선교단체와 선교사들이 적절한 전략을 수립하고 복음전파와 제자화라는 선교의 목적을 달성할 수 있기 때문이다.

20년간 이어진 탐사, 34차례의 선교현장 방문의 경험을 토대로 장훈태 박사는 퇴임 직전 "선교신학 방법론 구축의 필요성과 방안"(2021)이라는 연구 논문을 발표하며 후배 연구자들이 보다 폭넓은 연구에 매진해줄 것을 당부했다. 장훈태는 먼저 선교는 복음이 전파되어야 할 모든 곳에 기독교의 근본진리를 세워가는 것이라는 전제하에 선교신학 연구의 7가지 기준을 제시하였다. 7가지는 계시우선주의, 성경무오론, 구원의 확신, 축조주의 해석의 경계, 영적 실재의 인정, 인식론 지배에 대한 거부, 경험주의와 세속철학의 경계 등으로 요약할 수 있다.[35] 그리고 이러한 신학적 기반을 바탕으로 현장연구를 진행할 것을 요청한다. 단순한 리서치를 넘어 지정학 연구로 낯선 문화권을 이해하는 진전을 이루어야 한다는 당부다.

> 선교는 인간의 삶과 사회, 문화의 다양성 이해를 전제로 하기 때문에 선행연구보다는 현상학적 연구(양적·질적 연구), 현지 조사와 분석, 그리고 논의 등을 통하여 방안을 제시하는 것이 중요하다. 선교의 효율성과 결과를 위해 역사 궤적과 정치·사회 문화의 기술이 필요할 뿐 아니라, 문화·종교·법률의 지정학과 사회관계와 정치권력의 상관성, 지리경제학으로 격변하는 세계화의 물결 가운데 소외된 이웃 돌

| 35 장훈태, "선교신학 방법론 구축의 필요성과 방안," 499.

아보기, 국제적 이주자에 대한 전략적 지위를 모색해야 한다.[36]

"세계선교와 지정학"(2021)이라는 논문에서 '선교지정학'이라는 개념을 도입한 장훈태 박사는 "선교영역에 대한 감각, 문화 읽기에 대한 학습, 비판적 사고와 혼합주의에 관한 탐사와 분석, 통찰력 등은 선교신학과 선교현장 사역의 방법이 될 수 있다"[37]고 하면서 선교학계에 보다 많은 현장 탐사와 분석 이론이 생산되기를 바랐다.

나가는 말

선교학자들에게 가장 큰 결여는 현장성이다. 선교학자들이 가장 많이 하는 반성이 현장성이 없는 이론 중심의 선교신학 연구다. 장훈태 박사는 이와 같은 한계를 극복하기 위해 선교현장을 총 34차례 방문하면서 100편이 넘는 논문과 저서를 남겼다. 선교학자, 지역학 연구가, 탐사전문가, 아프리카학자 등 장훈태 박사를 지칭하는 모든 수식어에서 그가 살아온 삶의 궤적과 열정을 발견할 수 있다. 특히 '현장성'이 최우선이 되어야 한다는 선교의 기본을 몸소 보여준 학자로서의 삶은 후배들에게 귀감이 되고 있다.

연구를 위해 현장에 머문 시간은 2개월 안팎이지만, 그는 가능한 많은 영역에서 선교지를 품고 기도하며 선교에 동참하고자 노력하고 있다. 2001년 대한예수교장로회 백석총회에 '선교훈련원'을 조직하는 일에 앞장서면서 선교사들이 파송 전에 체계적인 선교훈련을 받을 수 있는 기틀을 놓았고, 지금까지 선교훈련원 부원장을 맡아 선교사 양성에

---
[36] 장훈태, "세계선교와 지정학," 336-337.
[37] 장훈태, "선교신학 방법론 구축의 필요성과 방안," 512.

매진하고 있다. 아프리카 케냐와 에티오피아 탐사를 마친 후 2010년부터 2014년까지 동부아프리카 주민을 돕기 위한 '우물파기 사진전'을 총 네 차례 개최하기도 했다. 복음과 함께 그들에게 필요한 것을 채워주는 것도 선교라는 그의 실천적 섬김이 잘 드러나는 부분이다. 장훈태 박사는 전시회 수익금에 사비를 보태 케냐에 6개의 우물을 선물했다. 제자가 있는 아프리카 선교지를 방문할 때는 미역과 가래떡 등 고국의 따뜻한 위로를 이민가방에 담아 가기도 한다. 선교사의 필요를 늘 고민하고, 선교현장의 문제를 해결하기 위해 한국교회와 함께 머리를 맞대는 그는 선교지와 선교사를 지극히 사랑하는 선교학자이자 참스승이다.

그는 문헌연구만 무수히 반복되는 학계의 풍토에 정면으로 도전하면서 현장 중심의 질적 연구 사례를 수없이 남겼으며, 성경에 기반한 복음주의 선교신학이 활성화되는 데 기여했다. 특히 인문학과 사회과학 등 다양한 학문적 융합을 시도한 것은 신학과 문화인류학에 국한된 한국 선교학계의 편협한 틀을 깨고 무한한 가능성을 열어놓은 귀중한 성과가 아닐 수 없다.

아프리카, 중동, 아시아 등에 관한 지정학적 연구, 무슬림, 난민, 이주민, 선교사 등에 관한 현상학적 연구, 타문화권과 타민족들의 삶과 세계관을 들여다본 문화인류학적 연구 등 수많은 경험을 통해 축적된 그의 지식은 한국교회의 소중한 자산이다. 그는 다양하고 폭넓은 지식을 쌓기 위해 몸을 사리지 않았고, 머나먼 아프리카에서 탐사의 강행군과 고난의 여정도 결코 마다하지 않았다. 현장으로 향해야 한다는 사실을 알면서도 몸은 안전한 책상 앞에만 머문 여느 선교학자들과 그는 다른 길을 걸어왔다. 그가 발표한 연구논문이 학계에 기여를 했다면 10여 권에 달하는 선교여행기는 선교의 대중화를 견인했다는 평가를 받는다.

은퇴 후에도 왕성한 활동을 하고 있는 장훈태 박사는 아프리카 탐사와 연구 경험을 바탕으로 아프리카미래학회와 아프리카미래협회를 설립, 선교정보 제공과 선교사 훈련, 학술지 발간 등의 후속 사역을 이어 가고 있다. 선교지 탐사 역시 아직도 '현재진행형'이라는 점에서 앞으로 얼마나 많은 연구 성과를 후배들에게 남겨줄지 기대감이 크다. 장훈태 박사가 남긴 연구업적을 누군가 넘어서기란 쉽지 않아 보인다. 하지만 선배 학자가 걸어간 현장 탐사의 길을 따라 갈 후배 연구자들이 많아지면 좋겠다. 한국 선교가 정체기를 겪는 안타까운 시점에서 선교사와 선교학자의 협업, 현 시대 상황을 분석한 현장 중심의 선교신학이 세계 선교의 붐을 다시 일으키길 소망한다.

연구 목록

● 박사학위 논문

"마그레브 地域의 무슬림 宣敎를 위한 基督敎 敎會의 狀況化에 관한 硏究." 아세아연합신학대학원, 2001.

● 저서

『하나님의 선교 인간의 선교』. 서울: 솔로몬, 1995.
『초대교회 선교』. 서울: 솔로몬, 1996.
『선교학의 성경적 이론과 실제』. 서울: 솔로몬, 1999.
『아시아 선교 전략』. 서울: 개혁주의신행협회, 1999.

『북서아프리카 선교기행』. 서울: UCN, 2004.
『북경에서 티벳까지 : 장훈태 교수의 선교 여행기』. 서울: UCN, 2005.
『장훈태 교수의 이슬람 선교여행 : 파키스탄 편』. 서울: UCN, 2005.
『북경에서 내몽고까지』. 서울: UCN, 2006.
『우루무치에서 카스까지』. 서울: 누가, 2007.
『상트페테르부르크에서 와인잔을 깨다』. 서울: 누가, 2008.
『우즈베키스탄에 가다』. 서울: 누가, 2009.
『스리랑카에서 희망을 보다』. 서울: 누가, 2010.『이슬람의 상황과 선교의 이슈』. 서울: 대서, 2011.
『선교적 관점에서 본 다문화 사회』. 서울: 대서, 2011.
『한국교회와 선교의 미래』. 서울: 대서, 2012.
『국제정치 변화 속의 선교』. 서울: 혜본, 2014.
『생명을 살리는 땅 코트디브아르』. 서울: 누가, 2017.
『서부 아프리카 통으로 읽기』. 서울: 세움북스, 2018.

● 역서

브라이언트 L. 마이어스,『가난한 자와 함께 하는 선교 : 변화발전의 원리와 실제』. 서울: 기독교문서선교회, 2000
윌버트 R. 쉥크,『선교의 새로운 영역』. 서울: 기독교문서선교회, 2001.
폴 포드,『당신의 은사를 교회에서 활용하라』. 천안: 혜본, 2003.
셔우드 링겐펠터,『변화하는 기독교 문화』. 서울: 기독교문서선교회, 2009.

● 공역

데이비드 J. 보쉬,『변화하고 있는 선교 : 선교신학의 패러다임 변천』. 서울: 기독교문서선교회, 2000.
J. M. 테리; E. 스미스; J. 앤더슨,『선교학대전』. 서울: 기독교문서선교회, 2003.

● 학술논문

"성경과 꾸란의 차이점에 관한 비평적 소고."「ACTS 신학저널」33 (2017): 115-154.

"한 영혼을 위한 교회학교와 선교."「복음과선교」25 (2014): 159-193.

"중국교회의 신학과 선교."「복음과선교」23 (2013): 155-195.

"신 냉전시대 중동 이슬람 갈등상황의 선교적 함의."「ACTS 신학저널」36 (2018): 309-360.

"부르키나파소공화국 보보디올라시의 전래 '메기 신화'에 나타난 공동체사회의 결정론적 정체성."「복음과선교」42 (2018): 139-181.

"한국 선교신학교육 이대로 좋은가? -교육방법론, 교과과정을 중심으로-."「성경과신학」36 (2006): 158-199.

"중동 종교(이슬람교)의 유럽화 전략에 대한 기독교적 대응과 전략."「ACTS 신학저널」35 (2018): 197-245.

"튀니지 타제르카 지역의 정주민과 이주민 사회의 다양성과 갈등에 대한 함의."「복음과선교」51 (2020): 201-243.

"서부 아프리카 민간신앙과 이슬람."「복음과선교」30 (2015): 185-228.

"기독교에서 바라본 한국의 이슬람 정착과 근본적인 대처 방안."「복음과선교」19 (2012): 265-303.

"요한 칼빈의 교회개혁과 선교."「성경과신학」51 (2009): 139-170.

"가나공화국 아딘크라 상징주의 (Adinkra Symbolism)에 나타난 신념체계 문화 이해와 선교 모색."「복음과선교」38 (2017): 229-269.

"종교다원주의자들을 향한 바울의 선교 커뮤니케이션 방법 연구."「복음과선교」5 (2005): 418-456.

"다문화 사회와 선교 ; 다문화 사회와 교회의 선교적 대응."「복음과선교」9 (2008): 11-46.

"개혁주의생명신학 관점에서의 교회학교 선교교육을 통한 신앙운동."「복음과선교」28 (2014): 331-376.

"이라크 칼리프 통치 수립 선포 상황에서 중동의 미래와 선교." 「성경과신학」 72 (2014): 191-226.

"한국교회의 선교과제를 위한 개혁주의생명신학의 적용." 「복음과선교」 26 (2014): 75-112.

"아시아의 정치변동과 한국선교 ; 동아시아 국제정치 변화와 미래선교." 「복음과선교」 21 (2013): 45-81.

"COVID-19와 아프리카의 동향." 「생명과말씀」 29-1 (2021): 153-191.

"니제르공화국의 흑마술에 대한 사회·문화적 정체성 변혁을 위한 선교." 「복음과선교」 39 (2017): 151-191.

"서부 아프리카 코트디부아르 두에꾸에지역 궤에레족과 이주민의 문화적 집단갈등과 분쟁상황에서의 선교." 「성경과신학」 82 (2017): 93-131.

"다문화 상황과 선교 ; 한국교회 외국인노동자 선교의 방향." 「복음과 선교」 13 (2010): 11-45.

"르완다공화국(Republic of Rwanda) 사회·문화 이해와 복음 선교 방안." 「선교신학」 31 (2012): 257-291.

"중동의 상황 변화와 선교적 적용." 「선교신학」 28 (2011): 205-234.

"이슬람의 세계 다와(선교) 전략과 대응." 「선교신학」 42 (2016): 249-285.

"로잔운동과 신학교육." 「선교신학」 40 (2015): 241-274.

"동북아 정세 변화와 한·중 관계 속에서 선교." 「한국기독교신학논총」 94 (2014): 271-299.

"이슬람 사회의 이드(희생제)축제와 복음전달을 위한 커뮤니케이션 방법." 「선교신학」 20 (2009): 97-123.

"중동의 이슬람국가(IS) 선포와 세계평화를 위한 선교적 고찰." 「한국기독교신학논총」 95 (2015): 181-214.

"에딘버러 세계선교사대회와 이슬람 금융에 대한 기독교적 고찰." 「선교신학」 24 (2010): 1-25.

"니제르공화국 구르마체족의 통과의례 노래에 나타난 관계적 특성과 공동체

사회 고찰."「한국아프리카학회지」53 (2018): 235-272.

"선교학자가 보는 한국선교의 미래."「성경과신학」74 (2015): 157-197.

"중동정치의 변화와 이란 핵 협상타결 이후의 기독교 선교."「ACTS 신학저널」30 (2016): 213-256.

"2018년 인구절벽 시대의 기독교 선교전략."「복음과선교」29 (2015): 233-280.

"서부 아프리카 토고공화국 낭가부 지역 선교를 위한 까비예족 문화의 가치체계 연구."「성경과신학」79 (2016): 261-295.

"서부 아프리카 토고공화국 꼬따마꾸 지역 땀뻬르마족의 문화적 다양성과 선교."「복음과선교」34 (2016): 193-239.

"세계 난민 문제와 선교."「성경과신학」77 (2016): 163-199.

"모리타니아이슬람공화국 문화의 다양성."「복음과선교」33 (2016): 125-171.

"회개와 용서운동을 기초로 한 청소년 선교와 목회."「생명과말씀」11 (2015): 182-216.

"서부 아프리카 코트디부아르 한인 디아스포라의 역할과 선교: 아비쟝 한인교회를 중심으로."「성경과신학」76 (2015): 333-369.

"코트디부아르 기독교와 이슬람 정착요인."「복음과선교」31 (2015): 55-90.

"로잔복음화 운동과 한국교회 ; 칼빈의 복음신앙과 로잔복음화 운동의 상관성 고찰."「복음과선교」22 (2013): 45-81.

"터키 이슬람주의와 세속주의 사이의 갈등과 상황화 선교."「선교신학」18 (2008): 1-18.

"선교적 목회 리더십."「복음과선교」27 (2014): 101-141.

"2010 개혁주의생명신학 선언문의 선교적 의미."「생명과말씀」4 (2011): 45-84.

"아프리카 사회통합의 저해 요인에 대한 함의 -아프리카 과거, 현재, 미래에 대한 고찰."「한국아프리카학회지」58 (2019): 193-223.

"세계선교와 지정학." 「복음과선교」 54 (2021): 311-351.
"북아프리카 튀니지 제르바섬의 다인종 공동체의 종교문화적 특성에 관한 고찰." 「한국아프리카학회지」 61 (2020): 237-268.
"이집트 무슬림 형제단의 정치적 활동과 기독교 선교 전망." 「한국개혁신학」 34 (2012): 99-131.
"제3세계 전(全) 성도의 선교사화를 통한 교회개척 사역과 선교 : 2010년 제3차 로잔대회 공식 문서를 중심으로." 「복음과선교」 36 (2016): 227-275.
"현대 한국교회 현상에 대한 선교적 진단." 「복음과선교」 15 (2011): 39-70.
"서부 아프리카 코트디부아르공화국 야오부 마을의 전통적 샤머니즘 문화 상황에서의 선교전략." 「복음과선교」 35 (2016): 229-274.
"종교개혁자 칼빈의 선교." 「복음과선교」 40 (2017): 189-225.
"개혁주의생명신학의 세계화." 「생명과말씀」 31-3 (2021): 11-66.
"장종현 박사의 신앙과 신학 탐색." 「생명과말씀」 12 (2015): 141-171.
"지정학적 측면에서 이해한 지중해의 지속 가능한 평화 함의." 「ACTS 신학저널」 43 (2020): 271-299.
"신(新)냉전 역학구도 상황에서 중동 선교." 「복음과선교」 44 (2018): 185-230.
"프랑스 이주민의 갈등해결과 선교전략 모색: 마르세유 지역을 중심으로." 「선교신학」 35 (2014): 229-262.
"말리공화국 젠네 그랜드 모스크 중심의 종교·문화적 정체성." 「복음과선교」 49 (2020): 311-345.
"부르키나파소공화국 티에포족의 전통 노래에 나타난 신과의 소통·문화 정체성 고찰을 통한 선교." 「복음과선교」 41 (2018): 183-232.
"아프리카 경제와 사회·문화적 현상 고찰." 「ACTS 신학저널」 42 (2019): 189-233.
"선교와 교육 : 선교적 측면에서 아시아의 상황." 「복음과선교」 2 (1998): 279-302.
"선교신학 방법론 구축의 필요성과 방안." 「선교와신학」 54 (2021): 491-526.

"현대 이슬람의 정체와 기독교적 대응." 「복음과선교」4 (2004): 103-139.
"한국복음주의선교신학회 역사와 미래." 「복음과선교」45 (2019): 81-120.
"니제르공화국의 사하라 난민의 이동 정치적 투쟁과 선교적 대응." 「ACTS 신학저널」45 (2020): 217-264.
"튀니지 시민혁명 10주년 이후 국민들의 의식변화에 대한 고찰." 「아프리카학연구」1-1 (2021): 1-28.
"기독교와 이슬람의 갈등." 「선교와신학」27 (2011): 143-177.
"아프리카 빈곤과 난민 선교." 「ACTS 신학저널」39 (2019): 165-209.
"말리공화국 도곤(Dogon)족 사회에서 전통적 상속체계의 사회적 기능 고찰." 「아프리카학연구」1-2 (2021): 1-28.

아프리카미래협회 선교활동 I 국민일보, 2021년 12월 27일

선교탐사 전문가 장훈태 교수 I CBS

아프리카미래학회 창립학술대회 전경 | 2019년 12월

한 부족과 인터뷰를 나누고 있는 장훈태 박사 | 아프리카 말리공화국

'에딘버러 후 100년 선교' 총망라한 논문집 발간

제자들과 담소를 나누는 장훈태 박사

백석대학교 은퇴를 앞두고 마지막 수업에서 제자들과 인사를 나누는 장훈태 박사 | 2021년

아프리카미래협회와 백석대학교 공동 포럼 | 2019년 6월

개혁주의생명신학회 국제학술대회, '개혁주의생명신학과 세계교회'를 주제발표 | 2021년

말리 코랄레 마을 추장과 함께 한 장훈태 박사.

아프리카 튀니지를 방문한 장훈태 박사가 이슬람 사원 앞에서

저서 『북경에서 티벳까지』

저서 『이슬람 선교여행』

이현주 박사

강남대학교 신학과 (Th. B)
백석대학교 기독교전문대학원 (M. A. 선교학)
백석대학교 기독교전문대학원 (Ph. D. 선교학)

기독교연합신문사 편집국장

조병하 박사

조병하 박사의 생애와 신학

차이탁_목원교회(예장 고신) 담임

대전고등학교 졸업
서울신학대학교 신학대학원 (M. A.)
독일, 튀빙겐대학교 (Dr. theol.)

기독교대한성결교회 목사 안수 (1980. 3)
독일, 칼스루헤한인교회 담임목사 (1987~1988)
기성 신촌교회(서울남지방) 협동목사 (1995~2001)
대한예수교장로회 백석대학교회(서울) 협동목사 (2001~현재)
백석대학교 책임교수(강사) (2019. 9. 1~현재)
웨스트민스터신학대학원대학교 겸임교수
 (2020. 3. 1~2021. 2. 28, 2022. 3. 1~2023. 2. 28)

들어가며

생명공학과 인공지능으로 대표되는 4차 산업혁명의 초스피드 시대를 사는 현대 문명의 선지자들은 '호모 사피엔스'의 종말과 '호모 데우스'의 등장을 예언하고 있다. 이러한 시대에 고루하여 시대에 어울리지 않는 듯이 보이는 교부들을 깊이 있게 연구하며, 깊은 신앙과 신학을 통해 빠른 변화에 어리둥절하고 어지러워하는 교회에 중심을 잡고 처음과 끝을 견지할 수 있는 안목을 세워주는 분이 계시다. 그분이 조병하 박사이다.

선생님은 조용히 후학 양성에 힘을 쏟으셨고, 신학이 바른 길에서 벗어나지 않도록 살피며 성경과 믿음의 선진들의 가르침을 바탕으로 하여 교회를 든든히 하는 데 힘을 쏟으셨고 현재도 애쓰고 계시다. 선생님께서 사명으로 달려오신 삶과 학문을 여기서 짧게 이야기하고자 한다.

조병하 교수의 삶

가정과 신앙의 계기

선비의 삶을 이어오는 전통적인 교육자 집안에서 1953년 9월 7일 조병하 박사는 맏아들로 태어났다. 그는 대전중학교를 마치고 대전고등학교에 입학한 후 선배들의 전도로 예수 그리스도께 인도되어 하나님의 은혜로 신앙생활에 불이 붙기 시작하였다. 그는 고등학교 1학년 말에 우리 주 예수 그리스도께서 나 같은 죄인을 위하여 십자가에 죽으시고 부활하심으로 생명의 산 소망을 갖게 하셨음을 고백하게 되었다. 그는 모든 공 예배와 새벽 기도회, 각종 집회에 빠짐없이 참석하고 기회가 있는 대로 봉사하였으며, 매일 새벽 한 시간씩 기도를 한 후 한 시간씩 성경을 읽는 일을 고등학교 다니는 동안 계속하였다.

그는 2학년 말쯤 어느 날 기도하고 말씀을 읽을 때에 '나를 구원하신 하나님의 계획이 나에게 머물지 아니하고 받은바 사랑을 증거 하는 일꾼 삼으심'에 있다는 사실을 발견하면서 주님의 부르심을 듣고 하나님 앞에 성직자의 길을 걸어 갈 것을 헌신하게 되었다. 헌신 후 그에게 몰아친 역경은 고등학교를 그만 두어야 할 만큼 어려움으로 다가왔다. 그러나 학업을 포기할 정도에 이르렀을 때 하나님의 은혜와 교회의 도움으로 고등학교를 마치고 신학대학에 입학할 수가 있었다. 등록금을 빌려서 시작한 신학대학의 과정은 교회 봉사와 근로 장학생으로 재원을 충당하며 열심히 공부할 수 있었다. 그는 힘든 연단의 과정 속에서 하나님의 은혜를 맛보며 더욱 하나님께 나아가고 주님의 손길에 길을 맡기는 훈련을 하였다.

1980년 4월에 그는 군목으로 입대하였다. 철원의 철책선에서 14개월 간 마음껏 선교하였고, 600명이 훨씬 넘는 장병들에게 독자적으로 세례를 베풀었고 신자 비율을 35%에서 75% 이상으로 만들었다.[1]

그는 군 선교의 무한한 가능성을 보고 지속적으로 사역할 수 있는지 1년의 기간을 연장하여 검토하였다. 그는 갈등이 있었지만 신학 공부를 위해 예편하였다. 그 후 1년 6개월여 총회 교육국 간사로 근무하며 교단의 교육 분야 발전을 위해 일하면서 유학을 준비하였다.

그는 선교신학에 관심이 있어 미국으로 가려했으나, 당시 1년 넘도록 비자 발급이 크게 제한(특별히 신학유학 희망자들에게!)되어 독일로 유

---

[1] 그와 더불어 장병들은 훈련장에서 찬송가책 없이도 많은 찬송들을 부를 수 있었을 뿐만 아니라, 3군내 최우수 연대로 선발되어 연병장에 장병들을 집결해 놓은 연대장은 30분 훈시의 상당부분을 하나님 찬양으로 일관할 정도였다.

학지를 변경하게 되었고, 전공도 역사신학으로 변경하였다. 그 가운데서 고대 역사신학에 관심을 갖고 열심을 다하였다. 독일학생들조차 꺼려하는 분야라며 울리히 쾨프(Ulrich Köpf, 1941~) 교수님께서 만류하기도 했지만 하나님께서 한국 교회를 위해 맡기신 사명으로 알아 기도하며 연구에 집중하였다.

교부신학 연구는 고대 언어학, 특히 라틴어의 높은 수준이 요구되었고, 교부신학 자체를 위해 초보적인 것부터 익숙한 단계에 이르기까지 지도 교수 루이제 아브라모브스키(Luise Abramowski, 1928~2014)의 특별 지도를 1년 이상 학기 중 매주 1시간씩 받았다. 이런 과정을 모두 마치고 논문을 작성하여 학위를 취득하는 데 4년 반의 시간이 필요하였다. 그는 한국교회를 위해 뛰어난 연구 결과를 내고 교회에 공헌할 수 있다는 자신감도 얻었다.

귀국 후 모교인 서울신학대학교를 비롯하여 성결대학교, 호서대학교, 한세대학교 등에서 강의를 하며 신촌교회에서 협동목사로 사역을 하였다. 서울신학대학교에 우여곡절 끝에 임용되지 못하는 아픔도 겪었지만, 조병하 박사는 누구도 탓하지 않고 묵묵히 신학자의 길을 걸었다. 그런 가운데서 최갑종 박사와 주도홍 박사의 소개로 백석대학교의 설립자 장종현 목사와 만났고, 이후 2001년부터 백석대학교에서 고대교회사, 고대교회 역사신학, 교부신학, 고대 그리스도교 사상사를 등과 관련하여 연구, 강의하였다.

그는 신학자로서 한국교회의 여러 학회에서 활동하였다. 그동안 한국교회사 학회지 편집위원, 교회사 용어 통일 위원으로 활동하였으며, 한국복음주의 역사신학회 학회지 및 한국복음주의신학회 편집위원과 편집위원장을 역임하였다. 특별히 교부학회 회장으로서 아시아와 오세아니아 교부학회와 깊은 유대관계를 형성하였고, 학술연구재단으로부터 연구를 위임받아 학회의 동료 교수들과 함께 우수한 연구 결과를 내기도 하였다.

그는 백석대학교 신학대학원 도서관장으로 일하시면서 비평 원문들을 적지 않게 구비하여 많은 연구자들이 활용할 수 있도록 하였다. 그리고 개인적으로도 좋은 자료들을 넉넉히 보유하여 연구와 강의에 심혈을 기울일 수 있는 바탕이 되었다.

조병하 박사는 2019년 2월 28일자로 정년을 맞아 퇴임하였다. 그는 퇴임 후에도 관련 분야의 연구와 글을 쓰고 학회 활동을 통하여 지속적으로 한국 교회를 위하여 기여하고 있다.

조병하 박사의 신학 사상

우리나라에 복음이 들어오고 신학교가 세워져 훌륭한 지도자들을 배출하면서 교회와 신학은 발전하였다. 그럼에도 신학 분야에서 고대 교회사나 교부학은 성경신학이나 교의학에 비춰볼 때뿐 아니라, 역사신학 내에서도 조금은 초라한 모습이라고 할 수 있다. 이런 현실 가운데 고대 교회사와 교부학의 기초를 튼튼히 하면서 우리가 사는 현 시대에 일고 있는 오류와 실수를 성경과 교회의 바른 가르침(전통)을 통해 바로 잡아가며, 교회와 신학에 선한 영향력을 미치고 있는 진중한 신학자로서 그의 사상을 소개한다.

조병하 박사는 교회사를 "역사는 하나님의 통치와 섭리 안에 놓여 있다. 역사의 주인은 하나님이시다. 궁극적으로 하나님의 공의는 승리하였고, 하고 있고, 할 것이다. 이러한 **구원의 역사를 살피고 기술하는 것**"으로 정의한다.[2] 또한 "역사 속에서 하나님의 주권이 실현된 내용을

---

2 조병하, 『교부들의 신학사상』 (서울: 그리심, 2005), 4. 이하에서는 저자의 이름을 생략하고 저서와 논문의 제목과 기록된 페이지로 표시한다.

가시화하여, 오늘의 역사의 주인이신 **하나님의 사역에 순응**하고자 하는데, 그 기술의 목적이 있다."3)고 말한다. 이 글은 이러한 구속사적 역사 이해와 실천을 조병하 박사의 중심 사상으로 소개한다. 특별히 그 내용은 그가 발표한 글을 중심으로 할 것이다.

역사의 추이에 따른다면 '성경의 정경화'에 이어 '삼위일체론', '그리스도론', '성령론'을 살펴야 하겠지만, 조병하 박사의 학위논문을 중심으로 '삼위일체 하나님'을 먼저 살피고, 신앙과 삶의 표준인 '성경'과 사도들의 바른 가르침을 이어받은 보편적이고 거룩한 '하나인 교회'의 순으로 살펴볼 것이다. 뿐만 아니라 조병하 박사의 글들에서 삼위일체 하나님과 정경과 바른 가르침의 전통은 여러 가지 신학적인 문제들을 살피고 그 내용들이 바르게 자리 잡도록 하는 기초가 된다.

삼위일체 하나님

조병하 박사는 1994년 12월 21일 독일 튀빙엔대학에서 논문 "암브로시우스의 삼위일체론과 그리스도론(Trinitätslehre und Christologie bei Ambrosius)"을 제출하여 박사학위를 받았다. 이 논문이 나오기 전에는 암브로시우스에 대해서 교회 정치가로서나 예배의식과 관련한 연구가 주류를 이루었고, 암브로시우스의 신학에 대한 연구는 그가 차지하는 지위에 비해 매우 빈약하였다. 조병하 박사의 이 논문은 암브로시우스의 신학적인 중요성도 부각시키는 데 일조하였다.4)

---

3 『세계 역사 속의 그리스도교』, (서울: 대서, 2016), 15-16.
4 조병하 박사는 자신의 논문보다 바로 앞서 나온 헤르만(L. Herrmann)의 논문이 여러 면에서 근거가 빈약함을 밝히면서 암브로시우스의 '믿음에 대하여', '성령에 대하여', '주의 성육신의 신비에 대하여' 세 권과 각종 편지들, 아크비레이야 회의록, 막시밀리아누스의 암브로시우스에 대한 논박 글을 중심으로 암브로시우스의 삼위일체 신학과 그리스도론에 대하여 정리하면서 기존 각종 연구 문헌들을 비평하였다.(『교부들의 신학사상』, 191)

암브로시우스의 삼위일체론은 '하나님은 한 분이시며 아버지와 아들과 성령이 계시다'. '그는 일체를 설명하기 위하여 아버지와 아들과 성령이 본질상 동일하시다(호모우시오스)'라는 니카이아신앙고백의 핵심 용어를 삼위의 일치를 위하여 사용하였고, 아버지와 아들과 성령의 각각의 고유성을 가르치고, 삼위가 구별은 되나 나누이지 않으며, 또한 혼합되지 않는다고 가르친다.[5]

박사는 암브로시우스는 이러한 사실을 동방신학을 강력하게 수용함으로써 증명하였고, 따라서 동서 교회의 일치된 삼위일체의 모습을 보여주고 있다고 결론을 내릴 뿐만 아니라, 그가 교회 회의와 실천 목회를 통해 아리우스주의자들을 대적하였음을 논증하였다.

삼위일체 신앙 논쟁은 동방 지역의 교회에서 381년 5월 제2차 전(全) 그리스도교교회회의인 콘스탄티노플 회의에서 마무리 지었다. 한편 암브로시우스는 서방 교회의 아리우스주의자들을 같은 해 9월 3일부터 열린 아크비레이야 회의에서 정죄함으로써 서방 교회의 진정한 정통 신앙을 굳게 세우는 일에 공헌하였다. 이 회의에서 그에게 위촉한 의제를 해결하기 위해 동방 지역의 교회들과 편지를 주고받는 동안 암브로시우스는 라오디케이아의 아폴리나리오스의 조각글을 알게 되었고, 그리스도론에게까지 관심을 갖게 되었다.[6]

암브로시우스는 아타나시오스를 신앙의 기둥으로 찬양하며[7] 그가 아

---

5 성부와 성자 하나님에 대해서 좀 더 살펴보면 다음과 같이 나누어 볼 수 있다. 1) 하나님은 한 분이시고 주도 한 분이시다. 2) 하나님의 아들은 아버지와 비슷하고 동일하다. 영원하시다. 아들이 아버지가 증거 하는 대로 낳아지셨다. 하나님의 아들은 선하실 뿐만 아니라, 선하신 하나님이시다. 참 하나님, 전능하신 하나님, 신성을 통하여 아버지와 하나이시다.
6 『교부들의 신학사상』, 276.
7 『교부들의 신학사상』, 282. 암브로시우스가 동방 지역 교회들의 감독들과 밀접하였다는 것은 잘 알려진 사실이다. 그러나 유감스럽게도 이를 위한 근거로는 바실레이오스가 암브로시우스에게 보낸 편지 한 편만을 소장하고 있을 뿐이다(편지 197번). 이 편지는 암브로시우스의 편지에 대하여 바실레이오스가 동방교회 감독을 대표하여 보낸 답장이다. 바실레이오스는 아타나시오스와 많은

리우스주의자들에 대항한 연설들로부터 논박을 시작한다. 또한 아타나시오스와 '호모우시오스'를 동일하게 이해하고 있는 바실레이오스의 신학[8]이 암브로시우스의 삼위일체론에서 핵심 부분을 차지하고 있다.

암브로시우스는 니카이아 신앙고백의 핵심 단어인 'homoousios'를 라틴어로 'unius substantiae(cum patre)'로 번역하였다. 암브로시우스에게 있어서 'ousia'는 존재라는 철학적 개념보다 성경에 바탕을 둔 것으로 살아계셔서 '항상 계신 분'을 의미한다.[9] 교회 전통의 진정한 증인들 가운데 한 사람인 암브로시우스는 오늘날 우리가 고백하는 신앙인 동일본질 주창자들의 맥을 이었으며, 철저하게 호모우시아를 주장했고, 이 신학을 항상 확고하게 지켰다.[10]

그리스도론

암브로시우스는 명확하게 그리스도의 신성과 인성을 구별한다.[11] 그는 또한 하나님의 아들 안에서 양성의 완전함을 지킨다.[12] 그리고 그는 그리스도와 관련하여 두 아들들을 거부하고 한 아들이며, 한 그리스도이심을 강조한다.

암브로시우스는 381년 말에야 아폴리나리오스의 글[13]을 접하였고,

서신을 통한 신학적 교류가 있었다(같은 책, 287). 암브로시우스가 '강력하게' 동방신학을 수용했던 까닭에 암브로시우스의 글들 또한 헬라어로 번역되었고 Florilegium에 받아들여졌다(같은 책, 272).

8 『교부들의 신학사상』, 234. 암브로시우스의 서신, 316-364.
9 『교부들의 신학사상』, 289.
10 동일본질 주창자들과 함께 당시 논쟁에서는 상이본질 주창자들, 유사론 주창자들과 유사본질 주창자들의 세 정파가 있었다.(『교부들의 신학사상』, 279-280, 282)
11 『교부들의 신학사상』, 335.
12 『교부들의 신학사상』, 336.
13 라오디케이아의 아폴리나리오스의 가르침은 암브로시우스가 접하기 훨씬 이전인 362년에 알렉산드리아 회의에서 반박되었고, 381년 콘스탄티노플 회의에서 정죄되었다.

흥미를 같고 함께 논의할 것을 제안하였다. 그는 그의 마지막 교리서인 *De incarnationis dominicae sacramento*의 116단락 중 78단락을 그리스도론에 할애하였다. 여기서 그는 호뫼어(유사론자)들의[14] 그리스도관을 반박하면서 그의 그리스도론을 명확히 드러냈다.

아폴리나리우스주의자들은 요한복음 1:14을 근거로 하나님의 말씀이 육체로 전도되었다고 믿는다. 이에 암브로시우스는 그들이 본문을 잘못 이해하고 있음을 지적한다. 그들이 본문에 이어지는 내용 '그리고 우리 가운데 거하시며'가 연관되어 이해되어야 한다고 주장한다. "육체를 취하신 이 말씀, 그가 우리 가운데 거하신다. 즉, 그가 인간적인 육체 안에 거하시고, 그리고 거기에 임마누엘이라고 불린다. 즉, '하나님이 우리와 함께 계시다'이시다."[15]

암브로시우스는 '낳음'이라는 용어를 삼위일체론적으로만 아니라 기독론적으로도 활용하였다. 그는 그리스도 안에서 하나님과 인간의 하나 됨을 설명하기 위하여 사용한 '받아들임의 도식'의 근거를 빌립보서 2:6-7에서 찾는다. 또 갈라디아서 4:4을 통해 '그의 아들'의 영원한 낳음의 고유성을 묘사하고, '여자에게 나게 하시고'에서 하나님의 아들의 신성이 창조된 것이 아니라 육체를 받아들이심을 가리키는 것으로 본다.[16] 그는 또한 신적인 탄생과 인간적인 탄생을 연대기적 관계로 가져

---

14 『교부들의 신학사상』, 332 이하
15 『교부들의 신학사상』, 338-339.
16 그리스도는 신적인 낳음을 통하여 하나님의 능력이시고, 육체의 받아들임에 따라 "육체 안에서 모든 사람들과 본질상 동일하시다." 성육신은 하나님의 아들이 육체의 형상을 받아들이신 것이 아니라, 육체의 실제를 받아들이시는 것에서 그의 존귀함이 있다. 아들 홀로 "아버지로부터 독생하신 아들로 낳아지셨다." 그리고 아들 홀로 "성육신의 성례에 따라 성령과 동정녀에게서 낳아지셨다." 성육신은 신적인 본성의 변화를 뜻하지 않는다.
하나는 신적인 본질에 따라서, 그리고 다른 하나는 육체의 취하심에 따라서 그리스도는 아들이시다. 아들은 신적인 낳음에 따라서 하나님 아버지와 동일하시고, 뿐만 아니라 육체의 취하심을 따라서 하나님 아버지를 위하여 하나의 종이시다. 왜냐하면 그가 종의 형체를 받아들이셨기 때문이다. 그럼에도 불구하고 그는 한 분이시고 동일하신 아들이시다.

왔다. "하나님의 아들은 신적인 탄생을 통하여 율법 전에, 그리고 인간적인 탄생을 통하여 율법 후에 나셨다." 또한 하나님의 아들이 인간의 육체를 받아들이셨을 때 '성육신의 완전함과 충만'을 취하셨다. 그가 그리스도 안에서 그의 육체와 신적인 본질을 구별할 때 그리스도를 나누지 않았다. 그는 오히려 아버지와 성령과 함께 한 분 그리스도를 설교하였다.

암브로시우스는 그리스도의 성육신의 구속사적 의미를 강조한다. 교회의 신앙에서 그리스도는 "하나님 아버지와 관련해서뿐만 아니라 다윗과 관련하여 동일하시고, 하나이신 아들이시다. 왜냐하면 하나님의 성육신의 신비가 총체적 피조물의 구원이기 때문이다." 하나님의 아들이 우리의 구원을 위하여 인간이 되셨다.[17] 우리는 그리스도 안에서 하나가 된다. 암브로시우스의 성육신에 대한 교훈의 정점은 그리스도의 보혈을 통하여 구속받은 인간들이 아버지의 우편에 앉으신 그리스도 안에서 하나가 된다는 것이다. 우리의 육체와 주님의 육체의 실제는 하나의 본질로부터 있다. 비록 낳음의 두 방법이 서로 다르다고 할지라도, 그리스도 안에서 육체가 모든 인간들과 함께 하나의 본성을 갖는다.[18]

마지막으로 그리스도론에서 한 가지 덧붙일 사실은 "신성이 십자가에 못 박힌 것이 아니라 오히려 육체가 못 박힌 것"이다. 이 명제는 암브로시우스의 불변하는 생각이었다.[19] 이와 같은 신학사상은 훌드리히 츠빙글리 때까지 일반적이었다. 그러나 마르틴 루터에게서 달라진다.("속성 간의 교류") 루터는 로마서 8:3; 고린도전서 2:8을 근거로 "인성이 아니라 하나님의 아들"이 십자가에 못 박혔다고 주장한다.

17 『교부들의 신학사상』, 341.
18 "아버지와 아들 안에서 천상의 삶의 일체가 신적인 본질의 일체를 통하여 있는 것같이, 그렇게 신적인 본성뿐만 아니라, 주님의 성육신의 특권을 통하여 아들 안에서 영적인 삶의 교통이 인간적인 본성의 일체를 통하여 있다."
19 『교부들의 신학사상』, 340.

성령론

삼위 중 성령에 대해서는 니카이아 회의에서 다루지 않았다. 유배에서 돌아온 아타나시오스 감독은 362년 알렉산드리아에서 소집한 회의에서 성령이 아버지와 아들과 함께 "본질상 동일하시다"는 고백을 이끌어 내었다.[20] 360년대 중반에 이르러서야 오리게네스 전통의 삼위의 등급적 사고를 극복하고 성령의 의미를 알기 시작했다. 그러나 아직은 성령의 고유성에 대한 확신은 희박하였다. 보편적 교회는 373년 가을, 확고한 니카이아 신앙고백 위에 서면서 성령의 바른 이해가 자리를 잡았다.

4세기 당시 교회는 성령에 대한 고백이 '성령에 대항하여 싸우는 자들'을 대적하고, 또한 일부 니카이아 신앙을 고백하면서도 하나님을 아버지와 아들에게만 국한하여 성령을 피조물이나 천사 부류의 봉사자나 하나의 신적인 권능으로만 받아들였던 자들을 제압하여 아버지와 아들과 성령이 동일본질이심을 고백하는 글들을 정리하였다.[21]

암브로시우스는 그라치아누스 황제로부터 '성령에 대한 글'을 부탁받았을 때, 성령에 대하여 기술한 글들을 구하여 집필에 활용하였다. 특별히 소경 디뒤모스와 바실레이오스의 글을 이용하였다.[22] 그는 바실레이오스의 글을 몇 단락으로 압축하여 자신의 논제에 활용하였다. 암브로시우스는 고린도전서 8:6의 해석을 통하여 성령이 아버지와 아들처럼 창조자이심을 증명한다.[23] 바실레이오스는 아직 성령이 하나님이

---

20 『교부들의 신학사상』, 331.
21 『교부들의 신학사상』, 226.
22 『교부들의 신학사상』, 289. 바실레이오스는 안호뫼어(상이본질 주창자들)의 주장을 반박하여 성령에 대한 글을 쓰고 있다. 안호뫼어들은 고전 8:6의 전치사들을 가지고 주장을 폈는데, 바실레이오스는 이를 철저하게 반박하였다.
23 『교부들의 신학사상』, 290.

시다라는 말이나, 아버지와 아들과 함께 호모우시오스이시다는 주장을 하고 있지 않지만, 암브로시우스는 어려움 없이 성령이 창조주, 참 하나님, 본질상 아버지와 아들과 함께 하나라는 정의를 사용한다.

암브로시우스의 의제는 성령이 아들이 만든 모든 것 중에 속한다는 주장에 대한 반박이다.[24] 결론적으로 성령은 모든 것 위에, 한 분이신 성령, 선하신 분, 영원하신 분, 하나님은 영이시다. 고로 영은 하나님이시다.

정경과 전통

성경이 모두 모아지기 이전에 공동체를 세우는 최고 기준은 케리그마(선포된 말씀, 구전 전승)이었다. 이 케리그마를 토대로 신앙의 규범이 형성되었다. 또한 신앙의 규범은 신앙고백과 예배식에 활용되어 세례 받는 자들이 고백하는 신앙고백의 성격을 띠든지, 세례 받는 자들을 교육하기 위한 내용으로 사용되었다. 이뿐 아니라, 규범은 성경의 정경을 결정하는 시금석으로 사용되었다.[25] 정경으로 수납한 이후에는 그것은 성경의 해석과 신앙과 삶의 기준이 되었다. 이렇듯 조병하 박사는 케리그마와 신앙의 규범, 정경의 관계를 여러 논문들을 통해 잘 드러내었을 뿐만 아니라, 이에 더하여 교부들의 주장까지 신학의 핵심으로 이해한다.

30년경 시작된 그리스도교는 20여 년 동안 구전으로 복음을 선포하였고, 처음으로 51년경 데살로니가전서가 기록된 후에 빠르게는 78년 경 늦어도 100년경까지 하나님의 말씀인 신약성경이 기록되었다. 학자들은 대부분의 교회들이 신약성경 27권을 공통으로 활용할 수 있었던 때는 일러야 140년경이고 늦으면 180년경으로 연대를 제시하고 있다. 그리고 신약 성경 27권이 확정된 것은 367년 알렉산드리아 회의에서이다.

24 『교부들의 신학사상』, 332.
25 『세계 역사 속의 그리스도교 역사』, 39. 『교부들의 신학사상 II』, 152.

교회는 정경의 수납과 관련하여 순탄한 길을 걸은 것만은 아니다. 2세기 무렵부터 마르키온을 비롯한 영지주의자들이 교회를 위기 속으로 몰아넣고 있었다. 마르키온은 "한 분 공의의 하나님이 동시에 사랑의 하나님일 수 없다."는 정의 아래 신약으로부터 구약을 구별하였고, 예배에서 "예언자들의 글들"을 제외하기 위하여 신약성경의 검증을 시행하였다. 갈라디아서에 근거하여 사도 바울의 글들을 선별하였으며 복음서는 바울의 제자인 누가복음만을 활용하였다.[26] 영지주의자들은 신약성경의 모든 장르를 따라 여러 사상들을 혼합하여 주장하는 글들을 썼다. 영지주의와 마르키온 이단들은 공통적으로 창조주 하나님과 신약의 하나님이 같을 수 없다는 하나님 이해에 큰 문제를 던졌고, 자연스럽게 이 시기는 하나님 이해에 대한 논쟁이 중심을 이룰 수밖에 없었다.[27]

신약성경이 모아진 후에는 성경이 신앙의 표준이 되었고, 그것의 해석을 삶에 적용하였다. 뿐만 아니라 그리스도교의 진리는 성경의 해석과 그것을 활용한 교회회의들을 통하여 정리되었다.[28]

하나인 교회

오순절 성령강림으로 시작된 그리스도교는 예수가 하나님의 약속에 따라 오신 그리스도이셨음을 믿고 선포하였다. 교회는 다윗 왕국의 회복의 역사적 의미를 넘어서 온 인류의 죄를 사하시고 새로운 하나님 나라를 완성하는 자로써 메시야에 대한 유대교의 해석을 넘어서서 가르쳤다.[29] 사도들로부터 이어져 내려오는 교회는 거룩하고, 보편적이며,

---

26 『세계 역사 속의 그리스도교 역사』, 41.
27 『교부들의 신학사상 II』, 141.
28 『세계 역사 속의 그리스도교 역사』, 39. 테르툴리아누스는 신앙의 규범, 혹은 진리의 규범에서 모아진 성경으로 옮겨 놓도록 하였다.
29 『세계 역사 속의 그리스도교 역사』, 38-39.

하나이다. 사도들은 우리들을 위하여 예수 그리스도로부터 복음을 받았고, 주 예수 그리스도의 부활을 확신했고, 하나님의 말씀을 통해 신앙으로 견고해졌고, 성령 충만과 함께 나아갔고, 하나님 나라의 도래에 대하여 복음을 선포하는 자들이었다.[30] 테르툴리아누스는 "그리스도로부터 진리가 사도들에게 위탁되었고, 사도적인 것 자체들이 사도적 교회들의 후손처럼 평가될 것"으로 내다보았다. 그는 "모든 종(種)이 필연적으로 그들의 기원에 일치되어야 한다. 따라서 그렇게 많고, 그렇게 위대한 교회들의 하나인 교회는 그것으로부터 모든 것이 있는 사도들로부터의 오직 그 최초의 교회이다. 그렇게 모든 것이 최초의 교회와 관련되어 있고, 모든 것이 사도의 교회와 관련하여 있다. 모든 것이 하나인 동안에! 그는 이러한 권리가 신비, 그 동일한 것 자체의 하나의 전승보다 그 어떤 다른 이성이 주도하지 않는다"고 말한다.

사도들로부터 이어진 바른 가르침의 전통은 하나인 교회의 초석이다. 하나인 교회에 있어서 감독과 교부는 중요한 위치에 있다. 감독(장로)은 바른 가르침을 계승하고 이어 주는 중심에 선 사람이다. 감독은 성도들과 같이 동일한 시민이다. 그럼에도 감독은 또한 가르침의 보호와 전파에 있어서는 앞서 있는 자이다. 그래서 『12사도의 가르침』에서는 "주님의 주권이 선포되는 곳에 주님이 함께 계시기 때문에, …… 하나님의 말씀을 선포하는 자를 밤낮으로 기억하고, 마치 주님처럼 그를 존경하라"고 강조한다.[31]

초기 감독제도는 교회를 세우고 선교의 동기가 되고 선교실행에 크게 기여하였다.[32] 확고하게 조직된 개체 교회들은 지역 교회에, 지역 교회들은 더욱 큰 교회의 연합회에 포함되었다. 그리고 이와 같은 발전은

---

30 『교부들의 신학사상 Ⅱ』, 20. "초대교회 직제 발전"
31 『세계 역사 속의 그리스도교 역사』, 39-41.
32 『교부들의 신학사상 Ⅱ』, 110.

점차 그리스도인의 자의식을 증대시키고, 그들의 선교활동을 강화하였다.[33] 한편 교부들은 믿음과 교회의 가르침에 대한 진실한 증인들로서 사도들의 신앙 전승의 계승자들이다. 그리고 이들을 통하여 믿음의 지속과 일치가 이루어졌다.[34]

성경과 전통의 증인으로서의 삶

그리스도교의 진리는 성경의 해석과 그것을 활용한 교회회의들을 통하여 정리되었다.[35] 우리는 예수 그리스도의 몸인 교회의 시작과 함께 역사에 남겨진 많은 문헌들을 활용하여, 오늘도 우리의 신앙과 신학을 발전시켜가고 있다. 어느 시대든지 당면한 신학적인 질문에 답하기 위해서 우리는 두 가지 요소들을 중시하여 활용한다. 하나는 언제나 불변의 진리이며 신앙과 삶의 규범인 성경이고, 다른 하나는 신앙의 선조들의 유산인 전통이다.

신학은 현실과 직결되는 실천 학문이다. 조병하 교수는 성경과 교부 전통을 통해서 우리가 받은 바른 가르침을 지키는 데 심혈을 기울였다. 이를 위해 그는 낡은 연구 결과들이나 잘못 소개된 부분을 바로 잡는데 힘을 쏟았다. 또한 지나치게 단순화, 도식화하여 풍성한 신학의 흐름을 바르게 정리할 기회를 빼앗는 어리석음을 범하는 일들에도 경종을 울리고 있다.[36] 또한 정파 신학에 치우쳐서 역사적 사실을 크게 오해하는 경

---

33 『교부들의 신학사상 II』, 113.
34 『교부들의 신학사상』, 18.
35 A. M. 리터, 『그리스도교 역사』, 조병하 역, 39.
36 일례로 후스토 곤잘레스의 『초대교회사』나 『기독교 사상사』를 들 수 있다. 그는 '삼위일체 논쟁사'에 도식적 표현들을 사용한다. 그가 이런 표현의 모호성을 인정하면서도 이를 적용하고 있으며, 또한 교회사의 원자료들에 충실하지 못한 이론들에 근거하고 있어 학습 교재로서의 가치를 상실하고 있다. (『교부들의 신학사상』, 255)

우에 대해서도 비평한다.37) 나아가 한국교회 역시 신학을 연구하는 학습자세를 바꿔야 한다고 권면한다. 원자료에 근거한 학문 연구가 이루어져야 함은 물론이고, 1900년대부터 1930년대까지의 연구 결과에 따라 글을 쓰고 있는 학습 자료들로부터 빨리 벗어나야 한다고 말한다.38) 성경과 바른 가르침의 계승은 신학의 오류를 바로잡는데 적극적이어야 한다. 그리고 또한 용어와 개념을 바르게 사용하여야 한다.39) 이런 면에서 조병하 박사는 바른 진리를 가르치는 일에 열정을 쏟을 뿐 아니라 잘못 이해하거나 오류를 범하는 부분에 대해서는 신중하고 조용하게 비평한다.

신학자로서 주의해야 할 경우는 시류에 영합하여 근거를 따지지 않거나, 그 상황과 무관한 것을 마치 관련이 된 것처럼 주장하는 것이다. 그는 이런 오류는 학자들이 역사적인 시기와 테마와 관련 없는 전혀 다른 것에 관심을 갖고 있는 것으로 본다.40)

그는 이단에 매력을 느끼는 사람들은 신앙의 정통성에 자유의 이름으로 저항하고 타도해야 할 절대 권위의 주장과 동일시한다.41) 전통에

---

37 암브로시우스와 관련하여 로마 감독 다마수스의 우위권을 주장하는 가톨릭교회의 신학자들(『교부들의 신학사상』, 287)의 경우를 예로 들 수 있다.
38 짠-하르낙 논제가 그 예일 것이다. 현대의 교리사 연구 결과 '짠-하르낙의 논제', 즉 '니카이아주의자들과 후기 니카이아주의자들 사이에 호모우시오스의 양식에 있어서 의미의 근본적 차이가 있다'는 주장은 반박되었다. 실제로 니카이아주의자들과 후기 니카이아주의자들 사이에는 신학적 차이가 없다. (『교부들의 신학사상』, 288.)
39 'Pneumatomachen'은 지금까지 '성령훼방론자'라는 말이 쓰여 왔다. 그러나 성령에 대항하여 싸우는 자들이 맞다.(『교부들의 신학사상』, 252) '모나르히아(Monarchia)'는 군주독재의 의미가 아니라 성부만이 근원이 되심을 나타낸다. 이밖에도, 휩포스타시스(『교부들의 신학사상』, 247, 각주 117), unitas를 '단일성'보다는 '유일성'으로나 '일체'라고 번역하는 것이 좋고, 암브로시우스의 말을 따라 "일체는 수가 아니고, 오히려 모든 수의 근원 자체"이다. Deitas는 삼위 모두를 위한 하나의 공통된 신성을 가리킨다. 암브로시우스는 삼위의 일체와 동일성에 사용하였고 unus deus라고 쓸 수 있는 곳에서만 deitas를 활용하였다. 따라서 신성이라는 말보다는 '총체적 삼위 모두'를 의미하는 '하나님이심'이라 번역할 것을 제안한다(『교부들의 신학사상』, 171). 또한 현대 사회적 삼위일체론에서 주로 사용하는 '페리호레시스'의 경우도 깊이 짚어보아야 할 문제임을 밝혔다.
40 『교부들의 신학사상 II』, 140.

대한 이러한 도전은 성경의 토대에 대해 의심하게 하고, 성경의 권위를 부정하고 신약성경을 설득력 없는 보도로 여기게 되었고, 성경의 진정성을 무너뜨림으로 교회의 권위를 타도하려 하고 있다고 비판한다.

나가는 말

조병하 박사는 주님께 받은 은혜와 은사에 따라 봉사하며 감사와 찬송의 삶을 살고 계신다. 정통적이고 전통적인 교회의 성경과 바른 가르침을 계승하고, 또 다음 세대에 바른 가르침을 이어주는 사명을 철저히 준행하고 있다. 그는 사람과의 만남을 소중히 여기며, 진지한 배움과 가르침의 본을 보여주시는 사표(師表)이다. 신학은 철저히 실천적임을 강조하며, 우리 시대에 하나님의 구속의 역사를 바로 보지 못하고, 바르지 못한 이들도 바른 가르침에 서도록 교정하는 일도 들레지 않고 주님의 모범을 따르는 온유와 겸손으로 실천하고 있다.

| 41 『교부들의 신학사상 II』, 62.

경력

● 교회 경력

기독교대한성결교회 서울남지방 신촌교회 전도사 (1977. 1. 1~1980. 3. 5)
기독교대한성결교회 목사로 안수 (1980. 3. 6)
군목으로 목회, 선교 활동 (4년 4개월: 1980. 4. 14~1984. 8. 31)
기성총회본부 교육국 간사 (1년 5개월: 1984. 9. 1~1986. 1. 31)
독일 칼스루헤 한인교회 담임 목사 (5개월 10일: 1987. 11. 10일~1988. 4. 10)
스투트가르트 한인교회 설교목사 (6년 1개월 21일: 1988. 4. 10~1994. 5. 31)
기성 신촌교회 (서울남지방) 협동목사 (1995. 1. 22~2001. 10. 19)
대한예수교장로회 백석대학교회(서울) 협동목사 (2001. 10. 20~현재)

● 백석대학교 보직 경력

백석대학교 서울 문헌정보실 실장 (2007. 9. 1~2012. 12. 31)
백석대학교 신학대학원 목회와 신학팀장 (2013. 1. 1~2016. 2. 29)

● 교육 경력

독일 쾰른대학(Köln Uni.: 1년간 독일어 연수)과 튀빙엔대학교 프로테스탄트교회신학부(Tübingen Uni.)에서 유학 (1986. 2. 6~1994. 12. 30)
호서대학에서 기독교개론 (1995. 3~1995. 7)
서울신학대학 출강 (1995. 3~1997. 2)
한영신학대학교 전임강사·교수 (1998. 3. 1~1999. 2. 28)
한영신학대학교 강사 (1999. 3~1999. 8. 30)
그리스도신학대학교 대학원 강의 (1995. 3~2001. 2. 28)
한세(순신) 대학교 신학과, 대학원 강의 출강 (1997. 3~2001. 8. 30)
서울신학대학 겸임교수 (1997. 3~2000. 2)

성결대학교 대학원 강의 (1999. 3월~2001. 8. 30)
서울신학대학 학부와 대학원 강의(강사) (2000. 3~2001. 8. 30)
백석대학교 조교수(초대교회사,교부학) (2001. 3. 1~2008. 3. 31)
백석대학교 부교수 (2008. 4. 1~2014. 3. 31)
백석대학교 교수 (2014. 4. 1~2019. 2. 28)
백석대학교 정년퇴임 (2019. 2. 28)
백석대학교 책임교수(강사) (2019. 9. 1~현재)
웨스트민스터신학대학원대학교 겸임교원 (2020. 3. 1~2021. 2. 28, 2022. 3. 1~2023. 2. 28)

● **신앙 경력**

대전제일성결교회 입교 (1970. 3. 7)
대전제일성결교회에서 세례(故 고내열 목사 집례) (1970. 11. 15)
기독교대한성결교회 목사 안수 (1980. 3. 6)
군인목사로 목회 (1980. 4. 12~1983. 8. 31)
기독교대한성결교회 총회본부 교육국간사 (1983. 9. 1~1986. 2. 29)
신촌성결교회 협동목사 (1983. 9. 1~2001. 2. 28)
대한예수교장로회 총회(백석) 경안노회 소속목사(백석대학교회 협동목사) (2001. 3. 1~현재)

● **군사 경력**

군종장교로 육군 복무(대위로 예편) (1980. 4. 14~1984. 8. 31)

● **훈포장**

표창장: 근무유공(3사 인병 1호) (1981. 3. 6)
표창장: 근무유공(육명 1 호) (1984. 2. 7)
표창장: 제357호(부총리겸 교육부장관) (2019. 2. 28)

연구 목록

● 학위 논문
▶ 학사학위 논문
"선교사적 관점에서 본 Evangelical Line과 W.C.C. Line의 이해: 현대선교를 중심하여", 서울신학대학교, 1976. 11. 30.[200자 원고자 119매]

▶ 석사학위 논문
"D. L. 무디의 부흥운동과 한국성결교회: 부흥운동이 현대 개신교 선교에 미친 영향에 대한 하나의 고찰", 서울신학대학 대학원, 1980.

▶ 박사학위 논문
"Trinitätslehre und Christologie bei Ambrosius(암브로시우스의 삼위일체론과 그리스도론)", 튀빙엔대학 신학부, 1994.

● 저서
『마르틴 루터와 개혁사상의 발전: 종교개혁사 I (1517~1530년 이전)』. 서울: 한들출판사, 2000.

『신촌교회 50년사』. 서울: 신촌성결교회 50년사 편집위원회, 2005.

『교부들의 신학사상 (I)』. 서울: 그리심, 2005.

『학교법인 백석대학교 30년사』. 천안: 학교법인 백석대학교 역사편찬위원회, 2007, 17. 122;365-381;387-399, 407-418.

『김준삼 박사의 생애와 사상』. 서울: 김준삼추도기념출판위원회, 2009, 37-100.

『최순직박사의 신학사상』. 천안: 백석대학교 백석정신아카데미, 2009, 303-324.

『기독교박물관 소장 기독교 고서』. 천안: 학교법인 백석대학교 박물관, 2014, 9-131.(대표저자)

『그림으로 보는 성경 I』. 천안: 학교법인 백석대학교 박물관, 2014, 24-121. (대표저자)

『교부들의 신학사상 (II)』. 서울: 그리심, 2015.

『세계역사 속의 그리스도교 역사』. 서울: 도서출판 대서, 2016(2018 개정판).

● 번역서

하우크 프리드리히, 게르하르트 슈빙에. 『신학 전문용어 및 외래어 사전』. 서울: 크리스챤다이제스트, 1998.

리터 아돌프 마르틴. 『고대 그리스도교 역사』. 서울: 기독교문사, 2003.(2007 수정, 보완, 증보판)

핸들러 게르트. 『테르툴리아누스부터 암브로시우스까지』. KGE 교회사전집. I-3. 천안: 호서대학교 출판부, 2013.

● 학회·학술지 발표 논문

"우리가 고백하는 삼위일체 신앙-"삼위일체"란 용어의 형성사를 중심하여." 「기독교사상」 450. 서울: 대한기독교서회, 1996(6), 60-74.

"성서해석자이며 설교자 암브로시우스." 「그말씀」 47. 서울: 도서출판 두란노, 1996(6), 117-128.

"니케야 회의와 니케야 신앙고백의 형성." 「성경과 신학」 21. 서울: 횃불출판사, 1997, 261-292.

"서방교회 삼위일체 신학의 효시로서의 테르툴리아누스의 글 「Adversus Praxean」." 「기독교사상」 471. 서울: 대한기독교서회, 1998(3), 93-114.

"키프리아누스의 글 「카톨릭교회의 일치에 대하여」(De ecclesiae catholicae unitate)의 제4장의 전승의 문제와 베드로(로마교회 감독) 수위권에 대한 논쟁." 「역사신학 논총」. 서울: 이레출판사, 1999(11월), 169-189.

"키프리아누스의 글 「카톨릭교회의 일치에 대하여」(De ecclesiae catholicae unitate)와 그의 교회론: 최초의 교회론에 대한 책." 「기독교사상논단(창간호)』. 서울: 대한기독교서회, 2000년 (1월), 317-336.

"Arius 논쟁의 초기 국면(318-325)에서의 Arius의 사상."『강근환교수 은퇴기념 논문집』. 서울: 한들출판사, 2000, 46-71.

"초대교회와 참회제도의 발전."「성결교회와 신학」6. 부천: 서울신학대학교 성결교회 역사연구소, 2001년 (10월), 10-29.

"4세기 성령에 대한 논쟁과 성령론 (1): 암브로시우스 성령론을 중심으로 하여."『학교법인 백석학원 설립 제25주년 설립자 장종현 박사 육영 25년 기념논문집』. 서울: 백석출판사, 2001 (11월), 413-429.

"로마 종교의 쇠퇴와 그리스도교: 승리의 여신 제단과 로마 관습에 대한 논쟁."「역사신학 논총」. 서울: 이레 출판사, 2001 (11월), 121-142.

"4세기 성령에 대한 논쟁과 성령론 (2): 바질레이오스의 성령론을 중심으로 하여."「기독신학저널」2. 서울: 천안대학교 기독신학대학원, 2002 (3월), 143-170.

"현대 교부학연구의 동향."「역사신학논총」6. 2003 (12월), 11-28.

"참회제도발전과 종교개혁."「역사신학논총」10. 2005 (12월), 8-32.

"4세기 성령론 형성과 영성 : 소경 디위모스의 성령론을 중심으로."「한국교회사학회지」18. 2006 (4월), 187-216.

"고대교회 목회자상 : 초기 교회법들과 요한 크리소스토모스의 성직이해를 중심으로."「기독신학저널」10. 2006 (6월), 245-270.

"Zum de spiritu sancto von Didymos der Blind." Studia patristica. 2006 (12월), 91-96.

"21세기 상황 속에서 복음과 선교 : '3세기 감도제도의 발전과 선교 감독제'를 중심으로."「성경과 신학」42. 2007 (4월), 98-125.

"교회 헌금제도 발전에 대한 연구 : 초대교회를 중심으로."「성경과 신학」48. 2008 (10월), 178-208.

"Cyprianus의 '가난한 자들을 위한 선행과 자선'에 대한 교훈연구."「한국교회사학회지」26. 2010 (5월), 171-199.

"가난한 자들에 대한 암브로시우스의 교훈 : '습관적 선행과 유용함'."「성경과 신학」58. 2011 (4월), 185-211.

"초대교회 직제 발전에 대한 연구 : 사도적 교부, 사도전승, 디다스칼리아를 중심으로."「한국개혁신학회」31. 2011 (8월), 190-217.

"무엇이 아덴이고 예루살렘인가? 무엇이 아카데미이고 교회인가? 테르툴리아누스의 글들을 중심으로."「성경과 신학」59, 2011 (10월), 199-228.

"초기 기톨릭교회의 크리테리움 : regula fidei."「역사신학논총」23. 2012 (6월), 8-33.

"'신학은 학문이 아니다'라는 명제에 대한 역사신학적 고찰."「한국개혁신학회」. 2012 (8월), 137-172.

"삼위일체와 그리스도신앙 이해 논쟁과정에서 형성된 용어 '페리호레시스'."「성경과 신학」64, 2012 (10월), 255-284.

"초대교회(1-2세기) 이단 형성(의 역사)과 정통확립에 대한연구 : 영지주의를 중심으로."「성경과 신학」72, 2014 (10월), 291-323.

"마르틴 루터의 '십자가 신학'에 대한 재고."「성경과 신학」76, 2015 (10월), 245-274.

"그리스도교 세례의 시행, 그 특성과 의미에 대한 연구 : 첫 4세기!"「성경과 신학」86, 2018 (4월), 39-74.

"마르틴 루터의 신인양성 속성의 교류와 울드리히 츠빙글리의 알로이오시스 : 그리스도론의 긴장과 역사신학적 의미."「한국개혁신학」63, 2019 (8월), 104-137.

"삼위일체신앙과 그리스도신앙이해의 핵심신앙고백 '속성간의 교류' 신학형성사 연구 : 종교개혁 이전의 역사를 중심으로."「한국교회사학회지」제59집, 2021 (9월), 33-65.

● 번역 글

▶ 라틴어 본문에서

암브로시우스. "예배당의 양도와 관련하여 아욱센티우스에 대한 반박."「그 말씀」, 서울: 도서출판 두란노, 1996년 6월호, 276-290.

루터, 마르틴. "(형벌에 대한) 사면(赦免)들의 이점(효력의 의견) 표명을 위한 (학술적인 공개) 논쟁 [95개 논제]."「역사신학 논총(한국복음주의 신학회 역사신학회)」, 서울: 이레 출판사, 2000 (11월).

▶ 독일어 본문에서

"욥기 안내 및 1장~38장 해설."『해설/ 관주 성경전서: 독일 성서공회판』, 서울: 대한 성서공회, 1997, 808-855.

● 기타

"테르툴리아누스(터툴리안), 고난받는 이들에게."「활천」441, 1990. 3, 10-11.

"예수 부활에의 연합: 교부들의 신앙을 중심으로 – [총주제] 부활, 영원한 기쁨의 메시지."「활천」509, 1996. 4, 28-34.

"암브로시우스의 삼위일체론과 기독론(I)."「목회와 신학」(권말부록). 서울: 도서출판 두란노, 1995. 10, 259-277.

"암브로시우스의 삼위일체론과 기독론(II)."「목회와 신학」(권말부록). 서울: 도서출판 두란노, 1995. 11.

"『서문교회 70년사』를 읽고(서평)."「활천」562, 2000. 8, 135-138.

"『충무교회 50년사』를 읽고(서평)."「활천」566, 2001. 1, 89-92.

"학자의 혀", 장종현 편「백석춘추 2001 : 기독교 대학의 소명』, 천안: 백석 출판사, 2002.

"『사막 수도사들의 영성과 삶』을 읽고(서평)."「성결교회와 신학」. 2002. 8.

"성결교회의 탄생과 그 역사적 의의, 특집– 우리는 누구이며, 무엇을 바라보는가?"「활천」594, 2003. 5, 14-20.

"의지 논쟁의 역사적 배경 : 의지의 자유로운 결정과 의지의 예속된 결정."「활천」733, 2014. 12, 20-26.

● **기타 생명양식(생명양식), 백석(기독)신학저널 등에 기고 다수**

"고대교회의 목회자상: 초기 교회법들과 요한 크리소스토모스의 성직이해를 중심으로."「백석신학저널」10 (2006 봄), 245-270.

"종교개혁사상 형성의 역사적 진전 : 마르틴 루터를 중심으로."「백석신학저널」30 (2016), 63-85.

"종교개혁은 왜 일어났는가?"「생명양식 2017.3-6 이사야」6. 서울: 기독교연합신문사, 2017, 267-276.

"마르틴 루터의 가정과 결혼생활."「생명양식 2018.3-5 사사기.룻기」9. 서울: 기독교연합신문사, 2018, 204-212.

"고대교회의 목회자상: 초기 교회법들과 요한 크리소스토모스의 성직이해를 중심으로."「백석신학저널」10 (2006 봄), 245-270.

"종교개혁 500주년 기념의 의의와 나아갈 길- 개혁주의 생명신학."「생명양식 2019. 10~2020. 2 사무엘서」15. 서울: 기독교연합신문사, 2019, 317-324.

"바르트부르크성에 감금된 마르틴 루터."(500년 전 종교개혁이야기 ①)「생명양식 2021. 3~6 역사 상·하」19. 서울: 기독교연합신문사, 2021, 262-268.

"바르트부르크성에 감금된 루터이야기 Ⅰ : 1521년 5월~9월까지."(500년 전 종교개혁이야기 ②)「생명양식 2021. 7~9 욥기」20. 서울: 기독교연합신문사, 2021, 14-21.

"바르트부르크성에 감금된 루터이야기 Ⅱ : 1521년 10월~12월까지."(500년 전 종교개혁이야기 ③)「생명양식 2021. 10~12 마가복음」21. 서울: 기독교연합신문사, 2021, 15-22.

"바르트부르크성을 떠나 비텐베르크로."(500년 전 종교개혁이야기 ④)「생명양식 2022. 1~2 에스라.느헤미야.에스더」22. 서울: 기독교연합신문, 2022, 13-21.

● 추천도서 글

Beza, Theodore, 『존 칼빈의 생애와 신앙』 김동현 옮김 (서울: 목회자료사, 1999), 「백석신학저널」 제27호,
Arndt, Johann, 『진정한 기독교』 노진준 옮김 (서울: 은성출판사, 1997), 「백석신학저널」 제27호(2014),
그 밖에 다수!

● 서평

"Ritter, Adolf Martin. 『고대 그리스도교의 역사』. 조병하역. 서울: 기독교문사, 2003." 「백석신학저널」 제6호(2004봄), 301-309.
"박용규. 『한국기독교회사』 I, II. 서울 : 생명의 말씀사, 2004." 「백석신학저널」 제12호(2007 봄), 249-254.
"Beza, Theodore. 『존 칼빈의 생애와 신앙』. 김동현역. 서울: 목회자료사, 1999." 「백석신학저널」 제27호 (2014 가을), 249-254.
"Arndt, Johann. 『진정한 기독교』. 노진준역. 서울: 은성출판사, 1997."
"울리히 게불러와 요한네스 쉴링 편집,『단일주제연구서적으로 교회역사』 KGE교회사 전집 (천안: 호서대학교출판부, 2013~2015)." 「백석신학저널」 제29호 (2015), 283-288.
"Hans-Martin Barth. 『마르틴 루터의 신학: 비평적 평가』. 정병식·홍지훈 역. 서울: 대한기독교서회, 2015." 「백석신학저널」 제33호 (2017), 231-239.
"크라이더, 앨런. 『초기 교회와 인내의 발효: 로마 제국 안에 뿌리 내린 초기 기독교의 성장 비밀』. 김광남 옮김. 서울: 한국기독학생회출판부, 2021." 「목회와 신학」 388(2021. 10), 194-197.

딸 조신영, 조신혜, 보병하, 아들 조신재, 아내 박순희 | 가족사진

백석대학교 대학원 도서관(서울) 문헌정보실장

한국장로교신학회 발표

하이델베르크대학 역사신학교수직에서 은퇴한
아돌프 마르틴 리터 교수와 함께 |
옥스퍼드 교부학회에 참석 발표, 1999년

백석대학교 신학대학원 은퇴기념예배에서 |
백석대학 역사신학교수로 18년 근무 후

교회사학회·복음주의역사신학회 공동 학술대회 | 2012년 3월 31일

제20회 교수 학문연구 세미나 | 백석정신아카데미 개혁주의생명신학실천원

안명준 교수, 박태현 교수와 함께

저서 『그리스도교 역사』   저서 『교부들의 신학사상』

차이탁 교수

한국외국어대학교 학사
백석대학교 Ph. D.

백석대학교 평생신학교육원 강의교수
목원교회(예장 고신) 담임

조기연 박사

조기연 박사의 생애와 신학

오주영_서울신학대학교

서울신학대학교 신학과 (B. A.)
서울신학대학교 신학대학원 (M. Div.)
미국, 드루대학교(Drew University) 신학석사 (S. T. M, M. Ph.)
미국, 드루대학교 신학박사 (Ph. D.), 지도교수 제임스 화이트(James F. White)

서울신학대학교 예배학 교수
서울신학대학교 신학대학원장 및 부총장
사회복지법인 길보른재단 이사
한국그리스도교 신앙과 직제협의회 위원
신촌성결교회 협동목사
미국, 보스턴대학교(Boston University) 객원교수 (2007~2008)
한국예배학회 회장
한국실천신학회 회장 및 이사장
한국교회 발전연구원 '교회와 예배 분과' 위원장
한국교회 부활절연합예배 준비위원
국가지속가능발전위원회 위원
한국학교발명협회 이사장
용현제일교회 담임목사

서 론

　조기연은 미국 드루대학교에서 세계적인 예배갱신 운동가이자 예배학의 대가인 제임스 화이트(James F. White) 교수에게 박사 학위지도를 받았다. 조기연의 학풍은 화이트를 계승한다. 화이트가 19세기 말에 시작해서 20세기 후반 열매 맺기 시작한 예전갱신운동(The Liturgical Movement)의 신학과 형식을 미국에 소개했다면, 조기연은 이것을 한국에 소개하고 한국교회 예배갱신을 위해 헌신해왔다. 1996년 귀국 후, 조기연을 한국실천신학회로 이끌어 준 학자는 정장복 교수이고, 소속 교단인 기독교대한성결교회(이후 기성)에 이바지하도록 이끌어준 이는 백천기 목사이다. 조기연은 학자로서 서울신학대학교 교수로 봉직했으며, 한국예배학회 회장, 한국실천신학회 회장과 이사장을 역임했고, 한국그리스도교 신앙과직제협의회 전문위원으로 활동했다. 또한 2004년과 2016년 두 번에 걸쳐서 기성 교단의 『예배와 예식서』의 집필을 주도했다. 공직에서도 사역을 했는데, 그는 국가지속가능발전위원회 위원으로 6년간 활동했다. 그는 한국교회가 지속적으로 발전하기 위한 한국교회의 예배갱신을 숙고하고 헌신했다.

　자기 드림의 예배적 삶은 교회의 예배로 이어진다. 교회 예배는 거룩한 산 제사로 삶을 드리는 것이다. 조기연은 대학시절부터 박사과정을 마칠 때까지 화장실, 연구실, 생활관 등을 청소하며 학문과 병행했다. 조기연의 청결한 삶을 볼 때 100년이 지나 수명이 다한 한국교회의 집회식 예배를 정리하고, 한국교회 예배를 재설정하는 것은 순명(順命)이었다. 1996년 귀국 직후부터 한국교회 예배갱신의 시급성을 간파한 조기연에게 가장 중요한 것은 예배갱신을 위한 주춧돌을 놓는 일이었다. 조기연은 예배갱신을 위한 주춧돌을 성서와 초대교회[1]에서 가져왔고,

그 돌 위에 세우고자 했던 것은 한국교회에 적합한 예배였다.

이 글은 조기연의 생애와 예배학자로서의 그의 신학을 다루는 것이다. 따라서 (1) 조기연의 일기를 중심으로 그의 삶의 여정을 약술하고, (2) 조기연에게 영향을 끼친 신학자와, (3) 조기연의 저술을 분석한 후에, (4) 조기연의 예배신학과 공헌을 살펴보고, 마지막으로 (5) 결론에서 전체적인 요약을 하고자 한다.

조기연의 삶의 여정

사랑은 보는 이를 닮게 한다. 조기연은 그가 사랑한 예수의 생애를 따라 그의 학자로서의 삶도 고대교회 교회력처럼 생명에서 빛으로 나아갔다.[2]

유학 이전(1~39세)

조기연은 아버지 조남홍 장로와 어머니 이정희 권사 사이에서 육남매의 다섯째로 1958년 3월 15일(음력) 부여에서 태어났다. 부여는 지근거리에 100년이 넘은 성결교회가 여럿 있는 성결교회 강세인 지역이다.[3]

---

1 여기서 초대교회는 성서시대(주후 1~00년)부터 그레고리우스 대제(주후 604)까지를 통칭하는 포괄적 시대구분으로 사용한다.
2 교회력은 생명의 주기와 빛의 주기로 순환하는데, 생명의 주기에는 사순절기-부활절기-일반절기가 있고, 빛의 주기에는 대림절기-성탄절기-주현절기가 있다. 조기연, 『예배학 Cafe』(서울: 대한기독교서회, 2009), 287-291.
3 초기 성결교회는 충청도 부여를 중심으로 교세를 확장하였다. 부여를 연고지로 하는 100년 이상된 교회들로 규암교회(1913), 은산교회(1914), 홍산교회(1915), 대선교회(1915), 석동교회(1916), 강경교회(1918)가 있다.

그는 공무원이었던 아버지를 따라 중학교 2학년을 마치고 대전 동명중학교로 전학을 갔다. 중학교를 졸업하면서 어려운 가세(家勢)를 고민하다가 부모의 짐을 덜어드리고자 대전상업고등학교에 진학했다.[4] 고등학교를 졸업하고, 오늘날 LG전자의 모체(母體)인 금성통신주식회사 회계과에 입사했다. 입사 후 고졸 출신의 벽을 실감하면서 새로운 길을 모색하던 조기연은 회사를 퇴사한 후 서울신학대학교에 입학했다. 신학대학에 입학하게 된 계기는 출석하던 신림동 관악성결교회 부흥집회에서 구원의 확신을 경험했기 때문이었다. 조기연은 주일 새벽 교회 문틈으로 흘러나오는 노(老)권사들의 찬송("예수 나를 위하여 십자가를 질 때"(찬송 144장))에 마음이 열렸다. 그의 열린 마음에 끊을 수 없는 하나님의 사랑이 말씀으로 심어졌다(롬 5:8). 구원의 확신은 소명이 되었고, 조기연은 군 제대 후, 1년 남짓 주경야독하며 학력고사를 준비해서 1983년(26세)에 서울신학대학교 신학과에 입학했다.

신학생 조기연은 중국 선교사가 되고 싶어서 중국인교회인 한성화교교회에 출석했다. 한국에서 이방인이 된 조기연은 주일 아침마다 중국인교회의 화장실을 청소하면서 그들의 일원으로 받아들여졌다. 이후에도 조기연에게 청소는 죄를 씻고 새로운 생명을 부여하는 세례처럼, 문제를 해결하고 배움의 숨통을 터주는 순기능으로 작용했다.[5]

서울신학대학교 신학대학원을 졸업한 후 미국 유학길에 오른 조기연은 7년 동안 박사과정을 거치게 된다. 이 유학생활 내내 조기연은 압박감으로 긴장성 두통에 시달렸다.

---

4 조기연은 소나기를 피해 황급히 마당으로 들어서시는 어머님의 손에 꼭 쥐어져 있던 계원명부를 보며, 대학에 가지 말고 취직을 하여 부모님의 부담을 덜어드려야겠다고 결심했다.
5 조기연은 신학대학원 3학년 때 교환교수인 박일철 박사의 조교였다. 연구소를 열심히 청소하던 조기연은 박일철 박사의 추천으로 뉴욕 한빛교회의 전도사로 사역의 기회를 얻게 된다. 또한 그는 드루대학교 7년 중 5년 동안 혼성기숙사를 청소했고, 여름방학마다 기숙사 청소로 부족한 유학비용을 충당했다.

학문과 목회(40~50세)

조기연은 1996년(39세) 미국 드루대학교에서 예배학으로 박사학위를 받았다. 귀국 후, 서울신학대학교 연구교수가 되어 강의와 연구에 매진했다. 동시에 인천에 있는 작은 상가교회에서 3년여 동안 목회를 하며 현장 교회를 경험한다.[6] 목회경험은 그의 예배이론을 반추(反芻)할 수 있는 계기를 마련해주었다.

정장복 교수의 추천을 받아 한국실천신학회 학술지인 [신학과 실천] 창간호 당시 학회의 서기로 봉직(奉職)하고 후에 회장을 역임했다.[7] 또한 한국예배학회 창립 멤버로 왕성하게 활동했다. 2001년(43세) 서울신학대학교 정년 트랙 전임강사가 되면서 3년여 동안 목회하던 인천 용현제일교회를 사임했다. 사임 이후에는 서울 양재동 청년 중심 교회(서울행복한교회)에서 2년 동안 설교목사로 사역했다.

조기연의 학문 여정은 질병과 함께 진행되었다. 학문과 목회영역에 활발했던 2002년(44세)에는 긴장성 두통, 망막박리, 심장질환, 위장병 등 질병의 징후들이 나타났다. 몸이 임계점을 지날 즈음에 그는 경기도에 있는 가톨릭수도원 피정에 참여했다. 피정 삼일째, 예수께서 죽음에서 살아나신 것처럼, 제 뜻대로 살고자 했던 삶을 철저하게 회개하고, "자신의 뜻이 아니라 주님 뜻대로 살겠다"는 학자로서의 헌신의 결단을 했다. 이는 존 웨슬리가 올더스게이트에서 마음이 뜨거워지는 체험을 한 이후 페터레인[8]에서 성령체험을 한 것처럼, 신학대학교에 입학

---

6 1997년 5월 기성 교단은 서울신대 교수임용 기준에 관한 『헌법』을 개정했다. "서울신대 신학과 교수는 단독목회 2년 경력자라야 한다." 이에 따라 단독목회를 하면서 예전적 예배와 애찬을 적용했다.
7 조기연은 한국실천신학회 서기 4년, 총무 4년을 역임하고 회장을 했다.
8 박창훈은 존 웨슬리의 1738년 5월 24일 올더스게이트(Aldersgate)에서의 구원의 확신을 죄책과

하기 이전에 새벽기도에서 구원의 확신을 주었던 성령체험 이후, 질병 치유를 경험하는 성령충만의 체험이었다. 조기연은 성령체험으로 질병이 일소되었지만, 허약해진 몸은 좀처럼 회복되지 못하였다. 하지만 역설적으로 그에게 질병은 항상 은혜의 통로가 되었다. 동년 12월 8일(주일) 아침, 허리디스크가 발병했다. 허리디스크는 삶에 치명적인 고통이었다. 그러나 바울이 "내 능력이 약한 데서 온전하여짐이라"[9] 고백한 것처럼, 조기연은 그 연약함으로 말미암아 학자로서 열매를 맺기 시작했다. 디스크가 터진 그는 2004년 내내 컴퓨터 책상에 매달려 무릎으로 책 두 권을 썼다. 한국교회를 위한 [한국교회와 예배갱신][10]과 기독교대한성결교회를 위한 『예배와 예식서』(2004)[11]가 출판됐다. 그의 학문적 열매는 자기 자랑이 아니라 하나님의 은혜요, 그리스도의 능력의 나타남이었다.

  2005년(47세) 조기연은 허리 수술을 마치고, 성락교회(박태희 목사)의 협동목사로 이명(移名)했다. 2006년(48세) 여름, 신학과 학과장으로서 교수업적평가제도의 근간을 마련했다. 2007년(49세) 여름, 조기연은 보스톤대학교에 연구교수로 가서 예배학자 카렌 터커(Karen W. Tucker)와 학문적 교제를 했다. 보스톤에서의 생활은 유학생 신분과는 다르게 학자로서 성숙함을 확인하는 시기였다. 두 자녀를 돌봐주던 동생 조태연 목사가 보스톤중앙교회의 담임목사였기에 충분한 쉼이 가능했다. 또한 조기연은 보스톤중앙교회에서 서울신학대학교 은사이자,

---

    죄의 권세로부터의 해방되는 칭의의 은혜로 이해하고, 6개월 후, 1739년 1월 1일 페터레인에서의 애찬식을 하면서 순간적으로 받은 카리스마틱 성령충만을 성화로 이해한다. 박창훈, 『존 웨슬리, 역사비평으로 읽기』 (서울: 대한기독교서회, 2008), 55-67.
9 고린도후서 12장 9절, "나에게 이르시기를 내 은혜가 네게 족하도다 이는 내 능력이 약한 데서 온전하여짐이라 하신지라 그러므로 도리어 크게 기뻐함으로 나의 여러 약한 것들에 대하여 자랑하리니 이는 그리스도의 능력이 내게 머물게 하려 함이라"
10 조기연, 『한국교회와 예배갱신』 (서울: 대한기독교서회, 2004).
11 새 예식서 수정위원회, 『예배와 예식서』 (서울: 기독교대한성결교회 출판부, 2004).

유학 추천서를 써 준 김갑동 교수와 재회해서 받은바 은혜를 갚을 수 있는 기회를 가졌다. 보스톤대학교 채플에서 깊은 은혜를 경험했던 웨슬리 찬송집의 상투스(Sanctus)[12]처럼, 보스톤에서 조기연은 거룩, 거룩, 거룩하신 하나님의 은총으로 회복되고, 성숙했다.

예배학자로서의 삶(51~62세)

객원교수 생활을 마치고 귀국한 조기연은 한국교회 연합의 상징인 부활절연합예배에서 예배문 작성위원으로 세 번 활동했다. 조기연은 2009년 부활절연합예배(서울시청 앞 광장)에서 공동집례위원인 각 교단의 총회장들에게 성찬거행에 관한 각자의 역할을 안내하고, 성찬을 집례하는 감리교 감독회장에게는 성찬의 4중 행위를 교수했다.[13] 2011년 부활절연합예배(여의도 순복음교회)에서도 예배문 작성위원이었고, 2012년 부활절연합예배(정동교회)의 표어인 "부족한 사랑, 더 나누겠습니다."는 조기연이 제안한 것으로 대 사회적인 부활절 메시지가 됐다. 같은 해에 한국찬송가공의회의 표준찬송가(가칭) 발행을 위한 교독문편집위원으로 위촉되었다.

조기연은 예배학자로서 교계의 신망을 얻었을 뿐 아니라, 정부에서도 교육자로서의 공헌을 인정받았다. 조기연은 2010년부터 2016년까지 '국가지속가능발전위원회'의 위원으로 봉직한다. 이 위원회는 지구 환경을 보존하며, 지속가능한 발전을 해나가자는 UN의 권고에 따라서 각 나라마다 설치되었는데, 우리나라는 국무총리 직속 기관으로 설치됐다.

---

12 조기연은 이 곡을 기성의 [예배와 예식서](2016) 주일예배 5형 성찬찬송곡으로 포함시켰다.
13 그레고리 딕스(Gregory Dix)는 예수께서 식사 때마다 행하셨던 4가지 주요 동작을 주목한다. ①빵을 들고, ②감사기도를 드리고, ③빵을 떼어, ④나누어 주셨다. 잔도 이와 같은 기준에서 거행하셨다. Dom Gregory, Dix, The Shape of the Liturgy, (London: Dacre press), 1970.을 참고하라.

조기연은 대내적으로도 왕성히 활동했는데, 그가 속한 서울신학대학교에서 2012년(54세)에 기획처장이 되었다. 그해 서울신학대학교는 백주년기념관을 완공했는데, 여기에 조기연의 노력으로 예배실습실(512호)이 설치됐다. 이 예배실습실은 예배갱신운동에 따라 말씀과 성찬의 이중구조 예배가 드려지기에 적합하도록 구조화된 공간이었다. 2014년(56세)에는 신학대학원 학생부장이 되어 신학대학원 야간과정을 신설(M. Div. III)했고, 2016년(58세)에는 2004년에 이어 두 번째로 기성교단의 [예배와 예식서](2016)[14] 집필을 주도했다. 2017년(59세)에는 종교개혁 500주년을 맞이하여 한국의 양대 신학학회인 '기독교학회'와 '복음주의학회'가 연합학술대회를 열었는데, 조기연은 여기서 예배위원장이 되었고, 대회 둘째 날 아침 '세례 갱신예식'과 마지막 날 폐회예배 '성찬예식'을 집례했다. 2019년(61세)에 조기연은 서울신학대학교 부총장 겸 신학대학원장이 되면서 신학대학원 채플을 예전적 예배로 개혁했다. 신학대학원의 채플개혁은 성결교회, 나아가 한국교회의 예배갱신을 위한 구체적인 첫 발걸음이었다.

2019년(62세) 허리디스크가 다시 재발했고 재수술을 했다. 하나님은 조기연 교수를 질병의 고통 속에서 기도하게 하셨고 회복을 통해 응답해 주셨다. 조기연의 예배신학은 온 몸으로 치유를 경험한 예배신앙처럼 한국교회의 예배회복을 향하고 있는 중이다.

신학적 영향을 준 학자

서울신대학교 신학대학원을 수석으로 졸업한 조기연은 신학 전반에 대한 기초가 튼튼했다. 조기연은 구약학자였던 김갑동 교수에게 추천

| 14 예배와 예식서 개정특별위원회, 『예배와 예식서』 (서울: 기독교대한성결교회 출판부, 2016).

서를 받고 미국 유학을 가게 됐다. 그러나 예배학자로서의 면모는 오로지 미국 유학시절에 만들어졌다. 조기연은 미국으로 유학 갈 때, 예전학이라는 별도의 학문분야가 있다는 사실조차 몰랐었다.[15] 미국에서 조기연에게 크게 영향을 준 두 명의 미국인 학자는 이정용 교수[16]와 제임스 화이트 교수[17]였다.

이정용 교수는 기독교의 동양적 해석, 특히 [주역](周易)을 신학적으로 풀어내는 대가였을 뿐 아니라, 노스 타코다 주 그랜드 포크스라는 시에 있는 미 공군 기지의 작은 교회를 맡아 미군들과 결혼한 가난하고 약하고 억압받는 한인여성들을 위한 목회를 하면서 '주변인'(marginality) 신학'을 펼친 신학자였다. 자기만의 신학을 통해 변혁적 영성을 추구했던 학자인 이정용 교수는 조기연이 드루대학교에서 처음 만난 지도교수(Academic Advisor)였다. 이정용은 신학이 철저하게 '자서전적'이어야 한다고 주장한다.[18]

---

15 당시 한국에서는 '성서신학' '역사신학', '조직신학', '실천신학' 등으로 신학전공영역을 구분하였는데, 드루대학교는 '신학과 종교'(조직신학, 역사신학, 목회신학, 신학윤리 등), '종교와 사회'(종교사회학, 종교심리학, 사회윤리 등), '성서신학'(구약, 신약), '예전학'(예배학, 설교학)으로 구분하였다.

16 이정용 교수는 한국에서 태어나 6.25 전쟁 직후 월남한 후, 미국에 건너가 핀들레이대학교(University of Findlay)와 개렛신학교(Garrett-Evangelical Theological Seminary)에서 수학했으며, 보스턴대학교(Boston University)에서 신학박사 학위를 취득했다. 이후 오터바인대학교(Otterbein University)와 노스다코타대학교(University of North Dakota)에서 종교학과 신학을 가르쳤다. 1989년 이후 드류대학교(Drew University) 조직신학 정교수로 재직했다. 이정용은 1979년부터 미국 종교학회 산하 북미한국인종교학회 회장을 역임했고, 드루대학교 내 한국신학연구원을 창설했다. 저서로는 『우리를 위해 고통당하시는 하느님』, 『우주적 종교』, 『역(易)의 신학』, 『아시아의 관점에서의 삼위일체』 『마지널리티』 『민중신학, 세계 신학과 대화하다』 등 20여 권이 있으며, 50여 편의 논문을 썼다.

17 제임스 화이트 교수는 감리교 목사였지만, 그 명성으로 인해 예전학의 최고 교수진을 자랑하는 노틀담대학교(Notre Dame University)에서 초빙되어 그 대학에서 은퇴하고 명예교수가 되었다.

18 "신학은 자서전적이다. 그렇지만 신학은 자서전이 아니다. 내 신학은 단순히 내 삶의 이야기가 아니다. 세상 속에서 내가 걸었던 신앙의 여정 이야기다. 내 신학은 하나님이 나를 어떻게 만들고, 기르고, 이끌고, 사랑하고, 나이 들게 하고, 생을 마무리하게 하시는지에 대한 이야기다. 내 신학은 내가 속한 공동체, 자연환경, 시간과 역사, 믿음으로 받아들인 존재의 궁극적 실재와의 관련

조기연은 이정용 교수에게 유학 첫 학기 [신학개론] 과목을 수강하면서, 신학방법론에 대해 배우면서 신학 전반에 대한 깊은 도전을 받았다. 이정용 교수는 조기연에게 학문의 동기부여를 확실하게 해 준 교수[19]일 뿐 아니라 신학함은 무엇인지, 신학을 어떻게 해야 하는지, 그리고 신학함의 이유가 무엇인지를 자문하게 했다. 마치 세례가 단번에 영원한 언약을 체결하는 것처럼, 유학 첫 학기에 일평생 조기연의 예배신학의 한 축을 형성케 하는 방향을 잡게 해 주었다. 자신의 삶의 정황에서 경험한 것을 신학적으로 성찰하여 자신만의 동양적 사고로 신학을 정립했던 이정용의 영향으로 조기연은 한국에서 자신의 신학과 목회의 경험을 통해서 예배갱신을 주장할 때, 신학의 고유문화 적응이라는 '예배의 문화화'(liturgical inculturation)를 주장했다. 예수 그리스도의 성육신 사건처럼 기독교 예배의 문화화는 생존을 위한 필요성일 뿐만 아니라 "본질적인 차원의 사유"인 것이다.[20]

앤스카 추풍코(Anscar J. Chungpunco)는 예배의 문화화가 "예배의 본문(texts)과 의식(rites)들을 해당 지역의 문화 속으로 삽입하는 과정"[21]이라고 주장했듯이, 조기연은 기독교 예배에서 전통과 문화라는 두 축을 강조한다. 조기연에 따르면, "초대교회라고 하는 기독교 공동유산을 기반

속에서 내가 누구인지 알아가는 내 이야기다. 내 신학은 하나님이 내 삶과 내 삶의 일부인 다른 사람들의 삶에서 어떻게 일하시는지 이해하려는 내 이야기다." 이정용, 『마지널리티』, 신재식 역 (서울: 포이에마, 2014), 15.
19 조기연은 그의 일기에서 이정용 교수와의 일화를 소개하고 있다: 이정용 교수는 드루대학교 첫 학기에 자신만의 신학방법론을 작성해 오라는 중간고사 과제를 주었다. 조기연은 한국 사람들의 부정적인 정서인 한'(恨)과 대비되는 긍정적인 정서인 '정'(情)을 신학에 적용해서 '정'의 신학을 제안했다. 이정용 교수는 조기연의 페이퍼를 수업시간에 소개하면서 "너는 신학 할 줄을 아는구나!"(You know how to do theology!)라고 칭찬한 후, 페이퍼를 도서관에 게시해서 다른 학생들이 참고하도록 했다.
20 조기연, 『한국교회와 예배갱신』, 188.
21 Anscar J. Chungpunco, *Liturgical Inculturation sacramental, Religiosity, and Catechesis* (Collegeville, Minnesota: The Liturgical Press, 1992), 30.

으로 하면서도 동시에 각 전통의 특징을 살리는 예배, 그리고 각 나라와 문화에 속한 회중의 신앙과 영성을 잘 표현할 수 있는 예배를 이룩하는 것이 현대 예배의 주된 흐름"22)이다. 조기연은 초대 전통과 문화, 이 두 가지를 잘 조화시킨 예배야말로 가장 이상적인 모습의 예배라고 정의함으로써, 예배의 문화화를 주장하였다. 이와 같은 예배의 문화화는 한국의 과거 문화에만 접목되는 것이 아니라, 한국교회가 앞으로 접해야 할 "현대와 미래의 문화 곧 21세기의 문화"에도 동일하다.23) 특별히 음악은 예배의 문화화에 핵심적 요소라는 사실을 강조했다.24)

이정용이 조기연에게 미친 영향을 확실하게 보여주는 것은 그의 박사학위 논문 제목이다. 조기연의 논문은 기존의 예배신학을 동양적 관점에서 재해석한 것인데, "상통과 합일의 우주적 사건으로서의 예배: 동아시아적 관점에서 본 기독교 예배"(Worship as a Cosmic Event of Communion and Union: Christian Worship from an East Asian Perspective)25)라는 예배의 문화적 특성을 살린 논문의 독창성(Academic Originality)은 이정용 교수로부터 비롯된 것이었다.

화이트 교수는 영미권에서 예전갱신운동(The Liturgical Movement)26)

---

22 조기연, 『예배갱신의 신학과 실제』, 152.
23 조기연, 『한국교회와 예배갱신』, 193-203.
24 Ibid., 204-232.
25 Kee-Yeon Cho, *Worship as a Cosmic Event of Communion and Union: Christian Worship from an East Asian Perspective* (Ph. D. Drew University, Madison, NJ: 1996.).
26 예전갱신운동은 19세기 초부터 『디다케』, 『사도전승』과 같은 초대교회의 문서들의 출판과 더불어 벨기에와 독일의 수도원을 중심으로 로마가톨릭교회의 예배개혁을 위한 학문운동으로 시작되었으나, 19세기 중반에는 제2차 바티칸 공의회(Second Vatican Council)를 통해서 갱신을 확실시킨 로마가톨릭뿐만 아니라 유럽과 영미권의 개신교 예배에도 큰 영향을 미쳤다. 특별히 로마가톨릭교회에 미친 영향은 개신교와 같이 설교, 모국어로 함께 하는 예배, 평신도의 중요성을 부각시켰고, 개신교 교회에 미친 영향은 종교개혁 이후로 말씀 중심의 예배로 편중됐던 예배를 초대교회처럼 말씀과 성찬이라는 이중구조로 회복시키는데 결정적 역할을 했다. 또한 성찬식에서 '제정사'(Institution Narrative)만 낭독하는 것이 아니라, 초대교회처럼 하나님의 창조와 구속의 전(全) 역사

을 이끌었던 20세기 최고의 예배학자이며 가장 영향력 있는 학자 중 한 사람이다.[27] 화이트는 다양한 예배 전통을 존중하고 대화하기를 주저하지 않았다.[28] 화이트는 "예배학을 연구하는 것이 교회일치운동을 배우는 최선의 길"[29]이라고 믿었기 때문이다. 이와 같은 노력이 21세기 들어서서 한국교회에서도 꽃피게 되었는데, 정장복은 교파 간의 갈등과 분쟁에 관하여 "예배의 형태가 다르다고 하여 적대감을 갖는 시대는 사라지고 있다"[30] 말했다. 조기연은 성결교인으로서의 자기 정체성이 확고했기에 포용력 있게 에큐메니칼적인 한국그리스도교 신앙과직제협의회 전문위원으로 섬길 수 있었다.[31]

에 대한 '감사기도'(Eucharistic Prayer)가 드려지게 되었다. 건축, 음악, 미술 등 다양한 분야에서 예전갱신운동의 핵심 과제는 초대교회 예배의 재발견, 예배 역사의 연구, 예배 본질의 이해, 예배의 표현 등이었다(Paul F. Bradshaw, ed., *The New SCM Dictionary and Worship* (Londdon: SCM Press, 2005), 283–289.).

27 제임스 F. 화이트는 하버드대학교(Harvard University, B. A.)에서 수학하고, 듀크대학교(Duke University, Ph. D.)에서 박사학위를 취득하였으며, 미국연합감리교회의 목사안수를 받았다. 오하이오 웨슬리안대학교(Ohio Wesleyan University), 남감리교대학교의 퍼킨스신학교(Perkins School of Theology), 그리고 노틀담대학교(University of Notre Dame)에서 교수로 재직했다. 1999년 은퇴 후 드류대학교(Drew University)에서 소천하기까지 바드 톰슨(Bard Thomson) 석좌교수로 후학을 양성했다. 한국어로 번역된 저서로는 『성례전-하나님의 자기 주심의 선물』, 『개신교 예배』, 『교회건축과 예배 공간』 등 20권의 저서와 수많은 논문을 남겼다. 화이트 박사는 1972년 미연합감리교회의 성찬기도문 전문에 초대교회 성찬기도문을 회복시켰고, 당시 1백만 부가 팔렸다.

28 필자는 화이트의 대표적인 역작이 10년마다 업그레이드(Upgrade)했던 예배학 개론서라고 생각한다. 화이트는 개론서의 집필과정에서 다양한 예배 예식서를 참고했음을 밝히고 있다. 그는 로마 가톨릭의 예식서(교회의식, 성례전, 주교예식서), 루터교 예식서, 미국 루터교의 새 공동기도서(The New American Book of Common Prayer), 미연합감리교회의 보충자료(The United methodist Supplemental Worship Resources), 장로교 예식서(The Presbyterian Worshipbppk) 등을 참고하면서 예배학 개론서를 집필했다(제임스 화이트, 『기독교 예배학 입문』, 정장복 역 (서울: 도서출판 엠마오, 1992), 7.).

29 제임스 화이트, 『기독교 예배학 개론』, 김상구, 배영민역 (서울: 사)기독교문서선교회, 2017), 14.

30 정장복, 『예배의 신학』, (서울: 예배와 설교 아카데미, 2018), 528.

31 한국 그리스도교 신앙과직제협의회는 "분열된 한국 그리스도인의 일치의 재건과 교파 상호 간의 신앙적 친교를 통한 그리스도인의 복음적 삶의 증거에 그 목적을 둔다. http://fno.or.kr/faithorder.php

조기연은 화이트 교수에게 박사과정 1학년 첫 학기에 '현대 예배운동의 선구자들'(Modern Liturgical Figures)이라는 과목을 수강하였고, 그 이듬해에도 '현대 예배'(Modern Liturgies)라는 과목을 들었으며, 나중에 그분에게서 논문을 지도받았다.[32] 화이트 교수의 예전갱신운동의 반열에 서 있는 조기연은 한국교회 예전갱신운동의 과제로 "초대교회의 유산을 포함한 예배의 역사에 대해서, 그리고 다양한 예배 전통에 대해서 많은 인식 작업이 있어야 하고, 아울러 활발한 출판 작업이 선행되어야 한다. 이러한 토대 위에서 예배갱신이 논의되고 방안이 모색되어야 한다."[33]고 주장했다.

조기연은 예배의 문화화라는 토대 위에서 예전갱신운동의 방향을 초대교회 예배 유산을 중심으로 예배신학의 이해 → 예배학적 원리 도출 → 예배형식의 결정을 제안하였는데, 이것은 그의 스승 화이트 박사가 예배개혁을 시도하던 방법과 동일한 것이다. 화이트는 개론서 집필에서 "본서는 본질적으로 학술서이지만, 그 목표는 일관되게 기독교 공동체의 예배를 강화하기 위한 목회적 방향에 있다."고 하면서, 서술적으로 기술된 예배의 당위성(what has been)과 규범적 결론으로 예배의 목적(what ought to be)을 명시하고 있음을 밝힌다.[34] 화이트가 예배 개혁의 논지로 성례전을 설명하면서 말했던 대로 "예배의 실행(practice)은 신학(theology)으로 인도한다. 다시 신학은 실행으로 되돌아간다." 이러한 '기능적 접근방법'(function approach)에 대하여 화

---

32 조기연은 '논문계획서'(Propectus) 작성을 마쳐갈 즈음에 마침 화이트 박사를 공항에 모셔다 드리게 되었다. 조기연은 자동차 안에서 화이트 박사께 자신의 논문심사위원을 맡아 주십사 하고 부탁을 드렸으나 원거리 문제여서 거절당했다. 조기연은 삼고초려 끝에 화이트 교수의 허락을 받아 화이트 교수의 지도를 받게 됐다. 그 후 조기연은 1년 내내 논문을 한 장(chapter)씩 쓸 때마다 프라이오리티 메일(priority mail)로 수요일에 화이트 교수에게 우편으로 보냈고, 화이트 교수는 한 번도 지연됨이 없이 정확히 일주일 후에 당신의 코멘트를 타자로 찍어서 신속하게 지도를 해주었다.
33 조기연, 『예배갱신의 신학과 실제』, 7.
34 제임스 화이트, 『기독교 예배학 개론』, 김상구, 배영민역, 13.

이트는 "성례전(예배)에 대한 추상적인 신학을 제시하기보다는 성례전으로부터 신학을 추론해 낼 것이다."35)라고 확언한다.

화이트의 학문적 세례를 받은 조기연은 낭만적 복고주의자가 아니라, 예배의 조화를 통한 갱신을 시도하는 개혁가이다. 조기연은 예배학에 타 전통에 대한 존중과 예배역사에 대한 편견 없는 접근을 통해서 예전신학과 실행의 조화, 전통적인 예배와 토착적인 예배의 조화, 짜여진 예배와 융통성 있는 예배의 조화, 즉흥적 기도와 쓰여진 기도의 조화, 구어적(口語的)인 예배와 상징적인 예배의 조화를 예배갱신의 원리로 삼는다. 이러한 예배갱신은 산만한 예배를 진행감있는 예배로, 초점이 흐려진 예배를 초점이 뚜렷한 예배로, 회중이 구경하는 예배를 회중이 참여하는 예배로 갱신시킬 것이다.36)

조기연의 저술들

조기연의 박사학위논문 제목은 "상통과 합일의 우주적 사건으로서의 예배: 동아시아적 관점에서 본 기독교 예배"(Worship as a Cosmic Event of Communion and Union : Christian Worship from an East Asian Perspective)이다. 그의 저서는 『예배갱신의 신학과 실제』(1999), 『한국 교회와 예배갱신』(2004), 『묻고 답하는 예배학 Cafe』(2009), 『기독교 세례예식』(2012)37), 『기도의 정석』(2014) 이렇게 다섯 권이 있다. 공저는 『복음주의 예배학』(2001)38)과 『예배학 사전』(2005)39) 이렇게 두

---

35 제인스 화이트, 『성례전』, 김운용 역 (서울: 예배와 설교 아카데미, 2006), 14.
36 조기연, 『예배갱신의 신학과 실제』, 153-176.
37 조기연, 『기독교 세례예식』, (서울: 대한기독교서회, 2012).
38 조기연 외, 『복음주의 예배학』, (서울: 한국복음주의신학회, 2001).
39 정장복 외, 『예배학 사전』, (서울: 예배와 설교 아카데미, 2005).

권이 있고, 공역으로는 화이트 박사의 『기독교 예배학 입문』(2001)이 있다. 기독교대한성결교회의 『예배와 예식서』(2004)와 『예배와 예식서』(2016)도 조기연의 주도하에 집필 출판되었다. 그 외에 국내학술지논문 78편이 게재되었다. 본 장에서는 단행본 중심으로 학술지에 게재된 소논문을 분류하고자 한다.

조기연의 박사학위논문은 하나님과 인간의 교제(Communion)와 연합(Union)의 사건이라는 기독교예배의 전통적인 개념을, 천(天)-지(地)-인(人) 삼재(三才)가 상통과 합일을 이룬다는 동아시아적 개념으로 재해석하여, 하나님과 사물(자연)과 인간이 상호 존재론적인 상통과 합일을 이룬다는 우주적 개념으로 재해석하였다. 이 관점에서 볼 때 세례 역시 하나님-인간-자연(물)이 만나 상통과 합일을 이루는 우주적 사건이 된다. 이후 세례와 관련된 동일한 기조(基調)로 게재된 글들[40] 이 모여 2012년 『기독교 세례예식』을 출판했다.

『기독교 세례예식』은 [제1장 기독교의 세례의 기원과 의미]에서 요한과 예수의 세례, 그리고 성경의 다양한 세례의 신학적 의미와 방식을 다뤘다. [제2장 초기의 세례 문헌들]에서는 주로 2~4세기 자료들을 다뤘다. [제3장 4~5세기의 세례예식]은 세례교육과정이 세례예비자와 세례후보자로 나뉘어 있고, 부활주일 세례예식의 거행이 다뤘다. [제4장 중세와 종교개혁시대의 세례예식]은 중세와 종교개혁자들의 세례의식을 다뤘다. [제5장 현대의 세례의식], [제6장 세계교회협의회의 세례

---

[40] 조기연의 세례 관련 논문은 다음과 같다: 조기연, "천국백성으로 태어나기" 「활천」 525호 (1997)., 조기연, "기독교 세례의 동양적 이해-천(天)-지(地)-인(人)의 상통과 합일을 통한 신(新) 인간의 탄생" 「한국문화신학회 논문집」 3호 (1999)., 조기연, "세례: 즉시적 사건인가, 훈련의 산물인가?" 「신학과 선교」 30호 (2004)., 조기연, "예배에서의 세례의식" 「연세 목회전문화 세미나」 6호 (2004)., 조기연, "양적성장과 질적하라: 4세기 이후의 세례예비자과정에 대한 한 연구" 「신학과 선교」 32호 (2006)., 조기연, "기독교 세례의 기원과 의미-신약성서를 중심으로" 「신학과 선교」 33호 (2007)., 조기연, "세례, 새로운 인간이 태어나는 모태" 「한국기독교신학논총」 74호 (2011).

문서, 세례, 성찬, 직제], [제7장 초기의 세례예비과정]에서 신약성서와 2-3세기 세례예비과정을 다뤘고, [제8장 4세기 이후의 세례예비과정]은 교회 박해시기가 끝난 이후에 변화된 상황에서 세례의 위기를 다뤘고, [제9장 세례예비자과정의 구조와 내용]은 세례예비자과정의 구조, 내용, 방법론, 기능, 기간을 다뤘고, [제10장 유아세례]는 성서를 고찰하고, 예배학적, 목회적 관점에서 유아세례를 다뤘고, [제11장 한국인을 위한 세례]는 천지인 합일의 원리와 과정과 유사한 우주적 사건으로서의 세례를 다뤘다. [제12장 세례예식을 구성하는 법]은 예수의 세례 명령과 순서를 다뤘고, [제13장 현대 한국교회의 세례예식]은 한국의 대표적인 교단들의 세례예식을 다뤘다.

또한 조기연의 예배학은 예전갱신운동의 흐름에 따라 성서와 초대교회에 기초한 예배신학과 그에 따른 형식의 정립을 통하여 한국교회 예배갱신을 도모하는 것이다. 1996년 유학을 마치고 귀국한 조기연의 가장 큰 관심은 한국교회의 예배갱신이었다. 당시 한국교회는 지난 백 년 동안 부흥을 견인했던 집회식 예배의 수명이 다하였고, 다가올 천년을 준비하는 새로운 예배 패러다임의 전환을 요하던 시기였다. 미국 서부 개척시대의 프론티어 워십(Frontier Worship)은 초기 한국교회에 적합했지만, 성장한 한국교회의 예배를 성숙시키기에는 한계를 드러냈다. 조기연은 이 필요에 응답하려 했다.[41] 이러한 조기연의 초기 예배학의 사상을 가장 잘 드러내는 책은 『예배갱신의 신학과 실제』[42]이다. 이 책은 예배갱신의 신학과 실제라는 두 부분으로 구성되어 있는데, [제1부 예배갱신의 신학]에는 제1장 기독교 예배의 공동체적 성격, 제2장 예배

---

41 조기연, "예배갱신 그 새로운 시작을 위하여" 「활천」 751호 (1996): 64-69.를 게재한다. 동일 성격의 글은 다음과 같다: 조기연, "새 창조의 축제-성서와 초대교회 예배에 나타난 생태학적 주제", 「신학사상」 96호 (1997)., 조기연, "지나간 백년, 다가올 천년(한국교회 예배의 회고와 전망)" 「기독교사상」 43호 (1999).
42 조기연, 『예배갱신의 신학과 실제』 (서울: 대한기독교서회, 1999), 4-8.

와 하나님의 창조, 제3장 예배의 영성, 제4장 한국적 예배 신학의 가능성, 제5장 예배와 기독교 세례를 제시했다. [제2부 예배갱신의 실제]에는 제6장 최근 예배학의 동향, 제7장 예배갱신의 원리, 제8장 한국교회를 위한 예배갱신 방법론, 제9장 예배갱신을 위한 한국 교회의 과제를 제시했다.

예배갱신의 구체적인 내용은 2002년과 2003년 『활천』의 "말씀과 신학" 코너에 집중적으로 연재됐다.[43] 조기연은 평이한 예배의 소재들을 통해서 결코 평범할 수 없는 예배의 주제들을 설명하고 갱신을 공감시켰다. 조기연의 예배에 대한 이해를 증진시키고자 하는 노력의 산물이 『묻고 답하는 예배학 Cafe』[44]이다. 이 책은 예배의 전반적인 궁금증을 일곱 개의 장으로 묶어서 구성했다: [제1장 예배의 일반적인 이해], [제2장 주일예배], [제3장 집회 및 기도회], [제4장 성례전], [제5장 예배 찬송과 성가대], [제6장 예배당 건물, 예복, 상징] 마지막으로 [제7장 예배신학].

조기연은 예배갱신의 근거를 초대교회 예배 원리에서 발견했다. 이것은 단순한 복고가 아니라, 예배의 시원(始原)인 성서와 초대교회의 예배신학에서 온 시대와 세대를 관통하는 갱신의 원리를 찾아서 현재와 미래의 대안으로 제시하는 것이다. 이러한 예배갱신은 반드시 예배

---

43 『활천』은 기성의 교단지이며 한국 기독교역사에서 가장 오래된 잡지이다. 조기연이 2002년 『활천』의 "말씀과 신학"에 연재한 내용은 다음과 같다: "예복, 겨울에는 검은색 여름에는 흰색?", "강대상, 어디에 어떻게 놓아야 하나", "복음송을 예배에서 부르면 안 되는가?", "예배공간의 디자인, 그 상징성 회복", "예배순서의 뜨거운 감자, 광고", "기도인지 광고인지-공예배 기도는 이렇게", "헌금은 언제, 어떻게 하는 것이 좋은가?", "예배 중의 참회의식", "성가대의 기능과 역할은" 성찬과 관련된 내용은 다음과 같다: 조기연, "말씀과 신학: 예배클리닉-'포도즙'인가 '포도주'인가", "성찬식 후 남은 빵과 포도주는 어떻게 처리하는가?", "성탄절에는 성찬식이 어울리지 않는가?", 2003년에 연재한 내용은 다음과 같다: "기도의 종류", "예배는 강의가 아니다", "찬송은 누구에게 하는가?", "산해진미와 개밥그릇", "이상적인 예배형식", "예배클리닉-호텔식사와 시장골목 순대국", "TV와 예배", "예배클리닉-예배와 음악", "한국교회의 예배가 회복되는 그 날까지".

44 조기연, 『묻고 답하는 예배학 Cafe』(서울: 대한기독교서회, 2009).

의 문화화를 통해 예배신학에 충실한 원리에 따른 형식성과 교회에 적용 가능한 유용성이 조화를 이루어야 한다. 『예배갱신의 신학과 실제』 후속편인 『한국교회와 예배갱신』[45]은 순서에 따라 총 3부로 구성되어 있는데, [제1부 한국교회의 예배의 과거: 기원과 형성]에서는 부흥집회식 한국 개신교 예배의 뿌리인 종교개혁시대부터 미국 서부개척자시대의 예배를 다루었다. [제2부 한국교회 예배의 현재: 시도와 모험]에서는 열린 예배, 멀티미디어 예배, 사이버 예배, 지성전 예배와 같은 패러다임의 변화에 따라 새롭게 시도되는 예배를 소개하고 평가했다. 마지막으로 [제3부 한국교회 예배의 미래: 회복과 갱신]에서는 예배의 예배학적 정체성과 갱신방안, 중심과 표현, 정보화 시대의 예배, 음악과 예배갱신을 다루고 있다. 조기연이 『예배의 신학과 실제』에서 하려고 했던 것은 예배현장인 한국교회의 예배를 분석하고 대안을 제시하는 것이었다.

조기연은 2004년과 2016년 두 번에 걸쳐 기독교대한성결교회 『예배와 예식서』의 개정을 주도적으로 이끌었다. 2004년 『예배와 예식서』(2004)[46]는 2007년 교단 100주년을 맞이하여 집필된 것으로써, 그 내용은 주일예배, 성찬, 교회력, 기도회, 집회, 교회 입문예식, 교회 임직예식, 교회 설립과 봉헌예식, 가정의례에 이르기까지 1996년 귀국 후부터 진행해오던 초대교회의 예배신학 원리에 따른 예배갱신이라는 세계교회의 갱신 방향과 적확하게 일치시켰다. 또한 조기연은 『예배와 예식서』(2004)를 집필하면서 얻은 학문적 성과들을 기초로 예배에 대한 학

---

45 조기연, 『한국 교회와 예배갱신』, (서울: 대한기독교서회, 2004). 이 책을 준비한 글들은 다음과 같다: 조기연, "사이버 예배와 한국교회의 전망" 「활천」 567호 (2001).. 조기연, "세계신학 최근동향; 최근 예배학의 동향"「활천」 608호 (2004).. 조기연, "개신교는 줄고 천주교는 늘고; 본질과 교회성장-인구센서스에 대한 예배학적 접근" 「활천」 634호 (2006).

46 새 예식서 수정위원회, 『예배와 예식서』(2004). 머리말에 따르면, 이 책은 교단 100주년을 준비하며 1999년 기성 총회의 결의로 이루어진 것이다. 위원장은 백천기 목사, 집필은 조기연 교수가 했다.

문의 지평을 넓혀나갔다.47) 『예배와 예식서』(2004)에서 예배의 세계화를 위해 거시적 확장성을 추구하던 조기연은 2007년 기성 교단의 정체성은 "개신교 복음주의 웨슬리안 사중복음"이라는 100주년 선포에 보조를 맞추어 성결교회 예배신학에 천착(穿鑿)한다. 그 결과 기성 교단의 정체성이 반영된 『예배와 예식서』(2016)48)가 출판되었다.

마지막으로 소개할 책은 기도서이다. 히폴리투스는 『사도전승』에서 "정통교리에 맞는 건전한 기도"를 바치라고 권면한다.49) 조기연은 "한국교회와 그리스도인들에게 '좋은 기도'의 텍스트들을 제공하려는 목적"으로 『기도의 정석』을 저술했다. 조기연이 예배의 역사 속에서 찾아낸 좋은 기도문은 "하나님의 주권을 인정하고 겸손하게 그분의 뜻에 자신의 뜻을 일치시키며 순종하고, 또 모든 사물과 상황을 하나님의 시각으로 보게 되어, 보다 성숙한 그리스도인으로 성장"시키는 기도문이다.

---

47 조기연의 지평이 확장되는 성격의 글들은 다음과 같다: 조기연, "예배와 하나님의 나라"「신학과 선교」 25호 (2000)., 조기연, "Lester Ruth A Little Heaven Below: Worship at Early Methodist Quarterly Meetings"「성결교회 신학」 9호 (2003)., 조기연, "성결교회의 예배신학"「신학과 선교」 29호 (2004)., 조기연, "지성전 예배의 예배학적 분석과 평가"「신학과 실천」 7호 (2004)., 2005년부터 『예배와 예식서』(2004)의 성격을 넘어서는 글의 확장성이 드러난다. 조기연, "Theology of Worship in the Modern United Methodist Church(U.S.A)"「한국기독교신학논총」 (2005)., 조기연, "예배에 대한 한국교회의 몇 가지 오해들"「신학과 실천」 (2005)., 조기연, "종교개혁자들의 예배 개혁: 얻은 것과 잃은 것"「신학과 실천」 (2007)., 조기연, "이머징 워십의 예배학적 이해"「신학과 실천」 (2009)., 조기연, "예전과 음악의 관계성에 관한 한 연구"「신학과 실천」 (2011). 조기연, "빅터 터너의 의례이론에 비추어 본 현대예배"「한국기독교신학논총」 83호 (2012).

48 예배와 예식서 개정특별위원회, 『예배와 예식서』 (서울: 기독교대한성결교회 출판부, 2016). 이 책은 2019년 2쇄 출판한다. 제1권은 예배, 제2권은 예식을 다룬다. 2016년 예배와 예식서 형성에 영향을 주고 받은 글들은 다음과 같다: 조기연, "성결교회 예배의 특징, 어디서 찾아야 하는가"「활천」 677호 (2010)., 조기연, "특집: 성결교회의 성서해석과 예전: 예배역사적 관점에서 본 성결교회 예배의 기원과 방향"「신학과 선교」 46호 (2015)., 조기연, "예배당을 '성전'이라 부르는 것은 무엇이 문제인가(예배의식을 중심으로)"「기독교사상」 676호 (2015)., 조기연, "예배, 공동경험과 공공기억의 사건"「기독교사상」 748호 (2021)., 조기연, "존 웨슬리의 예배사상"「대학과 선교」 (2017)., 조기연, " 초기 기독교 세례예전과 사중복음",「신학과 실천」 (2018).

49 히뽈리뚜스, 『사도전승』, 이형우 역 (왜관: 분도출판사, 2005), 105.

이러한 기도는 "그것을 행하는 자들의 신앙과 삶을 형성하는 힘"을 가지고 있다. 대표적으로 이러한 기도의 예는 십자가의 죽음을 목전에 두고 겟세마네 동산에서 하나님의 뜻대로 이루어지기를 구하셨던 예수 그리스도의 기도이다. 조기연이 주장하는 것처럼, 기도는 "'나' 중심적 기도에서 '그리스도' 중심적 기도"로 나아가야 한다.50) 이 책의 내용은 다음과 같다: [제1장 기록된 기도문으로 기도해야 하는 이유], [제2장 기도는 과연 무엇인가], [제3장 주기도문: 모든 기도의 원형과 모델], [제4장 유대교의 기도], [제5장 신약의 기도], [제6장 초대교회의 성만찬 관련 기도], [제7장 예배와 관련된 기도], [제8장 세례 및 임직과 관련된 기도], [제9장 찬양과 간구의 기도], [제10장 영성수련을 위한 기도], [제10장 여러 상황에 따른 기도].

조기연의 예배사상과 갱신운동

예전의 신학

예전신학은 예배와 신학이 마치 뫼비우스의 띠처럼 구분할 수 있지만 시작과 끝이 연결되어 예배는 교회의 신학을 형성하고, 신학은 다시 교회의 예배 형성에 영향을 준다는 상관성을 중요시한다. 초대교회의 예배 경구인 "*lex orandi*(기도의 법칙), *lex credendi*(믿음의 법칙)"51)는 예전신학의 대표적인 예배경구이기도 하다. 교리(Doctrine)는 성경의 진리 그 자체를 의미하는 것으로 성경은 교리(Doctrine)를 말하고, 예배는

---

50 조기연, 『기도의 정석』, 서문.
51 5세기 프로스퍼(Prosper)는 ut legem credendi statuat lex supplicandi, 즉 기도의 법칙이 믿음의 법칙을 세운다고 한다. 그러나 중세에는 역으로 lex credendi legem statuat upplicandi, 믿음의 법칙이 기도의 법칙을 세운다는 개념도 등장한다.

교리를 고백(Confession)하고, 신학은 이를 체계화해서 교의(Dogma)로 공표한다. 초대교회에서는 이 모든 것이 이론과 실제의 영역으로 분리되지 않았다. 제프리 웨인라이트(Geoffrey Wainwright)는 초대교회의 이와 같은 예배에 주목한다. 그에 따르면, 초대교회 예배는 오직 하나님만을 경배하는 영광의 신비인 예배와, 예배를 통해 형성된 하나님 나라의 가치관(Doctrine)과, 그 가치관을 가지고 세상에 나가 삶의 영역에서 하나님을 영화롭게 하는 실천(practice)이 분리되지 않았다. 예배와 교리와 삶, 모두는 하나님께 영광을 돌린다는 동일 목적하에 유기적 연관성을 가진다.[52] *lex orandi*(기도의 법칙), *lex credendi*(믿음의 법칙)가 *lex vivendi*(삶의 법칙)와 무관하지 않음을 간파한 것이다.

조기연은 『예배와 예식서』(2004)의 머리말에서 예배개혁은 성서와 초대교회 예배 회복이라는 것을 분명히 한다: "20세기 후반에 이르러 많은 개신교회들이 예배의식을 획기적으로 개혁하게 되었습니다. 물론 그 개혁의 방향은 예배의 신학과 형식에 있어서 성서와 초대교회의 예배를 회복하는 것이었습니다."[53] 조기연의 예배학은 예전갱신운동으로 촉발된 말씀과 성례전(세례와 성찬)이 회복된 예전신학(liturgical theology)인 것이다.[54] 말씀과 성례전의 이중구조는 "하나님의 인류 구

---

52 Geoffrey Wainwright, Doxology: *The Praise of God in Worship, Doctrine and Life–A Systematic Theology* (NY: Oxford University, 1980), 1–10.
53 새 예식서 수정위원회, 『예배와 예식서』(2004), 머리말.
54 초대교회의 예배계보는 7개의 지역을 중심으로 형성된다. 지역에 따른 대표적인 예배형식들은 다음과 같다: 첫째, 알렉산드리아의 성 마가의 예전(liturgy), 둘째 서시리아의 성 야고보 예전, 셋째, 동시리아의 성 아다이(Addai)와 마리(Mari) 예전, 넷째, 소아시아 가이사랴의 성 바질 예전, 다섯째, 콘스탄티노플(비잔틴)의 성 요한 크리소스톰 예전, 여섯째, 로마의 로마예식, 일곱째, 갈릭(Gallic)예전. 갈릭에는 암브로시아계(The Ambrosian), 모자라빅계(The Mozarabic), 켈트계(The Celtic), 가울계(The Gallican) 4개의 분파가 있다. 제임스. F. 화이트, 『기독교예배학입문』(서울: 예배와 설교 아카데미, 2000), 42–44. 조기연의 성찬관련 소논문은 철저하게 성서와 초대교회 예배계보를 바탕으로 한다: 조기연, "새 창조의 축제–성서와 초대교회 예배에 나타난 생태학적 주제", 「신학사상」 96호 (1997), 212–233., 조기연, "하나의 식탁, 하나의 공동체"–초대교회 성

원의 역사를 가장 함축적으로 요약"[55]한 것으로서, 이것은 예배의 구조와 구성을 결정할 뿐만 아니라 신학을 결정한다. 이러한 조기연의 예전신학은 교회의 전통과 신학을 도외시하고 예배를 실용성이라는 도구적 차원으로만 이해하면서 야기한 문제들에 대한 해법이다. 조기연은 예배가 교회성장의 수단이나 신학의 대상(object)이 아니라, 초대교회의 교부들이 주장하던 예배처럼 모든 신학의 원천으로써[56] 교회의 정체성을 세상에 드러내는 예배의 근원적 지위를 회복해야 한다고 주장했다.

조기연의 예전신학은 이와 같이 신학이 없는 예배, 신학적 숙고 없이 목회적 실용성만이 강조되는 예배의 문제점이 복음의 능력을 상실한 신자를 양산해 왔음을 날카롭게 드러냈다. 조기연은 지난 한국교회의 예배가 전반적으로 종교개혁 이후 성례전이 약화된 예배, 전도집회식 예배, 부흥회식 예배, 회개와 실용을 강조하는 예배라고 한다. 이와 같은 예배는 모두 인간중심적 서방교회의 예배이다.[57] 예배는 '지금 여기에서'라는 시대적, 문화적 상황과 관련하여 다양한 스펙트럼[58]을 구현해

만찬에 나타난 '공동식사' 주제"「신학사상」102호 (1998), 189–205., 조기연, "함께 나누는 생명의 떡-예배의 영성" 2호「신학과 실천」(1988). 125–141., 조기연, "말씀과 식탁(과학 문명기 새 예배를 위한 패러다임의 전환"「한국기독교신학논총」(1999)., 조기연, "성만찬기도를 통해서 본 로마가톨릭의 예배신학"「교수논총」15호 (2004) 277–297., 그 외에 개혁교회, 로마가톨릭교회, 루터교회, 그리고 존 웨슬리의 성찬에 관한 논문들도 참조하라. 조기연, "개혁교회의 예배와 성만찬에 관한 한 연구"「신학과 실천」7–28. (2011)., 조기연, "Anamnesis and Prolepsis in the Modern Eucharistic Prayer of the Roman Catholic and the Lutheran Church",「신학과 실천」(2013)., 조기연 "성찬의 역사와 의미에 대한 예배학적 고찰-초대교회와 존 웨슬리를 중심으로"「신학과 실천」(2021).

55 조기연,「한국교회와 예배갱신」, 6–7.
56 Alexander Schmemann, "Theology and Liturgical Tradition," Massey H. Shepherd, ed., Worship in Scripture and Teadition (NY: Oxford University Press, 1963), 167–70. 카바난은 신학을 일차적 신학과 이차적 신학으로 구분한다. 일차적 신학은 예배를 통해서 형성된 신학(theologia prima)이고, 이차적 신학(theologia secunda)은 일차적 신학을 체계화한 신학이다. Aidan Kavanagh, *On Liturgical Theology* (Collegeville: The Liturgical Press, 1984), 74–76.
57 조기연,「한국교회와 예배갱신」, 15–45.

야 하지만, '구원사의 요약'이라는 기독교 예배의 정체성을 상실해서는 안 된다는 것이다.

웨슬리안 사중복음의 예배신학

한국성결교회는 한국에서 교파교회가 아니라 선교단체로 시작했다.[59] 선교단체로 시작한 초기 한국성결교회의 신학적 배경에 대해서 성결교회의 사부로 불리는 이명직은 "조선예수교동양선교회 신앙 개조(個條)는 그리스도와 그 사도들로 나타내심과 요한 웨슬레의 성경 해석의 근본적 교리와 만국 성결교회의 신앙 개조를 토대로 주(主) 강생 1925년에 공포하여 성서학원과 모든 교회와 신도들에게 가르쳐 영구히 지키는 신경(信經)으로 하느니라."[60]라고 정리한다. 이러한 신학적 배경은 다양한 역사적 전통을 계승하면서 20세기 초에 등장한 한국성결교회의 역사적 맥락과 무관하지 않다.

한국성결교회의 역사적 배경에 따른 신학적 고찰의 대상에 대하여 서울신학대학교 성결교회신학연구위원회는 "성서, 초대교회, 고대 에큐메니칼 공의회, 종교개혁, 웨슬리에 의한 초기 감리교회, 만국성결교회와 이러한 교회의 전통을 계승한 동양선교회(OMS), 그리고 한국성결

---

58 조기연은 예배의 시대적 문화적 다양성 가운데 음악의 중요성을 강조한다. "기독교 음악에 대한 올바른 이해는 예배에 대한 올바른 이해가 전제되지 않고는 불가능하다."고 주장한다. 조기연, 『한국교회와 예배갱신』, 204-232.

59 이응호는 "성결교회의 창립자들은 어떠한 새로운 교파를 만들려고 한 것이 아니라, 초시대 감리교회와 같이 사중복음을 강조하면서 복음을 증거 하는 전도본위의 기관을 세우려고 하였다." 이응호, 『한국성결교회사 논집(증보판)』 (성청사, 1987), 5.

60 이명직, 『조선야소교동양선회 성결교회약사』(경성: 성결교회이사회, 1929), 10. 동양선교회의 신앙개조는 만국성결교회에서 유래했다. 또한 만국성결교회의 신앙개조는 한국성결교회 최초의 성문법인 『교리와 조례』와도 일치한다. 단, 동양선교회의 창시자 중 하나인 길보른은 시대적 상황과 어울리지 않는 여성안수와 유아세례를 제외한다. https://www.wesleyan.org/church-disciplines-2649 1916-International-Apostolic-Holiness-Church.pdf

교회의 100년사 안에 흘러 들어와 형성된 교리의 특징을 고찰"[61]해야 한다고 한다. 성결교회 신학적 흐름을 만들어낸 존 웨슬리와 만국성결 교회는 모두 성결이라는 공통의 신학적 주제와 성서와 초대교회를 지향한다. 선교운동이 가지는 개방성, 다양성에 기초하여 다양한 기독교 전통들과 교류한다.[62] 이것은 예배갱신운동이 성서와 초대교회를 시원(始原)으로 삼는 것과 일치한다.

조기연은 성결교회의 역사와 정체성을 바탕으로 웨슬리안 사중복음의 예배신학을 두 번의 『예배와 예식서』를 통해서 정립함으로 성결교회 갱신을 이끌어 내고자 했다.[63] 첫 번째 『예배와 예식서』(2004)는 예배갱신의 흐름이 웨슬리의 영성을 통해서 세계교회들과 함께하는 것이었다. "예배예식서 사용안내" 말미에 조기연은 다음과 같이 매듭을 짓는다.

> 전체적인 방향은 세계교회들의 예배갱신 흐름에 발맞추어, 성서와 초대교회의 예배가 지녔던 예배의 신학과 영성을 회복하는 쪽으로 집필하였다. 모쪼록 많은 교회들이 본 『예배와 예식서』를 적극 활용함으로써 우리 기독교대한성결교회의 예배에서 초대교회 사도전승의 예배와 웨슬리의 영성이 조화를 이루기를 간절히 바란다.[64]

---

[61] 서울신학대학교 성결교회신학연구위원회, 『성결교회신학(상)』 (서울: 기독교대한성결교회 출판부, 2007), 12.

[62] 18세기주의, 모라비안 경건주의, 로마가톨릭의 신비주의, 그리고 동방교회의 교부들에 이르기까지 그리스도교 내의 다양한 역사적 전통들과의 만남을 통하여 형성되었다(서울신학대학교 성결교회신학연구위원회, 『성결교회신학(상)』, 97.). 세스 쿡 리스(Seth Cook Rees)와 마틴 웰스 냅(Martin W. Knapp)이 창시한 만국성결교회의 특징은 초교파성, 선교중심, 예수와 사도적 영성의 지향, 19세기 북미부흥운동의 핵심주제이자 복음의 요체로 불린 사중복음(중생, 성결, 신유, 재림)이다(이한복, 『한국성결교회 형성사』 (서울: 도서출판 사랑마루), 64-121.).

[63] 기성은 2007년 교단 100주년에 『성결교회신학』을 발행하면서 간행사에서 "성결교회신학의 핵심이 '성결교회 100년 전통의 온전한 구원의 신학'이요, 또한 명실공히 '개신교복음주의 웨슬리안 사중복음 신학'임을 온 세계와 교회 앞에 천명하는 바이다."라고 선포했다." 서울신학대학교 성결교회신학연구위원회, 『성결교회신학』, (서울: 기독교대한성결교회 출판부, 2007).

[64] 새 예식서 수정위원회, 『예배와 예식서』(2004), 예배와 예식서 사용안내, Ⅷ.

두 번째 『예배와 예식서』(2016)는 머리말에서, 이 예배와 예식서가 "좀 더 목회 친화적이며 성결교회의 정체성을 뚜렷이 하는 방향으로 개정"되었다고 했다. 성결교회 정체성을 뚜렷이 하는 방향은 머리말의 예배부분 둘째와 넷째, 그리고 예식부분 셋째와 넷째에 나왔다.

둘째, 성결교회의 정체성을 더욱 뚜렷하게 하기 위하여 제Ⅱ장 기타 공예배 부분에 신유예식, 성별회(聖別會), 구령회(救靈會), 존 웨슬리의 주일낮예배 등을 추가로 제공하였으며, 주일예배 5형식(찬송과 함께 하는 성찬예배)의 성찬 찬송을 존 웨슬리의 찬송집에서 선곡하여 삽입하였습니다.[65]

넷째, 성찬예전은 표준 형식을 다섯 가지로 제공하였으며, 이중 제1형식에 1987년판 예식서에 있던 '구(舊)형식'의 성찬예전을 배치함으로써 새로운 형식의 성찬예전에 익숙하지 않은 목회자들을 배려하였습니다. 또한 성찬 기도문에서 교회력상의 각 절기에 따라 달라지는 부분인 '도입 기도문'을 16가지로 제공하였으며, 이 도입 기도문들에는 사중복음 신학을 반영하였습니다.[66]

셋째, 결혼예식, 장례예식, 추모예식에 성찬을 도입하였습니다. 이는 인간의 삶의 여정 속에서 성찬을 통하여 그리스도의 십자가 희생과 부활을 기억하고 재림에 대한 기대를 높임으로써 더욱더 하나님의 은혜를 경험할 수 있도록 하기 위한 것입니다.[67]

넷째, 각종 예문에 성결교회의 교리 요제이며 전도표제인 사중복음의 신학을 더하였습니다. 특히 예식의 축도 부분에 중생, 성결, 신유,

---

[65] 예배와 예식서 개정특별위원회, 『예배와 예식서』(2016), 5.
[66] Ibid.,
[67] Ibid., 6.

재림의 신학을 반영하여 예식의 참여자들로 하여금 성결교인의 정체성을 제고하도록 하였습니다.[68]

기성 교단은 『헌법』[69] 제8조에서 '본 교회의 사명'은 "'요한 웨슬레'가 주장하던 [성결]의 도리를 그대로 전하려는 사명 하에서 중생, 성결, 신유, 재림의 사중복음을 더욱 힘 있게 전하여, 모든 사람을 중생하게 하며 교인들을 성결한 신앙생활로 인도하여 주의 재림에 날에 티나 주름 잡힘 없이 영화로운 교회로 서게 하려는 것이다."라고 밝히고 있다. 이것은 『헌법해설집』에서 "사중복음을 신학화하는 작업이 필요한데, 이는 웨슬레신학의 큰 테두리 안에서 이루어져야 한다. 웨슬레신학의 포용성은 우리 교단의 특색을 충분히 수용하고 빛낼 수 있다고 본다."[70]로 해석되었다. 조기연의 웨슬리안 사중복음 예배신학은 교단의 『헌법』 정신을 예배로 구현하고자 했던 것이다.

예배갱신운동

조기연이 한국교회와 신학에 끼친 첫 번째 기여는 무엇보다도 세계사적인 예전갱신운동의 흐름에 따라 성서와 초대교회에 기초한 예배신학과 형식을 정립함으로써 한국교회 예배갱신을 도모했다는 것이다. 1996년 유학을 마치고 귀국한 조기연이 맞닥뜨린 한국교회는 지난 백년 동안 부흥을 견인했던 집회식 예배의 수명이 다하였고, 다가올 천년을 준비하는 새로운 예배 패러다임의 전환을 필요로 하던 시기였다. 한국교회 전체 예배를 규정할 수 있는 미국 서부개척시대의 프론티어 워

---

68 Ibid.,
69 기독교대한성결교회 『헌법』 제6조 1–4항 (서울: 기독교대한성결교회 출판부, 2019), 8–9. 사중복음.
70 기독교대한성결교회 헌법해설집 발간편집위원회, 『헌법해설집』 (서울: 기독교대한성결교회 출판부, 1993), 13.

십(Frontier Worship)은 초기 한국교회에 적합했지만, 성장한 한국교회의 예배를 성숙시키기에는 한계를 드러냈다.[71]

조기연은 예배갱신이 쉽지 않을 뿐 아니라, 서둘러서 될 일이 아니라는 것도 분명히 인지하고 있었다. 조기연은 처음부터 시급한 예배갱신의 요청에 "우리는 먼저 예배의 개념과 정의를 명확히 알아야 한다… 먼저 예배의 개념을 명확히 한 뒤에 거기에다 현재의 예배를 비추어 보고 이 두 가지가 서로 일치하지 않을 때, 우리는 둘 중 하나를 고쳐야 한다. 이때 둘 중 어느 것을 고쳐야 하는지는 자명해 진다."[72]라며 더딘 발걸음을 내딛기 시작했다.

조기연은 진정으로 예배갱신을 원한다면, 그리고 예배의 영성이 살아있는 바른 이해를 위해서라면, 기독교 시초에서부터 성경적, 신학적 원리를 통해 예배의 본질을 정확하게 파악하는 것이 우선임을 명확히 한다. 조기연이 주장하는 성경이 제시하는 예배의 신학적 원리는 하나님과 인간의 만남, 예수 그리스도의 생애, 죽음, 부활, 승천, 재림을 선포하고 경축하는 것, 하나님의 전체 구속의 역사를 성령을 통하여 경험하는 것이다. 조기연의 성경적, 신학적 예배의 본질은 삼위일체 신앙에 정초한다.[73] 이와 같은 예배는 부활하신 그리스도를 경험하는 '신비'를 회복하는 것이다. 한국교회는 지금 더디지만 분명 그 갱신의 방향으로 나아가고 있는 중이다.

한국교회 예배 진단과 대안

조기연은 현재 한국교회의 예배를 엄중히 진단하고 미래의 개선 방향

---

71 조기연, 『예배갱신의 신학과 실제』, 177-188., 조기연, 『한국 교회와 예배갱신』, 15-66.
72 조기연, "예배갱신 그 새로운 시작을 위하여" 『활천』, 64-65.
73 조기연, "예배갱신 그 새로운 시작을 위하여" 『활천』, 65-69., 조기연, 『예배갱신의 신학과 실제』, 87-107., 조기연, 『한국 교회와 예배갱신』, 166-172.

을 제시했다. 그리고 코로나 펜데믹 이전부터 예언자처럼 열린예배, 멀티미디어 예배, 사이버 예배, 지성전 예배의 가능성과 한계, 그리고 문제점을 지적했다. 팬데믹 상황에 당황한 한국교회가 그의 목소리에 경청했더라면 조금은 덜 우왕좌왕했을 것이다.

조기연은 열린예배가 신자보다는 구도자 중심의 집회적 성격임을 분명히 하라고 조언한다. 그리고 시청각 중심의 멀티미디어 예배가 하나님과의 만남이라는 영적인 행위를 해치지 않는 제한적, 보조적 수단으로 사용하도록 권고한다. 조기연은 사이버 예배가 환자나 수감자 등 예배당에 나갈 수 없는 자, 불가피하게 예배에 참여하지 못하는 자 등을 위한 유용성을 가지고 있지만, 본질적으로 사이버 예배는 유사예배로서 예배의 공동체성, 경축으로서의 예배, 몸으로 드리는 예배에 위협을 가할 수 있는 위험성을 내포하고 있음을 경고한다. 조기연은 한국교회의 예배가 사이버 시대에 구조적 취약성을 지니고 있음을 강조하고 경고했는데, 코로나 펜데믹이 이를 확인시켜 주었다. 지성전 예배는 영상을 중계하는 것으로 예배로 명명할 수 없음을 분명히 한다.[74]

조기연에 따르면, 현재 한국교회의 예배는 논리성의 결핍으로 인해 무질서한 예배를 드리고 있고, 통일성의 결핍으로 인해 중구난방식의 예배를 드리고 있고, 경외성의 결핍으로 인해 인간이 부각되는 예배를 드리고 있고, 진행성의 결핍으로 인해 회의하듯 예배를 드리고 있고, 상징성의 결핍으로 인해 '말'로 다하는 예배를 드리고 있고, 참여성의 결핍으로 인해 회중은 구경만 하는 예배를 드리고 있고, 성례성의 결핍으로 인해 구도자가 중심이 되는 예배를 드리고 있다. 조기연은 이러한 한국교회의 예배를 위해 미래의 갱신방향을 다음과 같이 제시한다. 첫째, 논리적 예배로서, '계시와 응답'이라는 큰 틀에서 예배의 각 요소마

---

[74] 조기연, 『한국교회와 예배갱신』, 69-143.

다 함유된 의미와 기능에 따라 논리적으로 배열되어야 한다. 둘째, 통일된 예배로서, 그날의 주제에 맞추어서 성경봉독, 설교, 찬송, 기도가 이루어져야 한다. 셋째, 경외감이 있는 예배로서 인간의 필요가 아니라 하나님께 영광을 돌리는 예배이어야 한다. 넷째, 진행감이 있는 예배로서 하나님의 구원의 드라마를 재연(recital)하는 것이어야 한다. 다섯째, 상징성이 살아 있는 예배로서 성서와 이성 중심의 구어적인 예배에 초월성을 드러내는 풍성한 상징이 회복된 예배이어야 한다. 여섯째, 회중참여적인 예배로서 예배권력의 집중을 통한 폐해를 막고, 집례자와 회중의 인도와 반응으로 능동적으로 살아 있는 예배이어야 한다. 일곱째, 성례전이 회복된 예배로서 예배가 전도의 도구가 아니라 예배 그 자체가 목적이며, 성서와 초대교회가 드리던 예배의 본질에 충실하면서도 현대 세계 교회들이 나아가는 방향의 예배이다.[75]

예배갱신은 예배의 개념을 정의한다고 실현되지 않는다. 예배갱신의 실재는 예배의 실제에서 구현된다. 예배 형식, 예배 표현의 방식, 규범, 조건의 중요성과 필요성이 여기에 있다.[76]

결 론

예배신학자 조기연의 삶의 이야기에서 떠오르는 상징적 언어들은 가난, 노동, 청소, 성실, 질병, 학문, 목회 등이다. 결코 녹녹치 못했던 시절의 삶의 환경 속에서 하나님의 부르심을 따라 걸어온 예배신학자의 길이다. 가난함 속에서 노동의 현실을 직면했고, 젊은 시절 몸에 밴 성실한 청소 노동은 한국의 작은 교회 화장실에서 시작하여 미국 유학시

---

[75] 조기연, 『예배갱신의 신학과 실제』, 153-176., 조기연, 『한국교회와 예배갱신』, 147-165.
[76] 조기연, 『예배갱신의 신학과 실제』, 177-187., 조기연, 『한국교회와 예배갱신』, 166-182.

절 기숙사에 이르기까지 삶의 모든 궤적을 잇는 형통의 이음줄이었으며, 허약한 체력과 끊임없이 찾아오는 수많은 질병들은 그의 학문적 열정과 업적을 추동하는 강력한 은혜로 작용했다. 조기연에게 있어 청소의 행위는 육체와 영혼을 깨끗케 하는 정결의 체험이었고, 질병의 고통은 이전 것을 버리고 새로운 것을 향해 나아가는 은혜의 역설이었다. 그의 예배신학은 이러한 그의 삶의 자락 속에서 피어난 신학사상이다.

조기연의 예배신학은 그의 두 스승 이정용의 예배의 문화화 사상과 제임스 화이트의 예전갱신운동 사상이라는 두 축으로 시작되었다고 볼 수 있다. 그는 기본적으로 한국인으로서 한국의 문화에 대한 깊은 이해와 사랑을 가지고 예배를 생각했고, 이를 토대로 말씀과 성례전이 균형 있게 조화된 예전갱신을 위해 노력했다. 그에게 있어서 예배의 개혁은 성서와 초대교회의 원형으로부터 출발한다. 성서가 말씀하는 예배의 본질과 초대교회가 보여주었던 예배의 형식과 내용이 예배개혁을 위한 기본 자료이자 토대이다. 그가 강조하는 신학적 숙고가 있는 예배란 바로 성서와 초대교회의 예배에 대한 깊은 탐구와 성찰을 의미한다. 그의 예배신학은 철저하게 성서적, 신학적 전통 위에 서 있고자 한다.

조기연의 예배신학은 조화의 신학이다. 그가 펼쳤던 예전갱신운동은 철저하게 예배의 조화를 통한 갱신이다. 전통문화와 토착문화의 조화, 짜여진 형식과 융통성 있는 형식의 조화, 즉흥적 기도문과 쓰여진 기도문의 조화, 구어와 상징의 조화가 어우러진 예배를 추구한다. 무엇보다 그의 예전갱신운동의 핵심은 말씀과 성례전의 조화이며, 그는 이를 예전신학의 기본 전제로 보고 있다. 한국 개신교회가 말씀 중심의 예배에 치우치고 성례전을 소홀히 하는 상황에서 그의 예전신학은 개혁적이라 할 수 있다.

조기연의 예배갱신운동은 한국교회의 예배에 대한 거침없는 비판과 대안제시로 나아간다. 그는 한국교회의 예배에 퍼져있는 일곱 가지 예배의 속성의 결핍을 지적한다. 예배의 논리성, 예배의 통일성, 예배의 경외성, 예배의 진행성, 예배의 상징성, 예배의 참여성, 예배의 성례성이 그것이다. 그는 한국교회 예배에서 드러나고 있는 무질서성, 비일관성, 인간중심성, 회의적 성격, 구두중심성, 관중성, 구도자성을 비판하며, 이것들로부터의 갱신을 모색한다. 특히 예배신학자인 그에게 있어서 코로나 펜데믹 시대에서의 예배의 본질과 방향에 대한 과제는 앞으로 그에게 남겨진 과제이다.

연구 목록

● 학위 논문

조기연. "마틴 루터의 두 왕국론에 관한 연구." 석사학위논문. 부천: 서울신학대학교, 1989.

Cho, Kee-Yeon. Worship as a Cosmic Event of Communion and Union: Christian Worship from an East Asian Perspective. Ph. D. Drew University, Madison, NJ: 1996.

● 단행본 국문도서

새 예식서 수정위원회. 『예배와 예식서』. 서울: 기독교대한성결교회 출판부, 2004.

예배와 예식서 개정특별위원회. 『예배와 예식서』. 서울: 기독교대한성결교회 출판부, 2016.

조기연. 『예배갱신의 신학과 실제』. 서울: 대한기독교서회, 1999.

조기연 외. 『복음주의 예배학』. 서울: 한국복음주의신학회, 2001.

조기연. 『한국교회와 예배갱신』. 서울: 대한기독교서회, 2004.

조기연. 『예배학 Cafe』. 서울: 대한기독교서회, 2009.

조기연. 『묻고 답하는 예배학 Cafe』. 서울: 대한기독교서회, 2009.

● 정기간행물

▶ 예배

조기연, "지나간 백년, 다가올 천년(한국교회 예배의 회고와 전망)", 「기독교사상」 Vol. 43, No. 11, 1999.

조기연, "예배와 하나님의 나라", 「신학과 선교」 Vol. 25, 2000. [KCI 등재후보]

조기연, "영상예배(멀티미디어 예배)의 예배학적 이해-울산감리교회를 중심

으로", 「신학과 선교」 Vol. 27, 2002. [KCI 등재후보]

조기연, "한국 개신교 예배의 역사적 기원과 신학적 지향성", 「신학과 선교」 Vol. 28, 2005. [KCI 등재후보]

조기연, "성결교회의 예배신학", 「신학과 선교」 Vol. 29, 2004. [KCI 등재후보]

조기연, "지성전 예배의 예배학적 분석과 평가", 「신학과 실천」 Vol. 7, 2004. [KCI 등재]

조기연, "예배에 대한 한국교회의 몇 가지 오해들", 「신학과 실천」 Vol. 0, No. 8, 2005. [KCI 등재]

조기연, "종교개혁자들의 예배개혁: 얻은 것과 잃은 것", 「신학과 실천」 Vol. 0, No. 12, 2007. [KCI 등재]

조기연, "이머징 워십의 예배학적 이해", 「신학과 실천」 Vol. 0, No. 20, 2009. [KCI 등재]

조기연, "예배의 일반적 이해", 「한국실천신학회 정기학술세미나」 Vol. 0, 2009, No. 5, 2009.

조기연, "존 웨슬리의 예배사상", 「대학과 선교」 Vol. 0, No. 34, 2017. [KCI 등재]

조기연, "Lester Ruth A Little Heaven Below: Worship at Early Methodist Quarterly Meetings", 「성결교회와 신학」 Vol. 9, 2003.

조기연, "빅터 터너의 의례이론에 비추어 본 현대예배", 「한국기독교신학논총」 Vol. 83, No. 1., 2012. [KCI 등재]

조기연, "특집: 성결교회의 성서해석과 예전: 예배역사적 관점에서 본 성결교회 예배의 기원과 방향", 「신학과 선교」 Vol. 46, 2015. [KCI 등재]

조기연, "Theology of Worship in the Modern United Methodist Church(U.S.A)", 「한국기독교신학논총」 Vol. 0, No. 39, 2005. [KCI 등재]

조기연, "예전과 음악의 관계성에 관한 한 연구", 「신학과 실천」 Vol. 0, No. 26, 2011. [KCI 등재]

조기연, "예배당을 '성전'이라 부르는 것은 무엇이 문제인가(예배의식을 중심으로)", 「기독교사상」 Vol. 676, 2015.

조기연, "예배, 공동경험과 공공기억의 사건", 「기독교사상」 Vol. 748, 2021.

조기연, "말씀과 신학: 특별기고; 예배갱신 그 새로운 시작을 위하여", 「활천」 Vol. 517, 1996.

조기연, "사이버 예배와 한국교회의 전망", 「활천」 Vol. 567, 2001.

조기연, "말씀과 신학: 예배클리닉-예복, 겨울에는 검은색 여름에는 흰색?", 「활천」 Vol. 580, 2002.

조기연, "말씀과 신학: 예배클리닉-강대상, 어디에 어떻게 놓아야 하나", 「활천」 Vol. 581, 2002.

조기연, "말씀과 신학: 예배클리닉-복음송을 예배에서 부르면 안 되는가?", 「활천」 Vol. 582, 2002.

조기연, "예배공간의 디자인, 그 상징성 회복", 「활천」 Vol. 583, 2002.

조기연, "말씀과 신학: 예배클리닉-예배순서의 뜨거운 감자, 광고", 「활천」 Vol. 584, 2002.

조기연, "말씀과 신학: 예배클리닉-기도인지 광고인지-공예배기도는 이렇게", 「활천」 Vol. 585, 2002.

조기연, "말씀과 신학: 예배클리닉: 헌금은 헌제, 어떻게 하는 것이 좋은가?", 「활천」 Vol. 586, 2002.

조기연, "말씀과 신학: 예배클리닉-예배 중의 참회의식", 「활천」 Vol. 586, 2002.

조기연, "말씀과 신학: 예배클리닉-성가대의 기능과 역할은", 「활천」 Vol. 587, 2002.

조기연, "말씀과 신학: 예배클리닉-기도의 종류", 「활천」 Vol. 591, 2003.

조기연, "말씀과 신학: 예배클리닉-예배는 강의가 아니다", 「활천」 Vol. 592, 2003.

조기연, "말씀과 신학: 예배클리닉-찬송은 누구에게 하는가?", 「활천」 Vol.

593, 2003.

조기연, "말씀과 신학: 예배클리닉-산해진미와 개밥그릇", 「활천」 Vol. 594, 2003.

조기연, "말씀과 신학: 예배클리닉-이상적인 예배형식", 「활천」 Vol. 595, 2003.

조기연, "말씀과 신학: 예배클리닉-호텔식사와 시장골목 순대국", 「활천」 Vol. 596, 2003.

조기연, "말씀과 신학: 예배클리닉-TV와 예배", 「활천」 Vol. 597, 2003.

조기연, "말씀과 신학: 예배클리닉-예배와 음악", 「활천」 Vol. 598, 2003.

조기연, "말씀과 신학: 예배클리닉-한국교회의 예배가 회복되는 그 날까지", 「활천」 Vol. 599, 2003.

조기연, "말씀과 신학: 세계신학 최근동향; 최근 예배학의 동향", 「활천」 Vol. 608, 2004.

조기연, "특집: 개신교는 줄고 천주교는 늘고; 본질과 교회성장-인구센서스에 대한 예배학적 접근", 「활천」 Vol. 634, 2006.

조기연, "특집: 공예배기도 어떤 내용으로 해야 하나", 「활천」 Vol. 652, 2008.

조기연, "성결교회 예배의 특징, 어디서 찾아야 하는가", 「활천」 Vol. 677, 2010.

▶ 교회력

조기연, "말씀과 신학: 예배클리닉-새해에는 교회력을 지키자!", 「활천」 Vol. 590, 2003.

조기연, "절기와 예식1: 주현절과 그 이후의 주일들", 「활천」 Vol. 770, No. 1, 2018.

조기연, "절기와 예식: 사순절", 「활천」 Vol. 771, No. 2, 2018.

조기연, "절기와 예식: 종려수난주일과 부활절 예배법", 「활천」 Vol. 772, No. 3, 2018.

조기연, "절기와 예식: 성탄절",「활천」Vol. 781, No. 12, 2018.
조기연, "서평: 대림절 묵상집, 말씀 따라 빛으로",「활천」Vol. 817, No. 12, 2021.

▶ 성찬

조기연, "새 창조의 축제-성서와 초대교회 예배에 나타난 생태학적 주제",「신학사상」Vol. 96, 1997. [KCI 등재]

조기연, "하나의 식탁, 하나의 공동체"-초대교회 성만찬에 나타난 '공동식사' 주제",「신학사상」Vol. 102, 1998. [KCI 등재]

조기연, "함께 나누는 생명의 떡-예배의 영성",「신학과 실천」Vol. 2, 1998. [KCI 등재]

조기연, "말씀과 식탁(과학 문명기 새 예배를 위한 패러다임의 전환",「한국기독교신학논총」Vol. 16, No. 1, 1999. [KCI 등재]

조기연, "성만찬기도를 통해서 본 로마가톨릭의 예배신학",「교수논총=(A) collection of treatises」Vol. 15, 2004.

조기연, "Anamnesis and Prolepsis in the Modern Eucharistic Prayer of the Roman Catholic and the Lutheran Church",「신학과 실천」Vol. 0, No. 37, 2013. [KCI 등재]

조기연, "개혁교회의 예배와 성만찬에 관한 한 연구",「신학과 실천」Vol. 0, No. 28, 2011. [KCI 등재]

조기연, "말씀과 신학: 예배클리닉-'포도즙'인가 '포도주'인가",「활천」Vol. 587, 2002.

조기연, "말씀과 신학: 예배클리닉-성찬식 후 남은 빵과 포도주는 어떻게 처리하는가?",「활천」Vol. 579, 2002.

조기연, "말씀과 신학: 예배클리닉-성탄절에는 성찬식이 어울리지 않는가?",「활천」Vol. 589, 2002.

조기연, "성찬의 신학적 의미와 흐름,「활천」Vol. 759, No. 2, 2020.

조기연, "성찬의 역사와 의미에 대한 예배학적 고찰-초대교회와 존 웨슬리를 중심으로", 「신학과 실천」 Vol., No. 76, 2021. [KCI 등재]

▶ 세례

조기연, "천국백성으로 태어나기", 「활천」 Vol. 525, 1997.

조기연, "기독교 세례의 동양적 이해-천(天)-지(地)-인(人)의 상통과 합일을 통한 신(新) 인간의 탄생", 「한국문화신학회 논문집」 Vol. 3, 1999.

조기연, "세례: 즉시적 사건인가, 훈련의 산물인가?", 「신학과 선교」 Vol. 30, 2004. [KCI 등재]

조기연, "예배에서의 세례의식", 「연세 목회전문화 세미나」 Vol. 6, 2004.

조기연, "양적성장과 질적하락: 4세기 이후의 세례예비자과정에 대한 한 연구", 「신학과 선교」 Vol. 32, 2006. [KCI 등재후보]

조기연, "기독교 세례의 기원과 의미-신약성서를 중심으로", 「신학과 선교」 Vol. 33, 2007. [KCI 등재후보]

조기연, "세례, 새로운 인간이 태어나는 모태", 「한국기독교신한논총」 Vol. 74, No. 1, 2011.

조기연, "초기 기독교 세례예전과 사중복음", 「신학과 실천」 Vol. 0, No. 61, 2018. [KCI 등재]

▶ 예식

조기연, "여성안수: 찬성과 반대(Women Ordination: Pros and Cons), 「신학과 선교」 Vol. 36, No., 2010. [KCI 등재]

조기연, "순교자·성자 공경에 대한 한국 개신교회적 이해", 「신학사상」 Vol. 0, No. 30, 2012. [KCI 등재]

▶ 기타

조기연, "나의 삶, 나의 학문", 「성결교회와 신학」 Vol. 38, 2021. 2017.

조기연, "우리 것을 지키며: 그 순간 성결은혜기; 주임은 내게 그렇게도 신실하셨는데", 「활천」 Vol. 713, 2013.

조기연, "성결한 목회자를 육성하려면", 「활천」 Vol. 793, No. 12, 2019.

가족들

필자와 함께

조기연 박사가 웨슬리신학심포지엄에서 발제를 하고 있다

서울신대 웨슬리신학연구소 신학심포지엄 | 2021년 5월 18일

스승인 제임스 화이트 교수(James F. White)와 함께

글로벌사중복음연구소 | 소장 조기연 교수

조기연 박사, 안선희 박사, 김운용 박사, 실천신학회 제7회 목회자 세미나 ⓒ이대웅 기자

제34회 신촌포럼, '예배에 대한 역사적·신학적 고찰' | 2014년 5월 22일

저서 『묻고 답하는 예배학 cafe』

오주영 박사

서울신학대학교 신학과 (B. A.)
서울신학대학교 신학대학원 (M. Div.)
연세대학교 연합신학대학원 (Th. M.)
서울신학대학교 신학전문대학원 (Th. D.)

최대해 박사

최대해 박사의 생애와 신학

이필형_대신대학교 교수(실천신학)

동국대학교 문리과대학 영어영문학과 (문학사)
세종대학교 대학원 영문학 전공 (문학석사)
세종대학교 대학원 영문학 전공 (문학박사)
총신대학교 신학대학원

대신대학교 전임강사, 조교수, 교수, 도서관장, 목회신학원장, 학생처장,
　기획처장 및 대학원장, 교무처장, 총장대행, 총장서리
대한예수교장로회 대구 범안교회 협동목사
한국영어영문학회 및 신영어영문학회 이사
한국번역학회 감사 및 부회장
한국영미어문학회 학술이사
학교법인 경북과학대학교 재단이사장
한반도 선진화재단 대구지부(대구목요한선포럼) 회장
한국신학대학 총장협의회 회장
한국대학교육협의회 이사

들어가는 말

현대 사회는 탈권위주의 시대이며 동시에 포스트 모더니즘(post-modernism)시대이기도 하다. 현대는 각 개인의 개성과 자율성, 다양성, 대중성을 중요시하며, 고대로부터 내려오던 전통적 가치를 배격하며 절대 진리도 인정치 않는다.

이러한 탈이념적 사상은 정치, 경제, 사회, 문화, 교육, 예·체능계뿐 아니라, 기독교(종교계)계도 피해 갈 수 없는 대세가 되었다. 그러나 아직도 그들 내면의 깊숙한 곳으로 들어가면 여전히 우뚝 서 있는 회색 바위를 본다. 특히나 대학이라고 하는 특수성, 기독교라는 특수한 울타리는 변하지 않는 것 같다.

그런데 마지막 남은 대학 교수와 기독교의 권위적 울타리를 무너뜨리고 나타나는 사람 좋고 성품 좋은 인간미 넘치는 위대한 스승이 있다. 해맑은 미소와 소박한 품성을 지닌 대신대학교의 최대해 총장이 오늘의 주인공이다. 한 대학을 책임지고 있는 총장으로서의 권위적이고 범접하기 어려운 근엄한 모습이 아니다. 바라볼수록 오랜 친구 같은 그리고 어려울 때 다가가면 언제나 도움을 줄 것 같은, 친근한 이웃집 아저씨 같은 다정다감하시고 인간미 넘치는 모습이 최대해 총장의 은혜로운 모습이다.

최대해 총장의 얼굴 속에는 그리스도가 보인다. 그 모습 속에 그리스도가 살아 계시기에 학교의 구성원들 뿐만이 아니라, 제자들까지도 쉽게 다가와서 속 깊은 문제들을 털어놓고 이야기할 수 있는 것이 아닌가 한다.

특히 최 총장의 제자 사랑은 그 사랑을 받은 제자들의 입을 통해 전설처럼 후배들에게 전해져오고 있다. 가령 배고픈 제자들에게 국밥 한 그릇을 대접하는 것으로부터 시작하여 자신의 집으로 초대하여 대접하는 일까지… 그의 일상이 모두 자상하고 넉넉하다.

최 총장은 스스로 권위주의적이지 않으나 주변의 모든 이들이 존경하고, 우러러보며 그를 따른다. 최 총장의 유별난 학교 사랑과 제자 사랑을 이야기하자면 끝 없이 차고도 넘친다. 지금도 수 많은 제자들이 최 총장의 이야기로 꽃을 피운다. 최 총장의 모습이 학교 사랑과 제자 사랑 뿐이라면 얼마나 아쉽겠는가?

최 총장의 학문과 목회적 사명감은 특별하고 남다르다. 영문학을 전공하고 대학에서 제자들을 가르치던 영문학 박사가 목회자로 변신한 것이다. 그 변신의 과정 속에는 엄청난 하나님의 손이 역사하신다. 어찌 사람의 계획으로 이러한 일이 일어날 수 있겠는가? 최 총장은 탈권위가 탈 진리로 이어지면서 절대 진리를 부정하는 이 시대에 학자이며 목회자로서 칼빈주의의 개혁신앙으로 무장하고 후학을 양성하기 위해 하나님의 부르심에 순종한 진정 이 시대의 학자요, 목회자요, 성자이다.

"예수 그리스도의 유일한 구원론이 무너진다면 현재 기독교의 가치를 어디에서 찾을 수 있겠는가?"라며 올바른 후학 양성을 위해 밤을 낮처럼, 하루 24시간을 48시간처럼 사용하시면서도 시간이 부족한 분이다. 그는 진정한 신학자이며 목자인 동시에 한국교회의 보배이시다. 자칫 필자의 졸필로 인하여 최대해 총장을 잘 표현하지 못하고 명예에 누가 될까 봐 조심스러운 마음으로 필을 들었다.

최대해 총장의 생애와 활동

최대해 총장은 경주최씨 29대손으로 1957년 경북 영천에서 출생했다. 임진왜란 이후 경주에서 영천으로 선조들이 이주했기 때문이다. 최 총장은 고조부 때부터 영천에 있는 화산성당에 나가던 천주교 집안이었다. 당시의 천주교는 한국 사회와의 괴리 때문에 신유박해, 기해박해, 병오박해 등 많은 어려움을 겪었던 이후였을 것이다. 특히 신유박해는 정순왕후와 얽인 정치적 소용돌이에 휘말리면서 한국의 천주교는 큰 화를 당하였다. 그런데 그런 와중에 그 모든 박해와 고난을 이겨내고 겨우 목숨을 건진 천주교 가문이 마치 16세기 종교개혁처럼 기독교 신앙으로 회심하였으니 최 총장의 신앙의 삶은 참으로 극적이라 하지 않을 수 없다. 하나님은 그의 조상들을 통하여서 하나님을 알 수 있는 길을 보여 주시고 기독교로의 개종을 계획하셨다. 하나님의 선하신 손길은 참되신 하나님을 알고 그리스도의 복음을 위해 이 시대와 대신대학과 한국교회를 위해 최 총장을 예비하시고 준비하신 것이다. 이러한 가문의 이야기들을 최 총장은 부친으로부터 전해 들었을 뿐이다. 현재 어머니는 생존해 계시며 93세의 노구에도 불구하고 교회 출석을 빠지지 않는다. 최 총장의 가족으로는 사모와 슬하에 1남 1녀를 두고 있다.

최 총장은 경북 영천에서 태어났지만 성장한 곳은 외가가 있는 경북 경산이다. 어릴적 부친의 사업 실패로 가정 형편이 어려워 잦은 이사를 다녔다고 한다. 초·중·고 학교을 다니는 동안 교회는 경산시 압량에 있는 의송교회와 진량제일교회를 다녔다. 주일마다 찬송 부르는 시간과 성경 이야기를 듣는 시간이 너무나 재미있어서 마냥 주일이 기다려졌다고 최 총장은 당시를 회고한다.

그 후 대구 동신교회를 출석하며 동국대학교 영어 영문학과와 세종대학교 대학원에서 영문학 석·박사를 마치게 된다. 그 후 하나님의 특별하신 인도하심으로 대신대학교(전, 대구신학교)와 총신대학 신학대학원을 졸업하고 목사 임직을 받으므로 마침내 영문학자에서 목회자로 거듭나게 된다.

사실 최대해 총장은 목회자로 임직하기 전 대구, 경북 지역의 유수한 대학인 금오공대를 비롯하여 계명대, 울산대, 영남대 등에서 토플 강의로 제자들을 양육하였다.

지금의 대신대학교의 총장이 되기까지는 하나님의 특별하신 인도하심이 있었다. 대학에서 잘 나가던 토플 강사 뿐만 아니라, 입시학원에서도 인기가 좋아 꽤 많은 수입이 보장되어 있었다. 그러나 하나님은 그에게 세상의 부를 놓게 하시고, 영혼 구원을 위한 주님의 일을 위해 가난한 자로 택하시고 부르셨다. 하나님의 특별한 부르심은 최 총장이 섬기던 교회의 중고등부 학생들을 지도하는 과정에서 있었다. 최 총장의 사역은 어린 중고등부 학생들과 젊은 교사들이 혼재한 푸른 사역이었다. 어리고 젊은 청소년과 청년들을 지도하고 있는 중에 하나님은 최 총장에게 선지학교를 섬기라는 생각을 계속해서 마음의 중심에 두셨다. 어느덧 최 총장은 일반대학의 영문학과 교수로 섬기는 것 보다 신학교의 교수로 섬기는 것이 하나님이 자신에게 주신 사명이라고 생각하게 된다. 사도 바울에게 건너와서 우리를 도우라는 마게도니아의 환상처럼, 학생들을 통하여 부르시는 손짓에 결국 최 총장은 그 부르심 앞에 순종하여 1992년 8월 대신대학교 교수 공채 1기로 교양학부 영어 교수로 임명되었다.

최대해 총장은 1992년 공채 1기로 대신대학교에 몸담은 후 지금까지 30여년 동안 오직 한길 교수로 재직하면서 교무처장, 학생처장, 기획처장, 대학원장, 도서관장, 목회신학 원장을 하며 겸손히 섬겼다. 그 후 2002년과 2007년 두 번의 총장 대행과 2013년 총장 서리를 거쳐 드디어 2016년 대신대학교 제8대 총장으로 취임하여 현재 연임 총장으로서의 임무를 수행하고 있다.

그러나 이것이 최대해 총장의 모든 것은 아니다. 2005년부터 2010년까지 학교법인 경북과학대학교에서 재단 이사장으로 섬긴 특별한 경력도 가지고 있다. 그는 대신대학교 총장으로 학교에서 그 직임을 수행하면서도 목회적 사명을 다하기 위하여 지금까지 대구 범안교회에서 협동

목사로 섬기며 제자훈련하느라 쉬는 날이 없다.

최대해 총장은 특별한 부분이 많다. 대학 교수이며 영문학 박사인 그가 하나님의 부르심 앞에 겸손히 무릎을 꿇었다. 영문학 박사의 신분이기에 미주총신대학 신학대학원이나 총신대학 신학대학원에 출강하여 1991년부터 수년 동안 객원교수로 학생들을 지도하거나 유학을 통한 목회자가 되는 길이 있었다(과거 타 교단 목사였던 분들이 총신신학대학원에 출강하여 학생들을 지도함으로써 합동 교단의 자격을 인정받은 경우들이 있었다). 그럼에도 불구하고 최 총장은 대로를 피해 좁은 길을 선택하였다.

그는 처음부터 다시 배우는 자세로 자신이 교수로 재직하고 있던 대신대학에서부터 무릎을 꿇고 겸손히 목회를 위한 공부를 시작하여 총신대학교 신학대학원에서 공부하였으니 최 총장의 겸손이야말로 타의 추종을 불허하며 진정 제자들의 발을 씻기시기 위하여 허리를 굽히신 예수님의 작은 모습이리라.

목자로서의 최대해 총장

"내가 산을 향하여 눈을 들리라 나의 도움이 어디서 올까 나의 도움은 천지를 지으신 여호와에게서로다"(시 121:1-2), 시편 121편의 말씀과 "나 주의 도움 받고자 주 예수님께 빕니다 …"라는 찬송가 214장을 가장 좋아한다는 최대해 총장은 대학교수로서의 모습뿐만이 아니라, 목자로서도 그 탁월함이 남다르다. 물론 학교에서 총장으로 수행해야 하는 업무가 과중한 만큼 목회만 하는 일반 목회자들과는 차이가 있을 수 밖에 없다. 그럼에도 불구하고 최대해 총장은 부지런히 연구하고 논문을 발표하며 쉼 없는 전진을 계속한다. 현재까지 그의 연구 논문들은 한국연구재단의 등재지에 수십 편을 게재했다. 대부분 신학과 문학, 특히 성경에 기초한 작품에 대한 논문들이다. 대표적 논문으로는 「호손의 종교적 죄의식」, 「주홍글자」에 나타난 죄의 심리적 연구, 「문학작품」에 나타난 종교와 도덕과의 관계 등 성경에 나타난 내용을 문학과 연결시킨 논문들이다. 원죄와 자범죄로 인한 인간 내면의 갈등들을 헤쳐 나가면서 종교적 죄의식의 변화 단계를 심층적인 통찰력을 통해 다양한 기법으로 표현해 내고 있다. 인간 내면과 인간 사회의 근간을 이루는 종교적 의식은 나약한 인간의, 혹은 포악한 인간의 단면을 드러내는 원죄와 자범죄의 결과들일 것이다. 현 인간 사회가 유지되는 것 역시 나약하거나 포악한 인간 내면의 심성과는 다른 하나님의 관용과 용서, 그리고 자비하심의 작동임을 최 총장은 신학적 관점을 통해 세밀하게 묘사하였다. 또한 최 총장은 주께서 그를 신학교 교수로 부르시기 전에 중고등부 학생들을 지도할 때부터 품었던 다양한 지도 방법들도 소개한다.

 미래 세대의 중요성을 인식한 청소년 문제와 그 해결을 위한 여러 가지 대처 방안들을 신앙적으로 어떻게 지도할 것인가? 에 대해 기도하면서 현장 중심의 실전들을 모아놓은 청소년 지도의 길잡이 역할을 하는 다수의 신학 세미나와 논문이 그 결과물들이다.

 현재까지 대구범안교회 협동목사로 사역하면서도 놓치기 쉬운 목양의 현장에서 연약한 성도들을 이끌어주고 주님의 가슴으로 보듬어온 제자훈련과, 힘들고 고단한 인생의 갈림길에서 하소연할 곳 없어 마지막으로 찾아오는 성도들을 감싸 안아주는 실제적인 상담과 세심한 배려, 삶을 변화시킨 수백 편의 주옥같은 설교를 모은 설교집 등이 있다. 최 총장의 작은 자에게 대접하는 냉수 한 그릇의 겸손을 주님은 기쁘게 받으시고 그를 높이신 것이다.

최대해 총장과 함께하는 대신대학교

대신대학교는 1954년 6·25 전쟁 직후에 세워진 대한예수교장로회 합동측의 작은 신학교이다. 6·25 전쟁으로 폐허가 된 이 땅에 먼저 교회를 재건하고 올바른 신학자와 목회자를 양성하기 위해서 제53회 경북노회를 통해 탄생한 신학교이다. 그 후 수많은 어려운 과정을 거쳐 1996년 교육부로부터 4년제 종합대학교 인가를 받아 1997년 대신대학교로 교명을 변경하고 1개 학부 3개 학과로 새롭게 시작한 미니 대학이다. 이때까지만 해도 최 총장은 평범한 교수였다. 그의 지도자로서의 숨은 역량은 2013년 총장 서리를 거쳐 2016년 제8대 총장으로 취임하면서 그 진가를 드러내므로 대신대학교는 새로운 변신을 거듭하게 된다.

현재 한국의 지방 대학들은 저출산의 늪에서 신입생 정원을 채워야 학교가 정상적으로 돌아가는 위기 속에 놓여있다. 하나님의 부르심을 받고 목회자가 되기 위하여 신학교의 문을 두드리던 넘치던 헌신자들도 이제는 어제의 얘기가 되었다. 종교다원주의 사상과 동성애, 모더니즘 사상은 기독교 사상과 지도자들을 양분하였고, 옳지 못한 각종 이슈와 비리에 휘말리면서 기독교는 인간 구원과 사회 정화의 기능을 상실한 것처럼 되었다. 이제 신학대학들은 신입생 경쟁률 제로에서 한 명이라도 더 채우기 위해 고군분투하고 있으며, 교수들은 신입생 모집을 위한 영업 사원화된 것 같다. 대신대학교 역시 예외일 수는 없었다.

매년 신입생 정원을 채우지 못해 허덕이며 어려웠던 대신대학교는 최대해 총장의 취임과 함께 새롭게 도약했다. 신입생을 찾아 현장으로 가는 최 총장의 솔선수범과 다양한 방법들, 각종 인센티브 제공, 교직원들을 하나로 묶는 단일대오의 리더십으로 학생모집은 순조롭게 진행되었다. 지역 교회와의 협업도 큰 역할을 하였으며, 지역 고등학교를 찾아가서 입시 설명회를 하는 등 신입생들을 모집할 수 있는 곳이라면 1인 상담도 마다하지 않았다. 또한 대학의 꿈을 이루지 못한 만학도(30세 이상의 나이)들에게도 꿈을 이룰 수 있도록 문을 활짝 열어 개방하였다. 그런 수고의 결과들이 모여서 학교는 신입생을 수급받았다. 결과는 참으로 놀라웠다. 최대해 총장의 솔선수범하는 리더십과 희생으로 교단 내에서 최초로 최대해 총장 취임 해인 2016년부터 2021년까지 5년 연속 학생모집 정원 100%를 달성하는 성과를 거두었다.

최 총장은 학생 모집뿐만이 아니라, 열악한 학교 환경을 개선하기 위해서도 혼신의 역량을 동원하였다. 지방 학생들을 위한 제2생활관을 준공하고 각 교사를 리모델링하였으며, 매년 학생들의 학습 환경을 개선하였다. 더불어 교수들의 연구 환경까지 개선해서 교수들은 연구에 집중할 수 있게 되었고 학생들의 휴게시설 확충으로 학생들은 쉼과 함께 면학 분위기가 개선되었다.

현재 대신대학교는 최대해 총장과 함께 신학, 실용음악, 사회복지, 상담 영어학부 4부 체제의 편성과 신학대학원과 일반대학원에서 석·박사 과정까지 공부할 수 있는 실천과 연구를 겸할 수 있는 대학이다. 최총장과 함께하는 대신대학교는 이 시대 한국이 낳은 세계 최고 수준의 개혁주의 대학을 꿈꾸고 있다. 칼빈에서 아브라함 카이퍼, 그레샴 메이첸의 계보를 잇는 인재 양성의 요람을 위하여 비상하고 있는 것이다.

최대해 총장과 함께 전문화된 4개의 날개(+1)를 달고

대신대학교를 대표할 수 있는 과목은 신학과이다.

신학과는 예장 합동 교단의 정체성에 맞추어 칼빈과 개혁주의 신학에 바탕을 두고, 그 기초를 다진다. 절대 권위와 절대 진리를 부정하는 탈

시대에 절대 권위와 절대 진리를 전파하며 가르치는, 이 시대 최고의 보수신학의 요람이다.

최대해 총장은 참된 개혁신학의 확장성이 인간들의 삶 속에 스며들도록 학문과 삶의 일치를 추구한다. 전통으로부터 내려오는 개혁신학과 현대적 삶의 균형을 위하여 경험 많은 교수들과 유학파의 젊은 교수들, 그리고 오랜 목회적 경험을 겸비한 교수들을 잘 안배하여 학생들과 함께하도록 하였다.

특히 최대해 총장이 실시하고 있는 교수-학생 담임제는 특별하다. 교수-학생 담임제는 아무 학교에서나 잘 적용되는 제도는 아니다. 교수-학생 담임제는 대학 생활에 잘 적응하지 못하는 학생들과 교우관계, 학비 등 말 못 할 고민이 있는 학생들에게 큰 소통의 창구가 되고 있고, 대학 생활을 즐겁게 할 수 있는 동기가 되고 있다.

담임 교수는 담임하는 학생들을 마치 교회 목사가 신자들을 목양하고 심방하는 시스템으로 운영하며, 학생들의 상담 창구로서도 큰 역할을 해내고 있다. 담임 교수는 학생들의 학교생활과 학업을 통한 미래 진로를 위해서 함께 기도하며, 학생 스스로가 하나님이 주신 직업적 소명에 응답하도록 돕는다.

학부 과정은 신학대학원에 진학하여 목회자가 되기 위한 준비 교육에 중점을 두며, 이를 위해 기본적인 교양과목들과 성경의 언어인 히브리어, 헬라어, 영어에 비중을 두고 가르치고 있다. 아울러 성경 내용을 숙지하기 위한 교의신학, 성경신학, 역사신학, 실천신학의 폭넓은 학문적 소양을 교육한다.

상담 영어학부는 영어와 상담심리를 함께 배움으로써 다양한 분야에서의 영어 사용과 상담 능력을 배양함으로써 다문화사회에서 요청되는 창의적인 인재 배양 및 선교사적 사명을 완수토록 한다.

성경적 가치관을 통한 심리학은 인간 내면의 깊이를 이해하고 어린 아동에서 성인에 이르기까지 다양한 분야의 다양한 사람들에게 체계적이고 적절한 도움을 제공할 수 있게 된다. 실무 중심의 전문 상담은 정신적 안정과 치유, 그리고 신뢰로 연결되며 효과적으로 복음을 전달하는 매개체가 되고 있다.

사회복지학과는 현대 사회에 있어서 가장 중요한 실천 학문으로 떠오르고 있다. 유대인의 1인 1기처럼 기독교 지도자가 되려는 학생들이 사회복지학을 배움으로써 교회와 지역 사회를 연결할 수 있고, 복음을 효과적이고 합리적으로 전달할 수 있게 해준다.

우수하고 인간미 넘치는 사회복지사 양성을 위해 지역의 사회복지시설과 연계되어 있으며, 이론과 실습 및 평소 자원봉사를 통하여 보다 전문적인 사회복지사 양성에 최선을 다하고 있다.

실용음악은 교회음악을 좀 더 확장시킨 것으로 성악, 피아노, 오르겐, 플룻 등을 중심으로 교회 안에서 사용할 수 있는 음악과 악기뿐만 아니라 일반 세상에서도 활용할 수 있도록 그 폭을 넓혔으며, 버스킹을 통한 복음 전파에도 효과적으로 활용되고 있다.

개혁주의 기독교 신앙을 바탕으로 위와 같이 세부 전공별로 확장된 실용음악은 21세기의 새로운 세계와 음악적 패러다임에 창조적이며, 실제적으로 적응할 수 있는 전문음악인 양성으로 교회와 지역 사회를 연결하는데 공헌하고 있으며, 기독교 신앙으로 훈련된 전문음악인을 세우는 것을 목표로 두고 있다.

2021년 최 총장은 대신대학교에 다섯 번째 날개를 달았다. 대한민국 신학대학교들중 최초로 스포츠팀을 발족시켰다. 전 안동고등학교 축구팀을 이끌었던 최건욱 감독을 영입하여 대신대학교 축구팀을 발족시키며 다섯 번째 날개를 달았다. 스포츠를 통한 기독교의 선교를 위해서 신학대학교에 태권도 스포츠팀을 발족시킨 적이 있다. 그러나 구기종목 스포츠팀은 아마도 대신대학교가 최초가 아닌가 한다. 스포츠를 통한 선교는 국경과 인종과 종족 및 종교를 초월하여 간접선교의 백미이다. 특히 축구를 좋아하는 전 세계의 축구팬을 생각할 때, 간접선교의 파급력은 상상을 초월할 것으로 기대된다. 대신대학교의 축구팀은 신생팀임에도 불구하고 2021년 춘·추계 전국 대학리그 연맹전에서 상위에 랭크되는 좋은 성적을 거두어 2022년을 기대케 하고 있다. 최 총장이 진두지휘하는 대신대학교의 축구팀은 이제 국내 대학과 프로축구계를 넘어 세계의 프로무대를 향하여 첫걸음마를 시작했다. 이제 그들이 성장하여 마침내 비상하게 될 때 하나님의 영광이 온누리에 비춰기를 간절히 기대해 본다.

그 외에도 최대해 총장은 다양한 장학 사업을 통해 학생들을 섬기고 있다. 고등학교 내신 성적 우수학생 장학금과 입학성적 우수장학금, 목회자 자녀 장학금, 재학생 가족에게 주어지는 가족 장학금, 복지 장학금, 군종 장학금, 보훈 장학금, 음악 경연대회 입상자 장학금, 30세 이상에게 주어지는 만학도 장학금, 지역교회와 연계된 지역교회 이름으로 제공되는 교회 장학금, 그 외 어려운 학생들에게 지급되는 특별장학금 등 가능한 모든 학생들에게 많은 장학 혜택을 주고자 하는 것이 최 총장의 마음이고 배려이다. 한 학생이라도 더 챙겨주지 못한 것을 늘 아쉬워하며, 다음 학기에는 더 많은 학생들에게 장학 혜택을 주고자 그는 오늘도 지역 교회와 성도들을 만나기 위해 달리고 있다.

최대해 총장의 학생들을 향한 큰 사랑은 끝이 없다. 대신대학교의 정체성이 개혁주의 신학에 바탕을 두고 있는 만큼 재학생들이 학교를 졸업할 때까지 경건한 학문 습득과 영성 훈련을 위해 매일 진행되는 채플과 각종 동아리 활동을 지원하고 있다.

채플은 하나님과 재학생들의 일대일 대면의 시간으로 학생들 뿐만이 아니라, 대신의 가족이라면 누구나 직원, 교수들까지 의무적이지만 자발적으로 참여하면서 그 열기의 뜨거움이 대구의 여름 날씨보다 더 뜨겁다. 채플의 주 강사는 대신대학교의 교수와 지역 사회의 목회자가 주류를 이루고 있으나, 최 총장은 학생들의 영성을 위해서 전국의 유수한 목회자 및 교수들을 발굴하여 모셔오는 수고로움도 마다하지 않는다.

대신대학교는 동아리 모임도 각양각색이다. 한국어린이전도협회 대구지회와의 협약을 통해 어린이 복음화 현장을 학교로 가져와 학생들에게 접목함으로써 다음 세대와 한국 교회의 미래를 준비하고 있다.

또 다른 어린이를 사랑하는 작은 예수 동아리 모임도 있다. 10대들에게 올바른 가치관을 심어주고 복음을 전하는 청소년 횃불 동아리 모임, 찬양 선교를 목적으로 하는 플랜비 동아리, 체계적인 제자훈련을 목적으로 하는 IVF 동아리, 성경 통독 동아리, 캠퍼스 선교회 등이 활약하고 있다.

최대해 총장의 역점 사역 중, 또 하나의 성과는 국제문화교류원 설립이다. 학교에 국제문화교류원을 개설하고 외국인 유학생을 유치하고 있다. 국제문화교류원의 학생들은 대략 200여 명이다. 이들은 학문을 통한 실력 향상에 매진하면서도 그리스도에 대한 신앙으로 물들어 간다. 최대해 총장은 그들을 찾아오는 선교사라 호칭한다. 그들은 한국 유학을 위해 자발적으로 찾아온 소중한 자산이다. 교단에서 선교사 한 명을 훈련하여 제3세계로 파송하려면 막대한 인력과 비용이 필요하다. 뿐만 아니라 선교사 훈련 후 파송국에 가서도 현지 적응 훈련이 필요하고 그 기간만큼 시간과 추가되는 비용이 발생한다. 그러나 스스로 유학을 위해서 한국을 찾아온 저들은 이미 자국에 최적화된 엘리트들이다 (아닌 경우의 학생들도 있지만). 최대해 총장과 학교는 그들에게 그리스도의 옷만 입혀 보내는 역할을 하는 것이다. 현재는 장기화되고 있는 코로나 사태로 인한 비자 발급의 제한으로 그 숫자가 줄어들어 100여 명 정도만 남아서 학문과 그리스도인으로 다듬어져 가고 있다. 그러나 최 총장은 베트남, 우즈베키스탄, 중국, 필리핀 등 동남아 지역들을 위해 지속 가능한 다양한 프로그램을 개발하여 외국인 유학생들을 유치하려고 힘을 쓰고 있다. 앞으로는 범아시아권과 남미, 아프리카권까지 그 영역을 확장하려는 계획을 구상하고 있다. 최 총장은 외국인 유학생 유치뿐만 아니라, 이미 지역 사회에 정착하여 살아가고 있는 경산지역의 다문화 가정을 지원하기 위한 프로그램도 진행하고 있다. 2020년 지역사회의 다문화 가정을 위한 산학협력단을 출범시켜 국제문화교류원과 연계하여 많은 가시적인 성과를 보여주고 있다.

개혁주의 신학의 확장성과 기여성

최대해 총장은 개혁주의 신앙의 핵심은 기독교 진리의 확장성에 있음을 잘 이해하고 있기에 기독교 진리의 확장을 위하여 대사회를 향한 기여성에 마음을 기울인다.

기독교의 가치가 아무리 높고 그것만이 진리라고 할지라도 대사회를 향하여 영향력을 발휘할 수 없다면 관념적 신학이 되고 말 것이기 때문이다. 대사회를 향해 그리스도의 사랑을 전달하려면 낮고 천한 곳으로 임하신 예수님의 삶을 세상 속에서 그의 제자들이 재현해야 한다. 낮고 천한 곳으로 임하신 예수님은 그의 공생애 역시 낮고 천한 곳에서 천국

복음과 함께 그들의 친구가 되어주지 않으셨던가? 최 총장은 "예수님처럼, 아니 예수님의 흉내라도 내면서 살아가야하지 않겠는가?" 하면서 자원봉사를 권장한다. 그렇게 예수님을 흉내 내면서 살아가는 방법 중 하나가 자원봉사라고 생각하기 때문이다. 자원봉사는 우리 사회에 도움이 필요한 낮은 곳을 찾아가 도움을 주는 행위이다.

최 총장의 자원봉사는 특정인들만이 하는 봉사가 아니다. 최 총장은 대학 구성원들 모두가 함께 동참하는 자원봉사를 요구하고 독려한다. 자원봉사가 이제는 한국 사회에서도 낯설지 않게 되었다. 그러나 다른 한편에서 보면 순수한 마음에서 벗어난 이권 단체도 자원봉사라는 이름으로 활동하는 것이 현실이다. 이러한 현실을 잘 파악하고 있는 최 총장은 2019년 전국자원봉사대와 협약식을 갖고 신뢰와 선의를 바탕으로 상호 긴밀한 협력체계 속에서 진정한 자원봉사를 하자고 다짐하였다. 지역사회발전과 관심 분야에 대한 연구개발과 정보, 자료교환 등 사회복지 분야 전공 학생들의 봉사활동, 인적교류 및 대학 구성원 모두의 자원봉사를 통한 하나님의 선하심과 기독교 복음의 핵심 가치인 진리의 확장성을 위해, 이웃 사회를 향한 기여도에 날개가 달린 것이다.

최대해 총장은 대학 구성원들의 대사회 기여도를 지원할 뿐만 아니라, 본인이 직접 그 현장의 중심에 서 있기도 하다. 대학 총장이라는 바쁜 일정 속에서도 경산시에 소속된 진량읍에서 명예 진량읍장이 되어 지역민과의 소통과 협력을 강화하고 있다. 대구 경북 도민회, 체육대회, 이장 회의, 환경정화 활동, 읍면동 주요 행사 참석 및 농특산물 홍보 대사와 시정의 자문 역할까지…

최대해 총장은 개혁주의 신학의 확장과 기여를 위해 오늘도 밤잠을 설치며 달려가고 있다. 이 외에도 최대해 총장은 다양한 분야에서 폭넓게 활동하면서도 학문 연구와 목회에도 순발력 있게 대응하고 있다.

한국복음주의 신학대학교 총장협의회 회장, 대학총장 조찬기도회 회장, 한국신학대학교 총장협의회 수석부회장, 대경대학원 원장협의회 회장, 대구기독교총연합회 이사, 영천경찰서 경목, 한반도선진화재단 대구지부 회장, 한국영어영문학회 이사, 한국번역학회 감사, 이사, 부회장, 한국영미어문학회 부회장 및 학술이사 등 역임 및 재임중이다.

나가는 말

최대해 총장은 다양한 달란트를 가지고 한국 교회와 그리스도의 복음을 위해 비전을 제시할 줄 아는 진정한 학자요, 문학가요, 목자이다. 최총장의 개혁주의적인 삶은 현재 미래형이다. 왜냐하면 아직 그가 뿌린 많은 씨앗들이 이제 싹이 나고 있기 때문이다. 머지않은 미래에 많은 선한 열매들이 맺힐 것이고 수확하게 될 것을 기대한다.

지금까지 우리는 최대해 총장의 생애와 학자적 모습과 목자로서 학교를 통한 제자 양성과 한국 교회에 남긴 거룩한 공헌과 비전을 보았다.

그의 학문과 신학, 목자적 삶의 특징은 이론적 학문이 아니라, 삶으로 본을 보이신 그리스도의 모습이다. 그런 측면에서 보면 그의 개혁신학이야말로 진정 이 시대가 요구하는 신학이며, 삶으로 그리스도를 부활시키는 실천적 신학인 셈이다. 참된 개혁신학이 무엇이겠는가? 관념적 이론과 말로서 큰 소리내는 소피스트가 아니라, 그리스도인으로서 그리스도의 삶을 세상에 소금과 빛으로 나타내는 것이 아니겠는가?

최대해 총장의 대학에서 교수와 총장으로서의 모습은 한없이 온유하고 따뜻하다. 수 백 명의 학생들과 직원들의 이름을 일일이 기억하며 불러주고 대소사를 챙길 만큼 자상하다.

대신대학교를 이 시대에 개혁주의 신학의 최고 중심에 세우기 위해서 대신 비전 2030을 만들어 실천하고 있기도 하다. 그의 비전은 대신의 비전이 아닌 오늘과 내일을 향한 한국 교회의 비전이며 예수 그리스도의 기뻐하심이다.

최대해 총장의 겸손하고 온유한 모습과 그의 학문과 업적을 졸필로 표현하는 데에는 사실 한계가 있으며, 여전히 조마조마한 마음으로 최대해 총장께 사랑과 존경을 보낸다. 최대해 총장의 삶의 모본은 제자들과 후배들, 그리고 그를 아는 모든 이들에게 귀감이 되고도 남음이 있다. 삶으로 드러나는 그의 신학 속에서 한국 교회의 미래가 보인다.

최대해 총장에게 있어서 신학은 학문이 아니라, 그의 삶이며 그리스도의 모본이었던 것이다.

연구 목록

「에밀리 브론테의 〈폭풍의언덕〉 구조적 이해와 의미」, 『신영어영문학』 제62집, 2015. 외 18편

반기문 베스트 영어 연설문, Happy Book, 2012. 외 11권

대신대학교 신학대학원 1학기 종강예배 훈사 | 2019년

대구경북 사랑의 쌀나누기 순회헌신예배 설교 I
2019년 11월 10일 주일

창립 5주년 기념 대학 총장 포럼 출판 감사예배 기도 I 2019년 11월 11일

경산시 '찾아가는 주민대화' 참여 | 2020년 1월 15일(수요일)

사랑의 김장김치 나누기 격려 | 진량읍 새마을부녀회, 2020년 11월 27일(금요일)

대구·경북지역 사립대학교 네트워크 구축 및
상호발전을 위한 협약식 참여 | 2020년 12월 14일

영남지역장로회 제10회 회원 수련회 축사 | 2020년 12월 8일(화요일)

대구극동방송 운영위원회 정례회 및 CEO 세미나 특별강연 | 2021년 7월 8일(목요일)

교무위원과 신임, 신대원원우회 임원 인사 | 2021년 6월 8일(화요일)

대구·경북지역 총장 간담회 참여 | 2021년 4월 21일(수요일)

만원의 행복 결식아동돕기 피자 기부릴레이 만남의 날 | 2021년 5월 28일

대학총장조찬기도회 정기 기도회 참여 | 2021년 4월 3일(토요일)

2021학년도 2학기 개강예배 설교

최대해 총장(앞줄 오른쪽에서 네 번째)
한국신학대학총장협의회 회원들의 정기총회 후 기념사진 | 2022년 1월 26일(수요일)

대신대학교 축구단 창단식

총장실에서

이필형 목사

호원대학교 경영학과 (B. A.)
총신대학 신학대학원 (M. Div. Eq.)
Philippine Christian University (M. A.)
Philippine Christian University (D. Ed.)

대한예수교장로회 하늘교회 담임목사
(사)나눔과기쁨2440 대표
B. G. A. 대구 두뇌상담소 대표
대구광역시 교육청 학부모 강사
대신대학교 교수

저서_「예배와 삶」. 도서출판 하늘, 2019.
　　성경공부교재: 행복 안내서, 교회란 무엇인가?
　　구약강해설교집: 나훔, 느헤미야, 다니엘, 룻, 말라기, 미가, 스가랴, 스바냐, 오바댜, 요나, 나훔, 학개, 하박국, 에스라
　　신약강해설교집: 누가복음, 사도행전, 로마서, 에베소서, 야고보서, 갈라디아서, 골로새서, 빌레몬서, 빌립보서, 유다서, 요한1·2·3서

한태동 박사

한태동 박사의 생애와 신학

박종현_전, 가톨릭관동대학교 교수

St. John's University, Medical School, 건축학과 의학 (B. S., M. S.)
Westminster Theological Seminary (B. D.)
Princeton Theological Seminary (Th. M.)
Princeton Theological Seminary (Ph. D.)

연세대학교 신과대학 교수, 학장, 중앙도서관장, 대학원장
Princeton Theological Seminary 교환교수
University of Hawaii, Basel Universitität 교환교수
전국신학대학협의회 회장
한국교회사학회 회장
현, 연세대학교 명예교수

서 론

한태동(韓泰東, 1924~) 박사는 1956년부터 연세대학교 신과대학 교회사 교수로 봉직하면서 독보적이고 창의적인 연구로 그 이름을 높였다. 그는 연세대학교 신과대학을 은퇴하기까지 신과대학장, 연세대학교연합신학대학원장, 연세대학교 도서관장, 연세대학교 대학원장 등을 역임하면서 교육과 학교 행정에도 진력하였다.

한태동 교수는 배우는 이들의 사고를 일깨우는 독창적인 연구 방법과 동서고금을 아우르는 방대한 인류 문화사를 일이관지 꿰뚫어 강의하는 그 탁월함으로 학생들의 존경을 받았다. 한태동 박사를 따르는 이들은 신학과 전공 학생들 외에도 공학도, 수학도, 그리고 본교 외에도 원근 각처의 대학생들과 대학원생들이 한태동 교수의 세미나에 들어와 청강하는 진풍경이 항상 벌어지곤 하였다.

그는 교회사 교수로서 기독교 문화사를 강의하였으나 대학원 강의는 현대수학의 집합론, 전자기학, 무한수학 등 다방면의 현대 학문을 강의하여 수강생들의 안목을 확장하여 주었다. 일례로 1988년 1학기 대학원 종교개혁사 세미나는 무한집합론을 토대로 강의를 개설하였다. 그 이유는 현대 기독교 신학이 영원 또는 무한을 다루는데, 자연 언어적 개념인 무한(無限, infinity)은 '한계가 없다'는 부정적 개념, 또는 정의되지 않은 개념에서 출발하기에 그 이론적 토대가 약하다는 것이었다. 따라서 무한에 관한 가장 발전된 이론을 갖춘 수학의 무한 이론을 토대로 신학적 사유를 다시 할 필요가 있다는 이유에서 개설된 강의였다. 칸토어의 대각선법에서 시작하여 선문답 같았던 칸토어가 대각선법에 차용한 논리가 무엇이냐는 질문은 일주일 내내 수강생들을 고민하게 만드는 사고를 깨우는 창의적인 질문이었다.

이렇듯 연세대학교 뿐 아니라, 당시 많은 학생이 한태동 교수의 강의에 매혹되었고 도전받았으며, 그 영향으로 많은 학자를 배출하여 후학들의 기억 속에 그의 학문의 세계가 선명하게 각인되어 있다.

이 글은 짧게나마 한태동 박사의 생애를 소개하고, 그의 학문의 방법론적 배경과 그가 연구한 영역을 소개할 것이다. 아울러 이 책이 한국의 신학자들을 소개하는 것이기에 그의 강의를 기억하며 한태동 교수의 신학과 신앙을 소개하려 한다.

한태동 박사의 생애[1]

한태동(韓泰東) 교수는 1924년 중국 상해에서 독립운동가 송계(松溪) 진교 어르신의 아들로 태어났다. 상해 임시정부와 인성학교(仁成學校)에서 안창호, 신채호, 여운형, 김두봉, 김구 선생의 사랑과 가르침을 직접 받으며 장성하셨으며, 대학에서는 건축학과 의학을 전공했다(St. John's University).

광복이 되자 비자번호 5번으로 귀국해서 나라 재건을 위해 활동했다. 이후 역사의 크고 작은 사건을 친히 겪으며, 헐벗고 병든 나라와 민족을 위하여 필요한 학문이 신학이라 생각하고, 도미하여 웨스트민스터신학대학원(Westminster Theological Seminary)과 프린스턴신학대학원(Princeton Theological Seminary)에서 공부했다. 특히, 프린스턴 시절 고등학문 연구소(Institute for Advanced Study)를 통하여 수학자 괴델(Kurt Gödel), 처치(Alonzo Church), 역사학자 토인비(Arnold Toynbee), 물리학자 아인슈타인(Albert Einstein) 등 거장들의 영향을 받아 다양한 학문들을 섭렵했고 일이관지(一以貫之)의 학문세계를 창출

| 1 앞의 책. 5-6쪽을 그대로 옮긴다.

했다.

그는 각양 지방의 중국어를 중국인에게 가르치실 수 있는 학자이다. 영어, 독어, 불어를 구사하고, 갑골문, 히브리어, 그리스어, 라틴어를 포함한 고전어에 능통한 그는 수학이라는 과학의 중요성을 제자들에게 늘 강조했다. 그래서 역사학자들의 인지구조와 방법론을 다루는 『한태동의 역사학 방법론 강의』에서도 수학의 언어가 자연스럽게 사용되고 있는 것입니다.

그는 1956년 10월 역사학 방법론에 관한 연구로 박사학위를 취득한 후 귀국해서 1957년 3월부터 연세대학교 교수로 봉직하면서, 독보적인 연구와 강의를 펼쳐 보여 주었다. 기독교와 과학의 사상, 동양사상과 서양사상, 역사와 문화를 다루는 그의 명강의는 언제나 화제였으며, 1990년도 1학기 '사람과 사상'의 수강 학생 2,403명이라는 전무후무한 기록을 남기기도 하였다.

그의 독창적인 연구는 기독교의 인지구조에 대한 해석에서 출발하여, 동양의 인지구조, 한국의 인지구조, 과학의 인지구조에 이르는 연구 여정으로 이어졌다. 예를 들어, '세종대의 음성학 연구' (훈민정음, 동국정운, 악학궤범에 대한 연구)에 대한 국학분야의 공적은 2003년 외솔상을 통해 세상에 알려진 바 되었다. 선별된 설교와 논문은 연세대학교출판부에서 간행한 『한태동선집(전4권)』과 『Taidong Han Selected Works (Vol. I · II)』를 통하여 볼 수 있습니다.

그는 강의실 외에 연구실과 자택을 개방하여 제자들에게 언제나 새롭고 고차원의 문제들을 스스로 깨닫게 해주는 스승이었다. 그의 입체적인 가르침을 받은 제자들은 실로 다양한 전공을 가지고 현재 국내외의 다양한 기관과 대학에서 활동하며 소임을 다하고 있다.

제자들은 민족을 사랑하는 선비, 세계의 문화인, 소리없는 사회사업가, 겸허한 스승, 경건한 신앙인, 즐거운 자유인, 그리고 인생의 멘토인 그의 은혜를 잊을 수 없다. 미수를 맞은 그가 앞으로도 건강하고 사랑하는 제자들에게 진귀한 가르침을 계속 베풀어 주기를 위해 기도한다.[2]

한태동 박사의 연구 방법론의 사적 배경

한태동 교수의 전체 연구 범주는 인류의 문화사라 할 수 있다. 시기적으로는 원시문화로부터 현대문화까지 공간적으로는 서구문화와 동양문화를 아우르고 있다. 한태동 교수의 강의와 연구는 공통적으로 수학적 방법론이 바탕이 되고 있다. 그 이유는 자연 언어가 갖는 개념의 다양성과 의미 체계가 어떤 사상가, 또는 어떤 문화에서 사용된 개념들이 변화하고 부정확하게 유동하기 때문이다.

한태동 교수는 동서양 사상가의 인지구조와 동서양문화의 사유체계를 추출한다. 최근 빅히스토리가 등장하여 우주의 탄생 빅뱅부터 현대 인류사회까지를 하나의 세계로 서술하려는 시도가 등장하고 있다. 그러나 이러한 시도는 문화의 다양한 구조와 거기에 근거한 다른 세계, 다른 진리 체계라는 것을 간과하게 된다. 게다가 그 연구 방법의 객관성이 어느 정도 보장도었는가에 의문을 제기하게 된다. 따라서 한 사상가나 한 문화체계를 다룰때에는 그 내재적 구조를 분석하고 기술하여야 그 자체로서의 내적 체계의 고유성을 확립하고 인식하게 된다. 한태동 교수의 방법론에 수리논리학이 등장하는 이유가 거기 있다.

고대의 수학은 산술과 기하학으로 구분되어 있었고, 논리학은 논변을 위한 학문으로 인식되었다. 근세에 이르기까지 이러한 이해가 지속되

---

2   2021년 말 한태동 교수님과 가까운 사람을 통해 그가 자서전을 집필 중이라는 말을 들었다. 이 자서전이 출간되어 세상에 널리 알려져 많은 이들이 한태동 선생의 생애와 시대, 그리고 학문의 세계를 가깝게 알 수 있는 날이 오기를 기대한다.

다가 데카르트가 해석 기하학을 확립하면서, 기하학은 대수학으로 대수학은 기하학으로 각각 변환할 수 있게 되었다. 일반적으로 산술과 시간을 다루던 대수학이 일반적으로 공간을 다루던 기하학이 상호 변환하게 되었다.

다음은 근대 기호논리학이 등장하면서 프레게, 조지 부울, 드 모르간, 퍼어스와 같은 학자들에 의하여 발전하기 시작하였다. 그래서 고대 논변술의 하나로 여겨졌던 논리학은 기호논리학의 등장으로 철학적 인식론, 수학과 같은 정의된 기호의 체계로 변화하면서 논리적 산술 방법이 고도화하기 시작하였다.

19세기까지 수학은 하나의 통일된 체계를 확립하였고, 기호논리학도 하나의 체계로 통일되어 갔다. 20세기 초 버틀란트 러셀과 알프레드 화이트헤드는 『수학원리』라는 저술을 통해서 수학의 모든 체계는 기호논리학의 모든 체계로 변환될 수 있음을 증명하였다. 그럼으로써 수리논리학은 모든 수학적 체계를 포함하는 가장 강력한 객관적 서술 체계가 되었다. 이러한 수리논리학의 입장에서 수학과 수학을 직접 원용하는 자연과학, 그리고 수학적 방법을 어느 정도 적용하는 사회과학, 그리고 자연언어를 사용하지만, 내재적으로 고전 논리의 방법론을 내장한 인문학을 수리논리의 언어로 정교하게 서술하거나 분석할 수 있는 토대가 완성되었다.

역사적으로 사상가나 문화를 연구할 때, 그 사상가 자신이나 문화체계가 자기 자신의 사유 구조나 내적 방법론을 구축하고 사유가 전개되지는 않는다. 왜냐하면 사상가이든, 특정 문화이든 사상의 대상이나 문화체계를 둘러싼 대상으로서 세계를, 또는 진리를 기술하는 것이 목표이기 때문이다. 그래서 사상가의 사상의 방법이나 문화체계의 방법은 후대에 연구되고 분석되는 것이 일반적이다. 예를 들어 로마는 수 세기 동안의 정복 전쟁, 법체계의 구성, 문화, 예술, 종교가 발전하게 된다.

그러나 로마문화에 대한 객관적 이해의 시도는 후대의 역사가들이나 문화연구자들에 의해 시도되는 것이다.

그런데 이러한 후대 연구자들의 연구 방법론이 자연 언어적 개념에 기초하게 되면, 용어 정의의 불확실성, 의미의 유동성, 고대인의 언어에 내장된 의미가 현대 연구자들의 개념과 어떻게 일치하거나 불일치하는지 명료하게 알 수 없는 경우들이 발생하게 된다. 문화 연구에서 연구자들이 자신이 속한 세계의 사유와 개념들로 타문화, 또는 과거 문화의 개념과 혼동을 일으키는 경우가 다반사이기 때문이다.

한태동 교수는 이러한 연구자의 주관적 요소를 최소화하고, 사상가나 문화체계에 내재된 사유체계를 객관적으로 드러내는 방법으로 수리논리학의 적용하였다. 근대 수학과 수리논리학에 형식주의 방법을 완성한 힐버트는 수리논리학의 입장에서 하나의 이론이 갖추어야 할 요소들을 네 가지로 꼽았다.

힐버트는 이론이 엄밀하게 정의된 문장들의 논리적 추론에 의해 구성된다고 보았다. 최초의 문장들은 타당성이 매우 높은 문장들, 즉 모순이 없고 참인 문장들에 의해서 어떤 개념을 정의하게 되고, 이러한 문장들을 공리(axiom)라고 불렀고, 이 공리들로 구성된 체계를 공리계라고 하였다. 이 공리계에 사용된 논리적 문장들의 서술은 네 가지 조건을 만족시켜야 한다고 보았다. 첫째는 완전성(complete)으로서 모든 이론들은 공리계로부터 산출되어야 한다. 둘째는 독립성(independent)으로서 공리들은 상호 독립적이어야 한다. 셋째는 일관성(consistent)으로서 공리계로부터 산출된 이론들은 상호 모순이 없어야 한다는 것이었다. 마지막으로 부수적으로 공리계는 아름다워야(elegant) 한다는 미학적 요소를 부가하였다. 수리논리학의 체계는 고대부터 이어온 학문 연구 방법의 최종적 산물로서 20세기 초에 최고의 완성을 이루었고, 모든 학문 연구에 적용 가능한 체제를 갖추었다.

한태동 교수는 1956년 미국 프린스턴신학대학원에서 역사방법론으로 학위를 취득하였다. 이 연구는 서양 근대 사학사에 등장하는 역사학자들의 역사적 사고를 수리논리학적으로 분석한 것이었다. 이 학위 논문은 연구의 합리적 타당성을 얻기 위하여 두 가지 점에 주목하였다. 연구 주제 자체의 역사적 전개, 그리고 연구 주제의 구조와 변화를 보여주는 문제의 내재적 논리가 그것이었다. 즉 역사학에서는 역사가들이 역사 안에서 찾고자 했던 것들이 어떤 역사적 변화를 보였는지, 그리고 그 주제들이 어떤 논리를 갖고 변화하였는지 연구한다는 것이다.

  이를 기해서 한태동 교수는 3차원의 요소를 다루었다. 역사적 삶의 정황과 사람들의 관계에 대한 인지, 둘째 그것들의 시간적 흐름으로써 역사에 대한 인지, 그리고 역사를 구성하는 역사가들의 사유체계의 인지구조에 대한 연구라는 요소를 통해 3차원적 연구를 수행하여 연구의 구조를 견고하게 하였다. 그의 박사학위 논문에서 성취된 방법론은 한태동 교수의 향후 연구를 일이관지하는 방법론으로 수립되었고, 그의 모든 연구는 견고한 구조를 지니게 되었다.

  예를 들어 한태동 교수는 근대 영국의 수리논리학자 조지 부울의 기호를 근대 이전의 동서양의 사상가들의 인식구조를 분석할 때 사용하였다. 여기서 1, x, y, − 등의 기호를 사용하였다. 부울은 논리식을 창안하여 인간의 사유를 산술적으로 계산하는 방법을 제시하였다. 그가 사용한 1은 논리적 우주(logical universe)로서 전체를 의미하고 x, y, z … 그 전체의 요원이다. 만일 1=x+y라면 x와 y를 합하여 전체가 된다. 부울의 확률 계산에서는 1은 발생할 확률 100%를 의미하여 확률 계산에도 적용하였다.

  예를 들어 한태동 교수는 공자의 사유 구조를 공자의 논어에 나오는 텍스트를 논리식으로 해석하였다.

임금은 임금 다워야 되고(君君) ⇒ (君)^2
신하는 신하 다워야 되고(臣臣) ⇒ (臣)^2
아비는 아비 다워야 되고(父父) ⇒ (父)^2
아들은 아들 다워야 된다(子子) ⇒ (子)^2 즉 X^2

즉 X=X^2 즉 논리곱의 기호를 사용한 이중구조를 갖는 것이 공자의 인식구조라고 보았다. 이처럼 한태동 교수는 임금이 뭐고 신하가 뭐고를 분석한 것이 아니라, 텍스트에 나타난 요원들의 관계를 분석하여 공자의 사유의 틀을 분석하였다.

다른 예로 노자의 예를 들면 도덕경의 첫 문장의 구조는 다음과 같다.

道可道 非常道 ⇒ X = ~X
名可名 非常名 ⇒ Y = ~Y

노자의 사유는 어떤 것(X)은 그것의 부정(~X)과 함께 한다는 것이 노자의 인식구조라고 보아 공자의 인식구조와 노자의 인식구조가 확연하게 다른 구조를 갖고 있음을 논리식을 통해 보여 주었다.

한태동 교수의 연구는 이러한 수리논리학과 수학적 방법론을 사용하여 대상을 자연 언어의 개념으로 서술하는 인문학 연구와 문화 연구를 극복하고 동서양의 문화와 사상가들의 인식구조의 내재적 측면을 드러냄으로써, 그 사상과 문화의 내적 구조의 일관된 체계의 특성을 분석하고 객관적 비교와 인식을 가능하게 하였다. 한태동 교수는 문화사 연구뿐 아니라, 현대 학문 세계에도 이러한 사유구조가 내재한다는 것을 그의 연구를 통해 보여 줌으로 그의 학문적 방법론으로써의 완결성을 입증하였다.

기독교 문화사 연구

　한태동 박사의 기독교문화사 연구는 신학에서 다루는 교회사나 교리사와 구별된다. 교회사나 교리사는 인문학적 개관성을 유지한다 해도 몇 가지 대전제를 갖고 있다. 동일한 하느님, 동일한 계시, 동일한 교회라는 전제이다. 특히 교리사는 그 형성과 전개 과정에서 다양한 사상적 갈등과 투쟁이 있어서 이단 투쟁이라는 이름의 강력한 사상적 억압을 내장하고 있다. 텍스트에 동반된 정치적이고 심리적 측면으로 인해 객관적 이해의 어려움이 있다는 것이다.

　한태동 교수의 기독교 문화사 연구는 고대교회의 문화는 희랍과 라틴인들의 사유체계 안에서 기독교 사상이 어떻게 변화하여갔는가를 그의 사유의 구조 분석을 통해 시도하였다. 우선 구약성서 텍스트와 신약성서의 예수의 말씀을 분석하여 거기에는 일반적으로 문화사에 잘 등장하지 않는 삼분적 입체구조의 사유가 등장한다고 밝혔다. 이와 달리 바울은 희랍의 사유의 한 유형으로서 역설적 인식구조를 갖는다고 분석하였다.

　또 동방의 교부들의 사상 속에서 점차로 등장하는 시간적 인식구조는 성 어거스틴에 이르러 뚜렷한 역사철학으로 정립되었다고 밝히며, 이러한 어거스틴의 역사철학은 후에 서양의 사상가들인 헤겔, 다윈, 마르크스 등에 영향을 주며 근대 음악의 구조 형성에도 영향을 준다고 밝혀 냈다.

　한태동 교수의 연구에 의하면 중세의 기독교는 라틴 교부 어거스틴의 사상에 기반하여 발전하였다. 어거스틴은 『고백록』과 『신의 도성』을 통해 깊은 신앙과 시대역사의 깊은 통찰을 어우러낸 역사철학을 수립하였다. 이 책들은 시간과 시간의 내용을, 그리고 종말에 관한 내용을 서술하였다. 시간은 하느님의 피조물로써 시간의 내용은 선악의 갈등과 투쟁이었다. 아벨과 가인의 대립에서 시작된 인류의 갈등은 악의 영역에 속한 바빌론과 로마제국을 통해 잘 드러났다. 그리스도의 교회가 인류 구원의 담지자(擔持者)로써 그 역사적 소명을 다해야 한다고 보았다. 어거스틴의 역사의 종말은 신의 도성, 곧 하느님의 나라를 통해 완성되고 영구적 평화가 도래할 것으로 보았다.

어거스틴의 이러한 사상은 중세의 역사관을 지배하여 신성로마제국을 수립하고 지향하는 목표로 남아 역사를 지배하였다. 이러한 중세의 역사적 목표는 수도단들에 의해 구체적으로 실천되었고, 성례전과 교회법을 통해 대중 세계를 지배하였다. 이러한 중세의 역사적 목표는 13세기에 이르기까지 장기간의 평화를 수립하는데 성공하는 등 역사적 성과를 거두었다. 그러나 14세기부터 신학적으로 스콜라신학이 유명론에 의해 붕괴되고, 민족국가의 출현으로 교회와 국가가 분열되었으며, 교황청 내부의 분열로 교회의 영향력을 점차 줄어들게 되었다는 것이다.

한태동 교수의 근대 기독교 강의는 르네상스 시대의 문학, 철학, 미술, 건축, 그리고 종교개혁으로 이어지는 일련의 변화 속에 나타났다고 보았다. 중세의 이원적 사고에서 르네상스는 인간의 자율과 주체성이 작동하는 이중구조의 사고(X^2)가 등장하여 새로운 시대를 열었다는 것이다. 중세와 구별되는 근대성의 출현을 중세적 사고와 근대적 사고의 뚜렷한 양상의 차이에서 구분하였다.

현대 기독교에서 가장 주목할 만한 변화는 칸트의 출현이었다. 칸트는 그의 일련의 비판서들을 통해서 이성의 기능에 주목하였다. 고대로부터 내려오던 철학적 관념론은 칸트의 이성 비판에 의해 종결되었다. 칸트는 인간의 인식은 인간의 마음의 산물로써, 대상으로써의 물자체(物自體)는 인식할 수 없다고 보았다. 따라서 칸트 철학 이후, 인간이 이성으로 신인식을 주장할 수 없게 되었고, 신 존재 증명이 불가능하게 되었다. 대신 칸트는 이성의 한계 안에서 종교는 도덕률을 요청하는 것, 즉 인간의 도덕적 삶을 위해서 하느님에 대한 신앙이 요청된다는 입장을 취하게 되었다. 하느님의 존재는 순수이성으로는 증명할 수 없다는 것이었다. 칸트는 인간이 존재를 인식하는 것과 그에 대한 가치판단을 하는 과정의 종합 판단에서 종합을 시도하였다.

고대로부터 이어져 온 기독교 신학은 칸트의 인식론 앞에서 위기에 직면하였고, 이를 어느정도 극복하여 준 것이 슐라이어마허였다. 슐라이어마허는 그의 『신앙론』에서 전통적 형이상학적 신학과 칸트의 도덕의 전제로서 종교론을 비판하였다. 그는 종교의 본질은 하느님에 대한 절대의존의 감정인데, 여기에서 하느님과 인간은 분리되어 있지 않다. 이것이 신앙이고 경건이다.

반면 신의식과 자아의식은 하느님과 사람이 분리되어야 가능한데, 이 분리의 상태에서 신의 존엄과 인간의 부족함이 비교되어 죄의 관념이 나타나게 된다. 이 인간의 상태는 성육하신 예수 그리스도를 통해 하느님과 하나 되어 절대자에 대한 귀의의 감정이 회복된다고 보았다. 한태동 교수는 슐라이어마허가 칸트 이후 종교의 기능을 도덕적 기능으로 협소하게 된 것을 극복함과 아울러 고전 형이상학적 신학의 한계를 넘어서는 고귀한 감정의 활동임을 알려주어 새로운 지평을 열어준 것이 큰 공헌이라고 보았다.

한태동 박사의 문화사 연구

한태동 교수는 기독교를 문화사의 관점에서 연구한 것 외에도 동서양의 사상가들의 인지구조를 분석하여 연구하였다.[3] 이 연구에는 크게 동양의 사유, 서양의 사유, 그리고 현대 사상가들의 사유를 연구하여 발

---

3 한태동, 『한태동 선집 3—사유의 흐름』,(서울: 연세대학교 출판부, 2003). 이 선집이 한태동 박사의 동서양의 철학과 종교 사상을 연구한 연구 논문 선집이다.

표하였다. 동서양의 대표적 종교와 사상인 기독교, 공자, 노자, 석가와 현대 인접구조론을 소개하였고, 동양의 사유는 원시적 사고, 주역, 도덕경, 논어, 묵자, 한비자, 퇴계와 율곡, 의상과 원효, 금강경과 반야심경에 나타난 사유를 소개하였다.

서양의 사유편에서는 그리스사상, 아리스토텔레스, 기독교사상의 기반, 어거스틴의 역사철학, 르네상스의 복카치오, 갈릴레이, 바베스, 발라, 종교개혁가 마르틴 루터, 근대의 칸트와 헤겔, 만하임, 마르크스, 부르크하르트, 베이컨, 조지 불, 토인비, 콰인의 사유의 구조를 분석 연구하였다.

이 연구들은 동서고금 결코 하나로 연구되고 소개될 수 없는 사상가들로 보임에도 불구하고 한태동 교수는 이들의 인지구조를 연구하였다. 그 모든 연구에는 사상가들이 속한 시대의 사람들의 관계가 우선적으로 역사적 배경으로써 연구되고, 둘째 그가 그 시대를 어떻게 이해하고 받아들였는가를 텍스트를 통해 분석하고, 최종적으로는 그 사상가가 스스로 인지하지 못하였을 수도 있는 내적 인지구조를 분석하여 알려주는 3차원적 방법론으로 인류 문화사에서 사유의 흐름을 논리적으로 추출하였던 연구였다. 그럼으로써 학문 연구에서 나타날 수 있는 오류의 가능성을 최소화하고 연구 대상의 주관적 세계를 객관화하는데 성공할 수 있었다. 주관과 객관의 방법론적 일치가 이 연구에서 성취되었다.

한국학 연구

한태동 박사의 연구의 또 한 분야는 한국학 분야의 연구였다. 한태동 박사가 독립운동가 가계에서 배출된 인물이기도 하거니와 그의 깊은 민족 사랑은 필자가 청강한 강의 중에도 항상 뚜렷이 나타나곤 하였다.

한태동 교수의 한국학 연구는 한태동 선집 4권에 소개되어 있다.[4] 이 연구에는 세 가지가 포함되어 있다. '훈민정음' '동국정운' '악학궤범' 이 세 가지가 세종대의 음성학이라는 표제하에 포함되어 있다. 한태동 박사는 그의 강의 중에 이 세 가지와 더불어 천문학서인 '칠정산'까지 포함하여 세종대에 당시의 최고 수준의 수학적 이론에 토대하여 만들어진 것이라고 했다. '훈민정음'은 소리글자인 한글 자모의 소리에 대한 연구이고 '동국정운'은 이 소리글자인 한글의 운(韻)을 다루고 있고, '악학궤범'은 세종 때에 제정된 악리(樂理), 즉 음악이론을 다루는 것이다.

한태동 교수의 훈민정음 연구는 문자가 소리와 모양과 의미가 어떻게 3차원적으로 조화를 이루어야 하는가 하는 문자의 창제 원리에 충실하였으며, 새롭게 만들어진 이 문자 체계가 현대의 수리논리학에서 요구하는 공리계의 요건을 충분히 갖추었다는 것을 입증하였다. 각각의 한글 문자는 완전히 독립된 음가를 가지며, 이들이 서로 완전히 다른 소리를 도출하고, 이 문자들 체계 간에 상호 모순이 없는 일관된 체계를 유지하고 있다고 입증한 것이다. 그래서 이 훈민정음 창제에 사용된 음성학은 단지 한국어를 위한 음성학이 아니라, 모든 언어를 위한 언어로서 훈민정음의 창제 원리가 보편적 언어학의 기틀이 되어갈 것이라고 예견하였다.

조선 숙종대를 지나면서 한국어의 성조가 사라져 오늘의 한국어에 근접해 오지만, 세종대의 한국어는 성조가 있었다. 한태동 교수의 '동국정운' 연구는 '훈민정음' 연구처럼, 이 동국정운이 단지 한자어를 한글로 발음하는 문제가 아닌 보편적 음운체계를 수립하기 위한 세종대의 노력의 산물임을 밝히고 있다.

한태동 교수의 '악학궤범' 연구는 세종대의 음악 이론인 '악학궤범'의

| 4 한태동, 『세종대의 음성학-한태동 선집 4』(서울:연세대학교 출판부, 2003).

순정음구조에 관한 연구이다. '악학궤범'은 송나라 진양의 '악사'와 채원정의 '율려신서'에 의존하고 있으나, 거기에서 더 나아가 동양의 순정음 체계를 완비하여 세계사적으로 가장 앞선 음악 이론을 구추하였음을 입증하였다.

한태동 교수의 세종대 음성학 연구에 따르면 당시 조선에서 연구하여 집대성한 이 '훈민정음'의 문자, '동국정운'의 운학 '악학궤범'의 음악 이론은 조선만을 위한 것이 아닌 보편적 체계를 수립한 것이며, 이미 수 세기 전에 현대서구에서 이룩하였던 것을 선취함으로써 우리 겨레가 남긴 위대한 인류 문화의 족적이라는 것을 강조하고 있다.

학문과 경건

한태동 박사의 학문의 방법론적 토대는 연구 대상의 주관과 객관을 3차원적 개관으로 접근하여 그 자체가 가지는 내재적 구조를 드러내게 하는 것이었다. 그의 연구는 크게 보아 동양, 서양, 한국으로 고대와 현대를 아우르는 거대한 문화사 연구를 집적해 내었다. 이는 학자 중에 학자, 석학 중에 석학이 할 수 있는 거대한 업적이라 할 수 있다.

한태동 박사는 강의 중에 항상 반복하여 연구 대상을 철저히 파악할 것을 주문함과 동시에 상대방을 알았다면 그를 뒤로 밀어 놓으라고 강조하였다. 그것은 두 가지 목적이 있는 것으로 하나는 지식이라는 아집에 머물지 말라는 것이었다. 다른 하나는 연구자의 힘은 새로운 문화와 사유로 나아가 인류의 삶에 기여하는 것을 목표로 삼아야 한다는 권고였다.

한태동 교수 자신이 자유로운 사람이었기에 제자들도 자유 가운데 살아가기를 권고하였다. 그는 인류 문화사의 유산을 꿰뚫어 알되 과거에 머물러있는 것이 아니라, 사유에 있어 창조적 현존을 요청하였다. 한태동 교수는 연구자의 사유가 자유로워지는 방안으로 해탈을 제안하였다. 학부 강의 중에는 '금강경'과 '심경'을 소개하면서 불가의 해탈을 소개하기도 하였으나, 더 큰 해탈은 한태동 교수의 강의를 통해서 그 실제를 알려주었다.

인류의 문화와 문화사는 인간이 진리에 도달하려는 의지와 열망의 산물이기에 그 유산은 나름의 가치와 의미를 지니지만, 그것은 한 시대의 또 한 사람의 주관이 녹아있는 것으로써 집착의 모습이 남아있다. 따라서 특정한 시대의 종교나 사상이 다른 시대나 사상과 종교를 재단하는 기준이 될 수 없다는 것이다. 이러한 아집이 마음에 생겨나면 눈이 어두워져 과거의 역사도 못보고 현재 나아갈 것도 못보는 것을 염려하여 후학들에게 준 금언이라 여긴다. 따라서 한태동 교수가 강의한 인류 문화사는 그 연구 성과를 따라가 보면 어느 사상, 어느 것에도 매이지 않는 자유를 선물하였다.

한태동 교수는 문화사를 섭렵하여 꿰뚫어 아는 안목을 키우게 학생과 제자들에게 강의하였으며, 아울러 그것에 매어있지 않고 자유를 얻으며 더 나아가 할 수 있다면, 인류의 삶에 기여하는 삶을 선택할 것을 권고하였다. 객관의 방법으로 자유로워지되 주관의 선택은 겸허 할것을 가르쳤다.

학문의 역사에서 실로 인류의 문화사를 방법론적으로 처음 성취한 것은 한태동 교수의 연구를 통해서라고 감히 말할 수 있다. 연구의 범위와 방법에 있어 아직 이에 필적한 연구가 등장하지 않고 있기 때문이다. 또한 후대의 학자 중에 누군가가 인류 문화사 연구는 한태동 선생 이전과 이후로 나뉜다고 말할 날이 반드시 올 것이다.

연세대학교 신과대학의 신학은 기본 성격이 현대신학이다. 방법론에서 가장 현대적 방법론을 취하여 학문으로서 신학을 선도하려는 것이 그 목표이다. 아울러 연세신학의 특징은 경건의 추구이다. 한태동 교수의 신학의 정점에는 경건이 자리하고 있다. 작고한 문상희 교수는 매시간 학생들에게 기도를 시키고 강의를 진행하였다. 기독교 교육학자 은준관 교수는 신학은 교회를 위한 학문임을 강조하였고, 교회사가 민경배 박사는 매 강의 시간 기도뿐 아니라 면담하는 학생들을 위해서도 기도해 주었다. 구약학자 박준서 박사는 구약의 교과서는 성서임을 강조하여 그의 모든 구약 강의는 성서를 읽어가며 풀어가는 강의였다. 연세대학교 신과 졸업생들이 가장 많이 사랑하는 고 김찬국 선생님은 그 따사로운 성품으로 학교 학생들 전체를 대상으로 목회를 하셨다는 생각이 든다. 그는 교정에서 만난 학생들을 교수 식당에 데려가 식사를 사주며 신학 공부한 사람이 할 수 있는 가장 좋은 것은 목회자가 되는 것이라는 말씀을 여러 번 하셨다. 조직신학자인 김광식 교수는 신학은 신앙을 뒤따라가는 학문이라고 정의하였고, 김균진 박사는 신학의 핵심은 하느님의 사랑에 있다고 설파하였다. 연세신학의 학풍은 학문의 추구와 더불어 경건한 신앙의 조화이다.

심재 한태동 교수는 경건의 사람이다. 그는 단언하기를 신학의 존립하는 이유는 하느님의 존엄을 드러내기 위함이라 하였다. 필자는 한태동 교수가 매 학기 강의가 끝 나는 마지막 시간에 신학이 존재하는 이유는 하느님의 존엄을 드러내는 것이라 말씀하시는 것을 여러 번 들은 기억이 있다.

한태동 교수의 기독교 문화사 강좌나 교회사 강좌에서 형이상학적 철학적 신학의 담론들이 아닌, 하느님을 어떤 대상으로 연구하는 것이 아닌, 어떤 신학의 끝에는 하느님의 존엄이 드러나야 하고, 그래서 하느님 앞에 경건한 신앙으로 귀의하게 하는 것이 마땅히 있어야 한다는 것을 가르쳤다. 그리고 그런 신학과 신학자를 높게 평가했다.

필자가 본 한태동 교수님은 매주 수요일 열두 시에 연세대학교 신과

대학 채플이 루스채플에서 열릴 때, 채플 제일 뒷자리 기둥 옆에 좌석에서 가장 낮은 자세로 몸을 낮추고 가장 작은 몸을 기도하는 모습이었다. 그는 가장 낮고 낮은 자세로, 가장 눈에 띄지 않는 자리에서 기도했다. 수십 년이 지난 지금도 그가 기도하는 모습을 기억한다. 실로 그는 경건의 신앙인이고 신학자였다. 하느님 앞에 겸손히 기도하는 이, 그것이 한태동 교수의 신학과 경건이다.

나가는 말

이 짧은 지면과 좁은 소견으로 한태동 교수의 학문 세계를 논한다는 것이 어불성설임을 알지만, 글을 요청한 안명준 교수의 간곡한 요청에 따라, 한태동 선생님의 강의를 듣고 기억하는 제자의 한 사람으로서 한태동 교수의 학문 세계와 그의 신학에 대하여 존경과 감사의 마음으로 감히 기술하였다.

한태동 교수의 강의를 들은 사람들이 공통으로 갖는 경험이 있다. 그것은 깨어남의 경험이었다. 학부 시간에 한태동 교수님의 강의를 듣고 난 후에는 삼삼오오 모여 그날 하교할 때까지 자신들이 이해한 것을 서로 확인하고 나누기 위해 이야기를 주고받았던 기억이 생생하다. 한태동 교수의 강의는 마치 신대륙을 방문한 탐험가처럼 학생들을 설레게 했고, 강의를 들으며 자신의 사고가 어떻게 변하는지 살펴보라는 그 말씀처럼 자신의 변화를 실감할 수 있었다.

한태동 교수의 학문은 인류가 축적한 가장 고도의 방법론으로써, 그 토대를 놓아 동서고금의 위대한 사상과 문화를 입체적으로 이해할 수 있는 길을 제시하였다. 교수님의 인류문화사 연구는 그 연구 방법에서, 그리고 그 연구 대상의 범주에서 가장 거대한 유산을 남기셨다.

그러나 한태동 교수의 학문은 학술 연구 자체로도 탁월하였으나 그 이상의 것을 더 남겼다. 그것은 인간의 겸허함의 요구였다. 먼저 하느님 앞에서 경건한 모습의 겸허함이고, 인류의 역사 앞에서의 겸허함이며, 현존하는 인류의 삶 앞에서 겸허함을 요청했다. 그리하여 한태동 교수의 학문은 겸허한 이의 숭고함이라는 옷을 입고 있다. 인류는 수많은 난관을 극복하여 왔다. 세월이 흐른 뒤에 한태동 선생의 학문 세계를 이해한 큰 그릇이 출현하여 기독교 신학과 인류 문화의 새로운 지평을 열어갈 날이 올 것이라 믿어 의심치 않는다.

수상

외솔상 (2002)
대한간호협회 공로상 (2003)
용재학술상 (2008)

연구 목록

● 박사학위 논문

Methodology of History, Ph. D. 1956. 미국 프린스턴 신학대학원

● 저서

한태동, 《세종대의 음성학》, 연세대학교 출판부, 2003
한태동, 《기독교문화사》, 연세대학교 출판부, 2003
한태동, 《사유의 흐름》, 연세대학교 출판부, 2003
한태동, 《성서로 본 신학》, 연세대학교 출판부, 2003
한태동, 《한태동 선집》 전6권, 연세대학교 출판부, 2003
외 논문 다수.

홍근표 사모와 함께

김옥라 박사, 장상 전 이대 총장, 한태동 연대 명예교수

백수 축하모임 및 스승의 날 행사 | 원두우신학관 교수회의실, 2021년 5월 15일

한태동 박사 뉴욕 동문 간담회 | 뉴욕 플러싱 GLF 센터컨퍼런스 홀, 2014년 6월 5일

저서 「한태동의 역사학 방법론 강의」

박종현 박사

연세대학교 신학사
서울신학대학교 신학대학원 (M. Div.)
연세대학교 연합신학대학원 (Th. M.)
연세대학교 대학원 (Ph. D.)
전, 가톨릭관동대학교 교수

현경식 박사

현경식 박사의 생애와 신학

진혜영_ACA신학대학원 교수

한양대학교 화학공학과 (B. S.)
감리교신학대학 대학원 (M. Th.)
남감리교대학(Southern Methodist University) 신학대학원 (M. Div.)
시카고신학대학원(Chicago Theological Seminary) (Ph. D., 신약신학)

시카고, 올랜드팍 제일연합감리교회 개척 및 담임목사 (1991~1997)
서울 상립교회 개척 및 담임목사 (2003~현재)
한국혼혈아선교회 설립 및 이사장 (1991~2000)
전주대학교 인문대학 신학과, 선교신학대학원 교수 (1997~2020)
전주대학교 수퍼스타칼리지 교양학부 교수 (2020~현재)
전주대학교 선교신학대학원장 (2001~2009)
전주대학교 선교지원처장 (2003~2005)
한국신약학회 편집위원 (2003~2004)
한국기독교대학신학대학원협의회 전 회장 및 이사장 (2005~2009)
아시아-아프리카교회설립연합회(ACA) 설립, 이사장 (2003~현재)
ACA신학대학원(인도, 벵갈로) 설립, 총장 (2011~현재)

현경식 박사의 생애와 신학

서 론

현경식 교수는 한마디로 "십자가의 신학자"이다. 그가 시무하는 전주대학교와 주변의 지인들이 부르는 호칭이다. 그가 평소에 가장 선호하는 성경 구절은 고린도전서 2:2과 갈라디아서 6:14이다. 고린도전서 2:2은 바울의 결단으로서 그리스도와 십자가만 증거하리라는 그의 선포라고 할 수 있다: "내가 너희 중에서 예수 그리스도와 그가 십자가에 못 박히신 것 외에는 아무것도 알지 아니하기로 작정하였음이라." 현 교수가 평소에 강조하는 말 중에 성경은 그리스도인들이 예수님을 향한 선택과 결단으로 가득 차 있다는 것이다. 모든 윤리적 권면을 비롯한 말씀적인 명령도 신앙의 선택과 결단을 요구하는 것이다. 이런 점에서 현 교수는 현재, 지금 우리가 해야 할 일은 주님을 위해서 무엇을 선택하고 결단해야 하는 가를 가장 중요하게 여기고 있다고 할 수 있다. 갈라디아서 6:14도 이런 맥락에서 같은 의미를 가진다고 하겠다: "그러나 내게는 우리 주 예수 그리스도의 십자가 외에 결코 자랑할 것이 없으니 …"

현 교수는 목회자의 설교와 성경 공부에 있어서 가장 핵심은 예수 그리스도와 그의 십자가여야 함을 강조한다. 이것은 사도 바울이 그랬듯이 목회자의 의도적인 결심에 의해서 이루어진다. 그렇게 결심하지 않으면 설교는 다른 옷을 입기가 쉬워진다. 복음의 진리 이외에 다른 것을 설교하기 시작하면 복음이 왜곡되기 쉽다. 사회학과 심리학, 복지와 세상 철학 등에 의해 해석되는 말씀은 그리스도의 복음을 잘못 해석할 수 있다: "누가 철학과 헛된 속임수로 너희를 사로잡을까 주의하라. 이것은 사람의 전통과 세상의 초등학문을 따름이요 그리스도를 따름이 아니리라"(골 2:8). 복음은 그리스도와 그의 십자가 사건이다. 그러므로 복음적 설교는 그리스도와 그의 십자가에 집중되어야 함은 자명한 일이다. 이런 이유로 현 교수가 저술한 책들이 주로 "그리스도와 십자가," "그리스도와 교회," "그리스도와 설교"와 같은 제목들을 가지고 있다. 이런 저술들을 통해서 현 교수가 추구하는 신학의 목적 내지는 신앙과 목회의 방향을 알 수 있다.

생 애

현경식 교수는 1959년 11월 5일 서울에서 출생했다. 그의 아버지 현순철은 평양 출신으로 서울에 홀로 상경하여 고등고시에 합격하여 판사가 된 이산가족이다. 1969년에 변호사로 개업하여 지금까지 생존해 계시며, 현 교수가 설립한 교회의 명예장로이다. 현경식 교수의 아버지의 외조모는 평양 숭실학교 앞에서 하숙을 치며 교회의 전도부인으로 활동한 것으로 알려져 있다. 현 교수가 4대째 기독교 집안에서 태어난 것으로 보아 실로 신앙의 뿌리가 깊다고 할 수 있다.

현 교수는 초등학교와 중학교를 거치면서 신수동 성결교회와 창천 감리교회를 출석했다. 언더우드 선교사가 세운 경신고등학교에 진학하면서 신앙의 전환기를 맞이했다. 경신고등학교에서 합창단과 중창단원으로 활동하면서 학교 예배와 기도회에 적극적으로 참여하게 되었다. 의미 없이 출석하던 교회 예배도 경신고등학교에서 배운 성경 말씀과 찬양 등을 통해 열심을 갖고 출석하게 되었고, 학생회에서 주도적인 역할을 하게 되었다. 현 교수는 이 시기에 비로소 예수님이 누구인가를 알게 되었고 십자가의 은혜를 깨닫게 되었다고 고백한다.

현 교수는 경신고등학교를 졸업하고 1978년 한양대학교 화학공학과에 진학했다. 대학생이 되어서 수유리에 있는 백운교회에 출석하면서 교회학교 교사, 성가대 지휘, 청년부 등, 여러 활동을 했다. 대학생 군사 훈련인 문무대에 입소해서도 주일날 교회 출석을 불허하자 친구 그리스도인들을 모아서 야외에서 예배를 인도할 정도로 열심이었다. 학과 생활에서도 공부와 운동을 열성적으로 했다. 대학교 4학년이 되어서 내적 결단의 시간이 왔다. 남들은 4학년 때에 선 취업이 돼서 산업현장으로 나갈 때, 현 교수는 신학대학원 진학을 결심한 것이다. 이유는 죄를 짓지 않으려면 어떻게 살아야 하나를 걱정하다가 직업적으로 목사가 되면 더 나을 것 같다는 생각에서다. 이런 이유로 현 교수는 4학년 말기에 감신대학원 시험을 보고 입학하게 되었다. 감신대학원을 간 이유는 당시 출석하던 교회가 기독교대한 감리교회이기 때문이다.

1982년 감신대학원에 입학한 후에 두 달 정도 학교를 다니다가 휴학계를 내고 학사장교 2기로 군에 입대하게 되었다. 8사단에서 포병장교로서 관측장교와 수송관으로 근무하다가 포병연대 연대장의 추천으로 연대 교회와 대대교회를 돌보는 군종장교를 수행하기도 했다. 전방 근무를 하다가 군 제대는 충북 증평에 있는 67훈련단에서 3년 6개월의 군 복무를 마쳤다. 군 복무 기간에 가장 기억에 남는 사건은 전방에서 수송관을 하다가 대형 오토바이 사고가 난 것이다. 오토바이를 타고 사단에서 연대로 복귀하다가 편도 1차선 도로에서 트럭을 피하다 마주오는 오토바이와 정면충돌한 사건이었다. 피를 흘리며 길거리에 7시간 정도 방치되었다가 지나가는 미군에 의해서 병원으로 옮겨지면서 생명을 건질 수가 있었다. 이 사건은 현 교수의 일생에서 절대 잊을 수 없는 사건이다. 죽음 직전의 순간에서 과거의 일들이 파노라마처럼 한 번에 지나가는 경험을 하면서 살아난 사건이었다. 현 교수는 그 순간을 예수님이 급박하게 살려 주신 일이라고 고백한다. 이미 죽은 목숨을 예수님을 위해 바치겠노라고 결심한 때가 이 순간이라고 할 수 있다.

감신대학원을 다니면서 장위교회와 광림교회에서 전도사 사역을 담당했다. 장위교회에서는 청년 담당과 성가대 지휘를 했고, 광림교회에서는 고등부와 찬양단 인도를 맡았다. 광림교회에서 당시 유행하던 찬양집회를 인도하기 위하여 1988년에 찬양단을 조직하고 매주 금요일 영혼의 찬양집회를 인도하였다. 1987년 9월에 김학인 사모와 결혼하였고 1988년에 첫아들 덕영이를 얻었다. 감신대학원을 졸업하고 현 교수는 1989년에 미국 텍사스 달라스에 있는 남감리교대학(Southern Methodist University: SMU)으로 유학길에 올랐다. 그곳에서 신학석사(MDiv) 학위를 마치고, 1991년에 시카고신학대학원(Chicago Theological Seminary)에서 신약전공으로 박사학위를 시작하였다.

현 교수는 1991년에 시카고에서 미국 연합감리교회(United Methodist Church)로부터 목사 안수를 받았으며, 다음 해인 1992년 시카고 남부의 올랜드팍(Orland Park)에서 한인교회를 개척하였다. 그가 개척한 교회에 국제결혼한 한인 여성들이 많이 찾아왔다고 한다. 그곳에서 목회하면서 자연히 그들의 자녀인 혼혈아동에 관한 관심을 갖게 되었고, 급기야는 미국 전역을 대상으로 "한국혼혈아돕기선교회"(MACK: Mission for Amerasian Children of Korea)를 결성하기에 이르렀다. 미국 시카고의 한 호텔에서 한국의 혼혈아를 돕기 위한 자선모금 집회를 개최하기도 하였다. 현 교수는 이 모임의 대표로서 한국에 돌아와 2002년까지 활동하기도 했다.

현 교수는 신약신학 박사학위를 1997년 마쳤으며, 단독 목회도 겸하여 지속하였다. 같은 해에 전주대학교 기독교학과에 지원하여 교수 생활을 시작하게 되었다. 교수 생활을 하면서 미국에서 목회하며 시작하였던 한국혼혈아돕기선교회를 동두천을 중심으로 운영하였다. 이 선교회는 혼혈아들을 위한 교육 사업을 진행하면서 경제적 어려움을 돕는 선교였다. 2003년 3월에는 아시아-아프리카 교회설립연합회(ACA: Asia-Africal Church Builders' Association) 창립 예배를 드리고 4

월에는 이 선교를 위하여 서울 번동에 개척교회를 시작하였다. 지금까지 현 교수는 상립교회 담임 목회자로 활동하고 있다.

ACA 선교는 인도, 스리랑카, 미얀마, 네팔 등에 있는 목회자들을 초청해서 전주대학교 신학대학원에서 석사 공부하게 하고 다시 파송하는 교육 선교이며, 현지인 선교였다. 2015년까지 30여 명의 서남아시아 목회자들을 초청하여 석사학위를 마치게 했고, 지금도 자신의 나라에서 열심히 목회하고 있다. 지금은 한국이 석사과정 외국인 학생들에게 3급 이상의 한국어 능력 평가시험을 요구하므로 초청이 불가능하게 되었다. 그러나 ACA선교는 전주대학교를 졸업한 목회자들을 위해 목회와 예배당 건축, 고아원 운영 등 다양한 방법으로 지원을 하고 있다.

현 교수는 교수 재직 중에 1999년 한국기독교대학 신학대학원협의회 설립에 참여하게 되었다. 초기에 전주대, 아세아연합신대원, 이화여대, 평택대, 호서대, 경성대, 강남대 등의 학교가 참여하였다. 이 학교들은 선교사가 세운 미션스쿨이 아닌 기독교 대학의 모임이었다. 협의회 활동은 이들 신학대학원을 졸업한 학생들에게 목사 안수를 수여하였고 각종 세미나와 회의를 통해 학교간의 교류활동을 적극 추진하였다. 현 교수는 이 모임에서 회장과 이사장직을 역임하면서 주도적인 역할을 했다.

현 교수는 지금까지 교회 목회와 ACA 선교와 교육 활동을 활발하게 하고 있다. ACA 선교는 2011년 인도 벵갈로에 ACA 신학대학원을 인도 정부의 허가를 받아 개교하게 되었다. 현 교수는 방학 때마다 인도 학교에 가서 신학을 강의하였으며, 지금도 지속하고 있다. 현 교수는 목회와 신학 교육을 위한 열정으로 실천하고 있음을 알 수 있다. 전주대학교와 ACA 신학대학원 졸업생들은 그의 신학의 열매이며, 상립교회는 그의 신학의 터전이다. 그는 살아서 힘을 다할 때까지 목회와 교육의 끈을 놓지 않을 것이다.

신 학

현경식 교수의 신학을 한마디로 말하면 "그리스도 중심의 신학"(Christ-centered Theology)이다. 학교에서는 늘 십자가의 신학자로 불리지만, 그리스도 중심의 신학이 곧 십자가의 신학을 말한다. 그의 신학은 그가 저술한 책의 제목에서 알 수 있다:『그리스도와 교회: 바울의 신학과 공동체 윤리』,『그리스도와 설교』,『그리스도와 십자가』등 현 교수가 그리스도 중심의 신학을 강의하면서 가장 강조하는 것은 "부활 후 신앙"이다. 2020년에 저술한『성경적 조직신학』의 내용을 보면 부활 후 신앙의 내용을 잘 보여주고 있다.

부활 후 신앙의 핵심은 예수 그리스도에 대한 고백에 잘 나타나 있다. 즉, "하나님의 아들 우리 주님 예수 그리스도"(롬 1:4 참조)가 부활 후 신앙의 고백이다. 부활 후 신앙이란 예수님이 죽으시고 부활하신 후에야 제자들이 예수님을 바로 알고 깨달은 신앙을 의미한다(요 2:22 참조). 예수님이 살아서 활동하실 때는 어느 누구도 그가 누구인지 깨닫지 못했다. 예수님이 자신의 죽음과 부활을 예고하실 때도 제자들은 고난받는 메시아의 의미를 알지 못했다. 그러나 예수님의 죽음을 바라보며 백부장이 "이는 진실로 하나님의 아들이었도다"라고 고백하고 있으며(마 27:54 참조), 도마도 부활하신 예수님을 보고서야 "당신은 나의 주 나의 하나님"(요 20:28 참조)이라고 고백한다. 이 부활 후 고백의 공통점이 "하나님의 아들 주님 예수 그리스도"이다.

현 교수는 강의와 그의 책에서 하나님의 아들은 창조자, 주님은 구원자, 그리스도는 심판자와 연관시킨다. 부활 후 신앙의 하나인 하나님의 아들의 개념은 구약에 나오는 왕이나 예언자를 가리키는 것이 아니다. 아버지가 보내신 아들인 신적인 개념의 아들이며(요 17:8), 창세 전에 아버지와 함께 계셨던 선재자의 개념이다(요 17:5 참조). 예수님의 정체성은 그의 인격(Pserson)과 일(Work)에 집중되어 있다. 하나님의 본체이며 지혜이신 그리스도는 태초에 천지를 창조하신 창조자이다(요 1:3, 골 1:16, 히 1:2 참조).

다음으로 부활 후 신앙의 고백인 "주님"은 구원자의 개념을 갖는다. 만물의 주님이신 하나님의 아들은(고전 8:6) 우리의 죄를 위해 십자가에 죽으신 구원자 혹은 구주시다: "이같이 하면 우리 주 곧 구주 예수 그리스도의 영원한 나라에 들어감을 넉넉히 너희에게 주시리라"(벧후 1:11; 행 13:23 참조). 이 구절에서 주님과 구주가 같은 개념으로 증거된다. 그리스도의 개념은 심판자와 연결된다: "이는 우리가 다 반드시 그리스도의 심판대 앞에 나타나게 되어 각각 선악간에 그 몸으로 행한 것을 따라 받으려 함이라"(고후 5:10). 구약의 메시아 개념은 왕이나 예언자처럼 인간을 말한다(삼상 24:10, 슥 3:14 참조). 그러나 부활 후 신앙의 그리스도는 하나님과 같은 신적 존재이며, 종말의 심판자임을 의미한다. 부활 후 신앙은 신약성경의 전제이며 복음의 핵심 내용이다. 또한 신앙의 전제이기도 하다. 현 교수는 신약의 모든 책에 부활 후 신앙이 등장하지만, 이 신앙의 핵심을 다음 구절로 제시한다: "또 아는 것은 하나님의 아들이 이르러 우리에게 지각을 주사 우리로 참된 자를 알게 하신 것과 또한 우리가 참된 자 곧 그의 아들 예수 그리스도 안에 있는 것이니 그는 참 하나님이시오 영생이시라"(요일 5:20). 이 구절에서 하나님의 아들이 등장하고 아버지는 참된 자로 증거된다. 그가 참 하나님이라는 고백은 존재론적으로 참신임을 증거 하면서 동시에 그가 그리스도임을 보여주는 것이다. 또한 그가 영생이라고 고백하는 것은 그 안에 생명이 있는 참 구주임을 보여준다.

현 교수는 삼위일체에 대해서 그리스도 중심의 기독론적 삼위일체를 강조한다. 그는 기독교의 신론이 삼위일체 신론이지 유일신론이 아님을 강조한다. 유일신론의 종교인 유대교나 이슬람교는 하나님이신 예수님을 영접할 수 없다. 먼저 삼위일체의 기원에 대해서 그는 성경에 근거해서 대답한다. 예수님이 자기를 보내신 아버지에 대해서 말씀하셨고, 성령은 자신이 아버지에게로 가면 보내 주시겠다고 약속하셨다(요 16:7). 예수님이 아니고서는 아버지를 알 수 없고(요 14:7) 아버지께 갈 수 없다(14:6). 또한 예수님이 아니고서는 성령에 대해서 알 수도 없다. 예수님이 삼위일체 신론의 중심이며 해답이다. 성부와 성령은 관념적이며 실체가 없다. 그러나 예수님이 실체이기 때문에 실체의 아버지는 실체가 되고 실체가 보내신 성령도 실체가 된다. 이런 이유로 신약 성경은 예수님을 하나님으로(롬 9:5, 요일 20:28, 히 1:8 참조), 혹은 구주 하나님이라고 담대하게 고백한다(딛 2:10, 13).

현 교수가 그리스도 중심의 신학에서 강조하는 분야 중의 하나는 속죄의 신학이다. 그가 구분하는 속죄의 신학의 내용에는 속죄, 속량, 속화가 있다. 그는 이 세 가지의 개념을 명확히 구분해야 함을 강의한다. 속죄(贖罪, atonement)의 의미는 제물을 드려 죄를 면제받는 것을 말한다. 이는 우리의 죄를 대신하여 용서를 빈다는 대속(代贖)과 대가를 지불하고 구원해 내는 구속(救贖)과 같은 용어로 사용된다(엡 1:7, 골 1:14 참조). 구속은 그리스어 아포뤼트로시스(ἀπολύτρωσις)다. 그리스도의 피는 우리를 죄로부터 구원하기 위한 대가다. 이것이 곧 속죄의 십자가를 말한다. 모든 사람의 속죄를 위한 그리스도의 죽음이 십자가 위에서 유일회적으로 이루어졌다는 점에서 "단번에(에파팍스 ἐφάπαξ)" 혹은, "한번에(하팍스 ἅπαξ)"라는 단어가 사용되기도 한다: "그가 죽으심은 죄에 대하여 단번에(ἐφάπαξ) 죽으심이요 그가 살아 계심은 하나님께 대하여 살아 계심이니"(롬 6:10; 히 9:26-28, 유 1:3 참조). 이러한 용어들은 속죄의 십자가로서 그리스도의 죽음의 특성을 잘 설명해 주고 있다.

속죄 신학의 두 번째 내용은 속량(贖良)이다. 속량이란 포로나 노예

된 자를 되사거나 구하기 위해 지불하는 값을 말한다. 보상, 혹은 배상한다는 구약의 속건(贖愆)의 의미와 비슷하다(레 5:15-19 참조). "속량하다"는 그리스어로 엑사고라조(ἐξαγοράζω)이다. 이 단어는 장소를 나타내는 전치사 에크(ἐκ)와 시장이나 광장에서 물건을 사다의 뜻을 가진 아고라조(ἀγοράζω)의 합성어로서 무엇을 사기 위해 값을 지불하다의 뜻을 갖고 있다. 이 단어는 그리스도의 십자가와 연관하여 바울 서신에서 두 번 사용된다(갈 3:13, 4:5). 신약성서에서 몸값을 지불하여 사거나, 몸값 자체를 의미하는 뤼트로시스(λύτρωσις)가 속량으로 번역되기도 한다.[1] 이 단어에서 파생된 안티뤼트론(ἀντίλυτρον)은 속전(贖錢)으로서 주로 노예의 해방을 위해 지불되는 값을 말한다(딤전 2:6 참조). 이와 같이 속량의 한 면이 값을 의미한다면 다른 한 면은 사는 행위를 강조한다: "값으로 산(ἀγοράζω) 것이 되었으니 그런즉 너희 몸으로 하나님께 영광을 돌리라"(고전 6:20; 고전 7:23 참조). 그리스도의 죽음이 우리를 위해 값을 지불하는 분명한 목적과 이유가 있음을 보여준다.

다음으로 속죄의 신학은 속화(贖和)이다. 예수님의 십자가는 하나님과 우리 사이를 화목케 하셨다는 의미이다. 화목의 그리스어 카탈라게(καταλλαγή)의 원뜻은 누군가에 "의해서(카타 κατά)," 혹은 무엇에 "따라서(κατά)" 관계를 "다르게 하는(알라소 ἀςλλάσσω)" 것을 말한다. 여기서는 그리스도께서 제물이 되셔서 대신 우리를 하나님과 화목케 하셨다는 의미에서 "속화"와 같은 의미로 사용한다. 그리스도의 십자가와 연관하여 화목이란 멀어진 하나님과 인간 사이의 관계를 화해의 관계로 만드는 것을 의미한다(롬 5:10, 고후 5:19 참조). 하나님의 계획은 오직 그리스도 안에서 자신과 화목할 수 있으며, 하나님 자신이 그것을 원하고 있음을 보여주고 있다. 이것이 그리스도 안에 있는 하나님의 뜻이다(엡 2:16, 골 1:20 참조).

현 교수는 이와 같은 속죄, 속량, 속화의 십자가를 "화평(에이레네

εἰρήνη)의 복음(유앙겔리온 εὐαγγέλιον)"임을 강조한다(행 10:36 참조). 그리스어 에이레네는 우리말로 화평, 평화, 평강 등으로 번역된다. 특별히 그리스도와 연관되어 사용될 때, 오직 그리스도만이 주시는 평화로 증거된다(롬 5:1). 하나님과 우리 사이의 화평의 관계를 만드는 분은 예수 그리스도다. 예수 그리스도가 화평의 주체라는 의미다. 여기서 화평이란 믿음으로 "의롭게 됨"(디카이오시스 δικαίωσις), 즉 죄의 문제를 해결한 이후에 주어지는 결과다(골 1:20; 요 14:27, 16:33 참조).

현 교수가 그리스도 중심의 신학을 강의한 것 중에 가장 인상 깊은 것은 믿음, 의, 영에 관한 강의하고 할 수 있다. 믿음, 의, 영을 어떻게 그리스도 중심으로 해석할 수 있을까? 그는 먼저 믿음을 그리스도의 믿음과 우리의 믿음으로 구분한다. 바울은 먼저 믿음을 십자가 사건으로 이해한다. "다만 우리를 박해하던 자가 전에 멸하려던 그 믿음(πίστις)을 지금 전한다 함을 듣고"(갈 1:23). 여기서 그 믿음이란 여러 가지로 해석이 가능하다. 예수 그리스도 자신도 가능하고 그의 복음, 즉 십자가 사건으로 대체되는 것 역시 가능하다. 예수 그리스도의 오심이나 그의 복음은 그리스도 사건(Christ Event)이라고 불리는 십자가 사건 없이는 설명할 수 없다. 다시 말해서 그리스도의 오심은 십자가 사건을 위해서이고, 복음이란 곧 그의 십자가 사건을 의미하는 것이다. 바울은 이러한 예수 그리스도의 십자가 사건을 피스티스(πίστις) 곧 믿음이라고 부른 것이다: "믿음이 오기 전에 우리는 율법 아래에 매인 바 되고 계시 될 믿음의 때까지 갇혔느니라"(갈 3:23); "믿음이 온 후로는 우리가 초등교사 아래에 있지 아니하도다"(갈 3:25). 믿음이 오기 전과 믿음이 온 후라는 표현은 예수 그리스도의 십자가 사건의 전과 후를 분명히 말해주고 있다.

십자가 사건, 즉 역사적 사건으로서의 믿음을 인정한다면 지금까지 해석하는데 많은 논쟁이 되었던 "그리스도의 믿음(피스티스 투 크리스투 πίστις τοῦ Χριστοῦ)에 대한 구절들도 이러한 관점에서 해결할 수가 있다; 롬 3:22, 3:26, 갈 2:16, 2:20, 3:22, 빌 3:9. 지금까지 논쟁의 핵심은 이 구절을 전통적으로 그리스도를 믿는 신자의 믿음으로 해석할 것이냐, 아니면 그리스도 자신이 소유한 믿음, 즉 그리스도가 하나님을 향하여 가진 신실함으로 해석할 것이냐 하는 것이다. 전자는 "그리스도의(τοῦ Χριστοῦ)"라는 소유격을 문법적으로 목적격적 소유격으로 해석한 것이고, 후자는 주격적 소유격으로 해석한 것이다. 그러나 이 두 가지 경우 모두 믿음을 신자나 그리스도에게 속한 요소로서 다루고 있다는 점에서 공통점이 있다. 현 교수의 주장 가운데 지금까지 찾아볼 수 없는 새로운 것은 위에서 언급한 대로 믿음을 십자가 사건으로 본다면, "그리스도의 믿음"은 "그리스도의 십자가 사건"이 된다는 것이다. 그는 역사적 사건으로서 피스티스의 독립적인 용법을 감안한다면, 문법적으로 그리스도의 믿음은 동격의 소유격으로 해석이 가능함을 제시한다. 그리스도가 십자가 사건이며 십자가 사건이 믿음이라고 한다면, 그리스도의 믿음을 단순히 그리스도의 십자가 사건으로 해석할 수 있다.

믿음의 두 번째 개념은 우리의 믿음이다. 현 교수는 우리의 믿음을 십자가 사건에 대한 응답으로서 두 가지로 구분한다. 하나는 인간의 내적인 행위(inward act)로서 사람들의 내면의 세계에서 일어나는 영접과 수용의 믿음이고, 다른 하나는 외적인 행위(outward act)로 나타나는 실천과 따름으로서의 믿음이다. 십자가 사건에 대한 인간의 응답은 가장 먼저 그 사건이 무엇을 의미하는지에 대한 확신으로 나타난다(롬 1:16 참조). 우리의 확신으로서의 믿음은 복음에 대한 수용을 의미하며, 십자가 사건의 가치를 인지(認知)하는 것을 전제로 한다(갈 2:16). 그리스도의 십자가 사건이라는 역사적 사건에 응답하는 인간의 믿음의 차원은 인간의 내면에서 일어나는 인식적 차원뿐만 아니라, 외적인 행동을 의미하는 윤리적 차원을 동시에 갖고 있다. 예수의 십자가를 따르는 것이 곧 우리의 믿음이라고 해도 틀린 말이 아니다. 바울은 이것을 "사랑으로 역사하는 믿음"이라고 한다(갈 5:6). 믿음의 역사(에르곤 테스 피스테오스 ἔργον τῆς πίστεως)라는 표현은 믿음이 깨닫고 인정하는 내적인 범위에서 끝나는 것이 아니라, 반드시 그리스도의 십자가의 사랑을 외적으로 실천하는 역동적인 따름의 행위임을 증명해 주는 것이다(살전 1:3; 살후 1:11). 즉 믿음은 역사다.

현 교수는 "의"(δικαιοσύνη 디카이오쉬네, 義)의 개념을 그리스도 중심의 신학으로 해석한다. 그는 십자가 사건인 그리스도의 믿음과 연관되어 나오는 중요한 개념 중의 하나는 "하나님의 의"(디카이오쉬네 투 쎄우 δικαιοσύνη τοῦ θεοῦ)임을 주장한다. 예수 그리스도의 십자가 사건을 통해서 하나님의 의가 드러남을 증거 한다. 이것은 율법과 상관없이 일어난 일이다(롬 3:21-22). 모든 사람을 구원하는 하나님의 의는 오직 예수 그리스도의 믿음, 즉 십자가 사건을 통해서 드러났다(롬 1:17, 3:22, 26). 바울은 이것을 "믿음에서 난 의"라고 한다: "그런즉 우리가 무슨 말을 하리요 의를 따르지 아니한 이방인들이 의를 얻었으니 곧 믿음에서 난 의요"(롬 9:30). 여기에서 "믿음에서 난 의"란 그리스어 δικαιοσύνη ἐκ πίστεως의 번역이다. 이 구절은 믿음으로 말미암는 의로서 번역되기도 한다(롬 10:6 참조). 믿음으로 말미암은 의가 하나님의 의라면, 이것과 상관이 없이 유대교를 지칭하는 '율법으로 말미암은 의가 있다(롬 10:5). 율법으로 말미암은 의란 유대교의 율법을 통해서 의를 이루려는 것을 말한다. 율법으로는 하나님의 의를 얻을 수가 없다.

현 교수는 믿음을 두 가지로 구분한 것과 마찬가지로 "의"도 우리의 의가 있다고 구분한다. 믿음에 있어서 전가된 믿음이 있다면, 의에 있어서도 "전가된 의 Transferred Righteousness"가 있다. 다시 말해서 하나님의 의는 예수 그리스도의 십자가를 통해서 모든 믿는 자에게 전가된다. 이것을 '내가 가진 의'라고 한다. "…… 내가 가진 의는 율법에서 난 것이 아니요 오직 그리스도를 믿음으로(직역하면, 그리스도의 믿음을 통해서) 말미암은 것이니 곧 믿음으로 하나님께로부터 난 의라"(빌 3:9); 예수 그리스도를 믿음으로(직역하면, 예수 그리스도의 믿음으로) 말미암아 모든 믿는 자에게 미치는 하나님의 의니 ......"(롬 3:22). 내가 가진 의는 다른 어떤 율법 종교에서 온 것이 아닌 그리스도의 십자가의 은혜로 말미암아 모든 사람이 얻게 되는 하나님께로 난 의임을 보여준다.

현 교수는 이러한 "의"의 개념을 통해서 "칭의"(稱義)를 설명한다. 그는 하나님의 의와 "믿음으로 의롭게 됨(Justification by Faith)"은 불가분의 관계임을 강조한다. 이것을 이신칭의(以信稱義), 혹은 의인론(義認論)이라고 부른다. 칭의의 주체는 하나님이고 대상은 우리 인간들이다. 이신칭의를 한마디로 표현하면, 하나님이 믿음으로 우리를 의롭게 하신다는 것이다. 여기서 믿음이란 우리의 믿음 이전에 그리스도의 십자가 사건임을 먼저 분명히 해야 한다. 십자가 사건을 통해서 모든 사람을 의롭게 하신다는 것이 하나님의 새로운 구원의 약속이기 때문이다. "모든 사람이 죄를 범하였으매 하나님의 영광에 이르지 못하더니 그리스도 예수 안에 있는 속량으로 말미암아 하나님의 은혜로 값없이 의롭다 하심을 얻은 자 되었느니라"(롬 3:23-24; 5:1참조). 현 교수는 '믿음으로 의롭게 됨'이 '그의 피로 의롭게 됨(Justification by His Blood)'을 얻는다는 증거, 즉 믿음과 그의 피를 동일시하는 표현에서 더욱 명확해짐을 제시한다: "그러면 이제 우리가 그의 피로 말미암아 의롭다 하심을 받았으니 더욱 그로 말미암아 진노하심에서 구원을 받을 것이니"(롬 5:9). 의롭게 됨의 수단으로서 "믿음"과 "그의 피"가 동일하게 사용되면서 두 용어가 모두 그리스도의 십자가 사건을 가리키고 있음을 알 수 있다.

현 교수는 믿음과 의에 이어서 "영"(πνεῦυμα 프뉴마, 靈)도 그리스도 중심의 신학으로 해석한다. 그는 인간의 영(롬 1:9, 11:8, 12:11)과 삼위일체의 삼위이신 성령을 가리키는 단어를 확실히 구분해야 함을 강조한다(롬 8:9, 11; 갈 4:6). 거룩한(하기온 ἅγιος) 영으로서 인격적 존재로 표현되는 경우에(롬 9:1, 14:17, 15:13, 16, 19; 고후 13:13 등) 역시 그 분류는 어렵지 않다. 그러나 이 외에 영(프뉴마 πνεῦμα)이라는 단어가 거룩한(하기오스 ἅγιος)이라는 형용사 없이 단독으로 사용될 때 해석상 주의를 요한다. 문제는 한글 번역이 단순한 영을 "성령"으로 번역한 경우가 많다는 것이다. 현 교수의 강의 중 이 부분에서 많은 학생이 새로움을 느낀다. 이런 구분은 어디서 들어본 적이 없기 때문이다.

로마서 7장 6절에서 하나님을 섬기는데 율법 조문의 낡음으로 하는 것이 아니라, 영의 새로움으로 해야 한다고 증거한다: "이제는 우리가 얽매였던 것에 대하여 죽었으므로 율법에서 벗어났으니 이러므로 우리가 영의 새로운 것으로 섬길 것이요 율법 조문의 묵은 것으로 아니할지니라". 이 구절에서 율법 조문의 묵은 것은 유대교의 율법을 의미하는 반면에 영의 새로움은 십자가 사건을 의미한다. 영의 새로움은 하나님을 찾아가는 새로운 길을 의미하며 생명의 열매를 맺는 새로운 법을 의미한다. 바울은 "너희도 그리스도의 몸으로 말미암아 율법에 대하여 죽임을 당하였으니"(롬 7:4), 이제 율법 종교가 아닌 그리스도를 통하여 하나님을 위하여 열매를 맺게 되었다고 증거한다. 그러므로 그리스도의 몸으로 말미암은 영의 새로움이란 십자가 사건을 직접적으로 말하는 것이다. 십자가 사건으로서의 영에 대한 증거는 바울이 영을 예수 그리스도, 그리고 복음과 일치시키는 구절에서 더욱 분명해진다: "만일 누가 가서 우리가 전파하지 아니한 다른 예수를 전파하거나 혹은 너희가 받지 아니한 다른 영을 받게 하거나 혹은 너희가 받지 아니한 다른 복음을 받게 할 때에는 너희가 잘 용납하는구나"(고후 11:4). 여기에서 다른 예수, 다른 영, 다른 복음은 모두 동의어라고 할 수 있다.

이러한 말씀을 근거로 현 교수는 그리스도가 영이라고 강의한다: "기록된 바 첫 사람 아담은 생령(ψυχή)이 되었다 함과 같이 마지막 아담은 살려 주는 영(πνεῦμα)이 되었나니"(고전 15:45). 그리스도만이 우리에게 생명을 주시는 영(πνεῦμα)이다. 그리고 이 생명이 그의 십자가로부터 온다. 그리스도는 영이기 때문에 그리스도의 영이 계신 곳에 자유함이 있는 것이다(고후 3:17). 신약성경에서 자유를 논할 때, 그리스도와 그의 십자가를 언급하지 않고 자유를 말할 수 없다. 그리스도의 십자가만이 우리를 죄와 사망으로부터 자유함을 줄 수 있기 때문이다. 그러므로 그리스도의 영이란 십자가를 의미하며, 그 영으로부터 우리는 생명과 자유함을 얻는다.

현 교수는 믿음, 의와 마찬가지로 영도 전가된 영이 있음을 설명한다. 즉, 그리스도라는 영이 있고 우리의 영이 있다는 것이다. 현 교수가 말하는 "우리의 영"은 믿음의 공동체가 소유한 영의 개념이다. 그는 우리의 영에 대해서는 다음 몇 구절을 제시한다. 바울은 예수를 주로 고백하는 믿음의 공동체가 갖고 있는 영을 "믿음으로부터 온 영"(갈 5:5), 혹은 "믿음의 영"(고후 4:13), 그리고 "하나님께로부터 온 영"(고전 2:12)이라고 표현했다. 여기서 믿음은 앞서 설명했듯이 그리스도 사건, 즉 십자가 사건을 의미한다(갈 3:23, 25). "믿음으로부터 온 영"의 개념이 없기 때문에 "성령으로 믿음을 따라"(개역개정)라고 번역하고 있다. 믿음의 영(πνεῦμα τῆς πίστεως)도 같은 의미이지만, 십자가 사건으로부터 온 영의 개념이 없기 때문에 "믿음의 마음"(개역개정)으로 번역하고 있다. 분명한 것은 우리의 영은 믿음으로부터 받은 것이다. 이러한 이해를 근거로 믿음의 공동체가 갖고 있는 영은 십자가 사건으로부터 온 영이라고 말할 수 있다. 이 영은 유대교 율법의 문자를 따르며 하나님을 섬기는 낡은 영이 아니고, 그리스도의 십자가 사건으로 형성된 믿음의 공동체를 통하여 하나님을 섬기는 전혀 새로운 영이다.

현 교수는 이러한 영의 개념을 바탕으로 우리가 지금까지 알고 있던 "성령의 열매"를 "영의 열매"로 교정한다(갈 5:22-23). 갈라디아서 5:22에서 성령이라고 번역한 단어에 거룩한(ἅγιος)이라는 단어가 없기 때문이다. 영의 열매는 바울이 강조하는 "영을 따라" 살아가는 믿음의 공동체의 삶을 의미한다: "내가 이르노니 너희는 성령을 따라 행하라(πνεύματι περιπατεῖτε) 그리하면 육체의 욕심을 이루지 아니하리라"(갈 5:16). 이 구절에서 "성령을 따라 행하라"를 직역하면 '영으로 걸어라', 혹은 '영을 따라 걸어라'의 뜻이 된다. 이 구절에서 영이라는 단어 앞에 거룩한(ἅγιος)이라는 단어가 없으며, 또한 성령이라고 번역할 수 있는 인격적인 개념이 없다. 영을 따라 사는 삶은 그에 합당한 열매를 맺는다: "오직 성령(직역하면, 영)의 열매는 사랑과 희락과 화평과 오래 참음과 자비와 양선과 충성과 온유와 절제니 이같은 것을 금지할 법이 없느니라"(갈 5:22-23).

현 교수는 공동체의 영을 따라 살아가는 법은 이제 모든 신자가 따라가야 하는 새로운 법이 되었음을 강조한다. 바울은 그것을 "그리스도의 법"(갈 6:2) 혹은 "영의 법"(롬 8:2)이라고 했다. 이것은 새로운 공동체 안에서 새롭게 창조된 자들이 따라야 할 새로운 기준을 의미한다(갈 6:15-16). 영의 법을 파괴하는 것이 육(사르크스 σάρξ)이다. 바울은 생명과 평화를 주는 영의 개념과 개인주의적이고 부정적인 육의 개념을 믿음의 공동체에 그대로 대비시켰다. 더 나아가 영과 육의 대립은 공동체에 속한 지체들의 형태를 구분하는 용어로 사용된다.[2] 바울에게 있어서 이 영만이 믿음의 공동체를 형성하고 보존하는 하나님의 능력이며, 지체들이 살아가야 하는 원리를 제공한다. 그러므로 교회의 삶 속에서 십자가의 영이 드러나야 하며, 이런 교회가 영이 살아 있는 교회가 된다. 이러한 전가된 영의 개념을 통해서 우리는 교회 안에서 주어지는 영의 직분(고후 3:8-9)이라든가 신령한 자(고전 3:1; 갈 6:1)에 대한 명확한 근거와 의미를 부여할 수 있다.

---

[2] Alan F. Segal, *Paul the Convert: The Apostolate and Apostasy of Saul the Pharisee* (New Haven: Yale University Press, 1990), 140. 바울 서신에서 공동체의 문제를 논쟁할 때마다 등장하는 영과 육의 대조는 한 공동체 안에 있는 개인들의 성향과 관련이 있다. Daniel Boyarin, *A Radical Jew: Paul and the Politics of Identity* (LA: University of California Press, 1994), 69 참조.

이상과 같이 현경식 교수의 그리스도 중심의 신학을 살펴보았다. 위의 내용은 대부분 그의 책과 강의록에서 발췌한 것이다. 현 교수는 기독론을 중심으로, 삼위일체 신론, 속죄론, 교회론, 종말론 등을 성경적으로 체계를 세우고 제시한다. 그의 강의를 듣는 학생들이 늘 하는 소리는 "현 교수의 강의가 새롭다"는 것이다. 같은 성경을 읽는데도 우리가 보지 못하는 부분을 해석하는 이유에서이다.

여기서 다루지 않았지만 그의 신학 중에서 가장 주목할 부분 중의 하나는 "공동체의 구원"에 관한 것이다. 우리의 믿음 앞에 그리스도의 믿음이 선재한 것처럼 개인의 구원 앞에 공동체의 구원이 있음을 강조한다(롬 8:23, 살전 5:9, 23 참조). 공동체의 구원은 그의 그리스도의 몸된 교회론에 나오는 몸의 신학의 핵심이다. 특히 데살로니가전서 5:23에 나오는 영, 혼, 몸은 개인의 몸이 아닌 공동체의 그것을 가리킨다는 강의는 어디서도 찾아볼 수 없는 내용이다. 듣도 보지도 못한 말씀이 성경에 나오는 것을 보면 신기할 따름이다. 현 교수의 신학은 이와 같이 성경적인 것이 특징이다. 그의 그리스도 중심의 신학은 오늘날 교회와 성도를 위해 꼭 필요한 내용이다. 이것을 공부하기 위해서 현 교수가 집필한 책들을 참조하는 것이 필요하다.

공 헌

현경식 교수는 전주대학교에서 무서운 호랑이 선생으로 알려져 있다. 매 수업마다 과제를 해야 하고, 지난 시간 강의를 정리한 프로토콜 발표하고 과제를 발표해야 한다. 과제는 체크해서 나누어 주며 보고서 쓰는 요령을 지도한다. 수업마다 주의를 듣고 엄격하게 지적하기 때문에 우는 학생들이 많이 나타난다. 이런 점에서 학생들이 그의 수업을 들으려면 각오를 해야 한다. 그럼에도 타 학과 학생들까지 수강하며 그의 수업은 언제나 만원이다. 현 교수의 수업은 학생들 사이에서 가장 오래 기억되는 수업 중의 하나이다.

현경식 교수의 공헌은 먼저 그의 그리스도 중심의 신학 즉, 십자가의 신학에 있다고 보아야 한다. 말씀을 바탕으로 정립된 신학은 참으로 새롭고 모든 교회의 목회자들이 공부하고 설교해야 할 내용이라고 본다. 어느 신학교 강의실에서 믿음도 그리스도요, 의도 그리스도요, 영도 그리스도라는 말을 들을 수 있겠는가? 그의 책이 여러나라 말로 번역되는 날이 오기를 기다려 본다.

현 교수의 성경비평 방법은 수사학이다. 그는 박사 논문을 수사학 비평으로 썼기 때문에 헬라철학의 고전 수사학에 매우 능통하다고 할 수 있다. 그가 수사학비평을 선택한 것은 단순하다. 본래 사회학적 비평을 하려고 유학을 갔지만, 수사학파로 유명한 시카고에 가서야 수사학을 소개받았다. 그리고 신약성경의 저자들이 모두 수사학에 능통하다는 소리를 듣고 수사학으로 논문을 써야겠다고 결심한 것이다. 그는 수사학비평을 한국에 들어와서 소개하는 일도 게을리 하지 않았다. 2000년에 집필한『수사학적 성경해석의 이론과 실제』는 한국인이 쓴 최초의 수사학비평에 관한 책이다. 그 전에 번역된 수사학 책이 있지만, 한국인이 쓴 수사학 책은 다른 문학 분야에도 없었다. 2014년에 수사학비평에 관한 두 번째 책인『수사학과 성경해석』을 집필하였다. 성경해석의 수사학비평 분야에서 현 교수의 공헌은 무엇보다도 크다 할 수 있다. 현 교수는 전주대학교에서 석, 박사 학생들을 지도하면서 예외 없이 수사학비평으로 논문을 쓰도록 지도했다. 지난 25년간 졸업한 석, 박사 학생들의 논문은 모두 수사학적인 성경해석 방법으로 작성되었다. 이 논문들은 국회도서관에서 검색하면 누구나 열람할 수 있는 논문들이다. 이런 점에서 전주대학교는 수사학비평의 메카라 불려도 과언이 아니다.

현 교수의 학문적인 공헌 외에도 그가 설립한 한국기독교대학 신학대학원 협의회가 하나의 공적이라 할 수 있다. 그는 이 협의회를 통해서 수 백명이 넘는 졸업생들에게 목사 안수를 주었고 그들의 연장교육을 통해 그리스도 중심의 신학을 강의해 왔다. 오직 우리 주님 예수 그리스도와 그가 하신 일 외에는 아무것도 알지 아니하기로 했던 바울을 본받아서 현 교수는 자신의 십자가신학을 가르치고 선포해 왔다. 그리스도의 몸 된 교회를 위해서 이보다 더 큰 공헌은 없다고 생각한다.

결 론

현경식 교수는 목회자며, 동시에 신학자다. 그는 목회를 하기 위해서 신학대학원에 입학한 것이지 교수가 되기 위해서가 아니라는 말을 입버릇처럼 해 왔다. 그는 목회를 한시도 쉰 적이 없으며, 한 시도 내려놓을 생각도 하지 않았다. 목회와 교수 중 어느 하나를 포기해야 한다면 자신은 교수를 포기할 것이라 말한다. 그만큼 교회 목회의 중요성을 강조했다. 교수가 된 것은 훌륭한 목회자가 되기 위해서 즉, 말씀을 올바로 전하는 목회자가 되기 위해서 공부하다 보니 교수가 된 것이지 처음부터 목적한 것은 아니었다고 한다.

그의 신학의 장점은 여기에 있다. 그의 신학은 교회를 떠난 적이 없고 목회 현장을 떠난 적이 없다. 교인 한 명의 생명을 귀하게 여길 줄 아는 목회자다. 책상에서 탁상공론하거나, 뜬 구름 잡는 신학은 그에게 없다. 그의 신학은 언제나 교회를 위한 신학이며 성경 말씀을 떠난 적이 없다. 이런 자세는 그의 설교와 목회를 보면 알 수 있다. 그의 설교는 그리스도를 떠난 적이 없다. 그의 책『그리스도와 설교』를 보면 알 수 있다. 이런 이유로 그의 강의와 설교는 학생들에게 호소력이 있다. 현 교수의 그리스도 중심의 신학과 목회와 교회를 바탕으로 한 강의는 오늘날 한국의 모든 목회자와 신학자들에게 모범이 되리라 믿는다.

연구 목록

● 박사학위 논문

"The Rhetoric of Love Ethics in Johannine Farewell Discourse," Ph. D. Dissertation. Chicago Theological Seminary, 1997.

● 단행본

『그리스도와 교회: 바울의 신학과 공동체 윤리』, 과천: 삼원서원, 2010.
『요한복음의 수사학적 해석』, 서울: 옥토와 소리, 2014.
『수사학과 성경해석』, 서울: 옥토와 소리, 2014.
『그리스도와 설교』, 서울: 옥토와 소리, 2015.
『그리스도와 십자가』, 서울: 옥토와 소리, 2016.
『성경적 조직신학』, 남양주: 스타우로스, 2020.
『신약의 구약해석』, 남양주: 스타우로스, 2022.

● 공저

현경식, 이성호, 『수사학적 성경해석의 이론과 실제』, 서울: 성서연구사, 2000.
현경식, 이신형, 신명숙, 『성경과 삶』, 전주: 전주대학교출판부, 2000.
현경식, 이신형, 신명숙, 김은수, 김형길, 『기독교와 사회문화』, 전주: 전주대학교출판부, 2012.

● 학술 논문

"Inculturation of the Gospel in Galatians", 「한국기독교신학논총」 63호, 2009년, 57-76.
"The Rhetorical Use of the Old Testament in Hebrews," 「한국기독교신학논총」 78호, 2012년, 155-176.

"수사학적 비평이란 무엇인가?"「신학사상」102호, 1998년, 147-1166.
"공관복음 비유의 상황적 해석,"「전주대학교논문집」제5권, 1998년, 83-96.
"수사학을 이용한 설교,"「인문과학연구」제4호, 1999년, 127-133.
"신약성서에 나타난 세례이해,"「복음과 학문」제4권, 1999년, 11-22.
"요한복음의 종말론과 윤리,"「신약논단」제5권, 1999년, 120-141.
"매면 매일 것이요 풀면 풀리리라,"「설교자를 위한 성경연구」제5권 9호, 1999년, 1-11.
"공동체의 구원을 위하여: 바울의 몸 사상을 중심으로,"「신약논단」제9권 1호, 2002년, 183-206.
"요한복음의 피스튜오(pisteuo) 연구,"「신약논단」제9권 4호, 2002년, 897-923.
"바울의 오이코도메 윤리,"「신약논단」제10권 2호, 2003년, 367-389.
"십자가 사건과 믿음,"「기독교사상」556호, 2005년, 118-129.
"교회를 세우는 공력,"「기독교사상」557호, 2005년, 112-123.
"십자가 밑에 세워진 교회,"「기독교사상」558호, 2005년, 154-164.
"하나님의 나라와 믿음의 공동체,"「신약논단」제13권 2호, 2006년, 377-400.
"십자가 신학과 교회,"「한국기독교신학논총」52호, 2007년, 57-83.
"새 교회란 어떤 교회인가?"「새시대·새목회」제1권, 2009년, 33-61.
"죽은 자들을 위한 세례: 이단적 관습인가?"「새시대·새목회」제2권 1호, 2010년, 49-79.
"삼위일체 신론과 교회,"「인문과학연구」제16호, 2011년, 131-152.
"베드로전서에 나타난 선행의 윤리,"「신약논단」제18권 4호, 2012년, 1183-1212.
"요한의 고별담론과 사랑의 수사학,"「신약논단」제20권 제2호, 2013년, 371-408.
"요한복음에 나타난 기독론적 교회 상(像),"「새시대·새목회」제8집(2013년 3월), 1-35.
"갈라디아서에 나타난 자유의 윤리,"「인문과학연구」제18호, 2013년 4월, 141-166.

"요한복음 8장에 나타난 기독론적 신론," 「신약논단」 제21권 4호, 2015년, 955-992.

"빌립보서에 나타난 본받음의 윤리," 「신약논단」 제22권 3호, 2015년, 781-808.

가족들과 함께

ACA(Asia-Africa Church Builders Association) 신학대학원

한국기독교대학 신학대학원협의회 입주감사예배 | 2010년 10월 29일

로고스 카운슬링 아카데미 | 2018년 2월 22일